琼海市志

（1991—2010）

琼海市地方志编纂委员会 编

方志出版社
Publishing House of Local Records

图书在版编目（CIP）数据

琼海市志：1991—2010／琼海市地方志编纂委员会编. --北京：方志出版社，2020.8
ISBN 978-7-5144-4282-3

Ⅰ.①琼… Ⅱ.①琼… Ⅲ.①琼海—地方志—1991-2010 Ⅳ.①K296.64

中国版本图书馆CIP数据核字（2020）第168440号

琼海市志（1991—2010）

编　　者：琼海市地方志编纂委员会
责任编辑：刘方圆

出 版 者：方志出版社
地　址　北京市朝阳区潘家园东里9号（国家方志馆4层）
邮　编　100021
网　址　http://www.zgfzcb.cn
发　　行：方志出版社图书经销中心
电　话（010）67110500
经　　销：各地新华书店
印　　刷：中钞华森实业公司

开　　本：889×1194　1/16
印　　张：59
字　　数：1114千字
版　　次：2020年8月第1版　2020年8月第1次印刷
印　　数：0001～1000册

ISBN 978-7-5144-4282-3　定价：380.00元

琼海市地方志编纂委员会

一、2007 年 8 月至 2009 年 2 月

主　任：符宣朝

副主任：刘春梅　梁振功　黄基钊　王桢华

成　员：李　锐　覃　超　李仕民　黄昌轼　李昌辉　郑　翼
梁健生　杨全光　符向诚　朱仕贤　曾正茂　龙登禄
王绍发　戴国川　覃海文　曾绍宬　王　捷　赵诗健
陈文标　陈善川　盘启林　何贤智　王裕汉　黄邦泰
陈　驹　许德长

二、2009 年 2 月至 2014 年 2 月

主　任：符宣朝

副主任：刘春梅　梁振功　黄基钊　谢才雄

成　员：李　锐　许德长　李仕民　符向诚　李昌辉　朱仕贤
龙登禄　陈　天　曾绍宬　杨全光　黄昌轼　戴国川
梁健生　覃海文　郑　翼　王　捷　曾正茂　赵诗健
黄邦泰　陈　驹　何贤智　王裕汉　陈文标　盘启林
蔡兴山

三、2014 年 2 月至 2017 年 11 月

主　任：宁虹雯

副主任：陈大钊　符传富　李　德　谢才雄

成　员：吕　胜　陈正伟　何贤智　雷　震　龙登禄　符永光
杨克珊　李洪亮　符　君　王　捷　陈　天　陈长孝
曾绍成　盘启林　梁启峰　王培宁　谢　健　王连日
覃海文　曾正茂　叶　飞　赵诗健　苏汝高　冯东安
蔡兴伟　张巨雄

四、2017 年 11 月至 2019 年 3 月

主　任：符　平

副主任：梁誉腾　刘　宁

成员单位：市政府办公室、市地方志办公室、市发展和改革委员会、市旅游发展委员会、市农林局、市科学技术工业信息化局、市财政局、市教育局、市人力资源和社会保障局、市文化广电出版体育局、市卫生和计划生育委员会、市公安局、市司法局、市民政局、市民族宗教事务委员会、市国土资源局、市生态环境保护局、市规划委员会、市建设局、市交通运输局、市商务局、市海洋与渔业局、市审计局、市水务局三防办、市外事侨务办公室、市统计局、市食品药品监督管理局、市城市管理局

五、2019 年 3 月至 2019 年 12 月

顾　　问：何琼妹

主　　任：符　平

副 主 任：刘　坚　王　可

成　　员：（以下单位主要负责人或负责常务工作的负责人）

市委办公室、市政府办公室、市委组织部、市委宣传部、市委统战部、市委党史（地方志）研究中心、市发展和改革委员会、市自然资源和规划局、市旅游和文化广电体育局、市生态环境局、市农业农村局、市科学技术工业信息化局、市商务局、市财政局、市人社局、市教育局、市卫生健康委员会、市公安局、市司法局、市民政局、市住房和城乡建设局、市交通局、市审计局、市应急管理局、市统计局、市市场监督管理局、市医疗保障局、市综合行政执法局

市地方志编纂委员会下设办公室在中共琼海市委党史（地方志）研究中心，办公室主任由市委党史（地方志）研究中心主任担任。

《琼海市志（1991—2010）》编辑部

主　　编：吴仕春（2017 年 10 月起任）

谢才雄（2008 年 12 月至 2017 年 10 月）

王祯华（2007 年 6 月至 2008 年 11 月）

副 主 编：陈丁基（2016 年 9 月起任）

许德长（1998 年 7 月至 2013 年 4 月）

编　　辑：冯　叶　熊小艳　李王坤　代晓龙　王　蓓

梁耿慧　王　晖

顾　　问：陈锦爱　甘先琼　曾繁亚

工作人员：黄玉佳　王　伟　王　凯　王国杰　王凌力

甘晶晶　陈　丹　黎芳岑　陈　伟

撰稿人员名单（姓名按笔画排列）

万　娜	马文钦	马志明	马志强	马振生	马媛媛	王　文	王　专
王　叶	王　壮	王　伟	王　奉	王　忠	王　坤	王　虎	王　波
王　恺	王　泉	王　晖	王　阅	王　能	王　婕	王　强	王　瑜
王　蓓	王　霞	王小林	王及明	王日明	王元贺	王华涛	王红娟
王志远	王金龙	王英华	王诗和	王国思	王昌密	王青扬	王佳颖
王秋玉	王春阳	王家文	王海龙	王家孟	王艳娟	王裕汉	王善忠
王朝勇	王照源	王嫚妮	王德庄	王德樊	王鑫玥	亓志鹏	尹　军
甘家运	邓　海	邓运海	卢　山	卢　军	卢　雄	卢　意	卢大业
卢大敏	卢传斌	卢科余	卢盈屹	卢家壮	叶　飞	叶　奇	叶　燕
叶彩霞	冯　玉	冯凤优	冯延钊	冯锦壮	邢　玉	邢丹妮	吕　胜
吕秀男	吕梓文	伍宝亮	任云超	纪永福	毕　蕾	刘　巍	刘李军
刘春荣	庄元彩	庄雪静	江　伟	关朝优	许　云	许　逊	许夕健
许伟伟	许海贵	许洋海	许隽捷	孙　华	孙传动	杨　宁	杨　亮
杨　健	杨　笑	杨卫平	杨全龙	杨全锋	杨昌开	杨彦坤	苏　杰
苏文渊	苏雄文	李　芬	李　岗	李　姗	李　欣	李　铮	李文华
李正日	李有丰	李延春	李会益	李运丰	李连波	李汶蔚	李昊天
李其英	李宜章	李香云	李学禄	李荣归	李相国	李洪亮	李秋彤
李昶锋	李效东	李高贵	李莉莎	李泰然	李艳婷	李晓慧	李清华
李望馨	李寒丁	李惠益	李琪雯	肖　娟	肖中媚	严兴桂	严树勋
严朝政	严献良	时梓杰	吴　旺	吴　越	吴小蕾	吴达泉	吴兆润
吴延超	吴江豪	吴李能	吴居川	吴青柳	吴青桃	吴金漫	吴济杉
吴挺峰	吴奕璐	吴继恒	吴淑虞	吴景照	吴耀新	陈　英	陈　勇
陈　钰	陈　婉	陈　雄	陈　霜	陈乃嘉	陈丁震	陈天林	陈小芸
陈以美	陈川品	陈文明	陈水清	陈少婷	陈玉文	陈军冲	陈泽军
陈所竞	陈明益	陈明清	陈俊宇	陈秋苗	陈高振	陈维利	陈振炎

陈常非　陈琼君　陈毓铭　陈翠芳　陈德君　邹　柳　陆辰枫　何子宁
何子贞　何小英　何书超　何声乐　何远轩　何志慧　何坤青　何昱星
何韩冲　何琴琴　邱小梅　沈棠月　张　玉　张　泽　张　俊　张　敏
张　椿　张　鹏　张　磊　张祥军　张常来　张聪聪　张春晓　张思维
张健虎　张朝忠　张静雅　林　晓　林　琳　林开敏　林利春　林明山
林信科　林侯德　林资明　林琪雯　林道鹏　范　顶　易修呈　罗　卉
罗　骁　罗平原　季益国　周　钦　周　莹　周凤姬　周世玲　周恩昊
周辉铨　周慧芬　庞启刚　庞启禄　庞家东　庞燕玲　郑　翼　郑永利
郑琪芬　柳　俊　赵　旭　赵　亮　赵　倩　胡冬梅　胡献源　姚　坛
姚世敏　郝兴华　赵龙飞　赵明明　赵诗健　侯俊杰　施一凡　洪　雨
洪鸿武　贺丽娟　莫玉桂　莫传文　莫朱勇　莫宏林　莫泽盈　莫俊薪
莫海梅　莫翠华　高　飞　高元婷　高美娜　高树森　高惜金　高晶晶
徐孝铝　徐建民　徐昌勇　翁文超　翁昌琳　翁叶胜　翁睿敏　凌春燕
唐　慧　唐宇飞　黄　劲　黄小芳　黄田远　黄玉妹　黄玉婷　黄绍雄
黄胜学　黄宣鸿　黄振书　曹　奋　曹德锋　龚建华　龚建成　盘启林
符　君　符　冠　符　源　符义雄　符引鸾　符东日　符功礼　符阳红
符合时　符芳越　符国文　符秋云　符俊杰　符宣冠　符标玲　符贻雄
符珊榕　符致德　符章轩　符策文　梁　莹　梁丹妮　梁丽丽　梁经渊
梁莉莉　梁耿慧　梁媛媛　梁晶晶　韩　玉（市委办公室）　韩　玉（法院）
彭　飞　彭修光　蒋世余　董　武　董　锐　覃　丹　覃业雄　覃海文
傅小宾　曾　晖　曾文俊　曾少宬　曾正茂　曾繁亚　曾繁旭　温国亮
谢小兰　谢小南　谢是何　谢是海　蒙　驰　蒙美瑞　雷　钗　雷　静
雷加林　路　遥　詹正鑫　蔡　婷　蔡景旭　谭　永　谭国宁　廖光平
樊　骁　颜海兴　颜球怀　黎　佳　黎　海　黎上发　黎仕书　黎学成
黎学青　黎学培　黎学超　黎秋莉　黎健君　黎紫才　潘文东　潘椰林

《琼海市志（1991—2010）》初审机构及成员

机　构： 中共琼海市委党史研究室（琼海市地方志办公室）

成　员： 谢才雄　冯　叶　代晓龙　熊小艳　李王坤

陈锦爱　许德长　王小鹏　黄玉佳

《琼海市志（1991—2010）》专家评议小组

组　长： 邢维雄

成　员： 陈家传　王海云　甘先琼　陈锦爱

《琼海市志（1991—2010）》复审机构及成员

机　　构： 琼海市地方志编纂委员会

成员单位： 市委办公室、市政府办公室、市委组织部、
市委宣传部、统战部、党史研究室、发改委、
自然资源和规划局、旅游和文化广电体育局、
生态环境局、农业农村局、科学技术工业信息化局、
商务局、财政局、人社局、教育局、卫生健康委员会、
公安局、司法局、民政局、住房和城乡建设局、
交通局、审计局、应急管理局、统计局、
市场监督管理局、医疗保障局、综合行政执法局

《琼海市志（1991—2010）》终审机构及人员

机　构： 海南省地方志办公室

成　员： 秦武军　陈家传　覃　偲　符思权

1996年琼海市地图

琼海市在海南岛的位置图
文 昌 市
定 安 县
屯 昌 县
琼中黎族苗族自治县
万 宁 市
南 海
琼海市
黄竹镇
农垦定安热作所
南海农场
龙门镇
坡寨乡
广青农场
大同乡
龙塘镇
屯城镇
屯昌县
屯郊乡
黄岭农场
藤寨乡
南坤镇
南坤镇
中坤农场
坡心乡
翰林镇
岭口镇
红卫农场
中建农场
中瑞农场
南吕镇
南吕农场
枫木镇
乌坡镇
会文镇
重兴镇
东红农场
大路镇
烟塘镇
长坡镇
彬村山华侨农场
塔洋镇
新市乡
东升农场
洋水乡
万泉镇
温泉镇
嘉积镇
潭门镇
福田镇
上埇林场
上埇乡
博鳌镇
朝阳乡
中原镇
东屿岛
九曲江乡
石壁镇
南俸农场
龙江镇
东太农场
文市乡
阳江镇
会山苗族乡
东平农场
龙滚镇
中平镇
南方农场
东岭农场
禄马苗族乡
六连林场
山根乡
图 例
县级政府驻地
乡、镇级政府驻地
国营农、林场
村委会
自然村、连队
山峰
港口
公路桥
高速公路
国道
省道
县道
乡道
小路
市、县级界
乡、镇级界
水库、河流
比例尺 1：250 000
编 制：国家测绘地理信息局海南测绘资料信息中心
审图号：琼S（2019）114号

1996年琼海市城区地图

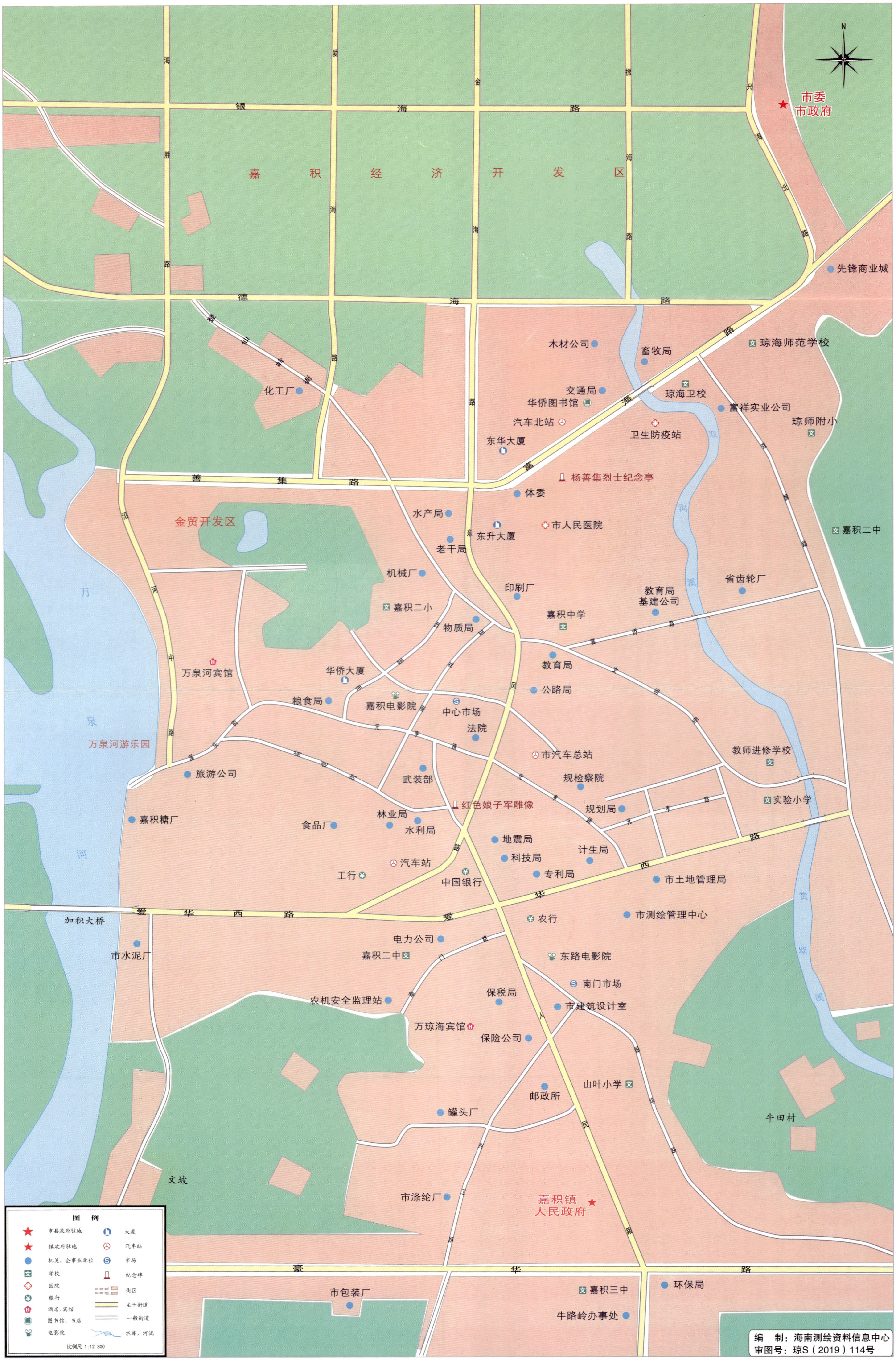

编　制：海南测绘资料信息中心
审图号：琼S（2019）114号

琼 海 市 地 图（2010年版）

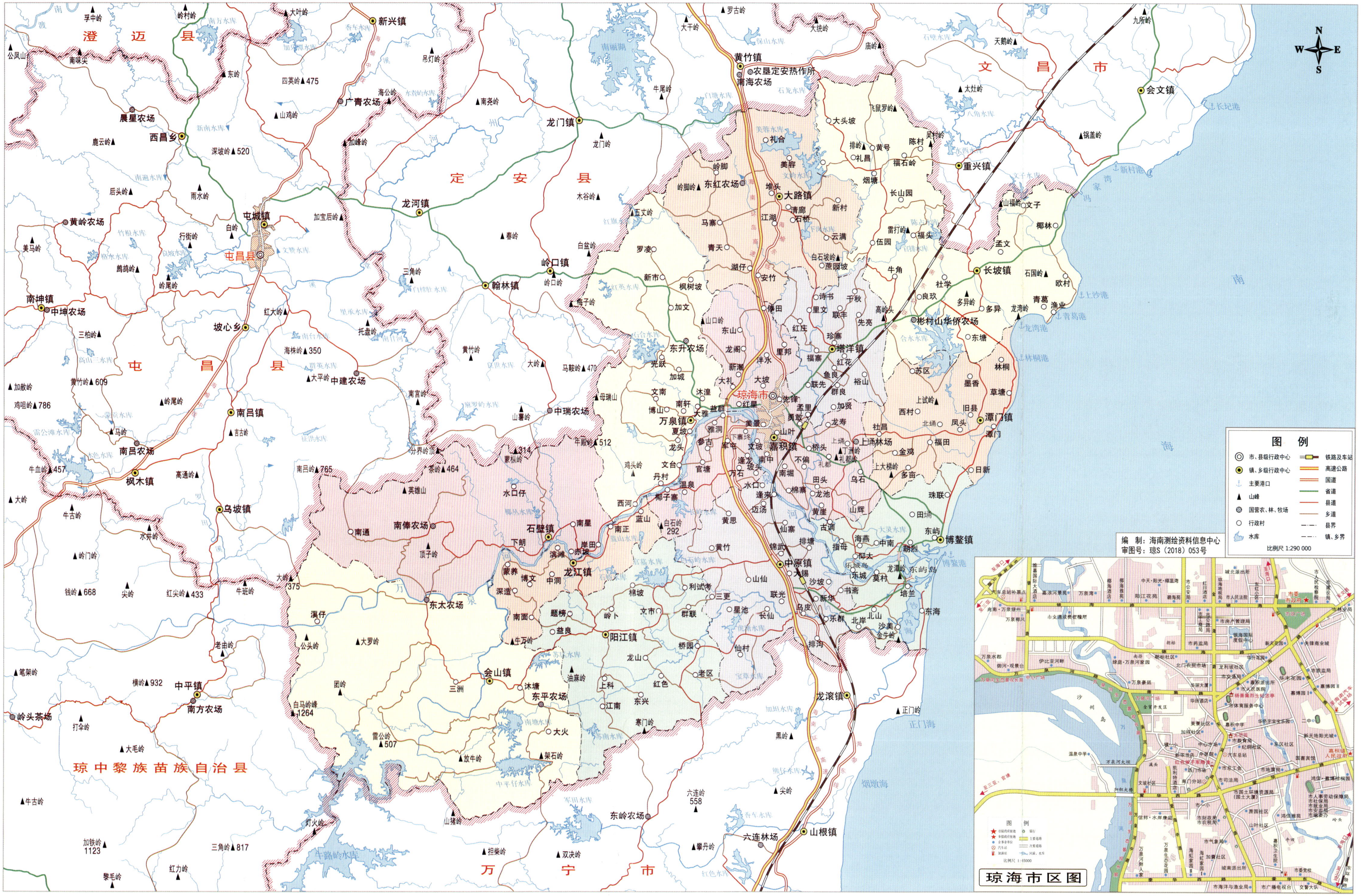

2010年琼海市城区地图

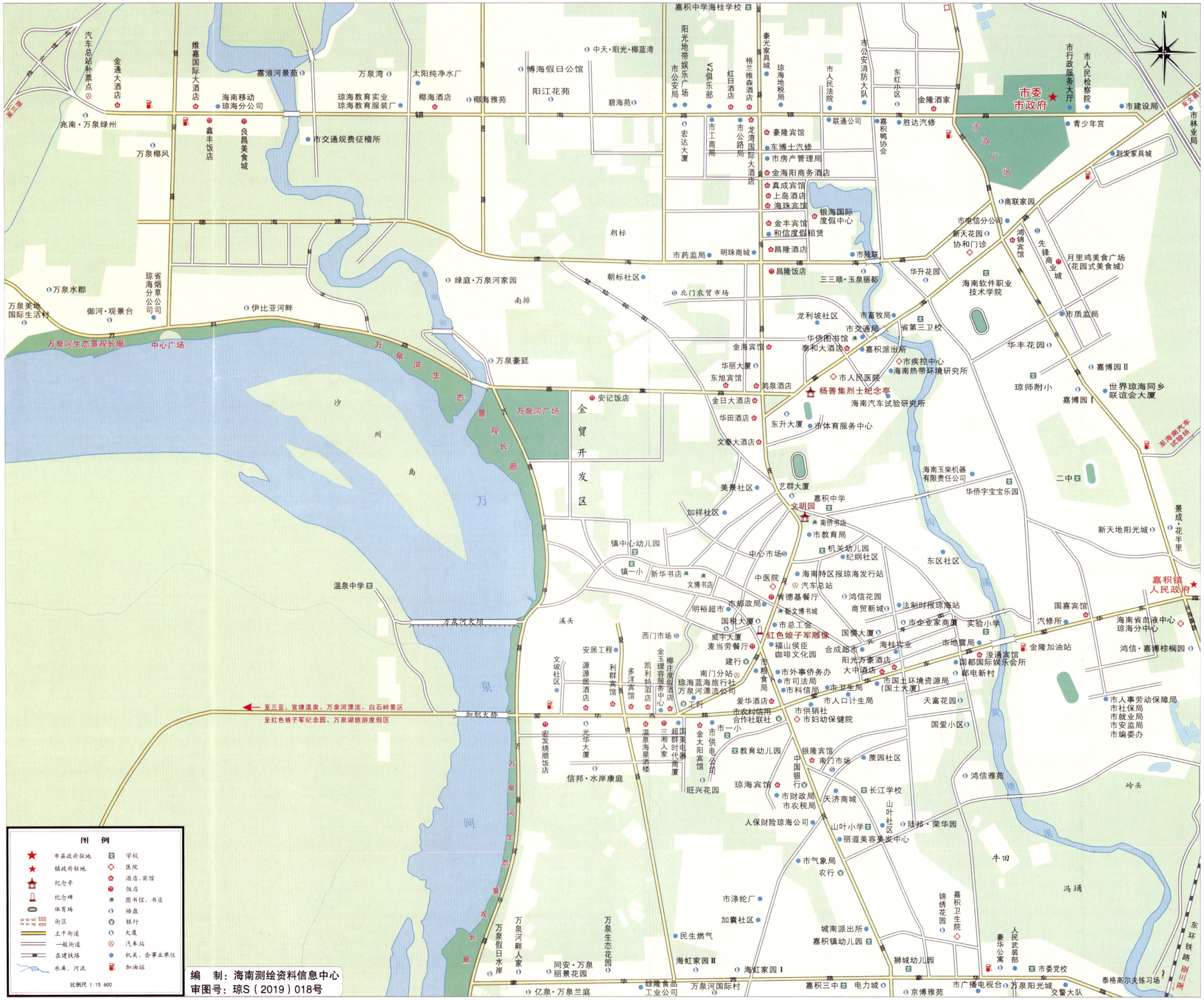

编 制：海南测绘资料信息中心
审图号：琼S（2019）018号

博鳌亚洲论坛

2001 年，博鳌亚洲论坛成立会址落成 （石怀逊 2006 年摄）

2001 年博鳌亚洲论坛成立大会 （转自《亲历琼海改革开放》）

2008 年博鳌亚洲论坛年会　　（转自《亲历琼海改革开放》）

博鳌亚洲论坛永久会址　　（吴坤哲 2009 年摄）

重要活动

1993 年 2 月 6 日，琼海撤县设市庆典　　　　（琼海市史志中心供图）

撤县设市庆典上，海南省领导为琼海市四套班子衔牌揭幕　　　　（蒙钟德 1993 年摄）

琼海市成立纪念章（正面、背面）　　（琼海市史志中心供图）

1995 年 4 月 2 日，第四届海南国际椰子节琼海市活动开幕式　（杨全发 1995 年摄）

1995 年 6 月 1 日，第一届“万泉河杯”龙舟赛在嘉积举行　　（杨全发 1995 年摄）

1997 年，琼海市第三次荣获“双拥模范城”称号。图为 8 月 1 日举行挂匾仪式

（琼海市史志中心供图）

1998 年 3 月，中国共产党琼海市第九次代表大会召开 （琼海市史志中心供图）

1998 年 3 月，琼海市第十一届人民代表大会第一次会议召开（琼海市史志中心供图）

1998 年 3 月，中国人民政治协商会议琼海市第九届委员会第一次会议召开

（琼海市史志中心供图）

2000 年 10 月，中国人民解放军红色娘子军预备役连成立，举行升旗仪式

（王裕超 2000 年摄）

2004 年 4 月，世界琼海同乡联谊会大厦落成　　（转自《亲历琼海改革开放》）

2007 年 11 月 17 日，第八届中国海南岛欢乐节琼海开幕式　　（吴坤哲 2007 年摄）

2008 年 5 月 5 日，北京奥运会圣火传递到琼海市　（王裕超 2008 年摄）

20 世纪 90 年代的琼海风貌

20 世纪 90 年代，嘉积街头的自行车托管处　　（周仕科 1991 年摄）

20 世纪 90 年代初，嘉积城区开通公共汽车　　（蒙钟德 1994 年摄）

20 世纪 90 年代的中国人民银行琼海支行（转自《琼海新貌》1995 年版）

20 世纪 90 年代的中国工商银行琼海支行（转自《琼海新貌》1995 年版）

20 世纪 90 年代的中国建设银行琼海支行（转自《琼海新貌》1995 年版）

20 世纪 90 年代的国土大厦（转自《琼海新貌》1995 年版）

20 世纪 90 年代的中国人民保险公司琼海支公司（转自《琼海新貌》1995 年版）

20 世纪 90 年代的朝阳乡（转自《琼海新貌》1995 年版）

20 世纪 90 年代的上埇乡　　（转自《琼海新貌》1995 年版）

20 世纪 90 年代的大路镇　　（转自《琼海新貌》1995 年版）

20 世纪 90 年代的石壁镇　　（转自《琼海新貌》1995 年版）

20 世纪 90 年代的塔洋镇　　（转自《琼海新貌》1995 年版）

20 世纪 90 年代的潭门镇　　（转自《琼海新貌》1995 年版）

20 世纪 90 年代的长坡镇　　（转自《琼海新貌》1995 年版）

20 世纪 90 年代的中原镇　　（转自《琼海新貌》1995 年版）

20 世纪 90 年代的嘉积银海片区　　（蒙钟德 1996 年摄）

20 世纪 90 年代的嘉积金海路与善集路交汇处　　（蒙钟德 1998 年摄）

1999 年 2 月，东风路改造工程竣工通车　　（蒙钟德 1999 年摄）

21 世纪初的琼海风貌

市政大楼 （蒙钟德 2000 年摄）

21 世纪初的嘉积爱华东路 （蒙钟德 2000 年摄）

21 世纪初的国税大厦　（蒙钟德 2001 年摄）

曾经风行琼海大街小巷的风采三轮车　（蒙钟德 2001 年摄）

21 世纪初的嘉积富海路　　（蒙钟德 2001 年摄）

21 世纪初的嘉积金海路　　（蒙钟德 2002 年摄）

2002 年 5 月 9 日，嘉积镇新建成的北门农贸市场正式投入使用（陈德雄 2002 年摄）

21 世纪初的嘉积人民路与东风路交汇处（蒙钟德 2003 年摄）

因亚洲论坛建设而整体搬迁的博鳌镇东屿村村民在安置区新居过年

（蒙钟德摄于 2003 年）

21 世纪初的嘉积兴海中路 （蒙钟德 2003 年摄）

2003年，琼海建成全省首家垃圾处理厂。图为技术工人在调试设备（蒙钟德2003年摄）

2005年2月2日，石龙大桥通车　　（蒙钟德2005年摄）

博鳌乐城大桥。大桥的建成结束了乐会县旧址乐城岛1000多名居民摆渡出门的历史

（蒙钟德2007年摄）

2007年11月，琼海市人民医院举行百年庆典　（琼海市史志中心供图）

琼海市中医院老院区　（琼海市史志中心供图）

2007 年 11 月 30 日，嘉积大桥爆破重建。前方为新搭建的便桥　（蒙钟德 2007 年摄）

21 世纪初的嘉积人民路　　（黄光欣 2008 年摄）

博鳌珠联湾海洋验潮站　　（蒙钟德 2008 年摄）

东线高速公路琼海出口处　（吴坤哲 2010 年摄）

东环铁路琼海站广场建设中　（黄光欣 2010 年摄）

海南东环高铁动车穿越琼海　　（王裕超 2010 年摄）

廉租房小区　　（蒙钟德 2010 年摄）

琼海污水处理厂　（蒙钟德 2010 年摄）

位于博鳌的亚洲航道航线灯塔（王裕超 2010 年摄）

经济建设

20 世纪 90 年代，琼海市（县）积极引导乡村农户兴建沼气池。图为农户家庭用上了沼气（陈德雄 20 世纪 90 年代摄）

20 世纪 90 年代的琼海上埇养鸡场　　（陈德雄 20 世纪 90 年代摄）

20 世纪 90 年代的琼海丝绸厂生产车间　　（转自《琼海新貌》1995 年版）

20 世纪 90 年代的琼海涤纶厂生产车间　　（周仕科 1995 年摄）

20 世纪 90 年代的龙泉大酒店（转自《琼海新貌》1995 年版）

1997 年 6 月，琼海轻骑摩托车有限公司投产　　（琼海市史志中心供图）

人工孵化鲍鱼　　（转自《亲历琼海改革开放》2000 年摄）

长坡镇水产养殖基地　　（蒙钟德 2001 年摄）

市农业示范基地的工人在护理新品种黄皮西瓜“宝丽金”　　（王凯 2002 年摄）

2002 年 12 月 14 日，琼海市科技“110”成立。图为技术人员到田头为农民排忧解难

（蒙钟德 2002 年摄）

20 世纪 90 年代起，长坡镇积极引导农户大面积种植青皮冬瓜，农民收入明显增加。图为长坡镇青皮冬瓜外销　　（蒙钟德 2003 年摄）

“超级稻”获丰收　　（蒙钟德 2005 年摄）

琼海出产的罗非鱼出口创汇（蒙钟德 2005 年摄）

温泉鹅养殖基地（王裕超 2009 年摄）

潭门渔港渔获（王裕超 2009 年摄）

官塘休闲中心（琼海市史志中心供图，2009 年摄）

龙湾国际大酒店 （王裕超 2009 年摄）

种植冬季瓜菜　　（蒙钟德 2010 年摄）

琼安胶园　　（琼海市史志中心供图，2010 年摄）

风物特产

“看菜”竹笠　（琼海市史志中心供图）

清补凉　　（琼海市史志中心供图）

鸡屎藤粿仔　　（王裕超 2010 年摄）

薏粿　　（莞尔供图）

米糖贡　　（琼海市史志中心供图）

京果　　（琼海市史志中心供图）

椰丝高粱卷（莞尔供图）

烤包（琼海市史志中心供图）

大包（琼海市史志中心供图）

苙（琼海市史志中心供图）

嘉积鸭（昌隆饭店供图）

温泉鹅（琼海市史志中心供图）

公道（琼海市史志中心供图）

叠彩螺（博鳌镇供图）

炒粿（琼海市史志中心供图）

椰子（王裕超 2008 年摄）

槟榔果（琼海市史志中心供图）

槟榔树（琼海市史志中心供图）

莲雾　（王裕超 2005 年摄）

火龙果　（琼海市农业农村局供图）

番石榴　（大路镇供图）

菠萝　（王裕超 2009 年摄）

菠萝蜜　（琼海市史志中心供图）

会山镇上的油茶树王（琼海市史志中心供图）

胡椒（琼海市农业农村局供图）

鸡屎藤叶（王裕超 2010 年摄）

旅游名胜

万泉湖石片沟（琼海市史志中心供图）

聚奎塔（琼海市史志中心供图）

娘子军雕像（蒙钟德 1991 年摄）

白石岭索道（蒙钟德 1995 年摄）

潭门渔港一角　　（王裕超 2005 年摄）

玉带滩　　（蒙钟德 2005 年摄）

兴建于 1958 年的龙江镇中洞村委会黄土村人民公社饭堂　　（陈德雄 2009 年摄）

琼海市获评中国优秀旅游城市（王裕超 2009 年摄）

中国温泉之乡地标（王裕超 2009 年摄）

红色娘子军纪念园　（蒙钟德 2010 年摄）

乐城古街　（杨全发 2010 年摄）

博鳌乐城岛上的城隍庙　（张杰 2010 年摄）

博鳌亚洲文化苑　（王裕超2010年摄）

文化体育

1992年4月，琼海市华侨图书馆落成典礼（转自《亲历琼海改革开放》，1992年摄）

1993年8月，《琼海市报》创刊（琼海市史志中心供图）

1995 年,《琼海县志》出版（琼海市史志中心供图）

1998 年 6 月，琼海市电视台无线频道开播晚会（琼海市史志中心供图）

2001 年，全运会女子帆板金牌获得者王丽芳（左）与男子帆板铜牌获得者莫泽海

（琼海市史志中心供图）

2004 年，琼海琼剧团赴新加坡演出《公主抢亲》剧照

（转自《亲历琼海改革开放》，2004 年摄）

嘉积中学男子舞蹈团舞蹈《军中蛟龙》获第四届 CCTV 电视大奖赛铜奖

（司衍雄 2007 年摄）

纪念海南建省办经济特区二十周年纪念邮票　（选自 2008 年《和谐琼海》专题邮册）

嘉积中学红楼　　（琼海市史志中心供图）

嘉积中学李强学苑　　（王裕超 2009 年摄）

琼海职业中等专业学校的学生正在学习电子设备维修技能 （王仪 2010 年摄）

全国文物保护单位蔡家宅 （王裕超 2010 年摄）

博鳌乐城岛闹元宵（符海涛 2010 年摄）

航海罗盘、航海地图和手抄《更路簿》（琼海市文化馆供图）

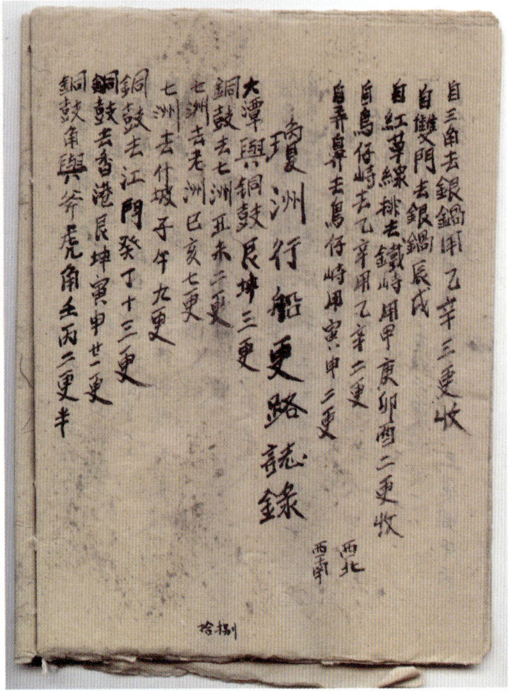

琼洲行船更路志录　（琼海市文化馆供图）

序

典章文物，皆系于志。地方志被誉为“一地之百科全书”“一方之全史”，是对一个地方自然、经济、政治、文化、社会的客观反映和系统呈现，具有存史、资治的功能，起着彰往昭来、薪火相传的作用。琼海历史上曾多次修志，自明万历四十七年（1619）编修《会同县志》，至清宣统二年（1910）续修《乐会县志》止，其间曾6次重修，1次翻印。民国期间，民选县长王大鹏提出增纂县志，但因兵燹频仍，经费拮据，史料难集，只得将旧志重印，免于失传。解放后，1958年中央指示编修县志，1960年成立县地方志编纂委员会，奈因处于困难时期，修志不成。此后，旅居台湾的邑籍同乡，分别重印《乐会县志》和续编《琼东县志》增补资料，但限于历史条件，志书未能客观地反映琼海的全貌。党的十一届三中全会后，政通人和，百业兴旺。当时的琼海县委、县政府按照党中央、国务院编修社会主义新方志的要求，组织精干队伍，经过7年艰苦耕耘，修成《琼海县志》（下限至1990年）。

盛世修志，使命在肩。习近平总书记曾强调“要高度重视修史修志，让文物说话、把历史智慧告诉人们，激发我们民族自豪感和自信心，坚定全体人民振兴中华、实现中国梦的信心和决心”。2007年，市委、市政府决定对琼海1991—2010年工作及经济社会发展进行全面系统的回顾总结，正式启动二轮志书编纂工作。在省志办及各界专家学者的指导帮助下，聚众人之智，积十余载之功，数易其稿，终成新志《琼海市志（1991—2010）》。这部志书上限起于1991年，下限止于2010年，纂长编140万字，以时为经，以事为纬；总揽百科，重点突出；资料翔实，体例完备；文风朴实，语言流畅；全面系统、实事求是地记述了琼海改革开放的发展历程，生动再现了琼海人民“敢于拼搏、无私奉献、团结协作、敢为人先”的精神风貌，全书融思想性、科学性、资料性于一体，是一部为当代奉资政辅治之参考，于后世留堪存堪鉴之记述的扛鼎之作。《琼海市志（1991—2010）》的编纂出版，不仅为社会各界提供了琼海经济社会发展的翔实资料，也为社会各界进一步了解琼海、认识琼海、建设琼海、宣传琼海提供了有效的载体和窗口。值此付梓之际，谨代表中共琼海市委、琼海市人民政府，向所有关心、支持、指导和参与志书编纂工作的各级领导、专家学者、史志工作者及社会各界人士表示衷心感谢！

华章存史，不契初心。2019年是中华人民共和国成立70周年，70年来琼海发展取得非凡成就，综合实力、基础设施、产业格局、城市品质等都实现巨大跨越。认真通阅

《琼海市志（1991—2010）》，这 20 年间，正处于海南建省、琼海设市之后的重要历史期间，琼海经济社会安定和谐、人气兴旺、文明进步、繁荣昌盛，逐渐成为海南东部一颗璀璨明珠。我们在为琼海过去所取得的巨大成就感到自豪的同时，也深切地感受到所肩负的历史使命责任重大。面对新时代发展要求和发展机遇，我们一定要鉴古明今，观往之利弊得失取经验教训，以更加开放的胸怀，更加饱满的热情，更加旺盛的斗志，更加务实的作风，更加得力的措施，为加快建设海南东部中心城市、实现“三地两区一中心”发展目标而接续奋斗，努力在新时代琼海的发展史上续写出更加辉煌的篇章！

是为序。

中共琼海市委书记 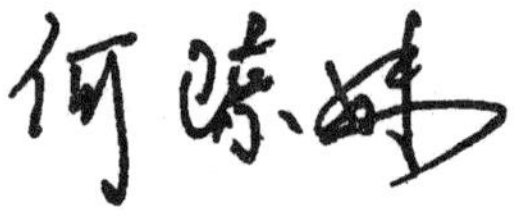 琼海市人民政府市长 

2019 年 11 月

凡 例

一、以马克思列宁主义、毛泽东思想、邓小平理论、“三个代表”重要思想、科学发展观、习近平新时代中国特色社会主义思想为指导，坚持辩证唯物主义和历史唯物主义的立场、观点和方法，遵循实事求是原则，力求客观、全面、真实地记述时限内琼海市自然、政治、军事、经济、文化、社会等方面的发展情况，体现时代特征和地方特色，坚持资料性文献属性，为存史、资政、育人服务。

二、本志为《琼海县志》（下限 1990 年，1995 年版）的续志。上限衔接前志下限，定为 1991 年起，下限至 2010 年 12 月 31 日。对前志应设但未设的事物，和本志下限时已接近完成的事物，为反映其发生、发展全过程，避免机械割裂，其时限适当追溯，以确保事件的完整性。

三、以断限内琼海市的行政区划为记述范围。境内单位、个人在境外进行的与琼海市经济社会发展密切相关的重大活动适当收录。

四、采用述、记、传、图、表、录等并用的综合体裁，全志以文为主，辅以图表、照片。分编、章、节、目四个层次，事以类从，横分纵述。

五、1992 年 11 月 6 日批准撤销琼海县，设立琼海市。本志在记述撤县设市前的史实时，仍称琼海县，后称琼海市；跨时段内容及图表等均以琼海市或琼海市（县）冠名。

六、采用公元纪年，追溯 1950 年 5 月海南解放之前事件时采用历史纪年并括注公元纪年。

七、世纪和年度的起讫、同一年内月份的起讫、同一月内日子的起讫，前一个“世纪”“年”“月”省略。未注明世纪的年代均指 20 世纪的年代。

八、计量单位尽可能使用法定计量单位。为兼顾公众认知习惯及保持原档案资料准确性，面积单位除使用“公顷”外，农田土地面积仍沿用“亩”等单位。

九、表格中无数字或无法获得数字及有关情况的用“—”表示；数据为零的，用“0”表示。

十、记述“党”而不指明何种党派，均指中国共产党；记述“党派”而不指明何种党派，均指民主党派。

十一、有关“海南省”“琼海市”“中共海南省委员会”“中共琼海市委员会”的记述，非特定需要，分别省略为“省”“市”“省委”“市委”。

十二、数据以市统计局历年统计资料为准，未列入市统计局统计范围的，引用相关业务主管部门数据。

十三、地名以市民政局地名办核定为准，使用古旧地名时括注今地名。

十四、对缩略语及需要说明的专有名词、特定事物等予以注释。为便于阅读、查检，采取文内夹注和篇末尾注相结合的形式作注。

十五、严格遵循“生不立传”的修志原则，人物传收录1991—2010年谢世的琼海籍及为琼海做出重大贡献的客籍突出人物，包含党政界地专级和军界师级以上，在琼海担任市（县）四套班子主要领导职务、博士学位、正高职称人物和华侨领袖及社会各界名人。按卒年先后排序，同年卒但月日时间不详者按姓氏笔画排序。卒年超出本志上限的人物为补前志之遗。人物籍贯按今址表述。前志已立传人物如没有重大变化的，本次不再收录。

十六、所用文字遵照2001年施行的《中华人民共和国国家通用语言文字法》规定，使用规范简化汉字，对极少数特殊姓氏、姓名及地名，根据实际情况例外处理。标点符号用法遵循2012年施行的《标点符号用法》规定。数字用法遵循2011年施行的《出版物上数字用法》规定。计量单位名称和符号使用遵循1994年施行的《量和单位》规定。

十七、资料主要来自档案资料、统计资料、报刊资料及各承编单位提供的史实资料、口碑资料，照片图片主要由有关单位和个人提供，为节省篇幅，一般不再注明出处。

目 录

总 述

一

琼海，1991年为琼海县，隶属海南省。1992年，经国务院批准，撤县设市，为海南省辖市（县级），辖原琼海县区域。1991年，琼海县辖嘉积等14个镇、朝阳等7个乡。2002年3月，全市21个乡镇调整撤并为12个乡镇。2002年7月10日，琼海市最后一个乡——会山苗族乡改设会山镇，继续享受国家有关少数民族的政策待遇。2010年，全市辖12个镇和1个华侨经济区、189个村民委员会、15个居民委员会、2640个村民小组、113个居民小组。辖区驻有国有农场3个、林场1个。市人民政府驻嘉积镇银海路，北距省会海口市78千米。

全市土地总面积171013.67公顷，农用地141679.5公顷，其中耕地38273.15公顷、园地83518.8公顷、林地13364.49公顷。水面面积2351.36公顷。土类为水稻土、砖红壤、潮沙泥土、滨海沙土、赤红壤等11个土类，成土母质为玄武岩、花岗岩、砂岩和河海滨岸沉积物。地势自西向东倾斜，东部沿海为海相沉积平原，中部为丘陵地带，西、南部多为山区和半山区。海拔100米以上的山岭256座，最高为海拔1264.4米的白马岭。主要河流5条，中型水库7座，小（一）型水库27座。

琼海市位于海南岛东部，属热海洋性季风气候，冬无严寒，夏无酷暑，四季如春。年平均气温24.8℃，年日照2200小时，年均雨量2129.9毫米，年均雾天12.95天，年均雷暴雨天66.05天。全年多为东南风，下半年盛行西北风。琼海地处南海台风“走廊”，1991—2010年，年均影响琼海的台风4.3个，主要气象灾害有台风、洪涝、雷暴、虫灾（稻飞虱）等。

琼海市地处华南褶皱系五指山褶皱地带，市境范围主要为元古代和早古生代地槽型沉积与万泉河流域的河流阶地沉积。北半部印支期、燕山期及喜马拉雅山期岩浆侵入与喷发活动强烈，花岗岩类及玄武岩类连片分布。区域性东西向昌江—琼海深大断裂构造与琼东南北向构造带的交汇区，与之相关的北东东南褶皱及东西向、南北向、西北向、北东向断裂构造发育。由于特殊的地质构造，形成蕴含丰富的矿产资源，现已查明市境内有金属、非金属、水气等矿产30多种，矿床遍布全市各个镇（农场）。

1991—2010年，琼海由于撤县设市，农业大县的属性有了新的转折，城市的建设、管理、经营随之摆上重要位置。其间，先后编制完成城市总体规划、近期建设规划、区域检测性详细规划、旅游度假区（港口）规划、各类专项规划及重要地段城市规划等规划25个，控制性详细规划覆盖率70%。对规划目标和期限、城市性质和规模、城市发展规模、城镇发展目标和空间布局等进行全面、科学规划。城市基础设施建设每年投入10多亿元。2010年，城市建成区面积达47.09平方千米，城区绿地率32.29%，气化率79.84%，自来水普及率88.89%，大小道路220条，桥梁11座，路灯1.96万盏。城市公交线路9条，公交车90辆，出租车327辆，客运车辆201辆，货运车辆4710辆，年客货运输量分别为801万人次、91504万吨/千米。实现交通、供水、供气、供电一体化。

1991—2010年，是琼海社会发展史上非常值得记述和书写的历史时期，处于海南建省、琼海设市20年历史区间。历经“八五”（1991—1995年）计划、“九五”（1996—2000年）计划、“十五”（2001—2005年）计划、“十一五”（2006—2010年）计划四个“国民经济发展五年计划”；中共琼海市第八、九、十、十一次党代会；琼海市第十、十一、十二、十三届人民代表大会；政协琼海市第八、九、十、十一届委员会会议；博鳌亚洲论坛2001年成立大会和2002—2010年年会。

琼海是改革开放的一块热土。2001年2月27日，首个涵盖整个亚洲，探讨亚洲经济和社会发展问题的非官方非营利定期定址论坛——博鳌亚洲论坛成立大会在琼海博鳌镇举行。2001年起至2010年，多位党和国家领导人先后视察琼海及出席博鳌亚洲论坛年会。党和国家领导人的关心关怀，给琼海干部群众巨大的鼓舞，同时为琼海改革开放发展指明了前进的目标和方向。

二

琼海人文，是认知琼海、阅读琼海、熟谙琼海、赏识琼海的一扇重要窗口。

琼海籍学者梁明江在《琼海文化述论》中提出：“琼海文化是海南文化的重要组成部分，它是以中原文化为主的融闽越文化、岭南文化、东南亚文化和本土早期主流文化为一体的多元文化。”对于“琼海人”特质特点，梁明江界定为：“尚美厚德、中庸谦和、豁达兼容、朴逊有识、奋发自强、重教尊师。”

“三色”文化是琼海特色人文精神谱系之一。一是“红色文化”，即以红色娘子军精神为特色。琼海是海南23年红旗不倒的发源地，琼海人民用血与火写下了壮烈英勇的义举，走出了海南革命的创始人杨善集、王文明等，诞生了举世闻名的红色娘子军。同时，琼海有良好的党风、政风，民风淳朴、百姓勤劳。二是“绿色文化”，即以万泉河生态为特色。琼海自然环境优美，琼海人重视万泉河生态保护，森林覆盖率高，良好的生态资源、生态产业、生态文化，促进琼海走上了可持续发展之路。三是“蓝色文化”，即以博鳌亚洲论坛为特色。琼海是海南著名侨乡，历代华侨华人把南洋文化、西方文化带回家乡，通过融合互鉴，养成琼海人较强的开放意识和海纳百川的胸怀。博鳌亚洲论坛落户琼海，文化更加多元，为琼海的开放提供了更高层次的平台。

万泉河是琼海人的母亲河，随着琼海人文的发展而应运而生的万泉河文化，也是琼海的一大特色。万泉河文化研究会自2004年11月27日成立，经常组织开展万泉河专题文化研究，成果丰硕。至2010年，琼海本土作者叙写本土人与事的著作约300种。《琼海市报》(《琼海通讯》) 自1993年创刊以来至2010年，其“万泉河”副刊共发表文学作品1000多篇。琼海文化人士在打造琼海人文形象品牌的同时，自身也成了琼海一道独特的人文风景线。

三

1991—2010年，琼海市历届市委、市政府紧紧围绕经济建设中心，坚持改革开放，并紧密结合琼海实际，把握宏观战略、创新中观思路、推出微观举措，从而引领和推动琼海经济不断向前发展。

加强党对经济工作的领导。20年间，中共琼海市委先后召开第八、九、十、十一次党代会，每次党代会都按照党中央和省委的工作部署，提出琼海经济社会发展的目标任务。1998年3月10日至11日，召开中共琼海市第九次代表大会，为了贯彻落实党代会提出的奋斗目标，3月17日至20日，琼海市第十一届人大一次会议举行，大会分析琼海经济社会发展走势，认为未来的五年，为完成各项经济和社会发展目标，最重要的是，实行“三个根本性转变”，一是从传统的计划经济体制向社会主义市场经济体制转变，二是经济增长方式从粗放型向集约型转变，三是特区发展从主要依靠优惠政策向提高整体素质增创新优势转变；实施“三个一批”发展战略，一是形成一批支柱产业，二是发展一批企业集团，三是创造一批名牌产品；实现“三个协调发展”，一是三大产业协调发展，二是不同类型地区协调发展，三是两个文明建设协调发展。为了动员全市干部群众集中精力抓经济，紧接着3月24日，中共琼海市委召开九届第一次常委扩大会议，会议认为当前要全力以赴抓好经济建设，努力实现“三个突破”，即突破吃饭财政，转向建设财政；

突破农业经济，过渡到工业经济；人民生活水平突破温饱型，实现小康富裕型。通过加强对经济工作的领导，大胆创新思路，明确目标任务，使全市干部群众形成发展共识。

历史前进是延续性的，经济发展是承前启后的。“八五”期间是琼海经济建设和社会发展最快最好的时期，各项经济指标都大大突破了“八五”计划所制定的目标。1995 年，全市国内生产总值比 1990 年增长 1.9 倍，年均递增 25.9%；人均国内生产总值比 1990 年增长 1.8 倍，年均递增 19.6%；工农业总产值比 1990 年增长 1.46 倍，年均递增 19.7%；职工人均工资收入比 1990 年增长 1.3 倍；农民人均生产性纯收入比 1990 年增长 1.3 倍，年均递增 18%；农业总产值比 1990 年增长 1.2 倍，年均递增 17.2%；工业总产值比 1990 年增长 3.4 倍，年均递增 33.9%；社会消费品零售总额比 1990 年增长 1.8 倍；财政收入比 1990 年增长 4.4 倍，年均增长速度为 40%；金融行业存款余额比 1990 年增长 2.5 倍，年均递增 28.6%；接待国内外游客和涉外宾馆营业额收入分别比 1990 年增长 6.1 倍和 4.38 倍，年均递增 48%和 40%。

1996 年 3 月 5 日至 6 日，中共琼海市委八届四次全体(扩大)会议召开。全会认真学习贯彻中共十四届五中全会精神，总结琼海“八五”时期的成就和经验，提出“九五”时期琼海经济和社会发展的目标、指导方针和主要措施，部署“九五”头一年的工作。会议认真讨论并一致通过了题为《全面落实“九五”计划，再创琼海新的辉煌》的报告，并认真审议了《中共琼海市委关于制定琼海市国民经济和社会发展“九五”计划和 2010 年远景目标的建议》。全会认为，“八五”时期的改革开放和开发建设，为“九五”计划的实现奠定了坚实的基础，也积累了宝贵经验：解放思想，更新观念，是加快发展的重要前提；确定一条符合实际的发展方针，形成具有琼海特色的产业格局，是保持经济持续稳定协调发展的关键；深化改革，扩大对外开放，是推动经济和社会发展的重要动力；基础设施建设适度超前，是促进经济大发展的重要条件；加强党的领导，坚持物质文明和精神文明两手抓，两手都要硬，是改革开放、经济和社会发展的根本保证。这些经验为下一时期的经济工作提供借鉴和指导。

2001 年 3 月 22 日至 23 日，市十一届人大四次会议召开，会议通过《关于琼海市国民经济和社会发展第十个五年计划纲要的报告》。报告指出：“十五”期间经济和社会发展的指导方针是以邓小平理论，中共十五届五中全会和省委三届六次全会精神为指导，以“三个代表”重要思想总揽全局，以发展为主题，结构调整为主线，改革开放和科技进步为动力，提高人民生活水平为出发点，积极实施改革开放、经济结构优化、城镇化、科教兴市、可持续发展五大战略，增加财政收入和城乡居民收入，增强经济实力，不断推进社会主义精神文明和民主法制建设，率先实现国民经济和社会跨越式发展。实现“四市一城一中心”，即迈进中等城市、创建中国优秀旅游城市、建设海洋经济强市、建设生态示范市、建设繁荣的岛东商贸中心和再创全国双拥模范城的战略目标。

充分发挥经济发展思路的引导作用。琼海设市以来至2010年，市委、市政府针对各个时期的发展实际，先后召开10次以上全市性经济工作会议，促使所制定的经济发展思路、计划及各项举措落到实处。1992年琼海撤县设市后，市委、市政府针对工作重点的转移，及时调整经济工作思路。在农业经济上，继续实施 “四个稳定提高，四个重点突破”的发展策略，即稳定粮食、橡胶、林木、糖蔗种植面积，提高单产；重点发展畜牧业、水产业、瓜菜水果业和乡镇企业，大幅度突破产值产量。在工业发展上，抓好“四上”，即上规模、上档次、上速度、上效益。在开发建设中，坚持“先规划后开发，成片开发，限期开发，政府开发或参与开发”四条原则。在发展旅游业上，制定了“依托海口，面向省外，硬件一流，环境宽松，娱乐多样，特点突出”的工作思路，从而开创撤县设市后经济发展新局面。

1998—1999年，市委、市政府先后推出了“抓财政，保支出；抓招商，增投入；抓改革，出效益”的经济工作方针。同时推出“六抓六促”推动经济快速发展新举措,即抓结构调整，促产业升级；抓对外开放，促招商引资；抓技术改造，促效益提高；抓税收征管，促财力增长；抓基础建设，促环境优化；抓薄弱环节，促全面发展。此外还推出“积极调整第一产业，大力发展第二产业，努力搞活第三产业”经济发展思路。这一系列思路和举措的实施，使经济发展从农业重点、开发建设、工业发展、招商引资、旅游业振兴等多点发力、量的扩张，转向以效益为中心，促进经济全面发展。

2005—2009年，琼海遭遇罕见的自然灾害，加上国际金融危机影响，国家实施从紧的货币政策，全市经济运行处于低迷状况。市委、市政府在采取积极应对措施的同时，一再强调保持良好发展势头，增强信心，真抓实干，从而保证经济稳步发展。

思路决定出路。海南省1998年县域经济晋级升位考核得出结果，琼海县域经济综合分值65.76分，经济发展等级达到了三级，成为全省第一个县域经济晋级升位到三级的市县，人均国内生产总值、人均地方财政收入、人均农业增加值和农民人均纯收入分别达到8510元、417元、5219元、2970元，全省排序分别为第一、第二、第一、第二。

农村发展始终是琼海经济发展的重中之重。作为海南的农业大市之一，市委、市政府高度重视农村工作和发展，先后召开7次以上农村工作会议，认真贯彻落实党中央历年来的“1号文件”精神，坚持以市场为导向，按照“调高、调精、调优”的原则，通过不断推进农业结构的战略调整，充分挖掘农业内部的增收潜力，切实抓好农业经济发展。至1996年，全市建立起商品粮、北调瓜菜、橡胶、胡椒、槟榔、活鸡、鱼虾、水果、椰子、林业10个大宗农产品商品生产基地。海南社会主义新农村建设统计监测结果显示，2007年琼海综合得分81.69分，高出全省综合平均得分15.5分，排名全省第一。

四

1991—2010年是琼海大改革、大开放、大发展的历史时期。

激越的改革开放精神

1994年11月25日，琼海市在海交会上提出“让别人发财，求自己发展”的口号。共签订合同项目15个，投资总额为9.54亿元；签订贸易合同15件，合同购销总额达3090万美元和2500万元。这句口号也成为“琼海流行语”，在全省迅速流传开来。

1991年9月10日，琼海县政府在北京人民大会堂广东厅举行向首都人民推荐优质食品新闻发布会。这次活动是中国消费者协会、二轻部《消费时报》和海南省政府驻京办事处联合举办的。被推荐的优质产品有琼海县罐头厂生产的“万泉河”牌椰子汁系列饮料、县食品厂生产的“太阳”牌系列饼干及优质矿泉水等。至9月20日，县食品厂已与北京经销单位签订“太阳”牌系列饼干4000吨、优质矿泉水1000吨的购销合同，成交额2150万元。

1993年6月28日，琼海万泉河温泉旅游开发股份有限公司创立。由琼海市政府、海南赛格国际信托投资公司、海南东方租赁投资股份有限公司、海南新鑫发展有限公司等4家发起股东组成，总股本为1.6亿元。公司的主要发展战略是，以万泉河温泉旅游开发为先导，形成旅游业和房地产业两大支柱，联动进入相关的旅游、贸易、运输、饮料、建筑、建材等行业，形成多元化经营。

1994年4月8日，在海口举行的海南省首届产权交易会上，非国有企业寰岛置业股份有限公司从琼海市政府手中收购了资产规模达8000万元的琼海罐头厂全部资产。这是海南省首例规范化产权交易。1994年4月19日，琼海市委常委会讨论百货公司、物资总公司的产权改革方案，确定百货公司的改革采取两种形式：一是拍卖，二是搞股份公司；物资总公司采取整体拍卖。1998年5月5日，琼海市国有资产嘉积糖厂闲置设备拍卖成功，洋浦南华糖业发展有限公司以530万元的价值取得设备所有权。1998年6月19日，琼海市政府在批转《琼海市国有企业下岗职工解困和再就业工作实施方案》的按语中指出："国有企业下岗职工的解困和再就业工作，是当前关系改革、发展和稳定全局的头等大事。各部门和单位一定要以对党对人民极端负责的精神，高度重视，加强领导，齐心协力，满腔热情地做好这项工作。"1998年8月10日，琼海市委、市政府成立琼海市企业改革指导委员会和琼海市国有资产管理委员会，实行一套人马两块牌子，加大企业改革力度，加快改革步伐，实现国有资产的保值增值，促进社会稳定和全市经济健康快速发展。2000年1月6日，琼海市委、市政府发出《关于进一步加快国有企业改革和发展的意见》，提出国有企业改革和发展的目标要求是：用三年的时间，完成国有企业改制，实现国有资产有效重组，国企职工得到妥善安置，下岗职工再就业和基本生活保障水平有较大提高；没有实施产权转让，尚属国家出资、控股的企业建立起现代化企业和国有资产监督营运机制。总体要求是：能搞活就搞活，不能搞活就盘活，盘不活的不再增加债务，放掉包袱。

琼海是海南省机构改革试点。1996年7月16日，琼海市直党政机关竞争上岗工作以教育局为试点正式启动。改革后，市委工作机构共设7个，部门管理机构1个，与政府合署办公机构1个，挂牌机构2个，人员精简15%；政府部门共设机构20个，人员精简25.64%；乡镇党政机关将分类设置机构，人员精简16.03%。

宽宏的改革开放情怀

"来的都是客，捧为座上宾。"琼海是著名侨乡，本土乡亲与海外乡亲人数相近，血缘脉流亲密优厚，并且海外乡亲爱国爱乡，一向热心支持家乡建设。市委、市政府充分利用和发挥这一优势，举行历次世界琼海同乡联谊会，广泛开展海内外乡亲联谊交流活动。还利用举办海南国际椰子节琼海开幕式，以及万泉河龙舟赛等宣传推介琼海。

"内紧外松，先人后己。"琼海市在对外开放中，不论是政府部门还是民间，不但不存在地方保护主义，反而推行的是"内紧外松""先人后己"的礼俗。在"内外"利益冲突时，宁可做出牺牲或让步。看中的是投资者带来的好处，比如资金、税收、技术、就业等，而非紧盯投资创业者的腰包。百姓以亲相待，政府按章办事，为外来投资者创造一个宽松的社会环境。

"张开热情双臂，拥抱八方宾朋。"1991—2010年间，琼海市先后与克拉玛依市、肇东市、西双版纳傣族自治州、天津大港区、中国台湾马公市以及美国杜邦市等国内外6个市区结为友好城市。1995年11月29日，琼海市政府举行隆重仪式，授予日本友人细川佳代子“荣誉市民”称号，这在琼海历史上也是史无前例的。细川佳代子系日本前首相细川护熙的夫人，时任世界残疾人奥林匹克委员会日本委员会会长、联合国教科文组织熊本地区负责人、世界儿童菌苗日本委员会代表。她热心琼海与日本的经济合作和文化交流，关心琼海的福利事业，为琼海的经济建设作了大量工作。

丰硕的改革开放成果

1991—2010 年，在琼海召开的全国性会议包括现场会及作为试点、示范点共有 9 次（项），涉及基层政权建设、精神文明建设、经济特区问题、水稻生产等。同时，在琼海召开的全省性现场会、培训班及作为示范点、试点工作共有 33 次（项）。其中作为改革试点的有 8 次（项），作为精神文明建设示范推广的有 7 次（项），作为其他有关工作现场会、示范点的有 18 次（项）。

1991—2010 年，琼海市荣获国家级荣誉奖励 36 项。其中在经济建设方面有 3 项，在社会治安综合治理工作方面有 4 项，在精神文明建设方面有 2 项，在双拥工作方面有 5 项，连续 5 次荣获“全国双拥模范城”称号，在教育卫生科技文化体育人口计生工作等方面有 22 项。

2001 年 2 月 27 日，博鳌亚洲论坛成立大会在琼海博鳌举行。2002 年，琼海市“开门红”招商会共签约 12 个项目，合同投资额 42250 万元；动工项目 14 个，合同投资额 24693 万元；竣工项目 12 个，投资额 29580 万元。博鳌亚洲论坛定址博鳌，是琼海天时、地利、人和之使然，同时给琼海带来千载难逢的发展机遇。论坛不仅扩大了琼海的知名度，提高了琼海的对外开放水平和国际地位，而且大大加快了琼海走向世界的进程。如今，博鳌亚洲论坛的辐射和影响遍及琼海的政治、经济、文化、社会、生态等方方面面，成为琼海持续发展的强大动力。

五

在以经济建设为中心，大力发展经济的同时，琼海社会各项事业同步推进。

社会事务管理与内容不断拓展。1991—2010 年，琼海市先后召开第十、十一、十二、十三届人民代表大会。社会事务管理的项目内容，随着社会的发展进步不断扩展到新的领域，政府购买公共服务不断增加，公共服务供给侧改革不断深化。

地方财政支出向社会事业和民生倾斜。1991—2010 年，市委、市政府坚持发展经济与造福人民的统一，以增加城乡居民收入为重要任务，努力发展生产、扩大就业、完善保障、减少贫困，城乡居民收入较大增加，生活水平得到较大地提高。2010年，城镇居民人均可支配收入14836元；农民人均纯收入5924元，比1991年增长4.8倍，年均增长9.7%。同时大力推行财政惠民补贴“一卡通”改革。在财政收入稳步增长的基础上，财政支出逐年增长，支出结构合理，保障有力，惠农、教育、医疗等社会保障支出大幅增加，财力逐渐向重点支出、民生支出、社会公共事业支出倾斜。2010年，用于民生领域的支出占支出总量的77.5%。

残疾人事业成为社会文明进步的重要标志。1991—2010年是琼海残疾人事业发展较好较快的历史时期。在视力康复、听力语言康复、精神康复、社会康复、残疾人用品用具供应服务、残疾人就业、残疾人危房改造、残疾人最低生活保障等方面，都取得不俗的成绩。特别是在残疾人教育方面，全面落实“四免一补”政策，全市形成了“以普通学校随班就读为主，以特殊教学班为骨干”的残疾儿童少年就学模式，并建立了多种助学机制，帮助贫困残疾人子女及残疾学生解决就学难问题，使残疾少年儿童入学率达96%。

在重大自然灾害面前众志成城。1991—2010年间，琼海历经防控“非典”、抗击“达维”强台风和特大洪水等自然灾害。在严重的自然灾害面前，琼海市各级党组织和城乡基层组织，在党和国家有关部门和省委、省政府的正确领导下，组织带领全市人民奋起抗灾救灾，努力将损失和伤害降至最低。2005年9月26日,18号强台风“达维”狂袭琼岛，据报道是1973年以来危害最大的一次，给琼海市造成了巨大经济损失。30日，琼海市第一时间举行灾后重建工作动员大会，总结抗击第18号强台风“达维”的工作经验，表彰一批英勇抗灾抢险先进集体和先进个人，部署开展灾后重建工作，使全市迅速掀起恢复生产、重建家园热潮。琼海人民在抗击自然灾害斗争中得到锻炼，更加团结，众志成城，凝聚起建设琼海的强大的社会力量。

精神文明建设促进社会全面发展。20年间，通过广泛组织开展精神文明建设和创优争先活动，有力地促进全市各行各业、各项工作。其中，琼海精神文明建设工作作为全国全省现场会、示范点7次（项）以上；国家级荣誉奖励的36次（项）中，有33次（项）属社会文化教育等精神文明方面。

六

1991—2010年是琼海社会发展进程中极不平凡的历史时期。在二十年改革开放的伟大实践中，市委、市政府带领全市人民，以经济建设为中心，始终坚持改革开放，并紧密结合琼海实际，积极探索勇于创新，走出一条具有琼海特色的发展之路。综观琼海这一时期的发展历程，有许多经验值得记取。一是加强党对经济工作的领导，充分发挥市党代会和国民经济发展“五年”计划的定向引领作用。二是大力激扬琼海人改革开放精神和情怀，弘扬“琼海精神”和打出“让别人发财，求自己发展”的口号，调动方方面面振兴琼海的积极性。三是紧紧抓住博鳌亚洲论坛定址琼海博鳌的机遇，在服务好博鳌亚洲论坛项目建设和保障论坛年会顺利召开的同时，乘势推进琼海发展。四是坚持经济建设和精神文明建设以及社会各项事业同步推进，促进全社会的文明进步。经过 20 年的团结奋斗，琼海这块热土发生了翻天覆地的变化。城镇化建设快速发展,综合经济实力明显增强；主导产业、龙头企业不断发展壮大，经济结构更加优化；社会事业全面发展,城乡面貌日新月异，人民群众的获得感、幸福感、安全感大大增强，一个富裕、文明、和谐的新琼海展示在世人面前。

虽然改革开放取得的成就令人鼓舞，但在发展中存在的困难和问题也不容忽略：经济总量偏小，主导产业支撑作用不强，发展的动力和后劲仍显不足；农业基础有待加强，农业抗灾防灾能力和市场竞争能力相对偏弱，品牌农业宣传力度不够，农副产品加工产业仍是一条“短腿”；工业企业规模不大，工业化水平较低；生态旅游业进展缓慢、效益不高；制约经济社会可持续发展的环境保护与资源开发的矛盾依然存在等。这些困难和问题已经引起市委、市政府的高度重视,并正在采取积极措施加以解决。

回眸过往，豪情满怀；展望未来，令人憧憬。随着海南国际旅游岛建设的带动、全域旅游的推进以及科学发展、绿色崛起战略的实施，为琼海转型发展、跨越发展、高质量发展打开了前所未有的发展空间。同时，博鳌乐城国际医疗旅游先行区建设、美丽乡村建设、新型城镇化建设、海南东部中心城市建设为琼海新时代经济社会发展插上腾飞的翅膀。勤劳朴实的琼海人民已经并将继续发扬团结奉献、拼搏争先的“琼海精神”，锐意进取、开拓创新的“博鳌精神”和海纳百川、兼收并蓄的“琼海人文精神”，为加快琼海发展凝心聚力、砥砺奋进。

大事记

1991年

1月23日　琼海县被评为1990年粮食生产先进县，获国务院嘉奖。

2月2日　琼海县利用首批“两彩”（福利彩票和体育彩票）公共建设基金100万元修建的琼海县人民医院门诊大楼落成。

3月22日　琼海县制药厂举行投产仪式。年生产能力可达3亿片以上。

4月8日　由祖籍琼海县中原镇的新加坡侨胞同中原镇政府合资兴建的中原自来水厂举行落成典礼。

6月3日　琼海县烟园水电站主体工程落成，第一台机组运行发电。

7月20日　中共琼海县委新办公大楼落成启用。

7月25—27日　海南省农村广播网建设现场会在琼海县召开。

8月30日　琼海县罐头厂生产的“万泉河”牌椰子汁被选为国宴饮料，产品进入钓鱼台国宾馆。

9月10日　琼海县政府在北京人民大会堂广东厅举行向首都人民推荐优质食品新闻发布会。被推荐的产品有琼海县罐头厂生产的“万泉河”牌椰子汁系列饮料、县食品厂生产的“太阳”牌系列饼干及优质矿泉水等。

9月28日　琼海县举行“双拥路”通车典礼。

10月15日　中共中央政治局常委乔石到琼海县考察。

11月3日　全国文化系统表彰大会举行，琼海县获文化部和人事部颁发的“全国文化先进地区”证书。

11月25日　42个国家驻华大使及夫人一行74人访问琼海，外交部副部长刘华秋及夫人陪同。

11月26—27日　全省精神文明建设工作会议在琼海召开。琼海县委等单位在会上介绍创建精神文明点的经验。

12月2日　23个国家驻华使节、联合国组织驻华代表及其夫人一行35人到达琼海访问，外交部副部长田曾佩等陪同。

1992 年

1 月 16 日　琼海县获全国“双拥模范县”称号。

2 月 26 日　琼海县公安局被评为“全国优秀公安局”，并被列入全国 100 个优秀公安局中的 10 个优秀典型。

3 月 5 日　在海南省“1991 年市县目标责任竞赛”活动中，琼海县获全省第一名。

4 月 20 日　国务院副总理朱镕基在海南省委副书记、省长刘剑锋陪同下到琼海县考察。

6 月 20 日　海南晓奥（日本）旅游实业有限公司邀请日本著名规划设计师田口等 6 名高级专家对琼海县博鳌入海口处旅游资源进行详细考察后，认为具有很高的开发价值，决定投资开发，琼海县政府同晓奥株式会社达成协议，举行签字仪式。

8 月 8 日　琼海县房管所被评为全国房地产管理先进单位。

8 月 24 日　中国建设银行海南省分行和琼海县政府联合开发嘉积经济开发区的合同签字仪式举行。

8 月 25 日　《龙湾港总体布局初步规划》通过初审。

8 月 25—26 日　受琼海县政府委托，海南省地质矿产勘查开发局环境地质研究所专家对官塘热矿泉进行评审。评审结论是：官塘热矿泉具有较高的医疗、疗养、沐浴的开发价值。

9 月 4 日　海南省省长刘剑锋考察龙湾港。

9 月 16—17 日　琼海县万泉河口旅游区总规和嘉积经济开发区控规专家评审会举行。

10 月 4 日　琼海县政府公布：全县获省政府补录补划的革命老根据地村庄 280 个。其中补录（追认）村庄 126 个，补划村庄 154 个。

10 月 8 日　琼海县建市领导小组成立，市委书记、市长韩至中任组长。

11 月 6 日　经国务院批准，撤销琼海县，设立琼海市。

11 月 29 日　中共琼海县委召开县领导干部会议，传达民政部文件和海南省政府《关于琼海撤县设市的批复》、海南省委办公厅《关于琼海撤县设市后机构名称和领导干部名称作相应改变的通知》。

12 月 22 日　在全国社会治安综合治理表彰大会上，琼海市被评为全国社会治安综合治理先进单位。

1993年

1月17日　琼海市连续两年被授予全国计划免疫工作先进集体称号，并被评为全国“七五”农村改水成绩显著县。

2月6日　琼海设市暨十八项工程剪彩奠基庆祝大会在嘉积中学操场举行。刘名启在会上宣读海南省人民政府《关于琼海撤县设市的通知》，韩至中致辞。汪啸风、潘琼雄、刘名启、周松分别为琼海市委、市人大、市政府、市政协的衔牌揭幕。随后，举行市委、市人大、市政府、市政协挂牌仪式。这标志着琼海长达1332年之久的设县历史结束。

3月1—2日　中共琼海市第八次代表大会在市委礼堂举行。大会选举产生中共琼海市第八届委员会。

3月24—28日　政协琼海市第八届委员会第一次会议在市政府会议室举行，会议选举产生政协琼海市第八届常委会。

3月25—28日　琼海市第十届人民代表大会第一次会议在市委礼堂举行，选举产生琼海市第十届人大常委会和人民政府。

4月16日　中共中央总书记、国家主席、中央军委主席江泽民到琼海市考察。国务委员、国防部部长迟浩田，广州军区司令员李希林陪同。下午，江泽民接见市四套班子领导成员并合影留念。

4月20日　中共琼海市委召开常委扩大会议，传达江泽民在海南建省办经济特区5周年庆祝大会上的讲话和考察琼海市的指示。

5月31日　西双版纳傣族自治州与琼海市缔结友好州市。

6月10日　中共琼海市委机关报《琼海市报》创刊。

6月18日　琼海市首次精神文明建设表彰大会召开，会议表彰了59个单位和28名个人。

6月28日　琼海万泉河温泉旅游开发股份有限公司创立。

7月1日　琼海市税务局副局长庞学雅获评海南省委树立10名优秀共产党员标兵之一。

8月29日　龙湾港总体规划在琼海宾馆通过专家评审。

11月28日　琼海市政府举行宴会，招待出席第三次世界海南乡团联谊大会的各国、各地区海南籍华侨、华人代表。

12月1日　世界琼海乡亲座谈会在市华侨图书馆举行。

1994 年

1 月 16 日　琼海市重点建设项目之一——先锋商业城破土动工。

1 月 22 日　龙湾港城市总体规划工作通过琼海市政府组织的专家评审。

3 月 9 日　由中国香港同胞李强向嘉积中学捐资兴建的“李强奖学基金大楼”举行奠基典礼。

3 月 27 日　琼海市 1.2 万门首期程控电话工程顺利割接正式开通。

3 月 28 日　海南省 13 个市县程控电话工程示范点——程控电话开通暨电话号码升位典礼在琼海市邮电大楼举行。

4 月 8 日　在海口举行的海南省首届产权交易会上，非国有企业寰岛置业股份有限公司从琼海市政府手中收购了资产规模达 8000 万元的琼海罐头厂全部资产。这是海南省首例规范化产权交易。

4 月 21 日　琼海市法律服务中心挂牌开业。

4 月 25—26 日　琼海市政府召开官塘热矿泉水勘查模拟开采抽水试验现场会。北京和省内的热矿泉水专家认为官塘热矿泉水田是“中国首屈一指，世界少有”的大型热矿泉水田。

5 月 18 日　琼海市政府决定开发建设白石岭旅游度假村。

6 月 5 日　海南省委副书记、常务副省长汪啸风考察琼海市丝绸厂、涤纶厂。

6 月 18 日　由澳大利亚前总理霍克率领的澳大利亚新西兰狮王有限公司代表团到琼海市进行商务考察。

6 月 21 日　以韩国新韩株式会社董事长洪性夫为团长的经济考察团到琼海市考察。

7 月 7 日　琼海市基础建设的重点项目——灵（山）文（昌）嘉（积）线琼海段公路改建工程竣工。

7 月 8 日　琼海市罐头厂生产的万泉河牌椰子汁获全国食品行业优秀产品奖。

7 月 22 日　民政部和解放军总政治部再次授予琼海市“全国双拥模范城”称号。

7 月 27 日　首届李强奖学金颁奖仪式在嘉积中学举行。

8 月 13 日　国家计委和农业部将琼海市列入国家扶持的商品粮大县行列。

9 月 20 日　琼海市官塘地热田热矿泉水勘探报告通过国家级评审。

11 月 8 日　琼海市计生委被评为全国计生工作先进单位。

1995 年

1 月 10 日　海南省政府公布全省第一批省级文物保护单位名单，其中有琼海市的杨善集故居、王文明故居和聚奎塔古建筑。

1 月 17 日　中共琼海市委、市政府举行党政机构改革动员大会。

1 月 27 日　乌克兰克里米亚自治共和国总统尤里·梅什科夫到琼海市访问。

2 月 16—17 日　海南省星火计划工作现场会在琼海市召开。

3 月 20 日　龙湾港疏港大道施工合同签字仪式在琼海市国防大厦举行。

4 月 2 日　第四届海南国际椰子节琼海市活动在万泉河宾馆广场举行开幕式。开幕式后，在琼海宾馆举行经济合作签字仪式。晚上，“万泉河礼仪小姐”评选举行决赛。

4 月 6 日　第二次世界琼海同乡联谊会在琼海市华侨图书馆召开。

4 月 16 日　琼海市妇女儿童活动中心挂牌。

5 月 23 日　琼海市第一部村级程控电话在龙江镇开通。

6 月 2 日　第一届“万泉河杯”龙舟赛在嘉积举行。

7 月 1 日　海南电业股份有限公司琼海电业公司挂牌。

7 月 8 日　琼海市温泉白石岭旅游索道举行开通典礼。是海南第一条旅游索道。

8 月 1 日　周士第将军纪念馆落成开馆。

8 月 15 日　琼海市被评为全省唯一的体育先进市，会山苗族乡被评为全国亿万农民健身先进单位。

8 月 20 日　从零时起，琼海市电话进入海口本地电话网，同时电话号码由 6 位升为 7 位。

8 月 22 日　海南省东部地区最大的农产品批发市场——琼海市农贸产品交易批发中心在泮水海政小区建成开市。

8 月 29 日　经国家新闻出版署批准，由中共琼海市委主管并主办的《琼海市报》，从 1995 年 7 月起，编入国内统一刊号公布发行。

9 月 8 日　红色娘子军史迹陈列室在市妇女儿童活动中心建成开放。

9 月 10 日　琼海市国家公务员过渡考试在嘉积二中举行。

9 月 19 日　琼海市撤销管理区改设村（居）民委员会工作结束。原 203 个管理区和 2627 个村民委员会已分别改为村（居）民委员会和村民小组。

10月29日　由民政部组织的全国农村基层先进集体评选中，泮水乡被评为“中国乡镇之星”。

11月8日　琼海市直属机关新办公大楼落成。市委、市人大、市政府、市政协办公室及其他市直机关单位开始搬迁。

11月29日　琼海市政府举行隆重仪式，授予日本前首相细川护熙夫人细川佳代子“荣誉市民”称号。

同日　琼海市博鳌度假区举行奠基仪式。副省长毛志君和细川佳代子等出席。

同日　琼海市新华书店被评为全国送书下乡先进组织单位。

1996年

1月2日　中共中央政治局委员、国务院副总理兼外交部部长钱其琛，在海南省委书记、省长阮崇武等陪同下，到琼海市考察。

1月16日　琼海市计划生育协会被评为全国计生协会模范集体。

1月16—17日　全国水稻生产会议在琼海市官塘温泉休闲中心召开。

2月1日　琼海市上埇乡养鸡协会挂牌成立。

2月6日　琼海市科协被评为全国科普工作先进集体。这是海南省唯一的全国科普先进集体。

2月13日　琼海市中原集贸市场获“全国文明市场”称号；中原公用自来水企业公司被评为“全国农村百佳水厂”。

3月31日　中共中央政治局常委胡锦涛到琼海市大路镇江湖村、温泉镇温泉村考察农村党建工作。

4月2日　琼海市先锋商业城开业。

4月5日　第五届海南国际椰子节琼海市开幕式在官塘温泉休闲中心隆重举行。

6月11日　卫生部、联合国儿童基金会、世界卫生组织向琼海市人民医院颁发“爱婴医院”牌匾。

6月17日　琼海电业公司上埇35千伏变电站建成正式投入使用。

7月1日　中共琼海市委召开为满50年党龄和农村40年党龄老党员颁发荣誉证书大会。40名年满50年党龄和405名年满40党龄的农村老党员受到表彰。

7月1日　中共琼海市委党史研究室被评为全国党史工作先进集体。

7月8日 琼海市“3•14”重大爆炸案告破。

8月2日 中共琼海市委召开常委扩大会议，省委常委、组织部部长张德春宣布中共海南省委决定：白在林任中共琼海市委委员、常委、书记、市人武部党委第一书记，提名为市人民政府副市长、代市长（正厅级）；韩至中因工作调动，不再担任中共琼海市委书记、委员、常委、市人武部党委书记、市长。

9月5日 中共琼海市委政法委、市公安局、司法局、卫生局等单位向全市发出《关于建设“无毒害市”的倡议书》，拉开建设“无毒害市”的序幕。

10月21日 琼海革命历史陈列馆开馆。

11月12日 琼海市妇联获全国妇联系统维权工作先进集体称号。

11月23日 琼海市人民检察院反贪污贿赂局挂牌。

12月1日 高速公路（琼海段）交通安全实行属地管理。

12月7日 琼海市再次被评为全国扫盲工作先进单位。

12月20日 琼海市红十字会第一次代表大会召开。

1997年

1月7日 中国农业发展银行琼海市支行成立。

1月14日 琼海市连续第三次被评为“全国双拥模范城”。

1月21日 琼海市老干办公室被评为“全国老干部工作先进集体”。

3月11日 琼海市再次获“全国社会治安综合治理先进集体”称号。

3月18—19日 中共琼海市委党史研究室被授予“全省党史工作标兵单位”称号。

4月1日 琼海市被中共中央宣传部确定为全国创建文明村镇示范点。

4月16日 琼海市潭门港疏港大道续建工程暨渔民新村动工。

4月23—24日 全国经济特区座谈会在琼海市官塘温泉休闲中心举行。

4月29日 琼海市职业中学改名为琼海市职业中专学校。

5月13日 公安部和共青团中央授予嘉积派出所“青年文明号”荣誉称号。

5月23—24日 国务委员、国家计划生育委员会主任彭珮云考察琼海市计划生育以及恢复完善农村合作医疗制度工作。

6月17日 琼海轻骑摩托车有限公司摩托车组装总厂正式投产。

6月25日 琼海市举行迎接中国香港回归万人健身长跑活动。

6月15日　琼海市公安局连续第六年被评为“全国优秀公安局”。

8月22日　琼海市召开有史以来规模最大的工业工作会议，确定全市工业发展的指导思想、奋斗目标和改革措施，规划建设新兴工业市的新蓝图。

9月18日　中共琼海市委、市政府举行重立杨善集、林一人烈士碑文仪式和陈永芹烈士故居挂牌仪式。

同日　琼海市作家协会成立。

9月23—25日　由中共琼海市委党史研究室和市电视台联合摄制的电视文献专题片《海南第一枪——椰子寨战斗》播映。

10月2日　琼海市邮电局实行邮电分营，撤销市邮电局，分别设立市邮政局和电信局，实行专业经营专业管理。

1998年

1月6日　琼海市地方志编委会编纂的《琼海县志》获全省地方志优秀成果三等奖。

1月12日　琼海市政府委托海南亚典拍卖市场对国有企业市印刷厂进行拍卖。大路镇农民企业家王德日以381万元购得市印刷厂资产及经营权。

1月15日　琼海市中医院举行新门诊大楼启用剪彩仪式。

1月27日　撤销琼海市嘉积办事处，恢复嘉积镇建制，行政区域依照原嘉积办事处的行政区域。

2月26日　琼海市公安局林业分局成立。

3月26日　海南东线高速公路海口至琼海左幅扩建段通车。海南省政府在通车仪式上授予琼海市“支持高速公路建设先进市”荣誉称号。

3月31日　中共琼海市委将谢丽君、林少玲、陈永兴、蒋永俊、钟雯、朱传民6人定为市拔尖人才管理对象。

5月5日　琼海市国有资产嘉积糖厂闲置设备拍卖成功。洋浦南华糖业发展有限公司以530万元的价值取得设备所有权。

同日　在全国帆板锦标赛上，琼海市业余体校输送的男运动员莫泽海获得米氏板重量级金牌。

5月19日　嘉积中学被国家教委确认为首批全国中小学现代教育技术实验学校。

6月27日　琼海电视台无线频道以14频道正式开播。中国香港凤凰电视台、海南电视台和琼海电视台联合举办“心连心，奔向新世纪——琼海电视台无线频道开播晚会”。

7月14日 以海姆顿可•坦姆波为团长的南非非洲贸易公司商务考察团到琼海市考察。

7月26日 中央电视台《田园大舞台》剧组送戏下乡，到琼海市中原镇大克村慰问演出。

7月28日 嘉积中学高三（6）班学生王崇颖以863分的成绩获海南省1998年高考文科第一名。

8月10日 中共琼海市委、市政府成立琼海市企业改革指导委员会和琼海市国有资产管理委员会，实行一套人马两块牌子。

9月30日 嘉积城区南北两大交叉路口交通红绿信号灯正式启用。

10月2日 国家旅游局公布第一批43个“中国旅游业发展优先项目”名单，海南省有琼海博鳌旅游度假区等5个项目被列为全国优先发展项目。

11月3日 国家体育总局决定评选琼海市委全国体育先进市（县），结束了海南省没有全国体育先进市（县）的历史。

11月17日 琼海市森林植物防疫站启动运作。

同日 在中国工会第十三次代表大会上，琼海市总工会获“全国模范市工会”称号。

11月18—20日 琼海市消灭无标准生产试点市工作通过国家消灭无标准生产试点市工作检查组验收。

12月11日 中共琼海市委发出《关于进一步加强农业和农村工作的意见》，提出农业跨世纪发展5年目标。

12月20日 中共中央政治局常委、国务院总理朱镕基到琼海市考察。

12月23日 琼海市综合信息网络规划通过专家评审。

1999年

1月5日 中共中央宣传部、共青团中央授予琼海市全国“百万农村青年科技传播活动先进市”称号。

1月8日 琼海市公安局指挥中心成立。

1月17—22日 全国政协副主席杨汝岱到琼海市考察。

2月2日 琼海轻骑公司首批摩托车自海口秀英港装船发往南非，结束了琼海市无机电产品出口的历史。

同日 国家民族事务委员会授予琼海市“民族团结进步先进单位”称号。

2月8日 嘉积镇东风路改造工程竣工通车仪式举行。

3月2日 海南省1998年县域经济晋级升位考核得出结果，琼海县域经济综合分值65.76分，成为全省第一个县域经济晋级升位到三级的市县。

3月15日 琼海市（1995—1997年）任期环境保护工作通过省级考核验收。

3月24日 琼海市公安局电子联网报警系统正式开通。

3月28日 琼海市在全省率先实行党政事业单位会计委派制。

3月30日 琼海市公安局24个行政派出所都用上了电脑，成为全省第一个实现派出所全部电脑联网办公的公安局。

4月13日 琼海市被确认为“全国精神文明创建活动示范点”。

4月17日 龙湾港海南环保护岸工程正式动工暨从荷兰引进的挖泥船“福岷一号”投产。

4月20日 琼海市建成首家香菇生产基地。海南省食用香菇全部靠岛外进口的历史从此结束。

5月9日 琼海市各界纷纷举行各种活动，严厉谴责以美国为首的北约用导弹袭击我驻南联盟使馆的暴行。

5月15日 琼海市长坡镇获评“全国农村党员基层干部实用技术培训工作先进单位”。

6月1日 琼海市公安局看守所被公安部评定为“一级看守所”。

6月21日 琼海市新华书店被国家新闻出版署评为“全国新华书店1996—1998最佳店”。

同日 以泰国下议院第一副议长陆志琼为顾问、泰国海南会馆理事长吴多禄为团长的泰国国会暨海南会馆访琼代表团到琼海考察。

7月24日 琼海市1000名农村畜牧养殖专业户领取到畜牧专业“绿色证书”，成为海南省首批得到政府颁证认可的“农民技术员”。

8月1日 琼海市农村照明电价降至0.6元/千瓦时，提前完成省提出的城乡用电同网同价任务。

8月4日 中共琼海市委、市政府决定从1999年起，每年的8—9月为“胡椒生产月”，实现“到2002年全市胡椒种植面积达10000公顷”的目标。

8月10日 琼海市外事侨务局获评“全国侨务工作先进集体”。

8月29日 琼海市率先开展创建“无毒害市”活动，实行一票否决制。

9月1日　琼海市工商局“12315”消费者投诉服务台开通运行。

9月16日　中央文明委表彰全国精神文明创建先进单位，琼海市中原镇和长坡镇欧村村委会受到表彰。

9月21日　卫生部、国家中医药管理局、解放军总后卫生部联合授予琼海市人民医院等医院为“全国百佳医院”。

10月6日　位于博鳌万泉河出海口的玉带滩，作为分隔河、海最狭窄的河滩半岛，被上海大世界吉尼斯总部列入“吉尼斯之最”，成为海南第一个“吉尼斯之最”。

同日　中共琼海市委党校乔迁新址暨市干部培训中心和省农牧致富技术函授大学琼海分校挂牌仪式举行。

11月26日　琼海市政府决定成立龙湾港城市开发区管理委员会，由市委书记、市长白在林担任主任。

11月28日　琼海市获全省1998年县域经济晋级升位第一名。

12月7日　琼海市图书馆被文化部命名为国家一级图书馆。这是海南唯一达到国家一级标准的县（市）级图书馆。

12月12日　中共中央政治局委员、书记处书记、国务院副总理温家宝到琼海市考察工作。

12月31日　嘉积富海路改造工程全面竣工。

2000年

1月5日　琼海市乡镇企业协会成立。

1月6日　中共琼海市委、市政府发出《关于进一步加快国有企业改革和发展的意见》，提出国有企业改革和发展的目标。

1月25日　琼海市农业技术推广中心被评为“全国农业技术推广先进集体”。

1月27日　东方歌舞团受中宣部、文化部的委派到琼海市慰问演出并慰问红色娘子军老战士。

2月20日　文化部授予中原镇“全国文化系统先进单位”称号。

同日　琼海市获人事部与国家广电总局授予“全国广播电视先进市”称号。琼海市广播电视局同时被评为“全国广播电视系统先进单位”。

2月23日　最高人民检察院授予琼海市人民检察院全国“人民满意的检察院”称号。

3 月 21 日　琼海市农贸产品交易批发市场被农业部确定为“菜篮子”工程定点鲜活农产品批发市场。同日举行揭牌仪式。

4 月 11 日　经国家计委批准，博鳌镇被列为全国乡镇经济综合开发示范项目镇。

4 月 17 日　凌晨 3 时 50 分，嘉积纪纲街 30 号发生一起楼房倒塌重大事故，造成 4 人死亡 2 人受伤。琼海市成立“4·17”事故处理领导小组进行善后工作。

4 月 27 日　琼海市举行纪念海南解放 50 周年座谈会暨《琼海烈士传》首发仪式。

4 月 30 日　红色娘子军纪念园落成剪彩。

5 月 9 日　中共海南省委决定：肖杰任中共琼海市委委员、常委、书记（副厅级）；白在林不再担任中共琼海市委书记、常委、委员职务。

同日　海南省人民政府在现场召开博鳌开发区基础设施省长办公室会议。省长汪啸风，副省长李东生、于迅及省有关部门负责人参加。会议要求博鳌旅游开发区的各项基础设施马上启动建设，配套完善，迎接亚洲论坛的第一次筹备会议在博鳌召开。

5 月 23 日　琼海市被评为“全国村镇建设先进市”，并被确定为全国乡村城市化试点市。

6 月 2 日　海南多媒体远程教育网络与琼海市委党校联网开通。

7 月 20 日　琼海市政府决定启动“万泉河游”。

8 月 3 日　琼海轻骑摩托车有限公司产品出口斯里兰卡签约仪式举行。

8 月 23 日　中共琼海市委、市政府为实施“小城镇、大战略”决策，出台城镇建设优惠政策。

10 月 1 日　琼海市庆祝中华人民共和国成立 51 周年暨预备役“红色娘子军连”成立大会在红色娘子军雕像前举行。

10 月 11—16 日　琼海市境内普降暴雨和大暴雨。17 日，中共琼海市委、市政府发出《关于认真做好抗洪救灾工作的紧急通知》。

10 月 17 日　潭门镇获“全国亿万农民健身活动先进单位”称号。

11 月 15 日　中共琼海市委召开九届 73 次常委扩大会议，研究制定琼海市“十五”计划。

11 月 16 日　嘉积至博鳌公路改造工程竣工通车。

11 月 18—19 日　亚洲论坛专家学者会议在博鳌水城召开。

11 月 19 日　海南国际友好村在博鳌水城奠基。

12 月 12 日　琼海市被评为全国县级计划生育先进单位。

12月22日 海南琼海泮水110千伏输变电工程竣工。

12月28日 琼海市实验小学被命名为全国小学现代教育技术实验学校，同日举行挂牌仪式。

2001年

1月3日 中共琼海市委成立农村“三个代表”重要思想教育活动领导小组。

1月15日 人民日报社社长白克明到琼海市考察。

2月8日 全国人大常委会《中华人民共和国国防教育法》草案调研小组到琼海市调研。

2月9日 琼海市召开迎接博鳌亚洲论坛筹备会和成立大会动员会。

2月27日 首个涵盖整个亚洲，探讨亚洲经济和社会发展问题的非官方开放性论坛——博鳌亚洲论坛成立大会在博鳌镇举行。国家主席江泽民出席成立大会并致辞。博鳌镇是“亚洲论坛”的永久会址，“亚洲论坛”也是首个永久性定址中国的国际会议组织。

2月28日 琼海市新世纪“开门红”暨项目招商会举行。

3月2日 琼海市公安局再获“全国优秀公安局”称号。

3月22—23日 琼海市第十一届人大第四次会议召开，大会选举陆志远为琼海市人民政府市长。

3月26日 中共中央政治局常委、书记处书记、中央纪委书记、中华全国总工会主席尉健行到琼海市考察党风廉政建设和农村“三个代表”重要思想学习教育活动开展情况。

3月29日 琼海市质量技术监督办更名为海南省琼海质量技术监督局，实行省垂直管理。

4月25日 琼海市统计局发布2000年第五次人口普查主要数据公报。

4月26日 琼海市新华书店获“全国五一劳动奖状”。

5月1日 琼海公共汽车公司投资100万元购置30辆“中巴”车在嘉积开设公共汽车专线投入营运，结束了嘉积无公共汽车的历史。

5月28日 琼海市政府捐资35万元兴建的通什市畅好乡中心小学校门及教师宿舍楼举行落成典礼。

6月11日 经中宣部批准，红色娘子军纪念园入选第二批全国爱国主义教育示范基地。

6月16日 教育部、财政部、国家计委授予琼海市“全国‘两基’工作先进地区”称号。

6 月 19 日　海南广播电视大学和琼海市委党校联合创办的海南广播电视大学琼海远程教育学院成立。

7 月 10 日　博鳌亚洲论坛二期工程动员大会暨开工奠基仪式在博鳌水城举行。

7 月 19 日　琼海市垃圾处理厂在泮水乡俸田村南珊瑚动工。

7 月 19 日　琼海市社会保险基金监督委员会成立。

8 月 20 日　琼海市成立东屿岛征地、搬迁安置工作指挥部，市委书记肖杰任总指挥。

8 月 28 日　海南省第三届村民委员会换届选举工作试点——琼海市塔洋镇联丰村，通过村民直选产生村民委员会。

9 月 18 日　海南中远发展博鳌开发有限公司成立。

9 月 19 日　琼海市被授予“全国五好文明家庭创建活动先进协调组织”光荣称号。

10 月 17 日　琼海市运动员王丽芳在全国第九届运动会上勇夺女子帆板金牌，莫泽海夺得男子帆板铜牌。

10 月 23 日　琼海市被农业部确定为“第一批全国创建无公害农产品生产示范基地县（市）”。

11 月　博鳌镇被中宣部、中央文明办、建设部、农业部、环保总局确定为全国创建文明小城镇示范点。

11 月　琼海市信访办公室获“全国信访系统优秀集体”称号。

12 月 6 日　海南省政府正式通过《琼海市农村税费改革试点方案》，琼海市农村税费改革工作全面铺开。

12 月 14 日　琼海市科技服务“110”正式启动。

12 月 21 日　琼海市城市总体规划（2001—2020）修编纲要通过评审。

12 月 30 日　海南琼海国家粮食储备库通过正式验收。

2002 年

1 月 8 日　中央芭蕾舞团到琼海市红色娘子军纪念园演出大型现代芭蕾舞剧《红色娘子军》。

1 月 26 日　中央电视台“心连心”艺术团小分队一行 40 人到琼海市红色娘子军纪念园进行慰问演出。

同日　琼海市举行“拒食野生保护动物”万人签名活动。

同日　博鳌亚洲论坛会展中心开工。

2月5日　经全国农村中医工作评审验收组验收，琼海市被评为“全国农村中医工作先进市”。

2月27日　外交部部长唐家璇到琼海市考察博鳌亚洲论坛建设情况。

3月8日　琼海市乡镇行政区划调整开始实施，全市21个乡镇将调整撤并为12个乡镇，调整比例为42.8%。

同日　琼海市市政广场正式向市民开放。

4月12—13日　博鳌亚洲论坛首届年会召开。年会的主题是“新世纪、新挑战、新亚洲”。国务院总理朱镕基在年会上发表致辞和题为《携手共创新世纪亚洲美好未来》的主旨演讲。

同日　出席博鳌亚洲论坛首届年会的中国人民银行行长戴相龙到琼海市农村信用合作联社了解业务经营等情况。

5月21日　杨善集烈士纪念园扩建为城区老年人文化广场工程正式动工。

5月29日　嘉积北门农贸市场开张营业。

6月21日　琼海市举行“6·26”国际禁毒日万人签名活动。

6月25日　琼海市召开全市土地确权动员大会，会议要求用三年左右的时间完成全市165333.33公顷城乡土地的确权登记发证工作。

7月10日　琼海市最后一个乡——会山苗族乡改设会山镇。

7月15日　全国妇联、联合国儿童基金会女童工作试点在琼海市正式启动。

7月16日　中共海南省委决定：陆志远任中共琼海市委委员、常委、书记；肖杰不再担任中共琼海市委委员、常委、书记。

8月5日　中共琼海市委召开全市党员干部大会。大会确定了琼海市“一年一小变，三年一中变，五年一大变”的发展目标，对开展“二次创业”活动作了部署。

8月　共青团中央授予琼海市公安边防支队潭门边防派出所“全国青年文明号”称号。

9月9日　国家畜牧兽医总局局长贾幼陵到琼海市考察畜牧业发展情况和动物疫病防治建设。

9月13日　博鳌亚洲论坛会址中心配套工程之一的海南东线高速公路博鳌出口路南线工程正式开工。

同日　琼海市隆重举行纪念椰子寨战斗75周年座谈会暨《红色娘子军史》首发仪式。

9月　琼海市教育局获全国妇联和教育部授予的“全国家庭教育工作先进集体”称号。

10月22日　泰国公主玛哈扎克里·诗琳通率代表团一行29人到琼海市考察红色娘子军纪念园，并为纪念园题词“女中英雄”。

10月28日　琼海市新华书店获“全国新华书店1999—2000年度最佳收货店”奖。

10月29日　联合国妇女儿童基金会官员安德鲁、张亚丽等到琼海市会山镇、潭门镇考察女童情况。

10月　博鳌亚洲论坛2003年年会基础设施中方协调会在博鳌举行。

11月6日　“琼海市投资服务中心”开始运转。

11月22日　广州军区司令员龚谷成中将在海南军区司令员李必兴少将的陪同下，检查琼海驻军某部队、预备役团和市人武部三个团级单位的工作。

同月　琼海市被评为全国民政工作先进市县。

12月6日　琼海市与石油城市新疆维吾尔自治区克拉玛依市缔结为友好城市签约仪式在琼海市宾馆举行。

同日　由农业部、国家广播电影电视总局主办的第八届“神农奖”颁奖典礼在博鳌亚洲论坛会址举行。

12月12日　温泉至牛路岭旅游公路改造工程竣工通车。

12月18日　琼海市政府综合信息网工程经海南省信息产业局组织专家验收获通过。

12月19日　嘉积自来水水源保护区揭牌仪式在万泉河畔红星村举行。

12月28日　红色娘子军纪念馆奠基仪式在红色娘子军纪念园举行。

同日　琼海市政府与建设银行海南省分行战略合作签约仪式在琼海宾馆举行，省建行计划三年内贷款30亿元支持琼海市开发建设。

2003年

1月8日　琼海市公开拍卖19条线路112辆客车的经营权。

1月23日　中央电视台《开国将帅故乡行》剧组到琼海市拍摄反映周士第上将、卢胜中将戎马生涯的电视纪录片。

2月16日　嘉积中学李强学苑落成剪彩。

2月21日　全国青年外事工作会议在博鳌召开。

2月23日　博鳌二期输水管线工程（朝阳路口至培兰段）通过工程验收，供水成功。

2月25日　琼海市计生局被国家计生委、人事部授予“全国计划生育系统先进集体”

称号。

3月4日　嘉积镇被评为“中国民间艺术之乡”。

3月19—20日　琼海市委书记、市长陆志远与万宁市副市长章华忠在琼海万宁海域行政区域界线协议上签字。这是海南省签订的第一份县际海域界线协议。

3月21日　马来西亚新山市政府代表团一行29人访问琼海市。

3月25日　琼海市文联表彰26名“德艺双馨”艺术家。

3月28日　中国科学院院士专家考察团到琼海市考察。

4月7日　琼海市阳江镇、国税局、交管站3家单位获“全国精神文明先进单位”奖牌。

4月8—9日　海南省精神文明建设工作表彰大会暨文明生态村建设现场经验交流会在琼海市举行。琼海市电信局、长坡镇欧村、琼海市公安局、嘉积镇洪家村等一批单位受到表彰。

4月23日　琼海市非典型肺炎防治工作办公室成立。

6月6日　海南省旅游局、琼海市政府共同主办的“启动旅游市场，提倡健康旅游”仪式在万泉河漂流起点举行。

6月10日　琼海市嘉积城区的青少年共1000多人在万泉河广场举行“革除陋习，关爱家园”宣传仪式。

6月22日　博鳌金海岸温泉大酒店经中国绿色饭店专家委员会评定为AAAAA级中国绿色饭店，是中国首家参评达标的AAAAA级中国绿色饭店。

6月23日　琼海市获教育部授予的“全国幼儿教育先进市”称号。

6月26日　海南省第一所戒毒学校——琼海市戒毒学校落成开学。

6月30日　“琼海市社会保障服务中心”更名为“琼海市社会保障事业局”。

7月4日　位于万泉河上游，横跨石壁渡口、龙江滨滩渡口的石龙大桥正式开工。

7月24日　琼海公安边防支队潭门边防派出所再次被公安部、共青团中央授予“全国公安系统青年文明号”称号。

同日　琼海市象棋协会会员、13岁的安竹在全国“希望杯”少年棋赛中夺得中国象棋赛第一名。

8月18日　全国首家胡椒现货批发市场——海南胡椒中心批发市场在琼海市落户开业。

8月28日　琼海市地方税务局获“全国税务系统文明单位”称号。

9月6日　海南软件职业技术学院在琼海市嘉积镇正式挂牌。

9月8日　嘉积镇爱华路举行通车仪式。

9月12日　琼海市举行纪念抗击7314号大台风30周年座谈会暨《1973年大台风亲历记》一书首发式。

9月14日　琼海市嘉积中学新校隆重举行落成典礼。

9月22日　博鳌亚洲论坛国际会议中心落成典礼在琼海市博鳌东屿岛举行。

9月25日　越南贸易部副部长梅文瑜率领越南政府经贸代表团到琼海市考察。

9月29日　享誉世界的上海民族乐团到琼海市举行“万泉河金韵”音乐会。

10月27日　全国和省人大代表考察团到琼海市考察城市化战略工作。

11月2—3日　博鳌亚洲论坛2003年年会在博鳌亚洲论坛国际会议中心隆重召开。年会主题为“亚洲寻求共赢：合作促进发展”。国家总理温家宝在大会上作题为《把握机遇、迎接挑战、实现共赢》的主旨演讲。

11月20日　中央军委委员、广州军区政委刘书田上将到琼海市检查驻军工作。

12月1日　海南唯一的农业综合行政执法试点单位——琼海市农业综合行政执法大队成立。

12月17日　第四届世界海南青年文化科技冬令营活动在嘉积中学新校举行。

12月18日　中央文明办协调组组长李伟到琼海市检查红色娘子军纪念馆工程和嘉积洪家村文明生态村示范点。

12月23日　中纪委、中组部巡视组到琼海市巡视考察。

2004年

1月6日　琼海市被授予“全国计划生育优质服务先进市县”称号。

1月8—9日　琼海市连续5次获“全国双拥模范城”称号。

1月13日　琼海市获“中国优秀旅游城市”称号。

同日　琼海市被文化部、国家文物局授予“全国文物工作先进市（县）”称号。

同日　琼海市新闻中心成立。

2月10日　琼海市获2001—2002年度“全国科技进步先进市”称号。

2月14日　中央农村工作领导小组到琼海市调研农村工作。

2月26日　琼海市妇联获“全国各族农村妇女‘双学双比’竞赛活动先进集体”称号，并再次获得“全国三八红旗集体”称号。

2月　琼海质量技术监督局被评为“全国标准化工作先进单位”。

3月1日　20集电视连续剧《红色娘子军》新闻发布会在红色娘子军纪念园举行。

3月2日　琼海市被民政部授予“全国村民自治模范市”称号。

3月30日　琼海市法院塔洋人民法庭被最高人民法院及司法部联合授予“全国模范人民法庭”称号。

同日　第八届世界海南乡团联谊大会在琼海市博鳌举行。

4月15日　海南省“体育三下乡”活动启动仪式在琼海市阳江镇举行。

4月17日　国家超级稻育种技术论坛大会在琼海市举行。论坛的主题是“超级稻育种与粮食安全”。

4月18日　中共海南省委宣传部，中共琼海市委、市政府和中国人学学会主办，龙湾港协办的“博鳌文化论坛”在琼海市举行。

4月24—25日　博鳌亚洲论坛2004年年会在博鳌镇召开。年会主题为“亚洲寻求共赢：一个向世界开放的亚洲”。中共中央总书记、国家主席胡锦涛出席年会并发表题为“中国的发展 亚洲的机遇”的主旨演讲。

4月24日　中共中央总书记、国家主席胡锦涛在出席博鳌亚洲论坛2004年年会后，在省委书记汪啸风、省长卫留成及市委书记、市长陆志远等陪同下，考察嘉积镇龙寿洋566.67公顷水稻基地，并与在田间劳动的农民亲切交谈。

4月　世界琼海同乡联谊会大厦落成。

5月25日　琼海市中医院被人事部、卫生部、中医药管理局评为“全国卫生系统先进集体”。

6月10日　中共琼海市委、市政府在市政府广场举行“中国优秀旅游城市”城雕揭幕仪式。

6月30日　海南省政协在琼海市召开重点提案督办会，建议在中原镇凤楼建立普通野生稻自然保护区。

7月2日　《琼海市三边防护林建设规划》通过有关专家组成的评审团的评审。

7月13日　琼海市十二届人大常委会八次会议决定：接受陆志远辞去琼海市人民政府市长职务的请求；任命宋祎为琼海市人民政府代理市长。

7月14日　中共琼海市委书记陆志远率领40余人组成的代表团到广州参加首届泛珠江三角洲区域经贸合作洽谈会。

9月9—12日　国务院新型农村合作医疗检查组到琼海市检查工作。

10月8日　琼海市举行天然气管道工程开工典礼。

10月19日　海南省农业科技服务“110”工作现场会在琼海市召开。

10月30日　博鳌亚洲论坛中方首席代表陈锦华到博鳌考察。

11月6日　首届中国青年欢乐节暨第五届中国海南岛欢乐节琼海活动开启仪式在烟园水电站万泉河漂流起点站举行。

11月12日　海南省第二届体育运动会闭幕。琼海市体育代表团金牌总数排列第二。

11月15日　琼海市在中国香港会议展览中心举行招商项目推介会暨签约仪式。

11月18日　全国爱国主义教育示范基地先进单位红色娘子军纪念园举行挂牌仪式。

11月20日　中国科协2004年学术年会（第六届）在博鳌镇 开幕。

11月27日　海南省万泉河文化研究会在琼海市成立。

11月29日　琼海市人民医院被中华医院管理学会评为“全国百姓放心示范医院”。

2005年

1月6日　国务院食品安全综合检查组到琼海市进行食品安全综合检查,确保春节期间的食品安全。

1月8—9日　全国农村精神文明建设工作座谈会在琼海市召开。

1月9—10日　“绿色——环境创造财富”为主题的第二届中国（海南）生态文化论坛大会在博鳌召开。

1月11日　农业部副部长牛盾带领的全国《中华人民共和国农产品质量安全法》调研组到琼海市调研。

1月17日　省委决定:朱清敏任中共琼海市委委员、常委、书记（副厅级）；陆志远不再担任中共琼海市委书记、常委、委员职务。

2月2日　横跨万泉河，连接石壁、龙江两镇的石龙大桥正式通车。

2月11日　中共中央政治局委员、国务院副总理吴仪到琼海市考察。

3月8—10日　中共琼海市委书记朱清敏带领市代表团,参加在中国香港举行的海南商会第44届会董就职典礼。

3月18日　琼海市旅游总体规划通过专家组评审。

3月24日　中共中央政治局委员、国务院副总理回良玉到琼海市考察农业生产情况和抗旱工作。

3月25日　海南晓奥集团开发兴建的博鳌东方文化苑落成开园。

4月18日　琼海市行政服务中心启用暨项目推进年第一批重点项目签约动工仪式举行。

4月22—24日　博鳌亚洲论坛2005年年会在博鳌亚洲论坛国际会议中心召开。年会的主题是“亚洲寻求共赢：亚洲的新角色”，全国政协主席贾庆林在大会上作题为《推进全面合作，共建和谐繁荣的亚洲》的主题演讲。

4月27日　中共琼海市委、市政府举行仪式，欢送唐甸江、孙弥浩两位全国劳动模范和全国劳模特邀代表陈徽娥进京参加表彰大会。

5月8日　琼海市举行世界红十字日宣传周活动启动仪式，纪念“5·8”世界红十字日。

5月17—18日　全国绿化委员会副主任、国家林业局局长周生贤到琼海市考察博鳌沿海防护林的养护和长坡镇的槟榔种植情况。

5月18日　全省超级稻示范现场会暨晚造生产工作会议在琼海市召开。

5月23日　全国农业执法规范化建设研讨会在琼海市召开。

6月1日　琼海市被全国老龄委员会授予“全国老龄工作先进市”称号。市民政局被授予“全国老龄工作先进单位”称号。

6月17日　中共海南省委宣传部、海南省发改厅、海南省旅游局、海南省教育厅以及中共琼海市委、市政府共同主办的中国红色旅游海南系列活动启动仪式，在红色娘子军纪念园举行。

7月1日　纪念中国共产党成立84周年暨表彰先进党组织、优秀共产党员大会召开。

7月24日　嘉积中学男子舞蹈团受邀参加在澳大利亚悉尼歌剧院举行的2005年国际少年儿童文化艺术节。

8月10日　琼海市被中国矿业联合会命名为“中国温泉之乡”，成为中国第三个被命名为“中国温泉之乡”的市县。

8月26日　《琼海市富海工业园控制性详细规划》《万泉河口旅游度假区翰海至锦江段滨海地区景观设计》通过省内有关专家评审。

8月31日　中共琼海市委、市政府举行仪式，向离休抗战老战士老干部颁发中国人民抗日战争胜利60周年纪念章。

9月1日　“道路交通违法信息管理系统”在琼海市交警大队投入使用。

9月3日　琼海市举行纪念中国人民抗日战争暨世界反法西斯战争胜利60周年座谈会。

9月8日　琼海市举行学习韩国新乡村运动讲座。

9月23日　琼海市政府与由哥鲁巴国际商务咨询（北京）有限公司总裁卡文、马赫率领的奥地利代表团举行项目考察座谈会。

9月26日　1973年以来袭击海南省的最强的18号强台风“达维”狂袭琼岛，给琼海市造成了巨大经济损失。全市受灾人数达21万人，台风中意外死亡2人，受伤10人，直接经济损失28亿元。

10月　琼海市国家税务局被中央文明委评为“全国文明单位”。琼海市人民医院被中央文明委评为“全国精神文明工作先进单位”。

11月24日　团中央书记处书记尔肯江·吐拉洪到琼海市考察基层团建工作。

11月24日　上影集团党委书记兼总裁任促伦率领该集团40余党员干部和谢晋、祝希娟、黄准、牛犇等《红色娘子军》剧组主要人员回琼海“娘家”。

同日　省委常委周文彰会见“回娘家”的《红色娘子军》剧组艺术家。

11月26日　琼海市在驻军某部举行地震灾害紧急救援队成立大会暨挂牌仪式。

11月29日　琼海市举行“琼海农村部分计划生育家庭奖励扶助金”首发式。

同月 琼海市农业局被农业部、财政部等八部委联合评为“全国农业产业化工作先进单位”。

12月10日　由中共海南省委宣传部、北京大学经济学院，中共琼海市委、市政府联合主办的21世纪中国经济发展与产业成长论坛在博鳌镇举办。

12月9—10日　中国工程院“第五届学术会议”在博鳌国际会议中心召开。

12月26日　琼海市四套班子领导、市直机关事业单位干部职工800多人到博鳌镇参加整治田洋大会战，掀起冬修水利的高潮。

2006年

1月1日　琼海市开始启动农村经济结构调整增收典型300例创建活动。

1月5日　琼海市与奥地利驻华哥鲁巴国际商务咨询（北京）有限公司旗下的歌鲁巴房地产发展有限公司举行合作洽谈纪要暨项目框架协议签约仪式。

1月6日　全国人大常委、中共党史学会会长、中央党史研究室原主任孙英到琼海市考察。

1月11—12日　中央先进性教育活动第五巡回检查组到琼海市检查指导先进性教育活动开展工作。

1月18日　旨在重点描绘未来15年博鳌发展的《博鳌亚洲论坛特别规划区总体规划（修编）》通过专家组评审。

1月23日　潭门中心渔港航道疏浚工程正式开工。7月12日，渔港扩建工程（第一标段）公开招标工作完成，海南龙湾港疏浚集团中标获得施工权。

2月9日　中央政治局委员、书记处书记、中宣部部长刘云山在省领导、市领导陪同下考察红色娘子军纪念园，并看望了王运梅、王先梅、欧花三位娘子军老战士。

2月10日　海南省文明生态村建设座谈会在琼海市召开，中共中央政治局委员、中央书记处书记、中宣部部长刘云山参加座谈会。

2月15日　斯达制药有限公司股票在新加坡证券交易所正式挂牌交易。

2月27日　中共琼海市委、市政府在嘉积中学举行项目建设年主要项目和为民办实事项目暨中小学危房改造工程启动仪式。

2月28日　嘉积旧城区街道（二期工程）改造工程正式开工建设。

3月12日　2006年全市市政重点建设项目之一的琼海市青少年文化宫正式动工。

3月24日　国家工商总局局长王众孚到琼海市调研。

3月25日　中共中央政治局常委、中央政法委书记罗干到琼海市考察。

同月　琼海市被评为“全国村务公开民主管理示范单位”，是海南省唯一获此荣誉的县市。

4月11日　博鳌亚洲论坛特别规划区总规划通过省规划委员会审议。

4月21—23日　博鳌亚洲论坛2006年年会在博鳌亚洲论坛国际会展中心召开。年会的主题是“亚洲寻求共赢：亚洲的新机会”。国家副主席曾庆红在大会上作题为《把握亚洲新的机会 共创世界美好未来》的主旨演讲。

4月30日　琼海市举行纪念红色娘子军成立75周年座谈会。

5月13日　由琼海市人民政府、博鳌形象小姐选拔赛组委会等多家单位主办、海南鑫泽文化艺术传播有限公司承办的“‘广安堂杯’首届博鳌形象小姐选拔赛”总决赛在海口举行。

5月17日　琼海市2005年度的城市环境综合整治定量考核工作通过省专家组验收。

5月29日　琼海市罗非鱼养殖技术协会挂牌成立。

6月2日　博鳌镇留客村蔡家宅被国务院列入第六批全国重点文物保护单位名录。

6月19日　琼海市企业家大厦落成暨琼海市企业家协会和琼海企协集团挂牌仪式举行。

6月29日　经中国食品协会批准，琼海市正式启动国家级绿色农业示范区建设。

同月　琼海市被国务院残疾人工作委员会、中国残疾人联合会评为“全国残疾人工作先进市”。

7月5日　中共海南省委决定任命符宣朝为中共琼海市委委员、常委、副书记。11日，提名符宣朝为琼海市人民政府市长候选人，宋袆不再任琼海市人民政府市长。20日，在第十二届人大常委会第25次会议上，符宣朝被任命为琼海市人民政府代市长。

7月11日　中共海南省委决定：祝春荣任中共琼海市委委员、常委、书记，朱清敏不再任中共琼海市委委员、常委、书记。

7月17日　中原镇乌皮村野生稻保护点被纳入国家“十一五”湿地保护工程规划。同日，琼海市建立乌皮村野生稻自然保护区。

7月21日　琼海市盲人协会被中国残疾人联合会评为“全国盲人协会工作先进单位”。

8月2日　东平农场残疾青年王官平被中国残疾人联合会、国家体育总局授予“全国优秀特奥运动员”称号。

8月29日　琼海市十二届人大六次会议召开。会议选举符宣朝为琼海市人民政府市长。

9月8日　中共琼海市委党史研究室继1996年、2001年之后，第三次被中央党史研究室和人事部评为“全国党史工作先进单位”。

9月13日　嘉积中学举行红楼重建落成典礼。

9月30日　中宣部、中央文明办联合实施的“万村书库工程”琼海赠送仪式启动。

10月17日　中共中央政治局常委、全国政协主席贾庆林在省委书记汪啸风，省政协主席王广宪，省委常委肖若海等陪同下，到博鳌镇南强村进行调研。贾庆林还到红色娘子军纪念园看望慰问了娘子军老战士。

10月17日　由中共中央台办海研中心与中国国民党国政研究基金会共同主办的两岸农业合作论坛在琼海市博鳌召开。

10月30日　中共中央政治局常委李长春在省委书记汪啸风、省长卫留成陪同下，到琼海市进行调研。其间，李长春还到红色娘子军纪念园看望慰问红色娘子军老战士。

10月31日　琼海市医疗急救中心落成揭牌。

11月13日　琼海市与美国华盛顿州杜邦市签署建立友好城市关系意向书和备忘录。

11月18日　以中央综治办督查室主任胡增印为组长的中央综治委社会治安综合治理检查组到琼海市检查工作。

11月22日　琼海市就业再就业培训中心成立。

12月6日　琼海市市、镇两级人民代表选举日。有330349名选民参与市镇人民代表选举。201人当选为市人大代表，749人当选为镇人大代表。

12月19日　全国人大环境与资源保护委员会委员刘海荣率领全国人大代表和省人

大代表组到琼海市就职业教育发展情况进行调研。

12月20日　全国人大常委会委员、财政经济委员会委员张肖率领全国人大代表和省人大代表组到琼海市考察长坡镇文屯村和塔洋镇上坡村文明生态村。

同月　琼海市气象局被中国气象局授予“2006年度全国重大气象服务先进集体”称号。

2007年

1月1日　第二次全国农业普查开始，琼海市有3468名普查指导员和普查员即日起对全市12个镇、203个村居委会、8.8万多户农户进行全面调查。

1月20日　教育部部长周济在副省长姜斯宪的陪同下，到琼海市调研。

2月8日　琼海市第一个“信息化示范村”塔洋镇鱼良村揭牌。

同月　嘉积二中舞蹈《冲出亚马逊》获第二届全国中学生文艺展演一等奖。

3月23日　世界著名规划设计公司的专家组成员在国家旅游局计财司司长吴文学陪同下，对琼海市万泉河入海口至龙池段和官塘开发区河段进行实地考察。

3月26日　琼海市房地产协会挂牌成立。

3月29日　全国妇联书记处书记王乃坤到红色娘子军纪念园看望慰问娘子军老战士王先梅和王运梅。

4月18日　琼海市土地储备整理交易中心揭牌。

4月21—22日　博鳌亚洲论坛2007年年会在博鳌亚洲论坛国际会议中心召开。年会主题为“亚洲制胜全球经济——创新与可持续发展”。全国人大常委会委员长吴邦国在会上作了题为《开创亚洲和平合作和谐新局面》的主旨演讲。

5月10日　琼海市“政风行风热线”广播直播节目开播。

5月14—15日　海南省2006年城市环境综合整治定量，考核验收工作组到琼海市，对2006年琼海的“城考”工作进行考核验收。

6月15日　琼海市举行国家开发银行和琼海市人民政府开发性金融合作协议签字仪式。

6月21日　《琼海市嘉积中心城区滨河片区控制性详细规划》暨博鳌海滨旅游区总体规划（调整）在省、市有关部门专家、领导及部分企业代表举行的评审会上通过评审。

6月26日　海南新弘大（博鳌）投资有限公司投资兴建的博鳌宝莲城项目举行一期工程开工奠基仪式。

6月27日　嘉积中学考生林婵娟以综合总分883分的成绩获全省文科考生第一名，

考生陈杨以综合总分896分的成绩获全省理科考生第一名。

8月1日　海南省书法家协会在琼海市长坡镇文明生态村文屯村举行省首批“书法之村”命名授牌仪式，授予文屯村“书法之村”称号。

8月31日　交通部部长李盛霖到琼海市博鳌南港大桥考察工程项目建设进展情况。

9月　琼海市机关幼儿园被全国妇联授予“全国巾帼文明示范岗”称号。

10月4—7日　“金龙鱼杯”全国中学生沙滩排球锦标赛在琼海市海桂中学举行。

10月15日　位于万泉河入海口投资2600万元兴建的南港大桥落成。

10月26日　琼海市双沟溪环境综合整治项目开工。

11月1日　庆祝嘉积中学建校90周年大会举行。

11月1日　琼海市人民医院成立100周年庆典大会举行。

11月2日　全国土地执法百日专项行动检查组到琼海市检查专项执法开展的有关情况。

11月16日　2007年（第八届）中国海南岛欢乐节开幕式在琼海市举行。

11月18日　中国电子海南生态软件产业园在博鳌举行奠基典礼。

11月21日　穿越沙美内海长达320米的双管输水网成功铺设。

12月12日　嘉积至官塘供水管网铺设工程建成通水。

12月28日　海南宝莲城（博鳌）实业有限公司向中国红十字会总会无偿捐赠房产、建立首个“中国红十字（博鳌）国际会议交流中心”签约仪式在博鳌举行。

同月　琼海市建设局被建设部授予“全国建设系统精神文明建设先进单位”荣誉称号。

2008年

1月2日　琼海质量技术监督局被评为“全国质量监督检察检疫工作先进单位”。

3月26日　博鳌水城至东屿岛国际会议中心输水工程建成通水。

3月27日　全省水库除险加固工程开工仪式在琼海市合水水库举行。

4月1日　琼海市举行全国第十七个税收宣传月启动仪式和“迎奥运·促发展·税收与我同行”万人长跑活动。

4月11—13日　博鳌亚洲论坛2008年年会在博鳌亚洲论坛国际会议中心召开。年会主题为“绿色亚洲：在变革中实现共赢”。国家主席胡锦涛在开幕大会上发表题为《坚持改革开放 推进合作共赢》的主旨演讲。

4月16日　琼海市在万泉河广场举行庆祝海南建省办经济大特区20周年万人广场文

体健身活动。

4月24日　由军政、海政歌舞团3名青年歌唱家组成的中央电视台“心连心”艺术团小分队到琼海市红色娘子军纪念园进行慰问演出。

4月28日　海南宝莲城（博鳌）实业有限公司向中国红十字会总会无偿捐赠的中国红十字（博鳌）国际交流中心奠基仪式在博鳌举行。

4月29日　琼海市长坡镇文屯村被环境保护部授予“国家级生态村”称号。

5月5日　2008北京奥运会祥云火炬降临琼海市，圣火传递仪式在博鳌亚洲论坛会议中心举行。“奥运圣火”在琼海市境内传递13.51千米，从起点博鳌亚洲论坛会议中心至终点万泉河喷泉广场。同日晚，琼海市在万泉河喷泉广场举行北京2008年奥林匹克火炬接力传递庆典活动。

5月29日　琼海市第四届青年农民科技知识电视竞赛决赛暨科技活动月闭幕式在海南软件职业技术学院举行。

6月24日　中共琼海市委召开纪念中国共产党成立87周年暨表彰大会，隆重庆祝中国共产党成立87周年。大会对80个先进基层党组织、101名优秀共产党员、49名优秀党务工作者给予表彰。

6月24日　万泉河中路改造工程正式动工建设。

6月29日至7月13日　琼海市在北京大学政府管理学院举办第一期领导干部脱产培训班。

7月12日　总投资40余万元、日处理量达400吨的万泉镇新墟人工湿地污水处理项目投入试运行。

9月10日　周士第将军雕像迁往新址红色娘子军纪念园东侧。

10月24日　琼海市司法局被中央精神文明建设指导委员会授予“全国未成年人思想道德建设工作先进单位”称号。

11月19日　中共琼海市委第十四届第四次全体会议通过票决形式，决定市委党史研究室（市地方志办公室）主任、琼海地方税务局社会保障费征稽局局长、市住房保障与房产管理局局长推荐人选。

11月22日　琼海市人民医院举行启动仪式，庆祝市人民医院与中国人民解放军第四军医大学西京医院签订合作协议。

11月26日　琼海市举行家庭旅馆颁牌仪式，授予31家家庭旅馆“琼海市第一批标牌家庭旅馆”称号。

12 月 1 日　牛路岭水电站代管的加略村按现状一次性成建制移交给会山镇人民政府管理。

12 月 18 日　琼海市博鳌镇获“海南十大文化名镇”称号。

12 月 24 日　琼海市国有土地使用权挂牌出让现场会举行。

12 月 31 日　琼海市人民法院举行建院五十周年庆祝大会。

2009 年

1 月 8—12 日　2009 年中国数学奥林匹克暨第 24 届全国中学生数学冬令营在琼海市嘉积中学举行。

1 月 19 日　琼海市 2008 年开工的重点建设项目滨海大道、万泉河中路、官塘大道全部实现功能性通车。

2 月 14 日　琼海市人民检察院获“全国先进基层检察院”称号。

2 月 20 日　琼海文峰双线特大桥完成箱梁架设，这是海南东环铁路全线首个合拢的特大桥。

2 月 26 日　琼海市政府与中国电信海南分公司就“无线宽带数字琼海”建设项目举行签署战略合作框架协议签约仪式。

3 月 30 日　嘉积镇、阳江镇上科村、塔洋镇上坡村获“全国创建文明村镇工作先进村镇”称号，嘉积中学、市公安局、琼海供电公司、市人民医院、市建设局、博鳌索菲特大酒店获“全国精神文明建设工作先进单位”称号，嘉积镇嘉囊社区获“全国四进社区先进单位”称号。

4 月 8 日　全省农产品擂台赛启动仪式暨琼海市第四届青皮冬瓜擂台赛在长坡镇举行。

4 月 9 日　《博鳌亚洲论坛核心区控制性详细规划》通过专家评审。

4 月 16—18 日　博鳌亚洲论坛 2009 年年会在博鳌亚洲论坛国际会议中心召开。年会的主题为“经济危机与亚洲：挑战和展望”。国务院总理温家宝在大会上作题为《增强信心 深化合作 实现共赢》的主旨演讲。

4 月 23 日　中国红十字会总会在博鳌滨海宝莲城开发区内举行中国红十字（博鳌）国际交流中心落成典礼暨“博爱无疆——中国红十字会历史文化展”开幕式。

4 月 30 日　琼海城市形象推介会在北京中国大饭店举行。

5 月 7 日　琼海市银隆电影院娱乐中心正式动工兴建。

5月18日　琼海市作为海南省唯一的县市获2005年至2008年度“全国平安建设先进市”称号。

6月5日　琼海市纪念“6·5”世界环境日暨万泉河流域渔业资源人工增殖放流活动在万泉河水上人家景区河段举行。

6月8日　琼海特勤消防站开工奠基仪式隆重举行。

6月18日　纪念布鲁100周年诞辰座谈会在博鳌举行。

6月30日　琼海市生活垃圾焚烧厂锅炉炉排试验点火仪式举行，标志着项目建设进入设备整体安装和调试工程阶段。

7月19日　琼海市侨联会被中华全国归国华侨联合会授予“全国侨联系统先进基层组织”称号。

7月 23日　民政部部长李学举到中原镇社会福利中心考察。

8月4—5日　以全国政协常委、全国政协人口资源环境委员会主任张维庆为组长的中央学习实践活动第四巡回检查组到琼海市考察。

8月6日　广州军区副参谋长、广州军区国防动员委员会秘书长周瑞华少将带领广州军区后备力量队伍组建工作调研组到琼海市调研。

8月8日　琼海市举行首个“全民健身日”万人长跑活动。

8月20日　琼海市政府与中国移动通信集团海南有限公司共同签约《全面战略合作框架协议》。

同月　琼海市第三次全国文物普查工作全面结束，共普查登记了316个文物点。

9月18日　琼海市国土环境资源局举行国有土地捆绑挂牌出让会。

9月22日　国家农业标准化示范区项目检查组到琼海市槟榔种植标准化示范区嘉积镇就槟榔标准化示范区项目管理、标准体系建设等进行检查。

9月26日　“华诞六十·邮情琼海”庆祝中华人民共和国成立60周年集邮展览在琼海市体育管理活动中心展出。

10月7日　东环铁路全线重点控制工程——万泉河双线特大桥最后一片箱梁架设完成，跨越420米宽河面的万泉河上最长的大桥正式贯通。

10月26日　日本大分县“一村一品”推广协会副理事长安东忠在琼海市举行专题讲座。

11月2日　嘉积中学舞蹈团表演的男子群体舞作品《远征》获第五届CCTV电视舞蹈大赛铜奖。

11月6—8日　第二届中国（国际）休闲发展论坛暨第二次休闲城市市长峰会在杭州萧山举行，“海南博鳌”和“官塘温泉”分别入选“2009中国十大休闲胜地”和“2009中国十大温泉养生基地”，并获奖。

11月21日　国家统计局局长马建堂到市统计局调研。

同月　红色娘子军纪念园被命名为“国家国防教育示范基地”。

12月1日　琼海市公安局交通管理大队车辆管理所正式挂牌成立。

12月10日　琼海市政府在嘉积镇礼都村委会举行琼海市集体林权制度改革第一批林权证发证仪式。

12月26日　琼海市公务员及参照公务员管理单位的2000多名公务员法律知识考试在28个考场同时开考。

12月28日　海南省地方税务第四稽查局在琼海市地方税务局挂牌成立。

2010年

1月14日　琼海市截至2010年最大的耕地开垦项目——潭门镇合水耕地开垦项目通过竣工验收。

1月22日　农业部部长韩长赋到中原镇忠锐农产品批发市场，考察瓜菜保鲜冷库建设，了解琼海市农业、冬季瓜菜生产发展情况。

同月　琼海市被国家人口计生委确定为“全国人口和计划生育综合改革示范市”。

2月24日　琼海市检察院获“全国模范检察院”称号。

2月26日　琼崖纵队唯一保留下来的红军连队——驻琼海市某部队机枪连连史馆落成开馆。

9—11日　博鳌亚洲论坛2010年年会在博鳌国际会展中心举行年会，主题为“绿色复苏：亚洲可持续发展的现实选择”。国家副主席习近平在开幕式上发表了题为《携手推进亚洲绿色发展和可持续发展》的主旨演讲。

4月10日　国务院侨务办主任李海峰到琼海市慰问南侨机工。

4月10日　中日合作乐城太阳与水示范区项目签字仪式在博鳌金海岸举行。

5月1日　彬村山华侨农场举行建场五十周年庆祝活动。

5月4—6日　第五届海南省残疾人运动会在琼海举行。

5月8日　海南省第六届科技活动月开幕式暨科普大集活动在琼海举行。

5月14日　市公安局警卫处挂牌成立，成为全国唯一县级市公安局设立的警卫处。

5月26日　国家标准化管理委员会主任纪正昆一行就农业标准化工作情况到琼海市调研。

5月26日　琼海市创建国家卫生城市工作领导小组办公室挂牌成立。

同月　红色娘子军纪念园入选“首批全国廉政教育基地”。

6月5日　纪念“6·5”世界环境日暨万泉河流域渔业资源人工增殖放流活动举行。

7月9日　市农产品质量安全检验检测站揭牌。

7月9日　第二届海南省“七巧科技”科普竞赛在市嘉积二中科学馆举行。

7月11日　《博鳌乐会古城总体规划和控制性详细规划》通过专家评审。

7月22日　市政府组织省市有关规划专家和市各有关职能部门负责人对《博鳌金湾修建性详细规划》进行评审。

同月　博鳌镇北山村人民调解委员会被司法部授予“模范人民调解委员会”称号。

9月5日　琼海市完成第六届村（居）委会换届选举工作，共选举产生新一届村（居）民委员会成员929人，其中主任204人，副主任314人，委员411人。

9月14日　澳大利亚维多利亚州代表团一行10人到达琼海市进行友好访问和考察。

9月16日　马来西亚海南会馆联合会青年团到琼海考察。

9月20日　纪念琼海籍开国上将周士第110周年诞辰座谈会在海口市举行。

9月30日至10月18日　琼海遭遇两轮大范围的持续暴雨至大暴雨，全市有657个自然村受浸，其中210个村庄两次受浸，10.6181万人受困，大范围的道路、供电、供水、通信等基础设施被毁，全市直接经济损失达18.5亿元。

10月10日　中共琼海市委决定在全市范围内开展向蔡金亲学习的活动。

10月27日　第八届海南省双拥模范城（县、区）、模范单位和个人命名表彰大会在海口市举行。琼海市被授予“双拥模范城”称号，市民政局、市广播电视台获“爱国拥军模范单位”称号，驻军某部政委杨建波被授予“拥政爱民模范个人”称号。

11月3日　琼海市应急救援支队成立挂牌仪式举行。

11月18日　省林权制度改革检查组到琼海市检查验收林改工作，标志着琼海市全面完成集体林权制度改革主体工作任务。

11月25日　琼海市首个村级妇女之家——桥园村妇女之家成立揭牌。

12月10日　中共琼海市委和省委党史研究室在琼海联合举行《王文明传》首发式。

12月18日　中影国际影城（琼海店）开始试营业。

12 月 30 日　东环铁路正式开通运营。东环铁路琼海段全长 42 千米，穿越琼海市四个镇和一个农场。

同月　琼海市被评为“全国农村五保供养工作先进单位”，中原镇敬老院被授予“全国模范敬老院”称号。

同月　新博鳌灯塔主体工程建成完工。

专记

博鳌亚洲论坛

博鳌亚洲论坛（Boao Forum For Asia，缩写 BFA）（以下简称“论坛”） 是第一个把总部设在中国的非官方、非营利性、定期、定址的国际会议组织。

2001 年 2 月 27 日，博鳌亚洲论坛成立大会召开，博鳌成为论坛永久会址所在地，这个名不见经传的小镇从此声名鹊起。自 2002 年起，论坛年会每年定期召开，已经成为中国开展首脑外交、多边外交和公共外交的重要舞台，以及亚洲和其他地区政商学术合作交流对话的高层次平台。论坛效应产生了强大的吸引力、影响力，对当地经济发展起到了核心引擎作用，成为琼海乃至海南最靓丽的名片，更是中国改革开放的对外形象窗口。

博鳌亚洲论坛成立

成立背景　二十世纪七八十年代，亚洲经济总体发展迅速，东亚经济实现了腾飞，创造了令世人瞩目的“东亚奇迹”。20 世纪末，虽然遭受金融危机的重创，但经过自我调整与改革，经济得到了复苏。

亚洲大多数国家实行开放政策，彼此间的贸易和投资联系日益密切，双边、区域、次区域以及跨区域的合作逐步展开。各国间工商、金融、科技、交通、文化等领域的合作与交流不断增加。进入 21 世纪，经济全球化和区域化不断发展，欧洲经济一体化进程日趋加快、北美自由贸易区进一步发展，亚洲各国面临巨大机遇，也面临许多严峻挑战。亚洲国家和地区虽已参与了 APEC、PECC 等跨区域国际会议组织，但就整个亚洲而言，仍缺乏一个真正由亚洲人主导，从亚洲的利益和观点出发，专门讨论亚洲事务，增进亚洲各国之间、亚洲各国与世界其他地区之间交流与合作的论坛组织。

时代的需求，令一个以亚洲为核心的论坛组织呼之欲出。

构想过程　海南建省以来，全省各地掀起开发热。1992 年，以博鳌镇为主要地域的万泉河口海滨风景旅游区赶上了海南建省批准开发区“末班车”，博鳌开发以此起步。博鳌优美的岛屿山水风光，青砖灰瓦古朴恬静的村落，良好的人文风貌，给开发者们留下

了良好印象，

1998年，亚洲正遭受金融风暴重创。曾是APEC组织发起人之一的霍克便给国家主席江泽民写信提出倡议，成立一个类似达沃斯“世界经济论坛”的“亚洲论坛”。9月，菲律宾前总统拉莫斯、澳大利亚前总理霍克、日本前首相细川护熙在马尼拉共同倡议成立“亚洲论坛”。基于中国的国际地位、巨大市场潜力和海南省独特的自然生态环境，三位发起人建议将“亚洲论坛”总部设在中国海南博鳌。

“亚洲论坛”的概念得到有关各国的一致认同。1999年10月8日，国家副主席胡锦涛在北京会见了专程为“亚洲论坛”来华的拉莫斯和霍克。胡锦涛在听取两位前政要有关“亚洲论坛”构想后，表示中国政府一贯重视和支持多层次、多渠道、多形式的地区合作与对话，认为论坛的成立有利于本地区国家间增进了解、扩大信任和加强合作。中方将对“亚洲论坛”的设想进行认真研究和积极考虑，并尽力提供支持和合作。

亚洲有关国家政府均对成立“亚洲论坛”作出了积极回应。

筹备建设 2000年5月，海南省政府成立博鳌基建省长跟踪小组，海南省、琼海市政府都投入资金加大博鳌周边基础设施建设，嘉博公路、文山路、博鳌高速公路、二期供水工程等相继建成，博鳌水城15项工程也陆续投入建设。

2000年下半年开始，博鳌水城第一期工程投入6亿多元进行水、电、路、酒店等设施建设。8月，海南省政府正式批复《海南博鳌水城总体规划》，规划面积41.8平方千米，生态控制面积65.8平方千米，并正式定名“博鳌水城”，由博鳌投资控股有限公司统一开发，国际化、生态化、智能化是其建设方向。

面对博鳌亚洲论坛这一史无前例的机遇，琼海人民展示出了极大的热情和积极的态度，全力配合政府支持论坛建设。

从琼海市政府驻地嘉积镇通往博鳌镇的嘉博公路长达18千米，仅用5个月便改造通车；沿途上埇、博鳌两个墟镇，仅用17天便完成街景改造；规划建设需拆迁房屋198间，只用3天便顺利完成……

论坛成立会址是一座建筑面积3000平方米、当时全国规模最大的膜结构建筑。700名建设者24小时不间断施工，整个建设工期仅用45天，于2001年2月25日，如期落成并交付使用，创造了深受各界媒体赞誉的“博鳌速度”。

专家学者会议 2000年11月18—19日，来自亚洲24个国家和澳大利亚的专家学者和政府代表共80多人出席了“博鳌亚洲论坛专家学者会议”，会议由博鳌亚洲论坛临时秘书长辛格主持。专家会议讨论了《博鳌亚洲论坛宣言（草案）》《博鳌亚洲论坛章程（草案）》《博鳌亚洲论坛智力支持原则》等文件，最终形成了框架方案，确定博鳌亚洲论坛是一个非官方、非营利的国际组织，致力于推动亚洲区域经济合作，为本地区经济实现可持续发展提供智力支持。会议为即将举行的亚洲论坛筹委会和论坛成立大会，以及拟提交成立论坛的各项基础性文件，作了务实性的准备。

“博鳌亚洲论坛”的概念引起了与会者的广泛共鸣，与会代表普遍认为，亚洲地区应建立一个属于亚洲人自己的、从亚洲角度来观察地区和全球事务的具有鲜明亚洲特色的论坛。

成立大会 2001年2月27日，博鳌亚洲论坛成立大会在海南博鳌举行。中国国家主席江泽民出席并致辞。尼泊尔国王比兰德拉、马来西亚总理马哈蒂尔、中国国务院副总理钱其琛、日本前首相中曾根康弘、菲律宾前总统拉莫斯、澳大利亚前总理霍克、巴基斯坦前总统莱加里、哈萨克斯坦前总理捷列先科、越南副总理阮孟琴等来自论坛26个发起国的政要、前政要等作为嘉宾与会。这是亚洲历史上一次空前的国际盛会。

会议正式宣告博鳌亚洲论坛成立，并任命东盟前秘书长、马来西亚前副外长阿吉特•辛格为博鳌亚洲论坛首任秘书长。

来自亚洲和澳大利亚等 26个国家的十几位政要和前政要、政府官员及专家学者共400多人出席大会。各国媒体记者200多人对大会进行了全程采访，向世界报道了“博鳌亚洲论坛”成立的盛况。

在博鳌亚洲论坛成立大会上，中国、日本、菲律宾、澳大利亚、巴基斯坦、哈萨克斯坦及越南的政要及前政要分别发表演讲，评述博鳌亚洲论坛成立的重要意义。

大会通过《博鳌亚洲论坛宣言》《博鳌亚洲论坛章程指导原则》等纲领性文件，成立大会取得圆满成功并受到了国际社会的广泛关注。

博鳌亚洲论坛，在中国南海之滨的博鳌小镇上诞生了。

论坛发起国 2001年2月27日，来自澳大利亚、孟加拉人民共和国、文莱达鲁萨兰国、柬埔寨王国、中华人民共和国、印度共和国、印度尼西亚共和国、日本国、伊朗伊斯兰共和国、哈萨克斯坦共和国、吉尔吉斯共和国、老挝人民民主共和国、马来西亚、蒙古国、缅甸联邦（现称“缅甸联邦共和国”）、尼泊尔王国（现称“尼泊尔联邦民主共和国”）、巴基斯坦伊斯兰共和国、菲律宾共和国、大韩民国、新加坡共和国、斯里兰卡民主社会主义共和国、塔吉克斯坦共和国、泰王国、土库曼斯坦、乌兹别克斯坦共和国和越南社会主义共和国26个国家的代表参加博鳌亚洲论坛成立大会，这些国家作为了博鳌亚洲论坛发起国成员。2006年4月20日，经论坛理事会和会员大会批准，以色列和新西兰被追加为博鳌亚洲论坛的发起国。

博鳌亚洲论坛的发展建设

2001年4月19日，博鳌亚洲论坛成立大会召开后不久，中共海南省委三届七次会议通过决议，加快博鳌建设，大力培育改革开放、拼搏进取、团结奋斗、真抓实干的“博鳌精神”。

以博鳌镇为主体，国家、省、市、镇各级政府和规划主管部门先后制定并评审通过《博鳌亚洲论坛特别规划区总体规划》《琼海市博鳌海滨旅游区概念总体规划》《万泉乐城控制性详细规划》等，划定了博鳌亚洲论坛发展核心区。随着“博鳌亚洲论坛”一年一度年会的召开，根据年度会议规模进行分期开发建设。博鳌水城被海南省政府列为特别规划区。博鳌投资控股作为主开发商，对博鳌水城41.8平方千米进行统一规划、统一招商、统一开发。

博鳌亚洲论坛成立大会召开后，根据规划，确定博鳌亚洲论坛永久会址定址于博鳌东屿岛。原先博鳌东屿岛上居住着240多户900多名村民需搬迁出岛。2001年8月，琼海市委、市政府召开动员大会，成立东屿岛征地搬迁安置工作指挥部，抽调干部入户动员，得到当地民众的大力支持，东屿岛整体大搬迁顺利进行，为博鳌亚洲论坛国际会议中心及论坛酒店开工建设打下良好基础。

2002年1月，东屿岛整体开发正式开始。2002年2月前，博鳌水城完成33.33公顷区域内的C岛酒店二区、B岛高级别墅区、娱乐中心、新闻中心、购物中心、66.67公顷蓝色海岸的一期工程、东屿岛整体搬迁的前期基础设施建设、博鳌国宾馆项目的前期工程建设任务。

2003年2月前，完成东屿岛整体项目的建设（包括国际会议中心、论坛酒店、高尔夫球场、别墅区等）、博鳌国宾馆及别墅区的开发、66.67公顷蓝色海岸的二期工程开发。

2008年，博鳌地区的开发建设投入总计达到50亿元，拥有2家五星级酒店、4家四星酒店、2个高尔夫球场和相应的通信、交通、供水、供电设施。

根据《博鳌亚洲论坛特别规划区总体规划》划定的博鳌亚洲论坛核心区，位于琼海市博鳌镇南侧，即亚洲论坛永久会址及周边地区，用地面积10.05平方千米。区内三江汇流、沙洲点点、山岭起伏、地形地貌丰富多样。聚集了世界少有的江、河、湖、海、岛、泉、山峦于一体的地貌奇观。优美的水岸山峦、清新洁净的空气、独特的热带风光、良好的人文资源、保存完好的原生态环境，是现代人梦寐以求的居住地、养心区。

博鳌亚洲论坛核心区重点建设和完善建设亚洲论坛国际会议区、环内海生态旅游度假休闲中心区、龙潭岭旅游度假区、大灵湖旅游科教园区、九曲江温泉旅游度假区等功能区，最终实现 “一地办会”目标，建设成为一流的国际会议中心与旅游度假目的地。

博鳌亚洲论坛永久会址——博鳌亚洲论坛国际会议中心，位于琼海市博鳌镇培兰村委会东屿岛上。2003年8月建成，为博鳌亚洲论坛永久会址。会址占地13.436万平方米，建筑面积2.5万平方米，可同时容纳5500人开会，建筑既保留中国传统建筑特色又结合西方现代建筑风格。9月22日，博鳌亚洲论坛国际会议中心正式启用，国家主席江泽民为国际会议中心题名。11月2—3日，博鳌亚洲论坛2003年年会在刚刚落成的博鳌亚洲论坛国际会议中心举行。从此，每年年会都在此会议中心召开。

2008年，博鳌地区的开发建设投入总计达到50亿元，拥有2家五星级酒店、4家四星酒店、2个高尔夫球场和相应的通信、交通、供水、供电设施。

经过多年发展建设，博鳌亚洲论坛的发展不仅仅是硬件上日趋完善，而更注重提升服务保障博鳌亚洲论坛年会的国际水平，完善功能配套，打造适应国际化发展的新趋势、新要求，营造非正式、舒适、和谐的会议氛围。为解决博鳌地区交通线路单一问题，琼海市还积极配合海南省交通厅，保障了东屿岛隧道工程在10个月内完工。同时，统筹协调旅游、食品、消防、金融、群团组织等部门，制作完善博鳌地区国际标准双语标志牌，健全完善食品监管、安保消防、外币兑换、志愿服务等系列配套服务功能，将服务保障工作做到尽善尽美，提供最优质、舒适的服务。

博鳌亚洲论坛2002—2010年年会

博鳌亚洲论坛年会每年定期于博鳌举行，规模和档次在不断扩大和提高，其影响力也在不断增强，参会者不仅仅是亚洲国家政府首脑和政要、工商界学术界领袖，随着博鳌亚洲论坛国际地位日益彰显，欧洲、美洲、非洲等国家领导人也前来与会。每届年会都有一位中国国家领导人莅临参加博鳌亚洲论坛开幕式并做主题演讲，成为博鳌亚洲论坛的传统。

2002 年博鳌亚洲论坛首届年会 2002 年 4 月 11—13 日，博鳌亚洲论坛首届年会在海南博鳌举行，主题为“新世纪、新挑战、新亚洲”。国务院总理朱镕基出席并发表题为《携手共创新世纪亚洲美好未来》的主旨演讲。日本首相小泉纯一郎、泰国总理他信和韩国总理李汉东、越南副总理阮孟琴以及其他来自政府、工商界和学术界的著名人士出席。来自 48 个国家的约 1900 位代表参加了会议。

博鳌亚洲论坛首次会员大会在论坛首届年会期间召开，选举成立第一届理事会，菲律宾前总统拉莫斯被推举为论坛理事长。中国外经贸部前副部长张祥接替辛格，被选举为论坛第二任秘书长。

博鳌亚洲论坛 2003 年年会 2003 年 11 月 1—3 日，博鳌亚洲论坛举行了第二届年会，主题为“亚洲寻求共赢：合作促进发展”。国务院总理温家宝出席并发表题为《把握机遇、迎接挑战、实现共赢》的主旨演讲。巴基斯坦总统穆沙拉夫、塔吉克斯坦总统拉赫莫诺夫、哈萨克斯坦总统纳扎尔巴耶夫、新加坡总理吴作栋以及来自 30 个国家的 1000 多名政府、企业和学术界代表与会。会议期间，博鳌亚洲论坛与世界银行达成协议，双方将共同开展对亚洲区域经济合作的研究。

博鳌亚洲论坛 2004 年年会 2004 年 4 月 23—25 日，博鳌亚洲论坛第三届年会在海南博鳌举行，主题为“亚洲寻求共赢：一个向世界开放的亚洲”。国家主席胡锦涛出席并发表题为《中国的发展，亚洲的机遇》的主旨演讲。捷克总统克劳斯·瓦科拉夫、柬埔寨总理洪森、巴基斯坦总理米尔·扎法尔贾·马利、美国前总统布什、墨西哥前总统塞迪略以及马来西亚前总理马哈蒂尔等来自近 30 个国家和地区的约 1000 名代表与会。年会强调了面向世界讨论亚洲问题，让更多亚洲区域外的知名人士参加论坛的对话和交流。

博鳌亚洲论坛 2005 年年会 2005 年 4 月 22—24 日，博鳌亚洲论坛第四届年会在海南博鳌举行，年会主题是“亚洲寻求共赢：亚洲的新角色”。全国政协主席贾庆林出席并发表题为《推进全面合作，共建和谐繁荣的亚洲》的主旨演讲。马来西亚总理巴达维、澳大利亚总理霍华德、奥地利总理许塞尔、阿富汗副总统哈利利、新加坡内阁资政李光耀、哈萨克斯坦副总理叶西莫夫及中国香港特别行政区署理行政长官曾荫权等 40 多个国家和地区的 1200 多名政界、工商界人士和专家学者出席。

博鳌亚洲论坛和世界银行首次在年会上发表的《亚洲一体化》报告是论坛对亚洲经济一体化研究的理论贡献，为亚洲各国政府和企业制定发展战略的提供指导性原则。

博鳌亚洲论坛2006年年会 2006年4月21—23日，博鳌亚洲论坛第五届年会在海南博鳌举行。年会主题为“亚洲寻求共赢：亚洲的新机会”。国家副主席曾庆红出席开幕大会并发表《把握亚洲新的机会 共创世界美好未来》的主旨演讲。密克罗尼西亚总统乌鲁塞马尔，斯洛文尼亚总统德尔诺夫舍克，印度尼西亚副总统优素福论坛理事长、菲律宾前总统拉莫斯以及A.P.穆勒—马士基首席执行官杰斯·苏德伯格出席开幕大会并致辞。39个国家和地区的1400多名政要、工商界人士和专家学者出席了此次年会。

4月24日，博鳌亚洲论坛秘书长龙永图在年会闭幕新闻发布会上表示，为企业家提供交流平台是博鳌论坛的价值取向，论坛更趋务实。年会就多哈回合、亚洲经济一体化、国际能源等问题进行深入讨论，首次举行“我们时代的青年领袖”特别圆桌会议，及“加强两岸经济合作，实现两岸共同繁荣——海峡两岸企业家座谈会”。论坛还就普通百姓关注的房地产、汽车等问题进行研讨，研讨范围分类更细，更专业。

博鳌亚洲论坛2007年年会 2007年4月20—22日，博鳌亚洲论坛第六届年会在海南博鳌召开，年会主题为“亚洲制胜全球经济——创新和可持续发展”。全国人大常委会委员长吴邦国出席开幕大会并发表题为《开创亚洲和平合作和谐新局面》的主旨演讲。菲律宾总统阿罗约、巴基斯坦总理阿齐兹、微软公司董事长比尔·盖茨出席开幕大会并作主旨演讲。来自36个国家和地区的1410名代表参加年会。其中，境外媒体达78家，创历史纪录。美国《时代》周刊、彭博新闻社及欧洲的《金融时报》等国际主流媒体首次与年会结成媒体合作伙伴。孟加拉乡村银行创始人、2006年诺贝尔和平奖得主尤努斯等一批全球企业领袖到会，显示了博鳌亚洲论坛在全球企业界的影响力。

博鳌亚洲论坛2008年年会 2008年4月12日，博鳌亚洲论坛2008年年会开幕大会在海南省博鳌举行，年会主题为“绿色亚洲：在变革中实现共赢”。国家主席胡锦涛出席开幕大会并作题为《坚持改革开放 推进合作共赢》的主旨演讲。巴基斯坦总统穆沙拉夫、蒙古总统恩赫巴亚尔、斯里兰卡总统拉贾帕克萨、坦桑尼亚总统基奎特、智利总统巴切莱特、汤加国王图普五世、瑞典首相赖因费尔特、哈萨克斯坦总理马西莫夫、澳大利亚总理陆克文等9个国家和政府领导人出席并发表讲话。来自亚洲和世界其他地区的1700多名政府官员、企业代表、学术专家和媒体记者参会。

博鳌亚洲论坛2009年年会 2009年4月17—19日，博鳌亚洲论坛在海南博鳌举行第八届年会，年会主题为“经济危机与亚洲：挑战和展望”。国务院总理温家宝在开幕式上发表《增强信心 深化合作 实现共赢》的主题演讲。论坛理事长、菲律宾前总统费德尔•拉莫斯在本届年会上倡言：“不要让邻居倒下。”作为国际金融危机爆发后首次探讨亚洲区域性合作的盛会，此次年会除了在各项议题上与以往不同外，节俭办会以及多元化的活动形式更成为年会的亮点。哈萨克斯坦共和国总统纳扎尔巴耶夫、巴基斯坦伊斯兰共和国总统阿西夫·阿里·扎尔达里、巴布亚新几内亚总理迈克尔·托马斯·索马雷、阿尔巴尼亚总理萨利·贝里沙、蒙古国总理桑加·巴亚尔、越南社会主义共和国总理阮晋勇、新西兰总理约翰·基、缅甸总理登盛、伊朗第一副总统达乌迪、芬兰总理万哈宁等1800余名各国政要、商界领袖、专家学者和媒体人士参会。

博鳌亚洲论坛2010年年会 2010年4月9—11日，博鳌亚洲论坛第九届年会在博鳌举行，主题为“绿色复苏：亚洲可持续发展的现实选择”。国家副主席习近平出席开幕大会并发表题为《携手推进亚洲绿色发展和可持续发展》的主旨演讲。老挝国家主席朱马里、丹麦首相拉斯穆森、蒙古总理巴特包勒德、伊朗第一副总统拉希米、阿富汗副总统哈利利、东帝汶副总理古特雷斯、柬埔寨国务大臣兼计划部大臣蔡唐新加坡国务资政吴作栋出席开幕大会并致辞。日本前首相福田康夫、马来西亚前总理巴达维、巴基斯坦前总理阿齐兹、菲律宾前总统拉莫斯、澳大利亚前总理霍克、哈萨克斯坦前总理捷列先科、美国前财长鲍尔森等前政要也应邀与会。来自32个国家和地区的2000多位政要、企业代表、专家学者和媒体参会。

博鳌亚洲论坛效应

博鳌亚洲论坛自成立以来，已发展成为全球政治领袖和各界精英对话的重要平台。博鳌也从南海之滨一个名不见经传的小镇发展成为享誉亚洲、闻名世界的会展胜地。

经济效应 论坛成立大会刚刚结束，博鳌旅游就骤然升温，持续火热。2001年2月28日至3月11日，前来博鳌旅游观光的游客将近6万人。2003年春节黄金周，博鳌共接待7.5万多人次前来观光消费，高峰期每天游客达1.52万人次。据海南省旅游部门统计，到博鳌小镇观光游览的国内外游客每年都突破300万人次。

博鳌镇统筹全镇域规划，科学整合资源，通过田园小道、景观通道、慢行车道等配套设施，将景点、公园、村庄、民居风情、生态景观等串联起来，打造出了一个田园式大景区。以博鳌为中心，辐射带动潭门、中原、嘉积等镇，已成为琼海经济发展最活跃、重点项目落户最多、旅游消费最旺盛的重点区域，核心引擎作用成效明显。旅游产业带动相关的餐饮、娱乐、金融、通信等服务行业的大发展，吸引大量当地农民进入城镇就业，成为推动琼海城镇建设的重要动力。

会展服务业发展更是效应显现，到博鳌开会成为许多企业与机构首选。仅 2001 年 3 月至 2002 年 1 月，博鳌金海岸温泉大酒店接待会议团体超过 150 个。每年有约 300 个国内外高层次会议、培训班和讲座在博鳌举行。其中重要会议有亚太邮联执行理事会 2003 年年会、2009 世界旅游精英博鳌峰会、2010 第八届“神农奖”颁奖盛典、2010 年新世界集团万人大会等。

开放效应 博鳌亚洲论坛每年都有大批世界各地政要名流参会，全球各界精英的思想碰撞为海南打开了一扇通向世界前沿的窗口。海南通过博鳌不断扩大开放的力度，先行先试扩大外国游客免签范围，开放部分航权，建设国际旅游岛等政策，为全国其他地区的改革积累了宝贵经验。

博鳌地区部分功能配套均按照国际化标准建设，建成博鳌亚洲论坛大酒店、博鳌国宾馆、金海岸酒店等 30 多家高档次酒店，交通标识和地域标识均采用中英文双语制作，博鳌机场顺利建成投入运营，正朝国际门户机场的方向努力发展。博鳌乐城国际医疗旅游先行区作为中国第一家以国际医疗旅游服务、低碳生态社区和国际组织聚集为主要内容的国家级开发园区，引进美国等多个国家的技术合作方，吸引外资约 60 亿元。博鳌企业家论坛、美丽乡村博鳌国际峰会、世界医疗旅游与全球健康大会等 29 个大型会议签约在博鳌定期定址召开。

更路簿

海南渔民在历史上独创的南海“更路簿”，又称“水路簿”，是海南人在闯荡南海捕捞的航海实践中，运用航海罗盘驶向南海诸岛及周边海域，用海南方言给南海岛礁命名，用传统航海术语对自己的航线口传笔载的更路知识。现存的20多种“更路簿”抄录或收藏人中多数是琼海市潭门镇人氏，少数分别是琼海市长坡镇和文昌市东郊镇、铺前镇、清澜镇人，还有极少数的临高人等。

产生背景

历史上，海南岛滩涂之地较多，地瘠民贫。使用“更路簿”的地区，就位于珊瑚礁滩所形成的海边，土层浅薄，海沙堆积，不宜农耕，特别是明清到民国时期，居民们的生活远远不能从土地中获得供给。解决人口对耕地压力的一个重要途径就是向海上发展，特别是今琼海市潭门镇地理环境更为特殊，沿着海边绵延几千米的浅海隔岸半海里处形成了几千米长的形似蚕虫一般的长长珊瑚礁，海域内水质肥沃，鱼虾丰美，非常适合捕捞。潭门居民自明代成化初迁来以后，就以渔捞为生，随着社会的发展和人口的增加，他们不再满足于浅海渔捞，开始闯远海，而他们所在的地方正是南海海区东亚季风区典型的核心地带，季风和海流的规律性明显。在以风帆为动力的帆船时代，每年11—12月间，东北季风和海流可以将潭门、清澜等东海岸渔港的渔民带到西沙，逐渐走向中沙，特别是抵达南沙；待到次年4—5月间，西南季风和海流又可以将他们带回渔港。渔民们为了生活需求，在世代的航海捕捞摸索中逐渐认识并把握这种自然规律，将自己的航海经验加以总结，并不断在实践中加以修正、完善，“更路簿”由于渔民的使用而产生和流传。

名称释义

纵观各种版本的“更路簿”中记载的基本内容，都是类似“自大潭过东海，用乾巽驶到十二更时，驶半转回乾巽巳亥约有十五更”这样有航线的起点、终点、针位（方向）和距离（用航行时间“更”来表示）四个要点的记载方式。在海南渔民航海过程中，用

“更路簿”来指导航向时，用“更”来计算时间和距离。

路，指道路或途径。大海茫茫无际，不像在陆地上“人走得多了就成了路”，海路是看不见、摸不着的，只能以地名间的间距来标示“路”。于是“更路簿”中的“路”，只有跟“更”和罗盘结合起来才能体现。“更”在与“路”联系时，就有了里程的含义。“更路”还要靠针位指示才能航行，针位由罗盘指示，看懂“更路簿”，必须先学会看罗盘。罗盘结构很简单，中间是指南针，罗盘把圆周分成二十四等分，用四维、八干、十二支等二十四个字表示各等份的方位。古代罗盘，将罗盘圆周的二十四个字，分别从“子”和“午”两字开始，把“子、壬、亥、乾、戌、辛、酉、庚、申、坤、未、丁”和“午、丙、巳、巽、辰、乙、卯、甲、寅、艮、丑、癸”分成对称两部分。把两部分相对的字“子午、壬丙、巳亥、乾巽、辰戌、乙辛、卯酉、甲庚、寅申、艮坤、丑未、癸丁”分成12组，每组表示两个相反方向。所以，便构成了24方向。罗盘中24个字，即24更，将圆周360度分开；子向正北、午向正南、卯向正东、酉向正西，相近的左右两个字之间形成一个15度的锐角，这个锐角又分成各3度的五部分，但是这些细分为3度的“线”在罗盘表面上不出现，驾驶员凭经验根据海流、风向等具体情况灵活掌握。

形成发展

“更路簿”一直是以动态的形式存在和发展着，也不断地被老船长们创造着。它的形成经过了漫长的历史过程，最初只是口头交流，后来记在本子上，并会不断补充新内容，而新本子写成后旧本子弃去。现存的“更路簿”，详简不一，大同小异。渔民们在航海实践中，根据自己的经验不断修改补充内容，如潭门镇的苏承芬祖传抄本，在苏承芬祖父到父亲再到他本人，三代人都根据自己的行船经验对内容进行增补。此外，还有些船长将原先转抄过来的本子凭借自己在航程中的实践，进行改错，进而注明正确的航向，如潭门镇的王诗桃的手抄本，就有自己改动的地方。而有的船长也创造了新的航线，潭门镇苏承芬所创造的《中沙群岛更路簿》中记录了他到黄岩岛的航线即是一例。

根据现存的更路簿统计，初期阶段的“更路簿”航线中极少记录到新加坡、印度尼西亚等国家，大多数记录到达南海诸岛。到清代中晚期，渔民海上贸易活动开始活跃，他们把捕捞的海产品运往新加坡、马来西亚或泰国出售，然后将卖得的现款购买洋油、布匹以及火柴等海南岛紧缺的日用品，再运回海南出售。航线大大超出了西、南沙群岛的范围，出现记录自越南起，到南洋群岛的更路，还有记录从新加坡到印度尼西亚巴厘岛的更路等。

19 世纪 30 年代，外国的航海图开始风行，卫星导航设施逐渐普及，“更路簿”慢慢淡出现实的应用。

发现过程

20 世纪 70 年代，广东省博物馆、厦门大学南洋研究所、华南师范学院地理系等部门文化专家、学者先后在琼海县（今琼海市）潭门渔港进行田野调查，征集到苏德柳、卢鸿兰、许洪福、彭正楷等老船长祖传抄本《更路簿》，后又发现了王国昌抄本《顺风得利》、李根深抄本《东海、北海更路簿》，这些更路簿内容不尽相同，但都较全面地记录了南海诸岛的方位、距离、名称，以及南海诸岛到达东南亚各国的航线。其中以苏德柳抄本最为全面，现藏于广东省博物馆。

21 世纪初，苏承芬、黄家礼、卢业发、吴淑茂、王诗桃、郁玉清、麦兴铣、李魁茂、陈泽明等祖传抄本《更路簿》相继被发现。陈泽明将其珍藏的《更路簿》捐赠给琼海市文化馆（内容见本书附录）。至 2010 年，琼海市发现的渔民祖传抄本《更路簿》共 15 种。

历史地位

西沙、南沙、中沙群岛海域是海南东海岸渔民自古远海捕捞的传统渔场，特别是琼海市潭门、长坡镇一带的渔民一直在南海海域作业至今，他们将之称为“祖宗海”。“更路簿”是海南渔民闯海耕海时用海南方言俗语记录的航海航线，为满足长期在南海航海作业时的生产、生活需要，他们根据岛礁形状、特点、资源条件等，用海南方言俗语为岛礁命名。这些命名因循用音译文字一般人看不懂，但它们在航海史上有着重要价值，是我国最早开发、经营、管理西沙、南沙、中沙群岛的历史见证。

海南渔民在“更路簿”中，以地貌、水文、海产、数字、水产、顺序等因素为南海诸岛创造的各具特色的“俗名”数量大且覆盖幅度广，现今国家公布的东、西、南沙群岛标准地名共 241 个，而渔民俗名便有 136 个。

在古代海上丝绸之路形成的过程中，海南岛的渔民对开辟南海海上航线作出了自己的贡献，当时的许多船只必须靠熟悉南海的海南岛渔民引航，方可顺利找到航道，躲开暗礁，顺利通过南海海域，“更路簿”不仅是海南岛渔民的出海“秘笈”，也是中外交往使者的“导航仪”，为海上丝绸之路上的无数船只指点迷津，引路护航，为中国和世界的航海事业作出了积极贡献。

保护情况

为了更好和较完整地保护“更路簿”等传统文化，海南省把海南渔民自古在南海海域航行、捕捞过程中积累的“更路簿”、航海罗盘等知识，以及航行过程中涉及的南海地理、天象、洋流、岛礁、捕捞等各种知识和经验汇总为“南海航道更路经”项目，从非遗角度开展长期保护。2009 年，琼海市成功申报“南海航道更路经”为海南省级非物质文化遗产代表性项目扩展名录；2010 年,琼海市潭门镇草塘村苏承芬、文昌市东郊镇口牙村郑庆能和铺前镇后港村齐见德被评为海南省非物质文化遗产项目“南海航道更路经”代表性传承人；2011 年，琼海市成功申报该项目为国家级非物质文化遗产保护项目扩展名录；2014 年，琼海市潭门镇孟子园村的王书保被评为海南省非物质文化遗产项目“南海航道更路经”代表性传承人，2018 年被评为国家级非物质文化遗产项目“南海航道更路经”代表性传承人。

第一编　政　区

琼海地处海南岛东部，1991 年为琼海县，隶属海南省。辖嘉积等 14 个镇、朝阳等 7 个乡、203 个管理区、2627 个村民委员会。1992 年 11 月 6 日，经国务院批准撤县设市（县级市），辖原琼海县区域。2002 年 3 月，琼海市乡镇调整撤并，设置嘉积等 12 个镇。2008 年 8 月，经海南省政府批准，彬村山华侨农场划回琼海市管理。同年 12 月，经海南省政府批准，加略村移交琼海市会山镇人民政府管理。

2010 年，琼海市行政区域面积 1710 平方千米。辖 12 个镇和 1 个华侨经济区、189 个村民委员会、15 个居民委员会、2640 个村民小组、113 个居民小组。辖区驻有 3 个国有农场、1 个林场。

第一章　建置区划

第一节　境　域

琼海市位于北纬 18° 58′ 50″ —19° 28′ 35″ ，东经 110° 7′ 5″ —110° 40′ 50″ 。地处海南岛东部，东濒南海，南邻万宁市，西南连琼中黎族苗族自治县，西接定安县，西北与屯昌县毗邻，北与文昌市接壤。行政区域面积 1710 平方千米。人民政府驻地嘉积镇银海路，北距省会海口 78 千米。

第二节　沿　革

西汉属珠崖郡玳瑁县，初元三年（前 46）属朱卢县，建武十九年（43）改属珠崖县。三国属珠崖郡朱卢县。晋属合浦郡玳瑁县。南北朝宋、齐、梁、陈先后分属越州、崖州、珠崖郡的朱卢县、珠崖县。隋属珠崖郡颜卢县。唐贞观十三年（639）属容琼县。唐显庆五年（660），析容琼县置乐会县，治黎黑村（属泗村都，今长坡镇烟塘墟），隶琼州。宋大观三年（1109），乐会县改属万安军。政和元年（1111），乐会县复属琼州。元至元二十九年（1292），析乐会县西北境新附的 519 个黎族峒寨的 2 万余户黎族人口置会同县，属琼州路军民安抚司。明洪武元年（1368），会同、乐会 2 县属琼州府。三年（1370），琼州升为府。1912 年会同、乐会 2 个县属琼崖道。1914 年，因与湖南省辰沅道会同县同名，会同县改名琼东县。1950 年 4 月，琼东、乐会 2 县解放，属海南军政委员会。1951 年 4 月，属广东省人民政府海南行政公署。1958 年 12 月，琼东、乐会、万宁（北部地区）3 个县合并为琼海县。1959 年 11 月，万宁县析出复置。1968 年 4 月，属海南行政区革命委员会。1980 年 1 月，改属海南行政区公署。1984 年 5 月，改属海南行政区。1988 年 4 月，直属海南省。1991 年为琼海县，隶属于海南省。1992 年 11 月 6 日，经国务院批准撤县设市（县级市），为海南省管辖县级市。至 2010 年不变。

第三节　行政区划

1991 年，琼海县管理嘉积、塔洋、长坡、大路、福田、烟塘、石壁、中原、博鳌、阳江、万泉、潭门、龙江、温泉等 14 个镇，朝阳、新市、文市、上埇、九曲江、泮水、会山等 7 个乡，203 个管理区，2627 个村民委员会。1992 年 11 月撤县设市后，辖原琼海县区域。

1995 年 9 月，撤销管理区改设村（居）民委员会工作结束，原管理区和村民委员会分别改为村（居）民委员会和村民小组。2002 年 3 月，琼海市乡镇调整撤并，设置嘉积、博鳌、潭门、长坡、塔洋、中原、万泉、大路、阳江、龙江、石壁、会山 12 个镇。2008 年 8 月，经省政府批准，彬村山华侨农场划回琼海市管理。12 月，经省政府批准，牛路岭水电站代管的加略村按现状一次性成建制移交给会山镇人民政府管理。全市村（居）民委员会由原来的 203 个增加为 204 个，村（居）民小组由原来的 2627 个增加为 2753 个。

至 2010 年年末，琼海市辖 12 个镇和彬村山华侨经济区，189 个村民委员会、15 个居民委员会，2640 个村民小组、113 个居民小组。辖区驻有东太（含原东平、南俸 2 个农场）、东红、东升 3 个国有农场和国有上埇林场。

2002 年 3 月琼海市撤乡并镇前后乡镇建置情况表

表 1-1-1

乡镇	撤并前辖区村（居）委会	撤并后辖区村（居）委会
嘉积镇	7 个村委会：勇敢、桥头、龙池、南堀、不偏、棉寨、南中 13 个居委会：纪纲、新民、嘉祥、美景、山叶、文坡、朝标、登仙岭、龙利坡、红星、蔗园、加囊、东区	33 个村委会：勇敢、桥头、龙池、南堀、不偏、棉寨、南中、椰子寨、温泉、参古、军屯、益群、逢龙、坡头、官塘、雅洞、下寨土冬、万石、上埇、田头、山辉、乌石、龙寿、礼都、黄崖、俸田、泮水、龙阁、新潮、大礼、里邦、东山、大坡。 14 个居委会：纪纲、朝标、登仙岭、美景、红星、文坡、加囊、新民、先锋、山叶、蔗园、龙利坡、东区、嘉祥
博鳌镇	6 个村委会：博鳌、朝烈、田埇、珠联、东屿、东海	17 个村委会：博鳌、朝烈、田埇、珠联、东屿、东海、海燕、中南、古调、仰大、乐城、指母、莫村、沙美、培兰、北山、北岸
万泉镇	12 个村委会：西河、丹村、文台、夏坡、龙头、南轩、博山、文南、大雅、沐湟、光耀、加城、文曲	16 个村委会：西河、丹村、文台、夏坡、龙头、南轩、博山、文南、大雅、沐湟、光耀、加城、新市、加文、罗凌、枫树坡。1 个居委会：文曲
潭门镇	6 个村委会：林桐、墨香、日新、草塘、旧县、潭门	14 个村委会：林桐、墨香、日新、草塘、旧县、潭门、凤头、福田、北埇、多亩、社昌、金鸡、苏区、西村
长坡镇	13 个村委会：牛角、良玖、社学、东塘、多异、长坡、福头、孟文、文子、欧村、青葛、渔业、椰林	21 个村委会：牛角、良玖、社学、东塘、多异、长坡、福头、孟文、文子、欧村、青葛、渔业、椰林、伍园、长山园、烟塘、福石岭、陈村、黄号、礼昌、大头坡
塔洋镇	15 个村委会：先亮、珍寨、福寨、联丰、加贤、红庄、群良、联先、红花、裕山、里文、千秋、诗书、孟里、鱼良	15 个村委会：先亮、珍寨、福寨、联丰、加贤、红庄、群良、联先、红花、裕山、里文、千秋、诗书、孟里、鱼良
大路镇	15 个村委会：大路、新村、岭脚、蔗园坡、安竹、江湖、美容、清廊、湖仔、礼合、云满、马寨、堆头、石桥、青天	15 个村委会：大路、新村、岭脚、蔗园坡、安竹、江湖、美容、清廊、湖仔、礼合、云满、马寨、堆头、石桥、青天
中原镇	12 个村委会：中原、大锡、锦武、仙寨、迈汤、逢来、山仙、三更、水口、黄思、黄竹、排塘	22 个村委会：中原、大锡、锦武、仙寨、迈汤、逢来、山仙、三更、水口、黄思、黄竹、排塘、书斋、沙坡、新华、联光、乌皮、乐群、排沟、长仙、星池、仙村
阳江镇	9 个村委会：阳江、上科、江南、东兴、红色、龙山、岭下、题榜、益良	15 个村委会：阳江、上科、江南、东兴、红色、龙山、岭下、题榜、益良、棉坡、利试考、群联、文市、桥园、老区
龙江镇	9 个村委会：蓝山、南正、龙江、滨滩、中洞、博文、深造、蒙养、南面	9 个村委会：蓝山、南正、龙江、滨滩、中洞、博文、深造、蒙养、南面

续表 1-1-1

乡镇	撤并前辖区村（居）委会	撤并后辖区村（居）委会
石壁镇	7 个村委会：下朗、石壁、南星、赤坡、岸田、水口仔、南通	7 个村委会：下朗、石壁、南星、赤坡、岸田、水口仔、南通
会山镇(原会山乡)	4 个村委会：大火、沐塘、三洲、溪仔	5 个村委会：大火、沐塘、三洲、溪仔、加略（2008 年 12 月移交）
原福田镇	8 个村委会：凤头、福田、北埇、多亩、社昌、金鸡、苏区、西村	并入潭门镇建置
原烟塘镇	8 个村委会：伍园、长山园、烟塘、福石岭、陈村、黄号、礼昌、大头坡	并入长坡镇建置
原朝阳乡	7 个村委会：海燕、中南、古调、仰大、乐城、指母、莫村	并入博鳌镇建置
原新市乡	4 个村委会：新市、加文、罗凌、枫树坡	并入万泉镇建置
原文市乡	6 个村委会：棉坡、利试考、群联、文市、桥园、老区	并入阳江镇建置
原九曲江乡	14 个村委会：书斋、沙坡、新华、联光、乌皮、乐群、排沟、长仙、星池、仙村、沙美、培兰、北山、北岸	书斋、沙坡、新华、联光、乌皮、乐群、排沟、长仙、星池、仙村并入中原镇建置，沙美、培兰、北山、北岸并入博鳌镇建置
原温泉镇	11 个村委会：椰子寨、温泉、参古、军屯、益群、逢龙、坡头、官塘、雅洞、下寨土冬、万石	并入嘉积镇建置
原上埇乡	7 个村委会：上埇、田头、山辉、乌石、龙寿、礼都、黄崖	并入嘉积镇建置
原泮水乡	9 个村委会：倖田、泮水、龙阁、新潮、大礼、里邦、东山、大坡、先锋	并入嘉积镇建置

2010 年琼海市行政区划表

表 1-1-2

市辖行政单位	辖区村（居）委会
嘉积镇（辖 33 个村委会 14 个居委会）	勇敢、桥头、龙池、南堀、不偏、棉寨、南中、椰子寨、温泉、参古、军屯、益群、逢龙、坡头、官塘、雅洞、下寨土冬、万石、上埇、田头、山辉、乌石、龙寿、礼都、黄崖、倖田、泮水、龙阁、新潮、大礼、里邦、东山、大坡。（以下均为居委会）纪纲、朝标、登仙岭、美景、红星、文坡、加囊、新民、先锋、山叶、蔗园、龙利坡、东区、嘉祥
博鳌镇（辖 17 个村委会）	博鳌、朝烈、田埇、珠联、东屿、东海、海燕、中南、古调、仰大、乐城、指母、莫村、沙美、培兰、北山、北岸

续表 1-1-2

市辖行政单位	辖区村（居）委会
万泉镇（辖 16 个村委会 1 个居委会）	西河、丹村、文台、夏坡、龙头、南轩、博山、文南、大雅、沐湟、光耀、加城、新市、加文、罗凌、枫树坡。（以下为居委会）文曲
潭门镇（辖 14 个村委会）	林桐、墨香、日新、草塘、旧县、潭门、凤头、福田、北埇、多亩、社昌、金鸡、苏区、西村
长坡镇（辖 21 个村委会）	牛角、良玖、社学、东塘、多异、长坡、福头、孟文、文子、欧村、青葛、渔业、椰林、伍园、长山园、烟塘、福石岭、陈村、黄号、礼昌、大头坡
塔洋镇（辖 15 个村委会）	先亮、珍寨、福寨、联丰、加贤、红庄、群良、联先、红花、裕山、里文、千秋、诗书、孟里、鱼良
大路镇（辖 15 个村委会）	大路、新村、岭脚、蔗园坡、安竹、江湖、美容、清廊、湖仔、礼合、云满、马寨、堆头、石桥、青天
中原镇（辖 22 个村委会）	中原、大锡、锦武、仙寨、迈汤、逢来、山仙、三更、水口、黄思、黄竹、排塘、书斋、沙坡、新华、联光、乌皮、乐群、排沟、长仙、星池、仙村
阳江镇（辖 15 个村委会）	阳江、上科、江南、东兴、红色、龙山、岭下、题榜、益良、棉坡、利试考、群联、文市、桥园、老区
龙江镇（辖 9 个村委会）	蓝山、南正、龙江、滨滩、中洞、博文、深造、蒙养、南面
石壁镇（辖 7 个村委会）	下朗、石壁、南星、赤坡、岸田、水口仔、南通
会山镇（辖 5 个村委会）	大火、沐塘、三洲、溪仔、加略

第四节 勘界工作

2000 年，琼海市与琼中黎族苗族自治县、屯昌县、文昌市、万宁市签字确认行政界线。2001 年，完成琼海市与定安县行政区域界线划定。2002 年，完成绘制琼海乡镇撤并后新的镇级行政界线图；确认与万宁市、文昌市的海洋行政界线。2003 年 3 月，市民政局会同市海洋局完成琼海—万宁两市的海洋界线勘定试点工作，是全省勘定的第一条海洋界线。同年，开展镇级行政区域界线勘定工作，完成长坡—潭门、长坡—塔洋、长坡—大路三条镇级行政界线勘定任务。2004 年，协同万宁市、琼中黎族苗族自治县、屯昌县、定安县、文昌市联检毗邻市县行政区域界线。2007 年，完成琼海市镇级行政界线勘定成果签字确认，勘定镇级行政区域界线协议书 168 份，提请市政府划定行政界线报告 168 份，撰写勘界工作总结 175 份。2009 年，制订琼海市第二轮县级行政区域界线联检工作方案。2010 年，完成琼海市行政区划界线敏感地段基本情况的调查，及时处理边界纠纷。

附：撤县设市纪实

1992 年 11 月 6 日，民政部发出《关于海南省撤销琼海县设立琼海市的批复》，批准琼海撤县设市。29 日，中共琼海县委召开县领导干部会议，传达民政部文件和海南省政府《关于琼海撤县设市的批复》、中共海南省委办公厅《关于琼海撤县设市后机构名称和领导干部名称作相应改变的通知》。县人大、政协接着召开常委会议，之后给省委发传真电报，对国务院批准琼海撤县设市表示拥护。12 月 2 日，琼海市委召开庆祝国务院批准琼海撤县设市大会。大会宣布，同日正式启用“琼海市”名称。

1993 年 2 月 6 日，琼海市设市暨十八项工程剪彩奠基庆祝大会在嘉积中学操场举行。省委书记、省长阮崇武，省委副书记、副省长汪啸风，省委常委刘学斌，省委常委、海口市委书记陈玉益，省人大常委会副主任潘琼雄，副省长刘名启，省政协副主席周松，原中顾委秘书长荣高棠、李力安及国家有关部、委、办、司、局的领导，湖北省人大常委会以及广州、海南军区有关领导出席了大会。国务院副总理田纪云、国务委员陈俊生、杨成武将军、全国人大华侨委员会副主任委员何英等为琼海设市题词祝贺。日本副首相兼外务大臣渡边美智雄发来贺电。刘名启在会上宣读海南省人民政府《关于琼海撤县设市的通知》，韩至中致辞。

随后，举行了市委、市人大常委会、市政府、市政协的挂牌仪式。省领导汪啸风、潘琼雄、刘名启、周松等分别为琼海市委、市人大、市政府、市政协挂牌揭幕。这标志着琼海长达 1332 年之久的设县历史结束。

第二章　乡　镇

第一节　嘉积镇

一、位置与政区

嘉积镇，位于万泉河畔，东接潭门镇和塔洋镇，南邻中原镇和博鳌镇，西毗万泉河和龙江镇，北连大路镇。1991年，为琼海县县治。1992年，琼海撤县设市，嘉积镇为琼海市政治、经济、文化中心。2002年，乡镇行政区划调整，温泉镇、洋水乡、上埇乡撤并入嘉积镇。

2010年，全镇总面积196平方千米，耕地面积2986.93公顷，其中水旱田2132.87公顷，坡地405.33公顷。村、居委会47个，其中村委会33个，村民小组428个，居委会14个，居民小组88个，总人口19.8万人，其中常住人口13.8万人。

二、经济发展

嘉积镇是海南岛东重要商埠，为岛东商品和农副产品的集散地，商贸业比较发达。1991年，生产总值5207.36万元，农民人均收入达944元。1994年，生产总值18171万元，同比增长55%；农民人均纯收入达1561元，同比增长29%。2002年，生产总值27.2亿元，人均生产性纯收入达4025元；2002年后，全镇主要经济指标持续保持两位数增长。2010年，全镇生产总值47.55亿元，农民人均收入达5458元，一般财政预算收入1.2831亿元，首次实现财政收入“超亿元”镇。

农业发展良好，粮食、瓜菜、水果等物产丰富。1991年，农业生产总值2247.29万元。全镇推广良种面积达到1230公顷，占总面积的90%；粮食总产8155吨，创历史最好水平。1994年，农业生产总值4310万元，突出重点抓好南中嘉积鸭饲养基地、棉寨养鹅基地、水果基地、蔬菜基地等四个基地，基本上形成了“二高一优”农业生产格局。2000年，农业生产总值1.288亿元。突出抓好勇敢洋苦瓜种植基地、桥头洋毛豆种植基地等龙头产品示范基地的同时，大力发展饲养业、花卉产业等。2002年，乡镇合并后，农业生产总值达3.7亿元。开始实施区域发展战略：嘉积片侧重发展二、三产业，洋水片侧重发展工业，上埇片侧重发展种养业，温泉片侧重发展旅游业。2004年，注重帮助农民解决生产资金困难问题，创建信用村委会1个、信用村民小组23个，支持1200多户农民解决支农信用贷款1100万元，有力地促进了冬季瓜菜、热带作物等种植业发展。2005

年，由于遭受连续干旱和第18号强台风影响，农业生产有所下降，特别是畜牧业遭受重大影响，经济损失额达647万元。2008年，农业总产值8.91亿元。全年瓜菜水果、热作、水产、禽畜五大优势产业对全镇农业和农村经济贡献率达90%以上。2009年，农业生产总值40.3亿元。大力推进“科技下乡进村入户”工程，培育农业科技推广示范基地10个、约533.33公顷，推广农业种植、养殖新优品种20个，促进农民增加收入6000万元以上。2010年，农业生产总值10.7亿元，同比增长10%.

商贸业发达。2001年，镇城区商业网点发展达2540家，比2000年增加了507家。2003年，招商引资45个项目，创税2460万元，其中贸易公司13家，创税1600万元。至2006年，全镇共有4900家铺面，108家大小酒店旅馆，餐饮食店488间。2007年，嘉积城区房地产业投资达5.5亿元，以嘉积主城区和官塘休闲度假区为龙头，房地产开发保持良好势头；全镇城乡商业网络建设不断加快，商业、服务业、交通运输业稳定发展，全镇以商贸业为重点的第三产业收入同比增长20%以上。2008年，旅游业和城乡商贸业的加快发展，带动了全镇第三产业经济收入持续走高，达2.6亿元，同比增长20%以上。2010年，全力抓好万泉河南路、中路、南中、文坡安置地和土地储备地，火车站出口路、勇敢安置区、公务员小区建设用地等约453.33公顷的土地征用工作。

1991年，全镇有镇办企业、村办企业、合作办（联合体）企业及个体企业共1223家，就业人数达2747人，乡镇企业产值为2852万元。1994年，乡镇企业迅速发展，产值为2.5亿元，同比增长134%，较大型企业有琼海包装厂、富朝实业发展公司等。1996年，开始涌现出一批大规模、上档次的新企业，共有企业2167家，从业人员7271人，企业产值达5.24亿元，其中投资上千万元的企业有华星羽绒厂、国儒大厦、富丽华酒家和东华大厦等。2000年，不断完善招商机制，促进乡镇企业迅速发展，产值首次突破10亿元关口，达12.6578亿元，同比增长了15%。2001年，招商引资1500万元建设北门市场，有摊位近300个，商业铺面80间，既带动了农产品的贸易和城区的建设，还为朝标、大坡等村（居）委会600多名失地农民提供了就业机会。在2002年乡镇合并后，乡镇企业产值达21.3亿元。2002—2006年期间，共招商引资115个项目，实际利用资金达5亿元，其中雄隆农副产品加工厂、新天久海产品加工厂、豪创制药厂等项目取得很好的经济和社会效益。

三、文化建设

辖区内有杨善集纪念园、王文明纪念园、周士第将军纪念馆以及红色娘子军纪念园等一批场馆。1958年，杨善集纪念园建成，是海南省爱国主义教育基地；1985年，王文明纪念园建成，是海南省文物保护单位和海南省爱国主义教育基地；1995 年，周士第将军纪念馆建成，是海南省爱国主义教育基地；1998 年，红色娘子军纪念馆建成，是全国爱国主义教育示范基地、海南省爱国主义教育基地、全国红色旅游经典景区。每年上万名国内外人士和青少年学生到场馆接受爱国主义教育。

嘉积人对龙文化的传承以南中村最为突出。南中龙在琼海乃至海南都是小有名气。这不仅体现在舞龙表演中，更在于群众精湛的编制龙的技术，他们制作的龙活灵活现，几乎以假乱真。2003 年 3 月，嘉积镇因南中龙的传承被文化部等 13 个部委联合授予“中国民间艺术之乡”称号。2010 年，全镇有舞龙队 2 支，舞狮队 21 支。

至 2010 年，全镇有民营琼剧团、群众艺术团、民乐团各 1 支，广场健身队 63 支，篮排球场 34 个。镇民乐团赴中国香港参加世界华人民乐比赛演奏的《万泉欢歌》获铂金奖。

四、社会事业

（一）村镇建设

1994 年，投入 200 万元绿化、香化东风路、人民路、爱华西路、银海路等。1998 年，投入 50 万元安装西园街、纪纲街、善集路、教育路主要街道路灯；投资 13.5 万元，在南堀村、棉寨村开展改水改厕示范点工作，共完成无害化家庭厕所 1054 间、改水 1920 人；投资 40 万元，完成主渠道硬板化 2.97 千米，实现了全镇主渠道全面硬板化；全面完成农村第二轮土地承包工作，共调整出 547.4 公顷土地全部承包到农民手中。2001 年，集资 236.11 万元安装了 6 条街道（金海、爱华东、高速公路出口、教育西路、兴海北路、部队大道）的路灯。2003 年，加快城镇建设，带动城郊发展，全年私人建房 18 万平方米，创税 520 万元；招商引资 1000 万元，建设爱华东路；招商引资 1500 万元，建设台湾街延长段。2004 年，建设嘉积综合图书馆、嘉博路扩建工程、爱华东路延长段等重点民生工程项目；建设乡村道路 14 千米、维修乡村道路 12 条 31 千米。2006 年，利用资金 8000 万元，对富侨路、文明路、新民街、前进街等 11 条城区街道进行改造；全镇建设、维修乡村道路 88 千米，优化了农村生产生活环境。2002—2006 年期间，引资建设了嘉博路先锋至勇敢段、爱海路、朝标东路、爱华东路延伸段等街道；筹资 3000 多万元安装大街小巷路灯 6254 盏，基本消除了城区黑暗死角；开发了新天住宅小区、华升小区、海虹家园等小区，全面提升了城市的档次和综合服务能力。

（二）文明创建

1993 年，不偏文化宫和门山园度假村被省文化厅评为“环岛千里文化长廊达标单位”。1999 年，不偏村被评为 1998—1999 年省级文明村，共有 8 户被评为市百佳十星级文明户，

2560户被评为镇级文明户。2002年，全面铺开文明生态村建设工作，共投入120万元，建设10个文明生态村，创建了洪家村、不偏村、铺仔村等一批省级文明生态示范村和市级示范村，被评为“海南省建设文明生态村先进单位”。2006年，投入116万元，创建万泉河文明生态村长廊，涉及沿河8个行政村。2010年，把文化进村与乡风文明有机结合起来，加大农村文化活动室、文体娱乐场、“农家书屋”的建设力度，共投入400多万元，创建春心园等15个文明生态村；至2010年，共创建了文明生态村180个、文明社区10个，其中省级12个、市级88个、镇级80个。

嘉积镇被省文明办评为“2007—2010年度海南省文明生态镇”，嘉积镇里邦村被省文明办评为“2007—2010年度海南省文明生态示范村”，嘉积镇登仙岭社区被省文明办评为“2007—2010年度海南省文明社区”；2008年，中央文明办表彰嘉积镇为全国创建文明村镇工作先进村镇。

（三）教育

据嘉积教研站统计，1997—1998学年度，该站学龄儿童少年4845人，已入学4878人，入学率101%；学龄少年2785人，入学2780人，毛入学率99.8%。1998年，投入32.1万元，新建校舍640平方米，改造校舍危房220平方米。小学升学率达100%，其中有40名学生考上重点中学。1999年，投入373万元，建设5600平方米嘉积一小教学大楼。同年，温泉中学获海南省校容校貌一等奖和海南省先进集体称号。2002年，进一步调整小学布局，撤并36所小学，设立5个教学点，统一归嘉积学区管理。2003年，投入500万元，建设俸田小学等8间中小学教学楼以及宿舍楼。2005年，温泉中学被评为“海南省中小学德育工作先进集体”。2006年，全面完成中小学改危工作任务，教育基础设施不断完善。全镇中小学生（包括外来民工子女）因费用辍学率为0。2008年，全年投入500万元推进义务教育阶段规范化学校创建工作。2010年，投入500万元，加强镇一小、官塘小学等学校教学楼建设，不断完善嘉积三中办学设施，加快创建完全中学步伐。

2010年，全镇有2所中学，教职员工184人，在校学生1562人。小学32所，教职工480人，在校学生6782人。

（四）卫生

嘉积镇共有4所卫生院。嘉积卫生院（1985年成立）、温泉卫生院（1955年成立）、泮水卫生院（1952年成立）、上埇卫生院（1954年成立）。1991年，有医务人员58人。2010年，医务人员113人，病床41张，下设农村卫生室共26个。同年，4所卫生院院区总面积达20969.5平方米，医疗门诊总面积达5000多平方米。城镇居民参加基本医疗保险 30886 人，占任务的 98%，被评为琼海市城镇居民基本医疗保险工作先进单位；参加新型农村合作医疗的户数达 15040 户，68289 人，占 98%以上，征收金额 136.5 万元，基本做到应保尽保。

附：

一、温泉镇

位于嘉积城区西南郊，万泉河南岸。2001 年，全镇总面积 40 平方千米，耕地面积 704 公顷，其中水田 481.53 公顷，旱田 97.53 公顷，坡地 124.93 公顷。有 5228 户、21307 人，辖 11 个村委会，143 个村民小组。

镇区中心新村墟面积 1.03 平方千米，建筑面积 10.72 万平方米，其中建房面积 6.11 万平方米，居民约 1000 人。1994 年，选址万石坡开发建设新区，占地面积 337 公顷。1996 年 12 月，镇委、镇政府驻地也从原来的新村墟迁往万石坡。1997 年，建起一座大型农贸市场，占地面积 4400 平方米。2001 年，镇区中心面积扩大到 3.37 平方千米，建筑面积 33.5 万平方米，其中住房面积 19.1 万平方米，居民 3850 人。交通便利，万石墟直通东线高速路温泉出口。

1991 年，农村社会总产值 3001.3 万元，农业总产值 1917.25 万元，工业总产值 400 万元，农民人均收入 1360.35 元。1996 年农业总产值 9285.3 万元，农民人均收入 2062 元。2001 年，农村总产值 17072.3 万元，农业总产值 10497.8 万元，农民人均收入 3968 元。全镇粮食以水稻为主。经济作物有胡椒、橡胶、槟榔和蔬菜等，热带水果有石榴、人参果、荔枝、杨桃等。养鹅业发展较快，“温泉鹅”名扬省内外。主要工业有卷闸门厂、华立电器厂、椰衣丝床褥厂、锅锡制品厂、水泥制品厂、春晖椰子加工厂、槟榔烤制厂等。也是海南最大槟榔干果加工基地，槟榔干果主要销售湖南长沙、湘潭等地。主要旅游景点有红色娘子军纪念园、白石岭森林公园、白石岭索道、官塘温泉休闲度假中心。白石岭索道于 1995 年 7 月开通，共投资 828 万元，全长 780 米，每小时可接待客人 300 人次，是海南省第一条空中索道。

2002 年，并入嘉积镇。

二、泮水乡

位于嘉积城区北郊，因境内泮水河而得名。全乡总面积 43 平方千米，耕地面积 1041.93 公顷，其中水旱田 774.27 公顷，旱地 267.67 公顷，总人口 14986 人，8 个村委会，109 个村小组，156 个自然村。乡政府驻地大榕头墟，距嘉积城区约 2 千米。全墟面积 0.5 平方千米，街道呈“丁”字形，总长1千米，店铺民居大都沿海榆东线公路两旁而建。居民约900人，商户50余家，农贸市场1座，占地0.4公顷，经营商品有肉、鱼、蔬菜、三鸟、竹木制品等20多种。

墟上建有琼海市职业中等专业学校，占地5.33公顷，建有教学楼三幢，建筑面积2000平方米。教职工80人，设初中部12个班，学生600多人，中专13个班，学生500多人。开设课程有家电、汽车维修、旅游、计算机等多个专业。墟上还有海南万泉农产品批发市场，1999年8月建成开业，占地3.67公顷，建筑面积9700平方米，是海南东部家禽集散地和水产品批发市场。2000年，市场成交额2.2亿元，促进了琼海及周边文昌、定安、万宁等市县家禽养殖业的发展。

1992年，全乡社会总产值3813万元，工农业总产值3510万元，乡镇企业总产值2273万元，农民人均纯收入833元。2001年，工农业总产值21679万元。乡财政收入283万元，农民人均收入3513元。主要企业有海天藻胶有限公司、齐顺卡拉胶有限公司、泮水桂子园水电站、海南圣发工艺有限公司。传统名牌产品有“南汉草席”师公铺石砖、石碑制品等。

2002年，并入嘉积镇。

三、上埇乡

位于嘉积城区东南郊，距嘉积城区6千米。全乡总面积44平方千米，耕地1064.47公顷，其中水田9438公顷，旱田1880公顷，坡地309.93公顷。2000年，全乡2315户，9243人，辖7个村委会，101个村民小组，86个自然村。

2000年，上埇乡工农业总产值15889万元，同比增长2.7%，其中，工业总产值5638万元，农业10251万元；农民人均纯收入3000元，同比增长3.8%。共有乡镇企业174家，总产值8462万元，其中产值500万元以上的有3家大型企业：上埇建筑公司、大中印刷厂和霖碧矿泉水厂。境里还有国有上埇林场，是全市造林基地之一。1992年起，农民大力开展林荫养鸡，年出栏量360万只。年产菠萝1.2万吨，销售全国各地及蒙古、俄罗斯等国家。出产大棕小叶桉木，远销日本、西欧等国家和地区。墟上蕴藏丰富的矿泉水，远销上海市。礼都陶制品，始产于清朝乾隆年间，历史悠久。

1991年，农业总产值1946.92万元。1996年，工农业总产值10959万元，农业产值8499万元，工业产值2460万元，农民人均纯收入1563元。2001年，全乡工农业总产值16101万元，其中农业总产值10238万元，工业总产值5863万元，农民人均纯收入3049元。

2002年，并入嘉积镇。

第二节　博鳌镇

一、位置与政区

位于琼海市东南部，南与万宁市相邻，西与中原镇接壤，北与嘉积镇、潭门镇相接，东临南海，是“博鳌亚洲论坛”永久会址所在地。镇政府驻博鳌墟，距市政府驻地约19千米。

1991年，博鳌镇总面积39平方千米，辖6个村委会（博鳌、珠联、朝烈、田埔、东屿、东海），71个村小组，总人口1.03万人。2002年4月，琼海市乡镇行政区划调整，朝阳乡及九曲乡的4个村委会（沙美、北岸、北山、培兰）并入博鳌镇。

2010年，博鳌镇辖区面积86平方千米，较合并前增加了47平方千米；全镇有17个行政村，208个村小组，分别较合并前增加了11个和134个；常住人口2.9万人，较合并前增加了1.87万人。

二、经济发展

农业是博鳌地区促进农民增收的主导产业，主要以种植水稻、槟榔、胡椒、水果及水产养殖、捕捞等。1992年，镇政府引导农民发展出海捕捞、淡水养殖、“三鸟”饲养等产业。1995年，全镇基本形成“近海养殖、沿江养鸭、林间养鸡、坡地种瓜”的农业生产格局。2010年，农业总产值达3.05亿元，农民人均纯收入5675元。1995—2010年，冬季瓜菜种植渐成规模，全镇每年的种植量在200公顷以上，是农民实现增收的重要手段。成立12个农业科技示范基地，形成了以瓜菜、水产、水果为主体的绿色无公害产品高效产业格局。

20世纪90年代，镇上有船舶修理厂，钛矿精选厂，农具修理厂等25家工业企业，博鳌港输出品以钛矿砂为主。博鳌亚洲论坛永久落户后，博鳌地区产业重心逐渐向第三产业移动。2000年4月，博鳌镇被国家计划委员会评为全国乡镇经济综合开发示范项目镇。

2001年，依托“论坛”效应，带动全镇旅游业及其服务业的强劲发展，主要有商贸、运输、旅游、旅馆、饮食、租赁业等，其中从事旅游业和餐饮业较多。至2010年年底，全镇共有家庭旅馆40家，床位620个。星级酒店8家，其中五星级5家：博鳌亚洲论坛大酒店、博鳌金海岸温泉大酒店，博鳌华美达大酒店、博鳌千舟湾度假酒店、博鳌龙潭岭山庄；四星级3家：博鳌锦江温泉大酒店、博鳌玉带湾大酒店、博鳌金芙蓉度假村。游艇码头6个：滨海码头、控股码头、中远码头、鳌强码头、锦江码头、大乐码头。饭店 43 家。2003 年 6 月，博鳌金海岸温泉大酒店被中国饭店协会授予“AAAAA 级中国绿色饭店”。2010 年，全镇从事第三产业的人数达 1950 人，外出务工人数 850 人，务工和工资性收入年人均 1.26 万元。第三产业生产总值 1.53 亿元，占总收入的 29%，第三产业已成为发展全镇农村经济和增加农民收入的重要支柱。

三、文化建设

博鳌镇蕴藏着丰富的历史文化遗产。旧乐会县十大景区，博鳌镇占金牛偃月、圣石捍海、石莲花墩、炉峰生烟、泮沼回澜、双溪交流、榜山曜日、万泉合派等 8 处。民间有赛龙舟、闹元宵、公仔套、赛肥鸡、舞狮、打八音等民俗节目。其中以乐城元宵赛肥鸡和端午节万泉河赛龙舟最为闻名。乐城岛元宵赛肥鸡是乐城人以家庭为单位，在规定的游灯路线上，将自家养的肥鸡煮熟后装点成各种艺术造型，摆在自家门口敬神迎神。同时，接受评审小组点评，看谁家的鸡养的最肥，造型最美。万泉河赛龙舟是博鳌地区一项民间传统体育活动，1998 年起扩大为一项全省性的活动，每年都吸引 8 支以上的队伍参加比赛。

自 2001 年起，依托“博鳌亚洲论坛”的品牌优势，抢抓基础设施建设，重塑人文生态环境，先后被评为“全国创建文明小城镇示范点”“全国环境优美镇”“中国十大休闲胜地”“中国绿色名镇”“全国服务农民服务基层文化工作先进集体”“海南十大文化名镇”。2010 年，成立博鳌书画培训基地，举办全省群众艺术书画培训班，参加者众多。截至 2010 年年底，全镇共有文化活动中心 2 处，文体活动室 10 间，农家书屋 17 间，灯光球场 13 个。

四、社会事业

（一）村镇建设

2000 年以前，博鳌镇墟的基础设施建设相当滞后，唯有一条老旧的街道及两边低矮的瓦房，2000 年以后，镇墟的建设迎来跨步大发展时期，先后投入近 6000 万元，完成了博鳌商住区基础设施配套建设和东屿安置区的建设；铺设 5 条街道柏油面和彩砖人行道；完成公路两旁绿化建设；建设 6 条街道排水沟；扩建农贸市场及整改配套设施；安装街道路灯 156 盏；埋设地下通信电缆及地下水管；全面改造高压、低压供电线路。镇区面积从原来的 0.6 平方千米扩大到 1.5 平方千米。镇墟主要街道有海滨街、滨海大道和朝博路等。

农村各项基础设施建设也得到同步发展，至 2010 年，先后投入 2000 多万元，建设乡村道路、农田水利及农村安全饮水工程，实现了村村通公路，并全部实现硬板化，90% 以上村庄通自来水。水利设施抵御自然灾害的能力逐渐增强。

（二）教育

1994 年，琼海籍中国香港同胞李运强捐款兴建博鳌中学教学大楼一幢，面积 1100 平方米，并在家乡东屿岛兴建“李运强小学” 一所（2002 年东屿岛大搬迁时拆除）；2006 年，李文斌（李运强之子）捐款在东屿安置区兴建“东屿李运强幼儿园”。江水村（指母村委会）华侨先后捐款兴建江水小学教室 840 平方米，购置桌椅 130 套。2010 年，全面完成博鳌中心小学义务教育标准化学校建设。博鳌镇有 2 所中学，13 所小学，中小学在校生 2098 人，中小学教师 201 人。

（三）卫生

1990 年，博鳌卫生院组建完成并投入使用的科室有 B 超室、X 光室、检验科、内儿科、妇科（接生）、中西医科等；博鳌镇农村合作医疗工作自 2003 年开始至 2010 年参保率分别为 98%、97%、98%、98%、98%、98%、98%、98%。城镇居民养老保险工作自 2004 年开始至 2010 年的参保率分别为 101%、103%、101%、102%、103%、101%、103%。新型农村社会养老保险工作自 2010 年开始，参保率为 88%。

附：朝阳乡

位于博鳌镇西北部，万泉河北岸，距离嘉积镇 12 千米。2001 年，面积 29 平方千米，水旱田 506.93 公顷，旱地 74.87 公顷，园地 313.13 公顷，林地 593.67 公顷，辖中南、指母、乐城、莫村、海燕、仰大、古调 7 个村委会，49 个自然村，人口 0.9 万人。

辖区内乐城村委会曾是乐会县城县衙所在地，乐城四面环水，有发达的水运优势，历史上曾有五个渡口，两个河湾码头。2004 年 7 月，乐会朝阳古墟旧址被琼海市人民政府列入琼海市文物保护单位。现遗存的建筑有城隍庙、青石砖古道、古县衙立柱、古城墙等。位于古调村的覃家大院建筑群，是一个占地面积大约 0.67 公顷，由 4 间大瓦房和 9 座横廊、门楼、钟楼、水池和走马楼等组成的具有东南亚风情的一个方形建筑群。正前方有 3 个大门，两侧各有 1 个小门，大小窗户 100 多个。

朝阳乡农民收入主要来源于农业生产，以种植水稻为主，沿河部分村民也靠捕捞维持生活。20 世纪 90 年代起，乡镇府积极引导农民进行“三鸟”饲养、海淡水养殖，并引入企业落地发展经济。先后有朝阳益隆有限公司、琼海大顺种鸡场（2010 年成立琼海美德尔畜牧业有限公司）、朝阳粮油公司等多个企业落户朝阳，带动朝阳地区经济发展。2002 年 4 月，并入博鳌镇。

第三节　潭门镇

一、位置与政区

地处琼海市东部沿海，距嘉积主城区 20 千米，东面环海，南与博鳌镇相连，西与嘉积镇接壤，北与长坡镇毗连。行政区域面积为 89.5 平方千米，海岸线总长 18 千米，琼海龙博滨海景观大道、嘉积—潭门、潭门—长坡等道路贯穿其中，交通十分便利。2002 年 3 月，琼海市乡镇行政区划调整，福田镇并入潭门镇。至此全镇辖 14 个村委会（其中沿海村 5 个），220 个村民小组，常住人口 2.93 万人，外来流动人口 3000 余人。

全镇共有耕地面积 1526.67 公顷，林地面积 3266.67 公顷。辖区有全市最大的中型水库合水水库，总库容量 3140 万立方米，最大水面面积 7.2 平方千米，灌溉农田总面积 709.07 公顷；有海南东部唯一天然深水良港龙湾港，自然水深达 12—13 米，可供建设万吨至 20 万吨级深水泊位 200 多个；潭门港是海南岛通往南沙群岛最近的港口之一，也是琼海市西、南、中、东沙群岛作业渔船后勤补给基地和深远海鱼货的集散销售基地。从 2006 年开始扩建，建成后可停泊渔船上千艘，将成为集渔船避风补给、水产品流通加工及休闲观光为一体的综合性现代渔港经济区。2009 年，被农业部定为一级渔港的潭门中心渔港。

千百年来，潭门渔民从未间断在南海从事生产捕捞作业，为维护国家南海主权做出了卓越的贡献，但也遭受了重大的损失。据统计，2000—2010 年，潭门（渔船）渔民在南海生产作业过程中，被周边国家无理驱赶、抢劫、抓扣、枪杀事件达 115 起。即使是遭受重大损失，潭门渔民还是一如既往在南海耕耘，并在南海作业的过程中总结出一批“更路簿”，为证明南海自古就是中国的领土提供了宝贵的物证。潭门渔民也得到党和国家领导人的高度赞扬，2010 年，潭门渔港被中央文明办评为“全国文明渔港”。潭门渔民被誉为“爱国主义的群体”“开发南沙的先锋队”“岛礁建设的主力军”“守海护海的流动哨”。

二、经济发展

20 世纪 90 年代初，潭门镇的主要经济收入是农业和海洋捕捞业，其中农业以种植水稻为主。1995 年以后，通过产业结构调整，由单一水稻种植向效益较高的果、瓜、菜生产转变，主要经济作物有胡椒、槟榔、西瓜、菠萝等。并通过土地合理流转、股份合作、承包经营等方式，充分发挥能人作用，组建起公司+农民、基地+农民、运销户+农民、种养大户+农民等多种经济实体与经济模式，解决对农业投入不足的问题，培育农业新的增长点。渔业方面，以组织渔民发展“四沙”（南沙、西沙、中沙、东沙等海区）为重点，开展远海捕捞作业，发展创汇高效渔业，满足国内外市场的需求。1991 年，全镇财政收入 42 万元，农民人均纯收入 1031 元；2000 年，镇财政收入 409 万元，农民人均纯收入 3920 元。2002 年，福田镇并入后，全镇财政收入达 529 万元，农民人均纯收入 4315 元；2010 年，镇财政收入 718 万元，农民人均收入 5917 元。

进入 21 世纪，以市场为导向调整镇经济结构。农业方面，引导农民发展冬季瓜菜生产，冬种面积从 1999 年的 280 公顷，扩大到 2010 年的 833.33 公顷，成为农民增收的新亮点。同时，组织引导农民种植热带水果和热带经济作物，各种水果、作物种植累积 1040 公顷。2010 年，全镇种植业总产值达 2.5 亿元，涌现了“官塘西瓜村”“屯园辣椒村”等靠瓜菜种植业致富的村庄。渔业方面，有大小渔船 556 艘，其中“四沙”作业渔船 160 艘。发动和组织引导渔民增加科技投入，合理安排大吨位渔船到西沙、东沙、南沙群岛海域渔场进行深远海捕捞作业，开辟新渔场，扩大作业海域。加大渔业技改力度，推广应用刺钓、刺网、深水三层网、笼捕等新的生产作业方式与先进的捕鱼技术，组织海上收购渔船，做好海上鲜活鱼虾及海产品的购销，拓宽海产品购销渠道。发挥沿海优势，发展海淡水养殖业，2010 年，海水养殖面积 122.13 公顷，淡水养殖面积 460.67 公顷（含水库养殖面积）。总产量 3649 吨，产值 6400 万元。同年，潭门渔港被中央文明办评为“全国文明渔港”。工业方面，充分利用本地资源，发展富有沿海特色的乡镇企业。1999 年年底开始筹资在九吉坡建设 33.33 公顷工业区，经过十多年的发展，企业已从原来的 30 余家扩大到 2009 年的 80 多家，有海贝壳工艺厂、卡拉胶加工厂、造纸厂、鱼类加工厂、冷冻厂、包装厂等，固定资产投入总额约 1.5 亿元。2010 年，全镇财政收入 718 万元，农民人均纯收入 5719 元。

三、文化建设

潭门乡村民间向来有崇尚文化艺术的传统，土生土长的潭门浪花乐队和潭门大金农民管弦乐团，成为新时期传播先进文化的骨干力量。成立较早的潭门浪花乐队常年活跃于广大渔村；潭门大金农民管弦乐团多次参加省内国内多种比赛并屡屡获奖，2008 年该团参加首届中国农民文艺会演荣获银穗奖，潭门镇由此被文化部命名为“中国民间文化艺术之乡”。

2010 年，首届南海文化节在潭门举办，通过举行祭海仪式、闹鲤鱼灯、穿贝壳比赛、海上救援比赛、撒渔网比赛等方式，展现潭门渔民生产作业技能，弘扬潭门南海文化。

四、社会事业

（一）村镇建设

1991—1999 年，共投入资金 400 多万元，整治墟镇容貌和铺设石板路 13 条，总长 4461 米；建设排水系统 9 条，新建公厕 3 间；安装路灯 183 盏，实现了墟镇路灯照明；投资 28 万元，开发椰林新街 180 米；开通一条长 700 米的疏港大道，并在东城区扩地 98 亩，扩大墟镇建设。全镇共投入约 463 万元，整治农田 433.33 公顷；改善灌溉面积 804 公顷，恢复和增加灌溉面积 280.13 公顷，实现了田间道路网络化，灌溉自流化；建设农村道路 27 条，长 69.4 千米。

2000—2010 年，小城镇建设进一步推进，共投资 2000 多万元，先后建设潭门镇海产品交易市场、潭门港加油站和潭门自来水厂，改造富港街、加潭街道、金泉街和福田墟的福源街等主要街道。共投资 3700 万元，维修加固合水水库水利坝，加强小型农田水利基础设施建设，完善农田水利渠道；建设水泥硬板化道路 23 条 85 千米，新开环村路 6300 米。

2003 年，投入 10 万元扩建潭门镇敬老院； 2006 年，筹资 30 万元建设改造潭门敬老院和老人活动中心场所，并争取上级扶持，帮助住房困难户建房 6 间；2009 年，筹资 40 万元完成潭门敬老院二期的改造工程。至 2010 年，投资建设村级文化室 5 间，灯光球场 4 个，新建或改造村级办公场地 13 个，创建文明生态村 48 个。

（二）教育

1991 年，全镇有中学 2 所，在校中学生 755 人，教师 63 人。小学 11 所，学生 2214 人，教师 93 人。2000 年，基本扫除青壮年文盲。2010 年，全镇有中学 2 所，小学 15 所，幼儿园 4 所，在校中学生 852 人，教师 81 人；小学生 2003 人，教师 161 人；在园幼儿 635 人，幼师 26 人。教（幼）师学历达标率 98%。全镇基本普及九年义务教育。

1991—2010 年，共筹资 900 多万元，改建中小学危房，建设校舍 6500 多平方米，使办学条件不断得到改善，典礼昌小学被评为全省校容校貌一等奖。

（三）卫生

积极开展“告别陋习、珍爱健康、保护家园”的爱国卫生整治运动，扎实推进改水改厕工作。2010 年，全镇饮用卫生水人口达到 95%以上，50%以上家庭修建无害化厕所。2009 年，农村合作医疗参合率为 95%，新型农村社会养老保险参保率为 75%。1991 年，有潭门卫生院 1 所，床位 12 张，卫生人员 12 名，执业医师 5 人，注册护士 6 人。2010

年，潭门镇辖区有潭门卫生院和福田卫生院两所，床位共 20 张，卫生人员 25 名，执业医师 10 人，注册护士 14 人。

附：福田镇

全镇总面积 55 平方千米，耕地 1611.73 公顷，其中水田 752.13 公顷，旱田 437.2 公顷，坡地 422.33 公顷，全镇辖 8 个村委会，107 个自然村，辖区内有杨善集故居。

1991 年，有小学 16 所，在校学生 1683 人，教师 85 人。有福田卫生院 1 所，含病床 12 张，卫生人员 17 名，执业医师 7 人，护士 8 人。1991 年，全镇社会总产值 2139 万元，人均收入 813 元，热作和海淡水养殖成为全镇经济发展的支柱产业；1994 年，农业生产连续五年超历史，工农业总产值 4384 万元，农民人均纯收入达到 1310 元；2001 年，大力调整产业结构，工农业总产值 19518.4 万元，农民人均生产性纯收入达到 3550 元。2002 年 3 月，市行政区划调整，并入潭门镇。

第四节　长坡镇

一、位置与政区

位于琼海市东北部，与文昌市交界处，东临南海，南接塔洋镇，西与文昌市重兴镇接壤。2002 年 3 月，市行政区划调整，烟塘镇并入长坡镇。镇政府驻地原长坡镇，海榆东线灵文加公路穿镇而过。2010 年，全镇面积约 204 平方千米，其中耕地面积 3563.27 公顷，水旱田 2273.2 公顷。辖有 21 个村委会，364 个村小组（其中渔业村 1 个），总人口 5.2 万人，华侨近 5000 人。

辖区还有海南省沙笼钛矿、上海大众公司琼海养殖场、琼海市农科所、海南水产研究所水产种苗培育基地、台商李文源养殖场、台商华光观光农场等国家、集体与外资企业。

二、经济发展

20 世纪 90 年代，经过农业产业结构的调整优化，全镇农村经济初步形成三大发展格局：青葛、欧村、椰林、渔业、文子、多异、东塘沿海经济带，重点发展海水养殖业；孟文、长坡、牛角、社学、良玖、伍园、烟塘沿路经济带，重点发展加工贸易业；福头、长山园、黄号、大头坡、礼昌、福石岭、陈村沿边经济带，重点发展种植养殖业，努力打造精品、创造品牌、申报商标、占领市场。1993 年，全镇 207 家乡镇企业，加工业、种养业年创产值近6000万元。1994年，全镇以股份合作企业为主体的乡镇企业发展到167家，年营业收入百万元以上的乡镇企业有椰园椰子加工厂、长坡琼脂厂、海燕琼脂厂3家。乡镇财政收入达203万元。1995年，泰国正大虾苗孵化场在椰林湾安家落户；台商李文源投资兴建的海水养殖基地在欧村建成投产；内地投资建设的9家虾苗孵化场、冷冻厂、加工厂、宾馆酒楼、娱乐中心等新兴产业相继开张营业。1996年，吸纳内资在椰林村投资500多万元，办起10多家虾苗孵化场；招引外资5000万元，在欧村村奠基兴办全国最大的藻胶厂。1997年，招来客商在椰林村委会建起虾苗孵化场8家，使该村的虾苗孵化场骤然增到20多家。据统计，全年外引内联项目15个，投资总额2000万元。以立足本地资源为主的椰子、琼脂、木材加工业不断增效增益，车辆维修、机械零件加工、虾苗孵化等加工业形成规模。同年新增加的各种加工业厂家30家。全年乡镇企业总产值2.59亿元。2002年，农村加工业总产值达7819万元，同比增加707万元。2003年，全年农村加工业总产值达7880万元，乡镇财政收入达1487.5万元。2004年，新增加椰垫厂2家，鸡、鸭种苗孵化场2家，椰子加工厂6家。2005年，以琼脂、卡拉胶、椰子、木材为重点的农村加工业，全年总产值达5700万元。2006年，琼脂卡拉胶加工业11家，年创产值500万元；椰子加工业7家，年创产值400多万元；木材加工业12家，年创产值600万元。2006年，非公经济企业总产值达1.7亿元。2008年，全镇个体工商户有1038家。2010年，全镇种植橡胶14165公顷，产量980吨；胡椒1286公顷，产量1830吨；槟榔900.2公顷，产量750吨。饲养生猪44000头，牛900头，羊2100只，禽类308.8万只；海洋捕捞产量1800吨，产值5823万元；海水养殖产量3295吨，产值7590万元；淡水养殖产量1140吨，产值5000万元。有机动渔船224艘，马力共4975千瓦，吨位共1446吨。有琼脂卡拉胶加工厂11家，年产量150吨，产值610万元；椰子加工厂13家，年产值600万元；木材加工厂12家，年产值700万元；天然橡胶加工13家，年产值1520万元，碎石场13家，产值1965万元，槟榔加工92家，海产品、瓜果菜冷藏6家，海宁经济化工分厂1家。全镇个体工商户在册数达1312户，民营企业发展到600家。

至2010年，全镇工、农业总产值达11.24亿元，其中农业总产值8.95亿元，工、企业总产值2.29亿元，农民人均纯收入5960元。镇财政收入653万元。

三、文化建设

每年的农历七月十五是长坡镇欧村、青葛、渔业的渔民节，同日村民自发开展篮、排球赛和拔河等体育活动。牛角、福头、长山园等地有民间琼剧演出活动。1996年，欧村、椰林村委会和赤土村办起了有线电视转播站，有线电视进入了部分农家。1997 年，青葛、欧村、椰林、文子等村委会办起有线电视差转台，使农民看到多频道的电视节目。2008 年，积极配合市农技部门开展“科技下乡”活动，全年先后举办各种海产品养殖、畜禽饲养、瓜菜、荔枝、橡胶等养殖、种植技术培训班 32 场次，参加培训人数达 5000 多人。镇农技部门开展“送科技上门”活动，投入资金 3 万多元，在孟文埇、严村埇、烟塘埇等重点田洋建固定农技知识宣传栏 12 处。配合农业局利用集市日，举办青皮冬瓜擂台赛，激发农民学科技、用科技的积极性。2009 年，全镇共有远程教育接收站 15 个。2010 年，成立一个乒乓球俱乐部，有占地 200 多平方米的训练场地，5 张乒乓球桌，俱乐部会员达 43 人，每天按时参加乒乓球训练活动。镇政府每五年举行一次书画展，全省有威望的书画家提供作品参展。镇里的文人墨客开展文学创作活动，先后出版了《长青集》《窗外微文》《紫盒》《跑马园的故事》《多异岭》《蓝田穗》《情系南海》《青葛人》《开发西沙人》9 部诗集书刊。

四、社会事业

（一）村镇建设

20 世纪 90 年代初，开展以治理整顿为内容的墟镇整治，改变脏、差、乱状况。1993 年，投资 13 多万元，架设墟镇路灯。1994 年，投资 10 多万元，整治政府大院。投资 200 多万元，全面整治墟容镇貌。扩大硬板化路面，搞街道门前人行道建设，架设新路灯，建设公厕、停车场，改造旧市场，建设“长新街”，增加卫生清洁设施投入，市区植树绿化等建设项目。招商引资 600 多万元，建设中心市场和配套楼房。1995 年，小城镇建设已具初具规模，椰林、欧村、青葛中心村的建设，已成为一方政治、经济、文化中心。1997 年，加快长文街、长新街的建设，使长坡墟扩大了 3 倍。在继续建设文子、椰林、欧村、青葛、孟文、牛角中心村的基础上，同年又建起社学、良玖中心村。2002 年，全年城镇建房达 8400 平方米，农村中心村建房达 6000 平方米，村镇建设增加财政税收 12 万元。2003 年，城镇建房面积 9900 平方米，农村中心村建房达到 4500 平方米。长山园、黄号、伍园等村委会办公楼相继建成并投入使用。2006 年上半年，率先在全市推出长坡镇滨海旅游文明生态村片区创建活动，共涉及五个村委会 52 个村小组、人口 1 万余人。在片区内建文化室 2 间，球场 6 个，制作景点 3 处。2008 年，全年投入整治资金 45 万元，完成人行道改造 2600 平方米，种植绿化带 1200 米，修建排污管道 150 米，城镇的建设品位得到明显提升。2009 年，投入墟镇卫生环境整治资金 55 多万元，完成街道改造 400

米，铺设排污管道1000多米；支持农民改水、改厕8万多元，解决50多户农民卫生饮水难题；协助欧村党支部筹建安全卫生饮水工程，解决14个村小组、600户2.7万多名群众卫生饮水问题。投资3万元新建垃圾处理场2个；投资35万元扩建长坡镇敬老院；并落实牛角上坡850米渠道硬板化及8座便桥建设资金30万元。2010年，镇区面积3平方千米，主要街道6条，农村中心村19个。全镇乡村道路68条，水利渠道26条，364个村小组全面实现道路畅通。

（二）文明创建

1993年，推广双泮水外村、长昌上村、牛角小学、长坡财政所等文明村庄、单位和学校的创建活动；投资17万元建设镇有线电视站，初步形成了多功能的广播电视中心。1994年，全面推进农村精神文明建设，欧村的双泮水外村，营村村、长坡的山一村成为市、镇里较有影响力的文明村庄，文子小学被省评定为精神文明建设挂牌单位。1995年，文子村委会、山一村小组、文子小学、敖阁小学等连获省市的精神文明建设先进奖。2002年，建成柳才园村、营村村、岭仔园村、山一村、永香村、长昌村、长园村等7个市级文明生态示范村和40个市级文明生态村。2003年，孟文文屯村、青葛后山坡村、长园村、牛角李芽村、蓝田村成为新一年的省级、市级生态文明村建设的先进示范点。2003年，城镇新建设楼房21幢，面积达9900平方米；新开发建设长山园、黄号两个生态中心村，中心村建房面积达4500平方米。2004年，投入资金300多万元，投劳1万多个，创建省级文明生态村3个，市级、镇级文明生态村20个。文屯村创建成全国文明生态村。2005年，全镇动工创建的文明生态村16个。2009年，加快福石岭上溪文明生态村片区、良玖鸡埇文明生态村片区的创建及青葛滨海旅游文明生态村“渔家乐”、海鲜食城等项目的开放建设。

至2010年，青葛赤土、良玖鸡埇、福石岭上溪、东塘岭仔等4个文明生态村片区已初具规模，全镇的文明生态村庄达184个。

（三）教育

20世纪90年代初，集资建设长坡中学教学楼和教室宿舍楼，搞好牛角小学的校容校貌建设；1997年，被评为“琼海市双基教育先进乡镇”“琼海市体育先进乡镇”。1998年，长坡学区年内升重点中学率创历史最好水平。2002年，长坡中学、长坡小学新教学楼落成，欧村小学获省“生态文明校园”一等奖。2003年，长坡中学“詹玉湘教学楼”建成剪彩，社学小学生态校园校容校貌建设荣获省一等奖。

2010 年，全镇有完全中学 1 所，初级中学 1 所，小学 21 所，中小学在校学生 6298 人，中小学教师 418 人；幼儿园 24 所，幼儿 3400 人。全镇适龄儿童入学率 100%。

（四）卫生

1997 年，镇中心卫生院门诊大楼落成，医务人员工作条件得到改善，初级卫生保健得到发展，在全市第一个恢复农村合作医疗。1998 年，全镇完成改厕 1363 户，改水 2629 户。2010 年，有长坡、烟塘两所卫生院，有病床 30 张，医务人员 83 人，农村卫生室 23 个。新型农村合作医疗保险覆盖率达 95%以上。

附：烟塘镇

位于琼海市北部，与文昌市重兴镇接壤。清代形成集市，因远眺圩集似绿色宝盒，故得名烟塘。中华人民共和国成立后设烟塘乡，1961 年成立烟塘公社，1986 年建镇。

1996—1999 年，共投入资金 350 万元，进行烟塘墟新城区的开发和新农贸市场的建设。建新楼房达 2000 平方米，新农贸市场 2500 平方米，有 200 个摊位。2000 年，全镇工农业总产值达 13935 万元，人均生产性纯收入 2800 元。全镇耕地面积 1719.53 公顷，其中水田 895.33 公顷，旱田 36.93 公顷，旱地 787.27 公顷。投入 30 万元建设街道排污系统工程和道路硬板化建设。2001 年，全镇有 8 个村委会，161 个村民小组，183 个自然村，共 4085 户、16390 人。投资 17 万元建设烟塘墟新开发区主街道硬板化界面，长 200 米，宽 18 米，总面积 3800 平方米。

全镇粮食以水稻为主。1991 年，种植橡胶 468.27 公顷，产量 203 吨；胡椒 231.33 公顷，产量 215 吨；椰子 565.87 公顷，产量 182.46 万个；槟榔 82.6 公顷，产量 13 吨；咖啡 19.27 公顷，产量 7.15 吨。2000 年，全镇各类水果种植面积 736.67 公顷，收获面积 400 公顷，产值达 1430 万元。瓜菜生产收入不断增大，占农业收入的比例不断提高，成为烟塘镇的龙头产业。2001 年，农作物总播种面积 3005.27 公顷，总产量 34332 吨；其中粮食作物播种面积合计 2237.6 公顷，产量 9692 吨。经济作物有橡胶、椰子、槟榔、胡椒和蔬菜等，热带水果有石榴、人参果、荔枝等。种植橡胶 360 公顷，产量 250 吨；胡椒 576.67 公顷，产量 220 吨；椰子 456.67 公顷，产量 350 万个；槟榔 240 公顷，产量 233 吨。

2002 年 3 月，并入长坡镇。

第五节 塔洋镇

一、位置与政区

位于琼海市东北部，东与国有彬村山农场接壤，南界嘉积镇，西与大路镇相邻，北接长坡镇。镇政府所在地距嘉积城区 6 千米，境内公路四通八达，省道灵文嘉公路贯穿全镇。2010 年，全镇辖 15 个村委会，242 个村民小组，总人口有 2.8 万人，其中墟镇人口 3500 人。中心镇规划面积 0.8 平方千米，镇区建成面积 0.37 平方千米。土地总面积 69 平方千米，其中耕地面积 3400 公顷。

二、经济发展

塔洋镇是琼海市的重点农业镇。境内有几条干渠分别与美容水库、苦楝头水库和文岭水库连接，形成一个分布密集、结构完整的灌溉系统网络，为发展农业生产提供了有利条件。农业产业结构调整走在全市前列，全镇有 90%以上的水田面积全面改种热带高效经济作物，成为农民的重要增收来源。此外，塔洋镇还是绿色无公害农特产品生产基地，北调瓜果菜重要的集散地以及农副产品加工和运销基地。

20 世纪 90 年代初，主要经济作物是水稻和甘蔗。随着产业结构调整，已由过去的单一水稻向效益较高的经济作物生产转变，主要是种植胡椒、菠萝、水果和瓜菜等。通过土地合理流转、股份合作、承包经营等方式，充分发挥能人作用，组建起公司+农民、基地+农民、运销户+农民、种养大户+农民等多样经济实体与经济模式，解决对农业投入不足的问题。

2000 年后，高效农业迅猛发展，形成罗非鱼养殖、家禽饲料和冬季瓜菜种植业三大支柱产业的格局。万亩罗非鱼养殖长廊呈现集约化、规模化生产效益，成为农民增收的新亮点，2010 年，全镇罗非鱼年产值达到 1 亿多元，鸡出栏量 160 多万只，畜禽类防疫指标达到 100%，是国家无规定动物疫病区建设试点单位。冬季瓜菜种植面积 800 公顷，瓜菜收购点达到 15 家，冷藏保鲜库 5 家。

2001—2010 年，抓住博鳌亚洲论坛落户琼海这一机遇，为客商提供“保姆式”全程服务，共引进项目约 25 个，引资约 11970 万元，成为经济发展的又一亮点。 2010 年，全镇财政收入 550 万元，农民人均纯收入 5487 元。

三、文化建设

塔洋镇历史悠久，人文积淀丰富。古称端赵都，得名于境内著名的“端山赵水”之景。端山为现塔洋镇人民政府所在地。赵水，又称赵湖，在端山之南、南门岭之北，俗称县前塘。端赵都于元代末年成为会同县县治，历经元（末）、明、清、民国四个朝代，历时600余年。1914年改名为琼东县，1958年改称塔洋。自古以来，都是琼岛东部的历史重镇、名镇，也是琼海优秀人文精神的渊薮地。不仅有"端山耸翠""赵水凝香""奎塔凌霄"等琼东美景，流传着"八仙桌""京果"等本土手工制品的传统制作工艺，还承载着古邑文化、琼剧文化、红色文化、祠庙文化等多元的文化内涵。聚奎塔是塔洋古城的标志性建筑，为明朝万历乙巳年（1605）知县卢章所建，2003年，海南省政府出资进行修缮，使百年古塔焕然一新。

四、社会事业

（一）村镇建设

20世纪90年代，投入资金约560万元，开发县前塘1公顷；开发南门岭，建设城东街，硬板化新城区1.25万平方米、街道7000多米，新建街道900米；架设路灯49盏；新建农贸市场2个，小商品市场1个，面积共4000平方米；新建自来水厂1座。共投入约493万元，整治农田433.33公顷；新建村桥3座；修筑田间机耕道路12条15.2千米，乡村道路109.5千米，人行道26条28.4千米；完善渠道及道路附属建筑物868座；改善灌溉面积790.67公顷，恢复灌溉面积200公顷，实现了田间道路网络化，灌溉自流化。

2001—2010年，共投资2020万元，进一步完善集贸市场和新老城区、饮水、环保等公共设施。共筹资约3440万元，硬板化排沟79条30.4千米，机耕路66条48千米，渠道158条132.2千米，增加灌溉面积238.67公顷，改善灌溉效益面积926.67公顷。清理渠道1115条1537千米，修建水坝桥2座，整治田洋约466.67公顷，建成现代化农业示范田洋。

（二）文明创建

20世纪90年代，硬板化乡村道路22条72.7千米、林路900米，新开环村路5200米，硬板化巷道11条；建设灯光球场4个，村级办公室9间。1998年，被国家综治委评为"两劳"人员（劳动改造和劳动教养人员）帮教工作先进单位。至2010年，共创建文明生态村52个。

（三）教育

1991—2010年，全镇共投资1716万元，用于校容校貌建设。1991年，有中学一所，在校生663人，教师43人。2010年，有中学1所，小学9所，中小学在校学生2441人，幼儿园3所，幼儿547人。教职员工共255人。

（四）卫生

1991 年，有中心卫生院 1 所。1992 年，农村办起合作医疗站 22 所，有卫生员 25 人。2010 年，全镇有卫生院 1 所，村办卫生室 8 个，医务人员 20 人，病床 8 张。参加新型农村合作医疗 2.4936 万人，占 89%。

第六节 大路镇

一、位置与政区

位于嘉积城区以北 16.5 千米。海榆东线公路横过镇区，南通嘉积，北抵海口，是琼海市的“北大门”。大路镇因设址于大路口得名，1928 年始改称大路镇。全镇辖大路，江湖，湖仔，堆头，美容，礼合，马寨，岭脚，青天，安竹，蔗园坡，新村，石桥，清廊，云满 15 个村委会，191 个村小组。镇辖区面积 139 平方千米，其中耕地面积为 3066.67 公顷，常住人口 2.6 万人。

二、经济发展

大路镇以种植水稻为主，是琼海著名的粮食产区。从 20 世纪 90 年代中期开始，调整农业产业结构，在保证粮食稳产高产的同时，大力发展橡胶、胡椒、槟榔、热带水果、反季节瓜菜等高效农业和工业、农产品加工业。形成以生物制药、化肥工业、木材加工、石料加工、精米加工等五大行业为主的工业体系，并建立起热带作物、瓜菜水果、畜牧水产等三大农业生产基地。“大路洋”省级农业示范基地、斯达制药厂、省级文明生态区“伊甸园”“工业园区”等大型产业项目落户辖区。

2010 年，全镇工农业总产值 8.81 亿元，其中，第一产业 6.5 亿元，占 73.78%；第二产业 2.31 亿元，占 26.22%。

三、文化建设

1991—2010 年，大路镇注重发展群众文化。2002 年，成立老年人体育协会，组建健身队，训练太极拳、舞蹈、健身操等，免费下村演出，就地辅导各村自行组建健身队，并且连续参加市文体局组织的周末演出，推动全民健身活动开展。2009 年 1 月，省老年体育协会批准成立大路镇老年人太极拳之乡，进一步推动全镇体育活动开展。同年 11 月，老体协参加世界（海口）武术交流大会比赛，个人比赛获得 2 项金牌， 1 项银牌。

2010 年，全镇有综合文化活动中心综合楼 1 幢，农家书屋 15 个，龙狮舞队 2 支，健身队 25 支，队员达 650 多人。新建村级文化室 11 所，村级篮球场 9 个，休闲区 36 处。

四、社会事业

（一）村镇建设

1991—2010年，全镇共投入资金约4023万元，用于墟镇建设，先后建成幸福街、丰收街、人民街、大众街、向阳街、向群街、文明街等。15个村委会建成中心村15个，铺设硬板化环村道路40多条，合计30多千米。共投入资金13657万元，先后完成水库维修加固（除险安全加固）项目6宗，其中中型水库2座（美容水库、文岭水库），小Ⅰ型水库4宗（龙西水库、七星水库、下沟水库、龙吐水库）。修复加固排灌渠道282条共259.3立方米每秒 。省市农业综合开发整治田洋22个，面积866.67公顷。国土农田整理项目，主要是大路洋Ⅰ、Ⅱ、Ⅲ期项目整治，共整理面积136.67公顷。人畜饮水工程建设项目5宗，安装PVG管38500米，大路、青天、安竹等7个村委会的群众受益。

（二）文明创建

2006年，在巩固原有的福文、清水、坡塘、文一、上岭、金政、陵水园等文明生态村的基础上，策划铺开全市三大片区之一的"环大路洋绿色文明生态村片区"的建设。覆盖面积1000公顷，5个村委会，30个村小组。涉及农户1187户，4323人。主要利用国土资源部投资1300万元，对大路洋进行土地整理，以绿色农业为重点，以提升大路洋周边村庄文明程度为目标，全力打造大路洋绿色农业生产基地这一品牌，使之与大路工业走廊相呼应，把大路洋建成全省农业示范田洋。共建设硬板化公路6千米，建设硬板化巷道50多条，完善一批文体休闲设施。2009年，共创建石边、浩湖、文一等省、市级文明生态村12个，镇级文明生态村48个，巩固原文明生态村52个。

（三）教育

至2010年，全镇有初级中学1所，开设教学班21个；有完全小学7所，开设教学班71个。共有教职员工281人，中小学生总人数3408人；小学附带学前班6个，共有学前儿童306人。公办幼儿园2所，民办幼儿园6所，入园幼儿总数1463人，开设幼儿教学班56个，幼儿教育从业人员98人。为让学生共享优质教育资源，根据《大路镇农村教育十年规划》，把中心校建成寄宿制学校，撤并3所完全小学，设教学点3个，使小学布局适合区域社会发展和人口分布，分流3所完全小学五、六年级的小学生到中心校寄宿读书。小学年入学率达100%，年巩固率达100%，小学在校生年辍学率0；初中年入学率100%，初中在校生辍学率年控制在1.3%；幼儿年入园率100%。

（四）卫生

2009年，镇有卫生院1家，病床17张，医务人员39人，村级卫生室14个。全镇参加农村合作医疗农民共2.5万人，参合率98.5%。全年共有3000多人次享受补助，减免费用54.8万元。城镇居民医疗保险参保794人，参保率98%。春季禽流感疫苗注射完成100%，落实“亮晴”工作指标，组织参查人员182人，达标进行手术80人。启动公共卫生应急预案，加强H1N1流感防控工作，疫苗接种人数达到581次。参加新型农村合作医疗24677人，占96%。

2010年，全镇有卫生院1家，病床17张，医务人员39人，村级卫生室14个，参加农村合作医疗农民共24677人，参合率96%；新型农村社会养老保险已参保11412人，参保率85.5%。春季禽流感疫苗注射完成100%。

第七节　万泉镇

一、位置与政区

位于琼海市西部，东临万泉河，南接石壁镇，北靠定安县，镇政府所在地文曲墟，距嘉积城区6千米。2010年，全镇总面积161平方千米，总人口29365人。下辖17个村（居）委会，232个村小组，240个自然村。全镇境内公路发达，嘉积—龙河（省道301线）、嘉积—南俸线贯穿南北交通网络。万泉河流经镇内西河、丹村、文台、夏坡、文曲、大雅、沐皇7个村委会，全镇依山傍水，生态资源十分丰富。

二、经济发展

20世纪90年代，万泉镇借助地理位置优越、土壤肥沃等优势，在确保粮食稳产增产的同时，发展高效热作产业，主要经济作物是胡椒、橡胶和槟榔。其中槟榔为主要种植品种，种植面积75.33公顷，继而催生了槟榔加工业，其规模大小不一，槟榔干果运往内陆湘赣等地。境内有石合水库、红群水库、三顶湾水库、红旗水库、白沙沟水库、红英水库六大水库，担负着全镇80%的农田灌溉，水量充沛，同时经过多次田洋整治，排灌设施良好，土壤肥沃，经有关部门检测，符合发展常年无公害瓜菜的标准。为此，在沐皇洋、夏坡洋、文台洋三地选址建设长年无公害瓜菜基地，为嘉积城区、各市县乃至省外提供优良瓜菜。由于地处万泉河中游，河段水面宽阔，水生生物资源丰富，十分适宜水产养殖，文台、夏坡、西河等沿河村委会均有养鳖、养鱼专业户，收益颇丰，是农民自主致富的又一可靠途径。

1999年，工农业总产值1.16亿元，农民人均纯收入2891元，乡镇财政收入达450万元。21世纪初期，产业结构调整进一步优化，继续巩固发展热作产业的同时，利用半山丘陵地引种荔枝和“珍珠”番石榴等水果种植产业。2010年，农业总值达到35709.25万元，财政收入达454万元，农民人均纯收入5453元。

三、 文化建设

1992年，万泉镇建立具有“四室二场一栏一厅”的文化活动阵地，即办公室、图书室、娱乐活动室、电视录像科普室、影剧场、球场、卡拉OK歌舞厅和各种宣传栏等，内容丰富，形式多样。2002年，引资建成500平方米的休闲舞场，17个村委会都成立1—3个专属舞蹈队伍，镇府举办年度广场舞比赛，深受群众喜爱，文化生活十分活跃。至2010年年末，有镇文化站1处，村级文化活动场所17处，音乐舞蹈队伍19支，农家书屋17个，藏书约2.5万册。

四、社会事业

（一）村镇建设

2003年，镇委筹资新建和改造枫树坡、博山、文南、加文、罗凌等6个村委会办公楼，全镇90%的村级办公阵地实现楼房化、庭院化、花园化。2006年，新建文明生态村10个，其中文明生态示范村6个，滨河生态景点4个。提高南轩武弄、文台新村、文曲文桥等文明生态精品村创建质量，抓好西河五、六、九、十村，丹村丹一、丹二、水口园村，文台官三、官四，夏坡夏一至夏六及溪口等5个文明生态村片区的创建。对农村住宅进行了规划，改变了以往无规划无审批乱建房的局面。结合沼气池建设，治理农村“脏、乱、差”，做到每个自然村建设1—2个垃圾池，专人负责，定点收集、按时处理生活垃圾。制定村规民约，积极引导群众移风易俗，破旧立新，养成科学文明、健康向上的生活方式。2008年，完成16个自然村的文明创建，硬板化环村路2500米，硬板化巷道5200米，建成篮排球场4个，休闲小区2个，特色村牌2个。

1991—2010年，重新编制墟镇规划，广招客商，重新开发文曲新区，新建农贸市场一座；投资300万元完成开发区的土地平整和道路硬板化建设，引导农民和个体户投资新城镇建设。通过招商引资，先后投资600万元，建设大雅加油站、橡胶制品厂、森达改性木厂和水果基地等。

（二）教育

万泉镇是琼海市第一批基本实现“两基”的乡镇之一。1996年，经海南省“两基”工作检查验收，被评为“两基”工作先进乡镇。2005年秋，全镇6周岁儿童326人，在校儿童326人，学前一年受教育率100%。在校小学生2148人，占地方总人口的7.9%；在校初中生1793人，占地方总人口6.6%。2005—2007年，多渠道筹措教育经费，加快危房改造和校舍建设。3年间共改造危房3526平方米，新建教学楼2103平方米，新建教师宿舍770平方米。全镇有初级中学2所，完小12所，分教点2个，学前班14个，镇级农民文化技术中心学校1所，村级农民文化技术学校17所，年培训农民近11660人次，晋升农民技术员34人。全镇成立科普协会1个，科普小组17个，发展会员450人，不断充实农业科技力量。2010年，全镇有中学2所，小学12所，幼儿园2（私立）所，在校中小学生2477人，幼儿园210人，中小学和幼儿园专职教师251人。适龄儿童入学率100%。

（三）卫生

1991年，全镇有卫生院2所，含病床13张，医务人员34人；村级卫生室13个，乡村医生13人。2010年，全镇有卫生院2家，病床15张，医务人员36人；村级卫生室15个，乡村医生15人。参加新型农村合作医疗人数26604人，占94%。

第八节　中原镇

一、位置与政区

位于琼海市东南部，东临万泉河，西邻阳江镇，南与万宁市龙滚镇接壤，北与嘉积镇毗邻。万泉河、九曲江从镇域内流过。2002年，乡镇撤并，原九曲江乡的仙村、星池、长仙、排沟、乐群、乌皮、联光、沙坡、新华、书斋等10个村并入中原镇。2010年，全镇土地总面积112.69平方千米，共有22个行政村，264个村民小组，有249个自然村庄，总人口2.97万人。是琼海市著名的侨乡。

二、经济发展

20世纪90年代后，商贸业兴起，中原镇逐渐成为琼海第二大商埠。工业逐年发展，食品、化肥、印刷、建材、轻工业等项目齐全。1997年，先后有中国香港汤井水泥制品厂、中国台湾台太木制品厂、东阳生物制品厂、中新酿制厂、中国台湾跃农高效农业基地、东海鳖场、中国台湾大闸蟹养殖基地等15家规模较大的企业落户。2008年，鑫海混凝土有限公司进驻；2009年，鑫富华实业有限公司进驻，形成项目比较齐全的中原工业带。

根据自然环境与地理位置，充分利用公路的交通便利，划分两大经济区：公路东部的6个村靠近万泉河、九曲江沿岸，土壤肥沃，重点发展冬季瓜菜、无公害蔬菜和养鱼养鹅等；公路西部的6个村主要，重点发展种植槟榔、橡胶、胡椒等经济作物和水果。1991年，全镇国民生产总值0.33亿元，工农业产值0.22亿元，农民人均收入708元。1998

年，发展冬季瓜菜600.67公顷，其中尖椒140公顷，泡椒120公顷，圆椒130公顷，蒲瓜73.33公顷，青黄瓜55.33公顷。2006年，全镇瓜菜面积966.67公顷，产量36250吨。水果面积1306.67公顷，产量11000吨；菠萝面积400公顷，产量15800吨；槟榔面积892.33公顷，产量2340吨；胡椒面积833.33公顷，产量830吨；橡胶面积480公顷，产量960吨。畜牧业生产规模不断扩大，家禽饲养量达280万只，生猪出栏量13500头；淡水养殖也有较大的突破，面积达326.67公顷。2010年，种养殖规模进一步扩大。水稻种植面积3060.93公顷，产量16203吨；蔬菜种植1141.33公顷，产量43766吨；橡胶807.87公顷，产量1100吨；槟榔943.8公顷，产量2500吨；胡椒527.27公顷，产量699吨；菠萝1328.67公顷，产量21990吨；荔枝146.67公顷，产量2124吨；猪出栏17116头，家禽出栏128万只。

2010年，全镇国民生产总值6.35亿元，财政收入916万元，农民人均收入5147元。

三、文化建设

中原镇是著名侨乡，约有6万名侨胞分布在世界21个国家和地区，其中90%居住在“海上丝绸之路”沿线，即南洋。侨乡人的生活习惯、市井风俗和文化传统都沉淀在小镇上，镇墟建筑多为具有南洋风情的骑楼，还种有华侨引种回来的雨树。1995年，在银山街建设灯光球场，兴建大型文体活动中心，安装有线电视，开通程控电话，群众性文体活动方兴未艾，多个村委会自发组建排球队、健身队等。1996年，被评为“海南省体育先进乡镇”“全国亿万农民健身活动先进单位”。1997年，获“海南省精神文明建设先进单位”“琼海市创四优达标单位”等称号。

2010年，有镇文化站1个，镇级体育场地2处，村级体育场地6处，乒乓球俱乐部1处，老年门球场1处，体育社团1个，部分乡的村安装了健身器材。有村级文化活动中心6处，各类图书室23个，藏书45600册。还建立有音乐、美术、书法、摄影及文学业余创作队伍。省、市文物保护单位23处。

四、社会事业

（一）村镇建设

1992—1996年，镇墟建成区从1平方千米扩建至1.7平方千米，房屋从1400间增加到1700间，建筑面积26万平方米。镇墟面积扩大，环境整洁，治理有序。1994年，投资550万元开辟东西走向的市场路，引资1900万元创建南北走向的银山街。集资20万元架设中原主街道路灯55盏。2000年，镇“村村通”工程全部完成，全镇22个行政村全部实现硬板化。集镇自来水覆盖面100%。2010年，镇社会福利中心共有床位46张，厨房、餐厅、活动室、洗浴房、卫生间、热水器和消防监控装置等配套设施一应俱全，院内绿化面积 1200 平方米。同年，镇委、镇政府投资 300 万元对中兴南路进行改造；投资 300 万元对中银南路等进行基础设施建设。海南东环铁路博鳌站和博鳌机场选址中原镇，公路、高速、高铁、机场形成立体交通枢纽。

（二）教育

1991 年，中原镇脱盲成功。有中学 1 所，学生 1068 人，教师 95 人；小学 12 所，学生 2303 人，教师 98 人。2010 年，全镇有高级中学琼海市华侨中学 1 所，初级中学九曲江中学 1 所，小学 10 所，幼儿园 5 所。在校中学生 2365 人，教师 180 人；小学生 1849 人，教师 159 人。初中适龄人口入学率、小升初升学率、九年义务教育覆盖率均达 100%。

（三）卫生

1991 年，有华侨医院 1 所，床位 40 张，卫生人员 15 名，执业医师 12 人，注册护士 21 人。1994 年，镇政府筹集资金 41 万元，新建华侨医院门诊楼，投资 20 万元，铺设华侨医院硬板化道路。2010 年，辖区内有华侨医院和九曲江卫生院 2 家，设床位 60 张；专业卫生人员 57 人，其中执业医师 15 人，注册护士 20 人。全镇 22 个行政村全部设立村级卫生室。新型农村养老保险、新型农村合作医疗保险、城镇居民合作医疗保险的参保率均达到 95%以上。

附：九曲江乡

位于琼海市南部的九曲江边，因地处九曲江而得名，是重点侨乡之一，墟南郊新昌村，是中国人民解放军上将周士第故乡。

1990 年，迁址于十八坡重建新墟，距嘉积镇南 13 千米。1991 年，有小学 20 所，学生 1496 人，教师 83 人；中学一所，学生 348 人，教师 29 人；卫生院一所，床位 10 张，卫生人员 8 名，执业医师 6 人，注册护士 6 人。2001 年，有小学 14 所，学生 1786 人，教师 90 人；中学一所，学生 950 人，教师 46 人；卫生院一所，床位 10 张，卫生人员 8 名，执业医师 6 人，注册护士 6 人。全乡耕地面积 1597.33 公顷，其中水田 1123.13 公顷，旱田 190.2 公顷，旱地 284 公顷。全乡总面积 107 平方千米，墟区面积 0.86 平方千米，建筑面积 3.26 万平方米，其中住房面积 1.86 万平方米。全乡有乡村户数 3837 户，总人口 14210 人，其中有非农业人口 171 人。2002 年，全乡有 14 个村委会，131 个自然村。由于撤乡并镇，乌皮、星池、仙村、长仙、联光、新华、沙坡、书斋、乐群、排沟被并入中原辖区，培兰、沙美、北山、北岸被并入博鳌辖区。

第九节　阳江镇

一、位置与政区

位于琼海市西南山区，毗邻嘉积、中原、龙江、会山镇和国有东太、东岭农场。1987年置镇。2002年撤乡并镇，原文市乡被撤销，并入阳江镇。1991年，全镇行政区域总面积104平方千米，耕地面积1351.27公顷，总户数3348户，总人口1.52万人。2010年，全镇行政区域面积126平方千米，辖有15个村委会，221个村小组，总户数5849户，总人口2.6万人。

阳江镇是革命老区镇，琼崖苏维埃政府、乐会县委、县苏维埃政府在这里成立，第一次特委扩大会议、第一次全琼工农兵代表大会在此召开，琼崖第一部土地法在这里颁布施行、第一所红军医院、第一所红军军械厂、第一所琼崖高级列宁学校在此设立，琼崖工农革命军、举世闻名的红色娘子军在这里诞生。这里还是琼崖革命先驱王文明烈士的故乡，85%的村庄是革命老区。

二、经济发展

阳江镇土地肥沃，水资源丰富，有良好的农业生产设施。从20世纪90年代以来，坚持发展热作产业，以胡椒、橡胶、槟榔作物为主。2010年，全镇胡椒种植面积1413.33公顷，年产干果1585吨；橡胶2540公顷，年产干胶1435吨；槟榔1626.67公顷，年产干果1460吨，还有荔枝、菠萝、香蕉、火龙果、番石榴等热作经济766.67公顷，竹木等热作经济林373.33公顷，实现户均拥有热作面积1.37公顷，人均0.37公顷，是全市热作面积最大、产量最多的镇，也是全市胡椒、橡胶、槟榔最大的物流中心。

阳江和原文市镇墟每月初一、十五，是有近80年历史的传统大集贸日——“交流”，来自附近市县、乡镇、农场的商人和农民在这里进行商贸交流，是市内乃至省内的经贸商埠。市场经济的发展拉动了阳江镇住宿餐饮业、交通运输和其他服务业的快速增长，以现代服务业为主导的第三产业逐步成为带动经济增长的主要因素。1991年，全镇生产总值2130万元，财政收入79万元，农民人均纯收入980元。1995年，全镇生产总值1.364亿元，财政收入127万元，农民人均纯收入1710元。2010年，全镇生产总值5.1亿元，财政收入337万元，农民人均纯收入5788元。

三、文化建设

2002年起，阳江镇每年都举行一届全省参与的“娘子军杯男子篮球赛”，以推动全民健身活动。至2010年，全镇15个村委会办起“农家书屋”文化室，普及“共享工程”。每个书屋有2000册以上，上科、阳江、文市村均文化室有书册1万册，每个村都配置一名专职管理人员。有上科村农民艺术团、老干艺术团、红色娘子军艺术团及龙山、老区民间器乐文艺队等文艺团体，常年开展节假日的文化活动。由农民自觉组织的健身艺术队伍5支，人数达600余人。全镇有24支文体活动队伍。

四、社会事业

（一）村镇建设

20世纪90年代，不断加强基础设施建设投入，全镇乡村道路四通八达，公路里程330千米，行政村道路硬化率达到100%；实现移动电话覆盖无盲区，固定电话实现自然村村村通，城镇电话入户率达100%，农村入户率80%以上；农村饮用卫生自来水占总人数的85%以上。至2010年，镇墟面积达3.3平方千米，常住人口5600多人，共有16条街巷，功能设施齐全，农贸市场建设面积1500平方米，摊位120个，初步形成季节性水果、蔬菜收购批发市场，商贸活跃。竖立红色娘子军雕像，完善王文明故居、红色娘子军成立会址和操练场、中共琼崖特委第一次扩大会议纪念馆等纪念设施。

（二）教育

至2010年，全镇有9所完全小学，3所初级小学，102个教学班，小学生总数1962人。幼儿园15间，人数306人，公办教师125人，适龄儿童入学率达100%，在校巩固率达99%。初级中学2所， 23个班级，学生876人，教职工86人。同年，王文明中学被评为省级规范化建设示范学校，是琼海市唯一获奖的农村中学。

（三）卫生

1991年，有镇级卫生院一所，医务人员12人，病床7张。下设农村卫生室8个，医疗面积483平方米；2009年，有阳江卫生院、文市卫生院及村级卫生室20个，医务人员55人 ，病床25张，医疗门诊总面积达1960平方米。2010年，实现新型农村社会养老保险全覆盖，0.35万名60岁以上农村老人受益，16—59岁农村居民参保率达96 %，居全市前列。农村合作医疗参合率98%，城镇居民基本医疗保险参保率达100%，基本做到应保尽保。

附：文市乡

位于阳江镇东面，乡驻文市墟。原名牛市，因耕牛集市得名，后雅化文市。1961年成立文市公社，1986年设乡。全乡总面积40平方千米，耕地面积3928公顷，其中水旱田 483.8 公顷，旱地 89 公顷，总人口 8861 人，6 个村委会，90 个村小组，253 个自然村。居民约 1035 人，商户 20 余家，农贸市场 1 座，占地 2.4 公顷，商品有肉、鱼、蔬菜、三鸟、竹制品等 20 多种。

墟上建有文市中学，占地 51619 平方米，建有教学楼两幢，建筑面积 1500 平方米。学生 400 多人。墟上还有农产品运销协会，2000 年 6 月成立，鼓励发展以农民为主的农产品销售队伍，参与销售的客商和农民队伍合计有 20 余家，每天销售水果、瓜菜等产品近 5 万公斤。

1992 年，工农业总产值 2935 万元，乡镇企业总产值 633 万元，农民人均纯收入 783 元。2001 年，工农业总产值 8845 万元。乡财政收入 173 万元，农民人均收入 3108 元。主要农产品有胡椒、荔枝、冬季瓜菜等。

2002 年，并入阳江镇。

第十节　龙江镇

一、位置与政区

位于琼海市西南部，万泉河中游南岸，东与嘉积镇、万泉镇接壤，西与会山镇毗邻，北与石壁镇隔河相望，南与阳江镇相依，距嘉积城区 22 千米，整个区域沿万泉河中游南岸分布。1987 年置镇，镇政府所在地为龙江村。1991 年，全镇辖 9 个村委会，116 个自然村，共 4992 户，总人口 21276 人。2010 年，全镇辖 9 个村委会，134 个村小组，共 6293 户，总人口 22192 人。

1991 年，全镇总面积 63 平方千米，耕地 1274.13 公顷，其中水田 754.27 公顷，旱田 248.26 公顷，坡地 271.6 公顷。2010 年，全镇总面积 63 平方千米，耕地面积 1240.53 公顷，其中水田面积 762.33 公顷，旱田面积 284.87 公顷，镇区规划面积 118 公顷。

二、经济发展

龙江镇属丘陵地形，地处万泉河畔，土地肥沃。依托地理优势，大力发展橡胶、槟榔、胡椒等高效热作产业。1992 年，全镇社会总产值 4491 万元，其中农业总产值 3565 万元，农村经济总收入 2815 万元，农民人均纯收入 831 元；1998 年，全镇生产总值 1.42 亿元，工农业总产值 12789 万元，农业总产值 10189 万元，人均生产性纯收入 2468 元；2000 年，生产总值 17893 万元，农业总产值 14593 万元，人均生产性纯收入 3880 元；2007 年，全镇农业总产值 22223.4408 万元，人均纯收入 3300 元。

2000年后，全镇调整产业结构，实施规模、名牌、效益战略，抓一村一品。在种植菜椒、青皮冬瓜、毛豆、日本小南瓜的同时发展三大热作产业。2004年，橡胶种植达3133.33公顷，胡椒766.67公顷，槟榔733.33公顷。畜牧业也呈现良好势头，养猪出栏2.5万头，三鸟55万只，牛出栏1500头，羊3000只。2010年，种植橡胶2444.47公顷，槟榔833.49公顷，胡椒602.33公顷，瓜菜种植599.51公顷。同时，培育热作产品加工、运输、销售一体化。生源橡胶加工厂加工产值7008万元，槟榔加工灶1350余个，年加工槟榔2322吨，产值2318万元，提供就业岗位6000余个。全镇生产总值3.7亿元，农业总产值3.26亿元，农民人均纯收入5063元。

三、文化建设

2006年，全镇共有农村书屋2间，藏书2000册，文化活动室1个，硬板化灯光场所2个。2007年，有农村书屋2间，藏书3000册，文化活动室2个，硬板化灯光场所3个。2008年，有农村书屋3间，藏书3900册，文化活动室2个，硬板化灯光场所4个。2009年，有农村书屋4间，藏书4500册，文化活动室2个，硬板化灯光场所4个。2009年，由龙江外出人员、退休干部和当地各界热心人士共同编写《龙江，龙江》一书，约32万字，详细介绍了龙江的历史文化及人文风情。2010年，有农村书屋3间，藏书4500册，文化活动室3个，硬板化灯光场所3个。

四、社会事业

（一）村镇建设

1995年，投资80万元扩建和维修蓝山至南面总长22千米的乡村道路，增设文化设施，活跃农村文化生活，广播入户率占91%，电视覆盖率占100%，8个村开通有线电视，开通率88%，9个村开通程控电话，开通率100%。1998年，配合有关部门改造椰子寨至龙江公路9千米，维修阳江镇至南面村道路15千米。筹集资金5万元在龙江墟建设一座公用厕所，筹集资金6万元改建深造小学教师宿舍，投资18万元兴建龙江卫生院300平方米的门诊大楼。1999年，投资40万元硬板化蒙养中心墟，改变其长期土面街道的历史。2000年，投资10万元修复苏区水库主渠道的水毁工程。投入15万元按照四级标准化建设龙江至南面道路，投资250万元完善镇墟基础设施，扩大住宅商贸区；投入55万元，改造全镇电网，按标准降低电价。2003年，投入60万元建设龙江华侨中学教师宿舍楼，改善教职工的生活条件。新建沼气池138个，改变农村落后的卫生习惯。2005年，投资近千万元的石龙大桥建成，把万泉河相隔的龙江和石壁连接一起，方便两岸人民的生产生活。2008年，逐步实现苏区水库灌区蒙养、博文主干渠和南正荔枝松水库渠道硬板化建设。完成博文文渊、滨滩六村的电灌站建设。2010年，投资80万元建设龙江敬老院，解决16名五保对象老有所养的问题。投资18万元安装墟镇至滨滩村路灯；投入280万元硬板化8个村小组6.4千米道路；投入95万元，加大农村安全饮水设施建设，新建深造水塔、蓝山村蓄水池，改造博文村、蒙养村水毁设施。

（二）文明创建

2000年起，把建设文明生态村作为推动农村各项事业发展的有效载体，净化、美化、绿化、亮化工作效果明显，其中中洞石盘园村成为新的省级文明示范点。2002年，确定滨滩南望沟村，中洞18村小组，蒙养7、8、9村小组为创建文明生态村示范点。2010年，投入140万元，创建博文文客村、蒙养坎下村等文明生态村7个，巩固提高蒙养甲科园村、龙江八村、博文大村沟等已建成的文明生态村，全镇生态村总数达77个，占自然村总数的58%。同年，龙江镇以文明生态村为内涵，以“公司+村民小组”的合作模式，筹建蓝山村坎堂文明生态农林观光休闲度假项目，创造就业岗位50余个，有效盘活土地资源，带动周边文山园等6个村小组的文明生态村建设。

（三）教育

1991年，全镇有普通中学1所，小学13所。中小学在校生3659人，教职员工154人。适龄儿童入学率100%，九年义务教育普及率100%。2010年，有普通中学1所，小学9所，中小学在校生1643人，教职员工139人。适龄儿童入学率100%，九年义务教育普及率100%。

（四）卫生

1991年，全镇有镇级卫生院1所，病床10张，村级卫生室13个，乡村医生13人，卫生技术人员22人。2007年，全镇新型农村合作医疗报销1500人次，报销金额80万元，农民参合率达93%。2010年，全镇新型农村合作医疗参合率达88%，城镇居民基本医疗保险参保率达100%，新型农村社会养老保险参保率为76.8%，发放率100%。2010年，龙江镇有镇级卫生院1所，病床10张，村级卫生室13个，乡村医生13人，卫生技术人员22人。

第十一节　石壁镇

一、位置与政区

位于琼海市西南部，万泉河中游北岸，距嘉积城区28千米，地处“三市县三场四镇”

的黄金地带（“三市县”：琼海市、屯昌县、定安县；“三场”：南俸、东太、中瑞国有农场；“四镇”：万泉、龙江、会山以及定安县的翰林镇），是多个市县、场镇间经济、文化交融的中心地区。2010 年，全镇行政面积 171 平方千米。耕地面积 596.13 公顷，园林面积 142.2 公顷，林地面积 3753.33 公顷。辖 7 个行政村，105 个村民小组，3964 户，总人口 16300 人。其中下朗村①是琼海市最大的村委会，水口仔村②和南通村③为两个苗族村委会。

石壁镇是万泉河中上游的重镇，境内除万泉河贯通全镇外，还有南通沟、加德沟、头毛沟、白腊沟、南溢沟等全都流入万泉河。山水纵横，构成了独特的山水地貌，为农业经济创造了得天独厚的自然条件。

二、经济发展

石壁镇是琼海市重要的橡胶、槟榔生产基地。20 世纪 90 年代初，橡胶种植面积已达 253.33 公顷，槟榔 80 公顷，为农民的主要经济来源。同时，华石醋酸厂，石壁乳胶手套厂，五四农场和下朗橡胶厂为代表的乡镇企业生产经营红火。1992 年，投入 140 万元建成浓缩胶生产车间，同年生产浓缩胶 2000 吨，产值达到 5600 万元，1993 年，经农业部热作局检测验收，产品质量全部达到优质标准，工厂被确认为全国首家准生产浓缩橡胶的民营企业。

2001 年后，农业基础建设进一步提升，橡胶，槟榔等热作产业普遍管理良种化、规格化。工业生产引进了丰泽导尿管厂，橡胶加工转入子午车胎胶的大规模生产，进而又引进投资亿元的广垦橡胶工贸集团。全镇经济建设克服了低价出售五四农场的负面影响和金融风暴带来的市场波动。2006 年，全镇财政收入 174 万元，农民人均纯收入 2678 元。2007 年，第二产业总产值从 2005 年的 2557 万元提高到 8875 万元，增长 362%。2010 年，全镇社会总产值 3.58 亿元，财政收入 305 万元，农民人均纯收入 5996 元。

三、文化建设

石壁镇有充满传奇色彩的石虎、石龟、石壁湾，别具一格的特色民居，历史文化浓厚的冼夫人纪念馆、加参庙等。每月初一、十五的传统集市，农历二月十三的军坡节等，吸引着八方来客，热闹非凡。在原有文化设施基础上，2006 年投入 80 万元建起文化中心活动大楼和篮球场等。下朗、石壁、南星、赤坡、岸田 5 个村委会恢复完善了文化室和

---

① 下朗村总人口 5201 人，村小组 37 个，自然村 22 个，耕地面积 257.07 公顷（其中水旱田 212 公顷，旱地 45.07 公顷），园地面积 45.07 公顷，林地面积 1286 公顷。

② 水口仔村总人口 1072 人，村小组 3 个，自然村 3 个，耕地面积 25.4 公顷（其中水旱田 22 公顷，旱地 3.4 公顷），园地面积 0 公顷，林地面积 26.67 公顷。

③ 南通村总人口 1312 人，村小组 4 个，自然村 4 个，耕地面积 21.67 公顷（其中水旱田 21.67 公顷，旱地 0 公顷），园地面积 0 公顷，林地面积 0 公顷。

文化娱乐活动场所，文体活动比较活跃。2010年，全镇共有文化活动室4间，“农家书屋”6间，灯光球场11个。

四、社会事业

（一）村镇建设

1991—2010年，不断加强城乡基础设施建设。修建乡村公路10条，约80千米，引水渠道和灌溉渠道实现硬板化，建自来水塔，让全镇农户饮用上清洁卫生的自来水，南通，水口仔两个苗族村委也以打水井、引泉等方法实现了用水自流化。1991年，镇墟建设做出全面规划。1992年，引进海南洋仁房地产开发公司，投资800万元开发8公顷新墟区，新建农贸市场250平方米，开发新街道2条，建成新店铺70间。1998年，引进房地产开发公司，投入200万元开发建城教育路，建店铺20间，幼儿园2所。2000年，先后完成4500户改水改厕工程和37条村路硬板化，并建起7座村委会办公大楼。2005年，投资近千万的石龙大桥建成，把自古以来万泉河相隔的石壁、龙江镇连成一片。投资1200万元建起儒林街，岭府街，老市街。2006年，投资100万元建起瞻壁图、万泉河生态休闲区和文化中心大楼。2010年，全镇基本清除危房、茅房，农民人均住房面积达到23.8平方米，比1990年提高1.6倍，世居茅房的苗族村寨，也是新房耸立，茅屋绝迹。

（二）教育

1991年，全镇有初级中学1所，小学14所，在校中小学生共2350人，教职工共98人。1991—1993年，石壁镇中心小学、红旗小学、南星小学的原始土木教室重建成砖混结构教室，总共2773平方米。1994—1996年，逐年把这几间小学的原始土木教师宿舍重建成砖混结构宿舍，总共1315平方米。1998年，中心小学被评为“省级规范学校”。2001年，南坦小学、南眼小学两个教学点撤并回南通小学。2001—2004年，新建中心、红旗、南星、赤坡小学的套间式教师宿舍共1842平方米。2004—2006年，重建中心小学、红旗小学和南通小学的框架结构教学大楼，水口仔小学、白腊田小学的砖混结构教室，共2688平方米；建设中心小学、红旗小学和南星小学的学校大门、围墙和3个标准化篮球场。2008年，新建中心小学的学生宿舍和学生食堂共584平方米，还美化了中心小学、红旗小学、南星小学的校园环境。2006—2010年，加德沟小学、下朗小学两个教学点撤并回红旗小学；丰前岭小学撤并回中心小学。至2010年，辖区有石壁中学1所，中心小学、红旗小学、南星小学3所完全小学和岸田小学、赤坡小学、南通小学、水口仔小学、白腊田小学5个教学点，在校中小学生1087人，教师83人。适龄儿童入学率100%。

（三）卫生

1991年，全镇有卫生院1所，病床12张，医务人员14人；村级卫生室12个，乡村医生 12 人。1993 年，扩建石壁镇卫生院门诊大楼 90 平方米，购买 X 光机 1 台，在原有门诊部、 住院部、化验科、防保组、财务科、妇产科和中医部的基础上增设放射科。时任院长林明春毕业于中山医学院临床医学专业，系主任医师。1998 年，新建职工宿舍 3 套，有 2 名大学生临床医生，5 名具有护理资格的正式护士。2002 年，新建 3 层门诊大楼，配套 B 超机 1 台，有 4 名临床医师，5 名具有护理资格的正式护士。全院基本实现网络办公。2005 年，新建 2 层门诊大楼及扩建注射室，每日接收病人 130 人以上。2010 年，有卫生院 1 所，病床 12 张，医务人员 17 人；村级卫生室 11 个，乡村医生 11 人。镇卫生院设有中西医门诊、中西药房、化验室、妇产科、公共卫生等科室，占地面积约 3700 平方米，门诊住院综合大楼、业务用房面积约 1140 平方米。政府专项资金建设职工周转房 12 套，配套救护车 1 辆，电脑办公全覆盖。

全镇农村合作医疗工作自 2003 年开始，至 2009 年，参保率均为 96%。2010 年，参保率为 98%.城镇居民医疗保障工作自 2004 年开始，至 2010 年，参保率逐年依次为 91%、91.3%、93.2%、94.5%、95.5%、95.7%、96%。新型农村社会养老保险工作从 2010 年开始，参保率为 92%。

第十二节 会山镇

一、位置与政区

地处琼海市西南部，俗称粉车墟，是全市唯一的苗族、黎族、回族、汉族杂居镇。距嘉积城区 45 千米。东与阳江镇相邻，南与万宁市交接，西同琼中黎族苗族自治县、屯昌县接壤，北与石壁镇隔河相望。境内有国有东太农场和牛路岭水电站及省级森林保护区。1991 年，镇墟面积 0.45 万平方千米，建筑面积 2.75 万平方米，其中住房面积 1.57 万平方米。居民 458 人。有街道一条，长 0.4 千米，花岗石铺砌路面，两旁为钢筋水泥结构楼房。 2002 年，撤销会山苗族乡设立会山镇。至 2010 年，镇辖区总面积 291 平方千米，其中权属面积 33 平方千米，1708 户 8249 人，农村人口 7924 人，少数民族人口 6680 人。辖沐塘、大火、溪仔、三洲、加略等 5 个行政村，35 个村民小组，最远的加略村委会距镇政府驻地 30 多千米。

二、经济发展

会山镇是一个以农业为主的山区乡镇，土地肥沃，气候温湿，因地制宜形成以种植橡胶、槟榔为主，其他经济为辅的农业生产模式。1991 年，全镇耕地面积 361.53 公顷，其中水田 254.13 公顷，旱田 26.2 公顷，坡地 81.2 公顷。工厂 2 家，总产值 11.2 万元。商户 16 家，以经营日用百货和山货为主，营业额 265 万元。输出品有橡胶、槟榔、茶叶、红白藤、鲜笋、木材等为大宗。

2010 年，全镇有橡胶 1712.2 公顷，槟榔 1285.2 公顷，水稻 220.47 公顷，其他经济作物 74.73 公顷。大甲水晶柚生产基地及生态种肉猪生产基地、大火美健大型种猪基地，给沉寂的山区农业带来了发展的新理念和新机遇。大力实施“旅游兴镇”战略，使镇旅游业从无到有、从弱到强，并逐渐成为全镇经济的重要增长点之一。全镇工农业总产值 13514 万元，其中工业产值 1488 万元，农业产值 12026 万元，农民人均纯收入达到 3568 元，地方财政（镇级）收入 343 万元。

三、文化建设

一年一度的农历三月三，是会山镇黎族、苗族盛大的传统节日。会山镇委、镇政府每年都举办会山民族文化展览和文艺演出，开展篮球赛、顶棍、拉乌龟等民族体育活动。同时，扶持溪仔村等民间苗族文化会演。充分利用自然风光独特旖旎，苗族风情浓郁等优势，开展了万泉湖度假游、万泉河漂流和探险等时尚户外运动，吸引中外游客。

四、社会事业

（一）村镇建设

1991—2010 年，共建硬板化道路 72.59 千米，码头桥梁 2 处，建成文明生态村 4 个。

（二）教育

20 世纪 90 年代，会山镇师资力量极为薄弱，缺少专职教师，教学设备原始。2000 年起，政府不断加大投入，办学条件有了很大改善，师资力量、教学质量也逐步提高。2007 年，为了确保学生入学率达到 100%，中心校成立了保学控辍小组，21 名贫困生受港澳同胞的救助得以返校。2008 年，学区破旧危房基本得以改造，中心校多媒体教室落成。2010 年，加大教育资源整合力度，把原会山苗族中学与东平中学合并，组建琼海市民族中学；接管原东平农场 3 所小学，撤并加脑、沐塘 2 个教学点。适龄儿童入学率达 100%。全镇共有小学 13 所，幼儿园 2 所，其中会山镇中心小学是全日寄宿制学校。

（三）卫生

1997 年，会山卫生院一所，有工作人员 6 名，其中医生 2 名，护士 2 名，中药剂士名人，工人 1 名。 2010 年，全院有工作人员 10 名，其中医生 4 名，护士 3 名，防疫工作人员 1 名，外勤 1 名。全镇新农合应参合 7735 人，参合率 87.6%。城镇医保应参保 210 人，参保率 101%。农村养老保险应参保 3851 人，参保率 84%。

第三章　农场 林场

第一节　东太农场

一、位置与区域

位于琼海市西南部，距市区 54 千米。1951 年创办，2009 年 4 月，原东太、东平、南俸农场合并重组为东太农场。

2008 年合并重组前，全场总人口 11976 人，其中职工 2029 人。重组后，2010 年，总人口 20860 人，其中职工 2253 人，使用语言包括普通话，海南话、粤语、客家话、潮州话、壮语等。全场土地总面积 18666.67 公顷，已确权办证 14333.33 公顷。主要农作物以橡胶、槟榔、胡椒、热带水果为主，橡胶面积 3383.07 公顷，其中中小苗 243.93 公顷，年产干胶 2673 吨。人工林 90.27 公顷，槟榔 2656.8 公顷，胡椒 274.07 公顷。热带水果 218.47 公顷。

二、体制改革

（一）机关机构改革

1993 年，实行机关机构改革，原设置的基建科、开发科、供销科、商贸公司等职能科室转为公司，让其成为经济实体，自主经营，自负盈亏。1997 年，实行劳动合同制度，在册职工全员签订劳动合同。2000 年，对茶厂实行转制，由国有经营转为私人承包经营。2005 年，实行社企分开，分别设立海南省国有农场和海南天然橡胶产业集团股份有限公司东太分公司。2009 年 4 月，海南省农垦总局宣布将原东太、东平、南俸农场合并重组为东太农场。原东太分公司、东平分公司、南俸分公司合并重组为东太分公司。2009 年 1 月，农场社会保障和三所学校全部移交琼海市管辖。2010 年，农场成立琼海市东太投资有限公司。

（二）经营机制改革

1991 年，推行“费用包干型”承包办法。采取“包死费用，余缺自理，承包目标，超奖欠罚”的形式，对生产队实行“五包”（包生产人员、包粮食指标、包投入指标、包管理指标、包精神文明建设指标）。1992 年，推行“三定包一奖罚”的承包办法，采取“定收定支，集体总额承包，包干上交，超利分成，亏损扣罚”的承包形式。1993 年，对柑橙、椰子等生产项目实行抵押承包，采取“包干上交、产品自销、费用自负”的办法，先交押金后承包。1994 年，对割胶单位实行“定单价、定费用、联产计酬、同奖同罚”的承包形式；对直属单位分别实行“成本费用包干、超标欠标同奖同罚”“包干上交，自主经营，自负盈亏”“个体押金承包，包死上交，自主经营，自负盈亏”等多种承包形式。全面推行割胶制度改革，改“两天一刀”为“三天一刀”。1997 年，实行住房制度改革，场部地区职工住房实行职工购买和上交租金形式。1998 年，实行“五项改革”“五项清理”，即改革经营管理机制、改革分配制度、改革割胶制度、改革人事制度、改革内部管理制度。清理劳动力、清理欠款、清理固定资产、清理土地、清理合同。2001 年，对开割胶园实行周期租赁经营。2010 年，对原东太、东平、南俸 3 个农场的 6 个二级企业实行承包经营、包干上缴、自负盈亏的形式。

三、经济发展

1991—2008 年，国有橡胶产量累计干胶 59490 吨，自营橡胶产量累计干胶 7496.3 吨，固定资产投资累计 10667.9 万元，国内生产总值累计 87252.4 万元，职工自营经济收入累计 36663 万元，劳动者收入累计 64791.5 万元。

2009 年，原东太、东平、南俸 3 个农场合并重组后，生产自营胶 1780 吨，完成农业生产总值 12474 万元，工业总产值 2326 万元，自营经济收入 13254 万元。

2010 年，投资 100 万元，发展沉香种植 16.5 公顷。有 5 个合作项目达成投资意向。其中东平新城花园、东平商业中心和东平新型环保砖厂已进入施工勘察阶段。

四、场区建设

1991—2010 年，先后投入资金兴建船埠水电站（装机容量 2000 千瓦），为全场职工安装有线电视，建设基层单位歌舞厅、文化室、灯光球场和场史展览馆。改造场部环境。建成长 1 千米、宽 16 米的东太大道，场部居民点道路全面硬板化，完成场内水泥硬板化道路建设 180 千米，建成 8 万平方米的东太花园广场，内有休闲景点 6 处。建设文明点 12 个，实施“安居工程”，完成危房改造（含保障性住房）共 2847 套，改建职工健身中心。完成东太、东平、南俸片区生活用水管网改造工程，解决职工用水困难的历史问题。

2010 年，参加城镇居民基本医疗保险，全场参保人数 10755 人， 参保率达 94.6%。

附：

一、东平农场

位于琼海市西南部，前身为乐会县垦殖所管辖的桥园场和黄思场，1953 年年初创办。1956 年 2 月初更名为国有东平垦殖场，隶属海南垦殖分局。1957 年年初，更名为国营东平农场。1969 年 3 月，组建生产建设兵团，命名为中国人民解放军广州军区生产建设兵团二师三团。1974 年 10 月，恢复农场建制，复名为广东省国有东平农场，隶属海南农垦局。2009 年 4 月，与东太农场合并后，建制为东太农场东平片区。

全场总户数 3919 户，总人口 12143 人，其中职工 929 人，离退休职工 2718 人。全场下设 5 个管理区，33 个橡胶生产队，6 个专业公司，10 多个加工厂，1 所医院，1 所完全中学；场办工业有制胶、制茶等 12 个工厂，集体工业有食品、塑料等 4 个工厂。 拥有土地面积 13200 公顷，其中橡胶种植面积达 3600 公顷。

（一）体制改革

1.管理体制改革　1993 年，对机关机构和管理干部进行调整。机关科室从原来 23 个裁减为 16 个，企业管理干部由 407 人减为 315 人。1996 年，全场 4120 名职工均签订劳动合同书。1997 年，丈量自营经济土地，1028 户签订土地承包合同。2005 年 3 月，成立琼胶股份公司东平分公司，列入本次机构改革范围的人员有 183 人，改革后安排上岗的有 156 人，分流安置 43 人（其中机关干部 6 人，区队干部 25 人，工人 12 人）。分公司与农场社区的财务，分开管理。2009 年 4 月 20 日，省农垦总局宣布将东太、东平、南俸 3 个农场合并重组为东太农场。

2.经营机制改革　1994 年，全面推行割制改革，实行三天一刀，全场共定岗位 1548 个，比按常规割胶减少胶工 722 人。1994 年 1 月，东平塑料厂进行股份制改造，组建“琼海市东平塑料制品有限责任公司”。6 月，畜牧队进行股份合作制改造，组建“琼海市顺达有限责任公司”。9 月，撤销机关职工食堂与机关招待所食堂，由金源餐厅统一经营。2001 年，割胶生产全面推行“三三”割制（一名胶工管割三个树位，三天割一刀）。2006 年 8 月 2 日，组建护场保胶自卫队，由东平派出所统一领导。

（二）经济发展

1991—2010 年，累计国有橡胶总产量 53993 吨，非国有橡胶总产量 2370 吨，固定资产投资 9629 万元，国内生产总值 75045 万元，职工自营经济收入 22226 万元，劳动者收入 55371 万元。

（三）场区建设

1992 年，东平农场食品厂系列胡椒，在首届海南国际椰子节全国食品饮料精品海南博览会展销活动中荣获金奖，并获得中国中小企业成果博览会证书。1995 年，以股份制形式筹资 300 万元，引进汕头地区人工养殖鳗鱼技术，开发鳗鱼人工养殖获得成功。同年，东平医院获批创办一等甲级医院。1996 年，发动职工集资 250 万元兴建东平购物中心，投资 12 万元在市场安装自动供水系统。2000 年，农场中学被总局评为一级中学和创建文明行业先进单位。2003 年，完成了中小学机构改革，保留中学 1 所，小学 5 所，教师 114 人，勤杂人员 10 人。2004 年，投资 320 万元建设东平中心大道；投资 33 万元扩建东平中心市场；投资近 100 万元解决“电网”改造和土地确权工作。2009 年，教育系统移交地方管理。

二、南俸农场

1955 年 3 月创办，前身为南俸育种站，1966 年 1 月，改为国有南俸农场，1969 年，改为广州军区生产建设兵团二师一团，1974 年 11 月，恢复国有南俸农场，隶属海南省农垦总局，属全民所有制农业企业。2009 年 4 月 20 日，合并入海南省国有东太农场，取消海南省国有南俸农场建制。

至合并前，全场有土地总面积 6683.6 公顷，其中国有橡胶开割面积 1424.27 公顷，橡胶中小苗面积 432.7 公顷，林地面积 2811.46 公顷，居民点面积 75.39 公顷，自营经济用地面积 1845.43 公顷（其中自营胶面积 1389.25 公顷）。总人口 7148 人，其中苗族人口 1354 人，占总人口的 18.9%，在职职工 2080 人，离退休职工 1485 人。全场共设科室 14 个，二级企业（公司）3 个，生产队 24 个，直属队 1 个，胶厂 1 家，医院 1 家，学校 1 所。

（一）体制改革

1.管理体制改革　1997 年，实行劳动合同制度，在册职工全面签订劳动合同。1999 年，开始压缩队级管理人员，减幅为 41.2%。2000 年，成立会计核算中心，取消队级核算。2001 年，把二级企业全面推向市场，实行“自主经营、自负盈亏、自我积累、自我滚动”的方案，撤销经营无优势的基建队、机运队，对加油站、农副产品收购站实行承包经营，从根本上减轻了企业的经济负担。2002 年，作为海南农垦总局等二批企业制度创新试点单位，以“西联模式”为样本，改组为海南农垦南俸农场有限责任公司，设立社区管理委员会。2005 年，改组为海南天然橡胶产业集团股份有限公司南俸分公司。2008 年，按照政企分开、社企分离和建立现代企业制度的总体要求，规范南俸农场（社区）与海胶集团南俸分公司的组织、管理、营运关系，实现农场（社区）和基地分公司的和谐发展。2009 年 4 月，并入国有东太农场。

2.经营机制改革　1993 年，橡胶生产割制改革，推行满负荷高效低频割胶制。1994 年，实行抵押承包经营与效益工资挂钩。1997 年，全面推行“四天一刀”新割制。1999 年，率先在全场最边远的红星队进行国有胶园长期承包经营试点，2000 年，在总结试点经验的基础上，对国有胶园实行长期家庭承包责任制。中小苗全面实行个人自费承包岗位经营。成立专业割胶技术辅导中心，取消队级辅导员和植保员。2005年，成立非国有经济管理中心。实行岗位责任追究制，全场734名胶工签订了《承包岗位责任追究制度责任书》。2007年，全场480户割胶职工家庭554人签订承包经营责任书。

（二）经济发展

2000年，农场科研所承担海南省农垦总局下达的《橡胶抗风高产品种选育研究》试验课题，试验区41公顷，210个国内试验品种。2002年，建立10公顷科技推广示范基地，其中橡胶优良品种种苗繁育基地3.33公顷，热带水果生产示范基地3.33公顷，南药生产示范基地3.33公顷。2004年，科研所完成了申报海南省重点科技计划项目建议书两份：一是番荔枝引种栽培试种，二是鱼尾葵引种栽培试种。

1991—2008年，累计国有橡胶总产量37011.8吨，非国有橡胶总产8168吨，固定资产投资12471.1万元，国内生产总值54662.8万元，职工自营经济收入61053万元，劳动者收入39624.9万元。

（三）场区建设

1996年，筹资10.2万元，成立农场教育基金会。同年，医院实行劳保医疗费用包干，推行合作医疗制度。2001年，采取职工捐款、社会资助、农场出资的办法，筹资500多万元，建起一幢建筑面积3000平方米的中小学综合教学大楼并对学校的环境进行全面改造，建起运动场，配备语音室和图书室等设施。同时全面推行学校人事制度改革，撤销教学点，集中办一所"九年一贯制"学校，教师一律竞争上岗。同年，把全场幼教事业推向社会，机关中心幼儿园实行承包，撤销生产队托儿所，对胶工幼儿实行补贴，鼓励职工私人出资办托儿所。并筹资100多万元建设青山水库。2003年，在"非典"防治工作中，农场投资20万元，增添一批先进医疗设备，改造医院基础设施建设。2005年，农场投资40万元对医院门诊部进行装修；投资200多万元改造场内公路50多千米，同时在省交通厅帮助下投资2000多万元建设1.82千米场部出口大道和场部至龙江镇柏油公路；筹资100万元在嘉积城区购置0.25公顷土地给职工集资建房，实施"百户职工进城"工程。

第二节　东红农场

一、位置与区域

位于琼海市北部，距嘉积22千米。与定安县交界，海南省东线高速公路穿过农场腹地，2010年，拥有土地面积8000公顷，已确权640公顷，总人口11277人，其中职工5436人。使用语言有普通话、越南话、广东话、安徽话、四川话等。

二、体制改革

1952年农场创办，为国有中型企业，实行三级管理，两级核算体制。有管理区6个，生产队30个，农场机关以及农场直属单位两个。2008年以来，农场实行“体制融入地方，管理融入社会，经济融入市场”的“三融入”体制。

三、经济发展

以种植橡胶为主，同时组织职工发展胡椒产业，是海南农垦“双十工程”（胡椒标准化生产基地）建设农场。年产干胶1709吨，职工自营经济种植胡椒484公顷。2010年，全场生产总值14469万元。职工自营经济纯收入4751万元，职工劳均收入12040元。

四、场区建设

1992年起，农场逐步进行危房改造。1995年，开始生态文明队建设。2006—2010年，共实施四期的职工危房改造工程，总投资10811万元，共完成1178套（户），总建设面积达109442平方米，基本消灭危房，解决职工群众住房困难问题。至2010年，生态文明队建设共投入资金1000多万元，完成全场（包括场部）40%以上单位的生态文明建设；铺设水泥硬板化道路1.1万平方米；安装路灯120盏，绿化面积2.1万多平方米；改造排水道多处，并完善一系列配套设施。至2010年年底，有农场医院一所，院区面积3.53公顷，医疗门诊面积1000多平方米，设有内科、外科、儿科、妇产科以及防疫和检验部门，是具有基本医疗设备和一定医疗水准的医院。辖区下设4个医疗室，有医务人员45人。全场各居住点职工基本都用上安全卫生的自来水。

第三节　东升农场

一、位置与区域

位于琼海市西北部，西以梅子岭、母瑞山与定安县岭口镇、国有中瑞农场分界，东至嘉积镇泮水，北连万泉镇和国有东红农场，南至万泉镇，最南的22队插花分布在琼海市石壁镇。场部位于秦世岭，距市区12千米。场区西部为丘陵地，地势向东倾斜，海拔40—140米，全场最高点为西部交界处的母瑞山，海拔412米。场内水系均自北向东南出境流入万泉河，主要有加蔡沟、文曲河、下排沟等，有地方管辖的红英、石合、三顶湾水库。2010年年末，户籍总人口6551，常住人口4015人，职工1389人，离退休人员1498人。常用语言有普通话、海南话、白话、客家话、潮汕话、印尼语。

是一家以橡胶为主产业的国有农业企业。总面积 4988.87 公顷，土地确权面积为 4769.73 公顷，尚未确权面积 219.13 公顷（其中琼海市内 105.8 公顷，定安县内约 133.33 公顷）。已利用土地面积 4735.53 公顷（其中农业用地 4555.87 公顷、建设用地 179.67 公顷），未利用土地 253.33 公顷。

二、体制改革

1961 年 5 月农场创办，由国有安宁农场四方坡作业区、团结作业区划出，与原国有东升农场合并组成，属原海南省农垦总局管辖的正处级单位。1992 年，为适应市经济发展的需要，成立东升农贸综合开发公司。1993 年，农场创办二级企业，兴办起 8 家公司，拨出 121 万元作为公司流动资金。同年，进行机关机构改革，把 20 个科室精简为 14 个，机关干部由 105 人裁减至 70 人，区队干部由 121 人裁减至 87 人。1999 年，设立职工自营经济办公室等专门机构，指导自营经济发展。2000 年，推进场办二级企业改革、橡胶经营机制改革、机构人事制度改革、社会职能移交等各项改革。2001 年，推行职工医疗保险制度和医院体制改革，转变了职工医疗费农场一包到底的制度。中心幼儿园实行民营承包，推向社会。制胶厂、水电公司、基建公司实行自负盈亏定额上缴。全面推行国有胶园家庭长期承包经营，形成农场职工双层经营体制。2005 年，深化人事制度改革，对 12 个中层干部岗位实行公开竞争上岗，转岗分流 11 名富余人员。4 月 1 日，东升农场组建海南天然橡胶产业集团股份有限公司东升基地分公司。2008 年，进一步完善开割胶园职工家庭长期承包改革。按照省农垦总局规定的“完成上缴，统一收购，剩余归己，市价结算”的原则，全场 22 个生产队 565 个承包岗位全面实行开割胶园职工家庭长期承包。4 月 15 日，东升基地分公司退出海南天然橡胶产业集团股份有限公司，成为海南农垦总局存续农场。2009 年，农场承担的公共社会职能逐步移交地方管理。2009 年年初，全部移交学校义务教育，共移交教职员工 83 人，划出土地 3.1 公顷。2009 年 11 月，东升农场与海南慧远投资有限公司合作开发 333.33 公顷土地项目，获得总局审批立项并签订合同。2010 年，移交社会养老保险统筹、优抚、退役士兵职能给地方政府管理。医院、公安、武装、侨联、残联、敬老院、计生等职能未移交。2010 年 3 月 11 日，成立琼海东升投资有限公司。农场机关下设 23 个生产队，附属单位 4 个。

三、经济发展

（一）橡胶

20 世纪 90 年代，开展“涂药、减刀、增效”的割胶改革实验，推广橡胶配方施肥。1991 年，推行从原来两天一刀改为三天一刀（1—3 年割龄），4 年以上中割龄树涂稀土钼，老割龄树采取涂乙烯利刺激割胶。1994年，全面推行三天一刀割制改革，胶工人均割831株，全场胶工902人，比1993年减少205人，与不改制前相比减少522人，减少36.7%，大大提高了劳动生产率。1995年，橡胶产量达到2787吨的高峰。1997年，全场推行四天一刀割制，全场仅用胶工810人，人均割964株，比1996年减少76人。1997年胶价持续大幅下跌，从年初的每吨的1万多元跌至年底的6800元，跌幅50%以上，全年亏损达628.1万元。2005年9月26日，遭受“达维”强台风灾害，橡胶遭受严重损失，干胶产量锐减，至2006年，全场橡胶仅产891吨。因灾害影响进行裁员，稳妥做好胶工分流，胶工由707名减少为578人，减幅18.2%。2006—2007年，实际完成胶园更新86.53公顷，新种橡胶3.7万株。2008年，实行开割胶园长期承包后，职工受益明显，胶工的承包收入大幅增加，平均承包收入12435元，比上年增长22%，管理人员收入18132元，增长21%。1991—2010年，东升农场累计生产干胶40689吨

（二）多种经营

1.工业贸易　1993年，农场下属的东升大厦投资150万元购小汽车10辆，成立琼海市第一个出租车队。东升农贸公司贷款18万元购进一辆重型卡车，与福建个体户合资80万元兴建东山红砖厂，日产红砖4万—6万块。东升商贸公司与茂名个体户联营出资50万元建起了石油液化气供应站。东升房地产公司与新垦公司合资50万元经营石场，日产石料150—200立方米。1997—2001年，受到市场胶价低迷的影响，农场连年经营亏损，职工收入维持在较低水平。2002年，扭亏为盈，实现利润105.8万元（含省农垦总局补亏100万元）。2003年，东升农场经营状况有所好转，职工年均收入突破万元，其中工资7622元，自营经济收入2800元，企业实现利润104.3万元。2004年，企业实现利润412万元，比上年增长296%，职工收入11542元。

2.农业　（1）荔枝种植。1997年，引种妃子笑荔枝16.67公顷。2002年，101.3公顷荔枝基地获海南省无公害农产品产地认证，2003年，荔枝产品取得出口权。2004年11月，获农业部荔枝无公害农产品认证。2007年6月7日，在国家工商管理局注册“升荔”牌商标。

（2）菠萝蜜种植。2000年，在2队试引种马来西亚1号菠萝蜜13.33公顷。2008年，采取“农场+职工”股份合作制在机关、十九队建设菠萝蜜生产基地约26.67公顷。2010年，全场菠萝蜜发展到约100公顷。

（3）生猪养殖。2003年，创办省农业厅与省农垦总局合作“千头万户养猪示范基地”。2009年，与农垦畜牧集团公司合作在七队建设万头猪场一座，猪场占地5.67公顷，建猪

舍 24 间 16800 平方米，年出栏生猪 4 万头。

1991—2010 年，经过 20 年的建设，农场已建成为以橡胶和热带特色产业为主、农工贸一体化的国有中型一类农业企业。至 2010 年年底，农场有天然橡胶 2261.27 公顷，已开割投产面积 2000.27 公顷，干胶总产 1700 吨。热带作物总面积 337.27 公顷，其中水果面积 144.13 公顷，总产量 1102 吨。完成地区生产总值 5962 万元，其中第一产业 4430 万元，第二产业 622 万元，第三产业 910 万元，人均生产总值 11285 元，工农业总产值（现价）6387 万元。固定资产投资 2152 万元。劳动者人均报酬 27813 元（在岗职工平均工资 23814 元，自营经济纯收入 3999 元）。

四、场区建设

（一）基础设施

1991 年，农场建成露天剧场。1992 年，首次开通自动电话 35 门。1993 年，投入 34 万元，其中发动干部职工知青等捐款 12.5 万元，完成千米东升大道土路改造柏油路工程。1994 年，在 12 队安装有线电视，实现队级有线电视的突破。1995 年，在场部办公大楼前建起职工广场，场部景观初现雏形；开设职工调频广播电台，为 17 个生产队安装有线电视；投入 227.4 万元（其中农场出资 164.9 万元，职工出资 62.5 万元）改建新建住房 21 栋，基本消灭危房。2001 年，改造东升大道柏油路面为水泥路面，改造大道两侧的商业街。2002 年年底，共集资建房 204 套，建筑面积 1.7 万平方米，总投资 901 万元；投入 413 万元改造旧房 26 栋 151 套，建筑面积 1.18 万平方米，改善职工居住条件。2005—2006 年，吸引民营资本投资兴建一座农贸市场和部分商业铺面。2006—2010 年，全场共完成职工保障性住房建设 441 套，均为自建公助的建设模式，完成总局下达计划 100%。利用中央投入资金对农场公路改造，基本实现全场道路硬板化，并完成改造场部小城镇和 6 个基层生产队的水井、水塔、水管工程。全面完成 27 千米电网改造任务，实现用电与全省农村一样“同网同价”，农场 6000 多人受益。

（二）教育

1991 年，办有完全中学一所，在职教师 38 名，在校学生 210 人。有中心小学一所，四个作业区均设有完全小学。1994 年 9 月，东升中学只办初级中学，并与海口农垦中专合办职业高中。同年，初中生 212 人，职业高中生 54 人。1998 年，不再合办职业高中，只办初级中学。2005 年，实施集中办学，将区队小学合并到场部中心小学。投入 115.4 万元新建 1380 平方米的学生宿舍楼。2009 年 9 月，将农垦中小学校移交地方管理，移交在编在岗教职工 58 人，退休教师 25 人。将初级中学合并至万泉镇初级中学，农场只办完全小学，更名为琼海市东升学校。

（三）卫生

1996 年，场部有医院 1 所，卫生所 23 间，医务人员 72 人，1996 年被国家评定为一级甲等医院。2010 年，全场有在册在岗医务人员 37 人，设有医院一所，卫生所 3 间，医院医疗仪器设备较齐全，且配有救护车 1 辆。医疗用房 3099 平方米，住院病房 21 间。

第四节 彬村山华侨经济区（彬村山华侨农场）

一、位置与区域

位于琼海市东北部。全场（区）总土地面积 2780 公顷，已确权 2240 公顷。2010 年，全区总人口 7111 人，其中归难侨、侨眷 4488 人。农场居住了来自东南亚等 8 个国家的归国难侨，多元的文化在此交汇。被称为“印尼村”的第五生产队，全队 300 多人中 95% 以上是来自印度尼西亚的归侨和侨眷，村民们主要使用印尼语，日常衣食等也属印尼风格，被称为“印尼村”。

二、体制改革

1960 年农场创办，是政府安置归难侨的国有企业。1991 年至 2004 年 5 月，归属海南省人民政府侨务办公室（后为海南省人民政府外事侨务办公室）管理，是海南省外事侨务办直属企业。2004 年 6 月，划归海南省国有资产管理委员会托管（简称省国资委），隶属省国资委下属的金城公司管理。2006 年，农场的管理部门更换为海南省林业总公司。2007 年 8 月，农场正式实施体制改革，移交琼海市政府管理。同年 9 月，场办教育、卫生、公安三个部门整体移交地方政府管理，相关单位的在职及退休人员享受事业单位待遇。2009 年，市政府制定的《推动彬村山华侨农场改革和发展的实施方案》，农场实行企业单位事业化管理，场机关 40 名管理人员享受事业单位人员待遇。同年 5 月 1 日，“琼海市彬村山华侨经济区管理委员会”“中共琼海市彬村山华侨经济区委员会”“中共琼海市彬村山华侨经济区纪律检查委员会”正式挂牌。同时，保留彬村山华侨农场牌子。2010 年 6 月 1 日，“琼海市彬村山华侨经济区管理委员会”等有关印章启用，彬村山华侨农场进一步实现“体制融入地方，管理融入社会，经济融入市场”。

三、经济发展

彬村山华侨农场以胡椒、橡胶为两大支柱产业，有“全国最大的胡椒生产基地”之美称，1965 年开始种植橡胶，至 1991 年全场种植面积达 737.67 公顷。2005 年，遭受第

18 号强台风“达维”袭击后，仅剩尚能产胶能力的 280 公顷，共 30408 株橡胶树，年产胶能力 100 吨。1996 年、2002 年和 2006 年，先后三次被农业部评定为“南亚热带作物胡椒生产名优基地”。2006—2008 年，全场进入二次创业时期，更新橡胶 259.4 公顷。2010 年，农场国内生产总值 1850 万元，职工劳均收入 1.2 万元，人均收入 4500 元。全场橡胶面积 540.67 公顷，由于旧胶树老化，新胶树仍未开割，年产干胶仅 67 吨，产值 134 万元。

胡椒生产收入是农场职工群众的主要经济来源之一，自 20 世纪 90 年代以来，随着农场家庭承包责任制的推行，进一步刺激了职工群众的生产积极性，至 2010 年，全场种植胡椒 318.67 公顷，其中收获面积 160.4 公顷，总产量 500 吨，产值达 1250 万元。

四、场区建设

（一）基础设施

从 1992 年开始，农场逐步进行危房改造。2001—2010 年，共实施三期职工危房改造工程（对象重点为归难侨职工），总投资 2512 万元，其中政府下拨资金 795 万元，农场补贴资金 247 万元，职工自筹资金 1042 万元。经过十年的努力，共完成危房改造 939 户，总建筑面积达 46252 平方米，基本上解决了职工群众，特别是归难侨住房困难问题。2003 年开始进行农场生态文明队建设，至 2010 年，完成全场 80%以上单位的生态文明建设，投入资金达 1000 多万元。铺设水泥硬板化道路 41694.5 平方米，安装路灯 227 盏，绿化面积 2.1 万多平方米，完善一系列照明用电、生活饮水、排水道等民用工程的配套设施。至 2010 年，全场各居住点职工基本上都用上了农场自掘水井供给的自来水。

（二）教育

农场的基础教育经历了从无到有，从小到大，从自主办学到归属市政府管理的一个发展过程。至 2010 年，场辖区共有小学 3 间，归长坡学区管理，教职工 240 人（含退休人员），学生人数 338 人。

（三）卫生

2007 年 8 月，农场医院移交市政府管理，更名为“琼海市彬村山华侨农场中心卫生院”。院区面积 1.03 公顷，医疗门诊面积 989 平方米，设有内科、外科、儿科、妇产科以及防疫和检验部门，是具有基本医疗设备和一定医疗水准的乡镇级医院。农场辖区内设医疗室 3 个，有医务人员 21 人。

第五节　上埇林场

一、位置与区域

位于琼海市东部，林地涉及嘉积、博鳌、潭门、塔洋4个乡镇，是省林业局直属林场。1958年12月创建。2010年，有人口250人，其中职工117人（退休职工51人、在编职工66人，具有专业技术职称的14人）。土地总面积999公顷，森林覆盖率91%。人工商品林地573.33公顷，职工自营经济地100公顷，珍贵乡土树种苗木基地32公顷，热带花卉基地18.8公顷。林场主要产业是营造桉树、木麻黄、松树等商品林木，除了平均每年约66.67公顷正常的更新造林外，2001年起开始发展热带花卉、珍贵乡土树种及林间套种菠萝等热带水果经济作物，适时开发旅游房地产业。

二、体制改革

自1988年5月建省后，林场收归省林业局主管，为省林业局直属科级单位，实行事业型企业化管理。1993年1月，更名为海南省国有上埇林场。

1997年，林场实行全员承包，发展自营经济。胡椒、槟榔、鱼塘、土地等，由职工承包经营，促进了林场的改革发展。2002年3月，更名为海南省上埇林场。同年，全面推行以土地承包为主要内容的全新的职工自营经济，进一步深化林场改革，促进了林场经济发展和社会和谐稳定。

三、经济发展

1991—1997年，林场主要以砍伐林木切片出口为主，年均生产总值250万元。2001年5月，与海南省林业总公司、国投洋浦港务公司三家合资成立“琼海博鳌热带花城有限公司”，投资860万元，建设16公顷热带花卉产业。10月，与省林业总公司合作，种植木麻黄速生丰产林90公顷。2002年，林场自筹资金50万元，成立琼海上林园林发展公司，发展花卉苗木产业，建设规模达2.8公顷。1998—2006年，经营少量出口木材业务，发展花卉苗木产业，年均经济生产总值100万元。2007—2010年，以木材和热带花卉苗木销售及林下套种短期热带水果为主要经济收入。2009年，经济生产总产值453.34万元。2010年，经济生产总值622.4万元；林场经济生产总值年平均达150万元；职工年人均工资福利达3万元，五项保险纳入当地社会统筹。

1991—2010年，每年都根据林木轮伐工作安排，进行林木采伐和迹地更新造林，年均造林约66.67公顷。采取短期出租林地与造林相结合，以短养长发展经济。利用林木采伐，更新造林间隙，采取林间套种菠萝等热带短期经济作物和养鸡等多种经营方式，增加林场收入。仅2010年就出租林地77.93公顷，收入89万元。同时，规划好职工自营经济用地，鼓励职工发展种养业，增加经济收入，提高生活水平。至2010年，职工自营经济发展至78户，经营面积达100公顷。职工自营经济蓬勃发展。2010年，经济生产总值达310万元。

四、场区建设

1991年，扩建林场场部大院，形成综合办公区1.28公顷，职工住宅区1.05公顷，名贵乡土树种观赏园58亩，总规划面积达3.87公顷。2002年，兴建职工住宅楼两栋18套。2003年，建起灯光球场一个。2007年，建起“职工书屋”，先后投入资金3万多元。寻求海南省林业局工会及回场省亲知青支持，获得捐赠和购置书籍刊物共计2300册。2008年，林场被海南省直属机关工委授予“精神文明先进单位”称号。2009年，提高职工工资和社保缴交水平。2010年，修建并硬板化3000米林区道路；兴建职工住宅楼4栋40套，总建筑面积4316.8平方米；翻修加固住房44套，总维修面积2860平方米。全场102户职工，84户得到安置，户均住房面积78平方米；职工社保纳入当地社会统筹。同年，争取省管中心捐助10套健身器材，建起职工健身活动中心，丰富职工文化生活。

1991—2010年，林场没有发生治安灾害和安全生产事故，没有发生森林火灾，实现了安全生产的预期目标。加强林政管理，打击各种破坏森林资源的违法行为，确保林地、林木资源的安全和良性循环。通过种植边界林，埋界桩，加强巡护和强行清理等措施保护好林地资源。累计制止侵占林地行为53起，收回被占林地21.07公顷，清理非法占地种植的树木、果木10320株。

第二编 自然环境 人口

琼海市位于海南岛东部，属热海洋性季风气候。地势自西向东倾斜，东部沿海为海相沉积平原，中部为丘陵地带，西、南部多为山区和半山区。海拔100米以上的山岭256座，最高为海拔1264.4米的白马岭。境内主要水系有万泉河、九曲江、新园水。主要开采的矿种有锆钛砂矿、医疗热矿水、饮用矿泉水和普通建筑用砂石黏土矿。

1991—2010年，市年均气温24.8℃，年均降雨量2129.9毫米，年均日照1918.8小时，年均雾天12.95天，年均影响琼海的台风4.3个。

2010年，全市土地总面积171013.67公顷，农用地141679.5公顷，其中耕地38273.15公顷、园地83518.8公顷、林地13364.49公顷。水面面积（不含水利工程设施用地）2351.36公顷。总人口483217人，人均土地面积0.35公顷。

第一章 自然资源

第一节 地质 地貌

一、地质

地处华南褶皱系五指山褶皱带的东缘。先后经历了晋宁、加里东旋回的断陷槽形成与封闭阶段，海西旋回地台发展阶段，以及印支、燕山、喜马拉雅旋回的大陆边缘活动阶段。形成了市域范围内的元古代和早古生代地槽型沉积与万泉河流域的河流阶地沉积；北半部印支期、燕山期及喜马拉雅山期岩浆侵入与喷发活动强烈，花岗岩类及玄武岩连片分布。同时，市域又是区域性东西向昌江—琼海深大断裂构造带与琼东南北向构造带的交汇区，与之相关的北东东向褶皱及东西向、南北向、北西向、北东向断裂构造发育。

二、地貌

背山面海，地势自西向东呈阶梯状倾斜，西高东低。东部沿海系海相沉积平原、中部为丘陵地带、西部与南部多为山区和半山区，分别占总面积的25%、43%、32%。琼海市土地总面积1710.14平方千米，其中250米以上的高丘、低山有16739.02公顷，占9.8%，低于50米的低丘有29720.3公顷，占17.4%；50—100米的台地有45605.28公顷，占26.7%；

低于 50 米以下的河流阶地有 8881.93 公顷，占 5.2%；海河冲积平原 63369.14 公顷，占 37.1%。在全市土地类型中，陡坡地 7173.87 公顷，占 4.2%。琼海市具有台地、平原多，地势平缓，山地少，陡坡地比例小的特点。当地习惯把高丘、山地视为山，把低丘和台阶地看成坡，水旱田称为田。因此，琼海市土地类型也可概括为一分山、六分坡、二分田、半分水、半分村庄。海拔 100 米以上山峰 256 座，白马岭为全市最高峰，海拔 1264.4 米。境内河流众多，水资源丰富，水质优。境内主要水系有 3 条：九曲江、万泉河、新园水。

第二节 土壤 植被

一、土壤

琼海市土壤（不包括水面、居民点、道路等）共有 11 个土类，17 个亚类，47 个土属，105 个土种。其中由玄武岩发育而成的赤土，占总面积的 7.1%，主要分布在大路和嘉积泮水东部，塔洋北部，土层深厚，质地偏黏，土壤酸性较大，磷钾较缺；由花岗岩发育而成的红赤土，占总面积的 21.2%，主要分布在长坡、万泉、石壁等地，土层深厚，土壤含砂量大，土壤酸性，养分含量较低；由砂页岩发育而成的黄红赤土占总面积的 32.2%，主要分布在中原、阳江、龙江、嘉积温泉等地，土层深厚，土壤疏松，土壤为酸性；由河流冲积物发育而成的潮沙泥土，占总面积的 10%，主要分布在万泉河、九曲江下游沿岸，土壤养分含量较高；由浅海沉积物发育而成的黄赤土，占总面积的 9%；由滨海沉积物形成的砂土，占总面积的 2.2%，主要分布在东部沿海，土壤质地较轻、砂性大、透气性好，但养分含量较低。

二、植被

琼海市气候温和，雨水充沛，适宜植物生长。有野生植物 250 种，药用植物 52 种，有用材价值较高的油丹、青皮、母生、苦梓、红罗、加卜等。最高山峰白石岭，海拔 1264 米，在嘉积镇 12 千米处的万泉河畔，有竹松、油丹、红罗、子京等珍贵树种。

（一）自然植被

境内西部、西南部高丘陵和低山地区，自然植被茂盛，主要为常绿季雨林、山地雨林、沟谷雨林和常绿阔叶林。主要树种有加卜、青皮、坡垒、子京、母生、红椤、荔枝、樟木、绿楠等。由于人类经济活动的影响，原始森林绝大部分遭受破坏，已被次森林和人工林代替。全市有自然保护区 4 个，其中省级保护区 2 个，市级保护区 2 个。

（二）人工植被

人工林主要为人工栽培的用材林、防护林、薪炭林和经济林。主要树种为木麻黄、窿缘桉、台湾相思、苦楝、橡胶、槟榔、椰子等。

（三）树种分布

境内林地因土壤条件不同，树种分布也不尽相同。市境西部和西南部主要有坡垒、青皮、母生、加卜、竹叶松、绿楠等156种。低丘台地长有稀疏灌木草丛，多分布于市境内东北部。东南沿海地带主要种植引进的外来树种，有相思树、马楝树、大叶川等20多种。

第三节　海　洋

一、海域 岛屿

2010年，琼海市海岸线长82.3千米，基本呈东东北—西西南走向，海岸较为平直，海岸线外发育有珊瑚礁坪,共有海岛及其附属岛屿44个（均属无居民海岛）。海岛类型为基岩岛与沙泥岛，贯穿于潭门、博鳌、长坡3个沿海镇，其中省政府立牌的海岛8个（东屿岛、西边岛、边溪岛、圣公石、白石岛、千舟岛、大乐岛、石鼻岛），海岛面积达到500平方以上的海岛5个（东屿岛、西边岛、边溪岛、沙美岛、千舟岛）均属于沙泥岛，所辖海域面积约1530.8平方千米，基本呈东东北—西西南走向，海岸较为平直，海岸线外发育有珊瑚礁坪。

二、海洋水文

（一）潮汐

（基面为国家85高程） 海域的潮汐性质属不正规半日潮混合潮。多年平均高潮位为1.85米，低潮位为–0.37米，最高高潮为2.03米。

（二）潮流波浪

最大流速25厘米/秒，最小流速2厘米/秒，属于弱潮流区。近海海域波型以U/F为主，即以风浪为主的混合浪和以涌浪为主的混合浪，出现频率为64.5%；其次为风浪，占21.3%；纯粹为涌浪U只占0.5%。本海区常浪向和次强浪向分别为SE向和SSE向，SE向平均波高1米，实测最大波高2.27米。

（三）余流

外海余流与季风有关。冬季偏北风盛行时期，余流基本呈向南方向，流速在1—14

厘米 / 秒之间。

三、海洋渔业资源

海洋渔业资源分为三类：主要鱼虾类有 30 多种，其中经济价值较高且资源量较大的有 10 多种，分别是马鲛鱼、金枪鱼、乌贼、金线鱼、宝刀鱼、带鱼、石斑鱼、鲐鱼、篮圆鲹、鲨鱼、鱿鱼、海参、龙虾、斑节对虾、墨吉对虾、刀额新对虾等；主要贝壳品种有毛蚶、凤螺、鲍鱼、文蛤、梳纹加夫蛤、江珧、宝贝、河蚌、米蚬、马蹄螺等；大洋性渔业生态系鱼类有鳍金枪鱼、大眼金枪鱼、旗鱼类等。藻类有麒麟菜、江篱和马尾藻等。此外，在三大渔业生态系中，还有海参 18 种，贝类 42 种以及章鱼、鱿鱼、龙虾、琵琶虾、蟹类、海龙、海马等。

第四节 气 候

属于热带海洋性季风气候，四季不明显，干季和雨季分明，主要气象灾害为台风、雷暴、高温和暴雨。年日照 1918.8 小时，平均气温 24.8℃，平均降雨量 2129.9 毫米，夏季盛行偏南风，冬季盛行北风。

一、气温

1991—2010 年，琼海市（县）年平均气温 24.8℃。呈上升趋势，最高为 1998 年和 2010 年的 25.5℃，最低为 1992 年的 24.1℃。月平均气温分布趋势基本一致。气温最高的月份为 6 月、7 月，最低为 1 月。

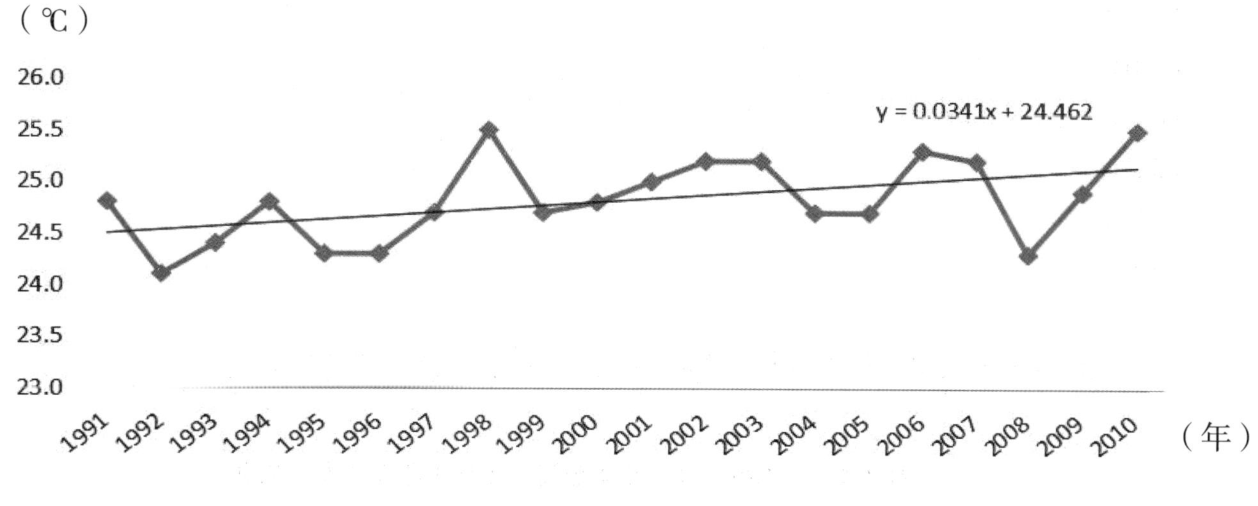

图 2-1-1 1991—2010 年琼海市（县）年平均气温趋势图

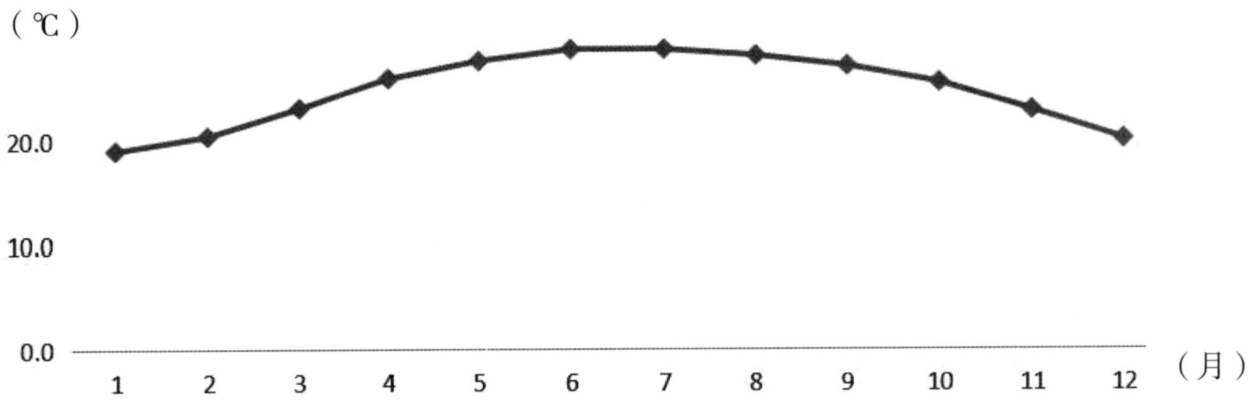

图 2-1-2　1991—2010 年琼海市（县）月平均气温趋势图

二、降雨

1991—2010 年，琼海市（县）年均雨量为 2129.9 毫米。全市（县）降雨呈上升趋势，年总雨量最多为 2010 年的 2911.9 毫米，最少为 2004 年的 1335.4 毫米。月平均雨量分布差异较大，干季（11 月至次年 4 月）和雨季（5 月至 10 月）有明显的差距。降雨量最多的月份为 9 月和 10 月，最少的为 1 月和 2 月。全市（县）降雨量年际变化大，分布也极不均，常出现春旱秋涝。5—10 月是全市（县）的雨季和汛期，降雨量占全年总量的 77%，11 月至次年 4 月是旱季和枯水期，降雨量仅占全年总雨量的 23%。

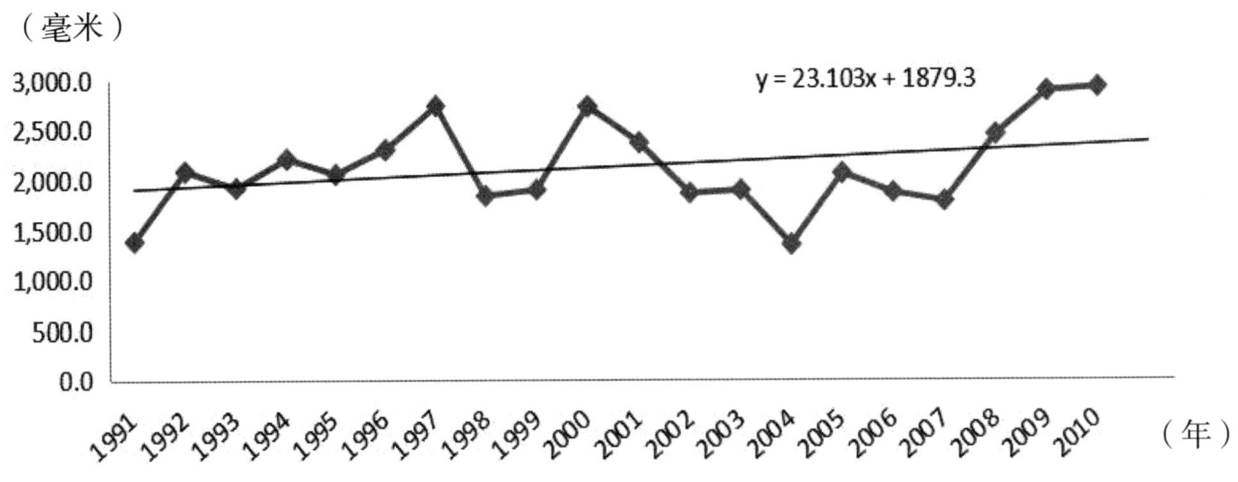

图 2-1-3　1991—2010 年琼海市（县）年总雨量分布图

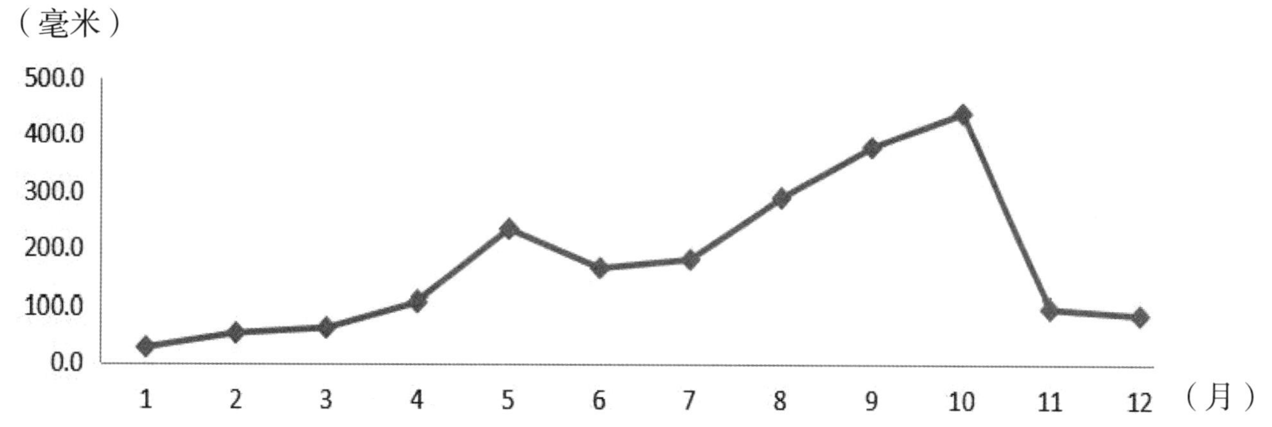

图 2-1-4　1991—2010 年琼海市（县）月平均雨量分布图

三、日照

1991—2010 年，琼海市（县）年均日照时数为 1918.8 小时，呈下降趋势，但基本在 1900 小时上下波动。年日照最多为 1991 年的 2333.4 小时，最少为 2008 年的 1535.7 小时。

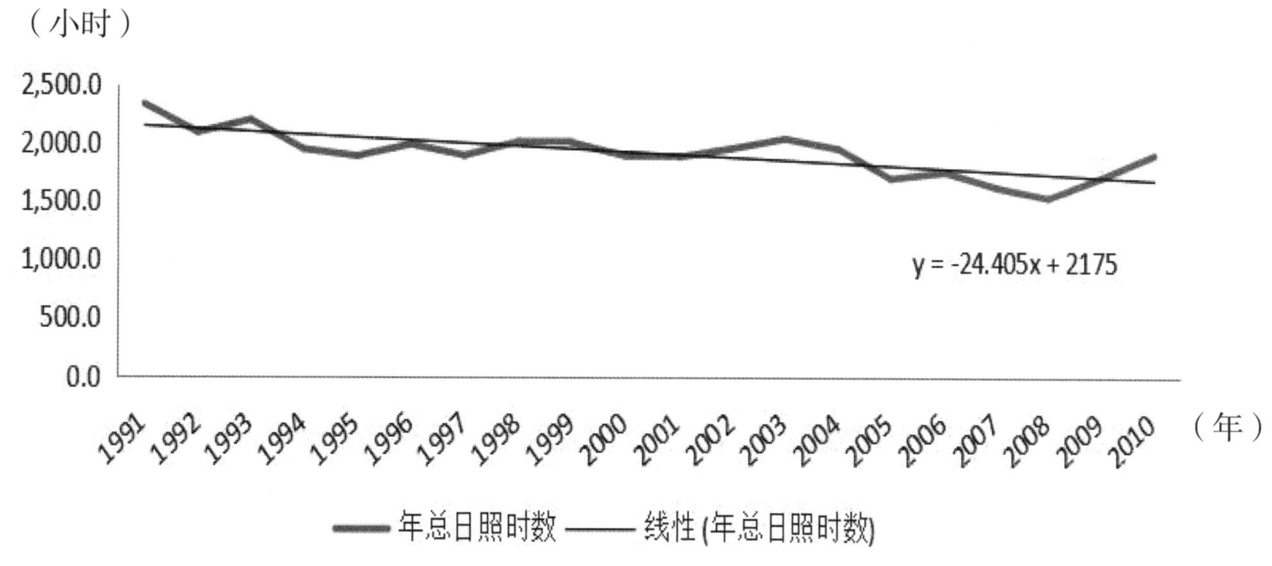

图 2-1-5　1991—2010 年琼海市（县）日照时数分布图

四、风

1991—2010 年，琼海市（县）年平均风速为 2.2 米/秒，变化不大，均在 2.2 米/秒上下波动。年最多的风向为东南风，次为西北风。

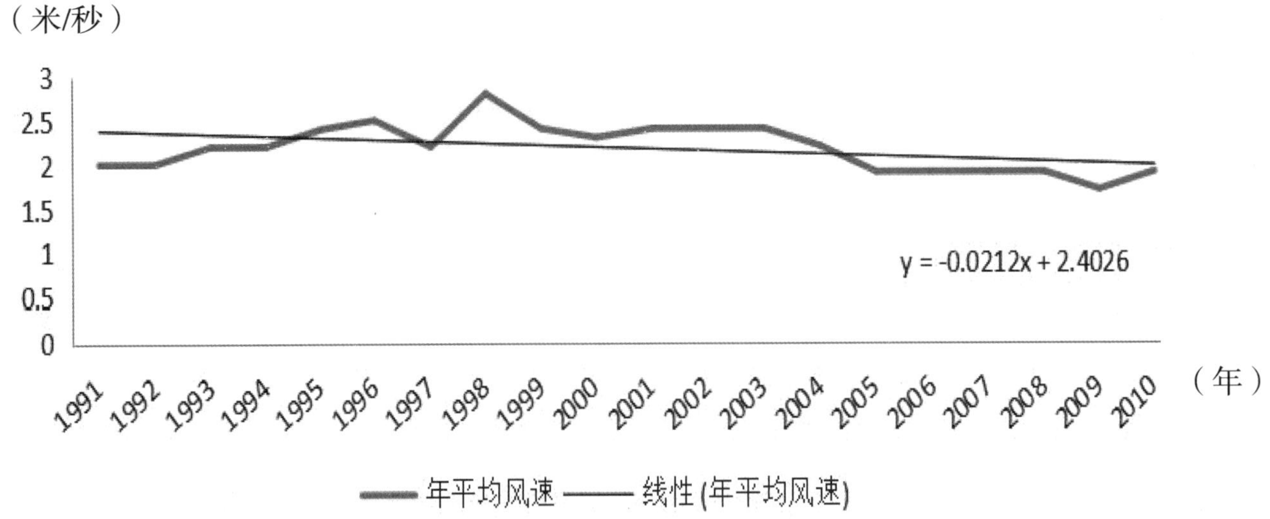

图 2-1-6　1991—2010 年琼海市（县）年平均风速分布图

五、相对湿度、蒸发

1991—2010 年，琼海市（县）年均相对湿度均维持在 83%左右，且变化不大。年蒸发总量呈下降趋势，这种下降趋势跟日照时数的减少有关。年蒸发总量最多为 1991 年的 1936.7 毫米，最少为 2009 年的 1028.6 毫米。

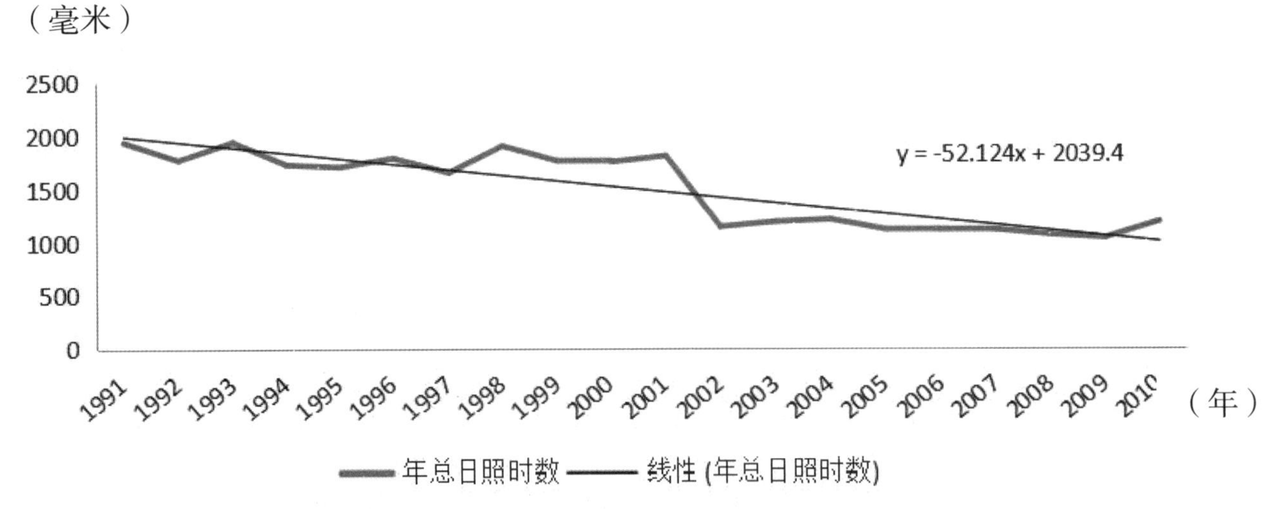

图 2-1-7　1991—2010 年琼海市（县）年蒸发总量分布图

六、雾和雷暴

1991—2010 年，琼海市（县）年平均雾天（包括轻雾）为 12.95 天，年均雷暴天数为 66.05 天，较前 20 年（1971—1990 年）偏少。雾出现最多的年份为 1993 年的 29 天，

2004—2006 年连续三年没有出现雾天。雷暴天数最多的年份为 1997 年的 113 天，最少为 2006 年的 47 天。

1991—2010 年琼海市（县）年雾天数和雷暴天数表

表 2–1–1

年份	1991	1992	1993	1994	1995	1996	1997	1998	1999	2000
雾	21	27	29	25	14	8	12	8	8	12
雷暴	61	66	62	62	57	56	113	71	62	72
年份	2001	2002	2003	2004	2005	2006	2007	2008	2009	2010
雾	15	9	8	0	0	0	15	15	22	11
雷暴	65	71	61	53	73	47	66	71	74	58

第五节　水　文

琼海市河流众多，水源丰足，水质良好，但水资源利用率低，有明显的丰缺水区。具有降雨“时空”分布不均，蒸发量年内变异大的特点。

地下水资源总量 4.56 亿立方米，水资源总量 39.6 亿立方米（不含外县流入），人均拥有水量 4600 立方米。全市地表水资源量年均 20.7 亿立方米，地下水平均可开发资源量 1.97 亿立方米。全市已开发利用地表水资源量近 3 亿立方米，开发利用率 14.5%，其中蓄水工程 1.8018 亿立方米，引水工程 0.4 亿立方米，提水工程 0.7 亿立方米。全市已开发利用地下水资源 0.15 亿立方米，主要来自地表水，全市城乡生活用水 338.52 万立方米，其中地表水 258.4 万立方米，地下水 80.12 万立方米。温泉等地温泉温达 70℃以上。境内河流可利用落差 387 米，电能理论蕴藏量 4 万千瓦，可能开发量 3.854 千瓦。海湾 3 个，约有 880 公顷的海水养殖面积。

市境内集雨面积 100 平方千米以上的河流有万泉河、九曲江、文曲溪、加浪溪、新园水、塔洋河 6 条，总集雨面积 4114.9 平方千米，其中过境集雨面积 2532.01 平方千米。琼海市主要水系有万泉河、九曲江、新园水 3 条。其中以万泉河主流最大(有白腊、文曲、加浪、塔洋 4 条支流)，在市境内干流全长 81.2 千米，集雨面积 1161.21 平方千米，其中过境集雨面积 2532.01 平方千米，嘉积水文站（集雨面积 3236 平方千米)实测最大洪峰流量为 11100 立方米/秒 (1948 年 8 月 22 日发生)；最枯为 4.11 立方米/秒（1977 年 6 月 19 日发生）。全市多年平均径流深 1200 毫米，河川径流量 20.1 亿立方米。市内水资源总量 27.9l 亿立方米（不包外市流入 31.6l 亿立方米），已利用 2.63 亿立方米，占 9.4%。河流水质良好。主要河流万泉河，多年平均悬移质含沙量为每立方米 0.092—0.098 公斤。多年平均年总输沙量（包括邻市流经琼海市的输沙量）达 39.2 万吨。年侵蚀模数平均每平方千米为 121 吨。

2010 年琼海市主要河流一览表

表 2-1-2

序号	河流名称	起点	终点	境内面积（平方千米）	境内河长（千米）	平均坡度（‰）	年均径流（万平方米）
1	万泉河	琼中县五指山风门岭	琼海市博鳌港	1161.20	81.20	1.12	497664
2	塔洋河	定安县石马村	琼海市南面村	282.00	53.10	1.36	36080
3	九曲江	万宁市放牛岭	琼海市沙美内海	277.60	49.70	0.82	35460
4	新园水	琼海市山鸡村	琼海市潭门港	144.00	20.80	2.19	13375
5	加浪溪	定安县岭脚湖	琼海市溪边寨	102.90	23.50	2.17	18662
6	文曲溪	定安县翰林镇与中瑞农场交界处	琼海市南轩村	45.53	11.85	4.52	4.9 立方米/秒

第六节　土地资源

2010 年，琼海市土地总面积为 171013.67 公顷，人均土地面积 0.35 公顷。

一、农用地

全市农用地面积 141679.5 公顷，占土地总面积的 82.84%。

耕地面积 38273.15 公顷，占土地总面积的 22.38%。其中水田 25206.53 公顷，占耕地面积的 65.86%；水浇地 76.29 公顷，占 0.20%；旱地 12990.33 公顷，占 33.94%。园地面积 83518.80 公顷，占土地总面积的 48.83%。其中，果园 2339.05 公顷，占园地面积的 2.8%；其他园地 81179.75 公顷，97.20%。林地面积 13364.49 公顷，占土地总面积的 7.81%。其中，有林地面积 11027.36 公顷，占林地面积的 82.51%；灌木林地 719.92 公顷，占 5.39%；其他林地 1617.21 公顷，占 12.10%。草地面积（其他草地除外）194.01 公顷，占土地总面积的 0.11%；其中，人工牧草地 194.01 公顷，占草地面积的 100%。水面面积（水利工程设施用地除外）2351.36 公顷，占土地总面积的 1.37%。其中，坑塘水面 1745.97 公顷，占 74.25%；沟渠占地 605.39 公顷，占 25.75%。农村道路 2426.37 公顷，设施农用地 1551.31 公顷。

二、建设用地

建设用地 22517.87 公顷，占土地总面积的 13.17%。城镇村及工矿用地共 17805.25 公顷，占土地总面积的 10.41%。其中，城市占地 2074.78 公顷，占城镇村及工矿用地的 11.65%；建制镇 2004.75 公顷，占 11.25%；村庄 10878.42 公顷，占 61.1%；采矿用地 480.42 公顷，占 2.70%；风景名胜特殊用地 2396.77 公顷，占 13.46%。水利设施用地 3502.38 公顷，占土地总面积的 2.05%。其中水库水面 3419.17 公顷，占水利设施用地的 97.62%；水工建筑物 83.21 公顷，占 2.38%。铁路用地 175.58 公顷，公路用地 1031.66 公顷。

三、未利用土地

全市未利用土地 6816.30 公顷，占土地总面积的 3.99%。其中，其他荒草地 293.04 公顷，占未利用土地的 11.63%；滩涂 3020.97 公顷，占 44.32%；河流水面 3002.29 公顷，占 44.05%。

第七节 矿产资源

一、分布

较完整的地层分布，复杂的构造格局及强烈的岩浆侵入与喷发活动，控制着辖区的成矿作用与成矿区带分布：东部为海成砂、砂地及阶地有关的锆钛砂矿成矿区；北部边缘为玄武岩风化坡残积褐铁矿、铝土矿成矿区；东北部沿南北向铺前—博鳌深断裂为铜钼矿、石墨矿成矿区；西部长城纪地层与志留纪分布区为金矿成矿区；中部为非金属及水气矿产成矿区，以万泉河为界，北部主要为建筑用花岗岩、玄武岩矿分布区，南部主要为砖瓦黏土矿、水气矿产分布区，万泉河主河道及两岸阶地是建筑用河砂矿分布区。

二、主要矿床

至 2010 年，琼海市境内已发现金属矿产、非金属矿产和水气矿产三大类共计 15 种，有磁铁矿、菱铁矿、褐铁矿、黄铁矿、金、银、钼、铜、铅、锌、铀、锆英石、钛铁矿、独居石、水晶矿、石墨、玉髓、钾长石、高岭土以及建筑用花岗岩、建筑用玄武岩、建筑用砂和砖瓦用黏土、饮用天然矿泉水和医疗热矿水等矿床（或矿点、矿化点）95 处。

（一）钛铁砂矿

为境内蕴藏量最大的矿产资源，主要分布在长坡镇、潭门镇、博鳌镇等地。全市钛铁矿矿区共 7 个，储量 189.6 万吨。7 个矿区中附产品锆英石储量为 17.42 万吨。独居石储量为 1.22 万吨。

（二）金矿

境内嘉积镇、东太农场、会山镇、长坡镇、石壁镇等地，均发现金矿点。已发现的含金矿石中，均含有银，矿脉小，且不规律，含金量低，且不稳定，局部含金量可供小型开采加工。

（三）石墨矿 主要分布在长坡镇、嘉积镇、会山镇等地，已探明矿物储量 41.4 万吨，属鲶片状石墨矿。

（四）高岭土矿 主要分布在万泉镇、中原镇等地。估算储量 1000 万吨，据省农垦测试中心对万泉镇加城高岭土矿的取样化验分析，含 AI_2O_3 为 23.67%，SIO_2 为 66.55%，Fe_2O_3 为 0.23%，灼碱为 3.85%，pH 值为 6.5.高岭土矿资源质优且白，含铁低。

（五）花岗岩石料矿

境内花岗岩体分布面积极广，占地面积约为 45921.33 公顷，可采储量估算有 61929.9 万吨，主要分布在长坡镇、大路镇、塔洋镇、万泉镇、石壁镇、潭门镇、嘉积镇、中原镇等地。

（六）玄武岩石料矿

境内玄武岩石料矿资源较丰富，占地面积 16902.07 公顷，可采储量估算有 219505 万立方米，主要分布在大路镇、长坡镇、嘉积镇等地。

（七）钾长石矿 出产于花岗质岩体中，主要分布在中原镇，矿石储量估算有 5000 万吨，矿石均有出露地表，覆盖层薄，易于露天开采，矿石中含钾成分在 8%—10%之间。

（八）普通黏土矿

境内普通黏土极为丰富，且质优，面积广，利于建大型红砖厂。普通黏土占地面积约有 72935.73 公顷，估算储量有 142725 万吨。主要分布在万泉镇、大路镇、中原镇、嘉积镇、博鳌镇、会山镇、阳江镇、龙江镇、长坡镇、塔洋镇等地。

（九）河沙矿

全市大小河流 41 条，河床长 81.2 千米，沿岸及河底均沉积大量的河沙，便于开采利用。河沙冲积物占地面积约 1622.07 公顷，估算河沙储量 32409 万立方米。以水电局的测试洪水中带沙量计算，每年从上游带下沉积的河沙约有 62000 万立方米。河沙资源十分丰富。

（十）天然矿泉水

1980年年初，海南地质局在嘉积镇勒探发现天然矿泉水。日流量2409.6吨。通过国家级鉴定，为花岗岩裂隙水，含偏硅酸73—78毫克/升，属偏硅酸重钙碳酸型水，对人体有益，并且有商业经济价值。

（十一）地下热水资源

已发现的有官塘和蓝山两个矿热水区。热矿泉露于燕山期侵入岩中，断裂及其破碎带是热矿水运动、富集的主要场所。利用热矿水的地球化学温标，结合物探和地温梯度推断，两个热水区深部埋藏有高温热流体。官塘热矿水区面积2.5 平方千米。断裂控制着本区热矿水的热储结构，循环于深于深部被加热的热矿水沿断裂带上升，在断裂交汇复合部位，以泉形式出露于地表，或富集于浅部含水层。燕山早期侵入岩构造破碎带构成本区热储，厚度一般为130—150米，最厚达270米。热储顶部被第四系松散层或较完整的岩体覆盖，盖层厚度52.4—190米。热矿水受断裂控制，水温52.5℃—74℃，水化学类型以Cl.HCOS—Na型为主，矿化度471—734毫克/升，偏硅酸33.8—126.4毫克/升，氟7.0—19.8毫克/升，pH值7.7—8.63，锶0.18—1.07毫克/升，锂0.062—0.15毫克/升，单井出水量42—4000立方米/天。热矿水总自流量变化不大，泉和自流钻孔排泄孔排泄量合计一般为650—1540立方米/升。自流孔和泉水的水温、水质变化小。蓝山热矿水区的形成条件和分布形态与官塘热矿水区相似，规模较小，孔口水温40.5℃—46℃，单井出水量131—188立方米/天。

全市矿产资源经多年开采后，锆钛矿仍有一定资源潜力；医疗热矿水、饮用矿泉水尚处开发初期，潜力远未发挥；晶质石墨矿、玉髓矿有较好的开发价值；建筑用花岗岩、玄武岩、建筑用砂矿和砖瓦用黏土矿等资源潜力较大，足以满足高超需求；金矿、铜钼矿、饰面用花岗岩、钾长石及高岭土矿有较好的勘查开发前景，可望建设新的矿业开发基地。

第二章 自然灾害

1991—2010年，琼海市（县）未发生地震灾害，但常遇风灾、雷暴，偶发虫灾。由于琼海市（县）地处海南岛东部沿海，台风影响较为频繁。年均影响琼海的台风为4.3个，登陆为0.3个（即三年一遇）。再加之地处热带，局地强对流天气（雷雨大风、龙卷风等）较为频繁，故风灾为影响琼海市（县）最严重的自然灾害。

第一节 风 灾

一、1991年第6号台风

1991年7月10日，9106号台风移入南海并发展，13日5—6时在万宁县沿海登陆，给琼海县造成重大损失。其中死亡1人，民房被毁1218间，学校宿舍被毁622间，经济损失18.6万元；水利、通信、粮食及经济作物等损失达1025.9万元。此外，沿海涨潮达2.98米，比正常潮位高1.18米。

二、1994年第24号强热带风暴

1994年9月6日，在太平洋生成热带低压，8日发展为热带风暴，9日减弱为低压，10日又加强为热带风暴，西行于11日进入南海，12日发展为9424号强热带风暴，同日23时登陆万宁县山根镇。受其影响，琼海市水稻损失2500吨，树木倒伏500公顷，橡胶倒伏333.33公顷，胡椒倒伏173.33公顷，甘蔗产量损失1万吨，房屋全倒648平方米，刮顶5184平方米，加之其他各类损失，直接经济损失达3889万元。

三、1995年第8号强热带风暴

1995年8月24日，在南海生成热带低压，25日发展为热带风暴，27日发展为9508号强热带风暴，28日10时在万宁县沿海登陆。受其影响，琼海市共21个乡镇，1502个村庄，22.4万人受灾。损坏房屋69间，面积1800公顷，总价值38万元；农作物受灾面积37333.33公顷，粮食减产1135吨，农林牧渔直接经济损失1500万元；水利、通信、公路等损失83.5万元；总经济损失1635万元。

四、1996年第12号台风

1996年8月18日，在太平洋生成热带低压，19日发展为热带风暴，20日西行进入南海并发展为强热带风暴，21日加强成9612号台风，22日4时登陆陵水黎族自治县沿

海。受其影响，琼海市经济损失2955万元。其中水稻受灾1.47公顷，经济损失1640万元；水果蔬菜受灾333.33公顷，经济损失300万元；橡胶受灾333.33公顷，经济损失690万元；民房毁坏18间，经济损失6万元；热带作物损失130万元；水利设施损失80万元，其他损失100万元。

五、1997年龙卷风

1997年5月3日14—18时，万泉、石壁镇等地遭受强雷雨和龙卷风的袭击，4603人受灾、295.3公顷水稻受损，6座路桥被毁，橡胶、槟榔、胡椒、水果等作物受损，直接经济损失246万元。

六、1997年第18号强热带风暴

1997年9月22日，在南海生成热带低压，23日发展为热带风暴，24日发展为9718号强热带风暴，从海南岛南部掠过，25日8时后在越南中部沿海登陆。受其影响，琼海市普降暴雨到大暴雨。全市2016个村庄受灾，3万多人受困，死亡3人，失踪3人；受淹房屋285间，水稻受灾2573.33公顷，完全无收的886.67公顷，全市的总经济损失3600万元。

七、2000年第16号台风“悟空”（台风级）

2000年9月6日，在南海生成的热带低压，同天迅速发展成热带风暴、强热带风暴，7日加强成2000年第16号台风，9日11—12时登陆陵水黎族自治县黎安镇，登陆时中心风力12级。受其影响，琼海市受灾乡镇21个，受灾人口10万人，经济损失3026.7元。

八、2001年第14号台风“菲特”（热带风暴级）

2001年8月28—30日，受台风“菲特”（热带风暴级）的影响，全市普降大暴雨，经济损失3452万元。其中水稻受浸3533.33公顷，瓜菜损失633.33公顷，水果受浸200公顷，房屋受浸75间，道路中断22处，鱼虾塘损失166.67公顷，水利设施损失62处。

九、2005年第16号台风“韦森特”（热带风暴级）

2005年9月16日在南海海面生成，17—18日从本岛南部海面穿过，18日16时30分在越南中部登陆。受其影响， 琼海市7个乡镇、12万人受灾；农作物受灾面积1140公顷，成灾面积1170公顷，农林牧渔业直接经济损失724万元；损坏灌溉设施86处，水利设施直接经济损失192万元。总的经济损失916万元。

十、2005年第18号台风“达维”（台风级）

2005年9月下旬自菲律宾移入南海东北部海面，26日凌晨4时30分在万宁市山根镇登陆。台风大风持续时间达 24 小时，速度大，琼海气象站测得阵风达 32.7 米/秒，并且伴随着强降水，26 日降水量 164.4 毫米，过程总降水量 209 毫米。强风暴雨给琼海市工农业生产带来严重灾害，直接经济损失 28.07 亿元。其中热带经济作物损失面积 25333.33 公顷，经济损失 23.18 亿元；水果损失面积 4000 公顷，经济损失 1.3 亿元；粮食作物受损面积 3333.33 公顷，经济损失 0.3 亿元；人工林损失面积 5466.67 公顷，经济损失 0.82 亿元；水产养殖渔、虾塘损失面积 1160 公顷，经济损失 0.95 亿元；畜牧业经济损失 0.15 亿元；基础设施经济损失 0.933 亿元；房屋经济损失 0.4402 亿元，其中房屋全倒 685 间，房屋刮瓦、刮顶 7825 间；受灾人数 21 万人，其中因灾死亡 2 人，受伤 10 人（含重伤 3 人）。

十一、2006 年龙卷风

2006 年 7 月 25 日，万泉镇遭受龙卷风袭击，造成 1.05 公顷橡胶林损毁，其中全断 250 株，断枝 1300 株，直接经济损失约 10 万元。

十二、2007 年第 15 号台风“利奇马”（台风级）

2007 年 9 月 28 日在菲律宾东部洋面生成，10 月 2 日夜间 11 点在三亚市田独镇锦母角登陆。受其影响，琼海市农林业受灾面积 7.41 公顷，其中倒伏植株受害面积 0.664 公顷，受浸和断枝的植株受害面积 6.764 公顷，总计经济损失 2059 万元；房屋倒塌 1 间，刮顶 70 间，经济损失 91.5 万元；畜牧水产养殖业经济损失约 150.9 万元；交通运输总经济损失 50.5 万元；水利设施经济损失 529 万元，总经济损失约 2880.9 万元。

十三、2009 年第 16 号台风“凯萨娜”（台风级）

2009 年 9 月 26 日在菲律宾东部洋面生成，28 日从海南岛南部海面擦过，29 日登陆越南。受其影响，琼海市受灾人口 8.73 万人，水利设施损坏 340 处，直接经济损失 326 万元；农作物受灾面积 2101 公顷，经济作物损失 120 万元，水产养殖 56 万元；农林牧渔业直接经济损失 2534 万元。琼海总经济损失 2890 万元。

十四、2009 年第 17 号台风“芭玛”（热带风暴级）

2009 年 9 月 29 日在菲律宾东部海面生成，10 月 3 日登陆菲律宾，之后在巴士海峡盘旋近 6 天，并先后 4 次登陆菲律宾，12 日 9 时 50 分登陆万宁市龙滚镇。受其影响，琼海市经受灾人口 19 万人，水利设施水毁 395 处，直接经济损失 950 万元，农作物受灾面积 5466.67 公顷，水产养殖损失 600 公顷，经济作物损失 950 万元，农林牧渔业直接经济损失 5300 万元。总的经济损失 6550 万元。

第二节 洪 涝

1992年，琼海市（县）洪涝灾害受灾人口8.5万人，洪水围困0.025万人，损坏房屋134间，农作物受灾面积3533公顷，其中粮食作物1866公顷，直接经济损失0.035亿元。1993年，受灾人口0.0978万人，农作物受灾面积3539公顷，其中粮食作物2231公顷，直接经济损失0.2387亿元。1994年，受3号热带风暴影响和24号热带袭击，受灾人口21万人，损坏房屋432间，农作物受灾面积14933公顷，其中粮食作物9334公顷，直接经济损失0.46745亿元。

1995年，受08号、16号热带风暴影响，琼海市受灾人口22.4万人，损坏房屋69间，农作物受灾面积37933公顷，其中粮食作物12000公顷，直接经济损失0.3211亿元。1996年，受6号、18号强热带风暴和12号台风影响，受灾人口13.6万人，损坏房屋453间，农作物受灾面积39533公顷，其中粮食作物14667公顷，直接经济损失0.7627亿元。1997年，受4月8—13日特大暴雨和18号热带风暴环流的影响，受灾人口18万人，农作物受灾面积1099公顷，其中粮食作物1099公顷，直接经济损失0.305亿元。

2000年，受2次洪涝灾害的影响，琼海市受灾人口18.3万人,受淹村庄408个，倒塌房屋274间，损坏房屋136间，农作物受灾面积35540公顷，其中粮食作物10240公顷，直接经济损失3.89327亿元。2001年，受2次洪涝灾害（8月28—30日，在南海形成的热带低压和12月29日特大暴雨）影响，受灾人口22万人，受淹村庄12个，农作物受灾面积6400公顷，其中粮食作物3530公顷，直接经济损失0.5252亿元。2002年，受20号热带风暴和10月3—5日、10月27—28日两次暴雨影响，8个镇受灾，人口3万人，农作物受灾面积740公顷，其中粮食作物330公顷，直接经济损失0.0561亿元。2003年，受8号强热带风暴、12号、20号台风的影响，12个镇受灾，人口9.85万人，受淹村庄1个,倒塌房屋13间,农作物受灾面积7893公顷，其中粮食作物2681公顷，直接经济损失0.3155亿元。

2005年，受第18号强台风“达维”影响，琼海市12个镇、21万人受灾,685间房屋倒塌，农作物受灾面积39547.7公顷，其中粮食作物4600公顷，直接经济损失28.1482亿元。2007年,受第15号台风和10月11—14日冷空气持续南下及南海低压槽共同影响，12个镇、12.53万人受灾,农作物受灾面积10881公顷，其中粮食作物1323公顷，直接经济损失0.5638亿元。2008年， 受第1号台风“浣熊”、第17号热带风暴“海高斯”

和10月14日洪水的影响，12个镇、19.83万人受灾，受淹村庄65个，农作物受灾面积8.689千公顷，其中粮食作物1.1033千公顷，直接经济损失0.85813亿元。

2010年，琼海市嘉积地区5天降雨量累计1020毫米（至23时止），其中5日早上8时至23时降雨499毫米。万泉河嘉积水文站水位9.11米，流量4220立方米每秒。全市140多个村庄受灾，转移人口8700多人，水利渠道设施损失超过1000万元，农业损失超过3000万元，道路交通损失超过500万元。

第三节　虫　灾

1993年，晚造稻飞虱发生面积3333.33公顷，失收面积533.33公顷。主要在大路洋、长坡洋、烟塘洋、北山洋等田洋发生为害。

1998年，晚造稻飞虱发生面积5333.33公顷，失收面积800公顷。主要在大路洋、温泉洋、烟塘洋、北山洋等田洋发生为害。

2006年，晚造稻飞虱发生面积5333.33公顷，失收面积约666.67公顷。主要在大路洋、温泉洋、烟塘洋、北山洋、龙寿洋、西岸洋等田洋发生为害。

1991—2010年，全市发生较严重的病虫害有3次。

第四节　雷电灾害

1997年4月和5月，南港钛矿两次遭直击雷、雷电波侵入，击坏变压器、电动机多部，直接经济损失2.6万元，造成工矿停车20多天，间接经济损失15万元。同年5月19日15时40分左右，龙江、石壁镇遭受雷击，造成2人死亡、2人受伤，耕牛死亡2头，毁坏民房6间，还有变压器、电视机、电线等设施受损，直接经济损失20多万元。20日夜间，再次遭强直击雷或雷电波侵入，邮电局、中国银行、农业银行、工商银行、建设银行及市话用户的多部电视机、电脑终端及调制器等受损，共计损失20多万元。5月下旬，温泉镇、龙江镇、嘉积车站等遭雷击，造成4人死亡，3人受伤。同年6月，石壁镇1人及2头牛遭雷击死亡。同年7月17日，大路镇3人遭雷击死亡。

1998年4月28日，龙江镇兰山村8名农民在山坡上的草棚里躲雨遭雷击，造成1人死亡，7人受伤。同时相隔1000米处的沐里村两幢两层小楼遭雷击，其中一幢被炸开3个直径10—20厘米的口子，另一幢屋角被炸掉，一楼被炸开一个直径约20厘米的口子。同日，温泉镇和九曲江乡2人被雷击死亡。同年5月5日，万泉镇浴皇村一名老妇在家洗澡时被雷电波侵入感应的高压电位击倒身亡。

2001 年 5 月，大路镇 2 人遭雷击死亡，5 人受伤。

2003 年 8 月 12 日 4 时，大路镇蔗圆坡村委会长山村一栋两层民宅遭直击雷，天面东南角被击掉一角，屋内电源开关受损。同时，相距约 3 千米的大路中学也遭雷击，雷电波沿电源线、电话线侵入，使教学楼的全部灯具和部分线路受损。校内一部电视机、两部电话机受损。经济损失约 10 万元。

2004 年 4 月 14 日 14 时，博鳌锦江温泉大酒店大楼遭直击雷击中楼顶，过电压沿电源线侵入，三部电梯电脑主板损坏，消防主控板损坏，导致自动消防系统启动，引起内径 20 厘米的金属水管粉碎性破裂，经济损失约 10 万元。同年 5 月 26 日 16 时，嘉积椰寨村村民李某及邻居的电视接收天线遭雷击，雷电波沿电视馈线侵入，正在关窗离电视馈线约 10 厘米的李某遭雷击，腿部受伤。邻居电视被击坏，同时村边变压器也遭雷击损坏，估计损失约 1 万元。同年 8 月 14 日 14 时左右，琼海市大路镇湖仔村委会丁田墩石场工棚遭雷击，造成一名 30 多岁女性死亡，一名 1 岁多的幼女受伤。死者所在工棚电器被击毁，而死者睡觉的床头有一微型电风扇被击碎。周围 1 千米内工棚的电器均受损，但其电源线路完好无损。

2005 年 5 月 10 日 15 时左右，海南卫生学校琼海分校遭雷击，投影机、电脑、打印机、交换机受损，学校网络系统瘫痪，直接经济损失约 55600 元。

2007 年 6 月 27 日 16 时，市广播电视台有线电视线路、电话线路遭雷击，损失视音频分配器 4 个，Hs8×4 切换器 2 个，播出切换器 1 个，电脑 1 台，传真机 2 台，电话机 10 个，1 千瓦全固态发射机 KTFD-10-1 激励器 2 个，HTVS100 视音隔离器 1 个，1000 兆赫兹广播发射机 1 台，电脑网卡 1 个，电脑显卡 1 个，音频分路器 1 个，卫星接收器高频头 1 个。总价值 8.8 万元。

2008 年 6 月 28 日，海南斯达制药有限公司电子、电器设备遭雷击损坏。宿舍区 25 台电视机、1 台太阳能热水器受损；职工食堂两个刷卡机受损；办公楼 4 台笔记本电脑、8 台台式电脑受损；直接经济损失约 5 万元。

2009 年 4 月 18 日凌晨 3 时 25 分左右，海南琼海国家粮食储备局电子设备遭雷击损坏，综合楼测控室内一套测控系统受损；储粮仓库测控分机箱电子板受损，检测系统几乎处于瘫痪状态，直接经济损失约 23 万元。

1991—2010 年，琼海市（县）年均雷暴天数 66 天，为全国的高雷暴区，虽较前 20 年（1971—1990 年）减少，但雷暴强度增大，加之电子设备较前增多，故遭雷电灾害的次数也较前增多。

第三章　环境保护

第一节　环境监测

一、机构

1990 年 7 月，琼海县环境监测站始建。为琼海县国土环境资源局的下属科学技术单位，属三级站。1995 年，通过省级计量认证，建立一套较为完善的环境监测质量控制体系，所出具的监测报告具有法律效力，是排污申报、环境执法的重要依据。主要开展全市的水环境、大气环境、声环境等环境要素监测，定期向同级环境保护主管部门和上级监测站呈报本市环境质量现状，为污染源的监督管理与执法提供监测数据，开展监督性监测和社会服务性监测，为辖区内污染事故处理和污染纠纷提供数据依据。

2003 年，琼海市环境监测站加入国家“珠江流域监测网”，2004 年被国家环保总局列入“近岸海域监测网络”成员单位。承担万泉河龙江、汀洲两个国控断面和牛路岭、南中等 6 个省级控制断面的水质监测任务，同时对集中式饮用水源地进行调查监测，还负责近岸海域 3 个监测点位的监测任务。

2006 年 12 月和 2010 年 3 月，先后得到省计量监督局的资质认定证书。

二、水环境监测

1991—1997 年，对地表水万泉河（汀州、龙江断面）、牛路岭水库 3 个测点进行操作。监测结果表明：3 个监测断面水质总体符合地表水环境质量标准中 II 类水质标准。

1998—2005 年，对地表水万泉河（龙江、汀州、南中断面）3 个测点进行监测。监测结果表明：3 个监测断面水质基本符合地表水环境质量标准中 II 类水质标准。

2006—2010 年，对地表水万泉河（龙江、汀州、红星、溪口、溪仔、南中断面）、牛路岭水库 7 个测点进行监测。监测结果表明：7 个监测断面水质均符合地表水环境质量标准中 II 类水质标准。

三、大气环境监测

1991—1993 年，对嘉积城区涤纶厂区、市区金融 2 个点位的大气环境质量进行手工监测，经过手工监测，因子为二氧化硫、氮氧化物和总悬浮颗粒物，监测结果显示均达到国家环境空气质量级别一级标准。

1994—1999 年，对嘉积城区不偏小学、市区金融、涤纶厂区 3 个点位的大气环境质量，经手工监测，监测因子为二氧化硫、氮氧化物和总悬浮颗粒物，监测结果显示均达到国家环境空气质量级别一级标准。

2000—2005 年，对嘉积城区不偏小学、市幼儿园、涤纶厂区 3 个点位的大气环境质量，经手工监测，监测因子为二氧化硫、二氧化氮和可吸入颗粒物，监测结果显示均达到国家环境空气质量级别一级标准。

2006—2010 年，对嘉积城区不偏小学、市幼儿园、环保大楼 3 个点位的大气环境质量进行手工监测，监测因子为二氧化硫、二氧化氮和可吸入颗粒物，监测结果显示均达到国家环境空气质量级别一级标准。

四、声环境监测

1991—1992 年，对嘉积城区 3 条主要交通干线交通噪声、区域噪声进行监测，监测结果表明：城区交通噪声达到国家的 4 类噪声标准，区域环境噪声达到国家标准的 2 类噪声标准。

1993—1994 年，对嘉积城区 5 条主要交通干线交通噪声、区域噪声进行监测，监测结果表明：城区交通噪声达到国家的 4 类噪声标准，区域环境噪声达到国家标准的 2 类噪声标准。

1995—2006 年，对嘉积城区 7 条主要交通干线交通噪声、区域噪声进行监测，监测结果表明：城区交通噪声达到国家的 4 类噪声标准，区域环境噪声达到国家标准的 2 类噪声标准。

2007—2010 年，对嘉积城区 10 条主要交通干线交通噪声、区域噪声进行监测，监测结果表明：城区交通噪声达到国家的 4 类噪声标准，区域环境噪声达到国家标准的 2 类噪声标准。

第二节　环保管理

一、建设项目管理

1991—2010 年，在建设项目环境报批中，坚持经济和环境协调发展的指导思想，严格按国土综合规划和城市发展及环保规划要求，对新上马项目在布局选址和环保标准上严格把关，严格执行“三同时”制度（ 新建、改建、扩建的基本建设项目、技术改造项目、区域或自然资源开发项目，其防治环境污染和生态破坏的设施，必须与主体工程同时设计、同时施工、同时投产使用），通过严格执行环境影响评价制度来规范企业的环保行为。1995—2000年，琼海市所建项目污水治理设施投资近1500万元，大中小型项目环保“三同时”执行率达95%以上。2000年，共审查项目14个。2005年，共审查项目31个。2010年，共审查项目124个，建设项目环保总投资3.20亿元。

二、排污管理

1991—2010年，琼海市（县）环保部门持续加强对取缔、关停的“15小”企业（即15种重污染小企业）的监督检查力度，杜绝死灰复燃，并依法征收排污费。2000年，根据国务院《关于环境保护若干问题的决定》明确要求，琼海市限期治理的排污企业共39家，至同年底，其中列入省级重点治理的9家已通过验收达标，达标率100%；列入市重点考核的30家有25家通过验收达标。2001年，加强排污申报和有证排污的管理。2002年，完成排污申报企业共48家，审核发放排污许可证20个，其中临时排污许可证8个，依法征收排污费65万元，完成年度任务。2004年，对28家排污单位进行检查，对有违法行为的橡胶厂进行严厉处罚。2005年，对41家企业进行排污监测，依法加大排污费征收力度。2006年，共发放排污许可证8个。2010年，共发放排污许可证5个。

三、环保执法

1998年，督促落实39家企业进行环保限期整改；依法对污染环境的仓库、市场做出限期搬迁决定；依法查处一起污染水源案件。1999年，对环保治理实施不力的工厂进行新闻曝光，并下达最后通牒。同年，查处环境污染引发纠纷案件26宗，对造成环境污染的市场、建材开发中心责令限期搬迁，对造成周边农作物损失的工厂处以罚款。2000年，开展消除“白色污染”工作，对违反规定生产销售和使用一次性不可降解塑料制品的商店、宾馆、饮食业进行批评警告和罚没。同年，共查处环境污染引发纠纷案件52宗。2001年，查处环境纠纷案件47宗。2002年，治理饮食服务业油烟污染12家，取缔造成污水污染的洗车场8个，对造成环境污染的工厂、市场予以关停，限期搬迁。2003年，对40家医疗机构下达防治非典型性肺炎环境执法检查通知，进行定点检查监督。2004年，共处理环境纠纷案件41宗，责成污染责任企业赔偿农民损失。2005年，开展娱乐饮食行业环保专项整治工作；制定《琼海市环境噪声管理暂行规定》上报市政府批转执行，建立长效联合执法机制。配合海洋水产、林业部门开展专项执法检查。2006—2010年，开展“整治违法排污企业保障群众身体健康”环保专项行动。

四、万泉河流域生态保护

万泉河是琼海人民的母亲河，琼海市（县）历来重视万泉河流域生态保护工作。1991—2010年间，长期开展环境综合整治工作，确保万泉河水质及沿河生态环境保持良好。1994年起，制定水质保护监控规划，实行全流域的污染总量控制和排污总量控制。在市境内万泉河流域设立3个常规监测断面，开展定期常规监测，加强水质监控。2001年，出台《琼海市万泉河污染防治管理规定》，污染防治工作取得显著成效。同时采取其他有力措施：（一）加强对沿岸排污企业的管理，不定时对重点排污企业进行检查，防止污染物超标反弹和闲置污水治理设施的现象发生。严格实行建设项目环境影响评价制度和环保设施与“三同时”制度，把握好建设项目审批和环保验收关，严禁在万泉河沿岸建设严重污染环境或破坏生态的项目，有效控制所建项目对万泉河生态环境的影响。（二）针对万泉河两岸毁林开垦、破坏水源林的问题，沿河各镇、农场建立管护队伍，加强巡查，制止破坏万泉河森林资源的行为。（三）发展无公害农业，加强农业面源管理，禁止销售、使用高剧毒农药，推广使用生物农药，建立无公害生产基地，防止农业面源对万泉河产生污染。（四）广泛发动沿岸各镇干部群众开展环境整治工作，防止生活面源对万泉河产生污染。

第三节 污染治理

一、主要污染源

20世纪90年代，琼海市（县）工业废水排放企业主要有糖厂、卡拉胶厂，废水中污染物以有机耗氧物质为主。

2000—2010年，工业废水排放企业主要有橡胶厂、卡拉胶厂、食品厂，废水中污染物以有机耗氧物质为主。工业废气排放企业主要有红砖厂、制药厂、食品厂、垃圾焚烧发电厂，排放的废气中，监测的主要因子为烟尘、烟气黑度、二氧化硫和氮氧化物。

二、污染防治

（一）污水处理

1991年，琼海县城区共有地下排污水道5条，总长13千米，分布在嘉积城区15条主要街道，为直泄式合流制，生活污水、生产废水和雨水合流，间接或直接排入洼地或河道。2000年，官塘休闲中心、富海度假村等3家项目的污水处理设施投入使用，污水达标排放。2002年，取缔造成污水污染的洗车场8个。2006年，加强对医疗废水的监管，对存在问题的机构限期整改。2007年，突击检查5家工厂企业，污水治理设施正常运转，污水达标排放。同年，全市有22家重点排污企业已建有污水治理设施。

2008年，开工建设日处理3万吨的污水处理厂；投入使用万泉镇新墟生活污水人工湿地处理工程、万泉卫生院医疗污水处理工程。2009 年，改造万泉镇墟原有地下排污管段，建设日处理生活污水 400 吨的文曲墟人工湿地污水处理工程。同时加强万泉河沿岸两边的污染源和环境隐患排查。2010 年 5 月，嘉积城区污水处理厂投入试运营。

（二）垃圾处理

1991 年，琼海县城区生活垃圾清运基本能做到日产日清，主要清运到位于泮水的垃圾堆放场，采用简易堆放的方式处理。2003 年 11 月，城市生活垃圾处理厂建成使用。2008 年，完成万泉镇沿岸农村生活垃圾无害化处理工程 17 个。2009 年 11 月，市垃圾焚烧发电厂投入运行，无害化处理能力为每日 225 吨，城市生活垃圾处理厂停产。至 2010 年，琼海市生活垃圾清运率达 100%。

（三）其他污染项目治理

2002 年，关停存在噪声污染的娱乐场所、餐饮摊共 8 家，制定《琼海市二类噪声达标区》等工作方案。2005 年，取缔 8 家存在噪声污染的娱乐营业场所。2007 年，启动双沟溪综合治理工程。2008 年，治理噪声超标问题，责令 1 家铝合金加工厂关闭、1 家歌舞厅停业、2 家娱乐场转型营业。针对城区餐饮业油烟污染问题，市环保、工商、城监、公安等部门联合执法，要求限期整改。2009 年，开展“限塑”专项整治工作，出动执法人员 15811 人次，执法车辆 3881 车次，检查经营单位 29656 家（户）次，检查批发市场、集贸市场 146 次，共查处一次性塑料制品 4685.5 公斤，立案 49 宗。 2010 年 8 月，关闭全市 10 家实心黏土砖厂，并对其烟囱进行爆破拆除，严防死灰复燃。同年，完成海南省下达的污染物总量减排任务；开展机动车环保检验专项检查、加速淘汰消耗臭氧层物质执法检查、涉及易燃易爆危险品建设项目环境风险排查和整改、重点行业企业环境风险及化学品检查、沿江沿河化工石化企业环境污染隐患排查整治等环保专项整治工作，均取得良好成效。

第四章　人　口

第一节　人口规模

一、人口总量

1991年，琼海县总户数为104025户，户籍总人口422985人。1991—2010年，全市（县）总户数和户籍总人口逐年增加：2000年第五次全国人口普查，全市总户数118692户，全市总人口为449845人。2010年第六次全国人口普查，全市总户数为138610户，全市总人口为483217人。1991年，全县非农业户口58060人，占全县人口的13.73%，以后逐年上升，2005年达到140757，占全市人口的30.37%，至2010年，全市非农业人口已达到153132人，占全市人口的31.69%。

1991—2010年琼海市（县）户籍人口统计表

表2-4-1

年度	总户数（户）	户籍人口（人）	每户平均人数（人）	其中非农业人口（人）
1991	104025	422985	4.07	58060
1992	107338	426350	3.97	64405
1993	111878	428920	3.83	65411
1994	111694	431552	3.86	77958
1995	110843	433861	3.91	78823
1996	113968	435949	3.83	79922
1997	114699	438162	3.82	82908
1998	115254	440475	3.82	84235
1999	116940	442780	3.78	85755
2000	118692	449845	3.79	90501
2001	119418	450647	3.77	91661
2002	118995	455137	3.82	92150
2003	120482	454464	3.77	94321

续表 2-4-1

年度	总户数（户）	户籍人口（人）	每户平均人数（人）	其中非农业人口（人）
2004	120888	459070	3.81	139895
2005	127078	463409	3.65	140757
2006	129166	469912	3.64	143222
2007	133289	476412	3.57	145490
2008	137219	482491	3.52	148102
2009	142950	488333	3.42	150072
2010	138610	483217	3.37	153132

二、人口密度及分布

1991 年，琼海县人口密度为每平方千米 249 人。2010 年，琼海市人口密度为每平方千米 293 人，20 年间平均每年增加 2.2 人/平方千米。除地方国有农场外，人口密度较高的为嘉积镇，每平方千米 985 人，次之为龙江镇，每平方千米 477 人；密度较低的为会山镇，每平方千米 65 人，次之为东太农场和东升农场，每平方千米 112 和 136 人。

2010 年人口分布情况：全市 12 个镇的总人口 437183 人，占全市总人口 90.47%，其中嘉积镇人口 165920 人，占全市人口 34.34%，人口最少的会山镇 8281 人，占全市人口 1.7%。3 个国有农场和彬村山华侨经济区共有人口 46034 人，占全市总人口的 9.53%。国有农场中，东太农场（总场）人口最多，24860 人，占全市人口的 5.14%。

2010 年琼海市各镇、农场人口分布、密度表

表 2-4-2

单位	户数（户）	人口数（人）	占全市人口（%）	人口密度（人/平方千米）
总计	138610	483217	—	293
嘉积镇	44108	165920	34.34	985
万泉镇	7278	26235	5.43	317
石壁镇	3997	14702	3.04	181
中原镇	8257	26886	5.56	290
博鳌镇	7127	27155	5.62	345
阳江镇	7314	23792	4.92	224

续表 2-4-2

单位	户数（户）	人口数（人）	占全市人口（%）	人口密度（人/平方千米）
龙江镇	5848	23792	4.92	477
会山镇	1681	8281	1.71	65
潭门镇	8200	31322	6.48	400
塔洋镇	7586	25256	5.23	451
长坡镇	12723	44326	9.17	305
大路镇	7029	24923	5.16	294
彬村山华侨经济区	2056	5913	1.22	319
东太农场	9311	24860	5.14	112
东升农场	2345	5543	1.15	136
东红农场	3750	9718	2.01	140

第二节 人口构成

一、性别构成

2000 年第五次人口普查显示，琼海市登记的常住人口 449845 万人。其中：男性 236560 人，占总人数的 52.59%；女性 213285 人，占总人数的 47.41%。男女性别比为 110.91（女为 100）。2010 年第六次人口普查显示，琼海市登记的常住人口 483217 人，其中：男性 254551 人，占总人数的 52.69%；女性 228666 人，占总人数的 47.31%。男女性别比为 111.32。两次普查结果表明，全市男性人口多于女性，男女性别比呈小幅上升趋势，婴幼儿（0—4 岁）年龄组男女性别比略低于青少年性别比，从 20 岁年龄段开始，性别比大幅度长高，说明青少年男女比例已严重失调，农村生育观念的根本变化还有待时日。2010 年，全市婚龄人口男女性别比，低龄组人口比例基本失调。10—14 岁和 15—19 岁男女性别比分别为 148 和 137，20—24 岁和 25—29 岁两个婚育高峰年龄组男女性别比略高，分别为 106 和 102，40—44 岁和 45—49 岁两个年龄组男女性别比略高，分别为 106 和 108。

二、年龄构成

琼海市人口呈成年型类型。2000 年第五次人口普查显示，琼海市总人口中，少年儿童 0—14 岁的人口为 105378 人，占总人口的 23.43%；婚育年龄 15—64 岁的人口为 300226 人，占总人口 66.74%；老年人 65 岁及以上的人口为 44241 人，占总人口 9.84%。2010

年第六次人口普查显示，琼海市总人口中，少年儿童数0—14岁的人口为85513人，占人口的17.69%；婚育年龄15—64岁的人口为343195人，占总人口的71.02%；老年人口65岁及以上的人口为54509人，占总人口的11.29%。同2000年第五次人口普查相比，0—14岁人口的比重下降5.74个百分点，15—64岁人口的比重上升4.28个百分点，65岁及以上人口的比重上升1.45个百分点。从第五次人口普查起，琼海市已全面进入老龄化社会。

2000年、2010年琼海市分年龄段人口性别比构成表

表2-4-3　　单位：人

年龄	2000年				2010年			
	合计	男	女	性别比	合计	男	女	性别比
总计	449845	236560	213285	110.91	483217	254551	228666	111.32
0—4岁	25667	15159	10508	144.26	32405	18275	14130	129.33
5—9岁	34816	20306	14510	139.94	28066	15933	12133	131.32
10—14岁	44895	24535	20360	120.51	25042	14952	10090	148.19
15—19岁	42097	22915	19182	119.46	33980	19642	14337	137.00
20—24岁	30348	15392	14956	102.92	45120	23230	21890	106.12
25—29岁	34378	17161	17217	99.67	44815	22725	22090	102.87
30—34岁	41824	21429	20395	105.07	33542	17217	16324	105.47
35—39岁	43056	22266	20790	107.10	34305	17487	16818	103.98
40—44岁	27537	14423	13114	109.98	39591	20305	18985	106.95
45—49岁	29171	15448	13723	112.57	39892	20734	19158	108.23
50—54岁	21051	11859	9192	129.01	26098	13594	12503	108.73
55—59岁	13382	7152	6230	114.80	27353	14390	12960	111.03
60—64岁	17382	9172	8210	111.72	18499	10190	8308	122.65
65—69岁	16180	8369	7811	107.14	11440	5856	5584	104.87
70—74岁	12293	5769	6524	88.43	13555	6601	6954	94.92
75—79岁	8015	3161	4854	65.12	11171	5150	6021	85.53
80岁以上	7753	2044	5709	35.80	18343	8270	10381	79.66

三、民族构成

2000年第五次人口普查显示，琼海市有汉族人口431946万人，占总人口的96.07%；各少数民族人口为1.77万人，占总人口的3.93%。2010年第六次全国人口普查显示，琼海市总人口中，汉族人口为461556人，占总人口的95.52%；各少数民族人口为21661人，占总人口的4.48%。同2000年第五次人口普查相比，汉族人口增加29610人，增长6.86%，占总人口比重下降0.5个百分点；各少数民族人口增加3762人，增长21.02%，占总人口比重上升0.5个百分点。

2000年、2010年琼海市民族构成情况表

表2-4-4

年份	汉族（人）	少数民族（人）	黎族（人）	苗族（人）	壮族（人）	回族（人）	其他（人）	少数民族占总人口比重（%）
2000	431946	17700	3683	8906	4036	48	1027	3.93
2010	461556	21661	4605	10479	1833	27	4717	4.48

说明：此表数据来源于《第五、六次人口资料》和《海南统计年鉴（2011）》

四、职业构成

1991—2010年，由于就业规模不断增大，城乡一体化速度加快，城市对农村剩余劳动力需求量增加，第三产业从业人口增多，人口职业状况发生较大变化。

第五次人口普查统计资料表明，2000年，琼海市15周岁以上人口中，从事各类职业的人口176852人，占94.72%；无业人口9857人，占5.28%。在职人口中，第一产业人口占63.43%，第二产业人口占9.67%，第三产业人口占26.91%。15周岁以上未工作人口中，在校学生占17.94%，料理家务人口占28%，离退休人口占16.51%，丧失工作能力人口占17.19%，待业人口占14.98%，其他人口占5.38%。2010年，琼海市从业人员241049人，其中第一产业136905人，占56.8%，第二产业26412人，占10.96%，第三产业77732人，占32.24%。

人口构成中，农村劳动力人口中直接从事农林牧渔业生产的，1991年为112043人，占琼海县农村实有从业人口的82.31%；2010年为133555人，占琼海市农村实有从业人口的70.24%。20年间，非农业人口中，从事第二产业（工业）人口逐年减少，从事第三

产业人口逐年增加，表明琼海市经济发展方向逐渐转向第三产业为主；农业人口中从事非农业职业的人数迅速增加，标志着琼海市农村劳动力正摆脱田间耕作，或进城打工，或在当地从事非农业劳动，反映城市化进程速度不断加快。

1991—2010年琼海市（县）历年从业人员职业构成表

表2-4-5　　单位：人

年份	从业人员	国有单位	城镇集体单位	其他经济类型单位	城镇私营单位	城镇个体	农村劳动者
1991	168235	21725	1143	1177	3310	1937	136118
1992	171434	21564	3698	1573	2113	3571	138915
1993	178394	16807	4234	2028	1700	7989	145636
1994	174156	20284	3403	2117	1395	5268	141689
1995	175267	22697	2189	961	2282	3747	143391
1996	182343	20603	4071	1881	3560	3747	148481
1997	181450	19478	4220	2103	1952	6202	147495
1998	177658	17489	2998	2716	1487	7500	145468
1999	179796	16872	1289	1289	2948	10305	147093
2000	176852	15230	1357	1143	2329	8861	147932
2001	173878	14397	1482	1075	1583	4774	150567
2002	176983	15232	926	2250	2457	5432	150686
2003	19452	16963	878	1771	3591	10320	157929
2004	192149	16795	690	1925	2578	7326	162835
2005	198410	16240	638	1634	2767	8470	168661
2006	192580	15082	640	2427	2970	9389	162072
2007	214045	16562	578	2566	9095	7666	177578
2008	220831	16935	494	2427	9289	10527	181159
2009	231921	16311	1084	6916	7983	12257	187370
2010	241049	17425	1313	7251	10998	13912	190150

1996—2010年琼海市历年按三次产业分职业构成表

表2-4-6

年份	从业人员（万人）	其中（万人）			构成百分比（%）		
		第一产业	第二产业	第三产业	第一产业	第二产业	第三产业
1996	18.23	11.32	2.41	4.50	62.10	13.22	24.68
1997	18.15	11.09	2.42	4.64	61.10	13.33	25.57
1998	17.76	11.34	1.80	4.62	63.85	9.84	27.53
1999	17.98	11.26	1.77	4.95	62.63	9.84	27.53
2000	17.69	11.22	1.71	4.76	63.42	9.67	26.91
2001	17.39	11.29	1.68	4.42	64.93	9.65	25.42
2002	17.70	10.96	1.85	4.89	61.94	10.45	27.61
2003	19.15	12.03	1.83	5.29	62.84	9.54	27.63
2004	19.21	12.22	1.72	5.27	63.58	8.97	27.45
2005	19.84	12.46	1.72	5.67	62.78	8.65	28.57
2006	19.26	11.88	1.69	5.69	61.69	8.75	29.56
2007	21.40	13.17	2.07	6.16	61.55	9.68	28.77
2008	22.08	13.21	2.19	6.68	59.83	9.93	30.24
2009	23.19	13.47	2.36	7.36	58.09	10.18	31.73
2010	24.10	13.69	26.41	77.73	56.80	10.96	32.24

五、婚姻构成

2000年第五次人口普查显示，琼海市15岁及以上人口333360人，其中，未婚人口74070人，占22.22%，初婚有配偶人数231260人，占69.37%，再婚有配偶5660人，占1.7%，离婚1660人，占0.5%，丧偶20710人，占6.21%。2010年，琼海市15岁及以上人口388388人中，未婚人口93483人，占24.06%，比2000年上升1.8个百分点，初婚有配偶人数286216人，占73.69%，比2000年上升4.32个百分点，再婚有配偶3090人，占0.8%，离婚1439人，占0.37%，丧偶人口，占1.07%。

2000年、2010年琼海市15岁及以上人口婚姻构成表

表2-4-7　　单位：人

年份	总人口	未婚有配偶人口	初婚有配偶人口	再婚有配偶人口	离婚人口	丧偶人口
2000	333360	74070	231260	5660	1660	20710
2010	388388	93483	286216	3090	1439	4160

六、文化构成

1991年，琼海县小学文化程度以上人口占六岁以上人口的85.78%，其中小学文化程度占40.13%，初中文化程度占31.95%，高中文化程度12.84%，大学及以上占0.86%。

2000年第五次人口普查显示，琼海市六周岁及六周岁以上人口37514人。其中小学文化程度人口13544人，占36.1%，初中文化程度人口17890人，占47.69%，高中文化程度人口3939，占10.5%，中专文化程度人口1367人，占3.64%，大学专科文化程度584人，占1.56%，大学本科文化程度人口188人，占0.5%，研究生2名。同1991年相比，高中以上文化程度大幅度提高，占六岁以上人口百分比提高2.5个百分比。

2010年第六次人口普查显示，琼海市总人口中，具有大学（指大专以上）程度的有24099人；具有高中（含中专）程度的有67313人；具有初中程度的有234044人；具有小学程度的有101371人（以上各种受教育程度的人包括各类学校的毕业生、肄业生和在校生）。同2000年第五次人口普查相比，每10万人中具有大学程度的由1741人上升为4987人，具有高中程度的由12269人上升为13930人，具有初中程度的由40822人上升为48435人，具有小学程度的由31511人下降为20978人。全市人总口中，文盲人口（15岁及以上不识字的人）为13483人，同2000年第五次人口普查相比，文盲人口减少12470人，文盲率由7.53%下降为2.79%。

第三节　计划生育

一、组织机构

1991年，县委、县政府成立琼海县人口与计划生育领导小组，由县委、县政府主要

领导任组长，党委、政府分管领导任副组长，有关部门负责人为成员，负责全市人口和计划生育工作的协调、运作。

2001 年，在原有的村卫生站中建立计生服务室，并配置药具柜，利用村卫生站的乡村医生开展计生宣传和药具服务，从而健全“市、镇、村”三级人口计生服务网络建设。同年 9 月，建成使用市计生服务站门诊大楼，业务用房 1300 平方米，开设科室 26 个，配备多功能妇科治疗仪、微波治疗仪、全自动数字化台式 B 型超声波诊断仪、计生服务车等等诊疗设备和医疗技术服务人员 22 名（其中聘请 10 名），为省级甲级服务站。2002 年前，琼海市（县）人口计划生育委员会属市（县）政府工作部门，各镇、农场设有人口和计划生育办公室。2002 年撤乡并镇后，各镇、农场以每 5000 人口配备一名镇计划生育专职干部，以村委会为单位公开选聘村级计生管理员，各镇、农场由一名副职领导分管人口计生工作，由政府指派一名计生干部担任计生办主任负责具体工作。在村小组中建立计生中心户，挑选计生协会会员和育龄妇女中的积极分子当中心户长。2010 年，将原有镇级计生服务所改扩建为镇级生育健康服务所。全市共有镇级计生专干 88 名，村级计生员 194 名。村小组级中心户长 1296 名，嘉积城区采取分片划块的方法，把城区划分为 139 个片、块和住宅区，配备计生协管员 139 人。

二、计划生育协会

1989 年，成立琼海县计划生育协会，而后各镇、农场也相继成立计划生育协会。2010 年，全市共建计划生育协会 67 个，会员达 33040 人。各级计划生育协会吸收社会各界人士参加，尤其是“五老”（老党员、老干部、老长辈、老劳模、老年协会会员）和育龄群众占 50%以上。各协会建立会员联系户制度，建立计划生育协会会员之家、计划生育活动室的“两位一体”模式，把协会和村民自治、宣传教育、“三查”（查环、查孕、查病）服务结合起来，发动中心户长（信息人员）及广大会员积极参与计划生育工作。每个会员联系 3—5 户育龄群众家庭，经常了解计划生育信息，并开展“三包一带”（包自己、包子女、包亲属，带四邻）活动，以此形成多数人做少数人工作的局面，减少计划生育工作的难度，推进人口和计划生育工作的顺利进行。

协会每五年为一届，届末实行换届选举，产生新一届领导机构，并修改章程等等。

三、人口自然增长率

1991—2010 年，琼海市（县）认真贯彻计划生育基本国策，提倡晚婚晚育、一对夫妻只生一个孩子，人口再生产在“低出生、低死亡、低增长”的良性发展轨道上平稳运行。人口自然增长率逐年下降，由 1991 年的 17‰下降到 2010 年的 9.04‰，法定内生育率由1991年的90%以下提高到2010年的95.4%，妇女总和生育率从1991年的3.02%下降至2010年的1.72%。至2010年，全市只有一个孩子的家庭48928户，占全市总户数的33.1%，从1970年推行计划生育工作至2010年，全市累计少生10万人口。

四、人口规划

1991—2010年，每年年初，市（县）委、市（县）政府与各镇委书记、镇长、市级机关各部门负责人签订人口和计划生育责任书。各镇、农场与村（居）、连队签订人口计划生育合同，把人口计划层层分解落实到人。实行人口计生工作月汇报、季通报、半年检查、年终总结评比的工作制度，严格按照《中华人民共和国人口和计划生育法》和《海南省计划生育条例》实施人口计划管理。不断完善人口计划管理的程序和办法，实行人口计划与现行生育政策双轨管理。在全市人口出生控制指标的前提下，采取“自上而下、自下而上、上下结合”的方法进行科学测算，各单位按照市下达的人口出生计划安排生育指标，再将生育指标落实到人，张榜公布。各地严格执行生育政策，严格二胎审批手续和病残儿鉴定，坚持政务公开，生育对象上墙公布，增加透明度。

五、优生优育

1991年起，每年春节、7月11日“世界人口日”和9月25日中共中央《关于控制人口增长问题致全体共产党员、共青团员的公开信》发表纪念日前后，组织开展三次计划生育宣传月活动。1995年，全市逐步推行“节育措施知情选择”的管理方法，采取签订“计划生育合同书”。1997年，市计生局成立“琼海市家庭保健中心”，开展计划生育生殖保健服务。把“妇幼保健、防治寄生虫和计划生育”结合起来，通过抓避孕节育、卫生保健知识的教育和服务去促进人们生活观念的转变。

1999—2010年，每年开展以提倡生育文明为主要内容的“婚育新风进万家”活动，给每对新婚夫妇发放市计生委自编系统教育知识读本，实施“新农村新家庭人口健康促进计划”项目，创建婚育新风进万家示范基地105个，建设万泉河人口文化宣传长廊31千米，并在全市各人口集中点设置人口计生宣传街，每个镇（场）、村（居）委会和连队都建有人口计生宣传栏、《人口与计划生育墙报》和计划生育村务公开栏等。

2001年，建立“三查一治”（查环、查孕、查病和治疗）服务制度，把不同年龄和孩次的育龄妇女分为重点对象和一般对象，建立“三查”资料档案，对应查对象以村委会为单位，分村小组进行登记造册和做好检查情况的记录，并根据不同情况进行分类管理和服务。2006年，全面开展生殖道感染干预等优质服务项目和孕前孕情管理工作，促进孕情管理服务工作的落实。2007年，在203个村（居）委会的卫生站设免费药具发放点，由卫生站医生当兼职药管员；在47家宾馆酒店设立了免费安全套发放点；在嘉积城区人口较密集的地方增设10多个开放式免费发放点。在普及常规避孕节育方法的基础上，推广“吉妮环”、紧急避孕药、皮下埋植剂和抗早孕药等新药具，为育龄群众提供高效、安全、经济、简便的避孕节育技术服务。2010年，在全市逐步开展“诚信计生”活动，4.1万名自觉实行计划生育的群众签订“诚信计生协议书”，有效地促使低生育水平的稳定。

2010年，琼海市在人口和计划生育综合改革工作中，开展“生育健康服务工程”宣传服务活动，针对育龄妇女的新婚期、怀孕期、生育期、节育期、保健期的五个重点阶段不同的需求提供一对一服务。避孕节育、优生优育和生殖健康知识普及率达95%；自主选择避孕节育措施的对象达到90%以上；育龄妇女孕前、孕期主动接受孕围产期保健6985人，参与率达100%；育龄妇女接受环情、孕情、病情监测31843人次，受检率达96%；掌握到怀孕6个月内的已婚育龄妇女孕情4189人，掌握率80%，与上年同比提高17个百分点；使用药具7628人，药具使用率10%，使用有效率99%，随访率达100%。

第四节 人口管理

1991—2010年，市人口计生委按省人口计生委的规范管理要求，全面完整建立了人口与计生档案，从2003年起，全面推进了育龄妇女的信息系统应用工作，先后投入资金31万元，在12个镇、6个国有农场和城区13个居委会全部配备了计算机，并用近一年时间进行培训，率先在全省实行了每月数据变更和报表数据信息传递，取消了基层报表数据的手工操作，进入了信息化管理轨道。全市已婚育龄妇女及流动人口主要数据录入完整率达95%以上。

2001年，建立嘉积城区计生管理网络，执行计生工作属地管理目标责任制，解决嘉积城区与市直机关企事业单位计生管理长期存在交叉的问题，建立起工作机构和管理制度，以征收社会抚养费和落实节育措施为重点，依法清理城区超生遗留问题。

2002年，针对城区人口的结构和流动情况较复杂，管理难度较大的问题，成立“琼海市流动人口计生管理协调领导小组”。由市长任组长，分管市长和市委常委、嘉积镇书记任副组长，有关职能部门的主要领导为成员。建立职能部门流动人口计划生育工作目标管理责任制，由市政府和有关职能部门签订目标管理责任书，以“依法行政，持证办证”为主要考核内容。

2007年，成立嘉积城区流动人口计生管理工作站，对城区的流动人口进行重点管理。

把流动人口计划生育、暂住户口登记、出租屋综合管理登记、劳动用工保障登记、流动人口子女入学等多项内容统一纳入基础台账范围。对流动人口计划生育对象实行建档、登记、查验证和开展面对面的服务。

2009年起，各镇农场更新台式电脑，增配手提电脑和打印机，加大对数据库清理工作和身份证录入工作，提高人口信息数据库准确率，进一步完善妇女信息系统，全市已婚育龄妇女及流动人口数据录入完整率达95%以上。

2010年，实现流动人口和常住人口享受同等服务，为流动人口创造良好的生活和工作环境。积极开展婚育新风进万家活动，全面宣传教育，免费办理孕检证明和健康检查。嘉积镇党委、镇政府协调20多家用人用工单位，吸纳200多名流动人口务工就业。在登仙岭居委会手工袋厂举办多期流动人口务工就业技能培训班，对200多名外来人员进行技能培训，并全面推荐上岗就业。

第三编 城乡建设

1991—2010年，琼海市（县）先后编制完成城市总体规划、近期建设规划、区域检测性详细规划、旅游度假区（港口）规划、各类专项规划及重要地段城市规划等规划25个，控制性详细规划覆盖率70%。对规划目标和期限、城市性质和规模、城市发展规模、城镇发展目标和空间布局等进行全面、科学规划。2010年，城市建成区面积达47.09平方公里，城区绿地率32.29%，气化率79.84%，自来水普及率88.89%，大小道路约220条，主城区有桥梁11座。城市公交线路9条，公交车90辆，出租车327辆，路灯1.96万盏。全市建成保障性住房10768套。共有房地产开发企业91家，楼盘90个，主要集中在博鳌、官塘和嘉积城区。

第一章 城乡规划

第一节 总体规划

1988年海南建省后，琼海县第一次修编《琼海嘉积城市总体规划（1988—2010）》，同年获批准实施，规划年限为1988—2010年。2001年5月，中国城市规划设计研究院海南分院受琼海市建设局的委托，由中国城市规划设计研究院海南分院与海口城市设计有限公司共同组成专家组，承担《琼海市城市总体规划（2001—2020年）》的编制工作。2001年12月21日通过专家评审。2004年5月11日，《琼海市城市总体规划（2001—2020年）》经海南省人民政府批准实施。2010年，根据总体规划，琼海市编制了分区规划、专项规划和若干详细规划。

海南省确定的“一省两地”和“生态省”发展战略目标以及琼海市确立的建设“经济强市”“生态示范城市”和“中等城市”的构想，对琼海市城市建设提出了更高的要求。规划期内琼海城市发展总目标是：加快城市化进程，增强城市竞争能力，强化琼海市作为海南省东部经济区中心城市的职能，将琼海市建设成为海南省东部商贸流通中心、海洋经济强市、滨河生态旅游城市、最适宜发展和居住的城市。

琼海市城市总体规划（2001—2020年）期限分为近期、中期、远期。近期为2000—2005年，中期为2006—2010年，远期为2011—2020年。内容包括规划背景与原则，城市性质、功能、规模，城镇体系总体规划，中心城区总体规划，近期建设规划。

1991—2010 年，琼海先后完成《万泉河海滨旅游区规划（1992 年）》《琼海市官塘区官塘和椰寨组团控制性详细规划》《海南省万泉河口海滨旅游区总体规划》《万泉河流域总体规划》《琼海市嘉积城区控制性详细规划》《琼海市城市总体规划（2001—2020 年）》《博鳌亚洲论坛特别规划区总体规划》《博鳌亚洲论坛核心区控制性详细规划》《嘉积中心城区城北片区控制性详细规划》《嘉积中心城区滨河片区控制性详细规划》《万泉河嘉积城区段带状公园景观设计》《琼海市旅游发展总体规划》等城市总体规划、近期建设规划、区域控制性详细规划、旅游度假区（港口）规划、各类专项规划及重要地段城市规划的编制和设计工作，控制性详细规划覆盖率达 70%。

第二节　中心城区规划

琼海市中心城区由嘉积镇（含泮水、上埇、温泉）、博鳌滨海旅游区（博鳌镇、博鳌海滨旅游区、博鳌水城）、官塘温泉旅游度假区三大组团组成。

一、主要职能

（一）嘉积区

1.海南省东部经济中心城市，区域商贸流通中心；

2.市域政治、经济、文化、中心；

3.海南东部旅游圈的重要组成部分，区域旅游服务业基地；

4.以资源型加工工业和技术密集型工业为主的工业生产基地。

（二）官塘区

1.以温泉康乐为主的休闲度假旅游基地；

2.万泉河热带森林公园重要景区。

（三）博鳌区

1.具有国际影响力的会议中心；

2.以博鳌水城和万泉河旅游度假区为主的休闲度假旅游基地。

二、城市发展规模

规划近期（2005 年）市域总人口规模发展到 48.1 万人左右，其中嘉积区城市人口规模为 12 万人；用地规模 15 平方千米；市域城市化水平达到 43%。

规划中期（2010 年）市域总人口规模发展到为 50.9 万人左右，其中嘉积区城市人口规模为 15.6 万人；用地规模 19.5 平方千米；市域城市化水平达到 50%。

规划远期（2020 年）市域总人口规模发展到为 60.1 万人左右，其中嘉积区城市人口规模为 25 万人；用地规模 30.2 平方千米；市域城市化水平达到 66%。

三、规划范围

（一）规划区范围

为城市预留足够的发展空间，保护中心城区周边的生态环境和旅游资源，本次规划参照其他城市发展经验，建议设立规划区。具体范围为嘉积镇（含官塘区 ）、博鳌镇全部行政区划范围。规划区面积为 297.7 平方千米，规划建设面积 102.68 平方千米，其中嘉积主城区 30.24 平方千米，博鳌区 53.55 平方千米，官塘区 18.89 平方千米，中心城区总规划常住人口 28.5 万人。

（二）规划城市建设用地范围

嘉积区的建设用地范围西起东线高速公路，南至规划的琼—文高等级公路，东至塔洋河，北至泮水里帮村一线。西南至万泉河。城市建设用地面积为 30.24 平方千米。

博鳌区包括博鳌水城、博鳌镇区、博鳌滨海旅游区，规划建设用地面积为 53.55 平方千米。

官塘区包括官塘片、椰寨片、长岭片。规划建设用地面积 18.89 平方千米。

四、中心城区产业分布

（一）嘉积区

泮水工业区——制造业和资源型高新技术应用工业等。

嘉积新城中心区——城市中心、大型公共设施、商业、文化、展览、综合体育设施。

老城旅游步行商业区——地方文化与商贸业结合的旅游商业。

嘉积区旅游设施——城市度假酒店、旅游度假村、城市带状公园、文化游乐设施。

（二）博鳌区

博鳌镇区——餐饮业、旅游商业、旅游工业、农家旅馆。

博鳌水城——国际会议中心及配套设施、高档度假酒店、高尔夫球场、足球训练基地、高级度假别墅。

博鳌滨海旅游度假区——度假村、度假酒店、餐饮服务业、体育训练基地（沙滩排球、足球、网球）。

（三）官塘区

官塘区——温泉疗养、度假别墅、水上娱乐、老年度假公寓、森林公园。

五、旧城改造原则

琼海是一个拥有悠久历史的城市，现状建设区有大片历史街区，其中大部分街区的用地以商住建设为主，临街地段为“下店上住”的模式。旧城区改造，不搞大拆大建、适当拆迁重建，尽可能保持原有的建筑形式和街道尺寸，遵循以下原则：

（一）应以改善居住条件，提高居住水平为主要目标，控制旧城区内居住用地的建筑密度和容积率，改善旧城环境质量及市政基础设施，提高绿化覆盖率。

（二）建筑形式应汲取当地固有的建筑艺术特色，并予以深化处理，体现历史与现代文化的交流。

（三）商业街区宜采用传统的“街坊”布置方式，形成以商业步行街区为特色的老城旅游购物街区。

（四）街区改造应大力强化人性化的购物和居住环境，多开辟街头绿化用地、小型演艺广场、停车场等设施，重视区域内部的环境美化和景观特色。

（五）红色娘子军雕像和双拥模范城塑像应作为重要的景观设计节点，周围建筑物应与塑像留出适当的距离，建设小型广场或街头绿地。

第三节　城镇规划

一、城镇发展目标

琼海整体发展战略优先发展以“嘉积区、博鳌区、官塘区”为主体的中心城区，加强重点中心城镇的建设，带动区域的全面协调发展，建设完善城镇区域基础设施和社会设施，将琼海市建设成为海南省东部商贸流通中心、海洋经济强市、滨河生态旅游城市，最适宜发展和居住的城市，并集约发展功能布局合理、分工明确、职能突出、有效带动周边乡镇发展中心城镇，形成功能完善、布局合理、规模结构协调的现代化城镇体系。

（一）集中财力物力促进中心城区的发展。

（二）以博鳌水城开发建设为龙头，全面带动旅游业的发展。

（三）加强重点中心城镇建设，实施撤乡并镇发展策略。

（四）完善区域基础设施和社会设施建设，促进社会经济可持续发展。

二、城镇空间布局

根据琼海市城镇发展目标，城镇空间布局将以中心城区为核心，以外围重点城镇为发展节点，以主要交通干线为发展轴线，构筑“一圈、一带，一中心，五节点”的空间布局结构。

（一）“一圈、一带”。指区域内城镇的发展布局遵循可持续发展的原则，保护区内良好的生态环境，重点建立以会山森林保护区为中心的“城市生态保育圈”和“万泉河热带雨林公园带”。

（二）“一中心”。指由嘉积区、博鳌区、官塘区共同组成中心城区。主要功能是：海南省东部中心城市，琼海市的政治、经济、文化中心。重点发展金融、商贸流通、旅游服务、信息咨询、工业等行业，拥有优良生态环境的最适宜居住城市。

（三）“五节点”。指以大路、中原、阳江、长坡、潭门组成市域二级重点城镇，以海榆东线、文加公路、加阳环路为联系纽带，形成由环状道路贯通的串珠状城镇群，与琼海中心城区形成功能互补，相互促进，共同发展的城镇体系布局。

三、城镇等级

琼海市城镇等级结构由一级中心城区（嘉积区、博鳌区、官塘区）；二级次中心城镇（大路镇、长坡镇、阳江镇、中原镇、潭门镇）和三级一般建制（乡）镇组成。

2010 年琼海市城镇职能结构表

表 3-1-1

职能等级	职能类型	城镇名称
1	海南省东部区域经济中心，轻工业和特色产品商贸流通中心。万泉河旅游服务基地	嘉积区、博鳌区、官塘区、
2	琼海北部区域中心城镇，农业生产基地。以农产品加工和轻工业为主的中心城镇	大路镇
	琼海东南部中心城镇，以商贸、旅游服务、农副产品加工业、热作农业为主的中心城镇	中原镇
	琼海东北部中心城镇，以商贸、运输、水产品养殖为主的中心城镇	长坡镇
	琼海西部中心城镇，以热作农业生产加工、商贸、农业观光旅游为主的中心城镇	阳江镇
	琼海东部中心城镇，以商贸、海洋渔业、海产品加工、水产品养殖为主的中心城镇	潭门镇
3	镇域经济、文化、商贸中心，以地方资源开发为主	其他建制镇

四、郊区规划

规划区内有两个建制城镇，根据人口发展的预测，至规划末期，将会有 3.5 万人。为合理布置农村居民点，安排好剩余农业人口的生活、居住、耕作生产，规划对自然村落布局进行调整改造。

（一）将温泉、上埇、朝阳在现有墟镇的基础上形成 1.5 万人的居住人口的居民点。

（二）中心村居民点选点结合现有村庄的规模、布局，并有方便的交通、水利、合理的耕作生产半径为布点原则。中心村居民点采取“收缩、控制、并点”的方法，逐步进行改造，完善配套设施，形成 20 个中心村，原则上中心村居民点人口平均规模控制在 1000 人左右，人均建设用地控制在 130—150 平方米以内。

（三）中心村居民点住宅应充分考虑逐步向城市住宅标准过度，改变目前的建设模式，结合各个居民点的环境、自然条件、种植经济作物，创造富有不同特色的现代田园居住区。

（四）根据各中心村居民点的不同情况，相应配套建设初中、小学、托幼、文化站、卫生所、商贸、储蓄等服务设施网点，以及垃圾收集、供水、供电、排水、邮政、电信、能源供应等市施，建设中心村居民活动中心集中绿地。

第四节　规划管理

琼海市城乡规划实施管理工作，1993 年 6 月之前由琼海县（市）建设委员会负责实施。1993 年 6 月，成立琼海市城市规划局，属市人民政府规划管理主管部门，为副科级单位，负责全市规划实施管理工作，划归建设口。1993 年 8 月，成立琼海市城建监察大队，隶属市建设局，为副科级事业单位，由建设局委托履行全市范围城乡规划建设行政执法管理工作。1995 年 1 月，城市规划局提为科级行政单位，由市政府直接领导；建设委员会改名为建设局。1998 年 7 月，撤销城市规划局，行政职能并入建设局。

2009 年 12 月，琼海市建设局更名设置琼海市规划建设局，为琼海市主管全市规划建设行政管理工作的市政府工作部门。行政许可执法工作委托琼海市城建监察大队履行。

作为规划实施管理的执法部门，市城建监察大队建立行政公示制度，公示内容有：办理违法建设案件处罚的承办程序及各路段的负责部门（指中队）、负责人、负责路段、职责等等，不定期向社会公示执法进度、执法效果。在目标管理上，实行“三定两挂钩”，即“定责任人、定岗位、定职责”和“业务工作与行政责任、经济奖惩挂钩”。

监督执法在规划执法中，重点路段重点区域重点控制，坚持巡查分段分片管理的办法，对重点路段重点区域查案率、立案率达到100%。对违法建设案件的处罚实行限时办理制度，规定从案件发现、立案、处罚到送达，须于7个工作日内完成。

至2010年年底，全市城镇建成区面积达47.09平方千米，其中三大组团嘉积城区14.6平方千米、博鳌区6.2平方千米、官塘区3.2平方千米，其他墟镇（场）建成区23.09平方千米。全年全市城镇建设总投入约24.2亿元（主要指市政设施和房屋建设投入），报建总面积470万平方米，其中：城市453.45万平方米，同比增长202.3%（商品房364.5万平方米，同比增长221.4%；单位建房18.75万平方米，同比增长167.9%；私人建房70.2万平方米，同比增长401.4%）。

2010年，共审查核发选址意见书40件，用地面积约242.99万平方米，同比减少56.9%；审查核发用地规划许可证52件，用地面积约336.3万平方米，同比减少40.7%；审查核发建设工程规划许可证268件，建筑面积89.9万平方米，同比减少40%；审查核发建设工程规划临时许可证538件，建筑面积452.87万平方米，同比增长202.3%；审查核发建设工程施工许可证356件，建筑面积260.4万平方米，同比增长27%。

第二章 市政建设

1991年，琼海集镇建成区面积19平方千米，县城建成区面积6平方千米。至2010年，琼海城市建成区面积47.09平方千米，其中三大组团嘉积城区14.6平方千米、博鳌区6.2平方千米、官塘区3.2平方千米，其他墟镇（场）建成区23.09平方千米。城市建成区绿地率为32.29%，人均绿地面积17.21平方米，城镇化水平约41%，气化率79.84%，自来水普及率88.89%。各类大小桥梁11座，每年城建基础设施投入的资金达到了10多亿元。

第一节 道路

1991—2010年，琼海市（县）主要道路有：

一、东风路 总投资831.32万元，全长1157米，路幅宽34米。并配套建设给排水、路灯、电力及绿化工程等。1998年11月动工，1999年2月底完工。

二、人民路 总投资1240.4万元，全长1400米，路幅宽36米。并配套建设给排水、路灯、电力及绿化工程等。1999年9月动工，2000年1月底完工。

三、富海路 总投资769.93万元，全长901.24米，路幅宽34米。并配套建设路灯及电力工程等。1999年9月动工，2000年1月底完工。

四、银海路台湾街 总投资967.11万元，全长4487米，并配套建设路灯及电力工程等。2003年1月动工，2003年7月底完工。

五、双拥路 路长1.384千米，按照市政工程城市次干道规划设计，计划投资420万元。2005年6月13日动工，2005年12月完工。

六、两路一景 “两路一景”包含万泉河北路、银河路、万泉河北路景观带工程，是琼海市2007年重要的市政工程建设项目：

（一）万泉河北路（原称沿河北路） 是嘉积镇的一条东西向主干道，道路全长2166米，东接善集路，西与东线高速公路相邻，是琼海西部镇和定安县的岭口、翰林等镇连通嘉积的主要通道。2000年，万泉河北路部分路段进行排水、混凝土路面、人行道和路灯照明等工程的施工，建成的加浪河大桥投入使用。2007年1月18日，万泉河北路正式破土动工建设。工程长2.3千米，按城市主干道（双向六车道）进行规划建设，道路红线宽40米，路面宽18米、22.5米不等，路面结构为沥青混凝土路面。设计行车速度为40千米/小时，设计年限为15年。工程预算总投资3183.93万元，设计单位为海南省建设项目规划设计研究院，海南中元市政工程设计有限公司；监理单位为东北林业大学监理部；招标代理公司为海南亚联工程招标代理有限公司；施工单位为海南省第一建筑工程公司。于2007年11月16日建成通车。

（二）琼海市银河路（原称迎宾路） 是嘉积镇的一条南北走向城市次干道，道路起点位于银海路，中途经规划修建的德海路，直至万泉河北路。工程路线长0.782千米，道路红线宽60米，路面宽8—12米，路面结构为沥青混凝土路面。道路等级：城市次干道Ⅱ级（双向四车道）；设计车速：40千米/小时；路面设计年限15年。道路在琼海率先采用中间绿色隔离带和彩色路面的设计理念（其组成：绿化带＋人行道＋非机动车道＋机非分隔带＋机动车道＋中央分隔带＋机动车道＋机非分隔带＋非机动车道＋人行道＋绿化带），形成了一条充满人性化的公园式的城市道路。2007年1月18日动工，2007年11月16日建成通车。预算总投资2794.09万元，设计单位为中国市政工程中南设计研究院；监理单位为东北林业大学监理部；招标代理公司为海南亚联工程招标代理有限公司；施工单位为海南省第二建筑工程公司。

（三）万泉河北路景观带 万泉河北路景观带主要有园林建筑（包括银河路北出入口）、滨河北路人行道、园林绿化、园林照明、园林水景喷泉、滨河北路辅路、铺道排水、园林背景音乐、园林喷泉音乐以及滨河北路沿河公共交通停车亭等，总面积221547平方米（22.13公顷）。工程预算总投资6451.23万元。2007年6月动工，2007年12月底完工。设计单位为北京北林地景园林规划设计院有限责任公司；监理单位为海南航达工程建设监理公司；招标代理公司为海南正荣项目投资管理有限公司；施工单位为中国建筑第六工程局。

七、滨海大道 长7.06千米，按城市Ⅱ级主干道（双向四车道）进行规划建设，道路红线宽56米，路面结构为沥青混凝土路面。设计行车速度为50千米/小时。预算总投资20150万元。2007年12月动工建设，2009年10月完工。

八、万泉河路南段道路 长3.17千米，按城市Ⅱ级主干道进行规划建设。分成两部分：南段长2.79千米，道路红线宽35米，路面结构为沥青混凝土路面；人民路延长段长0.38千米，道路红线宽40米，路面结构为水泥混凝土路面。设计行车速度为40千米／小时。总造价16947.88万元。2008年11月动工建设。

九、善集路 长1069米，路幅宽度为34米，计划投资2790.87万元。2009年11月动工建设，2010年10月完工。

至2010年，琼海市有大小道路约220条，其中嘉积主城区共有大小道路达146条，总长155.2千米，面积325.2万平方米。

2010年琼海市嘉积城区道路明细表（路面宽10米以上）

表3-2-1

道路名称	起点	止点	长度(米)	路基宽度(米)	车行道(平方米)	人行道(平方米)	排水管道（米）		
							雨水	污水	合流
银海路	高速路入口	富海路	4300	47	135404	44900	5900	5000	—
富海路	东风路	试验路	1990	35	45133	17734	4400	5620	—
金海路	东风路	海桂中学	3549	45	109754	12670	4500	5100	3780
沿河北路	加浪河大桥	红星管区	2300	60	41400	32200	4800	2300	—
迎宾路	银海路	沿河北路	782	60	12512	782	1600	1000	—
人民路	东风路	豪创制药厂	2700	35	61560	19363	5840	6130	—
东风路	金海路	爱华路	1434	31	34393	16053	3230	4156	—
爱华路	兴海路	嘉积大桥	3192	40	91939	46240	6784	7556	—
豪华路	兴海路	文坡管区	2906	22	63932	—	—	—	6233
兴海路	职业中学	嘉博路	2420	32	42120	12080	—	—	5569
新民街	东风路	内环街	790	20	9274	—	2000	2365	—
纪纲街	东风路	新民街	444	12	5329	—	1030	1890	—
嘉祥街	东风路	新民街	493	10	4184	1000	1230	1660	—
元亨街	内环街	文明路	1017	30	13653	11578	—	—	2000
内环街	东风街	沿河中路	1154	11	10564	4288	2020	2210	—
善集路	富海路	加浪河大桥	876	30	15782	7891	—	—	2121
登仙岭路	东风路	朝标管区	1228	12	11192	2904	—	—	2534
积庆街	纪纲街	嘉祥街	82	9	658	1316	200	250	—
革新街	加祥街	内环街	98	10	931	—	250	300	—
富侨路	东风路	元亨街	760	10	7605	—	1000	1500	—
文明路	东风路	元亨街	762	11	5717	1506	2100	2360	—

续表 3-2-1

道路名称	起点	止点	长度(米)	路基宽度(米)	车行道(平方米)	人行道(平方米)	排水管道（米）		
							雨水	污水	合流
兴工路	人民路	涤纶厂	1035	12.0	5905	7084	—	—	780
郎行街	新民街	前进街	95	4.0	360	—	—	—	—
溪仔街	新民街	沿河中路	252	3.0	730	—	—	—	—
伍德街	元亨街	积庆街	153	4.5	636	—	—	—	320
新民一横街	新民街	内环街	69	11.0	466	—	150	200	—
新民二横街	新民街	前进街	95	12.0	1425	—	—	—	250
人民一横街	人民路	变电站	—	—	—	—	—	—	—
人民二横街	人民路	市宾馆	300	13.0	2281	1058	—	——	650
振华路	人民路	加潭路	822	11.5	9521	3000	2000	2550	—
教育路	文明路	市场路	415	32.0	8300	3000	1100	1500	—
元亨一横街	爱华路	文明路	110	16.0	1540	—	—	—	300
元亨二横街	爱华路	元亨街	110	16.0	1540	—	—	—	300
双拥路	爱华路	富海路	1697	15.0	13499	—	—	—	3394
朝标路	富海路	朝标管区	—	—	—	—	—	—	—
金山路	富海路	银山路	179	20.0	1858	1480	—	—	420
银山路	富海路	金山路	315	15.0	2841	897	—	—	780
试验站路	富海路	试验站	143	20.0	1410	1166	—	—	400
东园路	东风路	鸿信小区	218	8.0	1230	—	—	—	—
市医院路	东风路	市医院	158	11.0	840	—	—	—	300
西园街	登仙路	美景管区	349	6.0	2094	—	—	—	800
先锋商业城一街	富海路	商业城	400	17.0	3600	3200	—	—	1000
先锋商业城二街	富海路	商业城	300	17.0	2700	2400	—	—	820
先锋商业城三街	富海路	商业城	340	17.0	3060	2720	—	—	940
先锋商业城四街	富海路	商业城	300	17.0	2700	2400	—	—	820
金海东横一路	金海路东	龙三路	190	12.0	1560	760	—	—	450
金海东横二路	金海路东	龙三路西	180	10.0	1310	540	—	—	400

续表 3-2-1

道路名称	起点	止点	长度(米)	路基宽度(米)	车行道(平方米)	人行道(平方米)	排水管道（米）		
							雨水	污水	合流
金海东横三路	金海路东	龙三路西	150	12	1240	600	—	—	370
金海东横五路	金海路东	龙三路西	167	12	1376	688	—	—	420
金海东纵一路	朝标路北	金海东横一路	459	10	3263	1377	—	—	1100
湖景小区纵一路	小区一横路	小区二横路	780	20	15600	—	—	—	2000
湖景小区纵二路	小区一横路	小区二横路	780	20	15600	—	—	—	2000
安居小区一纵	小区一横路	小区二横路	700	20	1400	—	—	—	1800
金海西横一路	金海路西	爱海路东	353	12	2864	1412	—	—	820
金海西横二路	金海路西	爱海路东	353	12	2864	1412	—	—	820
金海西横三路	金海路西	爱海路东	353	12	2864	1412	—	—	820
金海西横四路	金海路西	爱海路东	353	16	3273	1412	—	—	820
金海西横五路	金海路西	爱海路东	353	12	2864	1412	—	—	820
金海西横六路	金海路西	爱海路东	292	10	2094	876	—	—	760
金海路西纵一路	银海路西	朝标路北	555	20	6708	4440	—	—	1350
金海路西纵二路	银海路西	朝标路北	353	10	2521	1412	—	—	810
金海路西纵三路	银海路西	朝标路北	485	16	3768	2856	—	—	1000
金海路西纵四路	银海路西	朝标路北	402	10	2864	1206	—	—	940
龙二路	—	—	530	20	6408	—	—	—	1200
龙三路	—	—	580	16	5277	—	—	—	1340
龙二路东横 1#	—	—	162	16	1554	—	—	—	420
龙二路东横 2#	—	—	216	12	1720	—	—	—	500
龙二路东横 3#	—	—	202	14	1848	—	—	—	460
龙二路东横 4#	—	—	203	16	1923	—	—	—	460
滨海大道	难忘今宵度假村	龙博大桥	7066	56	113066	6736	8778	7194	—
官塘大道	万石高速路出口	—	3460	40	51900	26992	7303	4479	—
万泉河中路	万泉河北路	万泉河南路	2450	35	39200	35865	5031	2903	—
红星安置区	—	—	3211	10	26715	21375	2491	1460	—

续表 3-2-1

道路名称	起点	止点	长度(米)	路基宽度(米)	车行道(平方米)	人行道(平方米)	排水管道（米）		
							雨水	污水	合流
新海路	金海路	灵文加公路	3000	35	48094	—	6194	8233	—
万泉河南路	嘉积大桥	豪华路	2740	35	44640	36270	4079	5923	—
美景安置区	—	—	2450	10—20	19600	9800	—	—	—
龙村安置区	—	—	3180	8—10	47700	12720	—	—	—
假日风情小区道路	银海路	假日风情小区	456	12	6168	2000	—	—	—
教育服厂道路	银海路	教育服装厂	545	16	4914	3556	701	678	—

第二节　主城区桥梁（涵洞）

2010 年，琼海市嘉积主城区有桥梁（涵洞）12 座，由市城市管理局负责养护。

2010 年琼海市嘉积城区桥梁（涵洞）一览表

表 3-2-2

序号	道路名称	桥梁长（米）	桥梁宽（米）	跨数/跨长	桥梁类型	建设时间
1	银海路桥	66.0	33.0	—	梁桥	1992 年
2	爱华路桥	80.0	24.0	2/32	梁桥	1995 年
3	加浪河桥	88.0	27.7	4/88	梁桥	1999 年
4	兴海南路桥	90.0	12.5	4/20	梁桥	2001 年
5	兴海南路涵洞	26.5	8.5	18.5/1	涵洞	2001 年
6	部队驻地桥	45.0	8.0	4/30	梁桥	1968 年
7	嘉积大桥	534.0	24.0	20/802.87	梁桥	2008 年
8	龙博大桥	—	—	14/420	梁桥	2003 年
9	富侨路桥	32.0	6.6	1/17	拱桥	1987 年
10	大春坡桥	29.0	8.1	1/9.2	拱桥	1988 年
11	实验小学路桥	16.0	6.2	4/20	梁桥	—
12	防洪堤	860.0	—	—	—	1991 年

第三节　供水、排水、路灯

一、供水机构

琼海市自来水公司（以下简称琼海水司）原名琼海县自来水厂。1993 年，改制为公司，属全民所有制市政设施公用企业。供水水源取自万泉河原水，原水水质符合国家《地面水环境质量标准》（GB3838—88）中的二类水体标准，供水水质完全达到国家《生活饮用水卫生标准》（GB5749—2006）。

琼海水司原上级行政主管部门为琼海市建设局，随组织机构的发展、改革和变化。2005 年 2 月，琼海水司党支部委员会划归市水务局总支部委员会统一领导和管理。随着党员组织关系的转接，琼海水司的上级行政主管部门由琼海市建设局转换为琼海市水务局。

二、供水设施

1991 年，琼海县自来水厂有水厂 2 座，后岭水厂日供水能力为 8000 吨，朝标水厂日供水能力为 1 万吨，供水管网（DN75 以上）不足 30 千米，用水人口 5 万人，年售水量不足 400 万吨。供水区面积约 6 平方千米，直径 100 毫米以上供水管道 20 千米，供水普及率 90%以上。1993 年，在朝标水厂扩建了 3 万吨净水厂，1995 年年初供水，自来水公司的综合供水能力为 4.8 万吨，能够满足约 15 万人的用水需求，缓解了琼海市供水紧张状况。2006 年，作为市委、市政府“民心工程”的 10 万吨水厂项目（首期 5 万吨）开始动工建设。2010 年年底，工程建成投产，琼海水司日综合供水能力达到 9.8 万吨，年售水量 1800 万吨，完全能够满足嘉积、博鳌、官塘“三大组团”35 万人及部分墟镇、农村片区的建设和生活、生产用水的需要，二期建成投产后完全能够满足 45 万人的生活、生产用水需求。

三、城乡供水一体化

充分发挥嘉积至博鳌两条已建成主干管的辐射作用，向沿途的上埇、南强、培兰、文山片区供水。向地势较低、供水压力较大的塔洋、福田、朝阳、潭门等镇区供水。至 2010 年年底，已经实施的城乡供水一体化的有博鳌、官塘、塔洋、泮水、上埇、福田、潭门、朝阳、万泉等 9 个墟镇的群众和企业，农村供水管道延伸长度 160.3 千米，解决了 5 万多名农村居民的用水难题，实现城乡供水“同一水源、同一管网、同一水价、同一服务”的目标。

四、农村饮水工程

2005年，国家提出逐年解决农村群众饮水不安全问题。2005—2010年，琼海市农村饮水安全工程总投入资金5711万元，其中中央投资2135万元，省级配套754万元，市财政配套2246万元，群众投资投工投劳折合576万元，共实施112宗集中供水工程（2宗为镇级供水工程，110宗为村级供水工程）及配套其他分散供水基础设施工程，受益总人口197310人，其中列入农村饮水不安全人口73680人，农村学校师生1823人。

五、排水

随着城市建设的不断发展，排水问题愈显突出。嘉积城区的排水管道80%为1990年以后建设，在此之前，嘉积城区建成区面积仅有3平方千米，街道约20多条、排水主要通过方沟和自然水沟向东西南北四个方向自然排放，几乎不存在排水难的问题。随着开发建设的迅速加快，城区不断向北、向南、向东扩展。2000—2010年，城区建成区面积由原来的3平方千米扩大到14.1平方千米，街道由20多条增加到100多条，原有的排水模式由粗放式的方沟、明沟直排改为封闭式的地下管道排放所取代，初步形成了城区的排水管网，正常情况下城区的排水都能保持畅通。2007年，为进一步指导好嘉积城区排水专项规划建设管理工作，市政府拨款专项资金60万元，由市规划建设牵头组织，委托中国市政工程中南设计研究院海南分院编制了《琼海市嘉积主城区排水系统专项规划》工作，确保排水建设工作统一规划、统一设计、统一建设、统一管理、形成系统。城市排水的设计、建设、审批和管理工作由市建设局负责实施行政许可，受理并审批核发排水许可证，至2009年12月23日，原市建设局承担的城市排水许可审批核发职责划转市水务局负责实施管理。

六、路灯

2010年，琼海市城区路灯管理维护由市城市管理局下属的路灯管理处负责。共有路灯19565盏。

1998—2010年琼海市路灯统计表

表3-2-3

时间	路灯（盏）	时间	路灯（盏）
1998年	4582	2001年	6294
1999年	5409	2002年	6294
2000年	6561	2003年	10510

续表 3-2-3

时间	路灯（盏）	时间	路灯（盏）
2004 年	12000	2008 年	18490
2005 年	13517	2009 年	19468
2006 年	14000	2010 年	19565
2007 年	16890		

说明：1991—1998 年数据从缺

第四节 公共交通

一、三轮摩托车（风采车）

用来载客的三轮摩托车，是出租客运的一种形式，俗称“风采车”，起源于 20 世纪 90 年代初。1992 年琼海撤县设市，随着嘉积城区规模的扩大，为缓解嘉积城区附近被征地农民的就业压力，市政府同意其使用三轮摩托车载客谋生。最鼎盛时嘉积城区约有 2000 多辆载客“风采车”，分单、双号，单日单号营运，双日双号营运，嘉积城区内收费 2 元。“风采车”的营运对方便居民和外来人员出入，起到一定的积极作用。但由于这种简易式的车辆噪音和排气污染严重，运营方式简单粗放，且数量过多，常造成交通堵塞。为改善嘉积城区交通拥挤状况，净化环境，推进城市发展进程，2003 年 1 月 1 日起，在嘉积城区范围内取缔“风采车”，让出租小汽车取而代之。“风采车”转入乡镇营运。

二、出租车

1994 年，琼海第一家出租汽车公司——琼海祥发出租汽车公司成立，拥有出租汽车 60 辆，由于当时运输市场较混乱，竞争激烈，加上公司管理不善，不久便宣布破产。2000 年年末，市委、市政府在政策上扶持出租行业发展，成立 5 家出租汽车公司，共拥有出租汽车 227 辆。2003 年 7 月，通过公开拍卖，琼海海汽出租车有限公司以每辆 9.6 万元获得 100 辆出租汽车的经营权。2010 年，全市共有 5 家出租汽车公司，327 辆出租汽车（琼海市交通发展公司 50 辆、琼海市雅宝出租汽车有限公司 53 辆、琼海海汽出租车有限公司 100 辆、新国线集团琼海运输有限公司 41 辆、琼海昌导投资有限公司 83 辆），车型主要以爱丽舍、威志、捷达为主。

三、公交车

2001 年 5 月 1 日，琼海市公共汽车公司成立，填补了琼海市公交客运市场的空白，方便了城乡居民的出行。成立之初，开通了大榕树头—博鳌、塔洋—白石岭、高速路口—嘉积 3 条市内公交线路。经过 10 年的发展，至 2010 年年底，琼海市共有公交车 90 辆，由 4 家公交汽车公司经营，经营线路 9 条。具体为：1 路塔洋—官塘（12 辆），2 路榕树头—博鳌东方文化苑（16 辆），3 路汽车站—东红农场（6 辆），5 路琼海动车站—长坡（11 辆），6 路琼海动车站—高速路口（10 辆），7 路琼海动车站—纳帕溪谷小区（10 辆），8 路高速路口—交管大队（8 辆），9 路环城公交（7 辆），11 路万泉—山水汇园（10 辆）。

第三章　能源供应

第一节　燃气供应

1987年，液化石油气开始部分供应嘉积城区，之后逐渐普及全市城乡居民，成为城乡居民主要的生活生产燃料。燃气供应原由市规划建设局负责监管，2009年，市城市管理局成立后，由市城市管理局监管。至2010年，琼海市有从事液化石油气经营的企业12家，从业人员约50人，生产规模达6760平方米/小时。

2010年琼海市燃气二级充装站（天然气加气站）情况表

表3-3-2

序号	气站名称	投产时间	规模（立方米）
1	琼海油气实业有限公司上埇供应站	1995年	250
2	琼海李昌贸易公司	1998年	50
3	琼海塔洋液化石油气站	1999年	100
4	琼海阳江燃气供应有限公司	1997年	50
5	琼海市万泉镇液化石油气供应站	1996年	50
6	琼海市升茂液化石油气供应站	1997年	50
7	琼海大路液化气充装站（中石化大路站）	2004年	100
8	琼海大路液化气充装站（中石化温泉站）	2001年	60
9	琼海民生燃气有限公司	1995年	50
10	洋浦中海油深南石油技术开发有限公司	2005年	2000
11	琼海华油燃气有限公司（嘉积）	2006年12月	2000
12	琼海华油燃气有限公司（博鳌）	2006年8月	2000

2008—2010 年琼海市天然气价格比较情况表

表 3-3-3 单位：元/吨

年度	居民		工业		经营服务		特种行业		平均售价	
	现执行价格或标准	原执行价格或标准	现执行价格或标准	原执行价格或标准	现执行价格或标准	原执行价格或标准	现执行价格或标准	原执行价格或标准	现执行价格或标准	原执行价格或标准
2008	2.7	2.7	2.6	2.6	3.00	3.00	3.4	3.4	2.77	2.77
2009	2.7	2.7	3.6	3.6	3.46	3.46	—	—	3.08	—
2010	2.7	2.7	3.6	3.6	3.50	3.50	—	—	3.11	—

第二节 成品油专卖

1991 年，琼海县成品油专卖归琼海县石油公司管理，全县有加油站 23 家。县石油公司为副科级建制，归属县商业局领导。1992 年 11 月琼海撤县设市后，更名为琼海市石油公司。1993 年，归属市经济贸易办公室管理。1994 年，开始征收燃油附加费后，石油经营体制逐步放开。1995 年 6 月 21 日，为完善管理体制，琼海市政府批准成立市石油公司董事会，董事长由市贸易局局长担任，副董事长和董事由市委组织部、市财税局、市贸易局、市石油公司经理等担任。1995 年，全市有加油站 26 家。1998 年 9 月，按照国务院组建两大集团的决定，琼海市石油公司划转中国石油化工集团公司。2000 年，全市有加油站 32 家。2005 年，有加油站 41 家。至 2010 年，中国石化销售股份有限公司海南石油分公司分为东南西北四个区域公司，琼海石油分公司由琼东区域公司负责管理，设有零售管理员、资产监管员、客户经理，共有员工 151 人。全市共有加油站 46 家（其中中石化 22 家，中石油 0 家，私营 24 家）。

第四章　市容环卫

第一节　机构 设备

1991—2009 年，琼海城区环卫工作归嘉积镇府管理。2008 年，共有环卫工人 621 人，绿化工人 40 人。2009 年 12 月，设琼海市城市管理局，为琼海市主管市容市貌、园林绿化、环境卫生、市政工作的市政府工作部门，编制 14 人，下辖城建监察大队。至 2010 年，市城管局下属单位市城建监察大队设立规划中队、市容中队，全市配备市容管理人员 10 人、执法督查人员 28 人、清扫保洁员 633 人、清运人员 42 人；嘉积城区（含上埇、官塘）保洁面积 290 万平方米，环卫基础设施已基本形成横向到边、纵向到底的较为完善的市容环卫基础设施网络。其中：一线保洁队 633 人，占环卫职工总数的 80%，主要负责城区内道路清扫保洁、果皮箱清掏及临时垃圾压缩点冲洗工作；车队 42 人，负责垃圾清运、公厕清掏及车辆维修保养工作；城管中队 28 人，负责城区的“门前三包”工作，并对临街乱搭、乱挂、乱吐、乱贴、乱丢、乱倒生活垃圾、工程车带泥和沿途漏落进行教育处罚；收费队 53 人，负责城区各类经营店铺、企事业单位及有关单位或物业公司管理的生活小区等生活垃圾处理费的收取；办公室 10 人，负责后勤保障工作。环卫专用车辆，共计 24 辆，其中：8 吨垃圾压缩车 8 辆，有 3 辆已达到报废年限；5 吨垃圾压缩车 5 辆，全部已达报废年限；3 吨垃圾压缩车 2 辆；摇臂大斗车 3 辆；吸粪车 2 辆，有 1 辆已达到报废年限；洒水车 3 辆，有 1 辆已达到报废年限；清洗扫路车 1 辆。有果皮箱 431 个，其中不锈钢果皮箱 280 个，分类式果皮箱 148 个，铁皮果皮箱 3 个。清扫一线作业手推车共有 207 辆，全部为敞口手推车。

城区所有街道均采取三班制作业，具体安排为：第一班清扫保洁人员作业时间为早上 5:00—中午 11:00，其中，早上 7:00 前必须普扫完毕；第二班清扫保洁人员作业时间为中午 11:00—下午 5:00；第三班清扫保洁人员作业时间为下午 5:00—晚上 11:00。

第二节　绿化环卫

1991 年，琼海县城区街道和道路两旁种有各类热带树木，新开发小区也留有公共绿地。城区内共植树 80 万株，占地约 1.6 平方千米，覆盖率约 26%。其中，街路林 4500

株，公共绿地 10 公顷，苗圃面积约 5333.33 平方米；城区生活垃圾清运工作基本能做到日产日清，清运到位于泮水的垃圾堆放场，采用简易堆放的方式进行处理。1994 年，投入 200 万元绿化东风路、人民路、爱华西路、银海路等。2003 年 11 月，琼海市城市生活垃圾处理厂建成投入使用。2008 年，种植 4.8 万多株街道绿化树，摆放鲜花 30 万盆，绿化面积 60 万平方米。2009 年，琼海市嘉积城区有公共厕所 11 间，其中 7 座业主为嘉积镇市政服务中心，4 座业主为市工会等单位。嘉积镇市政服务中心管理的 7 座公厕由市政服务中心以半承包方式托管给个人管理，市政服务中心负责监督检查；其他 4 座由业主单位自行管理，市政服务中心负责监督检查。同年 11 月，垃圾焚烧发电厂投产试运行，处理能力为每日 225 吨，城市生活垃圾处理厂停产。

2010 年，嘉积镇市政服务中心绿化队负责城市绿化养护工作，琼海市城市管理局（简称市城管局）负责业务指导和布置全市绿化的管养工作。同年，平整用于绿化建设的闲置地 1.33 万平方米，修整绿化草坪 20.5 万平方米，清除杂草 2700 平方米，对城区绿化带修剪整形 8 次，查处损坏花木事件 11 起，保证绿化带内无乱搭、乱拉、乱挂现象；市生活垃圾清运量 4.75 万吨，生活垃圾处理量 5.25 万吨（其中含原垃圾堆放场垃圾处理量 0.5 万吨），生活垃圾无害化处理率达 100%；新（改）建公厕 44 间，对这 44 座主要公厕进行周边环境绿化及供水供电等配套工程，配备 17 名管理人员，公厕使用率保持 100%。

第五章 房地产业

第一节 公有住房建设

1991 年底，琼海县城房屋面积共 108 万平方米，其中全民单位自管房产 58 万平方米，房管部门直管公产房 4.5 万平方米，集体单位自管房产 10 平方米，私有房产 30 万平方米，其他房产 2.5 万平方米。其中用房住宅 63 万平方米，占 66%，人均居住面积 15.3 平方米。

1993 年，琼海市政府颁发《琼海市城镇职工集资建房的暂行办法》和《集资开发建设职工住宅小区实施细则》。集资建房是住房制度改革的关键措施之一，在提租补贴的同时，发动集资建房，改善了城镇职工住房条件。1995 年，国家出台关于安居工程的实施方案。至 1997 年，琼海市为全国参与安居工程的 223 个城市之一。安居工程的建设加快了城镇住房商业化和社会化的进程，促进城镇住房的建设。

1995 年，市政府批准实行市房改办《关于琼海市出售公有住房实施办法》；1998 年，省政府办公厅印发《海南省职工换购住房暂行规定》，省土地管理局、省房改办公室印发《海南省职工购买公有住房和构建经济适用住房土地使用权登记发证办法》的通知等等。这些规定较好地解决了购买公有住房后的处置问题，逐步地完善了公有住房的管理。1998 年，建设部、国家计委、国土资源部关于印发《关于大力发展经济适用住房的若干意见》的通知，经济适用住房开始成为中低收入家庭满足住房需求的首选。

1999—2007 年，政府不断出台新的管理政策，以求更加稳定快速的发展保障性住房。这段时间也是集资建房、安居工程房的高峰期，同时商品房开始快速发展。随着琼海市的发展，人民群众对住房的需求也越来越大。2008 年开始，受房地产迅猛发展、物价快速增长等因素影响，群众对保障性住房的需求日益急切。中央开始下达任务，各级政府开始大规模保障性住房建设。为了切合实际，满足各个收入阶层的需求，琼海市政府同时建设了多种保障性住房——廉租住房、经济适用房、公共租赁房、限价房、棚户区改造等。其中廉租住房主要供应低保户、低收入家庭，公共租赁住房则是面对中低收入家庭，这两类保障性住房以租赁的方式供应给群众；经济适用房、限价房等则有独立产权。2008 年，建设经济适用住房 371 套，面积 35402 平方米；城市棚户区改造 194 套，面积 3.88 万平方米。同年，保障性住房建设的工作主要是制定计划，做好前期准备工作。2009

年，建设保障性住房总计688套、总面积34627平方米、总投资6810万元，其中64套位于市中心前进街，624套位于兴海路。同时，相关部门制定了《琼海市廉租住房租赁方案》和《廉租住房租赁合同》，为将来廉租住房保障家庭的资格审核和入住工作奠定了基础。

2010年，廉租住房688套全部主体工程基本完成，其中前进街的64套竣工并安排入住。同时，继续建设132套廉租住房。此外，经济适用住房也开始大规模启动。934套财政供养人员先锋住宅小区（一期）、502套财政供养人员（教育、卫生系统）住宅小区、180套供电局集资房、300套公共租赁房、589套棚户区拆迁安置房、355套的嘉积镇拆迁安置房、629套危房改造，总计3621套保障性住房全面开始建设。

至2010年，全市共建保障性住房10768套。其中集资房6086套，平均面积85平方米；房改房2306套，平均面积60平方米；安居工程（包含先锋小区和教育、卫生系统小区）2376套，平均面积100平方米。

第二节 商品房建设与销售

1991年前，琼海市商品房地产规模不大，楼盘规模大多仅有两三栋，房产多是个人买地建私房、单位企业集资建房。集资建房的规模比商品房地产大。至1991年年底，已开发建设赤坡东沟、潮州园、边岭园、蔗园、人民路、元亨路等6个商贸住宅区，共开发土地13.87公顷，建成商品房508套，建筑面积30777平方米。利用侨资开发的华侨新村也形成一定规模。1992年，海南房地产泡沫对琼海并无太大影响。

2001年，博鳌亚洲论坛永久会址落户琼海，凭借博鳌亚洲论坛、万泉河、红色娘子军、中国温泉之乡官塘等名胜、文化、自然资源，琼海市商品房市场开始崭露商机。2005年，商品房地产开始崛起，2007年迅猛发展，出现13家房地产企业，2010年迅速增长至91家。房价则从2005年的约1200元/平方米涨至2010年的约5800元/平方米。

琼海商品房楼盘的分布主要集中在博鳌、官塘和嘉积城区，其中博鳌楼盘以海景房为主，2010年均价在1万—1.5万元；官塘楼盘以温泉为卖点，2010年均价在5000—8000元；嘉积城区楼盘分为两部分，一部分是集中在银海路和万泉河路的万泉河景房，均价为4000—5000元，另一部分是嘉积市区内的商品房，均价为3000—4000元。

2007 年 4 月至 2010 年底琼海市商品房销售统计表

表 3-5-1

年份	销售数（套）	销售面积（万平方米）	销售均价（元/平方米）	销售金额（万元）	预售面积（万平方米）
2007（4—12 月）	2129	15.96	1964	31341.32	—
2008	3598	301756.00	2696	81353.42	110.06
2009	12309	890800.00	4055	361219.39	145.50
2010	14505	1092716.00	5814	635305.08	173.44

2009 年年底至 2010 年年初，受海南国际旅游岛建设上升为国家战略的消息影响，大量消费者对海南产生兴趣，争相抢购海南商品房，甚至出现了“一天一价”的井喷势头。琼海市的商品房开始转向以休闲度假的小户型为主，购买者以内地人居多，房地产业成为财政收入的主要来源。

至 2010 年，琼海市办理房地产开发企业资质备案的企业共有 91 家，楼盘 90 个，在售楼盘 76 个，已规划批准的房地产开发项目总建筑面积 1009.5 万平方米，已批准开工建设的房地产开发项目总建筑面积 666.06 万平方米，已竣工验收的房地产开发项目总建筑面积 375.04 万平方米，商品房预售总建筑面积 688.11 万平方米，已销售商品房总建筑面积 274.56 万平方米。

第三节　房产办证

1990—2010 年，琼海市（县）共核发房屋产权证 40908 件，建筑面积 7750261.21 平方米。2007 年前，琼海市年均房产办证量维持在 2300 件左右。2007 年，琼海房地产开始发展，办证量增长 36%。2009 年，房地产业发展成熟，加上市政府开始通过举办房展、旅游推介会等向内陆其他省份宣传琼海，来琼海购买商品房的人迅速增多，办证量增长 29%。2010 年，国际旅游岛的项目启动后，办证量甚至出现 155.96%的同比增长率，主要是商品房交易和抵押。为了应对办证量的骤增，房管局实行档案集中审批。

2002—2010 年琼海市房产办证情况统计表

表 3-5-2

年份	办证量（件）	办证量同比增长（%）	面积（万平方米）
2002	2305	—	57.90
2003	2444	6.00	69.73
2004	2392	-1.70	73.41
2005	2362	-1.20	61.64
2006	2186	-7.40	68.32
2007	2975	36.00	94.44
2008	2969	-0.20	62.21
2009	3810	29.00	88.37
2010	9752	155.96	155.71

第四节　物业管理

1999 年 9 月 24 日，海南省第二届人民代表大会常务委员会第九次会议通过《海南省住宅物业管理条例》，2000 年 1 月 1 日起正式施行。2000—2005 年，全市物业管理基本处于空白，自 2006 年年初起，随着房地产业的发展，有近 20 多家物业管理公司相继进入琼海市，按照《海南省住宅物业管理条例》规定进行物业管理。

至 2010 年年底，全市有物业管理企业 23 家，其中一级资质 3 家，二级资质 2 家，三级及暂定资质共 18 家。有物业管理的小区 36 个，面积 246.4 万平方米，小区业主 16585 户。自治管理（无物业介入）的小区 8 个，面积 12.4 万平方米，户数 857 户，已成立业主委员会的小区有 15 个，占全市住宅小区 34%。

琼海市 85%以上的物业管理公司都不同程度存在负债经营。由于小区规模普遍较小，经营成本相对较高，大多数的物业公司管理 1—2 个小区，无法形成规模效益，企业难以生存和发展。后期开发的住宅区业主主要来自省外，平均入住率小于 20%（其中，5—10 月为淡季，入住率小于 10%，4—12 月为旺季，入住率小于 30%），低入住率导致全市大部分小区未成立业主委员会，物业公司由开发商聘请，且大部分存在物业费收取困难问题，部分住宅区业主以物业管理企业进入不规范为由拒缴管理费并发生纠纷上访。同时，还存在房地产开发遗留问题、物业管理公司经营不规范、与社区管理不融合等问题。

2008年年底，为进一步整顿规范物业管理市场秩序，市房产管理部门将物业管理单列，建立物业管理服务质量评价及纠纷协调机制，健全和完善受理、评议和监督等制度和措施，负责协调全市的物业管理工作，组织成立了15个业主委员会，协调解决小区存在的问题，规范了物业管理服务行为。仅2009年就受理业主投诉30件，接访业主105人次。

第五节　住房维修基金管理

2006年起，设立住宅专项维修基金，由工商银行和建设银行收取设账，房管局监管。2009年，依据《住宅专项维修资金管理办法》通知精神，由专户银行按照房屋门号、购买人姓名、建筑面积，分别建立专户账号。保证住宅专项维修资金交存方便快捷、使用及时安全、资金保值增值、查询公开透明。2009年4月1日，市财政局、住房保障与房产管理局制定了维修基金管理使用细则并施行。设立共管户，由财政局和住房保障与房产管理局共同监管。至2010年3月底，专项维修资金共计3293万元。

第六章　建筑业

第一节　建筑设计企业

至2010年，在琼海市注册并从事建筑设计业务的企业有3家：琼海市建筑设计室、海南南方建筑设计院琼海办事处以及海南泓景建筑设计有限公司琼海分公司。

一、琼海市建筑设计室

1973年成立，国有企业。位于琼海市银海东路建设局办公大楼四楼，企业资质为建筑设计丙级。主要从事建筑工程设计业务，企业注册资金为50万元，固定资产26.25万元，年均产值70万元，年创税4.5万元。2010年，有员工15人，其中具有高级职称4人，中级职称4人，初级职称5人。企业设计形象工程有海南软件职业技术学院住宅区、学生公寓楼，海南第三卫生学校综合楼，琼海第三中学学生公寓楼，琼海市公路局住宅楼，琼海市廉租房1号、2号楼，琼海市塔洋中学学生公寓楼、食堂，琼海鸿信雅苑1、2、3栋住宅楼，琼海锦绣花园A、B、C、D、E、F栋住宅楼等项目。

二、海南南方建筑设计院琼海办事处

1998年成立。位于琼海市嘉积镇爱华东路，企业资质等级为建筑设计甲级，主要从事规划、建筑设计业务，企业注册资金100万元，固定资金100万元，年均产值330万元，年创税26.4万元。公司2010年，有员工73人，其中具有高级以上职称19人，中级以上职称39人，初级以上职称21人。企业设计形象工程有琼海市青少年宫、琼海万泉假日小岸小区、琼海玉泉丽都小区、琼海商联小区等。

三、海南泓景建筑设计有限公司琼海分公司

2002年成立。位于琼海市嘉积镇兴海中路中国石油站正对面，企业资质等级为建筑设计甲级，主要从事规划、建筑设计业务，企业注册资金300万元，固定资金120万元，年均产值300万元，年创税30.2万元。有员工82人，其中具有高级职称22人，中级职称30人，初级职称31人。企业设计形象工程有三亚汇凯花园、南方明珠、蓝水湾、琼海市中原镇石头村美丽乡村设计等。

第二节　建筑施工企业

至2010年，在琼海市注册从事建筑施工的企业有7家，其中具备二级资格1家（琼海市建筑工程公司），三级资格6家（琼海市第二建筑公司、琼海市温泉建筑工程公司、琼海市嘉积建筑工程公司、琼海朝阳建筑工程有限责任公司、琼海环宇建筑有限公司、琼海市中原建筑公司）。

一、琼海市建筑工程公司

1952年成立。位于琼海市嘉积镇人民路75号，企业资质等级为房屋建筑工程施工国家贰级企业，从事建筑工程、市政道路工程、工程装修、水电安装等建筑施工任务。公司固定资产1500万元，年产值约8000万元，年创税60万元。2010年，有职工236人，其中中级职称5人。初级职称156人，各类机械设备35台。建筑施工工程项目遍及全省各市县，曾获“绿岛杯”奖（省优质工程奖）。

二、琼海市第二建筑公司

1984年成立，国有企业。位于琼海市嘉积镇新民街，企业资质等级房屋建筑工程施工总承包叁级。2010年，有工程技术人员及管理人员53人，具备国家二级注册建造师10人，其中中级职称6人，初级职称15人。配有安监员、施工员、质量员、材料员、见证员、资料员等各类专业人员，各类机械设备89台，年产值5000万元，年创税280万元。企业形象工程有海南众神药业有限公司宿舍楼、办公楼、厂房，国有东红农场职工集资楼，万泉河大庆小区、龙悦房地产北方郡住宅楼，万泉河温泉小镇等项目。

三、琼海市温泉建筑工程公司

1974年成立。位于琼海市嘉积镇安居北49号，企业资质等级为房屋建筑工程施工总承包叁级。2010年，有各类工程技术和经济管理工作人员52人，其中中级职称22人，初级职称30人，建筑建造师16人。有各类机械设备55台。企业固定资产1000万元，年均产值约1000万元，年创税约100万元。企业形象工程有琼海绿叶经典二期、琼海博鳌假日海岸商住楼等房地产项目。

四、琼海市嘉积建筑工程公司

1963年成立。位于琼海市嘉积镇人民路169号。企业资质等级为房屋建筑工程施工总承包叁级，企业从事业务为房屋建筑施工。公司固定资产776万元，年产值约850万元，年创税48万元。2010年，有职工553人，其中中级以上职称10人，初级以上职称

14人，各类机械设备157台。企业形象工程有景润花园、万泉阳光城等房地产项目。

五、琼海朝阳建筑工程有限责任公司

1987年成立，前身为琼海朝阳建筑公司。企业资质为房屋建筑工程施工总承包叁级，从事业务为房屋建筑施工。公司注册资金600万元，年均产值约5000万元。2010年，有人员208人，二级建造师10人，工程技术和经济管理人员52人，其中高级职称1人，中级职称9人，初级职称29人，各类机械设备100台。企业形象工程有2006—2009年琼海市增长率系统中小学危房改造工程、2007—2009年琼海市卫生系统危房改造工程、琼海景成花半里住宅小区、琼海新天阳光花园二期工程、琼海中天阳光椰蓝湾住宅小区、琼海琼岛椰澜湾住宅小区等项目。公司施工工程遍及琼海市、三亚市、保亭黎族苗族自治县。

六、琼海环宇建筑有限公司

1979年成立。位于琼海市嘉积镇金海路29号。企业资质等级为房屋建筑施工总承包叁级，从事业务为房屋建筑工程施工。2010年，有员工125人，其中具有中级以上职称4人，初级以上职称25人，固定资产720万元，各类机械设备93台，年均产值4000万—6500万元，每年创税150万—250万元。企业形象工程有琼海泰华花园、琼海南方花园、琼海华升花园、琼海阳江花苑等。

七、琼海市中原建筑公司

1979年成立。位于琼海市中原镇中兴南路118号，企业资质等级为房屋建筑施工总承包叁级，从事房屋建筑工程施工。2010年，有员工108人，其中具备中级职称以上2人，初级以上职称18人，固定资产680万元，各类机械设备53台，年均产值2000万—3800万元，每年创税80万—180万元。企业形象工程有琼海华侨中学教学楼、会山镇苗族中学公寓楼、海南琼南片区中小学教学楼工程建筑项目，等等。

第三节 管理与规模

1986年，成立琼海市建设工程质量监督站。2003年，更名为琼海市建设工程质量安全监督站，隶属琼海市建设局，负责建设工程、人防工程质量及安全监督工作，为股级事业单位。

2005—2010年琼海市建设工程办理质量监督情况统计表

表3-6-1

年　度	办理监督（项）	监督面积（万平方米）	造价（亿元）
2005	26	12.00	0.97
2006	52	18.35	2.00
2007	55	37.00	3.90
2008	75	52.00	4.50
2009	95	112.00	15.00
2010	96	168.00	25.00

2005—2010年琼海市建设工程竣工验收备案情况统计表

表3-6-2

年度	竣工验收备案（项）	竣工验收备案面积（万平方米）	造价（亿元）
2005	32	13.60	1.09
2006	47	22.80	2.00
2007	38	28.80	2.14
2008	49	58.63	6.40
2009	62	76.00	9.60
2010	58	125.00	18.00

1999—2010年琼海市建筑规模情况统计表

表3-6-3

年度	建成区面积（公顷）	房屋报建及市政道路面积（万平方米）	投资（亿元）
1999	9.50	—	—
2000	9.50	—	—
2001	9.50	51	6.5
2002	12.00	56	7.5
2003	14.25	50	8.5
2004	14.25	46	4.8

续表 3-6-3

年度	建成区面积（公顷）	房屋报建及市政道路面积（万平方米）	投资（亿元）
2005	14.25	57.00	6.5
2006	14.72	58.08	7.0
2007	21.70	91.20	9.5
2008	22.20	298.10	30.0
2009	22.69	159.80	24.0
2010	24.00	470.00	24.2

第七章　镇村建设

2001年，海南省政府推进“百镇计划”，琼海市小城镇建设行为不断规范，建设工作逐步走上依法建设、有序发展的轨道，镇容、镇貌发生了可喜的变化。博鳌镇被评为全国小城镇文明生态示范镇，嘉积、中原、长坡、大路、潭门、博鳌、塔洋被列为省百镇建设计划镇，长坡、博鳌两镇被列为海南省示范镇。

第一节　镇村规划

2004年市政府下发《关于加强乡镇规划编制工作的通知》，要求各镇将规划编制作为镇政府工作考核的重要内容，各部门分工明确，努力推进落实。采用“三个一点”模式完成规划经费筹集，即省建设厅支持多一点，市政府配套一点，镇政府出一点，多方筹集小城镇规划编制经费。2005年，共筹集小城镇规划编制经费230万元，用于小城镇规划编制工作。完成中原镇、会山镇、博鳌镇、万泉镇、阳江镇、塔洋镇、潭门中心渔港的总体规划的编制工作。其余大路镇、长坡镇、潭门镇、石壁镇、龙江镇总体规划工作列入年度工作计划，争取在“十二五”期间全面完成。在编制总体规划的同时，对近期开发建设用地编制了详细规划，对重点街区作了街景规划设计。

第二节　镇墟建成区

至2010年，除嘉积、官塘、博鳌三大组团外，琼海市各镇建成区面积1848.6公顷，居住人口约28.44万人，建设公共供水设施24个（其中水厂9个），年供水总量239.22万立方米，日供水能力2870立方米/日，供水管道249.68千米，用水受益人口达41257人。用气人口28810人。道路总长59.12千米，道路面积60.26万平方米。路灯1886盏，桥梁9座，污水年处理总量18.95立方米，绿化覆盖面积369.81公顷，公共厕所45座，生活垃圾中转站1座，环卫专用车辆22辆。

2010 年琼海市各镇墟建成区面积表

表 3-7-1

镇名	建成区面积（公顷）	镇名	建成区面积（公顷）
长坡	200	中原	500.0
大路	300	阳江	140.0
龙江	119	石壁	112.0
潭门	200	塔洋	112.6
万泉	120	会山	45.0

第三节　民居建设

1978 年农村体制改革后，琼海农民收入增加，村镇私人建房开始增多，房屋结构也由砖瓦房到混合结构、框架结构。钢筋水泥结构的楼房逐渐代替传统的“公祖房”。1991 年，琼海县农村人均居住面积 14.5 平方米，约有 5.2 万户农民搬进新居，占全县乡村农户总数 60%。2000 年，城乡个人住宅建设投资额 8121.3 万元，竣工住宅建筑面积 16.66 万平方米。2010 年，城乡个人住宅建设投资额 112320 万元，竣工住宅建筑面积 125 万平方米。

2000—2010 年琼海市民居建设情况统计表

表 3-7-2

年度	城乡个人住宅建设投资额（万元）	竣工住宅建筑面积（万平方米）
2000	8121.30	16.66
2001	9378.10	22.74
2002	12686.50	25.47
2003	9926.30	19.15
2004	9981.50	16.69
2005	7916.30	13.46
2006	6775.30	13.36

续表 3-7-2

年度	城乡个人住宅建设投资额（万元）	竣工住宅建筑面积（万平方米）
2007	11328.00	19.63
2008	21313.48	19.59
2009	26427.06	29.80
2010	112320.00	125.00

第四编　农 业

琼海为传统农业市（县）。东濒南海、西邻五指山余脉，气候湿润，土地肥沃，适合农业生产的种养和发展，是海南省粮食生产基地和热带作物、水果、瓜菜生产基地。

20 世纪 80 年代中期起，县委、县政府根据全县农业产业结构单一、产出低的情况，制定农业产业结构调整计划和方案，强力实施农业产业结构调整，促进农业由传统单一的粮食生产逐步转向以粮食、热带经济作物、养殖等特色产业的多种生产经营模式发展，优化农业产业结构。2010 年，琼海市种植业、林业、畜牧业、渔业、副业产业结构从 1991 年的 39：22：25：8：6 优化为 46：14：20：14：6，林业比重下降，种植业、渔业所占比重有较大提升。在产业结构调整过程中，除保持一定数量的水稻、番薯等粮食生产外，着重发展扩大热带经济作物如橡胶、胡椒、椰子和瓜菜、热带水果的种植面积。至 2010 年，热带经济作物种植面积达 43048.91 公顷，总产量 5 万多吨；瓜菜种植面积 2666.67 公顷，总产量 170 多万公斤；热带水果种植面积 9333.33 公顷，总产量 20 多万公斤；林地面积 92000 公顷，绿化覆盖率 54.9%。产业结构的调整，促进了农业生产的发展，同时也增加了农民的收入。乡镇企业在经济总量、经济结构、发展规模和效益上也发生了较大变化。

在政府引导、科技部门技术指导和银行资金扶持下，琼海市养殖专业户、专业村不断出现，猪、鸡生产转向规模化、专业化、产业化，成为全省最大生产基地和输出基地。产自琼海的嘉积鸭是海南四大名菜之一。2007 年被列入国家畜禽遗传资源名录，2010 年出栏 411 万多只。温泉鹅也是琼海市畜牧业的一大特色，2010 年出栏 219 万多只。琼海海域广阔，海岸线绵长，渔港众多，山塘水库星罗棋布，淡水资源丰富。水产渔业是琼海市的传统产业，也是优势产业。2010 年，海水养殖产值 3.18 亿元，淡水养殖产值 2.21 亿元，海洋捕捞产值 1.96 亿元，水产品加工产值 4.3 亿元。

第一章　农业管理

第一节　机构

1991 年，琼海县设有农业委员会、农业局、热作局、水产局、畜家禽检疫总站、水电局、三防办公室和农机总公司。1992 年 1 月，县畜牧兽医总站更名为县畜牧兽医局；2 月，成立县农业技术推广中心；8 月，成立县乡镇企业局。1995 年 1 月，撤销农委，组建新的农业局，为琼海市农林业主管部门。下辖管理林业办公室、水产办公室、水电（三防）办公室、乡镇企业办公室及畜牧、农业、热作、扶贫等四个服务中心；原农机总公司行政职能也并入农业局。2001 年 4 月，市林业办公室更名为市林业局，为正科级事业单位。2009 年 12 月，琼海市农业局、琼海市林业局合并为琼海市农林局，为琼海市农林业主管部门，内设行政秘书组、农村经营管理组、农业生产与科技教育组、农产品质量安全与经济信息组、乡镇企业组、行政许可与执法监督组、营林组、森林资源组、森林防火组、森林植物病虫害防控组。2010 年，市农林局属市财政全额拨款正科级行政单位，局内设行政秘书组、农村经营管理组、农业生产与科技教育组、农产品质量安全与经济信息组、乡镇企业组、行政许可与执法监督组、营林组（琼海市绿化委员会办公室）、森林资源组、森林防火组（琼海市森林防火指挥部办公室）、森林植物病虫害防控组。下辖农业技术推广服务中心，热带经济作物服务中心、畜牧兽医局、农业综合行政执法大队（农机管理办公室）、农产品质量安全检验检测站、农业科学研究所等，负责全市农业、林业、畜牧业的管理和服务工作。

第二节　农村土地使用权改革

1991 年，全县水旱田面积 19926.67 公顷，签订承包合同的 19860 公顷，占 99.6%；坡园地面积 7600 公顷，签订承包合同 7400 公顷，占 97%；开垦荒山荒坡面积 16200 公顷，签订承包合同 15106.67 公顷，占 93%。

1998 年 5 月，琼海市全面开展第二轮土地承包，按照大稳定、小调整或顺延等方式，在原第一轮承包的基础上，以家庭承包方式将农村土地承包给各家各户，并且做到将农村集体土地机动地控制在 5%以下，符合土地承包的政策法规。据统计，全市家庭承包面积 24290.53 公顷，签订家庭承包合同 68277 份，发放农村土地承包经营权证 68277 本，发放率 100%，让广大农民吃下“定心丸”。

实行第二轮土地承包后，随着农村产业结构的合理调整和优化，采取转让、转包、出租、互换或其他方式进行农村土地使用权流转，在流转中做到依照平等、自愿、有偿等原则进行。

第三节　产业化经营

一、产业结构改革

从20世纪80年代中期开始，琼海农业由传统单一的粮食生产逐步转入以粮食、热带经济作物、养殖等特色产业的多种经营模式。随着现代农业的发展，农业结构日益优化，产业化经营稳步推进。2010年，全市农业总产值中，种植业、林业、畜牧业、渔业、副业的结构比从1991年的39∶22∶25∶8∶6，优化为46∶14∶20∶14∶6，林业比重下降，种植业和渔业所占比重得到较大提升。

至2010年，已基本建成瓜菜、优新水果、热作、禽畜饲养、海洋与渔业等五大农村支柱产业。据统计，2010年全市瓜菜种植面积13333.33公顷，总产量44.5万吨，对比1991年，分别增长337%、998%。水果种植面积9733.33公顷，总产量21万吨，对比1991年，分别增长595%、2111%。种植热带经济作物42000公顷，其中橡胶18533.33公顷，总产干胶1.8万吨，对比1991年，分别增长6.5%、239%；胡椒6666.67公顷，总产量1万吨，对比1991年，分别增长增长63%、233%；槟榔10666.67公顷，总产干果2.3万吨，对比1991年，分别增长688%、3733%。畜禽肉总产量6.3万吨，其中生猪出栏量32万头，对比1991年，分别增长294%、150%；水产品总产量8.1万吨，对比1991年，增长643%。

二、企业 协会 合作社

2000年，琼海市开始培育农业产业化龙头企业和农业协会，充分发挥龙头企业和农业协会的带动作用，促进农村经济发展。至2010年年底，全市共有市级农业龙头企业27家，省级农业龙头企业12家。成立橡胶、槟榔、胡椒、荔枝、瓜菜等协会15个，为农民提供种苗、农药、肥料、农技、市场等科技和信息服务。

自2007年7月1日《中华人民共和国农民专业合作社法》实施后，按照“民办、民管、民受益”的原则，积极创办和发展农民专业合作社，充分发挥合作社作用带动农民增收。至2010年年底，全市在工商部门登记成立的各类农民专业合作社共有86家，注册资金24372.3万元，合作社成员总数720人。

三、技术推广

1991—2010年，每年组织一次大规模科技下乡，发放资料。在规模较大的镇，有重点地推广实用农业技术的应用；举办各类农业技术培训班，内容包括水稻、水果、热作新品种的试验和推广等。在农业技术部门及技术员指导下，由农资经销商给农户按配方配套销售肥料和农药，并指导施用。组织农技“110”深入基层，下到田头地边实施技术指导，灭虫救灾，解决农户种养中的各种疑难问题。

第四节　农机

1991 年，琼海县农机总公司负责农机管理工作，为科级事业单位。1993 年 11 月，改为企业单位。1997 年 7 月，成立农机办公室，为副科级事业单位。2003 年 8 月，成立琼海市农业综合行政执法大队，同时挂市农业机械化管理办公室牌子，隶属市农林局，为副科级事业单位。

琼海市使用的农业生产机具主要分为耕整地机械、排灌机械、育秧（苗）机械、插秧机械、收割机械、植保机械、运输机械等。2004 年，在国家实施农机购置补贴政策的推动下，农民发展农机化的积极性不断升温，农机装备进一步优化，在发展现代农业和促进农民增收中发挥不可替代的作用。至 2010 年，全市的耕地基本上实现了机械耕作，畜力耕作退出了历史舞台。

一、耕整地机械

（一）大中型拖拉机

主要用于水旱田及坡园耕作。2000 年开始应用，全市共 2 台、35 千瓦。2003 年起逐年增加，且增长幅度较大，至 2010 年达到 236 台、13688 千瓦。

（二）小型拖拉机

主要用于水田作业，多为耕作兼运输使用。1991 年，全县有 1556 台、13724 千瓦；1995 年，有 1787 台、15761 千瓦；2000 年，增至 2170 台、21266 千瓦；2003 年，有 2535 台、27319 千瓦；2010 年，有 3297 台、43519 千瓦，大部分作为运输机械使用。

（三）耕整机

适用于山区小农户使用。1991 年，全县有 37 台、148 千瓦；1995 年，有 42 台、168 千瓦；2000 年，有 50 台、200 千瓦，2003 年有 52 台、208 千瓦；2010 年，增至 2530 台、10120 千瓦。

（四）机耕船

适用于深洼田耕作。1991 年，全县有 48 台、423 千瓦；1995 年，有 50 台、441 千瓦；2000 年，有 51 台、450 千瓦；2003 年有 52 台、459 千瓦；2004 年，增加到 447 台、

3934千瓦；2010年，又减少至389台、3421千瓦。主要在大路、嘉积、万泉等镇使用。

（五）深松机

2010年，开始引进16台，在博鳌、嘉积、潭门等镇示范推广。

（六）柴油机

用于抽水抗旱、农副产品加工。1991年，全县有3506台、27101千瓦；1995年，有3511台、27205千瓦；2000年，减少至3506台、27340千瓦；2003年，有2898台、23350千瓦；2010年，有5481台、44176千瓦。

（七）电动机

用于抽水灌溉、农副产品加工。1991年，全县有541台、4990千瓦；1995年，有558台、5152千瓦；2000年，有581台、5365千瓦；2003年，减少至321台、3368千瓦；2010年，又增至473台，4035千瓦。

（八）水泵

1991年，全县有2580台；1995年，有2591台；2000年，有2615台；2003年，有2623台；2010年，有5992台。

（九）育秧（苗）机械　2010年，从浙江、中国台湾引进水稻育秧、瓜菜育苗机械5台（套），在博鳌镇北山洋示范推广。

（十）插秧机具

2006年，市农机部门引进江苏东洋机械有限公司生产的PF4555型手扶步进式插秧机一台，在万泉镇官台洋进行示范，示范面积4公顷，平均每天插秧0.8公顷。机械插秧比抛秧、插秧都显著增产。2007年，市农机部门又引进东洋PF455S型手扶步进式插秧机4台和洋马2ZGQ—4（VP4C）型乘坐式插秧机2台，在嘉积镇下寨土冬村进行插秧示范，示范面积26.67公顷，步进式插秧机平均每天插秧0.8—0.87公顷，乘坐式插秧机平均每天插秧1.67—2公顷。机械插秧机性能好，易操作。

（十一）联合收割机

1995年，全市有4台、147千瓦。1996年，市农机部门开始引进浙江柳林130、160型水稻联合收割机示范推广，每小时收割0.2—0.27公顷。由于该机型性能稳定，通过性好，效率高，逐步得到推广使用。2000年，有18台、536千瓦；2002年，有21台、618千瓦。2004年，国家实施农机购置补贴政策后，水稻联合收割机的推广使用迅速发展。至2010年，全市有沃得、广联、柳林、东方红和久保田等各种品牌的水稻联合收割机233台、7797千瓦，其中半喂入式3台、106千瓦。除少部分机械不能进入的小田块、山埇田外，95%以上的水稻都采用水稻联合收割机收割，结束了镰刀割稻时代。

（十二）割晒机

适用于水稻联合收割机不能进入的小田块、山埇田或成熟不一致的小田块。2000 年开始应用。至 2002 年，有 67 台、286 千瓦。2010 年有 73 台、105 千瓦。

（十三）脱粒机

适用于水稻联合收割机不能进入作业的田块。随着水稻联合收割机的推广应用，机动脱粒机逐步减少。1991 年，全县有 8956 台；2000 年，减少至 8378 台；2003 年，有 8180 台；2010 年，脚踏脱粒机已少有使用。

（十四）植保机具

主要有手动喷雾器、电动喷雾器和机动喷雾器。机动喷雾器主要用于面积较大的种植园地。1998 年开始应用，全市有 15 台、36 千瓦；2000 年，有 35 台、83 千瓦；2005 年前，主要使用手动喷雾器，2006 年后逐步推广使用电动喷雾器。电动喷雾器省力，效率高，使用方便，防治效果好，深受农民喜爱，数量逐年增加，手动喷雾器逐渐减少。2010 年，全市有电动喷雾器 6770 台，机动喷雾器 560 台。

（十五）运输机具

琼海市的农用运输机械主要是拖拉机和农用运输车。1991 年，全县有 1962 台、45126 千瓦；1995 年，有 1986 台、49648 千瓦；2000 年，有 2028 台、52732 千瓦。2003 年以前，主要运输机械是小型拖拉机和农用运输车，全市有运输型拖拉机 90 辆，小型拖拉机 2535 辆，农用运输车 2042 辆。2004 年后，运输型拖拉机逐渐增加，逐渐成为农村主要运输机械。2010 年，大中型拖拉机 2234 辆，小型拖拉机 3297 辆，农用运输车 3125 辆。手扶拖拉机运输被逐渐淘汰。

二、农机购置补贴

2004 年，琼海市开始实施国家农机购置补贴政策，且农机购置补贴资金逐年增加。在国家农机购置补贴政策的推动下，农民发展农机化的积极性不断升温。

2004—2010 年琼海市农机购置补贴表

表 4-1-1

时　间	补贴资金（万元）	补贴户数（户）	补贴机具（台）
2004	30	33	33
2005	55	37	42

续表 4-1-1

时　间	补贴资金（万元）	补贴户数（户）	补贴机具（台）
2006	90	132	214
2007	132	231	329
2008	110	69	110
2009	338	878	1173
2010	570	1410	2913

第二章　种植业

第一节　自然条件

琼海市地处海南岛东部，北纬 19.25°，东经 110.47°。东临南海，西靠五指山余脉。西部为丘峻地带，东、南、北部基本是平原，土地肥沃，属于热带季风及海洋湿润气候区，年平均气温为 24℃，年日照时数为 1918.8 小时，雨量为 2200 毫米。海南第三大河流万泉河横贯 83 千米，境内有石合、合水、美容等中小型水库 103 宗。自然条件十分适合农业生产的种养和发展，为海南省粮食生产基地和热带作物，水果、瓜菜生产基地。

第二节　种植区划

一、粮油区

1994 年以前，大部分耕地以种植粮食作物为主，主要为两季水稻加晚秋薯，或者两季水稻加油料作物。粮食作物以水稻生产为主，重点区域集中在大路镇、塔洋镇、长坡镇、中原镇、福田镇等；油料生产重点区域集中在长坡镇、福田镇、潭门镇、大路镇等。1995 年开始，逐步由以水稻种植为主，发展为“稻—稻”制、“稻—薯”制以及“菜—稻”制。

二、热作区

主要热作产品有橡胶、槟榔、胡椒、椰子等，全市各乡镇均有种植。其中，橡胶重点生产区域主要在龙江镇、石壁镇、阳江镇、万泉镇、会山镇等；槟榔重点生产区域主要在阳江镇、龙江镇、石壁镇、万泉镇等。

三、瓜菜区

1993—1994 年开始，逐步扩大瓜菜种植规模。1994 年，全市瓜菜面积 5611.33 公顷。2000 年，全市瓜菜种植面积达到 11840 公顷。瓜菜重点生产区域主要集中在长坡镇、大路镇、塔洋镇、潭门镇、博鳌镇、福田镇等。

四、热带水果区

热带水果主要品种为菠萝、珍珠番石榴、荔枝、火龙果、莲雾、香蕉及其他杂果等，在全市各乡镇均有种植。

第三节　粮食作物

一、水稻

琼海主要粮食作物为水稻。1991—1995 年，水稻的年种植面积约为 33333.33 公顷，总产量达 16847.4 万公斤。1994 年，引进水稻抛秧技术，1995 年试种，1996—1997 年大面积推广。主要品种为科选 13、三二矮、汕优 66、七山占、七桂早、珍桂矮、双桂。1995—2000 年，水稻的年种植面积约为 28000 公顷，总产量达 13845.5 万公斤。主要品种为科选 13、三二矮、Ⅱ优 128、七山占、七桂早、珍桂矮、特籼占 25。2001—2005 年，水稻的年种植面积约为 24908.67 公顷，总产量达 11831.9 万公斤。主要品种为科选 13、三二矮、Ⅱ优 128、七山占、特籼占 25、超级稻 P885/0293。2006—2010 年，水稻的年种植面积约为 23800 公顷，总产量为 11424 万公斤。主要品种为科选 13、桂农占、Ⅱ优 128、T 优 551、特籼占 25、Ⅱ优 629、特优 209。

1991—2010 年琼海市（县）水稻生产情况一览表

表 4-2-1

年度	面　积（公顷）	单　产（公斤）	总　产（吨）
1991	35087.67	296	155547
1992	35697.27	309	165548
1993	34274.87	317	163334
1994	33798.73	324	164723
1995	33564.67	334	168430
1996	33297.47	324	161627
1997	32187.00	328	158593
1998	31572.87	319	150967
1999	30936.40	321	149029
2000	36075.67	308	166452
2001	34033.00	300	153030
2002	32353.00	294	142620

续表 4-2-1

年度	面 积（公顷）	单 产（公斤）	总 产（吨）
2003	31959.40	292	139879.7
2004	31008.95	303	140972.78
2005	20964.71	266	83689.16
2006	21679.73	290	94486.2
2007	22935.51	305	104943.41
2008	23845.44	316	113022.70
2009	24328.37	317	115501.60
2010	24759.11	308	114316.16

二、杂粮

主要种植番薯。品种有小叶子、生无厌、鸡脚爪。1991—1995 年，年种植面积约为 6933.33 公顷，总产量达 2673.9 万公斤。1996—2000 年，年种植面积约为 6586.67 公顷，总产量 26862 万公斤。2006—2010 年，番薯的主要品种有高系 14、山川紫、小叶子、鸡脚爪。高系 14、山川紫的亩产量为 2000—2500 公斤，小叶子、鸡脚爪的亩产量为 1500—2000 公斤。全市年均种植面积为 200—266.67 公顷。

薯类还有木薯、毛薯、芋头等，其他杂粮还有高粱、粟类、豆类等，均属零星种植，面积逐年减少。

1991—2010 年琼海市（县）农作物播种面积和产量一览表

表 4-2-2

年度	农作物名称	播种面积（公顷）	单产（公斤）	总产量（吨）
1991	稻谷	35087.67	296	155547
	玉米	180.87	149	403
	粟类	3.13	43	2
	山兰坡稻	67.67	66	67
	红（绿）豆	99.67	35	53
	番薯	7329.73	154	16946

续表 4-2-2

年度	农作物名称	播种面积（公顷）	单产（公斤）	总产量（吨）
	大豆	229.07	56	193
	木薯	896.53	708	9522
	毛（大）薯	151.87	683	1557
1992	稻谷	35697.27	309	165548
	玉米	362.47	235	1280
	粟类	12.33	54	10
	高粱	24.67	189	70
	山兰坡稻	93.87	70	99
	红（绿）豆	45.93	135	93
	番薯	7786.93	213	24897
	大豆	246.20	60	223
	木薯	951.13	845	12058
	毛（大）薯	196.60	673	1985
1993	稻谷	34274.87	317	163334
	玉米	316.67	216	1028
	粟类	12.87	67	13
	高粱	9.33	71	10
	山兰坡稻	53.20	112	89
	红（绿）豆	49.80	71	53
	番薯	8685.80	211	27506
	大豆	231.07	68	234
	芋头	27.20	730	298
1994	稻谷	33798.73	324	164723
	玉米	4475.00	228	1021
	粟类	48.13	96	69
	高粱	5.87	236	21
	山兰坡稻	35.87	65	35

续表 4-2-2

年度	农作物名称	播种面积（公顷）	单产（公斤）	总产量（吨）
	杂豆	67.00	85	85
	番薯	8543.87	214	27406
	大豆	244.13	67	246
	芋头	9.33	429	60
	毛薯	156.60	943	2214
	大薯	13.47	574	116
	木薯	13.47	574	116
1995	稻谷	33564.67	334	168430
	玉米	368.27	238	1315
	粟类	71.53	98	105
	高粱	8.33	120	15
	山兰坡稻	45.40	65	44
	红（绿）豆	108.67	77	126
	番薯	8079.87	222	26739
	大豆	256.07	81	310
	木薯	1308.53	872	17115
1996	稻谷	33297.47	324	161627
	玉米	338.80	250	1269
	其他谷物	157.33	152	359
	杂豆	102.73	130	201
	木薯	1258.87	972	18361
	大豆	333.27	80	402
1997	稻谷	32187.00	328	158593
	玉米	402.00	267	1610
	高粱	10.00	126	19
	粟类	127.00	134	256
	山兰坡稻	10.00	153	23

续表 4-2-2

年度	农作物名称	播种面积（公顷）	单产（公斤）	总产量（吨）
	红绿豆	177.00	153	407
	番薯	8045.00	241	29191
	大豆	358.00	102	552
	木薯	1357.00	858	17479
1998	稻谷	31572.87	319	150967
	玉米	454.20	299	2040
	粟类	187.47	158	445
	高粱	5.20	126	10
	红绿豆	217.67	118	386
	番薯	7443.93	258	28873
	大豆	376.40	122	689
	木薯	1282.53	919	17689
1999	稻谷	30936.40	321	149029
	玉米	469.00	308	2165
	其他谷物	94.33	206	291
	高粱	2.80	119	5
	木薯	1082.47	980	15914
	杂豆	241.60	120	436
	番薯	7180.07	259	28157
	大豆	310.33	127	590
2000	稻谷	36075.67	308	166452
	玉米	—	—	—
	粟类	—	—	—
	山兰稻	—	—	—
	红绿豆	—	—	—
	番薯	—	—	—
	大豆	—	—	—

续表 4-2-2

年度	农作物名称	播种面积（公顷）	单产（公斤）	总产量（吨）
2001	稻谷	34033.00	300	153030.00
	玉米	—	—	—
	粟类	—	—	—
	山兰稻	—	—	—
	红绿豆	—	—	—
	番薯	—	—	—
	大豆	—	—	—
2002	稻谷	32353.00	294	142620.00
	玉米	—	—	—
	粟类	—	—	—
	山兰稻	—	—	—
	红绿豆	—	—	—
	番薯	—	—	—
	大豆	—	—	—
2003	稻谷	31959.40	292	139879.70
	玉米	—	—	—
	粟类	—	—	—
	山兰稻	—	—	—
	红绿豆	—	—	—
	番薯	—	—	—
	大豆	—	—	—
2004	稻谷	31008.95	303	140972.78
	玉米	—	—	—
	粟类	—	—	—
	山兰稻	—	—	—
	红绿豆	—	—	—
	番薯	—	—	—

续表 4-2-2

年度	农作物名称	播种面积（公顷）	单产（公斤）	总产量（吨）
	大豆	—	—	—
2005	稻谷	20964.71	266.0	83689.16
	玉米	564.50	279.0	2364.40
	其他谷物	33.67	190.0	96.00
	山兰稻	72.20	260.0	282.00
	芋头	9.53	740.0	105.80
	木薯	910.20	992.0	10572.80
	番薯	4073.99	264.0	16171.14
	大豆	178.50	185.0	494.75
	杂豆	210.53	125.0	393.25
2006	稻谷	21679.73	290	94486.20
	糯稻	19.47	466.0	136.00
	玉米	839.29	270.0	3398.83
	其他谷物	38.6	242.0	140.20
	山兰坡稻	13.33	250	50.00
	绿豆	6.73	299.0	30.20
	杂豆	138.81	293.0	610.18
	番薯	1832.68	367.0	10092.54
	马铃薯	12.53	165	31.00
	大豆	86.74	148.0	192.64
	芋头	2.87	2419.0	104.00
	木薯	704.73	1159.0	12251.82
2007	稻谷	222935.51	305.0	104943.41
	玉米	851.79	296.0	3780.18
	高粱	0.33	150.0	0.75
	其他谷物	30.67	213.0	98.00
	大豆	241.15	202.0	732.18

续表 4-2-2

年度	农作物名称	播种面积（公顷）	单产（公斤）	总产量（吨）
	绿豆	19.20	165	47.60
	杂豆	360.80	230	1246.80
	番薯	3977.19	304	18143.40
	马铃薯	21.67	597	193.90
	芋头	30.40	1231	561.37
	木薯	785.26	1094	12881.99
2008	稻谷	23845.44	316	113022.70
	糯稻	1.73	269	7.00
	玉米	816.11	328	4016.01
	高粱	1.67	232	5.80
	其他谷物	35.87	210	113.20
	大豆	323.32	271	1316.11
	杂豆	285.60	291	1245.80
	番薯	3799.96	310	17660.91
	芋头	33.47	1032	517.90
	木薯	824.42	1094	13525.40
2009	稻谷	24328.37	317	115501.60
	玉米	911.64	354	4839.20
	其他谷物	35.87	207	111.30
	红豆	2.80	2000	84.00
	番薯	4247.29	309	19705.20
	大豆	279.44	278	1166.24
	杂豆	258.78	323	1252.50
	芋头	33.80	1158	587.00
	木薯	806.57	1103	13342.09
2010	稻谷	24759.11	308	114316.16
	玉米	1009.35	348	5265.38

续表 4-2-2

年度	农作物名称	播种面积（公顷）	单产（公斤）	总产量（吨）
	其他谷物	50.20	214	161.30
	芋头	13.40	1129	227.00
	木薯	808.60	1271	15410.40
	番薯	3915.99	310	18188.48
	大豆	273.65	188	770.90
	杂豆	154.87	167	387.86
	绿豆	0.27	175	0.70

第四节 热带作物

一、机构

1991 年，琼海县热作局为热带作物种植工作的管理机构，为正科级行政机构。1995 年 1 月，改为热作服务中心后为副科级事业单位。至 2010 年，琼海市热作服务中心为琼海市热带作物种植工作的管理机构。

二、橡胶

琼海橡胶种植历史悠久，境内有华南最早的橡胶种植园——琼安胶园，位于琼海市境内国有东太农场坡塘区十八队。自 1906 年华侨何麟书从马来西亚引进橡胶实生苗 4000 株植于海南乐会县（今琼海市境），经过 100 多年的发展，截至 2010 年年底，琼海橡胶种植面积达 18782.2 公顷，橡胶种植面积占全省总面积的 3.8%，位列全省第四大种植区域。

1991 年，全县民营橡胶加工厂较多，原料不足，需到外地抢购原料。为此，热作局规定各加工厂只在本地收购民营杂胶进行加工或代附件胶农加工；不得收购国有农场的杂胶和其他橡胶产品；工厂加工出来的产品交县橡胶总公司收购。1996 年，橡胶割胶制度改革，在万泉西镇河村委会设割胶改革点，面积约 66.67 公顷，由原来的每天一刀改为 2—3 天一刀，减少了割胶强度，亩产量增加 10%。2005 年，受“达维”台风的后续影响，橡胶生产仍未恢复到台风前的产胶能力。2006 年，橡胶产量略减，而橡胶价格大幅上涨，橡胶干胶价格每吨 2 万元，比上年增长 34%。

2007—2009 年，琼海市开展集体林权制度改革试点工作，林权改革涉及约 46666.67

公顷的集体林地。通过林改后，分给近 10 万名农户经营，并核发林权证。林改后农民发展自营经济，种植橡胶的积极性显著提高。2008 年、2010 年，琼海市实施天然橡胶良种补贴政策，根据中央下达的资金及省农业厅的分配计划，共计实施 1333.33 公顷的橡胶良苗补贴工作，补贴标准为每亩 33 株，每株袋装苗 3 元，以实物形式补贴给植胶户。补贴橡胶良苗品种为热研 7—33—97。

三、胡椒

国内第一棵胡椒位于琼海市温泉村委会加超大队，琼海市是国内最早种植胡椒的地方。2002 年，由琼海市热带作物服务中心技术人员根据琼海市胡椒生产的具体情况和环境条件，参照国内外胡椒高产、稳产、优质、高效的科研成果和生产经验，在国内率先编写制定《胡椒栽培技术规程》地方标准。2002 年 5 月，经过海南省质量监督监视局组织专家组审定并通过。2005 年，琼海市“胡椒标准化高产栽培技术示范推广”被科技部、财政部列为全国科技富民强县专项行动计划项目。同年 1 月 18—19 日，全国胡椒行业会议在琼海市召开。来自 18 家企业及相关机构的 36 位代表参加会议，与会代表考察了胡椒种植基地并就中国胡椒生产和贸易的现状、问题及发展前景等进行讨论。

2006 年 8 月，世界胡椒论坛会议在琼海博鳌召开。2008 年，由于胡椒市场价格受到世界胡椒主产国大幅度减产的影响，上涨较快，至年底，每公斤价格 28 元，比上年增长 17%。2010 年，琼海市胡椒产量达 10472 吨，同时胡椒价格出现大幅度上升，每公斤达 60 元。截至 2010 年年底，琼海市胡椒种植面积已达 6667 公顷，占全省种植面积的 29.8%，为全省乃至全国最大的胡椒种植区域。

四、槟榔

1991 年，琼海市槟榔种植面积 1534.2 公顷。2006 年 7 月，经琼海市热带作物服务中心调查发现：全市 12000 公顷的槟榔，有 1516.35 公顷发现槟榔黄化病，发病率达到 12.6%。槟榔黄化病是一种缓慢抑制槟榔生长、严重危害槟榔生产种植的毁灭性传染病害，并且没有有效的防治手段，严重威胁琼海槟榔产业的发展。2008 年，槟榔黄化病依然是琼海槟榔种植的最大病害，市热作中心与北京绿天使科技有限公司合作实验，用 BGA 土壤调节剂控制槟榔黄花病的危害，取得很好的实验效果，但大面积的使用还有待宣传推广。2010 年，琼海市槟榔种植面积 11333.1 公顷，有 300 多家的槟榔加工厂，多为本地人建立的小型加工作坊，也有类似海南槟榔园食品有限公司及“小龙王”“胖哥”等大型槟榔加工企业。

五、椰子

2003 年，琼海市农业部门调查时发现椰心叶甲开始危害琼海市椰子树（椰心叶甲是 2002 年入侵海南的重大危险性外来物种，对海南的棕榈科植物和自然生态环境造成严重危害），全市约有 133.33 公顷的椰子树受椰心叶甲危害而发病，并有蔓延趋势。2003 年年底，市农业部门首先投入使用由华南农业大学研制成功的椰甲清粉剂挂包法，随后投入应用绿僵菌防治技术。2004 年 3 月，在联合国粮农组织椰心叶甲防治专家维尔可的协助下，海南省林业局从越南引进椰心叶甲寄生蜂——姬小蜂，经过近半年多的研究和人工饲养繁殖，2004 年 8 月起，姬小蜂开始在琼海进行人工释放，至 2010 年年底，椰心叶甲对椰子的危害才基本被控制住。截至 2010 年年底，琼海椰子种植面积 6266.7 公顷，占全省种植总面积的 15.6%。

1991—2010 年琼海市（县）热带经济作物种植面积和收获统计表

表 4-2-2

年份	橡胶				胡椒				椰子				槟榔			
	到达面积（公顷）	新种（公顷）	收获（公顷）	总产（吨）	到达面积（公顷）	新种（公顷）	收获（公顷）	总产（吨）	到达面积（公顷）	新种（公顷）	收获（公顷）	总产（万个）	到达面积（公顷）	新种（公顷）	收获（公顷）	总产（吨）
1991	17427.46	113.66	8943.40	5353	4098.60	46.33	2830.20	3098.0	5040.00	206.60	2656.93	1543	1534.26	189.06	341.93	607.0
1992	17573.66	177.06	9921.13	7050	3861.00	36.43	2908.22	2320.9	5198.46	171.86	2839.80	1712	1544.43	82.30	485.57	1030.4
1993	17256.20	116.46	10630.60	8317	3678.93	58.06	2967.66	2866.0	5332.26	121.80	3000.73	1973	1516.13	6538.00	623.20	147.0
1994	19216.93	121.93	11357.20	8717	3662.60	186.86	2967.26	3500.0	5459.13	190.20	3276.86	2185	1742.13	146.86	738.66	2023.0
1995	17636.26	366.26	32313.40	11421	3857.86	334.46	2993.86	3008.0	5662.06	241.13	3502.13	2675	2124.46	422.40	931.60	2498.0
1996	18107.13	291.8	12789.86	10843	4003.46	320.06	2954.86	4710.0	5658.00	313.13	3417.73	2792	2505.73	494.33	1070.60	3287.0
1997	1196.06	1.20	852.26	12338	296.60	35.00	198.80	3621.0	380.00	8.46	278.60	3269	197.60	33.20	94.00	4114.0
1998	1171.66	6.46	918.06	13400	333.80	47.26	202.00	5547.0	373.60	10.00	240.86	3422	218.33	23.73	115.60	4424.0
1999	16388.40	84.93	13697.93	13998	6649.00	2011.00	3139.60	6452.0	5885.46	402.53	3803.33	3745	3410.53	158.66	1773.86	5136.0
2000	15672.60	95.66	13801.86	14165	8285.93	1735.80	35568.40	6839.0	6278.20	526.93	3910.66	4510	3696.13	511.60	1948.00	5903.0
2001	15218.00	158.93	13050.26	13949	8890.93	863.26	4269.66	8355.0	6668.66	425.26	4238.53	5378	4684.26	996.93	2437.66	6598.0
2002	14707.93	210.46	13420.20	14617	8756.40	386.20	4867.00	9113.0	6779.40	299.06	4345.53	5577	5778.73	1239.26	2650.66	8315.0
2003	14836.33	434.93	13404.86	15563	8729.13	240.40	5340.60	10854.0	6876.06	220.26	4462.80	4980	7278.00	1737.73	3130.66	10317.0
2004	15245.60	641.47	13374.27	16639	8534.00	188.93	5816.47	11107.0	6833.07	108.20	4593.53	5050	8323.00	803.00	3760.6	12322.0
2005	11471.53	1009.13	13028.20	13875	6808.60	165.67	5940.67	10376.7	6126.13	81.73	4478.67	4410	748.47	676.13	3812.27	11636.9
2006	13790.20	2756.93	9414.67	10699	6707.60	279.80	5112.93	8243.0	6252.73	138.57	4299.40	3784	8832.35	1316.63	4376.86	13934.2
2007	17373.20	3319.00	9748.27	14900	6577.87	101.67	5229.13	9764.0	6215.95	49.53	4374.47	4265	10037.62	1108.00	4910.02	15264.0
2008	17967.67	955.00	10779.53	16704	6702.47	113.27	5437.47	10577.3	6251.79	34.53	4669.47	4331	10297.71	396.67	5467.63	18044.0
2009	18512.00	550.60	11529.33	18391	6685.13	45.27	5523.87	10405.0	6282.19	14.13	4826.13	4596	1074.41	353.37	6535.62	23261.0
2010	18782.27	343.43	11914.47	18894	6713.33	2512.60	6782.87	10471.0	6293.59	97.60	4949.07	4832	11333.11	251.20	6782.87	25343.0

第五节 瓜菜种植

一、辣椒

1991—1995 年，种植以湘研 3 号圆椒为主。嘉积镇年种植面积 373.33 公顷，总产量 1127.5 万公斤；长坡镇年种植面积 213.33 公顷，总产量 589.5 万公斤。1995—2000 年，泡椒以湘研 3 号、湘研 13 号、海极 3 号为主。青黄皮尖椒以保椒 2 号、宁椒 5 号为主。全市年种植总面积 386.67 公顷，总产量 1450 万公斤。圆椒以中椒 5 号为主，福田镇、博鳌镇、中原镇年种植总面积 213.33 公顷，总产量 832 万公斤。小红尖椒以红丰 404 为主，长坡镇、中原镇、潭门镇年种植面积 286.67 公顷，总产量 989 万公斤。2001—2005 年，辣椒以湘研 13 号、式椒 5 号、中椒 5 号为主。全市年种植总面积 4860 公顷，总产量 18225 万公斤。2006—2010 年，泡椒类品种有湘研 13 号、福湘秀丽、湘研 808、国海 303；黄皮尖椒类有吉祥、茂丰五号、海茂 606、龙鼎 1 号；红尖椒类有红丰 404、红艳、红丰特选 414。圆椒类有中椒 105 号、金茂 105 号、福星八号、冠爵、天海 3 号。椒类面积 4333.33 公顷。

二、瓜类

1991—1995 年，龙江镇、朝阳乡、烟塘镇、嘉积镇的黄瓜年种植面积共 166.67 公顷，总产量 581.8 万公斤。福田镇、潭门镇、博鳌镇西瓜年种植面积共 386.67 公顷，总产量 1452 万公斤；长坡镇广东青皮冬瓜年种植面积 233.33 公顷，总产量 1703 万公斤。1995—2000 年，瓜类主要种植小南瓜、西瓜、广东青皮冬瓜。潭门镇、博鳌镇、大路镇小南瓜年种植面积共 520 公顷，总产量 1053 万公斤；福田镇、潭门镇、博鳌镇西瓜年种植面积共 645.4 公顷，总产量 2076.5 万公斤。西瓜品种以创利 1 号、农友 1 号为主。长坡镇、龙江镇、大路镇的广东青皮冬瓜和三水黑皮冬瓜年种植面积为 300 公顷，总产量 2700 万公斤。2001—2005 年，瓜类主要种植小南瓜、西瓜、广东青皮冬瓜。潭门镇、博鳌镇、长坡镇的小南瓜年种植面积共 593.33 公顷，总产量 1335 万公斤。潭门镇、博鳌镇的西瓜年种植面积共 400 公顷，总产量 1200 万公斤。西瓜品种以创利 1 号、黑美人为主。长坡镇、龙江镇、中原镇、嘉积镇、石壁镇、塔洋镇的广东青皮冬瓜和三水黑皮冬瓜年种植面积共 1326.67 公顷，总产量 11940 万公斤。黄瓜以津研 4 号、津优 1 号和中农 8 号为主。长坡镇、塔洋镇年种植总面积共 533.33 公顷，总产量 3600 万公斤。南瓜以锦栗金太阳、福星和蜜本为主。长坡镇、潭门镇、博鳌镇的南瓜年种植面积共 593.33 公顷，总产量 1335 万公斤。

2006—2010 年，青皮冬瓜有广东黑皮瓜、南海黑皮瓜，面积 1333.33 公顷。苦瓜品种有槟城苦瓜、翠绿大顶、玉丰苦瓜、琼优 1 号。黄皮品种有津优 1 号、津春 4 号、津研 4 号、中农 8 号、万吉。小南瓜品种有金茂密本、锦栗、黑冠、黑丰、金太阳、东升。丝瓜品种有双青、绿旺、碧绿。蒲瓜品种有杭州长蒲。西瓜品种有农友新 1 号、创利 1 号、恒绿 1 号、黑美人，面积 666.67 公顷。

三、茄类

茄类分为红茄子和番茄。红茄子的品种以长丰红茄为主。1991—1995 年，福田镇、长坡镇年种植总面积 453.33 公顷，总产量 1155.1 万公斤。1995—2000 年，茄子的品种以屏东长茄和杭州长茄为主，福田镇、长坡镇年种植总面积 133.33 公顷，总产量 500 万公斤。小番茄以亚蔬六号为主，嘉积镇、塔洋镇、万泉镇年种植面积为 86.67 公顷，总产量为 160 万公斤。2001—2005 年，茄子的品种以屏东长茄和长丰红茄为主，潭门镇、长坡镇年种植总面积 133.33 公顷，总产量为 500 万公斤。2006—2010 年，茄类品种有红丰紫长茄、长丰红茄、枫木紫长茄、屏东长茄，种植面积有 333.33 公顷。番茄类品种有亚蔬 6 号、翠红、红皇后、龙女。

四、豆角

豆角的品种以白仁豆角为主。1991—1995 年，塔洋镇、长坡镇年种植总面积 280 公顷，总产量 425.2 万公斤。1996—2000 年，豆角的品种以毛豆角为主，中原镇、福田镇年种植总面积 226.67 公顷，总产量 153 万公斤。2001—2005 年，豆角的品种以毛豆角为主，中原镇、嘉积镇、塔洋镇年种植总面积 400 公顷，总产量 600 万公斤。2006—2010 年，豆类品种有双青玉豆、白仁豆角、荷兰豆、四季豆、毛豆、夏宝 2 号，面积 1000 公顷。

第六节　水果种植

琼海市（县）种植热带水果主要品种为菠萝、珍珠番石榴、荔枝、火龙果、莲雾、香蕉及其他杂果，在各乡镇均有种植。其中，20 世纪 90 年代中期开始在中原镇、烟塘乡、塔洋镇、大路镇种植荔枝，在中原镇、阳江镇、福田镇、大路镇等种植菠萝，在塔洋镇、大路镇、长坡镇、烟塘镇、中原镇扩大香蕉种植；20 世纪 90 年代末期开始在中原镇、阳江镇种植火龙果，在大路镇开始种植莲雾。

1991—2010年琼海市（县）水果种植情况一览表

表 4-2-4

年　度	年末实有面积（公顷）	当年新种面积（公顷）	当年收获面积（公顷）	总产量（吨）
1991	1412.33	98.27	991.00	9487.00
1992	1498.67	170.20	1009.27	10142.00
1993	2203.87	781.27	1192.67	14819.00
1994	3259.93	1082.87	1658.47	23667.00
1995	3926.80	820.47	2093.27	38961.00
1996	4272.07	927.43	2381.79	46694.92
1997	5771.00	1383.00	2981.00	55588.00
1998	6926.47	1916.93	3103.20	83484.00
1999	8186.87	1906.20	4632.47	123620.00
2000	9505.73	3008.40	5647.67	158682.00
2001	9109.00	3428.00	6371.00	165606.00
2002	9351.00	2671.00	5805.00	153586.00
2003	8603.34	2598.94	5691.39	155436.20
2004	8794.76	2648.96	5929.47	154882.69
2005	8282.32	1964.33	6210.37	160523.40
2006	9130.85	2752.87	6024.72	142728.41
2007	9300.27	1991.70	6782.31	176596.40
2008	9907.70	2301.73	7265.28	199826.13
2009	9753.59	2122.73	7528.50	210217.90
2010	9556.94	1392.00	7364.06	203960.79

第三章 林 业

第一节 机构 基地 制度改革

一、机构

琼海市林业局（琼海市林业防火办公室、琼海市绿化办公室）是负责林业管理和服务工作的正科级事业单位。市林业局设局办公室、营业股、政策法规股、森林资源管理股（林业执法大队）、森林防火股、森林植物检疫站、生态公益林办公室等7个股室。

市林业局下属单位有市木材公司、市林业开发公司、省级会山森林经管所、石壁木材检查站和大春坡苗圃等，全市林业工作站18个。

1991—2010年，琼海市（县）林业局历经三次机构改革。1995年，琼海市林业局改为琼海市林业办公室。2001年4月，琼海市林业办公室改为琼海市林业局。2009年，市林业局同市农业局合并为市农林局。

二、林业基地

1991年，琼海县有国有林场一个——上埇林场，县属林场1个——白石岭林场，造林面积达640公顷。乡镇林场17个，管区林场8个，联合体、重点户426个，木材加工厂（销售店）156家。营造小叶桉为主的速生丰产林23片，8933.33公顷，其中上埇、白石岭林场近1733.33公顷。乡镇林场5469.93公顷，联合体、重点户1734.87公顷。乡镇林场中，福田镇、长坡镇速生丰产林面积都在800公顷以上。2008年，海南金光集团在琼海市设立林场，采取公司+农户的形式，造林2272.4公顷。

三、林权制度改革

2008年11月，琼海市委、市政府印发《琼海市集体林权制度改革工作方案》，开展集体林权制度改革。全市列入林改面积48376.57公顷，其中生态林9705.43公顷，商品林38671.14公顷。中央、省和市政府共拨款979.6万余元，抽调133人组成林改工作队，与镇、村、组密切配合。2010年9月底，林改工作结束，全市12个镇、204个村委会、2744个村民小组，确权发证林地面积47566.67公顷，经检查验收，均符合要求。

第二节　绿化覆盖

1991年，琼海县城区内共植树80万株，占地约1.6平方千米，覆盖率约26%。其中街路林4500株，公共绿地10公顷，苗圃面积0.53公顷。1992年，琼海市开展森林资源二类调查，同年全市森林面积56749.2公顷，森林覆盖率46.9%。1995年，全市共有林地面积47666.67公顷，绿化覆盖率42.6%，其中用材林18666.67公顷，防护林1733.33公顷，经济林23266.67公顷，特种用途林3866.67公顷及其他林等。四旁植树24万株。2000年，全市共有林地面积77466.67公顷，绿化覆盖率46.3%。

2010年，琼海市共有林地面积92000公顷，绿化覆盖率达54.9%。其中一类为商品林78266.67公顷，占85.6%。商品林中用材林16666.67公顷，主要为桉、木麻黄、相思、马占等。经济林约61400公顷，主要为橡胶、槟榔、椰子、荔枝等。另一类为生态公益林近13600公顷。全市公路绿化率达100%。四旁林8000公顷，农村村庄绿树成荫，嘉积城区人均绿地7.2平方米，城市绿化覆盖率32.5%。

第三节　植树造林

1990年起，琼海县全面推广林业“五改”：一改裸根苗为容器苗；二改秋季为主为春季为主四季造林；三改挖小穴粗种为机耕全垦挖大穴下基肥造林；四改单纯林为造混交林；五改疏植为合理密植。1991年，完成造林335公顷，占省下达年计划的125.6%，其中农发林完成134.47公顷，占计划的100.9%。2000年，造优树采用无性繁殖，培养容器壮苗造林，同年造林1160公顷。2005—2008年，市政府每年拨造林资金200万元，共培育良种壮苗900万余株，无偿供给农民造林。2010年，琼海市完成植树造林73.33公顷，其中退塘还林6.67公顷。

1991—2010年，琼海市（县）采取的造林方式还有：引进大公司与农民联营造林。先后引进金华公司、海南绿岛工贸公司，共造林8666.67公顷；实施海防林工程，至2008年改造和新种植海防林233.33公顷，消灭断带，全市41.8千米的海岸线，沿海基干林带面积8666.67公顷；实施退耕还林工程，至2010年，全市共完成6480公顷（耕地3133.33公顷，荒山0.33公顷），国家拨给粮食801.075万公斤，补助资金4899.8万余元，惠及农户5153户。

1991—2010年，琼海市（县）参加义务植树52.3万人次，植树105.2万株，累计人工造林2万多公顷。

第四节　森林保护

一、资源普查

1992年，琼海市开展一次大规模的森林资源调查，全市森林面积约56666.67公顷，覆盖率46.9%（不含上埇林场、农垦面积），其中经济林约22666.67公顷（橡胶近20000公顷，椰子约2400公顷，其他506.67公顷），防保林约2000公顷（按树约220公顷，木麻黄近886.67公顷，其他约933.33公顷），特种用途林3533.33公顷，用材林约19533.33公顷（桉树约11400公顷、木麻黄约3400公顷，阔叶树约4666.67公顷，国外松20.27公顷）。市林业局建立起完整的森林资源管理档案，摸清家底之后，按规定实行限额采伐。1991—2010年，省林业局下达琼海年采伐限额6.5万立方米以下，琼海各年度采伐量都在省限额之内。

二、公益林

2007年7月，市林业局设生态公益林办公室，负责全市生态公益林的管理。2008年4月，市政府将约91866.67公顷森林划分为生态公益林和商品林两大类管理。全年投资34.1万元，设界桩192个，宣示牌20个。宣传牌31个，保护区牌8个，对海防林进行保护。2010年，全市共有重点公益林12048.53公顷，其中中央2098.4公顷，省级9950.13公顷。成立石壁、溪仔、大甲3个公益林保护管理站，加强公益林的保护和管理。完善重点公益林管理信息系统，规划小班基础数据、电子版地籍图、电子版地形图等都已全部录入。开通与管理信息系统相配套的宣传手机，公益林管理逐步实现规范化、信息（数字）化、科学化。对白石岭重点生态公益林区进行划界立碑，重点抓好白石岭重点生态公益林区30公顷中幼龄林进行补植抚育。

三、保护与防病

2004—2008年，市林业局会同公安局等部门开展打击乱捕泛猎野生动物行动11次，查处案件18件，没收野生保护动物1.3万余只，全部放归大自然。2008年，琼海市对野生植物检疫到位，产地检疫率达96%。

2010年，共投入林业有害生物防治工作经费93.05万元，根据全市椰心叶甲等重大林业有害生物疫情划分区域分别采取挂药包、施洒绿僵菌以及释放寄生蜂等方法进行分类防治。特别是为迎接博鳌亚洲论坛2010年会召开和2011年春节旅游旺季的到来，于3月和11月，对博鳌亚洲论坛永久会址及其周边以及东线高速公路、嘉博路、中远路、嘉积城区的椰子树等棕榈科植物实施防治，挂药包防治9.9万株，施洒绿僵菌1万株，释放寄生蜂5380万头，使椰心叶甲疫情得到有效遏制。

严格控制林地征占用，积极组织开展全市林地保护管理清理整顿行动，对未批先用、不批也占、不经林业主管部门审核同意等乱占林地、毁林开垦、采土、采砂、开石场等违法占用林地的建设工程和侵占国有林地的情况进行全面清理。依法处理3家占用林地采矿、采石的违法企业，处理好林地纠纷案件3起，收取育林基金8.1万元，罚没6.1万元，植被恢复费21.2万元，检验费4万元，合计39.6万元。在木材生产流通环节中，严厉打击非法加工经营、运输木材的违法活动，依法查处各种破坏森林资源的违法行为。2010年，检查整顿38家木材加工厂，清理整顿率100%，行政处罚23人。

第六节 森林防火

1991—2010年，全市共发生森林火灾69起，其中一次烧林1公顷以下的森林火警60起，一次受害森林面积1公顷以上不足13.33公顷的一般火灾9起，过火面积148.42公顷、受害率0.074‰，控制在海南省要求的0.2‰以内，无重大森林火灾，和人员伤亡事故。其中，2003年琼海市发生火警4起，过火面积2.16公顷，受害面积0.9公顷，受害率0.01‰；2004年发生森林火警3次，其中一般森林火灾1次，过火面积3.6公顷，受害森林面积3公顷，受害率0.036‰；2006年发生一般森林火灾2起，火场面积18.14公顷，受害森林面积5.42公顷，无重大森林火灾和人员伤亡；2007年共发生森林火警69次，其中一次烧林1公顷以上的一般火灾9次，1公顷以下的火警60次，总过火面积148.42公顷，受害率0.74‰，控制在省规定指标内，无重大森林火灾和人员伤亡；2008年，发生森林火警2起，一般火灾1次，过火面积4.6公顷，受害森林面积4.3公顷，受害率0.005‰，控制在指标内，无重大森林火灾及人员伤亡。

2010年，成立市森林防火指挥部，由市长任总指挥、分管副市长任第一副总指挥，农林局局长任副总指挥，成员单位由市人武部、宣传部、检察院、旅游委、科工信局、财政局、民政局、交通局、公安局、森林公安局、公安消防支队、气象局、电视台、市医院、自来水公司等单位组成。森林防火工作纳入地方国民经济和社会发展规划、林业发展规划，防火经费纳入地方财政预算。护林防火指挥部制定了《森林防火值班制度》《森林火灾报告制度》《森林火灾处置制度》《森林防火设施设备使用管理制度》等一系列管理制度，使琼海市森林防火工作走上制度化的轨道。同时，还制定了《2010年森林防火工作方案》《2010—2012年琼海市扑救森林火灾应急预案》报市人民政府同意，下发到各镇、农（林）场和有关单位贯彻执行。全市12个镇政府和国有农（林）场一把手分别与市政府签订了《森林防火工作责任状》。各单位主要行政领导为森林防火工作的第一责任人，亲自抓防火，具体抓落实，切实履行好自己的职责。配备简易救火车两辆、风力灭火机十部、2号工具（打火把）2000把，防火服一批。2010年，成功处理火案6起，双方当事人调解成功和赔偿经济损失，行政处罚肇事者4人，共计调解赔偿16800元，行政罚款1300元，森林火灾受害率控制在0.2‰之内，无重大森林火灾，无人畜伤亡。

第七节　林政执法

一、机构

1991—1997年，在林业局内设林警队，与林政股配合，负责护林执法和涉林案件办理工作，其中涉林刑事案件按照相关程序移交市公安局办理。1998年2月，成立琼海市公安局林业分局，为副科级事业单位，与市林业办公室合署办公，既是林业部门的职能机构，又是市公安局的派出单位，政治思想、行政管理由市林业办管理，公安业务由市公安局指导，同时接受上级林业公安机关的指导，定编10名。2008年10月，市公安局林业分局更名为琼海市森林公安局，为市林业局直属副科级公安机构，列入政法专项编制，业务工作接受市公安局指导，负责保护全市森林、野生动植物资源及维护林区林场（辖区）治安秩序稳定工作。2009年1月1日，市森林公安局开始实行财政独立预算。至2010年，市森林公安局共设有政秘股、刑侦治安股、法制督察股3个股室，实有民警7人。

二、成效

琼海市共有林地面积9.2万公顷。2009—2010年，市森林公安局响应市委、市政府提出的建设“中等城市”、建设“生态琼海”的号召，通过组织开展一系列专项严打行动，严厉打击涉林违法犯罪分子，确保琼海市森林生态环境安全。2009—2010年，市森林公安局共受理各类破坏森林资源案件93起，其中刑事案件5起，结案5起，取保候审2人，逮捕3人，移送起诉5人；林政案件88起，结案88起，共行政处罚88人，林业行政罚款共约17万元。

第四章　畜牧业

第一节　畜禽饲养

畜牧业生产是琼海农业的优势产业，以养殖猪、禽为主。1991 年，设有琼海县畜牧兽医总站。 1992 年 1 月，更名为县畜牧局，为副科级事业单位，被赋予行政管理职能，划归农委口管理。1995 年 1 月，更名为畜牧服务中心，同年 3 月更名为畜牧办公室，执行国家规定的兽医药政法规。2006 年 9 月，更名为市畜牧兽医局，为副科级事业单位，2009 年，参照公务员管理。主要负责畜牧生产、畜禽疫病防治与科技推广、食品卫生安全监督、兽药和饲料监管等工作。

一、猪

20 世纪 80 年代前，琼海县主要饲养海南本地猪品种，即瘦肉率低、脂肪高、生长缓慢、外貌为背黑腹白的文昌猪，由于母猪的主产区是烟塘镇，故又称烟塘猪。到 70 年代末 80 年代初，市农科所和市畜牧局先后引进英国优良肉猪品种“巴克夏”公猪和美国“杜洛克”种公猪，同本地烟塘母猪进行杂交繁殖，其杂交一代肉猪外貌为全黑色、生长快（饲养 8 个月可出栏），瘦肉率高（45%—50%），杂交优势明显，饲养者均取得良好经济效益，促进全市生猪生产的发展，1991 年，全县生猪存栏量达到了 14.99 万头，出栏量 15.43 万头。

1993 年，琼海市实施“推广科学技术、提高生猪出栏率”的科技推广项目，采取了大力推广生猪良种、应用混合饲料、普及科学饲养管理和科学防疫治病等技术措施，再加上政府引导、部门技术指导、银行资金扶持等做法，促使养猪专业村、专业户不断出现，全市的养猪生产又得到了很快的发展。据统计，1994 年全市生猪存栏量 15.8 万头，出栏量 18 万头，生猪出栏率达到 114%，项目的成功实施获得同年海南省星火计划二等奖。

1994 年年初，海口市罗牛山公司在琼海泮水乡建立万头猪场，引进美国杜洛克种猪，英国“大约克”种猪和丹麦“长白”种猪，进行交叉配种杂交繁殖，生产纯外三元杂肉猪（用“大约克”猪和“长白”猪进行杂交生产二元母猪，再用“杜洛克”公猪配种），其肉猪全身白色、生长快（饲养 6 个月可出栏）、瘦肉率高（60%—65%）、经济效益可观。琼海市有些小规模养猪专业户也开始引进“杜洛克”种公猪和二元母猪（大约克 × 长白），进行自繁自养，并取得较好的成效。同时随着琼海市各类经济作物的大面积种植，有机肥料的需求量越来越大，园林养猪、生猪—沼气—果园立体生态型规模化养猪模式出现，促进了生猪生产的发展，据统计 1999 年全市生猪出栏量达到 20.48 万头。

2006 年 9 月，琼海市新慧猪场从江苏省引进优良生猪品种“太湖”猪种猪 22 头饲养繁殖，其中公猪 3 头，母猪 19 头。至 2009 年年底，已繁殖纯种太湖母猪约 500 头，其中在猪场饲养 100 头，当地农户饲养 400 头。太湖猪品种的优点是繁殖率高，每窝平均产仔约 18—20 头，最多 26 头以上，做母本杂交优势强，瘦肉率 39%—45%。

在引进外地良种饲养和对地方品种杂交改良的同时，琼海市养殖户也具有较强的本地品种保护意识。据统计，至 2010 年年底，全市地方生猪品种烟塘猪原种母猪存栏量约有 3000 多头，烟塘猪原种公猪 5 头，主要分布在市北片区的烟塘、长坡、大路、万泉、塔洋等地区。

1999 年年底，国家开始在海南岛全境建设无规定动物疫病区示范区（简称无疫区），经过十年的努力，2009 年“无疫区”建设顺利通过农业部专家组的评估验收。“无疫区”的成功建设也为琼海市生猪生产的发展提供了良好的条件。在此期间，全市经济园林间专业化养猪和各类规模养猪场不断发展扩大，特别是自 2007 年国家开始投入大量资金扶持养猪，出台养猪惠农政策，全市有 8 个规模猪场获得国家扶持资金共 460 万元，有 6 个规模猪场获国家大型沼气池建设资金共 600 多万元，有 8 个规模猪场获得国家养猪贷款贴息资金共 100 万元，全市获得能繁母猪补贴资金共 500 万元。据统计，2009 年，全市生猪存栏量 24.5 万头，出栏量达到 32.89 万头，能繁母猪存栏量达到 3.26 万头。2010 年，全市生猪存栏量 23.4 万头，出栏量 34.53 万头。

二、牛

琼海农民历来以牛为主要役力，用于耕地。1991 年，全县牛存栏量 6.38 万头，其中能繁母牛 3.16 万头。但随着经济作物的发展，草坡草地不断被开发利用，能提供养牛的草被资源逐渐减少，到 1999 年，全市牛存栏量为 5.88 万头。农业机械化的逐步普及，役牛耕地已逐渐被拖拉机所替代，牛的存栏量和出栏量也随之逐渐减少。2000 年，全市牛存栏量 5.67 万头，到 2005 年，全市牛存栏量减少到 3.84 万头，2010 年仅存 2.44 万头，其中水牛 1.63 万头，黄牛 0.81 万头，奶牛 1 头，水牛主要分布在阳江、中原、长坡、嘉积、万泉、龙江、塔洋等镇，黄牛主要分布在潭门、长坡、博鳌、嘉积等镇。

三、羊

琼海饲养羊的主要品种是肉用型黑山羊，农民利用自然的草山草地和灌木林地以群体放牧饲养，群体大小一般为20—80只之间。主要分布于大路、塔洋、阳江、博鳌、中原、万泉、嘉积等镇。全市（县）黑山羊存栏量：1991年为0.93万只、1995年发展到2.13万只，2000—2010年基本稳定在2.4万—2.5万只之间。

四、鸡

20世纪80年代末，琼海县上埇乡龙寿村一些农民自发组织起来收购来自农家饲养生产的本地土种鸡种蛋，采取人工土法孵化方法生产鸡苗，并创造性地在桉树林中搭舍实行圈放结合的规模化肉鸡饲养，取得较好的经济效益。其成功的经验逐渐在周边的上埇、福田、博鳌、潭门、长坡、塔洋、嘉积、朝阳等乡镇推广。20世纪90年代初，琼海市（县）养鸡专业户又开始从广东等地引进部分石岐杂、三黄、882等肉鸡优良品种进行饲养。1991年，琼海县肉鸡年出栏量1512万只。1993年，市畜牧局实施“依靠科学技术、促进肉鸡生产基地发展”的星火计划项目，对全市的肉鸡生产加强技术指导、科技培训、良种引进、混合颗粒饲料购销等服务，全市林间养鸡事业向规模化、专业化、商品化、效益化发展，肉鸡年出栏量发展到1678万只。1994年，项目的成功实施获得海南省星火计划二等奖。1995年后，琼海市以市畜牧局创办的“琼海天明种鸡场”为代表的规模化种鸡场不断出现，加上肉鸡良种的大量引进和普及饲养，又加快全市肉鸡生产的发展。1997年，全市肉鸡出栏量1752万只，2000年为2080万只。2003年起。全市有2家饲养蛋用鸡，1个品种为“罗曼蛋鸡”，存栏量2万只，另一个品种为“北农大3号蛋鸡”，存栏量为1.2万只。2005年，广东温氏公司落户海南儋州市，并在当地大规模发展养鸡生产，产品大量供应海南省西部市县，影响了琼海市肉鸡销售渠道，使琼海市的肉鸡生产有所下滑，肉鸡出栏量1842万只。2006—2010年，全市肉鸡出栏量基本稳定在1600万—1800万只之间。

五、鸭

主要饲养有樱桃谷鸭、金定蛋鸭、嘉积鸭（番鸭）和草鸭。1991年，全县肉鸭出栏量150.5万只，1995年为184.8万只，2000年为291.1万只，2005年为251.9万只，2010年为283.4万只。

嘉积鸭，是琼海市嘉积地区华侨200多年前从国外引进的肉用型番鸭（学名：瘤头鸭），是当地群众经过长期选种选配，采取独特的科学饲养管理方法培育而成的地方驰名品牌鸭，为海南四大名菜之一。为发展嘉积鸭生产，1982年，组织技术人员完成嘉积鸭资源调查报告。1983年，创办琼海县种畜场，开展种鸭群体饲养管理和种蛋人工孵化技术研究试验，解决母鸭产蛋率、种蛋受精率和人工孵化出雏率“三低”的技术难题，嘉积鸭饲养专业户、小规模场也不断出现。1986年，县种畜场从法国引进法国番鸭（纯白色）饲养和繁殖。1992 年，嘉积鸭存栏量 7.4 万只，出栏量 19.68 万只。2006 年，市畜牧局组织编制了《嘉积鸭肉鸭饲养管理技术规程》和《嘉积鸭种鸭饲养管理技术规程》两个地方标准。同年存栏量 28.8 万只，出栏量 72 万只。2007 年，完成《嘉积鸭遗传资源调查报告》，把嘉积鸭列入国家畜禽遗传资源名录，对保护和开发嘉积鸭地方品种资源具有重大意义。2010 年，全市嘉积鸭存栏量约 39.4 万只，出栏量约 86.6 万只。

六、鹅

琼海县鹅饲养历来以农村家庭少量散养为主，主要饲养的鹅品种有本地杂鹅、阳春鹅、四川鹅、定安鹅（均为纯白色鹅品种），少量饲养狮头鹅等灰色鹅品种。曾有几家企业大群饲养种鹅（存栏 1000—2000 只），都由于种蛋受精低（平均仅有 10%—20%）而停止生产，鹅苗仅靠农户少量散养的种鹅进行生产，鹅苗常供不应求，大部分靠从外县外省引进。1991 年，肉鹅出栏 42 万只。随着琼海温泉鹅品牌的推出，琼海生产的鹅在市场上供不应求，促进养鹅业发展，肉鹅饲养专业户、育肥鹅专业村不断出现，仅嘉积镇不偏村每年可出栏育肥鹅 30 多万只。到 2003 年，全市肉鹅出栏达到 100 万只。2010 年，仅温泉鹅出栏便达 80 万只。

温泉鹅，是琼海畜牧业特色品种之一。得名于 20 世纪 80 年代中期，琼海县温泉镇开办很多专门的鹅肉饭店，烹调方法独特，味道很好，逐渐形成“温泉鹅”品牌。起初温泉鹅的来源主要是万泉河两岸农户饲养的本地鹅，从小放养在河边的沙滩和河面上，靠食用河边生长的野草，以及农户家中的碎米和种植的萝卜苗长大，待到翅羽交叉，再用米饭、糠、番薯、花生饼等精心混合填喂，10—20 天后就成了正宗的温泉鹅。

七、其他畜禽

琼海农民除饲养猪、牛、羊、鸡、鸭、鹅外，还饲养有少量的兔、家犬、宠物犬、肉鸽和鹌鹑等动物。农民饲养的兔、鸽和鹌鹑都是作为肉用，饲养家犬看家护院。2010 年，全市肉兔出栏 1.55 万只，家犬出栏 3.26 万只，肉鸽出栏 4 万只。

1991—2010年琼海市（县）畜牧业发展主要数据基本情况表

表 4-4-2

名称 年份	牛年存栏	牛年出栏	羊年存栏	羊年出栏	猪年存栏	猪年出栏	禽年存栏	禽年出栏	其中 鸡年存栏	鸡年出栏	鸭年存栏	鸭年出栏	鹅年存栏	鹅年出栏	兔年存栏	兔年出栏	鸽年存栏	鸽年出栏
1991	63834	9109	9396	1860	149964	154349	4213346	3673764	3673764	15147065	401936	1505384	137646	420745	7863	88325	16353	80135
1992	64533	9321	11657	16287	155895	162473	4887921	17971783	4333410	15944278	413516	1584615	140995	442890	8030	90326	17983	95663
1993	64255	9436	15725	15431	171800	171025	5687940	18917666	5107165	16783450	438447	1668016	142328	466200	8431	98312	18575	108751
1994	64204	9562	20364	16200	158108	180027	5474335	17808070	4876638	15561526	450882	1755807	146815	490737	88166	108516	20138	134523
1995	62523	9625	21358	16311	150941	189503	5849362	18745337	5243560	16380554	456885	1848218	148917	516565	8562	115223	21856	143520
1996	61328	9783	23035	17020	149035	199477	6258000	19731934	5645659	17242688	462985	1945493	149356	543753	9165	125613	22614	154121
1997	61539	9899	26050	20153	144257	188448	5833300	20142498	5202687	17522283	478196	2047888	152417	572372	9583	136395	23783	161890
1998	61621	11096	26147	24305	146936	187592	5169400	21182313	4550613	18424144	462872	2155672	155915	602497	101251	144652	23652	168561
1999	58845	14177	23250	27135	142099	204857	4608788	24395030	3932263	21164578	514606	2500268	161919	730184	10144	152930	26650	150000
2000	56734	14726	24139	30153	141934	215576	5730109	24722213	4722879	20808332	690467	2910680	316763	1003201	36179	189716	16334	103556
2001	55464	15288	26089	35196	151350	219905	5477905	25768731	4521340	21960548	664672	2831563	291893	976620	17819	167757	65188	301607
2002	56394	15296	28554	35060	148572	224198	5807260	25315640	4718490	21273980	817280	3090580	271490	951080	20006	150671	26587	277803
2003	52179	15769	25261	32519	117745	219774	5242820	24031280	4460570	20585310	604360	2618080	177890	827890	10140	15715	21824	43358
2004	46871	16849	24724	30226	142763	245355	6674439	24647868	5554500	20838485	907619	2908506	212320	900877	7003	19050	12100	44209
2005	38427	17270	23333	31535	131124	242801	4217994	21613717	3639697	18419263	454440	2519028	123857	675426	6107	10947	10072	39954
2006	32961	15641	21406	36499	137022	263211	5223939	21378270	4478294	18206384	594477	2473681	151168	698205	7385	14166	13137	61740
2007	29943	16801	23681	42267	168244	293052	6827013	22595488	5632030	19378855	922294	2576640	272689	639993	4017	7777	10750	38134
2008	27099	15826	25526	40972	227762	313350	6640280	18572491	5631056	15313781	809013	2570660	200211	688050	5389	10320	15255	34922
2009	25279	14782	27251	38681	213461	321641	6238323	17986302	5338464	15155026	706326	2356037	193533	475239	3684	6016	16657	27574
2010	24365	13187	20383	37203	210489	326737	6055691	16809786	5109199	14206862	781335	2191757	165157	411167	3093	3465	13170	36800

第二节 品种改良

1990 年，琼海市畜牧兽医部门从广西柳州养牛场引进“摩拉”“尼厘杂”种公牛各一头，在烟塘镇黄号村委会书田村进行杂交繁育和饲养试验，试验期间共繁育杂交水牛 38 头，杂交黄牛 56 头，杂交水牛、黄牛的生长速度虽然比原来水牛、黄牛的生长速度快，但因外貌特征、性情不温驯等原因，不受当地群众欢迎，1993 年年底终止试验。

1995—2010 年，美健猪场、新慧猪场，专业户黄心春、麦邦轩、陈必强等先后引进“杜洛克”“大约克夏”“长白”等瘦肉型良种公猪进行杂交繁育，所产的二元、三元组合猪又替代了“巴烟（巴文）”组合猪。2010 年，琼海市出栏肉猪 34 万头，出栏肉猪的良种率达到 100%。

第三节 畜产品加工及经营

琼海市是全省畜牧业生产最发达的市县之一，特别是猪和鸡的生产已走上规模化、专业化、产业化的轨道，为全省最大的生产基地和输出基地，但在畜产品的屠宰加工和深加工方面比较落后，全市未创办一家畜产品加工、深加工、包装、向外销售的企业，一直来向市外、省外销售的畜禽都是以活体的方式进行交易和运输。

一、肉鸡

1990 年前后，琼海市农民开始利用林间搭舍实行规模化、专业化养鸡，1991 年肉鸡出栏量达到 1512 万只，在较好的经济效益的推动下，全市养鸡的范围、规模不断扩大，档次不断提高，年出栏上万只、十万只到近百万只的专业户不断出现，如长坡镇的谢盛宁、周全明、石贤鑫，博鳌镇的陈宁和嘉积镇的梁振健、黎文儋等专业户年出栏就达到 30 万—80 万只之间。2000 年前后，全市养鸡业发展达到高峰，年出栏量达到 2000 万只。2005 年后，有所回落，年出栏量在 1700 万—1800 万只之间。2010 年，全市肉鸡出栏 14995281 只。

全市出栏肉鸡主要以活体方式销往海口、三亚、儋州、定安、琼中等市县，部分还销往广东等地。1996 年，建立泮水家禽交易市场，让小规模养鸡户每天傍晚将肉鸡运到交易场出售，较大规模的养鸡户在交易市场内设摊位，长期经营销售，规模养鸡户通过肉鸡运销中介（鸡贩子），带购买者直接到饲养户进行现场交易。2010 年，肉鸡产业发展迅速，品种也由最初的“粤黄882”，增加了“麻黄”、文昌鸡、“海莱”等，其中文昌鸡的饲养量逐年增加，达到1000万只。

二、肉猪

1991年，市政府动员农民家家户户养猪。2000年，随着经济作物的发展，经济园林间“猪—果—沼气”的立体生态型养猪模式不断出现。2000年后，海南省无规定动物疫病区品牌效应凸显，规模化、商品化、产业化的养猪企业大量出现，2010年，全市年出栏万头以上的猪场有4个，年出栏5000—10000头的猪场有6个，年出栏1000—5000头的猪场有40个。据统计，1991年，琼海市生猪出栏15.4万头，2000年出栏21.5万头，2005年出栏24.3万头，2010年出栏达到34.5万头。

琼海市出栏生猪的经营，一方面靠市内各个生猪定点屠宰场屠宰后分散到各个市场销售，供应全市肉食需要；另一方面以活体方式销往省内的海口、三亚、万宁等市和省外的广东、深圳、中国香港等地区，如琼海大甲农业发展有限公司猪场每年定向销往深圳、中国香港的生猪就有1.5万—2万头。2010年，随着能繁母猪补贴的惠农政策落实，养猪业得到迅猛发展，生猪年出栏353032头，基本满足市场供给，结束了琼海市猪肉市场依靠岛外调运的局面。

1991—2010年琼海市（县）生猪定点屠宰情况表

表4-4-2

年度	屠宰量（头）	增减（头）	增减（%）
1991	118572	+21520	+22.17
1992	124483	+5911	+4.98
1993	137292	+12809	+10.29
1994	138234	+942	+0.69
1995	137884	–350	–0.25
1996	138594	+710	+0.52
1997	115693	–22901	–16.52
1998	135423	+19730	+17.05
1999	146943	+11520	+8.50
2000	152453	+5510	+3.74

续表 4–4–2

年度	屠宰量（头）	增减（头）	增减（%）
2001	157170	+4717	+3.09
2002	169639	+12469	+7.93
2003	169149	–490	–0.29
2004	163246	–5903	–3.49
2005	176003	+12757	+7.81
2006	188318	+12315	+6.99
2007	159155	–29163	–15.49
2008	151378	–7777	– 4.89
2009	184729	+33351	+22.03
2010	194976	+10247	+5.55

第四节　疫病防治

一、猪病

（一）猪瘟

猪瘟俗称“烂肠瘟”，是猪的一种急性、热性和高度接触传染性的病毒性疾病。1990年，琼海市猪瘟发病 710 头、死亡 670 头，同年发病率和死亡率分别为 0.28%和 0.26%（均按同年生猪存栏量计算）。1990 年后，猪瘟在全市呈零星散发性发生。1998 年，琼海市某村购进外来猪 8 头发生猪瘟，经及时无害化处理，疫情很快被扑灭控制。此后，琼海市没有猪瘟疫情报告。

（二）口蹄疫

口蹄疫是猪、牛、羊等偶蹄动物的一种急性、热性和接触性传染病，人也可感染。它在临床上以口腔黏膜、蹄部及乳房皮肤发生水疱和烂斑为特征。1990 年后，琼海市（县）做好每年春、秋两防和市场交易的家畜口蹄疫免疫注射工作，自 1996 年后，琼海市没有发生家畜口蹄疫疫情报告。

（三）猪肺疫

猪肺疫又称“锁喉”或“箭喉”病。是由猪巴氏杆菌引起的一种散发性或地方流行性肺炎。1990 年该病年发病率 0.30%、致死率 0.04%，1998 年后琼海市没有发生该病疫情报告。

（四）猪丹毒

是由猪丹毒杆菌引起猪传染病，主要表现为急性败血症和皮肤疹块，群众称为“打火印”“出红斑”“鬼打印”。据 1990 年疫情统计，发病 551 头，死亡 87 头，发病率和死亡率分别为 0.22%和 15.8%，1998 年后，琼海市无该病疫情报告。

（五）猪支原体肺炎

猪支原体肺炎又称猪喘气病，病原为猪肺炎支原体，本病多呈慢性经过，主要临床症状是咳嗽和喘气。1990 年疫情统计，发病 2328 头、死亡 291 头，发病率和致死率分别为 0.93%和 12.5%。尚没有可靠的疫苗供应使用，但在药物治疗方面，使用土霉素碱、卡那霉素、壮观霉素、强力霉素、泰乐菌素等抗生素治疗，得到很好的效果。随着琼海市无疫区项目的建设，发病率逐年下降，偶有老疫区猪场呈散发性发生。2009 年疫情统计，发病 887 头，死亡 28 头，发病率和致死亡率分别为 0.16%和 3.15%。2010 年疫情统计，发病 1015 头，死亡 36 头，发病率和致死率分别是 0.16%和 3.54%。

（六）猪链球菌病

是由不同群的链球菌所引起的一种急性高热性传染病，临床上以高温、神经症状、关节炎和内脏实质器官充血出血及纤维素性胸膜炎、腹膜炎为主要特征。据疫情统计，1990 年，琼海市该病发病 567 头，死亡 85 头，发病率 0.22%，致死率 15%。2000 年发病 470 头，死亡 94 头，发病率 0.13%，致死率 5%。2002 年后，琼海市没有该病的疫情报告。

二、牛病

主要是牛瘟。

由副黏病毒科牛瘟病毒引起偶蹄动物的一种高度接触性、急性、烈性传染病，临床特征体温升高、流泪和腹泻、发病率和死亡率高。1991—2010 年，琼海未发生牛瘟传染病。

三、禽病

（一）鸡新城疫

俗称“鸡瘟”，也称亚洲鸡瘟，由新城疫病毒引起，主要临床症状：精神高度沉郁、呼吸困难、严重下痢、神经紊乱，是鸡的急性高度接触性传染病。20 世纪 80 年代后期，随着政府对本病的高度重视，加大专项经费的投入，每年春秋两季进行免疫注射，加大免疫密度，1990 年后鸡瘟逐年减少。2000 年后，琼海市没有接到新城疫疫情病例报告。

（二）鸡传染性法氏囊病

病原体为呼肠孤病毒科鸡传染性法氏囊病病毒。临床表现为精神不振、厌食、间歇性腹泻、震颤和重度虚弱并出现免疫抑制。1987 年琼海县开始发现此病，并逐渐在全县鸡群中广泛流行，其流行面之广，损失程度不亚于鸡新城疫。1988—1992 年，危害达到最高峰，鸡群发病率轻者 3%—5%，重者可达 80%，死亡率达 20%—30%。一年四季均有流行，多发生 3—6 周龄雏鸡。1992 年后，随着高效的中等毒力法氏囊活疫苗的研制成功，发病率逐年减少，2000 年后琼海市基本控制疫情，偶有散发性发病。2009 年发病 190590 只，死亡 19021 只，发病率和致死率分别为 0.85%和 9.98%。2010 年，发病 207120 只，死亡 20590 只，发病率和致死率分别是 0.81%和 9.94%。

（三）禽霍乱

也叫出血性败血症或巴氏杆菌病。多发病于闷热、潮湿的环境条件下，常见于育成鸡和产蛋鸡。1999 年，琼海市开展动物无疫区项目的建设，加大防控力度，规模化养禽场少有发病，农村散养鸡偶呈散发性发病。据疫情统计，2009 年，琼海市散养鸡发病 45445 只，死亡 4322 只，发病率 0.2%，致死率 9.51%。2010 年，发病 48570 只，死亡 4810 只，发病率和致死率分别是 0.19%和 9.9%。

（四）鸡传染性喉气管炎

由疱疹科病毒引起的一种急性、高度接触性呼吸道传染病，主要症状是呼吸困难、喘气和咳嗽，有时咳出血样渗出物。1990 年在琼海县的鸡场中开始出现该病的临床症状和解剖病变。1994 年春初，发病流行在琼海达到高峰。同年全市有 803 户（场）发病，发病率 45%，致死率达 5%—20%，采取紧急接种疫苗、病死鸡无害化处理、消毒栏舍和用具，再让鸡舍空置 2 个月后才进鸡苗等措施后，发病率逐年下降，在某些鸡群偶呈散发性发病。2009 年，发病 97455 只，发病率 0.43%，死亡 4696 只，致死率 4.82%.2010 年，发病 295900 只，死亡 4725 只，发病率和致死率分别是 0.37%和 4.93%。

（五）鸡白痢

由白痢沙门氏杆菌引起的传染病。各种年龄鸡均可感染，但对雏鸡危害较大，一年四季均可发生，是养鸡业普遍存在的问题。随着养鸡规模化、管理科学化、防疫免疫规范化，由本病造成的损失也逐年下降，据 2009 年疫情统计，本病发病 561315 只，死亡 22419 只，发病率和致死亡率分别为 2.51%和 3.99%。2010 年，发病 568280 只，死亡 22820 只，发病率和致死率分别是 2.21%和 4.02%。

第五节　无规定动物疫病区建设

1999年，农业部提出把海南建成全国最大的无规定动物疫病区示范区。琼海市的“无疫区”建设重点是加强动物疫情监测体系、动物防疫监督体系、动物疫病控制体系和动物防疫屏障体系等四大动物疫病防控体系建设。防控动物疫病对象主要是牲畜口蹄疫、高致病性禽流感、猪瘟、高致病性猪蓝耳病和鸡新城疫等五种动物重大传染病。

琼海市成立畜牧兽医局，设立动物卫生监督所、动物疫病预防控制中心、畜牧技术推广站，各镇建立畜牧兽医站（2008年合并为农业服务中心）和村级防疫员队伍，形成了机构统一的行政管理、监督执法和技术支撑等三大兽医工作体系。高标准建设适应于畜牧兽医工作的市级和镇级布局合理，功能齐全的实验室，配备了细菌分析监定仪、PCR仪、生物安全柜、酶标仪、药物残留检测仪等一大批国内外一流的先进仪器设备。完善高致病性禽流感、牲畜口蹄疫等重大动物疫病防控应急预案及其扑灭规划，重大动物疫病防控和疫情应急处理工作具备法律依据。具备开展口蹄疫、禽流感等重大动物疫情监测、流行病学调查、疫情风险评估和疫情预警预报能力，建立了国家、省、市三级互联网的动物疫情报告网络。重大动物疫病的强制免疫工作走上政府保投入、部门保质量、乡镇保密度、村庄保到户、监督保效果的工作轨道，免疫率和抗体合格率均达到有效的水平。配备了适应动物卫生监督工作的设施设备，强化对动物及动物产品饲养、生产、加工、储藏、销售、运输等环节的全程监管。2008年，建立动物疫病及畜产品质量安全可追溯体系，开始对规模场或散养户饲养的生猪佩带二维码电子标识（耳标），实际上就是每头猪的“身份证”，生猪出售到任何地方查出有重大疫病或禁用药物残留等质量问题时，就可根据生猪所佩带的电子标识追溯到生产者。加强对以上畜禽饲养、生产、经营、屠宰、加工、储藏、运输、销售和畜禽饲料兽药生产、经营、使用等环节进行依法监管，对违法行为从严处罚，促进各个环节规范开展，确保畜产品质量安全。

1999—2009年，连续10年琼海市境内未发现牲畜口蹄疫、高致病性禽流感等重大动物疫病临床病例。畜禽肉食供应从过去的不自给发展到向外调出。琼海市生猪出栏量从1999年20.5万头，发展到2009年的32.9万头，自2004年开始每年向市外、省外调出生猪5万—12万头。2009年，琼海市的无规定动物疫病区建设工作，顺利通过国家专家组的评估验收。

1991—2010年，琼海市未出现因畜产品质量问题威胁人体健康的案例。

第六节　动物卫生执法监督

1991 年至 2008 年 7 月，琼海市兽医卫生监督检验所负责动物卫生执法工作。2008 年 8 月，琼海市畜牧兽医局撤销“琼海市兽医卫生监督检验所”“琼海市动物检疫站”，设立“琼海市动物卫生监督所”，为市畜牧兽医局内设机构，人员定编 7 人，设正、副所长各一名，负责动物卫生防疫监督执法、组织实施动物和动物产品的检疫等工作。琼海市动物卫生监督所监督人员不断壮大，2008 年，琼海市动物卫生监督动物检疫员 58 名、监督员 6 名，到 2010 年，琼海市动物卫生监督动物检疫员增加到 65 名、监督员 6 名，其中大专以上学历占 78%，中专学历占 15%，高级职称 2 名，中级职称 11 名，助理职称 37 名，持证上岗率 100%.累计投入资金 100 多万元，配备了执法车 2 辆和取证用摄像机、数码照相机、智能识读器、电脑等一批仪器设备，不断提高行政处罚办案效率和水平。制定《琼海市动物检疫工作规范》和《琼海市动物检疫员工作规范》，进一步对动物和动物产品产地检疫、屠宰检疫管理。不断完善动物检疫报检、驻场检疫、动物防疫条件审核和证章标志管理等制度，继续推进市场准入和检疫标识制度。通过开展专项监督检查，对贩卖病死动物及其产品和逃避检疫等违反动物防疫法律法规行为进行严厉打击。同时加强全市辖区内生产、经营、流通等环节的动物和动物产品监督检查，开展市场肉品质量安全专项清查。配合市畜牧兽医局开展饲料、兽药生产、经营、使用等环节的检查监督、抽样送检、执法处罚工作。打击非法生产和经营、假劣、冒牌、不合格饲料、兽药的行为，提高饲料、兽药合格率。

第五章　水　利

第一节　机构

1991年，琼海县水电局为科级行政单位。1995年1月，与三防办公室合并为水电（三防）办公室，改为副科级事业单位。后更名为水利电办局。2001年4月，更名为市水利局。2003年7月，更名为市水务局，属市政府直属机构，正科级事业单位。2009年，改为主管全市水务水利工作的市政府组成部门，内设市防汛防风防旱总指挥部办公室机构。下辖嘉积水电工程管理处、九曲江河系水电工程管理处、合水水电工程管理处、文岭水电工程管理处、石合水电工程管理处等5个事业单位。

第二节　蓄水防灌

至2010年，琼海市共有电站总数21座（本节统计数据均不包含由海南省水务厅直管的牛路岭水电站），发电量年均总发电量52262771千瓦时。共有中小型水库98宗，其中中型7宗，小型水库91宗［其中小（一）型27宗，小（二）型64宗］；设计总库容28210.3万方，其中型库容16574.8万立方米，小型库容11635.5万立方米［其中小（一）型8871.1万立方米，小（二）型2764.4万立方米］；设计灌溉面积14902.6公顷，其中中型9093.33公顷，小型5809.27公顷［其中小（一）型3446.33公顷，小（二）型2362.93公顷］；实际灌溉面积7286.73公顷，其中中型2884.2公顷，小型44.2.53公顷［其中小（一）型2748.47公顷，小（二）型1654.07公顷］。重点小（二）型以上水库已全部加固安全使用。

堤防共18条，主要分布在博鳌镇、嘉积镇和潭门镇，总长度29.66261千米；其中海堤4条，总长度8.10161千米（其中培兰0.91千米、沙美2.61千米、潭门港1.5千米、青葛渔港3.08161千米）；河堤14条（其中博鳌镇9条、嘉积镇4条、万泉镇1条），总长21.561千米。

水闸共15座（其中万泉镇1座、中原镇1座、博鳌镇3座、阳江镇1座、潭门镇5座、长坡镇2座、大路镇1座、会山镇1座），总过闸流量1186.59立方米/秒，引水流量39.89立方米/秒。

水利渠道约1541千米，其中干渠328千米、支渠1039千米。累计维修支渠以上渠道1307千米，完成渠道（含干渠和支渠）硬板化达212千米，配套渠道建筑物约2566处。

第三节 中型水库

一、文岭水库

位于琼海市东北部大路镇清朗村委会境内，万泉河支流塔洋河上游，水库管理单位为琼海市文岭水电工程管理处，管理处下设文岭库区管理组、官排管理所、美容管理所，琼海市水务局是文岭水库的主管部门。坝址以上集雨面积48.05平方千米，总库容2266万立方米，设计灌溉面积2030.8公顷，防洪保护耕地面积2466.7公顷，保护下游共8.6万人免受洪灾威胁，是一宗以灌溉效益为主结合防洪、发电、养殖等综合利用的中型水库。水库枢纽由主坝1座、副坝7座、溢洪道1座、输水涵管2座、坝后电站1座组成。枢纽工程为Ⅲ等，主要建筑物级别为3级，次要建筑物级别为4级。

2004年4月文岭水库完成大坝安全鉴定工作，经海南省水务局审定并由水利部大坝安全管理中心核查，大坝被鉴定为三类坝。工程由海南省水利电力建筑勘测设计院设计，初步设计概算为2765.84万元，由琼海市水务局上报海南省水务局审批。2008年3月21日，海南省水务局审查了初步设计，下发《海南省水务局关于琼海市文岭水库除险加固工程初步设计的批复》。批复工程初步设计概算2665.1万元，经水利部珠江委审核工程总概算为2546.91，到位资金2321万元。

文岭水库除险加固工程主要建设项目有主坝、3#副坝坝体、坝基防渗处理，三九副坝坝体加高，2#、角塘洋和烟塘等副坝坝顶加宽，主、副坝坝顶及上、下游坝坡加固整治，修建排水设施等；溢洪道堰基防渗处理，泄槽底板整修，拆除重建溢洪道交通桥；拆除重建角塘洋副坝放水涵；修建防汛抢险道路，完善大坝安全监测设施；修建管理生产业务用房等。

文岭水库所用高程为56榆林高程基准；文岭水库溢洪道工作闸门型式为自动翻板闸，启闭方式为水力自控；文岭水库输水建筑物以灌溉为主，兼有发电功能。

二、中平仔水库

位于琼海市南部会山镇大伙村委会境内，九曲江上游，水库管理单位为琼海市九曲江河系水电工程管理处，管理处下设官墓管理所、南塘管理所、中平仔管理所，琼海市水务局是中平仔水库的主管部门。坝址以上集雨面积13.9平方千米，总库容2476万立方米，设计灌溉面积 1346.67 公顷，防洪保护耕地面积 4333.33 公顷，保护下游共 8.1 万人免受洪灾威胁，是一宗以灌溉效益为主结合防洪、发电、养殖等综合利用的中型水库。水库枢纽由主坝 1 座、副坝 1 座、溢洪道 1 座、输水涵管 1 座、坝后电站 1 座组成。枢纽工程为Ⅲ等，主要建筑物级别为 3 级，次要建筑物级别为 4 级。

2007 年 5 月，中平仔水库完成大坝安全鉴定工作，经海南省水务局审定并由水利部大坝安全管理中心核查，大坝被鉴定为三类坝。工程由海南省水利电力建筑勘测设计院设计，初步设计概算为 1621.95 万元，由琼海市水务局上报海南省水务局审批。2009 年 1 月 12 日，海南省水务局审查了初步设计，下发《海南省水务局关于琼海市中平仔水库除险加固工程初步设计的批复》。批复工程初步设计概算 1826.17 万元，经水利部珠江委审核工程总概算为 1621.95 万元，到位资金 1677 万元。

中平仔水库除险加固工程主要建设项目有：修建主坝和副坝前坝坡砼护坡、坝后坡排水棱体、坝后坡排水系统及草皮护坡、坝基防渗墙；溢洪道控制段及前后构筑物拆除重建、控制段构筑物维修加固、拆除重建溢洪道交通桥；封堵旧涵，新建输水隧洞，修建防汛抢险道路；工情自动测报系统；管理房及生活区整治等。

中平仔水库所用高程为 56 榆林高程基准；中平仔水库工作闸门型式为自动翻板闸门，启闭方式为水力自控；中平仔水库输水建筑物以灌溉为主，兼有发电功能。

三、石合水库

位于万泉河一级支流文曲河下游，地处琼海市西北部万泉镇光跃村委会境内，水库管理单位为琼海市石合水电工程管理处，琼海市水务局是石合水库的主管部门。坝以上集雨面积 86.3 平方千米，是一宗以灌溉为主，兼有防洪、发电等综合效益的中型水库，总库容 3256 万立方米，设计灌溉面积 1733.33 公顷，年发电量 180 万—220 万千瓦时，保护下游人口 7.5 万人，耕地 3000 公顷与博鳌亚洲论坛会址。枢纽建筑物主要有主坝两座、副坝五座、放水涵两座、溢洪道和坝后电站。枢纽工程为Ⅲ等，主要建筑物级别为 3 级，次要建筑物级别为 4 级。

2003 年 2 月，海南省水利局组织专家审定石合水库大坝安全评价报告，鉴定石合水库为三类坝，经水利部大坝安全管理中心核查，同意安全鉴定结论。工程由海南省水利电力建筑勘测设计院设计，由琼海市水务局上报海南省水务局审批。2003 年 6 月，海南省水务局审查了初步设计，下发《关于琼海市石合水库除险加固工程初步设计的批复》。2004 年 2 月 26 日，海南省水务局对《石合水库除险加固工程初步设计（修订本）》进行了审批，下达了《关于琼海市石合水库除险加固工程初步设计（修订本）的审批意见》，批复工程初步设计概算 2604.24 万元，到位资金 1430 万元。

石合水库除险加固工程主要建设项目有:（一）主坝坝体防渗加固，加固迎水坡护坡，重建坝脚排水棱体。（二）第二至五副坝护坡坝体培厚加宽坝顶，并对坝基、坝体进行防渗加固。（三）溢洪道闸基、闸墩防渗加固，维修启闭机室，闸门防腐处理，出口防冲加固。（四）重建放水涵西涵，更换东涵闸门和启闭设备、维修放水塔。（五）建主坝浸润线和位移观测孔点。（六）房屋工程、厂区维修库貌整治、防汛道路。

石合水库所用高程为 56 榆林高程基准；石合水库主坝 1、主坝 2 和副坝 2 坝基防渗型式均为高压摆喷防渗墙。

四、南塘水库

位于琼海市九曲江支流，地处会山镇境内，水库管理单位为琼海市九曲江河系水电工程管理处，管理处下设官墓管理所、南塘管理所、中平仔管理所，琼海市水务局是南塘水库的主管部门。坝址以上集雨面积 12.87 平方千米，总库容 1520 万立方米，设计灌溉面积 800 公顷，防洪保护耕地面积 3866.67 公顷，保护下游共 5.1 万人免受洪灾威胁，是一宗以灌溉效益为主结合防洪、发电、养殖等综合利用的中型水库。水库枢纽由主坝 1 座、副坝 3 座、溢洪道 1 座、输水涵管 1 座、坝后电站 1 座组成。枢纽工程为Ⅲ等，主要建筑物级别为 3 级，次要建筑物级别为 4 级，主要建筑物洪水标准按 100 年一遇设计，1000 年一遇校核。

2007 年 5 月南塘水库完成大坝安全鉴定工作，经海南省水务厅审定并由水利部大坝安全管理中心核查，大坝被鉴定为三类坝。工程由三亚市水利水电勘测设计院设计，初步设计概算为 2140.92 万元，由琼海市水务局上报海南省水务局审批。2008 年 3 月 21 日，海南省水务局审查了初步设计，下发《海南省水务局关于琼海市南塘水库除险加固工程初步设计的批复》。批复工程初步设计概算 2015.86 万元，经水利部珠江委审核工程总概算为 1850.14 万元，到位资金 1710 万元。

南塘水库除险加固工程主要建设项目：修建主坝和一处坝前坝坡砼护坡、坝后坡排水棱体、坝后坡排水系统及草皮护坡、坝基防渗墙；拆除主坝和一处坝坝顶灌溉渡槽；溢洪道控制段以前构筑物拆除重建、控制段以后构筑物维修加固、修建溢洪道交通桥；维修原交通桥；维修放水塔室；建防汛抢险道路；工情自动测报系统；管理房及生活区整治；大坝白蚁防治等。

南塘水库所用高程为 56 榆林高程基准；南塘水库主坝和副坝 1 型式均为三合土心墙土坝。

五、美容水库

位于琼海市塔洋河支流，地处琼海市大路镇美容村境内，水库管理单位为琼海市文岭水电工程管理处，管理处下设文岭库区管理组、官排管理所、美容管理所，琼海市水务局是美容水库的主管部门。坝址以上集雨面积 25 平方千米，水库总库容 2130 万立方米，设计灌溉面积 1413.33 公顷，防洪保护耕地面积 1800 公顷，保护下游共 8.6 万人免受洪灾威胁，是一宗以灌溉为主，兼有发电等综合效益的中型水库。水库枢纽由主坝，副坝 2 座、溢洪道、输水涵管及坝后电站组成。枢纽工程为Ⅲ等，主要建筑物级别为 3 级，次要建筑物级别为 4 级。

2004 年，美容水库完成大坝安全鉴定工作，经海南省水务局审定并由水利部大坝安全管理中心核查，大坝被鉴定为三类坝。工程由海南省水利电力建筑勘测设计院设计，初步设计概算为 2726.94 万元，由琼海市水务局上报海南省水务局审批。2008 年 3 月 21 日，海南省水务局审查了初步设计，下发《海南省水务局关于琼海市美容水库除险加固工程初步设计的批复》。批复工程初步设计概算 2531.62 万元，经水利部珠江委审核工程总概算为 2403.16 万元，到位资金 1803 万元。

美容水库除险加固工程主要建设项目有：主坝坝体、坝基防渗处理；主、副坝加高培厚，上、下游坝坡加固整治，重建下游排水系统；拆除坝下二道坝，增设引水渠道；溢洪道拆除重建；输水涵管拆除重建等。

美容水库所用高程基准面为 56 榆林高程标准。

六、合水水库

位于琼海市东部潭门镇、长坡镇、彬村山华侨农场交界处，新园水下游的排溪、来园溪、丁沟溪三条支流合口处，是琼海市最大的一座以灌溉为主，兼有防洪、供水、养殖等综合效益的中型水库。水库于 1965 年建设，1967 年建成并投入使用。水库管理单位为琼海市合水水电工程管理处，管理处下设合水大坝管理组、博鳌灌区管理所、福田灌区管理所、潭门灌区管理所，琼海市水务局是合水水库的主管部门。坝址以上集雨面积 48.07 平方千米，水库坝型为均质土坝，最大坝高 17.635 米，坝长 950 米，坝顶高程为 20 米，校核洪水位 17.67 米，设计洪水位 17.31 米，正常蓄水位 17.15 米。水库总库容 3515 万立方米，设计库容 3246 万立方米，正常库容 3140 万立方米，有效库容 2880 万立方米。枢纽由主坝、副坝、溢洪道、放水涵管和坝后电站组成。枢纽工程为Ⅲ等，主要建筑物级别为 3 级，次要建筑物级别为 4 级。设计灌溉覆盖长坡、潭门、博鳌等三个乡镇耕地面积 1640 公顷，实际灌溉耕地面积 1173.33 公顷，防洪保护下游潭门镇墟及周边村庄人口5万人和潭门中心渔港及嘉潭公路的安全。

2001年5月海南省水利局对该水库大坝安全进行鉴定，并组织专家审定大坝安全评价报告，鉴定该水库为三类坝。水库批复的概算总投资1254.78万元。批复水库除险加固工程主要内容：一、大坝坝体、坝基局部防渗加固、培厚坝体、修善护坡；二、溢洪道防冲、防渗加固；三、改建东、西放水涵进口，西涵管身内套钢管；四、建工管办公用房。2007年，利用中央资金570万元和市配套280万元进行加固，完成的工程内容有：一、主坝坝体高压摆喷防渗墙。二、上游坡部分C20砼护坡。三、东涵管进口进行拆除重建改造，新建进水塔，管身与坝体填土间进行灌浆；西涵管身内套钢管，管身与坝体填土间进行灌浆，拆除重建进水塔。四、溢洪道钢闸门喷锌防腐及更换止水胶。五、东西放水涵金属结构及安装。由于资金没有足额到位，水库除险加固工程未能按初步设计批复内容完成和组织竣工验收工作。尚未进行除险加固的内容有：一、大坝下游坝体培厚、修善护坡；二、大坝迎水坡部分护坡（约5000平方米）；三、排水棱体改建；四、工管用房建设；五、溢洪道防冲、防渗加固。

合水水库所用高程为56榆林高程基准；合水水库主坝坝基防渗型式为高压摆喷防渗墙。

七、官墓水库

位于琼海市中南部阳江镇棉坡村境内，九曲江一级支流官塘沟的上游河段，北距市府驻地嘉积镇25千米，西南距阳江镇7 千米。坝以上集雨面积10平方千米，是一宗以灌溉为主，兼有防洪、发电等综合效益的中型水库，总库容1333万立方米，设计灌溉面积533.33公顷，年发电量8万千瓦时，保护下游人口6万人，耕地2533.33公顷与博鳌亚洲论坛会址。枢纽建筑物主要有主坝一座、副坝一座、放水涵两座、溢洪道和坝后电站。主坝、副坝均为均质土坝，放水涵为钢筋砼圆管，溢洪道为宽顶堰。枢纽工程为Ⅲ等，主要建筑物级别为3级，次要建筑物级别为4级。

2002年10月，海南省水利局组织专家审定官墓水库大坝安全评价报告，鉴定官墓水库为三类坝，经水利部大坝安全管理中心核查，同意安全鉴定结论。工程由海南省水利电力建筑勘测设计院设计，由琼海市水务局上报海南省水务局审批。2003年5月，海南省水务局审查了初步设计，下发《关于琼海市官墓水库除险加固工程初步设计的批复》。2007年9月26日，海南省水务局对《官墓水库除险加固工程初步设计（修订本）》进行了审批，下达了《关于琼海市官墓水库除险加固工程初步设计（修订本）的审批意见》，批复工程初步设计概算1635.52万元，到位资金1269万元。

官墓水库除险加固工程主要建设项目有:大坝坝体、坝基防渗加固，加宽坝顶，加固护坡；加固溢洪道，更换闸门和启闭设备；重建发电涵管进水口；增设大坝观测设施；建工管办公用房。

官墓水库所用高程为56榆林高程基准面；输水建筑物以灌溉为主，兼有发电的功能。

2010年琼海市中型水库一览表

表4-5-1

水库名称	所在地点	建设年份	最大坝高（米）	正常库容（万平方米）	总库容（万立方米）
合水水库	潭门镇	1965	17.5	3140	3240
石合水库	万泉镇	1959	27.5	2376	2960
文岭水库	大路镇	1959	26.3	2090	2626
美容水库	大路镇	1959	15.7	1830	2050
中平仔水库	会山镇	1959	24.2	2300	2560
官墓水库	阳江镇	1958	19.4	1135	1276
南塘水库	会山镇	1955	23.4	1380	1520

2010年琼海市小（一）型水库一览表

表4-5-2

水库名称	所在地点	建设年份	最大坝高（米）	正常库容（万平方米）	总库容（万立方米）
官排水库	长坡镇	1958	10.0	174.0	237
陈占水库	长坡镇	1957	15.4	306.0	350
文仔水库	长坡镇	1959	11.9	258.0	333
下沟水库	大路镇	1958	5.0	114.0	156
龙西水库	大路镇	1957	11.5	241.0	324
龙吐水库	大路镇	1958	5.5	97.5	118
七星水库	大路镇	1969	20.1	588.0	746
高源水库	长坡镇	1964	31.3	153.0	188
南平水库	长坡镇	1958	14.3	98.0	127

续表 4-5-2

水库名称	所在地点	建设年份	最大坝高（米）	正常库容（万平方米）	总库容（万立方米）
冬瓜笃水库	长坡镇	1969	15.2	75.0	117
苏南水库	阳江镇	1964	14.0	101.5	144
红色水库	阳江镇	1958	13.3	153.0	243
苏区水库	阳江镇	1959	11.0	286.0	420
蓝山水库	龙江镇	1965	10.8	96.5	227
椰丛水库	石壁镇	1959	15.0	129.0	172
水口仔水库	石壁镇	1975	20.3	190.0	222
田录水库	石壁镇	1958	10.5	125.0	159
白石岭水库	中原镇	1964	14.0	90.0	125
白沙沟水库	万泉镇	1967	11.2	87.5	102
红群水库	万泉镇	1966	18.0	76.0	100
三顶湾水库	万泉镇	1975	17.0	165.0	223
红英水库	万泉镇	1964	21.2	274.0	390
长岭水库	嘉积镇	1960	14.6	232.0	301
九陆岭水库	嘉积镇	1972	10.5	99.0	142
宝草水库	中原镇	1956	12.2	91.0	115
虎塘水库	中原镇	1964	8.5	93.5	180
里松水库	嘉积镇	1963	11.6	105.0	130

第六章　渔　业

第一节　机构

1991年，琼海县政府管理水产的职能部门是县水产局，为科级行政单位。1995年1月，与市海洋局合并为市水产（海洋）办公室后为副科级事业单位。后更名为市海洋水产局，升格为正科级事业单位。2001年5月，市海洋与渔业局升格为正科级行政单位。至2010年不变。

第二节　水产养殖

一、海水养殖

琼海市100米等深线内浅海面积1960平方千米，10米等线内浅海滩涂面积14025公顷，沙滩面积991公顷，半泥半沙面积704公顷，岩礁面积1755公顷。浅海滩涂可养面积8953公顷，其中长坡镇4140公顷，潭门镇4280公顷，博鳌镇533公顷，浅海滩涂可养品种为对虾、石斑鱼、东风螺、麒麟菜、鲍鱼、石花菜、海胆等水产品种。浅海鱼类产品种有带鱼、金线鱼、石斑鱼、大眼鲷、蛇鲻、燕鳐、蓝圆鱼参、马鲛、金枪鱼等几百种。

琼海的海水养殖起步于20世纪80年代初，一般以家庭为主，品种结构单一，规模较小。极少数农民利用滩涂搞起对虾养殖，由于养殖技术和生产条件限制，单产很低。麒麟菜的养殖由县国有企业海水养殖场管理与生产，国家划定长坡青葛266.67公顷的海域作为麒麟菜保护区，由县海水养殖场经营生产并加以保护资源，但随着麒麟菜资源的过度开发和管理体制的问题，1990年企业已面临破产，年产量276吨。1990—1995年，琼海市（县）海水养殖平稳发展，产量稳步增长到584吨，养殖面积达到533.33公顷。1995年后，业者开始开创新的养殖模式，变换新的养殖品种，由粗放养殖方式到人工育苗商业化、饲料生产工业化，引进南美白对虾技术并开始进行大批量商业化人工育苗。由于南美白对虾具有生长速度快，适宜高密度养殖，适应低盐度水环境，抗病能力优于斑节对虾与中国对虾，亲体与人工条件下容易培养，养成阶段要求饲料蛋白质含量低等优良性状，养殖技术迅速广泛推广。1996年年底，市海洋与渔业局在上级有关部门的支持下，投资105万元，兴建了一个面积3.33公顷的对虾示范培训中心，同年冬造收获斑节对虾8853公斤，收入108万元。单产每亩177公斤，开创了市海水养虾史上当造养殖投资回收成本并见效益的纪录。

在对虾示范培训中心的带动下，市高位池养虾快速发展。1998年，琼海市高位池养殖面积66.53公顷，产量369吨；1999年，面积105公顷，产量611吨；2000年119.67公顷，产量881吨；2001年面积169公顷，产量1988吨；2002年面积214.67公顷，产量2597吨；2003年面积222公顷，产量3070吨；2004年面积230公顷，产量3175吨。2003年和2004年南美白对虾高产技术应用于推广项目和南美白对虾引育与推广项目分别获得海南省科技成果转化二等奖和特等奖。2004年，高位池养殖区域主要分布在长坡、潭门、博鳌等沿海镇。其中长坡镇91公顷，潭门镇80公顷，博鳌镇59公顷，以长坡镇的发展最好。2005年，全市养殖面积达到880公顷，产量8115吨，产值2.37亿元。其中对虾500公顷，产量4000吨，产值1.2亿元。由于对虾养殖业进入高峰阶段，国际和国内市场趋于饱和，价格一直在较低的价格区间徘徊，对虾养殖进入微利阶段。全镇养殖业不断优化提高，引进名优品种，形成了一个养虾、养鱼、养螺和种苗培育同步发展的渔业“二次创业”热潮。到2010年，全市养虾500公顷，产量达4500吨，创产值1.2亿元；养石斑鱼220公顷，产量达2000吨，创产值1.4亿元；养鲍鱼1.2万立方水体、产量达120吨，创产值1440万元；全镇75家种苗场，共生产虾苗40亿尾，创产值3500万元；鲍鱼育苗场5家，产鲍鱼苗540万粒，创产值270万元；东风螺苗场3家，产东风螺苗3000万粒，创产值60万元。

二、淡水养殖

万泉河流经琼海市境内，辖区山塘水库星罗棋布，水质优良无污染，为鱼类的繁育生长和发展水产养殖提供了丰富的淡水资源，主要的养殖品种有罗非鱼、草鱼、鳙鱼、鲢鱼、甲鱼、鳗鲡、青蛙等。

琼海市的淡水养殖主要有池塘养殖和水库养殖两种方式。1990年，全县淡水养殖面积1133.33公顷，产量1242吨，产值621万元。其中池塘养殖366.37公顷，产量952吨；水库养殖766.67公顷，产量290吨。主要养殖品种有罗非鱼、草鱼、鳙鱼、鲢鱼、甲鱼、鳗鲡、青蛙等。1994年，市海洋与渔业局主持的“万泉河高产网箱养鱼项目”获得全国农林牧渔丰收二等奖。1992—1994年，万泉河网箱养鱼快速发展，分布万泉河流域，最高峰时达到4000多箱，产量2000多吨。随着养殖规模发展和养殖技术的改进，到2000年，全市的淡水养殖面积达2266.67公顷，产量13476吨，产值9162万元，十年面积增长了1倍，产量、产值分别是十年前9倍和13倍。其中罗非鱼8736吨，鳙鱼、鲢鱼1605吨，甲鱼244吨，青蛙852吨，其他1065吨。

琼海大规格罗非鱼养殖始于20世纪90年代末期。养殖种类主要有吉富、奥尼两大系列的单性（全雄）罗非鱼品种主要有吉富（吉诺玛、吉福）、鹭业、宝路、新吉富（中原三竹鱼苗场生产）等。2003年后，全市淡水养殖迎来高速发展期，罗非鱼养殖真正达到高潮。2010年，全市淡水养殖面积3000公顷，其中池塘1576公顷，水库1382公顷。产量30760吨，产值22145万元，养殖面积、产量和产值比2000年分别增长了23%、128%和141%。其中大规格罗非鱼养殖约2266.67公顷（其中池塘约1333.33公顷，山塘小型水库约666.67公顷），年产量2.84万吨，年产值2亿多元。通过每年2—3次10—20个样本的国家及省级抽检组的检测，均获得合格。饲料种类主要有恒兴、统一、希望、家丰、通威、湛大、海乙牌等。养成规格一般在600—800克/尾，且市场价格好（一般塘头交易价9元/公斤）。

第三节　水产捕捞

一、海洋捕捞

琼海市位于海南岛东部沿海，是海南岛通往南沙群岛最近的港口之一，也是西、南、中、东沙群岛作业渔场后勤的给养基地和深远海鱼货的集散销售基地。1990年，全县有机动渔船618艘，总功率15574千瓦，海洋捕捞产量6625吨，产值2316万元。其中西、南、中、东沙群岛产量4464吨，占全县海洋捕捞产量的70%。2000年，全市海洋捕捞产量27628吨，产值12776万元，比1990年增长317%和451%。有机动渔船559艘，总功率为27957千瓦。这10年间渔船数量变化不大，但大中型渔船数量增加，尤其是吨位、功率增长幅度很大，证明更新改造渔船取得良好成果。大部分渔船退出传统渔场，转到西、南、中、东沙群岛等外海渔场，原在近海生产的旧小船已无法适应生产需要。这10年间共更新改造（包括购置）80吨位渔船16艘。2010年，全市海洋捕捞产量41793吨，产值19642万元，比2000年分别增长了50%和54%，比1990年增长了530%和748%。其中西、南、中、东沙群岛外海捕捞产量29425吨，比1990年增长了554%。有机动渔船871艘，总吨位14807吨，总功率59622千瓦，其中西、南、中、东沙群岛渔船176艘，功率35742千瓦。主要的捕捞生产方式和捕捞工具有刺网、灯围网、笼壶、手钓、潜捕等。

二、淡水捕捞

1990 年，全县淡水捕捞产量 346 吨，产值 138 万元。1995 年，捕捞量 878 吨，产值 593 万元。2000 年，捕捞量 2520 吨，产值 1310 万元。10 年间产量、产值分别增长 628%、368%。2000—2010 年，全市的淡水捕捞产量基本维持在 2500 吨左右。在捕捞的同时，加强对万泉河流域资源的保护，每年都在万泉河举行增殖放流，加大对万泉河流域执法检查力度，打击炸电毒鱼非法活动，从而保护淡水捕捞渔业资源。

第四节　西、中、南沙渔业生产

一、建立外海渔业安全生产体系

2004 年，琼海市成立由主管海洋渔业的副市长任组长，水产、边防、乡镇、渔政、渔监等部门领导为成员的西、中、南沙安全生产领导小组，对西、中、南沙生产统一指挥，统一领导。每年 9 月确定为西、中、南沙远海渔业安全生产月，加强对渔民安全生产的教育。

二、渔业技术革新

1985 年，恢复西、中、南沙生产。1999 年，市海洋与渔业局承担海南省百项农业新技术——南沙深水大网目三重定置刺网技术，项目在作业水深（250 米水深）和渔具渔法方面取得了重大突破，技术达到国内领先水平，项目获琼海市 2000 年科技进步一等奖和海南省 2001 年科技成果转化三等奖。从 1999 年开始，琼海市大力推广科学孵化和育苗技术，同时引进南美白对虾亲虾繁育，解决了过去亲虾依靠自然捕捞为亲体的难题，突破了全人工对虾孵化技术，促进虾苗产业迅猛发展。《对虾种苗繁育科技成果应用及转化》项目，2003 年获海南省科技成果转化奖评审委员授予的一等奖；《南美白对虾健康养殖技术开发与示范》项目，2003 年获海南省科技成果转化奖评审委员会授予的三等奖；《大规格罗非鱼养殖技术示范与推广》项目，获省科技厅组织专家验收，并通过评审，其技术成果达国内先进水平；2008 年《南沙渔区渔具渔法研究推广与渔场资源开发利用》项目，获得琼海市科学技术成果转化奖一等奖。至 2010 年，琼海市共举办有关航海、捕捞、轮机、导航技术等渔民培训班 50 多期次，培训渔民 3000 多人。注重发挥老渔民的传帮带作用，造就一批年轻有为的外远海生产能手和骨干。积极引进先进的助渔导航设备，探讨、研究和引进推广先进捕捞技术，不断提高西、中、南沙渔船生产能力，实现渔船多样化作业。坚持抓好南沙渔业新技术的引进、示范和推广工作，使南沙渔业从过去单一落后的潜水作业，逐步发展了鲨鱼延绳钓、礁盘刺网、立式组钓、笼捕等多样化作业。

三、开辟海上购销渔货服务航线

西、中、南沙航程远，补给和渔获保鲜困难，是多年来困扰西、中、南沙渔业生产发展的不利因素。1992 年起，琼海市专门组织 8 艘群众收购服务船，长期往返西、中、南沙渔场，为渔船提供应急生产生活物资，及时收购船上渔产品返运回港，使作业船的作业时间从原先的每航次 2 个月延长到 3—4 个月，从而提高了经济效益。同时，为加强西、中、南沙渔船的海上联系，开展海上救助活动起到了积极的作用。

四、捍卫南海主权

1995 年，琼海市 00406 等 4 艘渔船被菲方无理抓扣，62 名渔民紧密配合中国驻菲大使馆与菲当局进行有礼有节的斗争，充分体现琼海渔民的爱国主义精神。1999 年，琼海 03091、03061 两艘渔船在南沙海域作业时，被菲军舰撞沉，市海洋渔业局配合上级部门及时将菲律宾华侨、商会补偿金 48.58 万元送到渔民手中。2006 年 4 月 27 日，琼海 03012 船在南沙南方浅滩带海域被一艘菲律宾武装船只抢劫，4 名渔民被开枪打死，2 名渔民受重伤。事件发生后，引起农业部渔政指挥中心、南海区渔政渔监局、省海洋与渔业厅等上级领导的重视，市政府专门成立协调处理渔船事件指挥部，认真做好渔船善后工作，南海区渔政渔监局拨款 100.6 万元，照顾死难家属和受伤渔民。此外，市政府争取省海洋与渔业厅从南沙风险基金中拨款 20.8 万元，补贴死难家属和伤员医药费。

此外，开展海上救助是海南省琼海等市县渔民的光荣传统，不论是琼海市渔船，还是外地外省渔船，有危必救，有难共济。1990—2010 年，琼海市（县）西、中、南沙渔船共开展海上救助活动 80 多艘次，为遇险渔船挽回经济损失约 2500 万元。

第五节　水产品加工销售

20 世纪 90 年代初，琼海市（县）的水产加工主要是对琼脂、贝壳和冰冻水产品的加工。产品主要售往海南省内其他市县和广州、上海、杭州等国内大城市，特别是琼脂在国内市场深受客商和消费者欢迎，当时价格为 5 万元每吨。1995 年，水产品加工量 3813 吨，产值 2609 万元。其中琼脂加工量达到 348 吨，产值 1740 万元，5 年增长了 2 倍。2000 年，水产品加工产量 4150 吨，产值 5409 万元，其中琼脂加工产值 3500 万元，其间，潭门镇的贝壳工艺品加工已经初步形成规模，贝壳加工成为琼海市的特色加工品牌，加工家庭企业有 30 多家，产值达到 500 多万元，主要销往上海、温州、义乌等国内市场和东南亚国家。2003 年，海南新天久食品有限公司（简称新天久公司）落户琼海市，为全市水产品加工市场注入了新的血液。公司年加工罗非鱼鱼片4500吨、对虾加工1500吨，年产值2.5亿元，产品销往亚洲、欧洲、北美洲。2003年，全市水产品加工量1.1万吨，产值7266万元，随着新天久公司的投产和快速发展，2006年，全市水产品加工量14290吨，产值22440万元。其中，罗非鱼加工3500吨，对虾加工1000吨，贝壳工艺品加3900吨。2010年，海南鲤河水产品加工厂在潭门镇建成投产，全市共有水产品加工企业85家，其中罗非鱼、对虾加工厂2家，罗非鱼加工产量5000吨，对虾加工2500吨，产值2.5亿元；卡拉胶加工厂12家，产量2500吨，产值1.2亿元；贝壳加工厂72家，产值6200万元。全市水产品加工产量2.6万吨，产值达到4.3亿元，比2000年分别增长了536%和694%。2010年，主要出口品种有罗非鱼、对虾，其中，罗非鱼出口4000吨，创汇2640万美元，对虾出口1500吨，创汇360万美元。

第六节　渔政与渔监管理

一、渔政管理

1991年起，琼海市（县）渔政管理部门每年都按时完成上级主管部门及属地财政部门布置的渔业资源增殖收费工作任务。2000—2010年，共筹措增殖放流资金累计约45万元，组织人工增殖放流活动10次，先后在市沿海的冯家湾海域放流中华对虾（亲体）约25万尾、幼体虾苗约500万尾；在万泉河内陆水域放流珍稀苗种花鳗鲡5000尾、罗非鱼苗30万尾。严厉打击非法捕捞违法行为，共出动渔政执法艇海上执法巡查300艘次，查处各类非法捕捞作业案件250件；妥善处理海上网具纠纷案件5件；组织救助遇险渔船60艘，挽回经济损失约1600万元。会同市国土环境、水务、沿河镇政府等部门每年在万泉河流域开展严厉打击炸鱼、电鱼、毒鱼，整治河流环境污染专项执法行动，为保护好万泉河的渔业资源、水域环境、生态生活用水安全做出了应有的贡献。开展伏季休渔管理工作，落实南海休渔管理制度，确保应休渔船进港休渔。强化对渔船的签换发证管理，加强组织培训，不断提高执法人员的执法管理水平以及广大渔民遵纪守法的意识。每季度组织检查市海水养殖场、水产种苗孵化场，渔药渔料销售店等群众关心的热点区域，加强管理，促进各种苗场、养殖场、渔药销售店依法经营生产。积极开展保护海龟等海洋珍稀动物专项执法行动，严厉打击各种违法捕杀、贩卖野生水生动物的违法行为。严厉打击非法采挖珊瑚礁的违法行为，严格执行《海南省珊瑚礁保护规定》，强化赴“四沙”生产船只的管理。1990—2010年，渔政工作前后获得省伏季休渔管理工作先进单位、省渔政工作先进单位、全国首批先进文明执法窗口等多项省、国家级殊荣。

二、渔港监督管理

1991年起，坚持每天组织执法艇及执法人员在港区水域巡查，及时查处在航道内乱停乱设的渔船或鱼排，合理安排泊位，方便渔船有序靠泊，确保港区航道畅通无阻。指定专人加强对航标灯及发光浮的日常维护管理，确保航标的正常发光率达100%，有效地避免渔船触礁事故的发生。根据渔船生产的实际情况，做好职务船员和普通船员的培训工作，推进船员持证上岗。在沿海港口、渔村、渔业公共场所出动宣传车、船，张贴安全生产标语、悬挂安全生产横额，发放《海南省海洋渔船安全生产管理规定》等宣传资料。1998—2004年，以市政府名义先后制定和颁发了《琼海市远海渔业生产管理暂行规定》《琼海市赴西、中、南沙远海作业渔船联帮生产管理制度》《琼海市海洋渔业防台风应急预案》《领导值班制度》《琼海市渔业联席办公制度》《琼海市渔港环境卫生管理规定》和《潭门渔港渔船环境卫生管理责任状》等规章制度，进一步规范渔船和渔港的监督管理，以制度管理事务，以制度规范和制约渔民的行为。2005年，台风"达维"正面袭击琼海，渔业执法人员及早做好防风准备，及时组织1126名渔民上岸避风（其中：外地渔船88艘、1026人），并安排好安全避风场所。历经12小时的强台风，沿海渔民无一伤亡，渔船无一事故。发动群众积极参与渔业保险，2009年，全市渔船投保162艘，渔民投保人身意外保险38990人（101120份），参加涉外保险的渔船108艘、渔民2015人，共缴纳保费2374020元。已办理赔13件，赔付金额452036元，其中船险理赔最高达16万元，人险理赔最高达8.4万元。2010年，特大暴雨引发洪水，市海洋与渔业局指导渔民抢救搁浅渔船顺利返港40艘，挽回经济损失近3000元。同年，共办理船舶进出港签证7750艘/次，组织渔船联帮生产712艘/次，签订远海作业渔船安全生产目标管理责任状162份，签状率达100%。

第七节 潭门中心渔港建设

潭门中心渔港是2003年农业部国债投资建设项目，初步概算投资规模为：建设渔业码头投资1674.96万元，护岸投资889万元，港池航道征地投资611万元，疏浚投资1944万元。项目建设总投资6228万元。其中，中央国国债专项资金2500万元，地方配套和建设单位自筹解决3728万元。

潭门中心渔港项目建设最初由海南环太海洋产业有限公司作为项目业主，工程第一标段由海南龙湾疏浚集团有限公司中标施工，但因公司工程建设配套资金及征地资金不到位，造成施工时间拖长，2008 年年底停止施工。2009 年 2 月 9 日，市政府与龙湾港集团有限公司、海南环太产业发展公司签订了终止项目法人的协议书，海南环太海洋有限公司退出建设业主。2009 年 3 月，潭门中心渔港前期工程验收领导小组牵头市海洋与渔业局、审计局、财政局、监察局、发改局、原业主及参建单位对项目工程第一标段进行了验收。

2009 年年底，对潭门中心渔港项目进行续建。经重新核定，作为政府二期投资，并确定剩余工程量作为潭门中心渔港（二期）建设项目。其中，包括码头 100 米，码头接岸结构 600 米，北护岸 554 米，南护岸 1500 米，港池及航道疏浚 197.18 万立方米，项目工程概算投资额 11082 万元。

至 2010 年，已完成港池、航道疏浚工程：共完成工程量约 130 万立方米 ，尚余约 80 万立方米；护岸工程：北护岸工程全部完工，工程量为 1065 米；南护岸砌体已完成 2275 米；码头主体工程：码头主体工程全部完工；陆域配套设施：完成陆域配套设施初步设计。

2010 年，潭门渔港获“全国文明渔港”称号。

1991—2010 年琼海市（县）海洋与渔业主要经济指标表

表 4-6-1

年度	产量（吨）	产值（亿元）	年度	产量（吨）	产值（亿元）
1991	10904	0.56	2001	54950	4.45
1992	14175	0.73	2002	59636	5.05
1993	18677	101.00	2003	66441	5.98
1994	21619	1.33	2004	73961	7.48
1995	25230	2.72	2005	81026	8.32
1996	29142	2.16	2006	90110	9.53
1997	31563	2.44	2007	75020（农业部重新调整）	10.40
1998	36310	3.25	2008	78113	11.51
1999	43048	3.57	2009	80418	11.58
2000	46619	3.90	2010	81156	11.80

第七章　乡镇企业

1991—2010年，琼海市（县）乡镇企业在经济总量、经济结构、发展规模及效益发生较大变化。1991年有乡镇企业11925家，1999年12068家，到2009年发展到14971家；1991年就业人数26658人，1999年39973人，到2009年达到56246人；1991年总产值（按现价）21187.37万元，1999年275947万元，2009年568070万元。

第一节　企业形式

琼海市（县）乡镇企业形式在统计分类上经历多次变更，从按企业投资主体转变到按经营形式划分企业类型。

一、投资主体

1991—1993年分为乡办、村办、合作、个体，1994—1996年分为乡办、村办、联户、个体，1997年分为集体企业、私有企业，1998—2000年分为集体、私营、个体。

二、经营形式

2001—2009年分为内资企业（包括集体企业、股份合作企业、联营企业、有限责任公司、股份有限公司、私营企业、个体独资企业、其他企业）、港澳台商投资企业、外商投资企业。

第二节　企业门类

琼海市（县）乡镇企业立足本地资源或需要，进行生产加工转化、门类众多。包含农业（各类种植、养殖企业），工业（槟榔、橡胶等特色农副产品加工企业；矿产品、水产品、各类化工产品、服装床褥等生产企业），建筑（施工）业，交通运输业，批发零售、商品流通业，旅游饮食服务业。

各门类企业发展概况：

农业：1991年农业乡镇企业83家，其中乡办40家，村办43家；1999年73家，均为集体企业；到 2009 年为 455 家。1991 年就业人数 2292 人，1999 年 1535 人，到 2009 年 3101 人；1991 年总产值（按现价）829.77 万元，1999 年 6582 万元，2009 年 41467 万元。

工业：1991 年工业乡镇企业 3480 家，其中乡办 65 家，村办 72 家，合作 227 家，个体 3116 家。1999 年 3064 家，其中集体企业 34 家，私营企业 332 家，个体企业 2689 家。到 2009 年 2238 家；1991 年就业人数 9300 人，1999 年 14460 人，到 2009 年 13374 人；1991 年总产值（按现价）10172.98 万元，1999 年 118751 万元，2009 年 145488 万元。

建筑（施工）业：1991 年建筑（施工）乡镇企业 376 家，其中乡办 8 家，合作办企 100 家，个体 268 家。1999 年 386 家，其中集体企业 5 家，私营企业 141 家，个体企业 240 家。到 2009 年 305 家；1991 年就业人数 3762 人，1999 年 4640 人，到 2009 年 5656 人；1991 年总产值（按现价）1582.92 万元，1999 年 22470 万元，2009 年 109818 万元。

交通运输业：1991 年交通运输乡镇企业 3193 家，其中合作办企 968 家，个体 2225 家。1999 年 3620 家，其中集体企业 1 家，私营企业 2 家，个体企业 3617 家。到 2009 年 2912 家；1991 年就业人数 3541 人，1999 年 4513 人，到 2009 年 5326 人；1991 年总产值（按现价）3061.41 万元，1999 年 17817 万元，2009 年 36901 万元。

其他类乡镇企业：1991 年企业数 535 家，1999 年 282 家，2009 年 139 家；1991 年从业人数 1327 人，1999 年 969 人，2009 年 664 人；1991 年总产值（按现价）没有数据，1999 年 4841 万元，2009 年总产值 58382 万元。

（以下类别在 1999 年前后统计分类不同）

商业、饮食类乡镇企业：1991 年批发商业、饮食类乡镇企业 3753 家，其中村办 1 家，合作 188 家，个体 3564 家。就业人数 5740 人，总产值（按现价）5540.29 万元。

服务业：1991 年服务类乡镇企业 505 家，其中乡办 4 家，村办 5 家，个体 496 家。就业人数 696 人。

批发零售、贸易业：1999 年批发零售、贸易业乡镇企业 3293 家，其中集体 5 家，私营 99 家，个体 3189 家。就业人数 8470 人，总产值（按现价） 78290 万元。2009 年企业个数 6259 家，从业人数 15922 人，总产值 98844 万元。

旅游饮食服务业：1999 年旅游饮食服务业乡镇企业 1350 家，其中集体 2 家，私营 80 家，个体 1268 家，从业人数 5386 人，总产值（按现价）27196 万元。2009 年旅游饮食服务业乡镇企业 1400 家，从业人数 6955 人，总产值（按现价）43419 万元。

居民服务、其他服务业和娱乐业：2009 年居民服务、其他服务业和娱乐业乡镇企业 1263 家，从业人员 5248 人，总产值 33751 万元。

第三节　企业发展

1991 年，琼海县委、县政府制定《关于贯彻执行中共海南省委、省人民政府关于加快发展乡镇企业的若干问题的决定的意见》，明确乡镇企业要坚持社会主义集体所有制为主体，多种经济成分同时发展，为大农业服务，为城乡人民生活服务，为出口创汇服务。文件从加强对乡镇企业的领导、积极信贷、税收优惠扶持、完善运行和内部管理制度、引进外资、加大人才引进和技术改造、做好乡镇企业产品销售、加强乡镇企业宏观调控和规划、维护企业合法权益、解决所需生产原料、加强管理费收缴等 11 个方面，支持乡镇企业加快发展。1999 年，琼海市委、市政府印发《贯彻〈省人民政府关于推进乡镇企业二次创业决定〉的实施意见》，明确 2000—2002 年，全市乡镇企业增加值年均增长 18% 的目标任务。乡镇企业开展二次创业要坚持“三个有利”原则，深化改革，优化结构，提高素质，以发展求总量，抓增大总量求提高，积极做好资源和环境保护工作，实现乡镇企业经济可持续发展，促进农村一、二、三产业协调发展。把乡镇企业产业结构调整作为二次创业重心，整合小的、分散的企业，扶持发展“龙头”企业，形成生产合力。把发展乡镇企业同小城镇建设结合起来，大力推进科技进步和科学管理，扩大开放，拓宽招商引资办企业的渠道，深化改革，再创乡镇企业机制新优势，积极拓宽乡镇企业融资渠道等，引导乡镇企业开展二次创业工作。至 2009 年，全市乡镇企业共 14971 家，从业人数达到 56246 万人，总产值达到 568070 万元，增加值达到 150334 万元。

1991—2009 年琼海市（县）乡镇企业发展情况统计表

表 4-7-1

年度	企业数（个）	企业人数(人)	总收入(万元)	总产值(按 1990 年不变价)(万元)	总产值(按现价计算)(万元)	增加值(万元)
1991	11925	26658	24287.34	18851.51	21187.37	—
1992	14936	32193	29462.98	27747.06	28223.67	—
1993	15873	36745	58849.00	55689.00	56098.00	—

续表 4-7-1

年度	企业数（个）	企业人数(人)	总收入(万元)	总产值(按 1990 年不变价)(万元)	总产值(按现价计算)(万元)	增加值(万元)
1994	16560	41321	—	98013.00	111982.00	13718.00
1995	16335	44390	—	145804.06	170930.75	40344.15
1996	17252	49101	—	196691.00	224125.00	53883.00
1997	14764	45424	—	—	269164.00	58781.00
1998	9222	33649	—	—	213014.00	45981.00
1999	12068	39973	—	—	275947.00	61419.00
2000(3 人以上企业)	3539	24943	—	—	210939.00	47623.00
2002	资料缺失					
2003(规模以上企业)	3859	30249	—	—	268228.00	65368.00
2004	13608	44299	—	—	395770.00	87912.00
2005	资料缺失					
2006	14364	52719	—	—	413894.00	107598.00
2007(规模以上企业)	2087	28334	—	—	277079.00	79106.00
2008	15475	56768	—	—	554466.00	141971.00
2009	14971	56246	—	—	568070.00	150334.00

第四节　企业选介

一、琼海福松实业有限公司

1993 年 3 月创办，位于塔洋镇新海工业大道旁，注册资本为 1020 万元，现有总资产 1.5 亿元，是集农产品收购、加工、冷藏、销售，农业种植、养殖，农产品批发市场及农贸市场开发建设于一体的农业产业化国家重点龙头企业。公司旗下有种植基地 4 个共 116.13 公顷，主要种植辣椒、青皮冬瓜、豇豆、番石榴、火龙果、莲雾、菠萝等果蔬；养殖基地两个共 7.87 公顷，主要养殖中华鳖和良种猪。另有农产品批发市场（配套万吨冷库，农产品检验检测中心及农产品流通追溯服务中心等）、农贸市场公司，同时为农民专业合作社、种植农户提供专业分拣、包装、冷藏、运输、销售等一揽子服务，并与各销地批发市场组建覆盖各大城市的营销网络。

二、琼海忠锐农业开发有限公司

1996年创办，位于中原镇，是一家集农产品生产、运销、冷藏为一体的民营企业，注册资本1000万元。2002年，公司获得海南省政府颁发的“海南省农业产业化重点龙头企业”荣誉称号。2004年，公司生产的泡椒产品被定为“海南省优质农产品”。2006年，获得“海南省创新型先进企业”的荣誉称号。2009年，获得海南省2009年中小企业成长性奖励、海南省人民政府授予的“运销企业标兵”称号及海南农业厅颁发的“海南省农业龙头企业”的荣誉称号。截至同年年底，公司经审计的资产总计1332万元，现拥有信息中心、监控中心、检测中心、客户服务中心、约66.67公顷的瓜菜生产示范基地、29间4000多平方米保鲜冷库以及占地上万平方米的交易市场。至2010年，公司通过约80公顷生产基地作为冬季种植示范点，以“公司+农户”“基地+技术”等多种运作模式，与琼海中原镇及周边1万多家农户建立起密切的合作关系，带动当地农民大力发展热带高效农业，取得了显著的经济效益及社会效益。

三、琼海程林橡胶贸易有限公司

1997年5月创办，位于万泉镇加文工业区，占地面积4公顷，年产值2亿元，主产天然高氨浓缩乳胶（亚么尼亚胶），兼产10#、20#标准胶及胶清胶，年可加工乳胶1万吨，标准胶系列产品2万吨，是海南省民营橡胶产业的重点企业。公司先后投入1000多万元，用于壮大企业生产规模，建立化验室、制胶生产线、发电厂，由家庭作坊式的粗放型加工模式逐渐成长为一家综合性的现代化企业。程林橡胶厂在天然橡胶产品加工技术领域已经达到国内先进水平，产品广泛运用于汽车轮胎、航空轮胎、高级医用手套及其他高科技橡胶制品行业。

四、琼海黄牛贸易有限公司

2000年11月创办，是一家以种植、饲养、贸易（批发零售）和技术咨询服务的科技型非公有制有限公司，有员工37人。主营农资产品和种养业，下设农药批发部，农业科技“110”农作站，8个农药化肥种子经营部、1个绿橙种植基地、1个胡椒种植基地、1个青皮冬瓜种植基地、1个黄牛饲养场和3个养鸡场，是琼海较大的种植、饲养等农业综合开发公司。是全国农业科技“110”服务的创始企业，连续5年被省市政府评为科技先进单位，2005年获市优秀民营企业称号，2007年和2009年被省人民政府评为农业产业化重点龙头企业。

五、琼海大甲农业投资有限公司

2002年8月创办，位于会山镇境内的万泉河源头万泉湖畔，是实行独立核算和具有法人代表的农业投资企业。公司农场占地面积398公顷，有职工181人，管理人员15人。种植珍珠柚3万株，槟榔40万株，橡胶树3万株（含更新改造）；建养猪场6个，其中种猪场1个，年存栏数300头，肥猪场5个，年出栏数2万头。抗旱水池、化粪池遍布果园，并全面铺设塑料管道，为肥水浇灌带来极大便利。果园内还铺设了喷洒农药的专用管道，共投入3800多万元。公司把保护万泉河上游的生态环境同企业的经济发展相结合，致力于发展热带高效经济农业，形成以种植橡胶、槟榔、珍珠柚等长期生长作物为主，自繁自养良种猪为辅，种植业与养殖业相结合，发展有特色的立体农业、生态农业、循环农业，兼顾改善区域生态环境的良性发展格局，使公司走可持续、绿色无公害的良性循环发展之路。公司2002年从马来西亚引进种植珍珠柚，2004年向工商管理部门申请注册"大甲珍珠"商标，2006年投产，产品远销北京、上海、杭州、深圳等地，在海南乃至全国具有广阔的市场前景。

六、海南品香园食品有限公司

2006年7月创办，位于塔洋镇联先村，是集研发、生产及品牌专卖经营于一体的农特产品企业。成立之初，有员工71人，其中生产一线人数54人。2008年，通过ISO 9001国际质量管理体系认证。至2010年，有员工92人，其中生产一线人数70人。主厂区占地约4.67公顷，厂房、仓储总面积2万多平方米，生产营销椰子糖、椰子糕、椰子粉、椰子汁、炭烧咖啡、芒果注心软糖等系列产品，及烘焙产品、辣酱调味品、胡椒粉等。同年，获"海南省农业龙头企业""海南省著名商标"等称号。

七、琼海凯闻庆林海藻胶有限公司

2006年7月创办，位于潭门镇九吉坡工业开发区，占地面积1.85公顷，建筑面积约5000平方米，总资产2000万元，共有两个卡拉胶生产车间。年产半精制和精制卡拉胶约600—800吨，年产值3000多万元。公司生产的卡拉胶产品各项质量指标均符合国家标准《食品添加剂卡拉胶》（GB 15044—2009）所规定的指标，在国内同行业中名列前茅。产品除畅销国内市场外，还远销北美、西欧、东欧、澳洲及东南亚等。

八、海南琼海广垦橡胶有限公司

2010年创办，位于石壁镇椰丛水库附近。以橡胶加工与产品营销为主，由广东省广垦橡胶集团有限公司与琼海天宝橡胶工贸有限公司共同出资成立，广东省广垦橡胶集团有限公司控股。注册资金3300万元；有员工64名，其中管理人员10名，工程技术人员

17 名，技术工人 37 名。公司拥有技术分级橡胶生产线和子午线轮胎橡胶生产线各一条，已投入正常生产。批量生产产品 TSR9710 和 SCR—RT20，年生产能力可达 3.5 万吨，年产值可超过 8 亿元。公司拥有完善的化学、物理检验室，能按国家标准《天然生胶技术分级橡胶（TSR）规格导则》（GB/T8081—2008）的检验方法进行检测，除检测天然橡胶常规六项指标外，同时还可以检测物理性能指标，如门尼、拉伸强度和扯断伸长率等，所有产品均经过金属探测仪的检测，为轮胎生产企业提供质量保证。

第五编 交通 邮电 工业

1991—2010年，琼海市（县）境内路网逐步升级改造，由公路运输结合内河航运逐渐转向陆路运输为主。邮政、通信服务水平大幅度提高。先后开通数字程控电话、无线寻呼、移动电话和窄带、宽带数据通信业务。工业发展由简单的手工业加工转为创新产业，通过节能减排技术改造，逐步淘汰落后工业产能。至2010年，琼海市境内有国道1条，省道4条，县道10条，全市行政村通公路并实现道路硬板化，东环铁路琼海段建设完工。有邮政普遍服务营业场所29个，报刊流转额完成948万元，包件业务收入68.5万元，速递业务收入225万元，农村投递邮路达638千米。市民多使用移动电话和固定电话，全市有宽带用户27212户，电信通信建设累计投入4.32亿元，业务收入增长近57倍。工业总产值16.66亿元，有规模以上工业企业13家。

第一章 交 通

第一节 机 构

一、琼海市交通运输局

琼海市交通运输局为琼海市人民政府管理交通运输行业的正科级行政部门。1992年琼海撤县设市后，原县交通局改为市交通局。2009年，市交通局改称市交通运输局（市交通战备办），配局长1人，副局长3人（行政编制10人，工勤1人）。下设局办公室、公路股、航管所，下属事业单位市交通运输管理站（编制45人），市地方公路管理站（编制35人），负责全市道路、水路运输市场监管工作；主管本行政区域内的农村公路（县道，乡道，村道）等工作。至2010年不变。

二、琼海公路分局

琼海公路分局是海南省公路管理局下属单位，前身为“广东省琼海县公路工区”。2006年6月海南省公路管理局挂牌后，原“海南省公路局琼海分局”更名为“海南省公路管理局琼海公路分局”。至2010年，琼海公路分局干部职工287人，设有6个股室办公室，4个养护道班，1个公路维修队（路面维修班、修理班、运输班）。

三、海南省交通规费征稽局琼海分局

1993 年 12 月前，隶属海南省公路管理局琼海公路分局，前身为养征站。1993 年 12 月，成立海南省交通规费征稽局，为省交通运输厅下属正处级事业单位。琼海分局为省交通规费征稽局下设正科级事业单位，内设机构行政股、征收股、稽查股、财务股，编制人数 18 人。2007 年 7 月,编制 19 人。至 2010 年不变。主要实施琼海全市机动车辆通行附加费的征收稽查工作，并负责核验通行附加费的征收情况，依法查处偷漏通行附加费的行为。2010 年，机动车辆通行附加费征收费收入 6380.1 万元，行政处罚收入 61.22 万元。

第二节　交通设施

一、公路

（一）国道

琼海市境内的国道为 G223 海榆东线 K88+000—K138+000，计 50 千米。

1991—1997 年，为沥青混凝土路面，路面等级是次高级路面，部分路基、弯道、纵坡没有达到三级路面标准，交通事故常有发生，公路养护工作压力大。1998 年，海榆东线 K112+200—K115+200 段由琼海市人民政府改造完工，路段由原来沥青混凝土路面，改造为水泥混凝土路面。2008 年，经省交通厅审批同意后，海榆东线 K115+200—K128+000、K132+200—K138+000 段路面改造为水泥混凝土路面。至 2010 年未变。

（二）省道

1991 年前，琼海县省道公路都是砂土路（灵文加线、加博线、加龙线），路基和路面都是 5—6 米，年平均好路率 65%。路基、路面、水沟等方面都不符合公路养护的技术要求，路况相对较差，给行车安全带来了较大的隐患。经省交通厅审批同意后，1991—1995 年，陆续对省道进行路面改造。共计 3 条 71.78 千米。2003 年，新建省道博鳌出口路，全长 18.3 千米。

1.灵文加线（K0+000—K118+150）　灵文加线即从海口市灵山镇通文昌市至琼海市嘉积镇，全长 118.15 千米。琼海公路分局管养 K89+300—K118+150，全长 28.85 千米。1991—1993 为砂土路，1994 年，由原来的砂土路面改造为沥青混凝土路面。2004 年，再次对全线路面进行改造，摊铺沥青混凝土路面。至 2010 年未变。

2.加博线（K0+000—K21+922）　加博线即从嘉积镇至博鳌镇，全长 21.92 千米。1991

前为砂土路，1992 年，路段由原来的砂土路面改造为沥青混凝土路面。2000 年，K0+000—K3+800 段为改线新建沥青混凝土路段，同年 K18+000—K21+922 为博鳌镇建设重新摊铺沥青混凝土路面。至 2010 年未变。

3、博鳌出口路（K0+000—K18+299） 博鳌出口路（迎宾路）即从 G98 博鳌高速互通至文山路、至培兰大桥，全长 18.30 千米。2003 年新建。其中 K0+000—K13+200 段和 K17+800—K18+299 段为沥青混凝土路面，K13+200—K17+800 为水泥混凝土路面，部分水沟浆砌片石水沟。至 2010 年未变。

4、加龙线（K0+000—K21+000） 加龙线即从嘉积镇至定安县龙河镇，全长 21 千米。1991—2002 年为砂土路。2003 年，K3+800—K5+800 段改造成水泥混凝土路面完工；2004 年，K5+800—K21+000 段改造成沥青混凝土路面完工；2007 年，改造 K0+000—K3+800 段为沥青混凝土路面完工。至 2010 年未变。

（三）县道

1991 年前，琼海县道公路都是砂土路（烟长线、潭加线、长潭线、山福线、上朝线、大塔线、中峻线、大南线、乌狗线、万阳线），路基和路面都是 5—7 米，年平均好路率 65%。路基、路面、水沟等都不符合公路养护的技术要求。路况相对较差，给行车安全带来了较大的隐患。2002 年，中峻线会山至东太段改造为水泥混凝土路面。2004 年，烟长线、山福线烟塘至福禄昌段改造为沥青混凝土路面。2006 年，潭加线、上朝线、中峻线、大南线改造为沥青混凝土路面。6 条共计 113.00 千米。

1.烟长线（K0+000—K24+132） 烟长线即从文昌市烟墩村至琼海市长坡镇。琼海公路分局管养从 K22+204—K24+132 全长 1.928 千米，1991—2004 年为砂土路。2005 年，由砂土路面改造为沥青混凝路面层。至 2010 年未变。

2.长潭线（K0+000—K13+732） 长潭线即从长坡镇至潭门镇，全长 13.73 千米，为砂土路，年平均好路率 65%。路基、路面、水沟等方面都不符合公路养护的技术要求，路况相对较差，给行车安全带来了较大的隐患。至 2010 年未变。

3.潭加线（K0+000—K21+430） 潭加线即从潭门镇至嘉积镇，全长 21.43 千米。其中 4.17 千米与加博线重复路段，实际里程为 17.27 千米。1991—1992 年为砂土路。1993 年，由原来的砂土路面改造为沥青混凝土路面。2006 年，再次对全线路面进行改造摊铺沥青混凝土路面。至 2010 年未变。

4.山福线（K0+000—K26+807）原名为福烟线即从福禄昌至烟塘墟（K11+056—K25+607），全长 15.75 千米，其中有 1.2 千米为分离段。 烟山线（K0+000—K11+056）全长 11.06 千米，

1991—2004 年为砂土路。接福烟线至定安县的山翠村，改名成山福线，全长 26.81 千米。线路从海榆东线定安县黄竹镇山翠交叉路口起，串通琼海市大头坡、礼昌、烟塘、牛角、伍园、福禄昌等乡，向南可以连接省道灵文加线。2004 年，由砂土路面改造为沥青混凝土路面。至 2010 年未变。

5.上朝线（K0+000—K8+416）　上朝线即从上埇墟至朝阳墟，　全长 8.42 千米，1995—2004 年为砂土路。2006 年，由砂土路面改造为沥青混凝土路面。至 2010 年未变。

6.大塔线（K0+000—K12+702）　大塔线即从大路镇至塔洋镇，全长 12.7 千米，为砂土路。年平均好路率 65%。路基、路面、水沟等方面都不符合公路养护的技术要求，路况相对较差，给行车安全带来了较大的隐患。至 2010 年未变

7.中峻线（K0+000—K38+747）　中峻线即从中原镇至东太峻口，全长 38.75 千米。1991—2001 年为砂土路。2002 年，由原来的砂土路面改造为水泥混凝土路面。至 2010 年未变。

8.大南线（K0—K34+529）大南线即从万泉镇大雅墟至南俸农场车队，全长 34.53 千米。1995—2005 年为砂土路。2006 年，由原来的砂土路面改造为沥青混凝土路面，部分水沟为浆砌片石水沟。至 2010 年未变。

9.乌狗线（K0+000—K16+611）　乌狗线即从中原乌皮村委会至九曲狗咬豹，全长 16.61 千米，为砂土路，年平均好路率 65%。路基、路面、水沟等方面都不符合公路养护的技术要求，路况相对较差，给行车安全带来了较大的隐患。至 2010 年未变。

10.万阳线（K0+000—K21+932）　万阳线即从万石墟至阳江镇，全长 21.93 千米，1995—2001 年为砂土路。2002 年，由原来的砂土路面改造为沥青混凝土路面。至 2010 年未变。

二、桥梁（不含高速公路和高铁）

1991—2010 年，琼海公路分局管养的桥梁共 71 座，其中大桥 9 座，中桥 21 座，小桥 41 座，涵洞 592 道。

（一）大型桥梁

1.嘉积大桥　位于海榆东线 G223 上，桩号为 K115+426，1955 年开工修建，2007 年重建，重建后桥长为 536.95 米。桥面总宽为 24 米，净宽为 20.5 米，桥跨组合为 7×20+13×30 米。桥型为预应力空心板桥，多柱墩，设计荷载为公路 I 级。

2.南强桥　位于加博线 S213 上，桩号为 K21+033，2000 年开工修建，2001 年 1 月建成通车。桥长为 178 米，桥面总宽为 7 米，净宽为 4.9 米，桥跨组合为 1×18 米+4×35

米+1×18 米。桥型为钢筋混凝土桥，单柱墩，设计荷载为汽车—20 级。

3.排岭大桥　位于博鳌出口路 S219 上，桩号为 K2+951，2002 年开工修建，2003 年 3 月建好通车。桥长为 724.44 米，桥面总宽为 18 米，净宽为 17 米，桥跨组合为 36×20 米。桥型为预应力钢筋混凝土桥，多柱墩，设计荷载为汽车—20 级。

4.石头村大桥　位于博鳌出口路 S219 上，桩号为 K4+065，2002 年开工修建，2003 年 3 月建好通车。桥长为 174.14 米，桥面总宽为 18 米，净宽为 17 米，桥跨组合为 8×20 米。桥型为预应力钢筋混凝土桥，多柱墩，设计荷载为汽车—20 级。

5.大乐大桥　位于博鳌出口路 S219 上，桩号为 K11+817，2002 年开工修建，2003 年 3 月建好通车。于 2008 年 3 月更换钢管栏杆 2X981.2 米，桥长为 981 米，桥面总宽为 12 米，净宽为 9 米，桥跨组合为 10×30 米+1×45 米+5×75 米+1×45 米+7×30 米。桥型为预应力钢筋混凝土桥，重力式墩，设计荷载为汽车—20 级。

6.朝烈大桥位于博鳌出口路 S219 上，桩号为 K12+880，2002 年开工修建，2003 年 3 月建好通车。桥长为 424.44 米，桥面总宽为 12 米，净宽为 11 米，桥跨组合为 21×20 米。桥型为预应力钢筋混凝土桥，双柱式墩，设计荷载为汽车—20 级。

7.培兰大桥位于博鳌出口路 S219 上，桩号为 K18+120，2002 年开工修建，2003 年 3 月建好通车，2008 年 3 月更换钢管栏杆 2×351 米，桥长为 351 米，桥面总宽为 12 米，净宽为 9 米，桥跨组合为 1×30 米+1×45 米+1×75 米+1×45 米+5×30 米。桥型为预应力钢筋混凝土桥，重力式墩，设计荷载为汽车—20 级。

8.里文桥位于大塔线 X349 上，桩号为 K10+356，1998 年开工修建，1998 年 12 月建好通车。桥长为 66 米，桥面总宽为 8.6 米，净宽为 8.1 米，桥跨组合为 1×48.4 米。桥型为钢筋混凝土桥，设计荷载为汽车—15 级。

9.东太大桥位于中峻线 X350 上，桩号为 K29+561，1971 年开工修建，1971 年 11 月建好通车。桥长为 174 米，桥面总宽为 7.4 米，净宽为 6.4 米，桥跨组合为 2×70 米。桥型为预应力钢筋混凝土桥，重力式墩，设计荷载为汽车—15 级。

（二）中型桥梁

1.九曲江桥位于海榆东线 G223 上，桩号为 K132+673，1973 年开工修建，1973 年 3 月建好通车。1999 年 12 月改造，桥长为 67 米，桥面总宽为 12 米，净宽为 10 米，桥跨组合为 3X21 米。桥型为钢筋混凝土桥，双柱式墩，设计荷载为汽车—20 级。

2.乌皮桥位于海榆东线 G223 上，桩号为 K132+927，1979 年开工修建，1979 年 12 月建好通车。2008 年 9 月更换栏杆 110 米和桥面铺装改造 411 平方米，桥长为 54.84 米，桥面总宽为 8.7 米，净宽为 8.1 米，桥跨组合为 1×30 米。桥型为石桥，设计荷载为汽车—15 级。

3.沙笔桥位于灵文加线 S201 上，桩号为 K94+356。1977 年修建，2010 年 12 月改造。桥长为 62.04 米，桥面总宽为 12 米，净宽为 11 米，桥跨组合为 3×16 米。桥型为预应力钢筋混凝土桥，重力式墩，设计荷载为公路 II 级。

4.三发岭桥位于灵文加线 S201 上，桩号为 K115+142，1971 年开工修建，1971 年 11 月建好通车。桥长为 56 米，桥面总宽为 12.6 米，净宽为 10.7 米，桥跨组合为 3×14.3 米。桥型为石桥，重力式墩，设计荷载为汽车—15 级。至 2010 年未变。

5.勇敢桥位于加博线 S213 上，桩号为 K2+952，2000 年开工修建，2000 年 10 月建好通车。桥长为 85 米，桥面总宽为 12.5 米，净宽为 9 米，桥跨组合为 4×20 米。桥型为预应力钢筋混凝土桥，多柱墩，设计荷载为汽车—20 级。

6.桥头桥位于加博线 S213 上，桩号为 K4+930，1973 年开工修建，1973 年 10 月建好通车。桥长为 56.6 米，桥面总宽为 8.9 米，净宽为 6.9 米，桥跨组合为 2×21 米。桥型为石桥，重力式墩，设计荷载为汽车—15 级。

7.加浪河桥位于加龙线 S301 上，桩号为 K1+460，2000 年开工修建，2000 年 12 月建好通车。桥长为 93.8 米，桥面总宽为 27.6 米，净宽为 22.6 米，桥跨组合为 4×20 米。桥型为预应力钢筋混凝土桥，多柱墩，设计荷载为汽车—20 级。

8.沐皇桥位于加龙线 S301 上，桩号为 K4+711，2000 年开工修建，2000 年 12 月建好通车。桥长为 22 米，桥面总宽为 9 米，净宽为 7 米，桥跨组合为 1×20 米。桥型为预应力钢筋混凝土桥，设计荷载为汽车—20 级。

9.坡头桥位于潭加线 X342 上，桩号为 K2+700，1979 年修建，2006 年 10 月改造。桥长为 87.87 米，桥面总宽为 9 米，净宽为 7 米，桥跨组合为 5×16 米。桥型为钢筋混凝土桥，多柱墩，设计荷载为汽车—20 级。

10.中原立交桥位于中峻线 X350 上，桩号为 K0+420，1993 年开工修建，1993 年 12 月建好通车。桥长为 40 米，桥面总宽为 9.1 米，净宽为 8 米，桥跨组合为 2×20 米。桥型为钢筋混凝土桥，多柱墩，设计荷载为汽车—20 级。

11.会山水利桥位于中峻线 X350 上，桩号为 K23+920，2002 年开工修建，2002 年 12 月建好通车。桥长为 37.4 米，桥面总宽为 7.6 米，净宽为 7.2 米，桥跨组合为 6×5.5 米。桥型为钢筋混凝土桥，重力式墩，设计荷载为汽车—20 级。

12.东太一桥位于中峻线 X350 上，桩号为 K30+619，1972 年修建，2004 年 7 月改造。

桥长为38.4米，桥面总宽为9.1米，净宽为7.5米，桥跨组合为6×20米。桥型为钢筋混凝土桥，设计荷载为汽车—15级。

13.东太上村大桥位于中峻线X350上，桩号为K34+443，2002年开工修建。2002年12月建好通车，桥长为58米，桥面总宽为9.5米，净宽为7.5米，桥跨组合为1×30米。桥型为钢筋混凝土桥，设计荷载为汽车—20级。

14.文曲桥位于大南线X351上，桩号为K1+000，1966年开工修建，同年12月建好通车。桥长为62.5米，桥面总宽为6.6米，净宽为6米，桥跨组合为4×12米。桥型为石桥，重力式墩，设计荷载为汽车—15级。

15.夏坡桥位于大南线X351上，桩号为K3+320，1979年修建，2006年8月改造。桥长为36.84米，桥面总宽为8.5米，净宽为7.5米，桥跨组合为2×16米。桥型为钢筋混凝土桥，双柱式墩，设计荷载为汽车—20级。

16.南星桥位于大南线X351上，桩号为K20+120，1979年开工修建，同年12月建好通车。桥长为49.3米，桥面总宽为7.3米，净宽为5.8米，桥跨组合为2×15.5米。桥型为石桥，重力式式墩，设计荷载为汽车—15级。至2010年未变。

17.下朗桥位于大南线X351上，桩号为K25+980，1979年开工修建，同年12月建好通车。桥长为41.5米，桥面总宽为7.2米，净宽为6.4米，桥跨组合为1×20米。桥型为石桥，设计荷载为汽车—15级。

18.南俸桥位于大南线X351上，桩号为K33+650，2005年开工修建，2006年1月建好通车。桥长为36.6米，桥面总宽为9.1米，净宽为7米，桥跨组合为2×16米。桥型为钢筋混凝土桥，双柱式墩，设计荷载为汽车—20级。

19.边岭园桥位于乌狗线X352上，桩号为K6+230，1971年修建，2010年12月改造。桥长为71.08米，桥面总宽为8.5米，净宽为7.5米，桥跨组合为4×16米。桥型为钢筋混凝土桥，重力式墩，设计荷载为汽车—20级。

20.下马迅桥位于万阳线X356上，桩号为K6+280，1950年修建，2006年10月改造。桥长为32.04米，桥面总宽为8.5米，净宽为7米，桥跨组合为1×20米。桥型为预应力钢筋混凝土桥，设计荷载为汽车—20级。

21.蓝山龙须沟桥位于万阳线X356上，桩号为K7+531，1950年开工修建，1951年3月建好通车。桥长为39.6米，桥面总宽为6米，净宽为5.2米，桥跨组合为1×21.4米。桥型为石桥，设计荷载为汽车—15级。

三、车站（场）

1991 年，琼海县有车站 1 个，即琼海车站，建于 1951 年，占地面积 16399.3 平方米，客运站建筑面积 5595.09 平方米，站内班车走省内海口、三亚、定安等市县班线。至 2010 年，琼海市共有 3 个车站（场），即海汽琼海车站、海汽琼海汽车站南门分站和海汽琼海汽车站高速路分站；进站营运客车 261 辆，其中：琼海车站营运客车 200 辆（经营市、县际营运客车 137 辆，省际营运客车 8 辆，区间营运客车 55 辆），琼海汽车站南门分站营运客车 61 辆（市、县际营运客车 34 辆，区间营运客车 27 辆）。琼海车站开通客运班线 27 条，其中省际 3 条，跨市县 18 条，区间班线 6 条，途经琼海站配客的省际班车 3 个班次，在始发班的省际班车 3 个班次，平均每天发出班车班次 500 多个，运送旅客 3500 多人次。琼海汽车站南门分站开通客运班线 5 条，其中跨市县 1 条，区间班线 4 条。南门分站平均每天平均每天发班 120 多个，运输旅客 650 多人次。

2010 年琼海市车站（场）情况一览表

表 5-1-1

名称	性质	等级	主要运往方向	开业时间	从业人员（人）
琼海车站	国有	二级	省际市县际班线	1951.11.1	205
琼海汽车站南门分站	国有	三级	市内农村班线	2004.5.1	36
琼海汽车站高速路分站	国有	三级	市县际班线车、东线班车途经补票	2005.5.1	36

四、交通设施建设工程

（一）地方农村公路建设

1991 年，全县农村公路 842.7 千米，其中县道 156.1 千米/12 条，乡道 686.6 千米/112 条。2001 年，第二次全国公路普查，全市农村公路总里程 1042.44 千米（不含省养农村公路），其中县道 19 千米，乡道 1023.44 千米。2005 年，全国农村公路专项调查活动首次引入“村道”行政等级概念，专项调查结果，全市农村公路晴雨通车里程为 1054.06 千米，其中县道 154.61 千米，乡道 468.29 千米，村道 431.16 千米（含农场部分 184.33 千米）。截至 2010 年年底，全市农村公路晴雨通车里程为 1241.97 千米，其中县道 197.85 千米，乡道 474.95 千米，村道 569.17 千米，桥梁 5731.64 延米/206 座。全市 12 个镇 187 个行政村道路已全部实现硬板化，通畅率 100%。

（二）通达工程建设

2004年起实施通达工程，对具备条件的行政村实现通公路目标。琼海市通达工程项目有：加略村、溪仔村、南通村、乐城村等4个通达工程项目。2006年年底全部完成，建设里程35.4千米，桥梁10座，总长349.3米，投入建设资金1064.43万元。全市所有行政村实现通公路目标。

（三）通畅工程建设

2006年，琼海市开始实施农村公路通畅工程，对通行政村公路达到规定的通畅要求，国家补助资金主要用于建设桥梁工程、路基防护与排水工程及部分路基工程。共实施项目122个、555.59千米，总投资25413.98万元，项目惠及全市141个行政村。截至2010年年底，除5个项目在建尚未验收，其他项目已全部竣工验收。

（四）港口码头设施建设

龙湾港地处海南省东海岸中部、琼海市长坡镇龙湾村东南海域，地理坐标为北纬19° 17′，东经110° 32′；是海南省东部地区具备开发万吨以上深水泊位的港区之一，是海南省“四方五港”港口总体布局中亟待开发建设的深水港口，且距离欧亚太平洋航线较近，具有从事国际水上运输中转和船舶补给的优势。

龙湾港规划建设规模为：建设1万吨级多用途泊位1个、1万吨级通用泊位1个、工作船泊位1个，并相应建设港口生产、辅助生产和生活配套设施，设计年吞吐量95万吨。

1992年6月，开展前期工作。1993年3月，完成《海南龙湾港总体布局规划》，同年8月《海南龙湾港总体布局规划》通过评审。1994年1月，编报《海南龙湾港项目建议书》，同年12月通过《海南龙湾港项目建议书》咨询评估。1994年年末，完成《海南龙湾港一号码头工程可行性研究报告》初步设计。1999年12月，由龙湾港开发建设有限公司投资兴建。2002年2月，码头主体工程完工，建有5000吨级泊位1个。由于码头前沿停泊水域、回旋水域和进港航道的水深均为自然水深，没有进行疏浚，为此龙湾港不具备安全靠泊5000吨级船舶条件。

2008年4月，广州邦鑫测绘有限公司对龙湾港码头港池航道水域进行了扫侧，绘制《琼海市龙湾港码头港池航道水域水深图》。2008年5月，完成《龙湾港码头航道工程平面布置图》。2008年年初，中山市贯隆散装水泥供应有限公司委托大连海事大学对龙湾港通航环境进行安全评估，并于7月完成环境安全评估。

（五）东环铁路琼海段建设

东环铁路琼海段正线全长34.88千米，起讫里程为DK102+960—DK137+835，跨越长坡、塔洋、嘉积、中原四镇。管段内有桥梁15座、框架桥1座、涵洞79座、跨线公路桥9座；站场2处（琼海、博鳌）；预制、架设32米（361孔）和24米（8孔）双线整孔箱梁369孔，箱梁预制场1个，设在琼海市嘉积镇不偏村。琼海段整体投资约8.3亿元（估计数值）。

原投标约定工期目标为：开工日期2007年9月28日，架梁结束日期2010年5月20日；2010年7月28日前达到铺轨交付条件，办理铺轨交接手续。总工期为1035日历天。

根据省、部级联席会议调整后的工期目标为：南段（三亚段）铺轨进入标段DK137+835时间为2010年4月1日。2008年12月5日开始管道架梁（由于箱梁变更设计等原因此目标有所滞后），2010年1月31日结束。2010年3月20日前，整个标段完工并达到铺轨交付条件，办理铺轨交接手续，总工期为905日历天。根据东环铁路公司要求，管段线下架梁结束日期为2009年12月31日，故线下施工单位总工期安排为2007年9月28日至2009年12月31日。

（六）其他重点项目建设

1.嘉积大桥改建　路线全长802.88米，桥长536.95米，桥面全宽24米，净宽20.5米。2007年5月动工建设，2008年12月底完工。

2.南港大桥　桥长471米，宽12米，属县际公路改造建设项目。2006年3月动工建设，2007年10月完工。

3.朝阳乐城大桥　桥长204米，宽7.5米，属县际公路改造建设项目。2006年3月动工建设，2007年1月完工。大桥建成后结束了原乐会县旧址乐城岛1000多名居民摆渡出门的历史。

4.东太至加略公路　路长13.8千米，宽4.5米，按重丘四级土路标准设计和施工。2005年3月1日动工，2005年12月完工。

5.东太峻口至溪仔公路　路长12千米，按重丘四级土路标准设计和施工。2005年3月1日动工，2005年12月完工。

6.万泉河石龙大桥　位于琼海市万泉河中游石壁、龙江镇接壤处的石壁渡口。设计长268.44米，宽9米。桥型上部构造采用13孔20米预应力混凝土空心桥，下部构造采用柱式墩、台、U形台钻孔灌注桩基础及扩大基础。于2003年7月动工，2005年2月2日建成通车。石龙大桥的建成结束了龙江、石壁两镇两岸相隔的局面，打通了琼海西北部万泉河的交通障碍，构架起了琼海交通大回环格局，将定安、琼中、琼海、万宁和三个国有农场串联到一起。

7.泮水东山桥　桥长70.44米，宽6.3米。2002年10月动工，年底完工。

8.阳江镇至红色村公路　路长2.5千米，宽6米，按四级公路标准设计和施工。2001年10月15日动工，2001年12月完工。

第三节　汽修驾培

一、汽车维修和检测

琼海市维修行业起步于20世纪80年代，设备较为简陋，人员技术水平较低。2005年8月《机动车维修管理规定》施行，全市汽车维修行业逐步走上规范化道路。2010年，全市共有汽车、摩托车维修企业350家，其中汽车维修企业58家，一类维修企业2家，二类维修企业4家，三类维修企业52家。汽车综合性能检测站2家，年检测能力5万辆。2008年度，维修企业质量信誉考核有6家维修企业达到AAA级。

二、驾培管理

1996年1月，海南省机构编制委员会批准设立“海南省机动车驾驶员培训行业管理办公室”（简称省驾培办），在全国率先将驾校归口行业管理部门，实施规范化管理。海南省驾校的管理权正式从公安部门移交给省驾培办。同年，琼海市成立“琼海市机动车驾驶员培训行业管理办公室”。随着驾校管理权的顺利交接，在省驾培办的领导下，开始对一些“三无驾校”和“黑校”进行清理整顿。经整顿，全市有2家驾校具备开业资格（即琼海安特机动车驾驶培训有限公司、琼海雄发机动车驾驶学校）。2008年，省交通厅将驾培管理权限下放给市驾培办实施，使驾培市场管理走向良性发展轨道。

第四节　汽修与驾培企业

一、琼海金正大汽车配件有限公司

位于琼海市东风路51号。1989年成立，是一家集汽车配件、汽车修理、车辆拯救、汽车美容、保险销售、代办年审为一体的一类汽车维修企业。2010年，占地面积约8000平方米，维修厂房面积约5000平方米。员工38人，其中维修高级技工2名，中级技工9名，维修车辆6000辆次。

二、琼海胜达汽车服务有限公司

位于东线高速公路琼海出入口500米处，占地3860平方米，1990年8月28日成立。

最初以汽车维修、汽车配件、汽车轮胎经营为主，拥有办公大楼、机动车辆检测中心、员工宿舍楼和电脑管理为一体的现代化办公、生活环境，可同时泊车近百辆的维修厂房，汽车配件品种规格齐全。2003 年 7 月 1 日被海南省交通厅核定为汽车维修一类企业。是琼海市行政事业单位公务用车定点维修厂家。2010 年，维修车辆 26210 辆次，检测汽车 5635 辆次，汽车销售 303 辆。

三、交通城（琼海市交通发展公司）

位于琼海市塔洋镇联先村委会，占地 6.5 公顷，是一家集汽车二保维修、汽车综合性能检测、汽车教练场为一体的集体企业。1993 年 6 月组建，注册资金 150 万元，初期人员 22 人，其中管理及其他人员 6 人，汽车维修工 16 人。租用市玻璃厂场地（嘉积登仙岭路 25 号）营业，主要经营修理、装配汽车。1996 年，公司自筹资金建成交通城，由经营汽车维修业务逐年扩大到汽车综合技术检测作业，班线、公交、出租车、客运等业务。公司拥有汽车维修车间 1000 平方米，汽车技术检测车间 1200 平方米，汽车教练场 1 公顷。在职职工 50 人。班线客运车 48 辆，公交车 10 辆，出租车 50 辆，客运从业人员 220 人，总资产达 2000 万元。2008 年度，完成汽车二级维修 6080 辆次、营运与非营运车技术检测 7000 辆，实现利税 85 万元。2010 年，有汽车维修车间 1000 平方米，汽车技术检测车间 1200 平方米，停车场 3000 平方米，办公接待厅 120 平方米。在职职工 50 人，其中专业高级工程师 3 人、助工 2 人、助师 4 人、中级技术工人 18 人，管理人员 8 人。班线客运车 48 辆、公交车 10 辆、出租车 50 辆。各项业务收入 185.4 万元。

四、琼海安特机动车驾驶培训有限公司

前身是 1998 年成立的琼海市交通驾驶学校，第一批职工 15 名。2003 年 12 月 1 日，改制为有限责任公司，改为现名。公司共有教学车辆 62 辆，汽车 48 辆，摩托车 14 辆，职工 58 名。2005 年被评为海南省驾培系统文明驾校，2006 年获得机动车驾驶员培训机构监督管理量化考核优秀奖，2007 年度被评为道路运输工作先进单位。2008 年，获得中国道路运输协会颁发的文明诚信优质服务驾校称号，2010 年在全省驾校质量信誉考核中排名全省第二。

五、琼海雄发机动车驾驶学校

2005 年 6 月 3 日创办，成立之初，租用嘉积镇镇府 48000 平方米场地为教练场，教练场有 15 个桩位，300 平方米能容纳 280 人的理论教室。拥有教练车 23 辆，教练员 26 人。2010 年，学校在嘉积镇设有 2 个报名点，在中原、长坡、阳江等镇设有教练场、教练车。共有教练车 58 辆，教练员 63 人，桩位 30 个，有模拟教学设备一套及各种教学必需的设备。2007年，获得全省驾校量化考核第二名，2008年8月被中国道路运输协会评定为文明、诚信、优质服务驾校，2009年1月被海南省道路运输局评为2008年度驾培质量信誉考核优秀单位。现已被批准为一级综合驾驶学校。2010年，在全省驾校质量信誉考核中排名全省第四名。

第五节　公路运输

1991年，琼海县交通运输发展加快，公路网络四通八达。至1992年年底，全市除2个岛屿管理区水运通行外，196个管理区都通汽车。全社会货运运输量完成210万吨，货运周转量12002万吨千米，旅客运输量完成1108万人，旅客周转量27582万人千米。全市各种车辆拥有量不断增多，运力提高。其中民用汽车2251辆，轮胎式拖拉机1395辆，摩托车3698辆。至2010年，琼海市出租汽车共有327辆，由5家公司经营。公交车90辆，由4家公交汽车公司经营，线路9条。全市有货运普通货车2308辆。货运网络分布全国，逐渐走向物流化的发展轨道。

一、客运

改革开放给琼海市公路运输生产注入了强大的活力。客运市场出现了“有路大家走，有客大家运”，国家、集体和个体运输一起上的竞争局面。随着经济的发展，法律的健全，管理力度的加大，客运市场逐渐走向有序、健康的发展。

1991年，全县有大中小型载客汽车748辆、座位1.06万个。小客车多是空调软座的进口日产中巴车、小巴车，也有款式多样的国产东风牌、黄河牌、解放牌大客车，以及9座、12座小型面包车。20世纪90年代中期，由于客源和运力比例失调，乡镇、农场、企事业单位的经营体制不活，在竞争中输给个体业户，逐渐停止经营。至1994年，全市有大中小型载客汽车927辆、座位1.69万个，其中国有29辆，个体户898辆。进入21世纪，随着改革开放的深入，客运调整运输产业结构，逐步推进规模化、集约化经营步伐。海汽琼海公司逐步淘汰老旧运力，加快运力结构的调整，先后开辟跨省、市多条直达班车，使运力结构趋向合理化。各客运企业也纷纷采用适应高速公路和干线运输需要的舒适安全、技术先进、高效低耗的中高档客车车型。2010年，全市共有班线客车201辆，其中省际班线客运4辆、经营线路3条；市际班线客运94辆、经营线路18条；市内班线客运103辆、经营线路12条。日发车班586个，旅客运量23389人次。中高档车辆占85%以上，农村客车普遍安装了空调。

20 世纪 90 年代初，琼海市（县）道路客运市场开放并逐渐形成了各种经济成分相互竞争的格局。但至 20 世纪 90 年代末，运力过剩、市场分散、资源浪费、恶性竞争等问题却一直困扰着琼海道路客运行业的发展。为解决这些问题，按照省交通厅的要求，根据政府指导、行业自律相结合的原则，2001 年 1 月 1 日，“嘉积—海口”“嘉积—三亚”线实行滚动发班。参加滚动发班的公司有海汽琼海公司、海汽三亚公司、海口耀兴旅业有限公司琼海分公司、海口运输服务公司琼海分公司、海口安速公司、海口广隆公司。参加滚动发班的车辆有 116 辆，其中“嘉积—海口”线 90 辆，“嘉积—三亚”线 26 辆。总体上，滚动发班规范了客运市场的管理模式，降低了油料成本损耗，提高实载率。2001 年—2010 年，参加滚动发班的车辆有 116 辆，其中“嘉积—海口”线 90 辆，“嘉积—三亚”线 26 辆。总体上，滚动发班规范了客运市场的管理模式，降低了油料成本损耗，提高实载率。2001 年，启动滚动发班，同年参加滚动发班车辆 108 辆，总发班 141252 班次，营收额 1314.6 万元，琼海车站一举扭亏为盈。

二、货运

1991 年，琼海拥有大中小型货车 978 辆，运载能力 3799 吨，完成货运量 200 万吨，货物周转量 11690 万吨千米。其中，国有、集体拥有大中小型货车 518 辆，运载能力 2013 吨，完成货运量 108 万吨，占 54%；个体户大中小型货车 460 辆，运载能力 1786 吨，完成货运量 92 万吨，占 46%。1993 年起，货运市场对货运运力的购置实行全方位开放。凡申请道路货运的，不分所有制性质、不分隶属关系，只要符合社会需要，符合开业条件，都予以批准开业。货运市场的放开，调动了社会各界大办运输业的积极性。随着改革开放的深入，单纯的个体的经营方式，逐渐不适应货运市场发展形势的变化。随着“绿色通道”的建设，过去零星的运输车队和运输个体户按照蔬菜生产基地和区域布局组织起来，成立运输协会，如“长坡镇机动车运输管理服务公司”，自 1993 年成立后，吸收 258 户个体运输户为成员，主动为他们提供市场信息、联系业户、组织货源、办理证照等方面的服务。运输业务范围也得到扩展，在岛内扩大到三亚、海口、文昌、万宁、陵水、乐东等 6 个市县；在岛外扩大到广东、广西、深圳、上海、武汉、四川、浙江、湖南等 11 省市。至 1994 年，国有、集体车队大部分承包给私人，全市货运几乎全部由个体户经营。全市拥有大中小型货车 1737 辆，运载能力 6691 吨，完成货运量 664 万吨，货物周转量 26269 万吨千米。

2000—2010 年，物流这种新的运输组织形式出现。2010 年，全市有物流服务公司 10 多家（如邮政 EMS、申通物流、海汽快递等）。

由于海南省的地理位置、环境条件和丰富的瓜菜资源，对于北方冬季的蔬菜瓜果供应具有举足轻重的作用。“绿色通道”是一个运与销互相作用统一体，在运销的过程中，过去零星的运输车队和运输个体户按照生产基地和区域布局组织起来，形成运销协会，投入“绿色通道”运营，逐渐成为“绿色通道”的主力军。琼海市有蔬菜瓜果生产基地170多个，主要分布在塔洋、长坡、福田、中原等镇，每年的冬季瓜菜种植面积约6666.67公顷，收获产量20多万吨，是海南重要的冬季蔬菜瓜果生产基地之一。琼海市较大的运销协会是长坡镇农民运销协会，协会拥有长途运销大货车150辆，小货车90辆，冷冻冰车40辆，每年可运销反季节瓜菜和农副产品6万多吨。运销网络近的可到深圳、广州，远的则到哈尔滨、杭州、上海、济南、西安、长沙、武汉等17个城市，成为菜农与内地市场之间的一座“绿色桥梁”。

1991—2010年琼海市（县）公路运输情况表

表5-1-2

年份	车辆		货运		客运	
	货车	客车	货运量（万吨）	货运周转量（万吨千米）	客运量（万人）	客运周转量（万人千米）
1991	978	748	200	11690	995	26542
1992	839	834	210	12002	1013	27422
1993	1250	888	268	15645	1144	36134
1994	1737	927	644	26269	1988	50202
1995	1263	325	210	13330	517	26550
1996	1265	327	230	16770	543	28395
1997	1543	421	260	27122	572	32067
1998	1710	423	310	32501	592	36000
1999	1920	425	350	41629	599	40923
2000	1750	435	320	41460	610	33210
2001	1950	450	340	41999	620	33820
2002	1730	572	350	44939	643	35511
2003	1860	585	364	47815	665	35750
2004	1890	605	329	47630	690	35780

续表 5-1-2

年份	车辆		货运		客运	
	货车	客车	货运量（万吨）	货运周转量（万吨千米）	客运量（万人）	客运周转量（万人千米）
2005	1870	650	420	71509	720	36890
2006	3526	586	413	69526	682	33624
2007	4710	662	439	74785	696	33895
2008	4790	606	465	79288	740	36087
2009	1725	522	492	84049	765	37306
2010	2308	626	545	91504	801	39012

说明：2009 年起，货车量统计未含农机货车

三、公路养护

琼海市农村公路中，县道（地养部分）、乡道、村道的养护由琼海市地方公路管理站负责。1995 年前，县道万石公路（现大南线）、烟山公路（现山福线）、大塔公路、上朝公路、长潭公路由市（县）地道站（地方公路管理站前身）负责养护。1995 年，海南省农村公路体制改革后，上述县道移交琼海公路分局养护，后海南省交通厅增批县道九培线、朝博线由琼海市地方公路管理站养护。琼海市农村公路的养护模式主要有道班常养模式、冬修模式、代养和季节性养护模式。2010 年，琼海市农村公路列养里程达 731.9 千米。

1995 年起，琼海市每年冬季都组织开展群众性冬修农村公路专项工作，对通往全市行政村的乡道和主要村道进行季节性养护。其做法是：每年由市交通局提出同年农村公路建设和养护工作意见，上报市政府转发各镇，下达同年农村公路养护计划任务、检查评比标准和规定完成时间；市交通局和地方公路管理站负责业务技术指导，不定时进行检查验收，并发布《冬修简报》，各镇负责组织实施。年底，由市委、市政府牵头组织有关部门及各镇“一把手”进行一次全市性农村公路检查评比，并对前五名进行表彰和奖励，对差的进行通报批评，把农村公路建设作为考核干部政绩的重要内容。

2008 年，中原、阳江、龙江等镇在全市率先设立了农村公路养护管理办公室，成立了农村公路养护管理领导小组，由镇长亲自担任组长，组员由镇所属各行政村组成，并制定了养路护路的乡规民约，使农村公路建设和养护达到政府行为与群众自觉性相结合。

经过十几年不间断的开展，冬修农村公路活动成为民众的一种自觉行为。通往全市各村委会的主要农村公路基本上达到良等路标准，年末好路率达 80%，取得了良好的经济效益和明显的社会效益。

四、路政管理

琼海市农村公路中县道（地养部分）、乡道、村道的路政管理由琼海市地方公路管理站负责，全站具有路政执法资格人员共 10 人，配备标志服、车辆等执法装备，随时上路巡查。路政治超工作以卸载为主，不经称重检测，不能认定违法行为，不能实施处罚，不消除违法状态一律不得放行。1991 年，县交通监理单位和公路分局各司其职，设置公路安全标志 246 块，里程碑 737 块。

2005 年，公路分局清理路障、拆除违章建筑，治理超载超限出动车辆 1256 次，参加人数 960 人次，清除各种堆积杂物 50 处，计 9000 平方米，整顿清理农贸市场 5 处，整顿工石场 12 处，处理违章案件 6 件。

2008 年，公路分局清理路障 6 处，处理毁坏公路案件 5 件，收取损坏赔偿费 11545 元，查处违章建筑 2 间，查处超限超载车辆 2098 车次，收取治理超限超载费 63.89 万元，卸载石料车辆 50 车次，拆除非公路标志 11 块，收取增设非公路标志赔偿费 6.6 万元（6 件），整顿（工）石料场 6 处，整顿市场 2 处，整治路口 6 个，收取路口赔偿费 2 万元，收取埋设电缆赔偿费 38.57 万元（10）件，临时占用赔偿费 2.7 万元，其他 75840 元，穿越公路 1500 元，共收取补偿费和修复费 1226445 元。12 月，按照《海南省人民政府办公厅关于印发海南省治理车辆超限超载工作方案的通知》的要求，琼海市出台《关于开展车辆超限超载治理工作的方案》，进一步巩固和扩大治超成果，治超工作取得了阶段性成果，超限超载率大幅度下降，道路交通安全形势明显好转，公路设施得到有效保护，公路通行效率有所提高。

2009 年，公路分局查处超限超载车辆 1891 辆，收取超限超载 81 万元，依法卸载超限运输货物车辆 50 车次，卸货 130 吨，批评教育超限超载运输驾驶员 1320 人次，清理路障 18 处共计 1600 平方米，处理损坏公路路产案件 9 件，收取损坏赔偿费 2 万元。2009 年 7 月 20 日至 10 月 31 日，琼海市政府开展治理车辆超限超载“百日行动”工作。参加“百日行动”的相关职能部门有交通、公安、公路、安监、商务、工商、质监、物价、监察、电视台等。有关执法部门检查货车 1217 辆次，共查处各类违法货物运输行为 149 起。2010 年上半年，共暂扣超限超载货车 21 辆，暂扣证件 35 本，卸载货物 556 吨。

1991—2010 年，制止多起各种违章侵占、污染和破坏路产路权的行为，累计收回路产损失赔偿款20多万元。全市（县）各乡镇政府、行政村均制定乡村道路“乡规民约”，自觉维护路产、路权和道路设施，乡村道路一直保持在较好的状态。

第六节 水路运输

20世纪90年代，随着公路的四通八达，陆路运输逐步取代内河航运。但依托万泉河和博鳌水城，琼海水运旅游事业取得较好的成绩。至2010年，有渡口码头13个，渡口船舶13艘；9家水运企业，旅游码头7个，旅游船舶83艘；观光竹排127个；漂流筏40个。

一、渡口渡船

20世纪90年代初，琼海原有渡口21个，渡船21艘。渡口多集中于万泉河沿岸，较繁忙的渡口有乐城、蒙养、南木、博文、滨滩、丹村、坎下、南正、岸田、雅洞等，多为当地群众生产、生活过渡所设置，非常简陋。渡船也是两岸的群众为生活、生产的需要自己建造，安全性能和技术状况差，存在严重的安全隐患。为了确保渡运群众生命和财产安全，交通部门加大资金投入，逐步对渡口、渡船进行一系列的改造建设。

1991—1994年，投资21.4万元，改建了滨滩、双举岭、椰寨、赤坡、岸田、文曲、雅洞、丹村、东海、乐城、深沟岭、石角园、古调、汀洲等14个渡口，建筑码头935平方米，配有证渡工16人，船舶13只，其中机动船6只，方便群众往来。从2005年起，借全国渡口渡船安全管理专项整治活动的契机，加大对渡口渡船安全整治工作的力度。2005—2007年，投入3800万元完成对滨滩、乐城、培兰渡口的渡改桥建设；投入83万元完成了对塘口、坎下、山荫、溪仔、佳文、潭门、丹村等渡口码头的改建。2007年11月9日，琼海第一艘标准型乡镇渡船在潭门镇日新渡口正式下水，从此拉开市渡船改造的序幕。截至2010年，投入127万元新建新型渡口船舶13艘，投入245万元对乡镇13个渡口码头进行改造建设。经市政府审批设置的13个渡口分别是：潭门镇的日新渡口、中原镇的佳文渡口、万泉镇的丹村渡口、龙江镇的坡燎渡口、坎下渡口、南正渡口、塘口渡口、山荫渡口、尖岭渡口、蒙养一村渡口、蒙养八村渡口；会山镇的溪仔渡口、加略渡口。

二、游船游艇

琼海市游船、游艇的经营主要集中在博鳌水城以及万泉湖旅游度假区。随着“亚洲论坛”2001年永久落户博鳌，促使博鳌旅游热不断升温，带动了整个博鳌水上旅游业的发展。博鳌水城的游船、游艇从无到有、从小到大、从混乱走向有序。2001 年，仅有 3 个码头、53 艘旅游船舶，且船体小、安全性能差。至 2010 年，有 6 个码头、80 多艘旅游船舶，且船貌美观、适航性能好。由 9 家水运企业共同经营，分别是：博鳌仙景旅业开发有限公司、博鳌滨海旅游开发有限公司、博鳌神益旅游开发有限公司、博鳌水城旅业有限公司、海南中远博鳌有限公司、博鳌东屿旅游开发有限公司、琼海万泉河旅游观光有限公司、海南万泉河水上旅游有限公司、琼海市旅游总公司。

万泉湖旅游度假区主要由万泉河旅游有限公司经营，位于万泉河上游的牛路岭库区。2001 年 9 月投入运营，至 2010 年，有豪华游船 1 艘，90 个座位，游艇 2 艘，22 个座位。

第二章 邮 电

第一节 邮 政

一、机构网络

1991 年，琼海县邮电局有邮电支局（所）25 个，人员 337 人，专门从事邮政业务的邮运车辆 2 部，邮政业务全年收入 190 万元。1997 年 10 月，邮电体制改革，邮政、电信分离，成立琼海市邮政局，编制人员 110 人。2006 年 9 月 8 日，海南省邮政管理局成立，邮政传统的政企合一的管理体制实现政企分开。2008 年 5 月 22 日，中国邮储银行琼海市支行正式挂牌，储蓄银行独立运营，这标志着琼海市邮政金融进入一个全新的发展阶段。其中大路、潭门、储蓄中心等 3 个网点由银行自营，其他 17 个邮政局代理网点由邮政企业管理运营。至 2010 年，琼海市邮政局共有职工 184 人，其中在岗职工 90 人，聘用工 17 人，劳务工 77 人。共有邮政用车 16 部，其中行政车 2 部、业务检查车 1 部、邮运车 4 部、投递用车 5 部、押钞车 4 部。全年业务累计完成 2581 万元（不含邮储银行业务收入）。

二、汇兑业务

2002 年，开通电子汇兑业务，结束了原来信汇的汇兑方式，实现汇兑业务电子化，缩短了汇兑时限。电子汇兑最高限额从 1 万元提高到 5 万元。2003 年 5 月始，开办 2 小时汇款业务（每笔不论金额大小，均加收 5 元加急业务处理费，退汇、改汇挂失按每笔收费维持 2 元不变）。2010 年，代收中石化商务汇款、入账汇款等新业务，做好上门服务工作，促进汇兑业务的发展，汇兑业务收入实现 138 万元，经营效益显著提升。

三、邮政业务

（一）报刊发行

报刊收订业务采取邮政人员和社会报刊发行站相结合的办法，征集计划由市委宣传部分配至市直各单位及乡镇政府，由市邮政局负责具体收订工作。同时，积极推进报刊零售亭委代办改制，充分调动了报刊零售个体户零售报刊的积极性，2010 年，全市报刊亭共设 20 个。此外，发挥好投递部门的营销工作，抓好私费订阅，促进了报刊业务的快速发展。1991 年，全县报刊流转额 130 万元；1992 年，流转额 147.93 万元；1993 年，流转额 162.3 万元；1995 年，流转额 231.4 万元，经过多年发经营发展，到 2010 年全市报刊流转额完成 948 万元。

（二）包件业务

1991 年，包件收寄量达 2.73 万件，业务收入 62.68 万元。1992 年，包件收寄量达 2.88 万件，业务收入 68.5 万元。1993 年，包件收寄量达 5.39 万件，业务收入 58.6 万元。1994 年，包件收寄量达 3.4 万件，业务收入 65.9 万元。1995 年，业务收入 74.5 万元。2010 年，包件收寄量达 2.88 万件，业务收入 68.5 万元。主要有普通包裹、快件包裹等业务。2006 年，国家发展改革委、国家邮政总局对包裹业务资费进行了调整，每 500 克为一个计算单位，按照寄递里程分区核定资费。汇费：每汇 1 元（不足 1 元按 1 元计算）0.01 元；资费标准的调整，促进了包件业务的开展。2001 年，包件业务收入为 26.91 万元。2010 年，包件业务收入达 68.5 万元。

（三）函件业务

1999 年，开始制作中邮专送广告，为用户提供策划、设计、投送服务。主要客户群体为各企事业单位的形象，省、特、名优产品以及商家、店家开张、乔迁、喜庆等宣传介绍。 2006 年，国家发展改革委员会、国家邮政总局对国内函件业务中的信函和明信片资费进行了调整，信函资费首重 100 克以内，每重 20 克本埠由 0.6 元调整为 0.8 元，外埠由 0.8 元调整为 1.2 元，100 克以上的续重资费维持每重 100 克本埠 1.2 元，外埠 2.0 元不变，明信片资费由每件 0.6 元调整为 0.8 元。2010 年，抓好一局一品业务、邮资封片业务和新邮预定业务的发展，以此发动集邮业务发展。同年，集邮业务收入累计完成 38 万元，新邮预定共计完成 450 户。截至 2010 年，贺卡收入达 76 万元。

（四）分拣封发

邮件分拣封发采取直封和经转两种。按照省邮电管理局要求，邮电系统内部交寄的邮件必须书写邮政编码。1980 年起，全国实行邮政编码制度，采用 4 级 6 码式编列，用阿拉伯数字表示邮电局及其投递区域的专用代号，6 位数字中，前 2 位表示省、自治区、直辖市（57 为海南省），前 3 位表示邮区（572 为海南邮区），前 4 位表示县（市）局（5714 为琼海市邮政局），后 2 位表示所属投递局（29 为长坡邮政支局）。2010 年，出口函件包件填写邮政编码率达 99%以上。

四、速递物流业务

1995 年，有特快专递件 3743 件。1999 年，利用“185”特服专用车上门揽收 EMS 业务，全年收寄国内 EMS 8939 件，国际 EMS 324 件，特快专递业务收入 36 万元。全年收寄槟榔包裹 52 车。2007 年，速递类业务收入突破 100 万元。2008 年，开通槟榔、琼脂包裹直运和“当日递、次晨达”业务，并积极营销中秋月饼专项寄递。2010 年，速递收入达 225 万元。在阳江建立邮政服务“三农”直营店，还分别在上埇等建立 7 家加盟店。

五、邮网建设

至 1992 年年底，全市邮路总长度达 369 千米，农村投递路线总长 1660 千米。全市农村管区直投率达 96%；邮政储蓄、报刊零售、集邮点分别由 1987 年的 1 处、3 处和 2 处增加到 10 处、9 处和 17 处。1993 年，购置邮车 3 辆，增开嘉积至东太自办邮路，全市自办汽车邮路共 3 条，覆盖乡镇达 95%。1994 年，新增自办邮路汽车 2 辆，邮电支局、所达 28 处，邮路总长 381 单程千米。1995 年年底，全市城乡邮电支局、所达 30 处，邮政储蓄点 20 处，城乡通信服务半径为 6.1 千米。购置特快专递、乡邮投递摩托车 6 辆。1996 年，新开办泮水邮电支局，拥有各类邮运汽车 7 辆，邮路总长度 317 单程千米，农村投递路线 1070 单程千米，95%的投递线路实现摩托化。2001 年，拥有邮运汽车 10 辆，城乡邮路 3 条，共 391 千米，自办汽车邮路覆盖全市城乡，城乡投递邮路 46 条，共 159 千米，全部投递摩托化。2004 年，拥有邮运汽车 13 辆，自办汽车邮路覆盖全市城乡，3 条共 478 千米。2010 年，有邮政普遍服务营业场所 29 个。其中城市地区营业场所数量 8 个，平均服务半径 2.8 千米，平均服务人口 1.8 万人；农村地区营业场所 22 个，平均服务半径 4.6 千米，平均服务人口 1.5 万人；自办网点 20 个，代办网点 9 个；能办理邮政汇兑服务的营业场所 27 个，所有乡镇都设立邮政普遍服务营业场所。全市城乡设立邮筒（箱）45 个。其中：城市地区 10 个，农村地区 35 个；邮政普遍服务营业场所门前邮筒（箱）30 个。2 条共 478 千米的自办汽车邮路覆盖全市城乡，46 条共 638 千米的农村投递邮路全部实现了摩托化。

1991—1999 年，网点建设较为缓慢，主要是原先重电信轻邮政的发展理念，大量资金投放到发展电信上。2000—2004 年，邮电分营初期，邮政的发展属于扭亏阶段，没有太多资金投入网点建设。2005 年，开始逐年加大网点改造建设力度，2010 年，全市有 12 个邮储网点建设达到公安部门和银监部门的标准，有 17 个网点安装上防弹玻璃，所有储蓄网点都安装录像监控。

第二节　电信业务

1991—1993 年，琼海市（县）通信建设较为缓慢，通信设备陈旧单一，城乡电话交换依靠落后的人工转接。1994 年起，通信建设进入大开发、大建设发展阶段。1994 年，通过贷款和其他渠道筹集资金，全年通信建设总投资达到5500万元。2000年，随着农村地区通信建设的全面铺开，同年通信建设投资达到历史最高的7000万元，电信业务收入也随之逐年快速增长。2004年起，随着电信、移动、联通三家通信运营商激烈的市场竞争，电信通信建设呈急剧下降趋势，业务收入增长态势趋缓。1991—2010年，电信通信建设投入资金累计4.32亿元，年均投资额超过2000万元。电信业务收入增长了近57倍。

1991—2010年琼海市（县）电信建设投资、业务收入统计表

表5-2-1　　单位：万元

年份	电信建设投资	电信业务收入
1991	117	161
1992	479	342
1993	2625	706
1994	5500	1725
1995	2800	3300
1996	2500	4345
1997	2000	4680
1998	2859	5004
1999	2500	4749
2000	7000	5067
2001	3425	5506
2002	3597	6340
2003	2978	6187
2004	1428	6841
2005	1134	6939
2006	364	7055
2007	344	7160
2008	421	7213
2009	482	8420
2010	637	9138

一、电报

1991年，嘉积城区设有电报服务点1个，全县25个乡镇、农场邮电所都开设话传电报服务点。但电报业务量逐年减少，仅剩琼海至海口报路2条，同年电报量为8.5万份。至2004年，电报量不足千份。2005年起，载报终端机拆除，全部电报电路停开，电报改为主要采用传真机方式直接发送。

二、长途电话

1991年，县内及22个邮电分支机构开办长途电话业务。同年新安装长途全自动直拨终端设备2部、载波增音机1部，增加琼海至文昌、万宁半自动电路各2部，琼海至全国全自动网电路7路开通，琼海电话可直拨省内、国内和国际电话。同年，国内长途电话去话张数23.2万张，其中国际、中国港澳台长途电话9200张。1992年，长途去话张数43.4万张。1993年，长途去话89.2万张，收入360万元，比上年增长82.7%。1994年3月，琼海市内开通美国5ESS数字程控电话8000门，实现了电话交换程控化、长途传输数据化。同年长途自动电路421条，长话去话188万张，比上年翻了一番以上。随着程控电话的开通，通信质量实现质的飞跃，业务逐年递增。至2010年年末，长途电话达到360万次。

三、市内电话

1991年，琼海改造安装3000门"921"自动交换设备一套。7月1日，琼海市内电话由三位数升为五位数，发展电话用户209户，杆路长度7.45千米，电缆长度11.9皮长千米。1993年，应急安装使用了中国香港鸿年模拟程控交换机，容量400门，电话用户达2068户，杆路长度31千米，电缆长度87皮长千米。1994年，市内开通数字程控电话6000门，市内电话通信实现"改朝换代"，用户达到4846户。1995年，用户增至7600户。1995年，市内程控电话扩容8000门，市内电话用户突破万户，达到10253户。随着电话的普及，市内电话容量不断扩容。至2010年，东风局交换总容量扩至2.2万门。

2000年，市内分别新建起万泉河、万顺、珠江开发区及大桥等4个接入网机房，容量4096线。2001年，琼海新建兴海交换目标局，首期容量扩至6000门。同年，琼海固定电话从7位升至8位，实现全省统一长途区号为"0898"。2002年，扩容8000门。2009年，进入新一轮的大开发、大发展时期，为满足用户通信需求，引入开通机动灵活的EPON设备35个。2010年，开通52个，累计增加容量17000线。2010年年末，市内电话用户为29172户，是1991年用户数的52倍。

四、农村电话

1991 年，潭门、东平等乡镇、农场开通农话自动交换机，容量 600 门，传输为落后的明线和特高频、载波无线传输，农话用户仅 125 户。1992 年，安装中原镇 400 门、长坡镇 300 门、大路镇 200 门自动交换机，博鳌、阳江、东升等乡镇、农场 64 门小程控交换机各一部。农村自动电话逐步增加，净装机 168 部，农话业务收入首次超百万元。1993 年，扩容潭门、东升等乡镇、农场自动交换机 328 线。1994 年起，农村通信进入崭新发展时期，增装潭门、博鳌、长坡、中原、阳江、大路等镇数字程控交换机各 1000 门，全市乡镇并网自动化，全市农话传输全部使用光缆和微波通信，明线及特高频退出使用，彻底告别“摇把子”电话时代。除了满足乡镇政府所在地的通信需求外，首次向自然村发展。12 月，琼海完成建设第一条东线光缆，首次在农话使用光纤通信。同年农村电话净增 926 部，比上年增长 8 倍。1999 年起，农话发展驶入快车道，同年割接开通 14 个节点接入网，净增农话用户 2540 户。2000 年，开通 18 个农村接入网点，扩容 11 个接入点，农村电话用户突破万户，达到 14818 户。2001 年，新建 10 个接入网点，扩容 9 个接入点，农村电话用户数首次超过市内电话用户，标志着电话开始向城乡地区全面普及，同年农村电话用户数达到 27879 户。至 2010 年，全市共开通 68 个农村接入网点，容量达到 76174 线，农村电话用户 58393 户，是 1991 年的 467 倍。

1991—2010 年琼海市（县）电话设备及用户情况统计表

表 5-2-2　　单位：万元

年份	市话光电缆（皮长千米）	市话容量（线）	市话户数（户）	农话光电缆（皮长千米）	农话容量（线）	农话户数（户）
1991	12	3000	560	7	500	125
1992	31	3000	970	18	900	260
1993	56	3400	2068	31	1228	374
1994	85	6000	4846	51	6000	1300
1995	112	14000	7600	144	6000	2250
1996	136	14000	9750	275	6768	4310
1997	174	14000	11684	302	8560	4721
1998	225	20000	13656	457	8560	5913
1999	329	20000	16523	775	12144	8453

续表 5-2-2

年份	市话光电缆（皮长千米）	市话容量（线）	市话户数（户）	农话光电缆（皮长千米）	农话容量（线）	农话户数（户）
2000	358	24096	19609	1595	19568	14818
2001	585	30096	21466	2187	31888	27879
2002	739	38000	24972	2891	45758	41207
2003	814	38768	28273	3230	55998	51820
2004	871	40657	30663	3510	66494	62511
2005	908	41681	31174	3567	69054	64438
2006	942	45777	31275	3612	70590	64820
2007	961	47825	32811	3673	71614	63625
2008	992	48337	32676	3751	73454	61460
2009	1012	48923	29476	3879	74510	59339
2010	1037	52683	29172	4060	76174	58393

五、无线寻呼

琼海市无线寻呼业务始于 1992 年，开通“127”“129”寻呼台业务，投放市场的寻呼机有诺基亚、摩托罗拉、三星等品牌。同年，投资 30 万元安装全省联网无线寻呼 1000 门设备一套，增加专用电路 2 条。1992 年年底，用户仅 200 户。寻呼机售价较高，一部需要 2000 多元，业务发展受到一定限制。随着技术的发展，寻呼机的品牌种类由原来的几个增至十多个，国产寻呼机大量投放市场，机身价格快速下降至每部仅 100 多元甚至几十元，使用人数也随之迅速增多，寻呼业务一度成倍增长，普及率大大提高。1993 年，用户达到 2400 户，1994 年达到 4900 户。1995 年，无线寻呼系统扩容 127 台 3000 门，开通 128 台中文寻呼，无线寻呼网人工“126”改制为自动寻呼 993 台，年末用户激增至 9321 户。1996 年，安装开通 129 台无线寻呼系统 3500 门，增设阳江、长坡直放基站，加之几次价格调整。1996 年，发展寻呼机 7580 部，期末用户数突破万户，达到 16901 户。至 1997 年，全市寻呼系统总容量达到 5 万门，用户达到 22939 户。1998 年，用户规模达到历史最高点 29563 户。1999 年，寻呼台划归国信寻呼公司经营管理。2000 年，电信开通 999 寻呼台业务，引入市场竞争，推动寻呼业务发展。2000 年，发展用户 2338 户，2001 年达到 11039 户。2002 年，随着小灵通业务推出，加上移动电话的迅猛发展，寻呼业务出现快速萎缩，至 2003 年基本退出通信市场。

六、小灵通

小灵通业务又称无线市话业务，2002年正式开通运营，同年投资1032万元，完成安装500兆瓦基站69个，200兆瓦基站1个，10兆瓦室内外基站56个，基本覆盖嘉积城区。接着，又陆续开通博鳌、大路、中原、上埇、嘉积至官塘沿途等主要镇墟及热点地区小灵通基站，2007年最多时小灵通基站达到262个，覆盖范围进一步扩大。2002年，小灵通用户净增8062户，业务收入完成300万元，成为业务电信业务发展的新亮点。2003年用户13901户，2004年18898户，2005年用户23900户，2007年达到最多的26927户。而后，小灵通业务逐渐出现萎缩，2009年降至6040户。至2010年，小灵通设备开始拆除，用户仅剩余1600多户，基本被淘汰出通信市场。

七、移动电话

1994年，琼海引进国外先进设备，开通1500门全省联网移动电话设备，销售模拟移动电话（俗称“大哥大”）301部。1995年，用户发展至698户。1996年，在扩容模拟移动电话48信道的同时，首次设立开通了GSM数字移动电话基站，大哥大销售610部。1997年，全市模拟、数字移动电话信道容量扩容至1万门，年末用户达5348户，比上年增长了近3倍。1998年，达到9662户。1999年，移动业务剥离出去后，至2008年9月，电信移动业务发展处于空白。2008年7—9月，电信开始承接原联通公司C网人员、渠道、用户及基站。10月起，正式开展C网业务运营工作，承接时移动电话用户1.7万户，第四季度发展用户3951户。2009年，电信进入全业务经营发展新阶段，CDMA移动网络逐步开始平滑过渡至第三代移动通信（3G），中国电信3G服务首次亮相博鳌，在国际级大型会议中推广商用，重点业务无线宽带在年会上得到了成功应用，天翼对讲、无线全球眼等3G产品成功演示。完成新建移动基站40个，基站EVDO改造69个。年末共有基站99个，其中市区22个、乡镇77个。EVDO基站城市32个，乡镇37个。C网直放站5个，室分系统21个。全年净增移动出账用户10226户，期末达到31177户。2010年，新建移动基站30个，室分系统33套，全年净增移动出账用户18470户，期末达到49647户。

八、数据通信

1995年，安装分组交换节点机，发展用户10户，首次开通使用数据通信业务。1996年为13户。1996年，开通72端口DDN数据设备。1997年，发展分组交换用户18户、DDN6户。同年数字数据网也开始投入使用，向单位用户提供新的数据通信业务。通过网络路由器，电话用户通过拨号“163”“169”连接互联网，数据业务开始向普通家庭渗透，数据业务（窄带）进入全新发展时期，不断被认知和使用，发展因特网12户。1998年，因特网用户达到 81 户，此外还发展分组交换用户 16 户。1999 年，新增分组交换、DDN 用户 14 户，因特网用户 119 户。2000 年，分组交换、DDN 用户达到 65 户，因特网快速增长，用户数达到 4535 户。2001 年，因特网用户累计 5178 户。2002 年，因特网引入宽带业务（ADSL、LAN），实行窄、宽带并行，数据通信业务实现飞跃，用户突破万户，达 11683 户，其中 ADSL 宽带用户发展 357 户。2003 年，发展宽带用户 1360 户。2004 年，窄带业务逐渐退出市场，宽带用户发展 2453 户。至 2010 年，全市宽带端口达到 41392 线，宽带用户 27212 户。

第三节　电信企业

一、中国电信股份有限公司琼海分公司

1991 年，琼海邮电局有邮电支局（所）25 个，人员 337 人。1997 年 10 月，邮电体制改革，邮政、电信分离，成立琼海市电信局，编制人员 151 人。邮电分营后，在长坡镇、阳江镇设立两个电信支局。1999 年 6 月，电信企业再次重组改革，移动业务剥离出去，16 名人员划归至新成立的中国移动通信有限公司琼海分公司。2002 年，电信农村支局撤销，农村业务全部改为社会代办代维管理，代办点 23 家，代维人员 31 人。2004 年，中国电信在美国、中国香港地区上市，琼海市电信局实行公司化运营，更名为“海南省电信有限公司琼海市分公司”。2006 年 12 月，海南电信内部实行区域体制改革，琼海电信下辖定安、屯昌两个县局。2008 年，更名为“中国电信股份有限公司琼海分公司”。2010 年，琼海电信内部建制再次改变，区域体制取消，在嘉积、长坡、中原、万泉 4 个镇成立 4 个支局，期末电信从业人员 106 人。

二、中国移动通信集团海南有限公司琼海分公司

1999 年 7 月，由琼海市电信局剥离成立，内设综合部、欠费催缴班、稽核班、营业班。1999 年，分公司建立第一家专营代办点。2000 年，成立第一家自办营业厅。2001 年，签订第一家专营店。2005 年，分公司第一家手机卖场开张。2007 年，建设第一家村级网点“一村一点”。至 2010 年，中国移动琼海分公司为省公司四个区域中心分公司之一，内设综合部、市场经营部、重点客户中心、合作渠道管理中心、营业中心和区域支撑中心。区域支撑中心除承担琼海分公司的信息化产品和项目的售前技术支撑、工程建设项目管理，以及接入网的维护和管理等售后服务外，还负责支撑所在区域的万宁市、琼中黎族苗族自治县分公司。

三、中国联合网络通信有限公司琼海市分公司

2004年成立，下设渠道管理中心、大客户中心、客户服务中心，有员工21名。同年移动发展用户数2350户，有基站123个。至2010年年底，中国联通琼海市分公司下设市场营销部、政企客户部、客户服务部、网络部，有员工63名。移动发展用户数25090户，宽带发展用户数2810户，固话发展用户数2510户，基站271个。

第三章　工　业

第一节　管理机构

1991年，由琼海县经济委员会主管工业工作。1995年1月，撤销经济委员会组建工业局，技术监督办公室归工业局管理，原二轻总公司的行政职能并入工业局。2001年撤销工业局，其职能并入市经济贸易局。2003年12月，撤销市经济贸易局，其管理工业的职能划入市发展和改革局。2009年12月，成立琼海市工业和科技信息产业局（简称市工科信局），挂琼海市科技信息动员办公室牌子，同时撤销琼海市科学技术与信息产业局，将原市发展和改革局负责的工业管理职责和原市科学技术与信息产业局职责划入，成为主管全市工业、科技、知识产权和信息化工作的市政府工作部门。主要负责研究提出全市工业和信息化发展的重大布局；协调工业和信息产业配套体系建设，指导全市工业和信息产业发展，推进工业化和信息化。内设行政秘书组、科技管理组、工业和信息产业组。核定行政编制10名。

第二节　工业规模

20世纪90年代，琼海市（县）较成规模的工业企业多为国有企业单位。1991年，琼海县工业总产值3.02亿元。有工厂40多家，其中涤纶丝厂、罐头厂、糖厂、齿轮厂、南华皮革厂等均有一定规模。1992年，全市工业总产值4.5亿元，其中全民所有制企业工业产值1.3亿元，集体所有制工业产值3627万元，乡镇企业工业总产值1.3亿元。主要工业产品产量中，机制糖、酒精、罐头、水泥、配混合饲料、冰醋酸等产品增长较快；化学纤维、钛精矿等价格下跌，产量下降。1994年4月，罐头厂被非国有企业寰岛置业股份有限公司收购时，资产规模达8000万元。2000年，琼海市工业总产值166700万元。2005年，市工业总产值119814.75万元。2010年，琼海市规模以上工业企业有13家，其中：国家企业3家、私营企业10家，主要分布在电力、供水、制造、食品、医药、水产品、建材等行业。同年，全市工业总产值166576.56万元，同比增长3.04%。

1991—2010 年琼海市（县）工业产值统计表（当年价格）

表 5-3-1　　单位：万元

年份	工业总产值
1991	30200.00
1992	45000.00
1993	—
1994	—
1995	105403.00
1996	—
1997	—
1998	—
1999	—
2000	166700.00
2001	—
2002	129443.86
2003	80073.00
2004	95679.00
2005	119814.75
2006	114298.33
2007	136774.19
2008	155186.89
2009	161654.24
2010	166576.56

2010 年全市规模以上工业企业表

表 5-3-2

序号	单位名称	行业类别	地　址	单位负责人	性质
1	海南电网公司琼海供电局	供电	嘉积镇爱华路	王海鹏	国有
2	琼海市自来水公司	自来水	嘉积镇元亨街	郭　兴	国有

续表 5-3-2

序号	单位名称	行业类别	地　址	单位负责人	性质
3	海南水电股份有限公司牛路岭分公司	水力发电	嘉积镇加囊村	陈开亚	国有
4	海南斯达制药有限公司	阿奇霉素	大路镇	王　佳	外资
5	琼海瑞泽混凝土配送有限公司	商品混凝土	嘉积镇（原）上埇乡	高　旭	股份制
6	琼海市梦园琼胶卡拉胶食品有限公司	卡拉胶	长坡镇孟文村	陈华亚	私人
7	海南玉柴机器有限责任公司	齿轮制造	嘉积镇富侨路	苏　朋	股份制
8	琼海雄隆食品工业有限公司	天然椰子汁	嘉积镇豪华路	王文雄	私人
9	海南新天久食品有限公司	冻罗非鱼	嘉积镇泮水工业区	陈剑宁	私营
10	海南伊顺药业有限公司	粉针剂	嘉积镇人民路	陈长萍	私人
11	海南鲤河海洋食品有限公司	水产品	潭门镇潭门工业园	林荣鑫	私人
12	琼海鑫海混凝土有限公司	商品混凝土	中原镇仙寨村	武　斌	—
13	琼海财隆建材有限公司	加气砖、灰砂砖	嘉积镇（原）温泉乡	朱积厚	股份制

2010 年琼海市重点中小企业表

表 5-3-3

序号	单位名称	行业类别	地　址	单位负责人	性质
1	三亚润泽新型建筑材料有限公司	加气混凝土砌块	嘉积镇上埇乡（原）	张艺林	股份制
2	海南品香园食品有限公司	椰子汁及热带水果饮品	嘉积镇富海工业区	庄儒藩	民营
3	海南大众海洋产业有限公司	卡拉胶、水产品	长坡镇沙老港	孔　炜	股份制
4	海南台太木业有限公司	木制品	中原镇文山村	王启明	台商独资
5	琼海龙丰麒麟卡拉胶有限公司	琼脂、卡拉胶及食品添加剂	塔洋镇联先工业区	周继贵	私人
6	琼海坤和贵金属厂	铂金、钯金	嘉积镇泮水工业区	毕永金	私人
7	琼海茂恒木业有限公司	橡胶木改性、木材制品加工	嘉积镇泮水村	李观明	私人

续表 5-3-3

序号	单位名称	行业类别	地　址	单位负责人	性质
8	海口海宁精细化工有限公司琼海工厂	化工	彬村山华侨农场	饶结新	私人
9	琼海鸿润气体有限公司	氧气	嘉积镇泮水工业区	李香壮	私人
10	海南发东方玻璃钢有限公司	玻璃钢夹砂管道	嘉积镇泮水工业区	符策龙	私人
11	琼海市烟园水电站	水力发电	会山镇	严昌奋	联营
12	教育服装厂	校服	嘉积镇银海路	许灵山	私人
13	琼海鼎盛实业开发有限公司	制冰、速冻、冷藏	潭门镇潭门工业园	李世炳	私人
14	海南省南海现代渔业集团有限公司	制冰、冷藏	潭门镇	邱　涛	国有
15	琼海忠锐农业开发有限公司	冷藏保鲜加工	中原镇	李献廷	民营
16	琼海福松实业有限公司	冷藏保鲜加工	塔洋镇联先工业区	韦林松	民营

第三节　产能调整

1991—2010 年，琼海市（县）产能调整主要体现于对中央空调、锅炉等进行节能技术改造，推广使用水动能冷却塔等节能技术；在公共机构、建筑领域推广节能产品和材料，辖区内各星级旅游饭店基本采用高效节能照明产品，部分酒店引进太阳能采热设备；全市房地产项目、公建项目墙体、屋顶材料基本采用节能设计确定的新型材料，经节能专项验收，效果良好。

2010 年，琼海市发布《琼海市人民政府办公室关于印发琼海市确保实现“十一五”节能减排目标 2010 年工作方案》《琼海市人民政府办公室关于印发琼海市 2010 年淘汰落后产能工作实施方案的通知》《琼海市人民政府关于印发琼海市确保实现“十一五”节能减排目标 2010 年预警调控方案的通知》《琼海市人民政府关于 2010 年淘汰落后产能企业工作有关事项的通知》等文件，将淘汰落后产能工作任务分解到有关单位。实施固定资产投资项目节能评估和审查制度，执行《海南省固定资产投资项目节能评估和审查管理暂行办法》的有关规定，对全市所有固定资产投资项目（含新建、改建、扩建项目），在审批、核准或者备案前进行节能登记和审查。2010年，共对7家企业新建、改建、扩建项目进行节能登记和审查，并出具了项目节能审查决定书。同年5月6日起，不再审批、核准、备案高耗能、高排放行业扩大产能的项目。同时，对市政府投资建设的固定资产项目开工前，实行新开工项目报告制度，对不符合条件的项目，一律不准开工建设。

2010年7月，琼海市政府印发《琼海市人民政府关于印发琼海市新型墙体材料专项基金征收使用管理实施细则的通知》，在淘汰落后产能工作的同时，市工科信局切实做好新型墙体材料的生产和使用工作，征收和管理新型墙体材料专项基金。对城市规划区内继续使用实心黏土砖的各类建设工程项目，由市规划建设局进行严格把关，不得通过施工图审查，不得批准施工许可，不得竣工验收备案。同月27—30日，对全市未按规定期限淘汰落后产能的10家实心黏土砖厂实行联合执法，依法拆除10家实心黏土砖厂落后产能生产设备，8月1日前，全面完成全市淘汰落后产能工作目标。同年，招商引资建成瑞泽、德丰等两家年产50万立方米蒸压加气混凝土砌块生产企业，以确保在淘汰实心黏土砖产能之后城乡建设建筑材料的需要。

2010年，市工信局配合市财政局制定节能灯推广方案，对推广节能灯实行财政补贴和公共机构推广使用节能灯，同年11月10日前，共推广节能灯10.65万只，其中：紧凑型荧光灯10.25万只，直管荧光灯0.4万只，超额完成省下达的节能灯推广任务。

第四节　电　力

一、体制改革

1992年，琼海县政府决定成立琼海县农电公司。1995年，琼海县农电公司更名为海南省电业股份有限公司琼海分公司。2002年，更名为海南省电力有限公司琼海分公司。2004年10月26日，随着国家电力体制改革，海南电网划入中国南方电网公司，更名为海南电网琼海供电公司，2009年11月5日，正式更名为海南电网公司琼海供电局，是海南电网公司下属的四大分公司之一，海南电网公司琼海供电局为海南电网东部区域综合管理公司，正处级单位。主要担负海南东部区域（琼海、万宁、屯昌、琼中4个市县）电力调度、维护检修，以及琼海市的用电营销管理工作。

二、供电用电

至2010年，琼海电网以220千伏环网为骨干网架，以110千伏线路为主体，管辖的变电站有40座，其中220千伏变电站2座、110千伏变电站11座、35千伏变电站27座，

35千伏及以上主变压器46台，主变总容量为1528.7兆伏安，其中220千伏主变3台，容量390兆伏安；110千伏主变19台，容量546兆伏安；35千伏主变39台，容量197.5兆伏安。管辖的220千伏线路8条，长度403.462千米，11条110千伏线路、长度300.67千米，10条35千伏线路、长度119.32千米。电网横跨琼海市、万宁市、屯昌县、琼中黎族苗族自治县4个市县，其中，琼海境内220千伏变电站1座、110千伏变电站4座、35千伏变电站8座，总容量为686.2兆伏安。220千伏线路5条，长度95.6千米；110千伏线路8条，长度127.6千米；35千伏线路10条，长度119.32千米。 琼海市用电总户数148914户，其中居民133681户，商业8465户，非普工业5376户，大工业51户，农业1341户。按占总负荷的比例分：居民占35.88%，商业占33.06%，非普工业占11.47%，大工业占9.86%，农业占9.48%。2010年，最高负荷93.84兆瓦。

1991—2010年琼海市（县）供电用电情况统计表

表3-3-4

年份	最高负荷（兆瓦）	供电量（万千瓦时）	用电量（万千瓦时）
1991	—	3338.23	2899.04
1992	—	4463.07	3858.68
1993	—	5282.41	4580.96
1994	—	6548.58	5615.02
1995	—	8315.41	7267.43
1996	—	8354.96	7489.66
1997	—	9288.38	8154.46
1998	—	10314.65	9167.95
1999	—	13106.65	10293.00
2000	—	16392.79	13195.23
2001	45.40	19983.15	16504.56
2002	47.80	23214.61	19538.47
2003	54.60	25244.29	21838.83
2004	50.80	26769.07	23297.12

续表 3-3-4

年份	最高负荷（兆瓦）	供电量（万千瓦时）	用电量（万千瓦时）
2005	54.81	27860.46	24597.04
2006	60.85	31959.57	28348.43
2007	63.92	34655.36	30718.94
2008	70.96	40662.17	35851.36
2009	80.87	45440.86	40170.58
2010	93.84	51166.15	46070.00

三、电网建设

2004—2006 年，琼海市电网总投资 14529.06 万元，其中农网一期投资 4102.16 万元，农网二期投资 8127.1 万元，城市电网投资 2299.8 万元。2007 年，琼海市电网总投资 6792.4 万元，其中 220 千伏输变电投资 1623 万元，110 千伏输变电投资 4313 万元，35 千伏输变电投资 149 万元，10 千伏输变电投资 707.4 万元。2008 年，琼海市电网总投资 18631.6 万元，其中 220 千伏输变电投资 17467 万元，10 千伏输变电投资 1164.64 万元，2009 年，琼海市电网总投资 14831 万元，其中 220 千伏输变电投资 5246 万元，110 千伏输变电投资 7141.07 万元，35 千伏输变电投资 215 万元，10 千伏输变电投资 2229.03 万元。

2010 年，琼海市总投资 13084.29 万元，其中 2009 年续建工程 5566 万元，新增投资 7518 万元。新增变电容量 40.43 兆伏安，改造 110 千伏线路 53.6 千米，新增 220 千伏线路 21.3 千米。改造及新建 10 千伏及以下线路 177.29 千米，新增配变 66 台，受益农户 7892 户。

四、重点供电保障工程

1991 年 6 月，完成 35 千伏龙楼变电站投运。1992 年 5 月，完成 35 千伏阳江变电站投运。1996 年 6 月，完成 35 千伏上埇变电站投运。2000 年 6 月，完成 35 千伏博鳌变电站投运。2000 年 12 月，35 千伏长坡变电站投运。2000 年 12 月，完成 110 千伏泮水变电站投运。2001 年 2 月，完成 35 千伏大路变电站投运。2003 年 2 月，完成 110 千伏培兰变电站，2003 年 5 月，35 千伏东平变电站投运。2004 年 1 月，完成 220 千伏官塘变电站投运。2005 年 5 月，完成 220 千伏红石变电站投运。2009 年 12 月，完成 110 千伏潭门变电站投运。2010 年，完成 220 千伏东官线路新建工程，实现东部小“日”字形环网；

109千米的跨海联网工程配套项目220千伏福官线按期投产，标志海南主网架“目”字形环网北边一横投运，提高了主网的供电可靠性；110千伏牛官线路重建工程创同年海南省最短基建工期纪录。初步实现沿海地区10千伏手拉手供电，解决部分地区供电卡脖子现象；琼海市官塘至博鳌牵引站220千伏供电线路工程通电，同铁塔架设三回线15千米，减少占地面积30平方千米，起到绿色环保作用。

至2010年，琼海供电局完成13次博鳌亚洲论坛会址国家一级政治保电任务。

第五节　工业企业选介

一、琼海市二轻总公司

琼海市二轻总公司（国有），前身是琼海市二轻工业局（正科级）和琼海市二轻企业联社，两块牌子，一套人马合署办公，行政编制18人，事业编制4人。1994年1月1日，改为企业性公司，人员不变，资产归属不变。2003年，琼海明确二轻总公司继续负责管理二轻集体企业，二轻集体企业有琼海市二轻物资供销公司、琼海市橡胶塑料厂、琼海市家具厂、琼海农具厂、琼海市服装厂、琼海市五金厂、琼海市皮革厂、琼海饮料厂、琼海市制氧厂、琼海市中原农具厂共10家企业，在职职工986人。

二轻工业随着社会的发展，从简单的手工业加工发展为自己的创新产业，依靠技术力量，设计、改造、扩大生产规模，使轻工业走上现代的轨道。轻工产品在20世纪90年代初走势良好，如五金厂的铁床、卷闸门畅销全岛；橡胶塑料厂的橡胶颗粒胶、塑料排污管，农具厂的打谷机、吊锯畅销省内外；服装厂的海燕牌衬衣、农具厂的改性木折椅销往中国香港和出口美国创汇。但是在市场经济的冲击下，由于资金不足和各方面因素的影响，2002年，被琼海市市场开发建设服务总公司收购，职工的社保由琼海市市场开发建设服务总公司负责缴交，剩下几家工厂都处于停产状况。2006年，又先后改制关闭了五金厂、服装厂、农具厂。

二、海南水电股份有限公司牛路岭分公司

海南省水利电力集团有限公司牛路岭水电站（国有企业），前身是海南省牛路岭水电站（正处级），是一个运行34年的老国有企业，主营业为水力发电。1998年，海南电力企业内部进行体制改革，牛路岭水电站是海南电力企业改革的先行单位，改革后主要管理部门由原来的13个科室精简为两个部：生产安监部和党政事务部。为解决职工上岗就业，成立了机电安装检修公司（电力工程公司）、实业开发公司（园林公司）、旅游公司

三个分流公司，并成立库区派出所，人员全部实行竞争上岗。2004 年 6 月，海南电力行业企业进行改革重组，实行厂网分开，牛路岭水电站从海南省电力有限公司分离出来，隶属海南省水利电力集团有限公司，更名为海南省水利电力集团有限公司牛路岭水电站。归属水电集团公司管理后，集团公司将原三个分流公司注册登记为独立法人单位，但原电站职工仍为电站国有固定职工身份不变。2010 年 12 月，海南省水利电力集团有限公司进行股份制改制，由牛路水电站部分资产入股成立了海南水电股份有限公司牛路岭分公司，隶属于新设立的海南水电股份有限公司，和海南省水利电力集团有限公司牛路岭水电站为一套人马两个牌子，在职员工 210 人。而牛路岭水电站仍然保留原有大部分土地资产，经营范围由水力发电变更为水利电力经营管理有关的科学研究、技术开发、咨询服务和业务培训。隶属于海南省水利电力集团有限公司，为水电集团的二级分支机构。

三、琼海鑫海混凝土有限公司

琼海鑫海混凝土有限公司于 2008 年 8 月由投资人康俊国等人出资注册的有限责任公司，位于琼海市中原镇。占地 4 公顷，注册资本 1000 万元，资产 9500 万元，其中固定资产 2500 万元，流动资产 7000 万元。企业生产及经营状况良好，业务收入及上缴利税呈逐年递增态势，自成立至 2010 年，上缴税收 1000 多万元，并解决 100 多人的就业问题，为当地社会和经济的发展做出了积极的贡献。公司拥有高级技术人员 1 人，中级 3 人，初级 3 人。装配有 3 条国际先进水平的 HZS180 搅拌机生产线，主机均采用意大利生产技术，总生产能力 60 万立方米。生产线全程电脑自动化控制，电子秤计量准确，搅拌均匀，生产工艺先进，质量保障。配有各类专用车辆 30 余台，其中 8—18 立方米搅拌车 20 余辆，27—48 米泵送车 3 辆，以及其他种类专用车辆 5 辆。

四、海南斯达制药有限公司

海南斯达制药有限公司是一家集研发、生产、销售为一体的综合性制药企业，是海南省高新技术企业。1993 年 8 月成立，2006 年 2 月 15 日在新加坡交易所的主板挂牌上市，是海南制药业首家在新加坡上市的企业。制药厂位于海南省琼海市大路镇，占地 6 万平方米，拥有粉针、冻干粉针、水针、片剂、胶囊剂、颗粒剂等七大剂型十条生产线，全部通过国家 GMP 认证。公司产品涉及抗生素、心脑血管及现代中药制剂等主要领域。公司持续致力于研发新药，产品博抗（注射用门冬氨酸阿奇霉素，四类新药）被科技部、经贸委等五部委评为“2000 年度国家重点新产品”。

第六编　商贸　旅游

1991—2010年，琼海市（县）商贸体系由国有、供销产业主导逐渐转向多种经济形式、多种经营方式、多渠道流通并存的格局。社会商品零售总额累计228.26亿元，外贸出口累计37085万美元，共建成农贸市场31个、农副产品和专业市场2个。旅游产业于20世纪90年代初兴起，2001年后发展迅速。至2010年，实现无障碍旅游通车，旅游区交通道路网络化。全市有星级酒店20家，中小旅馆175家。

第一章　商业体制

20世纪90年代以前，琼海市国有、供销商业占主导地位。1992年，撤县设市、邓小平南方谈话后，国有商业和供销合作商业垄断市场的局面被打破，经营、价格、分配、用工完全放开，全市商业形成了"百业经商"的局面。在由计划经济向市场经济转化过程中，商品流通体制逐步纳入了多种经济形式、多种经营方式、多条流通渠道并存的大流通经营格局。琼海市国有商贸企业先后通过政企分开，转换经营机制，联销联利计酬，承包、租赁经营和产权制度改革，短时间内使商贸业在一定程度上得到了发展。但由于在经营方式上竞争不过个体私营经济，企业普遍亏损，纷纷歇业。在这种情况下，琼海市政府秉承"国（企）退民进"的指导思想，依据《海南省改制关闭国有企业职工安置办法》的规定，采取变现企业资产安置职工的模式，对全市国有商贸企业进行破产关闭。至2010年，全市17家国有商贸企业中，除市食品公司正常经营，和早已歇业的市饮食服务公司、市百货供应公司、市华侨商品供应公司和市糖烟酒公司尚未改制外，其余13家国有商贸企业都完成了关闭企业和职工安置工作。在此同时，全市个体私营商贸经济进入快速发展轨道，市场繁荣，购销两旺。

第一节　机　构

琼海市商务局是琼海市商贸业的主管机构。1992年，琼海撤县设市前，为琼海县经济贸易办公室，内设机构有行政秘书组、国际贸易组、国内贸易组和计划审计组。经贸口下属的部门和行业有市财政局、市外贸局、市商业局、市物资局、市供销合作联社、市工商局、市粮食局和人行、工行、农行、建行、中行、城市信用社以及保险业；商贸企业有市石油公司、市烟草公司、市外贸集团公司、市商业信托公司、市国际信托贸易公司、市财贸经济发展公司、市对外经济（集团）公司、市对外经济贸易实业公司、市富群实业公司、海南省洋浦琼海外经发展公司、市食品公司、市华侨商品供应公司、市百货供应公司、市糖烟酒公司、市饮食服务公司、市商业储运公司、市五金公司，东太、东红、东平、东升、南俸等农场商店和万泉河开发建设股份公司。

1993 年，琼海县经济贸易办公室更名为琼海市经济贸易办公室。从 1993 年起，琼海市进行机构改革，除粮食局、供销合作联社保留两块牌子（局、社与总公司并存）外，将市商业局、市物资局、市外贸局分别组建为市商业总公司、市物资总公司、市外贸总公司，成为独立核算、自负盈亏、自我承担民事责任的经济实体。1995 年 1 月，撤销琼海市经济贸易办公室，成立琼海市贸易局。不再分管财政、工商、税务等部门和银行、保险业。原市粮食局转轨为市粮油总公司，其行政职能并入市贸易局。供销联社转为经济实体。8 月，市贸易局增挂琼海市粮食局牌子。

1998 年 7 月，撤销琼海市贸易局、琼海市经济合作局，成立琼海市商贸经济合作局。10 月，将琼海市食品公司从市商业总公司划出，行政上隶属琼海市商贸经济合作局管理。2001 年 5 月，琼海市商贸经济合作局和琼海市工业局合并，成立琼海市经济贸易局。2003 年 12 月，琼海市经济贸易局更名为琼海市商务局，并将分管的工业企业与管理职责划出给市发展和改革局。琼海市商务局的职责为主管全市国内内外贸易、外经济技术合作和口岸管理工作。内设局办公室、国内外贸易组、企业管理组、经济综合组。2010 年，琼海市政府核定商务局行政编制 11 名。

第二节　商业体制改革

1991 年，琼海县国际信托贸易公司经海南省高级人民法院判决破产，15 名征地工人安排到罐头厂工作，其他人员从企业调进的调回原单位。从党政、事业单位调进的，由人事、劳动部门统筹安排。

1994 年，琼海市人民政府在市物资总公司和市百货公司两家国有商贸企业中进行产权制度改革，形式是企业全部产权转让和部分产权转让。琼海市物资总公司采取全部产权转让的形式，即公司全部资产，包括固定资产、流动资产、长期投资和无形资产，连带债务带人员，一次性整体转让。琼海市百货供应公司采取部分产权转让的形式，即仅将购物中心和DC城的长期租赁权连带商场人员（含离退休人员）一次过转让，由受让方另行与市房管所长期租赁商场自主经营。

1995年6月21日，为完善国有企业管理，琼海市人民政府批准在琼海市商业总公司、琼海市粮油贸易总公司、琼海市石油公司、琼海市对外经济贸易（集团）公司、琼海市对外经济发展公司、琼海市外贸总公司、琼海市财贸经济发展公司和琼海市富群实业公司等8家公司成立董事会。董事长均由琼海市贸易局局长黄兆炎担任，副董事长和董事由市委组织部、市财税局、市贸易局领导和各有关公司经理担任。

1991—2010年，琼海市先后通过破产、产权制度改革和实施关闭等形式进行商业体制改革。破产、关闭安置的国有商贸企业有琼海县国际信托贸易公司、琼海市商业信托公司、琼海市富群实业公司、琼海市商业总公司、琼海市物资总公司、琼海市对外贸易总公司、琼海市五金交电化工公司、琼海市财贸发展公司、琼海市外经发展公司、琼海市外经实业公司、琼海市洋浦发展公司、琼海市商业储运公司、琼海市商业综合公司和南俸商店、东平商店等15家企业。尚未改制的企业有琼海市糖烟酒公司、琼海市华侨商品供应公司、琼海市百货供应公司、琼海市饮食服务公司、东太商店、东红商店、东升商店、琼海市食品公司等8家企业，其中正常开展业务工作的仅有琼海市食品公司。

第三节 供销体制改革

一、经营管理体制改革

1992年，琼海撤县设市后，市供销合作社联合社（以下简称市供销合作联社），按照“小政府、大社会、大服务”的经营管理模式，进行转换职能、精简机构、缩减人员，从行政管理型转变为经营服务型的改革，联社机关原设的8个股室精简为两个部，即经营管理部和社务综合部；人员从33人减少到16人，剩余人员充实到经营第一线。对所属的市农业生产资料公司、市土产公司、市副食果品公司、市供销贸易公司、市供销食品工贸公司、市供销储运公司等6个直属公司以及21个基层供销社，由市供销合作联社行使管理、协调、指导、服务的职能。直属公司主要从事传统（或归口）经营的商品货源组织和批发零售业务，各基层社也结合自身的实际，开展各项生活、生产物资的组织和批发零售业务。

1994年年底，琼海市供销合作联社机关事业单位编制撤编后，琼海市供销合作联社和琼海市供销经济开发总公司实行一套人马、两个牌子的模式开展经营和管理，市供销合作联社机关仍然对上述直属公司和基层供销社行使管理职能。之后，根据要求，供销合作社改革必须凸显经营性服务功能和公益性服务作用。各级联合社要强化指导、协调、监督、服务、教育培训的行业管理职能，因此，市联社机关的机构设置恢复为“一室四股”，即办公室、人事保卫股、财会股、业务统计股、资产管理股，市联社机关的体制开始由经济实体逐步向行业指导体系和社有企业支撑的经营服务体系转变。

二、经营购销体制改革

供销社独家经营的格局彻底打破后，供销社系统的各项购销日趋萎缩。1996 年，农资市场经营体制发生变化，打破了供销社几十年的独家经营农资体制，使多家经营格局逐步形成。供销社系统经营农资份额从原来的 98%逐步下降到 60%左右。

2007 年，供销社系统为适应市场激烈竞争的形势，按照中华全国供销合作总社及海南省供销合作联社的工作任务要求，推进“新网工程”（新农村现代流通服务网络工程）建设，使供销社的服务设施和网络建设得到恢复和发展。同年，市农业生产资料公司，为适应琼海农资市场需要，建设一个化肥农药配送中心和实行统一管理、统一配送、统一价格、统一标识、统一核算、统一服务的销售服务网点 105 个；市土产公司建设规范管理的再生资源回收网点 66 个；市宏丰烟花爆竹责任有限公司（2005 年为适应烟花爆竹安全管理市场成立），实行统一采购、统一配送、统一价格、统一标识、统一管理的经营模式，连锁配送经营烟花爆竹网点 518 个；市副食果品公司建设持许可证经营的碘盐代批点 23 个、碘盐零售网点 578 个。上述经营网点的建设，为供销社系统在新时期新形势下的购销活动打下坚定的基础。2010 年，新网工程建设有新的突破，完成了投资 360 万元、建设面积 3400 平方米琼海宏丰烟花爆竹有限公司新仓库二期建设项目和投资 180 万元的市联社综合大楼 1000 平方米的商业网点建设项目，同时投资 120 万元开工建设文市供销社 700 平方米的农资超市项目。

三、经营机制与产权制度改革

1995 年，党中央、国务院作出深化供销合作社改革的决定后，进一步指明了供销合作社在社会主义市场经济条件下的发展方向。因此，市供销合作联社对所属公司、基层社实行经理（主任）负责制和任期目标责任制；对供销社系统所属的 416 个零售门店推行人员重新组合、全额出资、承包自主经营、自负盈亏的经营形式，彻底改变了一买一卖的经营旧格局。进而推动供销社系统尝试走贸工农相结合的企业发展新路。在新形势下，上埇基层供销社率先投资 150 万元创办了琼海市第一家种鸡孵化场，有效地促进当地养鸡业的发展。在抓好外引内联、招商引资工作方面，全市供销社系统上下纷纷积极寻找合作伙伴。市供销社食品工贸公司与中南电子公司合作，投资2000多万元，建成嘉积城区档次一流的万泉河宾馆。

2000年，全国供销社系统开展清退社员股金股息的行动中，琼海市供销社系统按1：2的比例共退还社员股金和股息80万元。

2001年下半年，由于农业银行对供销社系统企业采取“追债还贷”政策的影响，全市供销社系统不得不采取处置变现社有资产，进行分流安置职工和偿还银行债务的应对措施，全系统共处置土地（含房屋）6.2万平方米，偿还银行债务近1000万元，分流安置并办理解除劳动合同关系职工760人，占全系统职工总数的52%。供销社（主要是基层社）的相当部分资产被变现后，对供销社的发展造成了被动的局面。

2007年，在开展创新思路，推进产权制度改革中，嘉积供销社通过资产重组，成立琼海俊达实业有限公司；供销社占公司总股金的51.3%，职工等入股占48.7%。通过股份制改造，偿还了银行贷款以及所有的一切债务，供销社内部职工变成企业的股东。

2010年，按照《中华人民共和国农民专业合作社法》要求，加强供销社和农民、种植大户、各类新型农业经营主体的产权联系，通过共同出资、共创品牌、共享利益等方式，围绕当地特色产业，开始探索、领办和创办油茶、火龙果、莲雾等3家有特色的新型农民专业合作社，通过合作社的形式，促进农民增加收益和推动基层供销社改造，推动合作共赢。

第四节 粮食流通体制改革

按照国务院、海南省粮食流通体制改革的相关政策规定，琼海市粮食流通体制改革主要分为3个阶段推进：

第一阶段：1993年，国务院决定在国家宏观调控下积极稳妥地放开粮食价格和经营，实行“保量放价”，即保留粮食定购数量，价格随行就市，取消国家粮油收购计划和食油定量供应政策，取消食油指令性调出计划。这一时期的粮食流通体制改革是在建立社会主义市场经济体制的大背景下进行的，宣告长达40年的统购统销制度结束。1993年，琼海市取消“统购统销”政策，为了适应这一政策变化，开始实施以“下岗分流，减员增效”为主要内容的改革，各粮所除留岗人员外，其他人员下岗分流，自谋职业。

第二阶段：1998年，海南省政府选定琼海市为进一步深化粮食流通改革的试点单位，海南省粮食流通体制改革工作组进驻指导，琼海市政府成立粮食流通体制改革领导小组，市委书记、市长任组长，琼海市政府印发《关于进一步深化粮食流通体制改革实施方案的通知》。改革的基本的原则是“四分开一完善”，即实行政企分开，储备与经营分开，中央与地方责任分开，新老粮食财务挂账分开，完善粮食价格形成机制。在1993年改革基础上，全市设立12家粮所，18家粮油公司，粮所负责定购粮、议购粮和各级储备粮的经营管理，粮油公司负责粮食收储业务范围外的生产、经营活动。粮食收购由国有粮食收储企业承担，不得放开。任何单位和个人不得擅自在市以下市场或到农村、农场采购粮食。实行粮食批发准入制度，严格按海南省政府规定进行粮食批发企业资格审查。1998年8月，海南省政府在琼海市召开粮食流通体制改革试点现场会，推广琼海作法。新华社记者也在《海南内参》上给予报道，认为琼海市积极稳妥推进粮食流通体制改革又没有造成大的社会震荡，为全省全面铺开改革提供有效经验。2001年8月，琼海市作为销区，实行放开粮食收购，放开粮食市场，放开粮食价格政策。2003年，为了增强调控粮食市场的能力，琼海市建立起粮食风险基金制度和粮食储备制度。琼海市政府印发《琼海市储备粮管理办法》、《琼海市粮食风险基金管理办法》、《琼海市储备粮财务管理办法》、《琼海市储备粮仓储管理办法》，强化粮食风险基金和储备粮管理。

第三阶段：2004年，琼海市实施新一轮粮食流通体制改革。琼海市政府成立国有粮食改革领导小组和国有粮食企业资产处置领导小组，下发《关于印发琼海市国有粮食企业改革实施方案的通知》。改革的主要做法是：关闭企业，处置资产安置职工，全市安置资产统筹，安置标准统一。至2005年年底，基本完成改革任务，30家企业退出国有企业行列，856名职工得到妥善安置。整合优质资源组建琼海市粮食储备经营公司和琼海市嘉积军粮供应站两家政策性粮食企业，主要负责省、市级储备粮经营管理和军粮供应任务，两家企业作为市政府调控粮食市场的载体，担负着在粮食调控中发挥主渠道作用的任务。琼海成为省内率先完成改革任务的市县之一。2006年4月17日，海南省政府召开全省国有粮食企业改革琼海现场会，时任琼海市长宋祎在会上作了经验介绍。

2008年7月，琼海市作为全省国有粮食企业改革工作先进单位，受到海南省人民政府的通报表彰。

第五节　商贸管理

一、酒类流通管理

2006年7月3日，成立琼海市酒类流通管理办公室，主要目的是理顺监管机制，加强酒类管理力度。琼海市酒类流通管理办公室是琼海市商务局内设机构，主要工作是以酒类流通随附单的使用管理为重点，对包括酒行、宾馆、酒店、超市、商场、门市部的零售环节，查看每批酒类商品是否有随货同行的酒类流通随附单，是否存在货单不随，一单多用以及不按要求填写等现象，不断加大酒类流通市场稽查力度，依法规范酒类流通市场。

至2010年年底，全市共办理酒类流通备案登记证的酒类经营企业有659家，其中嘉积城区344家，镇墟315家。嘉积城区酒类经营户随附单使用率达100%，镇墟酒类经营户随附单使用率达90%。

二、生猪屠宰管理

1991年，全县生猪屠宰量11.86万头。1999年，全市生猪屠宰量14.69万头，同比增长8.5%；代收各种税费1152.6万元，同比增长11%，其中国税304.5万元、地税232万元、工商管理费174万元、畜牧检疫费201万元、食品屠宰费203万元。

2010年，琼海市遭受特大暴雨，在严重洪涝灾害的情况下，为防止不法猪贩借机私屠滥宰和销售病害肉，琼海市商务局、公安局、工商局等有关部门执法人员严密监控，加强巡查，保证灾后没有私宰肉、病害肉上市，确保了灾后群众吃上“放心肉”。同时，积极从外地组织生猪供应市场，全年生猪屠宰量194976头，年均增长2.65%。

第二章　国内贸易

第一节　行业　规模

1991 年，琼海县社会商品零售总额 1.93 亿元。其中，对居民和社会集团的零售额为 1.63 亿元，对农民的农业生产资料零售额为 2231.91 万元。国有商业和供销合作社商业企业经营管理经济效益较差，亏损 1652.05 万元。全县从事服务行业商户有 26 家。其中，租赁业 8 家，机动车、电子产品和日用产品修理业 5 家，商务服务业 3 家，居民服务业 7 家，其他服务业 3 家。2005 年，全市共有商业行业网点 8124 家。其中批发与零售业 7089 家;住宿与餐饮业 1035 家。全市商业网点从业人数 5.67 万多人。2010 年，全市从事服务行业商户有 1172 家。其中，租赁业 24 家，机动车、电子产品和日用产品修理业 372 家，商务服务业 221 家,居民服务业 390 家,其他服务业 165 家。全市共有商业行业网点 14501 家，其中批发与零售业 12934 家；住宿与餐饮业 1567 家。有一定规模的超市及连锁经营网点 51 家，各类精品、高档商品专卖店 43 家，典当行 7 家,金银珠宝及旅游工艺品购物网点 80 多家。全市商业网点从业人员 8.5 万多人。批发零售业务辐射万宁市、陵水黎族自治县、保亭黎族苗族自治县、五指山市、琼中黎族苗族自治县、屯昌县等及文昌市、定安县部分区域，辐射半径超过 100 千米。新型经营业态主要表现为各类专业市场、特色商业街和大中型专业店、专卖店、连锁店、商品超市、西式餐饮店、旅游购物店总量已形成一定规模。其中，有家具（烈发、大森、海马、宝居安）专业市场 4 个，建筑装修材料（先锋城）专业市场 1 个，摩托车（先锋城）专业市场 1 个，服装鞋帽小商品（嘉积中心市场、椰亭商城）专业市场 2 个，服装（元亨街）、门业（富海嘉博路结合部）、生活日用和副食品（纪纲、积庆街）等特色商业街 4 条。

第二节　供销专卖

一、食盐

1995 年国务院下发了《食盐加碘消除碘缺乏病管理条例》后，食用加碘盐消除碘缺乏病危害工作列入政府议事日程和社会经济发展规划。食用碘盐供应纳入各级政府工作目标责任考核的内容。在经营方面，实行盐业专营批发许可证和盐业专营零售许可证制度。采取“三个统一”经营方式，即由市政府指定食盐专营的市副果公司统一进货，统一调运，统一结算，确保全市碘盐市场的正常供应。全市食盐普碘率从1995年的54%到2010年的99.65%，全面达到了国家规定的标准。

由盐业、公安、工商、食监、卫生、供销等部门组成的盐政执法队伍，依照《盐业管理条例》和《食盐专营办法》等盐业法规，加大对碘盐市场的整顿力度，采取经营化的大规模与小抽查相结合，定期与不定期相结合，群众举报与部门跟踪相结合的办法，进行全市性的严厉打击和取缔走私非碘盐等违法行为，有效地净化碘盐市场秩序。

1991—2010年琼海市（县）供销社系统食盐专业销售情况表

表6-2-1

项目年份	食盐销售		税利（万元）
	数量（吨）	金 额（万元）	
1991	1371.1	123.40	7.77
1992	1513.3	136.20	8.58
1993	1558.9	140.30	8.84
1994	1667.8	150.10	9.45
1995	2380.0	356.40	22.45
1996	2692.2	412.60	26.00
1997	2694.4	413.00	26.02
1998	2473.3	373.19	23.52
1999	2282.2	338.80	21.34
2000	2117.8	309.20	19.48
2001	2688.9	412.00	25.96
2002	2605.6	397.00	25.01
2003	2608.9	397.60	25.05
2004	2611.1	398.00	25.07
2005	2644.4	404.00	25.45
2006	2666.7	408.00	25.7
2007	2675.6	409.60	25.81
2008	2677.8	410.00	25.83

续表 6-2-1

项目年份	食盐销售		税利（万元）
	数量（吨）	金 额（万元）	
2009	2611.1	398.00	25.07
2010	2614.4	398.60	25.11
合计	47155.5	6785.99	427.51

二、化肥

在计划经济时代，化肥供应实行统购统销，由供销社负责专营。进入 20 世纪 90 年代，计划内化肥供应指标逐渐减少，厂家直销供应市场的化肥销量逐步增加。随着化肥工业生产水平的不断提高，进口化肥品种和数量呈直线下降的趋势，除了个别品种如挪威进口复合肥市场占比稍大之外，大部分生产使用的化肥都是国产的。1996 年前，琼海市农资市场的销售渠道实行“一主两辅”，即供销社为主渠道，农业“三站”和化肥生产企业为辅渠道。随着化肥市场的逐步放开，农资销售渠道呈现多样化，除供销社企业，包括个体、私营、厂家直销和其他各类经济组织都开始涉足农资销售业务，化肥供应市场由计划供应逐步转变为市场化经营。为了稳固农资市场供应份额，市农业生产资料公司积极开拓总经销总代理业务，同时通过科技服务咨询等服务手段，采取技物相结合经营方式，不断扩大化肥销售业务，发挥好农资经营的主渠道作用。

1991—2010 年琼海市（县）供销社系统化肥专业销售情况表

表 6-2-2

项目年份	化肥销售		税利（万元）
	数量（吨）	金额（万元）	
1991	10500	2100	125
1992	11430	2263	114
1993	13576	2647	151
1994	14765	2672	142
1995	12010	2377	133
1996	14231	2514	125

续表 6-2-2

项目年份	化肥销售		税利（万元）
	数量（吨）	金额（万元）	
1997	18546	3322	230
1998	17687	3360	233
1999	29565	5927	257
2000	37105	14090	312
2001	38598	13509	301
2002	37131	11881	268
2003	35670	16051	323
2004	21690	9760	240
2005	15057	6926	237
2006	29471	12672	293
2007	18763	7786	256
2008	25537	10980	213
2009	25107	11540	269
2010	24047	12504	283
合计	450486	154881	4505

三、农药

农药是重要的农用物资，进入 20 世纪 90 年代，随着科学技术的发展和社会环保意识的增强，化学农药产品不断更新换代，一批常用的高毒高残留化学农药品种被淘汰，一批新的高效低毒低残留的化学农药产品逐渐面向市场，除了化学农药外，生物农药也开始在全市农业生产中推广和应用。同时随着冬季瓜菜的种植业和高效农业生产基地的发展，促使化学农药使用量成倍上升。2005 年，海南省率先在全国实施“农药经营许可证”制度，出台了《海南经济特区农药管理若干规定》的地方性法规。2010 年进行了修订，进一步完善了海南经济特区农药市场监管制度，农药市场的销售管理和监督被纳入最严格监管体系。

1991—2010 年琼海市（县）供销社系统农药专业销售情况表

表 6-2-3

项目年份	农药销售		税利（万元）
	数量（吨）	金额（万元）	
1991	245	589.80	69
1992	233	549.50	61
1993	255	506.20	58
1994	247	547.85	73
1995	263	633.94	81
1996	330	739.04	90
1997	483	822.76	102
1998	698	780.04	97
1999	702	865.92	121
2000	676	932.08	134
2001	754	723.84	106
2002	786	746.70	115
2003	885	849.60	124
2004	761	723.50	98
2005	941	922.18	140
2006	444	422.00	73
2007	457	447.92	82
2008	648	602.73	93
2009	574	522.72	85
2010	650	631.17	90
合计	11032	13559.49	1892

四、烟花爆竹

1991—2010 年，烟花爆竹经营业务由市（县）供销社直属企业市（县）土产公司负责经营批发业务。1996 年，按照海南省政府有关文件的要求，在全市开展烟花爆竹经营市场进行归口经营的治理整顿，对零售经营网点由公安、工商、供销等部门审核发放烟花爆竹经营许可证，进一步规范烟花爆竹经营市场秩序。2006年，国务院下发《烟花爆竹安全管理条例》后，烟花爆竹安全生产监督和市场管理的职能由市公安局转移到市安全生产监督局负责。因市土产公司位于市区加囊坡储存烟花爆竹仓库不符合安全生产规定，由相关部门重新选址在潭门镇多亩村加凤岭用地7.33公顷建设符合安全生产规定要求的烟花爆竹储存新仓库，烟花爆竹经营批发业务由市土产公司移交给琼海宏丰烟花爆竹有限公司负责经营，是琼海市烟花爆竹唯一一家经营批发业务的企业。烟花爆竹商品的批发价和市场零售价格由市（县）一级物价部门核定，在限定经营费率范围实行市场指导价。

1991—2010年琼海市（县）供销社系统烟花爆竹专业销售情况表

表6-2-4

项目年份	烟花爆竹销售		税利（万元）
	数量（件）	金额（万元）	
1991	9340	1515	35
1992	9780	1546	35
1993	10780	1616	34
1994	10170	1698	37
1995	10230	1734	40
1996	18210	2818	96
1997	18540	2838	87
1998	19210	2919	103
1999	19360	2987	135
2000	19780	3123	204
2001	19800	3213	212
2002	20130	3345	215
2003	20450	3441	230
2004	21120	3505	233
2005	21230	3523	227

续表 6-2-4

项目年份	烟花爆竹销售		税利（万元）
	数量（件）	金额（万元）	
2006	22340	3533	254
2007	22360	3545	247
2008	23340	3516	238
2009	22530	3578	260
2010	24140	3616	273
合计	362840	57609	3195

第三节　粮食专卖

一、粮油机构

1991 年，琼海县粮食局共有粮所（站）21 个，分别为嘉积、中原、阳江、塔洋、长坡、大路、烟塘、万泉、福田、石壁、龙江、朝阳、潭门、会山、博鳌、新市、文市、温泉、曲江、上埇、泮水；公司 2 个，分别为粮油贸易公司、粮食工业公司；在职干部职工 786 人，仓库 110 栋，总容量 44350 吨。1992 年，关闭温泉、曲江、泮水 3 个粮所。1993 年，撤销上埇粮站，成立上埇粮所，琼海市粮食局辖管粮所（公司、厂）20 个，在职干部职工 836 人。后根据中央“粮食机构不能撤、队伍不能散、政企要分开、人员要精简”的指示精神，全市粮食系统实行“下岗分流、减员增效”，各粮所除留岗人员外，其他人员下岗分流，自谋职业，对琼海市粮食局和基层粮所进行定员定编，将全市 23 个粮所、公司和工厂原配套人员 755 人调整缩减为 184 人，市粮食局原设 12 个股，定编 52 人，调整为“四股一室”，配备 40 人。以上 224 人属于行政编制，其余人员属于企业编制。1994 年，琼海市粮食局成立琼海市粮油总公司和下属 17 个粮油公司，后撤销琼海市粮食局。1997 年，恢复设置琼海市粮食局，列为市政府副科级事业单位，并完成内部机构设置工作，设立办公室、人秘组、财会组、经管组、储备组。1998 年，琼海市作为进一步深化粮食流通改革的试点单位，实行政企分开、储备与经营分开、中央与地方责任分开、新老粮食财务挂账分开、完善粮食价格形成机制，在 1993 年改革的基础上，收储业务与附营业务分离，全市设立 12 家粮所（站）、18 家粮油公司。明确琼海市粮食局为粮食行政主管部门，确定公务员编制15人，琼海市粮食局代表政府对全市粮食流通进行管理，不参与粮食经营，不干预企业自主经营活动，与粮食企业人、财、物等方面彻底脱钩。2003年9月，成立琼海市大路省粮食储备库。2004年，按照琼海市机构编制委员会印发的琼海市粮食局机构编制方案，琼海市粮食局为财政全额预算管理的副科级事业单位，隶属琼海市发展和改革局，负责全市粮食流通综合管理业务、行业指导和储备粮管理工作。2005年，设立琼海市粮食储备公司和嘉积军供站。2007年，琼海市粮食局被列入参照公务员法管理范围，由事业单位转为参照公务员法管理的事业单位。至2010年，内设办公室、计财股、人事教育股3个股级职能岗位；核定财政全额预算管理事业编制13人。

二、粮油购销

1991年，琼海县继续沿用1985年的粮食征购政策，在原来（1971年）“一定五年”的基础上，按国家计划与农户签订合同定购，合同定购以外的粮食，由市场调节供求，至1991年6月底，全县贸易粮入库14180吨，平价销售7087吨，议价销售1142吨，粮食总库存25471吨。1992年，转换企业经营机制起步，实行价格改革，全年合同定购粮食入库13317吨，议价收购（包括县外购进）16967吨。1993年6月，粮食价格与经营放开，粮食企业进入市场，多渠道流通，由于粮商哄抬粮价抢购，粮食收购量减少。1994年5月，全市粮食库存稻谷9100吨，1—5月销售贸易粮4600吨，其中稻谷4000吨。1994年，粮食入库24500吨，销售24850吨。1995年上半年，收购粮食19150吨，议价粮油销售8129吨。1998年，粮食实物入库12530吨。到2000年，1—6月销售的粮食绝大部分是上年结存下来的，由于上年压库粮食较多，加上原购进成本偏高（0.325元/公斤），和同年市场销价（中等稻谷0.305元/公斤）形成反差，有部分品种亏本销售，因此销售毛利减少。至2000年6月底，全市库存稻谷19052吨，大大超过了正常的合理库存，仅处理1193吨陈化粮，就亏损59.65万元。海南省粮食收购从指令性计划改为指导性收购计划指标，受16号强台风和特大洪水两个自然灾害的影响，收购量减少。2001年，开展全市粮食清仓查库时，全市粮食（贸易粮）库存总量24845吨，入库时间分别为1997年276吨、1998年177吨、1999年1467吨、2000年22648吨、2001年277吨，没有陈化粮库存，超期库存粮食453吨。2001年，海南省率先放开了粮食购销市场。2003年后，改为储备粮管理，不再实施购销。

三、网点建设

1991年，琼海县粮食局辖下21个粮所（站），2个公司，17个粮食加工厂，共有粮食门店32间，仓库110座，总容量44350吨。1992年，关闭温泉、曲江、泮水3个粮所，余18个粮所（站），仓库111座，容量46650吨。1993年，成立渔用饲料厂，琼海市粮食局共有仓库112座，容量47250吨，20个门市部，粮店25间。1997年，琼海粮食仓库116座，容量48700吨。2001年，全市有12家粮所（含5个粮站）、1个国家粮食储备库。2004年，琼海市国有粮食企业30家（购销企业12家，附营企业18家），大部分企业停止经营多年。根据国有粮食企业改革总体要求和琼海市实际情况，将大路粮所、中原粮所合并组建琼海市粮所储备经营公司，组建嘉积军粮供应站和塔洋市级粮食储备库，其余国有粮食企业27家全部退出国有企业行列。至2010年，琼海市粮食局有琼海市嘉积军粮供应站、琼海市粮食储备经营公司大路库区、琼海市粮食储备经营公司中原库区、琼海市嘉积中心市场、万泉综合商店共5个粮情监测点，有40栋仓库，共计9504吨粮食，承担储备粮储备和轮换工作。

四、市场调控

1991年6月底，全县粮食库存25471吨，县外调入贸易粮266吨。2005年，琼海市全年供给总量115598吨，全年粮食消费总量144220吨，通过对2004年度社会粮食供需平衡进行调查显示，琼海市属于欠缺粮市，粮食市场供需平衡需通过省外、市外调剂。2010年10月上旬，琼海市遭遇严重洪涝灾害，琼海市粮食局承担灾中粮食应急加工供应工作，嘉积军供站、琼海市粮食储备经营公司加班加点，共为民政部门、嘉积、潭门、博鳌、大路、塔洋、阳江、长坡镇政府等单位加工应急大米656吨，并积极引导和鼓励国有和其他主体粮食经营企业从市外购进粮源，灾情期间，共购进大米3500吨，面粉115吨及食用油一批，有效填补需求缺口，平抑市场价格。全年共购进粮源约1.6万吨，同时做到品种丰富，面市的品种达20多种。

1991—2010年，随着琼海市粮食种植面积的减少以及常住人口和流动人口的增加，粮食需求量也逐年增加，琼海市粮油调入总量基本呈增加趋势。

五、市场监管

1991年，琼海县粮食为统购。1992年，取消粮食统购，实行合同定购，粮油订购价逐步接近市场价。受粮食价格改革的影响，粮食销量减少，库存量大，实行平议并销，国有粮食企业亏损情况仍然严重。1993年，实行粮食统购统销改革，即放开粮食销售价格和销售市场，对粮食流通环节的补贴改为对消费者的直接补贴，国有粮食企业成为自主经营、自负盈亏的市场主体。1998年6月，国务院发布施行《粮食收购条例》。

2002年，粮食市场化改革，实行“收购、市场、价格”三放开。2006年8月1日，海南省人民政府签署《海南省粮食收购许可管理若干规定》，琼海市实施粮食收购许可制度。2007年，扩大粮食流通统计覆盖面，粮食统计按照周报、旬报、月报和年报审核汇总上报，同时制定《琼海市粮食应急预案》。2010年，全市粮食加工厂5家，与其中6家粮食加工厂、12家销售企业签订应急加工销售协议书，明确企业责任和义务，增强应急保障能力。明确51家企业为粮油重点企业。重点企业年经营量和加工量分别占本市经营量和加工量的80%以上，与粮油重点企业签订粮油市场保供稳价责任书，明确企业的责任和承担的义务。配合工商部门对粮食经营活动中的无照经营、掺杂使假、以次充好等扰乱市场秩序的违规行为进行监督检查；配合质检、卫生部门做好对粮食加工质量、销售中的卫生以及成品粮储存中的卫生进行监督检查，杜绝不符合质量要求的粮食流入口粮市场，确保餐桌安全，维护消费者健康。

2005—2010年琼海市粮情统计表

表6-2-5　　单位：吨

年份	粮食供给量	粮食总产量	商品粮	省外市外购进量	粮食需求量	城镇人口口粮	农村人口口粮	饲料用粮	种子粮	食品、副食品、酿造业及工业用粮
2005	115598	103491	10913	12377	130056	23562	66770	36248	1652	1152
2006	133846	119151	14500	14695	133844	25920	70701	34299	1750	1174
2007	139875	129159	15200	10716	141255	24841	71973	40904	2220	1317
2008	125425	118880	20475	6545	121667	23589	71883	23150	1500	1545
2009	123240	116973	18000	6267	124464	23771	71995	25582	1500	1616
2010	154301	137221	20000	17080	144220	24973	79050	37140	1300	1757

说明：1991—2004年数据失存

第四节　烟草专卖

一、管理机构

1989年5月，成立“琼海县烟草专卖局”，属县政府领导下科级企业单位。同海南省烟草公司琼海县公司实行两个牌子、一套人马。7月，成立琼海县烟草专卖局（县级局）、海南省烟草公司琼海县公司。设立办公室、专卖办公室、卷烟业务股、计财股，规格为正股级。1997年，琼海市烟草专卖局、公司机构调整为办公室（含保卫、工会）、人事政工科、专卖管理科、业务科、计财科。2003年，下文成立海南省烟草公司琼海公司，为正处级单位。管辖琼海、万宁、屯昌、琼中4个市县，内设机构8个，分别为办公室、专卖管理科、稽查支队（与专卖监督管理合署办公）、财务管理科（资金结算中心）、人事监察科（政工、党务、工会）、管理中心、营销中心、物流中心，同时建立工会组织。2004年，新增设审计科和安全保卫科。2005年，成立内部专卖管理监督办公室，与专卖管理监督管理科合署办公。2007年，成立海南省烟草学会琼海分会，贯彻省烟草学会各项工作部署，管理片区学会工作，办事机构挂靠公司办公室。2008年，统一职能科室7个：办公室、安全保卫科、专卖监督管理科（内部专卖管理监督科、专卖稽查支队）、财务管理科、审计科、人力资源科、监察科（与党组纪检组合署办公）；专业部门3个：管理中心（综合信息部、考评部）、营销中心（市场部、订单部、本级营销部）、物流中心（储配部、送货部）。2010年，新增设法规科。

二、网点建设

1991年，琼海县有26个基层供应点，其中，乡镇供销社21个，农场商店5个。1992年，依靠国有商业公司，将供销社、农场商店，作为主渠道，形成销售网络，全县有卷烟代批点26个，供应点5个，特种烟专柜4个。1993年，为帮助基层代批点解决销售遇到的困难，局（公司）实行科（室）分片包点，每个人分配定点联系单位，形成“分散调查、集中汇报，统一决策，指导到点”　。1994年，卷烟代批网点的主渠道流通取得较好成果。1995年，开展卷烟销售下伸点建设，先后办起中原、朝阳、大路、嘉积4个下伸销售点。1996年，在嘉积城区增设1个正规卷烟批发销售点，专门从事向基层供销社和个体户供应货源。1997年，对销量少，连续亏损，扭亏无望的大路、朝阳下伸点撤回不再设点，重点加强嘉积城区批发点和中原下伸点的批发销售工作。1999年，建立基层网点上埇批发部，区辖三镇两乡。2000年，共建立批发网点6个，网点销售卷烟覆盖城乡市场面达到95%以上。2001年，制定嘉积批发部“访送分离”运作规划，强化5个农村网点访销细化管理。按照实际情况对片区零售户进行分类，农村网点送货面大幅提高，城网“访送分离”深入发展，入网销售率达90%以上、送货率达95%以上。2002年，对原来的6个网点进行整合，撤销大路、阳江、上埇3个网点，重新区划设置嘉积、中原、长坡3个网点，促进城、农网模式规范运行。2003年，在3个有辐射功能的乡镇设置营销网点。2006年，构建现代化网络平台，提高信息化的应用和管理水平。加强对农村零售户的管理和服务，扩大农村卷烟销售网络覆盖面，建立起客户基础信息资料，在集中电话订货的运行、货源的分配、专销协调等方面加强管理。

2008 年，根据零售客户的各项指标进行测评，并划分零售客户的等级，完善客户投诉管理办法，使客户投诉管理工作规范化、流程程序化。2009 年，建立市局（公司）卷烟销售大户审批、监测制度，加强零售终端建设，制定客户经营指导手册。2010 年，加强明码标价的维护与管理，加强零售户的卷烟陈列指导及规范卷烟出样。

1991—2010 年琼海市（县）烟草销售情况表

表 6-2-6

年度	销售量（箱）	销售额（万元）	利税（万元）
1991	9428	2762	114
1992	9270	3435	142
1993	9948	4747	690
1994	12213	7289	439
1995	12832	6746	399
1996	16586	10310	45
1997	16221	11244	124
1998	14188	12944	149
1999	11746	10458	160
2000	14165	9368	939
2001	14840	10180	585
2002	14850	11070	552
2003	44237	32250	1169
2004	51300	43257	1760
2005	81538	49505	3123
2006	55620	58315	3130
2007	58699	68071	3672
2008	61180	78577	4875
2009	64460	92500	8500
2010	68628	110000	4796

三、市场整治

1991年，共查获各种违章案件35件，没收走私烟7160条，金额23.07万元，查处违章烟71778条，违章罚款48437.39元，没收烧毁冒牌烟337条，上缴县财政罚没款20万元。1992年，实施《中华人民共和国烟草专卖法》和贯彻国家局《烟草专卖行政处罚规定》，对走私贩私、无证运输、违章经营进行了有效查处，共查处违章烟14002条，罚款2.8万元；没收走私烟10652条，价值17.2万元。1993年，共组织打击、查处行动154人次，没收走私烟2221条，价值64158元，罚款64158元；查处无证运输、违章烟14099条，价值281980元，罚款61936元；向财政上缴罚没款89900元，处理案件13件。1994年，共没收走私烟1754.3条，价值57645.57元；查处无证运输，违章烟、盲流烟5267条，价值257748元，罚款56474元。1995年，共没收走私卷烟1615条，价值60124元；查处无证运输、违章烟99条，价值7029元，罚款8631元；查没假冒和盲流烟685条。1996年，共没收走私烟687条，价值21395元；查处无证运输和违章烟7150条，罚款22430元；查没假烟、盲流烟919条。1997年，共收购、查没走私烟478.25件，价值514109.51元，查处假冒烟56条、盲流烟307条，违章烟400条，各种罚款1014.7元。1998年，对191户无证户补办零售许可证，走私烟控制在5%以下，共查处没收走私烟572条，价值22689元，查处假冒烟699条，处理违章烟4200条，查处计划外盲流烟584条，各种处理罚款3225元。1999年，共查处假冒卷烟204件，价值24.5万元；查没走私卷烟253条，价值1.16万元；查处违章烟190件，价值22.03万元；处理罚款13.29万元。2000年，共查处案件98件，没收走私烟5.9件，价值13703元；查货假冒烟322件，标值47万元；处理违章烟20件；罚没款总额4.73万元。2001年，共查处违法案件153起，查获“三种烟”32件、烟丝0.5吨，罚没烟14366元。2002年，共出动执法人员4941人次，查处案件292起，查获“三种烟”118万支，罚没款6.1万元。2003年，健全举报奖励制度，充分发挥情报网络的作用，增强行动的针对性和实效性。共查处非法卷烟案件347起，查货各类非法卷烟153件，罚没款9.71万元。2004年，与市检察院签署《关于在执法工作中加强联系的意见》，强化案件移送制度。共查处违法经营卷烟案件511起，查获各类违法卷烟244.14万支，清理无证经营户540户，捣毁贩假窝点1个。2005年，共查处违法违规案件276起，查获违法违规卷烟102.51件，罚没款3.87万元，捣毁贩假窝点1个，移送工商案件117起，销毁假冒卷烟144.26件。2006年，共查处违法经营案件244期，查处违法卷烟60.67万支，捣毁贩假窝点6个。2007年，共查处违法经营案件118起，查获各类违法违规卷烟112.61万支，贩藏假烟窝点10个，销毁假冒伪劣卷烟75.72

万支。2008年，共查获违法经营案件179起，其中假烟110.46万支，非渠道烟17.54万支，走私烟2.2万支，贩藏假烟窝点1个，案值5万元以上案件5件。2009年，共查获违法经营案件192起，违法卷烟80.07万支，案值35.81万元，捣毁贩藏假烟窝点3个，5万元以上案件3件。2010年，全片区各级专卖部门以“端窝点、断源头、破网络、抓主犯”作为打假工作重点，保持打假打网络高压态势。全片区共查获违法经营案件203起，“三烟”304.62万支，涉案金额120.65万元，查获贩藏假烟窝点2个，5万元案件5件，清理无证户106户。

第三章 农贸市场

第一节 体系建设

1991年，琼海县共有农贸市场（钢筋砼结构）10个，建筑面积总计16128平方米，各类食品固定摊位1301个。1992年撤县设市后，琼海市新建农贸市场24个，新增建筑面积47631平方米，新增各类食品固定摊位2743个。至2010年，全市12个镇和5个国有农（林）场共有钢筋砼结构农贸市场34个，建筑面积合计63759平方米，各类食品固定摊位有4044个，常年固定从业人员有2万多人，年交易额达10亿元以上。其中，嘉积中心市场、长坡农贸市场、中原农贸市场、阳江农贸市场、泮水三鸟批发市场是海南岛内文昌市、定安县、屯昌县、琼中黎族苗族自治县、万宁市、陵水黎族自治县、三亚市等农民群众重要的交易场所。阳江农贸市场每月1日、15日是定安、屯昌、琼中、万宁、琼海5个市县农产品自产自销的大集市，泮水三鸟批发市场已成为全省三鸟批发交易的产品地。

1991年琼海县农贸市场基本情况表

表6-3-1

市场名称	地址	占地面积（平方米）	建筑面积（平方米）	经营摊位（个）	估算年交易额（万元）	业主	建设年度
天源农贸市场（老）	万泉镇	1080	1031	98	1800	琼海天涯农贸市场有限公司	1985
新市农贸市场	新市乡	585	360	35	300	万泉镇政府	1985
朝阳农贸市场	朝阳乡	600	600	30	100	朝阳供销社	1990
潭门农贸市场	潭门镇	4000	2500	105	1000	市市场公司	1990
阳江种苗市场	阳江镇	561	561	40	200	阳江镇政府	1990
文市农贸市场	文市乡	660	610	25	200	市市场公司	1990
伍园农贸市场	烟塘伍园	330	316	20	200	市市场公司	1990
会山市场	会山乡	230	100	10	30	市市场公司	1990
嘉积中心市场	琼海市区	5470	9800	900	30000	市市场公司	1990
新村农贸市场	温泉镇	250	250	38	500	嘉积镇温泉工商所	1990

2010年琼海市农贸市场基本情况表

表 6-3-2

市场名称	地址	占地面积（平方米）	建筑面积（平方米）	经营摊位（个）	估算年交易额（万元）	业主	建设年度
天源农贸市场（老）	万泉镇	1080	1031	98	1800	琼海天涯农贸市场有限公司	1985
新市农贸市场	万泉新市	585	360	35	300	万泉镇政府	1985
嘉积中心市场	琼海市东风路	5470	9800	900	30000	市市场公司	1990
新村农贸市场	嘉积温泉	250	250	38	500	嘉积镇温泉工商所	1990
朝阳农贸市场	博鳌朝阳	600	600	30	100	朝阳供销社	1990
潭门农贸市场	潭门镇	4000	2500	105	1000	市市场公司	1990
阳江种苗市场	阳江镇	561	561	40	200	阳江镇政府	1990
文市农贸市场	阳江文市	660	610	25	200	市市场公司	1990
伍园农贸市场	长坡伍园	330	316	20	200	市市场公司	1990
会山农贸市场	会山镇	230	100	10	30	市市场公司	1990
嘉积南门市场	琼海市人民路	3984	4902	300	15000	市市场公司	1995
嘉积试验站农贸市场	琼海市富海路	1000	650	60	1000	市市场公司	1995
大路农贸市场	大路镇	2000	800	72	2000	市市场公司	1995
南俸农贸市场	东太农场南俸管区	500	500	30	200	南俸市管	1995
东太农贸市场	东太农场	2042	1042	48	540	场市管办	1995
嘉积新椰城农贸市场	琼海市元亨路	2160	2160	120	1000	李运根	1998
先锋农贸市场	琼海市先锋城	1200	1200	35	1100	广源贸易有限公司	1998
上埇农贸市场	嘉积上埇	2300	1360	128	1000	恒顺房地产开发公司	1998
万盛农贸市场（新）	万泉镇	1482	1080	130	1200	陈毓正	1998
中原农贸市场	中原镇	2556	2330	230	3000	市市场公司	1998
烟塘农贸市场	长坡烟塘	1800	1620	86	2000	龙成房地产开发公司	1998
石壁农贸市场	石壁镇	1800	1300	53	200	南宝仁房地产开发有限公司	1998
东红农贸市场	东红农场	576	397	14	100	场市管办	1998
东平农贸市场	东太农场东平管区	5500	3250	110	2000	东平市管	1998

续表 6-3-2

市场名称	地址	占地面积（平方米）	建筑面积（平方米）	经营摊位（个）	估算年交易额（万元）	业主	建设年度
东升农贸市场	东升农场	800	600	32	180	王运雄	1998
嘉积西门农贸市场	琼海市前进街	2500	2500	160	2000	正其建材贸易有限公司	2000
万石农贸市场	嘉积温泉	2150	4300	50	300	温泉市场开发有限公司	2000
长坡农贸市场	长坡镇	3450	2880	260	5000	王国忠	2000
阳江农贸市场	阳江镇	1100	1100	50	600	琼海天辉农贸市场有限公司	2000
龙江农贸市场	龙江镇	650	360	20	300	市市场公司	2000
嘉积北门市场	琼海市朝标路	7000	5500	350	3000	万兴物业开发公司	2002
博鳌农贸市场	博鳌镇	3500	3300	120	1000	市市场公司	2002
福田农贸市场	潭门福田	3000	1500	60	800	琼海春兴实业开发有限公司	2002
福松农贸市场	塔洋镇	6000	3000	225	3000	琼海福松实业有限公司	2005

第二节　农副产品和专业市场

一、岛东农副产品交易中心

2006 年，琼海市商务局分别向商务部和省商务厅推荐琼海福松实业有限公司、琼海忠锐农业开发有限公司、琼海李昌市场开发有限公司、潭门镇福田农产品农民经销协会申报列入全国和省的“双百”“双十”市场建设项目。2007 年，忠锐农产品公司、福松农产品公司被国家商务部列入全国一百个大型农产品市场和全国一百个大型农产品流通企业。同年，上述两家公司被省商务厅列入全省十个大型农产品市场和全省十个大型农产品流通企业。琼海福松、琼海忠锐、琼海李昌、琼海春兴、琼海双联等五家公司成为琼海市面向全国的冬季瓜菜和无公害绿色农副产品交易市场，每年进出交易市场的冬季瓜菜产品达 30 万吨左右，岛东农副产品交易中心初步形成。

二、“万村千乡”市场工程

至 2010 年，建成万村千乡加盟连锁农家店 86 家；万村千乡配送中心 2 家。全市形成以城区中心店为龙头、乡镇店为骨干、村级店为基础的农村现代流通网络。

三、海南农产品现代流通综合试点

至2010年，琼海李昌商流链条项目、琼海福松产地集配中心项目、琼海忠锐产地集配中心项目建设全部完成，累计完成投资5798万元。

第三节　农村商务信息

开展农村商务信息服务是商务部贯彻落实中央有关文件精神，提高农民商务信息应用能力，推动农村经济发展和社会主义新农村建设的重大举措。2007年12月，经商务部正式批准，琼海市被列为全国首批20个商务信息服务体系建设试点（县）市之一，成为海南省唯一一个试点市县。2008年，琼海市利用国家商务部100万元的资金扶持，在市商务局内设一个琼海市农村商务信息网络平台，并在全市12个镇中设置30个农村商务信息服务点，在塔洋福松福松农产品批发市场、长坡李昌农产品批发市场、福田春兴农产品批发市场、中原忠锐福松农产品批发市场等4个镇的农产品运销企业中建设4个电子显示屏，为农民构建广泛的、实用的农产品交易信息平台，疏通农产品的交易流通渠道。

至2010年，市商务局通过“海南琼海农村商务信息网”和“琼海商务之窗”上发布农产品销售信息1333条，涉及的农产品有胡椒、槟榔、橡胶、石榴、罗非鱼、冬季瓜菜等。通过网上发布信息和网上对接会共促成琼海市农民销售各种农产品成交157笔，成交数量31777.5吨，成交额18842.73万元。“琼海农村商务信息网”网站被国内7个省份、国外6个国家的点击访问2万多人次。

第四章　对外贸易与招商引资

第一节　对外贸易

1991年，全县出口创汇2396.13万美元，纯利495.01万元，平均1美元创利0.21元，全年上缴中央外汇879.676万美元，其中无偿351.87万美元，有偿527.806万美元，超历史最高水平。1993年，全市共出口创汇1538万美元，同比增长14.6%，完成全年目标责任1500万美元的102.5%。其中上缴中央外汇255.8万美元，上缴省外汇32万美元。2008年，全市35家对外贸易企业中，有进出口业务的有16家，全年进出口总额4431万美元，同比增长29.7%。其中出口3966万美元，同比增长19.6%，进口465万美元，同比增长365%。出口产品主要有罗非鱼、对虾、木制品。其中罗非鱼、对虾出口总额2297万美元，占出口总额的70.7%；木制品出口519.2万美元，占出口总额的16%。进口产品主要有橡胶及其制品，共进口橡胶及其制品780万美元，占进口总额的86.6%。出口产品输往地主要有美国、加拿大、英国、以色列、德国、日本、波多黎各、新加坡、马来西亚、印度尼西亚等国家和地区。进口产品来源地主要有泰国、日本、德国、美国、印度尼西亚等国家。其外贸出口的亮点是民营企业已成为全市外贸经济的主导力量，全市有进出口实绩的民营企业有14家，进出口总额占全市的91%。2010年，出口创汇3516万美元。

2010年，受国际金融危机、人民币加速升值和出口市场严重萎缩等影响，全市进出口贸易总额3416.41万美元，同比减少9.2%，其中出口2998.33万美元，同比增长7.8%;进口418.08万美元,同比下降57.5%。市商务局协助海南省国有东平农场食品厂、琼海豪裕贸易有限公司、琼海福松实业有限公司、海南鲤河海洋食品有限公司、海南品香园食品有限公司等5家企业申办进出口经营权。同时，组织大型外贸企业负责人及业务骨干参与各种经贸洽谈活动，如厦门投资洽谈会、中国—东盟农产品博览会、环渤海区域产品博览会等。

1991—2010 年琼海市（县）外贸出口情况表

表 6-4-1

年份	出口（万美元）	增减（%）	年份	出口（万美元）	增减（%）
1991	3134	—	2001	110	-85.90
1992	1328	-57.60	2002	248	+125.00
1993	1780	+34.04	2003	307	+23.80
1994	1781	持平	2004	1724	+462.00
1995	1042	-41.50	2005	2091	+21.29
1996	1037	-0.480	2006	3782	88.53
1997	1368	+31.90	2007	3416	-9.68
1998	750	-45.20	2008	4431	+29.71
1999	700	-6.67	2009	3762	-15.10
2000	778	+11.14	2010	3516	-6.54

第二节　招商引资

琼海市招商引资管理机构为琼海市招商局，2002 年 9 月成立，2004 年独立设置机构。2002—2010 年，全市招商引资项目 654 个，合同投资总额 795.26 亿元，实际投入资金 140.39 亿元。其中，实际利用国内资金 134.78 亿元，实际利用国外资金 8795.03 万美元。主要涉及工业、农业、商贸业、旅游业、房地产业、高新技术等领域和行业。其中，博鳌千舟湾、博鳌宝莲城、博鳌国宾馆、博鳌亚洲湾、兆南万泉绿洲、瑞海水城、天来泉温泉度假中心、伊比亚河畔等 30 多个投资额过亿元的房地产项目相继落户琼海，对优化调整产业结构、培植壮大支柱产业、增加地方财政收入等起到了积极的推动作用。

2002—2010 年琼海市招商引资项目统计表

表 6-4-2

年度	招商项目（个）	合同投资总额（亿元）	实际利用资金		实际利用资金增长率（%）		
			内资（亿元）	外资（万美元）	总增长	内资	外资
2002	103	39.83	5.18	1010	—	—	—
2003	108	37.17	6.76	1268	29.78	30.5	25.5

续表 6-4-2

年度	招商项目（个）	合同投资总额（亿元）	实际利用资金		实际利用资金增长率（%）		
			内资（亿元）	外资（万美元）	总增长	内资	外资
2004	93	33.57	7.52	1124.80	7.90	11.24	-11.30
2005	81	116.37	6.13	3725.70	8.20	-18.50	231.00
2006	59	14.24	5.95	813.00	-21.00	-3.00	-78.20
2007	63	70.59	12.20	350.00	88.60	105.00	-56.90
2008	46	78.24	15.25	360.00	34.50	25.00	2.90
2009	40	156.3	25.20	45.00	64.50	65.25	-87.50
2010	61	248.95	50.59	98.53	100.94	100.75	118.96
总计	654	795.26	134.78	8795.03	—	—	—

第三节　优惠政策

2002 年 11 月 13 日，琼海市委、市政府提出：琼海要实现“岛东商贸中心”的目标，就必须加快发展商贸业。要加快发展商贸业，就必须吸引有实力的企业到琼海投资。为此，市委、市政府制定了“土地出让价格、市财政进行扶持、减免各种收费”等多项优惠政策。此外，还为客商及子女在户口迁入、入学读书等方面提供方便，市投资服务中心为投资者代办一切有关手续，为企业提供优质服务。

2003 年 5 月 21 日，为增强企业依法纳税的自觉性，同时兼顾企业和政府的利益，根据税收政策和琼海的实际情况，市政府对在琼海注册经营的工业企业实行优惠扶持。如高科技企业，超基数部分按地方财政所得部分的 50%拨款扶持；近期引进的外来企业，超基数部分按地方财政所得部分的 40%拨款扶持；琼海籍新办企业按地方财政所得部分的 30%拨款扶持等。

2005 年 8 月 8 日，为调动商贸企业的积极性，根据税收有关政策，市政府决定对在琼海注册经营的商贸企业实行优惠扶持：同年缴纳增值税 100 万元以下的，按实际征收总额的 12%，100 万元以上的按实际征收总额的 15%计算，缴纳的营业税按市级（包括镇级）地方所得的 50%计算，缴纳的城建税，按实际征收总额的 50%计算，由同级财政拨给企业，扶持企业发展生产等。

第五章　旅　游

第一节　旅游业发展

琼海市（县）旅游业起步于20世纪90年代初，受亚洲金融危机影响，20世纪90年代中后期发展缓慢。进入21世纪，琼海旅游业迅速发展，取得较好成绩。全市接待中外游客由2002年的160万人次增加到2009年的295.78万人次，年均增长9%，其中2001年度、2002年度增速达两位数；全市旅游总收入由2002年的4.6亿元增加到2010年的11.78亿元，年均增长10.67%。2004年，琼海市被国家旅游局授予“中国优秀旅游城市”称号。2010年，旅游业收入占全市国内生产总值比重超过8%。旅游行业有近万名职工，间接从业人员达5万多人，旅游业运营环境宽松，行业管理规范，服务质量明显提高，成为琼海市重要产业，呈现出蓬勃发展的势头。

琼海市游客较为集中的区域主要为嘉积、博鳌和官塘三大组团。嘉积城区除了商务旅客之外，旅游团队到访点集中在万泉河水上人家景区，年接待游客近80万人次，旅游直接收入近1.9亿元，团队主要来自岛外各省。博鳌水城各景区点年接待量约210万人次，旅游直接收入约8.2亿元，以国内观光度假团队为主，会展度假游客比例有所提高。官塘旅游区主要接待休闲度假高端游客，年接待量约15万人次，年综合收入近2亿元。此外万泉河漂流、万泉湖度假区等生态景区年接待量分别为2万—3万人次。

第二节　自然景观

一、万泉河游览区

位于琼海市嘉积城区西南侧，是琼海早期开发的旅游景点之一。万泉河全长163千米，发源于五指山。万泉河游览区是以自然河流景观为主体，以观光旅游休闲度假为主要功能的省级风景区，主要以万泉河游览休闲码头、红色娘子军塑像、沙洲岛、万泉河大坝、巨石、椰树一条街、购物街组成，游览项目有大型水上观光游船、摩托艇、快艇、竹排等。

二、万泉湖旅游度假区

位于琼海市西南万泉河上游的牛路岭库区，距市区约60千米，是集观光、游览、休闲、度假为一体的旅游度假区。度假区在牛路岭水电站库区的基础上建成，面积 66.67 公顷，空气清新，是一座天然氧吧。湖区主要有石片沟怪石群、乳泉谷瀑布、仙人峡、百岛群、十里峪谷、二龙潭、天池等景观。湖区盛产万泉鲤鱼、鳗鱼、鳙鱼、鲇鱼等。是老年人休闲度假，中、青年人观光探险，学生野炊寻秘的旅游胜地。湖区内每年都开展海南欢乐节的有关活动。

三、白石岭森林公园

位于琼海市西南部，从东线高速公路白石岭出口处西行 6 千米即到达，距琼海市嘉积镇 12 千米，是集绿色生态保护区与自然景观为一体的森林型风景区。风景区总面积 16.2 平方千米，区内植物资源丰富，生长着各种热带、亚热带的乔木，原始生态保护良好。登上白石岭，可观“白石岭八景”：石柱擎天、金钟驾驰、青狮眺目、翠屏拥月、崆峒筛风、苍牛喷雾、花岗蔚彩、碧沼储云。景区内有海南省第一条空中旅游索道（1995 年建成）。索道全长 780 米，每小时可运载 300 人次。每年海南欢乐节和重阳节，白石岭景区都举办老年人的登山比赛活动。

四、官塘地热矿泉

位于琼海市西南部，分布在万泉河南岸，即万泉河温泉旅游度假区腹区，面积 32 平方千米。闻名于清末民国初，20 世纪 30 年代南洋万金油大王、爱国侨领胡文虎曾投资开发，在东南亚有一定影响。日本军队侵琼期间曾筹建温泉疗养院。当地居民早有沐浴温泉镇静止痛、活络心血、祛风祛湿、消斑美容等治疗慢性病和皮肤病的习惯。

1994 年，全国矿产储量委员会组织高级专家对官塘热矿水的探勘成果进行评审，全储决字批准，官塘热矿水日流开采量 1.07 万立方米，温度为 70℃—90℃，富含偏硅酸和氟等多种有益微量元素，还含有锶、碘、锂等多种成分，具有较高的疗养、医疗康复多种功能，可作为旅游、淋浴和氟、硅医疗热矿水开发利用。是海南省唯一一家被认证的国家级大型温泉。

五、玉带滩

位于博鳌水城东南部万泉河入海口的南岸，外侧南海，内侧万泉河，是一条天然狭长分隔海、河的沙滩半岛，呈南北走向，全长 2.5 千米，东西最宽处只有 300 米，最窄处涨潮时候仅 10 余米，犹如一条长长的玉带将万泉河和南海分开，故名玉带滩。1999 年，上海大世界吉尼斯总部将其认定为“分隔海、河最狭窄沙滩半岛——玉带滩”。

六、圣公石

在万泉河出海口外侧西南约 150 米的水面上，突兀起一个方圆 20 余米，由多块黑色巨石垒成的岸礁，状如累卵，名为圣公石。

第三节 人文景观

一、博鳌亚洲论坛永久会址景区

位于博鳌水城的东屿岛上，与万泉河入海口遥遥相望。景区主要是由博鳌亚洲论坛国际会议中心、索菲特大酒店、高尔夫球场、旅游码头等配套设施组成。自2003年起，每年的博鳌亚洲论坛年会都在这里召开。国际会议中心正面是两个大型喷水池，其中圆台形喷水池中间是一个地球仪，流水瀑布般从地球仪下倾泻而出；从空中俯瞰，圆形的会议中心与弓形的索菲特大酒店巧妙组合，就像一艘万吨巨轮上的大铁锚，也像蓄势待发的弓箭。主会场与五星级的索菲特大酒店建筑面积分别为3.8万平方米和5.3万平方米。

博鳌亚洲论坛主会场可以容纳2000余人开会，有着亚洲最为先进的会议保障系统。会议中心提供7种语言的同声翻译系统，雅马哈二十四频道混音系统支持的高保真远程音响系统，电脑控制的灯光系统可以进行舞台级的灯光切换。会议期间，主会场的视频、音频还可以与分会场之间进行相互切换。在论坛会场的一楼，有亚洲唯一会议中心附属的剧院——东方演艺厅。演艺厅有560个鲜红色的商务舱座椅、三道幕的舞台、数码环绕音响设备、环绕摄像系统，以及可调式舞台灯光系统。与亚洲其他剧院相较，还可以提供七种语言的同传设施，而舞台两侧的高保真电子大屏幕，更可以与主会场相互切换视频、音频，满足国际会议之需。

二、博鳌亚洲论坛成立会址景区

2001年2月27日亚洲论坛成立大会、2002年4月12日第一届亚洲论坛会议在成立会址召开。亚洲论坛成立会址建筑风格独特，锥形、通体乳白、会场顶部由八块钢膜材料拼接而成，是国际上广为流行的开放式、三面透风的澳大利亚风格。会场内配有四种语言的同声传译、现场投影成像、音像系统、临时宽带系统等。

三、蔡家宅

蔡家宅位于琼海市博鳌镇莫村村委会留客村，是琼海市唯一一处“全国重点文物保护单位”，被誉为“海南侨乡第一宅”。建于1934年，由琼海籍印度尼西亚侨商蔡家森、蔡家锦、蔡家炳、蔡家宏四兄弟共同建造的四座宅院组成。四座建筑风格相似，外观酷似一座城堡，坐东南向西北。以蔡家森宅规模最大，由两个单体建筑组合而成，建筑平面均呈长方形，四周有高耸的围墙把两座大屋连同两层横屋环抱成的一个整体，整个豪宅内共计有房间50间，80个门和116扇窗户，5座楼梯，二层设有环廊，可进入二楼任何一间房间，宅前左右两角有角楼，楼上设有了望孔和射击孔，防御性极强。四座宅院总建筑面积约3670平方米，中央有一方600多平方米的莲池。宅区中有一棵数人合抱的参天古树，自然环境优美。

四、红色娘子军纪念园

红色娘子军纪念园位于海南东线高速路万石出口处，距琼海市区约5千米，是全国爱国主义教育基地。红色娘子军纪念园是为纪念闻名的琼海红色娘子军，发扬革命光荣传统而建造的。纪念园占地面积13.33公顷，园区主要由和平广场、纪念广场、红色娘子军纪念馆、红色娘子军连部、娘子军歌舞表演、南霸天故居、旅游服务功能区等几个部分组成。纪念园集纪念教育、旅游观光为一体，融入热带风情园林、大型雕塑、浮雕及歌舞表演。大型雕塑的后面是红色娘子军纪念馆，纪念馆里展示娘子军的历史资料图片、军事器械、生产工具等纪念物。到歌舞表演场可观看娘子军的歌舞表演，领略中国革命史上富有传奇色彩的娘子军风采。还可到红色娘子军连部探望近百岁健在的娘子军战士，聆听她们诉说革命时期那充满传奇的战斗故事。

五、杨善集烈士纪念亭

坐落于嘉积镇北门。建于1958年。纪念亭呈轿形，以12支圆柱支撑亭顶，水泥结构，高5米。檐端四面雕刻“杨善集烈士纪念停”字样。亭内设有石桌、石凳，筑以栏杆，占地30平方米。四周种有各种花草翠竹。亭子与杨善集夫妇陵墓相邻。

六、王文明园

坐落于嘉积东风路。建于1985年，占地1300平方米，呈三角形，周围筑以铁栏杆。正门为四柱大门，仿古建筑，门匾额镌刻“文明园”三字。园中建“王文明烈士纪念亭”。园内种有各种竹木花草，翠绿成荫。

七、红色娘子军石雕像

立于嘉积镇南门。1985年，为纪念中国工农红军独立二师女子军特务连创建54周年而塑造。设计者为中央人民美术学院崔开宏（琼海籍）。雕像是一位娘子军战士形象，头戴五星八角帽，身着戎装，肩挎步枪，背负竹笠，脚着草鞋，风尘仆仆，瞭望远方，体现了20世纪30年代娘子军战士的英姿。像高3.7米，连同底座共高6.8米，用花岗石雕成。底座正面镶嵌着胡耀邦题写的“红色娘子军”五个大字，背面为县人民政府勒碑序文。雕像座基为大理石石板铺设，四周呈六角形，围以石栏杆。雕像背面建一园林，占地1000平方米，园中有石桥、假山、喷池、凉棚、石凳等。

八、博鳌南强文明生态村（全国农业旅游示范点）

南强文明生态村位于琼海市博鳌镇朝烈村委会，与博鳌东屿岛国际会议中心隔河相望，从琼海市区嘉博公路文山公路可达，距琼海市区约19千米，是一个以参观文明生态村与水上娱乐为一体的生态旅游景点。南强文明生态村建于2002年下半年，是琼海市近几年推出的文明生态村观光游览景区。

南强村绿色生态保持完好，村里庭院深深、椰树成荫，金黄色的稻谷，嫩绿的瓜秧，硕果累累的槟榔、龙眼、荔枝、香蕉，物产丰富。南强村是一个古老的村庄，至今还保存着不少古屋、古井、古道，还有颇具传奇色彩爱情故事的百年古树。村里建有文化室、篮球场、排球场。2002年，村委会组织当地农民入股在村南面万泉河河岸1.13公顷集体荒沙上，开设万泉河水上竹排漂流旅游项目，景区运营良好。

第四节　旅游设施

一、交通服务

1991年，琼海县交通运输发展加快，同年旅游运输量完成1069万人，旅客周转量26546万人千米。1992年，旅游运输量完成1108万人，比上年增长3.6%，旅客周转量27582万人千米，比上年增长3.9%。至2010年，琼海市旅游区交通道路网络化，实现无障碍旅游通车。东线高速公路纵贯市内，有三个出口直达各旅游景区，嘉积大桥、万泉河大桥、石龙大桥、朝烈大桥、东海大桥、龙博滨海景观大道、滨河生态景观大道已建成通车，全市旅游风景区道路通畅。全市有250多辆出租车，民航售票点13个，火车代售点1个，旅游服务中心1个，开通琼海旅游服务电话、琼海旅游网站，全方位24小时服务旅客。

二、餐饮住宿

1991年，全县共有宾馆、大厦、旅社、饭店、招待所15家，客房400多间，床位近1000张。1994年，全市旅游饭店、酒店、宾馆44家，床位1213个。至2010年年底，全市共有星级酒店19家，包括五星级酒店2家，四星级4家，三星家12家，一星级1家。中小规模旅馆175家，合计房间2820多间，床位4500多张，具备一定规模和档次的农家乐2家。

2010年琼海市星级酒店一览表

表6–5–1

酒店名称	地址	星级	评定时间
金海岸温泉大酒店	博鳌金海岸大道	五星	2005年5月
索菲特大酒店	博鳌东屿岛	五星	2008年7月
金芙蓉度假村	博鳌滨海旅游区	四星	2001年5月
官塘温泉休闲中心	官塘温泉旅游区	四星	2001年11月
锦江温泉大酒店	博鳌金海岸大道	四星	2002年8月
银海国际度假中心	金海路	四星	2005年3月
琼海宾馆	人民路	三星	1995年3月
宏达大厦	银海路	三星	2001年8月
官泉谷温泉度假村	官塘温泉旅游区	三星	2002年1月
源源居酒店	爱华路	三星	2002年9月
椰庄度假酒店	爱华路	三星	2003年1月
金银岛大酒店	银海路	三星	2003年9月
国税大厦	新民街	三星	2005年3月
大庆宾馆	博鳌滨海旅游区	三星	2005年3月
华田酒店	东风路	三星	2005年3月
金日大酒店	善集路	三星	2006年4月
文泰大酒店	东风路	三星	2008年7月
泰和大酒店	富海路	三星	2009年2月
富丽华酒店	爱华路	一星	2007年

三、旅行社

2007年，蓝海旅行社成为琼海市首家注册成立的旅行社。至2010年，全市共有旅行社10家。

2010年琼海市旅行社一览表

表6-5-2

名　称	地　址	注册年份
琼海蓝海旅行社	市东风路105号	2007
海南旅总国际旅行社琼海分公司	市东风路68号	2009
海南特区国际旅行社琼海分公司	市人民路爱华酒店一楼大厅	2009
海南远通假日旅行社琼海分公司	博鳌镇海滨街临街铺面	2009
海南骏通假期旅行社琼海分公司	金海路广海大厦一层	2009
琼海铭岛旅行社	市金海路39号	2010
琼海丰平旅行社	市教育路商贸综合广场铺面D栋7号	2010
琼海海之恋旅行社	市振海南路13号	2010
琼海嘉莉旅行社	嘉积镇温泉金鸡岭路口	2010
海南惠众旅行社琼海分公司	市人民路93号	2010

第五节　旅游管理

一、机构

1993年11月，为适应产业发展需要，成立琼海市旅游局，作为市政府旅游行政管理机构。2002年，成立旅游质量监督管理所，具体负责旅游执法工作。2009年12月，为适应海南建设国际旅游岛需要，成立琼海市旅游发展委员会。至2010年，琼海市旅游发展委员会行政编制10名。其中，主任1名，副主任2名。机关工勤人员财政预算管理事业编制1名。导游经由省导管中心统一管理派出，琼海市未设导游管理中心。

二、市场管理

为维护旅游市场秩序，市委、市政府采取一系列措施，打击旅游景区高额回扣拉客行为，抑制景区门票虚高现象，使景区和旅行社恢复正常市场交易状态；开展旅游市场打“四黑”活动，坚决取缔“黑导”“黑车”“黑社”“黑点”，净化旅游市场；坚持常规依法管理和专项整治相结合，建立起旅游市场的长效管理机制。2005年9月7日，有游客投诉官塘竹排观光游终点码头有人以野果为诱饵敲诈游客800元，接到投诉后，市打击旅游市场“四黑”综合整治指挥部立即行动，公安机关抓获不法分子4人。9月14日，市公安、工商、旅游、城管、质量技术监督、嘉积镇、电视台等有关部门联合出击，开展打击官塘码头“黑店”行动，有效震慑扰乱旅游市场秩序的不法分子。

三、宣传推广

1993年市旅游局成立初期，主要针对海南省内旅游市场逐年开展宣传推介活动。进入21世纪后，每年组团赴省外参加中国香港国际旅游展、北京国际旅游博览会、中国国际旅游交易会、海峡两岸台北旅展等大型旅游展示促销活动。同时，利用服务保障博鳌亚洲论坛年会、举办海南岛欢乐节琼海分会场等对旅游业的辐射带动作用，在中央电视台、旅游卫视、海南电视台、《海南日报》、南海网、海南在线、琼海电视台等媒体上宣传城市形象和旅游产品，使琼海的旅游信息通过媒体形式直达各类潜在客源，并重新策划、制作完成琼海旅游形象光盘和旅游宣传册。

2010年，琼海市在郑州、洛阳和西安分别举行旅游形象展示会和媒体见面会，当地媒体均从不同角度对展示会和琼海旅游进行了深度报道，加深了客源地旅游组团社和潜在客源对琼海旅游资源和旅游产品的了解，两地政府和旅游企业之间签订了多项战略合作协议，进一步巩固和拓展了客源市场；策划组织2010年端阳旅游文化节“十大美食”“十大小吃”评选活动，进一步丰富旅游要素文化内涵。

第六节　开发建设

1991—2010年，琼海市（县）重点建设博鳌亚洲论坛永久会址景区、博鳌亚洲论坛成立会址、博鳌东方文化苑、博鳌海洋馆、博鳌南强生态文明村、博鳌沙坡岛高尔夫球场景区、官塘温泉旅游度假区、白石岭旅游风景区、红色娘子军纪念园、万泉河漂流、万泉湖休闲度假区等　批精品景区（点）。

2007年，编制完成《琼海市旅游发展总体规划》，期限为2005—2020年，与“十二五”规划相衔接。内容分为旅游业发展述评、旅游业发展目标及开发时序、客源市分析与预测、旅游产品开发与项目安排、旅游专项规划等方面共8章，客观分析琼海市旅游发展优势，确定奋斗目标，全面设计产品体系，系统构建产业体系，着力完善保障体系。2010年，与中国旅行社惊喜服务战略联盟合作，开发推广旅游目的地营销，并经过充分的市场调研，重新梳理和整合琼海市旅游产品，依照市场需求定制并推出“我到琼海博鳌安个家”乐活投资体验之旅、团队活力（穿越）拓展游、“风水博鳌、天堂小镇”祈福体验之旅等6条精品新线路，线路中旅游产品的内涵价值都得到了很大的提升。

第七节　规模效益

1991 年，旅游部门共接待国内外游客 69446 人次，全县涉外宾馆接待国内外旅游者 51280 人天，旅游外汇收入（外汇券）13.51 万元。2000 年，琼海市共接待游客 125.6 万人，同比增长 7.35%；旅游总收入 3.08 亿元，同比增长 6.94%；2010 年，琼海市接待游客 332.78 万人，同比增长 12.51%；旅游总收入 11.78 亿，同比增长 29.45%；全年接待过夜人数 142.55 万，平均住房率达 67.1%；入境旅游 1.38 万人次。

1991—2010 年琼海市（县）旅游效益表

表 6-5-3

年度	接待游客人数(万)	增长率(%)	旅游总收入(亿)	增长率(%)	平均住房率(%)	全年接待过夜人数(万)	增长率(%)	入境旅游人次(万)
1991	6.94	—	—	—	—	—	—	—
1992	—	—	—	—	—	—	—	—
1993	72.30	10.21	1.54	13.70	—	—	—	—
1994	79.00	9.27	1.69	9.74	—	—	—	—
1995	86.00	8.86	1.87	10.65	—	—	—	—
1996	93.30	8.49	2.04	9.09	—	—	—	—
1997	100.60	7.82	2.23	9.31	—	—	—	—
1998	108.90	8.25	2.50	12.11	—	—	—	—
1999	117.00	7.44	2.88	15.20	—	—	—	—
2000	125.60	7.35	3.08	6.94	61.90	—	—	—
2001	140.70	12.02	3.78	22.73	60.30	59.80	—	—
2002	160.00	13.72	4.60	21.69	61.30	65.30	9.20	1.76
2003	163.00	1.90	4.82	4.78	59.30	57.28	—	0.69
2004	201.60	23.70	6.04	25.31	53.30	65.65	—	1.24
2005	216.38	7.32	6.51	7.78	53.69	67.06	—	2.22
2006	225.87	4.39	6.91	6.15	53.95	68.74	2.51	1.47
2007	249.17	10.32	7.70	11.43	55.82	75.06	9.19	2.08
2008	270.35	8.50	8.40	9.09	55.91	78.52	4.6	1.63
2009	295.78	9.41	9.10	8.33	57.60	82.22	4.76	1.25
2010	332.78	12.51	11.78	29.45	67.10	142.55	13.34	1.38

第七编　财税　金融

1990 年，琼海县开始实行财政包干管理体制，对各乡镇的收入以工商税、农业税、甘蔗税作为指标实施包干。1996 年，琼海市开始第二轮乡镇财政管理体制改革，实行分税制，在全市范围内实行对行政事业性收费财政预算管理。1999 年，按“一定三年”的做法，对乡镇全面实行分税制的财政管理体制。同年，成立琼海市会计管理中心，对全市各单位实行会计委派制度，实施政府采购制度。2008 年，对全市行政事业单位实行国库支付管理。2010 年，推行财政惠民补贴“一卡通”改革。通过一系列的体制改革，财政收入逐年增加。2010 年达 185743 万元，一般预算收入突破 10 亿元。财政支出结构合理，惠农、教育、医疗等社会保障支出大幅增加，财力逐渐向重点支出、民生支出、社会公共事业支出倾斜。2010 年，用于民生领域的支出占支出总量的 77.5%。

1993 年前，琼海市（县）国、地税征收管理机构合二为一。1994 年，国家实行分税制管理体制，琼海市国、地税局分设。2010 年，琼海市国税收入 34486 元，地税收入 127036 万元。

2010 年，琼海市共有银行机构 9 家，保险机构 12 家，证券公司 1 家。年末银行存款总额 178.2 亿元，货款总额 43.3 亿元。

第一章　财　政

第一节　财政管理

一、机构

1991 年，琼海县政府主管财政工作的部门是县财政局。1994 年 8 月，成立市财政税务局，并挂地方税务局牌子。1996 年 5 月，市财政税务局增挂国有资产管理局牌子。1998 年 7 月，撤销市财政税务局，设立市财政局，主要职能是综合管理全市财政收支，实施财政监督。

二、体制

1991 年，是财政第三包干期的第二年，对乡镇财政实行“划分税种，核定基数，逐年递增，超收分成，一定二年”的管理形式，对各乡镇的收入以工商税、农业税作为指标分项包干。

1996年，以财政包干制为核心的财政管理体制结束。按照中央文件精神，结合琼海市实际情况，开始第二轮乡镇财政管理体制改革，即实行分税制的财政管理体制。总的原则是：以1995年乡（镇）财政总决算数为依据核定收支基数，不足部分市财政适当补贴。按照这一原则，对嘉积办事处、会山乡实行“划分税种和范围，共享分成一税种，自收自支自求平衡，一定三年不变”的财政管理体制；对其他19个乡（镇）实行“划分税种和范围，核定收支基数，定额补助，一定三年不变”的财政管理体制。同年，印发市政府《批转市财税局关于基层财税所全员岗位聘用制和工资分配制度改革方案的通知》，试行“财政税务局统一管理和领导，乡镇政府决定聘用，财税所办理聘用手续”的全员岗位聘用制度，并试行“固定工资和浮动工资相结合的按劳分配原则，采取填发税票和征收税款相结合的浮动工资制”。1996年5月1日起，在全市范围内实行将行政事业性收费纳入财政预算管理。

1998年，印发《琼海市1998年乡镇财政改革实施方案》，进一步完善乡镇财政管理体制改革。对嘉积镇和会山乡实行“划分税种和范围，共享分成某种税，自收自支求平衡”的分税制财政管理体制。（一）嘉积镇征收的营业税，40%上划市财政，60%留给镇财政；征收的个人所得税和罚没款，20%上划市财政，80%留给镇财政。（二）会山乡征收的农业特产税，20%上划市财政，80%留给乡财政。对大路、长坡、潭门、万泉、温泉、中原、阳江、石壁等8个镇实行“划分税种和范围，自收自支求平衡”的财政管理体制。对塔洋、泮水、烟塘、上埇、福田、新市、博鳌、朝阳、九曲江、文市、龙江等11个乡镇实行“划分税种和范围，适当补助”的财政管理体制。同年，印发《琼海市一九九八年乡镇财政工作奖惩方案》，设立财政收入增长奖、财政自给或减少补贴奖和共享税分成奖3个项目，凡实现或超额完成当年市下达任务的，市政府按不同增长比例奖励乡镇和财税所，不完成财政工作任务的给予处罚。

1999年，印发《琼海市乡镇财政改革实施方案》，按照一定3年的做法，对乡镇全面实行分税制的财政管理体制：（一）对各乡镇征收的增值税与中央实行分税制，其中中央分享75%，乡镇分享25%；（二）对各乡镇征收的营业税（不含金融、保险营业税）、企业所得税及划归乡镇库的25%增值税与省实行分税制，以上“三税”省分享30%，乡镇分享70%。根据实际情况，决定对乡镇实行不同形式的分税制财政管理体制：1.对嘉积、大路、中原、阳江、石壁和会山等6个乡镇实行“核定收支基数，适当上划”的分税制财政管理体制。对嘉积、大路和中原3个乡镇征收的个人所得税和罚没款同市实行分享。

其中嘉积征收的个人所得税和罚没款，市分享30%，乡镇分享70%；2000年市分享40%，镇分享60%，2001年市分享50%，镇分享50%。大路和中原征收的个人所得税和罚没款，市分享20%，乡镇分享80%。对阳江、石壁和会山等3个乡镇征收的农业特产税同市实行分税制，其中市分享20%，乡镇分享80%。2.对长坡、潭门和温泉3个乡镇实行“核定收支基数，自收自支求平衡”的分税制财政管理体制。（三）对泮水、塔洋、烟塘、上埇、福田、万泉、新市、博鳌、朝阳、九曲江、文市和龙江等12个乡镇实行“核定收支基数，适当补助”的分税制财政管理体制。同时，印发《琼海市乡镇财政奖励方案》，按照一定3年的做法，设立财政收入增长绝对额奖励、体制定额补助奖励、体制自给奖励和共享税奖励四个项目，市政府根据乡镇不同的分税制管理体制和收入增长额度实行奖励。同年，市政府印发《琼海市党政事业单位会计人员实行委派制度的规定》，成立琼海市会计管理中心，对全市党政机关、事业单位会计人员实行单独委派和联合委派制度，原单位独立核算不变，全市实行统一的财务制度，会计人员的编制从原单位调入市会计管理中心，归会计中心编制，其工作由会计中心统一安排，会计中心为事业编制，隶属市财政局。市政府还印发《琼海市政府采购管理实施办法（暂行）》，成立政府采购办公室和政府采购评标小组，开始实施政府采购改革。

2000年，对行政事业性收入、罚没收入、基金收入全面实行“罚缴分离，票款分离”和“单位开票，银行代收，财政统管”的管理办法。同年，受10月洪涝灾害影响，对年初预算进行调整。2004年，推行“村财站管”制度，在村民自愿和“四权”（所有权、审批权、使用权和收益权）不变的前提下，在全市村、组实行“村财站管”。

2005年，印发《琼海市镇财市管改革实施方案》，在坚持“市镇利益分配不变，镇的预算分配权不变，镇资金所有权、使用权不变，财务审批权不变，独立核算主体不变，债权债务不变”的原则前提下，对镇财政采取“预算共编，账户统设、资金统管、债务统办、票据统发”为主要内容的管理方式。市财政直接参与指导镇财政编制预算，将镇级人员工资、政权运转经费都足额列入预算，提高镇财政的保障能力。推进以部门预算、收支两条线和财政支付制度等为主要内容的财政改革，进一步加强乡镇财务管理规范化和制度化建设。明确规定镇政府不允许再恶意举债，对镇级债务“先刹车、后消肿”，初步遏制债务膨胀。2006年，为适应农村税费改革新形势的需要，印发《琼海市财政管理体制改革方案》，按照“保证既得利益、优化分配机制、统一结算办法、稳定财政体制”原则，对市镇财政收支范围、财政供养范围、镇财市管镇用、清理核实债权债务等进行了明确和完善。同年，以“金财工程”为技术支撑，在全市12个镇财政所建立“四位一体”的计算机网络体系，使镇级拨款实现网上申报、网上审核、网上审批。2007 年，市政府办印发《关于在市本级实施国库管理改革工作的通知》，采取先试点后铺开的办法，选择建设局、司法局、交通局、统计局、社会保险费征稽局、残疾人联合会、林业局、畜牧办等 8 个单位作为改革试点，从 2007 年 10 月 1 日开始实行国库管理制度改革试点工作。实行政府收支分类改革，完成了 2007 年政府财政预算科目编制改革，按新科目编制 2007 年财政预算。2008 年，在试点的基础上，全市 114 个行政事业单位全部实行国库支付管理。2009 年，对乡镇财政管理体制进行进一步完善：一是事权财权下放，镇级结余财政由各镇自行安排；二是重新确定了各镇收支基数；三是镇级预算编制不再由市级包揽，转为镇级自行编制。

2010 年，开始推行财政惠民补贴资金“一卡通”改革。“一卡通”以补贴对象为单位，市农村信用联社根据财政部门提供的补贴对象名单，免费为每个补贴对象开设一个存款账户并配发借记卡，接收各项财政补贴资金。从 9 月开始，所有纳入“一卡通”发放范围的财政补贴资金，全部通过“一卡通”信息管理系统发放。

第二节　财政收入

1991 年，琼海县地方财政收入 3381 万元，比上年增长 20.53%，远超省第三财政包干期要求增长 12%的指标，财政赤字得到控制。1992 年，是财政第三包干期的最后一年，全市（县）地方财政收入达 4066 万元，跨入无赤字县（市）的行列。1993 年，市地方财政收入增长迅猛，完成 7895 万元，比上年同期增收 3829 万元，增幅达 94.1%。增收主要来自工商各税收入 5886 万元，增长 134.8%。1994 年，市地方财政收入 9365 万元，如包含中央税收入 1816 万元（1994 年是新税制改革的第一年），财政总收入达 11181 万元，首次破亿。全市 21 个乡（镇）财政所全部超额完成年度计划，其中超额幅度 200%以上的有 14 个乡（镇）。

1995 年，市财政收入在确保上年突破亿元大关的基础上继续稳步增长，按新口径计算全市地方财政收入 11317 万元，比上年增长 20.8%。1996 年，收入增长放缓，完成 12411 万元，增收 1094 万元，增长 9.67%。主要来源于罚没、行政性收费增收 510 万元和工商税增收 375 万元。1997 年，地方财政收入完成 15154 万元（含一般预算收入及基金收入），增幅有所提高，达 22.1%。主要反映在琼海进一步加强和规范了娱乐业市场管理工作，个人所得税收入比上年增收近 2100 万元。1998 年，地方财政收入 18303 万元，比上年增长 20.8%，如包含上划中央两税 2819 万元，合计收入达 21122 万元，首次突破 2 亿元。1999 年，地方财政收入 19488 万元，同口径增长 14.3%。其中国有资产经营损益收入 630 万元，与上年相比增幅较大，增长了 314.4%。农业“四税”完成 4005 万元，增长 17.8%，主要是胡椒、橡胶及海淡水养殖特产税有较明显增长。全市有 14 个乡镇完成了年度预算，7 个乡镇收入比上年增长 20%以上。

2000 年，市地方财政收入仅完成 18012 万元，比上年减收 1476 万元，下降 7.6%。主要是受台风和洪涝灾害的客观因素影响，各项税收有所下降，其中农业“四税”减收 290 万元。此外，全市加大非法博彩业的打击力度，个人所得税大幅度减少，仅收入 2000 万元，比上年减收 3000 万元。2001 年，市地方财政收入 16851 万元，仅完成预算的 90.8%，比上年下降 6.4%。主要是博彩业个人所得税大幅减少，减收 2322 万元，下降 34.7%；农业特产税收入受市场价格和农村税费改革两大因素影响，减收 857 万元，下降 30%；橡胶受进口胶冲击，市场价格下跌，减收 639 万元，下降 37%。但得益于博鳌亚洲论坛的开发，餐饮业和旅游业营业税增加 276 万元，增长 46%。2002 年，市地方财政收入 16247 万元，下降 3.6%，财政收入连续两年下降的局面得到控制。2003 年，市地方财政收入 19206 万元，同口径增长 20.5%，扭转了财政收入连续三年下降的局面，财政收入实现较大幅度增长。主要是官塘休闲中心股权转让使得国有资产经营收益收入增收 1185 万元，增长 389%；博鳌亚洲论坛二期工程建设增加建筑安装营业税 598 万元。但由于受“非典”影响，娱乐、餐饮和旅店业的税收都没有完成年度预算，分别下降 36.7%、15.4%和 18.9%。2004 年，市地方财政收入 20506 万元，同口径增长 19.1%，增幅最大的是企业所得税，增收 308 万元，增长 108%，主要是因为斯达厂和市烟草公司效益提高。

2005 年，市地方财政收入 20332 万元，同口径增长 5.9%，增幅较小。这一年是琼海市经济发展史上不平凡的一年，遭受了百年不遇的干旱和强台风“达维”的袭击，加上国家宏观调控力度加大，银根紧缩，使得财政形势严峻。因此财政收入能在上年基础上有所增长实属不易。2006 年，市地方财政收入 23348 万元，同口径增长 15.4%，主要是基金收入增幅较大，增收 1112 万元，增长 246%。2007 年，全市地方财政收入首次突破 3 亿元大关，完成 32272 万元，增长 38.2%。2008 年，市地方财政收入 44353 万元，同口径增长 47%，再创历史新高。并且地方财政收入提前 4 个月完成年初预算，12 个镇全部完成年初预算，是历史以来完成预算进度最好的一年。2009 年，市地方财政收入 77964 万元，增长 75.8%，其中一般预算收入 58761 万元，首次突破 5 亿元大关。主要是受旅游业和房地产业的拉动，税收收入完成 52089 万元，增长 32.3%。

2010年，市地方财政收入185743万元，增长138.2%，其中一般预算收入103190万元，首次突破10亿元，提前5个月完成全年任务。主要得益于海南国际旅游岛建设的大环境影响，地方财税收入水涨船高。

第三节 财政支出

20世纪90年代，琼海市在财政收入稳步增长的情况下，财政支出也连年增长。1991年，财政工作的突出特点是收入增长，支出节支，在中央紧缩财政的要求下，县财政支出增长7.6%。年终滚存结余为-12万元，与1990年的-184.3万元的结余相比，财政赤字得到有效控制。1992年，市财政支出为7298万元，与上年相比增幅较大，增长24.3%，这一年财政滚存结余达236万元，以无赤字成绩向撤县设市献礼。1993年，市财政支出11551万元，比上年增支4253万元，增长58%。虽然支出增长过猛，但由于收入也相应增长，因此年终还是达到收支平衡。1994年，市财政支出14073万元，增长21.8%，收支结余较大，达992万元。增支主要受公务员工资政策和社会保险政策出台等因素的影响，同时支农力度加大，支出1289万元，比上年增长1.2倍。

1995年，市财政支出16831万元，增长19.6%，增支主要受公务员增资因素影响。支农支出比上年有所减少，主要是受科目转移的影响，将原列支农支出的294万元转为农业综合开发支出。1996年，市财政工作根据整个国民经济发展适度从紧的精神要求，支出完成18007万元，增长7%，滚存结余2165万元，净结余达930万元。1997年，市财政支出20293万元（含一般预算支出及基金支出），首次突破2亿元大关，增长12.7%。1998年，市财政支出22116万元，增长9%。其中增支幅度较大的是基金支出292万元，比上年同期增长100%；农业综合开发支出560万元，比上年增支275万元，增长96.5%。1999年，市财政支出25606万元，增长15.9%。其中社会保障支出927万元，增长1960%，原因是根据国家规定，提高了“三条保障线”生活水平。行政事业离退休经费支出2779万元，比上年增加345万元，主要是从1998年7月1日起调整了离退休人员的养老金。

2000年，虽然财政收入有所下降，但财政支出依然有小幅增长，达26022万元，增长1.6%。主要因为全市遭遇洪涝灾害，增加了救灾专款，农林水事业增支336万元，增长64%；上年教育系统增加教师人员和提高工资标准，教育事业费增支620万元，增长15%。2001年，市财政支出24356万元，下降6.4%，主要是市政府以土地抵缴基建工程款，减少了基本建设支出966万元。2002年，市财政支出33937万元，增长39.3%，主要是农村税费改革转移支付增支了4000万元。2003年，市财政支出35845万元，增长5.6%。主要是抗击“非典”增支和农村合作医疗增加补助，使得医疗卫生支出同比增支196万元，增长17.1%；招商引资项目增加，企业扶持金相应增加，使得企业挖潜改造资金增支516万元，增长157.8%。2004年，市财政支出41791万元，增长16.6%，主要增支项目是企业挖潜改造资金、林业资金和科技三项费用资金。

2005年，市财政支出48753万元，增长16.7%，其中增支幅度较大的是农业支出，增支2097万元，增长150.3%，主要是农业专款增加和增拨抗旱、抗台风资金。2006年，市财政支出53722万元，增长10.2%，主要是种苗补贴、油价补贴和亚洲论坛、两岸农业合作论坛年会经费等项目增加支出。2007年，市财政支出73278万元，增长36.7%，主要是增资和公务员津补贴增加支出。2008年，市财政支出110678万元，增长51%。全年财政支出运行质量良好，彻底告别了“寅吃卯粮”的困难状况，逐步由吃饭财政走上建设财政的健康发展轨道。财政支出结构合理，保障有力，惠农、教育、医疗等社会保障支出明显加大。2009年，市财政支出199524万元，增长80.3%，主要是中央扩大内需增加支出。市理财观念实现由“事随财走”向“财随事走”转变。

2010年，市财政支出260977万元，增长30.8%。财力逐渐向重点支出、民生支出和社会公共事业支出倾斜，全市用于民生领域的支出达163168万元，占支出总量的77.5%。

1991—2010年琼海市（县）财政收支情况表

表7-1-1　　　　单位：万元

年份	收入总计	地方财政收入			上划省和中央	支出总计	一般预算支出	基金支出	全年收支结余
		收入小计	一般预算收入	基金收入					
1991	3381	3381	3381	—	—	5872	5872	—	-12
1992	4066	4066	4066	—	—	7298	7298	—	236
1993	7895	7895	7895	—	—	11551	11551	—	922
1994	11181	9365	9365	—	1816	14073	14073	—	992
1995	13511	11317	11317	—	2194	16831	16831	—	2481
1996	14801	12411	12411	—	2390	18007	18007	—	2165
1997	17757	15154	14887	267	2303	20293	20083	210	1603
1998	21122	18303	18238	65	2819	22116	21824	292	1658

续表 7-1-1

年份	收入总计	地方财政收入			上划省和中央	支出总计	一般预算支出	基金支出	全年收支结余
		收入小计	一般预算收入	基金收入					
1999	24356	19488	19198	290	4868	25606	25362	244	1158
2000	23332	18012	17803	209	5320	26022	25742	280	738
2001	22698	16851	16600	251	5847	24356	24005	351	3936
2002	25445	16247	15834	413	9198	33937	33220	717	2790
2003	32671	19206	18846	360	13465	35845	34980	865	2168
2004	38087	20506	19877	629	17581	41791	41079	712	3700
2005	39216	20332	19879	453	18884	48753	48000	753	4237
2006	42553	23348	21784	1564	19205	53722	52549	1173	7903
2007	53896	32272	30461	1811	21624	73278	72733	545	11234
2008	71815	44353	42285	2068	27462	110678	106581	4097	16991
2009	114518	77964	58761	19203	36554	199524	175501	24023	22959
2010	248167	185743	103190	82553	62424	260977	210494	50483	47700

说明：以上数字均为决算数，财政收入合计项不包含上级补助款

第二章　国家税务

第一节　管理机构

1991—1993年，琼海市（县）税务征收管理机构为县（市）税务局。1994年，国家实施分税制管理体制，琼海市税务局分为琼海市国家税务局和琼海市地方税务局。1994年9月24日挂牌成立琼海市国家税务局，设立6个股室，1个直属分局，24个基层税务所，3个税务站和2个党群部门。其中6个机关股室：办公室、人事教育监察股、计划财务股、税收票证管理股、企业税收评税股、个体税收评税股；1个直属机构：税务稽查分局；24个基层税收所：国有企业税务所、嘉积一所、嘉积二所、泮水所、大路所、烟塘所、塔洋所、长坡所、潭门所、福田所、上埇所、博鳌所、朝阳所、温泉所、中原所、九曲所、文市所、阳江所、九江所、东平所、会山所、石壁所、万泉所、新市所；3个税务站：东太税务站、南俸税务站、东升税务站。

2001年上半年，撤并泮水税务所和嘉积稽查队。2003年年底，规范和调整内设机构和人员编制，有干部职工人数129人，助征员14人。内设机构8个：办公室、法规股、税政股、征管股、计征股、国际税务管理股、人事教育股、监察室。直属机构1个：稽查局。事业机构2个：信息中心、机关服务中心。税务所8个：阳江、博鳌、中原、石壁、长坡、大路、万泉、会山等税务所。

2005年10月，撤销国际税务管理股、机关服务中心和车辆购置税征收办公室（临时机构），调整后内设7个行政股室，分别为办公室、计划征收股（办税服务厅）、征收管理股、政策法规股、税政管理股、人事教育股、监察室；1个直属机构，即稽查局；1个事业单位，即信息中心；7个派出机构，分别为博鳌税务分局、阳江税务分局、大路税务所、中原税务所、万泉税务所、石壁税务所和长坡税务所。

2010年，以建立具有活力的“一体化、综合化、专业化、扁平化”税收管理体制为目标进行机构改革，改革后内设机构设置6个，级别为正股级，对外称“科”，分别为办公室、政策法规科、收入核算科、纳税服务中心、人事教育科、监察室；派出机构设置6个，级别为副科级，为第一税务分局至第六税务分局。

第二节 税种 税目 税率

1991—1993年，琼海市（县）税务局征收的税种有：产品税、营业税、增值税、资源税、城市维护建设税、个人所得税、契税、耕地占用税、房产税、城镇土地使用税、印花税、集市交易税、牲畜交易税、烧油特别税、奖金税、工资调节税、屠宰税、筵席税、车船使用牌照税、车船使用税、城市房地产税、外商投资企业和外国企业所得税、农业税、农业特产税、固定资产投资方向调节税等25个税种。1994年，琼海市国家税务局成立后至2010年，征收的主要税种有增值税、消费税、企业所得税、外商投资企业和外国企业所得税、车辆购置税、储蓄存款利息所得个人所得税。其中，1994年，消费税起征，征税范围主要选择11类应税产品，主要包括：烟、酒、化妆品、护肤护发品、贵重首饰及珠宝石、鞭炮及焰火、汽油、柴油、汽车轮胎、摩托车、小汽车。同年，海南经济特区企业所得税税率为15%，外商投资企业和外国企业所得税税率为15%。1998年7月1日起，商业企业小规模纳税人增值税的征收率由原来的6%调减至4%，其他企业小规模纳税人增值税仍按6%征收率征收。2001年，车辆购置税起征。储蓄存款利息所得个人所得税，1999年11月1日至2007年8月14日按照20%的税率征收，2007年8月15日至2008年10月8日改按5%的税率征收。自2008年10月9日起暂免征收储蓄存款利息所得个人所得税。2009年1月1日起，增值税小规模纳税人的增值税征收率统一调整为3%。

2010年琼海市国家税务征税表

表7-2-1

税 种	税目及税率（征收率）
增值税	一、税率 （一）纳税人销售或者进口货物，除本条第（二）项、第（三）项规定外，税率为17% （二）纳税人销售或者进口下列货物，税率为13% 1.粮食、食用植物油 2.自来水、暖气、冷气、热水、煤气、石油液化气、天然气、沼气、居民用煤炭制品 3.图书、报纸、杂志 4.饲料、化肥、农药、农机、农膜 5.国务院规定的其他货物 （三）纳税人出口货物，税率为零；但是，国务院另有规定的除外 （四）纳税人提供加工、修理修配劳务（以下简称应税劳务），税率为17% 二、征收率 1.小规模纳税人销售货物或者应税劳务的征收率为6% 2.从1998年7月1日起，将商业企业小规模纳税人的增值税征收率由6%调减为4%

续表 7–2–1

税 种	税目及税率（征收率）
消费税	**第一、1994 年 1 月 1 日至 2008 年 12 月 31 日，消费税税目、税率如下：** 一、烟 1 .甲类卷烟（包括各种进口卷烟） 45% 2 .乙类卷烟 40% 3 .雪茄烟 40% 4 .烟丝 30% 二、酒及酒精 1 .粮食白酒 25% 2 .薯类白酒 15% 3 .黄酒 吨 240 元 4 .啤酒 吨 220 元 5 .其他酒 10% 6 .酒精 5 % 三、化妆品 包括成套化妆品 30% 四、护肤护发品 17% 五、贵重首饰包括各种金、银、珠宝首饰及珠宝玉石及珠宝玉石 10% 六、鞭炮、焰火 15% 七、汽油 升 0.2 元 八、柴油 升 0.1 元 九、汽车轮胎 10% 十、摩托车 10% 十一、小汽车 1 .小轿车 （1）气缸容量在 2200 毫升以上的（排气量，下同）（含 2200 毫升）8% （2）气缸容量在 1000—2200 毫升的（含 1000 毫升）5% （3）气缸容量在 1000 毫升以下的 3% 2 .越野车（四轮驱动） （1）气缸容量在 2400 毫升以上的（含 2400 毫升）5% （2）气缸容量在 2400 毫升以下的 3% 3 .小客车（面包车）22 座以下 （1）气缸容量在 2000 毫升以上的（含 2000 毫升）5% （2）气缸容量在 2000 毫升以下的 3% **第二、2009 年 1 月 1 日起，消费税税目、税率如下：** 一、烟 1.卷烟 （1）甲类卷烟 45%加 0.003 元/支 （2）乙类卷烟 30%加 0.003 元/支 2.雪茄烟 25% 3.烟丝 30% 二、酒及酒精 1.白酒 20%加 0.5 元/500 克（或者 500 毫升） 2.黄酒 240 元/吨 3.啤酒 （1）甲类啤酒 250 元/吨 （2）乙类啤酒 220 元/吨

续表 7-2-1

税 种	税目及税率（征收率）
消费税	4.其他酒 10% 5.酒精 5% 三、化妆品 30% 四、贵重首饰及珠宝玉石 1.金银首饰、铂金首饰和钻石及钻石饰品 5% 2.其他贵重首饰和珠宝玉石 10% 五、鞭炮、焰火 15% 六、成品油 1.汽油 （1）含铅汽油 0.28 元/升 （2）无铅汽油 0.20 元/升 2.柴油 0.10 元/升 3.航空煤油 0.10 元/升 4.石脑油 0.20 元/升 5.溶剂油 0.20 元/升 6.润滑油 0.20 元/升 7.燃料油 0.10 元/升 七、汽车轮胎 3% 八、摩托车 1.气缸容量（排气量，下同）在 250 毫升（含 250 毫升）以下的 3% 2.气缸容量在 250 毫升以上的 10% 九、小汽车 1.乘用车 （1）气缸容量（排气量，下同）在 1.0 升（含 1.0 升）以下的 1% （2）气缸容量在 1.0 升以上至 1.5 升（含 1.5 升）的 3% （3）气缸容量在 1.5 升以上至 2.0 升（含 2.0 升）的 5% （4）气缸容量在 2.0 升以上至 2.5 升（含 2.5 升）的 9% （5）气缸容量在 2.5 升以上至 3.0 升（含 3.0 升）的 12% （6）气缸容量在 3.0 升以上至 4.0 升（含 4.0 升）的 25% （7）气缸容量在 4.0 升以上的 40% 2.中轻型商用客车 5% 十、高尔夫球及球具 10% 十一、高档手表 20% 十二、游艇 10% 十三、木制一次性筷子 5% 十四、实木地板 5%
企业所得税	第一、1994 年 1 月 1 日起，法定税率 33%，年应纳税所得额 3 万元以下适用 18%、年应纳税所得额 10 万—3 万元的适用 27%的照顾性税率 第二、2008 年 1 月 1 日起，企业所得税的税率为 25%。非居民企业取得本法第三条第三款规定的所得，适用税率为 20%。《中华人民共和国企业所得税法》还对符合条件的小型微利企业实行 20%的优惠税率，对国家需要重点扶持的高新技术企业实行 15%的优惠税率
车辆购置税	车辆购置税实行统一比例税率，税率为 10%

第三节 征收管理

1991—2010 年，琼海市（县）主要通过加强发票管理和重点税源管理工作、引入信息化管理手段、实施“以电控税”等方式不断完善国家税务征收管理工作。具体措施有：（一）以发票管控税源。严格监控企业的销售和用票情况，发现异常情况，及时处理，避免税源流失；将个体纳税人领取发票的数量和票位同核定的税额紧密挂钩，改进“以旧换新”方法，增加税收管理员审票程序，建立审核台账，签署以旧换新意见，对超额开票的坚决补税并调高核定税额；及时清查药品销售企业自印发票的使用情况，改变自印发票企业自行保管发票为主管税务机关代管监开。（二）科技兴税。2003 年 1 月 1 日起，全面推广应用 CTAIS（中国税收征管信息系统）软件，涉及税收征管基层事物处理、管理监控和辅助决策等各个业务环节，提供了管理服务、征收监控、税务稽查、税收法制及税务执行等五个系列的基层税收征管系统和市科级管理与监控系统。同年 6 月，全面应用增值税防伪税控系统，实现了所有一般纳税人通过防伪税控系统开具增值税专用发票。2007 年，推行公路内河货物运输业发票税控系统。同年 9 月，税库银横向联网系统全面推广。2008 年，实施办税大厅标准化建设；同年 10 月，红字增值税专用发票通知单管理系统开始推广应用，达到对一般纳税人开具红字增值税专用发票的全面控管；同年 12 月，新版税收执法管理信息系统正式上线。2009 年，推行税务审批管理信息系统、电子档案管理系统，实现税收征管质量和效率的不断提高。2010 年 11 月，推行普通发票网络开票系统。逐步实现税务机关从“以票控税”向“信息管税”转变，全面提升发票管理的信息化水平。（三）实施“以电控税”。2006 年，为进一步强化对生产性企业的税收征管工作，突破一些中、小生产性企业财务不健全、核定征收不准确的管理瓶颈，在碎石、红砖和橡胶行业采取“以电控税”的工作模式强化对该类型企业的税收征管。按照“以电控税”的工作方法，组织深入全市相关企业，就其生产工艺流程和能耗情况进行全面调查、测算，合理确定每一企业的“产能比”。税源管理部门按月依照企业生产用电量和“产能比”测算出企业的产值和产量，有效地堵塞漏洞、公平税负、增加收入。（四）重点税源管理。2010 年，国务院发布《国务院关于推进海南国际旅游岛建设发展的若干意见》，房地产税源逐渐成为琼海市重点税源。在全面调研的基础上，对房地产企业实行分类，全程跟踪征管，重点抓好纳税申报、纳税评估和检查工作；开展户籍清查，组织力量，认真核对在全市范围内有关房地产开发企业的注册登记信息，准确掌握房地产开发企业的经营地点、范围、经营方式和财务核算等基础信息；加强房地产项目竣工后存量房产监控和销售动态监控，要求所有房地产企业建立开发销售情况台账，确保房地产开发、销售情况在控管之中；强化部门协调配合，与地税、房管、工商、建设、规划、银行等部门加强信息沟通，及时准确地掌握房地产开发企业的土地开发及房屋建造成本、房价变化情况，加强对企业销售收入的确认和费用的审核。

第四节　国税稽查

1991—1996年，国税稽查有固定人员3人。1997年，为充实稽查力量，增至15人，加上基层所、站稽查人员，全系统稽查人数增至51人，全年共查处偷、抗、骗税案件37件，追回税款122万元，罚款3.8万元。1998年，稽查工作紧密围绕征管工作和各个时期的专项检查，共受理了各种偷税案件13件，查处结案上报13件，检查及查处补征增值税174.4万元，罚款22万元；清理企业欠税2件，追缴增值税15万元。1999年，开展税务稽查工作达标活动，共受理转办查处涉税案件11件，结案10件，查补应纳税额41.8万元，按规定罚款5.95万元。与有关业务单位协调开展增值税专项检查、所得税汇算清缴，催收企业欠税等工作，共查补增值税、所得税85.96万元，罚款8.8万元。

2000年，稽查清理企业欠税，加大税务稽查力度，共清理琼海市轻骑摩托车有限公司、齿轮厂、丝绸厂等8个单位欠税入库118万元，查处偷税案件4件，追缴税款59.36万元，罚款58.35万元，并配合企业所得税汇算清缴，汇缴补税79.1万元，协助基层税务分局、所清理地产地销加工企业产品销售申报纳税情况，追补税款入库3.41万元。2001年，打击虚开增值税发票骗税行为，共查处税收违法案件50件，查补税款162万元；对123户增值税一般纳税人进行评估排查，检查企业17户，查补税款59万元，罚款33万元；建立待征明细账，清缴欠税122.6万元。2002年，开展集贸市场、消费税、增值税及其优惠政策执行情况专项检查，查出漏征漏管户12户，补税0.9万元，查处偷逃税案件20件，补税15.2万元，加收滞纳金和罚款9.2万元；对内外资企业进行企业所得税汇算清缴，检查内资企业44户，外资企业22户，共查补税款15万元，罚款11万元。2003年，加大清理欠税和税务稽查的力度，共清理陈欠61万元，压缩新欠288.4万元，查补税款、滞纳金、罚款共21万元。2004年，开展对重点企业的专项检查，共检查276户，查补税款、罚款、滞纳金合计1.9万元；完成企业所得税汇算清缴企业81户，查补税款、罚款合计8.9万元。

2005年，稽查工作重点抓举报案件的查处，抓大案要案的办理，打击偷、逃、骗税行为，规范税收环境。通过专项检查工作共检查107户企业，其中外资12户，内资95户，检查面达100%，查增应税所得额47.2万元，查补企业所得税收入7.1万元，罚款2.5万元。2006年，做好内外资企业所得税汇缴检查和开展房地产、旅店业税收专项检查，统一按照稽查程序和要求对192户新办企业进行所得税汇缴检查，共追补入库税款750万元，罚款45万元。抓好橡胶行业税收专案检查，顺利完成了35户企业的征管数据整理、90万份收购发票的录入、审核和比对，共补税44万元，征收纳税保证金600万元，移送司法机关处理1户。2007年，组织开展房地产及其关联企业、农副产品收购及加工业的税收专项检查，检查了107户企业，共查补收入1064万元，其中税款911万元，滞纳金122万元，罚款31万元。在做好专项检查的同时，还按照统一程序和要求对306户内、外资企业进行所得税汇缴检查，共查补收入225万元，调减亏损额959万元。深入开展延伸检查，查处发票违规开具行为，共查补收入119万元；捕捉涉案信息，对检查过程中发现上下游涉案企业，启动延伸检查机制，提高查案的准确性，依法查补税款近25万元。2008年，对烟草、品牌销售、房地产三大行业进行集中检查，烟草行业查补税款104万元，房地产行业查补税款314.7万元。1—8月，共查处各类涉税案件39件，结案39件，查补收入328万元，其中税款252万元，罚款11万元，滞纳金65万元，查补率3.6%。

2008年以后，稽查权上交，实行省一级稽查，各市县局不再设稽查职能。

1994—2010年琼海市国税收入统计表

表7-2-2　　　　单位：元

年　度	税收收入	年　度	税收收入
1994	2429	2002	6896
1995	2962	2003	12241
1996	3396	2004	15884
1997	3743	2005	18448
1998	4108	2006	18899
1999	4880	2007	18581
2000	5850	2008	18474
2001	6729	2009	23047
2002	6896	2010	34486

第三章　地方税务

第一节　管理机构

1991—1993年，琼海市（县）税务征收管理机构为市（县）税务局。1993年7月，琼海市全面建立乡（镇）一级财政，实行“划分税种、核定收支、分级包干、一定三年”的财政管理体制。1994年9月，成立市财政税务局、市地方税务局和市征税中心。1995年，成立琼海市税收征收部，同市征税中心合署办公，实行一套人马两块牌子，统一领导，统一管理，负责市级工商税和农业四税的征收管理。1995年6月，琼海市财政局（含地税局）内设12个职能股室，办公室、人事监察股、预算股、行财股、农财股、企财股、综合股、农税股、国资股、征管股、税政股、计财股、稽查队（事业编制）、财税监察室（财税监察室为派驻机构）。1996年，制定第二期乡镇财政管理体制，对嘉积办事处、会山乡实行“划分税种和范围，共享分成一税种，自收自支自求平衡，一定三年不变”的分税制财政管理体制，对塔洋等19个乡镇实行“划分税种和范围，核实收支基数，定额补助，一定三年不变”的财政管理体制。1997年，实行乡镇财政体制改革，共分为三个档次进行，一是对经济比较发达，税源充足潜力好，税收收入较好的2个乡镇实行“划分税种和范围，共享分成一税种，自收自支自求平衡”的分税制财政管理体制，这2个乡镇除实现财政自给外，其共享税部分按比例上缴市财政；二是对经济基础较好，税源稳定有潜力，税收收入稳定扎实的7个乡镇实行“划分税种和范围，自收自支自求平衡”的财政体制，从1997年1月1日起这些乡镇必须实现财政自给，市财政不再给予补贴；三是对经济基础稍差税源不够充足，税收收入不太稳定的12个乡镇实行“划分税种和范围，适当补助”的财政体制，这些乡镇要创造条件努力增收，争取在较短时间内达到财政补给。 1998年12月，琼海市地方税务局挂牌成立，为海南省地方税务局垂直管理单位，主管琼海市地方税收管理工作。地税局下设6个职能股室，即办公室、计划财务股、人事教育监察股、征收管理股、税政法规股、所得税管理股；2个分局：征收分局和稽查局；22个基层税务所：嘉积第一税务所、嘉积第二税务所、泮水税务所、烟塘税务所、长坡税务所、上埇税务所、福田税务所、万泉税务所、新市税务所、朝阳税务所、温泉税务所、潭门税务所、阳江税务所、中原税务所、九曲税务所、文市税务所、博鳌税务所、大路税务所、塔洋税务所、龙江税务所、石壁税务所、会山税务所。定编 167 人。1999 年 10 月，更名为海南省琼海地方税务局。

2000 年 9 月，实行农税征收管理体制与地税局分离，农税征收管理工作由地税局划归财政局管理，原农税人员全部划转财政。2002 年，结合琼海市新的乡镇行政区划和财政体制变动的实际，对机构设置尤其是税务所实施较大的改革与调整，按市级和行业特点调整设立 3 个市级直属税务所；按新乡镇行政区划调整合并设立 14 个镇级税务所。机构设置情况为：一、内设机构 6 个，即办公室、计划财务室、人事教育室（与机关党支部、工会合署办公）、监察室（与纪检组合署办公）、征收管理室、法规税政室等股级机构。二、税务所 17 个，即服务行业管理所、建安房地产业管理所、企事业管理所、嘉积第一税务所、嘉积第二税务所、嘉积第三税务所、长坡税务所、万泉税务所、潭门税务所、阳江税务所、中原税务所、博鳌税务所、大路税务所、塔洋税务所、龙江税务所、石壁税务所、会山税务所。三、执法机构 1 个，即稽查局，为直属副科级执法机构，稽查局内设稽查一至三队、审理室、执行室等 5 个股级职能机构。四、附属机构 1 个，即信息中心（与办税服务大厅合署办公）。人员编制 187 个。2003 年 4 月，设置内设机构 6 个：办公室、计划财务室、人事教育室（与机关党委、机关工会合署办公）、监察室（与纪检组合署办公）、征收管理室、法规税政室；直属局 1 个：稽查局（副科级）；税务所 16 个：建筑安装税务所、城区中心税务所、嘉积城北税务所、嘉积城南税务所、嘉积温泉税务所、塔洋税务所、大路税务所、石壁税务所、会山税务所、龙江税务所、阳江税务所、长坡税务所、潭门税务所、博鳌税务所、中原税务所、万泉税务所；办税服务厅 1 个；信息中心（事业单位）1 个。2009 年 10 月，省地税局撤销了 19 个直属地税局稽查局，琼海地税局稽查局 13 人相应划转到新设立的省地方税务局第四稽查局。

2010 年，实行社保费征管及地税农税体制调整改革。将市社保费征管机构及人员编制划转地税局管理，为地税局直属的参照公务员法管理的正科级事业单位。撤销市农税机构，设立地税局直属分局，为地税局直属的参照公务员法管理的正科级事业单位，将市农税机构承担的耕地占用税和契税征管职能及市农税局机关人员编制划转地税局。将地税系统经费属地管理调整为列入省地税局部门预算，由省财政厅统一安排、拨付和管理。地税局经费不再列入市部门预算。在此体制改革基础上，撤销税务所，成立税务分局，“海南省琼海地方税务局”更名为“海南省琼海市地方税务局”，为海南省地方税务局垂直管理单位，10 月 28 日挂牌成立。改革调整后的地税局机构（正科级）共设置办公室（挂信访办公室牌子）、计统室、财务装备室、组织人事室（挂老干部管理室牌子，与机关党委、机关工会、团委合署办公）、监察内审室（与纪检组合署办公）、征收管理室、税政法规室（加挂行政审批办公室牌子）等 7 个内设机构；琼海市地方税务局社会保险费征管局和琼海市地方税务局直属分局 2 个正科级事业编制直属机构；纳税服务管理局、纳税评估管理局、第一税务分局、第二税务分局、第三税务分局、第四税务分局 6 个副科级派出机构和附属机构电子税务管理中心（事业单位）。

第二节　税种　税目　税率

1991—1993 年，由市（县）税务局征收的税种有产品税、营业税、增值税、资源税、城市维护建设税、个人所得税、契税、耕地占用税、房产税、城镇土地使用税、印花税、集市交易税、牲畜交易税、烧油特别税、奖金税、工资调节税、屠宰税、筵席税、车船使用牌照税、车船使用税、城市房地产税、外商投资企业和外国企业所得税、农业税、农业特产税、固定资产投资方向调节税等 25 个税种。1994 年市地税局成立，负责地方税务征收管理工作。至 2010 年，琼海市地方税务征收的主要税种有营业税、企业所得税、个人所得税、土地增值税、城市建设维护税、房产税、城镇土地使用税、耕地占用税、契税、车船税、印花税、资源税、烟叶税等 13 个，征收费金 2 种：教育费附加、文化事业建设费。其中，1990—1993 年，营业税根据不同税目设置了 15%、10%、5%、3%四档税率。1991 年，起征外商投资企业和外国企业所得税、固定资产投资方向调节税。1994 年 1 月 1 日起征土地增值税、内资企业所得税；废止取消产品税、集市交易税、牲畜交易税、烧油特别税、奖金税、工资调节税。2000 年 1 月 1 日，废止固定资产投资方向调节税。2002 年，企业所得税由国地税分别征收，征收范围按规定执行。2006 年 1 月 1 日，废止农业税；同年 2 月 17 日，废止屠宰税、农业特产税。2007 年 1 月 1 日，废止车船使用牌照税、车船使用税；起征车船税。2008 年 1 月 1 日，废止外商投资企业和外国企业所得税；同月 15 日，废止筵席税。同年停征内资企业所得税。2009 年，废除城市房地产税。

1994—2010 年，琼海市地方税务局登记单位纳税人 1888 户，个体经营纳税人 6010 户，未办理营业执照 227 户，外埠纳税人经营地报验 472 户，组织临时登记 4072 户，单位社会保险费信息登记 18 户，合计 12687 户。

2010年琼海市地方税务征税表

表7-3-1

税 种	税目及税率
营业税	1.交通运输业、建筑业、邮电通信业和文化体育业为3% 2.服务业（个人出租住房的租金收入，减按3%）、金融保险业、转让无形资产和销售不动产为5% 3.娱乐业为5%—20%
企业所得税	税率与国税征收相同。
个人所得税	1.工资薪金所得适用3%—45%的七级超额累进税率，个体工商户的生产经所得、对企事业单位的承包经营、承租经营所得适用5%—35%的五级超额累进税率，劳务报酬所得适用20%—40%的三级超额累进税率 2.稿酬所得、特许权使用费所得、财产租赁所得、财产转让所得、利息、股息、红利所得、偶然所得和其他所得适用20%的比例税率 3.无账可查或虽建账但账不全的按代征率： （1）工业、手工业、商业1.5% （2）交通运输：①货运2.5%；②个体客运2.1% （3）建筑安装、房地产业2.4% （4）饮食业、服务业3% （5）加工、修理；其他行业2.7% （6）装修、装潢；广告业3.6% （7）娱乐业4.5%
土地增值税	1.实行查账征收的适用30%—60%的超率累进税率
城市建设维护税	以纳税人实际缴纳的增值税、消费税、营业税税额为计税依据，适用比例税率：纳税人所在地为市区的，税率为7%；纳税人所在地为县城、镇的，税率为5%；纳税人所在地不属于市区、县城或镇的，税率为1%。琼海市执行5%税率,会山乡撤乡建镇之前城市维护建设税税率为1%
房产税	1.自营房产，依房产余值的1.2%年计征 2.出租房产（非住房出租）依租金收入的12%计征 3.出租房产（承租人用于居住的居民住房）4%计征
城镇土地使用税	1.一级土地，6元/平方米 2.二级土地，4元/平方米 3.三级土地，2元/平方米 4.四级土地，1.5元/平方米
耕地占用税	琼海市每平方米25元征收，另外占用基本农田的按每平方米37.5元征收

续表 7-3-1

税 种	税目及税率
契税	税率为 3% 自 1999 年 8 月 1 日至 2011 年 2 月 21 日，个人购买自用普通住宅，暂减半征收契税 自 2008 年 11 月 1 日至 2010 年 9 月 30 日，对个人首次购买 90 平方米及以下普通住房的，契税税率暂统一下调到 1% 从 2010 年 10 月 1 日至 2016 年 2 月 22 日购房，凡符合以下条件可以享受契税优惠政策： 1.个人购买普通住房且该住房为家庭（成员范围包括购房人、配偶以及未成年子女，下同）唯一住房的减半征收契税 2.对个人购房 90 平方米以下的普通住房且该住房属于家庭唯一住房的，减按 1%征收契税
车船税	1.乘用车（按发动机气缸容量排气量分档） ①1.0 升（含）以下的，每辆 60 元 ②1.0 升以上至 1.6 升（含）的，每辆 300 元 ③1.6 升以上至 2.0 升（含）的，每辆 360 元 ④2.0 升以上至 2.5 升（含）的，每辆 720 元 ⑤2.5 升以上至 3.0 升（含）的，每辆 1500 元 ⑥3.0 升以上至 4.0 升（含）的，每辆 2700 元 ⑦4.0 升以上的，每辆 4200 元 2.商用车 （1）客车 ①中型［载客人数 9 人至 20 人（含）的］，每辆 480 元 ②大型（载客人数 20 人以上的）每辆 540 元 （2）货车整备质量每吨 60 元 3.挂车整备质量每吨 30 元 4.其他车辆（专用作业车和轮式专用机械车整备质量每吨 60 元） 5.摩托车每辆 36 元 6.船舶 （1）机动船舶（按净吨位分档）： ①200 吨（含）以下的，净吨位每吨 3 元 ②200 吨至 2000 吨（含）的，净吨位每吨 4 元 ③2000 吨至 10000 吨（含）的，净吨位每吨 5 元 ④10000 吨以上的，净吨位每吨 6 元 （2）游艇： ①艇身长度 10 米（含）以下的，艇身长度每米 600 元 ②艇身长度 10 米以上至 18 米（含）的，艇身长度每米 900 元 ③艇身长度 18 米以上至 30 米（含）的，艇身长度每米 1300 元 ④艇身长度 30 米以上的，艇身长度每米 2000 元 ⑤辅助动力帆艇，艇身长度每米 600 元

续表 7-3-1

税 种	税目及税率
印花税	1.购销合同、建筑安装工程承包合同、技术合同按购销金额、承包金额、所载金额的万分之三 2.加工承揽合同、建设工程勘察设计合同、货物运输合同、产权转移书据和记载资金的账簿按加工承揽收入、收取费用、运输费用、所载金额、实收资本与资本公积的合计金额的万分之五 3.财产租赁合同、仓储保管合同按租赁金额、仓储保管费用的千分之一 4.财产保险合同按保险费收入的千分之零点三贴花 5.借款合同按借款金额万分之零点五 6.权利许可证照、其他营业账簿按件贴花五元
资源税	依应税矿品从量定额计税 1.河沙 1 元/立方米 2.黏土（制成砖块的，按每砖 0.01 元征收）、钛矿、铜钴矿 3 元/吨 3.石灰石 2 元/吨 4.大理石和花岗岩 3 元/立方米 5.其他石类、矿泉水 3 元/吨或立方米 6.地热水 0.6 元/吨或立方米 7.地下水 0.5 元/吨或立方米
烟叶税	烟叶税实行比例税率，税率为 20%
教育费附加	以纳税人实际缴纳的增值税、消费税、营业税税额为计税依据，适用比例税率 3%
文化事业建设费	费率 3%

第三节　征收管理

1991—2010 年，琼海市（县）主要通过加大基础税源管理、加大发票监控力度、清查房地产项目纳税情况和实施阳光评税、信息化管理等方式不断完善地方税务征收管理工作。具体措施为：（一）发挥协税护税机制作用，利用第三方信息进行梳理、比对，全面堵塞征管漏洞，确保征管到位。税务部门与公安消防部门、物业管理公司合作，协调公安消防部门在消防验收时先由地税部门出具纳税审查意见，各小区住户装修由物业管理公司提供信息，相关税务分局跟踪管理。严格实施与工商部门年检（验照）合作事项，纳税人办理工商年检（验照）时先由税务部门出具纳税审核意见后再办理工商年检（验照）事宜。加强对资源税的管理，由对口税务分局负责与国税局比对辖区内建筑安装业沙石、石灰等原料采购发票，对检查发现的漏缴情况，立即向供货方追缴资源税。同时，强化与国土、水务等部门协作，加大对辖区内采石场、加工厂、沙砖厂的资源税、耕地占用税和土地使用税的管理力度，通过摸底、调查，全面掌握资源税、耕地占用税和土地使用税的缴纳情况，发现漏征的及时补征，确保税款按时入库。加强双定户定税管理。以票控税，严密监控发票用量，根据用票量及时调整定税额。对起征点调高后的情况进行适时监控，相关信息数据出现异常的，要立即实地调查核实并同步作出调整。（二）税源管理分局对所有房地产项目的纳税情况进行清查，检查要涵盖从取得土地的源头到销售申报、土地增值税预缴等各个环节，全面掌握房地产业税收情况。同时开展企业所得税和个人所得税的清缴工作。运用国土局提供资料进行信息比对，核查占有土地未进行开发的房地产企业的土地使用税缴纳情况，对欠缴土地使用税的企业，下达限期缴纳通知书追缴入库。通过第三方信息采集数据比对，对土地变性行为加强税源监控和追缴；建立市政工程管理台账，全面清理和掌握企业税款缴纳情况。对已支付工程款而未缴纳税款的企业逐一约谈催缴，保证税款入库，对晚于工程进度支付或已完工而未支付工程款项的情况，应立即协调市财政局加快拨付工程款的进度，确保相关税收及时入库。（三）加大发票监控力度，征管室全面监控发票开具情况，每月导出发票开具数据，监测连续3个月超额但仍未调整税额的纳税人，并向相关税务分局下达整改通知。征管室监控房地产一体化子系统发票开具情况，每月对其发票与申报的信息进行比对。推广网开发票，实现以票控税。

1996年，建立相对专业化的征收大厅，并在大厅引进金融部门代收税款，除零星税源用现金征收外，其余税款都由金融部门代收，真正意义上实现征、管分离，避免税款的人为挪用、占用和贪污等现象。

1999年起，纳税人自主到税务机关填写税务机关印制好的纳税申报表进行申报，可通过到金融机构缴纳现金和银行转账缴纳税款。同年，开始实施集体评税、媒体公开、邀请税收监察员（监察员的组成人员有纪检部门、检察部门、个体劳动者协会、人大代表等部门）等措施，杜绝暗箱操作的可能。实施税源源头控管的管理方式，即在琼海市政府的协调下实现房地产一体化管理，规定纳税人办理房产或土地产权过户时，必须凭琼海地税部门出具的完税证明才能办理。通过“先税后证”的措施，实现对税源全方位的控管。

2001年，加强对交通运输业税收的征管，开始实现琼海市源头管理。运用协税护税机制，加强和琼海市交通局的协作，规定运输车辆在交通局办证时，必须先办税。地税部门引入计算机征收手段，真正意义上实现征、管分离。开始步入信息化管理的轨道。

但此时的信息化管税只是初级的，只限于税款的征收，而税源管理上没有引入。2006 年起，使用公文处理系统处理公文，使用通告栏系统，对日常工作的通知进行信息化管理，推行实现信息化管理，全面推广应用开具税票的博思系统和发票管理的浪潮系统。2008 年，推行使用税控机系统。

2010 年，海南省地方税务局开始启动数据大集中征管改革，琼海地税局作为试点单位，同年 10 月 11 日成功上线新的信息征管系统，标志着海南地税真正意义上的信息化管税的开始。新的信息征管系统涵盖从税务登记到税款入库、税务稽查、违法违规处理等整个税收过程。通过明确税收工作人员岗位职责、涉税办事流程、优化纳税服务等手段，实现现代化的税收管理工作。同年 11 月起，纳税人采用的申报方式除了自主到税务机关填写税务机关印制好的纳税申报表进行申报外，还可以通过邮寄申报、网上申报等多种申报方式。

1995—2010 年琼海市地方税务收入统计表

表 7-3-2　　单位：万元

年　份	税收收入	年　份	税收收入
1995	7365.0	2003	14119.1
1996	7815.0	2004	16737.4
1997	9947.0	2005	16935.0
1998	11864.0	2006	20034.0
1999	13932.0	2007	30602.0
2000	12919.0	2008	46091.0
2001	13081.0	2009	60232.0
2002	12822.6	2010	127036.0

第四章　银 行

第一节　体制改革

1993年5月，中国人民银行琼海县支行更名为中国人民银行琼海市支行。1998年，中国人民银行管理体制进行了重大改革，撤销省级分行，成立九大区分行，中国人民银行琼海市支行成为总行下辖1827个支行中的一个。1999年1月1日起，中国人民银行新的管理体制正式开始，改革后，人民银行职能进行了调整，重点加强了对农村信用合作社的监管，并把农信社监管职责落实到个人。2003年，人民银行职能进一步细化，银监会职能从人民银行剥离。

2005年，国务院正式批准中国工商银行股份制改革方案。2006年10月，中国工商银行股份有限公司挂牌成立；按照中国人民银行的安排部署，1996年12月，与中国农业发展银行琼海支行分设成立。1996年8月，与琼海市农村信用社脱离行政隶属关系；中国农业银行整体改制为中国农业银行股份有限公司，2009年1月15日成立；2004年8月，中国银行改制为股份制银行后，更名为中国银行有限公司琼海支行；1996年3月，中国人民建设银行琼海支行更名为中国建设银行琼海支行，2003年琼海建行更名为中国建设银行股份有限公司琼海支行；2008年5月22日，中国邮储银行琼海支行正式挂牌；2010年5月11日，琼海国民村镇银行正式挂牌成立，注册资本1000万元。

第二节　银行机构

一、中国人民银行琼海市支行

琼海撤县设市后，1993年5月，中国人民银行琼海县支行更名为中国人民银行琼海市支行。1998年，中国人民银行管理体制进行了重大改革，撤销省级分行，成立9大区分行，中国人民银行琼海市支行成为总行下辖1827个支行中的一个。1999年1月1日起，中国人民银行新的管理体制正式开始，改革后，人民银行职能进行了调整，重点加强了对农村信用合作社的监管，并把农信社监管职责落实到个人。2003年，人民银行职能进一步细化，银监会职能从人民银行剥离。在新形势下，人民银行的职责包括三大方面：金融稳定、宏观调控和金融服务。1997年8月，增设农村合作金融管理股，支行内设行长室、监察室、人秘股、金融稽核股、会计股、国库股、计划股、发行股、保卫股、外管股、农村合作金融管理股等 11 个股室。2003 年起，琼海支行整合股室，共分设 6 个股室，主要是办公室、纪检监察审计室、货币信贷与统计股、营业室、货币金银股、保卫股。2005 年，发行库三级达标，实现辖区人民币规范管理。截至 2010 年 12 月末，全行在职干部职工 38 人。

1991—2007 年，国家外汇局琼海市支局对辖区各外汇经办银行开展外汇管理工作。业务范围为：经常项目下外汇账户备案；资本项目下外商投资企业外汇登记、变更、注销、外商投资企业资本金账户开立、变更、外商投资企业外国投资者出资验资询证；国际收支业务有银行机构结售汇业务准入（退出）备案、外币代兑机构准入（退出）备案、银行机构外汇业务的监管和考核、外汇案件的查处。2008—2010 年，国家外汇局琼海市支局外汇管理业务上收至国家外汇局海南省分局，琼海市支局不再开展外汇管理工作。

2005 年，首次在会计记账和复核岗引进 A、B 岗工作制；2006 年，创新设计了同城交换电子化，有效减小交换员手工制单的差错率。完成了支票影像交换系统、公民联网核查系统和国库会计数据集中等系统的上线和运行工作。2005—2008 年，共办理会计业务量 12 万笔，人民币结算账户 4914 户；处理核算类传票 84058 张；办理库款收入 120745 笔，金额 40 亿元。

二、中国农业发展银行琼海市支行

1996 年 12 月，成立中国农业发展银行琼海市支行，是一家国家农业政策性银行，内设二部一室（信贷部、会计出纳部和办公室），在岗员工 23 人。随着粮食流通体制改革以及中央、国务院惠农政策的出台，业务范围不断拓大，主要办理的业务有新农村建设贷款、农业农村基础设施建设贷款、县域城镇建设贷款、农业综合开发贷款、粮油收储、加工、粮食仓储设施以及农林牧渔业产业化龙头贷款等；办理业务范围内企事业单位的银行承兑汇票业务；办理业务范围内企事业单位存款、协议存款、同业存款等存款业务；办理开户企事业单位结算业务；办理代理保险、代理资金结算、代收代付、国际业务、咨询顾问等中间业务。至 2010 年年末，贷款余额 34631 万元；存款余额 23274 万元。人均日存款 1988 万元；中间业务收入 45668 元；不良贷款额为零。利润 6489271.08 元。

三、中国工商银行琼海市支行

1984 年，成立中国工商银行琼海市支行，是中国工商银行海南省分行直属管辖的一级支行。2006 年 10 月，中国工商银行股份有限公司挂牌成立，支行名称更名中国工商银行股份有限公司琼海支行，简称“中国工商银行琼海支行”，办公地址琼海市嘉积镇东风路 88 号。2006 年，根据省行机构改革的有关规定，屯昌支行降格为二级支行，归属琼海支行管辖，截至 2006 年年底，中国工商银行琼海支行辖属营业网点 6 个（含屯昌地区），内设机构 3 个。开办的业务有人民币存款、贷款、结算；票据贴现；代理发行、代理兑付、销售政府债券；代理收付款项；代理保险业务；外汇存款；外汇汇款；外币兑换以及经中国人民银行批准的其他业务。

2010 年，中国工商银行琼海支行实现拨备后利润 6493 万元，各项业务收入 15118 万元，收入成本比 26%，实现中间业务收入 1457 万元，实现资金往来收入 7096 万元，全年实现安全营运。

截至 2010 年年底，中国工商银行琼海支行本币各项存款余额 34.72 亿元，比年初净增 7.9 亿元，其中对公存款余额 18.1 亿元，比年初增加 5.4 亿元；储蓄存款余额 16.4 亿元，比年初增加 2.4 亿元。各项贷款余额 8.24 亿元，比年初增加 26464 万元,其中，法人贷款余额 3.3 亿元，比年初减少 3570 万元；个贷余额 4.9 亿元，比年初增加 30034 万元。累放各项贷款 5.1 亿元，其中法人客户贷款 1.61 亿元；个人贷款 3.39 亿元；发放住房公积金委托贷款 2944 万元；票据贴现 1076 万元；累计收回贷款 24619 万元；累计收息 4170 万元；外币存款余额 80 万美元，比年初减少 12 万美元。

四、中国农业银行琼海市支行

1994 年 4 月，农行琼海市支行与中国农业发展银行琼海市支行分设成立。1996 年 8 月，与琼海市农村信用社脱离行政隶属关系。中国农业银行整体改制为中国农业银行股份有限公司，2009 年 1 月 15 日成立，继续从事中国农业银行琼海市支行的资产、负债和原经营范围和业务许可文件上批准/核准的业务。

农行琼海支行开办的业务有人民币存款、贷款、结算；票据贴现；代理发行金融债券；代理发行、代理兑付、销售政府债券；代理收付款项；代理保险业务；外汇存款；外汇汇款；外汇贷款；外币兑换；经中国人民银行批准的其他业务。

截至 2010 年年末，农行琼海支行各项存款余额 300796 万元，比 1991 年增加 277448 万元，其中对公存款余额 122701 万元，市场占有率 18.75%；储蓄存款余额 178096 万元，市场占有率 32.95%。存款存量、增量位列六大金融机构第一位。各项贷款余额 37685 万元，比 1991 年增加 12216 万元（剥离后数）。全行有营业网点 12 个，比 1991 年减少 16 个，其中城区 5 个，乡镇 7 个。

五、中国银行琼海市支行

1985 年 12 月，中国银行琼海办事处在琼海市南门路 42 号成立，次年升格为中国银行琼海支行。2004 年 8 月，中国银行改制为股份制银行后，更名为中国银行股份有限公司琼海支行（简称中国银行琼海支行）。设有综合管理部、个人金融部、公司业务部、营业部及 5 家经营性支行。2010 年，中国银行琼海支行实现拨备前利润 2012 万元，全年实现安全营运。截至 2010 年年底，中国银行琼海支行各项存款余额 27.34 亿元，其中对公存款余额 13.34 亿元，储蓄存款余额 14 亿元。各项贷款余额 4.6 亿元，其中，公司贷款余额 1.1 亿元，个人贷款余额 3.5 亿元。外币存款余额 1002 万美元。

六、中国建设银行琼海市支行

1979 年 11 月，中国人民建设银行琼海县支行成立（以下简称琼海建行）。1993 年，琼海建行更名为中国人民建设银行琼海市支行。1995 年 7 月，琼海建行搬迁至现址琼海市东风路 91 号营业。1996 年 3 月更名为中国建设银行琼海支行，2003 年更名为中国建设银行股份有限公司琼海支行。下辖一个营业部及东风分理处、北门分理处及爱华路分理处 3 个营业网点。其中东风分理处原为国税分理处，于 2008 年搬迁至东风路，并更名东风分理处。截至 2010 年 12 月底，琼海建行一般性存款时点余额 311520 万元，其中，企业存款余额 227511 万元；个人存款余额 84009 万元。中间业务收入 909 万元；净利润 4808 万元；累计发放个人按揭贷款 27104 万元、发放房开贷 7300 万元，全行各类贷款余额 58440 万元。

2010 年，中国建设银行琼海支行主中间业务收入 909 万元，比上年新增 257 万元，增长率为 39.42%，市场占比位居同业第二。净利润 4808 万元，比上年新增 2202 万元，增幅 84.5%，全年实现安全营运。

截至 2010 年年底，琼海建行一般性存款时点余额 311520 万元，一般性存款余额突破 30 亿。其中，企业存款余额 227511 万元；个人存款余额 84009 万元。贷款方面累计发放个人按揭贷款 27104 万元、发放房开贷 7300 万元，全行各类贷款余额 58440 万元。

七、中国邮政储蓄银行琼海市支行

自 1986 年恢复开办邮政储蓄后，依托邮政网络为城乡居民提供便捷的金融服务，弥补了银行网点的不足。至 1997 年邮电分营前，邮政储蓄余额已达到 1.03 亿元。2000 年，“绿卡二期”工程（全国范围内实施的邮政储蓄计算机联网系统技术改造工程）结束后，全市邮政储蓄网点已发展到 20 个，全部实现与全国联网，储蓄余额达到 2.35 亿元。2002 年，随着中间业务处理平台这一配套系统的使用，琼海邮储服务领域逐步拓宽，代发工资、养老金、医疗保险金、退耕还林直补资金、农村独生子女补助资金，代收有线电视费，代理个人保险，跨行 ATM 交易和 POS 消费等诸多业务先后开办。2007 年年底，全市储蓄余额达到 8 亿元。

2008 年 5 月 22 日，中国邮储银行琼海市支行正式挂牌。下辖 1 个营业部和 19 个二级支行及网点。其中 3 个自营网点，17 个邮政局代理网点。在继承邮政储蓄传统业务基础上，开办公司业务和信贷业务，相继推出质押存单贷款、农户商户小额贷款、个人商务贷款、小企业贷款以及综合消费贷款。截至 2010 年年底，储蓄余额达到 14.73 亿元；信贷结余连年翻番，达到 5442 万元；公司业务结余 2.77 亿元，在全省邮储分支行中位列第二。

八、琼海市农村信用合作联社

1996 年 11 月，琼海市农村信用社正式与农行脱离行政隶属关系，成立琼海市农村信用合作社联合社，由琼海市境内各农村信用合作社及联合社构成，实行各农村信用合作社及联合社各为独立法人的两级法人管理体制。2010 年 3 月，琼海市农村信用社召开社员代表大会，并通过以市为单位统一法人改革方案，取消琼海市农村信用合作社联合社及辖内 18 家农村信用合作社法人资格，筹备组建琼海市农村信用合作联社。2010 年 7 月 16 日，统一法人改革后的琼海市农村信用合作联社正式成立，改制后的联社按照“统一法人、授权经营”的原则，设定各项管理和业务工作权责，建立内部授权、授信、信贷、财务管理、劳动用工和分配等配套制度。

截至 2010 年 12 月，琼海市农村信用社共有独立核算的法人社一个，机构网点 34 个，从业人员 240 人。从 2001 年开始，琼海市农村信用社逐步开通储蓄通存通兑业务。2006 年开通农村信用社大、小额支付系统，并分步向社会推出了“财源旺”商业贷款、“家家乐”信用贷款、“生活好”工资贷款、“家家安”建房贷款、“共同富”联保贷款、“金钥匙”助学贷款、“路路通”汽车贷款、“快捷灵”质押贷款等贷款新品种，全面支持新农村建设。2009 年，琼海市农村信用社正式发行银联借记卡——大海卡；新一代综合业务系统成功上线运行，实现农信社的信息、业务、管理的全面提升。同时，开发了非税收入、社保资金、财政惠民补贴资金一卡通等代收代发业务系统，促进了业务快速发展，并先后推出“一抵通”“一龙通”“一卡通”“一小通”“一网通”和“惠民一卡通”小额贷款等业务新产品，满足不同层面的金融服务需求。

截至 2010 年年末，琼海市农村信用社存款余额达 24.5 亿元，贷款余额达 13.8 亿元，存贷款增长额都创历史最好纪录。其中对公存款余额 3.49 亿元；储蓄存款余额 20.98 亿元；各项贷款余额 13.87 亿元,其中单位贷款余额 10.26 亿元；个人贷余额 3.61 亿元。累放各项贷款 9.23 亿元，其中单位客户贷款 7.63 亿元；个人贷款 1.6 亿元。支农服务取得新成效，累放农业贷款 1.3 亿元，其中累放小额贷款 1.1 亿元，惠及 1.4 万农户。经营收入大幅度增加，在剔除各项拨备的基础上，实现利润 1013.4 万元，是 1996 年行社脱钩以来的首次盈利超过 1000 万元。中间业务迈出新步伐，发行大海普通卡 2.9 万张；发行社保卡、惠民一卡通、车生活卡、金卡等特制卡 8.9 万张，发卡总量达 16.8 万张；布放 ATM 机 8 台，上线 EPOS 机 335 台，为金融服务拓宽渠道；代发业务日益增加，代发惠民一卡通工作受到广大群众的肯定，新农保代发工作有了可喜的开端。内控管理实现规范化，稽核人员实现委派制度，稽核部门实现专门监督，全面加强了信贷、财务、人事等方面的规范管理，营运、押运和值班守库实现安全无事故，有效杜绝了经济案件的发生。

2010 年，琼海市农村信用合作联社拨备后利润-8069.73 万元，各项营业收入 8851.21 万元，其中实现利息收入 5996.99 万元，实现中间业务收入 81.78 万元，实现资金往来收入 2771.43 万元，营业支出 17124.67 万元，收入成本比 75.95%，全年实现安全营运。

九、琼海国民村镇银行

琼海国民村镇银行是经中国银行业监督管理委员会海南监管局批准、由乌海银行作为主发起人、在海南省政府部门支持下成立的海南省第二家村镇银行。总部设在海南省琼海市兴海北路，2010 年 5 月 11 日正式挂牌开业，注册资本 1000 万元。在职员工 15 人，设办公室、综合营销部、营业部、财务部 4 个部门。经营范围有：吸收公众存款；发放短期、中期和长期贷款；办理国内结算；办理票据承兑与贴现；从事同业拆借；从事银行卡业务；代理发行、兑付、承销政府债券、收付款项及代理保险业务等金融机构的业务。截至 2010 年年末，资产总额 5963.11 万元，各项存款 1057.35 万元，同业存放款项 3893.34 万元，各项贷款 1637.5 万元，年终实现利润为 0.49 万元。获 2010 年度中国最具成长性村镇银行、列入中国金融业协会会员单位。

第三节 银行业务

一、现金管理

1991—2010 年，人行琼海支行分析辖区经济发展对现金供应影响因素，制定发行基金调拨计划，筐算全市年度发行基金总量和券别需求，确保现金供应；加强流通中人民币管理，严密防范和依法打击“反宣币”违法活动，维护人民币的信誉和流通秩序；开展人民币收付业务和反假人民币业务执法检查，规范金融机构人民币收付管理工作，纠正金融机构网点柜员人民币收付违规行为，督促加大残损人民币回笼，提高人民币整洁度；积极开展反假货币工作，净化人民币通环境；规范纪念币发行工作，组织金融机构网点安全、有序地对社会公开兑换纪念币工作。2005—2010年，全辖区共投放现金104.58亿元，回收现金88.32亿元，其中残损券19.41亿元。

二、反假货币

2006年，通过建立辖区反假货币联席会议制度，将相关单位纳入成员单位，发挥反假货币联动作用。组织辖区银行业金融机构开展反假货币宣传，在各营业网点张贴宣传海报、悬挂宣传横幅，播放宣传标语，在人流密集的地方设立宣传点发放宣传资料，提供反假货币业务咨询；在乡镇（包括村委会、自然村）设立反假货币工作站，反假货币宣传日常化、长期化；创新反假货币宣传方式，携手邮政局制作反假宣传明信片和宣传折页，通过邮递员走家串户，让反假货币知识走进千家万户。督促金融机构切实提高营业网点柜台假币防范堵截能力，规范假币收缴工作。建立反假货币快速反应工作机制，积极配合公安开展打击假币犯罪活动。

1991—2010年琼海市（县）金融机构存贷款余额统计表

表7-4-1

年度	1991	1992	1993	1994	1995	1996	1997	1998	1999	2000
存款余额	10.2	12.1	14.2	16.9	18.2	20.4	24.4	26.2	28.1	27.8
贷款余额	8.8	10.3	12.6	13.9	16.3	18.3	20.6	21.1	22.3	17.8
年度	2001	2002	2003	2004	2005	2006	2007	2008	2009	2010
存款余额	32.4	36.4	39.7	45.8	52.9	68.6	72.9	88.3	126.7	178.2
贷款余额	16.7	21.3	19.4	19	18	20.3	22.1	18.5	26.9	43.3

第五章 保险证券

第一节 行业规模

1991年，琼海县国内保险承保额合计为8.11亿元，保险费613.06万元，赔款175.42万元；国际保险承保额合计为2450.49万美元，保险费4.58万美元，未付赔款。2002年前，琼海市保险市场规模较小，民众保险意识普及度较低，市场保费规模一直未有显著变化。2002年后，伴随着经济发展、中国入世保险业全面开放等因素，琼海保险市场开始活跃壮大。2002年，太平洋保险公司琼海支公司成立，2007年，阳光、大地、平安等保险公司陆续进入琼海，多家主体的进入也刺激市场增长。至2010年，初步形成人保财险、太平洋保险、平安保险三足鼎立，多家保险主体遍地开花的市场格局。1991—2010年，在琼海市持续营业的证券公司有国泰君安证券股份有限公司琼海金海路证券营业部，原为人民路证券营业部。

第二节 保险公司

一、中国人民财产保险股份有限公司琼海支公司

上级机构前身为中国人民保险公司，1993年6月1日成立琼海支公司。1996年7月23日，中国人民保险公司改组为中国人民保险（集团）公司，下设中保财产保险有限公司、中保人寿保险有限公司、中保再保险公司。1998年10月7日，撤销中保集团，三家子公司分别更名为中国人民保险公司、中国人寿保险公司、中国再保险公司。1999年1月18日，中保财产保险有限公司继承人保品牌，更名为中国人民保险公司。2003年7月19日，中国人民保险公司重组后更名为中国人保控股公司，并同时发起设立了中国人民财产保险股份有限公司和中国人保资产管理有限公司。2003年，琼海支公司更名为中国人民财产保险股份有限公司琼海支公司。

1998—2010年间，经营财产损失保险、责任保险、信用保险和保证保险、意外伤害保险等人民币与外币保险业务及其再保险的服务于咨询业务。主要业务为财产损失保险业务（车辆保险、企业财产保险等）。2005年，设立中国人民财产保险股份有限公司琼海支公司第一营销服务部及中国人民财产保险股份有限公司琼海支公司第二营销服务部。

第一营销服务部设在市交警大队办公大厅，第二营销服务部设立在市农业机械化办公室办公大厅，主要业务为收取保险费、投保单等单证；分发保单、保费收据等相关单证；接受客户的咨询、投诉；经公司核保，可以打印机动车第三者险保单。2007 年，设立中国人民财产保险股份有限公司琼海支公司阳江营销服务部，作为乡镇服务网点。

1998—2010 年中国人民财产保险股份有限公司琼海支公司保费收支表

表 7–5–1

年度	保费收入（万元）	理赔支出（万元）	保费增速（%）	理赔增速（%）
1998	620.56	346.46	—	—
1999	651.36	299.78	4.96	–13.470
2000	452.40	541.48	–3.05	80.635
2001	459.60	184.00	1.59	–66.020
2002	571.64	302.59	15.34	64.450
2003	677.50	509.71	18.52	68.450
2004	848.87	238.63	25.29	–53.180
2005	1009.55	824.09	18.93	245.340
2006	1131.48	952.42	12.08	15.570
2007	1324.32	547.16	17.04	–42.550
2008	1281.31	614.11	–3.25	12.340
2009	1299.23	684.14	1.40	11.400
2010	1717.97	633.70	32.22	–7.370

二、中国人寿保险股份有限公司琼海市支公司

中国人寿保险股份有限公司是国有特大型金融保险企业，属中央金融企业，总部设于北京。1985 年 4 月，由工行分出中国人民保险公司琼海县支公司，设车辆组、人身组、财务组、营业部；1996 年，分为中保人寿保险公司琼海市支公司和中保财产保险公司琼海市支公司。中保人寿保险公司琼海市支公司设有经理室、营销部（下设 3 个组：长险组、短险组、网点组）、管理部（下设 2 个组：人秘组、财会组）。1999 年，更名为中国人寿保险公司。 经营范围涵盖人身寿险、意外险、健康险、年金等人身保险的领域。

1997—2010 年中国人寿保险股份有限公司琼海市支公司保费收支表（选年）

表 7-5-2

年度	保费收入（万元）	理赔支出（万元）	保费增速（%）	理赔增速（%）
1997	4781.28	3.08	—	—
2000	1042.99	275.91	—	—
2005	2195.55	168.27	—	—
2009	4009.01	738.51	—	—
2010	4555.89	1136.76	13.64	53.93

三、中国太平洋财产保险股份有限公司琼海支公司

2002 年 12 月 27 日，太平洋产险琼海营销服务部成立，主要承保各种财产保险、短期健康保险和意外伤害保险业务，涉及电力、汽车、机械、化工、电子、水利、建筑、桥梁、公路、船舶等各行各业、各个领域。

2006 年 9 月 15 日，经中国保险监督管理委员会海南监管局批准，太平洋产险琼海营销服务部正式升格为琼海支公司，在琼海保险业内市场份额保持前列。2010 年，保费达成千万元以上目标。

2002—2010 年中国太平洋财产保险股份有限公司琼海支公司保费收支表

表 7-5-3

年度	保费收入（万元）	理赔支出（万元）	保费增速（%）	理赔增速（%）
2002	2.73	0.0	—	—
2003	11.74	0.8	330.24	—
2004	198.33	17.0	1588.69	2048.21
2005	420.41	74.2	111.98	335.94
2006	255.20	221.5	-39.30	198.48
2007	127.36	68.5	-50.09	-69.10
2008	514.57	116.0	304.03	69.39
2009	755.18	282.3	46.76	143.43
2010	1,285.48	537.1	70.22	90.29

四、中国太平洋人寿保险股份有限公司海南分公司琼海营销服务部

2003 年 3 月 14 日，中国太平洋人寿保险股份有限公司海南分公司琼海营销服务部成立，在琼海市设有 1 个营业办公点，险种设置有：对营销员开展培训及日常管理；收取营销员代收的保险费投保单等单证：分发保险公司签发的保险单、保险收据等相关单证：接受客户的咨询、投诉；经公司核保，营销服务部可以打印保单；经公司授权，营销服务部从事人身意外险、健康险、长期寿险的查勘。

2008—2010 年中国太平洋人寿保险股份有限公司海南分公司琼海营销服务部保费收支表

表 7-5-4

年度	保费收入（万元）	理赔支出（万元）	保费增速（%）	理赔增速（%）
2008	2256.90	93.79	—	—
2009	409.60	47.98	-81.85	-48.84
2010	2416.21	264.18	489.89	450.56

五、亚太财产保险有限公司琼海支公司

亚太财产保险有限公司简称“亚太财险”，由“民安财产保险有限公司”更名而来，公司总部位于深圳，是经中国保监会批准成立的全国性综合财产保险公司。2008 年 10 月 22 日，亚太财产保险有限公司琼海支公司成立，隶属于亚太财产保险有限公司海南分公司，经营财产损失保险；责任保险、信用保险和保证保险；短期的健康保险和意外伤害保险；经中国银保监会批准的其他业务。

自 2008 年 10 月成立以来，至 2010 年 12 月，保费收入共计 706 万元，赔款支出 94.92 万元，业务发展主要从 2009 年起，以车险、意险险为主要经营险种。

2008—2010 年亚太财产保险有限公司琼海支公司保费收支表

表 7-5-5

年度	保费收入（万元）	理赔支出（万元）	保费增速（%）	理赔增速（%）
2008	—	—	—	—
2009	139.44	7.92	139.44	7.92
2010	566.57	63.24	427.13	55.32

六、新华保险公司琼海市支公司

2008 年 2 月 5 日，经中国保险监督管理委员会海南监管局同意批复设立新华人寿保险股份有限公司海南分公司琼海营销服务部。营业范围：对营销员开展培训及日常管理；分发省公司签发的保险单、保险收据等相关单证；接受客户的咨询、投诉。2009 年 11 月 30 日，经中国保险监督管理委员会海南监管局同意批复改建成琼海支公司，2010 年 1 月 25 日，在琼海市工商行政管理局登记注册。业务范围为：经营人寿保险业务，包括个人意外伤害保险、个人定期死亡保险、个人两全寿险、个人终身寿险、个人年金保险、个人短期健康保险、个人长期健康保险、团体意外伤害保险、团体定期寿险、团体终身保险、团体年金保险、团体短期健康保险、团体长期健康保险、经中国保监会批准的其他人身保险业务。琼海支公司是四级机构营销服务部，属于非独立核算性质，在分公司出单，保费归集在分公司，费用核算在分公司。

2008—2010 年新华保险公司琼海市支公司理赔支出表

表 7-5-6

年度	理赔支出（万元）	理赔增速（%）
2008	7.27	—
2009	6.27	-15.94
2010	12.56	100.27

七、中国大地财产保险股份有限公司琼海支公司

中国大地财产保险股份有限公司琼海支公司隶属于中国大地财产保险股份有限公司海南分公司，2007 年 7 月 26 日成立，公司实有人员 2 人。主要经营范围为企业财产损失保险、家庭财产损失保险、建筑工程保险、安装工程保险、货物运输保险、机动车辆保险、船舶保险、法定责任保险、一般责任保险、保证保险、信用保险、种植业保险、短期健康保险、意外伤害保险。

琼海支公司 2007 年公司年财产险保费收入 159.15 万元，赔款支出 10.36 万元；2008 年公司年财产险保费收入 208.32 万元，赔款支出 93.34 万元；2009 年公司年财产险保费收入 261.26 万元，赔款支出 82.13 万元；2010 年公司年财产险保费收入 349.53 万元，赔款支出 108.13 万元。

2007—2010年中国大地财产保险股份有限公司琼海支公司保费收支表

表 7-5-7

年度	保费收入（万元）	理赔支出（万元）	保费增速（%）	理赔增速（%）
2007	159.15	10.36	—	—
2008	208.32	93.34	30.90	800.97
2009	261.26	82.13	25.41	-12.01
2010	349.53	108.13	33.79	31.66

八、阳光财产保险股份有限公司琼海支公司

2007年10月，阳光保险股份有限公司琼海支公司成立，设有经理室、综合管理部、客户服务中心，经营范围：财产损失保险；责任保险；信用保险和保证保险；短期健康保险和意外伤害保险；上述业务的再保险业务；经中国保监会批准的其他业务。

2007—2010年阳光财产保险股份有限公司琼海支公司保费收支表

表 7-5-8

年度	保费收入（万元）	赔款支出（万元）	保费增速（%）	理赔增速（%）
2007	150.00	61.25	0.00	—
2008	242.88	65.16	61.00	6.38
2009	400.50	161.72	64.90	148.19
2010	388.34	108.11	-3.04	33.15

九、中国平安财产保险股份有限公司琼海营销服务部

2007年8月3日，中国平安财产保险股份有限公司琼海营销服务部成立。经营范围为：对营销员开展培训和日常管理；收取营销员代收的保险费、投保单等单证；分发保险公司签发的保单、保险收据等相关单证；接受客户的咨询、投诉；经公司核保、营销服务部可以打印保单；经公司授权，营销服务部从事车险、财产险业务的查勘理赔。2010年，平安财险琼海营销服务部共有9名员工，包括6名正式员工和3名劳务派遣员工。

2009—2010 年中国平安财产保险股份有限公司琼海营销服务部保费收支表

表 7-5-9

年度	保费收入（万元）	保费增速（%）	赔款支出（万元）	赔款增速（%）
2009	172.84	—	22.48	—
2010	436.41	152	79.60	254

十、中国平安人寿保险股份有限公司海南分公司琼海营销服务部

2003 年 5 月 13 日，中国平安人寿保险股份有限公司海南分公司琼海营销服务部成立。内设有营销服务部负责人 1 人及综合管理岗 1 人。2005 年，有从业人员 27 人。2007 年，启动“健康人海 挑战新高”晋升工程，年末从业人员为 37 人，较 2006 年增长了 146.67%。2010 年，内设有营销服务部负责人 1 人、综合管理岗 1 人，从业人员 130 人。

2008—2010 年中国平安人寿保险股份有限公司海南分公司琼海营销服务部保费收支表

表 7-5-10

年度	保费收入（万元）	理赔支出（万元）	保费增速(%)	理赔增速(%)
2008	379.73	9.77	—	—
2009	714.72	14.37	88.22	47.01
2010	628.93	25.45	-12.00	77.17

十一、天安财产保险股份有限公司海南省分公司琼海营销服务部

2006 年 6 月 23 日，天安财产保险股份有限公司海南省分公司琼海营销服务部成立，有员工 3 人。2010 年，有员工 4 人。经营险种有企业财产损失保险、家庭财产损失保险、建筑工程保险、安装工程保险、货物运输保险、机动车辆保险、船舶保险、能源保险、一般责任保险、保证保险、信用保险（出口信用险除外）、短期健康保险、人身意外伤害保险，经中国保监会批准的其他财产保险。2008 年 10 月前，琼海营销服务部未独立核算。

2008—2010 年天安财产保险股份有限公司海南省分公司琼海营销服务部保费收支表

表 7-5-11

年度	保费收入（万元）	理赔支出（万元）	保费增速(%)	理赔增速(%)
2008（11—12 月）	11.48	1.27	—	—
2009	186.64	45.52	—	—
2010	300.21	94.73	60.85	108.11

十二、安邦财产保险股份有限公司海南分公司琼海营销服务部

2007 年 5 月 11 日，安邦财产保险股份有限公司海南分公司琼海营销服务部成立，是隶属于安邦财产保险股份有限公司海南分公司的四级机构，主要经营车险、财产保险业务。

2008—2010 年安邦财产保险股份有限公司海南分公司琼海营销服务部保费收支表

表 7-5-12

年度	保费收入（万元）	赔款支出（万元）	保费增速（%）	理赔增速（%）
2008	17.38	0.45	—	—
2009	290.65	33.03	1572.32	7240.00
2010	100.13	61.65	-65.55	86.65

第三节 证券公司

1991—2010 年，在琼海市持续营业的证券公司有国泰君安证券股份有限公司琼海金海路证券营业部，原为人民路证券营业部。其前身是海口金龙路营业部琼海服务部，2000 年 11 月 11 日成立，隶属海南分公司，2010 年正式升级为营业部。营业部的经营范围包括证券经纪、证券投资咨询、融资融券、证券投资基金代销、为期货公司提供中间介绍业务（IB 业务）、代销金融产品等（一般经营项目自主经营，许可经营项目凭相关许可证或者批准文件经营）。可通过营业部交易系统进行交易的品种较为齐全，包括 A 股、B 股、国债、国债回购、投资基金、企业债券、代办股份转让业务、新三板、开放式基金代销业务、商品期货、股指期货、期权等。2000 年有员工 6 名，2010 年有员工 11 名。

2000—2010 年国泰君安证券股份有限公司琼海金海路证券营业部收益表

表 7-5-13

年度	客户数量（户）	客户资产（亿元）	收入（万元）
2000	56	0.200	11.80
2001	365	0.250	26.30
2002	545	0.185	29.80
2003	601	0.230	67.90
2004	644	0.193	72.60
2005	730	0.181	69.03
2006	914	0.334	90.41
2007	2220	2.060	551.00
2008	2662	0.890	466.00
2009	3674	1.820	753.00
2010	3986	2.240	588.00

第八编　综合经济管理

1991—2010年，琼海市（县）科学制定国民经济“八五”至“十一五”计划和短期发展规划。坚持可持续发展战略，优化土地资源配置，提高土地利用率、产业率和综合效益。开展人口、农业、工业、第三产业等经济普查和基本单位普查及各项抽样调查，认真做好各年度的各项统计、资料编报等工作。对粮食、生产资料、药品等价格进行改革，加强热点价格、商品价格、学校收费、旅游市场价格的监测与调控。加强对工商企业、个体工商户的登记管理工作；加大对商标广告、经济合同、出版物、集贸市场的管理力度；坚持开展“扫黄打非”、打假维权、商业贿赂专项治理以及“护农”专项整治行动，促进市场规范化建设。加强经济监管，共开展审计项目800多项。加强对食品、药品、化妆品、保健品综合监管力度，开展对食品安全、药品安全综合整治和专项治理，打击制售伪劣食品违法犯罪活动，整顿规范食品、药品市场，严格药品市场准入在全省乃至全国率先建成覆盖全市农村食品药品监管网和配送网，基本消除食、药品监管死角和供应盲区。

第一章　经济综情

第一节　经济结构

1991年前，琼海县国有和集体企业占有市场较大份额，随着计划经济向市场经济的转变，其他各种所有制企业迅速发展，到2001年第二次基本普查时，在438个企业法人中，各种所有制企业所占的比例分别为：国有企业24%，集体企业28.1%，私营企业28.5%，股份制企业7.3%，外商投资企业2.7%，港澳台投资企业6.2%，其他企业3.2%。2008年第二次经济普查时，在719个企业法人中，各种所有制企业所占的比例分别为：国有企业4.3%，集体企业4.6%，私营企业60.8%，股份制企业5.7%，外商投资企业1.8%，港澳台投资企业1.5%，其他企业21.3%。国有和集体企业的主导地位被私营企业所代替。

1991—2010年，市（县）委、市（县）政府不断制定各种政策，努力优化产业结构。第一产业比重有所下降，第三产业比重快速提升，但第二产业比重下降较大。三次产业结构由1991年的57.06：20.36：22.58转变为2010年的39.63：14.38：45.99。总的来说，第三产业发展较为迅速，第二产业比重自 1997 年后连续下降，主要原因是工业发展不景气，是制约经济发展的瓶颈。商业占据全部流通近 2/3 以上的市场份额，商业的发展基本代表了流通业的发展规模与水平，成为经济发展中的重要支柱产业。

第二节 发展水平

1991 年前，琼海县地方财政薄弱，生产力比较落后，城乡消费品市场货源不足、缺乏生机。1991 年，全县生产总值仅 81255 万元，地方财政一般预算收入仅 3381 万元。随着国民经济的快速发展和城市化进程的推进，琼海市（县）委、市（县）政府不断制定相关政策，解放和发展生产力，优化产业结构，加大经济发展力度。

至 2010 年，琼海市完成国内生产总值 1156594 万元，突破 100 亿元，比 1991 年增长 13.2 倍。其中，第一产业增加值 458386 万元，增长 8.9 倍；第二产业增加值 166322 万元，增长 9.1 倍；第三产业增加值 531886 万元，增长 28 倍。全市工农业总产值 838163 万元，比 1991 年增长 7.6 倍。全市全社会固定资产投资总额达 735804 万元，比 1991 年增长 75.2 倍。全市社会消费品零售总额 381149 万元，比 1991 年增长 18.7 倍。城镇居民人均可支配收入 14836 元；农民人均纯收入 5924 元，比 1991 年增长 4.8 倍。地方财政一般预算收入 103190 万元，突破 10 亿元，比 1991 年增长 29.5 倍。地方财政收入占全市生产总值的比重由 1991 年的 4.6%上升为 17.3%。

1991—2010 年琼海市（县）主要经济指标统计表

表 8-1-1

名称＼年份	单位	1991	1992	1993	1994	1995	1996	1997	1998	1999	2000	2001	2002	2003	2004	2005	2006	2007	2008	2009	2010
全社会固定资产投资总额	万元	9654	13788	43038	89293	95037	101439	97553	105535	115380	138110	149861	163054	173701	151265	89620	100021	165373	265321	540891	735804
全市生产总值（不含农垦）	万元	81255	107303	110358	165870	222292	263154	295631	357169	380884	405250	436510	440617	454542	495726	512452	545344	641355	768435	982675	1156594
其中：第一产业	万元	46364	51907	61086	94081	134481	154334	176110	203380	217587	228911	247802	240195	264690	284355	292057	299347	344848	413977	398855	458386
第二产业	万元	16539	25720	25992	35407	42111	54064	55347	64540	65989	74545	78774	80885	65336	61144	57854	62576	77019	97736	219527	166322
第三产业	万元	18351	29676	23280	36381	45701	54755	64174	89249	97309	101795	109935	119537	124517	150227	162541	182470	219488	256722	364293	531886
工农业总产值	万元	97496	109253	151034	219285	252435	313169	344963	383171	431279	475775	445592	469173	467488	507454	536432	594514	602746	728709	734924	838163
社会消费品零售总额	万元	19305	21655	24264	39982	50065	60907	70729	80010	90030	100673	110715	120413	126352	141711	143261	161272	189261	234274	303953	381149
在岗职工平均工资	元	2749	3239	3522	5075	7124	6014	6351	6820	8722	10252	10492	11497	11844	12410	14011	15007	18349	21393	26271	34117
城镇居民人均可支配收入	元	—	—	—	—	—	—	—	—	—	—	—	—	—	—	7073	7579	9303	10985	12666	14836
农民人均纯收入	元	—	—	—	1783	2031	2286	2412	2970	3541	3753	—	—	3010	3287	3205	3490	4087	4891	5292	5924
定点宾馆接待旅客过夜数	人次	40963	56586	88962	107666	116639	315425	411963	477193	518441	536516	653029	597970	572826	656495	670554	687429	750644	785160	822185	906000
地方财政一般预算收入	万元	3381	4066	7895	9365	11317	12411	15154	18303	19198	17800	16600	15834	18846	19877	19879	21784	30461	42285	58761	103190

说明：数据源于《琼海市统计年鉴 2018》；全市生产总值中，2009—2010 年两年数值含农垦

第二章　计划管理

第一节　机　构

1991—1994 年，琼海市（县）计划管理机构为琼海市（县）计划委员会。1995 年 1 月，撤销原计划委员会、统计局、物价局、经济合作局，组建计划局。设立统计办公室、物价办公室、经济合作办公室，均为副科级行政机构，归计划局管理。1997 年 4 月，经济合作办并入计划局，加挂经济合作局牌子。1998 年 7 月，计划局更名为发展计划局，归口管理粮食局，经济合作局撤销。2009 年 12 月 23 日，设置琼海市发展和改革委员会，挂琼海市经济动员办公室牌子，为琼海市主管全市国民经济、社会发展和经济体制改革工作的市政府工作部门，内设行政秘书组、规划综合组、投资发展组、产业发展组、社会发展组、项目管理组、物价局等 7 个职能机构，行政编制 20 名。

第二节　“八五”经济社会发展计划

“八五”经济社会发展计划（1991—1995 年）（简称“八五”计划），继续以经济建设为中心，坚定不移地推进改革开放，实施科技兴市的发展战略，以市场为导向，积极调整经济结构，促进各业协调发展；强化农业的基础地位，不断提高农业综合生产能力；从优化产品结构，提高产品质量，改善技术设备，强化经营管理入手，不断提高工业企业的整体素质，相应发展各项社会事业，不断提高人民的物质文化生活水平；同时，切实加强精神文明建设，大力开展社会主义教育。

“八五”计划提出，到 1995 年，全市国民生产总值 19.8 亿元；第一产业生产总值 11.5 亿元，第二产业 4 亿元，第三产业 4.1 亿元，人均生产总值 5200 元。财政收入 11000 万元，社会商品零售总额 7.3 亿元。固定资产投资规模“八五”期间为 3.5 亿元，比“七五”期间增长 23.8%。计划中还列出教育、卫生、人民生活等十余项具体量化指标。为确保这些指标的实现，计划提出“分两步走”的战略步骤：前两年为继续治理整顿，积蓄发展后劲阶段；后三年为整个经济和社会事业协调，健康发展阶段。制定继续深化体制改革，促进经济协调发展，合理调整产业布局，逐步优化经济结构，大力兴办三资企业，积极发展对外经济，尊重知识培养人才，依靠科技振兴经济，强化思想政治工作，推动两个文明建设等具体措施。

特别是1992年琼海撤县设市，在邓小平南方谈话精神的鼓舞下，全市出现了经济加快发展的势头。7月，市委七届三次全委（扩大）会议原则通过《关于加快全市经济发展步伐，力争提前三年实现奋斗目标的意见》，将原来制定的“八五”计划中的国民生产总值、工农业生产总值、进出口贸易财政收入、职工人均年收入等指标“八五”期间后三年的平均增长率大幅度提高，其中国民生产总值年均增长率由11.6%调到20.3%，调高75%。“八五”期间，全市经济社会事业发展迅速，综合实力明显提高。1995年，全市国内生产总值22.23亿元，较上年增长34.3%，其中第一产业生产总值13.45亿元，增长42.4%；第二产业生产总值4.21亿元，增长19.3%；第三产业生产总值4.57亿元，增长28%；人均生产总值5274元，年均增长29.8%，是1990年的2.8倍；“八五”时期社会固定资产投资250810万元，比“七五”时期固定资产投资的51962元，增加198848万元；财政收入11317万元，年均增长12%，是1990年的4.5倍；全市职工年平均工资7124元，比1990年的2632元增加4492元。

第三节 “九五”经济社会发展计划

“九五”经济社会发展计划（1996—2000年）（简称“九五”计划），努力实现经济体制从计划经济向市场经济转变，经济增长方式从粗放型向集约型转变，强化解放思想、抢抓机遇、加快发展的主旋律，坚持“两手抓、两手硬”的方针，大力推进经济和社会的全面发展。

“九五”计划提出，到2000年，全市国内生产总值为38.5亿元，年均增长12.4%，人均生产总值达9860万元；工农业总产值为55.18亿元，年均增长11.2%，其中工业总产值6.98亿元，年均增长10.3%；农业总产值48.2亿元，年均增长13%；第三产业增加值为3.8亿元，年均增长10.8%，占全市国内生产总值的40%；财政收入1.8亿元，年均增长10.41%；固定资产投资13.5亿元，年均增长10%，其中技术改造投资2.5亿元。计划还提出教育、卫生、人口、城镇建设、人民生活等方面目标。为实现目标还制定了牢固树立现代意识、把握经济发展方向，调整优化产业结构、营造群体规模经济，继续坚持开放带动、努力拓展国际市场，大力实施“科教兴市”战略、全面提高劳动者素质，加强精神文明建设、推动社会全面进步等具体措施。

“九五”期间，全市经济保持稳定、健康发展的势头，但由于受“八五”期间发展速度的影响，在制定“九五”计划时部分计划指标偏高，加之1997年爆发亚洲金融危机，全球经济发展和贸易增长明显放慢，从市场和资金两个方面制约市域经济的发展；又由于“九五”期间国家实行适度从紧的宏观调控政策，社会需求不旺，市场疲软，1997年开始出现通货紧缩现象，物价水平出现负增长等诸原因，使“九五”计划与实际情况出现明显偏差。2000年8月，市人大常委会调整“九五”计划主要指标，“九五”期末，国民生产总值由38.5亿元调整为39.8亿元，人均生产总值由9860万元调整为9960万元，工农业总产值由55.18亿元调整为56.8亿元，第三产业增加值由3.8亿元调整为3.98亿元，固定资产投资由13.5亿元调整为14亿元，财政收入由1.8亿元调整为1.85亿元。

2000年，全市国内生产总值实现40.53亿元，“九五”期间年均增长12.1%，一、二、三产业“九五”期间年平均增长10.8%、7.4%和19.2%。人均国民生产总值达9085元，年均增长14.6%。地方财政收入达1.85亿元，年均增长10.5%。固定资产完成投资13.9亿元，年均增长7.5%。社会商品消费零售额为10.2亿元，年均增长15.1%。“九五”期末，在岗职工人均工资收入10252元，年均增长7.8%。农民人均纯收入3750元，年均增长13.1%。2000年，全市科技对经济增长的贡献率达到48%，比1995年提高了10个百分点。

“九五”期间，累计新批外商投资企业182家，总投资5.6亿美元，实际利用外资1.55亿美元和14.9亿元。企业改革取得全面突破，事业单位改革取得阶段性成果，社会事业和精神文明建设各方面都取得长足的发展。

第四节　“十五”经济社会发展计划

“十五”经济社会发展计划（2001—2005年）（简称“十五”计划）的编制和实施按照市第十一届人代会第四次会议提出“琼海以博鳌亚洲论坛建设为契机，建设大琼海，迈进中等城市，实现跨越式发展”的要求及奋斗目标而编制，计划充分体现了社会主义市场经济发展规律的要求，突出战略性、科学性、政策性和指导性，是琼海进入新世纪的第一个中长期规划，是“十五”期间全市国民经济和社会发展的行动纲领。“十五”期间，是市全面建设小康社会，加快改革开放和社会主义现代化建设，迈进中等城市的重要时期。提出了“优化提高第一产业，积极发展第二产业，加速提升第三产业”的经济发展方针，对经济结构进行了战略性调整，促进三次产业协调发展。

“十五”期间，经济和社会发展的目标定格为，2005年国内生产总值要达到64.1亿元，年均增长10%，人均超1.5万元，力争在2010年以前国内生产总值比2000年翻一番奠定坚实的基础。提出了六个建设大目标，即建设“大琼海”，迈进中等城市；建设中国优秀旅游城市；建设繁荣的岛东商贸中心；建设海岸经济带，实现海洋经济强市；建设生态示范市；建设全国双拥模范城。“十五”计划中，又明确提出十大主要任务：一是加大农业和农村经济结构调整力度，加快农业产业化进程，至“十五”期末形成布局区域化、投入多元化、生产专业化、农技科学化、产品名优化、经营产业化、服务社会化、农民知识化的现代化农业新格局。农业总产值要达到45.4亿元，年均增长8%。农业增加值要达到27.9亿元，年均增长8%。农民人均纯收入达到5513元。二是加快发展特色工业。“十五”计划工业总产值达到30亿元，年均增长12%。工业增加值6亿元，年均增长7%。三是发挥“博鳌亚洲论坛”的关联带动效应，大力发展旅游产业。“十五”期末实现旅游收入达6.2亿元，年均增长15%。四是培育蓝色经济增长点，建设海岸经济带。“十五”期间海产品总产量达7.4万吨，年均增长9.2%，总产值计划年均增长11%，达到7.3亿元。五是建设“大琼海”，迈进中等城市。参照国际先进城市标准，精心编制了面向21世纪，具有生态环保理念、可操作性强的嘉积城区、博鳌水城、官塘新区的详规。完善和修编了各乡镇、中心村的发展规划，提出了城镇化水平达到38%的目标。六是实施科技兴市战略，提高科技进步对经济增长的贡献率。七是深化改革，扩大开放，不断改善和优化投资环境。在推进国有企业改革方面，按照“不求所有，只求所得；不求属性，只求作用；不求形式，只求发展；不求全面，只求特色”的思路，创造宽松环境，大力发展非公有经济。八是建设生态示范市，实现可持续发展。“十五”森林覆盖率要提高到50.2%，城市人均公共绿地要达到10平方米。九是增加城乡居民收入，提高人民群众生活水平和质量。“十五”期末，在岗职工人均可支配收入达到13084元，年均增长5%。农民人均纯收入达到5513元，年均增长8%。十是加强社会主义精神文明、民主法制和党的建设，为现代化建设提供有力保证。“十五”期间保障措施落实，组织管理到位，各项计划指标全面完成。2005年，全市国内生产总值51.25亿元，年均增长4.7%，第一产业增加值29.21亿元，年均增长4.3%；第二产业增加值5.79亿元，年均下降4.3%；第三产业增加值16.25亿元，年均增长10.4%。“十五”期末，全社会固定资产投资累计76.2亿元，年均增长7.25%。社会消费品零售总额14.33亿元，城镇居民人均可支配收入7073元，农民人均纯收入3205元。经济结构GDP的比重分别为56.99：11.29：31.72。

第五节 “十一五”经济社会发展计划

“十一五”经济社会发展计划（2006—2010年）（简称“十一五”规划）纲要的编制，依据市委十届三中全会通过的《中共琼海市委关于贯彻省委四届七次全体会议精神的实施意见》而编制，体现了市委的发展意图和工作重点，突出了针对性和前瞻性，是琼海第十一个五年经济社会实现又快又好地发展的蓝图和纲领性文件。《纲要》成为琼海全市人民建设小康社会的理想纲领。在编制规划过程中，准确把握发展规划的指导原则，从琼海的实际出发，以“五个必须”（必须注重经济平稳快速发展；必须注重转变经济增长方式；必须注重城乡协调发展；必须注重和谐社会的建设；必须注重深化改革开发）为指导原则。在“十一五”规划中，坚持科学发展观，提出了经济社会发展的总体思路。琼海“十一五”期间，要走出一条坚持“博鳌带动，旅游主导，多业并举，城乡互动，全面发展”的具有琼海特色的经济发展的新路子，确定以建设博鳌特别规划区为重点，以沿海经济带和万泉河沿岸生态经济带为两翼，以金海路和银海路商贸经济带为两轴，以富海工商产业园区、龙湾港开发区、潭门渔港业开发区、官塘温泉休闲度假区、中部无公害瓜果菜产业、周边和西南高效热作产业区为主要园区的“一点、两翼、两轴、六园区”的发展布局，发挥“五大（区位、品牌、资源、人文、侨乡）优势”和“五大（城市化、人才兴市、实业兴市、可持续发展、环境建设）战略”及“五大（博鳌亚洲论坛、万泉河、红色娘子军、中国温泉之乡、文明生态村）品牌”“七大（旅游业、高效农业、海洋渔业、新型工业、商贸业、房地产业、会展业）产业”，努力把琼海市建设成为“一市三地两中心”，即热带滨海滨河生态旅游城市、热带高效农业生产基地、海洋渔业生产基地、新型工业基地和专业化区域性商贸中心、国际会展中心，促进琼海城乡经济社会协调发展。

“十一五”规划发展的目标为到2010年全市国民生产总值年均增长10%以上，达78.3亿元，人均生产总值达1.68万元；固定资产投资累计150亿元；地方财政收入达到3.27亿元，年均增长10%以上；城镇居民人均可支配收入达9800元，年均增长10%；农民人均纯收入达4090元，年均增长5%；三大产业比重为40：20：40。规划中明确提出了促进“十一五”总体发展目标顺利实施需要的政策和措施，特别是优化产业结构，提高城市发展水平，推进重点项目建设，加强节能环保，改善社会民生等方面提出了项目带动战略的优惠政策，促使“十一五”规划中的各项经济指标顺利完成，琼海进入一个新的加快发展阶段，经济总量和发展水平跃上新的台阶。2010 年，全市地区生产总值（GDP）达到 115.7 亿元，增长 15.9%，是 2005 年的两倍以上，年均增长 14.8%。人均地区生产总值 23491 元，增长 14.3%，年均增长 13.1%；城镇居民人均可支配收入 14836 元，增长 17.1%，年均增长 15.1%；农民人均纯收入 5924 元，增长 11.9%，年均增长 12.2%。财政收入 10.3 亿元，增长 75.6%，是 2005 年的 5 倍，年均增长 38.4%，是历次规划期财政收入最夯实的时期。2010 年，一、二、三产业增加值分别为 45.8 亿元、16.6 亿元、53.2 亿元，分别增长 4.6%、15%、28.9%，年均增长分别为 7.8%、22.4%、21.8%。三次产业比重由 2005 年的 57∶11.3∶31.7 转变为 2010 年的 39.63∶14.38∶45.99，二、三产业总值超过一产，打破一产长居市 GDP 半壁江山局面。“十一五”期间重点项目建设取得重大进展。特别是 2008 年下半年以来落实了中央扩内需保增长的政策措施，争取中央新增投资项目 28 个，计划投资 7.7 亿元。“十一五”期间，东环铁路、万泉河路、银河路、善集路、官塘大道、滨海大道、万泉河路景观带、嘉积大桥、生活垃圾处理厂、污水处理厂、市人民医院外科综合大楼、电网改造工程、供水管网建设工程以及中型病危水库除险加固工程等一大批重点项目相继建成，博鳌机场、博鳌核心区沙美内海旅游道路工程、官塘区白石岭大道市政工程、新海路市政工程、东平农场至牛路岭水电站公路扩建工程、潭门中心渔港、博鳌步行街及极地动物馆等一大批重点项目加快推进与建设中。“十一五”期间，“嘉积、博鳌、官塘”三大组团城市建成区由 2005 年的 19 平方千米扩展到 2010 年的 23 平方千米；城镇化率达 41%；城市基础设施建设累计投入 23 亿元；城乡居民收入比为 28∶1。历届博鳌亚洲论坛等国际性会议、海南第八届欢乐节等节庆活动的成功举办，进一步彰显了琼海城市的魅力。

第三章　统计管理

第一节　机　构

1991 年 1 月至 1992 年 10 月，设琼海县统计局；1992 年 11 月，琼海撤县设市，琼海县统计局改称琼海市统计局；1995 年 1 月，琼海市统计局改名为琼海市统计办公室，为副科级行政单位；2001 年 4 月，琼海市统计办公室更名为琼海市统计局，由部门管理机构改为政府工作部门，由副科级单位升格为正科级行政单位，核定行政编制 10 名。2002 年，增加行政编制 3 名；2008 年 9 月，撤销统计计算站。10 月，成立隶属于统计局的副科级事业单位——琼海市统计普查中心，核定财政预算管理全额拨款事业编制 5 名；2009 年，市政府批准市统计局内设行政秘书组、核算投资组、农村经济组、工业能源交通组和社会事业与外贸旅游组等 5 个职能机构。

第二节　统计资料整理

1991—2010 年，琼海市（县）统计局每月编印《琼海统计月报》，不定期撰写印发《琼海统计动态》。每年年初发布上年《琼海统计公报》。通过纸介质发布、通报统计资料、统计分析和统计工作动态的同时，在琼海市人民政府网站的《统计信息》栏目中予以公布。另外，还在海南省统计内网上不定时发布琼海统计工作动态信息、琼海经济运行分析等。对于整理、分类好的年度统计资料，不定期组织人员搜集、整理编印《琼海统计年鉴》[①]《琼海市国民经济和社会发展主要指标资料汇编》[②]，对外提供统计资料和统计咨询意见，较好地发挥了统计的职能作用。

---

① 2003 年—2004 年版，2010 年版。

② 1991 年版，1992 年版，1993 年—1994 年版，1995 年—1996 年版，1997 年—1998 年版，1999 年—2000 年版，2001 年—2002 年版，2003 年—2004 年版。

第三节　普查与抽样调查

一、人口普查

（一）第五次人口普查

自1998年年底成立机构开始至2001年2月，顺利完成了第五次全国人口普查的综合试点，户口整顿，调查摸底，普查员培训，登记、复查，手工汇总和编码、光电录入等工作。此次普查登记的标准时间是2000年11月1日零时，资料数据的采集为该时点的常住人口数。此次普查结果：全市总人口为449845人，其中男性为236560人，占总人口的52.59%；女性为213285人，占总人口的47.41%。总人口性别比（以女性为100，男性对女性的比例）为110.91。全市共有家庭112812户，家庭户人口为432036人，平均每个家庭户的人口为3.83人。

（二）第六次人口普查

2009年10月22日，市政府下发《琼海市人民政府关于认真做好第六次人口普查工作的通知》，成立琼海市第六次人口普查工作领导小组及其办公室。成立市级普查机构1个，镇级普查机构16个，村级普查机构240个。市级普查机构配备人员52人，镇级普查机构配备人员184人，村级普查机构配备人员1824人。此次普查登记的标准时间是2010年7月1日零时，普查结果：全市总人口为483217人，其中农垦系统人口40121人，占总人口的8.3%。其中男性为255908人，占总人口的52.96%；女性为227309人，占总人口的47.04%。总人口性别比（以女性为100，男性对女性的比例）为112.58。全市共有家庭133942户，家庭户人口为451111人，平均每个家庭户的人口为3.37人。

二、农业普查

（一）第一次农业普查

此次农业普查是国务院开展的一项重大的国情国力调查，普查的范围主要是全市的农业生产要素、农业资源利用状况、农业生产经营结构等基本情况。1995年5月开始，经过一年多的准备，于1997年1月正式进行了第一次普查登记。普查的标准时点为1996年12月31日，调查资料的时期为1996年度。普查结果：农业户农业用地面积合计57616公顷，其中耕地面积19838公顷，园地面积1153公顷，林地面积22926公顷。农村住户合计66495户，其中农业户66923户；农村居住人口为299534人，其中男性156176人，女性143358人。农村住户从业人员主要行业分布情况：种植业117853人，畜牧业2623

人，林业 20192 人，渔业 5156 人，农业服务业 774 人，工业 3248 人，建筑业 3874 人，交通运输业 5109 人，批零餐饮业 8727 人，其他行业 18054 人。

（二）第二次农业普查

此次为琼海市开展的第二次全国农业普查，普查的标准时点为 2006 年 12 月 31 日，资料采集时间段为 2006 年度。普查主要内容包括：农业生产条件、农业生产经营活动、农业土地利用、农村劳动力及就业、农村基础设施、农村社会服务、农村居民生活，以及乡镇、村民委员会和社区环境等方面的情况。此次普查设定 198 个普查区，2701 个普查小区，共组织动员了普查员、普查指导员和各级普查机构的工作人员近 3000 人。全市 13 个乡级行政单位参与普查，其中 12 个镇，1 个乡镇级国有农场；村委会 190 个，居委会 1 个；住户 7.78 万户，其中在农村居住 1 年以上的家庭户 7.74 万户。此次普查结果：2006 年末，全市共有农业生产经营户 7.21 万户，农业生产经营单位 183 个。全市共有农业从业人员 17.53 万人，其中：男性占 49.69%，女性占 50.31%；农业技术人员 0.21 万人，占农业从业人员的 1.18%。农村劳动力资源总量为 21.03 万人，其中男劳动力占 51.71%。农村从业人员 19.67 万人，占农村劳动力资源总量的 93.53%。农村外出从业劳动力 2 万人，其中男劳动力占 54.89%。外出劳动力中有 89.06%从事第三产业。外出劳动力中从业地区在省内的占 80.18%。

三、经济普查

（一）第一次经济普查

2004 年是第一次全国经济普查，普查的标准时点为 2004 年 12 月 31 日，范围是全市除农业以外的所有经济活动的法人单位、产业活动单位和个体经营户。普查主要内容包括单位基本属性、从业人员、财务状况、生产经营情况、生产能力、能源消耗、科技活动情况等。普查结果：2004 年年末，全市从事第二、三产业的法人单位共 1072 个，其中第二产业 100 个，第三产业 972 个。从机构类型看，其中企业法人单位 407 个，机关、事业法人单位 391 个，社会团体法人 44 个，其他法人 230 个。个体经营户 13067 户，其中第二产业 1088 户，第三产业 11979 户。2004 年年末，全市第二、三产业的就业人员人数为 59825 人，其中第二产业就业人员 13635 人，第三产业的就业人员 46190 人。个体经营人员合计 39636 人。

（二）第二次经济普查

普查的标准时点为 2008 年 12 月 31 日，普查内容为 2008 年度资料。普查对象是在琼海市境内从事第二产业和第三产业的全部法人单位、产业活动单位和个体经营户。普查结果：2008年年末，全市共有从事第二、第三产业的法人单位1322个，较上一次经济普查增加250个；产业活动单位703个，减少369个。有证照的个体经营户中较为集中的五个行业是：批发和零售业6284户，交通运输业3091户，居民服务和其他服务业1273户，住宿和餐饮业1202户，工业562户。全市第二、三产业法人和有证照的个体经营户从业人员数为82869人。

四、基本单位普查

（一）第一次基本单位普查

普查的调查时点为1996年12月31日，资料调查年度为1996年。普查范围为全市除农户和个体工商户以外的所有从事社会经济活动的法人单位和产业活动单位。普查结果：1996年年末，全市共有从事第二、第三产业的法人单位869个，其中企业法人261个，事业法人317个，机关法人82个，社团法人7个；产业活动单位1245个，其中生产经营型单位461个，非生产经营型单位784个。法人单位从业人员有32816人，其中单产业法人单位23918人，多产业法人单位8898人。从经济类型看，国有经济从业人员21286人，集体经济6199人，私营经济808人，联营经济378人，股份制经济1465人，外商投资经济1127人，港澳台投资经济118人，其他经济1435人。

（二）第二次基本单位普查

2001年9月30日，进行琼海市第二次全国基本单位普查。普查资料展示了全市企业法人、事业法人、机关法人、社会团体法人和其他法人及其所属产业活动单位等各类基本单位情况，以及各类单位尤其是作为市场主体的企业法人和生产经营性活动单位的地区分布、行业分布、经济成分构成和组织形式、规模结构及生产要素配置情况。此次普查结果：2001年年末，全市共有从事第二、第三产业的法人单位1084个，单产业法人992个，多产业法人92个；产业活动单位1462个。从单位类别划分看：企业法人438个，事业法人321个，机关法人87个，社会团体7个，其他法人231个。此次统计的单位从业人员合计32237人，其中第一产业2348人，第二产业9830人，第三产业20059人。

五、第一次第三产业普查

1993年6月27日，国务院发出了《关于开展全国第三产业普查工作的通知》，琼海市从1993年8月开始准备到1995年4月，按时完成了组建机构、制订方案、培训骨干、宣传发动、调查摸底、普查登记、质量抽查、数据处理、资料分析研究等阶段工作，圆满完成普查任务。普查结果：1992年年底，全市从事第三产业的企业单位260个，比上年增加9个；行政事业单位442个，比上年增加8个；企业单位年末职工（从业）人数

7684人，年平均职工（从业）人数7580人；行政事业单位年末职工（从业）人数10849人，年平均职工（从业）人数10679人。1992年，企业单位（包括执行企业会计制度的事业单位）营业收入16073.6万元，比上年减少16.6%；销售（营业）税金671.6万元，增长37.1%；营业利润564.5万元，增长141.6%。1992年，行政事业单位全年收入13854.1万元，比上年增长36.2%；全年支出13165.5万元，增长38.7%。1992年年底，企业单位拥有固定资产原值13534.8万元，比1991年增加1424.9万元，增长11.8%；行政事业单位拥有固定资产原值27867.2万元，比上年增加1194.9万元，增长4.5%。1992年，企业单位增加值4452.6万元，比上年增长157.2%。

六、第三次工业普查

1995年1月1日，国务院发出通知，决定在全国范围内进行第三次全国工业普查。普查的年度为1995年，调查的范围为全部工业企业和生产单位，包括乡及乡以上工业企业，也包括乡以下的村办、城乡合作、私营和个体工业。根据国家、海南省工业普查办的部署，琼海市从1995年开始着手进行普查登记前的各项准备工作，1996年1月起正式实施工业企业普查登记。用一年多时间，完成普查方案的制定、宣传发动、企业管理核算基础工作整顿、清查企业单位、普查试点、普查人员培训、普查填表登记、审核、上报等一系列工作。普查结果为：1995年年末，全部工业企业3148个，其中附营单位19个；工业总产值（当年价）94313万元，其中附营单位2497万元；从业人员期末数23921人，其中附营单位356人。乡及乡以上工业企业单位数130个，工业总产值（当年价）45951万元，工业销售产值（当年价）40925万元。其中，按经济类型分，国有工业企业43个，集体工业企业51个，其他经济类型36个；按规模分，中型工业企业6个，小型工业企业124个；按轻重工业分，轻工业80个，重工业50个；在乡及乡以上工业企业中，三资工业企业14个，乡属工业20个。全部村办、私营、合作经营和个体工业企业3018个，工业总产值（当年价）48362万元，其中村办工业130个，私营工业115个，城镇合作经营工业3个，农村合作经营工业324个，城镇个体工业77个，农村个体工业2369个。全部乡及乡以上工业企业主要生产设备价值32137万元。

七、1%人口抽样调查

1995年，国务院决定进行全国1%人口抽样调查。目的是为摸清中国人口总量、地区分布、基本结构和居住环境等变化情况，为发展社会主义市场经济提供全面、准确的人口信息。调查的时点是1995年10月1日零时，调查的对象是被抽中地区中具有中华人民共和国国籍的人。调查采取按常住人口登记的原则。此次琼海市调查结果：实际登记 3923 户，其中家庭户 3900 户，有 60 岁及 60 岁以上老年人口的家庭户 1472 户；总人口 15437 人，其中男性人口 8047 人，女性人口 7390 人，性别比 108.89，其中家庭户人口 15198 人；家庭户平均每户人数 3.9 人；6 岁及 6 岁以上人口数 13816 人；15 岁及 15 岁以上人口数 11067 人，其中文盲、半文盲 1170 人；0 岁人口（1994.10.1—1995.9.30）216 人，其中男孩 135 人，女孩 81 人。

第四章　物价管理

第一节　机　构

1982年，琼海县计划委员会内设机构物价科分离成立琼海县物价局，正科级单位。由于物价逐步从单一的计划价格改变为国家统一价、国家指导价和市场调节价等多种价格形式，除与国计民生关系密切和垄断性、资源紧缺型的少数商品及服务收费实行国家管理定价外，绝大部分商品和服务收费放开，实行市场调节，物价局也从单纯的管理型转变成为管理服务型。1992年11月撤县设市，琼海县物价局更名为琼海市物价局，1995年琼海市物价局更名为物价办，由原正科级单位降为副科级，归口市发展和改革局管理。2001年5月恢复为物价局，保留副科级单位，担负全市物价审批、管理、监督及检查任务。行政编制8名，其中：局长1名，副局长2名。机关工勤人员财政预算拨款事业编制1名。内设机构3个：办公室、收费管理股、价格管理股。下设行政机构1个：物价检查所（价格认证中心、价格监测中心、农产品价格成本调查），行政编制9人。至2010年底不变。

第二节　价格改革

一、粮食价格改革

1993年6月1日起，放开粮食价格和经营，实行市场调节，实行多渠道流通。1998年6月13日，对粮食流通体制进行了深层的六项改革。定购粮收购价格，实行“差价保底、优质优价一年一定”的原则。当市场粮价高于保底价时，参照市场粮价确定，当市场粮价低于保底价时，按不低于保底价确定。粮食价格出现恢复性上涨。受1999—2003年粮食连年减产、供求关系趋紧等因素的影响，2003年10月中旬开始，粮食价格普遍上涨，粮食安全问题变得十分突出。2004年，国务院颁发《关于进一步深化粮食流通体制改革的意见》和《粮食流通管理条例》，对农民种粮直接补贴和放开粮食购销市场，随着国家各项惠农、利农政策的落实，2004年，粮食喜获丰收，产量大幅增加，粮食供求状况随之大为改善，使2005 年粮食生产价格小幅下降。为了保护农民利益，政府加大了对粮食生产的政策支持力度，粮食价格出现恢复性上涨。2005—2010年，粮食价格保持平稳逐年上涨的态势。

二、生产资料价格改革

1992年7月1日起，生产资料价格由原来的“双轨制”转变为“单轨制”，实现“双轨合一”，并逐渐从计划价格向市场调节价格改革，海南省除了成品油等少数商品价格实行政府定价和指导价外，其他商品价格均实行市场调节价。随着经济发展，物价水平不断提高。2000—2010年，生产资料价格大幅上涨，十年间化肥价格涨幅超过100%。为稳定价格，2008年，按照国家发改委的要求和省物价局长会议精神，组织实施临时价格干预措施，对化肥等重要商品实行调价备案。2010年11月中下旬，全市水泥市场平均零售价格突破600元/吨，较同期上涨了50%，按照省物价局对水泥价格实行干预的部署，对水泥市场价格实行干预。

三、药品价格改革

1997年11月，海南省物价局制定颁布《海南省药品价格管理规定》，公布海南省药品价格管理目录、放开价格目录及各类药品的作价办法，按“管大、管少、管好”的原则，对严重供不应求，带有一定垄断性、临床应用面广量大的少数基本治疗药物和特殊药品实行政府定价，对生产技术相对简单、市场竞争比较充分、供求基本平衡的大多数一般性药品，由生产经营企业自主决定价格，充分发挥市场调节的作用。2002年9月15日，国家颁布《中华人民共和国药品管理法实施条例》，国家对药品价格实行政府定价、政府指导价或市场调节价。2005年10月15日，海南省印发《海南省政府定价药品目录》，对药品目录里的药品制定最高零售价格，经营者可以向下浮动价格，幅度不限，上浮幅度为零。2005—2010年，按照省相关文件精神，严格执行药品最高零售价格政策，做好医药价格监管工作，加强检查，维护消费者利益。

第三节　价格调控

一、主要调控方式

1991—2010年，琼海 市（县）物价局对全市（县）粮食、食用油、肉、禽、蛋、奶制品等部分主要农副产品和副食品价格进行监测。密切关注粮食，食用植物油和居民日常生活相关商品的市场供求，销售数量，价格走势，确保及时发现市场价格苗头性、倾向性和趋势性问题，做到早报告、早预警。节日期间，安排工作人员值班，组织开展对农贸市场和旅游景点的巡查，加强对节日必需品、液化气、景点门票等价格的监测，及时发现和处理苗头性问题，确保节假日期间市场物价基本稳定。先后建立起市场巡视、预警报告、应急措施、跟踪监测等工作机制。主动与相关的工商、食品、质监、商务、畜牧等部门沟通，密切配合，形成信息畅通，反应快速，数据准确，保证预警、应急处置及时。

2008年，全国物价大幅上涨时期，为充分发挥价格管理和价格服务的作用，稳定市场物价，琼海市政府出台《琼海市价格监测（监督）网络工作实施方案》，按照“一镇一站，一村（企业）一点”的原则，在全市12个镇203个村委会及有关收费单位、有关企业挂牌设立价格监测（监督）站和价格监测（监督）点，各站点和物价局通过网络办公平台，开展琼海市市场物价监测和监督检查工作。

2009年9月22日，建成并开通琼海市物价门户网站。该网站是海南省继海口、三亚市物价局之后开通的第三个市县物价局门户网站，是琼海物价工作的互动平台。通过网站发布了实时价格信息（内容涉及秋季公办中小学收费标准、成品油价格、液化气价格、每日居民生活必需品当日价格等）、相关的价格法律法规和政策、琼海市物价工作动态等内容。

2009年9月，根据国家发改委和省物价局关于加强价格监测工作的规划和部署，海南省价格监测中心将琼海市列入“实时价格应急监测调查系统”试点单位，承担国家应急监测调查。琼海建立了3个监测点，主要负责粮食、生猪、商品油的监测。

第四节 价格服务

1991—2010年，市（县）物价局指定一名专职人员对农产品、农资等商品价格进行采价，及时将价格信息向有关领导报告，并从2008年起定期（每周二、周五）在琼海电视台和《琼海通讯》上公布，同时在琼海市物价局门户网站及海南省价格网公布各种农产品、农资以及人民生活必需品的价格，让广大农民群众了解价格信息。年度性开展琼海市农产品成本调查，调查的品种有水稻、胡椒、槟榔、肉鸡等四个项目。采取多种方式开展“价格服务进万家”活动，一是加强价格收费公示管理。采取收费（价格）公示栏、公示牌等形式，将教育、医疗、土地、建设、计生、防疫、公安、农机、卫生、水电、物业等部门的收费标准、依据、范围以及举报电话“12358”等内容进行公示。二是加强巡查。每到节假日，组织人员下到社区、景区、企业巡查价格波动情况。三是召开提醒会。针对有个别企业、商场对价格、收费不实行明码标价的现象，立即召开提醒会告知当事人。四是上门督查指导。组织人员深入到旅游景点（区）、药品经销点等行业进行全面巡查，发现问题及时纠正。20年间，价格认证案件合格率达100%。

从2003年1月1日起，琼海市开始征收价格调节基金，组织干部下到景区（点）进行调查、研究、帮助企业解决困难。协同旅游局、交通局、工商局等部门帮助企业搞好旅游促销，制止削价竞争行为，实行门票明码标价。为方便企业上交调节基金，组织了征收小组，分别由局领导带队上门征收。2004—2010年，对全市各景区游客及客房住客征收价格调节基金，每年保持征收价格调节基金150万元左右。

第五节 收费监管

一、学校收费管理

2005年，海南省在全国率先实行对全省义务教育阶段的学生全部免收学杂费。琼海市物价局开展新生入学收费巡查，健全教育收费公示制度，联合教育、监察、纠风、财政等部门组成专项检查组，同时加强对民办教育收费管理。2006—2010年，每年开展春、秋季入学收费巡查，变事后检查为事先提醒，出现问题及时纠正，坚决查处有关学校收取与入学挂钩费用的行为，严厉查处学校违反自愿、非营利原则向学生收取服务性收费和代收费问题，取消与国家政策不符的服务性收费和代收费项目。

二、旅游市场价格管理

2000—2010年，每年按照省物价局的统一部署，采取抽查和巡查方式，对旅游行业的明码标价行为进行了重点检查，景区（点）门票价格公示及执行情况。对公路客运、出租车票价、旅游景点停车场所收费情况进行检查。严厉惩处虚假标价、模糊标价、虚构原价、哄抬价格等违法行为，刹住高额回扣之风。打击价格欺诈行为，针对个别旅游景区的购物商店存在“宰客”现象，组织工作组深入各旅游购物商店巡查。

2000年、2010年琼海市商品零售价升降表

表8-4-1

品种	商品名称	规格	2010年价格（元/千克）	2000年价格（元/千克）	同比（%）	平均年递升（%）
粮食类	标准粉	当地主销	3	2.0	50	5
	富强粉	当地主销	4	2.4	67	7
	大米	当地主销	4	2.2	82	8

续表 8-4-1

品种	商品名称	规格	2010 年价格（元/千克）	2000 年价格（元/千克）	同比（%）	平均年递升（%）
蔬菜类	芹菜	新鲜一级	4.0	1.40	186	19
	大白菜	新鲜一级	3.0	1.60	88	9
	油菜	新鲜一级	4.0	1.00	300	30
	黄瓜	新鲜一级	4.0	1.40	186	19
	萝卜	新鲜一级	2.6	1.00	160	16
	胡萝卜	新鲜一级	4.0	2.20	82	8
	西红柿	新鲜一级	5.0	1.80	178	18
	土豆	新鲜一级	5.0	1.80	178	18
	茄子	新鲜一级	4.0	1.80	122	12
	尖椒	新鲜一级	4.0	1.60	150	15
	豆角	新鲜一级	5.0	2.00	150	15
	蒜苔	新鲜一级	12.0	3.00	300	30
	韭菜	新鲜一级	4.0	2.20	82	8
食用植物油	植物油	一级桶装	17.0	11.00	55	5
肉禽蛋类	猪肉（精瘦）	新鲜一级	24.0	11.00	118	12
	鲜牛肉	新鲜去骨	40.0	18.00	122	12
	鲜羊肉	新鲜带骨	50.0	24.00	108	11
	鸡肉	白条鸡、开膛上等	26.0	14.00	86	9
	鸡蛋	新鲜完整、鸡场蛋	10.0	6.40	56	6
	带鱼	冻 250 克左右一条	28.0	16.00	75	8
农业生产资料	复合肥	含量 48%	4.2	2.00	110	11
	尿素	富岛	3.0	1.70	76	8
	磷肥	湛江	2.0	0.62	223	22

第五章 工商行政管理

第一节 机 构

1991 年，琼海县工商行政管理局是县政府直属职能部门。1999 年 8 月，琼海市工商行政管理局由省工商行政管理局垂直管理。2004 年，琼海市工商行政管理局定编国家公务员 192 人，内设机构 9 个：办公室（内挂信息统计办公室）、组织人事室（内挂机关党委、机关工委、机关团委）、纪检监察室、政策法规室、市场规范管理室、公平交易与消费者权益保护室（内挂打传办）、食品流通安全监管室（内挂食品检测中心）、企业监管室（内挂行政审批办公室）、商标广告监管室。派出机构 15 个：嘉积工商所、南门工商所、温泉工商所、中原工商所、博鳌工商所、阳江工商所、会山工商所、龙江工商所、石壁工商所、万泉工商所、大路工商所、塔洋工商所、长坡工商所、潭门工商所、上埇工商所。

1996—1999 年，完成“办管脱钩”改革（工商部门开办市场职能与监管职能脱钩改革），实行财政收支两条线。其间，工商部门开办的 17 个集贸市场移交给琼海市市场开发建设服务总公司接管。2000—2003 年，完成工商行政管理机构改革（省以下垂直管理），在省工商局体改工作领导小组和市政府的统一领导下，先后完成人员清理、档案交接、干部过渡、工人录用、机构设置等工作。其间，对不符合考录公务员条件的 6 名工人将其分流安置；对符合提前离岗、提前退休干部工人办理提前离岗和提前退休，其中：办理提前离岗干部 6 人、办理提前退休干部 10 人、工人 7 人；对符合条件过渡为公务员的干部和符合条件考录为公务员的工人，经过渡考试和录用考试合格被任命为国家公务员共 88 人，其中干部 20 人、工人 68 人。体改结束后实有公务员 112 人。2004 年，经省编委核定琼海工商局国家公务员编制数为 192 人，2005—2010 年，经报省工商局，通过全省公务员统一考试招录到琼海工商局新公务员共 56 人。

第二节 行政管理

一、工商企业（个体）登记

1991—2010 年，全市累计登记注册各类企业 3265 家、个体工商户 14863 户，总注册资本 138 亿元。

（一）房地产业　“琼海大印经典置业有限公司”注册资本7000万元，“琼海大兴投资有限公司”注册资本5000万元，“琼海鸿信房地产开发投资有限公司”注册资本3000万元，“琼海兆南房地产开发有限公司”注册资本3000万元。

（二）农业　“海南龙盘园农业投资有限公司”注册资本27255万元。

（三）批发零售业　“琼海宝真商贸有限公司”注册资本300万元，“琼海明裕贸易有限公司”注册资本100万元，“琼海百佳汇商贸有限公司”注册资本350万元。

1991—2010年琼海市（县）企业注册登记一览表

表8-5-1　　　　单位：户

年度	企业性质								合计
	国有	集体	其他	股份	有限责任	外资	合伙	私营	
1991	353	469	28	1	13	10	1	4	879
1992	414	515	45	1	41	25	9	6	1056
1993	499	574	36	1	80	49	39	15	1293
1994	565	603	97	2	154	72	59	27	1579
1995	632	624	138	3	245	84	70	44	1840
1996	649	655	163	4	322	116	77	53	2039
1997	663	666	191	5	416	134	82	61	2218
1998	664	664	227	5	525	150	83	63	2361
1999	657	656	258	6	635	160	84	63	2519
2000	644	643	272	7	771	178	92	66	2673
2001	565	565	296	31	835	108	88	62	2550
2002	565	426	115	35	876	126	91	94	2328
2003	572	415	258	35	1014	139	94	137	2664
2004	446	296	226	35	834	126	20	152	2135
2005	448	297	233	35	947	137	20	166	2283
2006	439	298	254	35	1098	145	21	174	2464
2007	432	296	282	35	1301	150	22	174	2692
2008	442	297	156	35	1079	113	13	183	2318
2009	446	298	353	35	1314	119	12	192	2769
2010	453	295	385	69	1734	126	12	191	3265

1991—2010 年琼海市（县）个体工商户注册登记一览表

表 8-5-2 单位：户

年度	行业									合计
	批发零售	居民服务	制造业	住宿餐饮	交通运输	农林牧渔	计算机信息服务	娱乐业	其他	
1991	193	28	18	24	5	3	0	1	157	429
1992	231	42	19	31	8	4	0	3	138	476
1993	256	47	21	36	7	4	0	3	144	518
1994	297	54	18	42	6	2	0	2	142	563
1995	321	43	23	55	10	3	1	4	165	625
1996	328	67	19	57	12	4	1	3	191	682
1997	387	51	27	58	5	2	2	5	227	764
1998	424	69	29	63	8	4	1	0	205	803
1999	416	76	35	89	6	3	2	1	229	857
2000	648	95	68	107	4	6	2	1	3	934
2001	852	158	109	157	6	11	4	2	25	1324
2002	1116	215	164	200	17	17	10	2	40	1781
2003	1822	312	238	320	83	21	12	5	77	2890
2004	3739	699	437	660	580	36	26	19	147	6343
2005	4595	915	555	829	791	50	40	48	170	7993
2006	5373	1121	699	1069	998	76	54	49	213	9652
2007	5797	1123	971	1105	872	89	57	25	198	10237
2008	6720	1296	1035	1267	1085	111	72	30	233	11849
2009	7824	1484	1188	1458	1225	175	92	47	312	13805
2010	8404	1611	1279	1537	1306	241	95	52	338	14863

二、经济合同管理

1997 年 11 月至 2002 年 10 月开展合同鉴证工作，2002 年 11 月后侧重合同监管工作。20 年间，由于琼海经济合同管理工作到位，尚未发生重大经济合同纠纷案件。

1997—2010年琼海市经济合同管理一览表

表 8-5-3

年度	鉴证（件）	调解（件）	仲裁（件）	重合同守信用企业（个）	推广规范合同文本（份）
1997	8	7	0	2	2
1998	16	6	0	2	3
1999	29	9	0	2	3
2000	23	11	0	2	3
2001	21	13	0	2	5
2002	3	6	0	3	3
2003	0	8	0	3	2
2004	0	7	0	3	2
2005	0	11	0	3	1
2006	0	10	0	5	3
2007	0	13	0	2	2
2008	0	15	0	0	2
2009	0	17	0	0	3
2010	0	16	0	4	7

三、商标广告管理

在开展商标注册管理工作中，琼海工商部门一方面积极引导企业和个体工商户申请商标注册，不断提高产品的知名度；另一方面以保护商标权为核心，加强日常监管，严厉打击商标侵权和虚假广告行为，保护企业的注册商标专用权。1991—2010年，工商部门共引导企业和个体工商户申请商标注册累计1150件，其中990件被国家商标局正式注册登记；查处商标侵权案件128件，没收销毁非法商标标识35.1万个；查处非法广告案件86件，没收销毁违法违章广告3.5万张；帮助广告业主规范户外广告1550件。

四、集贸市场管理

1991—1996年，市工商部门在执行市政府市场建设计划中，先后投入资金300多万元建设博鳌、文市、阳江、泮水等4个乡镇集贸市场；扩建龙江、朝阳等集贸市场；改造大路、中原、潭门、会山、龙江、嘉积中心、南门等市场；招商引资建设泮水三鸟批发、泮水建材、嘉积北门、先锋商城、爱华东新椰城等市场。在创建文明集贸市场活动中，中原集贸市场分别获得“全国文明集贸市场”“省级文明市场”“三星级文明市场”等称号；嘉积中心集贸市场、南门集贸市场也曾获得“省级文明市场”光荣称号；大路集贸市场被评为“市级文明市场”“三星级文明市场”。1997年，在落实开办市场职能与监管市场职能脱钩的体制改革中（简称办管脱钩），琼海工商局将工商部门投建的17个集贸市场全部移交给琼海市市场开发建设服务总公司接管，市场产权归市场开发建设服务总公司所有。

1991年至2008年8月30日，执行“工商两费”（市场管理费及个体工商管理费）征收。2008年9月1日“工商两费”取消后，市场管理工作由收费转移到市场巡查和市场监管。

1991—2008年琼海市（县）“工商两费”实收额一览表

表8-5-4

年度	月份	“工商两费”全称	实收（万元）
1991	1—12月	市场管理费、个体工商管理费	298
1992	1—12月	市场管理费、个体工商管理费	418
1993	1—12月	市场管理费、个体工商管理费	547
1994	1—12月	市场管理费、个体工商管理费	639
1995	1—12月	市场管理费、个体工商管理费	907
1996	1—12月	市场管理费、个体工商管理费	887
1997	1—12月	市场管理费、个体工商管理费	1165
1998	1—12月	市场管理费、个体工商管理费	1003
1999	1—12月	市场管理费、个体工商管理费	1000
2000	1—12月	市场管理费、个体工商管理费	985
2001	1—12月	市场管理费、个体工商管理费	950
2002	1—12月	市场管理费、个体工商管理费	914
2003	1—12月	市场管理费、个体工商管理费	1074
2004	1—12月	市场管理费、个体工商管理费	1079
2005	1—12月	市场管理费、个体工商管理费	1100
2006	1—12月	市场管理费、个体工商管理费	1163
2007	1—12月	市场管理费、个体工商管理费	1197
2008	1—8月	市场管理费、个体工商管理费	816

五、出版物管理

1991—2009 年，琼海市（县）工商部门主动与公安、文化等部门联合执法，坚持日常管理与定期检查相结合，对书店、报亭、音像销售店加强监管，对印刷厂、复印店开展常态化监管，特别是对地下非法印刷窝点重拳出击，从源头上遏制非法出版物的传播。至 2010 年，市工商部门共取缔非法经营音像店 27 家、没收盗版光盘 18246 个、非法出版书刊 30 册、封存取缔地下非法印刷厂 1 家。

第三节　专项行动

一、扫黄打非

1991—2010 年，在公安、文化等有关部门的配合下，市工商部门对文化产业、服务行业、非法传销实行联合监管，对从事市场活动中的不良行为和扰乱市场经济秩序的违规行为进行严厉查处。在扫黄打非行动中累计出动执法人员 7000 多人次，没收和销毁淫秽光盘 12500 个、淫秽书刊 70 多册、进口淫秽药品 100 多件，捣毁传销窝点 10 多处，遣送传销人员 200 多人次。

二、打假维权

1991—2010 年，联合公安、质监、卫生、药监等关部门，查处和销毁一大批假冒伪劣商品和走私物品。据统计，共查处各类假冒伪劣商品和走私物品 100 多个品种，共 10 万多件，总重量 20 多吨；案值 6300 万余元；查处走私成品油 100 多吨、非法组装进口小轿车 30 辆，总立案 26 件，罚款总额 130 余万元。

1991—2010 年，充分利用每年“3 · 15”国际消费者权益纪念日，广泛开展消费维权咨询活动，宣传工商行政管理有关法律法规和消费者权益保护法，提高消费者的自我保护意识。在日常消费维权工作中，做到有诉必接，有查必果。20 年累计调解消费纠纷案件 9000 多件，涉及商品房、摩托车、空调机、电视机、洗衣机、服装、日常生活小商品、药品、劳务等，调解金额达 1600 多万元。2005 年，南门工商所学校周边整治专项工作成绩显著，被共青团海南省委授予“青少年维权岗”光荣称号。

三、护农专项行动

1991 年，琼海农资市场还处于萌芽阶段。1992 年，琼海市农资市场逐渐形成，为促使农资市场得到健康发展，琼海工商行政管理部门除加强日常监管外，每季度开展 1 次以上“红盾护农”专项整治行动。1992—2010 年，共查处假冒伪劣化肥 25.5 吨，价值 1.81

万元，没收假冒伪劣农药80公斤，没收劣质和无标签种子33种，取缔无证经营户62户。

四、商业贿赂治理

2006年，市工商部门正式介入商业贿赂治理工作，开展以工程建设、土地出让、产权交易、医药购销、旅游市场、政府采购等特定领域和行业为主要范围的商业贿赂专项整治行动。成立专项整治工作领导小组，以旅游行业为突破口，先后查办涉及琼海万泉河水上娱乐有限公司、琼海旅游总公司（水上人家）、琼海嘉积门山观光园、琼海裕隆游乐开发有限公司等4家涉嫌商业贿赂行为的旅游公司，同时对教育、医药、书店等行业的商业贿赂行为进行治理和查处。截至2010年，共查处商业贿赂案17件，罚没金额28万元。

第四节　信息化建设

2006年，琼海市工商局被省工商局列为全省工商系统第二批业务信息上线运行的试点单位，成立新业务信息系统工作领导小组，购置120多台电脑配备到局机关和15个基层工商所，加强新业务信息系统的推广，并运用到企业、个体注册登记、许可审批、经济档案管理、执法办案、人事管理、工资报表等专网运行操作。全市所有企业、个体工商户的经济户口全面实现信息化管理，局机关和基层所基本实现与省工商局数据库联网，各类流通领域市场监管也逐步做到电子信息化管理。

第六章　审计管理

第一节　机　构

1984 年 8 月，琼海县审计局成立，1992 年 11 月随琼海撤县设市更名为琼海市审计局。1998 年，市审计局同市审计师事务所脱钩，在资金方面支持其与市会计师事务所联合为琼海市会计师事务所。2010 年，市审计局编制 16 人，其中公务员 15 人，工勤人员 1 人。具有大学学历 10 人，大专学历 1 人，中专和高中学历 5 人；获得技术职称中级 3 人，初级职称 6 人。

第二节　项目审计

1991 年，琼海县审计局完成项目审计 29 个。2010 年，完成项目审计 16 个，政府投资项目审计 99 个。

1991—2010 年琼海市（县）项目审计开展情况表

表 8-6-1

年度	完成审计项目（个）	违规金额（万元）	应缴金额（万元）	已缴金额（万元）	管理不规范金额（万元）
1991	29	253.0	77.2	53.8	—
1992	30	115.0	34.8	34.3	—
1993	32	71.6	71.6	70.7	—
1994	37	76.8	76.8		—
1995	24	407.0	208.3	71.5	—
1996	21	1200.0	14.5		—
1997	19	536.3	128.6	125.7	—
1998	16	1168.0	213.0	213.0	—
1999	22	879.8	159.8	128.3	—
2000	12	10571.0	166.0	107.0	—

续表 8-6-1

年度	完成审计项目（个）	违规金额（万元）	应缴金额（万元）	已缴金额（万元）	管理不规范金额（万元）
2001	21	2176.0	112.0	101.0	—
2002	18	359.0	50.0	40.0	—
2003	22	743.0	162.2	151.5	4691.0
2004	21	3131.0	1262.0	893.8	1584.0
2005	15	1694.0	77.0	77.0	150.0
2006	14	1120.0	68.0	—	2609.0
2007	15	32.0	14.0	—	6304.0
2008	8	1422.6	1422.6	—	6653.5
2009	13	33.0	8.0	8.0	19417.0
2010	16	529.0	529.0	—	31354.0

1992 年、2001—2010 年琼海市（县）政府投资项目审计开展情况表

表 8-6-2

年度	完成审计项目（个）	送审金额（万元）	审定金额（万元）	核减金额（万元）	核减率（%）
1992	1	—	—	4.60	—
2001	5	—	—	23.40	—
2002	13	6520	6202	318.00	—
2003	20	7633	6913	720.00	—
2004	2	1521	1255	266.00	—
2005	1	—	—	9.99	—
2006	2	—	—	89.50	—
2007	19	6492	6130	362.00	5.60
2008	67	20671	18464	2207.00	10.70
2009	70	25402	21500	3902.00	15.40
2010	99	60316	49898	10417.00	17.27

第三节　财政金融审计

1991年，核减建设银行减亏15.22万元。1992年，审计行政监督机关8个单位，查出应缴违纪金额8.84万元。1993年，检查市人行、中行、工行、建行、农行、保险公司等11个单位，查出应上缴的违纪金额10.77万元。1994年，检查12个单位的财务税收，查出违纪金额2.12万元。1995年，对金融、保险系统9个单位开展大检查。1997年，对本级财政年度收支情况、支农周转金和财政管理的预算外资金进行审计，审计总金额22381万元。对市教育局及两所中小学校、21个财税所教育专项资金进行审计调查，欠拨普及九年义务教育经费46.85万元和教育附加36.7万元。1998年，开展中保财产保险有限公司琼海支公司1997年度的资产负债和损益审计，查出存在扩大手续费支出款、漏交房产税、漏交营业税及附加等问题，其中扩大手续费支出款16.33万元，漏交房产税1.13万元；开展琼海市水电局1996—1997年度水利专项资金的审计，查出挤占挪用水利专项资金11.82万元，多付工程设计费4000元；开展中原镇人民政府1997年度财政决算审计，查出应缴未缴预算外收入332.01万元。1999年，本级预算执行情况审计，查出财政收入共计1022929.73元，未缴财政预算；财政周转金放款余额4336万元，已逾期应回收金额3496万元，实际回收款仅447万元；对市人民法院进行审计，查出拖欠固定资产贷款本息127.7万元，欠缴1998年固定资产占用费1.87万元，用办案经费支付购买新办公楼地款20万元，用行政经费支付个人3%保障金2.41万元，支付个人水电费1.36万元，违规发放补贴、福利23.95万元，未执行以前审计决定，欠缴被罚没款3.81万元，违规存储暂存案费款4.99万元；对市人民检察院进行审计，查出拖欠固定资产投资贷款本息304.51万元，欠缴赃款的利息收入2.93万元，将公款转为储蓄存款12.3万元；对海南省公路局琼海分局进行审计，查出漏缴营业税及附加共6325元，会计核算虚增虚减金额合计21.1万元；对市交警大队1997—1998年财务收支进行审计，查出2年接待费开支122.16万元，乱收费26.46万元，截留罚没款1.03万元。

2000年，财政预算执行审计，查出财政部门少计收入562086万元，未严格按规定批复支出7838.18万元；对市地税局税收收入征管情况进行审计，发现税款入库不及时，不按规定征收逾期滞纳金等问题；对市农机办和市海洋水产局1999年度预算执行及其他财务收支进行审计，查出市农机办购置固定资产5.24万元未记入固定资产账，截留挪用应上缴财政的行政事业性收费款3.6万元等问题；对长坡镇和潭门镇1999年度的财政决算进行审计，查出长坡镇欠缴市财政土地出让地价款 59.01 万元，欠缴土地出让管理费 7.27 万元、欠缴市税务机关耕地占用费 3.95 万元、欠缴当地税务机关及附加 7.26 万元，潭门镇欠缴当地税务机关及附加 4.41 万元；配合财政部门对市公安局、教育局等 27 个单位开展“收支两条线”检查工作，共查出 5 个单位收费不按时上缴财政专户，计款 7.41 万元。

2001 年，财政预算执行审计，查出未列入年度预算收入 238.7 万元，住房基金、财政周转金多头开户，未完成市人大批复的收入预算；对地税税收征管进行审计，查出少报欠税 112.7 万元，纳税档案资料，台账登记不完整等问题；对市建设局和市水利局 2000 年度预算执行及其财务收支进行审计，查出市建设局私设“小金库”3441 元，截留应缴财政资金 1058 万元，公款支付应由个人负担 BP 机费 9272 元；市水利局对水资源费、河沙管理费、水利基金等“三费”合计欠缴 6.46 万元。对中原、烟塘 2 个乡镇 2000 年度财政决算进行审计，发现财政决算赤字 134 万元，2000 年度周转金未回收 31.4 万元。烟塘镇对支农专项资金管理不善，审计未能找到项目合同验收等有关手续，部分固定资产未登记入账。对第四期农业综合开发资金进行审计，市财政局未拨农综资金 191 万元，市级配套资金没有到位 100.5 万元；6 个贷款项目资金 1250 万元，均未向支行报送财务报表备查监督；抽查 3 个贷款项目单位资金，均未提供会计资料，无法审计资金用途。对市财政局、市民政局、市红十字会和嘉积镇、文市乡等部门救灾资金的接送、管理分配和使用情况进行审计，查出中央和市拨给市农业局救灾资金 76 万元，市农业局仅安排到各乡镇资金 19.2 万元。

2002 年，对市教育局、国土环境资源局 2 个单位 2001 年度预算执行及其财务收支审计，查出国土环境资源局漏税金 1.96 万元，市教育局未拨付普九经费 3.5 万元。对阳江镇、龙江镇 2001 年度财政决算进行审计，查出阳江镇财政决算赤字 41.2 万元，未完成人大的财政收入预算，报建费收入 0.9 万元未缴财政预算管理，龙江镇未及时拨付专项资金 8.99 万元。对市住房资金和市工商局进行审计，查出住房资金未纳入专户存储 69 万元，住房资金存储多头开户；农业发展银行琼海支行实行房改出售收入 11.6 万元，未入账核算；市工商局私设“小金库”，漏缴税金 0.77 万元。配合财政部门对市交警大队、国土环境资源局、建设局等 8 个单位进行财政税收检查，查出未及时上缴财政专户管理金额 16 万元。

2003 年，财政预算执行审计，发现未拨付教育附加费 150 万元。进行地税税收征管审计、民政局、畜牧办 2002 年度预算执行及其他财政收支审计，查出民政局预算外收入未按规定纳税；畜牧办存在漏缴税金，政企不分。对大路镇、会山镇 2002 年度财政决算进行审计，查出大路镇政府存在将预算内转预算外收入，白条支付工程款，转移项目资金用途等问题。

2004年，财政预算执行审计，查出各项预算收入未及时缴纳预算1550万元；政府采购结余资金不及时清理缴纳预算36.69万元；挪用国有资产处置收入603万元；占用上级专项资金841.3万元；未及时拨付教育费附加213万元。对地税税收征管进行审计，查出税收会计核算没有反映年度新增欠税情况，停业审批手续不够完善，部分“双定户”计税营业额与发票使用额存在差异，调整已核定“双定户”的计税营业额不符合有关程序等问题。对市人口和计划生育局、市农业局、市社会保险费征稽局3个单位2003年部门预算执行情况进行审计，查出挤占挪用专款1.25万元，不执行政府采购制度，债权债务长期不清理等问题。对长坡镇、潭门镇2003年度财政决算进行审计，查出承包及转让收入未缴财政预算管理，不及时拨付教育费附加，地税所少征税款，现金管理不规范等问题。对2003年度市城镇从业人员失业保险基金、第五期农业综合开发资金进行审计，查出农业综合开发项目开发资金未到位，项目实施单位对农业综合开发资金支出管理不合规，农综开发有偿资金到期回收任务仅完成9.23%等问题。对琼海工商行政管理局2003年度财务收支进行审计，查出政企不分，将执照工本费等行政性收费转为经营性收费；罚没、暂扣物资管理不严；工商执法处罚不够合规等问题。

2005年，进行2004年本级财政预算执行情况和其他财政收支审计，查出财政部门少列预算收入1157.3万元，未及时拨付教育费附加108.9万元，违规出借财政周转金60万元等问题。对琼海地税局2004年度税收征管情况进行审计，查出未按规定及时征收税款244970元，滞纳金3554元；对4个结算工程项目漏征印花税5358元等问题。对市卫生局预算执行审计，查出市卫生局在年度经常性经费支出比批复数大，卫生基金未完全到位的问题。

2006年，财政预算执行审计，查出财政部门国有资产58万元未纳入预算管理，未及时拨付教育费附加109万元等问题。进行税收征管审计，查出漏征税款48846.9元，个别企业欠缴2005年度企业所得税32.96万元。对教育局预算执行审计，查出择校生学费催收不力，造成学校欠缴款1784150元，不及时清理各种往来款613522元等问题。

2007年，预算执行审计，查出非税收入及国有资产收益未缴入国库450万元，政府采购结余资金未转回国库2.4万元，未批复支出预算4307万元，未执行低保资金支出预算30万元，挤占挪用专项资金22万元，少设置预备费169万元，未收缴部分单位国有资产占用费11.66万元等问题。执行税收征管审计，查出应征未征税款199万元，企业未办理纳税申报 40.9 万元等问题。对市水务局和交通局年度部门预算执行审计，查出预算支出超支、收费项目管理不规范、往来款项长期挂账、向非预算单位拨款、财务收支核算不实等问题。执行农业“三补贴”审计，查出市农机办虚报冒领农机购置补贴资金 9460 元、个人集中代领良种补贴、个别农户领取多台农机购置补贴、部分机具去向不明等问题。执行农村“三项保障”审计，查出合作医疗基金收支结余过大、落实政策不到位、报销机制有待完善的问题。对农村中小学“两免一补”进行审计，查出预算“两免一补”专项资金占用教育费附加 268.79 万元，未及时发放免杂费补助资金 1.7 万元，杂费补助资金用于非公用性质支出 7.04 万元。执行第六期农综资金审计，查出资金不到位 417.7 万元。执行社会保险基金、农村社会养老保险基金和住房公积金审计，查出保险基金和农村养老保险基金不及时入库、挪用工伤保险基金、长期挂账暂付款等问题。

2009 年，本级预算执行审计，查出财政局非税专户和国有资产处置专户应缴未缴预算收入 4231 万元，虚列预算支出 5918 万元。执行税收征管审计，查出应征未征房产税 363 万元，税款 273 万元入库不及时等问题。对建设局、国土局、科技局、计生局等 4 个部门预算执行情况进行审计，查出部门预算编制未涵盖下属二级单位预算，2 个部门决算报表虚列收支 2669 万元，1 个单位暂付工程款 129 万元长期挂账等问题。执行土地出让金收支管理审计，查出国土环境资源局、土地储备整理交易中心和部分用地单位截留土地出让金收入 1392 万元；土地储备整理交易中心少列土地出让金收入 213.7 万元；欠缴省国库土地出让金和农业土地开发资金 284.7 万元；基金预算少列收入 513 万元；未提取被征地农民社会保障专项资金 1043 万元。执行农业“三补贴”资金发放审计，查出不按政策规定发放补贴资金 5197 元，经销商采取多种手段骗取中央财政补贴资金 4.2 万元，多收购机补贴农户购机价款 9.6 万元。执行新型农村合作医疗基金和社会养老保障体系资金运营绩效审计，查出新型农村合作医疗基金年度结余和累计结余过大、报销范围和比例不符合规定；对社会养老保障体系资金参保单位欠缴基金数额逐年增加，办理审查退休人员退休手续不完善等问题。

2010 年，预算执行审计，查出预算收入未及时缴纳国库 663 万元，滞留各项专项资金 21120.3 万元。执行税收征管审计，查出未按规定征收滞纳金，对欠税部分纳税户未采取相应措施进行征收，达到土地增值税清算条件的房地产项目未及时进行清算，个别双定户的营业额核定过于偏低等问题。对卫生局、粮食局、招商局、海洋与渔业局四个部门预算执行情况进行审计，查出人员经费、商品和服务实际支出与预算批复偏差过大；无预算安排拨款 16 万元；扩大项目资金使用范围及未及时拨付专项经费 46 万元；未上缴财政专户实行“收支两条线”管理7万元；房屋固定资产未及时入账425万元。执行2008—2009年度城镇居民基本医疗保险基金使用绩效审计，查出基金结余过大，医疗机构违规用药，部分药品价格过高和医疗工作不负责任等问题。对廉租住房保障资金的筹集、管理和使用情况进行审计，查出租赁补贴资金结余量大，部分租赁住房补贴发放程序不符合规定等问题。执行新型农村合作医疗基金专项审计，查出农合基金被诈骗142万元；医疗机构存在挂床套取基金行为；提高医疗收费标准、自立项目收费等问题。

第四节　企业事业单位审计

1991年，审计发现县电影公司设“小金库”2个，金额31.69万元。配合县检察院、纪委会、监察局、清房办等查处7个企业的财务收支，查出违纪行为案件2件，拘留和逮捕3人。1992年，审计重点企业单位5个，查出应缴违纪金额16.79万元。对县地道站执行审计，查出私设“小金库”金额18965.73元和未缴税款1083.15元。1994年，开展企业离任审计、承包审计、财务收支审计、资产评估、验资年检、咨询、培训等服务93项。1995年，为企业财务收支审计3件。1996年，对市粮食局（粮油贸易总公司）及新市、会山、文市粮所等单位进行新增粮食财务挂账审计，共查出虚增市财政应补亏损340.65万元。1997年，对社会保障局的养老、工伤基金和劳动服务中心的失业基金征收、发放、管理情况及10个企业执行审计，落实应收养老保险基金、失业保险基金180.85万元，审计期间促缴养老保险基金55万元。组织2个事务所对列名管理的企业单位进行年度报表审计，共审计33家、验资77家。1998年，对海南琼海电业公司1996年至1997年9月财务收支进行审计，查出应缴未缴电源建设费141.68万元，侵占挪用专项资金14.2万元，公款私存44.77万元等问题。对琼海市农业综合开发办第三期（1995—1997年）农业综合开发资金执行审计，查出132.13万元用于归还欠款，造成项目无法完成；项目配套资金53.1万元没有及时到位。对琼海市社会保障服务中心1997年度企业欠缴养老、工伤保险基金执行审计，查出1997年度企业欠缴养老保险基金31.51万元。完成对67家企业年度审计，经济鉴定3件。1999年，执行海南省电力有限公司琼海分公司1997年至1998年电力发展资金审计，查出潭门供电所、长坡供电所分别欠缴电源建设费5.72万元、2.57万元。执行市城监大队1997—1998年财务收支审计，查出设账外账资金73.04万元，转由纪检监察部门立案查处，收回其截留应缴财政之款并罚10%，共计12296.42元。对琼海市地方公路管理站执行审计，查出共开设银行账户4个，存在多头开户问题。

对琼海市交通规费征稽所执行审计，查出存在将罚没收入和交通规费11808.86元以个人储蓄方式存入银行的问题。对琼海市万泉河旅游开发总公司执行审计，查出1998年预付账款的总账、报表数比明细账合计数大56524.93元，其他应收款的总账、报表数比明细账合计小56524.9元。

2000年，对市粮油总公司执行审计，共查出各类违规金额260.48万元、下属5个单位共欠银行贷款本息3176.78万元，比资产总额多610.13万元，资产负债率为128.24%。对市富海房地产开发公司等5家国有或集体企业的职工基本养老保险情况执行专项审计，查出共105人未参加社会保险，应缴未缴纳养老保险费14万元。2001年，执行市烟草公司1999—2000年财务收支审计，查出未上缴市财政2000年度利润86万元；多提折旧费9.7万元，公款支付个人负担契税3.6万元，购置电脑等资产未记固定资产账4万元。对市供销社、糖烟酒公司等10个单位 “收支两条线”进行审计，查出市供销社漏交税收等问题。2002年，对琼海电信营销有限公司进行审计，查出漏缴税金26.6万元。2003年，执行海南省电力公司琼海分公司2002年度资产负债和损益情况审计，并对分公司所办的经济实体进行专项审计调查，查出分公司存在固定资产账实不符、少计主营业务收入、少计税费、虚列营业外支出、转移收入；分公司所办经济实体存在侵占主业收入、未代扣代缴个人所得税、未申报缴纳企业所得税等问题。执行市房地产开发总公司2001至2003年6月资产负债和损益审计，查出没有建立有效的内部控制制度，造成企业损益不真实；企业从1996年起未向社保机构缴纳职工养老保险基金。根据审计结果，企业负责人被免职。执行万泉河旅游开发总公司2002年至2003年6月资产负债和损益审计。2004年，执行省汽车运输总公司琼海分公司2003年度资产负债和损益情况审计。执行琼海市城市投资建设有限公司的财务收支审计，查出资产管理制度不够完善，未建立资产定期盘点制度，支出挂往来款项，造成少计管理费用支出等问题。2005年,对市农业服务中心预算执行审计，查出预算内容不完整，编制不规范的问题。

2010年，对市粮食局2009年度预算执行情况和其他财政财务收支情况进行审计调查，查出无预算安排拨款16万元；专项资金和单位自有资金未纳入单位统一会计核算管理等问题。对市畜牧兽医局2009年度财政财务收支进行审计，查出农民养猪财政补贴资金发放提供资料不齐全；养猪贷款贴息财政补贴发放金额计算依据不准确；无贷款还息凭证发放贷款贴息补贴7.7万元等问题。

第五节　经济责任审计

1992 年，协助县检察院查证南虹宝石实业有限公司董事长（县农机总公司经理）失职案。1994 年，完成企业离任审计、承包审计、财务收支审计、资产评估、验资年检、咨询、培训等服务 93 项。1995 年，完成企业离任审计 12 件。1997 年，完成 4 个科级公司经理的经济责任审计。1998 年，完成 1 个企业经理离任审计。1999 年，开展新市等 8 个乡镇的 12 名书记、镇长的任期经济责任审计。查出部分乡镇违规编制赤字预算 42 万元，截留本级财政预算收入款 527.03 万元、虚列财政收入 33.3 万元、白条报销 213 万元；未收回 35.9 万元财政周转金等问题。同时发现漏缴个人所得税、动用计划生育免扎押金、挪用教育专项资金等问题。

2000 年，对市社会保障服务中心原主任、市侨联原主席、市妇幼保健院院长等任期经济责任进行审计。查出市侨联会原主席在任职期间，不依法申报缴纳税 11.8 万元；不履行合同，使侨联会的逾期房租 37.56 万元无法收回；接待费支出不在单位财务账册上反映等问题。2001 年，对中原镇政府等 9 个单位主要领导进行审计。共查出各种违纪违规金额 1270.15 万元，其中转移、截留和应缴未缴财政预算管理资金 188.83 万元，挤占挪用专项资金 25.41 万元，固定资产未登记资金 355.2 万元。2002 年，对博鳌镇等 3 个单位的主要领导任职经济责任进行审计。2003 年，对市人民医院等 7 个单位主要领导任期经济责任进行审计，共查出违规资金 67.6 万元，管理不规范资金 302 万元，应缴交财政资金 30.5 万元，国有资产未登记 150 万元。

2005 年，对市投资建设有限公司总经理进行经济责任审计，查出存在固定资产账实不符，没有及时清理债权债务，有单位和个人长期拖欠款项的问题。2006 年，对市场开发建设服务总公司、嘉积糖厂等 2 个单位主要领导进行任期经济责任审计。查出欠发职工工资、社会保险费、银行贷款本金利息、私人借款本金利息等共 428.17 万元；任职期间重大经营决策失误、降解袋厂半途流产，造成欠职工集资款 65.75 万元。2007 年，对市海洋与渔业局局长任期经济责任进行审计，查出漏缴国有资产占用费、少计固定资产、财务管理不够完善、内控制度不严格等问题。2009 年，对市发改局和人劳局 2 名局长进行经济责任审计。查出违规处置国有土地 1.67 公顷、违规处置国有资产经营收益、违规处理单位“暂付款”问题。

2010 年，开展市文体局等 9 个单位主要领导的离任经济责任审计，查出违规金额 26 万元，管理不规范金额 287 万元，应上缴财政 26 万元。

第七章　质量技术监督

第一节　机　构

1990 年 6 月成立琼海县标准计量管理局，1992 年 3 月更名为技术监督局，1995 年 1 月更名为技术监督办公室，负责琼海市（县）标准化管理工作，归工业局管理。2001 年 2 月，归海南省质量技术监督局垂直管理，更名为海南省琼海质量技术监督局（简称琼海质监局），为正科级行政执法单位。负责琼海市产品质量、标准、计量和特种设备“四位一体”行政执法与综合管理职能。下属单位为海南省琼海质量技术监督技术所，为副科级事业单位，负责计量、食品检验综合管理职能。2010 年，单位占地面积 1603 平方米，建筑面积 1788 平方米，有行政编制人员 14 人，机关工勤人员 2 人，事业编制人员 5 人。

第二节　计量检定

1991 年后，计量检定得到发展，特别是 1998 年从抓改革分配制度入手，强化内部管理，为了搞活经营，创新开展防雷检测工作，年创收达 50 万元，创历史最高纪录。2001 年，实行垂管，先后建立起三等砝码、衡器、压力表、血压计、加油机等 5 项计量检定标准，有效促进计量工作的开展。垂管后，开展定量包装与计量专项执法，仅 2010 年就立案 5 件，罚款 1.53 万元。全年计量器具检定 9218 台，收入 34.39 万元，完成年计划任务 129%。

1991—2010 年每年开展纪念“3·15”消费者权益日、2000—2010 年每年开展“5·20”世界计量日等活动；开展“能源计量进企业、民生计量进社区、进乡村”活动，深入企业、社区进行宣传法律、法规，为群众提供免费咨询服务，现场指导消费者如何正确使用计量器具，如何识别和提防缺斤短两行为。开展市场计量专项监督检查，规范市场计量行为；开展能源计量培训，引导用能单位加强管理，落实节能减排工作；强化技术机构监管，督促琼海技术所认真落实好“两免费”检定工作。

第三节　质量监督

1991—2010 年，共完成 414 家企业质量档案纸质文本及电子建档工作。通过绘制企业变化动态图、食品行业分布图、监管责任落实图和食品安全警示图等，对食品企业实行动态监管，做到早发现、早控制、早报告、早查处。全市备案食品企业 209 家，开业企业 121 家，取证企业 95 家，取证率 79%。

1998 年，琼海市技术监督办公室组织执法人员或配合市农业主管部门开展对市场商品质量监督检查 61 次，受检单位 433 家，占年计划的 102%。被查出没收的商品有假冒嘉陵摩托车 6 架，假冒爱华名牌录放机三部，假冒独联体产尿素 2600 千克，假冒南宁正大公司产“151”浓缩猪料 6280 千克，假冒进口、国产名牌酒 78 支，假冒进口“大生”“爱多收”“功夫”等农药 168 袋（瓶），没收假冒名牌手机电池、家用电器具、电线 586 件。

1999 年，琼海市技术监督办公室组织开展市场检查 62 次，检查商场（店）、工厂 413 家，没收和处理假冒伪劣商品标值 9.56 万元，行政处罚 3.33 万元。市场商品、工厂产品质量监督抽样 106 个，其中配合省有关部门进行抽样 54 个。3—4 月，与市农林局、市供销社共同组织开展四次农资商品大检查。对全市 27 个乡镇、农场的 34 家农资销售点进行全面检查，依法没收假冒俄罗斯产尿素一吨、三无农药一批，超保质期农药一批，商品标值 6750 元。通过不断加大对农资商品市场的监督检查和打击力度，扭转了农资市场的混乱局面。

2007 年，开展产品质量与食品专项整治，落实“三员四定”，一是将全市划分为三个责任片区，实行“定人、定责、定区域、定企业”分片监管，认真落实监管责任；二是按照分类监管原则，突出重点，对食品小企业、小作坊实行巡查、回访、抽查、质量承诺、添加剂备案和预警；三是监管重心下移，以镇、街道为基础，建立专业监督、政府协管、社会信息“三员”协同监管机制。

2009 年，突出抓“四查四保”（查食品，保安全；查市场，保节日；查农资，保民生；查建材，保建设）。开展一系列打假维权专项行动。组织对嘉积城区主要街道、重点区域、重点产品开展全面的执法检查。

2010 年，开展对涉及人身健康和安全 10 类重点产品质量及 28 类食品生产企业监督检查。出动执法人员 732 人次，检查企业 306 家次，立案查处 11 家，罚款 17.21 万元。全市有专业监督员 13 名、协管员 31 名、信息员 33 名。

第四节　特种设备安全监察

1991—2010 年，琼海市（县）特种设备安全监察工作先后由市（县）人事劳动局和琼海质监局管理。2002 年起，特种设备安全监察工作职能转入琼海质监局。 2003 年，全市共有特种设备使用单位 166 家 394 台（部），其中锅炉使用单位 63 家 75 台，电梯使用单位 51 家 92 台，压力容器使用单位 37 家 199 台、索道及厂内车辆起重机械 15 家 28 台（架）。其中新增登记的有锅炉 10 家 16 台、电梯 11 家 31 部。全年派出执法人员监察检验锅炉 75 台，电梯 92 部，压力容器 68 个，客运索道一条；对存在安全隐患的特种设备使用单位发出整改通知书 27 份，责令其改正并跟踪检查整改情况。6 月 11 日，举行“特种设备安全监察责任签字仪式”，全市特种设备使用单位分别与琼海质监局签订“安全责任书”。2004 年，在用特种设备按时按规定申报检验，其中锅炉 66 家 79 台（含新增 5 家 6 台），停用 7 家 7 台，在用 59 家 72 台，全部按期申报检验，年检率 100%；电梯 68 家 125 部（含新增 12 家 17 部），停用 4 家 9 部，在用 64 家 116 部，全部按期申报检验，检验率 100%；客运索道、压力容器、起重机械及厂内机动车辆等设备都按照要求进行申报检验，在用的检验率达 100%。委托省特种设备检验所，举办一期特种设备管理操作人员培训班，使锅炉、电梯、厂内机动车辆、客运索道操作人员持证率达到 100%，压力容器操作人员持证率达到 90%。2005 年，按时完成压力管道安全整治工作。8 月，再次举办一期特种设备操作管理人员培训班，共 65 人参加，杜绝了“无证”使用、“无证”上岗的现象。2006 年，全市在用特种设备 514 部（不包括气瓶和压力管道），其中锅炉 87 台、电梯 152 部、压力容器 213 台、厂内机动车辆 39 辆、起重机械 22 部，自有产权气瓶 62613 个，客运索道一条、压力管道 47 条 7.37 千米以及食品生产企业 103 家。全年特种设备检验率 98%，上岗人员持证率 98%，特种设备注册率 100%。与特种设备使用单位签订特种设备安全承诺书，以及食品企业签订质量安全保证书，并向用户发放特种设备宣传资料的安全知识 103 份。在“安全生产月”活动期间，组织执法人员用 15 天时间，对全市在用特种设备及食品安全进行监督检查。共检查生产企业 70 家，其中锅炉 35 家 36 台，电梯 32 家 40 部，液化气站 9 家，食品加工企业 32 家，发出整改通知书 28 份。2007 年，特种设备检验率 100%，上岗人员持证率 95%，特种设备注册率 100%。对市辖区内的危险源企业开展定期、不定期的监督检查。共有危险源企业 10 家，其中液化气站 9 家，氨气生产销售企业 1 家。2008 年，全市有特种设备 717 台，其中锅炉 69 台，电梯

350 部，压力容器 245 台，压力管道 47 家 7.37 千米，厂内车辆及起重机械 52 辆（部），客运索道使用单位 1 家 1 条，危险源单位 11 家。6 月 15 日，组织 25 个企业参加市政府组织的“安全生产活动月”咨询活动，发放《特种设备安全监察条例》和《气瓶安全监察规定》等材料 250 份，并利用广播电视进行宣传。全年出动执法人员 220 人次，检查企业 150 家，电梯 80 家 125 部，危险源单位 11 家，制冷行业 10 家，压力管道及起重机械 10 家。

2009 年初，组织对琼海辖区的重点区域、重点地区、重点危险源单位的特种设备以及人员较为集中的场所开展执查。共出动执法人员 165 人次，共检查特种设备使用单位 239 家，特种设备 717 台（件），立案查处违法案件 2 件，罚款 1.2 万元。组织执法人员从 3 月 1 日起，在省锅炉压力容器与特种设备检测人员的配合下，对博鳌地区 11 个单位在用 77 台（部/辆）特种设备进行专项检查检测，确保论坛年会期间特种设备运行安全。6 月，参加“2009 年安全生产月主题咨询日暨节能宣传周活动”，发放《特种设备安全监察条例》等多种宣传资料 500 多份及接受群众咨询。召开全市特种设备工作会议，与各特种设备使用单位签订“安全责任书”，并组织开展特种设备督查行动。对各镇领导、政务信息员和食品安全协管员进行安全生产教育，宣传有关法律、法规。截至 2010 年年底，全市有特种设备使用单位 235 家，特种设备 1257 台，特种设备登记率、定检率 100%，特种设备作业人员持证上岗率 98%以上，特种设备安全运行实现“零事故”。

2010 年，组织开展锅炉、压力容器、电梯等特种设备专项整治活动。一是以“安全生产月”“质量月”等活动为契机，组织全市 235 家特种设备使用单位及监管人员开展专业技能培训和重大安全事故警示教育，适时开展对特种设备安全监察；二是组织召开重点危险源企业座谈会，与琼海燃气公司等 10 家重点危险源企业负责人签订了《特种设备安全责任书》；三是对在用的 859 部电梯，定期进行安全监察，实现电梯安全运行“零事故”；四是开展节假日和“博鳌亚洲论坛年会”期间特种设备安全检查，对博鳌地区 11 家宾馆酒店的在用 77 台特种设备进行专项检查，确保在用特种设备运行安全。

第五节　标准化管理

1991 年至 1992 年 3 月，琼海县标准化管理工作由琼海县标准计量管理局负责，1992 年 3 月机构更名为技术监督局，1995 年 1 月更名为技术监督办公室，归工业局管理。1997 年 12 月至 1998 年 11 月，开展全国消灭无标生产试点市工作。全市共有工业企业 6030

家，其中属于国家界定为无标生产范围的311家，生产产品计9个大类26个品种，执行各类标准的产品456种。至1998年年底，已实现消灭无标生产的企业300家，占应界定为消灭无标生产企业数的97%，实现产品标准备案、登记449个，标准覆盖率98.4%。按相关规定，琼海市已实现消灭无标生产。1999年，巩固消灭无标准生产工作，继续抓好新办工厂生产产品标准的备案。共为企业采标7个、制定企业标准40个。完成组织机构代码926个，其中完成副本IC卡812个。2001—2010年，实施农业标准化示范区项目，帮扶琼海言均达水产有限公司等5家龙头企业实施嘉积鸭、辣椒、石斑鱼、罗非鱼、菠萝蜜等8个国家级农业标准化示范区项目，加强技术推广和标准化服务体系建设，创新示范区管理模式，并通过辐射带动作用，促进琼海市冬瓜产业发展。

2010年，抓好标准备案，为企业提供及时咨询服务，为121家企业的77项产品标准进行备案、登记，其中推荐62家企业采用国家、行业、地方标准38项。做好旅游服务标准化工作，围绕琼海市创建“5A天堂博鳌”景区目标，制定琼海特色的旅游服务业地方标准，促进琼海市服务质量和管理水平提高。积极为用户办理代码业务，共办理代码2632家，按期办结率达100%。

第八章　食品与药品监督管理

第一节　机　构

按照1998年国务院机构改革精神，2001年11月，经海南省人民政府批准，成立海南省琼海药品监督管理局，同时加挂琼海药品监督稽查队牌子，行政关系隶属于海南省食品药品监督管理局垂直管理的正科级行政单位。2004年12月，海南省琼海药品监督管理局更名为海南省琼海食品药品监督管理局，除继续行使药品监督管理之外，增加对食品、保健品、化妆品安全管理的综合监督和组织协调，依法组织开展对重大事故的查处职能，加挂海南省琼海食品药品监督稽查队和琼海市食品安全协调委员会办公室牌子，实行一个机构三个牌子。2008年，全国食品药品监管体制进行改革，食品药品监管系统取消省以下垂直，划归属地管理，2009年12月，琼海市进行机构改革，设置琼海市食品药品监督管理局（简称市食药监局），为琼海市主管消费环节食品、保健食品、化妆品和药品工作的正科级市政府工作部门，将原承担的食品安全综合协调职责划出给市卫生局，原市卫生局承担的餐饮消费环节食品监管职责划入，不再挂琼海市食品安全协调委员会办公室牌子。2010年3月，市食药监局完成行政职能、人员编制和固定资产划转，从海南省食品药品监督管理局正式划入琼海市属地管理。至同年底，有行政编制24名。

第二节　食品监管

20世纪90年代初，琼海市（县）食品卫生监督工作由市（县）卫生防疫站负责。1991年，开展卫生监督743户次，抽检餐具290份，合格率66.6%，抽检食品117份，合格率95.2%。此后，每年均组织开展卫生执法活动，监督覆盖率达到100%。2004年，市食品药品监督管理局增加对食品安全管理的监管，同年共组织食品安全监管各职能部门检查食品生产、加工、经营企业4682次，出动执法人员5085人次，检查食品生产、加工、经营企业1297家，全市农产品农药残留明显下降，高剧毒农药得到有效控制，无公害基地瓜菜抽检合格率达到100%，食品加工小企业办证率100%，学校食堂、大型宾馆酒店食品卫生量化分级达到100%，农贸市场管理进一步规范，乡镇以上集贸市场销售的猪肉检疫合格率达到100%，“三无”食品得到有效扫除，夸大宣传保健食品功能的问题得到遏制，群众食品安全意识普遍增强，制售有毒有害食品的违法行为得到及时依法查处。同年，组织开展食用油、奶制品和豆米面制品等高风险食品安全专项整治，打击生产经营使用“瘦肉精”、清缴问题乳粉、查处受病害菌污染的进口花生酱和查处不合格食品等群众关注的热点、焦点食品安全专项整治，开展打击违法添加非食用物质和滥用食品添加剂专项整治等145件次。2007年，率先在全省成立镇级食品安全协调机构，镇一级政府积极落实食品安全责任制。市政府与各镇政府、各监管职能部门签订年度食品安全责任书，制定印发年度食品安全专项整治工作方案等各类食品安全工作指导性文件。

2004—2010年，制定完善全市食品安全相关文件、制度，组织协调食安委各成员单位开展食品安全综合整治工作，严惩制售假冒伪劣食品的违法犯罪行为，开展食品安全宣传活动，做好节假日和重大活动期间的食品安全监管任务。相继组织开展每年博鳌亚洲论坛年会、中共十七大会议期间食品药品安全、保障海南岛欢乐节食品安全、校园食堂和中高考期间食品专项督查、节假日期间食品市场联合检查、牵头组织对重大食品安全事故查处等为重点的一系列专项整治活动。

第三节　药品监管

1991—2001年市药品监督管理局组建前，琼海市（县）药品监管工作主要由卫生行政部门承担。2002—2010年，加强药品医疗器械经营日常监管。通过定人、定责、定区域、定频次的方法，将监管重心下移，把日常监管责任落实到每个巡查组和责任人。以万泉河为分界线，将全市划分为南北两个监管区域；以元亨路为界，将嘉积城区也划分为南北两个监管片区，加大对城乡药品经营市场巡查的力度，确保对辖区内药品经营使用单位实施全过程、无间隙、无盲区监管。在巡查过程中，对监管相对人监管情况实行量化登记，按照药品（医疗器械）日常监督巡查记录规定的检查内容，并结合不同时期、不同阶段药品市场检查重点，对全市药品零售企业实施无缝隙监管，进一步巩固药品经营质量管理规范（GSP）认证成果，确保药品质量安全，每个年度完成城区零售药店2次、零售药店1次的全年巡查任务。加强毒、麻、精、放药品的监管。全市市级医疗机构和乡镇卫生院麻醉和精神药品用药严格执行向药品监管部门备案登记制度，严格特殊药品经营企业的市场准入。每年完成对辖区181家药品生产、经营企业监督检查2次以上，没有发生特殊药品流弊事件。开展查处齐齐哈尔第二制药厂假药、假冒人血白蛋白药品、上海医药公司华联制药厂生产甲氨蝶呤专项查处、医用氧专项检查、非药品冒充药品违法行为专项整治等专项稽查130件次。协助外省、市、县药监部门开展专项协查38件次；查办海南省食品药品监督管理局交办的案件17件。从2002年起，琼海市食品药品监督管理局累计出动稽查执法人员5803人次，执法车辆1712车次，检查医疗机构2758次，检查药品、医疗器械经营企业3016次，检查宾馆酒店医务室218次，共立案62件，一般程序案件结案62件，罚没款20余万元，组织销毁假劣药品236盒、36.27公斤中药饮片、医疗器械1763支（条），总货值12245.19元，清理违法药品广告205件。

2004—2010年，在加强从业人员培训、开展药品安全整治、推进农村药品配送网络和监督网络建设、实施药品市场准入和GSP认证检查、违法案件查处等工作中成绩显著。建成覆盖全市的农村食品药品监督网和配送网，食品药品监管的触角和供应网点延伸到最基层的广大农村，基本消除监管死角和供应盲区，农村食品药品市场得到净化。在农村药品配送中深入开展“药品零售连锁化、乡村药品配送化、药品配送秩序化”工作，做到“特殊药品专门配送、紧急药品立即配送、常规药品规范配送、特殊需要特殊配送”。重点开展非药品冒充药品、疫苗质量专项整治、虚假违法药品广告专项整治、侵犯知识产权产品专项整治232件次。与卫生行政部门配合，指导医疗机构开展规范药房建设，对医疗机构药品购进、验收、储存、养护等环节加强监督检查和指导，检查医疗机构1550次，分别对全市医疗机构特殊药品使用、国家基本药物品种等药品和医疗器械实施专项检查，进一步规范医疗机构用药用械行为。开展药品、医疗器械广告治理。认真贯彻《药品广告审查办法》，安排专人对媒体及互联网发布的药品广告实施监测，对监测发现的虚假违法药品广告，及时上报上级业务主管部门，同时向工商、各相关媒体通报，依法对未经审批擅自发布、擅自篡改审查批准的广告内容进行发布以及伪造、冒用或者使用过期失效广告批准文号进行发布的36个品种药品采取暂停销售的强制措施。加强药品不良反应监测管理。结合日常监督检查、认证跟踪检查，指定专人负责药品不良反应监测和信息收集工作，加强同卫生部门的沟通合作，联合印发《关于建立药品不良反应监测机构的通知》文件，成立琼海市药品不良反应分中心。重点开展对抗生素、中药注射剂等药品不良反应实施监测，向省药品不良反应中心上报药品不良反应监测情况86件。

第四节　药品审核认证

1991—2001年药品监督管理局组建前，琼海市（县）药品审核认证工作主要由卫生行政部门承担。2005年，食品药品监管局组织对原卫生部门核发的药品经营企业许可证和医疗器械经营企业许可证进行换证、认证，按照国家《药品经营质量管理规范认证》（GSP）标准对全市药品医疗器械经营企业实施核查，对符合认证标准的企业予以核发药品经营许可证，通过严格市场准入，同年全市药品经营企业由原来的近300家缩减为145家，企业店容店貌和管理水平明显提升。根据药品经营许可证管理相关规定，至2010年年底，第一轮核发的药品经营许可证有效期陆续届满，为保证药品经营活动的合法性和延续性，食品药品监管局从2010年下半年开始在全市范围内开展新一轮的药品经营许可换证、GSP再认证工作，同时开展药品零售企业分级管理工作。审核过程中结合琼海地区和行业实际，始终遵循营业面积就低不就高、人员资质就高不就低的原则，既坚持依法行政又讲求人性化执法，切实解决行政相对人换证、认证过程的实际问题，截至2010年11月底，完成对全市171家药品零售企业的换证、GSP再认证和分级管理工作。通过依法深入实施药品经营换证、GSP再认证和分级管理，进一步提升全市药品零售企业经营管理水平，规范药品经营行为，保证公众用药安全，促进医药经济健康发展。

第九章 安全生产监督管理

第一节 机 构

2003 年 12 月，琼海市对市直政府工作部门进行调整，在人事劳动保障局增挂安全生产监督管理局牌子，负责全市安全生产管理工作。工作人员由原工业局相关人员随职能划转，至 2009 年 4 月，工作人员编制增至 5 人。主要职责为负责非煤矿山、危险化学品、烟花爆竹三大行业的安全监管。2010 年，内设 8 个职能机构，行政编制 22 名，机关工勤人员财政预算拨款事业编制 3 名。市安全生产监督管理局同时承担市安全生产委员会办公室工作，统筹协调、组织全市安全生产工作。

第二节 重点行业及领域安全监察

一、非煤矿山企业安全监管

琼海市境内非煤矿山企业主要是采石场，2004 年 9 月开展普查统计，采石场数量为 24 家，2006 年，开展了金属非金属矿山企业安全标准化创建活动，3 家采石场被列为标准化试点单位，至 2007 年完成标准化试点。同年，建立了“一企一档”制度，全面完善了非煤矿山企业档案。至 2010 年年底，全市采石场增加至 32 家，全部完成建档工作，促进企业安全管理标准化。

二、危险化学品安全监管

琼海市境内危险化学品企业重点是加油站和涉氨企业，2004 年 9 月的普查统计中，全市加油（气）站 35 家，涉氨企业 6 家。由于多数企业规模小、硬件设施不完善，2006 年 4 月开展了以办证、评估为重点的专项整治。2007 年年底，全市加油站发展到 71 家，开展了全面的隐患排查治理行动，对小型、私人加油站加大了整治力度，加油站企业整体安全状况有明显提高。至 2010 年年底，24 家中石化、中石油加油站完成了标准化建设。

三、烟花爆竹安全监管

琼海市有 1 家烟花爆竹销售企业和 300 多家零售店铺，没有生产企业。2004 年年底，市政府对批发、零售方式进行了规范，实行专售专营，对非法运输、非法购买、非法燃放行为进行打击。2006 年 12 月，将民爆行业监督管理职能由市公安局划转市安全生产监督管理局。2007年年底，严格发证管理工作，对城区零售店铺规模进行控制。2010年6月起，安监、公安、工商等部门组成联合执法检查组，对全市烟花爆竹市场定期不定期开展多次联合大检查。至2010年年底，全市零售店铺不超过400家，未发生烟花爆竹行业的生产安全事故。

第三节　安全生产责任落实和事故查处

2004年3月，市政府制定《琼海市实行行政领导安全生产责任制规定》和《琼海市人民政府有关部门安全生产工作职责规定》，市政府每年与32个安委会成员单位签订《安全生产工作目标责任书》。2004—2009年，市分管安全生产工作副市长为市安全生产委员会主任，各成员单位分管副职领导为成员；2010年，市长任市安委会主任，各镇和农场的镇长、场长为组成人员，安全生产责任意识进一步强化。同年1月，与16家较大型企业签订《安全生产工作责任书》，把安全生产事故责任落实到各行业主管部门和企业。

2004—2010年，平均每年发生安全生产亡人事故不超过3起，全部得到及时查办和处理，没有积案。

第四节　安全教育

2004年起，每年6月，开展“全国安全生产月”活动。通过举办文艺晚会、安全生产影片巡回放映、安全生产知识竞赛、演讲比赛、征文比赛等活动，大力宣传安全生产知识。2009年起，在城区主要位置的电子大显示屏滚动播放安全生产和消防知识公益广告，加大宣传力度。2010年，市安全生产监督管理局在万泉镇举办全市“安全生产月”咨询活动。活动中，群众踊跃咨询、索要安全生产知识和资料，进一步推动安全法律和安全知识进乡村，安全生产应急科普知识得到普及。

第十章　国土资源管理

第一节　机　构

1991 年，琼海县政府主管国土的部门是县国土局。1993 年 4 月，更名为市土地管理局。1998 年 7 月，土地管理局与环境资源局合并，成立市国土资源环保局。2000 年，设置琼海市国土环境资源局，为主管全市环境保护和土地资源、矿产资源等自然资源的规划、测绘、管理、保护与合理利用的市政府组成部门，也是具体负责测绘工作的市政府主管部门。2005 年 7 月，实行省、市双重管理体制，以省国土环境资源厅管理为主，市政府协助管理。2010 年，市国土局内设行政秘书组、法规监察组、规划测绘组、耕地保护组、地籍管理组、土地利用组、地质矿产组、污染控制组、生态环境保护组，下辖国土资源监察大队和土地储备与交易中心。行政编制 38 名、工勤编制 2 名，其中，局长 1 名，副局长 3 名，总工程师 1 名；基层国土所核定编制数 36 名。 2 个下属单位核定编制 23 名，其中国土环境资源监察大队编制 8 名；土地储备整理交易中心编制 15 名。

第二节　用地规划

一、总体规划

1994 年 4 月，组织编制《海南省琼海市土地利用总体规划》，规划基期为 1992 年、规划目标年为 2000 年、规划远期展望为 2010 年。1995 年 6 月，经海南省土地管理局组织有关专家评审通过，1996 年 4 月，经省人民政府办公厅批准实施。2001 年 10 月，提交省政府审批《海南省琼海市土地利用总体规划（1997—2010 年）》，规划基期年为 1996 年、规划目标年为 2010 年、规划展望年为 2030 年。2010 年 3 月，提交省政府批准实施《琼海市土地利用总体规划（2006—2020 年）》，2005 年为规划基期，2006—2010 年为规划近期，2011—2020 年为规划远期。

二、主要措施

采取多种措施提高耕地经济效益和土壤肥力，防治土地退化。将森林划为生态公益和商品林两类，重点建设生态公益林。2010 年，全市生态公益林面积达到 16989.59 公顷，其中海防林面积 1475.07 公顷，天然林保护面积 9679.77 公顷，其他生态防护林 5834.76

公顷。商品林保持在 80759.5 公顷。全市森林覆盖率达到 57.15%。

控制建设用地总规模，实行建设用地审批及耕地占补平衡制度。完善城镇体系和功能，重点建设琼海三大组团（嘉积城区、博鳌水城、温泉官塘组团）和龙湾港开发区，搞好列入全省百镇建设中的博鳌、长坡、大路、中原、阳江、潭门、塔洋、上埇、东升农场等乡镇建设。 2010 年，建设用地总规模控制在 15573.66 公顷，新增建设用地控制在 4356.1 公顷，建设用地尽量少占耕地，占用耕地不得超过 977.9 公顷。对非农建设占用耕地实行耕地占补挂钩。嘉积城区用地按人均 120 平方米控制，博鳌水城设施用地规模控制在 846.33 公顷。龙湾港用地规模控制在 426.95 公顷以内。其他城镇及农垦系统场部人均用地不得突破 150 平方米，建制镇及集镇总规模控制在 1598.26 公顷。村庄用地按人均 200 平方米控制，村庄用地保持在 4935.62 公顷；独立工矿用地规模控制在 1218.13 公顷。

三、基本农田保护

1991 年，在全县范围开展学习宣传《中华人民共和国土地管理法》，切实加强城乡土地管理工作。同年共审批农村居民建房 549 宗，占地 81.41 亩，其中耕地占用 3.65 亩，基本做到依法用地、合理用地，节约用地和保护耕地。1992—1993 年，共审批农村居民建房 500 宗，占地 69.55 亩（其中使用原宅基地 25.26 亩，空闲地 41.43 亩，耕地 2.87 亩）。通过加强管理，使农村居民建房达到合理利用土地，保护耕地的目的。1995 年，完成土地利用总体规划、基本农田保护规划、乡镇规划编制、土地利用总体规划说明书、基本农田保护区规划报告、土地利用总体规划图、基本农田保护区规划图等。特别是侧重编制好基本保护区规划，其间经 3 次调整，划定了琼海市长期不得占用的一级基本农田 16729.57 公顷，2000 年前不得占用的二级基本农田 91.72 公顷。1996 年，会同农业部门进行基本农田保护区的划界定碑工作，并层层签订责任状，明确责任。1997—1998 年，出台《琼海市基本农田保护管理规定》，加强基本农田保护执法监督。全市农田保护面积 16798.79 公顷，比海南省政府下达的保护任务多 1.14%。1998—1999 年，开展基本农田保护执法大检查、强化执法监督。会同市政府办公室、市监察局、市农业局等部门组成基本农田保护区联合检查组，对全市 21 个乡镇和 6 个国有农、林场（所）1721 块地块，16798.79 公顷应保护的基本农田进行全面检查并采取整改措施，查出主要问题为基本农田撂荒。2000—2010 年，结合每年全国“土地日”宣传活动，抓好新《中华人民共和国土地管理法》的学习和宣传。

至 2010 年，经全市各乡镇划定落实的基本农田保护面积汇总，划定全市基本农田保护区 1697 块，规划面积 17021.29 公顷，其中长期不得占用的一级基本农田 16729.57 公顷，规划期间不得占用的二级基本农田 91.72 公顷。

第三节　土地使用管理

一、土地征用出让

1991 年，制定《建设用地报批管理规定》，严格执行县政府规定地价，依法征用出让土地，共出让土地 8 宗，面积 22.54 公顷，收取地价款 33.48 万元。1992 年，征用出让土地 20 宗，面积 41.4 公顷，上缴地价款 46.76 万元。1993 年，征用出让土地 21 宗，面积 378.64 公顷，收取土地出让金 2999 万元。1995 年，完成征地出让土地 60 宗，面积 226.45 公顷，收取出让金 1312 万元。1999 年，依法办理征地 12 宗，面积 27.77 公顷。2002 年，按照国土资源部发布的《招标拍卖挂牌出让国有土地使用权规定》办理出让供地手续。2003 年、2004 年，全市未办理招拍挂出让供地手续。2005 年，出让土地 3 宗，面积 169.85 公顷，总成交价款 22662.78 万元；2006 年，出让土地 8 宗，面积 194.51 公顷，总成交价款 33888.65 万元；2007 年，出让土地 9 宗，面积 5.12 公顷，总成交价款 1366.12 万元；2008 年，出让土地 1 宗，面积 4.95 公顷，总成交价款 3342.4 万元；2009 年，出让土地 4 宗，面积 36 公顷，总成交价款 15999.71 万元；2010 年，出让土地 11 宗，面积 96.33 公顷，总成交价款 184008.8 万元。2006—2010 年，共办理农转用项目 65 个，涉及用地面积 1168.81 公顷，其中新增建设面积为 1058.41 公顷，占用耕地面积为 270.47 公顷，完成征地面积为 862.53 公顷。

二、土地整理

2005 年，市国土局开始实施建设土地开发整理项目。通过平整土地，归并零散地块，建设农田水利设施、田间路网和生态防护林体系，建设高产稳产基本农田，提高耕地质量；通过整治，落实国家“先补后占”和“占补平衡”的耕地保护制度，确保全市耕地总量动态平衡；通过土地整治，增加耕地播种面积，提高农业运输和农田灌排标准，改善耕地和基本农田生产能力，农业机械化耕种水平、农田灌排能力提高，农业生产条件改善，保障琼海市粮食生产安全和热带现代农业持续发展。

至 2010 年，琼海市完成中原镇大克洋土地整理项目、大路洋土地整理项目、塔洋镇土地整理项目、大路镇省级基本农田整理项目、万泉镇基本农田土地整理项目、潭门镇福田耕地占补平衡项目一、二期工程项目等 9 个重点项目建设，土地整治规模 4796.34

公顷，新增耕地面积 523.15 公顷。以中低产田为改造重点的农业综合治理面积达 25180 公顷。对宜农的未利用地进行开发，开垦为耕地 465.01 公顷。对村庄进行统一规划与整理，整理村庄 6197.03 公顷。

第四节　矿产资源管理

1991—1999 年，琼海市（县）国土部门主要采取年检和整顿相结合的方式，巩固矿产资源管理成果。1998 年，重点巩固长坡红旗岭花岗岩矿区的整顿成果，加大力度检查大路、洋水、中原、九曲江、文市等乡镇的建材矿产开采点，取缔查封未申办开采手续和缴费的开采点 13 个，制止纠正越界开采点 87 个，没收及扣押各种生产工具 297 件，实行治安行政处罚 4 人。1999 年，加强对花岗岩矿产品销售点的检查，取缔没有采矿许可证、拖欠资源补偿费的销售点。同年，换发采矿许可证 134 个，征收资源补偿费 89.75 万元；检查 137 个矿山开采点，年检率 100%；停发拖欠资源补偿费的 26 个矿点的采矿许可证，追缴拖欠矿产资源补偿费 35 万元，查封取缔 26 个无证开采点，扣押生产工具 56 件，处理矿山权属纠纷 8 桩；完成 176 个开采点的地质简测。

2001 年，加大地矿执法监察力度，市国土部门会同公安、工业等部门，清查会山乡加定非法采金点，遣返截留在山上的 100 多名民工，炸毁采金洞口和氰化池，埋设“加强会山加定金矿管理规定”公告牌，并以此为契机，全面开展矿山年检工作，取缔无证开采和越界开采的采矿点，制止无证开采和越界开采行为，促使矿业秩序基本好转。同年，共完成 96 个采矿点年检，关闭无证开采的矿点 2 个。2005 年，对各采矿点进行全面巡查，取缔 2 处钛矿越界开采点，取缔 5 处无证开采的石场，扣没非法开采设备一批。按照《探矿权采矿权招标拍卖挂牌管理办法》和《矿业权挂牌招标拍卖出让管理暂行规定》，建立采矿权公开市场，开展采矿权挂牌出让工作。同年，挂牌出让花岗岩及建筑用砂采矿权 12 宗，面积 104.6 公顷，储量 164985 立方米，收取采矿权价款 32.27 万元。同时认真执行采矿许可证制度和采矿许可证年检制度，至 11 月中旬，共进行采矿登记 45 宗（其中新挂牌出让 11 宗，延续登记 34 宗），征收采矿权使用费 2.3 万元，采矿登记费 0.6 万元;年检矿山总数 49 个，年检矿种 8 个，年检合格矿山 40 个，年检合格率达 81.6%。至 2010 年，琼海市共设置探矿权 18 个，勘查登记面积 373.37 平方千米，占全市域面积的 22.1%，勘查矿种主要为金、铜、钼、锌等金属矿产。虽然登记勘查项目很多，但实际有效投入不足，成效不高。已正规开采利用主要是锆钛砂矿、石墨矿、医疗热矿水、天然矿泉水、建筑用花岗岩、建筑用玄武岩、建筑用砂、黏土等。全市共有各类矿山企业 51 家，从业人数 1068 人，其中锆钛砂矿山 2 家、石墨矿山 1 家，建筑用花岗岩矿 16 家，建筑用玄武岩矿 8 家，建筑用河砂矿 12 家，砖瓦用黏土矿 7 家，砂岩矿 2 家，热矿水 2 家，天然矿泉水 1 家。其中中型矿山企业 9 家，小型矿山企业 42 家。2010 年，琼海市矿业总产值 7990 万元，在全市生产总值中占比 0.78%。

第九编　中国共产党琼海市（县）地方组织

1991—2010年间，召开中共琼海市第八次至第十一次代表大会，选举产生中共琼海市第八届至第十一届委员会、中共琼海市第八届至第十一届纪律委员会。1995年、2001年、2010年，市直党政机构改革。2010年，市委工作机构有纪律检查监察委员会、办公室、组织部、宣传部、统战部、政法委员会、编委办等和新闻中心、党校、党研室等事业单位。第八至十一届委员会，确立推进经济建设、政治建设、文化建设、社会建设“四位一体”全面协调发展，建设大琼海小康社会的指导思想。在发展经济社会建设的同时，市（县）委出台《关于建立党风和廉政责任制的决定》，明确各级领导干部在党风廉政建设中的职责，推动党风廉政建设的规范化、制度化建设。在党内开展反腐倡廉宣传教育活动，加强惩治和预防腐败体系建设，认真纠正政风行风。

第一章　中国共产党琼海市（县）代表大会

第一节　党代表

中国共产党琼海市（县）代表大会为中共琼海市（县）各级组织的领导机构。中共琼海市（县）代表大会的代表名额和选举办法，由中共琼海市（县）委决定并报上一级党委批准后实行。全市（县）按照乡镇和战线划分为若干个选举单位，各级党组织根据本选举单位所分配的名额、代表类别等条件提出并确定候选人名单，提交选举单位内党员大会选举产生出席会议的代表。

1991—2010年琼海市（县）历届党代会代表构成情况表

表9-1-1　　单位：人

届数	时间	代表总数	党代表构成情况							年龄	文化程度	
			各级领导干部	各类专业技术人才	先进模范人物	农村支部书记	部队代表	妇女代表	少数民族代表	45岁以下	大专以上	中专（高中）
第七届	1990年3月至1993年3月	230	—	—	—	—	—	—	—	—	—	—
第八届	1993年3月至1998年3月	242	—	—	—	—	—	—	—	—	—	—

续表 9-1-1

届数	时间	代表总数	党代表构成情况							年龄	文化程度	
			各级领导干部	各类专业技术人才	先进模范人物	农村支部书记	部队代表	妇女代表	少数民族代表	45 岁以下	大专以上	中专（高中）
第九届	1998 年 3 月至 2003 年 3 月	259	154	52	50	70	3	42	6	124	94	107
第十届	2003 年 3 月至 2007 年 1 月	253	112	47	38	76	4	36	4	123	135	92
第十一届	2007 年 1 月至 2010 年 12 月	263	169	56	51	90	5	43	5	137	155	84

第二节　历次代表大会

一、中共琼海县第七次代表大会

1990 年 3 月 15—16 日，中共琼海县第七次代表大会在嘉积召开，应出席代表大会代表 230 人，实际到会代表 223 人。大会听取和审议县委工作报告和纪检会工作报告。韩至中代表中共琼海县第六届委员会作题为《发挥各级党组织的领导核心作用，把我县社会主义物质文明和精神文明建设继续推向前进》的工作报告，总结 3 年县委工作。提出进一步加强党的建设，抓好社会治安，改善投资环境，搞活经济，不断提高人民的物质和文化生活水平的工作任务。大会表决通过了《关于中共琼海县委员会报告的决议》和《关于中共琼海县纪律检查委员会工作报告的决议》。大会通过民主协商，选举产生中共琼海县第七届委员会。

二、中共琼海市第八次代表大会

1993 年 3 月 1—2 日，中共琼海市第八次代表大会在嘉积召开，出席代表大会代表 244 人。大会听取和审议了韩至中代表中共琼海县（市）第七届委员会作的题为《发挥各级党组织的领导核心作用，团结和带领全市人民为建设繁荣文明、美丽的新琼海而努力奋斗》的工作报告和胡婉代表中共琼海县（市）第七届纪检会作的工作报告。大会表决通过了《关于中共琼海市委员会报告的决议》和《关于中共琼海市纪律检查委员会工作报告的决议》，选举产生中共琼海市第八届委员会。

三、中共琼海市第九次代表大会

1998 年 3 月 9—11 日，中共琼海市第九次代表大会在嘉积召开，出席大会的代表有 249 人，其中妇女代表 42 名，少数民族代表 6 名。白在林代表中共琼海市第八届委员会向大会作题为《同心同德，开拓进取，为建设富裕文明的新琼海而奋斗》的报告。这次党代会的主题是高举邓小平理论伟大旗帜，深入贯彻落实中共十五大精神和省第三次党代会精神，动员全市各级党组织、广大党员、干部和群众，进一步解放思想，同心同德，开拓进取，求真务实，为建设富裕文明的新琼海而奋斗。大会表决通过了《关于第八届市委工作报告的决议》和《关于中共琼海市纪律检查委员会工作报告的决议》，选举产生中共琼海市第九届委员会和纪律检查委员会。中共琼海市九届一次全委会选举产生市委领导机构。

四、中共琼海市第十次代表大会

2003 年 3 月 24—26 日，中共琼海市第十次代表大会在嘉积召开，出席大会的代表有 251 人，其中妇女代表 36 名，少数民族代表 4 名。陆志远代表中共琼海市第九届委员会向大会作题为《全面建设小康社会，开创琼海改革开放和现代化建设事业的新局面》的报告。大会报告提出之后五年总的指导思想和奋斗目标是：坚持以邓小平理论和“三个代表”重要思想为指导，全面贯彻落实中共十六大精神和省第四次党代会精神，建设大琼海，在全省率先实现全面建设小康社会。大会通过了《关于第九届市委工作报告的决议》和《关于中共琼海市纪律检查委员会工作报告的决议》，选举产生中共琼海市第十届委员会和纪律检查委员会。中共琼海市十届一次全会选举产生市委领导机构。

五、中共琼海市第十一次代表大会

2007 年 1 月 23—25 日，中共琼海市第十一次代表大会在嘉积召开，出席大会的代表有 258 人，其中妇女代表 43 名，少数民族代表 5 名。祝春荣代表第十届市委作题为《振奋精神，万众一心，突出特色，真抓实干，为实现琼海又好又快发展而努力奋斗》的报告。报告提出之后五年工作的总体要求是：坚持以邓小平理论和“三个代表”重要思想为指导，全面落实科学发展观，大力构建和谐社会，切实加强党的建设，立足琼海优势，努力打造富有琼海特色的产业结构和发展机制，推进琼海经济建设、政治建设、文化建设与社会建设“四位一体”全面协调发展。大会通过了《关于第十届市委工作报告的决议》和《关于中共琼海市纪律检查委员会工作报告的决议》，选举产生中共琼海市第十一届委员会和纪律检查委员会。中共琼海市十一届一次全会选举产生市委领导机构。

第三节　乡镇（场）党代会

1992 年琼海撤县设市后，各乡镇管辖范围不变。1993 年 3 月，琼海市 14 个镇委、7 个乡委召开党代会进行换届，选举产生各乡镇委员会和镇纪律检查委员会。

1999 年 2 月，中共石壁镇第九次代表大会召开。通过不记名投票的选举办法，依照党章规定程序选举产生中共石壁镇第十届委员会和镇纪律检查委员会。2—4 月，博鳌镇、潭门镇、福田镇、长坡镇、烟塘镇、塔洋镇、大路镇、万泉镇、中原镇、阳江镇、龙江镇等 11 个镇和朝阳乡、新市乡、九曲江乡、文市乡、会山苗族乡等 5 个乡共计 16 个乡镇召开第十届党代会。通过不记名投票的选举办法，依照党章规定程序选举产生各乡镇第十届委员会和镇纪律检查委员会。4—10 月，嘉积镇、温泉镇、泮水乡、上埇乡等 4 个乡镇召开第十一届党代会，通过不记名投票的选举办法，依照党章规定程序选举产生各乡镇第十一届委员会和镇纪律检查委员会。

2002 年 2 月，原嘉积镇、温泉镇、泮水乡、上埇乡等 4 个乡镇合并成立新的嘉积镇，于 2002 年 4 月 13 日，召开中共嘉积镇第十二次代表大会，通过不记名投票的选举办法，依照党章规定程序选举产生中共嘉积镇第十二届委员会和镇纪律检查委员会。3—7 月，博鳌镇、潭门镇、长坡镇、塔洋镇、大路镇、万泉镇、中原镇、阳江镇、龙江镇、石壁镇、会山镇等 11 个镇召开第十一届党代会，通过不记名投票的选举办法，依照党章规定程序选举产生各乡镇第十一届委员会和纪律检查委员会。

2006 年 11 月 15 日，嘉积镇召开中共嘉积镇第十三次代表大会，通过不记名投票的选举办法，依照党章规定程序选举产生中共嘉积镇第十二届委员会和镇纪律检查委员会。当月，博鳌镇、潭门镇、长坡镇、塔洋镇、大路镇、万泉镇、中原镇、阳江镇、龙江镇、石壁镇、会山镇等 11 个镇召开第十一届党代会，通过不记名投票的选举办法，依照党章规定程序选举产生各乡镇第十一届委员会和纪律检查委员会。

第二章 中国共产党琼海市（县）委员会

第一节 市（县）委机构

一、中共琼海县第七届委员会（1990 年 3 月至 1993 年 3 月）

1990 年 3 月 15—16 日，中共琼海县第七次代表大会选举产生中共琼海县第七届委员会委员 25 人，候补委员 4 名。在七届一次会议上，选举县委常委 8 名和正、副书记。1991 年 12 月，增补林杰锋为常委。中共琼海县第七届委员会县委委员 25 人，候补委员 4 名。委员 25 人中书记 1 人，副书记 2 人，其他常务委员 5 人。

二、中共琼海市第八届委员会（1993 年 3 月至 1998 年 3 月）

1993 年 3 月 1—2 日，中共琼海市第八次代表大会选举产生中共琼海市第八届委员会委员 25 人，候补委员 4 名。在八届一次会议上选举产生市委常务委员和正副书记。此后先后增补李言静、王绎频、胡婉、羊中兴、韩少功、谭进川为副书记，蒙绪斌、陈清飞、邢威、李天才、陈列雄为常委。1996 年 8 月，韩至中被调至省政府办公厅工作，不再担任市委书记。省委决定，白在林接任中共琼海市委书记。中共琼海市第八届委员会委员 25 人，委员 25 人中书记 1 人，副书记 2 人，其他常务委员 7 人，其中女性 2 人，少数民族 1 人。

三、中共琼海市第九届委员会（1998 年 3 月至 2003 年 3 月）

1998 年 3 月 9—11 日，中共琼海市第九次代表大会选举产生中共琼海市第九届委员会委员 25 人，候补委员 4 名，其中书记 1 人，副书记 3 人，其他常务委员 7 人。委员和候补委员中共有女性 3 人。

四、中共琼海市第十届委员会（2003 年 3 月至 2007 年 1 月）

2003 年 3 月 24—26 日，中共琼海市第十次代表大会选举产生中共琼海市第十届委员会委员 25 名，候补委员 5 名，其中书记 1 名，副书记 2 名，其他常务委员 7 人，委员和候补委员中共有女性 3 人。选举产生中共琼海市纪律检查委员会委员 15 名。

五、中共琼海市第十一届委员会（2007 年 1 月至 2010 年 12 月）

2007 年 1 月 23—25 日，中共琼海市第十次代表大会选举产生中共琼海市第十一届委员会委员 37 名，候补委员 8 名，其中书记 1 名，副书记 2 名，其他常务委员 7 人。委员和候补委员中共有女性 4 人。选举产生中共琼海市纪律检查委员会委员 21 名。

1991—2010 年中共琼海市（县）委书记更迭表

表 9-2-1

机构名称	姓名	任职时间	备注
中共琼海县第七届委员会	韩至中	1991 年 1 月至 1992 年 11 月	撤县设市
中共琼海市第七届委员会	韩至中	1992 年 11 月至 1993 年 3 月	撤县设市
中共琼海市第八届委员会	韩至中	1993 年 3 月至 1996 年 8 月	—
中共琼海市第八届委员会	白在林	1996 年 8 月至 1998 年 3 月	—
中共琼海市第九届委员会	白在林	1998 年 3 月至 2000 年 5 月	—
中共琼海市第九届委员会	肖　杰	2000 年 5 月至 2002 年 7 月	—
中共琼海市第九届委员会	陆志远	2002 年 7 月至 2003 年 3 月	—
中共琼海市第十届委员会	陆志远	2003 年 3 月至 2005 年 1 月	—
中共琼海市第十届委员会	朱清敏	2005 年 1 月至 2006 年 7 月	—
中共琼海市第十届委员会	祝春荣	2006 年 7 月至 2007 年 1 月	—
中共琼海市第十一届委员会	祝春荣	2007 年 1 月至 2010 年 12 月	—

1991—2010 年中共琼海市（县）委常委名单

表 9-2-2

届　次	常委名单
中共琼海市（县）第七届委员会	韩至中（1991 年 1 月至 1993 年 3 月），王家川（1991 年 1 月至 1992 年 7 月），程儒仕（1991 年 1 月至 1993 年 3 月），吴志坚（女，1991 年 1 月至 1992 年 1 月），杨居汉（1991 年 1 月至 1993 年 2 月），许泽飞（1991 年 1 月至 1991 年 4 月），王振芳（1991 年 1 月至 1993 年 3 月），王扬俊（1991 年 1 月至 1993 年 2 月），林杰锋（1991 年 12 月至 1993 年 3 月）
中共琼海市第八届委员会	韩至中（1993 年 3 月至 1996 年 8 月），程儒仕（1993 年 3 月至 1995 年 10 月），王振芳（1993 年 3 月至 1996 年 11 月），林杰锋（1993 年 3 月至 1995 年 11 月），王柱国（1993 年 3 月至 1998 年 3 月），胡婉（女，1993 年 3 月至 1998 年 3 月），卢鸿田（1993 年 3 月至 1994 年 12 月），张开新（1993 年 3 月至 1998 年 3 月），陈赞强（1993 年 3 月至 1996 年 4 月），李言静（1994 年 1 月至 1994 年 7 月），王译频（1994 年 12 月至 1996 年 8 月），蒙绪斌（1994 年 12 月至 1998 年 3 月），陈清飞（1996 年 5 月至 1998 年 3 月），邢威（1993 年 3 月至 1998 年 3 月），白在林（1996 年 8 月至 1998 年 3 月），羊中兴（1996 年 9 月至 1998 年 3 月），李天才（1996 年 9 月至 1997 年 8 月），韩少功（1997 年 5 月至 1998 年 3 月），陈列雄（1997 年 10 月至 1998 年 3 月），谭进川（1998 年 2 月至 1998 年 3 月）

续表 9-2-2

届　次	常委名单
中共琼海市第九届委员会	白在林（1998 年 3 月至 2000 年 5 月），羊中兴（1998 年 3 月至 2003 年 3 月），胡婉（女，1998 年 3 月至 2001 年 5 月），谭进川（1998 年 3 月至 2003 年 3 月），邢威（1998 年 3 月至 2003 年 3 月），张开新（1998 年 3 月至 2003 年 3 月），蒙绪斌（1998 年 3 月至 2001 年 5 月），陈列雄（1998 年 3 月至 2003 年 3 月），王元善（1998 年 3 月至 2003 年 3 月），陈松（1998 年 3 月至 2001 年 6 月），姚传秋（1998 年 3 月至 2003 年 3 月），肖杰（2000 年 5 月至 2002 年 7 月），陆志远（2000 年 8 月至 2003 年 3 月），刘春梅（女，2001 年 5 月至 2003 年 3 月），陈国庆（2001 年 6 月至 2003 年 3 月）
中共琼海市第十届委员会	陆志远（2003 年 3 月至 2005 年 1 月），邢威（2003 年 3 月至 2006 年 8 月），陈列雄（2003 年 3 月至 2007 年 1 月），符贻智（2003 年 3 月至 2007 年 1 月），姚传秋（2003 年 3 月至 2007 年 1 月），刘春梅（女，2003 年 3 月至 2007 年 1 月），陈国庆（2003 年 3 月至 2004 年 7 月），吴淑洪（2003 年 3 月至 2007 年 1 月），雷大宪（2003 年 3 月至 2007 年 1 月），陈泽（2003 年 3 月至 2007 年 1 月），丁圣（2004 年 7 月至 2007 年 1 月），宋祎（2004 年 6 月至 2006 年 7 月），朱清敏（2005 年 1 月至 2006 年 7 月），祝春荣（2006 年 7 月至 2007 年 1 月），符宣朝（2006 年 7 月至 2007 年 1 月），肖强（2006 年 12 月至 2007 年 1 月）
中共琼海市第十一届委员会	祝春荣（2007 年 1 月至 2010 年 12 月），符宣朝（2007 年 1 月至 2010 年 12 月），刘春梅（2007 年 1 月至 2009 年 8 月），陈列雄（2007 年 1 月至 2010 年 12 月），肖强（2007 年 1 月至 2010 年 12 月），雷大宪（2007 年 1 月至 2010 年 1 月），邢福海（2007 年 1 月至 2010 年 12 月），陈泽（2007 年 1 月至 2010 年 7 月），陈大钊（2007 年 1 月至 2010 年 12 月），陈宙（2010 年 6 月至 2010 年 12 月），陈小敏（女，2010 年 7 月至 2010 年 12 月），丁圣（2007 年 1 月至 2007 年 7 月），张棉生（2007 年 7 月至 2009 年 5 月），张凤祥（2010 年 1 月至 2010 年 12 月），骆龙飞（2009 年 5 月至 2010 年 7 月），朱华友（2009 年 5 月至 2010 年 5 月），符传富（2009 年 10 月至 2010 年 12 月），戴贞（2010 年 6 月至 2010 年 12 月），吴及时（2010 年 7 月至 2010 年 12 月）

1991—2010 年中共琼海市（县）委委员名单

表 9-2-3

届　次	委员名单
中共琼海市（县）第七届委员会	委员：王业儒、王扬俊、王昌保、王国彬、王柱国、王家川、王振芳、王家政、冯光年、甘先琼、邢海、许泽飞、张开新、吴志坚（女）、陈宏钦（黎族）、杨居汉、李宗炳、郑廷柏、庞学忠、胡婉（女）、符伟、韩至中、程儒仕、潘抗美（女）、詹达岩、林杰锋 候补委员：莫泽春、卢鸿田、卢家琳、黄开封

续表 9-2-3

届　次	委员名单
中共琼海市第八届委员会	委员：王国彬、李天才、王元善、庞学忠、李宗炳、吴淑洪、刘应宽、姚传秋、符贻智、王昌学、何秀英（女）、陈大钊、詹达岩、陈宏钦（黎族）、陈赞强、张开新、卢鸿田、胡婉（女）、王文进、王柱国、林杰锋、王振芳、程儒仕、韩至中、李言静、王绎频、蒙绪斌、陈清飞、邢威、白在林、羊中兴、韩少功、陈列雄、谭进川 候补委员：卢家琳、符福虎、颜京宗、符伟
中共琼海市第九届委员会	委员：白在林、羊中兴、胡婉（女）、谭进川、邢威、张开新、蒙绪斌、陈列雄、王元善、陈松、姚传秋、王文进、王振芳、刘根生、邢福海、吴淑洪、陈大钊、苏才渊、李宗炳、何秀英（女）、庞学忠、罗华汉、梁定金、符贻智、雷大宪、肖杰、陆志远、刘春梅（女）、陈国庆 候补委员：陈徽娥（女）、蔡崇彬、蒋学锋（苗族）、覃学益
中共琼海市第十届委员会	委员：王振芳、王晖雅（女）、邢威、邢福海、朱允彦、刘春梅（女）、李寒登、吴淑洪、何君裕、陆志远、陈泽、陈大钊、陈列雄、陈国庆、卓传海、罗华汉、姚传秋、符传富、符贻智、梁定金、程江洪、雷大宪、谭进川、颜业礼、丁圣、宋祎、朱清敏、祝春荣、符宣朝、肖强 候补委员：梁昌卫、李昌炎、符永煌、石英莲（女）、林宗森
中共琼海市第十一届委员会	委员：丁圣、王晖雅（女）、甘雷、卢和平、邢远飞、邢福海、朱允彦、朱华友、刘春梅（女）、刘晓朝、苏才渊、肖强、吴彦、吴恩泽、吴及时、张光亲、张跃美（女）、张凤祥、陈泽、陈大钊、陈列雄、陈学问、陈宙、陈小敏（女）、林茹（女）、林叶茂、林宗森、欧行轩、郑庆智、祝春荣、容日才、黄基钊、符传富、符贻智、梁昌卫、覃学益、覃业武、程江洪、雷大宪、谭进川、颜业礼、张棉生、骆龙飞、戴贞（女） 候补委员：叶海涛、蔡小平、陈雄（大路）、李德、李文池、李名广、颜海兴

第二节　市（县）委工作机构

1991 年，县委工作机构设办公室、组织部、宣传部、统战部、纪律检查委员会、政法委员会、党校、机关党委、对台办公室、信访办公室、调研室、体制改革办公室、老干部局、保密办公室、党史研究室、报社、机要科等 16 个工作机构。成立琼海县社会治安综合治理委员会办公室，为副科级行政单位，挂靠在县委政法委。成立琼海县精神文明建设领导小组办公室，为副科级行政单位，挂靠在县委宣传部。成立县委接待科，为副科级事业单位，归县委办公室管理。

1992 年 11 月，琼海撤县设市，原琼海县委工作机构名称作相应改变。1995 年，琼海市市直党政机构改革，机构设置为：一、中国共产党琼海市纪律检查委员会与市监察局合署办公，一个机构两块牌子；二、市委办公室，原调研室、体制改革办公室、信访办公室、机要科、保密办、档案局其行政职能并入市委办公室，市委办公室内设调研与体改办、信访办、机要保密办为副科级行政机构，市报社、接待科、党研室均为副科级事业单位，划归市委办管理；三、组织部，将老干部管理局更名为老干部管理办公室为副科级行政机构，归组织部管理；四、宣传部，同时挂“精神文明建设办公室”牌子；五、统战部，同时挂“市人民政府台湾事务办公室”牌子；六、政法委员会，同时挂“社会治安综合治理办公室”牌子；七、市直属机关与企事业工委。1997 年，党史研究室加挂“地方志办公室”牌子，一个机构两个牌子。机要保密办分设为保密办公室和机要办公室两个机构，为市委办内设机构。1998 年，市信访局、档案馆划归政府管理。

2001 年，琼海市市直党政机构改革，机构设置为：一、中国共产党琼海市纪律检查委员会设置不变；二、市委办公室，机要办公室更名为机要局，保密局公室更名为国家保密局（同时挂中共琼海市保密委员会办公室牌子），均为办公室内设机构，党研室、市报社、接待科设置不变；三、组织部，老干办更名为老干局，归组织部管理；四、宣传部设置不变；五、统战部设置不变；六、政法委设置不变；七、市直属机关与企事业工委更名为“市直属单位工作委员会”；八、机构编制委员会办公室列入市委工作机构序列，既是市委的工作机构，又是市政府的工作机构，挂靠人事劳动局。2002 年，市报社、党研室升格为正科级事业单位。2004 年，琼海市报社更名为市新闻中心，正科级事业单位，归宣传部管理。2010 年，市委工作机构设置为：一、中国共产党琼海市纪律检查委员会；二、市委办公室，内设保密局、机要局，市接待办为市委办下属事业单位，归市委办管理；三、组织部，老干部局归组织部管理；四、宣传部；五、统战部；六、政法委；七、市直属单位工作委员会；八、市编委办；九、市委直属事业单位：市新闻中心、市委党校、党研室。

第三节　重要会议与重大决策

一、重要会议

（一）市（县）委全会、常委（扩大）会议

1998 年 3 月 24 日，中共琼海市委召开九届一次常委扩大会议。会议认为，当前要全力以赴抓好经济建设，努力实现“三个突破”，即突破吃饭财政，转向建设财政；突破农业经济，过渡到工业经济；人民生活水平突破温饱型，实现小康富裕型。

2000 年 8 月 22 日，中共琼海市委召开常委扩大会议，部署全市发展非公有制经济工作。改革开放后，琼海市非公有制经济得到了快速发展。据初步统计，全市各类非公有

制经济16432家，从业人数52308人。2000年1—6月，国内生产总值19.35亿元，其中非公有制经济约占86%；财政收入1.043亿元，其中非公有制上缴税金约占83%。会议强调，全市各级党委、政府要提高认识，统一思想，进一步发展市非公有制经济。

2000年11月15日，中共琼海市委召开九届73次常委扩大会议，研究制定琼海市“十五”计划。会议提出“十五”期间把琼海建设成中等城市的奋斗目标。会议要求围绕“以发展为主题，以调整结构为主线，以改革开放和科技为动力，以提高人民生活水平为根本出发点”的方针，制定好“十五”计划。计划要突出琼海特色，着重突出“大琼海”战略构想，体现琼海的环境美、生态美。

2002年11月11日，中共琼海市委召开常委扩大会议，联系实际学习贯彻中共十六大精神，强调要开拓创新，加快发展，争取在全省率先实现小康社会。

2004年12月29日，中共琼海市委召开十届二次全体会议。会议就切实加强琼海市党的执政能力建设进行了部署。

2009年2月13日，中共琼海市委召开十一届六次全体会议，对市委2008年干部选拔任用工作进行“一报告两评议”。

2010年1月18日，中共琼海市委召开十一届七次全体会议。会议审议和通过了《中共琼海市委员会全体会议任用重要干部投票表决办法（草案）》。会议对市旅游发展委员会、市城市管理局局长、市民宗委主任、市城投公司总经理4个岗位8位重要干部提名人选进行了票决。

（二）党建工作会议

1992年7月10日，中共琼海县委举办第三批社教工作队培训班，社教的指导思想是：以邓小平南方谈话为指导，认真贯彻《中央关于进一步加强农业和农村工作的决定》，紧紧抓住用社会主义思想教育农民、干部这个根本，切实解决当前农村存在的实际问题，进一步深化农村改革，促进经济建设，把两个文明建设推上一个新台阶。这批社教在嘉积、泮水、烟塘、新市、潭门、文市、会山等7个乡镇开展。

1996年4月23日，中共琼海市委召开理论中心组学习会议，学习山东省诸城市企业产权改革经验。诸城改革的基本经验是：产权明晰、权责明确、政企分开、科学管理。市委书记、市长韩至中根据大家的讨论做学习总结，提出琼海市企业改革的意见。

2002年8月5日，中共琼海市委召开全市党员干部大会。大会的主题是：贯彻江泽民总书记“5•31”重要讲话精神，加快琼海发展。市委书记、市长陆志远发表重要讲话。大会确定琼海市“一年一小变，三年一中变， 五年一大变”的发展目标，对开展“二次创业”活动作了部署。

2006年7月21日，召开全市党员干部大会，市委书记祝春荣在会上作学习《中国共产党章程》辅导报告,传达省委关于在换届工作中加强组织人事纪律的有关文件精神。

2008年7月11日，召开全市副科级以上领导干部会议，市委书记祝春荣介绍省委五届三次全体（扩大）会议的概况，同时传达省委书记卫留成在开幕大会和闭幕大会上的讲话要点，传达《中共海南省委关于贯彻落实胡锦涛总书记重要讲话精神推动海南又好又快发展的决定》的主要精神。

（三）机构体制改革工作会议

1995年1月17日，中共琼海市委、市政府举行党政机构改革动员大会。按照省委、省政府批复的《琼海市党政机构改革方案》，琼海市原有党政机构单位56个，在编人员1100人，改革后设置机构30个，在编人员700人。其中市委工作部门原有16个，改革后设置7个，精简56%；市政府组成部门原有40个，改革后设置23个，精简43%。

1995年6月20日，中共琼海市委、市政府召开转换国有企业经营机制理论研讨会，市委常委、副市长分别宣读学习体会和调查报告。市委宣传部将学习体会和调查报告编纂为《企业出路在于改革——琼海市领导谈国有企业改革》一书出版发行。

1998年5月26日，中共琼海市委、市政府召开第二轮农村土地承包工作动员大会。第二轮土地承包工作的原则是：在原定的耕地承包期到期之后，再延长30年不变；提倡在承包期内实行“增人不增地，减人不减地”；允许在承包期内土地使用权依法有偿转让；在经济比较发达的地区，尊重群众意愿，实行适度规模经营。市直机关抽调161名干部协助各乡镇开展工作。此项工作历时2个月，于7月底结束。全市农村签订了土地承包合同71147份，发包土地面积25050.07公顷，占应发包面积的100%。

2001年4月4日，中共琼海市委、市政府召开党政机关机构改革动员大会。会议宣布，改革后，市委工作机构共设7个，部门管理机构1个，与政府合署办公机构1个，挂牌机构2个，人员精简15%；政府部门共设机构20个，人员精简25.64%；乡镇党政机关将分类设置机构，人员精简16.03%。此次机构改革，将积极推进干部人事制度改革，按省规定的提前离岗年龄界限，安排符合离岗年龄条件人员提前离岗；对任现职的领导进行年龄限制，规定男满55周岁，女满50周岁不再安排领导职务，转任非领导职务。

二、重大决策

1994年4月19日，中共琼海市委常委会讨论百货公司、物资总公司的产权改革方案。确定百货公司的改革采取两种形式：一是拍卖，二是搞股份公司；物资总公司采取整体拍卖。

1996 年 4 月 30 日，琼海市委、市政府发出《关于实施科教兴市战略的决定》，以推动全市科技进步。

1998 年 1 月 26 日，市委书记、市长白在林发表春节讲话，提出“抓财政，保支出；抓招商，增投入；抓改革，出效益”的全年经济工作方针和“全面推进两个根本性转变，逐步把我市建设成海南省东部花园式新兴工业城市”的目标。

1998 年 12 月 11 日，中共琼海市委发出《关于进一步加强农业和农村工作的意见》。提出农业跨世纪发展 5 年目标：全市农业增加值年均递增 10%，到 2002 年农业商品率达到 82%，农业科技进步贡献率达到 60.2%，农业科技成果转化率达到 55%，农业总产值达到 36.2 亿元，农民人均纯收入达到 4100 元。经过 5 年努力，使热带高效农业资源优势转变为商品优势，形成大规模、高品位、高档次的名牌农产品生产基地，建成基本实现现代化的可持续发展的生态农业体系。

1999 年 8 月 4 日，中共琼海市委、市政府决定从 1999 年起，每年的 8—9 月为“胡椒生产月”，实现“到 2002 年全市胡椒种植面积达 10000 公顷”的目标。

2000 年 1 月 3 日，中共琼海市委、市政府决定琼海市参与创建“中国优秀旅游城市”，并制定《琼海市创建“中国优秀旅游城市”实施方案》。

2000 年 1 月 6 日，中共琼海市委、市政府发出《关于进一步加快国有企业改革和发展的意见》，提出国有企业改革和发展的目标要求：用 3 年时间，完成国有企业改制，实现国有资产有效重组，国企职工得到妥善安置，下岗职工再就业和基本生活保障水平有较大提高；没有实施产权转让，尚属国家出资、控股、参股的企业建立起现代企业和国有资产监督营运机制。总体要求是：能搞活就搞活，不能搞活就盘活，盘不活的不再增加债务，放掉包袱。

2000 年 8 月 23 日，中共琼海市委、市政府为实施“小城镇、大战略”决策，出台城镇建设优惠政策，其中包括土地让利、费项减少、免费入户、部门倾斜等新举措。

2000 年 9 月 5 日，中共琼海市委、市政府发出《关于加强招商引资工作的若干意见》，加大开放力度，更好营造良好投资环境。

2000 年 11 月 23 日，中共琼海市委理论学习中心组研究琼海市“十五”计划时，提出“构架大琼海，向中等城市迈进，实现琼海跨越式发展”的构想。

2001 年 9 月 10 日，中共琼海市委、市政府发出《关于进一步促进城镇发展加快迈向中等城市的若干规定》，促进小城镇健康发展。

2004年8月30日，中共琼海市委、市政府发出《关于创建基础教育强市的决定》，加快全市农村教育发展，以实现基础教育强市目标。

2010年10月10日，市委决定在全市范围内开展向蔡金亲学习的活动。

第四节 纪检监察

一、组织机构

（一）机构沿革

1992年11月，琼海撤县设市后，中共琼海县纪律检查委员会改为中共琼海市纪律检查委员会。1993年6月，市纪委、监察局合署办公，实行一套工作机构，两个机构名称体制，同时履行党的纪律检查和政府行政监察职能。2010年，市纪委、监察局内设综合办公室、执法监察室、调研宣教室、党风廉政建设室、纪检监察室、案件审理室、信访举报室，行政编制29个，纪检监察干部24名。市直单位纪检组18个，乡镇纪委12个。

（二）重要会议

1990年3月，中共琼海县第七届纪委召开第一次大会，选举产生常委会8人，王扬俊任书记，龙田燊、蒙光芳、陈徽娥任副书记。1993年3月，中共琼海市第八届纪委召开第一次全会，选举产生常委会11人，胡婉任书记，蒙光芳、陈徽娥、卢和平任副书记。1998年3月，中共琼海市第九届纪委召开第一次全会，选举产生常委会5人，胡婉任书记，卢和平、冯世芬、程江洪任副书记。2001年5月，羊中兴任书记。2003年3月，中共琼海市第十届纪委召开第一次全会，选举产生常委会8人，邢威任书记，卢和平、程江洪任副书记。2007年1月，中共琼海市第十一次届纪委召开第一次全会，选举产生常委会7人，陈泽任书记，蔡小平、林平任副书记。2010年7月，陈小敏任书记。

二、纪检工作

（一）廉洁自律工作

1991年，抓好清房工作，重点核查24名县处级干部和364名科级领导干部建私房问题。应退公房259人全部退出，应退缴租（售）金15.1万元全部清退。1992年，开展清收干部职工拖欠“三款”问题，收缴“三款”353.7万元。1993年，市委、市政府印发《关于加强市党政领导班子自身廉政建设的若干规定》。深入21个公司调查，督促16个公司与原行政机关脱钩，19名公司经理与原党政机关单位彻底脱钩。1994年，召开市党政班子廉洁自律专题民主生活会，抓好副处级以上领导干部廉洁自律工作。1995年，重点抓好县处级领导干部廉洁自律工作，清理更换10辆超标准和16辆违规挂用军警车牌号的领导工作用车。1997年，清理违规安装的住宅电话35部、违反规定购置的移动电话59部，收缴粮食系统6个基层单位违反规定动用专项资金购买的6辆豪华小汽车。1998年，重新限定公款安装住宅电话和配备移动电话范围，调整话费报销标准。精简会议，控制会议规模，提倡开短会。1999年，90%的乡镇建设乡镇食堂，公款吃喝风得到有效控制。2000年，继续实行招待费审批核算和财务上单独列项制度，实行定点接待，市级接待在琼海宾馆，并按照接待标准实行工作餐制。对市党政机关、乡镇和事业单位、人民团体公务用车和干部私用车情况进行逐一登记造册，清退2辆借用的小汽车。2001年，在落实制止奢侈浪费行为有关规定的基础上，对全市副科级（含）以上领导干部接受和赠送现金、有价证券和支付凭证的情况进行全面检查；对市县（处）级以上领导干部离职和退（离）休后从业情况和领导干部配偶、子女从业情况进行了调查。2002年，纠正少数基层干部“走读”现象，制定《琼海市关于加强对乡镇领导干部管理的意见》《关于加强领导班子和领导干部监督管理的工作意见》等多项制度，组成“走读问题督查组”，不定时地深入基层检查。2003年，建立完善廉政谈话制度。对全市2003年新提拔任用的31名领导干部进行单独或集体谈话。每月2次定期向全市副科级以上领导干部发送廉政短信息。2004年，实行副科以上（含待遇）领导干部举行婚庆喜宴报告制度。2006年，84个单位293名领导干部进行述职述廉。11名党员领导干部实行婚丧喜庆事项申报。2008年，清理个人“小灵通”捆绑单位办公电话203部，重点开展党政机关及其工作人员承包、租赁农村（农、林场）土地清理工作。2009年，对7个党政机关违规私设“小金库”进行查处。对市人民医院违规购置小汽车进行查处，责成做出深刻检讨，并对其违规行为进行通报批评。规定凡是公款出国（境）单位或个人必须将出国（境）的时间、地点（线路）、内容、费用等相关情况提前2天报市纪委备案。2010年，继续加强对党政“一把手”权力运行的监督制约，全年纪委主要领导同下级党政主要负责人谈话46人次，领导干部任前廉政谈话12人次，个人诫勉谈话8人次。

（二）党风廉政建设

1991年，县委、县政府出台《关于建立党风廉政责任制的决定》，明确各级领导干部在党风廉政建设中的职责，把党风廉政建设推向规范化、制度化。1993年，要求各乡镇和市直各单位尽快建立健全“两公开一监督”制度和党风廉政建设责任制。1994年，市委出台《关于开展党风廉政监察检查评比实施方案》，对评比对象范围、评比内容、方法要求以及奖惩等均做明确规定，每半年检查一次。1995—1999年，每年组织对全市党风廉政建设责任制的落实情况进行抽查和全面检查，对没有落实的单位和主要领导严肃处理，总体检查结果良好。1998年，在全市203个村委会推行村务公开制度，设置村务公开栏和群众监察信箱，推动村务公开工作走上正轨。2000年，召开全市党风廉政建设和反腐败工作汇报会,听取市四套班子领导成员及14个主办单位第一责任人汇报各自负责的37项工作实施情况。把制止奢侈浪费八项规定等新内容纳入责任制管理；起草印发量化考核实施方案和考核表，为责任考核和责任追究提供依据。2001年，把严格执行党和国家机关工作人员不准赠送和收受礼金、有价证券和贵重物品的规定等新内容纳入责任制管理。依据《琼海市党风廉政责任制奖励和责任追究暂行规定》，对责任领导不履行岗位职责，造成失职、不完成目标任务的加大责任追究力度，对2名领导干部免职处理，对6名领导干部通报批评。2002年，继续加强责任制落实情况的监督检查，对政务、村务公开工作落实不到位的两个单位主要领导进行通报批评，失察失职的7名领导干部给予党政纪处分。2003年，根据撤乡并镇、市直机关设置变动的实际情况，重新制定党风廉政建设和反腐败斗争目标责任制。2006年，加强基层干部的学习培训，重点学习省纪委监察厅《关于加强农村基层党风廉政建设的若干规定》。分三阶段对村集体经济组织（经济联社、经济社）或代行其职能的村民委员会、村民小组债务债权状况进行摸底清查核实，明确村集体经济组织资产所有权，保护村级资产的安全和完整，逐步化解村级债务，制止村集体经济组织新增债务，配齐配强203名村级纪检委员。2009年，实现乡（镇）政务公开和村务公开联动,公开面达100%,规范化率达90%以上。全面推进农村集体“三资”（资金、资产、资源）委托代理服务工作，促进农村集体“三资”管理规范运作。开展潭门镇福田村委会和阳江镇上科村委会2个农村基层党风廉政建设示范点创建工作。2010年，推进农村党建“强核心工程”建设，抓好阳江镇革命斗争史陈列馆农村党风廉政建设示范点创建和经验推广工作，推行农村集体“资金、资产、资源”委托代理服务工作，逐步向村民小组覆盖。

（三）反腐倡廉宣传教育

1991年，在全县4605名党员中开展党纪党规学习教育活动。1992年，对29名犯错误党员进行回访教育。开展向优秀纪检干部李奇钰学习活动。1993年，创办《琼海纪检监察信息》，同年发行2期。并在该刊和《琼海市报》上刊登《他，跌倒在养育过他的那块土地上——对李某某贪污案的剖析》，以身边的人和身边的事对全市党员干部进行警示教育。1996年，组织全市1.22万名党员干部参加中央纪委组织的党纪政纪条规知识竞赛活动。1997—1998年，在市电视台播放《贿赂忧思录》《存亡警世》等一批典型案例录像片。学习孔繁森、李国安、曹克明等勤廉兼优的先进模范人物精神。1999 年，为市四套班子领导专门播放《中国共产党纪律处分条例》，组织主要干部的配偶学习党纪政纪条规、《中国共产党党员领导干部廉洁从政若干准则（试行）》和观看电教片《中国共产党纪律处分条例》《陇山钟声》。2000 年，选择近年发生的 10 个党员干部违法违纪典型案件，在全市开展"以案说纪"学用法规教育月活动，要求党员领导干部从中吸取教训。2001 年，以《中国共产党党员领导干部廉洁从政若干准则（试行）》《关于实行党风廉政建设责任制规定》《中国共产党纪律处分条例（试行）》3 个党纪政纪条规为学习内容，采取每月测试一个条规的方式，在全市党政机关党员干部中开展"每月一条规"党纪政纪学习教育测试活动。2002 年，组织全市 45 个单位 1343 名党员干部参加"迎接十六大党风廉政建设知识竞答"活动，获得中央纪委、监察部、中国监察杂志社授予的"迎接十六大党风廉政建设知识竞答活动组织奖"。开展向汪洋湖、陈徽娥等 32 名典型人物先进事迹学习活动。2003 年，召开现身说法警示教育大会，全市财税、工商、经贸三大系统全体工作人员及市直有关单位主要负责人、财会人员共 500 多人参加会议。2006 年，组织开展"学习党章，推进反腐倡廉工作"征文活动和全国"红船杯"学党章知识竞答活动，全市 1200 多人参加党章知识竞答。2007 年，印发廉政文化建设工作实施方案，明确廉政文化建设"进机关、进社区、进家庭、进学校、进农村"（简称"六进"）的 9 个责任单位。2008 年，组织开展"扬正气，促和谐"廉政公益广告竞赛活动。组织安排 400 多名科级以上领导干部参观"反腐倡廉警示教育展览"。2009 年，把反腐倡廉教育列入党校和干部培训授课内容，创建红色娘子军纪念园党风廉政教育基地。2010 年，抓好第二批廉政文化"六进"示范点和周士第将军纪念馆廉政教育示范基地创建工作。开展以"讲党性、重品行、作表率"为主题的反腐倡廉宣传教育月活动。加强反腐倡廉网络舆情的收集、研判和处置，及时回应网络媒体和群众关注的热点问题。针对网民在海南在线琼海版发帖质疑嘉积镇桥头村"收取一元救灾物资运输费"的问题，及时协同嘉积镇委介入调查。

（四）源头治腐工作

1997 年，制定《琼海市治理乱收费、乱罚款和各种摊派的实施方案》。1999 年，对市直机关、事业单位一些专业性要求较高的领导岗位实行竞争上岗。同年，检察院 5 个科室领导职务、城监大队长、社保服务中心主任等岗位成功实行竞争性上岗。推行领导干部任期经济责任审计制度，制定实施《琼海市党政机关事业单位及人民团体主要领导任期经济责任审计实施细则》和《琼海市企业法定代表离任审计实施细则》。在全省率先推行财务管理体制改革，改革财务主体管理形式，推行会计委派制度，会计人员由会计中心统一管理，统一委派，财会人员由“附属”走向“独立”，便于客观公正地反映和监督经济运行；改革财务运转形式，推行“收支两条线”规定，出台《琼海市政府采购管理实施办法（暂行）》，全面推行政府采购制度。在全市中小学校推行校务公开工作，将学校办学设想、人事职称评聘、财务管理、劳动分配、物资采购、基建管理、收费管理等七项公开。2000年，改革财政部门传统性封闭式预算编制模式，对财政拨款的行政事业单位的正常支出进行提前预算，将各单位办公经费、会议费、接待费、修缮费等费用一步预算到位。2001年，协助市财政部门在乡镇行政、事业单位实行了“零户统管”，制定《琼海市市直单位财务集中核算实施暂行办法》，出台《琼海市级财政拨款审批规定》，市直各单位实行财务集中核算。协助有关部门制定《关于做好公开选拔市直机关领导干部工作的意见》《关于市党政机关中层干部竞争上岗的实施意见》及党政领导干部任前公示办法等规范性文件，对公开选拔领导干部和竞争上岗的适用范围、基本条件、操作程序和方法，公示对象、程序和时限作出了明确规定。同年，对拟推荐提拔任用、转任领导职务和公开选拔拟任的28名领导干部，均通过广播电视台、市报等媒体向社会进行为期10天的公示。2006年，各类行政审批（服务）事项在原承诺时限上共压缩时限295天，办件效率总体比原来提速50%。2007年，实行镇财市管、“预算共编”、账户统设、采购统办、票据统管的管理方式，提高财政管理水平。推行干部公开选拔、公示、试用、市委常委会表决等干部选拔任用制度，严格把好提拔干部征求意见关，共做出意见112人次，否决和延缓使用4人次。2008年，实施“制度执行检查年”活动。认真抓好廉政谈话、诫勉谈话、述职述廉和领导干部个人有关事项报告制度的落实。2009年，开展“制度执行推进年”活动，强化对民主集中制、“三谈两述”和函询等党内监督各项制度执行情况的监督检查。继续完善工程建设项目招投标举报投诉处理机制，投入使用市招标投标中心。深化干部人事制度改革，推行任职试用期制。2010年，组织开展“制度执行巩固年”活动，对2002—2009年间，市政府制定下发的103件规范性文件进行审查清理，废止10件，修订1件。推行惠农补贴“一卡通”，严格规范涉农专项资金的管理使用。

（五）信访和举报

1990—1992年，受理群众来信来访467件（次），申诉36件（次）。在全市开展纪检信访目标管理，切实把信访问题解决在基层。1993—1997年，受理群众信访举报624件（次），其中反映科级以上领导干部问题的191件（次）。并积极拓宽信访渠道，向社会聘请纪检监察信息人员。建立领导接访日工作制度，领导批阅信访办结、信访案件督查催办制度。1998—2002年，受理群众来信来电来访举报818件（次），属纪检监察范围的

635 件（次）。并设置公众场合举报信箱、24 小时电话自动受理系统，开通网上举报信箱，鼓励引导群众署实名、依法信访，保护举报人权益。2003—2006 年，受理群众来信来访 564 件（次），属纪检监察范围 532 件（次）。完善“镇纪委信访网络领导小组”“村委会信访民调小组”和“村民小组信访信息员小组”农村基层三级信访网络建设。2007—2010 年，共收到群众来信来访 649 件（次），属纪检监察范畴 596 件（次）。为 8 名党员干部和 4 个单位澄清是非，有效地保护了干部。

三、监察工作

（一）纠风工作

1.民主评议政风行风

1998 年，开展民主评议行风试点工作，聘请 15 名评议代表对工商行政部门和公安交警部门进行面对面的评议。1999 年，总结民主评议行风工作经验，深入基层单位和被评单位，发出调查问卷 400 多份，召开座谈会 17 次，走访 200 多人次，写出调查报告 6 份，评议材料 17 份。2000 年，对全市旅游系统开展了民主评议行风工作。2010 年，开展民主评议政府工作部门及基层站所工作，选择 3 个政府工作部门、3 个公共服务行业直接面向企业或者群众的服务窗口、2 个站所开展评议工作。向被评议单位发放调查问卷 1415 份，收回 1406 份；召开座谈会 8 次，设立投诉电话 7 部，设置投诉信箱 7 个。

2.政风行风热线

2007 年，开通《琼海政风行风热线》栏目，安排 29 个单位的主要领导走进直播间，现场接受咨询、受理政风行风方面问题的投诉。同年，共开办“政风行风热线”19 期，受理听众来电来信 132 件（次），解决问题 129 件（次）。2008 年，开通手机短信互动平台和声讯留言平台接受听众投诉。同年，44 个单位的主要领导陆续走进直播间，共接听群众咨询和投诉电话 207 个。2009 年，热线共接听群众咨询或投诉的问题 153 个。2010 年，共接听群众咨询和投诉电话 141 个，及时组织材料反馈 9 期。

3.纠正教育乱收费

1991 年，清退龙江中学违规罚款 268 元。1993—1997 年，取消中小学乱收费项目 40 多个，清理中小学乱收费金额 70 万余元。1999 年，查处 3 所小学违反规定以辅导为名，收取学生家长捐助款 6240 元的乱收费问题，查处 1 所中学擅自收取已被取消和停止收取的军训费 4155.8 元，并追回全部款额上缴国库，对 4 所学校负责人进行诫勉谈话。2000 年，制止嘉积一小向每个学生收取 100 元课桌费的乱收费行为，查清阳江中学收取学生水利费、补课费共 18333 元私设小钱柜等问题。2003 年，全市中小学校实现了用电脑按标准收费，进一步规范教育收费。2008 年，对全市 31 所中小学及部分农场中小学、幼儿园的收费情况进行检查，立案查处 9 所中小学，退还高中择校费和补课费 421215.3 元，没收违规收取的作业本和课本费 63827 元，罚款 11000 元。2009 年，开展“高考移民”户籍学籍清理工作，建立健全防治“高考移民”的长效机制。

4.纠正医疗服务领域不正之风

2000 年，成立了以主管文卫工作的副市长为组长的整治领导小组，起草《医药分开核算分别管理实施方案》，对购销制度、程序、渠道、就近进货比例、价格、折扣、管理等作出具体规定。2002 年，把纠正医药购销工作和推进城镇医药卫生体制改革结合起来。2008 年，推行药品网上集中招标采购办法，共招标采购药品 4065 万元，占药品采购总额的 94.9%，为群众让利 400 多万元。2009 年，开展无红包、无回扣、无开单提成、无乱收费的“四无”专项治理工作。

（二）执法监察

1993 年，强化对工商、税务等 10 个单位的执法监察，重点针对行政性乱收费、乱罚款、乱摊派开展专项执法检查，共取消不合理收费项目 28 项，清理不合理收费 157.2 万元。1994 年，提供执法监察报告 9 份，提出意见建议 19 条，帮助有关部门建章立制 30 条。1996 年，全面清理预算外资金，查出有预算外资金收支活动的单位 146 个，清理账户 187 个，上缴财政 2465 万元。1999 年，开展执法监察项目 15 项，提出意见和建议 31 条，全部被采纳，查出违纪金额 121.2 万元，纠正、退还违纪金额 69.6 万元。2000 年，对执行“收支两条线”管理规定情况进行监督检查，处理 5 个单位不按时足额上缴财政专户的问题，补交入国库和财政专户 62154 元。还对安全生产、《关于违反统计法律法规行为的处分暂行规定》贯彻执行情况进行监督检查。2001 年，在开展国债资金建设工程等 9 个项目的执法监督检查的同时，协助有关部门对行政审批事项和收费项目进行全面清理，对原有的 188 条审批事项只保留 116 条，其余的 72 条进行撤销或合并，并对保留的行政审批事项的审批时限以政府文件的形式下发到各乡镇、市直机关各单位，接受群众监督。2002 年，重点检查国家投资或国家控股投资的建筑工程 18 项，应招标率和公开招标率均达 100%。2003 年，开展 10 个项目的专项执法监察，办结 7 项，提出意见和建议 21 条。开展防治“非典”工作执法监察。对全市 12 个镇、各市直机关及“防非”第一线的医疗机构进行全面检查。对全市 36 个行政事业单位的行政服务项目进行全面清理，为市政府设立行政服务大厅做好准备。2009 年，抓好对中央和省扩大内需促进经济平稳较快发展政策措施执行情况的监督检查，坚决禁止违反科学发展观行为。充分发挥市政府投资项目监督领导小组的作用，重点加强对政府投资的重点项目、重大公共工程建设和资金的监管。同年，在博鳌论坛年会召开前夕，开展打击违法添加非食用物质和滥用食品添加剂专项整治行动。开展救灾款物管理使用情况执法检查，对财政局、民政局及各镇救灾款物使用情况检查中发现个别单位存在款项记账混淆，填写不规范的问题，要求相关单位及时抓好整改。2010 年，围绕国际旅游岛建设和加快转变经济发展方式开展执法监督检查，落实政府重点投资项目中的领导负责制。

（三）专项治理

1.减轻农民负担

1993 年，减轻农民负担 568.5 万元，人均减负额 17.67 元。2001 年，规范农村“两费”（村提留和乡统筹费用）的收、管、用，堵住“三乱”（乱收费、乱罚款、各种集资摊派）源头。发放农民负担监督卡 63665 本，把农民人均负担控制在上年人均生产性纯收入的 5%以内。2002 年，税改后农民人均负担 75 元，亩均负担 94 元，比税改前分别减少 31 元和 43 元，下降 29%和 27%。2007 年，通过各项支农惠农政策使农民得到实惠 1348.6 万元，严厉打击哄抬农资价格、制售假劣农资坑农害农行为 24 件，涉及金额 78.6 万元。2008 年，共查处坑农害农行为 15 件，涉及金额 7.5 万元，罚款 2.35 万元。2009 年，组织开展以清欠工资为主要内容的劳动保障综合执法大检查及劳动合同签订“春暖行动”大检查共 6 次，为 1356 名劳动者追回被拖欠工资 695 万元。2010 年上半年，发放新的农民负担监督卡 33000 本。

2.工程建设领域专项治理

1994 年，协同市建委对在建工程进行监督检查，对无证设计、无证施工、无招投标的工程责令停工整顿。1999 年，建立工程质量终身责任制，把好工程招标关，对工程质量进行专项检查。2000 年，对全市范围内的 21 家建筑施工企业进行了全面的检查，发现建筑行业普遍存在注册资金相对不足、技术设备差、场所及机构人员不稳定和无证照或证照不全、不办年审等问题，责令 2 家企业停业整顿，吊销 5 家企业营业执照。2002 年，加强对有形建筑市场建设情况的监督检查，促进市职能部门与建筑市场彻底脱钩，做到人员职能分离、政企分开。2010 年，把重点工程、重要领域、重要部门作为开展工程建设领域突出问题专项治理工作的监督检查重点。针对不认真执行招标投标制度的问题，委局主要领导分别对市城投公司、市交通运输局、市人民医院主要负责人进行诫勉谈话。

（四）行政效能督查

1993 年，将工商、经委等 10 个单位作为副科级以上干部廉政勤政情况监督考评试点。

1994年，建立领导干部勤政廉政档案，把勤政廉政情况监督考评试点工作扩大到市直各单位副科级领导干部。1995年，将监察对象廉政勤政考评登记制度全面铺开到乡镇、街道办事处的党政领导干部。1996年，对全市346名副科级以上领导干部进行廉政勤政考核，配合市人大常委会开展人民代表民主评议工商局工作，并针对存在的问题进行督促整改。2002年，给各单位发放“廉政勤政考评登记表”，建立全市375名科级领导干部勤政廉政档案，为提拔任用干部提供依据。2009年，对行政审批事项进行全面自查，集中清理取消的行政审批事项9项，对保留的行政审批事项明确实施的条件、审批程序和时限要求。

第五节　组织工作

一、基层党组织建设

1991年，出台并实施乡镇党委、村支部和党员“三级目标责任制”，先后改选党支部23个，调整支部书记23名，党支委46名，改选团支部62个，妇代会32个，调整民兵营59个，建立村党小组1689个，调整村班子成员511人，新配备正副村主任694名。1993年，连续第五年在全市农村开展经济奔小康的“双建双带”（在广大农村以党员创业为载体，建基地、建公司，带头创业致富、带领群众共同致富）活动，出台《关于进一步加强农村基层党组织建设的意见》，继续坚持和完善党建工作目标责任制，切实加强农村基层组织建设，省、市级先进农村党支部达到78个，占38%。

1995—1997年，先后开展撤管区设村委会、整顿农村后进党支部、农村党支部届满改选等工作，经过三年的建设和整顿，党支部班子素质明显提高。全市203名村（居）支部书记中，“能人”189人，占93%。198名村支部书记中，高中以上学历的146人，比1994年增加32人，占73.7%；支部班子成员初中以上学历的1037人，比1994年增加166人，占92%，其中大专学历16人。

2000年，在全市范围开展以创建农村基层组织建设先进县（市）、“六好”（好班子、好队伍、好路子、好制度、好作风、好格局）乡镇党委和“五好”（好班子、好队伍、好路子、好机制、好制度）村党支部为内容的“三级联创”（市委、乡镇党委、农村党支部）活动，并取得了明显成效。同年，被评为省级先进镇党委有嘉积、长坡、阳江、博鳌等4个，省市先进村党支部有联丰、赤坡、上科、朝烈等68个，并且先进面逐年扩大，基层党组织建设水平不断提高。2001年，在资金上加大对农村基层组织建设的投入，采取市财政和镇财政拨一点，村党支部自筹一点的办法，全面提高行政村级办公室建设水平。经改造、新建行政村级办公室 67 间，共投入资金 800 多万元。新建的办公场所全面实现钢筋水泥平顶化，办公室、电教室、党员活动室功能配套化。2004 年，研究制定《琼海市村级组织工作规范化管理暂行规定》，分八章对村党组织、村委会的职责任务、议事规则、党员教育管理、村干部管理、村务财务管理、两委联席会议等做了具体规定；研究制定《非公有制经济组织党建工作规则》，规定凡有党员 3 人以上的非公有制经济组织都要成立党组织，具有一定规模的非公企业，要发展党员，尽快成立党组织。同年，增加 3 家非公企业党组织。

2006 年，结合先进性教育活动，突出抓好创建文明生态村、调整产业结构促进农民增收、加强基层组织建设、加强农村基层党风廉政建设等“四大任务”。全力推进“2323“工程，即创建文明生态村 200 个、产业结构调整增收示范村 305 个、村级党组织阵地建设 203 个、农村党风廉政建设支部 30 个，社会主义新农村建设取得显著成效。2009 年，出台《琼海市农村（社区）党组织和村（居）委会干部补贴发放实施办法》，规范农村两委干部补贴发放。在职两委干部人均不低于 500 元/月，两委正职不低于 600 元/月，综合考虑琼海市经济发展水平、财力增长水平和农村居民人均纯收入增长水平，建立在职农村两委干部补贴同步增长机制。此外，对在职农村两委干部实行绩效奖励，把奖励金额与各项工作任务完成情况挂钩，对优秀农村两委班子成员给予奖励，奖励标准为优秀农村两委正职 1000 元/人（书记、主任一人兼的 1200 元/人），副职 600 元/人，委员 500 元/人。各镇根据工作实际和财力情况，设若干单项奖。

2010 年，研究制定《市委组织部、市委宣传部关于在全市基层党组织和党员中深入开展创先争优活动的实施意见》和《琼海市农村党组织和党员开展创先争优活动的实施方案》，在全市基层党组织和党员中组织开展创先争优活动。按照分类指导、整体推进的要求，配套出台了农村、社区、机关、教育、卫生、公安、国有企业、非公经济组织和社会组织等各领域各系统创先争优活动的具体方案，对各领域各系统党组织开展创先争优活动提出明确要求。此外，市总工会、市妇联、团市委等群团组织结合实际，研究制定了群团组织党群共建创先争优活动实施方案，形成党内带党外、党员带群众齐争共创的良好局面，把创先争优活动拓展到各级党组织、群团组织和广大群众。

二、干部工作

（一）分级管理

沿用 1988 年的干部分级管理体制，正副县（处）级以上干部由海南省委管理；正副科级干部由市委管理；股级以下干部，在市委组织部统管下，由人事局和主管局具体管理。

（二）干部人事制度改革

1991年，为健全干部人事制度，先后出台《关于党政干部到工业企业任职的若干暂行规定》《关于县直机关划口管理的决定》，以及做好选拔科技副乡镇长和从优秀农村干部中吸收少量国家干部的工作。1992年，出台《关于琼海县干部任免工作的若干规定》，干部任免实行分级管理。1.乡（镇）、县直机关和企事业单位的正副科级干部以及副科级单位的副职由县委任免或提名任免。2.乡（镇）党委委员和县直各部委办局的人事（行政秘书）正股（组）长，由县委组织部任免。3.乡（镇）、县直机关和科级企事业单位的正副股级干部（含干事、科员）由乡（镇）、主管局任免（评定），报县委组织部备案；县直副科级单位的内设机构的正副股级干部，由归口的主管单位任免，报县委组织部备案；企业（公司）、厂（场）的中层干部，由厂长（经理）提名，或由党组织推荐，并由党组织负责考察，经党政领导集体讨论后，由厂长（经理）任免，报县委组织部备案。1993年，推进企业干部人事制度改革。在市物资总公司进行公开选聘总经理试点，成立由人大、组织部和经贸办等部门组成的考评会，分公开报名、资格审查、组织考察、公开答辩和聘任等程序进行。1994年，在国有企业中继续推行经理（厂长）聘任制，实行企业浮动定级制改革。根据企业的经营和效益等状况，分别划为一级、二级、三级和四级企业，探索党对经营管理人员和党务工作人员的管理办法。

1995年，研究制定《党政机关内设或派出股级单位干部任免规定》和《关于琼海市国有企业经理（厂长）聘任的规定》，理顺党政股级干部的管理权限和保证企业经济管理优秀人才的选拔。1996年，做好行政机关人员向公务员过渡工作，在完成培训、考试、考核的基础上，抓好行政单位职位设置、职位说明书的编写、非领导职数的确定。1997年，在干部选拔任用工作中引入竞争机制，扩大民主程度，总结公开选聘市教育局领导干部工作经验，在个别事业单位和专业性较强的政府部门，进行公开选聘领导干部工作。1998年，协同市人劳局抓紧做好推行公务员制度工作，组织21个乡镇450人参加过渡考试，做好公务员和党的机关工作者非领导职务的任职工作，以及对科员以下职务的任职定级工作。1999年，协助市委制定公开选拔市城监大队长职位的工作实施方案，并认真抓好宣传发动、公开报名、资格审查、统一面试、组织考察等实施工作。同时，协助检察院、公安局等单位做好中层干部竞争上岗工作，通过竞岗，9人走上中层领导岗位。

2000年，将原来单一的委任制变更为多种形式的任用制。1.进行公开选拔，对一些专业性强的领导岗位，采取公开选拔的方法选拔领导干部（对市城监大队大队长职位进行公开选拔，并实行试任制）。2.实行聘任制和任期制，对部分事业单位的领导岗位（如教育系统的各中学、教师进修学校的正、副校长职位）实行聘任制，任期三年。2001—2004 年，推行公开选拔和竞争上岗，明确适用范围、基本条件、操作程序和方法。推行领导干部任前公示制，从 2001 年起，按照干部选拔任用程序产生的，拟提拔到副科级以上职务的干部，在任职前一律进行公示，范围为全市。推行试用制，对提拔任用的领导干部，普遍实行一年的试用制。试行领导干部引咎辞职制和弹劾罢免制，建立了《领导干部引咎辞职和弹劾罢免制度》，出台了《琼海市党政领导干部引咎辞职和弹劾罢免试行办法》，对领导干部“能下”的渠道进行了积极有益的探索。

2005 年，创新考察机制，坚持把民主推荐作为选拔任用干部的必经程序和重要环节。实行考察预告制度和差额考察制度，差额比例一般为 1∶2 或 1∶3。创新淘汰机制，对各方面存在不足和年度民主评议中不称职票数较多，经考察确定不胜任现职的 8 名领导干部进行处理。2006 年，推进领导干部使用制度改革，推行任用党政重要领导干部市委全委会、常委会票决制。先后对 2 名镇党政正职拟任人选和推荐人选实行常委会票决。2007 年，经市委常委会讨论决定，将 11 个副科级领导职位面向全省定向公开选拔领导干部，符合报考条件获准参加笔试的有 180 人。经过资格审查、笔试面试、组织考察、任前公示、决定任命等程序运作，13 名干部通过公开选拔任用成为副科级领导干部。2008 年，琼海作为科学规范和有效监督市（县）委书记用人行为和完善党委选人用人机制两项干部人事制度改革试点单位，深入推进干部人事制度改革，对干部选拔任用的差额提名、差额考察、差额酝酿、差额表决等差额选任进行了有益的尝试，成功通过全委会票决任用市委党史研究室（市地方志办公室）主任和琼海地方税务局社会保险费征稽局局长两个职位人选。

2010 年，制定《琼海市深化干部人事制度改革试行“任期+竞岗”工作方案》和《琼海市党政领导干部“任期+竞岗”试行办法》等配套制度，探索采取“任期+竞岗”的方式，解决干部的能下能出问题。最后，经市委研究，确定了商务、发改、计生、农林、交通等 5 个单位共 6 个副职岗位试行“任期+竞岗”。

（三）考核任免

干部考核工作在市委的统一领导下进行。市直正科级单位领导干部的考核，由市委组织部、市纪委和受委托的有关部门负责实施，副科级单位领导干部的考核，由主管部门负责组织实施。镇领导干部的考核由市委组织部牵头，从有关部门抽调人员组成考核组织，负责考核的具体工作。

1991—1994年，沿用1990年的干部任免体制。1995年，市委组织部进一步明确股级干部的管理权限，市直机关副科级单位新提拔的副职由市委组织部任免，市直机关副科级以上单位的正、副股级干部由所在单位任免，市直机关部门派出的股级机构负责人由主管部门任免。同时，进一步建立健全干部选拔任用和监督管理机制，全面推行公开选拔、竞争上岗、任前公示、任职试用期、常委会票决制，试行全委会票决制。1991年至2009年5月，全市任免科级干部3604人次，其中任命科级领导干部2752人次；免去乡镇科级领导干部852人次。

三、教育培训

（一）干部培训

1991—1995年，全市举办各类学习培训班230场次，受教育的党员干部达7631人次，其中经过省以上党校、干校和学院培训的有251人次；全市副科级以上干部普遍受训4次以上，全市干部受训面达95%以上。全市开设中央党校函授本科班2个、专科班1个，省委党校专科班1个，高中文化补习班1期，参加学习的干部202名。组织播放党员电教片约900场次，受教育的党员干部达5.7万人次。

1996—2000年，全市经过各类培训教育的干部达13836人次，其中经过省以上党校、干校和学院培训的有187人次，经过境外和国外培训基地培训和实地学习考察的有173人次；全市副科级以上干部普遍受训5次以上，全市干部受训面达96%以上。另有757名干部参加了各种专业的学历教育，其中获得大专学历的138人，大学本科学历127人，在校学习尚未毕业的492人。

2001—2005年，全市开展各类党员干部培训班200期，受教育人数1.6万人次，其中选派2名市领导参加全省领导干部学习中共十六大四中全会精神专题培训班，1名市领导参加全国市长研究班，1名市领导参加全国领导干部安全生产专题研讨班，11名镇委书记、镇长参加省委组织部、省林业局组织的乡镇党委书记培训班。

2006—2009年，全市开展各类党员干部培训班250期，受教育人数2万人次。其中，派送130多名副科级以上单位正职领导干部到北京大学进行为期半个月的脱产培训班；全市289名副职领导干部，203名村委会书记、主任接受了新一轮的干部培训，192名干部到省外考察实践学习。选派6名市级领导干部到国外进修学习，2名市级领导干部到中国香港进修学习，7名正职领导到清华进修学习，5名领导干部到中央党校接受培训，11名领导干部到国内名校培训学习。

2010年，全市开展各类党员干部培训班21期，培训干部2654人次。其中，选派全市145名正科级领导干部，60名副科级领导干部，40名青年、妇女、少数民族、党外以及后备干部，80名村（社区）党支部书记、村（居）委会主任赴省外学习实践；选派2名市领导干部赴英国、瑞士进修学习；选派市领导、市直单位主要负责人、镇领导干部到省委党校培训84人次。

（二）党员教育

1991年，围绕开展建党70周年纪念活动，全市开展“理想、纪律、标准、传统”系列教育。5月，由市委组织部牵头，纪检、宣传、党校、党史等5个单位组成4个教育宣讲组，开展宣讲41场次，听讲人数达1万人次。7月，结合农村社教，对7个乡镇的党员干部采取分层施教的方法，联系社史、乡史、村史和家史，在广大党员干部中广泛开展新旧中国比和改革前后比的“两对比”教育，提高广大党员干部思想觉悟。1992年4—5月，举办3期股级干部党史党建理论培训班。6—7月，举办2期干部理论正规化教育学习班，系统学习《中共党史和党的建设》。1993年，在广大党员、干部中深入开展建设有中国特色社会主义理论学习和建立社会主义市场经济体制讨论。学习活动分为两个阶段，3—8月进行建设有中国特色社会主义理论学习，9—12月进行建立社会主义市场经济体制讨论。1994年，组织干部和党员深入学习《邓小平文选》第三卷，领导干部带头学习，机关、企事业单位党员和干部的学习由各口分党委组织实施，乡镇以党校为阵地组织党员和干部进行学习。

1995年4月起，用3年时间，在各级党组织和全体党员中开展建设有中国特色社会主义理论和党章学习活动，全市700多个基层党组织和14000多名党员参加“双学”活动。1998年8月起，组织深入学习邓小平理论，重点抓好中心组和副科级以上领导干部理论学习的同时，继续在广大党员中开展学理论、学习党章活动。1999年2月起，市委、市人大、市政府、市政协四套领导班子及成员用4个多月的时间集中进行“三讲”学习教育活动。

2001—2002年，全市开展“三个代表”重要思想学习教育活动，从2001年2月上旬开始，至2002年4月结束，历经一年多时间。学教活动分别在乡镇机关、市直部门、村级组织中分三批进行，每批3个月左右时间。全市共有21个乡镇（未撤并前），328个站所，69个市直属单位，17个省市双管单位，203个村（居）党支部、村（居）委会参加。学教对象共计4672人，其中，副科级以上领导干部550人，一般干部3038人，村级干部1084人。

2005—2006年，在全市党员中开展以实践“三个代表”重要思想为主要内容的保持共产党员先进性教育活动，于2005年1月26日开始，至2006年6月基本结束，用一年半左右时间。活动共分三批进行，每批历时半年。全市参加先进性教育活动的有党政机关，人大、政协、法院、检察院、人民团体机关，镇机关，企、事业单位，村委会，中小学等458个单位，涉及24个党委、33个党总支、716个党支部，党员1.66万人，覆盖率达到100%。

2008年9月起，用一年半时间，在全市全体党员中开展深入学习实践科学发展观活动。学习实践活动分二批展开，每批半年时间。第一批：从2008年9月开始，2009年2月基本完成。参加学习活动的单位有：市委、市人大、市政府、市政协领导班子；市委工作部门、市人大机关、市政府工作部门、市政协机关；市人民法院、市人民检察院和市人民团体机关；市直属企事业单位；党组织关系在本市的中央和省垂直、双管单位；市职业中专、嘉积中学、嘉积二中；市第一小学、市实验小学、琼师附小、阳江镇、大路镇。第二批：从2009年9月开始，2010年2月基本完成。参加学习活动的单位有：镇、农场；村（社区）、农场连队；中小学校、未参加第一批活动的企业、社会团体、社会中介组织等。

第六节　宣传工作

一、理论工作

1991年，中共琼海县委开展理论中心组学习共5次。学习社会主义理论、河南省兰考县委书记焦裕禄的事迹、中共十三届七中全会文件，结合学习中共海南省一届五次全体扩大会议精神和中共十三届八中全会文件精神，研究制定发展琼海县农业的战略规划。联合县党校、机关党委编写《关于时代问题》《和平演变和反和平演变问题》《关于科学认识当代帝国主义的几个问题》《怎样看待社会主义》《社会主义建设必须坚持共产党的领导》《马克思主义永远是我们的行动指南》等6个专题辅导教材，并印制4000份发放给各单位学习。

1995年，市委宣传部组织市委理论中心组成员学习《邓小平文选》第一至第三卷，撰写30篇学习心得体会和理论学习论文，市委常委、宣传部长王柱国撰写的《关于开展农村文明片区建设的探讨》被海南省委宣传部评为优秀论文。1998年4月28日，市委宣传部补充完善琼海市政治思想工作方案。6月初，琼海市委召集党政机关、企事业、人民团体各单位30余人举行纪念真理标准讨论20周年座谈会。

2000年，市委理论中心组结合“讲学习、讲政治、讲正气”教育回头看活动学习13次，学习马克思、列宁、毛泽东、邓小平等领袖著作指定篇目35篇。结合“三个代表”重要思想和中共十五届五中全会精神撰写学习心得，并编撰成《面向新世纪、建设新琼海》（2000年琼海市委理论中心组学习“三个代表”重要思想文集）一书。2001年1月，市委发出《中共琼海市委关于市委中心组2001年理论学习的意见》和《琼海市党员干部2001年理论学习的意见》两个理论学习文件，理论学习按照计划展开。市委理论学习中心系统地学习了江泽民总书记视察海南的重要讲话、“三个代表”重要思想和中共十五届六中全会精神，全年共集中学习15次，各成员根据各自分管的工作学习体会，发表学习意见和撰写学习体会文章30篇。为了更好地服务博鳌亚洲论坛和迎接中国加入世界贸易组织，市委要求全市45岁以下的副科级干部必须学习掌握英语，并邀请省英语协会讲师教授，在全市掀起学习英语的热潮。2002年，市委宣传部结合“创建文明生态村”和贯彻落实《公民道德实施纲要》活动，提高农民道德素质，鼓励农民创造美好家园；结合“文化卫生科技”三下乡活动丰富群众文化生活，引导农民掌握现代科技，发展生态经济。中共十六大召开以后，市委抽调由市委宣传部、市委党校单位成员组成“琼海市十六大宣讲团”到各镇开展宣讲活动，共做宣讲报告20场。2003年，市委宣传部为全市党员干部、市委理论中心组提供的学习资料有《群众关心的几个理论问题》《党委（党组）中心组理论学习参考资料》《党政干部宪法教育读本》《深入学习“三个代表”重要思想十八讲》《“三个代表”重要思想》等12种。制定《琼海市文化建设纲要》，作为指导和领导全市文化建设的重要依据。2004年，市委宣传部会同省委宣传部、中国人学学会共同发起首届博鳌文化论坛，黄楠森、陈志尚、王锐生等国内50多名专家学者参加。会议期间，与会学者围绕“科学发展观视野中的中国文化建设”和琼海市委、市政府提出的“弘扬三色文化，建设文化琼海”的文化建设思路进行了热烈讨论。与会专家认为，琼海市委、市政府用红色传统文化、绿色生态文化和蓝色开放文化来概括琼海文化建设最核心最重要的三个方面，是一个非常重要的创新，是对中国特色社会主义文化建设的重要贡献。

2006年，市委宣传部先后组织市委理论中心组学习市委十届三次全会、新党章、省委关于持续推进党的先进性的意见和中共十六届六中全会《关于构建社会主义和谐社会重大问题的决议》等专题。结合先进性教育活动，制定《琼海市党员干部理论学习计划》，指导各单位继续学习《保持共产党员先进性教育读本》《科学发展观读本》以及胡锦涛等中央领导关于党的建设的重要论述。市委宣传部会同市委党校组成宣讲队深入各镇开展新《中国共产党章程》和中共十六届六中全会《关于构建社会主义和谐社会的决议》专题辅导，报告会先后举行16场次，听众达5000人。2008年，在琼海通信、琼海市政府网开辟《琼海领导干部北大高级研修班学习体会》和《践行科学发展，建设中等城市》等学习专栏，刊发学习体会文章。市委宣传部制定《关于市委中心组2008年理论学习的意见》，确定了重点学习专题；市委书记祝春荣为全市干部推荐《人民日报》刊载的《以开放打造中国百强之首——江苏昆山市经济社会发展调查》一文，要求全市认真阅读，以进一步推动解放思想，加快发展。

2010年，市委宣传部围绕“海南建设国际旅游岛，琼海如何加快发展”，制定《关于推进建设学习型党组织的意见》《2010年市委中心组学习安排意见》《关于开展“坚持科学发展、建设中等城市”专题调研活动的通知》，建立了考核评价机制、述学评学考学机制、激励保障机制三项长效机制，把建设学习型党组织纳入领导班子综合考评体系。

二、社会宣传

1992年，摄制《万泉河故乡》《发展中的琼海》《琼海——东海岸的一颗明珠》。1994年，编制外宣品介绍琼海，出版《琼海市经济发展概况与投资优惠政策》2000册，《琼海市区旅游交通图》1万张。1996年，着力宣传“琼海十大杰出青年”先进事迹，同时宣传报道琼海市荣获海南省“文明单位”“文明标兵”和“精神文明建设活动积极分子”的先进单位和个人。2000年，市委宣传部制定《周末文化活动方案》，从7月的第1周开始，每周五、周六晚上开展活动，全年开展活动32场。2001年，琼海市建立农村广播网，提高新闻社会效益。2005年，市委宣传部编印《琼海市文明读本》10万册，要求全市人民通过学习，做到“知我琼海、爱我琼海、建设琼海、振兴琼海”。市委、市政府批准同意，对未成年人参观全市的6个爱国主义教育基地实行门票优惠。

三、对外宣传

1991年，县委成立对外宣工作领导小组。领导小组利用春节、清明节，港澳台同胞和侨胞回乡探亲的时机，举行联谊会、恳谈会，向港澳台同胞和侨胞介绍家乡面貌，鼓励港澳台同胞和侨胞回乡创办企业。同时，县委宣传部还录制了90盒反映琼海新貌的录像带赠送给华侨，扩大对外影响。1995年，协办海南国际椰子节组建琼海分会场；举办第一届“海南万泉河杯龙舟赛”；农历八月十五，举办“万泉河国际旅游中秋欢乐节”；农历九月初九，开展“九月九重阳登高竞赛活动”。1998年，中央电视台“中华百县揽胜栏目”摄制“红色娘子军故乡——琼海”，“半边天”栏目制作专题片宣传红色娘子军老战士形象，海南电视台制作《中国有个海南岛》，对琼海自然人文景观与风土人情进行宣传。

2002年，《人民日报》刊发了关于琼海建设的第二期报道，“神农杯”农业科技电影颁奖晚会在博鳌举行。2004年，中央电视台第12套节目到琼海拍摄《万泉河水清又清》和《红色娘子军连歌》节目；20集电视连续剧《红色娘子军》在琼海拍摄；与南海网合作开辟琼海宣传栏目，制作琼海页面。

2005年，《文汇报》制作红色娘子军专版；中央电视台第一套节目拍摄红色娘子军专题；《中国维和警察》节目组在琼海市内取景拍摄；市委宣传部组织召开抗日战争暨反法西斯战争胜利60周年座谈会、图片展等纪念活动。2006年，举办了博鳌形象小姐选拔赛。2008年，中央电视台《风物海南》摄制组到琼海取景拍摄；4月14日，《重庆日报》刊登了《博鳌：“无中生有”的亚洲论坛》专版，重庆电视台以《潮涌神州——改革开放30周年巡礼》栏目，对琼海市改革开放后取得的成就进行报道；省电视台以博鳌亚洲论坛成立会址为演播室制作“飞扬20年”庆祝海南建省20周年大型电视直播访谈节目；中央电视台“心连心”艺术团到红色娘子军纪念园进行慰问演出；中共中央党史研究室在博鳌录制大型电视文献纪录片《中共1978—2008》；海口广播电视台在红色娘子军纪念园录制《祝贺北京奥运为“中国鼓掌”》大型纪录片。

四、新闻宣传

1991年，县电台开办“万泉河风采”专题节目。1992年，县电视台开办“琼海一周新闻”。1994年，市电视台开辟产权电视讲座，电台设立《产权制度改革势在必行——市委领导访谈录》专题，《琼海市报》开辟产权制度改革知识专题问答。1995年，琼海市电台、电视台共播出经济建设和改革开放的宣传稿件2505篇，编制《琼海投资指南》《春归万泉河》等宣传画册1.2万册，摄制《万泉河水清醉人》《琼州峻峰白石岭》《琼海新貌掠影》等电视专题片21个。1998年上半年，《琼海市报》开辟宣传栏目8期，电视台6期，电台5期。

2000年，洪灾过后，《琼海市报》及时报道灾情，并撰写长篇通信《洪水托起丰碑》，讴歌抗洪英雄。2001年，琼海市的“一报二台”开辟“博鳌快讯”“党旗飘飘”“纪念建党80周年”“党员风采”“严打显神威”“学习贯彻‘三个代表’重要思想”等重大事件专栏。2003年，市电台和电视台开辟新专栏《实践“三个代表”，惠及一方百姓》《向中国优秀旅游城市迈进》《琼海城市投资“软件”升级，上年吸引客商投资6个亿》等。2004年，海南电视台“阳光无限”栏目全面展示了琼海市各行各业的精神风貌，中新海南网的“侨乡琼海巡礼”系列报道取得了良好的社会反响。2005年，市委宣传部先后组织30

多家中央和省级以及中国香港媒体对全市文明生态村建设、行政服务中心启用暨项目签约仪式、泛珠三角经济商贸洽谈会琼海专场推介会、长三角“博鳌亚洲论坛在琼海”的项目推介会、台风“达维”重创琼海以及全市人民奋起抗灾重建家园等进行宣传报道。2006年，建立新闻宣传工作联系会议制度。2008年，市电视台开辟《琼海建设项目巡视》专栏，宣传报道全市的重点项目建设情况，组织开展自办的大型政经类访谈节目《岁末年初话发展》等。市新闻中心在《琼海通讯》（原《琼海市报》）上连续编排了重点项目建设情况专版。新华社发表题目为《领导班子的团结和廉洁是最大的软环境》于《高管信息》和《内参选编》上；《人民日报》刊登了《琼海：打造理想居住地》专版；《中国经济时报》刊登《琼海：打造理想居住地》专版；《欧洲时报》刊登《近日海南——琼海专版》；《海南特区报》推出《琼海：沧桑巨变二十年》专版报道。市广播电视台、《琼海通讯》分别开辟“践行科学发展，建设中等城市”学习专栏，市政府网站开展“我为建设中等城市献一策”征稿活动和网上征集意见活动，两个月期间收到建议300多条，稿件100余件，点击量达到2万多次。市电视台开辟“琼海——迈向中等城市”大型访谈节目，邀请市领导、市有关部门负责人和各镇党委书记走进演播间，就如何践行科学发展观，建设中等城市献计献策。

2010年，市广播电视台和《琼海通讯》开设了“卫生城市美丽家园”栏目和“众志成城抗洪灾”专题。同年，琼海市开始推行“四个一”新闻协作制度。即“一周一击”，每周通过互联网给省内重要的媒体记者提供有价值的信息；“一月一报”，请省内媒体每月把报道琼海的情况通报一次；“一季一聚”，每季度请省内重要媒体单位同志聚一聚，聊一聊，策策划；“一年一评”，一年下来为各媒体评评功，进一步加强与新闻媒体的沟通合作。10月，市委宣传部和市旅游委共同策划了“驻琼媒体与琼海旅游”座谈会。

五、思想政治工作

1991年，配合建党70周年大庆，抓好党员干部“三基”教育。1992年，组织副科以上领导干部学习邓小平南方谈话。1993年，积极开展“岗位学雷锋、行业树新风”和“创优美环境、创优良秩序、创优质服务”活动。1994年，制定《琼海市“三爱”教育实施方案》。1995年，组织广大党员学习中共十四届四中全会决定的内容实质，学习新党章，开展党的基本知识教育活动。1996年，加强农民思想教育和改进企业思想政治工作，积极开展“三爱”教育，职业道德、社会公德、家庭美德教育和艰苦创业精神的教育，广泛开展“四优”竞赛活动。1997年，组织青少年学生参加全国“学法律讲道德”“讲文明爱科学”读书活动，琼海市受到全国组委会的表彰。1999年，在千家万户中开展“五提倡五反对”的家庭美德教育，在全体市民中开展“八要八不要”的社会公德教育。

2000 年，市委发出《关于加强和改进思想政治工作的实施意见》，对加强思想政治工作提出了具体的目标和措施。2004 年，市委宣传部在全市范围内深入开展主题为“弘扬三色文化，全面建设小康社会”的思想教育活动。2006 年，组织全市中小学生观看中宣部赠送的爱国主义教育影片《永远的丰碑》；以纪念红军长征胜利 70 周年为契机，在全市青少年中举行“长征精神代代传”演讲会。2008 年，启用红色娘子军纪念馆二楼对媒体陈列工作室，继续开展社会主义荣辱观主题实践活动。2010 年，全年刊出《网络舆情》8 期。

六、精神文明建设

1991 年，开展创建文明单位活动，在全县确定 30 个达标单位。1994 年 9 月，市委宣传部增挂精神文明建设办公室牌子。1995 年，共有 9 个省级文明单位和 39 个市（县）级文明单位。1996 年 1 月，市委召开表彰大会，对全市 50 个文明单位和 1000 个文明家庭进行表彰。1998 年，市委宣传部印发《琼海市创建国家卫生城市工作实施方案》，提出目标任务、方法步骤、具体措施。嘉积镇人民政府也制定了《关于创建文明城市的宣传提纲》。

2000 年，琼海市全面开展交通“畅通工程”活动，把东风、人民、金海、富海、元亨等街道作为“严管路段”；市文明办、技术监督办联合开展“打击假冒伪劣商品”活动，创建了“元亨无假货一条街”。2001 年，市委宣传部新创建了长坡镇的欧村、朝阳乡的裕锡树英新村、温泉镇的下朗坡村，龙江镇边滩十一队，嘉积镇的不偏村等上档次的文明生态村。全市共投入精神文明建设资金 2000 多万元。2002 年，琼海市投资 1000 万元建设高标准的文明生态示范村 50 个。年底，全市文明生态村达 279 个。在全市范围内开展“讲职业道德、建诚信窗口、创文明行业”的文明创建活动，打造满意琼海；开展创建“文明诚信企业”活动；开展“百城万店无假货”活动。12 月中旬，市文明办向城区乡镇群众发出 1 万份《琼海市万人评议行业调查问卷》，了解各界人士对文明行业的意见。2003 年 4 月，海南省 2002—2003 年精神文明建设表彰暨文明生态村现场经验交流会在琼海举行；6 月 5 日，琼海市文明办与市爱卫办协作开展“世界环境日”全市环境大整治活动；11 月，海南省规范文明行业现场会在琼海举行。同年，开展“告别陋习、珍爱健康、保护家园”活动，向各镇和市直各单位发放挂图 2000 多份。2004 年，把万泉河两岸的嘉积、万泉、龙江、博鳌、石壁 5 个镇的 24 个村庄连片建设，打造万泉河两岸文明生态大回廊，全年总共投入资金 1164 万元，新建文明生态村 100 个。

2005年，琼海市人民医院、琼海国税局、中国银行琼海支行被评为全国精神文明先进单位。2006年，在全市范围内开展以“知荣明耻扬正气，万泉河畔树新风”为主题的社会主义荣辱观主题教育实践活动。市委宣传部组织了建党86周年、长征胜利70周年、红色娘子军成立75周年纪念活动。落实西部开发助学工程，确定资助10名困难大学生。打造万泉河文明生态村长廊，长廊全长30千米、宽10千米、面积300平方千米，包括嘉积、万泉、龙江、石壁四镇25个行政村200个自然村，规划建成省级文明生态村55个，市级文明生态村80个，镇级文明生态村65个。在出租车和游艇中开展“争做文明使者”为主要内容的创建活动，26辆出租车和9艘游艇（船）命名为“文明出租车 ”和“文明游艇”。2007年，全国第五个“公民道德宣传日”，琼海市开展了评选表彰全市“十大道德模范”活动，并推荐琼海市的道德模范参加全省的评选，王冠和黄儒妙被省授予“诚实守信模范”和“孝老爱亲模范”荣誉称号。开展“电视进万家”工程和“西部开发助学工程”。春节前，将中宣部、中央文明办赠送的500部彩色电视机送到嘉积、阳江、会山、石壁、大路等5个镇的老区和少数民族地区的困难群众；在高考后，组织开展“西部开发助学工程”活动，资助17名品学兼优的贫困学生圆大学梦。2008年9月，在宣传部编制总额中调剂4名配备人员负责精神文明建设工作。同年，全市583个中学以上班级全部配备学生宣传员，市讲师团、法制副校长到学校上法制课315场次，共免费发放《中学生法律知识读本》1166本，《小学生法律知识读本》2799本。中央文明办指定嘉积中学和市一小为“做一个有道德的人”示范点单位。市司法局荣获全国未成年人思想道德建设工作先进单位称号。资助28名品学兼优的贫困学生圆了大学梦，3名贫困中学生就读海南中学“宏志班”。市文艺工作者编排了反映社会主义新农村建设的现代琼剧《沸腾的万泉河》，演出后社会反响巨大。嘉积镇、阳江上科村、塔洋鱼良上坡村等3个单位被推荐为全国文明村镇创建先进单位。市公安局、嘉积中学等7个单位被推荐为全国精神文明创建先进单位。2009年，高考后，组织开展了海南金光、椰树创业者“助学工程”资助贫困大学生工作，资助13名品学兼优的贫困学生圆大学梦。全市文明生态村建设共投入资金1683.8万元，全面完成新建100个，巩固提高100个的创建任务。开展文明生态镇创建工作，制定印发了《琼海市深入开展环境综合整治创建文明生态镇的意见》，成立市创建工作领导小组。在海南省第二届道德模范评选活动中，颜业岸荣获全省敬业奉献模范称号、黄翀荣获全省见义勇为模范称号。

2010年，评选2007—2009年度省级文明单位、文明生态示范村镇、文明社区、文明风景旅游区和精神文明建设先进工作者，同时向省文明办推荐8个文明单位、8个文明生态示范村、2个文明生态镇、2个文明社区、1个文明风景旅游区和5名精神文明建设先进工作者。组织开展“西部开发助学工程”高中“宏志班”和椰树创业者“助学工程”资助贫困大学生工作，资助2名优秀高中生进入“宏志班”和6名品学兼优的贫困学生圆大学梦。全面启动“文明交通行动计划”。嘉积镇一小挂牌“文明交通示范学校”。策划举办首届“魅力琼海”网络摄影大奖赛，征集参赛作品达2100多幅（组），是海南省市县一级举办的摄影比赛中参赛人数最多、水平规格最高的一次大赛。编制“十二五”文化发展规划，并纳入全市“十二五”经济社会发展总体规划。

第七节　统战工作

一、民主党派工作

1991年，初步形成和建立了协商和通报制度，每年都会召开情况通报会，向各民主党派、工商联以及无党派人士通报市经济社会发展情况，听取他们的建议和意见。同年，全县有4个民主党派共170多人，共向县委推荐4名党外人士担任政府部门领导候选人，13名兼职特约员。1992年，推荐4名党外人士任人大、政府、政协领导候选人，5名任政府部门领导候选人。1993年，为民盟新增 1名专职副主委编制，无偿拨给市民盟、致公党建技校用地0.13多公顷，支持民主党派办学。1995年，为改善民主党派办公条件，划出土地0.07公顷，拨款8万多元建成民主党派机关办公室。1998年，向市委举荐10名优秀党外干部，其中6名得到市委的提拔使用。2001年，向上级推荐党派干部1名，向市政协推荐2名党外年轻干部。2003年，向组织部门推荐党外干部7名，副处级领导职务4名；推荐特约检察员、特约监察员、执法监督员6名。2004年，推荐增补3名政协委员，向组织部门推荐党外干部10人，其中3人得到提拔。2008年，汶川地震后琼海市民主党派捐款捐物总计18.7万余元。2009年，各民主党派积极参与市统战部开展的“我为金融危机献一策”活动，共提交调研报告15篇。2010年，向市委推荐拟任实职党外干部5人，通过协调，将市监察局副局长职位限定为党外人士竞岗职位。争取财政拨款，对党派办公室进行维修，争取经费解决民主党派工作困难问题。同年7月，召开党外人士情况通报会。

二、无党派人士工作

1991年6月，推荐4名党外人士担任政府部门领导候选人，以及13名兼职特约员人选。1992年推荐5名港澳政协委员，4名任政府、人大、政协领导候选人，5名任政府部门领导候选人。1993年10月，物色拟任副科级以上领导职务人选8名，建立68名党外干部后备队伍。1994年，向市委推荐9名党外人士人选，为教育局、检察院、审计局、监察局物色推荐担任“四员”的9名人选，建立68人的党外干部后备队伍。1997年，建立28名党外干部人事档案，向市委、市政府推荐9名优秀党外干部为政府部门领导候选人。1998年，向市委推荐10名优秀党外干部，其中6名得到市委提拔使用。副科级以上党外干部达到12名，比上一年增加5名，副处级3名。1999年，对全市单位知识分子进行全面调查登记，并在其中筛选28名具有代表性的列为重点培养对象，建立档案。2005年，组织党外学习培训，共培训党派成员、无党派人士人数272人，选拔23名党外后备干部，并建立详细的档案资料。2010年，完成党外干部基本信息数据采集工作，建立党外干部数据库，将其中60名学历高、年纪轻、有发展潜力的党外干部列入党外后备干部队伍。

三、非公经济人士工作

1991年，协助做好工商联换届工作。1992年，安排6名非公人士代表参加工商联领导班子。2003年7月，举办非公经济人士培训班，对市民营企业法人代表、个体工商户和镇委统战委员等100多人进行培训；同年7月召开市金融单位负责人、非公经济人士代表、工商联负责人三方联合座谈会，研究解决民营企业融资难问题。2005年7月，组织工商联（总商会）非公经济工作考察团到长三角学习考察，并与无锡市、宁波市工商联（总商会）建立友好关系。2006年，协助市委、市政府召开全市非公经济工作会议，对20家先进民营企业进行表彰和奖励；举行琼海市企业家大厦落成暨琼海市企业家协会和琼海企协集团挂牌仪式。2007年，协助做好工商联换届工作，推荐23名非公经济人士进入商会领导班子。2008年，联合市工商联举办理论知识学习2次，102名非公经济人士参加；组织138名非公经济人士参加省工商联举办的各类培训班；2008年汶川地震，市非公经济企业和个人踊跃捐款捐物约781万元；资助70名困难家庭学生圆了大学梦；2010年，海南遭遇百年一遇的水灾，市统战部联合市工商联举行非公经济人士赈灾仪式，市非公经济人士捐赠款项共达1545.56万元。同年，中原镇商会成立。

四、涉台工作

1991年，琼海市第一家台资企业登记注册。20世纪90年代末，由台商引进中国台湾省的莲雾品种在大路镇试种，获得较好的经济效益，以建立示范基地的模式加以推广。2006年5月，中国台湾省三立电视台到琼海拍摄海南名菜“嘉积鸭”，并对博鳌亚洲论坛、白石岭等名胜进行拍摄。同年9月，主动协助中国台湾省八大电视台拍摄海南美食节目，推介琼海特色名菜“温泉鹅”，以及万泉河、官塘温泉、红色娘子军纪念园等风景名胜。2007年，嘉积镇人大主席团与中国台湾省澎湖县马公市民代表会进行对口交流，成功开创两地间镇与镇对口交流的先例。

1991—2010年，先后与中国台湾省的澎湖县渔会、新竹县农会、屏东农会、琉球渔会、琉球农会等民间团体及各类企业建立友好关系；共接待中国台湾省游客3万多人次；共有63家台资企业落户琼海，投资额达5亿多元，涵盖一、二、三产业，其中以农业和水产养殖业为主。

五、统战理论研究

1994年，开展统一战线重点课题专题调研活动，为期2个月，出动100多人次，集中力量编写了《新时期统战工作若干意见》《琼海党派工作经验情况》《商会工作探讨》等一批调研成果。2000年，成立统战信息工作领导小组，首次被评选为全省统战宣传工作先进单位。2009年，支持工商联开展“新25条”学习宣传活动；同年撰写《琼海市加强党外代表人士队伍建设战略举措》《琼海市促进非公经济组织和社会组织人才成长和发挥作用的政策机制和有效措施》，为市中长期人才规划提供参考。2010年，撰写《国际旅游岛建设背景下我市会展经济如何做得更好》《建设海南国际旅游岛，彰显我国基本政治制度的优越性》等调研报告，为开展国际旅游岛建设提供理论支持。

第八节　政法综治工作

一、社会治安综合治理

1991年，成立琼海县社会治安综合治理委员会，并作出成立社会治安综合治理领导机构和办事机构的决定。4月，县委、县政府联合发出《关于在社会治安综合治理工作中层层落实“谁主管谁负责”责任制的决定》，全面建立治安工作目标管理责任制，层层签订治安责任状。1992年年初，推行治安“联户五包责任制”“十户一调解信息员制”“贵重物品管理责任制”。同年，荣获三年一评的“全国社会治安综合治理先进市”称号。1993年6月，《法制日报》刊登琼海市综治工作经验，题为《来自海角天涯的报告》。10月，《法制日报》刊登中央政法委研究室对琼海综治工作的调查报告，题为《真抓实管是关键》。11 月，市委、市政府联合发出《关于在治安责任制中实行“一票否决权”的决定》。1994 年 4 月，市综治委对市旅游公司等 3 个发生刑事案件的单位，发出社会治安“黄牌”警告。11 月，新华社《半月谈》第 21 期刊登琼海综治工作经验，题为《开放前沿保太平》。1995 年 2 月，市委发出《关于对长坡镇实行治安“一票否决”情况的通报》。1996 年，在全省率先开展创建“无毒害市”“无毒害乡镇”活动。4 月，市委政法委、市公安局、嘉积办事处联合召开嘉积地区外来人口管理试点工作动员会，并成立领导小组，加强外来人口管理领导工作。同年，琼海市被评为“全国社会治安综合治理先进市”及“全国‘二五’普法教育先进单位”。1997 年 3 月，荣获“1994—1996 年度海南省社会治安综合治理先进市县”称号。8 月，市委发出《关于进一步加强禁毒工作的决定》，推行禁毒工作“一票否决权”制。10 月，市政法委组织 5 名见义勇为有功人员组成事迹报告团在全市各乡镇进行巡回报告。1999 年 1 月，市社会治安综合治理委员会办公室荣获“1997—1998 年度海南省社会治安综合治理先进综治办”称号。

2001 年，成立社区辅警队伍，加强社会治安工作。同年，市社会治安综合治理委员会办公室再次荣获“1999—2000 年度海南省社会治安综合治理先进综治办”荣誉称号。2002 年，市综治委制定下发《琼海市社会治安综合治理领导责任制实施细则》，就领导责任制的制定目的、职责范围、考核内容、考核方式及奖惩否决等事项作出明确规定。2003 年，琼海成立海南第一支由 60 人组成市县一级有偿服务保安队伍。同年，全市各中小学普遍设立法制校长，加强在校学生法制教育。5 月，市委、市政府联合发出《关于在机关、学校、厂矿企业、人民团体中实行社会治安综合治理“一票否决”制的规定》。2004 年 2 月，在长坡镇召开农村社会治安防范现场会，进一步部署农村治安防范工作。10 月，市委、市政府联合发出《关于开展创建“平安琼海”活动的决定》，并召开创建“平安琼海”动员大会，对创建工作进行全面部署。2005 年 3 月，荣获“2003—2004 年度海南省社会治安综合治理先进市县”称号。2006 年 2 月，市 2005 年的禁毒工作在全省禁毒综合考核中排名第四，荣获省政府授予的“禁毒优秀市”荣誉称号。2007 年，收集各级有关平安建设的文件、讲话、批示以及经验做法等，汇编成《平安建设工作手册》一书印发给全市各镇、场、村和机关单位，以此作为各级开展平安创建工作的行动指南。3 月，开展“法律进乡村”工程，由司法局牵头，抽调政法及相关部门领导干部和干警，组成 3 个法律咨询小组，深入 70 个村委会开展法制宣传、咨询和答疑解难工作。2008 年 3—5 月，开展农村治安突出问题专项整治工作。4 月，市综治委发出《关于命名我市平安镇、农场的决定》，对全市“创建平安”工作效果显著，达到平安镇、平安农场建设标准的 12 个镇及5个国有农场命名。7月，市综治办被中央综治办评为“全国核查纠正监外执行罪犯脱管漏管先进集体”。2009年，制定下发《琼海市社会治安综合治理委员会关于进一步加强社会治安综合治理基层基础建设的工作意见》《琼海市“2009基层基础建设年”综治平安建设典型创建工作方案》《琼海市镇、村（社区）综治组织规范化建设的实施意见》，重点是进一步加强基层综治基础工作和组织建设工作。5月，被评为“2005—2008年度全国平安建设先进市”。2010年1月，市综治委印发《琼海市推进国际旅游岛建设社会治安环境综合整治工作实施细则》，推进国际旅游岛建设环境综合整治工作。7月，省社会治安综合治理工作陵水会议确定将琼海作为海南省的全国社会管理创新工作综合试点单位。10月，中央政法委、中央综治委确定琼海为全国社会管理创新综合试点单位。

二、严打工作

1991年，采取专业队伍和群众路线相结合的方法，开展打团伙、抓逃犯、破大案、扫“七害”、反内盗、打击非法制造贩卖枪支弹药与涉枪犯罪活动等一系列专项斗争。1992年6—12月，开展“破大案、挖团伙、缴黑枪、追逃犯”严打斗争。1994年5—6月，开展以打击涉枪犯罪和追捕逃犯为主要内容的严打斗争。1996年4—6月，在全市范围组织开展大规模的严厉打击严重刑事犯罪活动的斗争；9月起，开展历时5个月的“冬季打击行动”。1999年7—9月，在全市范围内组织开展禁毒、追逃犯和打击入屋盗窃综合打击活动。2001年4月起，组织一系列“严打”斗争，其中包括：开展侦查破案和追捕逃犯重点行动，7月起，组织打击盗窃机动车辆和街头“两抢”犯罪斗争，8—9月，开展打击涉爆犯罪强化危爆物品管理专项整治行动。2005年1—5月，开展集中打击赌博违法犯罪活动。2006年1—11月，开展“打黑除恶”，“两抢一盗”为重点的严打斗争。2007年2月，开展打击“两抢”和盗窃机动车辆犯罪斗争。2007年，组织开展“打黑除恶、侦破命案”专项打击。2008年，开展缉枪治暴专门行动，内容主要包括查破网上非法买卖枪支弹药，侦破处置积压命案。2009年，先后组织开展打击整治黑恶势力犯罪、“两抢一盗”犯罪、毒品犯罪、违法赌博犯罪等斗争。2010年，开展打黑除恶、治爆缉枪、“命案攻坚”行动，严厉打击暴力犯罪。

三、维稳工作

2000年9月，成立中共琼海市委维护稳定工作领导小组办公室；9月14日，市综治委发出《关于进一步加强矛盾纠纷排查调处工作的实施方案》；9月21日，经市委、市政府同意，决定成立琼海市维护稳定领导小组。2006年6月，市维稳办印发《琼海市维护社会稳定工作责任制》，督促各级党政、各部门、各单位切实承担起维护社会稳定的责任，保证维稳工作落到实处。2007 年，琼海市制定下发了《琼海市开展矛盾纠纷“调解年”活动实施方案》，全市五级调解组织建立健全，并建立了人民调解、行政调解、司法调解“三位一体”的协调配合机制。

四、专项整治

1991—2010 年，共开展 7 次反盗窃“三车”（汽车、摩托车、自行车）专项斗争。其中规模较大的是：1992 年 1—5 月，开展反盗窃“三车”行动；1999 年 1—3 月，开展打击盗窃摩托车专项斗争。

1992—2010 年开展 5 次打击破坏天然橡胶生产专项行动。其中 1995 年 4—12 月开展的行动，2005 年 7—10 月开展的行动，2007 年下半年开展的行动规模较大。经过打击，全市破坏天然橡胶违法犯罪得到遏制，保障了橡胶生产正常秩序。

1992—2010 年共开展 6 次校园企业内部和周边治安秩序专项整治。较大规模的是 2002 年 9—12 月和 2007 年 9—12 月开展专项行动。整治行动剔除了校园企业内部和周边的治安隐患，保障了学校的教学秩序和企业的安全生产。

2006 年 1—11 月，开展禁赌和“扫黄打非”集中行动；2007 年 1—6 月开展打击盗窃破坏电力电信广播电视设施整治行动；2010 年开展道路交通秩序专项整治。

第九节　督查工作

一、工作机构

1991 年，县委的查办催办工作由县委办秘书组兼办，未设立专门机构。 1996 年，市委办成立了信息督查股，指定专人负责督查工作。1999 年 5 月 20 日，撤销市委办公室信息督查股，成立市委办公室督查室。1999 年 9 月，成立中共琼海市委督查室，配备 2 名专职督查人员（1 名主任，1 名专职干部），督查工作经费专项列入且全额发放，保证了督查工作的正常开展。

二、工作情况

1993 年，市委办秘书组共向市直机关单位和各乡镇发出《催办通报》141 份，收到书面汇报 96 份，印发《市委决定事项执行情况》刊物共 7 个专题 20 期。 1996 年，市委办信息督查股发出《督查工作催报通知》228 份，收到各种贯彻反馈情况报告 205 份，印发《市委决定事项执行情况》17 期，出刊《催办汇报》31 期，《督查专刊》8 期。对市委主要领导批示跟踪督查催办，回报反馈，收到了较好的效果。 1997 年，共出刊《督查专刊》32期，向省委报《督查专报》15期，根据市委主要领导批示的群众反映信件共出刊《催办回报》68期。1998年1月5日，中共琼海市委办公室印发《琼海市党委系统督促检查工作制度》。1999年7月21日，中共琼海市委办公室印发《琼海市党委系统督促检查工作规则》。1999年，共出刊《琼海督查专刊》36期，增刊5期；新办《琼海督查通报》4期；《催办回报》47期；为省委办公厅督查室提供《琼海督查专报》33期；完成省委办公厅督查室交办的百万亩椰林工程和干部、教师工资发放等8项督查上报任务。在全市基层单位建立健全了督查网络，建立督查组61个，每组有督查组织领导和督查员各1人，共122人。其中，乡镇督查组21个，市直机关事业单位督查组40个。2002年，共向省委办公厅上报《琼海督查专报》23期，办理领导批办件96件，查处回报率98%，刊发《催办回报》68期，刊发《琼海督查通报》11期。2005年，市委督查室重点办理中共中央办公厅、省委办公厅督办的白石岭毁林案件，严肃处理了相关责任人，保护了万泉河生态环境。全年共向省委办公厅上报《琼海督查专报》20期，办理中央、省委领导批办件11件、市委领导批办件92件，其他批办件36件，查处回报率98%；刊发《督查回报》52期，《琼海督查通报》10期。2006年，共向省委办公厅上报《琼海督查专报》21期，办理省领导批办件7件，市领导批办件55件，其他批办件48件，查处回报率98%，刊发《督办回报》32期。 2007年，市委督查室落实中央、省委和市委领导批办件58件，查处回报率98%。向省委办公厅上报《琼海督查专报》21期，出刊《督查回报》22期。2009年，市委督查室共督查督办市委、省委领导批示件62件，办结56件，办结率90%；积极配合省委巡视组做好巡视工作，办理巡视组督办件31件。2010年，督查督办省委领导批示件10件、市委领导批示件64件、办理督查回报48期，共向省委及有关部门呈报专项情况报告28期。

第十节　党校工作

1991—2010年，市（县）委党校主要承担琼海市（县）领导干部、后备干部、统战干部、民主党派领导干部和公务员等的教学培训任务。2010年，内设3个业务科室，为正科级事业单位。

一、干部培训

1991年，县委党校举办了干部理论正规化教育学习班4期，学员180人。另外派出6名教学人员，在20个单位开展23场次辅导课，听课人数达4323人次。1993年，举办

15 期培训班，轮（培）训干部 2319 人次。其中，学习中共十四大文件骨干学习班 1 期，参加人数 99 人；新党员学习班 2 期，参加人数 102 人；机关股级干部培训班 6 期，参加人数 417 人。另外，应邀外出讲课 28 场次，参加听课的党员、干部达 4200 多人次。1994 年，举办各种班次培训共 20 期，轮（培）训干部 2629 人次。其中，股级干部培训班 8 期，参加人数 933 人；理论骨干培训班 2 期，参加人数 194 人；妇女干部岗位培训班 1 期 58 人；新干部入门培训班 1 期 150 人。另外，应邀外出讲课 32 场次，参加听课的党员、干部达 3905 人次。

1995 年，全年先后举办科级领导干部班 6 期，宣传理论骨干班 2 期，机关企事业单位股级党员干部班 3 期，培训党员干部 1958 人次。1996 年，举办科级干部理论学习班 3 期，学员 353 人；股级干部理论学习班 3 期，学员 215 人；理论骨干学习班 2 期，学员 195 人；妇女干部岗位培训班 1 期，学员 58 人；组织人事干部学习班 1 期，学员 130 人。1998 年，全年举办主题和非主体培训班 16 期，参训人数达 1417 人。其中市直机关的科级干部学习邓小平理论培训班 2 期，乡镇及市直机关企事业单位理论骨干班 1 期，乡镇领导人武、办公室主任学习国防、纪检监察、统战、保密法规政策培训班 1 期，税务干部业务培训班 3 期。

2001 年，举办主体班次共 19 期，培训人数 3412 人次。其中，协同市国税、地税局和工商行政管理局举办税务人员和工商行政管理人员岗位培训班 4 期，培训人数 450 人次；组织 47 人次教员为 40 个单位举办“三个代表”重要思想、“七一”讲话等培训班，培训人数 5021 人次；2002 年，举办 1 期 WTO 知识和 3 期英语日常用语培训班，共有 310 名副科级领导干部参加培训；8 月举办 1 期文秘人员培训班，参加学习的有各镇、市直机关企事业副科以上单位的办公室主任和文秘人员；8—10 月，举办 8 期公务员学法用法和依法行政培训班，参加培训的有 1399 人；9—11 月协助省委宣传部、省委组织部、省委党校做好琼海市副科以上领导干部远程网络授课共 5 期，参加培训的有 400 名党政干部。2003 年，举办主体班 15 期，培训人数 2712 人次。其中，开设网上培训 11 期，培训人数 2013 人次；组织教员下农村、部队、机关和企事业单位培训 23 场次，培训人数 3267 人次；与市财政、税务、政法、工商、电力、银信、保险等单位联合举办业务培训班 6 期，培训人数 985 人次。2004 年，共举办主体班次 15 期，培训人数 2835 人次。其中，组织教员下农村、机关和企事业单位培训 19 场次，培训人数 1220 人次；

2005 年 3 月 22 日，举办先进性教育第一批分析阶段主力培训班；5 月 27 日，举办乡镇书记农村技术理论培训班；11 月 21—28 日，与组织部、人事劳动保障局联合举办琼海市学习贯彻《中华人民共和国公务员法》培训班 6 期，参训人数 1331 人；2006 年 3 月 10 日，与组织部、统计局联合举办琼海市统计法制工作培训班，参训人数 100 人；3 月 15 日，与组织部、老干局联合举办琼海市老干部学习贯彻市“两会精神大会”，参训人数 250 人；4 月 26 日与计划生育局联合举办琼海市领导干部人口理论培训班，参训人数 200 人；5 月 11 日，与机关工委联合举办琼海市直属单位党务工作者培训班，参训人数 200 人；6 月 23—26 日，与组织部联合举办琼海市建设社会主义新农村专题培训班，参训人数 250 人；12 月 26 日，举办琼海市第十三届人大代表培训班，参训人数 200 人。2007 年 5 月 18 日，与组织部联合举办组织部党总支学习贯彻中央四个长效机制文件和省五次党代会精神大会，参训人数 200 人；与老干局联合举办琼海市老干部学习贯彻省第五次党代会精神辅导报告会，参训人数 200 人；8 月 20—24 日，与人事局联合举办 4 期琼海市行政机关公务员公共服务能力培训班，参训人数 1113 人。2009 年 5 月 20 日，举办琼海市农村信用联社入党积极分子培训班，参训人数 28 人；8 月 3—7 日，举办琼海市干部脱产学习培训班，参训人数 197 人；9 月 1 日，举办琼海农村党员干部现代远程教育站点管理员培训班，参训人数 468 人。

2010 年 6 月 9—11 日，举办 3 期入党积极分子培训班，参训人数 650 人。9 月 6—17 日举办 2 期领导干部学习培训班，培训人数 320 人。9 月 25—29 日举办村（社区）党支部书记、村（居）委会主任学习培训班，共 264 人参加。深入市直机关、各镇等单位宣讲 30 场次，听众约 3000 人。

二、教学科研

1992 年 12 月 12 日，市委党校副校长陈轼在《中央党校通信》上发表《琼海县举办青年后备干部培训班》通讯稿；1998 年 12 月，市委党校副校长陈轼在《琼海市报》上发表《深刻理解邓小平理论的历史地位和指导意义》，并收录于中国经济出版社出版的《辉煌二十年》论文集。2000 年，市委党校有 4 人 6 篇论文和体会文章在省级刊物上登载。其中由省马列主义研究中心主持的关于青少年吸毒情况的课题调研论文 1 篇，关于海南经济发展论文 1 篇，乡镇政府工作研究论文 1 篇，党的建设和组织人事制度改革等论文 3 篇，分别登载在省级理论专刊《新东方》《今日海南》和专著《不见硝烟的战争》。2007 年，市委党校常务副校长翁超群在《新东方》第 12 期上发表《树立和落实科学发展观》；2008 年，市委党校常务副校长翁超群在《新东方》第 8 期上发表《琼海市旅游业未来发展走向》；8 月 26 日，市委党校副校长陈轼在《琼海通讯》上发表《人力资源投资与效益关系的启示》；2009 年，市委党校常务副校长翁超群和科员符杨雪在《今日海南》第 7 期上发表《把握机遇发挥优势、做大做强琼海市海洋产业》；在《海南经贸》上发表《琼海建设中等城市产业选择问题初探》。2010 年，市委党校常务副校长翁超群在《新东方》2011 增刊上发表《充分发挥党校在干部培训工作中的主渠道作用》；市委党校办公室主任符杨雪在《新东方》2011 增刊上发表《海南旅游人才培养探析》；市委党校教研室副主任陈玉文在《新东方》2011 增刊上发表《实施海南人才战略应采取的措施及对策》；市委党校教员庞启禄在《新东方》上发表《海南国际旅游岛建设人才资源的开发与利用》。

三、函授教育

1991—2009 年，市委党校与中央党校、省委党校合办干部学历函授班共 50 个，函授学员共 2310 人。2009 年，市委党校函授班停办。

1991—2009 年琼海市（县）委党校函授教育情况表

表 9-2-4

年度	院校	学历	班次	人数
1991	省委党校	大专	1	25
	中央党校函授学院	专科	1	34
	中央党校函授学院	本科	1	21
1993	市委党校函授教育	大专	1	29
1994	市委党校函授教育	大专	2	110
	市委党校函授教育	本科	1	
1995	市委党校函授教育	大专	3	149
	市委党校函授教育	本科	1	26
1996	市委党校函授教育	大专	1	49
1997	市委党校函授教育	本科	1	57
1998	中央党校函授学院	大专	4	283
	中央党校函授学院	本科	2	
1999	市委党校函授教育	本科	1	56
	市委党校函授教育	专科	1	75
2000	省委党校	本科	1	59
	省委党校	研究生	1	32

续表 9-2-4

<table>
<tr><th>年度</th><th>院校</th><th>学历</th><th>班次</th><th>人数</th></tr>
<tr><td rowspan="4">2001</td><td>省委党校</td><td>本科</td><td>2</td><td>96</td></tr>
<tr><td>海南电视大学琼海远程教育学院</td><td>中专</td><td>1</td><td rowspan="3">209</td></tr>
<tr><td>海南电视大学琼海远程教育学院</td><td>大专</td><td>1</td></tr>
<tr><td>海南电视大学琼海远程教育学院</td><td>本科</td><td>1</td></tr>
<tr><td>2002</td><td>市委党校函授教育</td><td>—</td><td>8</td><td>389</td></tr>
<tr><td>2003</td><td>市委党校函授教育</td><td>—</td><td>6</td><td>262</td></tr>
<tr><td>2004</td><td>市委党校函授教育</td><td>—</td><td>6</td><td>247</td></tr>
<tr><td>2006</td><td>市委党校函授教育</td><td>大专</td><td>1</td><td>60</td></tr>
<tr><td>2006</td><td>市委党校函授教育</td><td>本科</td><td>1</td><td>42</td></tr>
</table>

四、党校建设

（一）设施建设

中共琼海市委党校前身为中共琼海县委党校，成立于 1959 年，校址设在嘉积镇人民路。1992 年琼海撤县设市改称现名。1999 年由原校址迁至琼海市嘉积镇豪华路 61 号。校园占地面积为 3.33 公顷，固定资产 786.8 万元，建筑面积 4770 平方米；有综合教学楼和学员宿舍楼各 1 幢，其中有 10 间教室、1 间可容纳 280 人的多媒体综合礼堂、1 间可容纳 100 人的小型会议室、1 间 50 平方米的阅览室、1 间 30 平方米的接待室。此外，还有篮球、羽毛球、乒乓球运动场、学员食堂等。各科室配备电脑；安装了农村党员远程教学网，为教师提供了现代化的教学平台。2007—2010 年，市委党校投入近 10 万元用于绿化管理和更新、添种花木，新栽花木 400 多株，果树 60 多株，植地毯草约 6000 平方米。建设 50 个泊位停车场 1 个。

（二）师资队伍建设

2004 年，根据市编办核定，市委党校人员编制 17 人，其中行政定编 6 人，事业人员定编 9 人，工勤人员定编 2 人。2010 年，党校在编人员 10 人，占总编制 58.8%，其中行政编制 6 人，事业人员编制 1 人，工勤人员编制 3 人。教研人员中 3 人具有研究生学历，6 人具有本科学历；中级职称 1 人，初级职称 4 人。经济管理专业 4 人，占 57.1%；行政管理专业 2 人，占 28.6%；计算机专业 1 人，占 14.3%。教职工年龄 30 岁以下 4 人，占 40%；31—45 岁 1 人，占 10%；46—55 岁 4 人，占 40%；56—60 岁 1 人，占 10%。

1991—2010年琼海市（县）村级支部书记、主任培训班一览表

表9-2-5

开班时间	期　数	参加人数
1991年	2	450
1992年	3	641
1993年	1	250
1994年	—	—
1995年	2	489
1996年	—	—
1997年	—	—
1998年	1	224
1999年	3	854
2000年	3	795
2001年	3	639
2002年	3	712
2003年	3	768
2004年	2	519
2005年	3	815
2006年	2	413
2007年	2	510
2008年	2	547
2009年	2	543
2010年	2	523

1991—2010年琼海市（县）副科级领导干部培训班一览表

表9-2-6

开班时间	期　数	参加人数
1991年	4	708
1992年	—	—
1993年	3	820

续表 9-2-6

开班时间	期　数	参加人数
1994 年	2	714
1995 年	2	634
1996 年	2	542
1997 年	1	151
1998 年	—	—
1999 年	2	316
2000 年	—	—
2001 年	—	—
2002 年	2	370
2003 年	—	—
2004 年	2	381
2005 年	—	—
2006 年	2	296
2007 年	—	—
2008 年	2	276
2009 年	2	300
2010 年	2	320

1991—2010 年琼海市（县）入党积极分子培训班一览表

表 9-2-7

开班时间	期　数	参加人数
1991 年	3	496
1992 年	2	285
1993 年	1	73
1994 年	1	123
1995 年	1	109
1996 年	1	111
1997 年	1	125

续表 9-2-7

开班时间	期　数	参加人数
1998 年	1	169
1999 年	2	383
2000 年	2	403
2001 年	3	718
2002 年	1	127
2003 年	—	—
2004 年	—	—
2005 年	1	165
2006 年	2	178
2007 年	4	200
2008 年	4	300
2009 年	3	740
2010 年	3	650

1991—2010 年琼海市（县）后备干部培训班一览表

表 9-2-8

开班时间	期　数	参加人数
1991 年	—	—
1992 年	1	46
1993 年	1	98
1994 年	1	42
1995 年	—	—
1996 年	1	90
1997 年	—	—
1998 年	—	—
1999 年	—	—
2000 年	—	—
2001 年	—	—

续表 9-2-8

开班时间	期 数	参加人数
2002 年	—	—
2003 年	—	—
2004 年	—	—
2005 年	—	—
2006 年	—	—
2007 年	—	—
2008 年	—	—
2009 年	1	278
2010 年	1	200

第十一节 老干部工作

一、离休干部生活待遇

1991 年，全县有离休干部 345 人。离休干部的生活待遇主要体现在落实离休干部的离休费和医疗费（简称“两费”）之上，离休干部医疗费实行单列管理，每人每月增发食油差价款。1993 年，解决同年企业中拖欠离休干部工资及各项补贴的遗留问题。1995 年 1 月，全市按新工资标准发放离休费。1997 年，对上年度拖欠的离休干部医疗费全部给予报销。自 2000 年 1 月 1 日起，企业与行政、事业单位离休干部之间的离休费水平基本保持平衡。每年都把离休干部“两费”纳入预算安排，其中离休费按上年度人数预算足额安排；医疗费按上年度机关离休干部人均医药费发生额增加 20%预算。2003 年，市委组织部下发《琼海市离休干部医药费管理暂行办法》和《琼海市落实离休干部离休费发放实施办法》两个文件，落实离休干部护理费、交通费、医疗费和离休费等费用，2004 年 10 月 1 日起，离休干部优先执行海南省统一标准浮动 70%的工资，充分体现了离休干部“略为从优”的政策。2005 年，对镇及企业单位的离休干部实行医药费统筹，对停产、破产及经济困难没有能力缴交统筹医疗费的企业单位，由组织、财政、人事、社保、征稽、老干部局等部门召开会议审批。全市共 23 个企业单位的离休干部获得免缴交医药费统筹金，4 个企业单位的离休干部的医药费统筹金获得半减免。2006 年，全部落实符合条件的离休干部享受 20 个月抚恤金补贴，并在全市开展普查已离世离休干部的遗属生活情况，符合条件的都按规定落实补助。2007 年，“两费”实现零拖欠。2008 年，离休干部全部增加护理费。2009 年，离休干部津贴补贴提高到同级政府在职人员的 90%，护理费也调整提高。2010 年，对离休干部离休费进行全面核准建档。同年，全市共有离休干部 136 人。1991—2010 年，绝大部分乡镇每年都拨出 1000—3000 元为老干部党支部开展学习、参观、订报刊等，节假日及老干部生病、生活有困难时都及时上门进行慰问。

二、离休干部政治待遇

1991—2010 年，坚持每年召开离休干部通报会 2—3 次，市委、市政府的主要领导及有关部门的领导参加，主要通报琼海市的经济和社会发展情况。县处级待遇以上的离休干部持阅文卡到市委保密办阅读当年的中央、国务院等文件，一般的离休干部到老干部局阅读文件。卧床不起的离休干部派送上门阅读，做到老干部该看的文件都能看到。市老干部局的领导和干部在各重大节日期间进村入户慰问离休干部，慰问住院、卧病在床的离休干部及离休干部的遗属等。2005 年，纪念抗日战争胜利 60 周年，市委组织集体慰问抗战老干部，召开了琼海市纪念抗日战争胜利 60 周年纪念章颁发仪式，为全市 38 名抗日战争时期参加工作的离休干部颁发纪念章和慰问金。2007 年 10 月 16 日，中组部老干部局局长毛子炎一行在省委老干部局常务副局长王旭、市委组织部部长肖强等领导的陪同下慰问市红色娘子军老战士。2009 年，中华人民共和国成立 60 周年，市政府拨出专项慰问经费组织两次全面走访慰问离休干部。2010 年，在庆祝海南解放 60 周年期间，全面走访全市离休干部并发放慰问金。

三、关心下一代工作委员会

1991 年，正式成立关心下一代组织，1992 年更名为琼海市关心下一代工作委员会（简称琼海市关工委）。琼海市关工委成员主要以离退休干部为主，主要任务为关心教育下一代，采取形式有：一是编写革命史迹资料，为下一代教育提供依据。二是组织爱国教育团、科技服务团、法制教育团、家长教育团（简称“四团”），走遍全市各乡镇、农村和全市各中、小学校作专场报告。三是为筹建爱国主义教育基地出谋出资。四是抓防毒戒毒法制教育。全市有 200 多名老干部组成戒毒帮教小组，市公安局原局长王绍典在禁毒、戒毒、防毒教育中，走遍各个乡镇和 25 所学校进行宣讲，接受教育的青少年达 1.8 万人次，被评为海南关心下一代工作先进个人。五是编写农业科技资料，有老干部王兴朝的科技养兔技术。六是推动爱心助学。发动企业家、外侨捐款 45 多万元，帮助贫困学生 280 人。

2005 年，市关工委结合纪念抗日战争胜利 60 周年，组织百名老干部“帮教工程”教育活动，在全市各中小学校中进行革命传统教育巡回报告。共组织编写了专题报告讲稿20篇，其中16篇编成《琼海市爱国主义教育资料选编》在全市14所中学发放。2007年，有275名离退休干部自愿参加关心下一代工作，参加文化市场、城市监督、老促会有32人。2010年，组成市爱国主义教育团开展弘扬琼崖革命精神宣讲，下镇入村进校作报告56场次，受教育青少年学生5万多人次。市关工委的科技团配合科协部门、司法部门、禁毒大队、戒毒所开展“禁毒戒毒，远离毒品”工作调研，并编写《珍爱生命、远离毒品》和《网吧里的罪恶》两本教材。

四、其他活动

（一）文体活动

购置完善“老干部活动中心”的活动设施、设备，开展各项有利于老年人身心健康的文体活动。2003年，成立琼海市潇洒艺术团，组织老干部参加各种文体活动，观看电影等。组织老干部开展门球、地掷球、柔力球、交谊舞、台球、乒乓球和棋牌等。

（二）定期体检

坚持每两年组织一次离休干部体检，体检后组织健康知识讲座。2007—2010年，每年组织医生上门为行动不便的离休干部做检查、指导家庭护理等。

（三）党支部建设

1992年，在老干部局成立了老干部党总支，并先后成立万泉、潭门、泮水、温泉等乡镇和政协、计生委、检察院等单位的老干部党支部。1993年，全市20个乡镇中，有18个成立老干部党支部，全市共有31个离退休干部党支部。至2001年，全市有41个老干部党支部，党员863名。2004年，琼海市有76个离退休干部党支部，党员3054名。琼海市阳江镇离退休干部党支部荣获全国先进离退休干部党支部称号，并在重阳节期间赴京参加全国“双先”表彰大会。2009年9月，长坡镇烟塘离退休干部党支部被评为全国先进离退休干部党支部。每年为离退休干部党支部印发学习材料和文件，赠阅报纸杂志。

第十二节　机关工委工作

一、基层党组织建设

1991—1994年，直属机关党委设置12个分党委，26个党总支和50个直属党支部，1995年，直属机关党委改为直属机关企事业工委，制定《琼海市直属机关企事业单位党组织设置方案》，将原设置的12个分党委，26个党总支和50个直属党支部设为10个直属机关、企事业党委，13个直属机关、企事业党总支和15个直属机关、企事业单位党支部。2001年，直属机关企事业工委更名为直属单位工作委员会，通过对基层党组织进行撤销、合并、分离等一系列的调整，时有市直属党委18个，直属党总支28个，党支部315个。到2010年，有基层党组织364个，其中党的基层委员会15个，党的总支部委员会26个，党的支部委员会323个。在党的基层组织中，有机关单位党组织120个，事业单位党组织78个，企业单位党组织103个，离退休人员党组织63个。市直属单位共有党员5216人，其中妇女党员1018人，占党员总数的19.5%；在岗职工党员3068人，占党员总数的58.8%；离退休干部职工党员1992人，占党员总数的38.2%；少数民族党员36人，占党员总数的0.7%。

1991—2010年琼海市（县）基层党组织情况表

表9-2-9　　单位：个

年份	总数	党委	总支	支部	年份	总数	党委	总支	支部
1991	88	12	26	50	2001	361	18	28	315
1992	88	12	26	50	2002	361	18	28	315
1993	88	12	26	50	2003	361	18	28	315
1994	88	12	26	50	2004	361	18	28	315
1995	38	10	13	15	2005	361	18	28	315
1996	98	10	13	75	2006	361	18	28	315
1997	120	10	13	97	2007	360	15	24	321
1998	155	10	13	132	2008	360	15	24	321
1999	198	10	13	175	2009	362	15	25	322
2000	235	10	13	212	2010	362	15	25	322

二、直属单位党员管理

1991—2010年，认真执行“三会一课”（支委会、支部大会、党小组会、上党课）制度，每年组织党员集体教育活动累计不少于12天。党员领导干部过双重组织生活，既参加所在党支部、党小组的组织生活，又要参加党员领导干部民主生活会。积极组织党员开展结对帮扶困难群众、参加主题实践活动、参加设岗定责活动、参加社会公益活动，密切党员和群众的关系。组织党员学习中国特色社会主义理论，学习党纪政纪条规等。为了适应新时期党员管理的要求，加强对流动党员的管理，建立流动党员管理制度。

三、发展新党员工作

1991—2010 年，市直工委每年举办一期入党积极分子培训班，明确规定凡是不参加培训取得结业证书的一律不能吸收为预备党员。认真执行《中国共产党发展党员工作细则》，发展党员严格按照“坚持标准，保证质量，改善结构，慎重发展”的方针，重点发展生产、工作第一线的骨干、高知识群体、优秀青年等，解决党员队伍年龄偏大、文化偏低、结构不合理的问题。至 2010 年，共发展党员 1755 名，其中女性党员 342 名，35 岁以下党员 1020 名，大专以上文化的党员 1284 名。

1991—2010 年琼海市（县）直工委发展党员统计表

表 9-2-10　　　　单位：人

年份	发展数	年份	发展数
1991	57	2001	84
1992	62	2002	92
1993	68	2003	95
1994	66	2004	99
1995	67	2005	89
1996	53	2006	102
1997	90	2007	103
1998	73	2008	115
1999	82	2009	129
2000	91	2010	138

第十编　人民代表大会

1991—2010年，召开第九届至第十三届琼海市（县）人民代表大会，选举产生琼海市（县）第九届至第十三届琼海市（县）人大常委会，分别选举产生第九届至第十三届琼海市（县）人民政府。人大代表就民生保障、经济发展、城市建设、劳动就业、市场物价、文化教育、执法普法、城市管理、“三农”问题、精神文明建设等开展视察调研、检查监督，市（县）人大常委会加强对“一府二院”的监督力度。

第一章　琼海市（县）人民代表大会

第一节　人大代表选举

琼海市（县）人民代表大会由全市（县）选民依法选举产生。1991—2010年，琼海市（县）先后4次进行人民代表大会换届选举，依法产生第十、十一、十二、十三届人民代表大会代表。琼海市（县）第九届人民代表大会任期为3年，自第十届起，任期为5年。第九届人代会选举代表266名，成立代表小组34个；第十届人代会选举代表293名，成立代表小组23个；第十一届人代会选举代表216名，成立代表小组23个；第十二届人代会选举代表211名，成立代表小组21个；第十三届人代会选举代表216名，成立代表小组21个。

依照《中华人民共和国选举法》规定，人民代表大会代表的选举工作在市（县）选举委员会和乡镇选举工作指导小组的领导下进行。市（县）选举委员会为组织和主持市（县）人民代表大会代表选举的临时工作机构，由主任、副主任、委员若干人组成。其组成人员由市（县）委、市（县）人大常委会有关领导以及组织、司法、工会、共青团、妇联等部门负责人组成。琼海市（县）第九届至第十三届选举委员会成员均由上届人大常委会在换届之前任命，设主任1名，副主任和委员若干名。市（县）直各战线各乡镇选举工作指导小组是市（县）选举委员会的派出机构，其组成人员由市（县）人大常委会或市（县）选举委员会任命，在市（县）选举委员会领导下，负责辖区内或选区内的具体选举工作。选举工作指导小组由5—7人组成，设组长1人，副组长1—2人，委员若干人。

正式选举前，选举委员会将全市（县）划分为若干选区，按选区进行选民登记，依照法律规定，将代表名额分配到选区，由选区内选民10人以上联名或各政党、各人民团体推荐，于选举日的20日前张榜公布，经选民小组讨论、协商，根据较多数选民意见或预选后确定正式候选人名单，于选举日5天前公布。

1991—2010年琼海市（县）历届海南省人大代表名单

表10-1-1

届次	姓名	职务	籍贯	任职时间（年）
第一届	王昌保	人大常委会主任	琼海	1993—1998
	王辉国	市（县）个体协会副会长	琼海	1993—1998
	王振芳	市（县）委副书记	琼海	1993—1998
	甘燕琴	市（县）农技中心技术员	琼海	1993—1998
	邢小惠	塔洋镇珍寨村干部	琼海	1993—1998
	李少凡	市（县）人大常委会副主任、民盟主委	琼海	1993—1998
	李瑞天	县糖厂厂长	琼海	1993—1998
	吴乾煜	省人大法工委主任	琼海	1993—1998
	陈　坤	东平农场工人	广东	1993—1998
	陈少君	嘉中高级教师	琼海	1993—1998
	陈文深	会山乡村书记	琼海	1993—1998
	庞道贵	市（县）体校篮球教练	琼海	1993—1998
	南新燕	海南师范学院党委书记	山西	1993—1998
	莫泰惠	东太农场场长	琼海	1993—1998
	徐天仁	海南省西沙办事处主任	琼山	1993—1998
	韩至中	市（县）委书记、市长	文昌	1993—1998
	韩爱琴	东红农场工人	文昌	1993—1998
	曾　春	农工海南省委副主委	琼山	1993—1998
	蔡亲光	长坡镇文子村书记	琼海	1993—1998
	赖勤维	海南省商务厅厅长	四川	1993—1998
第二届	于　迅	省发改委主任	山东	1998—2002
	王广宪	省委副书记	浙江	1998—2002
	王兴豪	致公党海南省委副主委	琼海	1998—2002

续表 10-1-1

届次	姓名	职务	籍贯	任职时间（年）
第二届	邓爱娟	会山镇村干部	琼海	1998—2002
	白在林	市委书记、市长	四川	1998—2002
	羊中兴	市委副书记	儋州	1998—2002
	李少凡	市人大常委会副主任、民盟主委	琼海	1998—2002
	李学兴	市人大常委会秘书长	琼海	1998—2002
	李家淦	市司法局局长	琼海	1998—2002
	李道章	市人民医院院长	琼海	1998—2002
	吴乾煜	省人大法工委主任	琼海	1998—2002
	邱国虎	海南省委副秘书长	河南	1998—2002
	陆志远	市人民政府市长	云南	1998—2002
	陈海燕	市汽车试验站技术员	琼海	1998—2002
	张开新	市委常委、秘书长	琼海	1998—2002
	庞启基	阳江镇上科村书记	琼海	1998—2002
	庞学忠	市人大常委会主任	琼海	1998—2002
	黄田春	潭门镇福田村书记	琼海	1998—2002
	梁定金	市教育局局长	琼海	1998—2002
	符树辉	东红农场场长	文昌	1998—2002
	覃　超	公安局政委	琼海	1998—2002
	蔡崇彬	大路镇委书记	琼海	1998—2002
第三届	王小雄	市人民医院院长	琼海	2002—2007
	王厚宏	省委副书记、副省长	安徽	2002—2007
	王晖雅	博鳌镇委书记	琼海	2002—2007
	龙仕强	市人大常委会秘书长	琼海	2002—2007
	李少凡	市人大常委会副主任、民盟主委	琼海	2002—2007
	李素贞	市计划生育委员会主任	琼海	2002—2007
	宋　祎	市人民政府市长	陕西	2002—2007
	张开新	市委常委、秘书长	琼海	2002—2007

续表 10-1-1

届次	姓名	职务	籍贯	任职时间（年）
第三届	陆志远	市委书记	云南	2002—2007
	庞亚贵	省人大内司工委主任	广东	2002—2007
	倪　强	中远博鳌公司总经理	江苏	2002—2007
	黄田春	潭门镇福田村书记	琼海	2002—2007
	黄国泰	省教育厅厅长	广东	2002—2007
	符爱梅	省人大教科文卫工委主任	文昌	2002—2007
	盘武庄	会山镇副镇长	琼海	2002—2007
	梁定金	市教育局局长	琼海	2002—2007
	覃　超	公安局政委	琼海	2002—2007
	景　柱	海马公司董事长	河南	2002—2007
	韩至中	副省长	文昌	2002—2007
	谭进川	市人大常委会主任	万宁	2002—2007
第四届	王小雄	市人民医院院长	琼海	2007—2012
	王裕鑫	嘉积镇温泉村书记	琼海	2007—2012
	刘仁伍	人行海口中心支行行长	吉林	2007—2012
	龙仕强	市人大常委会秘书长	琼海	2007—2012
	李少凡	市人大常委会副主任、民盟主委	琼海	2007—2012
	李素贞	市计划生育委员会主任	琼海	2007—2012
	陈启明	省人大内司工委主任	陕西	2007—2012
	吴恩泽	博鳌镇委书记	琼海	2007—2012
	祝春荣	市委书记	陕西	2007—2012
	黄宗玉	东红农场胶工	琼海	2007—2012
	黄晓红	交通局局长	琼海	2007—2012
	符宣朝	市人民政府市长	东方	2007—2012
	盘武庄	会山镇镇长	琼海	2007—2012
	程江洪	市审计局局长	河南	2007—2012
	董治良	省高级人民法院院长	云南	2007—2012

续表 10-1-1

届次	姓名	职务	籍贯	任职时间（年）
第四届	谭进川	市人大常委会主任	万宁	2007—2012
	张震华	省人大财经工委副主任	湖南	2007—2012
	楼阳生	省委常委、组织部长	浙江	2007—2012
	张松林	省委宣传部常务副部长	四川	2007—2012
	褚晓路	省人大法工委副主任	山东	2007—2012

第二节　历届人民代表大会

一、琼海市（县）第九届人民代表大会

第九届人民代表大会时间为 1990—1993 年，召开代表大会 4 次。

（一）第一次会议　1990 年 3 月 30 日至 4 月 2 日在嘉积召开。主要议程：一、听取和审议琼海县政府工作报告；二、听取和审议琼海县人民代表大会常务委员会（以下简称常委会）工作报告；三、审议县国民经济和社会发展计划执行情况和国民经济与社会发展计划草案的报告，审查和批准县国民经济和社会发展计划执行情况与国民经济和社会发展计划；四、审议县财政预算执行情况和财政预算草案的报告，审查和批准县本级财政预算；五、听取和审议县人民法院工作报告；六、听取和审议县人民检察院工作报告；七、选举。主要事项：会议选举王昌保为琼海县第九届人大常委会主任，韩至中为县人民政府县长，王家政为县人民法院院长，李宗炳为县人民检察院检察长。通过人大、政府、计划、财政、法院、检察院等六个报告的决议。

（二）第二次会议　1991 年 4 月 24—25 日在嘉积召开。主要议程：一、听取和审议琼海县政府工作报告；二、审查批准琼海县“八五”计划和十年规划设想；三、听取和审议琼海县人民代表大会常务委员会（以下简称常委会）工作报告；四、审议县国民经济和社会发展计划执行情况和国民经济与社会发展计划草案的报告，审查和批准县国民经济和社会发展计划执行情况与国民经济和社会发展计划；五、审议县财政预算执行情况和财政预算草案的报告，审查和批准县本级财政预算；六、听取和审议县人民法院工作报告；七、听取和审议县人民检察院工作报告；八、其他。主要事项：会议通过人大、政府、计划、财政、法院、检察院等六个报告的决议；通过琼海县国民经济和社会发展第八个五年规划纲要。

（三）第三次会议　1992年3月17—19日在嘉积召开。主要议程：一、听取和审议琼海县政府工作报告；二、听取和审议琼海县人民代表大会常务委员会（以下简称常委会）工作报告；三、审议县国民经济和社会发展计划执行情况和国民经济与社会发展计划草案的报告，审查和批准县国民经济和社会发展计划执行情况与国民经济和社会发展计划；四、审议县财政预算执行情况和财政预算草案的报告，审查和批准县本级财政预算；五、听取和审议县人民法院工作报告；六、听取和审议县人民检察院工作报告；七、其他。主要事项：会议通过人大、政府、计划、财政、法院、检察院等六个报告的决议。主要事项：会议增选王诗克为市人大常委会副主任，会议通过人大、政府、计划、财政、法院、检察院等六个报告的决议。

（四）第四次会议　1992年11月30日至12月2日在嘉积召开。主要议程：一、选举出席海南省第一届人民代表大会代表；二、其他。主要事项：会议选举王昌保、王辉国、王振芳、邢小惠、李少凡、李瑞天、吴乾煜、陈坤、陈少君、陈文深、庞道贵、南新燕、莫泰惠、徐天仁等为海南省第一届人民代表大会代表。

二、琼海市第十届人民代表大会

第十届人民代表大会时间为1993—1998年，召开代表大会5次。

（一）第一次会议　1993年3月26—28日在嘉积召开。主要议程：一、听取和审议琼海市政府工作报告；二、听取和审议琼海市人民代表大会常务委员会（以下简称常委会）工作报告；三、审议市国民经济和社会发展计划执行情况和国民经济与社会发展计划草案的报告，审查和批准市国民经济和社会发展计划执行情况与国民经济和社会发展计划；四、审议市财政预算执行情况和财政预算草案的报告，审查和批准市本级财政预算；五、听取和审议市人民法院工作报告；六、听取和审议市人民检察院工作报告；七、选举。主要事项：会议选举程儒仕为琼海市第十届人大常委会主任，韩至中为市人民政府市长，冯增云为市人民法院院长，李宗炳为市人民检察院检察长。通过人大、政府、计划、财政、法院、检察院等六个报告的决议。

（二）第二次会议　1994年3月6—8日在嘉积召开。主要议程：一、听取和审议琼海市政府工作报告；二、听取和审议琼海市人民代表大会常务委员会（以下简称常委会）工作报告；三、审议市国民经济和社会发展计划执行情况和国民经济与社会发展计划草案的报告，审查和批准市国民经济和社会发展计划执行情况与国民经济和社会发展计划；四、审议市财政预算执行情况和财政预算草案的报告，审查和批准市本级财政预算；五、听取和审议市人民法院工作报告；六、听取和审议市人民检察院工作报告；七、其他。

主要事项：会议通过人大、政府、计划、财政、法院、检察院等六个报告的决议。

（三）第三次会议 1995年2月28日至3月2日在嘉积召开。主要议程：一、听取和审议琼海市政府工作报告；二、听取和审议琼海市人民代表大会常务委员会（以下简称常委会）工作报告；三、审议市国民经济和社会发展计划执行情况和国民经济与社会发展计划草案的报告，审查和批准市国民经济和社会发展计划执行情况与国民经济和社会发展计划；四、审议市财政预算执行情况和财政预算草案的报告，审查和批准市本级财政预算；五、听取和审议市人民法院工作报告；六、听取和审议市人民检察院工作报告；七、听取和审议市人民政府关于代表建议办理情况的报告；八、其他。主要事项：会议通过人大、政府、计划、财政、法院、检察院等六个报告的决议。

（四）第四次会议 1996年4月15—17日在嘉积召开。主要议程：一、听取和审议市"九五"计划和2010年远景目标纲要的报告，审查批准琼海市"九五"计划和2010年远景目标纲要；二、听取和审议琼海市人民代表大会常务委员会（以下简称常委会）工作报告；三、审议市国民经济和社会发展计划执行情况和国民经济与社会发展计划草案的报告，审查和批准市国民经济和社会发展计划执行情况与国民经济和社会发展计划；四、审议市财政预算执行情况和财政预算草案的报告，审查和批准市本级财政预算；五、听取和审议市人民法院工作报告；六、听取和审议市人民检察院工作报告；七、听取和审议市人民政府关于代表建议办理情况的报告；八、选举；九、其他。主要事项：会议选举王振芳为市人大常委会主任（程儒仕因病去世）；通过人大、政府、计划、财政、法院、检察院、代表建议办理等七个报告的决议。

（五）第五次会议 1997年2月26—28日在嘉积召开。主要议程：一、听取和审议琼海市政府工作报告；二、听取和审议琼海市人民代表大会常务委员会（以下简称常委会）工作报告；三、审议市国民经济和社会发展计划执行情况和国民经济与社会发展计划草案的报告，审查和批准市国民经济和社会发展计划执行情况与国民经济和社会发展计划；四、审议市财政预算执行情况和财政预算草案的报告，审查和批准市本级财政预算；五、听取和审议市人民法院工作报告；六、听取和审议县人民检察院工作报告；七、补选市人民政府市长；八、其他。主要事项：会议补选白在林为市人民政府市长，通过人大、政府、计划、财政、法院、检察院等六个报告的决议。

三、琼海市第十一届人民代表大会

第十一届人民代表大会时间为1998—2003年，召开代表大会6次。

（一）第一次会议 1998年3月16—20日在嘉积召开。主要议程：一、听取和审议琼海市政府工作报告；二、听取和审议琼海市人民代表大会常务委员会（以下简称常委会）工作报告；三、审议市国民经济和社会发展计划执行情况和国民经济与社会发展计划草案的报告，审查和批准市国民经济和社会发展计划执行情况与国民经济和社会发展计划；四、审议市财政预算执行情况和财政预算草案的报告，审查和批准市本级财政预算；五、听取和审议市人民法院工作报告；六、听取和审议市人民检察院工作报告；七、选举；八、其他。主要事项：会议选举庞学忠为琼海市第十一届人大常委会主任，白在林为市人民政府市长，罗华汉为市人民法院院长，李宗炳为市人民检察院检察长，选举于迅、王兴豪、邓爱娟、白在林、羊中兴、李少凡、李学兴、李家淦、李道章、吴乾煜、邱国虎、陆志远、陈海燕、张开新、庞启基、庞学忠、黄田春、梁定金、符树辉、覃超、蔡崇彬等为省第二届人大代表。通过人大、政府、计划、财政、法院、检察院等六个报告的决议。

（二）第二次会议 1999 年 3 月 8—10 日在嘉积召开。主要议程：一、听取和审议琼海市政府工作报告；二、听取和审议琼海市人民代表大会常务委员会（以下简称常委会）工作报告；三、审议市国民经济和社会发展计划执行情况和国民经济与社会发展计划草案的报告，审查和批准市国民经济和社会发展计划执行情况与国民经济和社会发展计划；四、审议市财政预算执行情况和财政预算草案的报告，审查和批准市本级财政预算；五、听取和审议市人民法院工作报告；六、听取和审议市人民检察院工作报告；七、选举；八、其他。主要事项：会议补选王广宪为省第二届人大代表，通过人大、政府、计划、财政、法院、检察院等六个报告的决议。

（三）第三次会议 2000 年 3 月 7—9 日在嘉积召开。主要议程：一、听取和审议琼海市政府工作报告；二、听取和审议琼海市人民代表大会常务委员会（以下简称常委会）工作报告；三、审议市国民经济和社会发展计划执行情况和国民经济与社会发展计划草案的报告，审查和批准市国民经济和社会发展计划执行情况与国民经济和社会发展计划；四、审议市财政预算执行情况和财政预算草案的报告，审查和批准市本级财政预算；五、听取和审议市人民法院工作报告；六、听取和审议市人民检察院工作报告；七、其他。主要事项：会议通过人大、政府、计划、财政、法院、检察院等六个报告的决议。

（四）第四次会议 2001 年 3 月 21—23 日在嘉积召开。主要议程：一、听取和审议市国民经济和社会发展“十五”计划报告，审查批准琼海市“十五”计划纲要；二、听取和审议琼海市人民代表大会常务委员会（以下简称常委会）工作报告；三、审议市国民经济和社会发展计划执行情况和国民经济与社会发展计划草案的报告，审查和批准市国民经济和社会发展计划执行情况与国民经济和社会发展计划；四、审议市财政预算执行情况和财政预算草案的报告，审查和批准市本级财政预算；五、听取和审议市人民法院工作报告；六、听取和审议市人民检察院工作报告；七、选举；八、其他。主要事项：会议选举陆志远为市人民政府市长、颜学长为市人大常委会副主任，通过人大、政府、计划、财政、法院、检察院等六个报告的决议。

（五）第五次会议 2002年3月5—7日在嘉积召开。主要议程：一、听取和审议琼海市政府工作报告；二、听取和审议琼海市人民代表大会常务委员会（以下简称常委会）工作报告；三、审议市国民经济和社会发展计划执行情况和国民经济与社会发展计划草案的报告，审查和批准市国民经济和社会发展计划执行情况与国民经济和社会发展计划；四、审议市财政预算执行情况和财政预算草案的报告，审查和批准市本级财政预算；五、听取和审议市人民法院工作报告；六、听取和审议市人民检察院工作报告；七、审议通过《关于加强监督，改进国家机关工作人员作风建设的决议》；八、其他。主要事项：会议通过人大、政府、计划、财政、法院、检察院、《关于加强监督，改进国家机关工作人员作风建设的决议》等七个报告的决议。

（六）第六次会议 2002年12月2—3日在嘉积召开。主要议程：一、领导讲话；二、选举省第三届人民代表大会代表；三、其他。主要事项：会议选举王小雄、王厚宏、王晖雅、龙仕强、李少凡、李素贞、宋祎、张开新、陆志远、庞亚贵、倪强、黄田春、黄国泰、符爱梅、盘武庄、梁定金、覃超、景柱、韩至中、谭进川为省第三届人大代表。

四、琼海市第十二届人民代表大会

第十二届人民代表大会时间为2003—2007年，召开代表大会6次。

（一）第一次会议 2003年3月16—20日在嘉积召开。主要议程：一、听取和审议琼海市政府工作报告；二、听取和审议琼海市人民代表大会常务委员会（以下简称常委会）工作报告；三、审议市国民经济和社会发展计划执行情况和国民经济与社会发展计划草案的报告，审查和批准市国民经济和社会发展计划执行情况与国民经济和社会发展计划；四、审议市财政预算执行情况和财政预算草案的报告，审查和批准市本级财政预算；五、听取和审议市人民法院工作报告；六、听取和审议市人民检察院工作报告；七、选举；八、其他。主要事项：会议选举谭进川为琼海市第十二届人大常委会主任，陆志远为市人民政府市长，罗华汉为市人民法院院长，卓传海为市人民检察院检察长。通过人大、政府、计划、财政、法院、检察院等六个报告的决议。

（二）第二次会议 2004年3月2—4日在嘉积召开。主要议程：一、听取和审议琼海市政府工作报告；二、听取和审议琼海市人民代表大会常务委员会（以下简称常委会）

工作报告；三、审议市国民经济和社会发展计划执行情况和国民经济与社会发展计划草案的报告，审查和批准市国民经济和社会发展计划执行情况与国民经济和社会发展计划；四、审议市财政预算执行情况和财政预算草案的报告，审查和批准市本级财政预算；五、听取和审议市人民法院工作报告；六、听取和审议市人民检察院工作报告；七、选举；八、其他。主要事项：会议通过人大、政府、计划、财政、法院、检察院等六个报告的决议。

（三）第三次会议　2004年9月22—24日在嘉积召开。主要议程：一、听取和审议琼海市政府工作报告；二、听取和审议市人民政府关于代表建议办理情况的报告；三、选举；四、其他。主要事项：会议选举宋祎为市人民政府市长，通过政府、代表意见建议办理等2个报告的决议。

（四）第四次会议　2005年3月1—3日在嘉积召开。主要议程：一、听取和审议琼海市政府工作报告；二、听取和审议琼海市人民代表大会常务委员会（以下简称常委会）工作报告；三、审议市国民经济和社会发展计划执行情况和国民经济与社会发展计划草案的报告，审查和批准市国民经济和社会发展计划执行情况与国民经济和社会发展计划；四、审议市财政预算执行情况和财政预算草案的报告，审查和批准市本级财政预算；五、听取和审议市人民法院工作报告；六、听取和审议市人民检察院工作报告。主要事项：会议通过人大、政府、计划、财政、法院、检察院等六个报告的决议。

（五）第五次会议　2006年3月21—23日在嘉积召开。主要议程：一、听取和审议市人民政府关于琼海市国民经济和社会发展第十一个五年规划纲要的报告，审查批准琼海市“十一五”规划纲要；二、听取和审议琼海市人民代表大会常务委员会（以下简称常委会）工作报告；三、审议市国民经济和社会发展计划执行情况和国民经济与社会发展计划草案的报告，审查和批准市国民经济和社会发展计划执行情况与国民经济和社会发展计划；四、审议市财政预算执行情况和财政预算草案的报告，审查和批准市本级财政预算；五、听取和审议市人民法院工作报告；六、听取和审议市人民检察院工作报告；七、听取和审议市人民政府关于代表建议办理情况的报告；八、选举。主要事项：会议选举张光亲为市人民法院院长，通过人大、政府、计划、财政、法院、检察院、十一五规划纲要等七个报告的决议。

（六）第六次会议　2006年8月29—30日在嘉积召开。主要议程：一、领导讲话；二、选举市人民政府市长；三、其他。主要事项：会议选举符宣朝为市人民政府市长。

五、琼海市第十三届人民代表大会

第十三届人民代表大会时间为2007—2012年，至2010年年底，召开代表大会5次。

（一）第一次会议 2007年1月29—31日在嘉积召开。主要议程：一、听取和审议琼海市政府工作报告；二、听取和审议琼海市人民代表大会常务委员会（以下简称常委会）工作报告；三、审议市国民经济和社会发展计划执行情况和国民经济与社会发展计划草案的报告，审查和批准市国民经济和社会发展计划执行情况与国民经济和社会发展计划；四、审议市财政预算执行情况和财政预算草案的报告，审查和批准市本级财政预算；五、听取和审议市人民法院工作报告；六、听取和审议市人民检察院工作报告；七、听取和审议市人民政府关于代表建议办理情况的报告；八、选举；九、其他。主要事项：会议选举谭进川为琼海市第十三届人大常委会主任，符宣朝为市人民政府市长，张光亲为市人民法院院长，吴彦为市人民检察院检察长。通过人大、政府、计划、财政、法院、检察院、代表意见建议办理等七个报告的决议。

（二）第二次会议 2007年12月6—7日在嘉积召开。主要议程：一、选举海南省第四届人民代表大会代表；二、选举琼海市第十三届人民代表大会常务委员会委员；三、其他。主要事项：会议选举王小雄、王裕鑫、刘仁伍、龙仕强、李少凡、李素贞、陈启明、吴恩泽、祝春荣、黄宗玉、黄晓红、符宣朝、盘武庄、程江洪、董治良、谭进川、张震华、楼阳生、张松林、褚晓路等为省四届人大代表。补选吴恩泽、林茹、林一萍为市人大常委会委员。

（三）第三次会议 2008年2月27—29日在嘉积召开。主要议程：一、听取和审议琼海市政府工作报告；二、听取和审议琼海市人民代表大会常务委员会（以下简称常委会）工作报告；三、审议市国民经济和社会发展计划执行情况和国民经济与社会发展计划草案的报告，审查和批准市国民经济和社会发展计划执行情况与国民经济和社会发展计划；四、审议市财政预算执行情况和财政预算草案的报告，审查和批准市本级财政预算；五、听取和审议市人民法院工作报告；六、听取和审议市人民检察院工作报告；七、听取和审议市人民政府关于代表建议办理情况的报告；八、其他。主要事项：会议通过人大、政府、计划、财政、法院、检察院、代表意见建议办理等七个报告的决议。

（四）第四次会议 2009年2月11—13日在嘉积召开。主要议程：一、听取和审议琼海市政府工作报告；二、听取和审议琼海市人民代表大会常务委员会（以下简称常委会）工作报告；三、审议市国民经济和社会发展计划执行情况和国民经济与社会发展计划草案的报告，审查和批准市国民经济和社会发展计划执行情况与国民经济和社会发展计划；四、审议市财政预算执行情况和财政预算草案的报告，审查和批准市本级财政预算；五、听取和审议市人民法院工作报告；六、听取和审议市人民检察院工作报告；七、听取和审议市人民政府关于代表建议办理情况的报告；八、其他。主要事项：会议通过人大、政府、计划、财政、法院、检察院、代表意见建议办理等七个报告的决议。

（五）第五次会议　2010年2月3—5日在嘉积召开。主要议程：一、听取和审议琼海市政府工作报告；二、听取和审议琼海市人民代表大会常务委员会（以下简称常委会）工作报告；三、审议市国民经济和社会发展计划执行情况和国民经济与社会发展计划草案的报告，审查和批准市国民经济和社会发展计划执行情况与国民经济和社会发展计划；四、审议市财政预算执行情况和财政预算草案的报告，审查和批准市本级财政预算；五、听取和审议市人民法院工作报告；六、听取和审议市人民检察院工作报告；七、听取和审议市人民政府关于代表建议办理情况的报告；八、选举；九、其他。主要事项：会议选举林鹏为市人民法院院长，张远南为市人民检察院检察长，通过人大、政府、计划、财政、法院、检察院、代表意见建议办理等七个报告的决议。

第三节　人大常委会

1991年，县人大常委会设主任1人，副主任4—6人，下设办公室和经济、法制、教科文卫工委。1993年，增设农村工委，1998年第十一届人大常委会决定将经济、农村工委合并为财经工委，增设环境侨外工委。办公室设主任（秘书长）1人，副主任（副秘书长）3人，负责常委会日常事务。工委设主任1人，副主任1人。机关共配置23—25人。

1991—2010年琼海市（县）人大常委会历届领导名单

表10-1-2

届次	职务	姓名	籍贯	任职时间
第九届（1990—1993年）	主任	王昌保	琼海	1991年1月至1993年3月
	副主任	陈朝槐	琼海	1991年1月至1993年3月
		朱昌忠	琼海	1991年1月至1993年3月
		李世霖	定安	1991年1月至1993年3月
		吴多琰	琼海	1991年1月至1993年3月
		陈选杰	琼海	1991年1月至1993年3月
		王诗克	琼海	1992年3月至1993年3月

续表 10-1-2

届次	职务	姓名	籍贯	任职时间
第十届（1993—1998年）	主任	程儒仕	琼海	1993年3月至1995年10月
		王振芳	琼海	1996年4月至1998年3月
	副主任	符福虎	琼海	1993年3月至1998年3月
		甘先琼	琼海	1993年3月至1998年1月
		许宏炎	琼海	1993年3月至1998年3月
		黄开封	琼海	1993年3月至1997年4月
		陈选杰	琼海	1993年3月至1995年6月
第十一届（1998—2003年）	主任	庞学忠	琼海	1998年3月至2003年3月
	副主任	卢鸿田	琼海	1998年3月至2003年3月
		蒙光芳	琼海	1998年3月至2003年3月
		颜学长	琼海	2001年3月至2003年3月
		谢丽君	海口	1998年3月至2003年3月
第十二届（2003—2007年）	主任	谭进川	万宁	2003年3月至2007年1月
	副主任	张开新	琼海	2003年3月至2007年1月
		王元善	琼海	2003年3月至2007年1月
		颜学长	琼海	2003年3月至2007年1月
		李少凡	琼海	2003年3月至2007年1月
第十三届（2007—2012年）	主任	谭进川	万宁	2007年1月至
	副主任	王元善	琼海	2007年月1月至
		姚传秋	琼海	2007年1月至
		吴淑洪	琼海	2007年1月至
		李少凡	琼海	2007年1月至

第四节　主要工作与活动

一、代表议案及建议意见办理

第九届人大二次会议至第十三届人大五次会议，代表提出议案、建议意见共1794件，已办理落实的有717件，列入计划落实的672件。常委会对代表提出的议案、建议意见办理工作非常重视，每次代表大会前，都召开代表小组长和人大副主席会议，作出部署，各代表小组针对辖区内经济和社会发展重点热点问题，组织代表开展考察调研活动，根据考察调研反映的重点热点问题，向代表大会提出议案、建议意见。每次代表大会时，大会秘书处收集整理议案、建议意见，并交由议案审查委员会审查，作出决定，由市（县）人大办公室交市（县）人民政府及有关部门办理。在办理过程中，常委会每年组织对办理工作开展督查1—2次，听取市政府办理工作情况报告1—2次，及时指出办理工作中存在问题，要求认真抓好整改。十三届人大四次会议期间，共收到代表建议意见82件，常委会正副主任分别带领4个督查组下到8个镇、3个部门，对19件重点建议意见开展督查，促进了存在问题的解决。针对代表提出关于原红砖厂职工高价用电问题的建议，督查后，有关部门筹资17万元，解决了代表提出的问题。此外，每次代表大会期间，常委会还要求市政府向大会报告办理工作情况，实行举手或无记名投票表决，代表对办理工作比较满意。

二、考察调研

1991—2010年，常委会组织代表考察47次，调研57次，内容有：国民经济计划执行、财政预决算执行、农村农业工作、国土环境资源管理和保护、项目引进和固定资产投资、城镇建设、文教卫生科技、依法治市等。1992年，根据群众反映农民负担重、项目收费不合理问题，常委会组织代表深入基层，走访群众，认真听取建议意见，针对查找出的问题，及时向市（县）委报告，向市（县）政府反馈，有关部门对存在问题做了大量工作，学校杂费、农村用电等偏高收费得到降低。2009年，常委会针对琼海“两抢一盗”犯罪一度猖獗的突出问题，在组织全市21个代表小组开展调研的基础上，听取和审议了市公安局《关于开展打击“两抢一盗”和禁毒、禁赌专项工作的情况报告》，结合代表小组调研结果，指出琼海治安形势严峻，“两抢一盗”案件上升，吸毒人员增加，涉毒违法犯罪增多，查禁毒禁赌力度不够，个别派出所不作为等问题，提出整改意见5项，要求公安部门要重视抓好整改提高工作，通过有关部门的努力，治安形势得到明显好转。

三、执法检查和立法调研

常委会依照宪法和法律赋予的权力和职责，认真行使监督权，加强对“一府两院”的法律监督和工作监督。1991—2010年，常委会开展执法检查的法律法规有《中华人民共和国土地管理法》《中华人民共和国农业法》《中华人民共和国环境保护法》《中华人民共和国消防法》《中华人民共和国食品安全法》等128部。2004年，常委会组织8名省人大代表、12名市人大代表、77名镇人大代表对《中华人民共和国土地管理法》《中华人民共和国农村土地承包法》《海南省确定土地权属若干规定》开展执法检查和土地权属纠纷积案开展考察活动，指出6个方面存在问题，提出建议意见5条，通过跟踪督查督办，推动了420件3234.27公顷土地纠纷积案得到有效的调处。2010年，对《海南省万泉河流域生态环境保护规定》开展执法检查，在听取市政府等10个部门情况汇报后，深入到沿河7个镇进行重点检查，指出7个方面的存在问题，提出7个方面的整改建议意见，并加强检查监督，促进整改。千舟湾项目超越红线堵塞万泉河，影响排涝，通过督查，项目业主已拆除违法建筑，确保万泉河排涝畅通。此外，常委会还配合上级人大对112部法律法规开展执法检查，对236部法律法规开展立法调研，提出修改意见956条。

四、述职评议和专项工作评议

为加强对常委会任命的领导干部实施监督，推进依法行政和公正司法，常委会认真开展述职评议和工作评议。1991—2010年，对“一府两院”领导干部开展述职评议54人次，开展专项工作评议55次，提出整改建议意见362条。1999年，组织省、市人大代表70名，对市公安局开展工作评议，指出市公安局在队伍建设、思想作风建设、勤政廉政等方面存在22个主要问题，经过一年的跟踪监督，有20个问题得到了有效的解决。2007年1月1日《中华人民共和国各级人民代表大会常务委员会监督法》实施后，述职评议工作停止。

五、行使重大事项决定和人事任免权

1991—2010年，常委会围绕全市（县）工作大局和人民群众关心的重点热点问题，在调研考察、执法检查和专项工作评议后，认真行使重大事项决定权，对有关问题作出决定决议共37项。此外，常委会还认真行使人事任免权，坚持公平、公正、公开和德、能、勤、绩、廉的原则，任免“一府两院”领导干部739人，为干部队伍建设，推进依法行政和廉洁从政发挥了应有的的作用。

六、代表工作

常委会每年对代表培训一次，组织学习法律法规和政治理论，不断增强代表的自身素质和履职水平；召开代表小组长会议1—2次，总结研究和部署代表工作；组织代表以组为单位开展考察调研、执法检查活动3—4次，抓住重点热点问题，督促有关部门抓好整改提高工作。每次常委会会议安排2—4名代表参与旁听，每年组织20—30名代表参与法院庭审活动，每季度安排每名代表在代表工作室值班1—2次，每年以组为单位召开代表座谈会1—2次，为代表更好的履行职责创造了有利条件。

七、来信来访

坚持做到来信必登记、来访必接待、事事必办理、件件必回报。对一些重点来信来访案件，常委会领导坚持作出指示，要求有关部门抓好解决工作。1991—2010 年，常委会共收到来信 3359 件，接待来访 3174 人次，为人民群众解决问题 1075 件。2009 年，针对嘉积城区水淹严重、管道阻塞、排涝无畅问题，常委会领导带队，组织部分市人大代表、相关部门负责人到实地察看，走访群众，了解实情，并根据实际情况，提出治理工作意见，要求市政府及有关部门抓好治理工作。在常委会的督办下，市政府同年划拨 100 万元对排水管道进行清理，并对嘉积城区排水排涝工程进行全面规划，计划进行全面治理。

八、换届选举

在换届选举工作中，常委会切实抓好选民登记、候选人推荐、投票选举等工作，指导召开好市（县）、镇人民代表大会，确保每次换届选举工作依法进行。1991—2010 年，指导市（县）换届选举工作 4 次，乡（镇）换届选举工作 5 次，其中：1993 年，登记选民 207934 人，参加投票选举 204640 人，参选率 98.4%，选举市第十届人大代表 293 名，其中中共党员 205 人，占 69.9%，妇女代表 59 人，占 21.1%，镇第十届人大代表 960 名。1996 年，登记选民 280023 人，参加投票选举 273204 人，参选率 97.5%，选举镇第十一届人大代表 1002 名；1998 年，登记选民 281123 人，参加投票选举 274104 人，参选率 97.5%，选举市第十一届人大代表 216 名，其中中共党员 153 名，占 70.8%、非中共党员 63 名，占 29.2%、妇女代表 47 名，占 21.5%。1999 年，登记选民 281076 人，参加投票选举 274084 人，参选率 97.5%，选举镇第十二届人大代表 1003 名。2002 年，登记选民 322480 人，参加投票选举 318175 人，参选率 98.6%，选举市第十二届人大代表 213 名，其中中共党员 149 人，占 69.95%，妇女 53 人，占 24.88%，镇第十三届人大代表 755 名。2007 年，登记选民 275784 人，参加投票选举 272240 人，参选率 98.2%，2006 年 12 月 6 日，选举市第十三届人大代表 201 名，其中中共党员 145 名，占 72.1%，妇女 45 名，占 22.4%，民主党派 6 名，占 3%，少数民族 5 名，占 3%，镇第十四届人大代表 749 名。

九、自身建设

1991—2002 年，完善规范管理，制定了《人大工作规范用语》《人大常委会党组向党委请求报告制度》《常委会主任会议制度》《与“一府两院”工作联系制度》《同人民代表联系制度》《常委会“两公开一监督”制度》《加强廉政建设、思想作风建设制度》《人大机关党内监督制度》《人大机关财务管理制度》《人大机关车辆管理制度》《人大领导班子、人大机关干部学习制度》《人大领导班子、人大机关处理人民群众来信来访工作制度》《人大机关保密工作制度》。2003—2006 年，制定了《关于深入宣传贯彻全市人大工作会议精神的决定》《关于讨论、决定重大事项的规定》《关于提高人大常委会会议质量的意见》等。在对“一府两院”工作开展监督方面，制定了《关于督查督办规定》《关于开展述职评议工作的决定》《关于述职评议实施办法》《关于人事任免实施办法》《关于进一步提高述职评议质量的意见》等。在代表发挥作用方面，制定了《关于设立人大代表小组的决定》《关于联系代表和保障代表执行职务的规定》等。为提高常委会议事质量，常委会还按照德、能、勤、绩、廉原则配齐配强常委会班子，把政策性强、法律性强、专业性强和有议事能力的人员充实到常委会中来，努力提高议事质量和办事效率。2007—2010 年，修订和完善《琼海市人大常委会向市委请示报告制度》《琼海市人大常委会联系市人大代表办法》《人大机关财务管理制度》《人大机关车辆管理制度》和《加强廉政建设、思想作风建设制度》等，制定《人大机关学习制度》《人大机关公务接待制度》《秘书长会议议事规则》和《人大机关固定资产管理制度》等。

第二章　乡镇人民代表大会

乡镇人民代表大会是基层地方国家权力机关，依照宪法和法律的规定，行使以下4个方面的职权，即保证宪法和法律在本行政区域内的贯彻实施；决定本行政区域内的重大事项；选举乡镇人民代表大会主席、副主席，乡镇长、副乡镇长；监督本级政府的工作。

1991—2002年，乡镇人民代表大会每届任期3年。2002年，根据新修改的《地方组织法》规定，乡镇人民代表大会每届任期5年。1991—2010年，琼海市（县）各乡镇分别进行了十届至十四届人大换届选举，依法产生各届乡镇人民代表大会（主席团）主席、副主席和乡镇人民政府正、副乡镇长。

第一节　乡镇人大代表

乡镇人大代表的选举工作在乡镇选举委员会主持和组织下进行。乡镇选举委员会由市（县）人大常委会任命，受市（县）人大常委会领导。乡镇人大代表由选区选民直接投票选出。

1991—2010年琼海市（县）各乡镇人大代表结构情况一览表

表10-2-1　　单位：人

乡镇	届别	代表人数	妇女	中共党员	少数民族	年龄			文化			类型				
						35岁以下	36至55岁	55岁以上	大专以上	高中	高中以下	工人	农民	干部	知识分子	其他
嘉积镇	十	—	—	—	—	—	—	—	—	—	—	—	—	—	—	—
	十一	—	—	—	—	—	—	—	—	—	—	—	—	—	—	—
	十二	73	19	51	0	7	50	16	15	7	51	1	20	23	4	25
	十三	123	28	84	0	23	89	11	24	73	26	0	83	23	17	0
	十四	—	—	—	—	—	—	—	—	—	—	—	—	—	—	—

续表 10-2-1

乡镇	届别	代表人数	妇女	中共党员	少数民族	年龄			文化			类型				
						35岁以下	36至55岁	55岁以上	大专以上	高中	高中以下	工人	农民	干部	知识分子	其他
阳江镇	十	—	—	—	—	—	—	—	—	—	—	—	—	—	—	—
	十一	50	9	36	0	8	38	4	4	6	40	1	37	3	7	2
	十二	51	11	33	0	5	45	1	5	3	43	0	43	8	0	0
	十三	57	11	38	0	6	49	2	10	25	22	0	16	41	0	0
	十四	—	—	—	—	—	—	—	—	—	—	—	—	—	—	—
龙江镇	十	—	—	—	—	—	—	—	—	—	—	—	—	—	—	—
	十一	55	11	36	0	17	31	7	4	4	47	0	48	5	2	0
	十二	55	11	34	0	6	41	8	5	0	50	0	47	5	3	0
	十三	55	11	38	1	12	3	40	0	42	2	0	0	0	0	0
	十四	—	—	—	—	—	—	—	—	—	—	—	—	—	—	—
万泉镇	十	—	—	—	—	—	—	—	—	—	—	—	—	—	—	—
	十一	55	13	34	0	18	31	6	8	2	45	0	33	10	2	3
	十二	55	10	36	0	5	44	6	4	1	50	0	48	6	1	0
	十三	63	13	40	0	7	46	10	0	12	25	0	50	10	0	0
	十四	—	—	—	—	—	—	—	—	—	—	—	—	—	—	—
长坡镇	十	—	—	—	—	—	—	—	—	—	—	—	—	—	—	—
	十一	59	14	38	0	5	54	0	7	0	52	0	52	7	7	0
	十二	61	15	40	0	15	46	0	9	1	51	0	51	10	0	0
	十三	75	13	52	0	10	62	3	16	3	56	0	65	8	0	0
	十四	—	—	—	—	—	—	—	—	—	—	—	—	—	—	—
中原镇	十	—	—	—	—	—	—	—	—	—	—	—	—	—	—	—
	十一	51	10	33	0	5	40	6	5	6	40	3	37	6	4	1
	十二	51	12	34	0	6	42	3	7	3	41	2	37	9	3	0
	十三	59	12	38	0	5	52	2	12	3	44	0	47	9	3	0
	十四	—	—	—	—	—	—	—	—	—	—	—	—	—	—	—

续表 10-2-1

乡镇	届别	代表人数	妇女	中共党员	少数民族	年龄			文化			类型				
						35岁以下	36至55岁	55岁以上	大专以上	高中	高中以下	工人	农民	干部	知识分子	其他
博鳌镇	十	—	—	—	—	—	—	—	—	—	—	—	—	—	—	—
	十一	—	—	—	—	—	—	—	—	—	—	—	—	—	—	—
	十二	47	11	33	0	6	35	6	6	6	35	0	14	26	0	7
	十三	54	9	47	0	5	44	5	7	4	43	0	44	9	1	0
	十四	—	—	—	—	—	—	—	—	—	—	—	—	—	—	—
会山乡(镇)	十	—	—	—	—	—	—	—	—	—	—	—	—	—	—	—
	十一	43	10	23	26	8	34	1	3	11	29	3	33	6	1	0
	十二	43	9	21	23	6	26	11	5	5	33	1	33	9	3	0
	十三	45	10	26	0	11	31	3	9	9	27	0	34	9	2	0
	十四	—	—	—	—	—	—	—	—	—	—	—	—	—	—	—
塔洋镇	十	—	—	—	—	—	—	—	—	—	—	—	—	—	—	—
	十一	57	15	35	0	0	0	0	4	6	47	0	42	13	2	0
	十二	57	11	28	1	3	42	0	5	3	37	0	30	9	3	3
	十三	57	14	39	0	7	48	2	6	0	51	0	49	6	1	0
	十四	—	—	—	—	—	—	—	—	—	—	—	—	—	—	—
大路镇	十	—	—	—	—	—	—	—	—	—	—	—	—	—	—	—
	十一	57	10	46	0	4	49	4	3	2	52	2	49	5	4	0
	十二	57	11	48	0	5	50	2	6	0	5	0	42	7	2	0
	十三	57	13	39	0	9	48	0	7	34	16	0	9	47	1	0
	十四	—	—	—	—	—	—	—	—	—	—	—	—	—	—	—
潭门镇	十	—	—	—	—	—	—	—	—	—	—	—	—	—	—	—
	十一	49	14	32	0	8	40	1	2	11	36	0	41	7	1	0
	十二	49	14	28	0	23	23	3	5	2	42	0	31	11	7	0
	十三	59	12	37	0	8	47	4	14	8	37	0	39	14	2	4
	十四	—	—	—	—	—	—	—	—	—	—	—	—	—	—	—

续表 10-2-1

乡镇	届别	代表人数	妇女	中共党员	少数民族	年龄			文化			类型				
						35岁以下	36至55岁	55岁以上	大专以上	高中	高中以下	工人	农民	干部	知识分子	其他
石壁镇	十	—	—	—	—	—	—	—	—	—	—	—	—	—	—	—
	十一	48	8	32	0	6	34	8	5	3	40	0	39	7	2	0
	十二	49	10	33	0	6	41	2	6	3	40	1	40	5	2	0
	十三	51	9	37	0	6	39	6	11	23	17	0	40	6		5
	十四	—	—	—	—	—	—	—	—	—	—	—	—	—	—	—
新市乡	十	—	—	—	—	—	—	—	—	—	—	—	—	—	—	—
	十一	—	—	—	—	—	—	—	—	—	—	—	—	—	—	—
	十二	43	7	27	0	12	28	3	7	4	32	0	29	11	3	0
文市乡	十	—	—	—	—	—	—	—	—	—	—	—	—	—	—	—
	十一	45	10	29	1	5	33	7	4	7	34	0	33	6	3	5
	十二	45	11	28	1	3	42	0	5	3	37	0	30	9	3	3
福田镇	十	—	—	—	—	—	—	—	—	—	—	—	—	—	—	—
	十一	49	10	30	0	9	40	0	6	2	41	0	39	7	1	2
	十二	49	9	36	0	8	36	5	6	2	41	0	40	7	1	1
泮水乡	十	—	—	—	—	—	—	—	—	—	—	—	—	—	—	—
	十一	—	—	—	—	—	—	—	—	—	—	—	—	—	—	—
	十二	51	11	33	0	11	39	1	3	7	41	0	41	8	2	0
朝阳乡	十	—	—	—	—	—	—	—	—	—	—	—	—	—	—	—
	十一	46	12	32	0	4	38	4	4	2	40	0	37	6	1	2
	十二	47	7	33	0	8	37	2	7	1	39	0	37	8	2	0
温泉镇	十	—	—	—	—	—	—	—	—	—	—	—	—	—	—	—
	十一	—	—	—	—	—	—	—	—	—	—	—	—	—	—	—
	十二	51	12	35	0	8	39	4	8	3	40	0	40	0	11	0
烟塘镇	十	—	—	—	—	—	—	—	—	—	—	—	—	—	—	—
	十一	51	11	35	0	10	37	4	5	2	44	0	41	8	2	0
	十二	51	10	27	0	5	45	2	6	2	43	0	41	8	2	0

续表 10-2-1

乡镇	届别	代表人数	妇女	中共党员	少数民族	年龄			文化			类型				
						35岁以下	36至55岁	55岁以上	大专以上	高中	高中以下	工人	农民	干部	知识分子	其他
九曲江乡	十	—	—	—	—	—	—	—	—	—	—	—	—	—	—	—
	十一	50	10	36	0	12	36	2	4	6	40	0	9	29	2	10
	十二	51	16	37	0	9	35	7	5	3	43	0	37	13	1	0
上埇乡	十	—	—	—	—	—	—	—	—	—	—	—	—	—	—	—
	十一	46	13	25	0	8	30	8	5	3	38	0	37	9	0	0
	十二	47	13	29	0	10	35	2	7	3	37	0	31	9	2	5

第二节　乡镇人民代表大会会议

1991—2002 年，琼海市（县）设 21 个乡镇。各乡镇分别进行十届至十二届人大换届选举，选举产生各乡镇人民代表大会主席、副主席，乡镇长、副乡镇长。

2002 年 3 月，琼海市进行机构改革，撤销新市乡、朝阳乡、文市乡、九曲江乡、烟塘镇、福田镇、温泉镇、泮水乡和上埇乡等 9 个乡镇，分别并万泉镇、博鳌镇、阳江镇、中原镇、长坡镇、潭门镇和嘉积镇，全市设置 12 个乡镇。2002 年 6 月 12 个镇选举第十三届镇人民代表大会代表，2002 年 7—8 月，分别召开镇第十三届人民代表大会第一次会议，选举产生镇人大主席、副主席，镇长、副镇长。

各乡镇人民代表大会依照法律规定，每年召开一次会议。乡镇人民代表大会会议的主要议程为：听取和审议政府工作报告、财政预算及执行情况报告；听取和审议人大工作报告；有关选举等其他事宜。

第十一编　人民政府

1991—2010年，琼海市（县）人民政府历经5届。1991年，琼海县人民政府设工作机构44个。1992年撤县设市。1997年机构和人事制度改革，精简市政府工作机构至23个。2009年机构改革后至2010年，设市政府工作机构24个。20年间，琼海市（县）人民政府在海南省委、省政府和中共琼海市（县）委领导下，推进产权制度、社会保障制度、住房制度，依法决策，依法行政，推进横向经济联合，开展经济合作交流，积极引进外资，有效实施经济结构调整，着重发展二、 三产业；围绕民生问题，每年确定、完成一批为民办实事工程，认真解决“三农”问题，保证城乡居民最低生活水平。认真履行政府为民的职责，着力解决社会民生问题。切实调动全社会一切积极因素，全面推进社会经济各项事业协调发展。

第一章　政府机构

第一节　政府领导机构

1991—2010年，琼海市（县）历经5届人民政府。每届人民政府任期5年，均设市（县）长1名，副市（县）长若干名，秘书长1名。以市（县）人民代表大会换届选举为起届。

1991—2010年琼海市（县）人民政府正、副市（县）长更迭表

表11-1-1

政府届次名称	正市（县）长	副市（县）长
琼海县第九届人民政府（1990年4月至1993年3月）	韩至中（兼，1990年4月至1993年3月）	王家川（1990年4月至1992年7月） 郑廷柏（1990年4月至1993年3月） 王柱国（1990年4月至1993年3月） 杨居汉（1990年4月至1993年3月） 王国彬（1990年4月至1993年3月） 李天才（1990年11月至1993年3月）

续表 11–1–1

<table>
<tr><th>政府届次名称</th><th>正市（县）长</th><th>副市（县）长</th></tr>
<tr><td rowspan="2">琼海市第十届人民政府
（1993年3月至1998年3月）</td><td>韩至中
（兼,1993 年 3 月至 1996 年 8 月）</td><td rowspan="2">王国彬（1993 年 3 月至 1998 年 3 月）
李天才（1993 年 3 月至 1997 年 4 月）
卢鸿田（1993 年 3 月至 1994 年 12 月）
王元善（1993 年 3 月至 1998 年 3 月）
颜京宗（1993 年 3 月至 1997 年 7 月）
李言静（1994 年 1 月至 1994 年 7 月）
刘根生（1994 年 1 月至 1998 年 3 月）
王绎频（1994 年 12 月至 1996 年 8 月）
蒙绪斌（1994 年 12 月至 1998 年 3 月）
林进精（1994 年 12 月至 1998 年 1 月）
王文进（1996 年 4 月至 1998 年 3 月）
谭进川（1998 年 2 月至 1998 年 3 月）</td></tr>
<tr><td>白在林
（兼，代理，1996 年 8 月至 1997 年 2 月；兼，1997 年市第十届人大第五次会议补选，1997 年 2 月至 1998 年 3 月）</td></tr>
<tr><td rowspan="2">琼海市第十一届人民政府
（1998年3月至2003年3月）</td><td>白在林
（市第十一届人大第一次会议选举，1998 年 3 月至 2000 年 5 月）</td><td rowspan="2">谭进川（1998 年 3 月至 2003 年 3 月）
蒙绪斌（1998 年 3 月至 2001 年 10 月）
王文进（1998 年 3 月至 2003 年 3 月）
张开新（1998 年 3 月至 2003 年 3 月）
符贻智（1998 年 3 月至 2003 年 3 月）
雷大宪（1998 年 3 月至 2003 年 3 月）
吴淑洪（1998 年 3 月至 2003 年 3 月）
邢福海（1998 年 3 月至 2003 年 3 月）
张俊明（1998 年 9 月至 2000 年 9 月）</td></tr>
<tr><td>陆志远
（代理，2000 年 10 月至 2001 年 3 月；2002 年市第十一届人大第四次会议补选，2001 年 3 月至 2003 年 3 月）</td></tr>
<tr><td rowspan="3">琼海市第十二届人民政府
（2003年3月至2007年1月）</td><td>陆志远
（市第十二届人大第一次会议选举，2003 年 3 月至 2004 年 7 月）</td><td rowspan="3">符贻智（2003 年 3 月至 2007 年 1 月）
邢福海（2003 年 3 月至 2007 年 1 月）
梁振功（2003 年 3 月至 2007 年 1 月）
朱允彦（2003 年 3 月至 2007 年 1 月）
陈大钊（2003 年 3 月至 2007 年 1 月）
邢远飞（2006 年 12 月至 2007 年 1 月）
高佃恭（挂职，2004 年 1 月至 2005 年 1 月）
吴月（女，挂职，2006 年 3 月至 2007 年 1 月）
桂昕（挂职，2006 年 3 月至 2007 年 1 月）</td></tr>
<tr><td>宋祎
（代理，2004 年 7 月至 2004 年 9 月；2004 年市第十二届人大第三次会议补选，2004 年 9 月至 2006 年 7 月）</td></tr>
<tr><td>符宣朝
（代理，2006 年 7 月至 2006 年 8 月；2006 年市第十二届人大第六次会议补选，2006 年 8 月至 2007 年 1 月）</td></tr>
</table>

续表 11–1–1

政府届次名称	正市（县）长	副市（县）长
琼海市第十三届人民政府（2007 年 1 月至 2012 年 1 月）	符宣朝（2007 年 1 月至 2012 年 1 月）	陈列雄（2007 年 1 月至 2009 年 10 月） 邢远飞（2007 年 1 月至 2012 年 1 月） 梁振功（2007 年 1 月至 2012 年 1 月） 朱允彦（2007 年 1 月至 2010 年 12 月） 符传富（2007 年 1 月至 2012 年 1 月） 王晖雅（女，2007 年 1 月至 2011 年 11 月） 文明光（2009 年 11 月至 2012 年 1 月） 赵军（挂职，2009 年 5 月至 2011 年 4 月；2011 年 4 月至 2012 年 1 月） 吴月（女，挂职，2007 年 1 月至 2007 年 3 月） 桂昕（挂职，2007 年 1 月至 2007 年 3 月） 朱华友（挂职，2009 年 5 月至 2010 年 7 月） 张军（挂职，2009 年 5 月至 2010 年 7 月） 戴贞（2011 年 11 月至 2012 年 1 月） 孟维华（2011 年 11 月至 2012 年 1 月）

第二节 政府工作机构

1991 年，琼海县政府设有工作机构 44 个，分别为：政府办公室、人事局、劳动局、编委办公室、财政局、税务局、计划委员会、经济合作局、经济委员会、交通局、经济贸易办公室、农业委员会、农业局、建设委员会、国土局、环境资源局、外事办公室、侨务办公室、民政局、公安局、司法局、教育局、科学技术委员会、文化局、体育运动委员会、广播电视局、卫生局、物价局、计划生育委员会、审计局、工商行政管理局、统计局、标准计量管理局、监察局、安全局、商业局、供销联社、粮食局、口岸管理办公室、林业局、热作局、水产局、水电局、三防办公室。1992 年撤县设市后，政府工作机构较原先不变。

1995 年，按照政企职责分开和精简、统一、效能的原则实施市直党政机构改革，其中市政府工作部门原有 40 个，改革后设置 23 个，精简 43%。财政税务局挂地方税务局牌子，民族事务办公室、口岸办公室归市政府办公室管理，机构编制委员会办公室挂靠人事劳动局，技术监督办公室归工业局管理，统计办公室、物价办公室、经济合作办公室归计划局管理。1997 年，按“三定”（定职责、定机构、定人员）方案推进政府机构改革，共设立党政机构 30 个，比原有机构减少 26 个，全市党政机关共有 116 人过渡为党的工作者，368 名工作人员顺利过渡为国家公务员。

2002 年,顺利完成政府机构改革和乡镇撤并工作,政府工作机构和编制分别精简 28% 和 30%，乡镇缩减 42.8%。2007—2009 年，严把用人关口，共调整配备各级领导干部 350 人，其中，镇党政“一把手”24 人，镇党政副职 17 人；21 个政府组成部门正职 21 人，副职 33 人；法检“两院”配备中层领导干部 19 人，人民团体单位配备正职 7 人，副职 7 人。2007 年，积极推进干部人事制度改革。对 11 个副科级领导职位面向全省进行公开选拔。2008 年，抓好科学规范和有效监督市委书记用人行为、完善市党委选人用人机制试点工作，研究出台了试行办法和配套制度，并拿出 3 个正职领导职位进行全委会票决。2009 年，按照政企分开、政资分开、政事分开、政府与市场中介组织分开的原则，设置琼海市人民政府工作部门 24 个，其中监察局与市纪律检查委员会机关合署办公，司法局与市委政法委员会合署办公，民族宗教事务委员会与市委统一战线工作部合署办公（合署办公机构列入市政府工作部门序列，不计入政府机构个数）。办公室内设信访局，挂法制办公室牌子；发展和改革委员会内设物价局，挂经济动员办公室牌子；工业和科技信息产业局挂科技信息动员办公室牌子；人力资源和社会保障局挂安全生产监督管理局牌子；规划建设局挂人民防空办公室牌子；交通运输局挂交通战备办公室牌子。

2010 年，琼海市人民政府的工作部门情况较 2009 年实施改革后不变，设有：政府办公室、发展和改革委员会、旅游发展委员会、农林局、工业和科技信息产业局、财政局、人力资源和社会保障局、教育局、文化广电出版体育局、卫生局、公安局、司法局、监察局、民政局、民族宗教事务委员会、国土环境资源局、规划建设局、交通运输局、商务局、海洋与渔业局、审计局、外事侨务办公室、水务局、人口和计划生育委员会、统计局、食品药品监督管理局、城市管理局。其中，司法局、监察局、民族宗教事务委员会为合署办公机构。

第三节　常务会议

一、琼海市（县）第九届人民政府办公会议

1993 年 1—2 月，召开 2 次，审议研究的重要事项有：“农转非”工作、文化公园建设、爱华路中心区控制性详细规划、扩建自来水厂给水工程和筹建新自来水厂等。

二、琼海市第十届人民政府办公会议

1993 年 3 月至 1998 年 3 月，共召开 42 次，审议研究的重要事项有：电价调整、统一开发温泉镇总体规划区、龙湾港开发建设等。

三、琼海市第十一届人民政府常务会议

1998 年 5 月至 2003 年 3 月，召开十一届市政府第 1 次至第 49 次常务会议，审议研究的重要事项有：万泉河口海滨风景区开发建设、生活垃圾处理场选址建设、南沙渔业安全生产管理、博鳌特别规划区规划建设管理等。

四、琼海市第十二届人民政府常务会议

2003 年 4 月至 2007 年 1 月，召开十二届市政府第 1 次至第 66 次常务会议，审议研究的重要事项有：海南软件职业技术学院建设、万泉河旅游资源总体规划开发经营、发展非公有制经济、为民办好事实事项目等。

五、琼海市第十三届人民政府常务会议

2007 年 2 月至 2010 年 12 月，召开十三届市政府第 1 次至第 52 次常务会议，审议研究的重要事项有：编制市国民经济和社会发展第十二个五年规划、冬季瓜菜生产、加强农村基层教育、招商引资工作等。

第二章　施政纪要

第一节　经济建设

一、发展农业

1991 年，是全县贯彻执行国民经济和社会发展规划十年规划和“八五”计划的头一年。为克服市场疲软、资金短缺、流通不畅以及“旱、风、涝、虫害”等各种不利因素，县政府组织制定了稳定粮食生产，巩固热作面积，提高水产、畜牧比重，发展蚕桑、糖油等调整规划，还组织 600 多名机关干部深入农村基层带领群众发展生产。全县农业生产结构基本趋于合理。1992 年，鼓励引导群众发展庭院经济和冬季瓜菜种植业，大力发展养猪业，户均出栏生猪 4 头，全县出栏生猪近 18 万头。建造大船开展远海捕捞作业，将海产品直运中国香港销售，创产值 326.02 万元。海南口岸委为此先后两次在琼海召开现场会，总结推广琼海发展渔业、搞活海洋经济的经验。

实施科技兴农发展战略，健全和巩固了县、乡镇、管区、村四级科技网络，配齐各乡镇的科技副镇长。鼓励乡镇以下技术机构办好管区、村的农民技术夜校，办好田头黑板报，广泛传授农业科技知识。鼓励农口部门、科普协会和科研单位及其技术人员，采取技术承包、有偿服务等形式，深入农村、生产领域开展技术指导、服务活动。在粮食、热作、甘蔗、蚕桑、养殖等领域开展创高产活动，继续实施“吨粮田”“吨糖田”等生产计划。投资建设石合水库坝坡、白沙沟、里松、九曲江河系主干渠道等农田水利设施的除险加固和配套完善工程，重点修复和兴建万泉河、九曲江等河系沿线的提水站。农业基础设施建设得到进一步加强。

1993 年，实施“四个稳定提高”“四个重点突破”（稳定粮食、甘蔗、热作、林业面积，提高单产，重点突破畜牧业、水产业、冬种瓜菜和乡镇企业）的调整方针。农业在遭受严重自然灾害的情况下，仍取得全面丰收，实现了粮食五年超历史。到 1996 年，新建农业基地 27 个，扩大鱼、虾、鳖等水产养殖面积 208.4 公顷，建成全省最大的养鸡基地和养鳖基地。全市农业产业规模化初步形成。1997 年，实施“以效益为中心，以富农民、富财政、富乡镇为目标”的大农业发展战略。落实“四抓一加大”措施，即抓产业结构调整、抓产品结构调整、抓组织结构调整、加大农业投入。农业基础地位进一步巩固。1999 年，按照“以市场为导向，以资源为基础，以效益为中心”的农业发展思路，适当调整减少粮食、橡胶种植面积，扩大热作、水果、瓜菜、禽畜、水产等高效产业的发展规模。提高了农业效益，增加了农民收入，农民人均收入 3541 元，同比增长 19.2%，各项人均收入指标排列全省第一，成为全省唯一升为二级的市县。2000 年，遭遇百年不遇的洪涝灾害，热带高效农业和水利设施遭损害惨重，在组织干部群众开展抗灾自救、恢复生产的同时，推进农业产业向调高调优调精方向发展，突出发展科技含量高、市场前景好的特色支柱产业。把塑盘育苗、营养袋育苗、薄膜覆盖等新技术应用于热带高效作物，尤其是冬季瓜菜种植业中，大幅度提高热带经济作物的产量和效益。水产养殖业发展加快，沉箱养鲍取得突破性进展，同年深箱养鲍 8000 箱。

2001 年，发挥中海永青公司等龙头企业带动作用，推广新优瓜菜果品种种植，新种荔枝、珍珠番石榴 1233.33 公顷，扩大角豆、青皮冬瓜种植规模，打破泡椒一统天下的格局。推广高位池养虾，低位池改造，工厂化养鲍并驾齐驱，海水养殖成为农业结构调整新亮点。2005 年，实施“百头万户，万头千户”工程，突出发展养猪业和养禽业；发挥全国无公害瓜菜生产示范基地作用，推行无公害科技生产技术发展适销对路的无公害瓜菜种植业；实施“农业科技入户示范工程”，开展多样化科技培训活动，提高农民科技种养技术。同时制定《琼海市关于进一步加强农业产业化工作意见》，成功培育 2 家农业产业化重点龙头企业。积极创办农民专业协会及经济合作社等农村经济组织。2006 年，出台《关于加快社会主义新农村建设步伐的实施意见》，实施农村经济结构调整增收 300 例计划，农村经济结构调整得到进一步优化，水果、瓜菜、热作、渔业、畜牧业五大优势产业对全市农业经济贡献率接近 90%。注重抓好人民群众生产、生活条件及生态环境改造，城乡面貌发生了较大变化。同年，被评为“全省文明生态村建设工作示范市”。2007—2008 年，重视农田水利建设，全市水利和农田基建累计投入 2.12 亿元。中、小型病险水库除险加固工程、农村安全饮水工程、通畅工程得到有效实施，文明生态村建设加快推进。突出发展畜牧、水产养殖、水产加工等优势产业，至 2010 年，全市禽畜肉类总产量 6.2 万吨。全年水产品总量 8.1 万吨，其中，海水产品产量 4.8 万吨，淡水产品产量 3.3 万吨，分别比 2009 年增长 9.2%和 13.6%。发展无公害瓜菜生产，瓜菜总产量和种植面积同步提升。同时，加强农产品质量安全体系建设，市级农产品质量安全检测站建成使用。积极实施农村劳动力转移培训“阳光工程”，落实各项强农惠农政策，不断拓宽农民增收渠道。

二、扶持第二产业

1991 年，全面开展“质量、品种、效益年”活动，以节能降耗、提高产量、优化质量和增强企业综合应用功能为目标，推进对县水泥厂、县农具厂、县罐头厂、县印刷厂、县食品厂、嘉积糖厂、涤纶厂、县海水养殖场卡拉胶厂、阳江渔用饮料厂和水泥厂等骨干企业、工业技术改造革新。同年，深化企业内部改革，对全县国有工业企业实行承包责任制，有效促进工业产品质量得到普遍提高。1991年县罐头厂生产的“万泉河”牌椰子汁被评定为优质饮料后，又在省食品行业质量评比中，被评为第一名。同年9月，在北京人民大会堂举行“琼海县优质工业产品新闻发布会”，引起了轰动效应。确定1991—1992年21个重点建设项目，主动争取省委、省政府支持，引起海南省省长刘剑锋的高度重视，亲自到琼海现场办公，并批示拨款1000多万元支持工业重点项目建设，有力保证了县罐头厂、县五金厂、县彩印厂、县食品厂、县家具厂等厂家技改项目、扩建项目顺利建成投产。1992—1993年，推进国民经济计划28个工业兴建项目和技改项目顺利实施。上埇矿泉水厂、春风蛋卷厂、橡胶包装厂等新项目顺利上马，工程进展顺利。同时，抓好乡镇企业整顿，选派干部、技术员深入乡镇企业蹲点，指导协调各镇完善生产管理，挖掘企业内部潜力。对一些亏损企业，视不同情况，采取“关、停、并、转”等方式进行处置，促进全市（县）乡镇企业保持生机活力。1993年，提出“四上”（上规模、上档次、上速度、上效益）发展工业思路。争取国家支持工业建设项目6个，同年度落实3个，贷款1亿多元。同年，为推动乡镇企业发展，市政府给每个乡镇划地33.33公顷作为工业小区，全市乡镇工业小区引进项目18个。1997年，引进工业项目15个，立项总投资22.22亿元，成功引进琼海轻骑摩托车厂和摩托车架厂，实现当年投产，当年见效。1999年，突出抓好新项目引进和企业技改，新引进工业项目7个，创产值超过2亿元。完成投资1788万元，抓好琼海轻骑摩托车、大众凌伟海洋产业有限公司等5个重点企业技术改造，同年工业企业盈亏相抵后，实现利润2800万元。2000年，加快企业改制、重组、技改进程，激发企业活力，琼海丝绸厂实行绩转股、大金轮公司按玉溪柴油机厂兼并、霖碧矿泉水厂被上海家化买断产权，斯达、康龙制药厂投入2000万元进行技术改造等。同时，还上马霖碧、毕立、台太吉、聚华等一批新项目。同年，年销售500万元以上的23家工业企业亏损面由1999年的9家减少到5家，亏损额由714.2万元减少到186.3万元，减亏幅度为73.9%。2001年，全市24家500万元规模以上工业企业增加值1.6亿元，盈利5200万元，全市新上工业项目36个。2005年，实施“新上项目、扶持发展”并举战略，着力拉长工业“短腿”，推动新天久食品有限公司、玉柴机器有限公司、斯达制药厂、自来水公司、电业公司等骨干企业实现了恢复性增长。2007年，积极扶持发展建筑业，建筑业对第二产业增长贡献率达88.4%。尤其是2007—2010年，充分发挥水电行业、新天久食品、玉柴机器、台太木制品等重点骨干企业发展拉动作用，支撑全市工业经济稳步增长。抓住房地产市场持续火爆的有利时机，加快发展建筑业，至2010年全市“二产”增加值16.63亿元，增长15%，其中，建筑业增加值10.93亿元，增长24.3%。建筑业成为拉动“二产”增长的主要力量。

三、发展旅游业和旅游房地产业

1993年，加快旅游业发展步伐，搞好万泉河出海口、官塘温泉、沙洲岛等旅游开发区的规划，旅游设施投入1.9亿元。万泉河出海口旅游区开发已具雏形。1994年，提出“面向省外、依托海口、硬件一流、环境宽松、娱乐多样”的发展思路，加快景点景区建设。1997年，新上旅游项目10个，总投资3.2亿元，其中博鳌沙坡岛18洞高尔夫球场等7个项目建成营业。2000年，以“博鳌亚洲论坛”建设为契机，全面启动万泉河旅游开发，推进万泉河漂流、农家乐、万泉河游船览胜、沙洲岛建设等新旅游项目。在全省老年人运动会、全省运动会、海南岛欢乐节等重要活动和节庆的推动下，第三产业全线增长，实现增加值10.21亿元，同比增长4.6%。2001—2003年，博鳌水城、万泉河漂流、万泉湖、白石岭风景区、椰寨农家乐、红色娘子军纪念园成为海南旅游的新亮点，博鳌水城和万泉河漂流被评为2003年海南十大优秀旅游景点。2004年，琼海市获得“中国优秀旅游城市”的称号。“三大组团”（嘉积、博鳌、官塘）共接待各类会议200多个；房地产业增加值1.98亿元，增长73.4%。2005—2006年，成功推出“中国温泉之乡”品牌，博鳌南强村被评为“全国农业旅游示范点”。2007年，成功举办第八届海南岛欢乐节，积极参与全省“旅游宣传促销年”活动，俄罗斯国家电视台《喜剧俱乐部》与中远公司签订5年合作计划。2008—2010年，旅游业取得长足发展，博鳌亚洲论坛永久会址景区通过国家AAAA景区评定，博鳌索菲特大酒店和凯宾斯基饭店分别荣获“五星级旅游饭店”和金叶级“绿色旅游饭店”称号。房地产业也迅速发展，2006—2010年，全市房屋规划报建面积累计1048.8万平方米，房屋施工面积累计692.8万平方米，房屋竣工面积累计271.2万平方米，房屋销售面积累计269.4万平方米，呈现产销两旺。房地产业成为全市经济快速发展的主要传导力量。

四、发展商贸业

1991年，全县共有国有商贸企业21家：县商业总公司、县食品公司、县饮食服务公司、县百货供应公司、县华侨商品供应公司、县糖烟酒公司、县五金交电公司、县物资有限责任总公司、县外经集团公司、县对外贸易总公司、县商业信托贸易公司、县财贸发展公司、县外贸发展公司、县外贸实业公司、县洋浦发展公司、县商业储运公司、东平商店、东太商店、东红商店、东升商店、南俸商店等；集体所有制商贸企业1家：县商业综合公司。以上商贸企业中，除县食品公司正常营业外，其余商贸企业均处于歇业或半歇业状态，全县社会商品零售总额仅 19305 万元。1993 年，充分发挥岛东商业中心商埠的优势，加快发展商贸业，筹资 234 万元，新建、扩建 7 个乡镇集贸市场和筹建 3 个专业市场。1994 年，制定“快建市场，多家经商，搞活流通”的贸易工作方针，激活城乡商贸业发展活力，同年进城镇从事第三产业的农民达 2.8 万人，占农村劳力的 15.6%。1997 年，抓好温泉、万泉、福田、新市等 6 个乡镇的集贸市场建设，进一步繁荣农村集贸市场经济。1999 年，不断拓宽城乡商品流通渠道，全社会消费品零售总额达 9 亿元，同比增长 12.5%。2003 年，在旅游业的强力带动下，全市商贸企业增加 20 多家，增设 30 多家名牌专卖店、连锁店。2004 年，全市商业网点 7653 家，其中批发零售业 6610 家，占 86.4%；餐饮业 1043 家，占 13.6%。全市社会消费品零售总额 141711 万元，位居全省第三，仅次于海口市和三亚市。2007 年，城乡商贸活动活跃，“万村千乡市场工程”全面铺开，成功引进 5 家大中型流通企业，在 12 个镇建设 88 家“农家店”。同年，被评为全国农村商务信息体系建设试点市。2007—2010 年，全面实施农贸市场升级改造工程和万村千乡工程，先后完成了嘉积北门、南门、嘉积中心市场和福松农贸市场改造升级工作，全市新建、改造标准化农家店近 100 家，全市商业基础设施建设明显改善。全面实施家电下乡、汽车摩托车下乡、电子产品下乡等惠民政策，城乡消费潜力得到有效挖掘，交通、商贸、餐饮、娱乐等服务行业经济大幅增长，带动三产持续快速发展。

五、整顿经济秩序

20 世纪 90 年代初开始，开展治理经济环境、整顿经济秩序工作，侧重抓好烟草、石油、化肥、农药、爆竹、粮食、食盐等专营市场整顿，严格查处乱收费、乱提价等扰乱市场秩序的行为，保证社会商品零售价格涨幅控制在省下达计划指标正常范围内。先后召开了“振兴琼海联络组”组长座谈会、琼海籍侨领座谈会和各省市驻琼海办事处主任座谈会，征集振兴琼海意见、建议。与此同时，抓好商品质量和计量的标准管理，采取“联合作战、统一对外”的方针。2000 年，开展打击假冒伪劣商品活动，创建“无假货一条街”。2001 年，挤掉非法博彩业的泡沫，财政收入实际增收 2000 多万元。挤出有效资金启动经济，兑现企业优惠政策。2004—2005 年，认真贯彻全省深化农村税费改革的文件精神，全面推进农业特产税、农业税改革，有效减轻农民负担。2007 年，围绕“以万泉河为灵魂，以博鳌亚洲论坛为品牌，以温泉资源为特色，以人文环境为优势，利用特色资源，发展特色产业，打造特色城市”的发展思路，全市经济运行摆脱了低迷状态，主要指标强劲增长，不断创下经济发展新高。2010 年，经济建设实现“百十跨越”，超额完成了“十一五”规划目标任务。全市GDP突破100亿元，地方财政一般预算收入突破10亿元。同时，先后妥善处置了“三鹿奶粉”事件、水泥等建材涨价事件、碘盐抢购事件以及市场物价异常波动等，维护了经济秩序的正常化、规范化。

六、扩大项目招商

1991年，召开对外经贸洽谈会，县政府同国外客商达成了2500万美元的贸易协议，引进2个独资项目，7个实业项目达成意向投资。批准立项的外引内联企业17家，合同利用外资505万美元和省外资金2373万元。1993年，签订外引内联项目合同179个，合同投资2.8亿美元和11.5亿元，其中外资项目110个，实用外资3900万美元，内联项目签订合同69个，实用省外资金2.5亿元。1994年，采取实施“走出去，引进来”战略，外引内联项目112个，立项总投资24.86亿元，实际投资5070万美元和3.1亿元，是改革开放后利用外资最多的一年。1995年，全市利用外资累计4790万美元，“三资”企业（在中国境内设立的中外合资经营企业、中外合作经营企业、外商独资经营企业三类外商投资企业）达212家。1996年，提出“政府要当好客商的后勤部长”的承诺，着力营造“人缘”环境，全市批准立项项目118个，投资总额13.07亿元。1999年，以贸易招商为重点，以“三个跟踪”（跟踪一个国家，跟踪一个大中城市，跟踪一大批实力雄厚的大公司、大财团）为主要途径，实行工、农、贸、旅基础设施建设全方位、多层次、宽领域招商。全市新进项目87个，实际利用资金1148万美元和1.4亿元。2000—2002年，抓住“博鳌亚洲论坛”落户琼海的机遇，全市招商引资项目260个。成功引进中远发展公司等一批大公司和博鳌亚洲论坛等一批重点项目落户。2003—2006年，积极参与省实施的“大特区与大都市互动合作计划”，参与“泛珠三角”“长三角”等区域合作，开展“博鳌亚洲论坛在琼海”等主题招商活动。全市招商项目362个，实际利用内外资金26.1亿元和7318万美元。2007—2008年，以重大基础设施建设项目和旅游房地产项目为招商引资工作主攻方向，完善跟踪督办制度，确保了“两路一景”（万泉河路、银河路及万泉河路景观带建设项目）、农村通畅工程、城乡电网改造、自来水厂扩建、潭门中心渔港、沙美内海环湖路、南港大桥及嘉积大桥等基础设施建设项目和天来泉、万泉龙域、阳光花园、万泉绿洲及宝莲城等旅游房地产项目成功立项报建，部分重点项目顺利建成使用。2007年，全市确定重点建设项目75个，项目总投资65.24亿元，同年开工项目53个，实际投资15.59亿元。2008年，全市重点项目建设累计完成投资20.1亿元，其中重点房地产项目投资10.1亿元，占重点建设项目总投资的50.2%，旅游房地产业成为经济增长的重要一极，实现增加值3.89亿元。2009—2010年，全市确定重点项目169个，总投资106.3亿元。其中政府投资项目103个，社会投资项目66个。

第二节 城市建设

一、规划编制

1993年，邀请多家城市规划设计院编制完成了总体规划3个、控制性详细规划11个、修建性详细规划12个，总规划面积在87.2平方千米。龙湾港总体布局规划、沙洲岛总体规划通过专家评审。1995年，琼海被评为“全国城市规划管理先进单位”。2000年，出台加快小城镇发展的优惠政策，召开小城镇建设现场会，研究并着手编制小城镇总体规划。2001年，组织编制“大琼海”总体规划和博鳌镇区规划。出台清理闲置土地措施，全面启动房地产开发市场，城镇建设步伐不断加快，城市化水平不断提高。2004年，省政府批准琼海市城市总体规划，总规用地面积297.7平方千米，市域总人口规模60.1万人，标志着琼海城市规划建设步入新的时期。初步完成了近期城市建设规划和城市电力、燃气、绿化、“三防林”等专项规划，完成潭门中心渔港规划编制工作。2006年，完成《博鳌亚洲论坛特别规划区总体规划》的修编和报批。2007年，邀请国内外专家完成《海南省万泉河流域旅游发展总体规划（2007—2020）》编制工作。2009年，完成《琼海市嘉积中心城区滨河片区控制性详细规划》《琼海市嘉积城北片区控制性详细规划》《琼海市官塘分区规划》等多项城乡规划。2010年，完成《琼海市博鳌镇总体规划》《琼海市博鳌镇总体规划——旅游发展用地规划（2009—2020）》《博鳌乐会古城总体规划（局部调整2010—2020）》《博鳌乐会古城控制性详细规划》等多项规划，“三大组团”规划体系进一步完善。

二、公共服务设施建设

1991—1992年，侧重抓好嘉积城区及各镇镇墟供电、供水、排污、文体娱乐等公共服务设施改造升级，顺利推进潭门渔港扩建工程。1991年，全县干、支公路好路率达100%，地方公路好路率达98.2%；城市设施建设投入114万元；完成3000门921自动电话改制任务，增加自动话机容量1000门，实现了长途电话自动化。1993年，嘉积至博鳌、嘉积至潭门硬板化公路和高速公路出口建成通车，嘉积至文昌段硬板化工程进展顺利。嘉积城区元亨路、爱华路、沿河东路、豪华路部分建成通车。全市道路设施建设投入1亿元。同年投入1亿多元加快嘉积经济开发区“五通一平”（通水、通电、通路、通信、通排水、平整土地）建设，先锋商业城、龙春商业城抓紧施工。1994年，加大投入，城市基础设施建设步伐加快。嘉积至文昌二级公路建成通车，高速路嘉积出口建成通车，温泉出口基本完工。万泉河拦河大坝加固工程、潭门港航道疏浚工程、嘉积自来水厂扩建工程顺利竣工。全市开通 1.2 万门程控电话、1500 门移动电话，在全省第一个实现城乡电话传输数字化和交换程控化。1994 年，被评为“全国建设用地管理先进单位”。1996 年，按照现代化城市发展要求，全市新建、改建城镇道路 15 条，总长 37 千米。完成嘉积自来水厂 4.8 万吨供水管网配套工程。全市电力总装机容量达到 5 万千瓦。至 1997 年，全市实施交通、电力、通信、供水等基础设施和市政公共设施重点建设项目 40 多项，完成投资 25.11 亿元。嘉积城区扩大 2 倍多。1999 年，投资建设东风路、富海路、人民路、嘉积综合市场等项目建成使用。全市城镇建设总投资 2.5 亿元。2000 年，出台加快小城镇发展的优惠政策。推动博鳌、大路、阳江等乡镇小城镇建设不断取得新进展。全市小城镇建设共投入资金 3.2 亿元。2001 年，按照“建设大琼海，迈进中等城市”的要求，组织编制“大琼海”总体规划和博鳌镇镇区规划，出台加快城镇发展的优惠政策和清理闲置土地措施，全面启动房地产开发市场。全市城镇建设总投入 6.5 亿元。万嘉大桥、爱华东路建成交付使用。嘉积北门市场、市政广场等抓紧建设。至 2002 年，嘉博路、文山路、山牛路以及大乐桥、培兰大桥等设施建设项目相继建成投入使用。2003 年，投资 5 亿多元的“十路一桥”重点项目建设进展顺利。嘉祥、积庆、新民、纪纲、元亨、前进等 6 条老街完成街面改造。2004 年，琼文公路竣工投入使用，石龙大桥竣工通车，垃圾处理厂竣工调试，龙博滨海景观大道、银海东路、金海北路、万泉河北路抓紧建设。全市城镇建设总投资 4.8 亿元。2007—2010 年，完成“两路一景”，即万泉河路中、南、北段及万泉河带状景观公园、银河路等重大项目。完成滨海大道、官塘大道、嘉积大桥、东环铁路琼海站、博鳌站、嘉积城区污水处理厂、垃圾处理厂等一批重大新建、改造项目。启动建设双沟溪综合治理工程。规划建设垃圾中转站及公厕等城市卫生配套设施，组建城市管理局，并于 2010 年年初启动国家卫生城市创建工作，全力开展城市环境卫生综合整治。

三、土地开发

“八五”时期（1991—1995 年），加强城乡土地开发利用和管理。1992 年，新建立 3 个开发区，即以东线高速公路为依托，建立 7.46 平方千米的嘉积经济开发区；以龙湾港为依托，建立 44 平方千米的龙湾港综合经济开发区；沿万泉河风景区，建立 46.5 平方千米的万泉河旅游开发区。万泉河口海滨风景旅游区经省政府批准设立，全区规划面积 23.25 平方千米。

1993 年，市政府加强对土地开发的管理，对超期未开发的土地依法收回，共收回土地两宗 26.26 公顷。开发龙春金融商住区，春晖商住区、金龙商住区、银湖商住区、银海中心小区、金海高级商住区、老城区商住区、朝标商住区、金鼎小区等 9 个区段；对嘉积经济开发区第一批土地进行转让。龙湾港起步工程投资兴建，同时开发陆地 7 平方千米，推填造地 3 平方千米。出台土地优惠政策：一、国内外企业或个人，只要有项目、有资金，愿意在琼海市境内投资兴办实业，均可要求承让土地，获得土地使用权。二、在符合总体规划的前提下，投资者可根据项目建设的需要，在琼海市内自由选择适合的地点，市政府将按照项目用地所需给予满足。三、地价从优。工业、农业用地，一级土地地价每公顷 15 万元；龙湾港建设用地，一级土地地价每公顷 30 万元，其他行业用地，可根据项目的经济效益、社会效益和土地的不同地区、不同类别商定。四、外商在琼海市承让土地，可以转让，并免征土地增值税。五、承让土地的使用年限，按兴办的实业不同，分别为 50—70 年。期满后需要续期的，应在期满前一年申请，重新签订合同。

1994 年，三大开发区建设进展顺利。兴建新潮综合区用地面积 2.02 平方千米，区内划出新潮别墅区、新潮一、二类工业区和新潮住宅区等 5 个片区；动工兴建白石岭旅游度假村，由台商投资开发的占地 73.33 公顷的万太高尔夫球场也奠基动工。按照“让别人发财，求自己发展”的宗旨，制定了新的土地优惠政策：一、工业、农业、高科技产业、出口创汇基地用地，一级土地（生地）地价每公顷不超过 15 万元；其他行业用地，可根据该项目的经济效益、社会效益和不同地区、不同类别而定。二、投资者按期成片开发海拔 50 米以上的荒山、荒岭和沿河两岸的荒岛，属国有土地的可免费提供，属集体土地的按低价出让。三、开发成片土地兴办实业，地价款在 1000 万元以上的，可以商定分期付款。“九五”期间（1996—2000 年）共完成固定资产投资 55.8 亿元，比“八五”期间增长 122.3%。

2004 年，开展土地市场秩序治理整顿，建立市场建设六项基本制度，规范项目用地手续。2005 年 10 月初，琼海市大路洋土地整理项目工程实行公开投标，葛洲坝集团三峡实业有限公司海南分公司以 698.30 万元中标，这是琼海市首次实行土地整理项目招投标。大路洋土地整理项目工程是琼海市向国土资源部申请的土地示范项目，由国家投资建设，涉及大路镇的江湖、青天、堆头、马寨、大路 5 个村委会 36 个自然村，耕地面积 402.8 公顷。

“十五”期间（2001—2005 年），出台加快城镇发展的优惠政策和清理闲置土地措施。以博鳌出海口、嘉积主城区和万泉河两岸为重点区域，全面启动房地产开发市场，开发嘉博花园、富海花园、碧海苑、大东南万泉豪廷等近 30 个住宅小区。2006 年，加强清理闲置土地工作，颁布实施《盘活存量建设用地暂行规定》，盘活闲置用地 214.33 公顷。2007

年，全面清理闲置土地。共办理《政府代为处置或限期动工建设的协议书》139件，完成土地使用权招拍挂9件（《中华人民共和国土地法》及国土资源部相关的部门规章规定，对于经营性用地必须通过招标、拍卖或挂牌等方式向社会公开出让国有土地。其含义是指经营性用地必须通过上述方式出让土地。统称为招拍挂制度），面积5.12公顷，土地出让收入1366万元；完成土地交易626件，面积200.76公顷，土地交易额5.61亿元。至2008年底，全市共盘活建设用地156.67公顷，完成土地储备261公顷，保证了东环铁路、万泉河中路、南路、官塘大道、滨海大道等重大基础设施项目建设。同年完成固定资产投资25.7亿元，增长50.8%，创下了历史新高。2009年，修编完成的《琼海市土地利用总体规划（2006—2020年）》通过省专家评审。同时还修编完成了《嘉积镇土地利用总体规划（2006—2020年）》（初稿）。征收土地338.27公顷，保证重点项目建设用地需求。完成土地储备240公顷，盘活建设用地9.96公顷，采取招拍挂方式出让土地35.99公顷。完成二级土地交易4亿元。长坡、大路、万泉、塔洋、潭门等镇的土地整理项目及长坡、潭门占补平衡项目稳步推进，耕地得到有效保护，用地占补实现动态平衡。2010年，修编完成《琼海市土地利用总体规划（2006—2020年）》。市政府不再审批单纯出让搞房地产的土地项目，进一步提高土地资源的利用价值和保障能力。全年完成土地征用250.46公顷，储备地报批104.1公顷，保障了重点项目建设用地需求。盘活建设用地92.73公顷，收取统筹金4650万元；土地使用权出让96.63公顷，土地出让收入18.4亿元；二级土地市场交易1.7亿元，创税4949.5万元。抓紧换地权益书回收工作，回收换地价值5000万元。

第三节　体制机制改革

一、产权制度改革

1994年，成立产权制度改革领导小组，制订具体的改革方案，先后顺利完成市罐头厂、市物资总公司、市百货公司和市纺织厂的产权改制工作。

二、社会保障制度改革

1994年，完成全市270个企事业单位14592名职工的养老、工伤等社保工作。1997年，确定职工最低工资标准保障制度。

三、住房制度改革

1994年，制订并执行公房出售方案，同时积极发动干部职工集资建公寓房。1995年，建成公寓房800多套。1996年，完善住房分配体制，推进住房商品化，推行住房公积金制度。

四、农村改革

1996年，纵深推进农村改革，农村股份合作制不断完善，全市农村股份合作制组织发展到1820个。颁发《琼海市农村集体土地流转暂行规定》，建立土地流转机制。同年流转土地约4666.67公顷，创建农民专业协会8个。在长坡镇设立农村合作医疗保健试点。1998年，开展农村第二轮土地承包工作，全市签订承包合同81537份，总承包面积25933.33公顷。推广农业公司化、经营产业化发展模式，全市建立各类型的公司（协会）233个，各种经济组织2553个，挂钩或带动6500户2万多农民形成利益共同体。1999年，农业生产公司化经营日臻成熟，全市组建农业股份制企业2738家，入股人数1.3万人；各类专业协会68个，入会人数1.2万人；种养、加工、流通专业户1.7万户。初步形成生产、加工、运销一体化的发展格局。加快农村电力体制改革，实现全市电网统一经营管理，农村电价降低至0.8元/千瓦时。2002年，基本完成农村第二轮土地承包工作任务，农村土地流化依法有序。2004年，在基本完成农村土地确权登记任务的基础上，着力推进确权登记发证工作，建立市场建设六项基本制度，规范项目用地手续。2005年，取消农业税，减轻农业负担3200万元。

五、国有企业改革

1996年，推进国有企业劳动、人事和分配制三项改革取得新进展。实行“一厂一策”，结合实情分类指导，将一批濒临停业半停产的企业推向市场。1998年，按照“抓大放小”的方针，制定政策方案，推进国有企业改革。通过整体转让、化整为零、租赁经营等途径，先后对海水养殖场、印刷厂、嘉积糖厂等3家企业进行改革，较好地发挥企业存量资产效益。1999年，探索债转股、资产重组等有效途径，先后对五金厂、食品厂、机械厂、外贸公司、饮服公司等企业进行资产评估和清产核资工作，加快企业改革的进程。2004年，按照“国退民进”的方针，推动国有企业改革取得新的进展。先后对琼海水泥厂、嘉积糖厂等10多家国有企业进行整体转让和拍卖。2005年，在全省率先完成所有粮食企业系统改革。在中央储备粮管理工作中被评为“全国先进单位”。

六、政府机构改革

1995年，按照政企职责分开和精简、统一、效能的原则实施市直党政机构改革，市政府工作部门改革后设置23个。1997年，按“三定”方案推进政府机构改革，共设立党政机构30个，全市党政机关共有116人过渡为党的工作者，368名工作人员顺利过渡为国家公务员。1999年，研究制定《琼海市政府采购管理实施办法（暂行）》和《琼海市党政事业单位会计人员实行委派制度的规定》，对大宗商品、汽车加油、维修、保险等实行公开采购，对国有资产进行公开拍卖；对230个党政机关事业单位会计人员实行委派，共委派会计102名。2002年，政府机构改革和乡镇撤并顺利完成，政府工作机构和编制分别精简28%和30%，乡镇缩减42.8%。2005年，制定并实施《琼海市事业单位总体改革方案》，做好教育、国土等部门和卫生、农业、水务、司法等行业改革工作。2008年，对彬村山华侨农场的社会管理职能实行归口管理，基本完成会山加略村的接收工作。“十一五”时期后两年，按照全省体制机制改革工作部署，集中力量顺利推进政府机构改革、农垦及彬村山华侨农场体制改革。

七、商贸体制改革

1998年，深化商贸体制改革，制定并实施内、外贸企业改革方案，对资不抵债的富群实业公司、商业储运公司、外经发展公司、外经实业公司等内贸企业停业安置，重组企业资产。对外贸总公司、商业信托公司等严重资不抵债的外贸企业进行资产评估和审计，为制定改革方案打好基础。

第四节　依法行政

一、机制机构

1991年初，按照全国人大颁布的《中华人民共和国行政诉讼法》和国务院颁布的《行政复议条例》规定，成立县政府行政复议委员会，下设办公室，与县政府办公室法制组合署办公，具体承办县政府的行政复议和应诉工作。采取公布行政复议咨询电话、开通网上申请平台、设立行政复议接待室等方式，畅通行政复议渠道，切实保障人民群众的知情权；同时注重办理行政复议案件的质量和水平，运用多种方式，有效化解矛盾纠纷。

2001年，市政府成立市法制办公室。2003年12月1日，组建市农业综合行政执法大队，农业（农田保护、化肥、农药、种子）、农业机械、热作（橡胶收购）的行政执法权由农业综合行政执法大队统一行使。2005年，正式将市法制办定为正科级编制，定编工作人员5名。同年，制定《关于贯彻落实国务院〈全面推进依法行政实施纲要〉的意见》。至2007年，各主要行政执法部门均设立专（兼）职法制机构，政府法制工作网络完备。建立健全科学民主决策机制，强化依法行政工作，2007年11月，市政府制定和实施《琼海市规范性文件备案审查规定》《琼海市行政过错责任追究实施办法》等配套制度，加快依法行政进程。2009年，市政府全面推进依法行政工作。

二、依法决策

2002年起，市政府聘请律师担任市政府常年法律顾问，并于2003年下发通知明确政府法律顾问提供的法律服务范围和开展工作要求，加强政府法制建设，促进政府依法行政，有助于维护政府合法权益。2004—2010年，市政府陆续制定《琼海市人民政府工作规则》《琼海市重大行政事项集体决策制度》《琼海市人民政府重大决策责任追究制度》等相关制度，建立科学合理的决策机制，健全议事规程和办事程序，明确规定市政府重大决策必须严格依照相关程序，认真落实调查研究、专家论证、公众参与、合法性审查和集体决策各个环节，努力做到政府决策的科学化、民主化。将市政府法制办列入市政府常务会议和市长办公会议固定参加会议单位参与决策过程，对其他重大行政决策均由法制机构参与研究把关，确保行政决策的合法性。对缺乏民主、违法等行为造成行政决策重大失误的，市政府坚持进行问责，切实做到“有权必有责，用权受监督，违法受追究”。

三、行政执法责任制

2002年，市政府制定《关于进一步推行行政执法责任制的实施方案》，要求各执法机关根据本单位的法定职责，建立和完善行政执法责任制及其相关的行政执法程序和工作制度。2004年，市政府制定《琼海市人民政府行政执法责任制》《琼海市人民政府行政执法公示制度》《琼海市人民政府行政执法持证上岗制度》等8项制度，明确执法职责，建立行政执法考评制度、过错责任追究制度、执法公示制度、行政执法持证上岗制度，进一步完善行政执法的相关制度。2005年，市政府下发《关于贯彻落实〈全面推行行政执法责任制实施意见〉的通知》，进一步加强对市各执法部门行政执法责任制工作的指导和监督。全市行政执法单位根据本部门的执法范围、权限和职责，梳理行政执法依据，分解执法职权，明确执法责任，使执法职权、责任具体明确到相关岗位和人员。同时，建立健全相应的工作保障制度、行政执法评议考核制度，完善行政执法责任制。

四、行政审批事项清理

2003年3月，为做好行政许可实施前的准备工作，市政府成立行政许可清理工作领导小组，并制定《琼海市贯彻实施〈中华人民共和国行政许可法〉工作方案》，明确行政许可清理的原则、范围、内容方法与步骤，对市、镇政府及市政府各部门清理行政许可规定和行政许可实施主体的“双清”工作进行了具体部署，经多次全面清理，共清理行政许可事项496项，保留424项，取消36项，下放20项，划转16项，确认行政许可实施行政单位和经法律、法规授权行使行政许可权的事业单位共40个。2005年10月，为确保《中华人民共和国行政许可法》得到全面、正确地贯彻实施，市监察局、法制办共同下发《琼海市开展监督检查〈中华人民共和国行政许可法〉贯彻执行情况工作方案》，并在全市开展监督检查工作，经检查，全市各有关单位均重视实施行政许可法，普遍建立行政许可公示制度、投诉举报制度及行政许可程序性规定等配套制度。2009 年，对进驻中心的所有项目的名称、法律依据、申报材料、办事程序、办理时限、收费标准和依据重新进行审核梳理。项目该增加的增加、该取消的取消，申报材料该减少的减少，办理时限该压缩的压缩。经调整，新增加进驻项目 71 个，从而使进驻项目总数达到 327 个；由承办项目转为即办项目 16 个；共压缩承诺时限 298 天。

五、规范性文件备案和清理

市政府严格按照《海南省规范性文件制定与备案登记规定》的要求，做到规范性文件必须先由政府法制部门统一审查，并经市政府常务会议集体研究决定，再报省法制办备案后才予以公布实施。2005 年 9 月，市政府下发《关于贯彻实施〈海南省规范性文件制定与备案登记规定〉的通知》，对规范性文件的备案程序、方法提出具体的要求，并对 2005 年 9 月前各部门制定的属于规范性文件的补办备案登记手续。2005—2010 年，琼海共发布 300 件规范性文件。

2010 年，严格按照《规范性文件定期清理制度》的要求，对全市范围内从 1992 年 12 月 2 日至 2010 年 6 月 8 日制定发布的共 180 件规范性文件进行高标准地全面清理，经清理，共有 84 件规范性文件被废止，33 件规范性文件被宣布失效，予以保留 63 件规范性文件，清理结果于市政府网站公布。

六、行政执法业务培训

为提高行政执法人员的法律素养和执法水平，积极组织全市行政执法人员参加行政执法培训和发证工作。2003—2010 年，共举办 7 期行政执法培训班，聘请省有关专家授课辅导，全市 1000 多名行政执法人员参加培训，并经考试合格发放行政执法证。严格执行考证上岗制度，未领取行政执法证的严禁执法，不存在临时人员执法现象，无越权执法或推诿及行政不作为行为。

第五节　廉洁政府建设

1991 年，结合清房和纠风，整治腐败，完善“两公开、一监督”制度，提高政府办事透明度。1993 年，在市直政府机构中开展“创优秀领导班子”和“争当优秀人民公仆”

的“双优”活动。成立了“整顿机关纪律，提高办事效率”等4个专项治理领导小组，集中力量查处大案要案，共查结各种违法违纪案件23件。严格治理“三乱”现象，同年共取消收费项目33项。抓好政府机关经商办企业整顿工作，行政性公司实现全部脱钩，在企业兼职的行政干部均辞去了一头职务。1994年，整顿行业不正之风，清理各种不合理收费项目，共清退各种不合理收费60多万元，取消30个不合理收费项目。加大党员干部违纪案件查处力度。1993—1997年，立案查处党政违纪案件108件，结案率达100%。1998年，共立案查处党政违纪违法案件19件，处分23人，结案率达100%。1999年，共查处违纪案件13件，政纪处分15人。2001年，共查处党政违纪案件14件14人，落实执行率达100%。严格执行预算外资金“收支两条线”管理。2004年，针对媒体披露存在非法拼装走私车、私彩等突出问题进行了专项整顿，社会管理和市场监管的长效机制初步建立。2001—2005年，全面实行收支两条线、会计委派、工程招投标等制度，有效地从源头上预防和治理腐败，政府系统廉政建设得到进一步加强。2009年，组织开展6次廉政教育学习活动，完成领导干部任前廉政谈话1人次、个人诫勉谈话7人次。把建立健全管理制度和决策机制作为开展“制度执行推进年”“作风建设年”活动的主要内容，出台《琼海市招标投标中心招标投标业务操作规程（试行）》等10个规范性文件。严格执行重点项目招投标监管制度、政府采购制度和党内质询（问）制度，积极支持纪检部门严肃查办了妨碍社会管理秩序案、违反财经纪律案和私设“小金库”问题。2010年，加强廉政监督、审计核查和财政投资项目评审工作，查处一批违法乱纪行为，核减工程造价7032.2万元，核减财政投资项目资金1.7亿元。

第六节　服务型政府建设

1991年，在外引内联项目的洽谈和审批过程中采取联合办公的方法，减少项目审批程序，提高办事效率。1996年，开展“三为”服务，进一步改进政府机关工作作风。1998年，认真组织实施“行政优质服务年”活动方案，进一步建立健全机关岗位责任制，推行直接办理制、窗口服务制和社会服务承诺制，实行公开办事制度，全年完成为民办好事实事10件。1998—2002年，出台实施《关于切实转变作风，营造一流发展软环境，创造琼海效益，铸造琼海风貌的意见》，改革行政审批制度，撤销或合并审批事项72条。加强服务窗口建设。推行政务公开，实行“阳光作业”，提高行政效率。2003年，琼海市被评为全省“行政优质服务月”活动先进单位，受到省政府的表彰。2005年8月，琼海市行政服务中心成立。凡涉及经济发展、公共管理以及与公众利益密切相关的行政许可事项，均进入行政服务中心统一办理。共有 21 个单位进驻中心办公，窗口工作人员共 48 人，行政审批、服务项目共 246 项。中心实行“一个中心对外，一个窗口受理，一条龙服务，一站式办结，一次性收费”模式，通过触摸式电脑、告知单、监督台、示意图、咨询导办等渠道，实行服务内容、办事程序、办理依据、申办资料、办理时限、收费标准“六公开”承诺制度；通过信息管理系统实行立即办结制、时限承诺制、联合办理制、申报协办制、否定报备制等五项办理制度；通过设立服务监督台自觉接受群众监督。2006 年，行政审批（服务）项目达 252 项，其中有 22 个项目从承诺件调整为即办件，各类行政审批（服务）事项在原承诺时限上共压缩时限 295 天，办件效率总体比原来提速 50%。

2007 年，出台《关于加强投资环境建设的若干规定》和《琼海市政府投资项目管理暂行规定》。2008 年，重新修订《琼海市人民政府工作规则》，对科学民主决策、依法行政、政务公开等进行了规范。建立完善政府部门工作绩效考核评价体系。推进行政审批制度改革，简化办事规程，大幅度提高行政审批效率。加强政府投资项目管理，同年审计结算核减工程额 2000 万元。2009 年，全面自查行政审批事项，集中清理取消的审批事项 9 项，对保留的行政审批事项明确实施的条件、审批程序和时限要求。启用琼海市招标投标中心。2010 年，重新研究制定《琼海市行政服务中心管理监督办法》。共取消和调整行政审批事项 9 个，占减少前总行政审批事项的 3.8%，政府部门执政行为进一步规范，办事效率和服务水平有了新的提高。探索建立“行政权力清单制度”，把各行政执法部门的职责范围、审批权限、办理期限、收费标准等事项定期对外公示，自觉接受社会舆论监督和群众监督，全市窗口单位进行项目审批、办理的规程逐步走上正常化、规范化的轨道。2006—2010 年，在全省率先成立政府投资项目监督领导小组，规范项目工程量的增补和审批等程序。

第三章　信访工作

第一节　机　构

1992 年撤县设市后，原琼海县信访办公室改称琼海市信访办公室，设正副主任各 1 名，科员 3 名。1995 年 1 月，行政机构改革，琼海市信访办公室定编行政编制 5 名，划归市政府办公室管辖。2001 年 6 月的行政机构改革，市信访办公室改为琼海市人民政府信访局，编制规定为“在市政府办公室内设琼海市信访局”，核定行政编制 4 名，领导职数局长 1 名，副局长 1 名。市直机关和乡镇政府设有一名兼职信访干部，乡镇党政办公室加挂信访办公室牌子。市委、市政府成立信访工作领导小组，由市委书记任组长，市长、分管信访的常务副市长、分管政法的市委常委、市人大一名副主任、市政协一名副主席任副组长，各乡镇委和人民政府、市直各职能部门的主要负责人任成员。各镇委、镇政府也相应成立信访工作领导小组，由镇委书记任组长，镇长、分管信访的副职领导任副组长，办公室、国土、司法、妇联的干部任成员。全市各村（居）委会也成立信访调解小组，由 3 人组成，负责调解处理本辖区的矛盾纠纷。形成市、镇、村三级信访工作网络，三级信访工作网络成员 1100 人。

2004 年 9 月，建立市处理信访突出问题及群体性事件联席会议制度。联席会议由市委副书记兼市政法委书记为牵头召集人，市直 30 个机关各一名负责人为联席会议成员，联席会议不定期召开会议排查信访突出问题苗头，并落实个案责任单位研究化解方案包案化解。2009 年 12 月，琼海市人民政府办公室下发《关于印发琼海市人民政府办公室主要职责内设机构和人员编制规定的通知》，明确“市信访局为市政府办公室 8 个职能机构之一”，副科级单位，行政编制在市政府办公室，信访局局长 1 名。

第二节　信访情况

1991—2000 年，年信访量在 600—1000 人（件）次左右，随着琼海新一轮开发高潮到来，2001 年后，年信访量增加到 1500—2000 人（件）次左右，2009 年达 2271 人（件）次。信访对象来自各行各业，反映的主要问题有：企业改制职工安置、征地、拆迁、土地纠纷、宅基地纠纷、企业退休人员退休金待遇、生产生活、劳动纠纷、医患纠纷、落策、历史积案等。对群众信访事项，通过如下渠道处理：一般的信访事项都按照属地管理、分级负责，谁主管、谁负责的原则分流处理；重要的信访事项摘报送市主要领导批示处理；同时，安排市委、市政府两套班子成员每周二轮流到市信访局接待来访群众，协调处理群众反映的信访问题。2008 年 6 月 28 日，中央召开全国处理信访突出问题及群体性事件联席会议电视电话会议，部署做好 2008 年北京奥运会期间信访稳定工作，中央要求全国县（市）委书记每月要安排一天时间接待来访群众。琼海将每月 15 日定为市委书记接待日，每月 30 日为市长接待日，其制度一直实行至 2010 年。

第四章　外事　侨务　港澳事务

第一节　外事工作

一、接待来访

20 世纪 90 年代，琼海市外事工作进入新的发展时期，外事接待的人数多，地域广，规格高，特别是博鳌亚洲论坛落户琼海后，到琼海投资办企业、参观考察、洽谈贸易、技术交流、政事访问等活动的国外友人日益增多。1991—2010 年，接待来访的团组共 170 多个次、2000 多人次。接待的主要团组：1991 年，新加坡银河音乐会口琴团一行 39 人到琼海访问。1999 年 6 月，由泰国国会第一副主席陆志琼、泰国国会上议院议员吴多禄带领的访问团一行 33 人访问琼海，市长白在林、副市长张开新接见。2002 年 10 月 22 日，泰国公主诗琳通到琼海参观考察，市委书记、市长陆志远接见。2004 年 7 月，越南发展战略研究院考察代表团一行 7 人到琼海参观考察，市委常委吴淑洪接见。2005 年 5 月，联合国工业发展组织考察团一行，到琼海考察投资环境与旅游项目。2006 年 11 月，美国杜邦市市长斯蒂夫 · 杨一行 4 人到访琼海，商谈两市缔结友城事宜。2009 年 5 月 21 日，马来西亚驻广州总领事乐施仁 · 阿都拉曼一行 5 人到琼海考察访问，市委常委、副市长朱华友会见了考察团一行，并就该国长金集团拟在琼海市投资事宜进行考察洽谈。6 月 9 日，印度尼西亚南苏门答腊省穆西拉瓦斯市市长瑞德瓦 · 穆科迪率领的考察团到访琼海，就琼海市教育、农业、私营企业发展领域的公共服务以及公共管理项目进行考察。2010 年 2 月 26 日，斯洛伐克共和国第一副总理杜尚 · 恰普洛维奇一行访问琼海，市委常委、副市长朱华友接见；3 月 21 日，爱尔兰前总理伯蒂 · 埃亨率团到琼海参观考察，市委常委、副市长朱华友陪同参观并宴请考察团一行；同日，美国华盛顿州力湖市市长道格拉斯 · 理查森一行到琼海考察，市外事侨务办领导陪同参观并宴请代表团一行。8 月 29 日，伯蒂 · 埃亨携爱中合作理事会及国际森林基金组织成员一行 9 人再次到访琼海，了解琼海投资环境和招商引资政策，市委常委、常务副市长符传富会见。9 月 14 日，澳大利亚维多利亚州代表团一行 10 人访问琼海，考察琼海城市发展规划，并与相关部门进行座谈。9 月 25 日，马来西亚旅游部部长黄燕燕率 8 人代表团到琼海访问，市委常委、常务副市长符传富会见。10 月 16 日，美国环球影城主题公园及度假区集团总裁肖法一行到访琼海，市委书记祝春荣接见了客人一行，双方就主题公园和度假区开发方面合作事宜进行会谈。

二、公务出访

20世纪90年代后，琼海市对外开放和经济发展迅速，与国外的交流日益频繁，公务出访活动也随之增加。出访地主要有新加坡、马来西亚、日本、泰国、印度尼西亚、澳大利亚、新西兰、美国、加拿大等国家，公务出访主要是政事访问、友好访问、洽谈经贸、接受技术培训等。出访的主要团组有：1991年，县委、县政府组织考察组到新加坡、泰国等国进行考察，拜访了当地政界人物和重要侨领。1993年7月，市委书记、市长韩至中率团赴新加坡考察，受到新加坡5个政府部门负责人和多个民间团体首领的接见，签订7个招商项目意向书。1997年3月，市委书记、市长白在林带领招商联谊代表团赴新加坡、马来西亚、泰国进行招商联谊活动，达到预期效果。2003年11月，市委书记、市长陆志远率政府代表团到新加坡、马来西亚、澳大利亚访问，拜访海外社团和重要侨领。2007年11月，市委书记祝春荣带领有关部门的领导出访美国杜邦市，磋商结好事宜。2009年8月4日，市委书记祝春荣率团访问日本，出席在东京举办的日本博鳌促进会成立仪式，考察日本家庭节能、温泉旅游等产业。2010年3月3日，市长符宣朝率6人代表团赴澳大利亚、新西兰考察两国滨海沿河一体化城市旅游规划设计，同时拜会两国的琼籍社团及乡亲。5月20日，应美国华盛顿州杜邦市市长塔玛拉·金肯斯和墨西哥金塔那罗奥州政府的邀请，市委常委、副市长朱华友带领市政府代表团一行5人赴美国、墨西哥进行为期10天的考察访问。访问期间，代表团与美国杜邦市正式签订缔结友好城市协议，并专程考察墨西哥坎昆市的旅游设施及房地产项目、社区等。11月30日，应澳大利亚新州海南同乡会和新西兰旺加瑞区副市长萨瑟兰的邀请，市委常委、组织部部长肖强率团一行5人赴澳大利亚、新西兰考察，与相关部门就人力资源培训的交流与合作进行深入探讨。

三、对外缔结友好城市

2006年7月，琼海与美国杜邦市政府就缔结友好城市关系进行了实质性的商谈。11月，杜邦市市长斯蒂夫·杨到访琼海，考察琼海的城市建设、经济发展、文化教育等情况，并与琼海市签署《建立友好城市关系意向书》《谅解备忘录》《文化教育友好交流意向书》。2007年11月，市委书记祝春荣带领有关部门的领导出访了杜邦市。2008年4月，杜邦市副市长彭妮·科菲（女）访问琼海，双方就下一步开展实质性交流合作进行了探讨。2010年5月，市委常委、副市长朱华友率市政府代表团赴杜邦市进行友好访问，并于当地时间5月21日与杜邦市市长塔玛拉·金肯斯共同签署了琼海市与杜邦市结为友好城市的协议文本，为促进两市经济和社会发展将起到积极的推动作用。

第二节　侨务工作

一、侨务联谊

1991 年 4 月，县政府召开海外联谊恳谈会，邀请清明节回乡观光祭祖的侨胞和海外华人参加。1993 年 12 月，市政府召开世界琼海乡亲座谈会，来自世界各地的 142 名琼海籍乡亲互叙情谊，共商开发建设大计。经旅外乡亲倡议成立世界琼海同乡联谊会，并举行第一次大会。1995 年 4 月 6 日，在琼海市举行第二次世界琼海同乡联谊大会，来自 11 个国家和地区的 140 多名琼海籍乡亲参加；同年 12 月，市长韩至中率团赴中国香港参加第四届世界海南乡团联谊会。1997 年 4 月 6 日，在琼海市嘉积镇举行第三次世界琼海同乡联谊大会，118 名琼海籍乡亲参加。1999 年 4 月 6 日，在嘉积镇召开第四次世界琼海同乡联谊大会，130 名琼海籍乡亲参加。大会建议兴建联谊大厦，设立琼海华侨侨眷福利基金。大会通过《第四次世界琼海同乡联谊大会公报》，并推选新的理事会成员。

2001 年 4 月 6 日，在嘉积举行第五次世界琼海同乡联谊大会，180 名琼海籍乡亲参加。同年 8 月，市委书记肖杰率团赴新加坡、马来西亚、印度尼西亚等国家与地区开展考察联谊活动，先后拜访了新加坡海南会馆、马来西亚新山海南会馆、马来西亚海南联合会、雪兰莪琼海会馆等。2002 年 4 月 6 日，市委、市政府举行侨务工作恳谈会，近 100 名旅外乡亲参加。2003 年 11 月，市委书记、市长陆志远率政府代表团到新加坡、马来西亚、澳大利亚访问，拜访海外社团和侨领。12 月 27 日，市政协主席王振芳率团参加新加坡琼海同乡会成立 55 周年庆典大会。2004 年 3 月 30 日，在琼海市博鳌镇举行第八届世界海南乡团联谊大会，来自 19 个国家和地区的 1500 多名琼海籍乡亲参加。3 月 31 日，在位于嘉积镇的世界琼海同乡联谊会大厦举行第六次世界琼海同乡联谊大会，大会选举产生第五届世界琼海同乡联谊会理事会，300 多名琼海籍乡亲参加。2005 年 4 月 3 日，市委、市政府举行海外乡亲恳谈会，与海外侨胞互叙乡情，共商发展，市委书记朱清敏、市人大常委会主任谭进川、市长宋祎、市政协主席王振芳等出席恳谈会。9 月 23 日，市委副书记刘春梅（女）带领的政府代表团赴马来西亚参加雪隆琼海同乡会成立 25 周年庆祝活动。

2006 年 4 月 6 日，在世界琼海同乡联谊会大厦举行世界琼海同乡联谊会第五届第四次大会，近 300 名琼海籍乡亲参加。2007 年 4 月，在世界琼海同乡联谊会大厦举行世界琼海同乡联谊会第六届第二次会议，300 多名琼海籍乡亲参加。2008 年 4 月 3 日，组织旅外乡亲近100人参观考察琼海城市新貌。5月，市委书记祝春荣率领政府代表团赴中国香港参加世界琼海同乡联谊会第七届理事会理事就职庆典活动。11月28日，市人大常委会副主任吴淑洪率团出席新加坡琼海同乡会成立60周年庆典活动。2009年4月5日，市外事侨务办公室与世界琼海同乡联谊会在金太阳酒店举办海外乡亲联欢晚会，200多名琼海籍同乡出席宴会。

2010年4月6日，市委书记祝春荣会见回乡参加清明节活动的海外乡亲。8月13日，新加坡海南商会代表团37人访问琼海。9月16日，马来西亚海南会馆联合会青年团访问琼海。

二、侨情调查

琼海市海外侨胞主要分布在新加坡、马来西亚、印度尼西亚、泰国等国家。2002年10月，琼海市开展侨情调查工作，对全市归侨侨眷、海外侨胞、琼侨社团、海外重点人物、侨资侨属企业等情况进行调查登记，并将侨情调查资料录入电脑，建成侨情信息数据库，规范侨情资料管理。2008年，市外事侨务办公室在全市范围内开展华侨捐赠普查工作，建立华侨捐赠资料库，为促进琼海华侨捐赠管理工作实现法制化、制度化、规范化管理提供有效保证。2010年，琼海市内有归侨、侨眷约15万人。

三、侨务扶贫工作

1992年，市侨务部门因地制宜，因人制宜，开展侨务扶贫工作。扶持困难归侨侨眷购买深远海作业渔船1艘，办种养业联合体2个。1993年，扶持24个困难侨户，兴办种养联合体2个。1994年，扶持9个侨户，帮助解决30多万元低息贷款支持数十个困难侨户发展生产。1995年，发扶持归侨侨眷22户。2001年，帮助5户归侨侨眷困难户发展生产。2004年，扶持200户归侨侨眷发展辣椒种植生产。2005年，重点扶持博鳌镇古调村委会、万泉镇罗凌村委会、大路镇岭脚村委会与礼合村委会的200户贫困归侨侨眷种植墨西哥子弹头辣椒，取得良好效益。1990—2010年，累计发放扶贫资金60多万元，用于扶持归侨侨眷发展生产。

四、侨房侨居

2001年起，琼海市实施侨务安居工程，主要采取“五个一点”的做法：争取省外侨办拨一点、市民政局配套一点、镇政府安排一点、村里支持一点、个人筹借一点，落实建房资金，切实解决部分困难归侨的住房问题。至2006年年底，全市申请要求落实侨房的1041户，面积167618平方米，已全部落实侨房产权和使用权。至2010年12月，共发放侨居工程款58.8万元，帮助103户无房或居住危房的侨户新建或维修房屋。

五、对外宣传

1991—2010年，市（县）外事侨务办采取多种宣传形式对外宣传，不断提升琼海市知名度，加强交流。每年向海外乡亲赠送《琼海投资指南》《联谊信息》《海南侨报》和《琼海市报》(《琼海通讯》）及《中华人民共和国归侨侨眷权益保护法》《海南省归侨侨眷权益保护若干规定》等宣传材料和涉侨法律法规。1992年,《海南侨报》发行1355份，出刊《琼海乡讯》一期1000份。1993年《海南侨报》发行1300多份，组稿出版一期《琼海乡讯》，拍摄介绍琼海开发建设成就录像片赠送海外乡亲。2001年11月，第七届世界海南乡团联谊大会在泰国召开，市外事侨务办出版《琼海乡讯》特刊，赠给世界各地的海外乡亲。2007年，市外事侨务办开设网站，成为琼海外事侨务工作的窗口，更好地为海外华侨华人和社会各界传递信息。2009年4月，向海外乡亲赠送介绍琼海市近年社会经济发展情况的宣传光盘。2010年4月6日，在海外乡亲联谊晚宴上，向与会的海外乡亲赠送《琼海侨之光》《海外琼海精英人物选》两书。

第三节　港澳事务

一、港澳交流

2005年3月，市委书记朱清敏率团赴中国香港参加中国香港海南商会第四十四届会董就职典礼。2009年2月19日，市政协副主席羊中兴、市外事侨务办负责人赴中国香港参加中国香港海南商会第四十六届会董就职典礼。5月，市琼剧团赴中国香港参加庆祝中华人民共和国成立60周年访问演出交流活动。

2010年9月23日，市外事侨务办负责人赴中国香港参加“庆祝中华人民共和国成立61周年暨旅港海南同乡会第二十届会董会乔迁新会所琼剧会演”庆典活动。10月20日，市委书记祝春荣，市委常委、常务副市长符传富会见中国香港琼海同乡会回乡赈灾慰问团。

二、投资实业

1995年，祖籍中原镇的中国香港同胞严兴川投资创办川都酒店。祖籍博鳌镇的中国香港同胞王春海在朝阳乡投资种植优质水果40公顷。2001年，祖籍博鳌镇的中国香港同胞李文俊，在琼海投资兴办海南理文纸品有限公司。中国香港同胞王佳在大路镇投资创办海南斯达制药厂。

三、公益事业

（一）文化教育

1991年，祖籍博鳌镇的中国香港同胞李强，捐资给嘉积中学兴建图书馆，1993年，捐资兴建李强教学基金楼，1994年，捐资嘉积中学设立“李强教学基金会”，并捐资兴建东屿岛“李运强小学”，1998年，捐资给嘉积中学建电脑室，2002年，捐资建设李强学苑。2001年，祖籍博鳌镇的中国香港同胞莫海涛投资兴建嘉积中学海桂学校。

（二）文明生态村

1998年，世界琼海同乡联谊会会长王春海为家乡博鳌镇中南村委会文山村捐资修建乡村道路和住宅，架设电线、铺设水管，改善了村民的居住条件。2002年，世界琼海同乡联谊会副会长莫海涛，捐资支持家乡博鳌镇汀洲村修建长2000多米的硬板化村道和灯光球场一个、标准的演出文艺舞台一座，及码头、桥梁、标准化公厕等。

（三）其他公益事业

2010年，琼海市遭受特大洪涝灾害，祖籍博鳌镇的中国香港同胞李文慧捐资支持灾后重建。中国香港琼海同乡会发动旅港同胞捐款200多万港币支持家乡救灾。

第十二编　人民政协

1991—2010 年，共召开政协琼海市（县）第七届至第十一届委员会会议，分别选举产生政协琼海市（县）第七届至第十一届委员会。市（县）政协通过座谈会、讨论会、专题研究会等多种形式，就法治、经济、文化、社会生活和民生等提出议案和建议，同市（县）委、市（县）政府职能部门协商解决诸多社会问题，政协委员积极参政议政，行使民主权利，开展海外联谊和社会服务活动，认真收集琼海各时期文史资料，并做好整理、出版工作。

第一章　政协琼海市（县）委员会

中国人民政治协商会议琼海市委员会是琼海市具有广泛代表性的爱国统一战线组织，是中国共产党领导的多党合作和政治协商的重要机构，1957 年 3 月成立，原称中国人民政治协商会议琼海县委员会（以下简称琼海县政协或县政协）。1992 年 11 月，琼海撤县设市，改称中国人民政治协商会议琼海市委员会（以下简称琼海市政协或市政协）。1991—2010 年，历经五届机构人事变迁，分别为：第七届，1988—1992 年；第八届，1993—1997 年；第九届，1998—2002 年；第十届，2003—2006 年；第十一届，2007—2011 年。

第一节　政协委员

琼海市（县）政协委员即参加琼海市（县）政协的单位的代表和特别邀请的人士，各届委员会界别构成和委员人数根据统一战线发展形势的需要安排。每一届政协委员任期为：在政协本届全体会议中当选为政协委员之日起始，至本届结束为止，根据统一战线发展形势的需要可以连任。

1991—2010 年政协琼海市（县）第七届至第十一届委员会委员构成情况表

表 12-1-1

统计类别		第七届人数（人）	第七届占比（%）	第八届人数（人）	第八届占比（%）	第九届人数（人）	第九届占比（%）	第十届人数（人）	第十届占比（%）	第十一届人数（人）	第十一届占比（%）
第一次全会安排数		109		109		137		164		165	
其中	男	104	95.4	101	92.7	128	93.4	144	87.8	135	81.8
其中	女	5	4.6	8	7.3	9	6.6	20	12.2	30	18.2
其中	中共党员	—	—	—	—	—	—	—	—	69	41.8
其中	非中共党员	—	—	—	—	—	—	—	—	96	58.2
委员界别分类	中共	9	8.3	8	7.3	10	7.3	12	7.3	13	7.9
委员界别分类	民盟	5	4.6	4	3.7	4	2.9	5	3.0	7	4.2
委员界别分类	致公党	4	3.7	3	2.8	3	2.2	3	1.8	6	3.6
委员界别分类	民革	2	1.8	3	2.8	2	1.5	3	1.8	6	3.6
委员界别分类	台盟	2	1.8	2	1.8	1	0.7	2	1.2	2	1.2
委员界别分类	民进	0	0.0	0	0.0	1	0.7	2	1.2	2	1.2
委员界别分类	民建	0	0.0	0	0.0	1	0.7	2	1.2	3	1.8
委员界别分类	九三学社	0	0.0	0	0.0	1	0.7	2	1.2	2	1.2
委员界别分类	无党派	1	0.9	2	1.8	2	1.5	2	1.2	2	1.2
委员界别分类	共青团	2	1.8	2	1.8	2	1.5	3	1.8	2	1.2
委员界别分类	工会	4	3.7	3	2.8	2	1.5	3	1.8	3	1.8
委员界别分类	妇联	2	1.8	2	1.8	2	1.5	3	1.8	3	1.8
委员界别分类	工商联	6	5.5	4	3.7	9	6.6	8	4.9	21	12.7
委员界别分类	科协	3	2.8	3	2.8	2	1.5	3	1.8	2	1.2
委员界别分类	归国华侨	7	6.4	4	3.7	0	0.0	0	0.0	4	2.4
委员界别分类	文艺	3	2.8	3	2.8	3	2.2	5	3.0	4	2.4
委员界别分类	科技	9	8.3	12	11.0	14	10.2	10	6.1	6	3.6
委员界别分类	经济贸易	0	0.0	8	7.3	12	8.8	20	12.2	14	8.5
委员界别分类	农林农业	8	7.3	9	8.3	11	8.0	10	6.1	13	7.9
委员界别分类	教育	9	8.3	8	7.3	8	5.8	8	4.9	7	4.2

续表 12-1-1

统计类别		第七届		第八届		第九届		第十届		第十一届	
		人数（人）	占比（%）	人数（人）	占比（%）	人数（人）	占比（%）	人数（人）	占比（%）	人数（人）	占比（%）
委员界别分类	新闻出版	0	0.0	0	0.0	2	1.5	2	1.2	3	1.8
	医卫	9	8.3	8	7.3	6	4.4	7	4.3	8	4.8
	社保	0	0.0	0	0.0	0	0.0	2	1.2	3	1.8
	少数民族	3	2.8	2	1.8	3	2.2	3	1.8	3	1.8
	宗教	2	1.8	2	1.8	2	1.5	2	1.2	2	1.2
	黄埔同学会	1	0.9	0	0.0	0	0.0	0	0.0	0	0.0
	农垦	3	2.8	0	0.0	0	0.0	0	0.0	0	0.0
	政法	0	0.0	0	0.0	5	3.6	0	0.0	0	0.0
	体育	2	1.8	2	1.8	2	1.5	2	1.2	2	1.2
	侨联	0	0.0	0	0.0	5	3.6	5	3.0	0	0.0
	文联	0	0.0	0	0.0	2	1.5	0	0.0	0	0.0
	特邀	9	8.3	12	11.0	20	14.6	35	21.3	14	8.5
	港澳	4	3.7	3	2.8		0.0		0.0	8	4.8
增补		—		6		20		11		13	
辞去		—		—		4		5		8	
届末委员总数		109		115		153		170		170	

说明：1.中共党员数为委员中的中共党员总数，委员界别中的“中共”数则单指代表中共组织

2.根据市志时限，第七届统计自 1991 年 1 月 1 日起，第十一届统计截至 2010 年 12 月 31 日

第二节 政协全体会议

政协全体会议是政协组织履行政治协商、民主监督、参政议政职能的重要方式之一。1991—2010 年，政协琼海市（县）第七届至第十一届委员会共举行 22 次全体会议，各届委员会第一次全体会议选举产生当届委员会的主席、副主席和常务委员。市（县）政协秘书长一职，自第十一届开始按政协章程正式在全体会议上选举产生（十一届秘书长为二次会议补选）。每次全体会议分别听取和审议政协常务委员会工作报告和提案工作情况报告；列席琼海县（市）人民代表大会，听取和讨论琼海县（市）政府工作报告，听取

政协提案委员会审查情况的报告，通过会议决议等。参加政协的民主党派、人民团体、社会各界人士，在会议期间通过提出提案、小组讨论、大会发言等形式履行职能，参政议政。

1991—2010年政协琼海市（县）第七届至第十一届历次全会基本情况表

表 12-1-2

届别	次别	会议时间	会议主要内容（听取审议有关工作报告及通过有关决议等常规内容不赘述）
第七届	二	1991年4月23日至25日	无其他内容
	三	1992年3月16日至18日	无其他内容
第八届	一	1993年3月24日至28日	选举庞学忠为政协琼海市第八届委员会主席，冯锦钊、卢家桐、李昭镜为副主席，林克畅、符功委等15名常务委员
	二	1994年3月6日至8日	增选黎辉炳为常务委员
	三	1995年2月28日至3月2日	补选禤德权、谭祚柏、王绍善为常务委员
	四	1996年4月15日至17日	补选陈赞强为副主席，李家淦、雷加林为常务委员。李孔则、王文退出常委
	五	1997年2月26日至27日	无其他内容
第九届	一	1998年3月16日至19日	选举王振芳为政协琼海市第九届委员会主席，陈赞强、卢家钊、卢传福为副主席，卢家国、李遴福等19名常务委员
	二	1999年3月8日至10日	无其他内容
	三	2000年3月7日至9日	增选王辉宇、李文俊、杜继东、符文斌等4人为常务委员张铸峰辞去常委职务
	四	2001年3月21日至22日	无其他内容
	五	2002年3月5日至6日	无其他内容
第十届	一	2003年3月29日至31日	选举王振芳为政协琼海市第十届委员会主席，选举羊中兴、卢传福、陈宗浩为副主席，选举王冠、王海安等25人为常务委员
	二	2004年3月2日至3日	无其他内容
	三	2005年3月1日至2日	无其他内容
	四	2005年4月22日	会议增选陈徽娥为副主席
	五	2006年2月20日至22日	无其他内容
第十一届	一	2007年1月29日至31日	选举符贻智为政协琼海市第十一届委员会主席，羊中兴、卢传福、陈宗浩、陈徽娥为副主席，王佳、王冠等21人为常务委员

续表 12-1-2

届别	次别	会议时间	会议主要内容（听取审议有关工作报告及通过有关决议等常规内容不赘述）
第十一届	二	2007年7月20日	补选詹道鑫为秘书长，甘传洲、陈坤、杜继东、谢是海为政协常委
	三	2008年2月27日至28日	无其他内容
	四	2009年2月11日至12日	无其他内容
	五	2010年2月3日至4日	接受羊中兴辞去副主席职务的请求，补选雷大宪为副主席

第三节　政协常委会

中国人民政治协商会议琼海市（县）委员会常务委员会，简称琼海市（县）政协常委会，是中国人民政治协商会议琼海市委员会的常设机构，由中国共产党、民主党派、人民团体、各条战线人士、归侨侨眷、港澳人士和特邀人士等组成，具有界别的广泛性和代表性。琼海市（县）政协常务委员会设主席1名，副主席和常务委员若干名，秘书长1名和副秘书长若干名。

1991—2010年政协琼海市（县）第七届至第十一届常委会（第一次会议）构成情况表

表 12-1-3

届别	常委总数	常务委员界别分类													
		中共共产党	民主党派	无党派	工商联	侨联	科技	科协	农林	农垦	教育	医卫	归侨	经济贸易	特邀
第七届	21	5	5	1	1	—	1	—	1	1	1	3	2	—	—
第八届	20	5	5	—	2	—	1	—	2	—	1	1	1	1	1
第九届	23	4	6	1	1	2	2	—		—	1	2	—	1	3
第十届	29	8	7	—	3	1	1	—		—	1	1	—	2	5
第十一届	26	10	8	1	3	—		1		—		—	—	—	3

说明：根据市志时限，第七届统计自1991年1月1日起，第十一届统计截至2010年12月31日

1991—2010年政协琼海市（县）第七届至第十一届委员会主席、副主席更迭情况表

表12-1-4

届别	职务	姓名	籍贯	任职时间
第七届	主席	庞学忠	海南琼海	1988年至1993年3月
	副主席	冯锦钊	海南琼海	1988年至1993年3月
		冯家庄	海南琼海	1988年至1993年3月
		卢家桐	海南琼海	1988年至1993年3月
		王兴访	海南琼海	1988年至1993年3月
		李昭镜	海南琼海	1988年至1993年3月
第八届	主席	庞学忠	海南琼海	1993年3月至1998年3月
	副主席	冯锦钊	海南琼海	1993年3月至1998年3月
		卢家桐	海南琼海	1993年3月至1998年3月
		李昭镜	海南琼海	1993年3月至1998年3月
第九届	主席	王振芳	海南琼海	1998年3月至2003年3月
	副主席	陈赞强	海南琼海	1998年3月至2003年3月
		卢家钊	海南琼海	1998年3月至2003年3月
		卢传福	海南琼海	1998年3月至2003年3月
第十届	主席	王振芳	海南琼海	2003年3月至2007年1月
	副主席	羊中兴	海南儋州	2003年3月至2007年1月
		卢传福	海南琼海	2003年3月至2007年1月
		陈宗浩	海南琼海	2003年3月至2007年1月
		陈徽娥（女）	海南琼海	2003年3月至2007年1月
第十一届	主席	符贻智	海南琼海	2007年1月至2012年1月
	副主席	羊中兴	海南儋州	2007年1月至2010年2月
		雷大宪	海南琼海	2010年2月至（2012年1月）
		卢传福	海南琼海	2007年1月至（2012年1月）
		陈宗浩	海南琼海	2007年1月至（2012年1月）
		陈徽娥（女）	海南琼海	2007年1月至（2012年1月）

第四节　内设机构

第七届委员会设办公室和“三委八组”，即提案委员会、“三胞”联络委员会、文史资料研究委员会和农林工作组、经济工商工作组、教育工作组、医卫工作组、文体工作组、科技工作组、民族宗教工作组、法制青妇工作组。

第八届委员会设办公室和“四委五组”，即学习和青年妇女委员会、提案工作委员会、文史资料研究委员会、“三胞”联络委员会与科技工作组、农林工作组、经济贸易工作组、文化教育体育工作组、医卫工作组。1995年3月10日，经市政协八届九次常委（扩大）会议决定，撤销工作组，成立7个委员会，即学习和青年妇女民族宗教委员会、提案与法制委员会、文史资料研究委员会、“三胞”联络委员会、经济委员会、科技委员会（工业科技组、农业科技组）、教科文卫体委员会（教文体组、医卫组）。

第九届委员会设办公室和“六委”，即学习文史和群工委员会、提案与法制委员会、经济工作委员会（一、二组）、科技委员会、教文卫体委员会（教育组、成文体组、医卫组）、台港澳侨联谊委员会。

2001年9月以前，琼海市（县）政协下设办事机构仅为办公室，其他委员会和工作组为非常设机构，负责人均由副主席或常务委员兼任。2001年9月后，增设4个委员会为常设办事机构，即提案与社会法制委员会、经济与科教文卫委员会、民族宗教与文史资料委员会、人口资源环境与台港澳侨联谊委员会，配备一至两名工作人员。

第十届委员会设办公室和4个委员会常设办事机构。2003年5月，4个委员会名称分别更改为提案与社会法制委员会、经济与人口资源环境委员会、科教文卫与文史委员会、民族宗教与港澳台侨委员会。

第十一届委员会机构设置同第十届。

第二章 主要工作

第一节 政治协商

政治协商是人民政协三大主要职能之一，市（县）政协开展政治协商工作的主要形式有：政协全体会议，常务委员会会议，主席会议，常务委员专题协商会等。1991—2010年，琼海市（县）政协召开22次政协全体会议，在全体会议期间，政协组织委员对琼海市（县）《政府工作报告》《国民经济和社会发展计划执行情况报告》以及其他报告进行协商讨论并提出修改意见和建议，还就海南国际旅游岛建设，琼海市经济和社会发展、社会治安、环境综合整治等问题开展政治协商，积极建言献策。先后就《博鳌亚洲论坛对琼海经济与社会发展影响的探讨》《积极发展高中教育，着力培育高素质人才》《抓住机遇，扩大品牌效应，促进我市经济发展》《加强环境综合整治，打造国际旅游岛东海岸明珠》《发展嘉积城区医疗卫生事业，构建琼海和谐社会》等热点问题充分发表意见。

1991—2010年，市（县）政协召开多次常务委员会议、主席会议、常务委员专题协商会等，对政府工作报告、财政预算、经济和社会发展规划以及与群众生活相关的重大问题等方面进行协商。1995年3月15日召开委员座谈会就《琼海市出售公有住房实施办法（征求意见稿）》进行协商，2007年4月11日召开专题协商会议就《琼海市商业发展规划》和《琼海市旅游发展总体规划（草案）》进行协商等。

第二节 民主监督

民主监督是人民政协三大主要职能之一，市（县）政协开展民主监督工作的主要形式有：政协全体会议、常委会议、主席会议向党委和政府提出建议案；各专门委员会提出建议或有关报告；委员视察、委员提案、委员举报、大会发言、反映社情民意或以其他形式提出批评和建议；参加党委和政府有关部门组织的调查和检查活动；政协委员应邀担任司法机关和政府部门特约监督人员等。1991—2010年，市（县）政协履行民主监督职能，对各项法律法规的执行、各项政策的落实、生态环境的综合治理、投资环境的改善等进行监督，先后向市委、市政府及时反映煤气瓶产权转移、嘉积城区交通路口安装电子监控设备、改善外来民工生活条件等社情民意。1993年9月5—13日，赴九曲江乡、泮水乡、温泉镇对贯彻实施《中华人民共和国妇女权益保障法》情况进行调研。2007年12月27日，琼海市政协举行特邀监督员聘请会议，为王威宇等38位委员颁发证书，进一步加强政协民主监督的力度。2010年，针对博鳌开发区宝莲城至昌隆渔港段海岸线随意堆放垃圾，造成环境污染问题，市政协领导带领部分政协委员进行深入考察，提出了明确管理责任，采取有效措施，加大治理力度，确保海岸线环境卫生整洁的建议。

第三节　参政议政

参政议政是人民政协三大主要职能之一，市（县）政协开展参政议政工作的主要形式有：反映社情民意、各种协商例会，各种专题议政会、专题研讨会、专题调研、委员视察、考察、政协委员参与中共党委与政府统一组织的检查和巡视等。琼海市（县）政协每年选择人民群众关心、党政部门重视、政协有条件做的课题至少5个，组织委员调查和研究，积极主动地向党政领导机关提出建议性的意见。通过多种方式，广开言路，广开才路，充分发挥委员专长和作用，为改革开放和社会主义现代化建设献计献策；广泛参与政治、经济、文化和社会活动，对一些共同关心的事项开展评议等。1992年1月6—9日，赴潭门、福田、博鳌等沿海乡镇就如何发展海洋捕捞、海淡水养殖、振兴海洋渔业问题进行调研。同年7月16日，召开科技兴农研讨会。1994年6月下旬，赴塔洋、温泉、上埇和九曲江等乡镇，对社会主义市场经济条件下农业农村形势进行考察，撰写《塔洋、温泉、上埇、九曲江等乡镇农业农村形势的视察报告》。1995年5月上旬，就琼海纺织厂、罐头厂、食品厂产权转让和重组级方面情况进行调研，撰写《国有企业产权制度改革值得考虑的几个问题—市纺织厂、罐头厂、食品厂情况的调查报告》。1996年8月，对市“三资”企业进行调研，撰写《琼海市“三资”企业经营现状及发展对策》。同年9月6日，召开财税工作座谈会。1997年5月中、下旬，深入国有东平农场和阳江、文市、大路、九曲和泮水等乡镇，对发展热带水果，重点是荔枝生产情况进行调查研究，撰写《关于大力发展荔枝生产的建议—琼海市荔枝生产调查报告》。1998年5月上旬开始，历时10天，就部分国有企业下岗职工生活保障和再就业情况进行调研，撰写《琼海市国有企业下岗职工生活保障和再就业调查报告》。2000年8月上旬，对经济界委员创办的龙丰卡拉胶公司、市百货公司家电城、爱华酒店、大中印刷有限公司、万泉河“何记”黄酒厂、琼海忠锐农业开发公司、琼海超群实业有限公司等7家民营企业进行调研，撰写《关于视察政协委员创办的民营企业情况报告》。2001年7月，就龙湾港征地迁坟受阻问题，深入龙湾港集团和潭门镇府进行调研，撰写《关于龙湾港征地迁坟问题的反映》的社情民意。同年9月，就长坡镇大型货车急剧减少问题，深入长坡镇政府和车辆运输管理服务公司进行调研，撰写《长坡镇大型货车大量出卖引发的思考》。2002年4月9—10日，对文岭水库干渠、千秋支渠、伍园支渠、苦楝头引水大坝、南塘水库干渠、官墓水库和九陆岭水库等多宗水库和渠道进行考察，撰写《水利人才匮乏，工程安全隐患等问题应引起重视》的社情民意。2003年4月22日，对市人民医院、嘉积中学、嘉积镇一小、琼海汽车站和银海国际度假中心等单位的"非典"防控情况进行考察，撰写《关于琼海防治"非典"工作的视察报告》。同年5月12日，就如何发挥改善投资软环境，加大招商引资力度等问题召开部分委员座谈会。2005年6月，对市糖厂、水泥厂、市百货和市食品厂等国有企业，对企业下岗职工最低生活保障状况进行考察，撰写《维护稳定，他们含辛茹苦在贡献》。2007年8、9月，开展琼海职业中专教育情况专题调研。2008年3月14—22日，对嘉积城区44家网吧及大路、长坡、塔洋、中原、博鳌等部分乡镇20家网吧，进行明察暗访，撰写《关于琼海网吧经营情况的视察报告》。2009年4月，与海南万泉河研究会组织联合调查组，对万泉河生态保护与开发建设情况进行调研，撰写《万泉河生态保护和开发建设情况调查》。2010年3月18日，深入市自来水公司生产厂区和取水口处，就近期嘉积城区市民群众反映强烈的自来水水质不太好以及供水水压不够问题进行现场考察等。

第四节　提案工作

提案工作是琼海市（县）政协一项常规性工作，是政协委员履行职能的重要形式。一年一次全体会议结束后，琼海市（县）政协提案部门均会将委员提案收集整理完毕，转交有关部门进行办理。据统计，1991—2010年，琼海市（县）政协共提出提案1622件，经审查，立案1577件，提案内容涉及琼海市（县）经济社会建设、环境保护、文化教育和卫生事业等方面。对群众反映强烈的重点、热点问题，政协委员们提出了《建议市政府采取措施，遏制将出生的婴儿性别比明显偏离正常值》《关于禁止我市未成年人进入网吧的建议》《关于尽快解决万泉镇夏坡村人畜粪便、生活垃圾和生活污水严重污染万泉河水源问题的建议》《关于尽快解决会山镇中心小学技术生用水困难的建议》等提案，市委、市政府高度重视，要求相关部门狠抓落实。

第五节　文史工作

1991—2010年，琼海市（县）政协重视文史工作，共出版八辑《琼海文史》，即三辑至十辑，内容涉及琼海市（县）近现代政治、经济、文化和社会事业中的重大历史事件、重要历史人物、本土文化和人民政协工作等方面史料，其中有记载近代博鳌政治、经济、历史、人文、民俗风情的博鳌传记《博鳌春秋》，记载琼海籍海外华侨华人、港澳台同胞在异国他乡艰苦创业和造福桑梓的华侨专辑《琼海华侨史》，记录日军暴行的专辑《历史不可忘却》，展现委员精英风采的专辑《政协委员风采》等。并配合省政协文史委做好抗日史料组稿工作，《琼东、乐会县抗日斗争历史纪实》《日军血洗乐会互助乡的罪行》等4篇稿件被省文史委编印的《海南文史》第二十辑选用。摄制琼海明日故居古迹图片，配合省文史委编辑出版《海南明日故居》。会同琼海人物录编委会做好《琼海人物录》第二卷编辑工作。2006年秋，编辑出版政协琼海市第九、十届委员会纪念册《携手共建和谐琼海》等。

第十三编　民主党派　社会团体

至2010年，琼海市共有民主党派8个，社会团体9个。各民主党派围绕中共琼海市委、市政府中心工作，认真履行职责，发挥自身优势，积极参政议政，开展形式多样的联谊、社会服务活动，广泛团结社会各界、各阶层人士，联合非公经济人士，为建设和谐稳定大琼海、小康社会和祖国统一，做出积极的贡献。各社会团体充分发挥自身优势和桥梁纽带作用，为琼海经济建设和社会进步做出积极贡献。

第一章　民主党派

第一节　中国国民党革命委员会琼海市（县）委员会

1986年9月，中国国民党革命委员会琼海县支部委员会成立，出席第一次党员代表大会党员代表11名。2010年年底，共有党员63名。中国国民党革命委员会琼海市委员会（简称民革琼海市委）党员大多分布在教育、企业等战线，很多党员都成为其单位的业务技术骨干。

一、代表大会

1992年6月7日，召开民革琼海县支部第二次党员代表大会，出席大会党员代表34名，与原国民党有渊源关系的23名（其中黄埔军校毕业的8名），符茂尧当选主任委员。

1996年1月7日，召开民革琼海市支部第三次党员代表大会，出席大会党员代表35名，褟德权当选主任委员。

2000年7月21日，召开民革琼海市支部第四次党员代表大会，出席大会党员代表36名，尹伟渊当选主任委员。2003年4月升格为总支，下设3个支部，即嘉积支部、琼师支部、中原支部，党员人数达42名。

2004年，升格为民革琼海市委员会。同年10月17日，召开民革琼海市委第一次党员代表大会，出席大会党员代表42名，尹伟渊当选主任委员。

2006年12月，召开民革琼海市委第二次党员代表大会，出席大会党员代表42名，何纪远当选主任委员。

二、参政议政

民革琼海市委始终把参政议政活动放在首位。1991—2010年，先后有14名党员被选为市（县）政协委员，其中3人曾任市（县）政协常委，2人被聘为市监察局特约监察员。党员通过市政协会议撰写提案或参加各种会议活动，积极主动地向市委、市政府建言献策，反映群众的心声。通过组织调查活动，将了解的社情民意上报有关部门。1990—2002年，共撰写提案65篇，其中15篇涉及社会热点问题，主要有《关于改造嘉积北门出口路的建议》《关于保护万泉河水质和两岸生态的意见》《关于我市未成年人进入网吧的意见》等。1999年，组织家住农村的退休党员调查农村农民收入的情况。2001年，组织3个调查小组对费改税后减轻农民负担的情况进行调查，其中对万泉、石壁、中原等3个乡镇做重点调查。同 年，对万泉河上下游的水质及两岸生态环境作调查。2003年，由海南软件学院支部对农村小学入学收费及使用情况作调查。2004年，提交提案4篇；2005年，提交提案5篇；2006年，提交提案3篇，其中党员袁玉岷撰写的《发展龙湾港区域经济，推进琼海城市化进程》获市政协十届一次会议优秀提案奖，软件学院支部撰写的《关于解决我市农村小学办学困难的建议》获市政协十届二次会议优秀提案奖，党员尹伟渊被政协琼海市第十届委员会评为提案工作先进个人。2007年，提交提案14篇；2008年，提交提案15篇；2009年，提交提案12篇；2010年，提交提案13篇，其中党员谢小南所撰写的《关于控制农业面源污染，促进我市社会经济的可持续发展的建议》获市政协十一届一次会议优秀提案奖，民革琼海市委会获市政协十一届委员会提案工作先进单位，谢小南、苏杰获市政协十一届委员会提案积极分子。

三、社会服务

民革琼海市委有8名老党员是黄埔军校毕业生，1991—2010年，他们分别以黄埔同学会和亲朋好友的关系，多次接待从中国台湾回乡探亲的人士，向他们宣传党的统一战线的方针政策，宣传“一国两制、和平统一”的具体内容，宣传家乡改革开放后的经济建设伟大成就，并帮助他们解决一些具体问题。民革琼海市委在每年的纪念孙中山诞辰纪念会上，大力宣传“和平统一，一国两制”的方针，组织党员学习统一战线的方针政策，提高党员开展三胞工作的认识水平。

自民革琼海市委成立至2001年，共引资300多万元兴办教育、卫生、交通及其他公益事业。2007年后，民革琼海市委将会山镇中心小学确定为帮扶对象，每年给学校师生送去桌椅、书籍、多媒体设备等一些教学用品。

四、自身建设

1991—2010年，在发展新党员工作中，把握好“宁少毋滥，注重质量”的原则，通过见面约谈等方式了解入党对象，注意考察对象的政治思想、业务水平，工作成绩，并对考察对象进行《中国国民党革命委员会章程》等知识培训，做到成熟一个发展一个。考察对象正式加入民革组织后，对其加强孙中山思想、民革党史和中国特色社会主义理论等学习，进一步统一思想，凝聚共识，增强民革党员走中国特色社会主义政治发展道路的信心和决心。

第二节　中国民主同盟琼海市（县）委员会

1951年2月1日，中国民主同盟琼海县委员会成立。2010年，中国民主同盟琼海市委员会（简称民盟琼海市委）有下属嘉积第一支部、嘉积第二支部（退休支部）、学院支部、嘉中支部、二中支部、乐会支部、医院支部和直属小组，盟员131人。

一、代表大会

1995年12月30日，选举产生民盟琼海市第五届委员会，李家淦为主任委员，李少凡、何贤英、林开敏任副主任委员，王克、王海燕、陈坤、符应彬、周仕科、莫爱仙任委员。

2001年9月15日，选举产生民盟琼海市第六届委员会，李少凡任主任委员，林开敏、莫爱仙、林贤斋任副主任委员，陈坤、王海燕、符应彬、王克、唐南飞、王国钦、何远轩任委员。李少凡任专职主任委员，陈坤任办公室主任。2003年3月，孙华任专职秘书长，同年6月9日，增补符应彬为副主任委员。选举李少凡、林开敏、莫爱仙、林贤斋、陈坤、龙林新为省盟四大代表。

2006年12月23日，民盟琼海市第七次代表大会在嘉积镇琼海宾馆椰韵阁召开。会议听取和审议并通过了李少凡主委所作的题为《更新观念，调整思路，为加快琼海发展献出智慧和力量》的报告。会议还一致通过了《民盟琼海市第七次代表大会决议》。会议选举产生了民盟琼海市第七届委员会。李少凡、符应彬、龙林新、钟雯、莫爱仙、孙华、王克、王国钦、何远轩、杜继东、陈坤、陈鹤年、唐南飞等13人当选为第七届委员会委员。经第七届委员会第一次会议选举，李少凡当选为主任委员，符应彬、龙林新当选为副主任委员。会议还选举产生出席民盟海南省第五次代表大会代表7名：李少凡、符应彬、龙林新、钟雯、孙华、莫爱仙、陈坤。

二、参政议政

1993年，政协琼海市第八届委员会第一次会议上，李昭镜当选市政协副主席，主委李孔则当选为常委。琼海市第十届人民代表大会第一次会议上，陈选杰当选市人大常委会副主任，李少凡当选为常委。1997年5月，王玉尧、全德江当选民盟海南省第三届委员会顾问。同年，盟市委参政议政经验材料《围绕“中心”，打开“视窗”，在参政议政中发挥参政党作用》入选民盟中南六省（区）盟务工作经验交流会议交流学习。1998年，政协琼海市第九届委员会第一次会议上，王海燕当选市政协常委，李少凡当选琼海市第十一届人大常委会常委，李家淦、李少凡当选海南省第二届人大代表。2001年2月，盟市委主委李家淦被任命为万宁市副市长。2002年，李少凡当选海南省第三届人大代表。市“两会”期间，盟市委提交集体提案8件，委员提案9件。8月，参加“加快琼海发展，实现二次创业”讨论和献计献策活动，所提出的4条建议得到中共琼海市委重视和采纳，并登载在中共琼海市委《督查督办通报》（第8期）上。2003年3月，李少凡当选琼海市第十二届人大常委会副主委，莫爱仙当选政协琼海市第十届委员会常委。4月，盟市委致函中共琼海市委，提出《关于做好非典型肺炎预防工作的建议》。2004年市“两会”期间，盟市委提交集体提案12件，包括《关于加强涉医广告审查、监督》《关于加快嘉积万泉河旅游区西岸开发建设的提案》《关于尽快改善民主党派办公条件的提案》《关于开发建设琼海乡村特色的古居民院落的提案》《关于尽快实现嘉积小街小巷绿化、美化、亮化的提案》《关于建议加强空调机户外挂机管理的提案》等。《关于有意识地把党外有代表性人物继续留在党外的建议》获市政协2003—2004年度优秀提案。2005年9月，民盟琼海市委被评为“全国基层组织建设先进单位”。2007年，李少凡当选琼海市第十三届人大常委会副主任，符应彬当选政协琼海市第十一届委员会常委，政协琼海市第十一届委员会第二次会议上增补陈坤、杜继东为政协常委。8人被市政府7个行政职能部门聘为特邀监督员。市“两会”期间，盟市委集体提案11件，占市民主党派、工商联集体提案的55%，委员提案35件，占委员提案的36%。包括《关于依法处置我市闲置土地的提案》《关于设立我市公务员（工作人员）定期体检制度的提案》《关于加强万泉河红星取水口周围水源环境的保护提案》《关于培育仓储业，发展我市商贸经济的提案》《关于培育发展总部经济作为增长极，推动我市经济发展的提案》《关于大力发展1.5次产业，拉长我市工业“短腿”的提案》《关于开展我市与中国台湾地区农业交流与合作，提高现代农业产业化水平的提案》《关于建立“暖心工程”，鼓励民营企业（个体户）与市低保户建立结对帮扶的提案》《关于制定和颁布〈琼海市优惠老年人的有关规定〉的提案》《关于成立市政协历届委员联谊会的提案》《关于加强治理狗患，防止狂犬病在我市卷土重来的提案》《关于建议在市政协委员的企业家中倡导“建设信用琼海先我行”活动的提案》等。2008年5月，杜继东当选北京奥运火炬手，负责传递琼海境内28棒奥运火炬。雷源、孙华当选琼海市青年志愿者协会第一届理事会副理事长。主委李少凡、秘书长孙华分别被民盟省委评为2008—2009年度参政议政工作先进个人。市“两会”期间，盟市委共提交政协提案26件，其中，集体提案6件，包括《关于尽快给缴存住房公积金的职工发放有效凭证的建议》《关于进一步治理街道停车的提案》《关于加强非生产领域节能减排工作的建议》《关于大力推动农民专业合作组织发展的提案》《关于实行全市门诊病历本通用的提案》《关于设立交通标志保护农村硬板化道路的提案》等。2009年市“两会”期间，民盟市委被市政协评为“提案工作先进单位”。提交大会发言和集体提案7件，代表议案1件，委员提案24件，包括《关于尽快恢复嘉积至龙江博文班车的建议》等，其中4件获评优秀提案。盟员参加市政协和万泉河文化研究会共同举办的“把琼海建设成为经济比较发达具有鲜明特色的中等城市”论文征集活动，陈坤撰写的《琼海建设中等城市必须发展旅游度假产业》获三等奖，符应彬撰写的《浅谈琼海特色》、孙华撰写的《琼海拓展应凸显城市人文》分别获优秀奖。2010年4月，民盟琼海市委被民盟海南省委授予2008—2009年度参政议政工作先进单位称号。

三、社会服务

1992—2001年，民盟琼海市（县）委每年都组织医疗队到市边老地区开展巡回义诊活动。1998年，民盟医院支部与会山乡卫生院签订《智力支边共同发展山区卫生事业》，民盟医院支部每年定期联合该卫生院深入苗村义诊。1993年5月21日，经市政府批准，民盟琼海市委接管市服装技工学校，更名为琼海市光明职业技术学校。设有服装剪裁、美容发型、摩托车维修等专业，面向全省招生。王玉尧被聘为印尼巨港华侨校友会名誉会长，借助赴广州参加第六期校友会期间，发动校友到海南旅游，为市华侨医院捐赠4万元以及一批图书、画册等。

2005年11月26日，由中共琼海市委、市政府主办，盟市委承办，琼海良源贸易有限公司协办的“建设岛东商贸中心研讨会”在龙湾国际大酒店举行，省社科界知名专家曹锡仁、蒙乐生等12名专家应邀出席，来自上海、广东、河南、山东、海南、中国香港等地商家代表24人参加了研讨会。这是海南省市县级第一次举办的区域经济发展研讨会，成为海南民主党派地方组织活动史上的先例。2006年9月29日，民盟琼海市医院支部、琼海人民广播电台、琼海市美术协会、琼海市广益药品超市共同打造《民盟医生健康谈》

栏目正式开播。《民盟医生健康谈》栏目在广大城乡听众中产生很大的影响，被誉为“岛东空中医院”。2007 年 12 月，民盟琼海市委主办“2007 年琼海市‘维多利亚杯’中学生英语单词竞赛”，琼海市教育局英语教研室和维多利亚外语学校承办。2008 年 4 月 14 日下午，民盟琼海市委邀请“李阳疯狂英语”王牌讲师胡国强演讲团到海南软件职业技术学院演讲。在此后的一个月里，民盟琼海市委先后组织“李阳疯狂英语”演讲团到嘉中分校、长坡中学、嘉中海桂学校演讲，接受培训的师生逾万人。5 月 3 日，民盟“超觉英语”体验班在嘉中分校举行开班仪式。2009 年 2 月，民盟琼海市委选定博鳌镇望南小学作为“农村教育烛光行动”的项目学校，向学校捐赠彩色打印机和一批教师备课桌、体育器材等。在二、三年级开设英语特色班，向每位学生捐赠一支价值 590 元的“外研通”点读笔。4 月 11 日，联合市委统战部在博鳌镇望南小学举行回报社会感恩活动“农村教育烛光行动”捐赠仪式。4 月 18 日，由民盟琼海市委承办的民盟海南省委“农村教育烛光行动”捐赠仪式在嘉积镇第一小学举行。仪式现场，民盟海南省委联合外语教学与研究出版社，向琼海市各中心学校捐赠了 40 套价值 7 万元的“外研通”（教师用）点读笔和点读书。12 月 26 日上午，在市工人文化广场举办“农村教育烛光行动”把成功传给下一代大型家庭教育报告会。

2010 年 2 月起，民盟琼海市委以盟内的英语爱好者为骨干，组织琼海市英语角活动，并邀请来自美国、英国、法国、奥地利和比利时等外国朋友参加。4 月 29 日，民盟琼海市委和市政协、海南软件职业技术学院、省摄影家协会、市摄影家协会共同主办“捕光猎影 · 风华情”大型摄影展，共展出优秀摄影作品 300 多幅，包括省内知名摄影家的近百幅作品，及海南软件技术学院学生在“捕光猎影 · 风华情”摄影比赛中脱颖而出的 100 多幅优秀摄影作品等。新华社、《南国都市报》、《琼海通讯》、琼海在线等多家媒体记者前来采访和报道，对影展给予了很高的评价。12 月 26 日，为以具体行动开展“农村教育烛光行动”，民盟琼海市委在市工人文化广场举办“把成功传给下一代”大型家庭教育报告会，嘉积地区的中小学生和家长参加报告会。

四、自身建设

1995 年 4 月 13 日，成立民盟琼海市委医院支部，莫爱仙任支部主委。2001 年 11 月 12 日，成立民盟琼海市委琼海师范支部，陈鹤年任支部主委。2010 年 7 月 5 日，经民盟琼海市第七届委员会第十次会议决定，民盟琼海市委嘉积第二、三支部合并为民盟琼海市委嘉积第二支部，提名杨安民为主委人选，陈富东、周仕科、周维仕为支委。

第三节 中国民主建国会琼海市支部

中国民主建国会是主要由经济界人士组成的、具有政治联盟特点的、致力于建设中国特色社会主义事业的政党，是中国共产党领导的多党合作和政治协商制度中的参政党。1996年3月29日，在民建海南省委、中共琼海市委的指导下，在东华大厦成立中国民主建国会琼海市支部（简称民建琼海市支部）。至2010年，全市共有会员25人，其中大专以上学历的17人，女会员5人。

一、代表大会

1996年3月29日，在东华大厦成立民建琼海市支部，谭祚柏当选支部主任，雷加林当选支部副主任。

2001年，在胜达公司会议室召开民建琼海市支部第二次会员大会，谭祚柏当选支部主委，雷加林当选支部副主委，陈丁胜、王德炎当选支部委员。

2006年12月16日，在胜达公司会议室召开民建琼海市支部第三次会员大会，陈丁胜当选支部主任、申河、郭义萍（女）当选支部副主任，马振东、陈晋平当选支部委员。

二、参政议政

1997—1998年，支部主委谭祚柏当选为琼海市第八届政协常委，支部副主委雷加林当选为琼海市第八届政协常委、琼海市纪委、监察局、公安局特邀监督员，会员黄田财、黎和京当选为琼海县第八届政协委员。

1999—2002年，支部主委谭祚柏当选琼海市第九届政协常委，副主委雷加林当选琼海市第九届政协常委、琼海市纪委、监察局特邀监督员、琼海市公安局特邀监督员，会员黄田财、黎和京当选琼海市第九届政协委员。2001年，会员陈丁胜被琼海市政协第九届例会增补为委员。陈丁胜委员《关于光跃小学危房建议修理的提案》受到市政府的重视，指示相关部门拨款维修，使学子放心安全学习。

2003—2006年，支部主委谭祚柏当选为市第十届政协常委，副主委雷加林当选为市第十届政协常委、市公安局特邀监督员，会员陈晋平当选为市第十届政协常委，会员马振东、陈丁胜、黎传烈当选为市第十届政协委员，会员王德炎当选为琼海市第十二届人大代表。

2007—2010年，支部主委陈丁胜被选为民建海南省委委员、琼海市第十一届政协常委、市人民政府特邀行政执法监督员、市工商局特约监督员，副主委申河被选为民建海南省委委员，琼海市第十一届政协常委，副主委郭义萍被选为琼海市第十一届政协委员，委员马振东被选为琼海市第十一届政协委员，市工商局特约监督员。

2010年，支部被采纳的优秀提案有《关于促进琼海规模发展“催肥鹅”养殖业的建议》《关于加强和规范城市出租车管理的建议》《关于改造嘉积二中门前道路的建议》《关于加强市实验小学门口道路交通管理的建议》。支部撰写的调研报告《对当代农村青年思想状况的调研与思考》荣获市委统一战线课题调研二等奖。

三、社会服务

自1996年成立至2002年，琼海民建会员累计捐助社会公益事业30多万元，提供50多人的就业再就业。2003年，会员企业长城保险经纪有限公司无偿为琼海市委党校购买教学用桌椅、维修学员宿舍等共计13万元。“非典”期间，向琼海市政府捐款3.4万元；民建琼海市支部也捐款19300元。

2005年“达维”台风袭击琼海，民建琼海市支部会员共计捐款6200元。2006年会员企业长城保险经纪有限公司向琼海市委党校捐赠20台电脑。2008年主委陈丁胜为家乡道路和文明生态村建设捐款39万元；汶川地震发生后，副主委申河向四川灾区捐款12万元，主委陈丁胜及其他会员集中捐款约5.5万元；支委马振东向文明生态村建设捐款3万元；会员黎传烈为支持特困生上学及文明生态村建设捐款3.5万元。2010年10月琼海发生特大水灾，会员为救灾捐助13.4万元，其中副主委申河捐助10万元。全年会员企业为社会新增劳动就业98人。

四、自身建设

中共十七大和民建九大召开后，民建琼海支部认真组织学习会议精神，夯实多党合作的思想基础。同时开展政治交流学习教育活动，加强自身建设，健全工作机制，提高支部班子成员的政治把握能力、参政议政能力、组织领导能力和合作共事能力。组织会员参加民建海南省委、琼海市委统战部举办的各类专题培训班。通过培训，深入了解有关多党合作的政策、统战工作基本理论，进一步提高会员的综合素质。1996—2000年度，被民建海南省委评为“先进支部”。1998年，组织会员学习贯彻中共十五届三中全会精神。2001—2005年度，被民建海南省委评为“先进支部”。2005年，组织会员学习《中共中央关于进一步加强中国共产党的多党合作和政治协商制度建设的意见》等文件，积极参加纪念民建成立60周年暨民建海南省委成立15周年书画、摄影展作品活动。认真学习中共十六届五中全会精神。2007—2010年，被民建海南省委评为“社会服务工作先进集体”。2009年，组织会员认真学习中共十七届四中全会精神；与民建海大支部开展交流联谊会务活动。2010 年 3 月，组织会员观看电视专题片“民主之澜”并召开座谈会。同年，陈丁胜、申河被民建海南省委评为“优秀会员”，陈丁胜被民建中央评为“全国优秀会员”。

第四节 中国民主促进会琼海市支部

1996 年 1 月，成立中国民主促进会琼海市支部（简称民进琼海市支部），卢传福为支部主委，有会员 7 人。2010 年 10 月召开支部大会，选举黎学成为支部主委，有会员 17 人。

一、代表大会

1996 年 10 月 16 日，召开民进琼海市支部第一次会员大会；2000 年 11 月 16 日，召开民进琼海市支部第二次会员大会，卢传福任支部主委；2005 年 12 月 16 日，召开民进琼海市支部第三次会员大会，卢传福为支部主委；2010 年 10 月 20 日，召开民进琼海市支部第四次会员大会，选举黎学成为支部主委。

二、参政议政

1996—2010 年，会员以支部或个人名义共撰写提案 55 篇，调研报告 12 篇。支部主委黎学成 2009 年被评为民进海南省委优秀会员，2010 年被市政协评为优秀提案个人。2010 年，黎学成的《关于加强琼海市网吧管理工作调研报告》《关于琼海市失地农民就业问题调研报告》被市委统战部评为年度优秀调研报告一等奖及三等奖。会员中，有 1 人当选市人大代表，1 人当选为市政协副主席，6 人被推荐为市政协委员。

三、社会服务

民进琼海市支部充分利用界别优势，开展优秀教师支教，送戏下乡，书画展等社会服务活动。在 2010 年海南特大水灾中捐助受灾群众。

四、自身建设

民进琼海支部建立后，利用多种形式对会员和所联系的人士进行中共有关方针政策和民进的性质、任务、作用的教育。1996 年、2003 年、2010 年，举办 3 期的统战理论和民进组织基础知识学习班。

第五节 中国农工民主党琼海市支部

2003 年 12 月，中国农工民主党海南省委员会在琼海发展 2 名党员，2006 年发展 6 名党员，2008 年发展 1 名党员，2010 年发展 2 名党员。2007 年 6 月，全体党员向省委会提出成立农工党琼海市党员小组的申请并获批同意。2007 年 11 月 23 日，召开农工党琼海市党员小组成立大会，会议选举李岗为农工党琼海市党员小组组长，冯光为副组长。2008 年 8 月，经商函市委统战部同意后向农工党海南省委会提出成立琼海市支部的申请；8 月 27 日，省委员批复同意成立中国农工民主党琼海市支部（简称农工党琼海市支部）。2010 年发展 2 名党员。至 2010 年年底，共有党员 11 人。

一、代表大会

2009 年 1 月 20 日，农工党琼海市支部委员会成立大会在琼海市昌隆饭店召开，全市 9 名农工党党员全部参加会议。会议选举李岗为农工党琼海市支部委员会主任委员，冯光为组织委员，何忠强为宣传委员。

二、参政议政

全市党员中有市政协委员 1 人。在 2008 年召开的市政协十一届三次会议上，向大会提交提案 2 件。其中，以党员小组名义提交的提案《关于进一步改善琼海治安环境状况的建议》，以委员个人名义提交的提案《关于在街道两旁重新设置垃圾装置的建议》。在 2009 年召开的市政协十一届四次会议上，向大会提交提案 2 件。其中以支部名义提交的提案《关于进一步加强琼海乡镇卫生院建设的建议》，以委员个人名义提交的提案《关于大力发展琼海公共交通事业的几点建议》。在 2010 年召开的市政协十一届五次会议上，向大会提交《关于进一步加强琼海防治艾滋病工作的建议》和《关于完善住宅物业管理体制的建议》提案 2 件。2010 年，在市政协组织的为国际旅游岛建设建言献策活动中，李岗委员向市政协提交《关于大力发展琼海特色旅游商品经济的建议》材料 1 份。2010 年下半年，支部组织党员对琼海嘉积地区医疗状况进行调研，并撰写《琼海市嘉积城区医疗卫生事业现状调查与问题对策》调研报告，在市委统战部组织的各民主党派课题调研评比中荣获一等奖。

三、社会服务

2008 年 3 月 21 日，联合农工党省委会组织省内医疗专家在潭门镇开展大型义诊活动，共诊治病患 130 多人次，免费发放药品 5000 余元。2010 年 10 月 30 日，联合农工党海南省委会组织省内医疗专家赴洪涝灾害重灾区万泉镇开展大型抗洪救灾义诊活动，共为灾区群众诊治病患 150 多人次，免费发放药品 6000 余元。

汶川地震发生后，以小组名义向灾区捐款 500 元；按照农工党中央《关于缴纳特殊党费用于支援灾后重建工作的紧急通知》的要求，组织发动党员交纳特殊党费共 800 元。加上党员在各自单位的捐款数额，据统计，全体党员共为灾区捐款 2100 元。2010 年，玉树地震发生后，发动党员在各自单位为灾区捐款共计1200元；党员何忠强为2010年海南水灾捐助价值2万余的药品；为慰问琼海灾区人民，丰富群众业余娱乐生活，他又出资2余万元聘请琼剧团为群众表演，深受好评。

2009年，党员何忠强为家乡农村道路、学校及水电工程建设共捐款8万元。2010年，又为博鳌镇的一名贫困学生上大学资助6000元。

四、自身建设

2010年，全市有党员11人。其中大专以上学历10人，高级职称3人，平均年龄42.72岁，均为医药卫生界人士，分布于医疗机构、行政机关和医药企业等部门。2008年上半年组织全体党员开展学习中共十七大报告活动和学习农工党十四大精神的活动。2008年5月，组织全体党员召开纪念“五一口号”发布60周年座谈会。2009年上半年，组织开展学习实践科学发展观活动，2009年，先后组织全体成员开展学习中共十七届四中全会精神和胡锦涛总书记在庆祝中国人民政治协商会议成立60周年大会上的讲话精神。2010年7月，支部3名新党员参加农工党海南省委会举办的新党员培训班。

第六节　中国致公党琼海市委员会

中国致公党琼海县第一届委员会于1985年9月在琼海成立。1991—2010年，中国致公党琼海市（县）委员会［简称致公党琼海市（县）委］共召开4次代表大会，选举产生第三、四、五、六届委员会。2010年为致公党琼海市第六届委员会，党员人数83人，其中，男性62人，女性21人；教师41人，医生11人，律师2人，非公经济人士5人，行政、事业单位14人，其他10人，已退休24人，平均年龄48岁；大专以上学历66人，具有高级职称人数12人；具有“侨”“海”关系的党员占总人数的90%以上。致公党琼海市委领导班子由11名委员组成，其中：主委梁振功，副主委陈宗浩（专职）、周明（兼职）；共设3个支部：嘉积支部、嘉中支部和中原支部。

一、代表大会

1992年6月，致公党琼海县第三次全体党员大会召开，选举产生第三届致公党琼海县委员会。大会选举委员：卢家桐、卢家钊、王兴雄、陈宗浩、张鸿森、梁定国、郭南海、符瑞焰、何子登。主任委员：卢家桐（专职），副主任委员：卢家钊（兼职）、王兴雄（兼职）。

1996年11月，致公党琼海市第四次全体党员大会召开，选举产生第四届致公党琼海市委员会。大会选举委员：卢家钊、陈宗浩、张鸿森、梁定国、郭南海、周明、符策红。主任委员：卢家钊（兼职），副主任委员：陈宗浩（专职）、张鸿森（兼职）。

2001 年 10 月，致公党琼海市第五次全体党员大会召开，选举产生第五届致公党琼海市委员会。大会选举委员：梁振功、陈宗浩、张鸿森、周明、谢善斋、符策红、陈小芸。主任委员：梁振功（兼职），副主任委员：陈宗浩（专职）、张鸿森（兼职）。调入陈小芸任致公党琼海市委员会办公室主任。

2006 年 12 月，致公党琼海市第六次全体党员大会召开，选举产生第六届致公党琼海市委员会。选举委员：梁振功、陈宗浩、张鸿森、周明、卢业锋、陈小芸、谢善斋、符策红、吴厚信、卢敏、许海卫。主任委员：梁振功（兼职），副主任委员：陈宗浩（专职）、周明（兼职）。

二、参政议政

1991—2010 年，琼海市（县）致公党员中担任省、市人大代表和政协委员有 25 人，共提交议案、提案 200 多件。共有 9 名党员被海南省、琼海市有关部门聘为特邀监督员，努力为推动政府政务公开，转变机关部门和行业工作作风等进行民主监督。卢家桐先后担任政协琼海县第五届、第六届、第七届委员会副主席；卢家钊担任政协琼海市第九届委员会副主席；梁振功先后担任琼海市人民政府第十一届、第十二届、第十三届副市长；陈宗浩先后担任政协琼海市第十届、第十一届委员会副主席。

2003 年，在市政协十届一次会议上提交《建议琼海市场开发建设总公司客服一切困难，力争东屿安置区农贸市场尽早开张营业》的提案，促使东屿安置区农贸市场于 2004 年开张营业，有效缓解东屿村民的就业压力，获致公党海南省参政议政工作优秀课题一等奖。2005 年《关于大型庆典活动燃放烟花爆竹应优先考虑安全问题的建议》获致公党海南省参政议政工作优秀课题二等奖；致公党市委会获致公党海南省委参政议政工作优秀组织奖。2007 年，在市政协十一届一次会议上提交《关于必须高度重视食品安全的建议》被大会列为主席督办案，并得到较好的落实，获琼海市政协委员会“优秀提案”奖。

三、社会服务

充分发挥“侨”“海”优势，切实维护归侨、侨眷和海外侨胞的合法权益和促进琼海经济的发展。1991 年，致公党琼海县委员会经县政府和教育部门批准，创办“琼海华侨补习学校”，帮助归侨、侨眷子女解决继续就学问题，共有 82 名学生考上各大专院校。1992 年，协助县侨办代表团到新加坡、中国香港等地动员捐款，促使县图书馆顺利落成。1994 年，联系 20 多个国家地区 72 名琼海同乡，发起成立琼海同乡联谊会。1994—2000

年，动员华侨捐资开展琼海文学活动。1996—1998 年，动员马来西亚和新加坡侨胞在家乡投资兴办企业。2008 年，汶川大地震发生后，动员党员踊跃捐款，以实际行动为灾区人民群众送温暖、献爱心。2010 年，青海玉树地震发生后，动员党员捐款共 2.54 万元。2010 年国庆期间，琼海市遭遇暴雨洪涝灾害，动员党员捐款共计 2.8 万多元。

四、自身建设

1991—2010 年，致公党琼海市（县）委领导积极参加中共中央社会主义学院、省社会主义学院、省委统战部等部门举办的有关培训学习。结合人民政协成立 60 周年、《中共中央关于坚持和完善中国共产党领导的多党合作和政治协商制度的意见》发布 20 周年，自觉接受中国共产党领导的优良传统教育；结合中华人民共和国成立 60 周年，进行思想信念和爱国主义教育；以纪念中共中央发布“五一”口号 60 周年以及改革开放 30 周年活动为契机，结合“政治交接学习教育活动”，进行多党合作的历史和理论、致公党史、党章和本党优良传统教育等，对提高整体素质，加强思想建设起到积极的推动作用。

第七节　九三学社琼海市支社委员会

1995 年 8 月 18 日，九三学社琼海市支社委员会（简称九三学社琼海市支社）成立，社员 8 人，谢丽君担任第一届主委，任期 1995—1999 年。2000—2005 年，冯培剑担任第二届主委，社员发展至 16 人。2006—2010 年，吴伟担任第三届主委，社员人数增至 33 人。

一、代表大会

1995 年 8 月 18 日，第一届全体社员代表大会召开，成立九三学社琼海市支社委员会，宣布谢丽君任九三学社琼海市支社委员会第一届主委，主持全社工作。

1996—1999 年，九三学社琼海市支社委员会于每年 9 月 3 日召开全体社员会议，由谢丽君主委主持会议，全体社员参加，会议主题为如何加强九三学社琼海市支社委员会的基层组织建设，发展壮大九三学社琼海市支社的队伍。

2000 年 9 月 3 日，第二届全体社员代表大会召开，选举冯培剑任主委。

2001—2005 年，九三学社琼海市支社委员会于每年 9 月 3 日召开全体社员会议，由冯培剑主委主持会议，全体社员参加，会议主题为加强九三学社琼海市支社委员会的思想建设，如何发挥自身优势更好地参政议政，建言献策。

2006 年 9 月 3 日，第三届全体社员代表大会召开，选举吴伟担任九三学社琼海市支社委员会第三届主委。

2007 年 9 月 3 日，第三届全体社员代表大会第二次会议召开，吴伟主委主持会议，全体社员参加，会议主题为集中学习九三学社中央、中共海南省委、九三学社海南省委的重要文件精神，加强自身思想建设。

2008 年 9 月 3 日，第三届全体社员代表大会第三次会议召开，吴伟主委主持会议，全体社员参加，会议主题为发展壮大九三学社琼海市支社基层组织，加快吸收发展新会员的步伐。

2009 年 9 月 3 日，第三届全体社员代表大会第四次会议召开，吴伟主委主持会议，全体社员参加，会议主题为注重九三学社琼海市支社委员会年轻骨干的培养，加强对年轻社员的关怀和重视。

2010 年 9 月 3 日，第三届全体社员代表大会第五次会议召开，吴伟主委主持会议，全体社员参加，会议围绕本年度调研课题展开讨论，为更好地履行职责、服务社会全体社员各抒己见。

二、参政议政

1995—2010 年，九三学社琼海市支社共提交议政报告、提案 30 件，内容涉及文教卫生、社会治安、城镇建设、知识产权等多个领域，所提议案和提案大部分被有关部门采纳。

至 2010 年，九三学社琼海市支社社员中有市人大常委会主任 1 人，市人大常委会委员 1 人，市政协委员 3 人，其中市政协常委 2 人。有琼海市科学技术协会负责人 1 人，琼海市人民医院科室主任 8 人，琼海市水产技术推广站副站长 1 人，琼海市气象局副局长 1 人，海南软件职业技术学院系主任 2 人。其中正高级职称 3 人，副高级职称 14 人，中级职称 9 人，高级职称人数占总人数的 52%，社员集中分布于医疗界、教育界和国家政府部门等。

三、社会服务

九三学社琼海市支社发挥人才、技术、联系面广的优势。1995—2010 年，共开展医疗下乡活动 45 次，为琼海广大农村特别是偏远地区就医不便的农民前来就诊和咨询提供服务 800 余次；在市区开展义诊 37 次，诊治病人 2000 余人次，免费提供药品 1500 余次；组织科技扶贫活动 5 次，为人民群众免费提供水产养殖技术服务 16 次；参加法律知识讲座和法律援助活动 5 次，发放法律知识宣传手册 4000 份；为企业解决疑难问题 30 余项；提供技术、经济信息 500 余条。

四、自身建设

1995—2010年，通过定期开展政治学习教育，对九三学社中央、中共海南省委、九三学社海南省委的重要文件认真学习体会，组织贯彻落实中共中央《关于坚持和完善中国共产党领导的多党合作和政治协商制度的意见》。为加强基层组织建设，壮大九三学社琼海市支社的基层队伍。2006—2010年，积极发展各行业的优秀人才入会，在发展医疗界、教育界等中高级知识分子的同时，对国家政府部门、行政机关等单位中致力于民主与科学的优秀人才也给予积极的认可和高度重视。

第八节　中国台湾民主自治同盟琼海市支部委员会

中国台湾民主自治同盟琼海市支部委员会（简称台盟琼海市支部）除贯彻中共中央、台盟中央关于做好中国台湾人民工作的方针政策外，积极履行参政党职能，努力为地方经济建设、社会发展做出自身的贡献。2006年，台盟琼海市支部通过改选，陈琼君当选新一任主委。

一、代表大会

1991年7月，台盟琼海县支部召开支委会第一次全体会议，6名盟员参加。1996年8月，台盟琼海市支部召开支委会第二次全体会议，7名盟员参加。2001年1月，台盟琼海市支部召开支委会第三次全体会议，7名盟员参加。2006年12月，台盟琼海市支部召开支委会第四次全体会议，9名盟员参加，选举陈琼君为主任委员。

二、参政议政

1991—2010年，台盟琼海市（县）支部共向琼海市政协提交会议提案63篇，内容涉及环境保护、教育资源分配、城市管理、物价管理、旅游市场开发等各个领域；提交各类建议案和信息共138条。

三、社会服务

1997年起，协助台盟海南省委、海南省台联开展好台籍学生一年一度的“夏令营”活动。自2007年开始协助台盟海南省委开展好一年一度的“两岸休闲观光农业论坛”服务工作。2007年，完成全辖台胞状况普查，积极做好辖内盟员权益保护及台胞权益保护事宜；在琼海市范围内开展涉台婚姻调查，为超过50桩两岸婚姻案例提供服务。2009年，配合台盟海南省委完成琼海地区的职业教育情况调研。协助台盟省委及海南省台联做好辖内台商企业服务工作，切实保障台商合法权益。积极做好两岸往来商务人士、民间交往人士的联谊工作。组织盟员对2008年南方冰灾、汶川大地震、舟曲自然灾害，和中国台湾“9·21”地震、“11·2”特大自然灾害等进行捐款；组织台籍青少年加强对两岸历史知识的了解。

四、自身建设

台盟琼海市支部自成立至2010年，共发展盟员超过30名。由于赴台定居及其他原因，2010年，台盟琼海支部有盟员10名。台盟琼海市支部注重自身建设，多次获台盟中央“优秀基层支部”“优秀盟务工作者”称号。

第二章　社会团体

第一节　琼海市（县）总工会

一、组织建设

1992年11月琼海撤县设市，工会组织名称随之变更，挂牌成立琼海市总工会。琼海市总工会（简称市总工会）位于嘉积镇东风路64号，占地面积8435.32平方米，建筑面积7486.01平方米，含综合性灯光球场和文化广场一座。2010年，市总工会编制干部职工11名，设主席1名、副主席2名。内设办公室、组织宣传部、法律保障部、经济工作部、民主管理部、女工部、财务部、经费审查委员会办公室、困难职工帮扶中心等9个部室和中心，2个下属事业单位——工人文化宫、职工中学（2008年撤销）。下辖基层工会634家，工会会员24660人。

1991年，全市基层工会组织236家，工会会员13460人，到1999年年底，全市基层工会组织发展到247家，工会会员13897人，其中非公有制企业建立工会38家，工会会员348人。2003年年底，全市12个镇全部建立镇工会工作委员会，建立健全教育、卫生、商务、建设、供销、粮油、政法、农业、党委政府等9个系统工会委员会，嘉积镇14个街道（社区）也全部建立街道（社区）工会，实现全市工会工作条块管理的模式。中共中央出台鼓励发展非公有制企业的政策后，全市的非公有制企业发展很快，为了推动非公有制企业组建工会，2004年，市委成立工会组建工作领导小组。2008年，市委组织部和市总工会共同成立"党建带工建"工作领导小组，尤其是2008年全市实行工会经费地税代收，非公有制企业组建工会更加迅速。2008年，非公有制企业组建工会76家，入会会员3773人，2009年，非公有制企业组建工会108家，入会会员3796人。至2010年年底，全市工会组织发展到634家，工会会员24660人，其中非公有制企业组建工会326家，工会会员11265人。工会组建率占98%，职工入会率占97.5%。

市总工会在每年召开的工会会员代表（扩大）年会上，通过表彰一大批在工会各方面工作中取得成绩的先进单位和先进个人来推动全市基层工会工作，打造富有海南特色的"争当劳模""工人先锋号""和谐企业"等3个品牌。从2003年起，市总工会每年的"五一"职工文艺晚会上，还对全市评选出10名爱职工的优秀企业法人和10名爱企业的优秀职工进行表彰，促进全市非公有制企业的和谐发展。

二、代表大会

1994 年 12 月 31 日，市总工会召开第十一届会员代表大会，出席代表 175 人，选举产生委员 19 人，陈维鉴当选主席，选举产生经费审查委员会，委员 5 人，李昌炎当选主任。

2000 年 3 月 13 日，市总工会召开第十二届会员代表大会，出席代表 138 人，选举产生委员 19 人，李昌炎当选主席，选举产生经费审查委员会，委员 5 人，王可越当选主任。

三、主要工作

（一）工会维权

1.建立健全职工代表大会制度　市总工会规定每个企事业单位每年召开一至两次职工代表大会，由单位法人提出一年的生产任务，工作目标、重大技改项目等，交由职工代表审议通过，由工会监督实施。市总工会经济部具体监督指导基层单位职工代表大会制度的执行情况，做到保证 85%以上基层企事业单位的职工代表大会按时召开。

2.推行厂务公开制度　1999 年，市政府成立厂务公开领导小组（办公室设在市总工会），在全市国有、集体、厂矿企事业单位推行厂务公开制度。2000 年，全市推行厂务公开制度的国有集体厂矿企事业达 77 家，占应推行企业的 95%，扩大了职工的“知情权、参与权、表达权和监督权”。2003 年，公开制度扩大到学校和医院。2006 年，在胜达汽车销售服务有限公司探索在非公有制企业中推行厂务公开制度，不断扩大厂务公开工作的覆盖面，收到良好的效益。2008 年，全市有 82 家国有集体企业推行厂务公开制度，267 家学校和医院实行校务公开和院务公开制度，占应推行的事业单位 98%，基本实现海南省厂务公开领导小组提出的工作目标。截至 2010 年年底，规范 50 人以上的非公企业实行厂务公开制度化、规范化的单位 6 家，占 10%。

3.签订集体合同和劳动合同，协调劳资关系　平等协商集体合同制度，是各级工会协调劳动关系，维护职工劳动权益的一项重要措施。随着全市非公企业的发展，劳资纠纷时有发生。至 2010 年年底，在市总工会的指导下，全市有 128 家企业签订了工资专项集体合同，114 家企业签订了集体合同，156 家签订了工资专项集体合同。为促进企业的健康发展和社会的稳定，市总工会主动配合市劳动监察大队调解企业的劳动争议，1991—2010 年，调解和仲裁劳动争议 554 宗 944 人，为 3753 名职工追回拖欠工资 387978 元。

4.维护女职工的合法权益　市总工会设立女职工保障部和基层工会女职工人数较多的建立女职工委员会，保障女职工合法权益。至 2010 年，全市女职工 11688 人，其中女农民工 4555 人。已建立女职工组织 593 个，组建率占 100%，女会员 11339 人，其中女农民工会员 4478 人，女职工入会率占 96%。1991—2000 年建立女职工组织 360 个，女会员 6401 人，维护女职工合法权益 5 宗；2001—2010 年建立女职工组织 180 家，女会员 4938 人，维护女职工合法权益 3 宗。2003—2009 年，全市签订女职工权益保护专项集体合同 55 家，占应签订数的 85%，涵盖女职工 3025 人。

5.设立“困难职工帮扶中心” 国有集体企业改制后，市玻璃厂、红砖厂、水泥厂、糖厂、机械厂、食品厂、饮料厂等大批企业相继停产，商业、供销、饮服等行业也实行承包经营，大部分职工一时不能就业，生活、子女上学和治病等都十分困难。1991 年起，市总工会设立“送温暖基金会”，每年向全市党政企事业单位和干部职工发起倡议，发动每个单位每年捐助 500 元，在职干部职工每人每年捐助一日工资（1991—1997 年，每人捐 10 元；1998—2000 年，每人捐 20 元），中华全国总工会、省总工会和市财政也拨给送温暖专项经费，救助困难职工。1991 年，共筹集资金 6.7 万元，救助困难职工 772 人次。1991—1999 年，市总工会发动单位和干部职工捐助 484872 元，市财政拨款 89.1 万元，省总工会拨款 11.6 万元，救助困难职工 12109 人次，救助金额 1477517 元。2003 年后，市总工会报经市委和省总工会批准，设立“困难职工帮扶中心”，设立服务窗口常年接待困难职工，建立困难职工档案，做到有困难职工及时救助。2000—2010 年，市总工会发动单位和干部职工捐助 869837 元，市财政拨款 212 万元，省总工会拨款 14.8 万元，救助困难职工 17456 人次，救助金额 3130452 元。

从 2005 年起，市总工会每年都广泛发动全市党政企事业单位和干部职工及非公有制企业法人捐款赞助，开展救助困难职工（含农民工）子女上学困难的“金秋助学”活动。2005—2010 年，共筹集资金 69.6 万元，资助 255 名困难职工子女解决上大学困难。

（二）职工教育培训

1984—1996 年，市（县）总工会曾创办琼海市（县）职工业余中学。办学期间，共举办成人高中教育文理科班 18 个，高中文化补课班 9 个；联合海南省教育学院举办中文专业和财会专业大专函授班各 1 个，取得大专函授毕业学员 94 人。1992—1994 年，举办高考补习文科班 2 个和理科班 1 个，学员 125 人，考取升入中专、大专和大学学生 39 人。2000—2010 年，市总工会以职工业余中学为平台，并和市职业中专学校及职介中心合作，为职工和农民工举办会计、美术、英语、电器维修、电脑操作、服务员上岗前培训等培训班 230 个，培训学员 5735 人次，使 3265 人走上就业和再就业岗位。市总工会还联合市职业中专学校及旅游局（委）举办职工中餐摆台、点钞、计算器加减计算、消防防火等劳动技术技能竞赛，并组织队伍参加省总工会举办的劳动技能竞赛，提高了全市职工队伍的素质。

（三）劳模评选与管理

全国“五一”劳动奖状，“五一”劳动奖章，全省、全国劳动模范、先进工作者都是每5年评选一次，候选人由市委、市政府组成评选工作领导小组主持评选，市总工会负责候选人的推荐和组织推荐材料工作。对于评选出来的劳模，市总工会通过市广播电台、市报社等媒体和组织劳模报告会等介绍劳模事迹，弘扬劳模精神。市总工会建立劳模档案，保障劳模应有权益。1991—2010年，全市获全国劳模、先进工作者共15人，获省级劳模、先进工作者共13人。2001年4月，市新华书店获中华全国总工会表彰“五一”劳动奖状。2004年起，在企事业单位和因企业破产、停产得不到及时安排的省、部级以上劳模、中华全国总工会和省市财政拨出专项资金，按上年度当地职工的平均工资水平补足工资。因生活、疾病、子女上学和创业有困难的劳模，市总工会都及时在资金上给予救助。2000—2010年，中华全国总工会共拨给全市劳模专项慰问金193200元，省、市财政拨付841915元，市总工会筹集87520元，共1122635元，慰问劳模675人次。

（四）文娱体育活动

市工人文化宫是市总工会下属自筹工资的事业单位，2010年有干部职工12人。1998年，建灯光球场1座、职工娱乐室1间。2000年，嘉积镇政府投资15万元购置活动舞台、灯光、音响设备各1套，交由市工人文化宫管理，用于开展文化广场文娱演出活动。2003年，市财政投资30万元，在市总工会大院建起文化舞台1座。2008年，市总工会筹集资金60万元，拆除原旧灯光球场，在文化广场的基础上建起1204平方米的高标准、多功能的综合性灯光球场和文化广场，观看球类比赛可容纳1800多名观众，观看文艺演出可容纳观众3000多人。

1991—2000年，市（县）工人文化宫组织电影下乡放映328场次，文化广场文艺晚会48场次，各类球类比赛685场次；2001—2010年，组织广场电影放映185场次，文化广场文艺晚会278场次，各类球类比赛875场次。

第二节　共青团琼海市（县）委员会

一、组织建设

1993年，中国共产主义青年团琼海市委（以下简称团市委）指导基层团委组织换届，全市共配备团委书记26名，副书记29名，委员152名，团支部（总支）书记25名，委员36名。全市推优对象共182人，其中有71人被吸收为预备党员。全市约20%的乡镇团委有经济实体。1994年，利用全党抓党建的有利时机，以党建带团建抓好团建工作，调整整顿9个机关团总支，健全32个团支部，发展新团员4310名。积极推荐优秀团员入党，共推优入党250名，其中120名加入党组织。1995年，团市委和市委组织部联合下发《琼海市关于加强基层团组织建设的意见》，抓住全市农村全面进行撤管区设村委会的契机，撤改后的198个村委会全部配备团支部书记，全市25岁以下的村团支书就有22名。联合市旅游局下发《关于在旅游涉外单位建立团组织的通知》，并成立龙泉酒店团总支。发展新团员3083名，"推优"对象162名，其中有89名被吸收为党员。1998年，新型经济组织团建工作有新进展，先后在银海度假中心、沙洲宾馆、市农业发展银行等9家单位成立团支部，调整充实市建行、市公安局团组织机构，全年全市共发展新团员4000多名。1999年，先后在泰和大酒店、自来水厂等8个单位成立团组织，改设市公安局团总支为团委，全市共发展团员5000多名。认真指导基层团委完成换届工作，换届后的基层团委书记平均年龄26.4岁，比换届前年轻1.5岁，大专以上文化程度20名，中共党员20名。2001年，抓住上半年全市村委会换届的契机，充实村一级的团支部。成立琼海市非公有制经济组织团建领导小组，加强对非公有制经济团建工作指导，以"龙头带动型"的团建模式为突破口，侧重抓好博鳌金海岸温泉大酒店团建工作。博鳌锦江温泉大酒店团总支、斯达制药厂团支部、东旭商场团支部等相继成立。截至年底，在非公有制经济组织中建立团组织的单位达到15个。2003年，紧密结合市委开展"抓整顿、正五风、创文明"活动，在全市各级团组织中全面推行《团支部（总支）工作手册》和《基层团委工作手册》制度，基本上规范了基层团组织工作。2004年，市委组织部、团市委联合制定《琼海市农村基层党建带团建"三级联创"实施意见》。完成村一级团组织换届工作。市委组织部、市教育局、团市委联合制定《关于加强全市中学生团校、和业余党校建设的实施意见》。到12月，全市中学生团校覆盖面达80%以上。2005年，按照市委的统一部署，全市广大党员团干部认真开展保持共产党员先进性教育活动，党性锻炼和作风建设不断加强。顺利完成基层团委换届工作。2007年，利用村两委换届的时机推荐选拔一批青年致富能手担任农村团支部书记。2008年，全市中学生业余党校和中学生团校数达到6所和21所。镇（中学）团委和农村团支部完成换届。2009年，认真抓好嘉积镇温泉村团支部和登仙岭社区团支部的试点工作，以点带面，不断提高基层团建工作整体水平。4月份，市人民法院成立青年事务管理委员会。2010年，新建两新（即新经济组织和新社会组织）团组织33个。全市204个村级团组织顺利完成换届工作。

2010年，团市委机关设行政编制5名，其中领导职数为书记1名，副书记2名，科员2名。全市共有团员青年26473名，团组织81个，其中基层团委19个，团总支9个，团支部49个，团的工作委员会4个。

二、代表大会

1993年9月25日，召开中国共青团琼海市第十二次代表大会，代表人数176人。1997年6月19日，召开中国共青团琼海市第十三次代表大会，代表人数148人。2000年7月6日，召开中国共青团琼海市第十四次代表大会，代表人数216人。2002年12月26日，召开中国共青团琼海市第十五次代表大会，代表人数159人，树立新主题为：以中共十六大精神为指导，全面学习贯彻“三个代表”重要思想，与时俱进，开拓创新，团结带领团员青年加快琼海发展，全面建设小康社会奉献青春。2008年12月26日，召开中国共青团琼海市第十六次代表大会，代表人数159人，大会主题为：高举中国特色社会主义伟大旗帜，以邓小平理论和“三个代表”重要思想为指导，深入贯彻落实科学发展观，认真学习贯彻中共十七大、十七届三中全会，海南省第五次团代会和琼海市委十一届三次全会精神，牢记使命，解放思想，求真务实，锐意进取，团结带领全市团员青年为推进琼海中等城市建设，实现琼海市又好又快发展奉献青春。

三、主要工作

（一）“青年文明号”创建

1994年，在琼海宾馆开展创建“青年文明号”活动的示范先行点。把创建“青年文明号”活动同争当“文明标兵”等活动有机地结合起来，积极组织职工开展“文明经营”和“优质服务”等活动。1995年，“青年文明号”活动逐步走向制度化、规模轨道。年内共有100多个单位开展创建“青年文明号”活动。琼海宾馆、国土大厦、龙泉酒店等单位纷纷举办“服务技能竞赛”活动，增强了青年的敬业意识、服务意识和创造奉献精神。1998年，通过下发《关于实行“青年文明号”预先申报制度》，对全市50多个“青年文明号”集体创建省市级“青年文明号”进行预先申报，进行考核。1999年，获得市级“青年文明号”集体有15个，连续三年获省级“青年文明号”集体有9个，连续三年获得国家级“青年文明号”集体有1个。2000年，市“青年文明号”推行社会公示制度，充分利用市报、市电视台等媒介广泛宣传，承诺服务制度公开上墙，设立意见箱和监督电话。2001年，在公安、金融、邮政、电信等行业全面铺开的“青年文明号”活动，涌现出85个市级“青年文明号”单位，32个省级“青年文明号”单位。2003年，博鳌金芙蓉度假村被评为全国“青年文明号”，有4家单位被评为省级“青年文明号”，有9家单位被评为市级“青年文明号”。2007年，以《关于进一步加强琼海市“青年文明号”创建活动的实施意见》为依据，加强“青年文明号”创建、管理工作，完成100多个市级“青年文明号”创建，完成30多个市级文明号重新认定，成功创建昌隆饭店国家级“青年文明号”及4家省级“青年文明号”。2008年，开展“青年文明号真情助困进万家”主题活动，为和谐社会建设营造了良好的氛围。2009年，团省委工农青年部部长陈屿带队对琼海市国家税务局服务厅、峰华移动专营店及琼海市人民医院急诊ICU等单位及窗口开展创建省级“青年文明号”工作的调研和督查，同时抽查了博鳌水城、博鳌金海岸温泉大酒店2家省级“青年文明号”单位。2010年，面对海南罕见水灾，市“青年文明号”集体迅速行动，通过组织队伍赶赴一线、坚守岗位保障生产、抗灾救灾志愿服务等方式应对强降雨灾害。依据《关于命名和认定2010年海南省“青年文明号”的决定》，2010年有5家单位新晋荣获省级“青年文明号”称号，15家单位继续省级“青年文明号”称号的认定。

（二）青年志愿者行动

1991年3月，团县委统一部署全县各级团组织开展学雷锋周活动，据统计，参加人数达87592人次，成立学雷锋小组179个，设立122个服务点，开展税法、交通税法、交通法规、金融保险业务、农业技术、物价政策，计划生育、卫生保健等20多个项目的咨询服务和宣传活动。同时，利用广播、墙报、宣传车等形式宣传雷锋事迹220期（次），为五保户、敬老院送柴5万公斤，打扫街道30千米，清理卫生死角35个，为残疾人和灾区捐款3万多元，其中团县委收到5000余元，全部上缴县民政局。1992年，全市共有128135人参加学雷锋活动，成立学雷锋小组526个，打扫街道35千米，设立为民服务点164个，接受服务群众达3871人，设立咨询点75个，为残疾人捐款近4万元，为农村文化室捐赠书18746本。1993年，全市有10万人次参加学习雷锋活动。10月，为挽救在上海交通大学读书患尿毒症的琼海籍学生许云的生命，团市委发动全市中小学生向许云捐款28977元。1999年，全市青年团员以各种方式开展学习李向群活动20次，共6000多人参加。1999年起，将每年“学雷锋日”与“中国志愿者服务日”结合开展。同年，团市委持续组织青年志愿者深入镇墟、走上街头，义务为群众提供维修各类电器，缝补鞋袜，医疗保健、保险咨询、金融服务、法制宣传等便民利民服务。2003年，为博鳌全国外事青年工作会议开展“文明伴我行——青年志愿者志愿服务活动”。2004年3月9日，在博鳌举行主题为“请跟我来、天天环保，绿色青春、绿色琼海”的青年志愿者绿色行动。11月，中国科协年会召开期间，团市委组织全市各系统的青年志愿者为年会代表提供志愿向导服务。2005年，3月10日，中国残疾人艺术团到博鳌参观，团市委组织

50 名青年志愿者为其提供志愿向导服务。6 月 25 日，团市委统一部署嘉积城区 7 所中小学近 1000 多名学生在市区各大小街道开展消除白色污染大扫除行动。11 月 21—24 日，组织 30 名青年志愿者为在博鳌召开的“全国中小城市市长论坛”会议提供会务服务。2007 年欢乐节期间，组织 700 多名青年志愿者提供服务。

2008 年 12 月 8 日下午，琼海市青年志愿者协会第一届理事会成立大会暨志愿团队授旗仪式举行。会议通过了《琼海市青年志愿者协会章程（草案）》，选举产生协会第一届理事会理事。陈高振当选为第一届理事会理事长。4 月初，在博鳌亚洲论坛年会之际，组织青年志愿者，开展“为家园增光，为论坛添新”爱国卫生运动。在“点燃激情，传递梦想”奥运火炬传递活动中，组织 150 名青年志愿者为奥运会火炬在琼海市的传递提供安保服务。2009 年 1 月 9 日，组织开展“奉献青春热血，构建和谐社会”无偿献血志愿活动，当日共献血 2 万毫升。“6 · 26”禁毒日期间，以 500 名禁毒志愿者组成的禁毒服务团队走上街头为市民进行《中华人民共和国禁毒法》的宣传和禁毒科普咨询活动。暑期，嘉积中学“美在心灵”大学生志愿团队在全省范围里开展到贫困山区学校支教、帮扶活动，为山区的孩子们送去知识和温暖。2010 年“9 · 25”文明交通主题宣传日，组织 80 名交通志愿者走上街头给广大市民发放《“文明交通行动计划”倡议书》《致全市驾驶员的一封信》等宣传材料，让市民了解相关的不文明交通行为。联合市老干局组织开展青年志愿者与离退休老干部结对子帮扶行动，上门为老干部提供义诊服务。

（三）青少年维权工作

1991 年，开展民主与法制政策教育，主动配合司法、派出所等部门在青少年中开展普法教育；积极协助司法、派出所办好违法青少年的法制学习班；成立各种帮教小组 132 个，帮教对象 350 人，挽救了一批失足青年。1992 年，同司法部门配合，给全市中小学生共上法制辅导课 538 场次，出刊法制墙报 185 期，出动法制宣传车 25 辆次，成立帮教小组 212 个，帮助失足青少年的改正率达 78%。1993 年，共举办青少年法制培训班 235 期，参加人数达 16745 人次，成立帮教小组 233 个，帮助 25 名违法青少年悔过自新。2005 年，协助市政法委建成琼海市第一个“青少年戒毒教育示范基地”。2006 年，继续推进“琼海市未成年人网络文明工程”，增强了网络文明意识。1999—2010 年，每年“6 · 26”国际禁毒日期间，组织青少年参加全市性的禁毒宣传活动。

（四）青年“建功成长”活动

1992 年，以“培养星火带头人”为龙头，联合农业局、科委等 7 家单位联合举办“农村团支部学习农业实用新技术知识竞赛”和“继续抓好‘558’粮食创高产竞赛活动”，参加竞赛活动的青年达5348人，青年高产试验田374.67公顷，年均亩产达412公斤。开展“爱我企业、旺我企业，我为企业献良策，我为企业做贡献”的献谋献策活动，共献良策105条，为企业创经济效益达1015万元。1993年，继续深入开展“558”粮食创高产活动，全市共举办水稻栽培技术培训班65期，受训青年达7515人次，参加创高产活动的青年达5145人，青年高产试验田达362.07公顷，平均单产408公斤。1994年，联合市农委、财税局、科委、科协等单位联合开展“新能手、文明户、小康村”活动，并确定大路镇福文村作为先行示范户。同时，各级团组织切实开展“青年星火带头人”活动，积极主动配合科技、农业部门采取办班培训，全市共举办科技培训班65期，参加培训人员达2150人次。1995年，联合市人武部、农业局、科技局、科协、妇联等单位制定开展农村青年“科技兴农”活动方案。组织举办农村团员青年学习瓜菜种植、橡胶管理、鳖的饲养等实用技术培训23期，受训青年达1853人次，有185名青年获得了农民技术员证书。1998年，加大农村青年科技骨干培训力度，先后在长坡等地举办省、市两级科技培训班2期，培训青年科技骨干120多人。5名青年获得省级杰出（优秀）青年称号。12月，团市委联合9家单位召开“琼海市农村青年创业致富奔小康表彰座谈会”，有5人被授予“杰出青年农民”称号，8人被授予“农村青年创业致富奔小康标兵”称号。1999年，在教育、卫生、财政、税务、政法、金融、农业等6个系统评选“琼海市杰出青年岗位能手”，王小雄等10位青年获得“琼海市杰出青年岗位能手”称号。联合市教育局、市环保资源局组织“琼海市青少年环保知识竞赛”，为绿色希望工程募集资金1.2万多元，受到团省委的表彰。“服务万村行动”全面推进，联合科协、新华书店、热作、水产等农业部门在塔洋等地举办科技培训班3期，培训科技骨干200多人；举行科技大集2次，参加农民达500多人次；开展“城乡青年心连心创业行动”。2001年，2人被评为海南省优秀青年岗位能手。2003年5月，团市委联合林业局，在博鳌东屿岛创建琼海市第一个“共青号”生态林示范基地，在品牌效益推动下，各级团组织纷纷以“企业+团组织”联手共建的模式，创建了一批“共青号”生态林基地，掀起青年绿色行动的新热潮。在文明生态村建设中，各级团组织共举办文明生态建设宣传栏100余期，清理卫生150多次。2004年，涌现出王裕鑫、莫壮洪等一批海南省农村青年创业致富带头人。联合市电视台开辟《农村青年致富领头雁》专栏，介绍农村青年致富带头人的成功经验。在促进青年再就业工作方面，联合中国平安人寿保险琼海支公司实施琼海青年“平安之光”工岗快递行动，共为15名下岗职工找到了新的工作岗位。2005年，1人被评为第五届“海南省优秀企业家”，2人被评为海南省“优秀岗位能手”。潭门镇灶坡新村建成琼海第一个“共青号”文明生态村。2006 年，启动农村青年转移就业服务月活动，进一步完善培训、输出、服务等各个环节的工作机制。2007 年，创建市第二个“共青号”文明生态村——王文明烈士的故乡阳江镇上坡村。开展青年创新创效活动和青工技能振兴计划 10 多次；组织 12 次青年科技专家服务团下乡活动。2008 年，开展“青春共筑海防林”活动，在博鳌、潭门、中原等镇共种植海防林约 20 公顷。在汶川大地震抗震救灾活动中，共为灾区缴交特殊团费 23133 元。2009 年，与市农村信用联社成功启动农村诚信青年创业小额贷款项目；主动争取民营企业的支持，建立昌隆、爱丽、金日、联通、移动等 5 家“青年就业创业见习基地”，由企业提供就业见习岗位，满足不同层次待业青年和返乡青年农民工的就业需求；联合相关职能部门举办琼海市 2009 年青年就业创业“春风行动”现场招聘会，为青年充分就业搭建供需对接平台；联合相关部门开展各类青年职业技能培训，为返乡待业青年就业、创业提供智力支持。1995 年、2002 年、2004 年、2008 年，陆续开展四届琼海市“十大杰出青年”评选活动，涌现一大批优秀青年典型。1995—2009 年，联合农业局、琼海市广播电视台连续举办五届琼海市青年农民农业科技知识电视竞赛活动。2010 年 10 月，特大洪灾发生后，组建青年突击队、青年志愿者服务队等奔赴灾区抢险救灾，发动社会各界募捐救灾物资和善款总计 17 万余元，并集中组织开展灾后爱心慰问活动 7 次。

（五）希望工程

1994 年，共 390 名学生受到希望工程基金会的救助。省希望工程基金会拨款 20 万元，在朝阳乡海燕管区建起琼海市第一所希望小学——琼海市朝阳乡海燕希望小学。1995 年，全市受助学生 196 名。1999 年，团市委按照省希望工程办公室部署，向全市发行“海南省希望工程 10 周年”纪念邮资明信片 1 万张，为希望工程筹资 1.5 万元。同年全市共有受助学生 189 名，4 名应届大学生筛选为“第一代乡村大学生”，每学年享有 2000 元的奖学金。2003 年，共组织团员捐款 1.2 万余元，社会捐款 5 万元，支持部分优秀高考特困生。2004 年，4 名高考贫困生获得“明德”奖学金的援助，2 名高考贫困生获得爱心企业的援助。2005 年，做好待救助学生的调查摸底工作，共调查待救助学生 993 名，对已被救助学生进行严格的归档管理，市救助学生达 562 人。完成朝阳海燕希望小学的建设。4 月，团市委发动城区的中学中专及部分企业共捐款 9000 多元资助白血病患者。2006 年，资助 18 名贫困大学新生，每人 4000—5000 元不等。2007 年，在多家爱心企业的大力支持下，筹集善款 2.4 万元，推出“希望工程圆梦大学”行动，资助 12 名应届优秀高考特困生。同时发放 2007 年度“同在蓝天下成长、爱心助成长”助学金资助 7 名特困小学生。

2008 年，共为 15 位贫困儿童和 20 位贫困优秀大学生送去助学金 13 万多元。2010 年，希望工程“圆梦行动”筹集 6 万多元资助 16 名高考贫困学生顺利上大学。1998—2010 年，联系海南中北寻呼公司（海南新中北科技有限公司），每年慰问资助健在的红色娘子军老战士和 5 名贫困儿童。

（六）青少年文化活动

1993 年“五四”期间，举办青年节交谊舞大奖赛。1994 年，开展琼海市第三届青年艺术节，在艺术节的推动下，各级团组织纷纷组织了“校园十大歌手”“联欢晚会”“书法比赛”等各种活动。1998 年春节期间，举办机关青年迎春联欢晚会、迎春足球赛，“五四”期间举办“共青杯”卡拉 OK 比赛，“六一”举办少年儿童书画比赛，乡村青年卡拉 OK 比赛及送戏下乡活动。1999 年“五四”期间，先后举办了第四届青年艺术节、纪念“五四”运动 80 周年暨青年群英颁奖文艺晚会和新团员入团暨 18 岁成人宣誓仪式。12 月 16 日，举办琼海青年迎中国澳门回归“祖国与青年”演讲比赛。

2003 年，先后举办“迎新春、庆佳节”优秀青年联欢晚会、“共青杯”歌舞组合大奖赛、“税务杯”艺术舞蹈大奖赛、“东旭杯”青年歌手才艺大奖赛、“红色之夜”联欢晚会、“校园才艺大奖赛”等活动。2004 年“五四”青年节期间，举办税收宣传演讲比赛，“青春如此多娇”颁奖晚会。2005 年，举办群团口青年联欢晚会、庆“五四”“青春共建和谐”大型文艺晚会等一系列大型活动。2008 年“五四”期间，举办琼海市“金日杯”青年歌手才艺大奖赛。2009 年“五四”期间，举办庆祝建团 87 周年“金日杯”青年歌手才艺大奖赛。2010 年“五四”期间，先后举办琼海市“中国移动杯”青年歌手大奖赛、“青春琼海”大型文艺晚会。

（七）少先队工作

1991 年，广泛开展“学雷锋做新人”“学赖宁，做特区好少年”“争当赖宁式优秀少先队员”等活动，全年共树立表彰 139 名赖宁式少先队员。1992 年 10 月 13 日，召开琼海县少年先锋队第一次代表大会，成立琼海县少先队工作委员会。“六一”儿童节，同教育局联合举办了中华人民共和国成立以来全市最大型的少先队鼓号仪仗队检阅赛。1993 年，重新建立 2 支少先队鼓号仪仗队，使仪仗队总队达到 20 支，并组织这些仪仗队参加全市重大节日庆典，法制宣传等活动。1994 年，共聘任 2381 名校内外辅导员，完全小学大中队辅导员配备率 100%，非完全小学的配备率达 95%以上，337 所中学小学全部建立少先队组织，少年儿童的入队率达 85%。1995 年 10 月 31 日，召开市第二次少代会。1998 年，手拉手活动结对学校 38 所，结对学生 7000 余对。1998—2010 年，团市委、市教育局、市少工委每两年联合开展一次琼海市“十佳少先队员”和“十佳少先队辅导员”评选活动，共开展六届。少先队夏令营活动开展四届。2001 年 10 月 30 日，召开市第三次少代会。2008 年 12 月 18 日，召开市第四次少代会，林少玲、周慧芬当选为市第四届少工委主任。

第三节　琼海市（县）妇女联合会

一、组织建设

1991 年，琼海县妇女联合会设主任 1 名，副主任 2 名。1992 年 11 月琼海撤县设市后改称琼海市妇女联合会（以下简称市妇联）。1994 年 11 月，市少儿工作委员会改建为市妇女儿童工作委员会，下设办公室，办公室主任由市妇联会一名主席担任。2001 年，琼海市机构编制委员会核定市妇联会总编制 6 名，其中行政编制 3 名，财政预算全额拨款事业编制 3 名。设主席 1 名，副主席 1 名，非领导职务职数 1 名，后增配 1 名副职领导。2003 年，琼海市机构编制委员会同意市妇联会增加财政全额拨款事业编制 1 名，配备工勤人员（司机）。

1997 年，全市 27 个乡镇（场）设有妇女联合会，351 个村和 135 个乡镇企业建立妇代会。1999 年，市个体私营协会妇委会成立。2010 年，全市有镇妇联 12 个，村妇代会 189 个，居委会妇代会 14 个，党政机关、事业单位妇委会（妇女小组）26 个，形成纵横交错、条块结合的组织网络。完善组织机制和工作机制，加强基层组织建设，确保村（居）妇代会组建率达 100%，推进公有制经济组建妇女组织。

二、代表大会

（一）第八届妇女代表大会

1993 年 8 月 23 日召开。何秀英代表市妇联第七届执行委员会作题为《解放思想，开拓进取，把琼海妇女工作推上新台阶》的工作报告。大会选举产生市妇联第八届执委会。何秀英当选主席，陈妹娟当选副主席。

（二）第九届妇女代表大会

1998 年 10 月 8 日召开，何秀英代表市妇联第八届执委会作题为《立新意，立创业，团结和动员全市妇女为实现琼海跨世纪宏伟目标而努力奋斗》的工作报告。大会选举产生市妇联第九届执行委员会，同时何秀英当选主席，陈妹娟当选副主席。

（三）第十届妇女代表大会

2003 年 6 月 27 日，在市委礼堂召开，林茹代表市妇联九届执委会作题为《创新思路，与时俱进，开创我市妇女工作新局面》的工作报告。到会代表 161 名，会议产生市妇联十一届常委 7 名。林茹当选主席，全梅玉、黄娟当选副主席。

（四）第十一届妇女代表大会

2008 年 8 月 22 日上午，在市行政服务中心三楼第一会议室召开。赵立洪代表市妇联第十届执行委员会做了题为《坚持科学发展 推动妇女进步 为围绕建设具有鲜明特色的中等城市目标努力开创琼海妇女工作新局面》的工作报告。到会代表 158 名。会议产生市妇联十一届常委 9 名。赵立洪当选主席，全梅玉、孙彦秋当选副主席。

三、主要工作

（一）农村妇女“双学双比”竞赛

1991—2000 年，为推动“双学双比”活动向纵深开展，大力推进“巾帼科技致富工程”。认真贯彻好省市农业和农村工作会议精神，组织科技人员下乡、村开展科技培训、讲座、咨询和送书活动，组织女专业户、女农民技术员到先进地区参观学习。利用电视、横额、墙报等宣传媒体，大力宣传农科知识，营造学科技、用科技的良好氛围。召开科技致富女能手座谈会，互相交流学用科技的经验和心得。

同时，组织参与琼海市科技月活动，全市各级妇联举办培训班 100 期、科普咨询 105 场，发放科普书籍 1 万多册（份），使 6000 名多妇女接受农业新技术培训，向 6000 多名妇女普及农业科技、卫生健康、法律维权等知识。发挥“双学双比”示范基地联系科技示范户、扶持规模生产户的作用，培养一批致富带头人。

（二）美德在农家活动

2003—2010 年，结合文明生态村建设，赋予“美德在农家”活动新内容。开展“保护绿色宝岛，爱我美好家园，向白色污染宣战”节能减排家庭社区环保宣传活动；开设母亲教育课堂等，营造良好的亲子互动活动，优化儿童成长环境；通过开展“五好文明家庭”“学习型家庭”“绿色家庭”“和谐家庭”“家庭才艺大展示”等一系列家庭创建活动，倡导科学、文明、健康的生活方式；通过“美德在农家”活动，创建“五好文明家庭”1526 户、“学习型家庭”130 户、“绿色家庭”530 户、“和谐家庭”468 户。发放各种美德书籍，让妇女从中学习，从而营造和睦幸福的家庭。

（三）城镇妇女“巾帼建功”活动

1991—2010 年，推进“巾帼文明岗”“巾帼建功标兵”等创建活动，覆盖面由窗口服务行业、政府职能部门向民营经济领域拓展。宣传岗位建功，岗位成才的先进集体和先进个人。开展推荐评选表彰活动，推荐一批全国家庭教育先进集体（个人）、省和市县表彰一批“三八”红旗手、标兵（集体）、“双学双比”女能手和先进集体、“巾帼文明岗”和“巾帼建功”标兵，在妇女中形成“比学赶超”的新风尚。同时开展“巾帼文明岗”争创活动检查验收工作，为推动争创“巾帼文明岗”活动的开展，提高琼海城镇女职工的业务素质和服务水平，更好地发挥她们在促进经济社会发展中的积极作用。通过民主选举、组织推荐等形式产生全国家庭教育先进集体 2 个，全国家庭教育先进个人 3 名；全国 “三八”红旗集体 1 个、“三八”红旗手 3 名；海南省“三八”红旗集体 1 个、 “三八”红旗手标兵 2 名、 “三八”红旗手 6 名；全国“双学双比”先进集体 5 个、“双学双比”先进个人 6 名；全国“巾帼文明岗” 1 个，“巾帼建功”标兵 2 名；海南省“巾帼文明岗” 4 个，“巾帼建功”标兵 4 名。通过宣传模范典型，进一步推进了琼海市妇女在琼海城市建设中发挥积极作用。

（四）“平安家庭”创建活动

2005—2010 年，为加强平安家庭建设，通过创建“平安家庭”示范户、示范点和抓好平安建设联系点来推动创建活动深入开展。完成全市村（居）委会建立妇女禁毒会的目标，在全市村（居）委会创建 202 个妇女禁毒会；开展以“迎接奥运，参与禁毒，重在基层，构建和谐”为主题的禁毒日活动，组织观看禁毒图片展；创建“无毒家庭”“无毒社区”“无毒村庄”，推进琼海“平安市”建设；同时市妇联每年下基层，发放《海南省妇女权益保障若干规定》《中华人民共和国禁毒法》《妇女维权知识手册》《预防和制止家庭暴力若干规定》等各种宣传资料。发放宣传资料 18 万多份，创建“平安家庭” 32000 多户，推进“平安琼海”建设工作。

（五）妇女维权工作

1991—2010 年，市（县）妇联结合“三八”维权周开展法律知识下乡，联合司法局、市法院等部门到各个村委会举办法律知识讲座，法律工作者围绕《海南省妇女权益保障若干规定》，就广大农村妇女关心的婚姻家庭权益、劳动和社会保障权益、财产权益等问题，深入浅出地讲解了妇女权益保护的相关法律知识；组织法律工作者深入 12 个镇开展法律咨询活动，针对重点案件，采取多部门协作，有效推动案件的查处；对生活困难的上访妇女，呼吁民政等相关部门给予救助，人民陪审员积极参与案件的审查，切实维护妇女合法权益，让广大农村妇女深刻认识到拿起法律武器维护权益的重要性。共接待群众来信来访来电 502 起，调处率 100%；举办各类普法讲座近百场次；法律咨询活动 30

多场次；法治文化进乡村活动60多场次。累计发放禁毒、防艾、反家暴内容的宣传品2万余份，把妇女维权工作推上了一个新的台阶。

（六）家庭教育就业

1991—2010年，以未成年人思想道德教育为核心，推进未成年人家庭教育工作，拓展“双合格”（争做合格家长，培养合格人才）活动内涵，扩大“双合格”宣传教育覆盖面，把“双合格”活动与未成年人社会主义荣辱观宣传教育、小公民道德建设、少年儿童迎奥运等活动结合起来，普及家庭教育新理念、新方法。组织慰问、赠书、捐赠物资等形式的“庆六一·献爱心”系列活动。同时在儿童节期间，联合各中小学，利用校园广播、黑板报等形式开展对《中共中央国务院关于进一步加强和改进未成年人思想道德建设的若干意见》《中国儿童发展纲要》《中华人民共和国未成年人保护法》等保护儿童的政策法律法规的宣传；还运用电视台、新闻中心、互联网、报刊等多种途径和形式，大力宣传在全市中小学开展的“知荣辱、树新风、我行动”征文比赛、“小公民道德建设计划”“向国旗敬礼、做一个有道德的人”网上签名寄语、“歌唱祖国”歌咏比赛等爱国主义教育活动，引导和帮助未成年人增强爱国情感，树立远大志向，养成文明习惯，提高道德品质；同时对“五好文明家庭”“廉政家庭”“学习型家庭”等系列活动进行报道，促使广大家长提高修养，以身作则，以其良好的言行规范来影响未成年人思想和道德观念的形成。开展设立“家长学校”，覆盖全市所有中小学校；开展各类家庭培训83场次，发放家庭教育资料5000多本，通过家庭教育活动，加强未成年人思想道德建设工作。

（七）妇女儿童工作

2001—2010年，完善妇儿工委领导工作机制、目标考核监督管理机制，提高妇女儿童维权工作实效。强化政府主体责任，协助政府解决妇女儿童发展纲要和规划实施中的重点难点问题，推动妇女儿童发展纲要、规划目标的实现。对“两纲”（《中国妇女发展纲要》《中国儿童发展纲要》）、“两规划”[《琼海市妇女发展规划（2001—2010）》《琼海市儿童发展规划（2001—2010）》]实施情况进行督导检查和监测评估，确保“两纲”“两规划”贯彻落实。

协助党和政府解决关系妇女儿童民生的突出问题，加大对弱势群体的帮扶力度。开展“六一”节系列活动，帮助大批贫困儿童，让他们度过一个愉快的节日。通过实施“母婴健康快车”等社会公益项目和开展形式多样的“送温暖”活动，为妇女免费提供“两癌”工作检查。并为患有“两癌”的患者发放补助金。

第四节　琼海市（县）科学技术协会

一、组织建设

琼海市科学技术协会（以下简称市科协）成立于1959年6月。1995年，市科协编制人员8名，内设办公室、科普部、学会部3个职能机构，至2010年不变。

1991—2010年，琼海市（县）科学技术协会先后成立胡椒协会、槟榔协会、瓜菜协会等农村专业技术协会40多个。2009年，成立农技协组织4个（龙江镇中洞村热作协会、塔洋镇鱼良村香蕉协会、石壁镇香草兰种植协会、中原镇辣椒协会）。在全市各镇培育建设科普示范基地（大路洋石榴基地、彬村山农场胡椒基地、塔洋镇罗非鱼、香蕉基地等）；建设市瓜菜协会瓜菜培训基地、罗非鱼养殖技术协会等科普惠农服务站；积极开展农村科普“一站一栏一员”建设工作，先后在全市12个镇安装科普宣传栏，并配套科普活动室和科普宣传员。2007年，共创建农村科普示范村2个，科普示范基地3个。

二、代表大会

1991—2010年间，琼海市（县）科协召开一次代表大会。1993年4月，琼海市第二届科技工作者代表大会召开，选举并产生第二届科学技术协会。马业桐当选主席，黎修良、何书岸当选副主席。1998年，市科协换届，未召开代表大会。任命谢宁为主席，何书岸、黎文殊、冯培剑为副主席。2001年，任命符功委为主席。2010年，任命符泽雄为主席。

三、主要工作

（一）农村科普

1992年，引进、推广“水稻旱育稀植技术”，取得明显增产效果；1994年，在上埇乡创建养鸡试验示范场，在试验场的牵头下成立养鸡技术协会；开展科普惠农兴村工作，建立农村科普示范村、科普示范户，科普示范基地（有大路洋珍珠番石榴基地、彬村山胡椒基地、塔洋罗非鱼基地、嘉积鸭基地等）；组织成立农村专业技术协会。至2010年，建设农技协、科普示范基地已成为农业科技推广普及的重要阵地，大批科普带头人成为带动农民科技致富的领头雁。至2010年，组织工作较为活跃的农村专业技术协会组织有8个（罗非鱼专业技术协会、瓜菜专业技术协会、辣椒专业技术协会、胡椒专业技术协会、香荚兰专业技术协会、热作专业技术协会、香蕉专业技术协会、果菜专业技术协会等），活动内容实际、丰富，有罗非鱼养殖技术协会科普惠农服务站，带动周边农民发展罗非鱼产业，起到了科技示范的作用。市罗非鱼技术协会、瓜菜专业技术协会分别获得全国2007年、2010年“科普惠农兴村计划先进单位”称号。大路镇珍珠番石榴基地的建设示范工作，被省科协定为省级科普示范基地。2007年12月，被评为海南省“科普惠农兴村计划”先进农村科普示范基地。2010年，琼海科协被财政部授予全国科普惠农兴村先进单位称号。

1994年，重点抓科普网络建设，促进农民文化技术学校（夜校）的建成，建起镇农民文化技术中心学校和12所管区和村级农民文化技术中心学校（夜校）。1999年，在琼海市成立海南省农村致富技术函授大学琼海分校，成立之初，邀请高级农艺师、高级工程师3名，农艺师、工程师5名，助理兽医师1名担任农函大讲师，在乡镇办起农函大辅导站，开设热作、水果、瓜菜、海水养殖、畜禽等专业，颁发农民技术职称。2000年1月，被中国农村致富技术函授大学评为“中国农函大先进分校”。20年间培训农民近15万人次，培训党员基层干部近6万人次，开展科技咨询，农村实用技术培训近1500场，培养了一批善经营、懂技术、会管理的科技“掌门人”。

1991—2010年，市（县）科协联合各有关单位，积极开展“理论、科技、文化、卫生、法律”五下乡、“科技周”“科技活动月”“深入开展农村党员、基层干部实用技术培训”“优质服务月”“科普日”“科技下乡下场技术服务”等大型科普活动。利用民间传统节日“三月三”开展科技咨询，邀请国家、省、市有关专家先后到琼海市各个乡镇、村委会分别开展农村党员、干部、青年、妇女、技术骨干实用技术、现代科技知识培训。开展科普宣传、科技咨询、法律咨询、专家义诊、计育服务、科普图片展览、发放资料等活动。共发放科技书籍和资料近17万份，组织专家编印胡椒、橡胶、槟榔、香蕉、荔枝、龙眼、石榴、芒果、罗非鱼、养鸡、养猪、养鸭等技术资料，先后组织全市各镇农技协成员、妇女主任、农村科技带头人等到省内各地示范基地开展交流学习活动。

（二）青少年科普

1998年，联合教育局、环境资源局、海洋水产局、团市委共同制订“青少年科技传播活动”系列活动实施方案。先后组织科技人员在街头开展咨询活动、挂横幅、宣传车巡回宣传，电脑、机器人、航模等实践活动。市科协获得2002年、2004年、2005年、2009年、2010年的青少年科技创新大赛优秀组织奖。

1999年，第一届“科普小先生”在琼海举办，共24所中学、186所小学每周安排课程进行“科普小先生”演讲活动，展开全校性、全市性的评比活动。之后，琼海市每年都举办此项活动。同年，举办建设生态科技知识电视大奖赛，开展保护母亲河（万泉河）

行动。

1991—2010年，积极组织广大师生走出去，参观鸡场、种苗示范基地、海洋馆、科技馆等，扩大学生视野加大科普宣传，根据特定环境开展科普活动，主要有“非典”科普宣传教育，“灾后重建科普教育”等。深入全市各中小学发动青少年参加科技活动，在全市以“保护好我们家园”“低碳生活”“生态环境”等丰富内容为主题，召开中小学誓师大会、签字仪式、街头宣传、板报、科技讲座多种活动。组织青少年积极参加全国、全省青少年生物和环境科学实践活动、青少年“生物百项”科技活动青少年发明创造活动，多次荣获国家、省市级奖项。组建“中国科普志愿者”队伍，开展各项科技传播活动，借科普日，科技周，开展科普宣传、科普服务等活动，博鳌西沙海洋馆建设海南省科普教育基地。

（三）学会工作

1991—2010年，市（县）科协先后组织中华医学会、金融、热作、农、林、作等学会召开学术交流会，撰写学术论文。1996年，共有17个学会、30名专家学者参加“两高一优”农业为课题的学术交流会，撰写论文20篇；建立学会生产基地，先后组织成立嘉积糖厂科协、涤纶厂科协、地方国有琼海市机械厂科协等，设立厂矿科学技术协会组织通则（试行）；在企业中开展“讲理想、比贡献”活动，开展千厂千会协作活动，即各学会与和工厂开展互相协作活动，如机械工业学会帮助市机械长研制成功胡椒脱粒机。但由于国有企业体制改革、资金、人员、业务等方面遇到困难，至2010年，各类厂矿科协、学会坚持开展活动的已为数不多。

第五节　琼海市（县）归国华侨联合会

一、组织建设

琼海县归国华侨联合会成立于1957年，1992年11月随琼海撤县设市改称琼海市归国华侨联合会（简称市侨联）。至2010年，有编制6人，设主席1名，副主席若干名，秘书长1名，副主席、秘书长可以兼职。各镇都成立侨联组织或侨联小组，由1名主管侨务工作的领导任侨联主席。

二、代表大会

1995年1月17日，召开琼海市第五次归侨侨眷代表大会，选举产生第五届侨联委员会，李连福当选主席。2000年3月30日，召开琼海市第六次归侨侨眷代表大会，选举产生第六届侨联委员会，王裕超当选主席。2009 年 3 月 30 日，召开琼海市第七次归侨侨眷代表大会，选举产生第七届侨联委员会，谢是海当选主席。

三、主要工作

（一）参政议政

市（县）侨联历届主要领导都担任政协常委。同时，市（县）侨联认真做好侨界人大代表、政协委员的推荐工作，为侨界群众参政议政搭建平台。侨界人大代表、政协委员利用“两会”平台，向大会提交议案、提案。其中《关于确认华侨祖屋宅基地使用权的建议》《整顿规范市场秩序，增设城市停车场》等引起市委、市政府和有关部门的重视并被采纳，切实履行参政议政、民主监督的职责。

（二）对外联络与文化交流

1992 年琼海撤县设市后，海外亲人纷纷回乡寻祖观光、投资置业，市侨联每年新春来临之际，都向海外邮寄贺年片，联络乡情。春节和清明节期间或琼海举办重大庆典活动，积极配合政府组织车辆到海口机场、码头，迎接回乡的海外亲人。同时配合有关部门召开座谈会、恳谈会，介绍家乡建设面貌，发放宣传资料，鼓励和支持他们回乡投资，参加家乡建设。1991—2010 年，华侨、华人为支持琼海文教、卫生等公益事业和社会主义新农村建设捐赠款物折合超过 1 亿元。外商在琼海实际投入资金 2.2 亿美元，侨资企业共 126 家，侨属企业 3000 余家，大大促进了侨乡经济的发展和社会的进步。

市侨联与海外 24 个社团保持着密切的联系，按照“以为侨服务为基础，以民间交往为渠道，以弘扬优秀文化为纽带，以经贸科技交流为舞台，以侨为‘桥’促统一，以协调各方增力量，最广泛地联系和团结海外侨胞及其社团”的工作思想，开展海外联络工作。通过各种渠道和途径，利用世界海南乡团联谊会在各个国家和地区轮流举办的时机和海外社团组织举办的有关庆典活动，走出去开展海外联谊活动。通过书法协会、摄影协会、育才文化促进会等机构开展海内外民间文化交流活动，传播中华文化。

第六节　琼海市（县）工商业联合会（总商会）

一、组织建设

琼海市工商业联合会（总商会）[简称市工商联（总商会）] 是中共琼海市委领导的琼海工商界人士组成的人民团体和商会组织，是市委、市政府联系非公有制经济人士的桥梁纽带，是市政府管理非公有制经济的助手。至 2010 年，全市会员 715 人，其中企业会员 120 人，团体会员 3 人，个人会员（含个体工商户）592 人。长坡、潭门、中原三镇成立镇级商会。

2007 年 1 月换届后，第七届执行委员会委员 53 人，常务执行委员 28 人，设主席 1 人，常务副主席 1 人，副主席 16 人，总商会副会长 5 人，秘书长由专职副主席兼任。同时，成立中共琼海市工商联（总商会）党组，党组成员 5 人，书记由市委统战部一名副部长兼任。

市工商联（总商会）机关在编工作人员 4 人，聘请人员 2 人。

二、代表大会

1991 年 6 月 19 日，琼海县工商联（总商会）召开第四届代表大会，会员总数 103 人，代表人数 103 人，选出执委 21 人，常委 7 人，未设主委，王文当选常务副主委。

1994 年 12 月 30 日，琼海市工商联（总商会）召开第五届代表大会，会员总数 296 人，代表人数 100 人，选出执委 31 人，常委 13 人，崔家壮当选主委。

2000 年 1 月 18 日，琼海市工商联（总商会）召开第六届代表大会，会员总数 313 人，代表人数 101 人，选出执委 42 人，常委 20 人，杨全忠当选主委。2002 年 1 月 29 日起，雷加林任主委。

2007 年 1 月 11 日，琼海市工商联（总商会）召开第七届代表大会，会员总数 612 人，代表人数 106 人，选出执委 53 人，常委 28 人，王辉宇当选主委。

三、主要工作

（一）参政议政

1991—2010 年，市（县）工商联（总商会）的会员中，16 位当选为省、市人大代表，68 位担任过市政协委员。在非公有制经济发展、新农村建设、城镇规划、旅游环境、医疗教育等方面都有提案和建议，并调研和撰写了 1991—2010 年历年琼海非公有制经济发展情况调研报告。2008 年，获得琼海市政协颁发的“优秀提案奖”。

（二）社会服务

至 2010 年年底，全市非公有制企业 2127 家、个体工商户 13988 户；非公有制经济生产总值占全市生产总值 90.32%；非公有制经济上缴的税收占全市税收总额的 85.63%。总商会主要搭建融资平台，帮助企业解决融资问题；引导企业“走出去”，开展营销活动；建立行业协会，推动特色产业发展；引导企业转变发展方式，促进企业健康发展；引导企业解决社会就业，承担捐资助学、帮扶病老弱残和救灾赈灾的社会责任。

（三）自身建设

1991—2010年，琼海市（县）工商联（总商会）换届4次，历届都增补若干名执行委员、常务执行委员和副主席（副会长）。1995年起，各乡镇都建立商会联络组，2007年组建长坡镇商会，2009年组建潭门镇商会，2010年组建中原镇商会。同时，先后建立起“酒店协会”等10多个经济类行业协会组织。

第七节　琼海市（县）文学艺术联合会

一、组织建设

1991年初，琼海县文学艺术联合会有文学、摄影、美术、书法、舞蹈、音乐、戏剧等7个协会。1992年11月琼海撤县设市后改称琼海市文学艺术界联合会（以下简称市文联）。1997年，琼海市作家协会成立。2002年5月，琼海市诗词学会成立。2007年7月，琼海市乡土文化研究会成立。2009年11月，琼海市琼剧研究会成立。2010年4月，琼海市孔子学会成立。至2010年，市文联有下属7个文艺协会（市作家协会、市音乐协会、市舞蹈协会、市书法协会、市美术协会、市摄影协会、市戏剧协会）、4个挂套学会、研究会（市诗词学会、市乡土文化研究会、市琼剧研究会、市孔子学会）。

二、代表大会

1987年11月1日，琼海县文学艺术界联合会成立并召开第一次代表大会。2003年8月22日召开琼海市文联第四次代表大会，选举产生市文联第四届委员会，冯标冠当选主席。同时，市文联第四届委员会聘任黄培茂、王锡钧为名誉主席，曾宪峰、冯衍甫为兼职副主席。2007年10月23日召开琼海市文联第五次代表大会，大会通过新的文联章程，选举产生市文联第五届委员会，羊中兴当选主席。2010年12月11日召开琼海市文联第六次代表大会，出席代表60多人。大会选举市文联第六届委员会委员20名，梁其山当选主席。成立至2010年，共召开六次代表大会，选举产生六届委员会。

三、主要工作

1991—2010年，琼海市（县）文联积极组织各下属协会开展文艺采风、作品展览、参赛评奖、文艺研讨、文艺演出、文艺下乡、办班培训和编辑出版等活动。2005年，组织音乐工作者协会会员参与海南省委宣传部举办的“写海南，唱海南”的歌曲征集活动，8首歌曲入选；组织美术工作者协会会员3次参加海南省美术展，获得多个奖项；组织摄影工作者协会会员参加全国“群艺杯”摄影艺术展、“侨之光”全国摄影大赛、上海国际摄影艺术展和海南省级摄影艺术展等，均有斩获。2007 年，由市文联负责管理的“琼海文艺”网站正式运行。2008 年，市文联创办内部文学刊物《琼海文萃》(2010 年更名为《琼海文艺》)，每年 4 期，发行 1500 册。2009 年，举办琼海市庆祝新中国成立 60 周年书画摄影联展；组织市摄影协会进行专题拍摄，协助市政协编辑出版摄影画册《琼海居家文化》。2010 年，出版《琼海文萃》杂志 2 期。同年 12 月，出版反映琼海风光和文化精神的摄影画册《聚焦琼海》。

第八节　琼海市（县）残疾人联合会

一、组织建设

1989 年 6 月，琼海县残疾人联合会召开第一次代表大会。撤县设市后改称琼海市残疾人联合会（以下简称市残联）。1996 年升格为正科级事业单位，与市民政局合署办公。2002 年 11 月，从市民政局单列分出，列入社会团体序列管理。内设机构有琼海市残疾人劳动就业服务所。市残联成立了各专门协会：盲人协会、聋人协会、肢残协会、智力残疾人及亲友协会、精神残疾人及亲友协会（五大协会换届与市残联换届同步）。全市 13 个镇（农场）实行代表大会制度，召开了第一次代表大会，选举产生了镇（农场）残联主席、副主席、残联理事长，选聘了残疾人专职委员；全市 203 个村（居）委会和 22 个连队成立了残协机构，选聘了残疾人专职委员。2010 年，有镇（农场）残疾人专职委员 13 人，村（居）委会、连队残疾人专职委员 225 人。

2010 年，琼海市乡镇、企业建立助残联络站 25 个。登记在册的志愿者人数达 6000 余人，与 105 名残疾人建立了帮扶结对子，开展长期的帮扶活动。

二、代表大会

1993 年 6 月 4 日，在嘉积召开琼海市残疾人联合会第二次代表大会，出席大会的正式代表 89 名，大会选举产生了新一届市残联主席团成员 49 人，设主席 1 名，副主席 8 名，主席李天才，推选王国民为执行理事会理事长。

1997 年（具体日期不详），在嘉积召开琼海市残疾人联合会第三次代表大会，大会选举产生主席团委员 59 人，设主席 1 名，副主席 6 名，推选陈徽娥为执行理事会理事长。

2002 年 12 月 19 日，琼海市残疾人联合会召开第四次代表大会，大会选举产生新一届市残联主席团成员 61 人，主席王文进，推选王德鸿为执行理事会理事长。

2007 年 12 月 25 日，琼海市残疾人联合会第五次代表大会在市行政服务中心三楼会议室召开，大会选举产生主席团委员 63 名。主席王晖雅，推选黄娟为执行理事会理事长。

三、主要工作

据 2006 年全国第二次残疾人抽样调查表明，琼海市有各类残疾人 26179 人，占全市总人口的 5.57%，其中视力 3605 人，听力 5458 人，言语 372 人，肢体 7521 人，智力 1856 人，精神 1536 人，多重 5831 人。1991—2010 年，市残联扎实开展残疾人工作，取得较好的成效。残疾人身体功能得到不同程度的康复，残疾儿童义务教育入学率大幅度提高，就业比例逐年提高，扶贫解困进一步得到落实，残疾人文体生活日益丰富，扶残助残社会风尚逐步形成，残疾人素质普遍提高，社会参与面逐步扩大。残疾人工作由过去的以福利救济为主的社会福利工作，逐步发展成为包括康复、教育、劳动就业、扶贫、社会保障、文化体育、无障碍建设、残疾预防等领域广阔的综合性社会事业，在经济和社会发展中发挥着越来越重要的作用。

（一）康复工作

1991—2010 年，市（县）残联多次组织医疗队下到各镇、各村（居）委会，对全市农村眼病患者免费筛查，筛查白内障患者 5.2 万余例，完成白内障复明手术 7500 余例，其中为贫困白内障患者免费手术 3100 余例。脱盲率达 98%，脱残率达 89%。

采取举办聋儿家长培训班等形式，帮助家长掌握训练聋哑儿童的方法。1991—2010 年，共举办培训班 28 期，参加学习的聋哑儿童及家长达 850 余人次。此外，还积极与省盲聋学校联系，帮助 22 名儿童到省盲聋学校学习。

争取公益金项目资金，免费为 360 人次贫困精神病患者提供服药救助，选送 36 名精神病患者到省安宁医院进行为期 3 个月的免费治疗，让其回归社会过上正常生活。

以社区为基础、家庭为依托，开展肢残人功能、智残人能力、盲人行走导向、精神病防治康复等训练与服务。1991—2010 年，共有 4.8 万余人次参加康复训练，实施儿童矫正手术 135 例。共为听力残疾儿童配置助听器 146 个，为确需轮椅的残疾人免费配置了轮椅 380 多张，为贫困残疾人免费装配假肢 25 例。

（二）培训和就业工作

认真贯彻落实《中华人民共和国残疾人保障法》和《残疾人就业条例》，加强残疾人技能培训，提高残疾人就业能力。根据残疾人的身体状况及特长，因地制宜，先后举办了缝纫、理发、养殖、种植等实用技术培训。1991—2010 年，共举办各类培训班 50 期，参加人数 3250 人次。同时，还选送 356 名贫困残疾人到省残疾人培训基地参加修理、种植、按摩等培训学习，特别是抓住保健事业兴起的机遇，把促进盲人保健按摩培训作为盲人脱贫的有效途径。2000—2010 年，共选送盲人 125 人次参加省初、中、高级盲人按摩班学习，并帮助他们解决学习期间的生活费用，鼓励并资助盲人从事个体按摩，累计扶持资金达 6.8 万元，至 2010 年，全市从事盲人按摩的人数达 28 人。

加大行政执法和监督检查力度，依法全面推进残疾人按比例就业。采取分散与集中相结合形式，以自谋职业为主，政府帮助为辅的原则，拓宽残疾人就业门路，有就业能力的残疾人就业率达到 80%，对不按照《残疾人就业条例》规定安排残疾人就业和安排残疾人就业达不到比例的单位依法征收残疾人就业保障金。

（三）扶贫和社会保障

1991—2010 年，深入了解贫困残疾人居住状况，争取国家彩票公益金农村贫困残疾人危房改造项目资金。同时，发动社会募捐等形式，筹集资金 285 万元，共改造农村贫困残疾人危房 312 户，改造面积达 13500 平方米，受益残疾人 468 人，受益总人口 930 人。深入基层了解贫困残疾人的生活状况，将符合低保条件的贫困残疾人纳入低保对象，做到应保尽保。至 2010 年，全市共有 557 户残疾人享受低保待遇。认真贯彻落实《中国农村扶贫开发纲要》和《农村残疾人扶贫开发计划（2001—2010）》，开展残疾人扶贫工作，帮助贫困残疾人解决发展生产的资金问题，向残疾人发放扶贫小额贷款，同时积极做好回收逾期扶贫小额贷款，再发放到其他贫困残疾人中，以帮助他们发展生产。

2010 年，是琼海市实施重度残疾人生活补助工作第一年，全市共有 672 名重度残疾人通过“一卡通”方式得到政府的补贴，每人每月 100 元。也是琼海市实施“阳光家园计划”居家托养工作第一年，全市共为 105 名重度残疾人办理居家托养手续，每人每月托养费 150 元。对于生活困难需要救济的残疾人，尽量帮助其解决困难，特别是做好元旦、春节期间贫困残疾人生活救济工作。

（四）教育工作

1991—2010 年，贯彻落实《中国残疾人事业发展纲要》，全面落实“四免一补”政策。琼海市形成了“以普通学校随班就读为主，以特殊教学班为骨干”的残疾儿童少年就学模式。建立多种助学机制，帮助贫困残疾人子女及残疾学生解决就学难问题，使琼海市残疾少年儿童入学率达 96%。关注残疾高考生的录取工作，对被录取的大中专残疾学生给予一定的资助。继续实施国家彩票公益金助学项目，帮助 80 名贫困残疾少年儿童上学。

（五）维权工作

1991—2010 年，坚持把残疾人的维权工作当作构建和谐琼海的一项重要工作来抓。一是加强《中华人民共和国残疾人保障法》等法律法规的宣传力度，增强全社会对保护残疾人合法权益的观念；二是成立法律援助工作站，专人负责残疾人的信访维权工作，积极发挥残疾人维权岗作用，维护残疾人的合法权益。1991—2010 年，共接受来信来访 258 人次，办结 252 件次，处理率达 97%。没有出现群体上访和越级上访事件。

（六）文体工作

1991—2010 年，组织残疾运动员参加省、国家、世界残奥运动会和特奥运动会，并取得较好成绩。海南省盲人协会副主席、市（县）盲人协会主席吴坤民经常代表省、市参加保健按摩邀请赛；侏儒肢残人马萍珠，多年坚持不懈探索艺术之道，硕果累累，获全国性比赛大奖 7 项。盲艺人姚宝林经常参加省、市举办的各种文艺活动。肢残人钟惠是《海南残疾人》杂志特约记者，经常写稿报道琼海残疾人的事迹。

2007 年 10 月，王庆泽代表国家队参加 2007 年世界夏季特奥会，获得 4×50 米自由泳接力金牌和 25 米仰泳银牌，同时被评为优秀运动员。2008 年，市残联组织残疾人代表参加迎奥运火炬传递活动、迎残奥趣味体育活动和“牵手残疾人，走进残奥会”卡拉 OK 比赛，还组织组织残疾人代表外出考察学习和为汶川地震灾区捐款。2010 年，琼海市承办第五届省残运会，挑选 53 人组成市残疾人体育代表团参加残运会设立的八大项目比赛，共取得金牌 25 枚、银牌 12 枚、铜牌 12 枚，奖牌总数和金牌总数均列 19 个参赛代表团榜首，总分位居参赛代表团第三。

2006—2010 年琼海市残疾人运动会获奖情况表

表 13-2-1

姓名	运动会名称	获奖情况	获奖时间
王庆泽（智）	第四届全国特奥运动会	50 米仰泳金牌、50 米蛙泳金牌、50 米自由泳银牌	2006 年
	十二届世界夏季特奥运动会	16—21 岁组男子 4×50 米自由泳接力金牌和 16—20 岁组男子 25 米仰泳银金牌	2007 年
	第五届全国特奥运动会	16—21 岁年龄组 50 米仰泳第一名	2010 年
	第五届全国特奥运动会	16—21 岁年龄组 50 米蛙泳第二名	2010 年
	第五届全国特奥运动会	16—21 岁年龄组 50 米自由泳第二名	2010 年
王河（智）	第五届全国特奥运动会	16—21 岁年龄组 100 米蛙泳第一名 100 米仰泳第一名 100 米自由泳第一名	2007 年
王河 王庆泽（智）	第五届全国特奥运动会	16—21 岁年龄组 4×50 米自由泳接力第一名	2010 年

续表 13-2-1

姓名	运动会名称	获奖情况	获奖时间
王河　王庆泽（智）	第五届全国特奥运动会	16—21 岁年龄组 4×50 米混合泳接力	2010 年
甘善旭（听、语）	海南省第五届残疾人运动会	50 米自由泳金牌、50 米仰泳金牌、100 米自由泳金牌、100 米仰泳金牌、50 米蛙泳金牌、100 米蛙泳金牌、50 米仰泳金牌	2010 年
李志贤（盲）	海南省第五届残疾人运动会	50 米仰泳金牌、100 米仰泳金牌、50 米蛙泳金牌、100 米蛙泳银牌、200 米自由泳银牌、100 米自由泳银牌、50 米自由泳铜牌	2010 年
吴坤民（盲）	海南省第五届残疾人运动会	100 米自由泳金牌、200 米自由泳金牌、100 米仰泳银牌、50 米仰泳银牌、50 米自由泳银牌、100 米蛙泳铜牌、50 米蛙泳铜牌	2010 年
傅江萍（女）盲	海南省第五届残疾人运动会	（田径）女子 100 米金牌、铁饼金牌、铅球金牌	2010 年
符芳秋（盲）	海南省第五届残疾人运动会	（田径）标枪金牌、铅球金牌（听　语）	2010 年
卢小雄（男）	海南省第五届残疾人运动会	（田径）800 米金牌、1500 米金牌、400 米铜牌、	2010 年
卢小雄、李选任 陈云豪、杨召全	海南省第五届残疾人运动会	（田径）400 米接力金牌（听、语）	2010 年
李选任（听、语）	海南省第五届残疾人运动会	（田径） 跳远金牌、100 米铜牌、200 米铜牌（听、语）	2010 年
陈云豪（听、语）	海南省第五届残疾人运动会	（田径）200 米银牌、100 米银牌、跳远铜牌（听、语）	2010 年
杨召全（听、语）	海南省第五届残疾人运动会	（田径）铅球银牌、铁饼银牌、标枪铜牌（听、语）	2010 年
唐南雷（听、语）	海南省第五届残疾人运动会	（田径）标枪铜牌、铅球铜牌（听、语）	2010 年
孙涛（肢体）	海南省第五届残疾人运动会	乒乓球金牌（肢体）	2010 年
陈宁（肢体）	海南省第五届残疾人运动会	乒乓球铜牌（肢体）	2010 年
周羽（女）	海南省第五届残疾人运动会	羽毛球金牌（听、语）	2010 年
王海吉（听、语）	海南省第五届残疾人运动会	象棋金牌	2010 年
王春秀（男）	海南省第五届残疾人运动会	举重铜牌（听）	2010 年
王京、王羽 符芳文、符世斌 陈露贤、雷家柏 符清林	海南省第五届残疾人运动会	篮男金牌（听、语）	2010 年
韦云钊、高日晓 等 11 人	海南省第五届残疾人运动会	男子足球银牌（听、语）	2010 年

第九节　琼海市红十字会

一、组织建设

琼海市红十字会于2008年9月落实编制，此前由卫计委干部兼职分管。2009年2月，专职干部正式上岗开展工作，2010年有专职干部2人，为市财政独立核算单位。

2009年4月，中国红十字会（博鳌）国际交流中心正式投入使用。交流中心是中国红十字会总会批准和领导的、中国红十字事业的国内外交流、会展、研发、培训及文化传播服务基地，旨在通过组织各类红十字会主题交流活动，促进中国红十字会与世界各国和地区的红十字会的交往与合作、扩大自身的国际影响；同时增强社会各界人士对红十字会精神的认同并积极投身红十字运动；展示中国红十字会百余年的辉煌历史，传播“人道、博爱、奉献”的精神。

二、代表大会

1996年12月20日，琼海市红十字会第一次代表大会在琼海宾馆召开。大会选举市委书记、代市长白在林为名誉会长，副市长王元善为会长、市卫生局局长陈华英为副会长，市卫生局纪检监察员李世苑为秘书长。大会还选举产生了9名常务理事，通过了25名第一届红十字会理事人选。

三、主要工作

（一）宣传培训

2008年，琼海市红十字会联合海南省血液中心琼海分中心不定期举办无偿献血知识讲座，发放无偿献血宣传资料13000份，并积极动员广大群众参与无偿献血活动，全年共发动270名热心人士参与无偿献血采集造血干细胞工作。与市人民医院开展人工呼吸、止血、包扎、固定、搬运等为内容的现场救护培训活动，共有50余人接受了培训。

2009年，发放无偿献血宣传资料15000份，共发动3567名热心人士参与无偿献血采集造血干细胞工作，总献血量达1243000毫升。市红十字会选送的2人获得了总会颁发的救护培训师资证书，为琼海市救护培训蓄积了师资力量。

2010年，邀请省红十字会救护培训老师在琼海进行2次为期2天的初级卫生救护培训，培训15个应急办成员单位及教育系统人员，其中105人获得由省红十字会颁发的救护员证。在学校及社区进开展自救互救知识讲座，普及人数达1200余人。

2010年11月26日，在海南软件职业技术学院礼堂对在校大学生进行预防艾滋病宣传讲座；12 月 1 日，联合市皮肤性病防治所、市总工会、团市委、市妇联等在东风路对路过市民进行街头宣传，共发放宣传资料 3 万余份，计生用品 4000 余只。

（二）救助工作

市红十字会成立后至 2010 年，每年组织志愿者定期在节假日到敬老院及独居老人家中看望老人，带去慰问品，和他们一起过节。并开展天来泉老年健康基金、菩提树孤儿救助金、“我爱海南”少儿基金、小天使基金等救助项目，对琼海市贫困人员进行募捐救助。

2009 年，联合团市委、海口老年助学团、志愿海南爱心社和市青年志愿者协会在会山镇溪仔苗族小学建立爱心图书室，共捐书 3000 余册。2010 年，联合田园世纪休闲产业管理有限公司在博鳌镇培兰小学建立爱心图书室，捐赠价值 4000 元图书一批，包括相应配备的书柜、阅览桌等，同时捐赠了文具、体育用品及 100 套课桌椅。

（三）募捐工作

2008 年，汶川地震发生后，印发 500 余份倡议书发放到各乡镇和单位，并在市电视台滚动播放，及时公告捐赠地址、捐赠热线、账号等，共接收社会各界爱心人士捐款共计 53 万元。

2009 年，为开展中国台湾“莫拉克”台风救灾募捐工作，深入各企业及单位发放倡议书共 300 余份，现场募集善款共 5562.7 元。

2010 年 8 月 7 日，甘肃甘南藏族自治州舟曲县发生特大泥石流灾害，市红十字会立即广发倡议书，呼吁社会各界为舟曲受灾群众捐款捐物，共收到捐款 13820 元。同年 10 月，琼海市遭遇洪涝灾害，海南省红十字会为支持琼海市灾后重建工作，下拨 100 万元用于防洪楼建设，贵州省红十字会也定向捐赠 20 万元用于万泉镇西河村委会防洪楼的建设。黑龙江省捐赠 300 包大米，青岛市红十字会捐赠 500 床被子和 689 件衣服，北京市红十字会捐赠 10 万元救灾款。同年，青海玉树地震发生后，市红十字会组织红十字志愿者在红色娘子军雕像及百家汇超市前举行现场募捐活动，深入各企业单位及市民发放倡议书共 5000 余份，共募集善款 83321.3 元。

（四）项目开展

2010 年，作为第五轮全球基金海南省红十字会疟疾项目第四项目年的受益市县之一，市红十字会在项目执行期，发放 2.51 万个防疟蚊帐、长效蚊帐使用说明及防疟知识宣传折页 3.69 万份、宣传海报 670 张、宣传 T 恤 257 件。项目覆盖全市 15 个乡镇场，52 个行政村，519 个自然村队，受益家庭 18814 户，直接受益人口 71440 人。

第十四编　军事　政法

1991—2010年，琼海市（县）圆满完成各年度征兵工作。军警部队官兵积极开展爱心活动，参加地方抢险救灾工作，拥政爱民。公检法司部门在市委、市政府和市委政法委的领导、在市人大的监督下，加强司法行政建设，加大法治宣传力度，深入开展社会治安整顿和交通整治，严厉打击各种犯罪行为，严惩犯罪分子，并全力做好重大活动，尤其是历年博鳌亚洲论坛年会的安保工作。

第一章　军　事

第一节　武警中队

一、机构

1992年11月琼海撤县设市，中国人民武装警察部队广东省总队海南行政区支队琼海县中队改称琼海市武警中队。2002—2004年，3次被总队评为“基层建设先进中队”。2004年，被总队评为“基层先进党支部”。2004年、2005年，两次荣立“集体三等功”。2004年、2005年，被总队评为“标兵中队”。2005年6月，归武警海南总队海口市支队建制领导。中队连续19年无执勤事故，

二、军事训练

中队严格贯彻落实总队、支队领导指示精神，狠抓官兵军事训练，坚持每天出早操，每周五组织军事会操。中队在进行队列、擒敌术、5000米、400米障碍、器械的基础上，还加强了实战化的训练，从而不断提高官兵的军事素质。中队结合可能发生的自然灾害、突发事件，及时抓好节日战备值班、战备物资储备的落实，确保遇有紧急情况能按预案立即出动。中队加强应急班训练，并模拟情况进行演练，切实提高官兵自身安全防范和处置突发事件的快速反应能力。

三、执法执勤

中队主要担负琼海市看守所外围武装警戒任务。2010年，中队派出哨兵到目标单位执勤，并配合市公安局完成了多起押解任务，为琼海城区社会和谐稳定做出应有贡献。每年春节期间，中队配合市公安局开展“三警四联”行动，并担负琼海火车站巡逻勤务，

为群众做好事20多起，抓获1名犯罪嫌疑人。

四、部队管理

至2010年，中队按照支队3月份“条例学习月”活动，组织官兵深入学习武警法、共同条令、安全工作条例等文件法规，从而使部队养成按条令条例开展工作，官兵按条令条例规范行为的良好习惯。中队按照支队相关管理规定，严格落实一日生活制度，严格执行部队车辆审批派遣手续和出入营门登记制度。通过查找隐患、剖析根源、制定措施，不断加强部队内部管理，确保部队高度集中统一。

五、综合保障

中队主动向地方政府汇报部队的各项建设，增加部队的经费投入。严格落实财经制度，严格武器装备管理，对武器装备做到定期检查、定时擦拭保养，确保始终保持良好技术状态。维修营房设施，营院秩序正规化，改善官兵工作生活条件。

六、文明共建

注重搞好与地方的关系，能组织官兵积极参加市里的各类活动，并保持与附近居民沟通联系，妥善处理各类矛盾纠纷，从而密切了警民关系。同时，中队还帮助驻地学校组织军训工作，至2010年，累计派出兵力300人次，完成了长坡中学、中原中学等学校3000多名新生的军训工作，赢得了地方领导的一致好评。

第二节　民　兵

一、民兵组织

1991—2000年，琼海民兵编组以村委会为单位编配基干民兵和普通民兵。2001年8月，按照“先编组织、后配装备”的要求，牛路岭电站在原高机排的基础上扩建成民兵连。同时，对原有潭门海上民兵侦察连进行改造，采取“兵船结合”的方法，以船定兵，按船建班。博鳌镇组建海上民兵连和海上侦察连。海上民兵连军政主官由所在乡镇专武干部和渔政等部门相应职务人员担任，班（排）长由船长担任。在康龙制药厂建立基干民兵连，增强民兵组织的科技含量。对原由嘉积、泮水、温泉、长坡、东平、东升民兵应急排组成的民兵应急连，在保持应急分队数量不变的情况下改建为民兵应急营。其他民兵分队保持原有规模不变。2009年，琼海市人武部严格按照作战、保障、应急和其他队伍分类编组，基本形成规模比较适当、种类比较齐全、与形势任务相适应的民兵参战支前力量体系。对退伍军人和地方与军事专业对口人员能及时准确的进行登记统计，系统全面的掌握人员的数质量及分布情况。

2010年，完成基干民兵编组任务。4月，结合整组工作进行点验，到点率90%以上。6—8月，依据上级下发的训练计划分批次组织民兵训练。退伍军人比例100%。

二、军事训练

1991—2010年，采取每年固定组织一期集训，结合重大军事活动临时组织集训和以会代训的方式进行。集训内容按照《民兵军事训练大纲》所规定内容进行。对民兵干部训练采取分层负责，层层培训的做法，市武装部负责培训民兵营长，时间15天左右，乡镇、农场、厂矿、企业单位负责培训民兵连排长（基干民兵班长），时间10天左右。

三、政治教育

教育内容包含党的基本路线教育、国防教育、民兵基本知识教育、爱国主义和革命英雄主义教育、党的政策和法制教育、民兵光荣传统教育、计划生育教育、带头勤劳致富教育。1991—2004年，市（县）人武部预备役二营和各基层武装部针对部分民兵预备役群众存在的扶贫就是"等""靠""要"的思想，利用集训、整组和重大活动时机进行"艰苦奋斗""勤劳致富""普及科技争当技术能手"及"立足优势资源走阔扶贫之路"等专题教育320多场次。2005—2010年，民兵政治教育同军事训练同步进行，采取分批组织、集中教育的方法，以适应发展社会主义市场经济和做好军事斗争准备的要求。2008年，举办二期政治教员学习班，培训教学骨干75名，确保每个乡镇有两名以上热爱教学、能力全面的教员，并聘请3名市党校教员为顾问。琼海市人武部对民兵的政治教育，主要采取八种方法：一是上好政治课：二是进行刊、函授教育；三是发挥"青年民兵之家"等阵地作用；四是树立榜样、典型示范；五是组织民兵开展互帮互助活动；六是开展丰富多彩，喜闻乐见的文娱活动；七是抓好随机教育；八是营造良好的民兵工作环境。

利用征兵、整组、训练执勤、完成急难险重任务或节假日等集中教育的有利时机，保证10天的民兵政治教育时间，对基干民兵一般以连或排为单位每年不少于4次、普通民兵一般以连为单位每年不少于2次的政治教育。因执行任务，外出打工、生产经营的民兵，不便于集中教育的，采用分散教育的办法，对缺课人员，及时予以补课或采取函授、刊授等办法，完成函授作业的形式落实。

此外，还采用参观纪念馆、革命遗址、瞻仰烈士陵园，观看电影、电视、戏剧、演出、讲革命斗争故事，组织有关知识竞赛、演讲会、报告会和文体活动等形式进行教育。

把"基地"教育同"现地"教育结合起来。基地教育主要有党校、夜校、文化室、俱乐部、"青年民兵之家"、民兵训练基地、国防教育中心等。现地教育主要通过组织民兵结合执行抢险救灾，维护治安，参加军事训练，参观烈士陵园接受传统教育，结合为烈军属送温暖、做好事、听取先进事迹报告，参加社会公益活动等进行教育。

四、应急救灾

1991 年后，积极协调、主动参加驻地的三防指挥机构，与驻地气象、水文等部门建立日联系制度，及时准确掌握气象、水文、地质等情况，并在每天的交班会上通报雷电气象灾害动向，为提前做好防台风准备工作提供了依据。通过购置救生衣，培训冲锋舟操作手，维修车辆和冲锋舟等抢险救灾战备器材等方式，为民兵队伍遂行抢险救灾任务做好充分准备。

2008 年 10 月，琼海地区遭受洪灾，市人武部及时组织嘉积镇民兵应急分队、水上人家工兵分队及其他各镇、农场派出民兵值班分队，严密注视水情、雨情、灾情，完成抢险救灾任务。

2010 年 10 月，琼海市遭遇洪灾，市人武部组织全市基干民兵对全市 7 个中型水库，69 个小（二）型水库，27 个小（一）型水库进行值班巡查和参与各大片区的救灾行动。累计疏散转移群众 2.45 万人，抢救撤离围困人员 2546 人，转移物资及运送食品 59 吨，圆满完成抗洪抢险救灾任务。

五、民兵管理

1991—2010 年，市（县）人武部对民兵的政治教育，主要采取八种方法：上好政治课，进行刊、函授教育，发挥“青年民兵之家”等阵地作用，树立榜样典型示范，组织民兵开展互帮互助活动，开展丰富多彩的文娱活动，抓好随机教育，营造良好的民兵工作环境等。市（县）、镇（农场）两级党委、政府都把后备力量建设纳入经济和社会发展总体规划，统一管理。市（县）委定期召开议军会议，各乡镇党委加强民兵预备役部队的教育、训练。

第三节　兵役制度

一、兵役登记

1991—1995 年，琼海市（县）组织征兵前没有进行详细具体适龄青年兵役登记，仅仅给基干民兵下发表格，对年满 18 周岁至 22 周岁的青年进行登记。1996 年，琼海市开始实施兵役登记工作。要求机关、团体、企事业单位的适龄公民、待业青年、个体经商者、在校学生及农村中的适龄公民在当年 12 月 31 日前年满 18 岁的男性公民，应在同年

9月30日前，按照市兵役机关的安排，进行兵役登记。全市兵役登记工作大体按三个阶段进行。

第一阶段为宣传发动阶段。市、街道办事处、镇、场及驻琼海企业逐级召开会议，成立领导小组和工作专班，进行各种准备工作。通过对广大干部、群众、青年进行依法服兵役教育，国防教育，爱国主义教育和革命人生观教育，使适龄青年能自觉地进行兵役登记，使兵役登记工作逐步实现制度化、规范化。

第二阶段为具体实施阶段。培训登记工作人员，设立登记站，实施登记工作。适龄男性公民持户口簿、身份证、学历证明或工作证，3张一寸免冠正面照片到户口所在地的街道办事处、镇、场和机关、团体、企事业单位人民武装部进行报名登记。因特殊情况不能到兵役登记站进行登记的，其家属或所在单位可代其进行登记。登记时填写由海南省统一制作、市统一印发的应征公民兵役登记表一式两份，预征对象政治审查表一式四份。报名登记结束后，基层人武部对应征公民的年龄、政治、身体、文化和病史等情况，统一进行检查和整理，进行目测、初检、初审，并将审查意见填入登记表，同时提出结论性意见，上报市人民武装部。市根据公民实际服兵役能力和服役态度，以及有关情况，分别填写“应服”“缓服”“免服”“不服”“拒服”“已服”“转服预役”“免服预役”“不服预役”9种结论性审查意见。对符合条件的青年发给兵役证。从应服兵役的公民中选定政治思想好、身体好、文化程度高等各方面条件都比较优秀的应征公民为当年征集的对象，并发给《预征对象通知书》。并对预征对象全部张榜公布，接受群众监督。

第三阶段为总结阶段。兵役登记结束后，各街道办事处、乡（镇）把对应征公民特别是预征对象的管理和考察作为一项经常性工作，分工专人负责。建立预征对象档案资料，记载预征对象的去向、分布、现实表现和年龄、文化、身体等情况，进行跟踪管理与考查。人武部逐级总结上报应征公民登记情况统计表、预征对象登记表和有关资料，为当年征兵工作做好准备。

二、兵员征集

（一）宣传教育

1991—2010年，在征集工作中，各级把宣传教育当作首要任务来抓。征兵前，编印发放宣传教育提纲，运用报纸、电台、电视台等新闻媒体和张贴宣传标语、张挂宣传横幅、办板报、墙报等传统宣传方式进行国防教育和依法服兵役的教育，充分发挥宣传、民兵、工会、青年、妇女等组织作用，动员社会力量，大力进行“一人当兵，全家光荣”的教育。同时，对民兵和青年采取集中宣传和召开座谈会，深入适龄青年家庭实行面对面宣传，请老红军、老八路、复退军人和适龄青年的先进典型现身说法，发挥各种典型的感召力和辐射作用。

（二）体格检查

1991—1994年，各基层乡镇专武干部带领应征青年到市（县）武装部参加体格检查，并由专武干部带检，部分体检项目需到人民医院进行检查。1995年，在市武装部办公楼设置了交通方便、便于集中管理的专用规范化体检站，配备体检所需器械及药品，实行全封闭式体检。制定《体检站管理制度》和《体检站工作人员守则》，要求参检青年要有基层干部带队，体检医务人员和体检工作人员集中食宿，挂牌上岗，严格控制携带通信工具，切断与外界联系，受检青年佩戴体检证，隐名，编号，贴照片，盖钢印，进站体检，体检表由专人传递，禁止无关人员进入，由战士、职工担任警卫，维护体检站秩序，实行医务人员岗位责任制和主检医生负责制。至2010年，体检站仍在使用。

在体格检查中，随着卫生事业的发展和检验手段的不断完善，对适龄青年的身体条件要求也逐渐严格。1991年9月29日，国防部颁发《应征公民体格检查标准》，对视力、听力等五官科及外科、内科作出明确规定。2000年，按照新的《应征公民体格检查标准》，公民服现役的基本条件是：男青年身高不低于162厘米，女青年身高不低于158厘米；体重：男青年不少于50公斤，女青年不少于45公斤；右眼裸眼视力不低于4.9，左眼裸眼视力不低于4.8，对普通高中以上文化程度的青年右眼裸眼视力可放宽到4.8，左眼裸眼视力可放宽到4.6。同时，其他各项身体检查都必须符合规定的条件。应征对象体格检查结束，按照规定，还进行体格抽查和复查工作。按上级要求，普通兵抽查人数不少于征兵人数的1/3，如抽查发现不合格人数较多，全部进行复查。

（三）政治审查

应征公民的政治审查工作，在征兵办公室的统一安排下，由公安部门和应征公民所在的基层单位共同负责。一是由征集站召集党支部书记和部队政治人员座谈，间接了解情况，将每个体检合格青年的历史、年龄及家庭成分、社会关系、劳动力等情况作全面逐个逐项的审查评议，做出政治合格结论；二是和部队政治审定人员会同送检之地的党支部书记进行访问了解后，直接对体检合格青年进行访问审查填表。

1991—2010年，政治审查一般采取分级负责，纵横结合的方法进行。先由乡、村、街道、企事业等基层单位调查摸底，切实弄清应征青年的现实表现，对照公安部、总参谋部、总政治部1990年10月6日颁发的《关于征集兵员政治条件的规定》及有关规定对应征青年进行初审；体检合格后，由市（县）进行逐个逐项复审；组织有关部门进行联审，严格把关，切实保证新兵政治可靠。

为严把政治质量关，琼海市（县）在政审工作中坚持“五访五查”，即访所在单位，访学校，访村委会，访公安执法部门，访知情人；查政治表现，查思想品德，查社会交往，查有无违法违纪行为，查家庭情况。特别抓住“一个重点”，搞好“三个结合”，“一个重点”就是始终把应征青年的现实表现作为重点，严防把对党和社会主义制度不满，资产阶级自由化思想严重，以及有流氓、盗窃、打架斗殴等行为和思想品质不好或有犯罪前科的人征集到部队。“三个结合”就是把征兵政审工作与平时对应征青年的考察结合起来；把市、镇（办事处、场）、村（居委会）三级政审结合起来，实行村包初审、镇包复审、市包终审的三级政审责任制；把出外调查与横向联审结合起来。全面、细致地了解应征青年的政治表现。

政审中着重查清应征青年的现实表现外，对其文化程度和实际年龄也要进行严格审查。为确保兵员文化素质，对进站体检青年进行文化测试和对预定新兵进行文化抽查，会同公安、教育等部门采取上下结合，纵横验证，逐人过关，逐证审验的办法“打假”，凡发现假文凭、假学历的立即取消入伍资格。把文化素质高，有专业技术特长的青年征入部队，满足部队现代化建设的需要。在年龄审查上，严查“三证”（毕业证、身份证、兵役证），防止将不到法定年龄或年龄过大的青年送入部队。

（四）审批定兵

20世纪90年代初，审批新兵时，坚持“四方联审，合议定兵”。即由征兵办公室负责人，政审负责人，主检医生和接兵部队负责人参加的定兵会，分别介绍预定对象政治、身体等各方面的情况，然后全面衡量，分类排队，择优定兵。1993年以后，则坚持“六方到堂，择优定兵”。即征兵办公室负责人，乡镇、厂分管领导，基层单位武装部长，接兵部队干部，政审责任人，主检医生六到堂。定兵时做到“七优先，八不定”。“七优先”即现实表现好的优先；有技术专长的优先；高中以上文化程度的优先；党、团员优先；参加过军事训练的优先；立志献身国防的优先；身体素质好的优先。“八不定”，即不属征集范围和对象的不定；异地入伍的不定；有犯罪前科、表现不好的不定；群众举报或反映有问题一时难以查清的不定；审查资料不全的不定；身体属边缘问题的不定；态度不坚决、入伍动机明显不纯的不定；不是预征对象、没有参加病史调查的不定。确保新兵综合素质。1995年起，琼海市严格执行征兵工作各项法规，并制定琼海市征接兵纪律。新兵名单确定后，各单位及时张榜公布，增加征兵工作的透明度。被批准服现役的应征公民，由征兵办公室发给《应征公民入伍通知书》，民政局发给《优待通知书》，应征青年自批准入伍之日起，其家属享受军属待遇。

（五）新兵交接

20 世纪 90 年代开始，新兵的集中与交接、严格按照国务院、中央军委颁发的《征兵工作条例》和《海南省征兵条例》规定，由接兵部队与市（县）征兵办公室共同进行。新兵交接手续，在新兵起运前一天办理完毕。由市（县）征兵办公室统一编造《新兵花名册》一式两份，一份交给部队，一份留市征兵办公室保存。交接时双方按新兵名册当面点交清楚，并在《新兵花名册》上签名盖章，新兵的档案材料和其他资料一并交给接兵干部。在起运前，市（县）征兵办公室和接兵部队对新兵进行全面观察，加强管理和进行思想政治教育以及乘车（船）教育，发现政治、身体不符合条件的，及时调整，按照运输计划按时组织起运。2005 年，广州军区在中南五省（区）实行接兵方式改革，军区部队不派接兵干部参与征兵工作全过程，由兵役机关对新兵质量负责。每年征兵结束后，市征兵办公室上报各种统计报表，写出征兵工作总结，搞好经费结算，将《新兵花名册》副本送交市民政部门，协助落实优抚政策等。

第四节　拥政爱民

一、爱心活动

1991—2010 年，驻市（县）部队每年都开展“手拉手、心连心”“送温暖、献爱心”活动，为辖区内困难户、孤寡老人、无助儿童、烈军属排忧解难送温暖。边防支队官兵成立“关爱无助儿童基金”，采取“1＋1”帮扶机制，选派 12 名责任心强、经验丰富的民警充当 12 名无助儿童的“爸爸”，较好地解决了无助儿童入学教育、生活等实际困难。

二、联合救灾

琼海地区每年都会发生影响不大的自然灾害，市（县）人武部均派出部分民兵与政府一起参与救助，帮助人民群众挽回经济损失，恢复劳动生产。2010 年 4 月上中旬，市人武部先后成建制组织 4 支民兵应急分队投入地方抗旱行动，各镇农场基层武装部也纷纷组织民兵参加。

2010 年 9 月 30 日，琼海市遭遇暴雨洪灾，市人武部启动应急预案，在海南省军区和市委统一领导下，从 10 月 4 日至 11 日，出动民兵及协调省军区部队和武警官兵参与抗洪抢险工作，出动车辆、冲锋舟，发放救生衣，转移群众 2.45 万人，协助地方安置受灾群众 1.8 万多人，运送物资 67 吨，清理危房约 21 间，清理路障、抢修道路约 12.7 千米。

驻军部队共运送物资 2100 余吨，清理危房 100 余间，清理路障、抢修道路 12.7 千米，转移群众 3.45 万人次，安置 4.7 万多人。

第五节 人民防空

1991—2010 年，琼海市（县）人民防空工作由市（县）人民防空办公室管理。2010 年，琼海市人民防空办公室（简称市人防办）挂设于琼海市规划建设局，市规划建设局局长兼任市人民防空办公室主任，分管人民防空工作的副局长兼任人民防空办公室副主任。

2002 年，琼海市开始安装防空警报器。2006 年，根据海南省人民防空办公室（简称省人防办）要求，结合琼海市地理位置及实际情况，完成编写制定《琼海市防空袭预案》，并报市政府审批执行。2007 年，省人防办为市人防办专门增设开通了无线通信保障。2009 年，市人民防空地面指挥中心顺利完成开设并投入使用。2010 年，所安装的防空警报器均实现了无线电遥控。在已建成范围内全市防空警报器覆盖率达到 100%，鸣响率达到 100%。同年 4 月，市政府下发《关于人防工程建设及收取人防工程易地建设费的通知》，标志琼海市人防工程建设正式启动。

第二章　公　安

第一节　机构设置

1991 年，琼海县公安局共设内设机构 18 个：政工办、秘书股、信访股、通信股、行政股、政保股、内保股、车管股、法制股、治安股、户政股、特警队、刑警队、出入境管理股、预审股、看守所、收容审查所、交警中队，均为股级单位。派出所 20 个：嘉积派出所、中原派出所、塔洋派出所、万泉派出所、新市派出所、大路派出所、长坡派出所、烟塘派出所、泮水派出所、南寨派出所、上埇派出所、福田派出所、朝阳派出所、石壁派出所、温泉派出所、九曲江派出所、龙江派出所、文市派出所、阳江派出所、会山派出所，均为股级综合派出所。全局共有民警 246 人，其中：男 232 人、女 14 人。

1992 年 11 月，琼海撤县设市，琼海县公安局更名为琼海市公安局。1995 年，市公安局内设机构 19 个，撤销特警队，增设巡警队和嘉积交警中队，内设机构名称也作了相应调整，分别为政保股、出入境管理股、内保股、治安股、巡警队、户政股、刑警队、通信中心、信访股、秘书股、政工办、纪检监察室、法制股、行政股、看守所、收容所、治安拘留所、强制戒毒所、嘉积交警中队，均为股级单位。派出所增加至 23 个，其中撤销泮水派出所，增设潭门、博鳌、官塘、新城 4 个综合派出所。全局民警从原来的 246 人增加至 302 人（其中：男 282 人、女 20 人），其中机关 150 人、派出所 152 人。

2002 年，琼海市公安局完成第二轮机构调整，交警大队升格为副科级单位，同时重新规范整合撤并派出所，撤销官塘派出所、新城派出所、南寨派出所、九曲江派出所等 4 个派出所，在嘉积城区新成立了城北派出所、城南派出所。为巩固和加强博鳌亚洲论坛所在地的社会治安管理，成立了培兰派出所，将原属企事业公安的彬村山派出所、牛路岭派出所并入公安局管理，最终发展为 24 个综合派出所，并一直保留至 2008 年。在人员编制方面，从 2002 年开始，按照中央、省委、省公安厅及市委的有关要求，公安民警逐步实现向国家公务员全面过渡，并从 2003 年开始通过公务员考试的形式逐年统一招录人民警察。

2008 年，为规范市县公安机关机构设置，优化警力资源配置，按照公安部、省公安厅的要求，结合公安部《关于县级公安机关机构设置的指导意见》的有关精神，市公安局于同年底基本完成有史以来力度最大、影响最为深远的一次机构和人员调整工作。机构改革后，内设机构精简为14个，取消了股级称谓，统一规范为所、队、室，其中政工监督室（督察大队）、指挥中心（办公室）、法制室、警务保障室、国内安全保卫大队、刑事侦查大队、经济犯罪侦查大队、治安管理大队（爆炸危险物品监管大队）、禁毒大队、出入境管理大队、交通管理大队升为副科级单位，看守所、拘留所、强制隔离戒毒所为股级建制。综合派出所也从原来的24个整合为20个，撤并了原有的福田派出所、文市派出所、朝阳派出所和牛路岭派出所，嘉积派出所、城南派出所、城北派出所升格为副科级单位。这次机构改革，总体上达到公安部、省公安厅的要求。全局共有民警348人（男315人、女33人），其中机关217人、派出所131人。

2009—2010年，琼海市公安局增设反恐怖工作大队（副科级）。

第二节 打击刑事犯罪

1991年，刑侦工作开展抓现行、破大案、挖团伙、追逃犯和打流窜专项行动。1993年，试行“探长制”，把竞争机制引入刑侦工作，形成竞争气氛，破案率明显提高。1994年，不断深化“探长制”，积极开展刑侦业务建设，侦破了一批重、特大案件。1995年，围绕“打枪缉毒、追逃制流、狠抓基础、推进改革”的刑侦主要任务，狠抓侦查破案。1996年，刑侦大队在省公安厅有关部门的支持下，经过115天的艰苦奋战，抓获犯罪嫌疑人6人，侦破公安部督办的琼海“3·14”爆炸案。1997年，按照上级要求，刑侦大队和预审股合并，并抽调多名优秀民警充实到刑侦大队。同时，将嘉积、新城、城南、中原、长坡等经济发达的城区和乡镇定为中队驻所单位，分别连带周边乡镇分为5个责任区，交由5个责任区中队管辖。经过改革，刑侦大队向心力、战斗力明显增强。1998年，刑侦大队在原划分责任区的基础上，又增设2个专业中队，即经侦中队及直属中队，并在嘉积城区责任区中队试行“探长制”，将嘉积城区划分3个小责任区，由每个探组负责一责任区，每组实行探长负责制，由此形成大队、中队、探组各司其职的破案责任制新格局。

2004年，按照市委、市政府提出的创建“平安琼海”的要求，大力整治社会治安秩序。2005年，嘉积责任区刑警队被公安部评为“全国一级责任区刑警队”。2009年，全市公安机关加大侦查破案工作力度，大力开展社会治安整治行动，在打黑除恶、命案必破、侦破处置积压命案、打击“两抢一盗”和网络诈骗等刑事犯罪工作中取得显著成效。全局破获各类刑事案件603起，破案绝对数比2008年增长50.6%；破案任务完成率

153.4%，比 2008 年增长 49.6%，居全省第一；人均破案数为 1.76 起，比 2008 年增加 0.52 起，居全省第二。坚持“命案必破”的努力方向和“两降一升”（发案率下降，追逃率下降，破案率上升）的奋斗目标，快速反应，全力侦破命案。全年全市发生现行命案 7 起，下降 12.5%；破获 7 起，破案率 100%。抓获琼海市网上命案逃犯 10 人，其中故意杀人逃犯 4 人、故意伤害（致死）逃犯 6 人；协助外地抓获命案逃犯 9 人，侦破处置积压命案 3 起，完成率 27.3%，超额完成省委政法委下达的 20%指标，被省委政法委评为侦破处置积压命案工作先进单位。

2010 年，全市公安机关继续加大侦查破案工作力度，开展严打整治行动“铁拳”行动，全局破获各类刑事案件 746 起，破案绝对数比上年增长 23.7%；全局总体破案完成率 140%，居全省第二；人均破案数为 1.9 起，居全省第二。

1991—2010 年间，全市（县）共发生刑事案件 6195 起，破案 3400 起，破案率 55%，共摧毁犯罪团伙 264 个，抓获犯罪嫌疑人 4695 人。

第三节　打击经济犯罪

1998 年以前，经济犯罪案件由检察机关负责侦办，1998 年，公安机关承担此职能后，市公安局在刑侦大队下设经侦中队，拉开琼海公安机关打击经济犯罪的序幕，成功侦破第一例案件是琼海市土产公司出纳员职务侵占案，侵占金额 78 万元。之后，办理省内外一些合同诈骗案。2003 年，受理经济犯罪案件 27 起，立案 18 起，破案 4 起，抓获犯罪嫌疑人 15 人，收缴假币 29050 元，挽回经济损失 34 万元。2004 年，受理经济案件犯罪 29 起，立案 17 起，破案 3 起，抓获犯罪嫌疑人 13 人，挽回经济损失 946 万余元。开展打击走私车、拼装车专项治理整顿行动，立案查处 2 起省公安厅督办的非法经营汽车配件、非法经营走私拼装车案。

2005 年，受理经济案件犯罪 21 起，立案 8 起，破案 5 起，抓获犯罪嫌疑人 14 人，挽回经济损失 4520 余万元。开展打击涉税违法犯罪专项斗争，破获虚开增值税专用发票用于抵扣税款发票案 1 起，挽回国家税款损失 1000 余万元，追究 12 名犯罪嫌疑人的刑事责任。开展打击和整治假币犯罪集中行动，查获假币犯罪案件 1 起，缴获假币 4000 美元。2006 年，受理经济犯罪案件 14 起，立案 7 起，抓获犯罪嫌疑人 4 人，挽回经济损失 10 万元。开展打击商业贿赂犯罪、侵犯知识产权犯罪、假币犯罪和非法传销犯罪等专项行动，破获 1 起商业贿赂案，挽回经济损失 2 万元。2007 年，受理经济犯罪案件 17 起，不予立案 11 起，立案 5 起，破案 1 起，抓获犯罪嫌疑 1 名，挽回经济损失 86 万元。8 月，开展打击传销工作，联合市工商部门开展打击传销集中行动，查处传销窝点 1 个，打击处理非法传销人员 15 人。2008 年，受理经济犯罪案件 20 起，立案 9 起，破获 7 起，抓获犯罪嫌疑人 16 人，挽回经济损失 133.4 万元。2008 年 6 月，开展打击制售假发票和非法代开发票专项整治行动，破获 1 起省公安厅经侦处督办的虚开增值税专用发票用于抵扣税款发票案，抓获犯罪嫌疑人 4 名。2009 年，受理各类经济犯罪案件 40 起，立案 33 起，破案 12 起，抓获犯罪嫌疑人 15 人，涉案金额 3480.25 万元，挽回经济损失 251 万元，避免经济损失 447 万元。开展打击假币违法犯罪“09 行动”专项行动，进行以反假币为主要内容的打击假币犯罪宣传活动，提高群众自觉抵制假币、揭露假币意识。行动中，破获假币犯罪案件 2 起，抓获犯罪嫌疑人 2 人，查处假币违法治安案件 3 起，抓获处理违法人员 5 人。共缴获假 38865 元，其中，办案缴获 22290 元，从银行审查收缴 16575 元。

2010 年，受理各类经济犯罪案件 22 起，立案 18 起，破案 11 起，抓获犯罪嫌疑人 31 名，呈捕 10 起 17 人，起诉 10 起 17 人，涉案金额 480.57 万余元，挽回经济损失 10.7 万余元。协助金融部门追回恶意透支、违法贷款金额 160 余万元。开展打击整治假发票犯罪专项行动，联合市国税局、地税局开展主题为“远离发票违法犯罪活动，支持海南国际旅游岛建设”的打击整治发票犯罪宣传日活动。4 月 25 日，在省公安厅统一指挥下，成功摧毁了一个特大制贩假发票犯罪团伙，抓获团伙成员及其他犯罪嫌疑人 17 人，查扣假发票共 40 个品种合计 620165 份及制假设备及交通运输、通信工具一大批，最大可开面额 29 亿元。

第四节　禁毒工作

1995 年 10 月，成立琼海市强制隔离戒毒所。1997 年，以确保中国香港顺利回归等重要会议、重点期安全保卫为主开展禁毒工作，结合“春季行动”“夏季攻势”“冬季严打”等专项斗争。同年，全市有 12 个乡镇 6 个国有农场实现“无毒害”单位。1998 年，会山镇、东平国有农场被海南省人民政府授予“无毒社区”称号。2001 年前，毒品案件均由刑侦大队负责侦办。2001 年 6 月 18 日，市公安局成立禁毒大队。同年，南俸国有农场被海南省人民政府授予“无毒社区”称号。2003 年 6 月，成立戒毒学校，同月，成立禁毒教育基地。同年，东太国有农场被海南省人民政府授予“无毒社区”称号。2005 年，琼海市被海南省人民政府授予“禁毒优秀市县”称号。2006年，东升国有农场被海南省人民政府授予“无毒社区”称号。2008年，琼海市被海南省人民政府授予“禁毒优秀市县”称号。同年，东红国有农场被海南省人民政府授予“无毒社区”称号。同年11月19日，摧毁一个网络式跨市县特大贩毒团伙，破获琼海市有史以来数量最大的毒品犯罪案件，摧毁团伙1个。2009年，打掉3个网络式贩毒团伙，破获琼海市有史以来最大的贩卖海洛因毒品案件。同年，琼海市被海南省人民政府授予“禁毒优秀市”称号，中原镇被海南省禁毒委员会授予“创建无毒社区先进单位”称号。2010年，破获毒品犯罪案件65起，缴获作案工具手机67部、小汽车3辆、摩托车4辆。同年9月28日，成立毒品检查站，在潭门镇、博鳌镇、长坡镇等4个渔港、码头设立毒品查缉点。

第五节　治安管理

一、户籍管理

1991年下半年起，开始自主开发人口信息管理系统，1993年系统开发成功并投入使用，1994年完成全市43万常住人口信息的录入工作，全市派出所实行电脑管理常住人口。1997年人口信息系统升级转换为公安部指定的鸿达5.0单机版本，1998年实现全市人口信息管理系统联网，2004年12月人口信息系统升级为公安部鸿达6.0网络版本，为换发第二代居民身份证提供人口信息数据基础。二是换发第二代居民身份证。2005年8月底正式开展第二代居民身份证换发工作，至2010年，共换发第二代居民身份证381137张。其中2005年8月至12月办理118986张，2006年办理93277张，2007年办理60135张，2008年办理42660张，2009年办理25119张，2010年办理40960张。

二、民爆物品管理

2003年前，民爆物品管理工作模式为，使用单位依法按照规定程序申请办理使用许可及购买爆炸物品，使用单位配置三大员（爆破员、安全员、管理员）；申请审批购置的爆炸物品均放置在使用单位临时仓库管理使用。2003—2007年，为减少安全隐患，爆炸物品统一存放在市祥安公司仓库统一管理，使用单位采取2天用量的配送方法，避免使用单位存放过多的爆炸物品。2008—2010年，全市只设有合安公司一家单位为合法的使用许可单位，所有的企业爆破员均属合安公司管理，爆炸物品一律采取日用量配送使用，当天使用剩余的物品退回归库管理，杜绝使用单位存放爆炸物品，减少行业管理的隐患，确保行业管理安全。

三、旅馆业管理

2003年前，按照公安部制定的《旅馆业治安管理规定》，旅馆业经营开业要申报公安机关审批办理许可证后，方可开业。2003年，取消旅馆业许可审批，但旅馆业治安管理工作仍由派出所负责。2005年，公安部要求对旅馆业实行许可审批管理工作，市公安局每年多次召集旅馆业负责人和保安人员进行培训，坚决贯彻“谁主管，谁负责”的原则，经常检查督促、落实旅馆业管理规章制度，促进旅馆业治安秩序的稳定。

四、社区和农村警务战略

2006年起，结合警务工作情况，市公安局因地制宜，逐步建立与新型社区管理体制、社会主义新农村建设相适应的社区、农村警务工作新机制。全市各派出所根据辖区规模大小、人口多少、治安状况、警力数量等因素，科学划分警务区，合理配置警力，原则上以1个或2个村委会划分为一个警务区，实行一区二警，并与相邻警务区联勤的形式，加强协作配合。2010年，全市共有社区警务室10个，农村警务室67个。

五、互联网服务营业场所管理

1991—2010年，市（县）公安机关主要以“黑网吧”、违反规定接纳未成年人、网上传播有害信息、网吧消防和治安管理等4个问题为重点和突破口，严肃查处各种违法经营行为。联合市工商局、文体局等部门将查处取缔“黑网吧”纳入专项行动统一部署。一经发现“黑网吧”，立即查封其经营场所，没收经营工具、设备；对于情节严重，影响恶劣的，依照《中华人民共和国刑法》关于非法经营罪的规定，移送司法部门依法追究刑事责任。对明知是“黑网吧”而为其提供接入服务的互联网接入服务商，依照《无照经营查处取缔办法》的规定查处。严格执行禁止未成年人进入营业性网吧的规定，对接纳未成年进入的网吧，由市文体局给予警告，并可处以15000元以下的罚款；对累计2次接纳未成年人或一次接纳3名义上（含3名）未成年人进入的网吧，责令停业整顿，情节严重的，吊销其网络文化经营许可证。严厉打击利用网吧经营场所传播淫秽色情、赌博等有害信息违法犯罪活动，落实监控终端制度和日常巡查制度，指导、监督网吧切实落实用户上网登记和上网信息记录留存措施，保证信息网络安全技术措施在线运行。

2002年8月4日，《互联网上网服务营业场所管理条例》经国务院第62次常务会议通过，自2002年11月15日起施行。2003—2004年，网吧等服务营业场所由市公安局信息通信中心负责管理，2005年移交治安管理大队管理。2010年，全市有网吧84家，由市公安局筹建网警大队进行管理，经实地检查审核合格，发放互联网上网服务营业场所网络安全审核意见书。网警大队设立网吧在线上网管理系统，加强对网吧的管理监督。

六、“三警”“四联”工作

2010 年，针对琼海经济较为发达，交通状况良好，容易成为流窜作案分子，特别是“两抢一盗”分子作案目标的实际，为确保人民群众生命财产安全，震慑和打击“两抢一盗”、打架斗殴、寻衅滋事等违法犯罪活动，堵截和抓捕违法犯罪分子，及时对遇到危险的群众进行救助。经过组织专人认真调研，制定《关于开展公安民警与边防、武警联勤巡逻工作方案》，经局党委研究决定，在全市重点区域开展公安民警与边防、武警官兵（“三警”），联勤、联防、联打、联治（“四联”）工作，对全市重点目标、主要路段、要害部位等周边和沿途进行巡逻和设卡控制，全力保护人民群众生命财产安全。2010 年，通过“三警”“四联”巡逻设卡工作，创新严打机制，为新形势下的治安防范工作形成一个系统规范的工作模式。

七、特警执勤

2010 年 5 月 12 日，琼海市公安局成立特警队，从全局各单位抽调精干民警组成，提高处置突发群体性事件和反恐怖工作能力；招募退伍军人成立行动队，与特警队整合，组建一支高机动性巡逻防控队伍。特警队成立后，确立以情报信息为导向，做到警力随着警情走，根据警情开展工作，在全市构建 24 小时全天候执勤的安全防护网，有效打击控制街面现行违法犯罪。

八、特种行业管理

1991—2010 年，加强对废旧收购、印刷、刻印、开锁等特种行业管理，将业主和从业人员的身份信息、联系方式、场所位置、经营项目等基本情况全面登记建档。加强走访检查，随时掌握场所内部人员变更情况和场所治安动态，将日常检查发现的问题及时记录在册，并对行业场所内的发案情况、工作开展情况、守法经营情况、处警情况、矛盾调处情况等建立专门卷宗，实现动态管理。对辖区内的旅店等各种特种行业、出租屋等极易滋生违法犯罪、易于犯罪分子隐匿藏身的行业场所加大监督、检查力度，重点检查入住人员身份信息实名登记情况，检查有否赌博、吸食、注射毒品的工具。针对行业场所的治安特点及群众关心关注的热点问题，适时组织开展专项行动，先后开展打击赌博违法犯罪、收缴管制刀具、重点治乱、娱乐服务场所集中整治等系列专项行动。结合日常治安管理工作，由各派出所深入开展宣传教育，督促、指导各行业场所强化行业自律，加强内部治安防范，严格安全管理，杜绝侵害人身、财产安全的案件发生。

九、重大活动及重点单位安全保卫

2001 年，博鳌亚洲论坛成立并永久性定址琼海市，至 2010 年，各类重要国际或全国性会议、活动多次在琼海举办， 都有琼海市公安局参与。

2004年11月20—23日，中国科协2004年学术年会在博鳌水城隆重举行，国家领导人、诺贝尔奖获得者与海外著名科学家代表、两院院士、著名企业家以及欧美、东南亚、中国港澳台地区技术专家代表共3000人参加。年会除在博鳌亚洲论坛国际会议中心设立主会场外，还在博鳌、嘉积、官塘地区设立12个分会场，与会代表住宿在23家宾馆、酒店，顺利完成安保任务。

2004年，市公安局治安管理大队积极开展对单位内部治安保卫工作的指导、监督，及时解决突出问题，确定省级治安保卫重点单位1个（博鳌亚洲论坛国际会议中心）、市级治安保卫重点单位33个，并全部挂牌，按照重点治安保卫工作要求进行检查，督促落实各项安保工作。

2006年10月15—17日，两岸农业合作论坛在博鳌亚洲论坛国际会议中心举行，市公安局保障会议顺利进行。

2008年5月5日下午，第29届奥运会火炬接力传递在琼海市举行。转场、传递里程共66.51千米，其中传递里程13.51千米，转场里程53千米，总传递时间120分钟，交接点89个，参与传递的火炬手89名。根据省公安厅和市委、市政府统一部署，市公安局制定各项方案、应急预案，细化工作措施，圆满完成火炬接力传递和庆典各项活动的安保任务。

2010年1月15—16日，首届“中国（博鳌）农业科技创新论坛”在博鳌亚洲论坛国际会议中心举行。国务院领导、科技部、农业部、省政府领导、农业领域知名专家等500人出席会议。为确保会议顺利召开，市公安局精心制定各项方案、应急预案，圆满完成安保任务。

2010年5月3—7日，第五届海南省残疾人运动会在琼海市举行，全省各市县共19支代表队，运动员、裁判员共700余人参加，是历届全省残运会中规模最大、比赛项目和参赛人数最多的一届残疾人体育盛会，也是琼海市第一次承办此类全省性综合运动会。市公安局投入警力120多人次，圆满完成任务。

2010年5月8日，海南省第六届科技活动月开幕式暨科普大型活动在市政广场举行。省、市有关领导、机关、媒体等2200人参加，市公安局共投入警力 217多人次，圆满完成安保任务。

此外，还有第八届中国海南岛欢乐节、历年环海南岛公路国际自行车赛等警卫工作，至2010年共完成89批次。

第六节　出入境及往来港澳台管理

琼海市出入境管理工作由公安局出入境管理大队负责。1993年，市公安局取消对每份因私出国出境申请材料逐份调查撰写综合材料随卷呈报省公安厅的做法。2000年，出入境管理大队开始启用出入境管理系统受理公民出境申请。公民申请出境证件开始网上受理、审批、制证办理。琼海市开始启用97版护照、99版贴纸签证。2002年，琼海市被省公安厅出入境管理处批准为按需申领护照的唯一试点城市，常住户口居民可凭身份证、户口本，无需工作单位、派出所出具意见即可到公安局办理护照申领，但特定身份人员（如国家公职人员及银行、税务人员）等仍需提供单位人事部门出具的意见方能办理申请。同年，公民因私赴中国台湾也实行按需申领，无需单位或派出所出具意见，可直接在出入境管理部门受理。2004年，琼海市被省公安厅批准为赴港澳地区探亲无审批试点单位之一，即琼海市户籍的居民赴港澳地区，已领取赴港澳通行证并再次以同一事由、探望同一关系人申请赴港澳的，无需单位、派出所出具意见，申请人每次申请可持证件直接到出入境管理部门申请便民卡，凭便民卡与通行证赴港澳地区。

2005年，出入境管理部门开始启用“境外人员临时住宿登记管理系统”计算机网络来进行登记管理，出境申请手续不断简化，出境申请条件放宽。公民赴港澳台探亲的申请可在5个工作日上报省公安厅办理，赴港澳旅游申请材料在2个工作日上报，公民因私申领护照可在10个工作日内领取。2006年，市公安局推行便民利民措施，受理每人出境申请不超过10分钟；实施一次告知制度，避免让群众多次来回；对符合急事急办的申请，不限工作时间均及时给予办理。2008年，旅馆业开始启用住宿人员登记管理系统（含境内、外人员）对住宿人员进行微机登记管理。2009年4月，按照省公安厅下发《关于做好大陆居民赴台湾地区旅游出入境管理工作的通知》，琼海市居民可以在指定的旅行社参团赴台旅游。7月，在省公安厅的支持下，率先在全省推行出入境证件邮政速递送达服务，市民“足不出户”即可领取出入境证件。同年，有1750名申请人办理出入境证件邮政速递服务。2010年7月，市公安局推出公民办理出入境证件急事急办绿色通道服务项目。9月，实施申请人在受理地公安机关即可领取出入境证件便民措施；10月，启动公民赴港澳地区旅游（除备案国家工作人员、部队现役军人等除外）无需再出具单位和派出所意见的创新举措。

1991—2010年，共受理公民因私出国22873人次，受理因私赴港澳台58787人次，办理境外人员居留证及延期 129 人次，办理境外人员来华临时住宿登记 13835 人次、外籍华人申请到琼海定居 5 人、外籍华人申请恢复中国国籍 5 人，办理境外人员签证、签注延期 1877 人次。处理外国人非法居留、违法案件 204 起，遣送“三非”（非法入境、非法居留、非法就业）人员 43 人。

第七节　道路交通管理

一、管理机构

1991 年前，交通管理大队名称为琼海县公安局交警大队，编制、人员、财务属省交警总队管理，业务上受琼海县公安局指导。1992 年 11 月，琼海撤县设市后，交警大队更名为琼海市公安局交通警察大队。1996 年，设置办公室、机动中队、车管股、交管股、宣教股等 5 个股级岗位。2002 年 5 月，博鳌交警中队正式挂牌。2002 年 9 月，将交警大队的财物移交市公安局统一管理。2002 年 11 月，成立琼海市公安局交通警察大队高速公路中队。2009 年 1 月 4 日，更名为“琼海市公安局交通管理大队”，设置内勤中队、车管中队、事故处理中队、机动中队、嘉积中队、博鳌中队、长坡中队、大路中队、阳江中队等 9 个中队，配民警 42 人、工勤人员 4 人、协管人员 38 人。12 月，成立琼海市公安局交通管理大队车辆管理所，其人员编制由交管大队车管中队人员组成。2010 年 8 月 20 日，市公安局交通管理大队车辆管理所成立胜达机动车登记服务站，率先在全省启动县级车管所综合性机动车登记服务工作，办理汽车登记注册、核发汽车合格标志、交通违法处理等业务。

二、主要措施

1996 年起，车管便实行“一条龙”服务体系，先后规范车管收费标准、开创上门下乡服务，努力实现行政提速，车管办牌制证做到一天办妥，随着科技进步，车管工作实现信息化规范管理，减少审批环节。1998 年，初步建成财务微机管理工作站、驾驶员管理工作站、车辆管理工作站、车管分管领导工作站、交管工作站、交通违章处理工作站、队长总控工作站、交通事故报警系统“122”报警工作站和琼海公路图大屏幕显示器；在嘉积城区南北 2 个主要路口建起红绿灯自动指挥系统，撤除岗亭，以交通信号指挥交通，提高交通管理的科技化程度。2005 年，开始实行车辆入户电脑选号，启用全国交通违法信息系统、在博鳌镇试点实行车管业务下基层。

1991—2010 年，从最初致力于降低重特大交通事故作为道路交通安全管理工作重点，后期逐渐完善工作内容，增加整治交通乱象、打击交通违法行为、疏堵保畅，确保交通形势平稳等内容作为重点，开展一系列专项整顿交通秩序、专项打击整治活动，将道路交通管理工作做得更全面、更细致。成立专门机构，从嘉积城区到边远地区、沿海，从内地到山区开展大规模宣传，拓宽宣传渠道，将安全宣传进村入校，形成“农村—学校”两张基层宣传网络，并依托广播、电视、报纸等媒体广泛宣传，受教育人次逐步扩大到10万多人，是最初的10倍。

第八节　“110”指挥中心

“110”指挥中心前身为1989年成立的琼海县公安局通信股。1992年，建设起覆盖全市的公安150兆无线常规模拟中转台通信网。1996年，按照公安部要求，市公安局正式设立“110”报警服务台，并向社会承诺“有警必接，有险必救，有难必帮，有求必应”的宗旨。同年购置安装了公安内部专用程控电话。1998年，市公安局通信股改称为信息通信中心。2002年，指挥中心被公安部评为“2001年度全国公安三级网建设先进单位”。2008年年底，市公安局办公室与信息通信中心合并，称为指挥中心（办公室），由股级升格为副科级。指挥中心主要负责24小时受理、指挥调度处置群众拨打“110”电话报警、金融网点电子技防报警服务及总值班；公安网络、计算机、通信、信息化项目建设项目规划、建设、培训、应用；公安科技信息化系统设备、应急通信指挥车、指挥中心系统设备机房的建设，维护管理；指导培训基层单位民警做好接处警值班备勤、处置警情、信息收集上报、科技信息化应用、设备管理工作；重要警务，警卫安保活动通信指挥保障，系统设备检查维护，值班备勤；根据局领导要求下达处警等行动指令，并跟踪指令的执行情况。

1996—2010年，先后建设“110”“119”“122”三台合一接处警系统；覆盖全市的警用350兆（5+1）无线同频同播模拟常规通信网；建设200路公安内部专用数字程控电话交换机；服务社会的电子技防自动报警系统；“110”接处警车辆GPS卫星定位系统；公安信息综合应用计算机网络。投入550万元建设“平安琼海”城市报警与监控系统第一期工程。系统建设项目由交通信号红绿灯电子警察子系统、主要路口主要部位图像监控子系统、主要路段治安卡口子系统、指挥中心监控平台子系统、违法车辆非现场处罚后台处理子系统等5个子系统组成，建成车辆违法闯交通信号红灯路口电子警察9个、主要路段治安卡口6个、嘉积城区主要路口路段全景图像监控22个、定向图像监控45

个、图像监控中心平台系统 1 套。

2010 年，从刑侦、治安大队和各派出所等基层所队，抽调 10 名有丰富实战经验和较高法律、业务素质的所队领导作为“110”指挥长，在重大工作和特殊时期，在指挥中心进行全天候 24 小时轮流带班，负责接处警指挥工作，为精确打击犯罪和及时救助危难群众起到积极作用。

1991—2010 年，指挥中心共接处警 105.85 万条，其中有效警情 18.25 万条。

第九节　监所管理

一、看守所

琼海市看守所位于嘉积镇万泉河畔，1950 年始建，1985 年重建。2010 年，有民警 16 人，其中大专以上文化程度 14 人，党员 16 名。看守所坐西朝东，占地面积 19980 平方米，由办公区、监区及附属工程组成。办公区主体建筑为 1000 平方米的三层大楼，有办公室、会见室、讯问室、家属接待室等共 20 间。监区由一栋开口“口”字形建筑组成，有 15 间监室，监区设有值班室、分控室、管教室、图书室、医疗室、浴室、健身房、监控总机房。

2000—2010 年，看守所完成各项工作任务，实现监所、队伍安全。2007 年，琼海市看守所被公安部评为“勤务模式示范单位”“信息化建设示范单位”；连续 8 年被授予“一级看守所”称号；被省公安厅评为“深挖犯罪先进集体”，并荣记“集体二等功”一次。

2009—2010 年，先后投资 10 多万元，组建所内局域网，建成全方位监控系统、应急报警系统、在押人员报告系统、门禁系统、巡更系统、计算机系统、电化教学系统，各项安全设施完全符合公安部制定的建设标准。

二、拘留所

琼海市拘留所地处嘉积镇登仙岭路，始建于 1995 年 4 月，原名琼海市公安局治安拘留所。2006 年 3 月 9 日，经上级批准，更名为琼海市拘留所。1997 年 1 月，撤销市收审所，成立市第二看守所（与治安拘留所为合设单位）。2006 年 7 月，撤销市第二看守所，仅单设市拘留所。拘留所占地 2500 平方米，其中建筑总面积 736 平方米，共有 7 间拘室，拘室使用面积（不含放风庭）共 236 平方米。有民警 8 名，协勤人员 10 名。拘留所的年关押量逐年增加。2010 年，年关押量达到 956 人次。拘留所肩负着关押、教育、挽救全市被执行拘留人员的重任，始终坚持因人施教、以理服人、注重实效的原则，对被执行拘留人员采取集中教育和个别教育、所内教育和社会帮教等多种形式相结合的方法开展教育工作，把监管安全和稳定工作作为重中之重，把提高教育挽救被拘留人员作为工作之本，坚持依法、科学、严格、文明管理。2010年3月，拘留所认真落实2009年11月10日公安部“杭州会议”精神，按照公安部监管局《推行拘留所管理教育新模式指导意见》要求，以保障安全为前提，强力推行拘留所管理教育新模式，全面打造拘留所新亮点，努力把拘留所建设成为安全文明的监所、教育矫治违法人员的特殊学校，取得了较好的成效。2010年11月8日，在公安部监管局《关于表彰全国推行拘留所管理教育新模式先进单位的通报》中，琼海市拘留所被评为“全国推行拘留所管理教育新模式先进单位”。

三、强制隔离戒毒所

1995年10月，琼海市公安局强制隔离戒毒所成立，位于嘉积镇不偏村委会。用地总面积2.53公顷，分行政办公、戒毒治疗、文体活动、生产劳动等4个区。办公综合大楼三层，总面积600平方米。戒毒区建有一栋4层面积952平方米的戒毒病房楼，分设24个病房，可容戒毒人员200多名。有民警14人，协勤人员21人，聘请专职医生2名、护士2名。

戒毒所实现连续15年监所无事故、民警无违法违纪。自2000年开展戒毒所等级评定后，连续10年5次被公安部评定为“全国一级强制隔离戒毒所”。2000年，被公安部评为“全国公安规范化管理先进收容教育所”，2006年，被公安部评为“全国强制戒毒所艾滋病防治知识竞赛优胜单位”，2009年、2010年开展深挖犯罪工作连续受到省公安厅的表彰。

2010年，公安部监管局确定开展强制隔离戒毒所对社会开放工作，戒毒所共开展向社会开放活动6次，邀请戒毒学员家属和社会各界代表到所参观，开展警民座谈会，组织学员亲人互动，征求代表、家属意见和建议共20条，真正实现“家庭关心、社会关爱、公安机关救治”的戒毒理念，收到了良好的社会效果。2010年，戒毒所共开展诊断评估工作2次，对11名戒毒学员提前解除强制隔离戒毒，调动了全体戒毒学员自觉戒毒的积极性，进一步规范了戒毒所管理教育工作，切实保障戒毒学员的合法权益。

第十节　消　防

一、机构

琼海市公安消防支队，位于琼海市振海路，前身为琼海消防大队。负责琼海市的消防安全监督检查、灭火、抢险救援及消防保卫任务。2010年9月正式组建成立。全市共有消防安全重点单位121家。其中公众聚集场所51家；支行级以上银行4家；国家机关类1家；新闻、邮政、通信、供电、交通类3家；生产加工企业、粮食储备库类5家；医院、学校类5家；科研单位1家；易燃易爆场所44家。辖区共有高层建筑243栋，地下建筑3处，新、改、扩建的高层建筑206栋，新、改、扩建的地下建筑11处。

二、军事训练

1991—2010年，共对辖区进行火灾调研58次，开展训练日5145个，学习及训练项目900余个，进行灭火演练4000多次，官兵参训率达95%，优秀率达80%，良好率达85%，合格率达100%，出色完成了历年博鳌亚洲论坛年会、环海南岛自行车赛、环海南岛国际大帆船赛等重大活动消防安全保卫活动。

三、灭火防火

1991—2010年，琼海市（县）共发生火灾728起，死亡17人，伤206人，受灾户190户，直接经济损失6758625元。先后接警出动3186次，出动人员49872人次，出动各种消防车辆5984辆次，抢救被困群众1.9万多余人，抢救财产价值951575万元。自成立支队、大队后，持续开展了“建筑消防设施专项治理”“校园消防安全治理”“利剑”行动、“五大”活动、清剿火患战役等多项专项治理工作。共检查单位6万余家次、督促整改火灾隐患13万多处、查封、“三停”单位200余家、挂牌督办重大火灾隐患单位100余家。此外，还推动各公安派出所开展监督执法检查单位2万多家次，整改火灾隐患6000余处，做到了连续十年火灾“零死亡”。深化社会单位“四个能力”建设，消防安全重点单位“四个能力”建设达标100%，“三会三化”建设和“明白人”工程得到广泛推广。

四、消防教育

各级消防部队开展了“防灾减灾日”“119宣传周”等系列宣传活动，形成全社会关注、支持消防工作的良好氛围。1991—2010年，先后在中央电视台、中央人民广播电台、《人民公安报》、《海南日报》、海南电视台等中央、省级媒体播放视频和发表稿件4000多篇（条）；发放消防宣传资料、悬挂横幅、张贴消防宣传画、设置大型消防公益广告栏等40多万份（条）；举办消防培训班3500余期，培训人员21.6万余人，有效提升了群众消防安全意识和自防自救能力。同时，各中队多次面向社会开放，通过设置消防知识、火灾案例、灭火演示、消防器材、业务表演等内容，每月19日定期对外开放，组织单位职工、学校师生及居民群众参观，为有效提高群众的防火和火场逃生意识，促进消防工作社会化奠定了坚实的基础。据统计，所属中队共向社会开放千余次，接待单位5000多家次，接待社会各界群众、学校师生8万余人。

五、部队管理

1991—2010年，全市（县）消防部队无行政责任事故，无重大违法违纪，无刑事案件和警民纠纷发生。连续10年无亡人和较大影响火灾，实现了火灾形势平稳，队伍安全稳定的目标。

六、综合保障

1991—2010年，支队、大队严格落实党委理财和"一支笔"审批制度，开源节流，规范经费预算编制并确保预算的严格执行。特勤中队于2010年9月建成投入使用。支队共有云梯消防车、大吨位水罐消防车、细水雾消防车等各类执勤消防车15辆，个人防护、抢险救援等个人防护装备1619件（套）、特种防护装备1520件（套）及各类灭火、抢险救援器材640件（套）。

七、文明共建

1991—2010年，全市（县）各级消防部队积极响应市委、市政府的号召，大力支援地方经济建设，广泛参与社会公益事业。与海南软件经济学院等12家单位组成共建单位，各级消防部队扩大与驻地附近单位的友好关系，经常与共建、友好单位开展联谊活动。积极参与创建双拥模范城活动，结合"大走访"爱民实践活动，积极参与灭火救援和社会救助。全市各级消防部队积极群众排忧解难，为群众开锁、摘除马蜂窝、冲洗街道路面等好事达6040余件，开展警民联谊活动150余次，参加义务劳动700余次，为敬老院及贫困家庭送米5500公斤，送油2925公斤，水果900公斤，为水灾等社会公益事业捐款达279505元。参加无偿献血882人次，献血量98400毫升。共计出动消防车900余辆次，消防官兵1000余人次开展支援地方经济建设、消防宣传教育和为灾区送水等活动。2010年国庆期间，琼海市遭遇的特大暴雨洪灾，共接警出动58次，出动车辆79辆次，出动警力470人次，抢救疏散被困人员2777人，最大限度地挽救人民生命财产安全。

第十一节　边　防

一、机构

1992 年琼海撤县设市后，琼海县边防分局（武警琼海县边防支队）改称琼海市公安局边防分局（武警琼海市边防支队）。2000 年 3 月，公安武警边防部队领导管理体制进行改革，琼海市公安局边防分局（武警琼海市边防支队）改名为琼海公安边防支队（武警琼海边防支队）。2010 年，共下辖潭门、博鳌、东海、青葛、龙湾港 5 个边防派出所和一个机动中队，辖区北临文昌市冯家镇，南接万宁市龙滚镇，东濒南海，西连琼海市区，辖区面积 47.62 平方千米，海岸线长 55.9 千米，共管辖 5 个村委会，53 个自然村，管辖各类船舶 1536 艘，担负着维护琼海市潭门、长坡、博鳌 3 个沿海乡镇的社会治理、渔船民管理以及反走私、反贩毒、反偷渡等边防保卫任务。

二、军事训练

（一）日常军事训练

1991—2010 年，坚持实行机关、基层每周至少 3 次早操。训练中，机关及各所坚持以武器警械的使用、擒敌实用技术训练为主，重点抓好入警大学生的军事训练。机动中队主要抓好新兵的训练工作，在进行队列、擒敌技术、警棍盾牌术、体能训练的基础上，加强实战技能训练，保质保量完成每年的兵员训练科目内容。

（二）干部士官正规化集训

坚持举办正规化集训班。集训期间，集训队坚持从提高学员思想认识入手，狠抓作风养成，大力营造时时、处处、人人讲正规的良好氛围，使正规化管理工作始终贯穿于集训始终。

（三）处突演练

立足现有条件，设置情况设想，组织机关干部和机动中队官兵开展营区防袭击演练，提高营门警卫哨兵自身安全防范和处置突发事件的快速反应能力。各基层所队结合辖区执勤执法任务重的实际，有针对性开展接处警演练，规范接处警程序，确保各类执勤执法工作规范有序。

三、执法执勤

（一）构建社会治安管理新模式

1991—2010 年，针对边防辖区因开发、项目建设等引发的矛盾纠纷和治安隐患不断增多的趋势，支队积极推行驻村式、走读式、阶段工作式等警务工作模式，设立了玉带滩、南港等5个警务室，深入一线现场办公，开展“警民相约警务室”活动；推行“一队一组”警务模式，提高辖区治安管防控能力；建立健全治保会、护村、护校、护船队等各类群防群治组织16个；在5个边防派出所辖区开展评选“安全户”活动；在支队机关成立侦察队、法制组和“执法服务队”，完善档案台账；进一步理顺和公安机关业务部门的工作关系，定期汇报工作，解决公安局、支队对边防派出所业务工作指导脱节的问题。

（二）打击违法犯罪活动

开展“霹雳一号”、打击“两抢一盗”、毒品犯罪、交通整治等专项斗争，边防辖区实现了连续五年发案率同比其他市县最低的目标。1991—2010年，共立刑事案件223件，侦破104件，受理行政案件369起，查处338起，摧毁盗窃犯罪团伙15个，抓获各类违法犯罪嫌疑人396人，收缴各类枪支117支，查获炸药218公斤，维护了边防辖区的社会治安稳定。

（三）完成重大安保执勤任务

1991—2010年，支队担负的安保执勤等专项行动共出动警力12500人次、车辆（船艇）2400台（艘）次，先后承担历届博鳌亚洲论坛年会、两岸农业合作论坛、北京奥运安保、奥运火炬传递、海南欢乐节、环岛自行车赛、中华人民共和国成立60周年等重大警卫安保任务90多次，担负三级以上警卫任务320多次；处置“2007年儋州309处突维稳专项行动”“琼海碧海苑、污水处理厂施工”等群体性突发事件70多起。

四、部队管理

1991—2010年，相继出台《机关管理暂行规定》《机关值班干部职责》《车辆管理暂行规定》《保密工作八规定、四严禁》等15项规章制度；建立“两支队伍”，出台“个别人员管理制度”，多次组织安全专项教育整顿，解决官兵现实思想的实际问题，维护部队内部稳定。抽调专人组成督察队伍，坚持电话询查与实地查看紧密结合，围绕重大警务部署、重大节庆活动等重要时段开展督察检查。并通过查隐患、剖根源、定措施，不断强化部队内部安全管理，党委成员按照联系点制度先后下到各基层单位开展帮扶指导，帮助基层单位对查摆出来的问题认真整改。至2010年年底，党委成员下联系点帮扶指导380多次，共进行安全工作大排查210多次，对基层单位现场督察180余次，下发督察通报120多期，发现纠正各类安全问题230余个，有效杜绝部队事故案件的发生。

五、综合保障

1991—2010年，每年定期开展民警信息化应用培训学习活动，计算机技术在工作中得到广泛应用，民警对与公安工作密切相关的基本信息系统的应用做到应知应会，能熟练利用网上信息类开展工作；开通到派出所一级的电视电话会议系统，建立三级局域网络；重点部位建立闭路电视监控系统；加强公安基础信息的录入和使用工作。投入经费支持基层派出所建设，配发基层所队执勤小车、电脑，对各所的篮球场进行规范性建设，为基层购置摩托车，各警务室按照有关规定完成统一的设施配置。潭门边防派出所被评为一级公安派出所，其余4个派出所全部被评为二级公安派出所。

六、文明共建

（一）警地联创

2006年，与共建单位海南省软件职业技术学院、琼海市电视台、琼海海防十团共同制定了“党组织协作机制”，并通过“组织热点共同议、活动方法共同找、工作效果共同享”的方式盘活创建模范党组织资源。2010年，潭门边防派出所党支部与潭门村委会开展警地共建学习型党组织活动中，共建滨海文化长廊、爱民固边文明生态村，建立南海海上临时党支部，组建海上义务救助队等。警地联创的“学习活动联学、党建活动联做、治安工作联防、公益活动联帮、群众致富联抓”五联工作做法，被专门编发工作简报在全省推广，并上报中央，在《人民日报》头版刊发。

（二）关爱困难儿童

2007年，成立“关爱困难儿童基金”，发动官兵每人每月捐款20元。建立起“1+1”帮扶机制，由民警充当辖区困难儿童的“爸爸”，组织“圆困难儿童一个梦”“八一，我与民警爸爸有个约”等活动60多次，给予困难儿童物质和精神的关爱。

（三）拓展服务渠道

各边防派出所主动加强与村委会沟通联系，妥善处理因经济开发引起的各类矛盾纠纷。同时，积极帮助驻地学校组织军训工作，完成海南软件技术学院、嘉积中学、琼海职业中专、嘉积三中、长坡中学、潭门中学等10多所学校新生的军训工作。

第三章 检 察

第一节 机 构

1991 年，琼海县检察机关为琼海县人民检察院。1992 年 11 月琼海撤县设市，琼海县人民检察院更名为琼海市人民检察院。1993 年 7 月，增设民事行政检察股。1996 年 11 月，增设反贪污贿赂局。1997 年，撤销税务检察室，成立预防犯罪检察室和技术检察室，共有局室 12 个，分别为办公室、审查批捕室、审查起诉室、反贪污贿赂局、法纪检察室、监所检察室、控告申诉检察室、民事行政检察室、法律政策研究室、政工室、预防犯罪检察室、技术检察室。1998 年，撤销技术检察室。2001 年 7 月，内设机构改革变更 10 个，分别为办公室、政工科、反贪污贿赂局、渎职侵权检察科、侦查监督科、公诉科、监所检察科、民事行政检察科、控告申诉检察科、职务犯罪预防科。2005 年 7 月，渎职侵权检察科更名为反渎职侵权局。2005 年，成立检察业务监督管理中心。2007 年，成立监察室。2008 年 11 月，成立中原检察室、长坡检察室。2010 年，检察业务监督管理中心更名为检委会办公室。出台琼海市人民检察院派驻乡镇检察室“定点加巡回”工作机制。

2010 年，琼海市人民检察院内设机构 13 个：办公室（内挂检委会办公室）、政工科（内挂法警大队）、纪检组（监察室）、反贪污贿赂局、反渎职侵权局、公诉科、侦查监督科、监所检察科、民事行政检察科、职务犯罪预防科、控告申诉检察科、长坡检察室、中原检察室。

第二节 刑事检察

1991 年，共受理公安机关提请逮捕的刑事案件 94 件 185 人，经审查依法批准逮捕案件 86 件 175 人，其中增捕 6 人，不批准逮捕 4 件 9 人，自行补查 15 件 28 人。1996—2000 年，案件退查 57 件 84 人。2001—2005 年，案件退查 29 件 47 人，2001—2010 年，批捕、起诉案件准确率均达 100%。

1991—2010 年琼海市（县）人民检察院受理刑事案件统计表

表 14-3-1

年度	受理提请批准逮捕案件数及人数	批捕件数及人数	不批准逮捕及人数	受理移送审查起诉件数及人数	提起公诉件数及人数	移送其他机关件数及人数	不起诉人数
1991—1995	390 件 713 人	376 件 689 人	9 件 24 人	540 件 821 人	402 件 579 人	29 件 61 人	5 件 12 人
1996—2000	797 件 1358 人	750 件 1232 人	41 件 127 人	869 件 1351 人	707 件 1049 人	77 件 169 人	49 件 79 人
2000—2005	948 件 1522 人	899 件 1418 人	49 件 104 人	1022 件 1588 人	903 件 1335 人	64 件 131 人	12 件 17 人
2006—2010	1044 件 1645 人	997 件 1574 人	47 件 58 人	1137 件 1826 人	999 件 1524 人	42 件 79 人	1 件 2 人

第三节　查办和预防职务犯罪

1991—2010 年，市（县）人民检察院在反腐斗争中，坚持“一要坚决、二要慎重、务必搞准”的原则。积极查办“三机关一部门”（党政机关、司法机关、行政执法机关和经济管理部门）和国有企、事业单位及乡镇站所中的贪污贿赂等经济犯罪案件。1996 年 11 月，成立反贪污贿赂局。1997 年，市人民检察院内设机构股改为室，新成立预防犯罪检察室。1998 年 1 月，成立预防犯罪工作室，落实省检察院提出的“四预防一预测”工作方案。2001 年 7 月，改为职务犯罪预防科。2002 年，重点开展农垦系统预防职务犯罪工作。2003 年，调整琼海市预防职务犯罪工作指导委员会，开展职务犯罪分子现身说法的警示教育活动。2005 年，重点查办党政领导机关和领导干部滥用人事权、司法权、行政审批权的职务犯罪案件。2006 年，制定《琼海市人民检察院职务犯罪举报奖励暂行办法》，鼓励人民群众举报贪污贿赂、渎职侵权等职务犯罪线索。2008 年，编辑《琼海职务犯罪警示录》，加强从源头上遏制和减少腐败的工作；创办《查办职务犯罪案件专报》，将查办职务犯罪案件情况向市委书记、市长和政法委书记报告。2010 年，突出查办涉及民生的案件，重点查办涉农职务犯罪，加大渎职侵权犯罪的查处力度，重视追捕在逃职务犯罪嫌疑人工作。与地税、国税、财政、国土等部门建立联合预防工作机制，召开联席工作会议，经常性开展法制课、警示教育、预防宣传等活动，积极参与社会管理。

1991—2010 年琼海市（县）人民检察院查办和预防职务犯罪案件统计表

表 14-3-2

年度	立案侦查贪污贿赂案件数及人数	立案侦查渎职侵权案件数及人数
1991—1995	79 件 107 人	22 件 32 人
1996—2000	52 件 59 人	13 件 21 人
2000—2005	39 件 41 人	7 件 9 人
2006—2010	44 件 53 人	3 件 6 人

第四节　刑事诉讼活动监督

1991 年，县人民检察院刑一股介入公安机关侦查的案件 7 件 12 人，刑二股提前介入预审的案件 7 件 21 人，依法不批准逮捕 9 名，增捕犯罪分子 6 名，追诉犯罪分子 6 名，免予起诉犯罪分子 16 名，全年共抗诉 1 件 1 人。1993 年，对重大案件提前介入公安机关侦查和预审，共提前介入公安机关侦查 12 次，预审 7 次。通过审查逮捕和审查起诉，共增捕 2 人，追诉 2 人。对人民法院量刑畸轻的案件依法提出抗诉 3 件。

1994—2000 年，提前介入公安机关侦查活动 83 次，通过审查逮捕和审查起诉，共增捕 33 人，不批准逮捕 138 人，追诉 7 人，免予起诉 24 人，提出抗诉 5 件 5 人，改变案件定性 30 件 51 人，退回补充侦查 57 件 91 人。

2001—2005 年，共受理立案监督案件线索 20 件，经调查，依法要求公安机关说明不立案理由 19 件，公安机关立案 17 件。在审查逮捕和审查起诉工作中，严格把关，依法不批捕 49 件 104 人，不起诉 12 件 17 人。

2006—2010 年，共提前介入公安机侦查预审活动 74 次，共向公安机关发出说明不立案理由通知书 12 份，要求公安机关提供法庭审判证据意见书 124 次，引导公安机关收集、固定证据。依法不批捕 25 件 51 人，依法不起诉 3 件 5 人，追加起诉 9 人。

第五节　监所检察

1991 年，立案 3 件 3 人，上法制教育课 3 次，个别谈话 83 人次，重点教育 14 人，会同公安机关对 11 名取保候审和保外就医人员身体复检，收押 3 名不符合保外就医条件的人员。1992—2000 年，先后分仓给犯人上法制课 52 次，深入监仓谈话教育 5148 人次，配合看守所对监外执行人员进行考察 221 人次，依法立案 5 件 5 人，共纠正混管混押和无证关押 113 人，依法纠正超期羁押的违法行为 117 人次，向看守所提出消除安全隐患建议 38 次，提出检察建议 31 次。1995 年，会同法院和公安机关召开对 10 名积极改造有立功表现的留所服刑犯公开减刑处理大会一次；1996 年，配合看守所对监外“五种人”（被判处管制、缓刑、剥夺政治权利、假释及保外就医的罪犯）进行回访考察 2 次；1997 年，与市看守所一起深入乡镇及国有农场对监外“五种人”回访考察；1999 年，配合看守所对保外就医人员进行考察。

2001—2005 年，共对超期羁押现象提出纠正意见 89 人次，看守所均采纳并纠正。加大对刑罚执行活动的监督力度，对 7 名不符合留所服刑条件的罪犯依法建议投劳，对 12 名保外就医期限届满或疾病条件可能丧失的罪犯收监复检，建议对 1 名疾病条件丧失的罪犯收监执行，对监外执行“五种人”进行考察，纠正监外执行脱管 1 件 1 人，漏管 1 件 1 人。对存在问题提出检察建议 10 次，消除安全隐患 13 起。2003 年，配合看守所做好防治“非典”期间安全防范工作，消除安全隐患。

2006—2010 年，没有发生超期羁押现象。共催办案件 57 件 71 人，组织 35 名保外就医人员进行了复检，对其中 10 名疾病条件消失的保外就医人员进行收监。坚持每月进行安全防范检查 120 次，确保了看守所监管安全。

第六节　控告及申诉检察

1991 年，共受理来信来访 174 件，其中控告 138 件，申诉 36 件，自查 76 件，送其他单位处理 61 件，直接答复 23 件，存查 14 件。1992—2000 年，共受理来信来访 1760 件，其中来信 1339 件，来访 421 件。控申部门自查 73 件，交其他业务部门查处 305 件，转有关单位查处 183 件，直接答复 29 件，印发宣传资料 2850 份。

2001—2005 年，共受理来信来访 683 件，其中来信 526 件，来访 155 件，电话举报 2 件，对于所受理的信访，都及时分流，归口处理。检察长接访日共接待群众来访 363 人次，发放宣传资料 13500 多份。

2006—2010 年，共受理各类信访 532 件，坚持检察长接待日制度、下乡设点巡回接访制度。对上级领导机关及党委、人大、政府部门交办的案件实行专人管理，及时分流。先后修改制定《举报中心接待室工作制度》《举报工作流程图》《刑事赔偿工作规程》等，使控申举报工作有规可循。

第七节　民事行政检察

1993年7月成立民事行政检察股，通过广播电台、电视台积极宣传民事行政检察工作性质、任务、范围和要求，刊出民事行政检察宣传栏1期，共接待群众来访12人次，申诉33人次，均依法作了处理。1994年，共受理申诉案件3件，其中不服人民法院民事判决2件，控告法院不依法执行二审裁定1件。经审查，决定立案提请海南分院抗诉1件，提请海南分院向海南中级人民法院发出纠正不执行二审生效判决《检察建议书》1份，调解息诉1件。

1995—2000年，共接待群众来访173人次，受理申诉案件47件，提请海南检察分院抗诉3件，发出检察建议3份，调解息诉14件，召开律师座谈会13次。为群众提供法律咨询服务600人次，向群众散发民事检察工作宣传手册6000余份，接访群众1206人次。

2001—2005年，共受理不服人民法院民事、行政判决、裁定的申诉案件49件，依法立案审查18件，提请抗诉1件，建议提请抗诉2件，其余均作息诉处理。

2006—2010年，共受理不服人民法院民事、行政判决、裁定的申诉案件26件，立案审查10件，根据案件情况向有关单位发出民事督促起诉书40份，检察建议书19份。

第四章　审 判

第一节　机　构

一、市（县）级人民法院

1991年，琼海县县级审判机关为琼海县人民法院。1992年11月琼海撤县设市后，琼海县人民法院更名为琼海市人民法院。1993年，设立档案室、调解中心和法律咨询服务中心，1994年撤销；撤销阳江人民法庭，设立法警大队。1997年，撤销嘉积人民法庭。1998年，撤销大路人民法庭，同年成立泮水人民法庭；撤销告诉申诉庭，同年成立立案庭；设立监察室、审判监督庭，撤销执行庭，设立执行一庭、执行二庭。1999年，撤销东红等6个农场法庭，同年10月撤销上埇人民法庭。2002年，撤销审判监督庭，执行一庭和执行二庭，设立执行庭；撤销民事审判庭，设立民事审判第一庭；撤销经济庭，设立民事审判第二庭；档案室并入办公室。2006年9月，复设审判监督庭。2010年，市人民法院内设机构11个：政工室、监察室、办公室、法警大队、刑庭、民一庭、民二庭、行政庭、立案庭、执行庭、审监庭。人员77人，设院长1人，副院长3人，专职委员3人。

二、基层人民法庭

1991年，琼海县有嘉积、大路、塔洋、福田、中原、阳江等基层人民法庭。1992年9月，撤销福田人民法庭，同时成立上埇人民法庭。1993年，撤销阳江人民法庭。1997年，撤销嘉积人民法庭。1998年，撤销大路人民法庭，同年成立泮水人民法庭。1999年10月，撤销上埇人民法庭。2000年起，有塔洋人民法庭、中原人民法庭、泮水人民法庭，至2010年不变。

第二节　刑事审判

1991年，共受理各类刑事案件99件，全部审结，结案率100%。1998年，共受理各类刑事案件139件208人，全部审结，结案率100%。在已审结的案件中，判决结案137件205人，撤诉结案2件3人，判决结果占结案总数的98%，其中判处十年以上有期徒刑的16人，判处五年以上十年以下徒刑的38人，判处五年以下徒刑的104人，拘役19

人，缓刑 11 人，管制 1 人，缓刑 11 人，宣告无罪 2 人，调解撤诉 3 人。上诉 19 件，其中二审维持 13 件，发回重审 4 件，改判 2 件，抗诉 2 件，其中维持原判 1 件，裁定撤回抗诉 1 件。在刑事案件审理中，打击对象重点对准那些故意杀人、抢劫、绑架、重大盗窃等犯罪，特别是加大对涉枪、吸毒、贩毒和有组织犯罪以及横行乡里的流氓恶势力犯罪活动的打击力度，尤其要严惩贪污、挪用农产品收购资金、农业贷款以及贩假农药、假化肥、假种子坑农害农的犯罪分子。同年，会同海南中院在嘉积地区召开 3 场宣判大会，旁听群众、学生达 2 万多人。共上法制课 8 次，开展法律咨询活动 3 次。1999 年，共受理各类刑事案件 134 件 184 人，件数和人数比上年分别上升 3.6%和 11.5%，已审结 134 件 184 人，结案率 100%。在刑事审判中，打击对象重点对准故意杀人、抢劫、绑架、团伙盗窃等犯罪活动，特别是加大对涉枪、吸毒、贩毒和有组织犯罪的打击力度。全年审理毒品犯罪案件 27 件 42 人，一律从重判处。同时，会同政法委、公安局在温泉地区召开 2 次对毒品犯罪的公开宣判处理大会，有近 4000 名群众参加旁听。

2000 年，是受理刑事案件最多的一年，全年共受理各类刑事案件 194 件 293 人，比上年同期增加 44.7%和 59.2%。已审结 194 件 293 人，结案率 100%。全年审理毒品犯罪案件 22 件 34 人，一律从重判处。会同政法委、公安局在石壁、潭门等乡镇召开 3 次对毒品犯罪的公开处理大会。会同海南中院在嘉积地区召开了 2 场宣判大会，旁听群众、学生近 1 万人。深入乡镇农场、学校上法制课 15 场次。2001 年，受理刑事案件 192 件 282 人，件数和人数比上年同期下降 1%和 3.7%，已审结 192 件 282 人，结案率达 100%。其中“两抢”案件、贩毒、盗窃、故意伤害这四类犯罪列为“严打”打击重点。王某、王某某持刀抢劫 85 万元，从重判处 9 年有期徒刑，并处罚金 2000 元；韩某以卖养吸，贩卖毒品 3 克，又是累犯，顶格判处 7 年有期徒刑。同时，召开公判大会 6 次，对 46 名严重刑事犯罪分子公开宣判，对 5 名犯罪分子执行枪决，旁听群众达 1 万多人。在整治斗争中，加大对经济犯罪的打击力度，在从重从快的幅度内判处，共判处经济案件 11 件 11 人（其中贪污 3 件 3 人、挪用公款 4 件 4 人、受贿 1 件 1 人、挪用资金 3 件 3 人）。2003 年 4 月，为期 2 年的“严打”整治斗争结束。全年共受理各类刑事案件 164 件 216 人，已审结 164 件 216 人，结案率 100%。在司法大检查中，开展超期羁押案件专项清理整治，由分管刑事的副院长组织，刑庭具体负责，对所有结案的刑事案件进行清理，未发现超期羁押案件。2004 年，共受理各类刑事案件 198 件 285 人，件数和人数比上年分别上升 20.7%和 31.9%，已审结 198 件 285 人，结案率 100%。审理毒品犯罪案件 34 件 51 人，一律从重判处。召开 2 次公开处理大会，协助海南中院召开公判大会 1 次，枪决罪犯 2 人。

2005 年，共受理各类刑事案件 175 件，全部审结，结案率 100%。2006 年，共受理各类刑事案件 192 件 265 人，已审结 192 件 265 人，结案率为 100%，上诉 15 件，上诉率为 7.8%。其中，判处 10 年以上有期徒刑 2 人，判处有期徒刑 7 年以上 10 年以下 4 人，判处有期徒刑 5 年以上 7 年以下 18 人，判处有期徒刑 3 年以上 5 年以下 17 人，判处有期徒刑 3 年以下 127 人，判处拘役 26 人，判处管制 5 人。其中，判处有期徒刑缓刑及拘役缓刑共 34 人。进一步加强对青少年法庭的建设，对未成年人刑事审判工作，严格执行中院制定的《少年法庭操作规程》，坚持“教育、感化、挽救”的方针，建立并实行定期回访制度。2008 年，进一步加强少年法庭建设，共受理未成年人犯罪案件 24 件 27 人，积极实行“监护人全程到场”等制度，对构成犯罪的未成年人，实行教育、感化、挽救的方针。全年共受理各类刑事案件 235 件 334 人，已审结 235 件 334 人，结案率为 100%。2009 年，共受理各类刑事案件 236 件 378 人，已结 236 件，依法对 376 名被告人判处刑罚，结案率为 100%。共受理故意伤害案件 40 件 63 人，占刑事案件收案总数的 16.9%；受理“两抢一盗”案件共 78 件 124 人，占刑事案件收案总数的 33%；受理毒品犯罪 42 件 54 人，占刑事案件收案总数的 17.8%。共受理各类破坏社会主义市场秩序犯罪 7 件 13 人，占刑事案件收案总数的 3.5%。共受理贪污贿赂犯罪和渎职犯罪案件 3 件 3 人，已结 3 件。共受理未成年人犯罪案件 21 件，已结案 21 件。

2010 年，共审理各类刑事案件 242 件 401 人，已结 242 件，依法对 389 名被告人判处刑罚，结案率为 100%。全面开展量刑规范化工作，被省高院确定为量刑规范化工作试点单位。为此，4 月将被告人王某抢劫案作为量刑建议观摩庭，公开开庭审理，并当庭进行宣判。审理故意伤害案件 35 件 54 人；审理“两抢一盗”案件 70 件 114 人；审理毒品犯罪 44 件 52 人；审理网络诈骗、网络赌球、医疗保险诈骗、制造假发票等新类型案件 9 件 47 人；审理各类破坏社会主义市场秩序犯罪 9 件 16 人；审理贪污贿赂犯罪和渎职犯罪案件 9 件 14 人。准确适用宽严相济的刑事审判政策，对过失犯罪、偶犯、轻微犯罪、未成年人犯罪等在法律规定的范围使用非监禁刑。2010 年，共对 56 件案件 80 名被告适用非监禁刑。重视刑事附带民事诉讼的调解工作，努力提高当庭或结案前的兑现率，使被害人能够得到及时的赔偿和抚慰。2010 年，共有 28 件刑附民案件调解结案。做好未成年人案件的审判及青少年犯罪预防工作，2010 年共审理未成年人案件 17 件 36 人，已全部结案。

1991—2010 年琼海市（县）人民法院刑事审判情况表

表 14-4-1

年份	收案数（件）	结案数（件）	结案率（%）
1991	99	98	99
1992	—	—	—
1993	78	78	100
1994	68	68	100
1995	89	88	99
1996	127	127	100
1997	130	130	100
1998	139	139	100
1999	134	134	100
2000	194	194	100
2001	192	192	100
2002	203	203	100
2003	164	164	100
2004	198	198	100
2005	175	175	100
2006	192	192	100
2007	212	212	100
2008	235	235	100
2009	236	236	100
2010	242	242	100

第三节　民事审判

1991 年，受理民事案件 392 件，已审结 382 件，结案率为 97.4%。其中，婚姻 187 件，债务 170 件，房宅 2 件，赔偿 10 件，土地 4 件，其他 18 件。处理结果：判决结案 164 件，调解结案 186 件，其他处理 32 件。1999 年，共受理民事案件 632 件，已审结 632

件，结案率达100%，在已审结案件中，判决结案257件，调解结案340件，其他方式结案66件。在民事审判中，婚姻纠纷案件占民事案件的一半左右，在审结的案件中，调解结案340件，调解率达53.7%，比上年上升11.7%，有38对夫妻言归于好。大胆适用简易程序办案，采取就地审理、巡回办案形式，做到快立快审快结。适用简易程序结案415件，占结案数的65.6%。

2000年，民事案件大幅度增长，全年受理民事案件1184件，首次超过1000件，约占全院案件总数的一半，比上年同期提高87%，审结1170件，结案率达98.8。在已审结的案件中，判决结案330件，调解结案758件，其他方式结案82件。婚姻纠纷案件占民事案件的1/4左右，审结涉港、台离婚案件53件。有52对夫妻言归于好。适用简易程序结案931件，占民事结案的79.5%，比上年同期提升14.3%，制定《人民法院达标实施方案》，配备配足了法庭办案人员，使每个法庭达到“一个合议庭”的标准。建立“党组成员联系法庭”制度，每月党组成员到法庭指导工作不少于8天。全年3个法庭共受理案件759件，比上年同期提高92.6%。2004年，共受理民事案件620件，比上年下降10%，已审结614件，结案率达99%，在已审结案件中，判决结案255件，调解结案267件，其他方式结案92件。其中上诉34件，上诉率为5.5%。婚姻纠纷案件占民事案件43%左右，在审结的案件中调解率达到61.9%（除去法定不能调解的案件），有56对夫妻言归于好。妥善处理“三农”案件，特别是对冬季瓜菜生产、运输、购销为内容的纠纷案件，采取“夜间法庭”“田间法庭”“假日法庭”等形式多样的办案形式，适用简易程序结案371件，占结案数的60.4%。既依法保护了外来投资者德权益，又依法保护了本地瓜菜农的合法权益。2006年，共受理各类民事案件530件，已审结521件，结案率98.3%，可调解案件385件，实调解案件256件（其中，调解216件，调解撤诉40件），调解率为66.5%，上诉率为7.9%。调解工作打开新局面，其中塔洋法庭的调解率达77.5%，中原法庭达71.2%。推行“速裁”审判，对8类无争议或争议不大的民商事案件运用“速裁”审判程序审理，做到即时立案、即时审理、即时裁判、即时送达裁判文书。塔洋法庭运用“速裁”审判程序，仅用30分钟就办结了一宗离婚案件，大大提高了办案效率。2007年，共受理各类民事案件544件，结案541件，可调解案件462件，实际调解结案334件，调解率达72.3%。其中，塔洋法庭的调解率达86.1%，中原法庭的调解率达83.7%。继续推行“速裁”审判，案件审理周期平均缩短为2天。建立财产保全、调解联动机制，有效提高民商案件的调解率。建立奖励促动、典型带动、制度推动、整体联动的多方位调解工作“四动机制”。通过协助各村建立调解会，形成遍及各行政村的调解网络。2009

年，共受理各类民事案件 1145 件，结案 1142 件，结案率为 99.7%，收案量较上年同期上升 94.7%，其中一个重要原因是受理了大批拖欠农村信用社贷款的案件；在已结的 1142 件案件中，调解及调解撤诉案件共 865 件，扣除法定不能调解、自动撤诉、驳回起诉以及移送管辖的案件共 170 件，调解率达 89%，较上年同期上升 9.6%。在调解结案的 798 件案件中，当庭履行完毕的案件有 344 件，占调解结案总数的 39.8%。

2010 年，共受理各类民事案件 1078 件，已结 1072 件，结案率为 99.4%；在已结案件中，调解撤诉 179 件，调撤率 16.69%。其中 3 个人民法庭受理案件 642 件，结案 642 件，结案率 100%，在已结案件中，调解 424 件，调解率为 66.04%。通过选派法官深入征地一线化解矛盾、推行法官驻村制度开展法制讲座和法律咨询、加大非诉调解力度及时化解纠纷、成立专门审核小组统一裁判标准、积极开展判后释明工作促进案结事了，加强案件调研统一执法尺度和标准、加强与上级法院的请示与沟通等六大举措，确保涉及农村征地补偿款分配案件审理的公平合理。2010 年，共开展巡回办案 302 次，就地开庭 97 次，就地调解 258 件。在博鳌镇成立了“旅游巡回法庭”，在立案庭成立“旅游诉讼服务中心”，实行“就地快立、就地快审、就地快结”的“三快”审判方式，重点运用调解方式，及时化解矛盾。

1991—2010 年琼海市（县）人民法院民事审判情况表

表 14-4-2

年份	收案数（件）	结案数（件）	结案率（%）
1991	392	382	97.4
1992	—	—	—
1993	339	336	99.1
1994	403	396	98.2
1995	530	525	99.0
1996	530	520	98.1
1997	—	—	—
1998	617	601	97.4
1999	632	632	100.0
2000	1184	1170	98.8
2001	865	860	99.4

续表 14-4-2

年份	收案数（件）	结案数（件）	结案率（%）
2002	817	816	99.9
2003	695	687	98.8
2004	620	614	99.0
2005	616	598	97.0
2006	530	521	98.3
2007	544	541	99.4
2008	588	584	99.3
2009	1145	1142	99.7
2010	1078	1072	99.4

第四节　经济（商事）审判

1991 年，受理经济纠纷案 43 件，已审结 33 件，结案率为 76.7%，其中判决结案 15 件，调解结案 11 件，其他结案 7 件。1995 年，受理经济纠纷案件 59 件（旧存 2 件），总标的 6339.09 万元。已结 57 件，占总数的 96.6%，结案标的 6302.57 万元，未结标的 36.52 万元。其中购销 10 件，借款 26 件，建筑 9 件，承包 6 件，加工承揽 2 件，联营 1 件，其他 3 件。处理结果：判决 29 件，调解 11 件，裁定 16 件。1996 年，受理经济案件 51 件，比上年的 59 件减少 8 件，下降 13.6%，收案标的 2897.46 万元，已审结 48 件，占收案数的 94.1%，结案标的 2897.46 万元。在已审结的经济纠纷案件中，其中借款合同 12 件，购销合同 11 件，汽车承包 2 件，联营合同 5 件，建筑工程承包 10 件，装修装饰合同 2 件，企业借贷 1 件，加工承揽 3 件，典当纠纷 3 件，农村承包合同 2 件。处理结果：判决 25 件，调解 15 件，裁定处理 8 件。1997 年，受理各类合同纠纷案件 60 件（其中旧存 3 件），比上年上升 1%。收案标的 3151.9 万元。已审结 53 件，占 88.3%，在审结的经济案件中，其中借款合同 16 件，加工承揽合同 2 件，建筑 19 件，购销 13 件，借款 2 件，农村承包 2 件，房屋租赁 1 件，合作 1 件，运输 1 件，其他 2 件。1998 年，受理各类经济纠纷案件 73 件（旧存 7 件），收案标的 3092.1 万元。已审结 70 件，结案率达 95.9%，已结标的 2980 万元。在受理的经济纠纷案件中，购销合同 6 件，借款合同 24 件，工程承包18件，农村承包9件，合作联营合伙6件，企业承包2件，运输2件，加工承揽3件，财产租赁1件，代理进口1件。在审结的案件中，上诉6件，维持原判1件，改判1件，二审未结4件。1999年，受理各类经济纠纷案件96件（旧存12件），收案标的4566.51万元，其中农存承包14件，借款合同34件，工程承包17件，购销合同8件，房屋租赁2件，加工承揽1件，承包经营6件，汽车买卖1件，其他1件。已审结95件，结案标的4516.51万元，结案率达99%，其中调解结案40件，调解率为42.1%。在审结的案件中，上诉12件，上诉率为12.6%，二审结案10件，维持6件，调解1件，部分改判3件。

2000年，受理各类经济案件46件，收案标的2465.87万元，其中土地承包3件，工程承包9件，联营合同4件，租赁4件，加工承揽2件，运输合同1件，承包经营4件，买卖合同18件，破产还债1件，已审结46件，结案标的2465.87万元，结案率达100%。其中调解结案13件，调解率为29%。在审结的案件中，上诉14件上诉率为31%，二审结案3件，维持2件。2001年，受理各类经济纠纷案件109件，比上年提高137%，收案标的211587332元，其中土地转让2件，借款纠纷56件，承包合同21件，保险合同1件，租赁4件，加工承揽2件，合作合同2件，委托合同1件，建设工程合同6件，买卖合同13件，破产案件1件，已审结105件，结案标的204256662元，结案率达96.3%，其中调解结案24件，判决结案81件，在审结的案件中，上诉3件，二审审结2件，二审维持1件，自动撤诉1件。2002年，受理各类经济纠纷案件109件，收案标的12313.79万元，其中种植损失赔偿1件，借款纠纷81件，承包合同3件，房地产转让合同3件，租赁合同4件，加工承揽合同1件，合作合同1件，抵押合同1件，建设工程合同9件，买卖合同5件，已审结109件，结案标的12313.79万元，结案率达100%，在审结的案件中，上诉8件，二审已结6件，维持原判5件，二审未结2件。2003年，受理各类经济纠纷案件80件，收案标的4423.49万元，其中借款合同36件，租赁合同6件，农业承包合同6件，农业承包合同11件，汽车承包合同3件，建设工程承包合同10件，买卖合同13件，委托合同1件，已审结80件，结案标的4423.49万元，结案率达100%，在审结的案件中，上诉7件，二审维持5件，未结2件。2006年，受理各类商事案件152件，已审结149件，结案率达98%。其中，可调解案件141件，实调解案件79件，调解率达56%。在审结的案件中，上诉7件，上诉率为4.7%。为提高司法效率，加大调解力度，对64件同类型案件一次性调解结案，总标的37.15万元，取得了很好的社会效果和法律效果。2009年，受理各类商事案件120件，结案119件，结案率为99.2%；其中，商品房买卖合同纠纷案件18件，劳动争议案件14件。调解及调解撤诉91件，扣除法定不能调解 4 件、移送 1 件，商事案件调解率达 79.8%。在调解结案的 91 件案件中，具有给付义务的当事人自动履行的有 5 件。

2010 年，受理各类商事案件 144 件，已结 144 件，结案率为 100%；高度重视房地产业快速发展过程中出现的各类纠纷案件，维护房地产市场稳定。受理房地产纠纷案件 47 件，涉案标的 1821.28 万元，结案 47 件，其中调解结案 16 件。

1991—2010 年琼海市（县）人民法院经济（商事）审判情况表

表 14-4-3

年份	收案数（件）	结案数（件）	结案率（%）
1991	43	33	76.7
1992	—	—	—
1993	31	30	96.8
1994	29	27	93.1
1995	59	57	96.6
1996	51	48	94.1
1997	60	53	88.3
1998	73	70	95.9
1999	96	95	99.0
2000	46	46	100.0
2001	109	105	96.3
2002	109	109	100.0
2003	80	80	100.0
2004	65	65	100.0
2005	83	81	97.5
2006	152	149	98.0
2007	56	56	100.0
2008	66	66	100.0
2009	120	119	99.2
2010	144	144	100.0

第五节　行政审判

1991年，受理行政案件43件，已审结33件，结案率为76.7%。其中违章建筑1件，行政赔偿1件，其他6件。1993年，受理行政案件10件，审结10件。行政诉讼法颁布实施后，市法院行政庭受理行政诉讼案件44件。1995年，受理行政案件7件，已全部审结，其中土地争议案件5件，车辆燃油附加费处罚1件，环境资源保护行政处罚行政赔偿1件。处理结果：判决4件，其中判决维持行政机关具体行政行为的3件，判决撤销具体行政行为1件，因被告改变行政行为原告申请撤诉3件。在判决案中，当事人不服一审判决提起上诉2件，二审维持一审判决1件，还有一件二审尚未审结。1996年，受理行政案件12件，比上年增加5件，上升45%，审结12件，比上年增加5件，上升45%，审结12件，占100%。其中土地权属争议案件4件，违章建筑2件，不服公安机关收容审查处理决定2件，不服城市房屋拆迁安置1件，不服交通事故处理赔偿1件，不服税务行政处罚1件，不服相邻通道处理1件。处理结果：判决维护行政机关具体行政行为2件，移送其他庭处理1件，裁定不予受理4件，当事人撤回起诉3件。其中，当事人不服上诉2件，二审维持1件，裁定由政府处理1件，执行非诉案件268件。1997年，制定《行政案件审理若干规定》《非诉行政案件执行规程》等有关制度，把行政审判真正提到法律的高度。对因土地问题争议比较突出的行政案件，深入争议地现场仔细调查取证，同时会同有关部门做好协调工作，防止矛盾激化，使当事人息讼休纷，还与市国土局建立了"依法行政文明共建单位"。非诉讼案件多，是行政案件突出的特点。1997年，仅市技术监督办、征税中心、林业局、物价局、环保局、卫生局、市规划局、乡镇政府、农场等行政职能和企事业申请执行的非诉行政案件就达1041件。通过采取各种措施，共为福田、温泉、上埇、中原、万泉、会山、彬村山等14个乡镇农村60多个村委会和连队，办结非诉计育执行案1020件，征收超生费65万元。为市区7家行政机关收回罚款6万多元。由于执行得力，带动了全市各乡镇"两费"的征收，农民法制意识提高，自觉缴交"两费"形成制度。同时，行政庭庭长及干警还先后到泮水、塔洋、嘉积办事处、中原、东升等7个乡镇农场上行政法规课7堂，举办违法人员学习班46期，减少了行政案件的发生。

2000年，受理行政诉讼案件10件，全部审结，结案率100%。2005年，受理行政诉讼案件12件，全部审结，结案率100%。2006年，受理行政诉讼案件6件，审结6件，结案率 100%。上诉 3 件，改判 3 件。受理各类非诉讼案件 10 件，执结 10 件，执结率 100%。3 件案外协调，原告自动撤诉。在行政审判过程中，创新审判方式，采取背靠背的“案外调解”模式，成功解决了两件行政处理决定纠纷案件，取得了良好的法律效果和社会效果。2008 年，共受理行政案件 5 件，已结 5 件，结案率 100%。2009 年，共受理行政诉讼案件 7 件，结案 7 件，结案率为 100%。受理非诉审查 9 件，结案 9 件，结案率为 100%。

2010 年，共受理行政诉讼案件 6 件，已结 6 件，结案率为 100%。受理非诉审查 3 件，结案 3 件，结案率为 100%。

1991—2010 年琼海市（县）人民法院行政审判情况表

表 14-4-4

年份	收案数（件）	结案数（件）	结案率（%）
1991	43	33	76.7
1992	17	—	—
1993	10	10	100.0
1994	9	9	100.0
1995	7	7	100.0
1996	12	12	100.0
1997	—	—	—
1998	8	8	100.0
1999	8	8	100.0
2000	10	10	100.0
2001	15	15	100.0
2002	21	21	100.0
2003	20	20	100.0
2004	25	25	100.0
2005	12	12	100.0
2006	6	6	100.0

续表 14-4-4

年份	收案数（件）	结案数（件）	结案率（%）
2007	8	8	100.00
2008	5	5	100.00
2009	7	7	100.00
2010	6	6	100.00

第六节　申诉执行

1993 年，共执行案件 330 件，标的 751 万元，其中积压案件 190 件，标的 430 万元，新收案件 140 件，标的 321 万元。另外，各法庭还积极配合市、乡镇各人民政府，依法征收计划外生育费 84.6 万元，处罚款 3.3 万多元；受理水电、卫生监督所申请执行案 13 件，标的 17.2 万元。此外，还协助金融、信贷、国有农场等部门举办欠款人员学习班 58 期，受教育人数 4800 多人次，收回逾期贷款 305 万元。特别是，在 8 月 15 日至 11 月 20 日的全省执行大会战中，执行积案 271 件，占全部 303 积案的 87%，标的 638 万元。其中全部执行 128 件，标的 275 万元；部分执行 143 件，标的 363 万元。终止 1 件，标的 0.15 万元，中止 31 件，标的 150 万元。是历次执行会战成绩最好的一次。

2000 年，对执行人员进行调整，人数达到 12 人，占全院干警人数的 16.7%。全院有申请执行案件 798 件（其中新收 391 件，标的 6997.89 万元，旧存 407 件，标的 2062.97 万元），总标的 9060.86 万元，全部和部分执行案件 785 件，案件执行率达 98.4%，执行标的 7503.48 万元，执行标的率达 82.8%，比上年同期增加 6%，其中案件已执结的有 628 件，案件执结率为 78.7%，比上年同期增加 18%，执结案件标的为 7296.12 万元，标的执结率为 80.5%，比上年同期增加 4%。2003 年，增加 2 名执行干警，执行人员比例达到全院干警总数的 15%。有申请执行案件 445 件，总标的 9154 万元，执结案件 385 件，案件执结率达 86.5%，执结标的 7781.5 万元，标的执结率 87%。其中执行积案 87 件，标的 1724.3 万元，已执结 83 件，标的 1587.5 万元，案件执结率达 95.4%，标的执结率达 88.9%。2006 年，开展执行积案清理活动，主要对 2005 年 7 月 30 日前未结的执行案件和省高院、中院、人大等领导批办、督办的 30 件案件确定具体执行方案和执行措施，已执结 23 件，其中，涉国家机关作为被执行人的案件共 10 件，标的 296.6 万元，已全部制订还款计划。

全院受理申请执行案件284件，标的6238.2846万元，执结255件，执结标的5459.7851万元，案件执结率89.8%，标的执结率87.5%。2009年，在集中清理执行积案活动中，经清理摸清执行积案底数为199件，标的3075.77万元。有财产可供执行等重点案件已全部结案，结案率为100%。无财产可供执行积案共有22件，标的123.54万元。已全部结案，其中执结2件，执结标的11.38万元，终结20件；直接标的为10.08万元。市政府将申请人为特困群体、被执行人又无财产可供执行的案件列为财产救助的范围，并建立了困难群众执行救助资金，注入救助基金20万元。全年市法院共向20件案件的34名困难当事人发放了救助资金共计163863.4元，其中，为特困群众垫付案件评估、鉴定费共计5万元。

2010年，受理执行案件261件，结案254件，执结率为97.32%；在已结案件中，和解结案125件，执行和解率为49.21%。开展集中清理涉诉信访积案活动。清理出14件涉诉信访积案，已化解13件，化解息诉率为92.9%。11月，成立执行指挥中心，实行24小时全天候值班制度，并与公安机关建立联动机制，及时处理执行线索和处置突发事件。共向24件案件的27名困难当事人发放了救助基金共计197000元。

1991—2010年琼海市（县）人民法院申诉执行情况表

表14-4-5

年份	收案数（件）	结案数（件）	执结率（%）	总标的（万元）
1991	—	—	—	—
1992	—	—	—	—
1993	330	—	—	751.00
1994	98	82	83.7	572.00
1995	315	248	78.7	441.10
1996	393	368	93.6	2641.00
1997	—	—	—	—
1998	512	403	78.7	1410.09
1999	997	885	88.8	8113.00
2000	798	785	98.4	9060.86
2001	546	472	86.4	6409.32

续表 14-4-5

年份	收案数（件）	结案数（件）	执结率（%）	总标的（万元）
2002	477	413	86.6	9649.74
2003	445	385	86.5	9154.00
2004	299	265	88.6	6727.60
2005	254	218	86.0	8185.84
2006	284	255	89.8	6238.28
2007	217	199	91.7	—
2008	184	170	92.4	2582.38
2009	193	180	93.3	—
2010	261	254	97.3	—

第五章 司法行政

第一节 机 构

1991 年，琼海县司法行政部门为琼海县司法局。1992 年琼海撤县设市后，琼海县司法局更名为琼海市司法局，内设机构有办公室、基层股、法制宣传股和公证处。2001 年琼海市乡镇撤并，由 21 个乡镇撤并成 12 个镇，原各乡镇的司法办全部独立出来新成立司法所，全市建立 12 个镇司法所，属于镇政府组成部分。2003 年，市司法局增设琼海市法律援助中心。2006 年，市司法局对全市 12 个镇司法所全部进行收编。2009 年，核定公务员行政编制机关 15 名，工勤编制 1 名，12 个镇司法所行政编制 28 名。2010 年，市司法局内设机构有办公室、基层股、法制宣传股和法律援助中心。

第二节 普法教育

一、"二五"普法

1991—1995 年，实施"二五"普法教育。市（县）成立"二五"普法教育领导小组和办公室，制定"二五"普法规划。在全市（县）人民群众和中小学生中按照"以宪法为核心，专业法为重点"，有计划、分阶段的开始法制宣传教育工作。重点在广大人民群众中开展学习宣传《中华人民共和国农业法》《中华人民共和国经济合同法》《中华人民共和国教育法》《中华人民共和国劳动法》等法律法规。切实抓好在校中小学生的法制宣传教育工作，和相关部门联合制定《琼海市中小学生法制教育规定》，坚持每学期初和学期末，组织有关人员到中小学校上法制辅导课。1993—1994 年，通过举办全市法律知识竞赛活动和琼海市"普法之春"法制文艺晚会等活动，多形式、多层面达到法制宣传教育目的。"二五"普法期间，全市（县）通过各种方式受教育群众 27 万人次。1995 年，琼海市荣获全国"二五"普法先进单位。

二、"三五"普法

1996—2000 年，实施"三五"普法教育活动。1996 年初，配合琼海"严打"斗争，开展打击经济犯罪和刑事犯罪活动的宣传，广泛进行法制宣传教育。 1997—1999 年，组织全市机关和企事业在职干部进行《中华人民共和国行政处罚法》《社会主义法制建设基本知识》等法制知识考试。1999 年，举行全市在职干部的法律知识考试，其中副科以上领导干部集中考试，合格率为 100%，组织市四套班子成员和全市副科级以上领导干部听取专题法制讲座，学习《依法行政是依法治国的重要环节》等，不断提高琼海干部的法制观念和法制意识。

“三五”普法期间，配合琼海依法治市工作，抓好经济建设与社会治安综合治理中的法制宣传工作。1998 年配合琼海村委会换届选举工作，分层次举办法制培训班和法制讲座。参加培训人员有市直属机关干部、乡镇干部、村民群众，共举办培训班 24 期，受训 1032 人，法制讲座 232 期，受教育 6 万多人次。成立“琼海市普法小分队”深入全市基层和中小学校开展法制宣传教育，主要以“五个一”（一场法制课、一场法制录像、一套法律挂图、一批宣传资料、一个法律服务台）为主要形式开展宣传活动，通过不同形式的宣传教育，推动了基层干部群众学法用法的不断深入，省司法厅对琼海“普法小分队”的做法给予充分的肯定，并在琼海召开全省现场会。琼海共举办普法骨干培训班 204 期，培训骨干 4801 名，印发各类宣传资料 3.82 万册，电视宣传 45 场次，广播宣传 348 场次，宣传车宣传 128 辆次，开展法律咨询 48 场次。

三、“四五”普法

2001—2005 年，实施“四五”普法教育活动。2001 年 9 月，琼海召开“琼海市‘三五’普法单位表彰暨‘四五’普法动员大会”。11 月，举办全市副科级以上领导干部法制讲座，组织学习有关世贸组织方面的法律法规知识。

2002 年，成立“琼海市普法讲师团”，成员 10 名，主要担任琼海机关、事业单位的法制讲座任务。组织全市公务员进行培训，辅导学习《公务员依法行政读本》，并对全市公务员进行考试。举办全市副科级以上领导干部法制讲座，全员学习十六大提出的“加强法制教育、提高全民法律素质，尤其要增强公职人员的法制观念和依法办事能力，党员和干部特别是领导干部要成为遵守宪法和法律的模范”精神。2003 年 4 月，按照中宣部、司法部、国家税务总局要求，举办全市领导干部法制讲座，组织学习税收征管法及其实施细则。此外还分别举办 2 期全市领导干部法制讲座，学习有关人民代表大会制度和依法治国以及《中华人民共和国行政许可法》等内容。组织全市副科级干部进行《干部法律知识读本》为主要内容的法律知识考试。组织开展“12 · 4”全国法制宣传日活动和“6 · 24”国际禁毒日宣传活动。2004 年举办副科级以上领导干部法制讲座，并组织全市副科级干部进行《干部法律知识读本》为主要内容的法律知识考试。组织开展“12 · 4”全国法制宣传日活动和“6 · 26”国际禁毒日宣传活动。认真抓好琼海“民主法治示范村”

创建工作，2004年年底，全市共建设“民主示范村”49个。2005年，狠抓“四五”普法总结验收工作，举办领导干部法制讲座，组织学习《中华人民共和国宪法》和有关法治理论，并组织全市党务工作者、公务员、教师、事业单位、人民团体等7000人以上统一参加“四五”普法考试。

四、“五五”普法

2006—2010年，实施“五五”普法教育活动。市司法局按照“常抓不懈，务求实效”的要求，坚持学法与用法相结合，注重普法工作的质量和社会效率，确保普法工作落到实处。在普法工作中尽量根据不同的对象确定教育内容，并采取相应的方式抓好教育，以法律“六进”（进机关、进单位、进学校、进企业、进乡村、进社区）的形式，使普法工作具有较强针对性，以达到最佳效果。“五五”普法在“四五”普法基础上，使全市不同行业、不同年龄、不同文化程度的人受到了不同程度的教育，人们的法制观念得到了进一步提高，从而促进了社会稳定，为创建“平安琼海”发挥了积极作用。突出抓好各类群体性事件当事人法制宣传教育和疏导工作，引导公民正确表达利益诉求、依法维护自身权益，努力在全社会营造出“学法、知法、守法、护法”的浓厚氛围。全市共开展各类普法宣传活动和法律咨询288场次，接待法律咨询9000多人次，发放各类法律资料12万多册；举办普法讲座164场次，受训人数达2万余人次；播放电影、光碟590场次，墙面普法宣传标语650条，悬挂横幅188幅，开展法制征文185次，演讲239场次，出墙报1033期。

第三节　人民调解

1991—2010年，全市（县）人民调解工作坚持以人民调解为基础，以构筑“大调解”格局为基本思路，以加强基层调解组织的建设并充分发挥人民调解员作用为核心，认真落实人民调解各项工作制度。至2010年，琼海市共设有各类调解委员会216个，调解员1054人。市司法局加强对人民调解员的培训，保证人民调解工作在基层全面深入地开展。全市各类调解组织充分履行工作职责，及时调处婚姻、家庭、邻里等传统民间纠纷，积极调处重大工程建设和城市建设而引发的拆迁安置、补偿、医疗等纠纷。同时，针对矛盾纠纷发生的类型、特点，在法定节假日前及社会重点时期开展矛盾纠纷排查调处活动，对社会热点、难点以及带有普遍性的问题进行排查，对矛盾纠纷苗头和隐患适时化解，确保做到小纠纷不出村民小组，一般纠纷不出村，大纠纷不出镇，群体性上访和群众性械斗事件得到及时快速化解，取得了显著成绩。全市共调解各类矛盾纠纷 21253 起，调解成功 19846 起，调处成功率在 98%以上。

第四节　安置帮教

1998 年 6 月，设安置帮教工作领导小组和办公室，办公室设在市司法局。2007 年，开展核查纠正监外执行罪犯脱管、漏管专项工作，以及 2004—2006 年刑释解教人员调查摸底专项工作。加大对重点人员的监管，采取重点管控、重点教育、重点帮助、重点转化。至 2010 年，市司法局每年组织对两类人员（社区服刑人员和刑满释放人员）进行排查摸底，确保底数清、情况明。

1998—2010 年，琼海市共接收回归两劳人员（劳动改造人员和劳动教养人员）1549 人，安置就业 1011 人，安置率 81%，重新犯罪率控制到 3%以内。

第五节　社区矫正

2005 年 6 月，琼海市被确定为海南省社区矫正工作的试点单位，2006 年 5 月开始社区矫正试点工作，成立了社区矫正工作领导小组，下设办公室，办公室设在市司法局。通过加强管理和衔接，做好每个对象的衔接、执行、监管、考核、解除等五项工作，注重对社区矫正对象日常管理工作，进行生活上帮困、思想上帮教，确保矫正对象不重新犯罪。每年都联合市检察院对监外执行罪犯进行年度检查、组织定期召开社区矫正工作会议等，加强责任部门间的协调沟通，加大宣传力度，提高社区矫正工作影响力和社会认同感，扎实有效地做好社区矫正试点工作。

2006—2010 年，琼海累计接收社区矫正对象 189 人，期满解除 101 人。2010 年年底，在册人数 78 人，未出现脱管、漏管现象，重新犯罪率控制到 3%以内。

第六节　法律援助

2003 年，成立琼海市法律援助中心。至 2010 年，除农场外，琼海市已建立市法律援助中心 1 个，法律援助服务站 18 个，注册法律工作者 17 名，发展法律援助联络员 203 名，并且在部分中小学建立法律援助联络点，发展法律援助志愿者，形成较为完善的法律援助机构网络体系。琼海市法律援助工作逐步建立了人员管理、经费管理、参与信访接待、案件讨论等方面的规章制度。在法律援助咨询、申请、受理、审批的时间上都作了严格的规定，并针对农民工实行“受理、审批、指派、办理四优先”，进一步降低法律援助门槛，农民工申请支付劳动报酬和工伤赔偿法律援助的，不再审查其经济困难条件。同时，凡涉及农民工在交通事故、医疗事故、主张社会保险待遇等事项上，经济困难标准审查实施最低工资标准，把因雇佣关系引起的工资和人身损害赔偿纠纷案件尽量纳入法律援助范畴，让更多的农民工和困难群众能够通过法律援助获得权利保障。中心针对群体性农民工讨薪案件，创造性提出了非诉讼调解的方法。成功调处涉及农民工讨薪等群体事件近 20 起，为当事人讨要工资 160 多万元，既节省了办案时间，又及时化解了矛盾，避免了双方当事人之间的讼累。受援人的满意率达到 100%。

至 2010 年，全市共开展各类法律援助宣传活动 120 场次，接受群众咨询 31.5 万多人次，发放各类法律书籍 20 多万份。全市“148”法律服务热线共接待来访来电咨询约 15430 人次，各级法律援助机构共办理法律援助案件 958 件。

第七节　公证和法律服务

一、公证

1991 年，对公证进行执法检查，加强对公证的领导工作，完善各项制度。1992 年，开展“公证宣传月”活动，组织并设立公证咨询站，针对公证内容组织知识竞赛。1995 年，公证处与市房管局联合制定《关于房产登记管理中加强公证的规定》。1997 年，就有关土地转让公证问题与市国土局联合发文。1998 年，开始介入承包经营，国有资产拍卖、提存、招标、投标等新的公证领域。2002 年，公证工作取得了历史最好成绩，全年办理公证 2031 件，上缴财政资金 225965 元。2003 年，公证从行政体制转为事业体制，并建立起与之适应的内部管理制度，主动介入招标投标、拍卖、贷款等新的领域。2005 年，市公证处实行财务独立核算，既保证公证行业的国家性，也体现公证行业作为自由职业的服务性。至 2010 年，琼海市公证处有 5 名工作人员，其中公证员 3 名。市司法局加强公证工作规范管理，自律意识不断增强。通过加强公证工作管理，完善了公证工作运行机制，严肃了办证程序、规范了公证服务秩序。

1991—2010 年，共办理各类公证 27929 件。

二、法律服务

1991年，把单纯的司法调解转变到与法律服务相结合的轨道上，在法律服务中调解，把只讲社会效益的无偿活动转变为社会效益和经济效益相结合的有偿服务。1992年，提高法律服务收费，全市有12个法律服务所达到海南省政府规定的一级法律服务所标准。1993年，针对律所人员变动较大问题，进行专业培训，采取鼓励个人边学边干和集中培训的方法。1994年，强化律师工作的制度管理，出台《关于律师事务所接受案件的规定》《关于招聘专职法律工作者试行办法》《关于律师所律师领取提成金的暂行规定》《琼海市第二律师事务所一九九四年度业务收费管理使用实施细则》等有关规定办法，强化制度后的压力促使其一改以往“坐堂等案”的现象，走出律所大门，深入社会各界宣传法制，宣传律师工作的意义。1995年，大多数乡镇法律服务所，已从为乡镇政府和乡镇企业担任法律顾问发展到为村委会、承包户、专业户、个体户担任法律顾问，拓展法律服务领域。塔洋镇法律服务所积极为镇政府出谋划策和提出司法建议，得到了采纳，制定《关于依法管理承包合同及其他租借事务的有关规定》，印发全镇贯彻执行，有力地促进了依法治镇工作。由于律师人员量少质弱，1997年年初，制定了律师法律工作者奖罚规定。同年，《琼海市法律服务市场整顿方案》报市政府批准实施。1998年，温泉、上埇、长坡、大路等乡镇法律服务所积极为所在地区大农业项目开发万亩菠萝基地提供法律服务。1999年，设立开通“148”法律服务专用电话和完善“148”条约建设，为群众提供更好的法律服务。2000年，为适应经济社会法制需要，律师事务所进行脱钩改制。2001年，撤销第一、第二律师事务所，注销海南冠剑、加旋律师事务所，保留琼海市“148”法律服务中心。2003年，将基层法律服务收费转为经营服务性收费。2004年，分别在阳江镇、石壁镇、大路镇、潭门镇、嘉积镇组建5个基层法律事务所，新组建的事务所与司法脱钩分离，成为独立法人单位，为农村基层社会全面奔小康，提供法律服务与保障。2006年，琼海市“148”法律服务中心人员进行分流，陆续在琼海设立中心法律事务所、谐和法律事务所、方正法律事务所、恒信法律事务所；海南法立信律师事务所琼海分所、海南宏顺律师事务所、海南绿星律师事务所等3家律师事务所也陆续在琼海设立。2009年，结合市基层法律服务所、公证处的工作实际，制定了年度考核指标，发挥管理和指导作用。

1991—2010年琼海市（县）司法局公证情况统计表

表14–5–1

年度	房屋买卖合同（件）	遗嘱（件）	收养（件）	继承财产（件）
1991	1	2	8	7
1992	0	3	15	10
1993	0	0	6	9
1994	0	1	6	9
1995	20	2	4	7
1996	0	3	10	19
1997	12	8	12	24
1998	8	6	5	14
1999	8	2	3	24
2000	7	3	14	12
2001	9	4	6	21
2002	11	9	1	17
2003	9	4	1	28
2004	6	2	1	21
2005	3	0	1	17
2006	2	0	0	37
2007	数据缺失			
2008	1	0	4	21
2009	15	7	6	91
2010	21	7	20	129

第十五编　教　育

1991—2010 年，琼海市（县）根据教育学龄人口的变化发展，结合小城镇的建设、薄弱中小学改造、寄宿制中心学校建设等工程，对中小学校布局结构进行调整，完善基础设施和教学设备，完成教育信息化建设目标，开展教师全员培训，加强师德教育，教育教学全面提升。在注重公办学校建设的同时，加大对民办教育的扶持。至 2010 年，全市共有高等教育机构海南软件职业技术学院 1 所，公办中小学校 147 所，职业中等专业学校 1 所，民办学校 80 所。教学教育质量、美德教育、素质教育质量大幅提高，高考报考人数 3173 人，被录取 3076 人，录取率达 97%。

第一章　基础教育

第一节　学前教育

1991 年，琼海县共有幼儿园 5 所，在园幼儿 7516 人。1995 年，全市共有幼儿园 18 所，在园幼儿 9411 人，学前三年儿童入园率 39%，学前一年入园（班）率 86.7%。2000 年，共有幼儿园 38 所，在园幼儿 9101 人。2006 年，全市有幼儿园 58 所，在园幼儿增加到 12273 人，全市已普及学前一年教育，学前三年教育率逐年提高。至 2010 年年底，全市有经教育主管部门审批的幼儿园共 78 所。其中，公办园 2 所、镇中心校幼儿园 5 所、民办园 71 所，在园幼儿 18765 人，学前一年儿童入园率达 99.6%，学前三年儿童入园率达 88.7%。

1991—2010 年琼海市（县）幼儿教育情况统计表

表 15-1-1

年度	幼儿教育机构数（所）	其中小学附设学前班（个）	其中幼儿园个数（个）	在园（班）幼儿总人数（人）	学前三年儿童人数(人)	学前三年儿童入园人数（人）	学前三年儿童入园率（%）	学前一年儿童人数（人）	学前一年儿童在园（班）人数（人）	学前一年儿童人数入园率（%）
1991	192	187	5	7516	21833	7505	34.4	8032	5542	69.0
1992	195	188	7	7962	23177	7920	34.2	8209	5808	70.8

续表 15-1-1

年度	幼儿教育机构数（所）	其中小学附设学前班（个）	其中幼儿园个数（个）	在园（班）幼儿总人数（人）	学前三年儿童人数(人)	学前三年儿童入园人数（人）	学前三年儿童入园率（%）	学前一年儿童人数（人）	学前一年儿童在园（班）人数（人）	学前一年儿童人数入园率（%）
1993	198	190	8	8600	24502	8575	35.0	8261	6443	78.0
1994	203	191	12	9360	24572	9337	38.0	8102	6279	77.5
1995	212	194	18	9411	24109	9402	39.0	7146	6196	86.7
1996	219	197	22	9304	22877	9265	40.5	7029	5729	81.5
1997	225	196	29	8699	21102	8651	41.0	6327	5441	86.0
1998	226	196	30	8436	19432	8355	43.0	6076	5165	85.0
1999	228	195	33	8734	18159	8910	49.1	5756	5082	88.3
2000	233	195	38	9101	17676	9032	51.1	5844	5259	90.0
2001	230	190	40	9036	16893	8869	52.5	5293	4790	90.5
2002	237	189	48	9277	16133	9534	59.1	5186	4780	92.2
2003	236	184	52	9428	15217	9130	60.0	5028	4586	91.2
2004	233	179	54	9893	15073	9206	61.1	5169	4704	91.0
2005	228	173	55	11210	15565	10350	66.5	5468	5020	91.8
2006	226	168	58	12273	16084	11420	71.0	5447	5175	95.0
2007	229	165	64	14166	16441	13383	81.4	5566	5393	96.9
2008	225	159	66	14680	16653	14796	88.8	5680	5538	97.5
2009	192	124	68	18104	17703	15366	86.8	6497	6432	99.0
2010	181	105	78	18765	18943	16802	88.7	6776	6752	99.6

第二节 中小学教育

1990—1991学年度，小学入学率99.3%，巩固率98.8%，毕业率86.8%，普及率97.4%，升学率86.8%，流动率0.42%；中学毕业率93%，巩固率90%，流动率3.6%。1993年，实现基本普及九年义务教育和基本扫除青壮年文盲。1991—1995年，有完全小学180所（其中民办学校1所），教学点36个，在校小学生39299人；普通初中23所，在校初中学生 24350 人；普通高中 5 所，在校高中生 6418 人。2006 年，全市小学适龄儿童入学率和在校生年巩固率均为 100%，初中入学率为 99.5%，初中在校生年巩固率为 99.2%，三类残疾儿童少年义务教育入学率达 99%，全市青壮年非文盲率达 99.1%，均位列全省前列。2009 年，琼海市被评为全国推进义务教育均衡发展先进地区。2010 年，有完全小学 114 所，在校小学生 35235 人；初中学校 20 所，在校初中生 20187 人；普通高中 5 所、职业中专 1 所，在校高中生 10391 人。

2002—2010 年琼海市小学教育情况统计表

表 15-1-2

年度	学校数（所）	毕业生人数（人）	同年招生人数（人）	在校生数（人）	教职工人数（人）	其中：专任教师
2002	227	9855	7119	50343	2840	2547
2003	226	10033	6899	47226	2825	2550
2004	210	9352	6136	43693	2772	2511
2005	208	8386	6457	41962	2790	2472
2006	206	7919	6776	40563	2730	2412
2007	186	7499	6303	39014	2679	2367
2008	175	7058	5745	37034	2628	2330
2009	163	6574	5349	35457	2568	2291
2010	114	6013	5903	35235	2540	2269

说明：1991—2001 年数据缺失

1991—2010 年琼海市（县）适龄儿童入学率统计表

表 15-1-3

年度	适龄儿童人数（人）	适龄儿童入学人数（人）	适龄儿童入学率（%）
1991	49635	48714	98.14
1992	50638	50125	98.99
1993	52160	51639	99.00
1994	52563	52143	99.20
1995	53951	53682	99.50
1996	53788	53642	99.73

续表 15-1-3

年度	适龄儿童人数（人）	适龄儿童入学人数（人）	适龄儿童入学率（%）
1997	52903	52851	99.90
1998	51900	51849	99.90
1999	50682	50581	99.80
2000	48525	48486	99.92
2001	46042	45996	99.90
2002	43107	43069	99.91
2003	40154	40142	99.97
2004	38347	38335	99.97
2005	36853	36853	100.00
2006	36358	36358	100.00
2007	35103	35101	99.99
2008	35531	35531	100.00
2009	35226	35226	100.00
2010	35235	35235	100.00

2002—2010 年琼海市初中教育情况统计表

表 15-1-4

年度	学校数（所）	毕业生人数（人）	同年招生人数（人）	在校生数（人）	教职工人数（人）	其中：专任教师
2002	25	7172	9135	24727	1542	1287
2003	23	7176	9548	26185	1515	1268
2004	24	7830	9129	26650	1513	1275
2005	24	8315	8461	26202	1507	1280
2006	23	8777	7770	24444	1525	1313
2007	24	8430	7611	22978	1468	1268
2008	24	7685	7277	21915	1495	1317
2009	20	6993	6758	21070	1497	1329
2010	20	6866	6442	20187	1528	1369

说明：1991—2001 年数据缺失

2002—2010 年琼海市高中教育情况统计表

表 15-1-5

年度	学校数（所）	毕业生人数（人）	同年招生人数（人）	在校生数（人）	教职工人数（人）	其中：专任教师
2002	6	1207	2096	5529	325	271
2003	6	1675	2134	5938	353	295
2004	5	1778	2606	6752	391	329
2005	6	1997	2930	7689	445	377
2006	7	2157	3099	8484	531	457
2007	7	2531	3150	9063	585	505
2008	7	2842	2447	9684	599	535
2009	7	3129	3544	9909	605	536
2010	6	3108	3673	10391	585	523

说明：1991—2001 年数据缺失

1991—1992 年琼海县高考报名、录取人数统计表

表 15-1-6

年度	报考人数	录取人数（人）		录取总数（人）	录取率（%）	备注
		大专	中专			
1991	1178	263	51	314	26.65	—
1992	1334	257	61	318	23.83	保送生 27 人

1993—2002 年琼海市高考报名、录取人数统计表

表 15-1-7

年度	报考人数（人）	录取人数（人）					录取总数（人）	录取率（%）	备注
		国线	省线	地线	中专	保送特招委培自费			
1993	1230	68	130	72	26	42	338	27.47	保送生 42 人
1994	1074	62	80	95	40	92	369	34.35	保送生 26 人
1995	846	100	95	65	28	73	361	42.67	保送生 17 人
1996	764	42	138	76	28	99	383	50.13	保送生 15 人
1997	830	63	143	107	45	—	393	47.35	—

续表 15-1-7

年度	报考人数（人）	录取人数（人）					录取总数（人）	录取率（%）	备注
		国线	省线	地线	中专	保送特招委培自费			
1998	841	109	194	141	55	—	499	59.33	—
1999	848	130	174	84	—	—	388	45.75	—
2000	936	185	251	122	—	—	558	59.62	—
2001	1017	176	262	435	—	—	873	85.84	—
2002	1386	199	443	493	—	—	1135	81.89	—

2003—2010 年琼海市高考报名、录取人数统计表

表 15-1-8

年度	报考人数（人）	一本录取（人）	二本录取（人）	三本录取（人）	本科录取（人）	本科录取率（%）	专科录取（人）	录取合计（人）	录取率（%）
2003	1538	213	376	138	727	47.27	713	1440	93.63
2004	1963	284	525	145	954	48.60	915	1869	95.21
2005	2476	480	330	128	1321	53.35	1321	2131	86.00
2006	2648	422	588	160	1224	46.22	1224	2234	84.00
2007	2726	598	597	175	1370	50.26	1080	2450	89.80
2008	2988	581	679	374	1634	55.00	1200	2834	95.00
2009	3226	627	679	300	1606	50.00	1318	2924	91.00
2010	3173	710	716	450	1876	59.00	1200	3076	97.00

第三节 课程改革

1993 年，琼海市通过国家“两基”验收：基本普及九年义务教育，基本扫除青壮年文盲。全市义务教育学龄人口入学率 98.68%。1998 年，市教育局印发《琼海市关于全面推进中小学素质教育的若干意见》，召开琼海市素质教育工作会议。

2001 年，教育部制定颁发了《基础教育课程改革纲要（试行）》，第八次基础教育课程改革 2001 年起在全国范围内开始实施。2003 年秋季，琼海市作为第二批省级实验区，

小学初中起始年级进入义务教育课程改革实验。进入课改的小学学生数 5985 人，初中学生数 6564 人。市教育局下发《琼海市基础教育新课程全员培训方案》和《琼海市义务教育新课程推广通识培训和学科培训方案》等一系列文件，根据“先培训先上岗，不培训不上岗”的原则，全市对实施实验的教师进行全员的通识培训和学科培训。校长接受不少于 30 学时的课程改革通识培训，中小学教师接受不少于 30 学时的通识培训和 40 学时的学科培训。师资培训工作贯穿于新课程实验推广的全过程。逐步做好非实验年级教师的相关培训工作，组织和指导非实验年级教师对新课程的理论学习、观念渗透。先后参加省市级通识培训的学校领导、教师达 1000 人次，参加学科培训的中小学教师达 3200 人次，投入专项经费 100 万元。

2004 年秋季，海南省第一批进入国家高中课改实验，琼海市同步进入。贯彻执行《海南省基础教育课程改革实验区初中毕业和高中阶段招生考试制度改革方案》，日常学业取消百分制，提倡等级制。改革中考招生制度，初中毕业升学考试增加历史学科，增加八年级的地理、生物学科会考；中考成绩不再实行百分制，一律实行等级制。不用分数区分到人，而是承认学生的能力差异，设定合理区间，进行批量选拔录取，摒弃分分计较的弊端，采取等级赋分的办法，有效解决不同批次学校录取学生的需要。在重点高中学校录取新生时，设立正取生、潜能生、特长生等多条录取通道。共有 4 所高中学校的高一年级学生 2650 人进入新课程实验，参加新课程学科培训的专任教师达 112 人。2005 年，高中学校数增加到 5 所，参加实验的年级达到 2 个，进入新课程实验的学生 6156 人，同年参加新课程学科培训（包括岗前学科培训和跟进培训）的专任教师 295 人。2006 年，所有高中年级都进入新课程实验工作，进入新课程实验的学生达到 9675 人，同年要求尚未参加岗前培训的教师要全部参加岗前培训，进入高二年级的教师要参加跟进培训，参加新课程实验的专任教师总数达到 410 人。

2007 年，海南省举行高中课改后的第一年高考。琼海高考全市一本入围人数共 598 人，其中 700 分以上 59 人，800 分以上 8 人，7 名学生分别被北京大学、清华大学录取，且海南省文理科第一名均花落琼海。同年，初步建成琼海市计算机网络中心，建立以接收卫星宽带网为主体的现代远程教育体系，实现省、市、校三级联通。农村初中和中心学校全套配备一个以上多媒体教室，农村小学基本具备卫星教学收视点，农村小学教学点具备教学光盘播放设备和成套教学光盘，实现城乡优质教育资源共享。秋季，市义务教育阶段学校全部取消重点班、实验班、提高班等，推行均衡分班，并将均衡分班列入中小学校长目标责任考核的重要内容，实行一票否决。

2008 年，对于正取生，实行指标分解到校的办法，尽可能考虑不同地区、不同学校特点，为其提供优质教育资源。同年，着手分步实施“一镇三优”教育振兴行动计划。即每个镇优先办好一所优质初中、一所寄宿制中心校和一所优质中心幼儿园。至 2010 年，首批镇寄宿制中心学校——中原镇中心学校、塔洋镇中心学校、大路镇中心学校、博鳌镇中心学校和首批中心幼儿园——中原镇中心幼儿园、龙江镇中心幼儿园、大路镇中心幼儿园等完成建设并交付使用。

2010 年，海南省农村义务教育课程改革经验交流暨样本校建设工作会议在琼海召开。

第四节　办学条件

一、学校建设

1991—2005 年，共投入 2.5 亿元用于中小学硬件设施建设。1996 年，投入建校资金达 1135.3 万元，新建、扩建、改建教室和师生宿舍 2.22 万平方米；基本实现农村学校教学仪器设备达标。至 2005 年，中小学校舍面积达 56 万平方米，小学人均 6.6 平方米，中学人均 7.5 平方米（含教师宿舍），扩建改造 23 所中学，农村教师住房成套率达 40%。同年，按照课改要求，加强实验室建设；计算机配备达到小学三年级以上每 30 人有一台，中学每 16 人有一台，并全面启动农村远程教育工程。

2006 年，消灭各级校舍危房 2.34 万平方米，其中 D 级危房 1.90 万平方米，C 级危房 0.44 万平方米。新建 39 所中小学 42 个项目校舍 2.38 万平方米。投入资金 1560 万元，其中省资金 1237 万元，市配套 323 万元。2008 年，投入 1159 万元，完成中小学基建 1.05 万平方米；投资 3500 万元建设新实验小学，同年 2 月投入使用；嘉积中学青少年活动中心项目竣工。2008—2009 年，市烟塘中学等 16 所学校（含市职专）被列为中西部农村初中校舍改造工程新增投资项目，工程实施步骤为：2008 年，建设 6 所初中，总面积 0.83 万平方米，总投资 1154 万元（其中设备购置 69 万元），资金来源全部为中央预算内专项资金；2009 年，建设 8 所初中和市职专，总面积 1.04 万平方米，总投资 1359 万元（其中设备购置 58 万元），资金来源为中央预算内专项资金 1316 万元，市配套 43 万元。2009—2010 年，全面实施中小学校舍安全工程，实施步骤为：2009 年重建 10 所中小学 11 个项目校舍 2.19 万平方米，投入资金 3281 万元，其中中央资金 877 万元，省资金 377 万元，市配套 2027 万元；2010 年，重建 12 所中小学 15 个项目校舍 2.44 万平方米，投入资金 3649 万元，其中中央资金 800 万元，省资金 466 万元，市配套 2383 万元。

至 2010 年，琼海市已建成校园网 125 个，占应建网学校总数的 100%，配备各类计算机 4415 台，学生数与学生用机比例达 15：1。面向全社会开放，具有现代远程教育功能、高宽带传输的市、校两级教育信息网已初具规模，全市中小学基本实现“校校通”。

二、教育经费

1991—2010 年，琼海市（县）教育经费总投入 26.91 亿元，其中财政预算内教育经费拨款 20.5 亿元、各级政府征收用于教育的税费（教育费附加）投入 1.16 亿元、社会捐赠办学收入 0.86 亿元、学校各种事业收入（学杂费）3.43 亿元、其他收入 0.96 亿元。

1991—2010 年，琼海市（县）教育经费总支出 27.34 亿元，主要用于教师工资等个人支出 17.93 亿元，办校各种公用支出 8.4 亿元，基本建设支出 1.1 亿元。

1991—2010 年琼海市（县）教育经费收入情况表

表 15-1-9　　单位：万元

年度	总计	预算内教育经费				各级政府征收用于教育的税费（教育费附加）	社会捐赠经费	事业收入		其他收入
		小计	教育事业费拨款	基本建设拨款	其他拨款			小计	其中学杂费	
1991	3656.8	2668.6	2551.2	0	117.4	114.5	98.1	775.6	487.0	0
1992	3931.1	2760.0	2550.0	0	210.0	155.2	131.2	884.7	584.7	0
1993	4304.2	2988.1	2773.1	0	215.0	181.2	222.0	908.9	608.9	4.0
1994	4856.1	3761.8	3644.8	0	117.0	208.0	—	886.3	586.3	0
1995	5388.4	4223.3	4003.3	70.0	150.0	193.3	149.3	822.5	622.5	0
1996	6066.4	4312.5	4089.4	0	223.1	198.0	803.4	752.5	582.5	0
1997	7407.6	4125.9	3779.5	60.0	286.4	233.9	789.0	932.1	632.1	1326.7
1998	6962.8	4113.4	3825.2	0	288.2	749.9	1025.1	820.8	557.1	253.6
1999	6069.3	4521.5	4268.5	0	253.0	805.2	55.3	687.3	602.1	0
2000	7977.5	5590.2	4553.2	557.0	480.0	799.0	873.0	715.3	645.7	0
2001	10604.6	7617.3	6252.9	971.2	393.2	279.9	1500.4	752.5	635.7	454.5
2002	13770.3	8662.4	6668.5	1508.4	485.5	341.3	1182.5	2912.5	1570.5	671.6
2003	13660.0	8560.7	7561.2	533.2	466.3	499.8	990.2	3076.1	1210.2	533.2
2004	13458.5	8663.8	7503.1	678.5	482.2	512.9	77.9	3223.1	1352.9	980.8
2005	16680.4	12982.5	11466.6	553.2	962.7	487.5	62.0	2313.7	658.8	834.7

续表 15-1-9

年度	总计	预算内教育经费				各级政府征收用于教育的税费（教育费附加）	社会捐赠经费	事业收入		其他收入
		小计	教育事业费拨款	基本建设拨款	其他拨款			小计	其中学杂费	
2006	18947.2	14298.5	12662.2	571.5	1064.8	686.6	36.0	2912.1	713.0	1014.0
2007	21083.4	16620.4	14210.5	1228.9	1181.0	818.0	14.6	2235.3	604.6	1395.1
2008	25720.8	20759.5	16975.2	1554.2	2230.1	984.4	24.6	2694.4	384.2	1257.9
2009	38791.3	34355.6	30234.3	1611.6	2509.7	1060.2	307.0	2603.7	545.6	464.8
2010	39825.2	33513.4	31597.7	129.2	1786.5	2302.1	214.7	3387.8	669.1	407.2
合计	269161.9	205099.4	181170.4	10026.9	13902.1	11610.9	8556.3	34297.2	14253.5	9598.1

1991—2010 年琼海市（县）教育经费支出情况表

表 15-1-10 单位：万元

年度	总计	事业性支出				基本建设支出
		个人部分		公用支出		
		工资福利支出	对个人和家庭的补助	商品和服务支出	其他资本性支出	
1991	3202.4	2135.2	555.6	356.6	155.0	0
1992	3628.2	2385.1	587.1	488.0	168.0	0
1993	4053.7	2886.0	596.5	405.2	166.0	0
1994	4885.3	3557.4	599.6	550.8	177.5	0
1995	5080.4	3766.9	536.4	531.5	175.6	70.0
1996	4574.2	3361.5	507.8	574.9	130.0	0
1997	4560.4	3158.8	344.3	838.6	158.7	60.0
1998	6076.4	4432.0	332.9	1085.0	226.5	0
1999	6721.7	4782.4	342.6	1247.8	348.9	0
2000	9772.4	5796.0	480.0	2380.7	558.7	557.0
2001	10668.3	5708.0	523.4	2727.3	738.4	971.2
2002	13834.5	7125.8	658.1	3826.5	715.7	1508.4
2003	13356.7	7542.1	699.8	3995.4	586.2	533.2

续表 15-1-10

年度	总计	事业性支出				基本建设支出
		个人部分		公用支出		
		工资福利支出	对个人和家庭的补助	商品和服务支出	其他资本性支出	
2004	13730.2	7691.6	705.3	4054.6	600.2	678.5
2005	16341.8	8303.3	604.2	5641.1	1240.0	553.2
2006	16132.1	9238.3	854.9	4792.3	675.1	571.5
2007	28552.4	14356.2	1931.1	8774.0	2262.2	1228.9
2008	27065.3	13950.1	1493.5	5661.6	4405.9	1554.2
2009	39514.2	23841.9	3084.8	9221.2	1754.7	1611.6
2010	41679.3	27476.6	2325.3	9616.8	2131.4	129.2
合计	273429.9	161495.2	17763.2	66769.9	17374.7	10026.9

第五节　美德美育

一、美德教育

1991—2010 年，琼海市（县）学校教育注重美德教育。要求各中小学校结合自身实际，将校园精神文化建设作为校园文化建设的核心，确立办学理念，强化校风、教风、学风、班风建设，赋予德育工作更丰富的内涵。通过加大投入，完善设施，营造了良好的育人环境。形成自我激励、自我约束、自我管理的制度文化，为德育工作的开展创造了良好的环境。打造校园文化品牌，进一步巩固了德育实践成果。

2008 年，全市中小学生日常行为规范合格率达 99.8%，学生操行评语合格率 99.99%，优秀率 75%以上，三好学生率 25%，优秀少先队员和优秀学生干部占 20%，好人好事率达 99.8%，文明班级占 30%。同时，市教育局关工委被评为“全国家庭教育先进集体全国教育系统关心下一代工作先进集体”，市实验小学获“全国中小学校德育工作先进集体”；中原中心校被评为“全国教育系统先进集体”；原琼海师范附小被评为“全国依法治校示范校”；嘉积中学、市一小、长坡镇中心学校等单位先后被评为“海南省中小学德育工作先进集体”；王文明中学、长坡镇中心学校、嘉积镇中心学校、市实验小学等被评为省级规范化学校。

二、美育教育

2007—2010 年，市各中小学参加省级以上的各类艺术比赛，获得省级一等奖共 25 次。其中，以嘉积中学舞蹈团最为引人注目。2007 年，嘉积中学舞蹈团创作的《军中蛟龙》获第四届 CCTV 电视舞蹈大赛铜奖；2010 年的作品《远征》获第七届“荷花奖”校园舞蹈大赛普通院校组表演金奖,《士兵与枪》获第三届全国中小学艺术展演活动一等奖。此外，市实验小学校民乐队夺得“金苗苗”杯全国少儿才艺大展演金牌，其节目《节日锣鼓》《喜洋洋》在央视少儿频道热播。嘉积二中、嘉积镇一小、嘉中分校、长坡镇椰林小学在民乐、舞蹈等方面也多次参加省内外大赛获得一等奖。

第六节　管理体制

一、行政管理

1991—2010 年，根据教育法的规定，实行“分级管理，分级负责”原则，即市（县）政府对本级教育事业负有管理职能，市（县）政府各部门如教育、发改、财政、人事等部门根据不同的职能分工，对本地的教育事业发展有不同的管理责任。市（县）政府统一规划和管理中等及中等以下教育，并承担组织各方面力量发展中等及中等以下教育的责任。市（县）教育局作为教育行政权的主体，享有主管全市（县）的教育事业的法律地位，市（县）政府其他部门根据安排，在各自的职责范围内对教育工作进行规划和业务指导。至 2010 年，琼海市教育局内设机构有办公室、人事股、普教股、成职教股、体卫艺股、小学教研室、中学教研室、电教站、高招办、教师继续教育中心、教育督导室、工会、关工委、勤工办、档案室、财务室。

二、财政管理

1991—1999 年，教师工资由工作所在地财政支付。

1991—2007 年，学校财务管理是以各中小学校为会计主体，依法设账簿，进行预算。2001 年，实行教职工工资上卡发放，做到教师工资按时足额发放，并落实绩效工资，确保教师工资水平不低于公务员工资水平，保证教师队伍的稳定。2008 年起，实行“以市为主”的农村义务教育管理新体制，实现了教育财务集中归口管理。各中小学校由市财政局会计管理中心统一进行账务管理系统依法设置会计账簿，全市中小学校实行教育经费国库集中支付。

1991—2010 年，琼海市（县）农村中小学校预算管理形成制度化。市（县）财政局每年负责召开布置全市中小学校预算编制工作，做到每所中学和中心小学一本预算，按照财政年度预算的各项要求，严格预算执行。会计管理中心负责各中小学校的年终决算编制工作；以各中学和中心小学为独立设置的基本编制单位。预算编制工作由市财政局统一布置实施，并提请本级人民代表大会审议，严格执行“两上两下”的程序；各中小学校预算编制内容齐全、真实。严格按照政府收支分类科目细化到“目”，项目支出细化到校并按支出内容细化；各中小学校按规定开支范围和标准办理各项支出。由市财政局成立的各会计核算站严把支出审核关，并形成校务和财务公布制度，定期公示学校财务收支状况，接受监督。强化治理教育乱收费工作领导体制，严格执行义务教育阶段经费保障新机制收费政策，按照国家规定开展的教育教学活动和合理的办学支出要从公用经费中开支，不得以任何形式向学生和家长收费，严禁一边免费，一边收费。学校收费实行公示制度和收支两条线管理。市（县）财政与教育部门密切配合，建立健全资金拨付制度，确定按每学期拨付资金的方式，实行统一标准按时划拨经费，确保学校正常开学。在资金的管理方面，将资金拨付到各镇中心校、中学、市直属中小学设立的账户。要求学校严格执行预算，保证公用经费、人员经费和基本建设经费严格按规定使用，强化财务管理，严肃财经纪律，推行学校财务公开制度，严格执行《农村中小学公用经费支出管理暂行办法》，严禁将农村义务教育经费保障机制改革资金挪作他用，严禁用于冲抵财政预算内生均公用经费、用于发放教师工资和津补贴以及用于偿还“普及九年制义务教育”欠债。

三、农村义务教育经费保障机制改革

农村义务教育经费保障机制改革工作于 2007 年开始在琼海市实施。

2007 年 8 月，成立农村义务教育经费保障机制改革领导小组。组长由分管教育副市长担任，副组长由财政局长和教育局长担任，成员由政府、财政、教育、纪委监察、审计、发改、人事、农业等有关部门分管领导组成。领导小组负责协调解决改革中出现的问题，加强工作指导。此外，还对各成员单位按三个组进行分工。分别是：一、综合组：对外联络和组织协调工作，编发简报；向海南省上报改革信息；组织有关会议及检查工作等；二、经费组：汇总分析各中小学预算编制、资金拨付等情况，检查及报告资金落实情况；三、学校运转组：对中小学运转、内部管理和改革的情况进行分析、检查，对校舍维修改造长效机制的建立情况进行监督，及时反映改革情况及实施中出现的重大问题，并提出意见建议。

同时，转发《国务院关于农村深化义务教育经费保障机制改革的通知》和海南省政府印发的《海南省农村义务教育经费保障机制改革的实施方案》，结合实际制定《琼海市农村义务教育经费保障改革实施方案》，对全市实施经费保障改革工作作出总体部署，并广泛利用各种宣传媒介，采取多种形式，向全社会进行宣传。

四、减免学杂费

2007年起，琼海市义务教育免杂费及公用经费补助资金全部由中央及省级财政负担，同时每年财政预算配套公用经费补助资金约112万元，达到在小学每生每年300元的标准上增加18元，在校初中每生每年500元的标准上增加25元。在发放过程中，适当兼顾薄弱学校的建设，在资金上予以倾斜，解决运转困难问题。寄宿生生活补助经费标准为小学每生每年600元，初中每生每年750元。在分配指标时，对贫困乡镇中小学校重点倾斜，指标下达学校后，由学校组织，通过学生申请，学校经过深入调查、公示等程序来确定贫困生，并将花名册报教育局审批，教育局将资金下拨到学校，由学校发放到每个贫困生手中。2009年春季起，琼海市义务教育阶段公办学校按照规定，全部免收学生住宿费。中央、省共下达资金354.8万元，市本级76万元，受益学生6500人。2010年春季起，海南省义务教育阶段公办学校全面实施免费提供作业本，共下达琼海市免费提供作业本费64万元，同时市配套64万元，按照在校实际学生数全部下发到学校。开学前积极与市新华书店密切配合，按照在校实际学生数，及时将免费提供的教科书发放到全市义务教育公办学校的学生手中。2010年，公用经费资金2417.6万元全部下拨到各级学校。

第七节　名校选介

一、琼海市嘉积中学

嘉积中学创办于1917年，时为琼崖东路中学，属琼崖道管理，由琼东、乐会、定安、万宁、陵水、崖县等琼崖东路六县合办。位于“崇实学堂”原址，1923年，改称“广东省立第十三中学”，是当时海南岛唯一的省立中学，也是当时海南最高学府。1929年，开办高中师范班，成为完全中学。1935年，“十三中”易名为“广东省立琼崖中学”，由广东省政府直接管理。1950年1月，更名为“嘉积中学”。1958年，改由琼海县人民政府管理。1993年，嘉积中学入选“中国名校”。2003年，停止招收初中班。2005年，被评为“海南省一级甲等高级中学”。2007年，被评为“全国教育系统先进集体”。2008年，被评为“全国精神文明工作先进单位”。2009年，被评为“海南省普通高中课程改革实验推广项目样本校”。2010 年，被评为“全国学校艺术教育工作先进单位”和“海南省文明礼仪教育示范校”。

学校弘扬“爱国、守纪、严教、勤学”的优良校风，遵循“立志、勤学、笃行、创新，敬业、严教、善导、奉献”的严明校训。校园占地面积 115665.99 平方米（11.75 公顷），校舍建筑面积 63319.82 平方米，校园环境优美，绿化、美化率达 96%。校中有行政综合大楼“红楼”、教学楼“李强学苑”；有设备先进、可容纳 2000 名观众观看大型文艺会演和体育比赛的体艺馆；有 400 米标准塑胶跑道运动场，有省一流教学仪器及现代教育技术设备的科学馆。各类体育设施设备及场馆均按一类学校标准配套。图书馆藏书 16 万余册；学生公寓共有 1880 多个床位；学生食堂达省一类卫生标准，可容纳 1300 名学生同时进餐。

1991—2010 年，琼海市（县）共有 122 位同学考取清华、北大、科大、人大、复旦等全国名校，其中 1998 年王崇颖考取海南省文科第一名，2007 年林婵娟、陈扬分别考取海南省文、理科第一名。2008 年一本入围人数 375 人，2009 年一本入围人数 398 人，2010 年一本入围人数 498 人，上线率位居市县中学前茅。

2006—2010 年，学校老师参加国家级教学比赛获一等奖的 6 人，参加省级教学比赛获一等奖的 15 人，教师所撰写的论文获得省级一等奖以上的有 134 人次。学校体育代表队在省级各类比赛中均获得优异的成绩，学校男子篮球队、女子篮球队、男子足球队、男子排球队均获过省内外冠军。学生在市级以上艺术类比赛中获奖 240 余项。学校男子舞蹈团曾三十多次获全国、海南省级金奖和一等奖，并入选“中国学生艺术团”。其中，曾连续三次获“全国中小学艺术展演”一等奖，2009 年荣获“中央电视台第四届 CCTV 电视舞蹈大赛铜奖”，2010 年在 “全国第三届中小学艺术展演”中获第一名，并受邀参加中央电视台“春节联欢晚会”演出。

2010 年，有高中教学班 67 个，学生人数 3606 人，教职工 265 人，专任教师 228 人。其中特级教师 2 人，高级教师 60 人，一级教师 94 人，其他 74 人，省级骨干教师 7 人，市级骨干教师 32 人。学校行政人员 22 人，下设办公室、教务处、总务处、体卫处、教研室，分德育、教学、后勤三线管理。

1991—2010 年琼海市（县）嘉积中学高考情况统计表

表 15-1-11　　单位：人

年度	国线(一本)	省线(二本)	地线(三本)	录取人数	理科最高分	文科最高分	备注
1991	76	122	66	331	符传岿	庞诚	1991—1992年，海南省高考设“四组四门”：第一组语文、政治、历史、外语，第二组语文、数学、物理、外语，第三组数学、化学、生物、外语，第四组语文、数学、地理、外语
1992	71	92	77	364	王绍涛	黄冰	
1993	63	—	—	220	王任	陈琼君	—
1994	60	—	—	242	符进强	邓名奋	—
1995	110	—	—	290	冯越	张可	—
1996	54	—	—	294	朱修剑	马磊	—
1997	65	—	—	296	颜冬润	肖冰	—
1998	109	167	103	379	潘在亮	王崇颖	王崇颖为海南省文科第一名
1999	125	189	121	435	陈福雨	莫翠敏	—
2000	164	286	175	625	朱声宝	王　静	—
2001	176	235	326	737	刘禄宇	吴海琴	—
2002	199	365	331	895	王林林	陈　蕾	—
2003	213	289	241	743	陈春艳	彭媛媛	—
2004	266	458	236	960	王佳苓	杨健健	—
2005	466	270	256	992	李京泰	刘时玉	—
2006	486	436	214	1136	杨昌宜	王桐辉	—
2007	506	478	189	1173	陈　扬	林婵娟	陈扬为海南省理科第一名 林婵娟为海南省文科第一名
2008	375	426	176	977	郭秋萍	林泳才	—
2009	398	348	348	1094	谢奇森	魏艺琳	—
2010	498	421	269	1188	陈　就	莫壮弥	—

二、琼海市嘉积第二中学

琼海市嘉积第二中学创办于 1978 年秋，前身是嘉积镇初级中学，归嘉积镇政府领导。初创时没有校舍借五七小学开课，校址在嘉积镇加囊坡（今琼海市第一小学校址）。1980

年秋，五七小学并入嘉积镇一小，遗下校址拨归嘉积镇初级中学。1981 年 10 月，经县人民政府批准改名为“琼海县嘉积第二中学”，同时改由县直接领导。1984 年 8 月，开始招收高中一年级学生，学校成为完全中学。琼海撤县设市后，正式更名为“琼海市嘉积第二中学”。1995 年 9 月，学校易址至嘉积镇双拥路东侧重建。

学校秉承“团结自信、勤奋创新”的校训，办学规模不断扩大，1999 年，在海南省校容校貌评比中获一等奖。2006 年 4 月，被评为“海南省基础教育课程改革实验工作先进单位”。2006 年，学生舞蹈《冲出亚马逊》、合唱《蓝色多瑙河》在海南省第五届中学生文艺会演中皆获一等奖；舞蹈《冲出亚马逊》在 2007 年全国中小学生文艺展演中获一等奖。学校男女篮球代表队在 2007 年海南省篮球锦标赛中分获冠亚军。2007 年，学校被海南省教育厅评为“现代教育技术实验优秀学校”和“实验教学优秀学校”。同年 1 月，被评为“琼海市完全中学一级学校”。2008—2010 年，连续获琼海市年度教育综合评价一等奖。

2010 年，学校开设教学班 62 个，其中高中 36 个班，初中 26 个教学班；在校学生 3791 人。教职工 283 人，教师 259 人，其中高级教师 40 人，中级教师 85 人，省市骨干教师 21 人。校园总占地面积 6.67 公顷，校舍总面积 22580 平方米，校园内绿化面积 28858 平方米。学校建有教学楼、科学馆、图书馆、学生公寓楼等校舍场馆；运动区设有篮（排）球场、器械训练场等运动设施；校园布局合理、规划科学。

1991—2010 年琼海市（县）嘉积第二中学高考情况统计表

表 15-1-12　　　　单位：人

年 度	入围国线（一本）人数	入围省线（二本）人数
1991	1	8
1992	2	10
1993	2	11
1994	1	15
1995	2	16
1996	2	18
1997	1	21
1998	3	26
1999	8	76

续表 15-1-12

年　度	入围国线（一本）人数	入围省线（二本）人数
2000	10	115
2001	16	98
2002	18	72
2003	28	102
2004	36	67
2005	60	108
2006	41	110
2007	32	128
2008	37	119
2009	73	145
2010	54	149

三、琼海市华侨中学

琼海市华侨中学坐落于琼海市著名侨乡中原镇，是一所有90年办学历史的完全中学。2002年，被推选录入大型教育文献《中国名校600家》。学校的办学目标是“侨乡特色、乡镇一流、省内知名”。

学校始建于1924年，校名为“乐会县立初级中学”，校址随当时乐会县治在乐会县城东门街。1936年，为培养小学师资，在乐会县立初级中学基础上改设乐会县立简易师范学校。1954年夏，乐师附中班搬到中原鹧鸪坡，成立乐会县立第一初级中学。1955年秋，“乐会初级华侨中学”创办，由于办学条件严重不足，该校并入乐会县立第一初级中学，两校合并后，校名为“乐会华侨中学”，并开始招收高中班，成为一所完全中学。1959年秋，学校在海南县级行政区划撤并调整后，更名为“琼海县华侨中学”。1966年，更名为“琼海人民中学”。1978年恢复原校名。1993年，更名为“琼海市华侨中学”。

学校创办初期，新加坡华侨王兆经就捐资在乐城岛原校址兴建图书馆，香港中国香港同胞何万章首先发起为学校捐赠大批图书。1991年后，侨中进入办学历史发展的新时期。充分调动当地干部群众尊师重教的积极性，发挥侨校优势，广泛发动海外华人华侨、港澳同胞和广大校友捐资助学。2001年，林鸿谟捐建“林鸿谟教学楼”。2002年，王兴琼、王兴春捐建“长春图书馆”。

2010年，有教学班36个，学生近1900名，教职工147名，其中高级教师12名、中级教师37名，省、市学科带头人7名，研究生学历2人、本科学历100人、大专学历33人。校领导班子平均年龄不足40岁。校园占地面积10公顷，房屋占地面积9317平方米，绿化用地面积31500平方米，体育活动场地面积16250平方米。主要办学设施设备有：教学楼四幢，综合性实验、办公楼1幢，学生宿舍里3幢，图书馆、迎宾楼各1座，计算机教室2间，共有电脑120台，多媒体教室、电教室各1间，语音室1间，物理、化学、生物实验、仪器室5间，实验教学设备达到二类标准，音乐、美术教室各1间；体育运动设施有400米跑道运动场1个，足球场1个，硬板化篮球场4个，其中灯光球场2个，排球场3个，快乐园1个。

1991—2010年琼海市（县）华侨中学高考情况统计表

表15-1-13　　单位：人

年　度	入围国线（一本）人数	入围省线（二本）人数
1991	3	6
1992	0	4
1993	1	17
1994	0	6
1995	0	5
1996	1	8
1997	1	7
1998	0	8
1999	0	5
2000	0	8
2001	1	9
2002	0	10
2003	1	9
2004	0	10
2005	0	7
2006	0	7
2007	2	11

续表 15-1-13

年 度	入围国线（一本）人数	入围省线（二本）人数
2008	8	32
2009	3	27
2010	6	28

四、琼海市长坡中学

琼海市长坡中学创建于1956年，是琼海市规模较大、布局较合理，设施较为完善的一所乡镇完全中学。学校总占地面积9.87公顷，其中校园面积5.2公顷，教学实践基地4.67公顷。学校秉承“厚德刻苦、自强致美”的校训精神，逐步形成了“励志、笃行、求实、致远”的校风，“严谨、博学、爱生、乐教”的教风和“自律、自强、乐学、善思”的学风。先后曾获“海南省级校本研训示范校”、海南省法律进学校工程“先进集体”，琼海市“课程改革实验工作先进单位”和琼海市“中小学艺术教育示范学校”称号。

1991—2010年琼海市（县）长坡中学高考情况统计表

表 15-1-14　　单位：人

年度	入围国线（一本）人数	入围省线（二本）人数
1991	3	12
1992	2	15
1993	4	13
1994	5	17
1995	3	20
1996	5	21
1997	4	16
1998	3	17
1999	6	16
2000	7	21
2001	6	28
2002	8	32

续表 15-1-14

年度	入围国线（一本）人数	入围省线（二本）人数
2003	7	26
2004	5	27
2005	6	23
2006	0	10
2007	4	11
2008	4	23
2009	7	24
2010	2	23

第二章　高等教育

第一节　教育机构

琼海市高等教育机构有海南软件职业技术学院一所。海南软件职业技术学院前身为海南琼海师范学校，2003 年 3 月，经海南省人民政府批准，教育部备案，升格为公办全日制高等职业院校。至 2010 年，为副厅级事业单位。设有学院办公室、组织宣传部（统战部）、纪检监察审计处、人事处、教务处、学生处（学生工作部）、科研设备处、招生就业处、财务处、后勤处、工会、团委等 12 个职能部门；软件工程系、网络工程系、信息管理系、数码设计系、电子工程系、艺术传媒系、基础教育部、公共教学部、社会科学部、图书馆等 10 个教学教辅部门；机关党总支、社科与公共直属党支部、软件工程系党总支、网络工程系党总支、信息管理系党总支、数码设计系党总支、电子工程系党总支、艺术传媒系直属党支部、基础教育部党总支等 9 个基层党组织；计算机运用技术实验教学中心（挂靠教务处）、武装部（挂靠学生处）、学生资助管理中心（挂靠学生处）、招生办公室（挂靠招生就业处）、就业指导中心（挂靠招生就业处）等 5 个挂靠机构。

第二节　办学条件

2010 年，学院占地 21.73 公顷，建筑面积近 15 万平方米，有教学科研仪器设备总值 3550 万元，图书馆藏书 53 万余册，实验实训计算机 1800 多台，阅览室、多媒体教室和语音室座位近 5000 个。建有“计算机应用与软件技术”和“电工电子与自动化”两个中央财政支持建设的高规格职业教育实训基地；建有具有高度仿真功能、设备先进的各类实验、实训室 45 间；建有运行良好、关系稳定的校外实践基地 47 个；建有千兆校园网、通信网、监控广播电视网三网合一的信息化虚拟平台。学院设有“国家职业技能鉴定所”“红旗 Linux 重点实验室”“国家 1+N 复合型人才职业培训项目教学基地”；学院计算机应用技术实验中心为“海南省高等学校实验教学示范中心”，软件技术实验室为“海南省高校优秀实验室”。

有教职工 375 人，其中专任教师 276 人，具有副高以上职称 65 人、讲师 55 人，具有博士学位 2 人、在读博士 3 人，具有硕士学位 50 人，具有双师素质的教师 131 人，全国教育系统先进工作者 1 人，省劳动模范 1 人，省优秀共产党员 1 人，省优秀教师及优秀教育工作者 3 人，省高校教学名师 1 人，省优秀高校思想政治理论课教师 2 人，全省教育系统先进集体 1 个，省级优秀教学团队 1 个。同时，还聘有一批具有丰富实践经验的校外兼职教师。主持国家自然科学基金项目 1 项、国家子课题 2 项、海南省自然科学基金项目 5 项、海南省教育科学规划课题 4 项、海南省高等学校科研项目 27 项；编著专著和教材 30 多部；多篇学术论文被《SCI》《EI》《ISIP》等国际权威刊物检索收录。

学院先后与广州四海通网络通信系统有限公司、澳大利亚魏廉有限公司、日本海南领信株式会社、英国伯恩茅斯学院和普尔学院、中山大学等国内外知名企业及高校在教学资源、专业建设、技术开发、资格认证、实习实训、学生专升本、就业安排、人员培训等方面进行全方位交流与合作。

第三节　招生与学制

2003 年秋季，学院仅面向海南省招收高职学生，开设教育信息技术、软件开发技术等 7 个专业，同时小学教育、音乐教育等 6 个师范教育类专业继续面向海南招收初中毕业生，2003 年秋季在校生有 2700 多人。自 2004 年秋季起，学院面向全国招生，招生人数、办学规模不断扩大。至 2010 年，学院有来自全国 24 个省（区）市的全日制在校生近 7000 人。

学院设有软件工程系、网络工程系、信息管理系、数码设计系、电子工程系、艺术传媒系、基础教育部、社会科学部、公共教学部、外语与旅游系等 10 个系部，形成以电子信息大类为主体，艺术设计传媒、财经、旅游、制造、文化教育等门类为辅协调发展的专业布局。含省级特色专业 1 个，院级特色专业 3 个，院级重点建设专业 7 个；省级精品课程 2 门，院级精品课程 14 门。

学院推行“双证书”制度，推进实践训练与职业技能鉴定的接轨。2009 年，院在校生参加的职业技能鉴定和职业资格考试，涉及国家劳动和社会保障部职业技能认证、国家信息产业部 IT 职业技能认证等机构 12 个，工种（含不同等级）类别 53 种。

2008—2010 年，毕业生就业率均达 92%以上。学院学生获得全国“高教社杯”数学建模竞赛一等奖 2 项、二等奖 4 项，海南赛区一等奖 7 项、二等奖 6 项、三等奖 10 项；获海南省电子设计大赛一等奖 1 项、二等奖 3 项、三等奖 2 项；获“红旗杯”全国大学生开源软件技术竞赛团体一等奖 1 项、二等奖 1 项、三等奖 3 项，个人金奖 2 项、银奖 10 项、铜奖 3 项；获“泛珠三角安利杯”大学生计算机作品竞赛一等奖 1 项，二等奖 1 项，三等奖 1 项；获全国大学生电子设计竞赛海南赛区“鑫网网络杯”竞赛高职高专组二等奖 1 项，三等奖 1 项。

第三章　师范教育　职业教育　成人教育

第一节　师范教育

1991—2003 年，琼海市（县）有海南琼海师范学校一所，为公办中等师范学校。

海南琼海师范学校创建于 1923 年，1990 年起归海南省教育厅直接管理。1991 年，被评为全国先进师范学校。1994 年，升格为正处级事业单位。1998 年，被评为全国电化教育工作先进单位。2001 年，被评为全国学校艺术教育工作先进单位及海南省现代教育技术实验学校。至 2002 年，共有在校生 2130 人，分设 14 个专业，占地 9.13 公顷，总建筑面积 5 万多平方米，教学设备齐全，设施先进。建有科技楼、艺术馆、图书馆，教育设备总投入达 1800 万元，其中信息化设备设施达 800 万元左右。

2003 年 3 月 19 日，海南省人民政府正式批准海南琼海师范学校升格为海南软件职业技术学院，成为专门培养软件应用型人才的高等学校。

第二节　职业教育

1991—2010 年，琼海市（县）职业教育学校主要有琼海市职业中等专业学校一所，为公办职业中等专业学校。

琼海市职业中等专业学校前身是创办于 1969 年的原泮水中学，1993 年更名为“琼海市职业中学”，1997 年更名为“琼海市职业中等专业学校”（简称“市职专”）。2003 年，经海南省教育厅职教处评估，被定为省市（县）一级职业学校。2003 年，市政府把原泮水乡政府办公场地整体划拨给学校用，面积 1 公顷，建筑面积 5500 平方米，为学校的发展奠定了基础。2006 年 9 月，市职专由嘉积镇划归市教育局管理。2007 年，国家重视职业教育，海南省委、省政府召开全省职业教育会议，作出大力发展职业教育，用 3 年时间打职业教育翻身仗的决定，市委、市政府加大职业教育投入。2007 年，整合社会资源，在琼海市职业中专学校成立琼海市职教中心。截至 2010 年，琼海市职业中专学校已发展成为海南省市县一级职业学校。2006 年，学校被评为“海南省职业教育先进单位”，2008 年被评为“全国成人教育先进单位”。学校先后被确定为“国家星火计划农民科技培训星火学校”“国家职业技能鉴定站”“海南省特种作业人员安全技术培训单位”等。

一、办学条件

学校占地面积7.8公顷，建筑面积5.8万平方米，2010年，教职工160多人，在校生达2660人，有40个教学班。办校初期开办电子电工、汽车维修、旅游酒店管理、会计等4个专业。2010年，开设增加至9个专业，有18个专业技能实训基地，主要开设的专业有电子电工、旅游管理、计算机应用、汽车维修与运用、学前教育、烹饪、广告装潢与设计、农学、高尔夫球管理等。教学设备先进、齐全，有多媒体电教室2间、语音室1间、多功能家电实验室2间、家电储藏间1间、实训机房4间300多部电脑、形体室、模拟客房、模拟餐厅、烹调操作实训基地、汽修实训基地3个、制冷实验室、电工实验室、高尔夫实训基地等各专业实验室和实训基地。2006年，市职业中等专业学校，利用中央国债资金200万元，市政府配套100万元，学校自筹60万元建设教学综合大楼，建筑面积3800平方米。2007年，市政府决定利用就业再就业培训资金327万元，加强实训基地和基础设施建设。2007—2008年，市政府投入1100万元（省拨款400万元），在市职专完善教学综合楼建设，建设1幢学生食堂、2幢学生公寓楼，建筑面积8600平方米。2009年，利用中央预算内新增资金300万元和学校自筹资金50万元，新建实训大楼。2007—2010年，学校投入教学设备资金400万元（其中国家拨款150万元建设汽车实训基地）。

二、学制改革

市职专学制为三年，学生在校学习两年，第三年在校外顶岗实习。学籍由省教育厅备案。主要开设的课程分为两大类：基础学科与专业学科。基础学科主要有语文、数学、政治、职业道德、英语、粤语等。专业学科分为理论教学和实操教学。学校以技能实操为主，文化课教学为辅，重在教学生掌握专业技能，为社会培养中等职业技术型人才。

2008年，为适应职业教育的发展，开始实行中专课程改革，学校组织开发校本教材。2009年，学校实施重大教学改革，实行月考，带动了新的课堂改革，使广大教师更新教育教学理念，创新课堂教学方法。2010年11月，学校在各专业全面召开家长现场会，共有1500多名家长走进校园，这是学校课改的一次大胆尝试，扩大了学校社会影响力，进一步地促进了家校之间的交流。

三、招生情况

由于早期职业教育没有受到重视，职业教育发展水平较低，1993年招生人数100多人，1997年招生人数300多人，2007年省政府作出大力发展职业教育的决定后，2007年中职招生1342人，2008年招生人数1149人，2009年招生人数2504人，2010年招生人数1507人。学校为做好招生和加强学生就业服务与指导，学校在机构设置上审时度势，遵循职业教育发展的客观要求，成立了招生就业处，专门负责学校招生、学生的就业指导、就业安置、就业跟踪服务等工作。

第三节 成人教育

一、成教机构

1991年，琼海县有成人技术培训学校37所，教学班51个，在校生2761人。1991—1996年，琼海市（县）教育局下设职能部门成教股，配备3名干部，负责管理指导全市的成教工作；每个学区（中心校）配备1名成教干部负责本镇的成教工作；每个镇办一所成人文化技术中心学校；每个村办一所农民文化技术学校，组织镇、村农民进行农村实用技术培训。1997年1月起，市教育局成教股改设为职成教股，负责管理指导全市的职业与成人教育工作，镇级成教机构保持不变。至2010年，市教育局职成教股机构不变，镇级成教机构不变。

二、农村成教

1991—1992年，县教育局成教股从乡、镇抽调成教专干8人，分成两组深入会山苗族乡、石壁镇开展扫除文盲工作。组织扫盲小组8个，参加学习45人，经过半年的办班学习，全部达到脱盲标准。1993年，随着农业结构调整，结合镇村经济发展布局的特点，举办海水养殖、水稻农作物、经济作物栽培、动物饲养以及企业管理等技术培训。培训形式既有电视讲座、黑板报宣传、培训班学习，也有田园间实地传授指导，培训的教师有市农技师，也有省内知名专家、学者等。培训形式多样，结合实际，讲求实效，广大农民学习热情高，每年参加各类培训的农民达2万人次。1998年，琼海市被评为全国扫除文盲工作先进单位。1998年后，农村成教工作的重点转移到抓农民技术培训，市农业、科技、科协、扶贫、人劳、教育、共青团、妇联等部门利用各类资金积极开展农村实用技术培训，年培训人数达3万人次以上。2008年，琼海市被评为全国成人教育先进单位。2009年，琼海市被教育部定为新型农民培训试点单位。琼海成立以常务副市长为组长，农业、科技、科协、扶贫、人劳、财政、教育、共青团、妇联等单位领导为成员的农村成教工作领导小组，各镇也相应成立机构，并制定成教工作规划，制定农民培训近、中、远期规划，根据工作职责分解到有关部门。市一级集中力量办好市成教培训中心，每个镇办好一所镇农民文化技术中心校，每个村办好一所村农民文化技术学校，形成以市为中心，以镇为纽带，以村为补充的三级培训体系。

2010年，主要利用镇农民文化技术、村农民文化技术学校阵地，根据不同地区的产业，针对农民需求，开展农民实用技术培训。

三、职工成教

1991—2010年，琼海市的职工成教主要有在职职工参与本单位组织的业务和技能培训和在职职工参加学历教育培训。在职职工每年参与本单位组织的技能培训达5000人次，参加学历教育培训的达1000人次。2010年，全市参加农村剩余劳动力转移培训1250人，参加农村劳动力实用技术培训21356人，参加农村应届初高中毕业生技能培训1256人，参加城镇教育系统开展的农民工培训3215人。

四、扫盲教育

扫盲教育是指对本市青壮年（40周岁以下）未读满小学五年级，识字总量未达到1500字的一种文化补课。琼海市（县）文盲、半文盲主要分布在石壁、会山等两个镇的民族地区。市（县）各级领导历来重视扫盲教育。1998年，琼海市被评为全国扫除文盲工作先进单位，受到教育部的表彰。20世纪90年代后主要是对新产生的文盲、半文盲进行补课，主要做法是由全日制学校的教师对文盲、半文盲人员进行"三包"，即包教、包脱盲、包巩固。1991—1995年，会山、石壁两镇共扫除文盲、半文盲45人。1996—2000年，会山、石壁两镇共扫除文盲、半文盲40人。2000—2005年，会山、石壁两镇共扫除文盲、半文盲38人。2005—2010年，会山、石壁两镇共扫除文盲、半文盲32人。

五、成人高考

1991年，琼海县报名参加成人高考人数562人，录取393人，录取率70%。1995年，琼海市报名参加成人高考630人，录取428人，录取率68%。2000年，琼海市报名参加成人高考人数590人，录取413人，录取率70%。2005年，琼海市报名参加成人高考550人，录取412人，录取率75%。2010年，琼海市报名参加成人高考516人，录取423人，录取率82%。

1991—2010年琼海市（县）报名成考人数及录取情况表

表15-3-1

年度	报名人数（人）	录取人数（人）	录取率（%）
1991	562	393	70
1992	545	370	68
1993	580	388	67

续表 15-3-1

年度	报名人数（人）	录取人数（人）	录取率（%）
1994	620	446	72
1995	630	428	68
1996	615	424	69
1997	650	429	66
1998	627	407	65
1999	608	425	70
2000	590	413	70
2001	618	432	70
2002	641	461	72
2003	620	440	71
2004	587	428	73
2005	550	412	75
2006	595	428	72
2007	535	422	79
2008	498	423	85
2009	486	398	82
2010	516	423	82

第四章　特殊教育　民办教育

第一节　特殊教育

1991—2010 年，琼海特殊教育事业稳步发展，全市学龄残疾儿童少年接受教育的比例逐年提高。国家、省、市特教补助经费全部集中投向义务教育阶段特殊教育。在加强朝阳小学特教班和阳江镇特教班的教育教学工作同时，认真研究残疾儿童少年随班就读工作，建立健全随班就读保障机制，让残疾儿童少年在普通学校与健全孩子一起学习、一起生活。对残疾学生实行“两免一补”，并实行残疾儿童少年困难补贴，每人每年 600 元，保证残疾儿童不失学。加强对特教师资的培训，组织特教教师参加省举办的特殊教育培训班，提高特教师资教学水平和管理水平。树立残疾儿童少年全面康复的教育观念，注重挖掘学生的潜能，培养和发展学生的能力，从健康、语言、科学、社会和交往等五个方面入手，有针对性地为残疾儿童提供康复培训手段和因材施教，培养残疾儿童少年自尊心和自信心，促进残疾儿童身心的全面康复、知识学习和健康成长。组织全市干部师生开展助残活动，有十多所中小学校成立爱心基金会为贫困残疾儿童少年助学；市残疾人联合会通过多方筹措资金，每年救助 20 名家庭经济困难的残疾儿童少年。2010 年，学龄残疾儿童少年入学率达 100%。

第二节　民办教育

一、政策扶持

1991—2002 年，琼海市（县）民办教育未形成相当规模。2003 年起，按照“积极鼓励、大力支持、正确引导、依法管理”的方针，加大对民办教育的扶持和管理，民办教育初具特色，涌现出如嘉积中学海桂学校、海南软件职业技术学院幼儿园、小明星艺术幼儿园、豪华幼儿园等投入大、管理严、规格高、效益好的民办学校，民办教育已成为琼海市教育事业的重要组成部分。根据市人大、市政协《民办教育提议案》的有关建议，市教育局组织有关职能部门对市民办教育情况进行深入调查研究，结合外地先进的民办教育办学经验，在此基础上制订琼海当前及今后一个时期民办教育发展的规划和实施方案。同年，市政府制定一系列优惠政策，对社会团体和公民个人举办民办学校，在土地征用、收缴税费、招聘教师、职称评定、招生收费等方面给予一系列政策支持。同时，教育局采取有效措施，为民办教育发展创造良好条件：一、让民办学校在招收寄宿制学生上实行面向全市自主招生。民办学校的学生在升学、参加考试和社会活动、享受助学奖学政策、学历证书发放等方面与公办学校学生享受平等权利；二、让民办学校在师资上实行自主招聘，民办中小学可以面向社会自主招聘教职工，民办学校可以根据本校岗位需要参照公办学校教师职务结构比例，自主设岗，自主聘任，同时鼓励公办学校教师到民办学校任教；三、加强对民办学校的正确引导。多次召开民办学校校长（园长）座谈会，了解民办学校的发展情况并帮助解决其实际困难，同时多次组织部分学校（幼儿园）到外地进行民办教育考察学习。2004 年，在制定《琼海市农村教育十年发展规划》时，把民办教育发展作为一个重要部分，列入同步规划。

至 2010 年，琼海市有各级各类民办学校 80 所，其中学历教育学校 3 所，各类培训机构 6 所，民办幼儿园 71 所。在校（园）生（幼儿）总人数达 1.8 万人，教职工 936 人，教师学历达标率达 95%以上，教师持证上岗率达 98%以上，总资产投入 2 亿多元。每年为全市学前教育、义务教育、高中阶段教育提供 8000 多个学位。其中，嘉积中学海桂学校被评为“全国民办教育先进集体”“全国群众体育先进单位”“海南省基础教育课程改革实验工作先进单位”“海南省绿色学校”；海南软件职业技术学院幼儿园、小明星艺术幼儿园、豪华幼儿园被评为“海南省一级幼儿园”。

二、依法管理

1992 年，根据《中华人民共和国民办教育促进法》的有关规定，市县教育行政部门按规定权限对民办学校的设立进行审批；对民办学校的教育教学工作、教师培训工作进行指导；依法对民办学校实行督导，组织评估办学水平和教育质量，并将评估结果向社会公布。加强对民办学校的日常管理与指导，每年除对全市民办学校进行一次年检、两次安全检查之外，还进行教育教学视导或检查。在收费规定、财务审计、广告宣传、信息发布等方面采取有效措施，严格规范民办学校的办学行为。加强民办教育市场的规范化管理，全力防范办学风险，逐步建立起自动调节、规范运作、科学发展、健康有序的民办教育市场规则。

附：

嘉积中学海桂学校

嘉积中学海桂学校是由海南省政协常委、琼海海桂教育实业有限公司总经理、中国香港企业家莫海涛于2003年9月创办的一所民办公助完全中学。学校占地面积20公顷，有教学楼6栋，办公楼1栋，教学班100个，多媒体教室100间，学生公寓楼8栋，教师宿舍楼3栋，专家楼1栋。图书馆、多媒体报告厅、电脑室、计算机房、实验室、篮球场、排球场、网球场、游泳池、塑胶跑道及大型灯光足球场等设施一应俱全。学校食堂建筑面积6000平方米，可同时容纳5000人同时就餐，是海南省食品卫生A级单位。学校先后获评“中国民办教育百强学校”“全国教育科研先进单位”“ 全国民办教育先进集体”“全国群众体育先进单位”“海南省绿色学校”“海南省精神文明建设先进单位”“海南省基础教育课程改革实验工作先进单位”“海南省校本培训示范校”“海南省文明礼仪示范学校”等。

学校恪守“厚德、自强、博学、创新”的校训。师资队伍除由原嘉积中学选派的70名优秀教师组成之外，还专门从教育先进省份引进大批骨干教师和学科带头人，并从国家重点师范院校录用优秀毕业生不断充实。2009—2010学年度，有在校生6644人。校教师获得各级各类奖励130多项，其中国家级30多项、省级40多项、市级50多项。2010年，高考录取率超过95%。

第五章　教师队伍

第一节　人员结构

琼海市教师队伍由公办教师和民办教师组成，20世纪90年代，公办教师来源渠道主要是国家分配师范类毕业生，民办教师人数较少，除少数在农村初中任教外，绝大部分集中在农村小学。1991年，琼海县中小学共有专任教师3368人，其中公办教师2723人，民办教师645人。

1995年，琼海市中小学共有专任教师4052人，其中公办教师3427人，民办教师625人。1996年，琼海市持有《海南省民办教师任用证》的民办教师共459人，根据《国务院办公厅关于解决民办教师问题的通知》和《海南省政府办公厅关于解决民办教师问题的通知》等文件精神，从1997年开始，琼海市开始有计划地将合格民办教师转为公办教师，1998年出台《琼海市辞退不合格民师、代课教师方案》，从2000年开始，琼海市不再新增民办教师。至2001年7月，陆续辞退不合格民办教师共139名。至2002年底，共有320名民办教师转为公办教师。

从2005年开始，琼海市中小学教师实行全员聘任制，竞聘上岗。2005年，琼海市中小学共有专任教师4129人，其中高中专任教师377人，初级中学专任教师1280人，小学专任教师2472人。幼儿教育专任教师355人，保健员56人。从2005年开始，开展城镇教师赴农村、薄弱学校支教工作，每年都有30名左右城区教师到农村、薄弱学校参加支教。

2006年，为了进一步深化中小学人事制度改革，按照“以单位消化为主，多层次、多形式安置，加强基础、优化结构”的原则，对四类中小学教职工实行分流安置。四类人员为：按照法定退休年龄办理退休的；按照规定条件提前离岗的；按照规定条件提前退休的；申请辞职的。当年6月，教育局对全市中小学教师进行调查摸底，上述四类人员共计547人。至2009年年底，全部完成分流安置任务。

2007年，市职业中等专业学校承担的嘉积镇泮水地区初中义务教育职能划转给嘉积二中和嘉积三中，市职专不再承担初中义务教育职能。职能划转后，市教育局完成了市职专教职员工的分流工作。

2008年，琼海市借新一轮农村中小学布局调整之机，在农村中小学撤并过程中整合优化师资队伍，是年，琼海市中小学共有教职工 4199 人。自 2008 年开始，琼海市面向教育部直属师范院校直接招聘中学教师（简称“直通车”），是年直接招聘教师 20 人。

2009 年，东红、东平、东升、东太、南俸、彬村山等 6 个农场的中小学校按属地管理原则连人带编全部移交地方，市教师队伍进一步壮大，在这次移交中，共接收垦区中小学教师 462 名，其中初级中学教师 192 名，小学教师 270 名。2009 年“直通车”招聘教师 25 人。

2010 年，全市有中小学专任教师 4161 人。同年，海南省琼海师范附属小学并入市实验小学，琼师附小的 33 名教职工随同编制一起划转入实验小学。为加强教职工编制动态管理，合理配置全市师资力量，市教育局经市编委办批准，对市一小、实验小学和 10 所镇中心学校教职工编制进行调整，即在全市教职工编制总额范围内，采取连人带编方式从农村小学调剂增加市直小学 42 名教职工编制，其中调剂增加市第一小学教职工编制 18 名，调剂增加市实验小学教职工编制 24 名。所需教职工通过竞岗调配补充，通过转岗培训将农村小学富余教师 26 名充实到镇中心幼儿园教师队伍中去。2010 年，“直通车”招聘教师 30 人。嘉积中学招聘免费师范生 1 人。

1991—2010 年（选年）琼海市（县）教师队伍发展统计表

表 15-5-1　　　　单位：人

年度	高中			初中			小学		
	专任教师	男	女	专任教师	男	女	专任教师	男	女
1991	188	117	71	522	334	188	1107	576	531
1995	240	132	108	768	406	362	1582	743	839
2000	320	158	162	1024	502	522	1978	929	1049
2005	377	152	225	1280	531	749	2472	1020	1452
2010	523	286	237	1369	542	827	2269	914	1355

第二节　学历素质

1991 年，小学专任教师 1107 人，学历符合规定的有 798 人，学历达标率为 72%；初中专任教师 522 人，学历符合规定的有 371 人，学历达标率为 71.1%；高中专任教师 188 人，学历达标率为 63%。

1995年，小学专任教师1582人，学历符合规定的有1375人，学历达标率为86.9%；初中专任教师768人，学历符合规定的有620人，学历达标率为80.7 %；高中专任教师240人，学历达标率为72%。

2000年，小学专任教师1978人，学历符合规定的有1834人，学历达标率为92.7 %；初中专任教师1024人，学历符合规定的有929人，学历达标率为90.7 %；高中专任教师320人，本科学历以上251人，学历达标率为78.4%。

2005年，小学专任教师2472人，学历符合规定的有2293人，学历达标率为95.4%；初中专任教师1280人，学历符合规定的有1212人，学历达标率为94.7%；高中专任教师377人，本科学历以上306人，学历达标率为81.1%。从2006年开始，教育局连续三年对部分符合条件的中小学教职工实行分流安置，不断优化师资结构，通过培训提高教师学历层次。到2010年时，教师层次结构有了明显改善。

2010年，小学专任教师2269人，学历符合规定的有2262人，学历达标率为99.7%；初中专任教师1369人，学历符合规定的有1359人，学历达标率为99.3%；高中专任教师523人，本科学历以上498人，学历达标率为95.2%。

全市教育系统中有一批高层次人才：林少玲、颜业岸、余阳等被评为“全国优秀教师”，赵亮等7人获“国家级教学成果一等奖”，王祖标被评为“全国体育卫生先进个人”，符芳芹、张春杏被评为“全国中小学优秀外语教师”，陈兴武、高师被评为“全国优秀辅导员”。6人被评为“海南省特级教师”，8人被评为“海南省优秀教师”，3人被评为“海南省十佳校长”，1人被评为“海南省十佳班主任”，2人被评为“海南省十佳师德标兵”，有中小学“海南省级骨干教师”53人。

1991—2010年琼海市（县）教师学历情况统计表

表 15-5-2

年度	高中							初中							小学								
	专任教师总人数（人）	其中						专任教师总人数（人）	其中						专任教师总人数（人）	其中							
		本科以上学历人数（人）	本科以上所占比例（%）	大专学历人数（人）	大专所占比例（%）	大专以下学历人数（人）	大专以下所占比例（%）		本科以上学历人数（人）	本科以上所占比例（%）	大专学历人数（人）	大专所占比例（%）	大专以下学历人数（人）	大专以下所占比例（%）		本科以上学历人数（人）	本科以上所占比例（%）	大专学历人数（人）	大专所占比例（%）	中师学历人数（人）	中师所占比例（%）	中师以下学历人数（人）	中师以下所占比例（%）
1991	188	28	14.90	77	41.0	83	44.1	522	4	0.8	267	51.1	251	48.10	1107	—	—	38	3.4	696	62.9	373	33.7
1995	240	76	31.70	78	32.5	86	35.8	768	37	4.8	542	70.6	189	24.60	1582	7	0.4	211	13.3	1012	64.0	352	22.3
2000	320	219	68.40	37	11.5	74	23.1	1024	487	47.6	451	44.0	86	8.40	1978	88	4.4	708	35.8	947	47.9	235	11.9
2005	377	287	76.20	47	12.4	43	11.4	1280	755	59.0	470	36.7	55	4.30	2472	346	14.0	1112	45.0	900	36.4	114	4.6
2010	523	498	95.20	25	4.8	0	0	1369	939	68.6	420	30.7	9	0.70	2269	553	24.4	1709	75.3	7	0.3	0	0

第三节　教师待遇

一、工资待遇

1991年至1993年9月，琼海市沿用1985年全国中小学教师工资制度改革办法。1993年，新一轮事业单位工资制度改革开始。自1993年10月1日起，琼海市中小学教师实行专业技术职务等级工资制。在工资构成上，主要分为专业技术职务工资、特区工资和津贴三部分。津贴类别有：中小学教师教龄津贴和特级教师津贴。中小学教师教龄津贴按工作年限划分为四等，工作5—9年的3元/月，10—14年的5元/月，15—19年的7元/月，20年（含）以上的10元/月。特级教师津贴80元/月。

2006年，《海南省人事劳动保障厅、海南省财政厅关于印发〈海南省事业单位工作人员收入分配制度改革实施意见〉的通知》下发，明确教师实行岗位绩效工资制度。岗位绩效工资由岗位工资、薪级工资、绩效工资和津贴补贴四部分组成。其中，中小学教师岗位工资、薪级工资和特区津贴、特区生活补贴标准提高10%计入工资，绩效工资分为基础性绩效工资和奖励性绩效工资。另外，在农村艰苦边远地区工作的教师工资增加100元/月，特级教师津贴300元/月。2010年，《海南省人民政府关于调整机关事业单位工作人员特区津贴和特区生活补贴标准的通知》下发，将2006年7月1日执行的特区津贴月人均204元提高为月人均704元，按不同的职务设立相应的津贴标准，每一职务根据不同的工作年限设立若干个津贴档次。随着经济社会的快速发展，教师的工作待遇水平也在不断提高，市教师平均工资水平不低于公务员的平均工资水平。

二、职称评定

琼海市现行的以中小学教师职务聘任制为主要内容的中小学教师职称制度建立于1986年。在职称系列方面，中学系列主要分为中学高级、中学中级（一级）、中学初级（二级、三级）；中专系列主要分为高级讲师、讲师、助教（中学高级教师、中专高级讲师相当于大学副教授级，助教相当于中学的二级教师）；小学系列主要分为小学特级教师（小高高）、小学高级、小学一级、小学二级、小学三级。

2003年，海南省人事劳动保障厅、海南省教育厅印发《海南省中学教师、小学教师专业技术资格条件（试行）》。2005年，琼海市中学专任教师中，中学高级96人，中学一级507人，中学二级831人，中学三级14人，未评职称209人。小学专任教师中，中学高级1人，小学高级746人，小学一级1332人，小学二级312人，小学三级37人，未评职称 44 人。2007 年,《海南省中学教师、小学教师专业技术资格条件(试行)》进行了修订。 2010 年，琼海市高级中学专任教师中，中学高级 101 人，中学一级 173 人，中学二级 317 人，未评职称 40 人。初级中学专任教师中，中学高级 135 人，中学一级 457 人，中学二级 797 人，未评职称 121 人。小学专任教师中，中学高级 3 人，小学高级 793 人，小学一级 1289 人，小学二级 75 人，未评职称 79 人。

三、其他待遇

教师工资制度改革后，除绩效工资外，节假日不再发给其他福利补助。教师社保待遇执行“五险一金”，即养老保险、医疗保险、失业保险、工伤保险、生育保险和公积金。琼海市中小学教师定期免费享受身体健康检查。在教师住房待遇方面，从 2010 年起，琼海市将教师住房纳入城市保障房建设体系，暂时没有固定住房的教师可入住学校提供的临时周转房。教师退休或者退职后，享受国家规定的退休或者退职待遇。

第四节　教师培训

一、培训机构

1991 年以来，琼海市（县）中小学幼儿园教师业务培训组织管理承担机构（以下简称教师培训机构）分别为琼海市教师进修学校（1984 年 7 月至 2001 年 7 月，事业编正科级单位)；琼海市教师研修中心（2001 年 8 月至 2007 年 6 月，事业编正股级单位)；琼海市教师继续教育中心（2007 年 6 月成立，事业编正股级单位)。以上不同时期的教师培训机构均隶属琼海市教育局领导。

2006 年，原琼海市教育局电化教育教学仪器站、中学教研室、小学教研室、琼海市教师研修中心人员编制全部调入新组建的琼海市教师继续教育中心，内设教师师资培训管理室、中小学教研室、电化教育教学仪器室三个业务机构，承担全市教师师资培训的组织与管理和从事电化教育教学、中小学教学研究工作。

至 2010 年，琼海市教师继续教育中心负责师资培训的组织和管理人员 8 人，中学教研室 7 人，小学教研室 5 人，电教站 4 人。设有继续教育中心办公室、中学教研室、小学教研室、电教站四个办公室，负责全市中小学幼儿园教师培训、教育教学研究和电化教育的组织管理工作。教师培训基地设于琼海市职业中专学校。至 2010 年年底，全市有中小学教师培训专家库成员 103 人，其中担任中小学教师培训工作的专职教师 23 人，兼职教师 80 人。

二、培训模式

培训经费由市、校及教师个人共同承担，市财政25%，学校25%，教师个人50%。市财政局每年都把教师培训经费列入财政经费预算，优先拿出一定比例的财政收入作为开展中小学教师继续教育工作和教研活动专项经费，全市教师培训经费投入由1991年的60万逐年增加至2010年的100万。

教师培训者队伍由特级教师、教研人员、省级骨干教师、省市级学科带头人和部分市级骨干教师组成，并有计划地分期分批接受省级以上培训，承担市级各项基地培训任务和校本培训的指导工作。1991—2001年，由琼海市教师进修学校担负全市教师培训工作，主要培训任务为教师学历达标培训；2001—2007年，由琼海市教师研修中心担负全市教师培训工作，主要培训任务为新课程培训、小学校长任职资格培训、师德理师风培训和教学技能培训。2007年9月，市中小学教师培训基地设于市职业中专学校。有专门用于师资培训的教学用房（实训教学大楼）一栋、教室8间，面积1200平方米，计算机240台。计算机教室、办公室、图书室、教师电子阅览室、多媒体教室等设施设备与市职业中专学校共用，基本满足全市中小学教师继续教育工作的需要。在发挥市职专培训基地作用的同时，还在嘉积中学、海桂学校、市一小、实验小学等建立多功能培训基地，实现教育资源共享。2007—2010年，由琼海市教师继续教育中心担负全市教师培训工作，主要开展骨干教师培训、校长队伍培训、班主任培训、教师心理健康培训、新教师上岗培训、信息技术培训、中小学教师教学技能全员培训、幼儿园教师专业知识培训等。

第十六编　科　技

1991—2010年，琼海市（县）科技工作遇到新机遇，科技投入逐年增加。通过开展科技示范村（户）创建、实施“科技兴市”战略、开展科技富民强市行动和科技活动月等，加强科技管理，加大科普宣传力度。至2010年，全市共有科研机构9个；专利申请授权量91件；获国家级、省级科技成果奖励共35项。其中国家星火科技奖1项，海南省科技进步奖8项，海南省星火奖5项，海南省科技成果转化奖20项，海南省十大科技成就奖 1 项。科技成果在农业、医疗卫生、信息产业等领域多有推广。

第一章　科技管理

第一节　机　构

一、琼海市工业和科技信息产业局

1979年，恢复设立琼海县科学技术委员会（简称科委）。主要负责制定全县科技工作计划，引进推广新技术、新成果，组织科研项目试验研究，评定科技人员技术职称，鉴定新科技成果，以及开展科技情报咨询服务等。设行政秘书组、科技组、情报组、地震组和科技服务中心等。1991年，县科委工作人员15名。

1995年1月，撤销科学技术委员会、地震局，成立琼海市科学技术局，下设地震办公室。属市政府管理科学技术工作的职能部门。内设办公室、科技管理股、科技情报股。核定行政编制11名。2001年6月，成立琼海市科学技术与信息产业局（不再保留琼海市科学技术局），核定行政编制7名。2009年12月，成立琼海市工业和科技信息产业局，挂琼海市科技信息动员办公室牌子，同时撤销琼海市科学技术与信息产业局，将原市发展和改革局负责的工业管理职责和原市科技与信息产业局职责划入。是主管全市工业、科技、知识产权和信息化工作的市政府工作部门。主要负责研究提出全市科技、知识产权、工业和信息化发展的重大布局；统筹规划全市信息网络，协调工业和信息产业配套体系建设，指导全市工业和信息产业发展，推进工业化和信息化；组织申报、实施和管理科技计划项目；管理全市科技成果、科技奖励、科技保密、技术市场、知识产权保护、科技人才、技术合同认定登记以及高新技术企业、项目和产品认定的初审等工作。内设

行政秘书组、科技管理组、工业和信息产业组。核定行政编制 10 名。

二、琼海市信息中心

2003 年 9 月，琼海市经济信息中心更名为琼海市信息中心，隶属琼海市科学技术与信息产业局，是从事社会经济信息工作和信息技术服务的股级事业单位。主要承担琼海市政府综合信息网的建设、开发和维护等。核定财政预算全额拨款事业编制 3 名。其中，领导岗位 1 个，专业技术人员岗位 2 个。2009 年，隶属琼海市工业和科技信息产业局。

第二节　科技投入

1991—1992 年，琼海市（县）科委所属科技开发中心为适应琼海县甘蔗生产不断发展的需要，先后引进三个甘蔗良品种作为县级“星火计划”项目进行种植推广，旨在是逐步改良琼海市（县）甘蔗品种，提高甘蔗单产和出糖率，促进琼海市（县）糖蔗发展。琼海市（县）科技开发中心投资累计 43800 元，先后从湛江甘蔗育种站引进“粤糖 79/177”“粤糖 C81/3254”“新合糖十号”等 3 个高产高糖甘蔗良种，分别在伴水、塔洋、长坡、九曲等乡镇设点进行种植示范。1991 年秋季，种植面积达到 9.73 公顷。2000—2010 年，琼海市科学技术投入经费累计 5547 万元，其中科技研发经费累计 4667 万元。2005 年，琼海市被科技部、财政部确定为全国首批科技富民强县行动计划工作试点市，“胡椒标准化高产栽培技术示范推广”项目获批准立项。经过 3 年实施，至 2008 年年底，项目总投入 550 万元，组织专家制定《胡椒栽培技术规程》地方标准，通过海南省质量技术监督局颁布实施。印制规程 2 万册，制作 VCD 光盘 1 万盒和图片 2 万张。同年 6 月，项目通过科技部验收。2008 年，实施 3 项科技研发项目。（一）花鳗养殖技术研究和试验项目。按照技术要求建设花鳗养殖池塘 0.2 公顷，投苗 4000 尾，通过 8—12 个月的人工驯化饲养,对池塘改造、池塘消毒、池塘施肥、饲料投放、苗种培育、成鳗饲养等技术进行研究和试验。（二）圆椒新品种引进及安全生产标准化栽培技术研究项目。面积 6.67 公顷，引进“天海 3 号”“琦玉 1 号”优良圆根新品种进行田间试验。（三）无公害瓜菜现代设施栽培技术体系研究项目。利用大棚设施 2 公顷,引进“金辉 1 号”“金蜜 6 号”哈密瓜新品种和“早佳 8424”西瓜品种进行栽培试验和示范推广。2009 年，在对原有的科技研发项目进行验收的基础上，组织实施 6 个科技研发项目,创建 13 个农业科技示范基地，涉及热作、水产、畜牧和农产品加工等领域。2010 年，确定对 26 个科技项目给予立项并组织实施，创建 8 个科技示范基地。

2000—2010 年琼海市科学技术投入情况表

表 16-1-1　　单位:万元

年度	科技投入经费	其中 科技研发经费
2000	81	31
2001	63	15
2002	97	46
2003	65	43
2004	155	129
2005	66	43
2006	121	78
2007	503	354
2008	749	580
2009	1638	1516
2010	2009	1832

第三节　知识产权与专利管理

一、知识产权管理

自 2001 年起，每年的 4 月 26 日被确定为“世界知识产权日”。琼海市组织实施国家知识产权战略，以世界知识产权纪念日以契机，在全市范围内开展保护知识产权宣传、电视讲话、图片展览、专题讲座、辅导报告、知识培训和执法检查等活动，努力营造尊重知识、保护知识产权的良好社会氛围，加大普及知识产权保护知识，增强全社会专利、商标、版权和著作权的保护意识，取得一定的成效。2008 年，被琼海市国家知识产权局确定为“首批实施国家知识产权强县工程市”。2010 年 4 月，开展知识产权宣传周活动，联合工商、文体，公安等单位开展知识产权执法检查，积极营造尊重知识产权的社会氛围。

二、专利管理

1991—2010 年，琼海市（县）专利申请授权量 91 件，其中发明专利申请授权量 22 件，实用新型专利申请授权量 39，外观设计专利申请授权量 30 件。

1991—2010 年琼海市（县）专利申请授权量统计表

表 16-1-2　　单位：件

年度	合计	其　中		
		发明	实用新型	外观设计
1991	1	—	1	—
1992	1	1	—	—
1994	1	—	1	—
1996	2	1	—	1
1997	3	1	2	—
1998	7	6	1	—
1999	4	1	2	1
2000	15	—	4	11
2001	6	1	1	4
2002	6	1	3	2
2003	7	2	3	2
2004	1	1	—	—
2005	7	—	6	1
2006	6	—	2	4
2007	3	1	2	—
2008	3	—	3	—
2009	8	2	5	1
2010	6	2	2	2
累计	91	22	39	30

第四节　科技成果管理

1991—2010 年，琼海市（县）获国家级、省级科技成果奖励共 35 项，其中：国家星火科技四等奖 1 项，海南省科技进步奖 8 项，含一等奖 1 项、二等奖 5 项、三等奖 1 项、四等奖 1 项；海南省星火奖 5 项，含二等奖 3 项、三等奖 2 项；海南省科技成果转化奖 20 项，含特等奖 5 项、一等奖 10 项、二等奖 3 项、三等奖 2 项；海南省十大科技成就奖 1 项。

1991—2010 年琼海市（县）国家级科技成果奖一览表

表 16-1-3

年度	成果名称	获奖单位	授奖等级
1991（1 项）	胡椒高产综合技术应用推广	琼海县胡椒科学技术协会	1991 年国家星火科技四等奖

1991—2010 年琼海市（县）海南省科技成果奖一览表

表 16-1-4

年度	项目名称	获奖单位	主要完成人员	授奖等级
1991（3 项）	琼海县水稻种植制度改革技术	琼海县农业局	孙杰芳、区志广、王先振、陈克波、甘燕琴	省科技进步二等奖
	推广省柴灶	文昌县节能办、文昌县农业局、琼海县农业局	刘永荣、李翼雄、符永城、许光德、符永和、麦兴春、韩驰丰	省星火二等奖
	罗非鱼配合饲料的研制和加工工艺	海南省水产学会、琼海渔用饲料厂	周开炎、陈学光、符文宛、程儒仿、陈忠林	省星火三等奖
1992（1 项）	海南省土壤资源调查	海南省农业厅、海南省土肥站、琼海县农业局、文昌县农业局	冯所钦、翁诗超、覃恩耿、林秀琴、陈理、李异雄、王锡廉	省科技进步二等奖
1993（2 项）	民营橡胶高产高效综合技术开发研究与应用	琼海市热带作物局、华南热作研究院橡胶研究所	王兴朝、何向东、陈德政、陆行正、莫经运	省星火三等奖
	琼海市儿童计划免疫保偿研究	琼海市卫生防疫站	陈永兴、郑昌津、庞庆彬、叶守源、梁其金	省科技进步四等奖
1994（3 项）	海南省短轮伐期薪材、用材林树种选择及栽培技术研究	琼海市林业局、中国林业科学院热林所、屯昌县林科所、三亚市林科所	李克雄、郑海水、黄世能、赖连泽、韦帮硕、翁启杰、黄循良	省科技进步二等奖
	推广科学技术，提高生猪出栏率	琼海市畜牧局	王祖强、朱传民、罗业经、符子定、卢业德、何仁川、黄世圣	省星火二等奖
	依靠科技进步，促进商品肉鸡基地发展	琼海市畜牧局	王祖强、何仁川、李高明、马世江、李家齐、朱传民、黄邦治	省星火二等奖

续表 16–1–4

年度	项目名称	获奖单位	主要完成人员	授奖等级
1995（1项）	利用琼枝制取高强度条状β—卡拉胶工艺的研究	琼海市海水养殖场	辜玉顺、陈杏花、黄　民、符剑辉、辜祖瑞、吕文良	省科技进步二等奖
1991—1995（1项）	依靠科技进步，促进商品肉鸡基地发展	琼海市（县）畜牧办公室	王祖强、何仁川等	1991—1995年海南省十大科技成就
1998（1项）	水稻高产节水灌溉技术研究	琼海市塔洋灌溉试验站、河海大学节水与灌排工程研究所	林道钊、彭世彰、冼昌清、黎锦清、陈世彪、张祥云、陈经范、李琼雄、叶海涛、俞双恩、陈　康、张家忠、区志广、梁定洲、李异雄、钟文琼、陈礼正、蔡崇彬、陈彩云、何　豪、陈有珊	省科技进步三等奖
2001（1项）	南沙深水大网目三重定置刺网技术应用研究	琼海市海洋与渔业局	李文池、杨　权、卢业吉、郑长江、李兴商、钟积安、林尤琚、符芳勤、周世发、符泽雄、庄辉番	省科技成果转化三等奖
2002（1项）	冯家湾—椰林湾地区对虾种苗繁育技术的转化应用及产业化	琼海市委、市政府 文昌市委、市政府		省科技成果转化特等奖
2003（1项）	南美白对虾健康养殖技术开发及示范	琼海市水产技术推广站	符泽雄、李文池、伍尚煌、卢家书、云博、钟积安、何子山、肖开阳、戴于岛、郭永红	省科技成果转化三等奖
2004（2项）	南美白对虾引种选育及推广	海南省水产研究所、海南定大养殖有限公司、文昌市海洋与渔业局、琼海市海洋与渔业局、文昌市农业综合开发有限公司	李向民、何玉贵、覃　锐、赖秋明、李文池、符泽雄、陈文行、梁　伦、杨得玲、曾令明、方　哲、潘正义、李虎军、李丙顺、沈铭辉、符书源、曾关琼、许忠胜、杨明秋、李　明	省科技成果转化特等奖
	湘研3号、湘研13号泡椒引进及示范推广	海南省农业科学院（瓜菜研究所）、海南省种子站、琼海市农业技术推广中心、万宁市农业局	肖日新、蔡兴来、叶　凤、周王鼎、周廷才、王启养、伍尚经、吴惠珍、王业英、潘大丰、陈贻诵、高芳华、王敏、冯学杰	省科技成果转化一等奖
2005（3项）	杂色鲍的人工育苗及养殖技术推广示范	海南省水产研究所、琼海市海洋与渔业局、文昌市海洋与渔业局、三亚市海洋与渔业局	许志坚、冯永勤、李向民、沈铭辉、曾关琼、李文池、陈文行、林吉泉	省科技成果转化一等奖

续表 16–1–4

年度	项目名称	获奖单位	主要完成人员	授奖等级
2005（3 项）	优质杂交稻优Ⅱ128 引种、试验、示范与推广	海南省种子站、琼海市农业技术推广服务中心、海口市琼山区农业技术推广服务中心、澄迈县种子公司、万宁市种子公司、文昌市农业技术推广服务中心	叶 风、邹学英、周王鼎、蔡尧亲、王 宙、符海秋、梁 青、韩雄定	省科技成果转化一等奖
	胡椒标准化示范及推广	琼海市热带作物服务中心、琼海市质量技术监督局、琼海市科技与信息产业局	陈德政、覃学优、符碧海、杨全敏、何子梓、陈善川、梁昌卫、许学德	省科技成果转化一等奖
2006（4 项）	香蜜杨桃高产栽培技术推广	海南省农业科学院热带果树研究所、澄迈县热带作物服务中心、海口市农业局、文昌市农业局、琼海市热带作物服务中心、定安县热带作物服务中心	何 凡、华 敏、韩 剑、陈业光、王祥和、吉训聪、王澄雄、梁其海、符永诚、陈德政、林峰	省科技成果转化特等奖
	罗非鱼无公害大规格高产养殖技术与大面积推广	文昌市海洋与渔业局、琼海市水产技术推广站、海南省水产技术推广站、海南勤富实业有限公司	李孔开、符泽雄、郑冠雄、潘正义、李文池、周勤富、林志铁、陈基新、吴多运、云 博	省科技成果转化一等奖
	方斑东风螺的人工育苗、养殖与示范推广	海南省水产研究所、文昌市海洋与渔业局、琼海市海洋与渔业局、临高县海洋与渔业局	沈铭辉、王国福、李丙顺、曾关琼、曾令明、潘正义、符泽雄、李向民、潘俊、陈卓尔	省科技成果转化一等奖
	水田改种香蕉高产栽培技术大面积推广应用	琼海市塔洋镇农业技术推广站（塔洋镇农技“110”服务站、琼海市科学技术与信息产业局、琼海市农业科技服务“110”指挥中心）、海南省农业科学院热带果树研究所	王燕、梁定之、何 凡、陈业光、李向宏、陈光能、符少欣	省科技成果转化二等奖
2007（3 项）	我国胡椒标准化生产技术体系建立与应用	中国热带农业科学院香料饮料研究所、琼海市热带作物服务中心、文昌市热带作物技术服务中心	邢谷杨、林鸿顿、邬华松、谭乐和、郑维全、欧阳欢、陈德政、林道迁	省科技进步一等奖
	海南龙眼高产栽培综合技术推广	海南省农业科学院热带果树研究所、白沙黎族自治县科学技术协会、海口市农业局、乐东黎族自治县农业技术推广服务中心、琼海市热带作物服务中心、定安县科学技术局	何凡、林盛、华敏、韩剑、李向宏、王祥和、陈业光、范鸿雁、何舒、林世欣	省科技成果转化一等奖
	鲜食甜糯玉米新品种及配套高产技术示范推广	海南省农业科学院粮食作物研究所、儋州市农业技术推广服务中心、琼海市农业局、万宁市农业局、乐东黎族自治县农业技术推广服务中心、屯昌县农业技术推广服务中心、东方市农业服务中心、琼中黎族苗族自治县农业局、海口市农业局、昌江黎族自治县农业局、陵水黎族自治县农业局	谭树义、白翠云、林力、王敏芬、何中椿、王为辉、雷震、杨可勇、黎兴建、孔繁竞	省科技成果转化一等奖

续表 16-1-4

年度	项目名称	获奖单位	主要完成人员	授奖等级
2008（4项）	水稻抛秧技术示范与推广	海南省农业技术推广站、海南省农业科学院粮食作物研究所、儋州市农业技术推广服务中心、文昌市农业技术推广服务中心、万宁市农业技术推广中心、定安县农业技术推广中心、澄迈县农业技术推广中心、琼海市农业技术推广服务中心、屯昌县农业技术推广服务中心、临高县农业技术推广服务中心、三亚市农业技术推广服务中心、白沙黎族自治县科学信息和农业技术局、陵水黎族自治县农业技术推广服务中心、乐东黎族自治县农业技术推广服务中心、五指山农业技术推广服务中心	符斋、黄河清、张世能、蔡德江、林朝上、陈文、陈辉、云白杨	省科技成果转化一等奖
	测土灌溉施肥技术在热带果树上的推广应用	海南省农业科学院农作物遗传育种重点实验室、乐东黎族自治县农业技术推广服务中心、澄迈县科学技术与信息产业局、东方市农业服务中心、琼海市农业技术推广服务中心	谢良商、潘顺秋、张文、黎兴健、王清斌、郭禄全、伍书钦、刘国彪	省科技成果转化一等奖
	珍珠番石榴高产栽培技术推广	海南省农业科学院热带果树研究所、琼海市塔洋镇农业服务中心、琼海市农业技术推广服务中心、澄迈县热带作物服务中心、海南省定安县科学技术协会	何凡、王祥和、陈业光、符少欣、华敏、王燕	省科技成果转化二等奖
	马来亚黄、红矮椰子种植示范推广	中国热带农业科学院椰子研究所、文昌市科技开发中心、万宁市科学技术与信息产业局、琼海市热带作物服务中心、三亚市农业技术推广服务中心、陵水黎族自治县农业局	马子龙、刘立云、王必尊、罗章奉、覃伟权、冯美利、王萍	省科技成果转化二等奖
2009（2项）	香蕉优质高产技术集成与推广	中国热带农业科学院热带作物品种资源研究所、中国热带农业科学院环境与植物保护研究所、海南大学农学院、海南省农业科学院热带果树研究所、儋州市农业技术推广服务中心、三亚市农业技术推广服务中心、乐东黎族自治县农业技术推广服务中心、临高县农业技术推广服务中心、昌江黎族自治县农业局、白沙黎族自治县科学技术协会、澄迈县热带作物服务中心、文昌市热带作物技术服务中心、琼海市热带作物服务中心、海南省定安县科学技术协会、海南东方元合实业有限公司	陈业渊、林电、魏守兴、张欣、谢艺贤、符悦冠、程宁宁、谢子四、李志英、陈秋波	省科技成果转化特等奖

续表 16-1-4

年度	项目名称	获奖单位	主要完成人员	授奖等级
2009（2 项）	橡胶树热研 7-33-97 推广应用	中国热带农业科学院橡胶研究所、琼海市热带作物服务中心、儋州市热带作物技术服务中心、白沙黎族自治县农业局、澄迈县热带作物服务中心、屯昌县热带作物技术推广服务中心、五指山市农业局、琼中县农业技术推广服务中心、定安县科学技术局、临高县热带水果技术服务中心、农业部橡胶树生物学重点开放实验室、海南省热带作物栽培生理学重点实验室省部共建国家重点实验室培育基地、国家重要热带作物工程技术研究中心	黄华孙、李维国、方家林、陈德政、高新生、曾霞、张伟算、胡彦师、覃学优、安泽伟、程汉、李志善	省科技成果转化特等奖
2010（1 项）	热带柚优质品种选育及丰产栽培技术研究	海南省农业科学院热带果树研究所、琼海市热带作物服务中心、澄迈县农业局、海口市农民技术学校、海口市琼山区云龙镇农业服务中心	陈业光、何凡、华敏、王祥和、吴学步、陈德政、范鸿雁、胡福初	省科技进步二等奖

说明：海南省星火奖截止于 1994 年

1991-2010 年琼海市（县）获琼海市科技成果奖一览表

表 16-1-5

年度	成果名称	获奖单位	主要完成人员	授奖等级
1996（3 项）	琼海市疟疾防治研究	琼海市卫生防疫站	陈永兴、马文波、符少娥、韩　琼、曾宪飞	市科技进步三等奖
	琼海市基本消灭丝虫病	琼海市卫生防疫站	郑昌津、马文波、韩　琼、符少娥、曾宪飞	市科技进步三等奖
	琼海市小学生甲状腺肿的调查和病因分析	琼海市人民医院	谢丽尹、杨全忠	市科技进步三等奖
1998（1 项）	水稻高产节水灌溉技术研究	塔洋灌溉试验站 河海大学节水与灌排工程研究所	林道钊、彭世彰、冼昌清、黎锦清、陈世彪、张祥云、陈经范、李琼雄、叶海涛、俞双恩	市科技进步一等奖
1999（2 项）	南沙群岛深水礁盘大网目三重定置刺网试捕技术	琼海市海洋水产局	李文池、杨　权、卢业吉、郑长江、李兴商、钟积安、林尤琚、符芳勤	市科技进步一等奖
	琼海市预防乙型脑炎的成效	琼海市卫生防疫站	庞庆彬、陈永兴、梁其金、张运阳	市科技进步二等奖

续表 16-1-5

年度	成果名称	获奖单位	主要完成人员	授奖等级
2002（4 项）	水稻新品种“特籼占选”示范推广	琼海市农业技术服务中心	吴惠珍、甘燕琴、伍书钦、王世禧、周王鼎、冯俊花、马振生、黄良健	市科技进步一等奖
	超高倍显微诊断仪在临床中的应用评价	琼海市人民医院	马振平、王海安、李道章、吴海珠、莫海花、符　红	市科技进步一等奖
	自拟“逐瘀饮”治疗药物流产后阴道流血情况的临床观察	琼海市中医院	符世梅、牛向馨、潘德侨、黎运琪、李成光	市科技进步二等奖
	对虾种苗繁育科技成果应用及转化	琼海市海洋与渔业局 琼海市长坡镇政府	符泽雄、李文池、伍尚煌、卢家书、 云　博、陈大钊、黄昌豪	市科技成果转化特等奖
2003（6 项）	琼海市营运车辆税控系统	琼海盛源计算机有限公司	周建群、刘少儒	市科技进步一等奖
	南美白对虾健康养殖技术开发及示范	琼海市水产技术推广站	符泽雄、李文池、伍尚煌、卢家书、云　博、钟积安、何子山、肖开阳、 戴于岛、郭永红	市科技成果转化一等奖
	无公害瓜果菜生产新技术——日本酵素菌技术应用示范	琼海市农业技术推广中心	周王鼎、甘燕琴、吴惠珍、伍书钦、王世禧、王业英、冯俊花、王　炳、王　燕、吴廷超	市科技成果转化一等奖
	舌下含服米索前列醇用于足月妊娠引产的临床研究	琼海市妇幼保健院	张　力	市科技成果转化二等奖
	术后镇痛及分娩镇痛	琼海市妇幼保健院	陈道冰、陈晓	市科技成果转化二等奖
	小产钳在剖宫产术中的应用	琼海市妇幼保健院	张力	市科技成果转化三等奖
2004（3 项）	海南省琼海市胡椒标准化示范及推广	琼海市热带作物服务中心	陈德政、覃学优、符碧海、杨全敏、梁昌卫、许光德、张延菊	市科技成果转化特等奖
	微创技术治疗高血压脑出血	琼海市人民医院	王　盛	市科技成果转化二等奖
	无创通气治疗急性左心衰	琼海市人民医院	王　龙	市科技成果转化三等奖
2005（10 项）	水田改种香蕉高产栽培技术推广应用	塔洋镇农技站	王　燕、陈光能、符少欣、莫壮莲、何　凡、陈业光、郑庆智、吴恩泽、范　强、周　明	市科技成果转化一等奖

续表 16-1-5

年度	成果名称	获奖单位	主要完成人员	授奖等级
2005（10 项）	阴式子宫切除术治疗非脱垂子宫良性疾病	琼海市人民医院	严书平、邢秀月	市科技成果转化一等奖
	同步直流电复律在临床中的应用	琼海市人民医院	王　龙	市科技成果转化二等奖
	手术松解、中药、体疗治疗臀肌挛缩症	琼海市中医院	莫南文、许时良、何君雷、李勤勇、何书平	市科技成果转化二等奖
	支气管肺泡灌洗	琼海市人民医院	王海燕	市科技成果转化三等奖
	纤维支气管镜检查和治疗术在临床中的应用	琼海市人民医院	王志锋	市科技成果转化三等奖
	内窥镜下微创手术治疗消化道肿瘤	琼海市人民医院	陈华飞、莫翠毅	市科技成果转化三等奖
	血液透析在抢救急性药物中毒中的临床应用	琼海市人民医院	吴　伟	市科技成果转化三等奖
	广泛性子宫切除及盆腹腔淋巴结清扫术治疗妇科恶性肿瘤	琼海市人民医院	严书平、邢秀月、林凛然	市科技成果转化三等奖
	中西医结合治疗“急性缺血性中风病”的临床应用	琼海市中医院	林道强、钟　山、陈越琼、文建国、黎人至、何书平	市科技成果转化三等奖
2006（9 项）	大规格罗非鱼养殖技术示范与推广	琼海市水产技术推广站	符泽雄、李文池、云　博、卢家书、欧宗东、卢业吉、钟积安、符芳勤	市科技成果转化一等奖
	琼海市无公害蔬菜生产技术推广应用	琼海市农业局	许光德、梁昌卫、莫壮柏、周王鼎、莫壮莲、王春雨、黎慕群、何贤汉、李　桃、雷　震	市科技成果转化一等奖
	输尿管镜下气压弹道碎石术治疗输尿管结石	琼海市人民医院	王会镇、王　安、王　盛、黄　洪、侯升帅、王朝平、王　春	市科技成果转化一等奖
	琼海市农村沼气建设国家技术标准实施	琼海市农业局	许光德、梁昌卫、梁健生、王春雨、黎慕群、李　桃、李选熙、王朝民	市科技成果转化二等奖
	经尿道腔内剜除汽化电切治疗前列腺增生症	琼海市中医院	吴惠慈、黄　河、何书为、王良义、王德奋、何书平	市科技成果转化二等奖
	海南冬季蔬菜硝酸盐调控技术应用	琼海市大路镇农业技术推广站	吴川德、伍书钦、阮云泽、王世禧、王崇颖、王健儿	市科技成果转化二等奖
	颅骨缺损的金属钛网修补在临床上的应用	琼海市人民医院	王　盛、王　安、王会镇、黄　洪、侯升帅、王朝平、王　春	市科技成果转化三等奖

续表 16–1–5

年度	成果名称	获奖单位	主要完成人员	授奖等级
2006（9项）	膀胱冲洗新方法的临床应用	琼海市中医院	杨全能、郭玉云、林丽莎、卢丽萍	市科技成果转化三等奖
	柚树树体改造及疏放修剪技术	琼海大甲农业投资有限公司	刘国杰、王　斌、王朝明、杜牛仔、王光锋、王　杰	市科技进步三等奖
2007（7项）	橡胶优良品系热研7–33–97的推广及应用	琼海市热作服务中心	陈德政、覃学优、符碧海、杨全敏、张延菊、吴伟文、李广陵	市科技成果转化一等奖
	南沙海区渔具渔法研究推广与渔场资源开发利用	琼海市水产研究所	李文池、符泽雄、覃海文、郑在宁、符芳勤、卢业吉、周世发、符拉帅	市科技成果转化一等奖
	海水池塘精品鱼养殖技术示范与推广	琼海市水产技术推广站	符泽雄、李文池、云　博、卢家书、欧宗东、覃海文、符芳勤	市科技成果转化二等奖
	腹腔镜胆囊切除术	琼海市人民医院	宋德鸿、王若天、符　敏、黎才惠	市科技成果转化二等奖
	阴式次全子宫切除术的临床应用	琼海市妇幼保健院	许少珍、陈梅花、颜珠苗	市科技成果转化二等奖
	亚低温治疗急性重症脑梗死	琼海市人民医院	王小雄、王　龙、梁毓源、王光权、王庭学、莫壮观	市科技成果转化三等奖
	中药为主治疗输卵管阻塞临床观察	琼海市中西医结合医院	陈宏花、牛向馨、卢玉婷、黎运琪、何书平	市科技成果转化三等奖
2008（10项）	琼海市世界银行贷款卫生IX项目妇幼子项目的实施成效	琼海市妇幼保健院、琼海市卫生局	陈　晓、许少珍、莫海梅、王　桦、潘　敏、甘　雷、彭时兴、王　捷、黎丽敏、王　腾	市科技成果转化一等奖
	珍珠番石榴高产栽培技术大面积应用推广	塔洋镇农业服务中心	王　燕、符少欣、何　凡、李正翔、王祥和、陈光能、冯清拔、范　强	市科技成果转化二等奖
	阴道镜下定点活检在宫颈病变早诊断中的应用	琼海市人民医院	方碧梅、潘在轩	市科技成果转化二等奖
	改良小切口人工髋关节置换术的临床应用	琼海市中医院	莫南文、许时良、何军雷、李勤勇、李　顺、陆志夫	市科技成果转化二等奖
	宫颈环形电切除术（LEEP）在宫颈病变诊治中的应用	琼海市妇幼保健院	许少珍、吴　玉	市科技成果转化二等奖
	双联管道装置腹膜透析新技术的推广与应用研究	琼海市人民医院	王小雄、吴　伟	市科技成果转化三等奖
	经鼻明视下气管内插管术	琼海市人民医院	王仲、王云川、莫壮观、陈彩虹、韩妹伶	市科技成果转化三等奖

续表 16–1–5

年度	成果名称	获奖单位	主要完成人员	授奖等级
2008（10 项）	经尿道超脉冲等离子体双极电切术治疗浅表膀胱肿瘤	琼海市人民医院	王会镇、黄　洪、王　春、王　安、何　新	市科技成果转化三等奖
	输尿管肾镜辅助下行复杂肝内外胆管多发性结石取石术	琼海市人民医院	王若天、符　敏、王健宝、吴景桐、杨　河、梁振雄	市科技成果转化三等奖
	平板运动试验结合动态心电图评价冠心病	琼海市人民医院	吴　敏、刘　聪、周芸羽	市科技成果转化三等奖
2009（7 项）	槟榔标准化生产技术示范及推广	琼海市热带作物服务中心	陈德政、覃学优、戴　俊、林庆光、张延菊、吴伟文	市科技成果转化特等奖
	腹腔镜下手术治疗异位妊娠	琼海市人民医院	林凛然、方碧梅、邢秀月	市科技成果转化一等奖
	经皮给药治疗婴幼儿肺炎	琼海市人民医院	符珍珠、林尤宁、苏红苗	市科技成果转化二等奖
	免气腹单孔法迷你腹腔镜阑尾切除术	琼海市人民医院	宋德鸿、黎才惠、黎仕兴、傅厚丰、张红艳、孙长河、张晓芳、陈建平、胡　军、李　炳	市科技成果转化二等奖
	复方骨肽联合甘露醇治疗腰椎间盘突出症	琼海市人民医院	王李民、王小雄	市科技成果转化三等奖
	乳腺癌的保乳手术及综合治疗	琼海市人民医院	王　安、王　盛、侯升帅、王朝平、周　业、李巧银	市科技成果转化三等奖
	红树液治疗压疮的临床护理应用	琼海市人民医院	何　新、马米果、张红艳、陈　霞、雷　文	市科技成果转化三等奖
2010（8 项）	湘椒 49 号（福湘秀丽）引进示范及大面积推广	琼海市塔洋农业服务中心、琼海市农业技术推广服务中心	王　燕、符少欣、伍书钦、蒋宏华、李燕凌、邹家华、陈光能、冯清拔	市科技成果转化特等奖
	胡椒生物脱皮技术研究与推广	琼海市热带作物服务中心	陈德政、覃学优、戴　俊、林庆光、张延菊、吴伟文	市科技成果转化一等奖
	全胃切除围巾式食管——空肠吻合术在进展期胃癌中的应用	琼海市人民医院	宋德鸿、傅厚丰、张红艳、孙长河	市科技成果转化一等奖
	温肾育麟汤联合克罗米芬治疗多囊卵巢综合征临床观察	琼海市中医院	牛向馨、陈达天、吴红杨、冯亚妮、罗小妹	市科技成果转化二等奖
	介入性超声诊断与治疗	琼海市中医院	黎运琪、陈孙斌	市科技成果转化二等奖
	腹腔镜手术治疗卵巢良性疾病	琼海市人民医院	邢秀月、王丽娜、周　叶、齐　静、林丽娜、许文丽	市科技成果转化三等奖

续表 16-1-5

年度	成果名称	获奖单位	主要完成人员	授奖等级
2010（8 项）	内镜下注射肾上腺素盐水联合钛金属夹法治疗消化性溃疡并出血	琼海市人民医院	陈华飞、莫翠毅、曾庆宁、王雷	市科技成果转化三等奖
	加长柄人工双极股骨头置换治疗不稳定型高龄股骨粗隆间骨折	琼海市中医院	莫南文、何军雷、陆志夫、李勤勇、邢鹤飞、黄宗志	市科技成果转化三等奖

说明：共 70 项，市科技进步奖：11 项，其中：一等奖 5 项、二等奖 2 项、三等奖 4 项；市科技成果转化奖：59 项，其中：特等奖 4 项、一等奖 12 项、二等奖 19 项、三等奖 24 项

第五节　科技计划项目管理

琼海市积极开展高新技术企业、国家重点新产品、国家火炬计划项目、国家科技创新基金项目等申报工作，1999 年，海南斯达制药公司斯达制药厂生产的托西酸舒他西林和甲磺酸罗哌卡因被列入国家火炬计划项目。2000 年，海南斯达制药公司斯达制药厂生产的门冬氨酸阿奇霉素被列入国家重点新产品。2004 年，海南斯达制药有限公司、海南大众凌伟海洋产业有限公司、海南轻骑摩托车有限公司等企业被认定为海南省级高新技术企业。2005 年，海南斯达制药有限公司被认定为国家火炬计划重点高新技术企业。

琼海市国家火炬计划重点高新技术企业一览表

表 16-1-6

企业名称	统一编号	发证日期	有效期
海南斯达制药有限公司	Q20050336 批准文号：国科办火字〔2005〕32 号	2005 年 5 月	二年

琼海市国家重点新产品一览表

表 16-1-7

项目名称	承担单位	申报日期	实施期限
门冬氨酸阿奇霉素（商品名：博抗）	海南斯达制药公司斯达制药厂	1999 年	1999—2000 年

琼海市国家火炬计划项目一览表

表 16-1-8

项目名称	承担单位	申报日期	实施期限
托西酸舒他西林（商品名：博德）	海南斯达制药公司斯达制药厂	1998 年	1999 年

琼海市国家科技创新基金项目一览表

表 16-1-9

项目名称	承担单位	申报日期	实施期限
甲磺酸罗哌卡因	海南斯达制药公司斯达制药厂	2003 年	2004 年

琼海市省级高新技术企业一览表

表 16-1-10

企业名称	统一编号	发证日期	有效期
海南斯达制药有限公司	0146002B0064	2004 年 1 月	二年
海南大众凌伟海洋产业有限公司	—	—	—
海南轻骑摩托车有限公司	—	—	—

琼海市省重点科技计划项目一览表

表 16-1-11

年度	项目名称	承担单位	申报日期	实施期限	项目编号
2000	门冬氨酸阿奇霉素（商品名：博抗）	海南斯达制药公司斯达制药厂	1999 年	1999—2000 年	—
	D—核糖系列产品	海南斯达制药公司斯达制药厂	1999 年	2000—2001 年	—
2001	引进美国鳄龟的养殖试验和推广	琼海市科技开发中心	2001 年 5 月	2001—2004 年	01210
2003	橡胶增胶灵的研究和应用	琼海天宝橡胶工贸有限公司	2003 年 6 月	2002—2005 年	—

2008—2010年琼海市组织实施的科技研发项目和示范基地项目一览表

表16-1-12

年度	项目类别	研发项目及基地项目名称
2008	水产类研发项目	花鳗养殖技术研究和试验
	农业类研发项目	无公害瓜菜设施栽培技术体系研究
	农业类研发项目	圆椒新品种引进及安全生产标准化栽培技术研究
	水产类示范项目	龟鳖新品种繁育与养殖科技示范基地
	畜牧类示范项目	阉鸡、白凤鸡、肉猪规模化饲养技术示范基地
2009	畜牧类研发项目	正宗嘉积鸭规模化种苗繁育和饲养技术研究
	农业类研发项目	胡椒生物脱皮技术的研究与推广
	加工类研发项目	食用山柚油制备技术研发
2009	水产类研发项目	巴沙鱼引进池塘养殖试验
	加工类研发项目	茶可咖新型固体饮料的研发与推广
	畜牧类研发项目	麻花鸡育雏保温技术研究
	农业类示范项目	大路镇“猪—沼—果”能源生态农业模式示范基地
	农业类示范项目	龙江镇“猪—沼—农”生态循环种养示范基地
	农业类示范项目	石壁镇马来西亚菠萝蜜1号高产栽培技术示范基地
	农业类示范项目	博鳌镇菠萝测土配方施肥示范基地
	农业类示范项目	万泉镇番石榴高产栽培示范基地
	农业类示范项目	万泉镇妃子笑荔枝高产栽培示范基地
	农业类示范项目	阳江镇火龙果高产栽培技术示范基地
	农业类示范项目	中原镇黑金刚莲雾高产栽培技术基地
	水产类示范项目	潭门镇龙胆石斑鱼高产养殖示范基地
	农业类示范项目	长坡镇青皮冬瓜矮架种植技术示范基地
	农业类示范项目	会山镇热带经济作物高产栽培技术示范基地
	农业类示范项目	嘉积镇花卉种植示范基地
	农业类示范项目	塔洋镇香蕉应用酵素菌生物技术示范种植基地
2010	农业类研发项目	鱼塘水面生物浮床栽培蔬菜试验
	农业类研发项目	淮山药引进种植试验

续表 16-1-12

年度	项目类别	研发项目及基地项目名称
2010	农业类示范项目	国兰新品种引进繁育和推广示范基地
	农业类示范项目	红龙果大棚高产栽培技术示范基地
	水产类示范项目	红鹦鹉观赏鱼养殖技术示范基地
	农业类示范项目	槟榔保花保果技术示范基地
	农业类示范项目	海巴戟种植技术示范基地
	农业类示范项目	台湾粉蕉高产栽培技术示范基地
	农业类示范项目	辣椒绿色栽培与防控技术示范基地
	农业类示范项目	珍珠柚种植技术示范基地
	医学类研发项目	超声诊断在保留胆囊切开取石（息肉）中的应用
	医学类研发项目	低位及超低位直肠癌保肛手术
	医学类研发项目	复方玄驹胶囊联合克罗米芬治疗肾阳虚型多囊 PCOS 不孕的临床观察
	医学类研发项目	腹腔镜结肠直肠癌根治术
	医学类研发项目	宫腔镜在子宫腔内疾病中的应用
	医学类研发项目	开展关节镜下治疗膝关节半月板损伤的临床应用
	医学类研发项目	红花注射液膝关节腔内注射治疗早中期膝关节骨性关节炎的临床疗效观察
	医学类研发项目	介入性超声诊断与治疗
	医学类研发项目	经颈中心静脉置管术在肠外营养患者中的应用
	医学类研发项目	经皮肾镜取石治疗肾结石
	医学类研发项目	经胸壁入路腹腔镜甲状腺切除手术的临床应用
	医学类研发项目	咳喘贴膏贴穴治疗小儿肺炎喘嗽（寒证、痰湿证）的临床疗效研究
	医学类研发项目	快速康复外科护理在胃肠道手术的应用
	医学类研发项目	频谱心电图对冠心病诊断的价值
	医学类研发项目	清开灵注射液治疗脑出血急性期临床观察
	医学类研发项目	心理干预配合中药治疗对老年髋部骨折患者围手术期的影响

第二章 科技组织

第一节 科研机构

一、琼海市农业科学研究所

1959 年建立。原址在塔洋公社鱼良大队下村，有技术人员 7 名，工人 8 名，试验田 15 亩，鱼塘 2 亩。1971 年 2 月，迁址长坡公社社学大队坎昌村，与县良种场合并，一个机构，两个牌子，有科研人员 3 名，工作 88 名，拥有土地 1080 亩，其中试验面积 170 亩，实验教学楼一幢，配有各种仪器设备。以试验、示范和推广农业技术为职责，开展种子栽培、土肥、植保、气象等科研活动和技术培训工作，为当地农业生产服务。2010 年，从业人员 35 人，其中专业技术人员 8 人。主要研究科技课题：水稻新品种早造区域性试验、水稻新品种晚造区域性试验、七桂优 306 新品种引进试验、水稻科选 13 种子繁育推广、水稻科选 13 提纯复壮等。

二、琼海市水产技术推广站

1982 年成立琼海县海水养殖技术站，1996 年增设渔业技术指导站，2003 年琼海市海水养殖技术站更名为琼海市水产技术推广站（挂水产研究所牌子）。

三、海南汽车试验研究所

原名海南热带汽车试验站。1958 年 11 月建立。原隶属于第一机械工业部汽车局，1991 年 6 月更名为海南汽车试验研究所，2003 年 1 月起隶属于中国第一汽车集团有限公司。

海南汽车试验研究所是中国唯一具有湿热气候特点的综合性汽车试验研究基地，拥有国内第一条高速试验跑道；有 18 类 30 多种不同参数，最符合中国道路特点的典型强化试验路；第一个也是国内最大的曝晒试验场；第一个汽车操纵稳定性试验广场等。率先在国内开发汽车整车腐蚀试验，已形成汽车产品耐候性试验、强化腐蚀试验、可靠性试验及整车性能试验四个核心专业的验证能力，为国内外汽车行业企业，提供产品开发验证试验和产品检测认证服务。是中国合格评定国家认可委员会认证、中国机械工业联合会授权认可、中国国家认证认可监督委员会计量认证、交通运输部营运车辆油耗公告授权的第三方检测机构，独立法人单位。试验场跑道工程项目获汽车行业科学技术进步一等奖、国家科学技术进步二等奖。

2009 年 12 月 28 日，海南所综合性能试验广场改造项目完成功能性验收。广场占地总面积近9万平方米，是国内最大的综合性能试验广场。2010年，实现营业收入6700万元，固定资产5亿元。全所技术人员占职工总数60%，其中高级职称12人，有16人先后在中国汽车工业协会、中国汽车工程学会及各专业标准委员会担任副秘书长及委员职务。

截至2010年，已完成“九五”科技攻关项目《汽车湿热曝晒及道路强化腐蚀试验研究》、部级课题《海南汽车试验场综合可靠性路快速系数的研究》和行业重大课题《汽车用非金属材料及其制品耐候性试验评价方法研究》。完成《汽车粉尘密封性试验 粉尘洞法》《汽车热平衡能力道路试验方法》《汽车整车大气暴露试验方法》《汽车空调制冷系统性能道路试验方法》《乘用车强化腐蚀试验方法》《汽车非金属材料及部件自然暴露试验方法》等国家或行业标准制定。

四、广州电器科学研究院海南热带环境研究所

1970年建立，原称广州电器科学研究所海南湿热试验站，地址设在嘉积镇北门。为中央驻县科研机构。同年年底，与海南汽车试验站合并。1983年析出，更名为广州电器科学研究院海南热带环境研究所。全所建筑面积976.6平方米，设有电子产品库存试验，塑料、机械性能、室外样品曝晒、汽车发动机试验及汽车整车试验等。2010年，有专业技术人员43人，其中高级工程师8人、工程师15人、助理工程师20人。

五、海南粮油科研所

1964年建立，主要从事热带暨亚热带油脂的研究开发与利用，粮油产品及饲料加工工艺和设备的研究与推广，粮油储藏技术的研究与粮油产品质量检测等。具有一定规模的科研基础设施、功能较为齐全的试验室和初具规模的科技成果转化基地，有较强的科技攻关力量和专业水平。自成立以来，完成省部级科技攻关项目25项，重大技术推广12项，开发新产品10多个，在促进海南特有资源的开发利用中发挥了积极作用，多项科技成果荣获省级奖励。2010年，有专业技术人员16人，其中高级工程师5人、工程师7人、助理工程师4人。

六、地震测报中心

1979年，成立县地震办公室，工作人员5人。在嘉积中学、龙江中学、长坡中学、朝阳中学、九曲江青塘小学设立5个微观测报组，在县农科所、鱼苗场设2个宏观哨，在嘉积糖厂设深水井观测点（属全国、省重点水网观测点），共配兼职测报人员76名。1985年，撤销办公室和学校地震测报组，仅保留嘉积糖厂深水井测报点和鱼苗场宏观哨。同时在县科委内设立地震组。1992年，成立琼海县地震局，编制3人，从科委划出2名、农业局划出 1 名编制转地震局使用。11 月撤县设市后，更名为琼海市地震局，主要负责本市的地震监测、分析、数据上报和传递由省地震局发布的震情通报工作，监督管理本地建设工程抗震设防要求和地震安全评价工作等。

七、气象测报中心

1952 年建立，原称为嘉积气象站，1958 年更名为琼海县气象局，属于国家一级气象观测站。1991 年，实行局站合一，设地面观测股和预报股。1992 年 11 月琼海撤县设市后，更名为琼海市气象局（台）。实行海南省气象局与琼海市政府双重领导，以海南省气象局领导为主，为正科级单位。下设办公室、地面测报股、预报服务股（气象台）和防雷技术所。主要担负着地面气象探测、天气气候预报预测、气象宣传、气象行政许可、防雷减灾和人工影响天气作业等工作。2007 年 1 月更名为琼海国家气象观测站一级站。2008 年 12 月恢复为国家基本气象站。2010 年，在编职工 21 人，其中研究生学历 2 人，本科 11 人，大专 7，中专 1 人。

八、琼海市农业服务（技术推广）中心

1992 年 2 月成立琼海县农业技术推广中心，为副科级单位。1995 年 1 月，与农业服务中心合并，成立琼海市农业服务（技术推广）中心，隶属市政府直属事业单位。内设机构有：种子站、植保植检站、土肥站、新技术推广站、农业有害生物预警与控制区域站、农产品农药残留检测室、办公室等。主要负责全市禾本科农作物新良种引进试验、栽培技术指导及服务工作，即包括水稻、旱粮、瓜菜类及香蕉等农作物。2010 年，有技术人员及管理人员 20 人。其中：高级农艺师 2 人，农艺师 7 人，助理农艺师 5 人，管理干部 6 人。

九、海南海研热带海水鱼类良种场

海南海研热带海水鱼类良种场（简称良种场）系海南省水产研究所于 1996 年 6 月出资建设的水产科研与生产基地。位于琼海市长坡镇椰林墟，建场之初占地面积 50 亩。2002 年 7 月，增加征用科教用地 60 亩。良种场作为海南省水产研究所开展海水渔业科研试验的重要平台基地，其渔业生产经营业务的技术力量主要依托海南省水产研究所，内设鱼、虾、蟹、贝生产工作组。至 2010 年年底，有干部职工共 60 名，其中，研究员 2 名，高级工程师 10 名，工程师 10 名。

“十一五”期间良种场承担实施 5 项国家科技支撑项目、1 项 “863”计划项目、3 项星火计划项目等。获得农业部签发中国第一个南美白对虾亲虾进口许可证，于 2001 年 3 月首次从夏威夷引进无特定病原（SPF）南美白对虾亲虾后，通过技术攻关保种成功，

培育出保持原种优良品质的种虾和虾苗供应市场。开展南美白对虾、方斑东风螺、石斑鱼、卵形鲳鲹、古蚶等品种的苗种繁育和养殖。

2001 年，良种场获海南省科学技术厅批准设立为“海南省热带海水养殖工程技术研究中心”；2004 年，良种场获农业部批准为国内首家“国家级南美白对虾良种场”和建设“海南省南美白对虾病害监测站”。同年，获科技部批准为“国家星火计划农业科技专家大院模式示范单位”；2006 年，获海南省海洋与渔业厅批准设为“海南省水生野生动物救助中心”；2009 年，获国家外国专家局批准为“国家引进爱国智力成果示范推广基地——凡纳对虾引进与繁育”。在良种场实施完成的“南美白对虾引种选育及推广” 项目获 2004 年度海南省科技成果转化奖特等奖；2006 年，实施“南美白对虾育种及推广的成果”获全国农牧渔业丰收奖一等奖；2008 年，在良种场实施完成的“凡纳滨对虾引种、育苗、养殖技术研究与应用” 项目获国家科技进步奖二等奖。

第二节 科技队伍

琼海市重视科技人才队伍建设，2010 年，信息产业从业人员数达到 164 人，主要分布在电信行业；装备制造从业人员数达到 587 人，主要分布在机械行业；生物技术领域从业人员数达到 326 人， 主要分布在医药行业。琼海市通过信息产业、装备制造、生物技术等重点领域人才引进，有效促进社会进步和经济发展。

2010 年琼海市科技人才资源统计表

表 16-2-1

类别	基础指标	数据	分析指标	数据	核心指标	数据
科技人才资源总量（人）	科技人才资源总量（人）	101	1. 本科及以上科技人才资源总量（人）	69	—	—
			2. 科技人才资源增长率（%）	8.60	—	—
			3. 每万人口中科技人才资源数量（人）	2	—	—
研究与试验发展活动（R&D）人员（人年）	1. R&D 人员（人）	211	1. R&D 人员增长率（%）	9.10	1. R&D 人员*	—
	2. R&D 研究人员（人）	101	2. R&D 研究人员增长率（%）	8.60	2. R&D 研究人员*	—
	—	—	3. R&D 研究人员占 R&D 人员的比重（%）	47.87	3. 每万劳动力中 R&D 人员*	—
	—	—	4. 每万劳动力中 R&D 人员（人）	6	4. 每万劳动力中 R&D 研究人员*	—
	—	—	5. 每万劳动力中 R&D 研究人员（人）	3	—	—

续表 16-2-1

类别	基础指标		数据	分析指标		数据	核心指标		数据
结构与分布	1. 不同地区 R&D 人员（人年）	嘉积镇	93	1. 不同地区 R&D 人员分布比例（%）	嘉积镇	—	1. 不同地区 R&D 人员分布比例（%）	嘉积镇	—
		长坡镇	118		长坡镇	—		长坡镇	—
	2. 不同地区 R&D 研究人员（人年）	嘉积镇	44	2. 不同地区 R&D 研究人员分布比例（%）	嘉积镇	——	2. 不同执行机构 R&D 人员分布比例（%）	汽车试验场	—
								粮油所	—
		长坡镇	57		长坡镇	——		水产所	—
								农科所	—
	3. 不同执行机构 R&D 人员（人年）	汽车试验场	64	3. 不同执行机构 R&D 人员分布比例（%）	汽车试验场	—	3. 不同地区每万劳动力中 R&D 人员数量（人）	嘉积镇	——
		粮油所	29		粮油所	—			
		水产所	49		水产所	—		长坡镇	——
		农科所	69		农科所	—			
	4. 不同执行机构 R&D 研究人员	汽车试验场	35	4. 不同执行机构 R&D 研究人员分布比例（%）	汽车试验场	—	4. 不同地区每万劳动力中 R&D 研究人员数量（人）	嘉积镇	——
		粮油所	9		粮油所	—			
		水产所	18		水产所	—		长坡镇	—
		农科所	39		农科所	38.61			
	——	——		5. 不同地区每万劳动力中 R&D 人员数量（人）	嘉积镇	9	——	——	
					长坡镇	32			
	—	—		6. 不同地区每万劳动力中 R&D 研究人员数量（人）	嘉积镇	4	—	—	
					长坡镇	15			

说明：标“*”为国际可比指标

2010 年琼海市重点领域人才资源统计表

（一）信息产业人才资源统计表

表 16-2-2

类别	基础指标		数据	分析指标	数据	核心指标		数据
规模	信息产业从业人员数（人）		164	信息产业从业人员增长率	—	每十万人口中信息产业从业人员数（人）		—
	其中	电信业从业人员数（人）	164	电信业从业人员所占比例	100%	其中	电信从业人员数（人）	164
		软件业从业人员数（人）	0	软件业从业人员所占比例	0	—		—
		电子信息产品制造业从业人员数（人）	0	电子信息产品制造业从业人员所占比例	0			

续表 16-2-2

类别	基础指标		数据	分析指标	数据	核心指标	数据
素质	不同学历人数（人）	初中以下	0	本科及以上学历人员所占比例	37.80%	—	—
		高中	8				
		中专	16				
		大学专科	78				
		大学本科	62				
		研究生					
	不同职称人数（人）	初级	53	中级及以上专业技术职称（职务）人员比例	19.70%		
		中级	13				
		高级	—				
	特殊人才资源数		—	—			
结构	经营管理人员（人）		9	1.专业技术人员所占比例	—	—	—
				其中：具有高级专业技术职称（职务）人员所占比例	0.00%		
	专业技术人员数（人）	电信专业技术人员数	108	2.专业技术人员所占比例	—	—	—
				其中：专业技术人员中35岁以下人员所占比例	77.44%		
		软件专业技术人员数	0	3.高技能人才（高级工以上）所占比例	12.37%	—	—
		电子信息产品制造专业技术人员数	0	—	—	—	—
结构	技能人员数(人)	高级技师	0	—	—	—	—
		技师	1				
结构	技能人员数（人）	高级工	11	—	—	—	—
		中级工	46				
		初级工	39				
	不同年龄段人数（人）	30岁以下	49	—	—	—	—
		30—40岁	78				
		40—50岁	34				
		50—60岁	3				
		60岁以上	0				

续表 16-2-2

<table>
<tr><th>类别</th><th colspan="2">基础指标</th><th>数据</th><th>分析指标</th><th>数据</th><th>核心指标</th><th>数据</th></tr>
<tr><td rowspan="2">分布</td><td rowspan="2">不同区域人数（人）</td><td>市级</td><td>148</td><td rowspan="2">—</td><td rowspan="2">—</td><td rowspan="2">—</td><td rowspan="2">—</td></tr>
<tr><td>镇级</td><td>16</td></tr>
<tr><td rowspan="2">培训</td><td colspan="2">参加国内培训人数（人）</td><td>106</td><td>参加培训人数占从业人员的比例</td><td>100%</td><td rowspan="2">—</td><td rowspan="2">—</td></tr>
<tr><td colspan="2">参加国（境）外培训人数（人）</td><td>2</td><td colspan="2">—</td></tr>
<tr><td>绩效</td><td colspan="2">主营业务收入</td><td>9100万元</td><td>主营业务收入增长率</td><td>9.20%</td><td>—</td><td>—</td></tr>
</table>

（二）装备制造人才资源统计表

表 16-2-3

<table>
<tr><th>类别</th><th colspan="2">基础指标</th><th>数据</th><th>分析指标</th><th>数据</th><th>核心指标</th><th>数据</th></tr>
<tr><td rowspan="6">规模</td><td colspan="2">装备制造从业人员数（人）</td><td>587</td><td>—</td><td>—</td><td>—</td><td>—</td></tr>
<tr><td rowspan="3">其中：科技活动人员数（人）</td><td>设计</td><td>15</td><td>设计人员占科技活动人员比例</td><td>22.73%</td><td>科技活动人员所占总人数比例</td><td>11.24%</td></tr>
<tr><td>工业</td><td>29</td><td>工业人员占科技活动人员比例</td><td>43.94%</td><td rowspan="2">—</td><td rowspan="2">—</td></tr>
<tr><td>R&D</td><td>22</td><td>R&D 人员占科技活动人员比例</td><td>33.33%</td></tr>
<tr><td colspan="2">技能人才数（人）</td><td>187</td><td>—</td><td>—</td><td>—</td><td>—</td></tr>
<tr><td colspan="2">管理人员数（人）</td><td>40</td><td>—</td><td>—</td><td>—</td><td>—</td></tr>
<tr><td rowspan="6">分布</td><td colspan="2">1.不同机构人数（人）</td><td></td><td>不同机构人员所占比例</td><td>—</td><td>—</td><td>—</td></tr>
<tr><td rowspan="3">2.不同主行业人数（人）</td><td>机械行业人数</td><td>587</td><td>机械行业人员所占比例</td><td>100%</td><td rowspan="3">—</td><td rowspan="3">—</td></tr>
<tr><td>船舶行业人数</td><td>—</td><td>船舶行业人员所占比例</td><td>—</td></tr>
<tr><td>汽车行业人数</td><td>—</td><td>汽车行业人员所占比例</td><td>—</td></tr>
<tr><td rowspan="2">3.不同区域人数（人）</td><td>市级</td><td>—</td><td rowspan="2">重点区域人数比例</td><td>—</td><td rowspan="2">—</td><td rowspan="2">—</td></tr>
<tr><td>镇级</td><td>—</td><td>—</td></tr>
<tr><td rowspan="3">素质</td><td rowspan="3">1.不同学历人数（人）</td><td>大学专科及以下</td><td>491</td><td>大学专科及以下学历人员所占比例</td><td>95.71%</td><td rowspan="3">1.大学本科以上学历人员所占比例</td><td rowspan="3">4.29%</td></tr>
<tr><td>大学本科</td><td>21</td><td>大学本科学历人员所占比例</td><td>4.09%</td></tr>
<tr><td>研究生</td><td>1</td><td>研究生学历人员所占比例</td><td>0.19%</td></tr>
</table>

续表 16–2–3

类别	基础指标		数据	分析指标	数据	核心指标	数据
素质	2.不同专业技术职称（职务）任职资格人数（人）	初级	24	初级所占比例	77.42%	2.高级专业技术职称（职务）任职人员所占比例	3.23%
		中级	6	中级所占比例	19.35%		
		高级	1	高级所占比例	3.23%		
	3.不同技能水平人数（人）	高级技师	1	高级技师所占比例	0.26%	3.技师及以上人员所占比例	98.45%
		技师	5	技师所占比例	1.30%		
		高级工	187	高级工所占比例	48.45%		
		中级工	131	中级工所占比例	33.94%		
		初级工	62	初级工所占比例	16.06%		
结构	不同年龄段人数（人）	30 岁以下	238	该年龄段所占比例	46.39%	—	—
		30—40 岁	158	该年龄段所占比例	30.80%		
		40—50 岁	83	该年龄段所占比例	16.18%		
		50—60 岁	28	该年龄段所占比例	5.46%		
		60 岁以上	6	该年龄段所占比例	1.17%		
荣誉与奖励	1.获得国家技能大赛称号人数（人）		—	1.国家级技能人才所占比例	—	—	—
	2.获得行业及地方技能大赛称号人数（人）		2	2.行业级技能人才所占比例	—		
录用与引进	1.录用应届毕业生人数（人）		33	1.录用各类应届毕业生占当年录用与引进人员比例	6.6%	1.录用应届高校毕业生中大学本科及以上人员所占比例	0.60%
	2.引进海外人才数（人）		—	2.留学回国人员数	—	2.聘用境外专家数（人）	—
	—		—	3.聘用境外专家人数	—	—	—
教育培训与交流	1.在职学历学位教育人数（人）		—	1.参加各类在职教育人员所占比例	—	参加境外培训人员所占比例	—
	2.培训人次（人次）		—	2.参加各类培训人员所占比例	—	—	—
	3.培训人数（人）		—	3.学术交流人员占科技活动人员比例	—		
	4.参加国(境)外培训人数(人)		—	—	—		
	5.学术交流人次（人次）		—	—	—		
	6.学术交流人数（人）		—	—	—		

（三）生物技术人才资源统计表

表 16-2-4

<table>
<tr><th>类别</th><th colspan="2">基础指标</th><th>数据</th><th>分析指标</th><th>数据</th><th>核心指标</th><th>数据</th></tr>
<tr><td>规模</td><td colspan="2">生物技术领域从业人员数（人）</td><td>326</td><td>生物技术领域从业人员增长率（%）</td><td>-17.42%</td><td>生物技术领域从业人员占全社会从业人员的比例（%）</td><td>—</td></tr>
<tr><td rowspan="3">素质</td><td colspan="2">1.R&D 人员（人或人年）</td><td>66</td><td>1.R&D 人员占全社会 R&D 人员的比例（%）</td><td>—</td><td>—</td><td>—</td></tr>
<tr><td colspan="2">2.R&D 研究人员（人或人年）</td><td>1</td><td>2.R&D 人员占生物技术领域从业人员数的比例（%）</td><td>20.25%</td><td>生物技术领域 R&D 研究人员占 R&D 人员比例（%）</td><td>1.52%</td></tr>
<tr><td>—</td><td>—</td><td>—</td><td>3.两院院士等领军人才占生物技术领域 R&D 人员数的比例（%）</td><td>—</td><td>—</td><td>—</td></tr>
<tr><td rowspan="6">结构</td><td rowspan="2">1.不同地区 R&D 人员（人年）</td><td>市级</td><td>66</td><td>市级 R&D 人员分布比例（%）</td><td>100%</td><td>市级生物技术领域 R&D 人员分布比例（%）</td><td>100%</td></tr>
<tr><td>镇级</td><td>—</td><td>镇级 R&D 人员分布比例（%）</td><td>—</td><td>镇级生物技术领域 R&D 人员分布比例（%）</td><td>—</td></tr>
<tr><td rowspan="2">2.不同地区 R&D 研究人员(人年)</td><td>市级</td><td>1</td><td>市级 R&D 人员分布比例（%）</td><td>100%</td><td>市级生物技术领域 R&D 研究人员分布比例（%）</td><td>100%</td></tr>
<tr><td>镇级</td><td>—</td><td>镇级 R&D 人员分布比例（%）</td><td>—</td><td>镇级生物技术领域 R&D 研究人员分布比例（%）</td><td>—</td></tr>
<tr><td colspan="2">3.不同执行机构 R&D 人员（人年）</td><td>—</td><td>不同执行机构 R&D 人员分布比例</td><td>—</td><td rowspan="2">—</td><td rowspan="2">—</td></tr>
<tr><td colspan="2">4.不同执行机构 R&D 研究人员（人年）</td><td>—</td><td>不同执行机构 R&D 研究人员分布比例</td><td>—</td></tr>
</table>

（四）新能源技术人才资源统计表

表 16-2-5

<table>
<tr><th>类别</th><th>基础指标</th><th>数据</th><th>分析指标</th><th>数据</th><th>核心指标</th><th>数据</th></tr>
<tr><td rowspan="2">规模</td><td rowspan="2">新能源领域从业人员总量</td><td rowspan="2">848</td><td>1.新能源领域从业人员增长率（%）</td><td>1.68%</td><td rowspan="2">新能源领域人才总量</td><td rowspan="2">89</td></tr>
<tr><td>2.新能源人才占从业人员总数的比例（%）</td><td>10.50%</td></tr>
</table>

续表 16–2–5

<table>
<tr><th>类别</th><th colspan="2">基础指标</th><th>数据</th><th>分析指标</th><th>数据</th><th>核心指标</th><th>数据</th></tr>
<tr><td rowspan="7">素质</td><td rowspan="3">1.不同学历、学位从业人员数（人）</td><td>大学专科及以下</td><td>738</td><td>大学专科及以下学历人员所占比例及增长率</td><td>87.03%</td><td rowspan="3">1.复合型人才数量（人）</td><td rowspan="3">—</td></tr>
<tr><td>大学本科</td><td>109</td><td>大学本科学历人员所占比例及增长率</td><td>12.85%</td></tr>
<tr><td>研究生</td><td>1</td><td>研究生学历人员所占比例及增长率</td><td>0.12%</td></tr>
<tr><td rowspan="3">2.不同职称从业人员数（人）</td><td>初级</td><td>209</td><td>初级所占比例及增长率</td><td>89.70%</td><td rowspan="3">2.高端技术人才数量（人）</td><td rowspan="3">—</td></tr>
<tr><td>中级</td><td>21</td><td>中级所占比例及增长率</td><td>9.01%</td></tr>
<tr><td>高级</td><td>3</td><td>高级所占比例及增长率</td><td>1.29%</td></tr>
<tr><td colspan="2">3.不同职务从业人员数（人）</td><td>—</td><td>不同职务人员所占比例及增长率</td><td>—</td><td>3.专门人才数量（人）</td><td>—</td></tr>
<tr><td rowspan="7">结构</td><td colspan="2">1.不同行业从业人员数量、人才数量（人）</td><td>—</td><td>1.不同行业人才数量占人才总数的比例及增长率</td><td>—</td><td>1.新型和紧缺行业人才比例</td><td>—</td></tr>
<tr><td colspan="2">2.不同类别从业人员数量、人才数量（人）</td><td>—</td><td>2.不同类别人才数量占人才总数的比例</td><td>—</td><td>2.复合型和高端技术人才比例（人）</td><td>—</td></tr>
<tr><td rowspan="5">3.不同年龄从业人员数量、人才数量（人）</td><td>35 岁以下</td><td>272</td><td>该年龄段所占比例</td><td>32.08%</td><td>—</td><td>—</td></tr>
<tr><td>35—45 岁</td><td>307</td><td>该年龄段所占比例</td><td>36.20%</td><td>3.35 岁至 55 岁人才比例（人）</td><td>61.56%</td></tr>
<tr><td>45—55 岁</td><td>215</td><td>该年龄段所占比例</td><td>25.35%</td><td rowspan="3">—</td><td rowspan="3">—</td></tr>
<tr><td>55—66 岁</td><td>54</td><td>该年龄段所占比例</td><td>6.37%</td></tr>
<tr><td>65 岁以上</td><td>—</td><td>该年龄段所占比例</td><td>—</td></tr>
<tr><td rowspan="8">分布</td><td colspan="2">1.不同机构从业人员数量、人才数量（人）</td><td>—</td><td>不同机构人才所占比例</td><td>—</td><td>1.国家能源基地人才数量（人）</td><td>—</td></tr>
<tr><td rowspan="2">2.不同地区从业人员数量、人才数量（人）</td><td>市级</td><td>848、89</td><td>市级人才所占比例</td><td>10.50%</td><td rowspan="2">2.能源装备制造基地人才数量（人）</td><td rowspan="2">—</td></tr>
<tr><td>镇级</td><td>—</td><td>镇级人才所占比例</td><td>—</td></tr>
<tr><td rowspan="5">3.不同所有制经济领域从业人员数量、人才数量（人）</td><td>国有经济</td><td>848、89</td><td>该所有制经济领域人才所占比例</td><td>100%</td><td rowspan="4">3.国有重点企业人才比例</td><td rowspan="4">—</td></tr>
<tr><td>集体经济</td><td>—</td><td>该所有制经济领域人才所占比例</td><td>—</td></tr>
<tr><td>混合所有制经济</td><td>—</td><td>该所有制经济领域人才所占比例</td><td>—</td></tr>
<tr><td>私营经济</td><td>—</td><td>该所有制经济领域人才所占比例</td><td>—</td></tr>
<tr><td colspan="4">—</td><td>4.省属企业能源人才比例</td><td>—</td></tr>
</table>

第三章　科技服务

第一节　科普宣传

1991—2010年，琼海市（县）积极开展科普宣传工作，提高全民对“科学技术是第一生产力”的认识，转变观念，促进科技与经济相结合。1995年，开始举办科技周活动。2005年，开始举办科技活动月活动。同时，通过表彰科技工作的先进集体和个人，举办科技知识竞赛等方式，普及科技知识，推广科技成果，促进“尊重知识、尊重人才”的社会风尚的形成。

一、科技活动月

2005年，海南省人民政府办公厅印发《关于建立“科技活动月”制度的通知》。每年5月为海南省“科技活动月”，从2005年开始在全省范围内施行。“科技活动月”的任务是，在全省范围内广泛深入地开展符合《中华人民共和国科学技术普及法》规定、适应公众需求、内容丰富、形式多样的群众性科技活动，宣传党和国家的科技方针政策，展示科技发展成就，传播科学理念和科学知识，推广先进的科学技术，倡导科学的生产生活方式，在全社会兴起崇尚科学的热潮，引导广大公众树立科学的世界观，全面提高公众的科技素养，使科教兴琼成为全民的自觉行动。

第一届科技活动月（2005年）

活动主题：科技创新，和谐发展。

活动时间：2005年4月27日至5月30日。

活动内容：从科技、林业、文体、卫生、海洋渔业、法律、青少年科普、计划生育、畜牧、科普、农业、热作、地震、气象、妇女、等方面为广大群众提供科技咨询服务。

启动仪式：2005年4月27日上午，市政府在嘉积城区红色娘子军雕像前举行理论、文化、科技、卫生、法律“五下乡”暨科技月活动启动仪式，16个成员单位干部及学生参加。启动仪式后，“五下乡”队伍赴中原镇开展活动。当天共为群众免费发放理论和科技资料5000多份，免费为群众义诊250人次，法律咨询52人次，演出琼剧1场，观看人数达2000人次。

第二届科技活动月（2006年）

活动主题：自主创新，崇尚科学，建设新农村。

活动时间：2006年4月30日至5月31日。

活动内容：通过科普大集、科技培训、科技咨询、科技讲座、科技展览、技能比武、知识竞赛、发放科普资料等形式，在全市广泛开展科学知识普及、促进科技与经济结合、农业科技成果推广、科技服务民生等形式多样、内容丰富的群众性科技活动。

启动仪式：2006年4月30日上午，市科技活动月组委会在塔洋镇举行琼海市第二届科技活动月开幕式活动。由宣传、文化、科技、卫生、教育、农业、科协、团市委、妇联、人口和计划生育、司法、地震、气象等单位组织下乡服务队，塔洋镇政府组织塔洋中学100名学生以及广大群众参加。

第三届科技活动月（2007年）

活动主题：普及现代科技，构建和谐琼海。

活动时间：2007年4月29日至5月31日。

活动内容：科普大集、创建科技示范带、开展技术培训、技术推广、科技服务、保护知识产权宣传活动、青少年科普知识传播、科技知识竞赛等。

启动仪式：2007年4月29日上午，由市委宣传部、市科技与信息产业局、农业局、市科协牵头组织的第三届科技活动月开幕式及科技咨询大集活动在大路镇举行。参加人员为宣传文化系统、科技系统、卫生系统、教育局、工会、团市委、妇联、人口和计划生育局、司法局、林业局、地震、气象等单位下乡科技人员、大路镇干部及大路中学学生100名。

第四届科技活动月（2008年）

活动主题：科技创新，服务民生。

活动时间：2008年5月9日至5月30日。

活动内容：科技服务民生活动、节能减排科技活动、科普能力建设活动、保护知识产权宣传活动。

启动仪式：2008年5月9日上午，在万泉镇隆重举行第四届科技活动月开幕式。市政府秘书长，市科技活动月组委会成员单位负责人和工作人员，各镇分管科技工作的领导和农业科技“110”服务站站长，万泉镇广大干部群众和师生共600多人参加开幕式。

第五届科技活动月（2009年）

活动主题：科技创新，支撑发展。

活动时间：2009年5月7日至5月31日。

活动内容：科学发展观的宣传活动、科技支撑经济发展的服务活动、科技惠及民生的推广活动、科技推进新农村建设的促进活动、节能减排的普及活动和广泛参与的学习活动。

启动仪式：2009年5月7日上午，琼海市在中原镇隆重举行第五届科技活动月开幕式。市科技活动月组委会主任、市政府副市长，市科技活动月组委会成员单位的领导，各镇政府分管科技工作的领导，中原镇广大干部群众和师生，共有600多人参加开幕式。

第六届科技活动月（2010年）

活动主题：服务国际旅游岛建设，携手共建创新型国家。

活动时间：2010年5月4日至5月31日。

活动内容：建设国际旅游岛的宣传活动、科技支撑经济发展的服务活动、科技惠及民生的推广活动、科技推进新农村建设的促进活动、节能减排的普及活动、广泛参与的学习活动。

启动仪式：2010年5月8日上午，由海南省科技活动月组委会主办、琼海市科技活动月组委会协办的海南省第六届科技活动月开幕式暨科普大集活动在市政广场举行，海南省科技活动月组委会成员单位领导、市科技活动月组委会成员单位主要负责人及琼海干部群众师生共2000多人参加了开幕式活动。开幕式结束之后，同时举行了专业科技馆、3D科普、气象科普、地震科普、卫生科普和节能减排科普等展示，开展卫生知识、法律知识、信息知识、建筑知识、环保知识、人才政策、海洋知识、农业知识、知识产权和农业科技110等咨询和科技书市活动。

二、科技知识竞赛

“小灵通杯”新世纪青少年科技知识（网络知识与技能）竞赛　2002年4月20日，由市委宣传部、市科技与信息产业局、市电信局、市教育局、市科协主办。

“椰庄杯”公务员科技知识竞赛　2003年4月20日，由市委组织部、市委宣传部、市人事劳保局、市科协主办。

“新天久杯”百名农民实用科技知识大赛　2004年5月29日，由市科技与信息产业局、市政协、市农业局、市海洋与渔业局、市科协、市农业技术服务中心、市热作服务中心、市畜牧办主办。

农业信息化知识竞赛 2005年5月18日，由市科技与信息产业局、市科协主办。

首届青年农民农业科技知识电视竞赛　2005年5月26—27日，由市农业局、团市委、琼海电视台主办。

“玉柴杯”知识产权知识竞赛　2006年4月20日，由市科技与信息产业局、琼海工商行政管理局、市文化广电体育出版局、市商务局主办。

第二节　成果转化与技术推广

1991—2010年，琼海市（县）主要推广农业技术成果有：一、大面积推广科选13、七山占、特灿占选、Ⅱ优128等优质水稻良种。二、推广塑盘育苗抛秧技术。三、湘研十三号、青皮冬瓜、无籽西瓜等瓜菜新品种的推广。四、试管香蕉苗栽培技术。五、胡椒标准化高产栽培技术。六、胡椒生物脱皮技术。七、槟榔标准化高产栽培技术。八、珍珠番石榴高产栽培技术。九、橡胶优良品系热研7-33-97的推广及应用。十、无公害蔬菜生产技术推广应用。十一、大规格罗非鱼养殖技术示范与推广。十二、农村沼气建设国家技术标准实施。十三、冬季蔬菜硝酸盐调控技术应用。十四、南沙群岛深水礁盘大网目三重定置刺网试捕技术。十五、南美白对虾健康养殖技术开发及示范。十六、水稻高产节水灌溉技术研究。十七、无公害瓜果菜生产新技术——日本酵素菌技术应用示范。十八、水田改种香蕉高产栽培技术推广应用。十九、海水池塘精品鱼养殖技术示范与推广。二十、大棚设施高效农业栽培技术。

1992年春、秋两季，琼海县收获种苗800吨左右，推广面积达93.33—106.67公顷。1993年，琼海市科技开发中心承担两个科技三项费用专项项目，分别为玉兰笋种植示范基地项目和淡水风箱养鱼项目。玉兰笋种植示范基地项目在泮水乡种植玉兰笋1.33公顷，收获产值6万元，利润近3万元，每年向农民提供玉兰竹种苗1.2万株以上。淡水风箱养鱼项目在洋水溪实施，以养殖罗非鱼为主，一年以两造计，每造放养商品鱼8箱，每箱放养6000尾，每年产值19.2万元，利润6.58万元。2008年，胡椒标准化高产栽培技术示范推广项目开设胡椒生产技术等智能化农业专家咨询台,举办技术培训班500期，培训1.2万农户，新增就业人数6000多人，建立5个胡椒标准化高产栽培示范基地，面积达24多公顷，推广胡椒标准化高产栽培技术面积达4000公顷，平均亩产达221千克，实现年亩增产75千克，比技术推广前增产33.9%。推动琼海市胡椒产业发展,建成全国最大的胡椒生产基地，有效促进农业增效、农民增收、农村发展。同年,结合农业产业结构的调整，创建2个农业科技示范基地：（一）龟鳖新品种繁育与养殖科技示范基地。面积2.33公顷，主要引进龟鳖新品种，推广应用先进技术，通过养殖场规划、龟鳖卵孵化、龟鳖苗培育、商品龟鳖养殖等，促使海南龟鳖终年生长。（二）阉鸡、白凤鸡、肉猪规模化饲养技术示范基地。面积10公顷，主要推广应用新的阉割技术，饲养本地与广东优质黄鸡品种杂交的新品种,引进白凤鸡新品种进行标准化饲养和引进长白、大络克、杜络克肉猪新品种进行标准化饲养。有效带动周边1000多农户科学饲养禽畜的积极性，整体提高群众饲养技术的水平。2009年6月，无公害瓜菜设施栽培技术体系研究项目通过验收专家组验收。“金辉1号”“金蜜6号”哈密瓜新品种平均亩产2000公斤，“早佳8424”西瓜新品种平均亩产3520公斤。项目实施制定出的无公害瓜菜设施栽培整套技术体系适合在本地推广应用，为无公害瓜菜设施栽培提供科学依据。同月，圆椒新品种引进及安全生产标准化栽培技术研究项目通过验收专家组验收。通过引进“天海3号”“琦玉1号”优良圆椒新品种进行田间试验，“琦玉1号”的抗寒性、“天海3号”的单位产量提高10%以上，病死苗率1.8%，商品率92%,产品安全合格率达100%，“天海3号”取得最高亩产4055公斤，平均亩产3032公斤,研究出的圆椒新品种和制定出相关的安全生产标准化栽培技术适合在本地推广种植，带动博整镇种植优良圆椒新品种120多公顷。12月11日，花鳗养殖技术研究和试验项目通过验收专家组验收。研究试验总结出的花鳗养殖技术，符合琼海养殖环境,具有一定的科学性，可作为向农民提供科学的花鳗养殖技术依据，适宜在琼海进行推广应用。2010年，琼海言均达水产有限公司承担的“巴沙鱼池塘养殖技术研究”项目通过验收专家组验收，在琼海市首次引进巴沙鱼淡水池塘养殖新品种并成功试养，实现成活率90%以上,可作为罗非鱼的替代品种，研究总结出一套巴沙鱼池塘养殖技术,为琼海市今后巴沙鱼池塘养殖提供科学依据。

第三节　专项行动

一、科技兴市

1999年，省政府召开全省科技大会，提出加大实施“科教兴琼”战略，在全国率先设立科技成果转化奖。同年，琼海市提出“科技兴市”战略。

市委、市政府把“科教兴市”作为振兴琼海的主导战略，成立市科教工作领导小组，各成员单位也相应成立科技领导小组，形成齐抓共管，促进科技进步的良好社会环境。此外，市委市政府在先后研究制定了《关于贯彻落实“科技兴市”战略的决定》《进一步加强科技创新工作的意见》《琼海市科学技术奖励实施办法》等政策措施，加快推进全市科技进步。

二、科技富民强市行动

2005年起，财政部、科技部共同启动“科技富民强县专项行动计划”。该计划重点在中西部地区和东部欠发达地区，每年启动一批试点县（市），实施一批重点科技项目，集成推广先进适用技术，发挥示范引导作用，培育、壮大一批县域特色支柱产业，有效带动农民致富、财政增收，促进县（市）科技进步，促进县域经济健康持续发展，实现民富县强。

2005年，琼海市被科技部、财政部确定为全国首批科技富民强县行动计划工作试点市，“胡椒标准化高产栽培技术示范推广”项目获批准立项。至2008年，项目总投入550万元，组织专家制定《胡椒栽培技术规程》地方标准，通过了省质量技术监督局颁布实施。印制规程2万册，制作VCD光盘1万盒和图片2万张。同时，建立健全农业科技“110”服务体系，以农业科技“110”服务站点为载体，开设胡椒生产技术等智能化农业专家咨询台，举办技术培训班500期，培训1.2万农户，新增就业人数6000多人，建立5个胡椒标准化高产栽培示范基地，面积达360多亩，推广胡椒标准化高产栽培技术面积达6万亩，平均亩产达221千克，实现年亩增产75千克，比技术推广前增产33.9%。完成了项目的各项任务和目标，通过项目实施，推动琼海胡椒产业发展，建成全国最大的胡椒生产基地，有效促进农业增效、农民增收、农村发展。2008年6月，该项目通过了科技部验收。

三、科技示范村（户）创建

2003—2007年，琼海市积极开展科技示范村（户）创建工作。2005年，在万泉河文明生态村长廊中的嘉积、阳江、万泉、龙江、石壁镇等镇开展科技示范带创建活动，将科技示范村与文明生态村建设结合起来，以科技示范为核心，以科技服务“110”为载体，以科技能人为主要力量，通过科技示范和科技服务的联动和互动，为推动农村经济发展和社会主义新农村建设提供支撑。在科技示范带创建农技“110”服务站点24个、村级农技服务点19个、科技示范村19个、镇级农民科技协会1个，实现农业科技服务“110”连片、科技示范村联动、科技致富能人连结、科技示范户联助。至2007年，共创建科技示范村124个，培育科技示范户601名。

第四节　农业科技“110”服务

2001年8月，长坡镇养鸭专业户给琼海市委书记写信反映他养的3000多只鸭苗有80%染上疫病，请求科技援助。书记接信后指示市畜牧办的技术人员全力援助。技术人员经过多次会诊，结论是鸭苗患病毒性细小病，开出处方后治疗效果甚好。10月，由市科技与信息产业局牵头，联合农业局、海洋与渔业局、邮政局等6个单位设立了“免费科技邮政信箱”，向社会公开承诺：凡是在琼海市范围内寄往科技局信件，只要在封面注明是科技求助的信件，一律由邮政部门免费投递，有关部门在两天内必定予以答复。但由于受邮件传递、书写习惯等影响，最快也只能在48小时内有回音。而琼海农村电话普及率较高，电话求助更直接、快捷、方便，琼海农业科技“110”便应运而生。11月，由市科技与信息产业局牵头，联合市农业局、海洋与渔业局、热作服务中心、畜牧办、农技中心等单位，同时还邀请3家企业（公司）加盟，相关行业协会也纷纷加入，建立琼海市农业科技“110”机制。12月14日，琼海市农业科技“110”举行启动仪式，全省第一个农业科技“110”服务站正式成立。

2008年10月7日，成立海南省农业科技“110”联合会琼海分会，共有会员单位43个，其中：服务站19个，涉农企业20个，其他涉农单位4个，有效提高科技服务“三农”的工作水平和农业科技“110”的组织化程度。

2010年，建设完善农业科技“110”市指挥中心、19个服务站和17个村级服务点。其中获得海南省认定的龙头服务站2个、优秀服务站3个、标准服务站12个，农业科技“110”服务站覆盖面达到100%。全市各服务站面积达3000多平方米，拥有服务汽车9辆，服务摩托车39辆，户外电子显示屏8个、工作电脑43台、触摸电脑3台、测土配方仪器3台、显微镜8台等一批服务专用设备，大部分服务站开通了网络视频系统。各服务站（点）积极开展技术咨询、新产品推广、测土配方施肥、科技示范、科技培训、病虫害防治等，每年接受群众咨询达1万多人次，为2万多户农户提供科技服务。

第五节 星火计划

2004年，琼海市设立“冯家湾—椰林湾对虾种苗星火产业带”，是海南省设立的第一个省级星火产业带，地跨琼海和文昌的部分乡镇。至2010年，吸引包括中国海洋科学院、南海水产研究所、海南大学、海南省水产研究所等一批省内外科研院校；培育海南定大养殖有限公司等一批科技型龙头企业，带内共有高新技术企业12家，水产技术人员500多名，其中高级技术职称30多名，集中海南省60%以上的水产技术人员。2006年12月，被科技部批准为“十一五”第一批国家星火产业带。2004—2010年，共推广水产新技术80项，引进、培育新品种15个，建立示范基地23个，实施示范项目51个，其中国家、省级示范项目42个，示范面积近4000多亩，受益农民10多万人。通过科技项目实施，促进产业带快速发展。年培育优质种虾 13万对，年生产无节幼体800亿尾，虾苗200

多亿尾，年产东风螺、贝类 9000 万粒、年产名贵海水鱼类种苗 2000 万尾。形成全国最大的对虾种苗生产基地、对虾种苗繁育基地，带动了石斑鱼、鲍鱼、方斑东风螺育苗等水产种苗产业快速发展。

琼海市第一批国家星火计划建设示范单位一览表

表 16–3–1

名　称	依托单位	统一编号	发证日期
国家星火计划农民科技培训星火学校	琼海市职业中等专业学校	编号：1–462	2004 年 8 月
国家星火计划农村信息化基地	琼海市信息中心	编号：1–0868	2004 年 8 月
国家星火计划农村专业技术示范协会	琼海市对虾养殖技术示范协会	编号：1–0545	2004 年 8 月

琼海市国家星火计划项目表

表 16–3–2

年度	项目名称	承担单位	申报日期	实施期限	项目编号
2003	菠萝技术综合服务示范	省菠萝协会	2003 年 9 月	2004—2006 年	030646022
2004	琼海市星火农村科技“110”快速服务体系建设	琼海市科技开发中心	2003 年 12 月	2004—2006 年	2004EA800002
	琼海市对虾养殖技术服务中介能力建设	琼海市对虾养殖协会	2003 年 12 月	2004—2006 年	2004EA800006
	海南省对虾产业农村科技服务体系建设	琼海市对虾养殖协会	2003 年 12 月	2004—2006 年	2004EA800027
2005	琼海市对虾养殖技术培训	琼海市对虾养殖协会	2004 年 12 月	2005—2007 年	2005EA800002
	琼海市星火农村科技信息化服务体系建设	琼海市信息中心	2004 年 12 月	2005—2007 年	2005EA800009
	琼海市星火学校农业实用技术技能培训	琼海市职业中等专业学校	2004 年 12 月	2005—2007 年	2005EA800011
2009	高效设施农业技术示范	琼海市大路镇农业服务中心	2008 年	2009—2010 年	2007EA800004
	石斑鱼、南美白对虾健康养殖示范与推广	琼海市水产技术推广站	2008 年	2009—2010 年	2007EA800003

第四章　防震减灾

第一节　机　构

1992 年 1 月，成立琼海县地震局，属县政府领导下的正科级事业单位。1995 年 1 月，撤销原科委、地震局，组建市科学技术局，下设地震办公室，为副科级事业单位。2004 年 5 月，琼海市地震办公室隶属于市科学与信息产业局。2006 年 3 月，琼海市地震办公室更名为琼海市地震局，为主管全市防震减灾工作的副科级事业单位。至 2010 年，琼海市地震局有编制 5 人，为副科级事业单位。

第二节　地震监测预报

1984 年，建成投入使用嘉积地下流体地震观测站，建筑面积 14 平方米，1997 年进行井房改造，改造后井房为 2 层，建筑面积共 47.2 平方米。站内观测井深度为 525.93 米，地层岩性为白垩体系极万群砂岩、砂砾岩，地下水类型为断层隙承压水，可投放观测仪器的深度为 120 米，主要测项有水位、水温等。2001 年，进行数字化改造，使用的仪器为“九五”LN—3 数字化水位仪。2007 年，再次对观测仪器进行更新换代，使用的仪器分别为“十五”LN—3A 数字水位仪，SZW—1A 型数字式温度计，WYY—1 型气压、气温、雨量综合测量仪，信息节点及 D D N 光纤专线数字化信息传递系统各 1 套，所使用的“十五”观测仪器全部通过网络化接入到省地震局前兆台网，实现数据采集和入库的实时统一管理，地震分析预报专家可随时利用该井的数据进行地震分析。至 2010 年，琼海市有地震台（站）2 个，其中海南省直属数字地震台 1 个，市辖嘉积地下流体地震观测站 1 个。全市各个村委会配备防震减灾群测群防联络员 204 人，构成专业与群测、模拟与数字、微观与宏观相结合的地震观测系统，实现国家、省、市地震部门三级联网。

第三节　地震灾害宣传与防御

1991—2010 年，市（县）地震局与宣传、教育、民政等部门，结合唐山大地震纪念日、“5 · 12”防灾减灾日、科技活动月等活动，开展防震减灾宣传教育工作，通过设点咨询、悬挂横幅标语、发放宣传资料、开展地震知识竞赛以及科普知识讲座等形式宣传防震减灾法律法规和防震避险知识。

1998 年 7 月，市政府制定《琼海市工程场地地震安全性评价管理实施办法》，将市地震安全性评价及抗震设防要求的审批工作纳入建设项目管理程序。2003 年，由琼海市政府和海南省地震局共同投入 30.5 万元完成嘉积城区 22 平方千米的地震小区划工作，提交的成果报告广泛应用于全市的土地资源开发与利用、重大建设工程的选址、一般建设工程的抗震设防等方面。为推进地震安全农居工程，2006 年成立“琼海市农村民居防震保安工程领导小组”，制定《琼海市农村民居防震保安（试点）工程实施方案》，选定博鳌镇作为试点工程试点镇，选定博鳌镇的珠联、培兰、东海等 3 个村委会作为试点村。同时，成立市农村民居地震安全工程技术服务中心，各镇设立农村民居地震安全工程技术服务站，为农民科学防震、科学建房做好服务和指导工作。2007 年 9 月，市地震局入驻市行政服务中心，设立服务窗口，依法对一般工民建工程与重大建设工程的抗震设防和地震安全性评价进行审核和管理。至 2010 年，共受理城镇申报的建设项目 653 宗，已办结抗震设防手续的有 653 宗，办结率为 100%。

第四节　应急救援体系

2001 年制定《琼海市破坏性地震应急预案》，各镇人民政府、市政府直属有关单位和有关重点企业等 42 家单位也相应制定本部门的地震应急预案。2006 年 12 月，组建琼海市地震灾害紧急救援队。主要由市公安消防大队、市地震局、市规划建设局、市交通局、市卫生局、市人民医院等单位有关人员组成，总人数为 70 人，所有人员均为兼职；20 日，在驻市部队操场举行地震灾害紧急救援队成立大会暨揭牌仪式，并举行现场救援模拟演练。2007 年 12 月 8 日，市政府再次举行地震应急救援演练，市抗震救灾指挥部各成员单位近 500 人次参加演练。2008 年，重新修订完善《琼海市地震（海啸）应急预案》，使新修订的应急预案更具科学性、规范性和可操作性。至 2010 年，琼海市已形成了以市政广场地震应急避难场所为主，结合城市广场、学校操场、绿地、公园等公共设施，因地制宜搞好应急避险场所建设，配置必要的避险救生设施，确保地震发生后群众能得到迅速疏散和有效救助。

第五章 气象服务

第一节 机 构

1991年，琼海县气象局实行局站合一，有编制15人，设有地面观测股和预报股。1992年11月琼海撤县设市后，琼海县气象局（站）更名为琼海市气象局（台），设有办公室、地面观测股、预报服务股、农业气象股。1995年，成立海南省防雷中心琼海市防雷技术所。2007年1月，更名为琼海国家气象观测站一级站。2008年12月31日，恢复为国家基本气象站，占地面积9571.13平方米，观测场位于北纬19° 14′，东经110° 28′，海拔高度24.0米。至2010年年底，琼海市气象局编制15人，下设办公室、业务股、气象科技服务中心、防雷技术所、影视中心。

第二节 地面观测

1991年，地面观测实行24小时守班观测，项目有气温、气压，风向、风速、云、能见度、天气现象、降水、日照、大型蒸发、地面温度等，并担负航危报任务，使用PC—1500计算机编发报。1995年10月，应用地面测报业务软件编发报和制作报表。1996年9月，实施计算机网络传输气象电报业务。1997年7月起，启用E601B大型蒸发器。2002年1月停止使用小型蒸发器。2003年8月，建成气象局至电信局的2M光纤专线。2006年1月恢复每日23时次天气预报，8月起增加草面温度观测，9月安装闪电定位探测仪。2009年7月增加GPS—MET水汽观测。至2010年，气象地面观测项目有气温、空气湿度、气压，风向、风速、云、能见度、天气现象、降水、日照、大型蒸发、地面温度、浅层地温、深层地温、草面温度、闪电定位、大气水汽含量。全市共有国家基本站1个，区域中尺度自动站16个。

第三节 气象预报

1991年起，琼海市（县）气象预报使用计算机通过网络接收各种天气图表资料制作天气预报，用“9210”（气象卫星综合应用业务系统）接收卫星云图，用BP机传递预报信息。2004年，由海南省气象台集中制作发布市（县）天气预报。2005年，琼海市开始利用MICAPS（气象信息综合分析处理系统　）制作天气预报。以制作短期预报为主，中期和长期天气预报相结合的方式对外发送。2008年7月，恢复市（县）气象局部分预报业务，实行市（县）气象局对省台预报订正。至2010年，气象预报业务产品主要有短期天气预报、一周天气预报、旬月天气趋势预报、汛期和冬春天气趋势预报。

第四节　气象服务

一、公众服务

1991年，琼海县气象服务站通过县广播站向社会公众提供短期天气预报服务。1994年5月1日，琼海市气象警报服务网络正式开通，服务用户最多时达到45个，1996年6月，因资金和装备技术等问题停止。1997年，琼海市气象局与琼海市电信部门合作开通天气预报自动咨询电话“12121”。2006年前，中长期天气预报通过邮寄市（县）政府有关部门和各乡镇政府。同年4月，天气预报形成电视节目放送；12月，建立市、镇两级天气预警系统，发布短期和灾害性天气预报。至2010年年底，共安装43块气象电子显示屏，实现气象电子显示屏全面覆盖各镇。

二、服务决策

琼海遭台风袭击频繁，每年市（县）气象局在台风灾害防御中为市（县）委、市（县）政府提供气象服务。2005年9月26日，台风“达维”影响期间，气象局24日17时起，每个小时都以电话、手机短信等方式向琼海市政府及市四套班子领导成员、各镇政府领导、市三防办领导报告台风的最新动向，每3个小时把台风最新信息告知各服务用户单位主要领导和相关业务人员，多次发布热带风暴警报、台风警报、台风紧急警报，并分别发出台风橙色、红色预警信号，在琼海市广播电台与市电视台滚动播出。2010年，国庆特大暴雨期间，为市委、市政府水库泄洪、抗洪救灾提供决策依据。

三、博鳌亚洲论坛年会气象服务

2001—2010年，琼海市气象局每年都为博鳌亚洲论坛年会提供防雷安全、气球保障、气象保障、气象行政执法巡查等气象保障服务。会前对防雷设施进行安全检查，督促整改落实，确保防雷安全。会议期间，在博鳌地区每天开展气象行政执法巡查，加强气球施放的监管，确保博鳌空域安全。同时，加强气象预报服务，提前一周以电话、传真、短信和专报等方式将气象信息提供给“年会组委会”和市政府，并在博鳌索菲特大酒店和金海岸大酒店的电子显示屏上滚动播出天气预报。

四、专业（专项）服务

1991—2003 年，主要采用“三七”高炮进行增雨作业，缓解旱情。2003—2010 年，琼海市气象局改用人工影响天气车载式火箭作业车进行人工增雨作业。2004—2005 年，琼海市出现历史罕见的 5 季连旱，对全市的人畜用水、农业灌溉以及生态环境造成严重影响。2005 年 1—6 月，琼海市气象局人工增雨作业车共出动 146 次，行程近 1.1 万公里，作业 67 次，发射火箭 73 枚。 5 月 10 日，作业人员抓住有利时机，及时作业，催化下 172.1 毫米的特大暴雨，缓解全市旱情。

第十七编　文化　体育

1991—2010 年，琼海市（县）文化体育事业蓬勃发展，机构设施日渐完善。群众文化生活丰富多彩，农村文娱活动活跃。在文学艺术领域涌现出不少优秀人物和作品，多次获得国家级、省级奖项。嘉积中学男子舞蹈团在国内崭露头角。共有登记文物 317 处，非物质文化遗产 39 项，其中东坡笠、南海航道更路经（簿）、琼海渔民祭兄弟公出海仪式、椰胡制作技艺等 4 项未省级非物质文化遗产名录。群众体育、学校体育活动几乎涵盖所有传统体育项目，并涉及一些如广场舞（操）、健身操等新兴的体育项目，掀起全民健身的热潮。

第一章　文化机构与设施

第一节　管理机构

1991 年 1 月，琼海县的文化管理机构为县文化局。1995 年 1 月，撤销文化局、体委、广播电视局，组建市文化体育局。下设文化服务中心、体育服务中心、广播电台、电视台，均为副科级事业单位。1997 年 4 月，撤销文化服务中心。2004 年 8 月，市文化体育局改为市文化广电出版体育局（简称市文体局）。2010 年，市文体局内设行政秘书组、广电体育组、文化艺术组，共有行政编制 8 名，设局长 1 名，副局长 2 名，事业编制 1 名。下辖事业单位 7 家，分别为琼海市图书馆、琼海市文化馆、琼海市博物馆、琼海市文化市场行政执法大队、琼海市琼剧展演团、琼海市电视台、琼海市体育管理局。

第二节　文化馆

琼海市文化馆为市文体局下属事业单位。1991—2010 年，组织、指导各种重大节日大型文化活动 82 次；策划、组织、辅导农村、机关、企事业单位开展群众文化活动 478 次；出文化宣传栏（墙刊）72 期；组织业余作者采风创作活动 55 次；在市区、乡镇举办文艺培训班 210 期（次）。1993 年，在海南省文化馆达标活动中，市政府将 800 多平方米的原图书馆大楼拨交文化馆使用，有“以文补文”大楼 1 栋，办公活动大楼 1 栋，馆舍占地1368平方米，建筑面积2913平方米，内设舞蹈培训厅、综艺培训厅、图书阅览厅、少儿培训厅、书画影工作室、声乐辅导室、文艺创作室等。馆内专业干部的音乐、舞蹈、书法、戏剧、美术、摄影作品获省级以上奖项56件，入选省级展览27件，发表于省级以上报刊38件。培训、指导、组织业余作者创作的作品获省级以上奖项83件。馆刊《万泉河》（1988—2000）作为市里影响较大的文艺园地，带动和培养大批文艺人才。2001—2010年，组织节目参加海南省东西南北中广场文艺调演，连续五届获一等奖。其间，被海南省授予“海南千里环岛文化长廊建设示范点”奖牌，被文化部授予“标准文化馆”称号。2010年，有编制9个，领导岗位2个，专业技术人员岗位5个，其他管理人员岗位1个，工勤人员1个。

第三节　图书馆

1992年4月，琼海华侨图书馆由海外华侨、港澳台同胞和乡贤捐资240余万元建成。位于琼海市富海路55号，主楼高五层，占地面积5408平方米，总建筑面积3000平方米。新馆落成后，与原华侨图书馆合并。1994年，被文化部评为“二级图书馆”。1999年，被文化部评为“一级图书馆”。2004年，建立干部文库，针对国家机关干部特点，收录关于中国国情、世界格局、改革开放、市场经济、政策法律、行政管理、现代办公等方面的图书近7000册。2008年，“全国文化信息资源共享工程琼海市支中心”挂牌成立。通过多渠道、大范围的收集整理，有视频资源近700兆，文本资源近10兆。内容涵盖历史名人、风土人情、国家地理、古诗词赋、工程技术等诸多领域，基本满足琼海各单位及各阶层民众文化信息需求，保证全国文化信息资源共享工程在琼海的顺利推广。利用工程设备定期开展放映活动，每年放映各类电影、讲座、培训教程达到100余场次，服务群众近万人次。每年挑选出适用于不同行业、不同部门的新技术、新标准的相关影像资料分发到各乡镇、各部门、各基层点进行播放，使共享资源走进辖区的每一个角落，真正实现文化信息资源的共享。

2009年，建成地方文献专柜，收藏全省各市县的地方史志、地方出版物近3000册。全国文化信息资源共享工程中心配备1套卫星接收设备，1套投影设备，4台服务器，25台终端机，以及磁盘容量达到5T的磁盘阵列等价值68万元的设备，方便快捷地为本地用户提供资源服务。在电子阅览室中，本地用户可以浏览文化共享工程的丰富资源，包括戏剧戏曲、专题讲座、影视作品、专题片、医疗卫生、农业养殖、少数民族语言类节目、动漫类节目、音频节目等。2010年，加大实现办公自动化的建设力度，馆内从图书采购、编目、馆藏到检索、流通等实现全程自动化。

2010年，馆内设有社会科学书库、自然科学书库、参考工具书库、干部文库、期刊库、外借处、综合阅览室、少儿阅览室、电子阅览室、多功能厅、采编室以及全国文化信息资源共享工程琼海市支中心。有馆藏印刷型书刊13万多册，期刊200余种，报纸40多种，工作人员9名。

第四节　博物馆

1995年2月，周士第将军纪念馆动工兴建，位于琼海市嘉积镇不偏岭。同年8月1日，竣工开馆，市政府投资300万元，社会捐助156万元。馆中陈列展览周士第将军戎马一生的各类文物、图片、书册等资料600余件，成立琼海市纪念馆管理处，由市委党史研究室管理。

1996年3月，琼海革命历史陈列馆动工兴建，同年10月竣工开馆。主要陈列琼海市历史沿革、政治革新、革命斗争、人文历史、经济发展等文物和图片等资料2000余件，由市委党史研究室管理。

2001年12月，琼海市政府撤销琼海市纪念馆管理处，将以上两馆并入琼海市博物馆，定编制3人，博物馆从琼海市文体局迁至周士第将军纪念馆办公。

2008年，由于海南省重点建设项目东线环岛铁路从周士第将军纪念馆穿过，纪念馆同年8月拆馆。9月，周士第将军馆在红色娘子军纪念园以东旁重建，琼海市政府投资800万元，占地1.76公顷，建筑二层，面积2800平方米，与琼海市博物馆合二为一重建。

2005年10月，市政府拨款1.8万元改造市图书馆一间约20平方米的房间，作为博物馆的藏库，安装了防盗门、防盗窗，制作了文物架柜。11月，博物馆的馆藏文物搬迁至琼海市图书馆。原馆藏文物总量116件（6件二级、110件三级）。

2008年，原馆藏文物调省博物馆45件（4件二级，41件三级文物），周士第将军文物及原陈列馆文物上调省档案馆11件（其中1件二级，10件三级）。

2010年，馆藏文物总量437件（周士第将军文物59件，博物馆378件，其中1件二级，59件三级），基本陈列数量2168件。

第五节 书 店

1991—2010 年，在琼海市（县）长期经营、较成规模的书店为新华书店。1992 年，琼海县新华书店更名为“琼海市新华书店”，共有职工 78 人。2006 年 1 月，根据“老人老办法，新人新办法”的原则，明确改制时相应的待遇和必要的补偿，并做好社会保险关系的续接工作，保证职工正当权利，妥善完成新华书店人员身份界定及人员划转接收工作，完成原事业编制人员分流安置和身份置换工作，完成人员社保衔接工作。根据新的业务对组织和岗位进行定编、定岗，完成员工竞争上岗等工作。此外，琼海市新华书店依法依规、有步骤地实施清产核资，界定产权，清理债权债务，评估资产、验资、工商注册等，进行规范的公司制改造。为适应市场经济体制，从以前“做好做不好都一个样”的计划经济老体制中走出来，公司开展“新体制、新形象”大学习大讨论活动，认真做好员工思想工作，培养员工主人翁精神和奉献精神，切实转变和提高员工思想意识和主动服务意识，提高企业整体服务质量。

2008 年 5 月 9 日，市新华书店“转企改制”，中国出版业首个跨省战略重组项目——海南省新华书店集团有限公司与江苏省新华书店集团有限公司合资组建的海南凤凰新华发行有限责任公司挂牌成立。同时，原琼海市新华书店改为“琼海新华书店有限公司”，是海南凤凰新华发行有限责任公司的全资子公司，属国有企业。改制后职工 45 人，公司下设办公室、经理室、门店、书库等机构。

琼海新华书店有限公司成立以来，运行良好，业务开展顺利，主营业务稳步增长，2009 年春、秋两季教材发行码洋比 2008 年增长 10.77%，一般图书销售码洋增长 86.41%。2010 年，琼海新华书店有限公司在市文体局的指导下按时完成 67 家农村书屋配送工作，码洋达到 108 万元，同年，被海南省文体厅、海南省财政厅联合授予“农村书屋工程建设先进单位”称号。共计征订教辅图书码洋达 100 万元，全国“两会”文件及“理论热点面对面”等其他类图书发行码洋共 7.7 万元，同年销售码洋达 1390.86 万元，创近十年销售总量新高。

第六节 电影公司

1991 年，琼海县电影公司领导班子换届。海南省电影公司引进大批香港电影，使已面临萧条的各家影院票房收入随后逐年猛增，经济收入达到历史上最高水平，其从业人员也超越历史记录。1993 年，因文化体制改革需要，市政府将电影公司从事业单位改制为企业单位。1995 年起，适逢全国电影市场连年大滑坡的大气候。市电影公司无法适应新的经济模式，收入大幅下滑。1995—1998 年，经济效益逐年下降，员工工资由高变低，各种福利从有到无，企业面临倒闭。1998 年，嘉积、南门、中原、银河 4 家大影院，相继停止营业。

2000 年底，门可罗雀的电影院推出“花一元钱看三场电影”的营销办法，但仍然无人问津。票房收入基本为零，公司拖欠社保金 2 年多，拖欠职工工资 10 多个月。经济状况达到冰点。2001 年，公司在上级主管部门的帮助下，经过民主选举的多层程序，由全体职工选举出公司历史上第一位“民选经理”，产生新一届领导班子。2002—2006 年，电影公司历经“人员分流”“资产重组”等一系列变革，补缴拖欠的职工社保金，补发拖欠的工资，补办全体职工医疗保险。2005 年，结束与海南省电影公司长达数年的银龙房产官司纠纷，将电影公司最具有经济价值的资产——银龙楼收回。2006 年起，召回部分员工成立流动农村电影放映队，购置电影设备，配置电影放映车辆，恢复农村的电影放映。2007 年，获文化部颁发农村电影放映先进集体。

2010 年 9 月，银隆电影院土建工程封顶。同时，公司与中影集团公司合作，共同投资建设“中影•国际影城”。12 月，影城落成并开始试业，面积达 1500 平方米，配置 4 个多功能放映厅，设有 500 个座位，与全球同步上映新片，琼海成为全省第一个拥有豪华多厅电影院的县级市。

第七节 琼剧团

一、琼海市（县）琼剧团

1956 年，全国开展文艺改革（改人、改戏、改制），原民营联艺剧团挂钩琼东县，人和剧团挂钩乐会县，琼青剧团挂钩万宁县。1958 年 12 月 1 日三县合并，因此，剧团合并为“琼海县琼剧团”。翌年 11 月 1 日万宁县析出，琼青剧团大部分演职员归属万宁县。1992 年 11 月琼海撤县设市后，琼海县琼剧团更名为“琼海市琼剧团”，是国家备案的 A 级文艺表演团体，属事业单位，编制 45 人。剧团先后拥有新长和（王正堂）、许开琴、钟厚昌、叶廷训、汤杏鸾（女）、何茂和、吴玲（女）、许宇云、王华玉（女）、符致隆、梁少珊（女）、伍桂梅（女）、林金明、王运金、柯秀颜（女）、许丽英（女）等誉满全岛的名伶，还有李海燕（女）、林尤妹（女）、郑贻海、王洪珊（女）、卢修妹（女）、符永春、黄循拔、纪明武、吴蕾、符光妹（女）、李以平、刘燕（女）、陈瑜（女）、刘开怀（女）、何君庆、纪玮等鼎足艺坛后起之秀。

1991—1993年，先后排练演出传统剧《一科三状》《姐夫嫁姨》等，缓解剧团经济燃眉之急。1994—1996年，全团演出员工52人，演出的剧目有《金花女》《喜脉案》《春风秋雨又三年》《燕侣闹春》《征袍情》和《香港梦》，主要演员有吴蕾、郑贻海、李海燕（女）、林尤妹（女）等。1997年，全团演出员工52人，演出剧目有传统剧《巡按还乡》《春风秋雨又三年》和文明戏《穷人布施》等，主要演员有刘燕（女）、纪明武、李以平、符光妹（女）、王金玉（女）等。当时琼剧市场十分疲软，主要演出酬神戏。1996—1999年，每年平均演出100场，每场收入4000元，都是年老观众。海南省举行首届专业琼剧会演，剧团排演林克齐改编的传统喜剧《借女冲喜》，荣获演出一等奖，导演一等奖，音乐第一奖，作曲一等奖，舞美一等奖，林尤妹（女）、蒙钟明、董业芳分别获得演员二等奖。

1999年，全团42人。演出剧目有传统剧《喜还乡》《玉镯缘》《公主枪亲》和近代剧《穷人布施》等。主要演员有李海燕（女）、郑贻海、符光妹（女）、刘燕（女）、纪明武、吴蕾、蒙钟明、王子瑛（女）、许时娟（女）等。为了弘扬地方文化，振兴琼剧事业。新班子制定了“四条腿走路”的发展策略。一、引进人才，狠抓艺术，抓剧本创作、改编；二、争取政府拨款扶持；三、发动琼海市企业家和爱国华侨对琼剧事业的支持和赞助；四、招商引资，滚动沉睡10年的半拉子工程。1999—2007年，剧团每年平均演出120场，每场平均收入4500元，每场观众约3000人次。经剧团领导发动，2000年，新加坡爱国华侨热心捐助9万元，建起了一座200平方米的排练场和舞台设备更新。3月，剧团抽调林绍灼到新加坡琼南剧社讲学传艺。7月，新加坡琼联声剧社一行50人，与剧团联欢演出传统剧《寒梅芳心》，先后在琼海和文昌演出两场。

2002年6月，市委、市政府决定拨给剧团每年10万元文化事业费和职工每月300元生活补助，还恢复了剧团职工的养老保险费上缴，作为对本土文化事业的支持。2004年，剧团受新加坡海南会馆、琼州天后宫的盛情邀请，首次跨出国门到新加坡进行为期10天6场的访问演出。演出共5晚6场，观众上座率几乎达到100%。据了解，有很多观众是从泰国、马来西亚、印尼及文莱国家专程乘飞机前往观看演出，有不少观众甚至连看6场。此外，还有很多广东、福建籍华侨观看演出。乌克兰、韩国、斯里兰卡、孟加拉国家大使馆大使和使馆人员也前往观看。

2006年，琼海市人事劳动保障局批准给剧团8名指标引进人才。

2007年，全团52人。演出剧目有《驸马风波》《贤德皇后》《女太子》等，主要演员有郑贻海、李海燕（女）、吴蕾、陈瑜（女）、何君庆、刘开怀（女）、王子瑛（女）等。2007—2009年，每年平均演出110场，每场平均收入4500元，每场观众约3000人次。2007年9月，市政府为了加大扶持剧团力度，规定37名职工每人每月发放50%工资，其余50%工资由演出分配中自行解决。当月，剧团从省艺术学校录取8名应届毕业生，增强了艺术实力和演出水平。2008年，剧团排练符传真创作的现代剧《沸腾的万泉河》，参加海南省琼剧会演获三等奖。

2009年5月11—17日，剧团应香港琼海同乡会邀请赴香港演出。演出剧目有《三访结发妻》《贤德皇后》《女御医》《驸马风波》和现代剧《沸腾的万泉河》，场场爆满。

2009年10月，全团52人。演出剧目有《贤德皇后》《女太子》《三访结发妻》等。主要演员有郑贻海，李海燕（女）、翁春雅（女）、陈瑜（女）、刘开怀（女）、吴蕾、何君庆等，特聘琼剧名旦翁春雅（女）助阵。12月，市人事劳动保障局为了健全剧团演出行当，再次批准增加8名编制。2010年4月，剧团与新加坡琼剧团联合演出传统剧《寒梅芳心》，分别在琼海、海口、文昌演出3场，受到观众的好评。

二、民间琼剧团

1991—1996年，有民间琼剧团"琼海市万泉河琼剧团"。万泉河琼剧团组建于1988年，主要演员有纪明武、刘燕（女）、符光妹（女）、徐淑玲（女）、周成琨等。排练有《孟丽君》《太子选妃》《郭后娘娘》《七星梅》《铁面巡按》《师姑占夫》等十多部琼剧作品。1991年，全省民营剧团调演中，琼海市万泉河琼剧团参赛剧目《孟丽君》荣获表演一等奖。1994年，剧目《郭后娘娘》在全省各乡镇演出中深受认可。1996年，市文体局破格录用万泉河琼剧团的几位生、旦进入市琼剧团工作，从此琼海市琼剧团得以注入新生力量。同时万泉河琼剧团解散。

第二章 群众文化

第一节 文化活动

1991—2010 年，琼海市（县）群众文化丰富活跃，有歌咏比赛、健美操比赛、文艺调演、歌手大奖赛、美术展览、书法展览、故事戏剧征文比赛、琼剧唱腔比赛、民乐团合奏比赛等。共举办国庆文艺晚会、元旦文艺晚会、纪念琼崖纵队成立 70 周年文艺晚会等大型文化活动 82 场；开展周末文化广场活动 238 场；开展各行业、社区、校园、乡镇等群众文化活动 278 次；出文化宣传栏（墙刊）72 期；组织业余作者采风创作活动 55 次，参加人数 1800 多人次；开办各种文艺培训班 210 期（次），参加人数 5100 人次；每年琼剧演出约百场，元宵灯会、文化展演等热闹非凡；农村文娱也异彩纷呈，常有元宵游灯、舞龙舞狮、八音演奏、农民管弦乐合奏等活动。

1991 年，在新市、会山、长坡、朝阳、石壁、龙江等乡镇建立文化站辅导点，方便普及和传播文化。1992 年，举行“丰收杯”管区书记、主任书画赛和文化站干部摄影展评，以提高农村基层干部的文化意识和艺术水平。1996 年，琼海市文化馆成立由本市业余爱好者组成的“万泉河爱乐合唱团”，下农村、部队演出 2 场，派员指导排练并参加“小百花”民乐团的辅导工作。1999 年，在部分乡镇举办综合性创作辅导班。戏曲（含曲艺）、音乐、舞蹈、美术、摄影、书法等分别组织下乡采风、举办讲座。2003 年，协助市妇联策划、组织“三八”节文艺晚会下乡，配合组建老年人“潇洒艺术团”，参与下乡辅导演出。2008 年北京奥运会前夕，市迎奥运万人健身操表演场面宏大，参演人员的年龄跨度大，涉及行业多。2009 年，文艺下乡 30 次，开展书画展 38 次。2010 年，组织包括小品、戏曲、演唱等在内的各类文化下乡节目，合计观众人数达 3000 人次。

第二节 广场文化

1997—2010 年，琼海市政府开始兴建能体现自身特色的文化广场。2001 年，琼海市的广场文化迅速发展，广场文化与健身运动紧密结合，城镇居民的参与性加强，每周五、周六晚上市里都有一场周末文化广场活动，参与单位有各机关、企事业单位，各社区、学校、社会团体及各乡镇等，后来又增设放映电影内容。至 2010 年，全市共进行 239 场周末文化广场活动，观众人数近 10 万人次，较活跃的社区、乡镇健身队伍近 40 支，健身形式多样化，有交谊舞、太极健身球、扇子舞、腰鼓、秧歌等。

第三节　文艺演出

1991 年元旦，举办嘉积地区中学文艺会演。“五一”举办职工文艺会演，国庆组织农村业余文艺会演。全年县琼剧团演出 80 场，且以优秀剧目《一科三状》参加全省琼剧展演。1992 年元旦，县文体局组织教育系统文艺会演，参加单位 24 个，演出节目 104 个，观看群众达 10 万人次。同年，琼海市（县）琼剧团演出 120 场，超额完成计划 20 场。1993 年，市琼剧团在全市范围内，以及市外农村，每逢军坡节、元宵节、“五一”节都到农村演出，同年琼剧演出 153 场，经济收入 27 万元。1995 年，市文体局组织了文化一条街（灯展、三台文艺节目和电影放映、三个游园活动和舞龙舞狮比赛）的元宵活动。同年，还组织“第四届海南省国际椰子节”琼海开幕式大型文体表演和海南省第一届万泉河龙舟赛活动。1999 年 10 月，市政府拨 2 万元给市琼剧团排练《借女冲喜》，参加海南省首届琼剧艺术比赛，获团体演出一等奖。2003 年，尽管受到“非典”的影响，暂停娱乐活动一段时间，但嘉积城区仍开展文艺晚会活动 25 场，体育活动比赛 25 场。2004 年，市镇两级举办大型文体活动 30 多次，在市国税大厦举办吴运环个人书法展；在市灯光球举办“卓依婷、冯磊、黑龙”演唱会。2005 年 9 月 10 日，为向汶川地震灾区筹款，市文体局举办“琼海市赈灾文艺晚会”，全市人民群众慷慨解囊，向灾区捐款 520 万元。2006 年，先后举办“上建杯”戏剧小品大奖赛、元宵晚会、红色娘子军成立 75 周年文艺晚会、阳光地带艺术节、激情广场大家乐等一系列文艺活动。全年组织文体活动 180 余场次，电影下乡进社区放映 129 场。2007 年，成功举办第八届中国海南岛欢乐节琼海主会场的开幕式，舞台剧《黄道婆》的来访演出，更是让广大群众在家门口就欣赏到高品位的文化大餐。2008 年，组织举办庆建省办经济特区 20 周年，庆改革开放 30 周年系列文化活动。2009 年，周日开展“琼剧大家唱”，吸引众多的城乡戏迷。同年 5 月，市琼剧团受邀到香港访问演出琼剧《沸腾的万泉河》等 5 个剧目，获得香港同胞的欣赏和赞扬。2010 年，全市举办周末文化广场活动 43 场，观众 3 万人次，文化下乡演出 150 余场，观众 16 万余人次。《椰寨枪声》剧目参加省歌剧院举行的文艺公演活动及海南省第一届艺术节文华奖演出。同年，举办博鳌端阳旅游文化节，潭门首届南海传统文化节，旨在加强对非物质文化遗产保护。

第三章 文化市场管理

第一节 文化市场

一、娱乐活动

20世纪90年代，由于卡拉OK歌舞、音像、网吧进入文化市场，电视的普及，群众娱乐活动内容多样化，对琼剧、电影文娱活动有一定的影响，观众锐减。1991年，全市歌舞厅6家，每晚人声鼎沸，经济效益甚佳。1993年，全市歌舞厅24家，从业人员400多人，每家歌舞厅年收入80多万元。同年，举行民族舞蹈比赛，参加单位26个，演出节目30个。1995年，歌舞厅处于鼎盛时期，全市有49家，从业人员500多人，每家歌舞厅年收入50万元左右。2001年，由于新式KTV和夜总会的兴起，传统歌舞厅减少，全市仅存7家。到了2009年、2010年，传统歌舞厅已基本无人问津。

从2000年起，麻将娱乐盛行，参加这项活动的人多是老年人，他们投注少，当作打发时间、娱乐消遣，与聚众赌博有所区别。2000年，全市体育健身室2家，参加健身活动的人数寥寥无几。2003年，广场文化在内容，形式，档次上得到进一步提高。2007年，全市范围内掀起了全民健身的热潮，盛况空前。

二、音像店

1991年，琼海县开始有音像进入文化市场，同年全县有音像店14家、录像放映点19个，从业人员132人，每家音像店月收入800—1000元。1993年，有音像店44家，从业人员130人，每家月收入与1991年基本持平。1999年，音像店有了很大的发展，达68家，从业人员400人，每家月收入2000元左右，2005年，音像店减少，只有33家，从业人员100人左右，经济收入大不如前。2008年，音像制品批发点、出租零售点31个，每个点月收入仅600元左右。2010年，全市仅剩6家音像店，从业人员已不足10人，甚至个别月收入呈负增长态势，音像市场业绩连年萎缩。

三、网吧

1998年，网吧进入琼海市文化市场，属琼海市电信局管理。在初始阶段，全市网吧数量屈指可数，仅有13家，从业人员约70人左右，业务管理较为混乱，造成大量未成年人进入消费，一时造成社会负面影响。2000年，根据业务性质需要，划归市文体局管理，要求每个网吧按照规模大小配备4—10名管理人员。同年，全市有网吧50家，从业人员500人，每家网吧月收入2万元左右。2005年，全市网吧有较大的发展，有112家，从业人员1000多人，每家月收入3万元左右。2009年，有网吧109家，从业人员1000人左右，每家月收入2万—3万元。2010年，随着互联网进入普通家庭程度的提高，网吧数量逐步缩减到100家左右，但由于上网环境和硬件设备的不断升级改善，每家月收入基本可达3.5万元以上。

第二节　市场管理

1991—2010年，琼海市（县）文体局主要通过组织日常检查和整顿、查收非法出版物、扣缴赌博工具、开展“扫黄打非”专项行动、取缔“黑网吧”等工作方式，对琼海市（县）文化市场加强管理。

1992年9月，县文体局成立文化市场管理股，配备3—5名专职管理人员，加强文化市场的管理。同年稽查扣缴转盘赌博机28架，扣缴扑克赌博机29架，没收非法出版物102份，没收淫秽录像带4盒，罚款1000元，教育警告4人，调整近学校电子游戏机27台，扣销不合规定牌照2个。1996年，由市政府牵头，从文化、公安、工商等部门抽调干部，成立琼海市音像市场管理领导小组。同年，成立琼海市文化市场稽查中队，出动423人次，对文化市场进行整顿，收缴非法音像制品1.84万盒，非法书报刊800册。1997年6月17日，全市开展“打非扫黄”活动，收缴宣传淫秽色情、封建迷信和渲染凶杀暴力的报刊、音像制品、电子出版物共3849件。对网吧进行整顿，全年压缩不符合条件的网吧12家，取缔离学校周边不到200米的4家。出动60车次、210人次，查处全市音像制品光盘、录像带36540张，盗版非法书刊3600册。2004年，全市共取缔13家“黑网吧”，缴获非法经营的电脑主机，显示器等器材设备一批。对28家违规接纳未成年人上网的网吧吊销网络文化经营许可证；责令在嘉积中学周围200米范围内的2家网吧限期搬迁；出动386人次，开展50次的大检查，对18家违法经营单位进行了罚款，处理68家音像制品，缴获音像制品2256件，淫秽音像制品106张，非法出版物105本，收缴“口袋书”296张。

2006年，全市文体经营场所220家，从业人员2000多人。全年出动903人次，检查经营场所2360家次，收缴非法音像制品1万多件、图书200册，取缔无证经营点6家，取缔黑网吧5家，责令停止营业整顿7家，处罚违规网吧45家，罚款8.2万元。开展“百日雷霆网吧顿治”“打击黑网吧”等专项整治活动，加大对网吧的管理力度，安装“净网先锋”等高技手段，强化管理，保证全市文化市场繁荣健康的发展。2009年，在每家网吧安装“活动摄像头”，实现对全市网吧的远程监控。同年，对全市网吧经营场所的消防大检查，共检查网吧经营场所1025家次，吊销网络文化经营许可证6家，停止整顿22家，罚款61家。对12家网吧经营场所安全疏散通道不畅通的问题，进行当场整改。

第四章　文学艺术

第一节　文　学

20 世纪 90 年代,《万泉河》(文化馆刊物)等文艺园地为业余文学创作者提供练笔和发表空间。文学创作内容生活气息渐浓，群文理论研究加强，产生国家级获奖作品 12 篇，省级获奖作品 28 篇。1995 年，刘所贵的《老大・萧何・法》、王春光的《文化搭台也要讲效益》在全国“社会文化大家谈”《和平杯》征文活动中分获一、三等奖；吴越海创作的《冤家相逢》获上海文艺出版社与上海《故事会》联合举办的 1996 年度优秀故事（短篇）三等奖，在《故事会》1996 年第 7 期发表。1997 年，刘所贵的《越位、冲撞和倒脚》获全国“社会文化大家谈”《和平杯》征文二等奖，王崇芳创作的《爱，应该这样》(戏剧小品）获海南省戏剧小品创作二等奖等。此外，琼海市举办的“叻龙杯”故事戏剧征文、纪念“国庆五十周年”征文演唱作品等活动涌现出王冰、韩球光等优秀文学作者。1998 年，莫书锐创作的《第一滴泪》、吴越海创作的《王小虎丢面子》获海南省首届少儿蒲公英奖一、三等奖。至 1999 年，全市有业余文学作者 210 人，发表作品 2800 多篇，其中为省、地刊物采用 420 篇。

1997 年 9 月，琼海市作家协会（简称作协）成立，为全省市县级首个作协组织。共有初始会员 15 人，其中省作协会员 8 人。2002 年 5 月 18 日，琼海市诗词学会成立，有初始会员 68 人。至 2010 年，琼海市作协有会员 43 人，含省作协会员 14 人；诗词学会有会员 73 名，含海南省诗学会会员 20 名、中华诗词学会会员 4 名。随着各种文学协会组织的不断成熟，加上侨胞、本地企业家的支持，为琼海市文学创作提供了良好的创作环境，境外工作的琼海人中，也涌现一大批文学业余爱好者，共创作文学作品 3000 多篇。

1991—2010 年琼海市（县）作家文学作品出版与获奖情况选录

表 17-4-1

出版时间	作者	作品类型	作品名称	出版与获奖情况
1991 年	莫书锐	短篇小说	《发财梦》	海南省“摄美杯”新故事大奖赛二等奖
1992 年	邱名广	散文	《情系六连岭》	绿岛杯“农垦人”征文二等奖

续表 17-4-1

出版时间	作者	作品类型	作品名称	出版与获奖情况
1992 年	邱名广	散文	《农场情结》	“南方航空杯”五十大庆征文二等奖
		散文	《千里来祭女儿魂》	海南农垦“现场短新闻擂台赛”三等奖
		散文	《明天开奖》	海南农垦“现场短新闻擂台赛”鼓励奖
	王开海	短篇小说	《我们的好书记》	1991 年克拉玛依人民广播电台“七一征文”赛第一名
1994 年	王国才	散文	《为父》	“第二届黄培茂振兴琼海文学奖”优秀奖
	卢家钊	散文	《警徽，在希望之路上闪光》	“美在万泉河畔”征文三等奖
		散文	《梦里狮城》	全国“新人新作有奖征文”优秀作品奖
1995 年	卢家钊	散文	《来自红色娘子军故乡的空姐》	“当代娘子军风采”征文二等奖
	刘所贵	散文	《老大·萧何·法》	全国“社会文化大家谈”《和平杯》征文一等奖
	王春光	散文	《文化搭台也要讲效益》	全国“社会文化大家谈”《和平杯》征文三等奖
1996 年	吴越海	短篇小说	《冤家相逢》	《故事会》优秀故事（短篇）三等奖
	卢家钊	组诗	《月魂曲》	北京市写作学会举办的“五色土杯”《爱祖国爱北京》新诗大赛三等奖
		散文	《人生旅侣》	中国作家协会《文艺报》举办的’96 之春文学笔会三等奖
		诗词	《浪淘沙.过虎门》	由诗刊社、中华诗词学会、中央人民广播电台联合举办的“神州之光”佳作奖
	王国才	小说	《哟，那三轮车夫》	首届“王春海文学奖”优秀奖
1997 年	刘所贵	散文	《越位、冲撞和倒脚》	全国“社会文化大家谈”和平杯征文二等奖
	王崇芳	戏剧小品	《爱，应该这样》	海南省戏剧小品创作二等奖
	王国才	小说	《八妹》	第三届“黄培茂振兴琼海文学奖”二等奖
	曾庆娇	诗歌	《寄》	第四届“全国路遥杯青年文学奖”优秀奖
	卢家钊	诗词	《留春令.离恨》	诗歌杂志社举办的“全国首届青春大看台 ”征文二等奖
		散文	《编钟乐，在万泉河畔飘逸》	由中央人民广播电台、中国广播报、北京青年报、中韩产业杂志社、诗人世界联合举办的“白洋淀笔会”首届“孔明杯”大赛优秀奖

续表 17–4–1

出版时间	作者	作品类型	作品名称	出版与获奖情况
	卢家钊	散文诗	《啊，老师》	全国首届“环保杯”二等奖。作品编入《同一片蓝天》散文集
1998 年	曾庆娇	诗歌	《故乡的小河》	第四届黄培茂杯振兴琼海文学奖优秀奖
	卢家钊	诗歌	《灯塔颂》	《当代诗坛》和全国十五家电视台、广播电台、报社、杂志社等举办第三届东方杯全国诗歌大赛银奖，作品编入《中国诗典》一书
	莫书锐	小说	《第一滴泪》	海南省首届少儿蒲公英奖一等奖
	吴越海	小说	《王小虎丢面子》	海南省首届少儿蒲公英奖三等奖
1999 年	曾庆娇	散文	《乡愁如歌》	第五届黄培茂杯振兴琼海文学奖优秀奖
	庞启江	报告文学	《今有娘子军》	《华南民兵》杂志“优质稿奖”
2000 年	王国才	报告文学	《从小货郎到总经理——记农民企业家冯启文》	琼海市文联、琼海市文体局“首届万泉河之春文学艺术作品大赛”一等奖
	邱名广	散文	《感叹人生》	“第六届黄培茂振兴琼海文学奖”二等奖
2001 年	曾庆娇	诗歌	《夏夜的话语》	第七届黄培茂杯振兴琼海文学奖优秀奖
		报告文学	《情系南海—记琼海市公安边防支队潭门边防派出所》	海南省电视新闻三等奖
2002 年	邱名广	散文	《飞天的感觉》	“南方航空杯——我与民航”征文比赛优秀奖
2003 年	王开海	文集	《三角梅》	内蒙古人民出版社出版
	杨善深	诗歌	《龙湾港礼赞》	由《中华文学选刊》杂志、《散文选刊》杂志、贵州文学院联合举办的首届“华夏作家网杯”《中华文学选刊》文学大奖赛优秀奖
2004 年	邱名广	诗集	《无望的爱》	中国文联出版社出版
2005 年	邱名广	诗歌	《致何麟书先生》	首届“大珍寻根文学奖”二等奖
	庞启江	散文	《石片沟赏石》	新加坡黄培茂文学奖三等奖
	梁其山	散文集	《小城如歌》	2005 年度海南省优秀精神产品

续表 17-4-1

出版时间	作者	作品类型	作品名称	出版与获奖情况
2006 年	邱名广	散文	《山兰酒 · 五色饭》	海南“三月三 · 时代海岸杯”征文比赛二等奖
2007 年	王开海	散文	《椰子礼赞》《一方风流》《好了伤疤忘不了痛》	被选入《琼海乡贤文萃》
2008 年	庞启江	散文	《母爱如金》	新加坡国际华文征文优秀奖
	王开海	文集	《霞》	南方出版社出版发行
	颜球怀	长篇小说	《流花记》	作家出版社出版
	王国才	报告文学	《从生产队长到信访局长》	国家信访局“我与改革开放 30 周年征文活动”一等奖
	邱名广	诗歌	《你是其中的一个矿工》	《星星》诗刊“辉煌 30 年全国首届大型农民工诗歌大奖赛”优秀奖
		散文集	《找个理由回家》	中国文联出版社
	曾庆娇	诗歌	《唱给天堂的挽歌》	海南省“写给灾区的孩子”十佳征文奖
2009 年	邱名广	诗歌	《亚龙湾的俄罗斯女郎》	“2009 海南省诗歌大奖赛”琼海市赛区一等奖
		诗歌	《老爸茶》	“2009 海南省诗歌大奖赛”优秀奖
		诗歌	《守林人》	《诗刊》“绿色伊春——红松杯”全国诗歌大赛鼓励奖
		诗歌	《瞻仰红色娘子军塑像》	入选致公党中央编撰的《我们走过的六十年》一书
	曾庆娇	散文	《一首歌中的河流》	“第三届国际华文散文创作比赛”优胜奖（新加坡国际广播电台主办）
		诗集	《走过》	中国文联出版社出版发行
		诗歌	《野山梨》	“海南诗歌大奖赛”新诗优秀奖
2010 年	庞启江	报告文学	《书中自有黄金屋》	海南省读书征文一等奖，琼海市读书征文一等奖
	邱名广	组诗	《与煤对话》	《星星》诗刊“嘉阳杯”诗歌大赛二等奖
	曾庆娇	诗歌	《诗二首》	海南省第二届“福山咖啡文化杯”诗歌大赛优秀奖

第二节　艺　术

一、音乐舞蹈

1991 年，曾宪峰作曲的歌曲《齿轮在国徽上闪金光》获全国职工厂歌优秀创作奖，王春光作词的歌曲《万泉河，请你告诉我》在庆祝中国共产党成立七十周年全国歌曲征集评选中获创作奖。1992 年，曾宪峰创作的歌曲《“三力”之歌四海传播》在《中国潮金曲》征歌评选中获优秀创作奖，卢修妹、何春花的舞蹈作品《椰趣》在海南省业余舞蹈作品评选中评为二等奖。1993 年，音乐作品《我爱海南这块土地》（王春光词、陈志宏曲）在第三届“群星奖”作品评选中获得优秀奖。1994 年，曾宪峰的《菠萝脱手滚下坡》、黎泰强的《黎家三月三》在海南山歌民歌有奖征集活动中分别荣获二、三等奖。1995 年，王春光作词、曾宪峰作曲的《牛路岭水电站工人之歌》在中国工人歌曲新作征歌评选中获银奖。同年，舞蹈《鲤鱼戏珠》在海南省第三届国际椰子节文艺表演中获一等奖。卢修妹编导、曾宪峰作曲的舞蹈作品《万泉河嫂与嘉积鸭》在第二届全省民族民间文艺表演中获三等奖。1996 年，选送音乐作品《东升明天更辉煌》入选全国征歌活动。2004 年，音乐作品《我家住在万泉河》（吴淑洪词、曾宪峰曲）获全国第十四届“广播新歌”评选铜奖，并在中央人民广播电台播出。2007 年与《菠萝脱手滚下坡》共同被选入《“颂海南”金曲精选》出版发行，2009 年入编音乐文献专著《共和国六十周年优秀词曲精选》。2009 年，出版发行《万泉河之歌（曾宪峰音乐作品选）》。同年，指导老师颜业岸带领嘉积中学男子舞蹈团凭借男子群体舞作品《远征》获第五届 CCTV 电视舞蹈大赛铜奖。

二、美术

1994 年，王春雄的水印木刻《渔光曲》入选全国美术展览。2007 年，杨全发的版画《沃土》和颜振胜的油画《篱笆与村童》均获群星奖省级二等奖。2009 年，杨全发美术作品入选省级画展。

三、书法

1995 年，吴开雄、吴运环的草书在省第四届书展中并列金奖。2007 年群星奖评选中，吴开雄草书《中堂》获省级三等奖，梁其明的小楷条幅获优秀奖。2009 年，王辉农书法作品入编《中国千名书家精品走进奥运场馆志愿活动书法作品集》，作品集首发式在北京人民大会堂举行。

四、摄影

1991年，作品《苗寨之晨》获“迪美杯”全国摄影大赛三等奖，《勤劳》获“礼贤杯”全国农金系统摄影比赛一等奖，《小店写春意》获“海南日报”现场新闻抓拍赛三等奖，《故乡水》入选大江南北全国摄影展，《秀英之夏》与《故乡水》入选海南风光风情影展。1995年，全市有18幅作品入选海南省第四届国际椰子节“在希望的田野上”摄影展览。同年，两幅摄影作品入选参加“全国文化馆、站干部摄影作品大赛”，两幅作品在海南省“三月三”民俗摄影作品评奖活动中获得二、三等奖作品；两幅作品入选《海南省摄影》新星作品大赛，其中1幅荣获优秀奖。1996年，黎泰强作品《古筝妙韵》《霞光彩练舟归去》《晚浴》入选第二届全国群艺馆文化馆（站）摄影——风光花卉风情展，其中《古筝妙韵》获全国三等奖。2007年，王裕超的《残女巧裁千手佛》获群星奖省级一等奖，吴坤哲的作品《团聚》获群星奖省级二等奖。2009年，吴坤哲作品《过火山》、司衍雄作品《老街·老店·老主顾》分别获海南省第五届摄影艺术展三等奖；同年，吴坤哲作品《蔡家大院》获海南省国际交流中心举办的侨乡海南新貌摄影大赛二等奖，王裕超作品《亚洲论坛永久会址》获三等奖。蒙钟德作品《比美》获建国六十周年摄影大赛三等奖。

五、艺术协会

1987年10月，琼海市（县）音乐工作者协会创立，有初始会员15人，至2010年，已有会员49名，包括海南省音协会员8人、中国音协会员1名。

1987年10月11日，琼海市（县）摄影工作者协会创立于，有初始会员14人，至2010年，有会员42名，包括海南省影协会员9名、中国影协会员2名。

1988年3月20日，琼海市（县）书法工作者协会创立，有初始会员9人，至2010年，有会员72名，包括海南省书协会员12名、中国书协会员2名。

1990年11月，琼海市（县）舞蹈工作者协会创立，初始会员12人，至2010年，已有会员37名，包括海南省舞协会员4名。

1990年11月10日，琼海市（县）美术工作者协会创立，有初始会员13人，至2010年，有会员48名，包括海南省美协会员4名、中国美协会员2名。

1990年11月24日，琼海市（县）戏剧工作者协会创立，有初始会员11人，至2010年，已有会员25名，包括海南省剧协会员2名。

2009年11月6日，琼海市琼剧研究会创立，有初始会员30人，至2010年，有会员57人。

第五章 报 刊

第一节 主要刊物

琼海市出版的主要报纸为《琼海通讯》，是中共琼海市委内部资料性出版物，由市委主办并主管，由琼海市新闻中心编辑出版并赠送发行。

琼海市新闻中心前身为琼海市报社，负责编辑出版《琼海市报》。《琼海市报》试刊于1993年6月10日，创刊于1993年8月8日，为海南省内部报刊（海南省报纸准印证第017号），由中共琼海市委主办并主管，市委调研室负责编辑出版发行。1995年7月获国家新闻出版署统一刊号CN46—0028，全国公开发行，并正式成立琼海市报社，为财政全额拨款副科级事业单位，2002年6月，机构升格为正科级事业单位。《琼海市报》创刊初期为旬报，对开四版，1994年10月18日改为周报，逢星期二出版发行，2003年1月增刊为周二报，逢星期一、四出版发行，仍为对开四版。在1993年6月10日至2003年12月31日期间，共出版《琼海市报》575期，发表消息、通讯、评论等稿件16213篇，新闻图片3283幅，公益广告787条次，《万泉河》和《槟榔花》副刊版共刊登小说、散文、诗歌、报告文学等副刊作品2649篇，摄影、美术、书法作品679件。

2003年底，全国党报党刊整顿与改革，县级市及以下无特殊原因不再出版全国公开发行的党报党刊，《琼海市报》也因此停办。2004年1月2日，琼海市报社更名为琼海市新闻中心，为市委直属正科级事业单位。因宣传工作需要，经市委主要领导同意，2004年1月6日起编辑出刊市委内部资料性出版物《琼海新闻》（报型，四开八版），逢星期二出版。《琼海新闻》由中共琼海市委主办并主管，由琼海市新闻中心编辑出版并赠送发行。至2004年9月30日止，共出版《琼海新闻》29期，发表消息、通讯、评论等稿件474篇，新闻图片129幅，公益广告15条次，《万泉河》和《槟榔花》副刊版共刊登小说、散文、诗歌、报告文学等副刊作品61篇，摄影、美术、书法作品39件，公益广告15条次。

按照海南省内部刊物管理要求，2004年10月停办《琼海新闻》，创办海南省内部刊物《琼海通讯》（刊型，半月刊，16开，内页24张，琼内准印字第YK040814号），为市委内部资料性出版物，每逢1日、15日出版。《琼海通讯》由中共琼海市委主办并主管，由琼海市新闻中心编辑出版并赠送发行。2006年1月1日，按照市委主要领导的指示，

《琼海通讯》改为报型，四开八版，逢星期二出版，其他不变。在 2004 年 10 月 1 日至 2010 年 12 月 31 日期间，共出版《琼海通讯》282 期，发表消息、通讯、评论等稿件 5278 篇，新闻图片 2724 幅，公益广告 235 条次，《万泉河》和《槟榔花》副刊版共刊登小说、散文、诗歌、报告文学等副刊作品 579 篇，摄影、美术、书法作品 212 件。

《琼海市报》《琼海新闻》和《琼海通讯》为新时期琼海市重要的纸质媒体，均设有市内要闻版、经济新闻版、社会新闻版和《万泉河》或《槟榔花》副刊版。主要宣传报道琼海市在政治、经济、社会等各方面消息，传达党的各项路线方针政策和市委、市政府重大工作部署，报道琼海市改革开放新气象、新成果，宣传各条战线、各行各业的先进事迹、先进经验和典型人物，反映群众的呼声和要求，实事求是地开展批评，发挥正确的舆论引导和新闻舆论监督作用。读者主要为琼海市广大干部群众。

第二节　重要报道

一、围绕党的重大决策和部署开展宣传。

（一）1995 年，党中央提出向“党的好干部孔繁森”学习的号召后，重点报道全市上下开展向孔繁森学习活动的情况，并把宣传学习孔繁森的事迹与学习本地区出现的英雄人物的事迹结合起来，取得良好的效果。

（二）学习贯彻十五大、十六大、十七大精神等的宣传报道。除了报道有关情况外，还结合琼海市实际，就琼海市各界“学习贯彻会议精神，加快琼海发展”等进行了积极的宣传报道。

（三）“三讲”教育活动的宣传报道。结合中华人民共和国成立 50 周年纪念活动，深入进行党的基本理论、基本路线的宣传教育，介绍领导干部结合“三讲教育”学习邓小平理论的体会，报道干部群众学习邓小平理论的好做法。通过宣传，把全市干部群众的思想和行动进一步统一到中共十五大精神上来。把全市人民的智慧和力量进一步凝聚到实现市委市政府提出的各项工作任务上来。

（四）学习“三个代表”重要思想的宣传报道。结合纪念中国共产党成立 80 周年活动和市各有关单位的工作实际和经验，加强和深化“三个代表”重要思想的宣传报道。

（五）抓好琼海市保持共产党员先进性教育活动的开展情况的宣传报道。对这一党内重要的教育活动，通过各种体裁的稿件，全方位报道保持共产党员先进性教育活动的动态，报道共产党员中的先进典型，重点宣传社会主义荣辱观，在全市上下营造出浓郁的教育氛围，取得了很好的宣传效果。

（六）抓好深入学习实践科学发展观活动的宣传报道。全方位报道琼海市深入学习实践科学发展观的活动和动态，为全市扎实开展好学习实践活动营造浓郁的氛围。通过消息、通信、图片、评论、读者来信等形式，报道琼海学习实践动态和以学习实践活动为契机，在社会经济建设中的工作进展和取得的成绩。

（七）创先争优的宣传报道。从创建先进党组织和争当优秀共产党员的活动动态、阶段性成果、先进党组织和优秀共产党员典型事迹等进行了详细的报道，取得很好的宣传效果。

二、围绕市委市政府的中心工作开展宣传。

（一）政务公开、党组织建设和党风廉政建设工作等的宣传报道。通过不同层次、不同侧面进行宣传报道，既报道先进典型鼓舞人心，又以反面教材达到教育人的目的。

（二）各年度中的重要会议进行宣传报道。市委全委扩大会议、市人大例会、市政协例会、全市经济工作会议和全市农村工作会议等，都通过多种体裁进行宣传报道。

（三）经济工作、招商引资和开发建设工作的宣传报道。突出宣传琼海市优势，宣传社会稳定、交通便利、基础设施完善、政府开明等软硬环境，增强客商投资信心。

（四）企业改革工作的宣传报道。围绕“抓大放小”等改革方略，先后报道了印刷厂、海藻场、糖厂等企业成功拍卖的新闻，推广几家纺织企业进行改革扭亏为盈的经验，突出报道了市粮油总公司改革的成绩。

（五）农业产业结构调整和科技兴农、科技致富的宣传报道。重点报道各乡镇在调整产业结构工作中取得的成绩，报道农民种植菠萝、冬季瓜菜，海淡水养殖等成功经验；围绕荔枝种植，编发调查报告，发挥引导作用；突出“科技兴农”的宣传，开辟《科技园地》等栏目，发表研究性文章、评论和有利科技致富的通信，对农民朋友学科技用科技、科技致富起了积极的促进作用。

（六）宣传报道精神文明建设、文明生态村建设和新型农村建设等方面的情况。在这方面，主要突出文明生态村建设、墟镇建设、公民道德建设、社会治安、爱岗敬业、助人为乐、军民共建等内容。同时还发表一些具有代表性的《读者来信》等言论稿件，达到弘扬正气、抨击邪恶的目的。

（七）为民办好事实事的报道。为民办好事实事也是市委市政府中心工作的重要内容。从年初要办的好事实事的承诺、年终已完成的好事实事以及未能按时完成的好事实事的原因，都给予深度的报道，让广大干部群众对这方面的工作都有一个全面的了解。

（八）报道琼海市、镇两级人大换届选举工作和市、镇、村各级党组织换届选举工作。不仅报道了工作动态、工作成果，还不惜版面，大篇幅组织学习选举法和有关知识问答，让全市广大选民朋友更加了解选举工作，并依法享受选举权利和履行义务。

（九）创建全国卫生城市的宣传报道。2010 年年初，市委市政府决定用 3 年时间创建国家卫生城市，争取 2012 年通过国家验收。对这项意义重大的中心工作，从创建工作启动伊始就予以重点关注、重点报道，进行大版面大标语的宣传，为全市开展创建全国卫生城市工作营造浓烈氛围。

三、重大的典型报道，推动经济建设和社会进步。

（一）精心组织胡锦涛总书记、温家宝总理到琼海市考察工作的宣传报道，同时抓好琼海市各单位结合工作实际学习贯彻讲话精神的宣传报道。另外，琼海市嘉积镇农民何君镇给温家宝总理写信得到总理亲笔回信，一时在全市引起轰动，《琼海市报》就这一事件进行了详细报道，在全市干部群众中产生鼓舞和鞭策作用。

（二）香港、澳门回归的报道。在喜迎香港、澳门回归的宣传报道中，除了发表市内的主要庆祝活动外，还深入报道琼海市各界群众喜迎香港、澳门回归的喜悦之情，突出宣传邓小平同志“和平统一、一国两制”伟大构想的成功实现，宣传香港、澳门回归祖国的重要意义和历史必然。

（三）纪念十一届三中全会召开 20 周年的宣传报道。1998 年，是中共十一届三中全会召开 20 年的重要年份，琼海市报社组织“改革开放二十年回眸”的重大稿件近 20 多篇，展示 20 年来琼海市各方面的巨大变迁；同时争取市统计局的支持，编排图表新闻，报道改革开放 20 年来琼海取得的成绩。此外，还开辟专栏《20 年变迁》，以小见大，专门报道农村各方面变化，尤其是农民观念的变化。

（四）庆祝海南解放 50 周年活动的宣传报道。除了报道各种活动的消息外，还辟出专版，组织了《人民不会忘记》《在共和国的史册上》两个专题的宣传，发表琼海籍部分革命先烈的事迹简介和中华人民共和国成立以来琼海市部分劳动模范、先进工作者事迹简介，讴歌他们的历史功勋。

（五）博鳌亚洲论坛成立大会和各届年会的宣传报道。按照省委、市委的工作部署，从不同角度、用不同形式、全方位进行宣传报道。

（六）中央艺术团体到琼海市慰问演出的宣传报道。2002 年上半年，中央芭蕾舞团及中央电视台“心连心”艺术团小分队分别到琼海进行慰问演出，以消息、新闻图片、文艺作品等体裁从不同角度进行宣传报道。

（七）精心组织撤县设市10周年的宣传报道。除了刊发消息、通信、评论等稿件外，还通过图表对比等方式，报道琼海各项事业10年来所取得的喜人成绩。

（八）纪念琼海人民抗击7314号大台风30周年的宣传报道。连续几期大篇幅刊出了系列报道文章，激励琼海人民继续弘扬抗灾精神。

（九）报道琼海纪念中国人民抗日战争胜利60周年的各种动态以及有关史实。以史料、回忆录、图片等多种形式全面向读者展示。

（十）报道琼海市干部群众抗击台风“达维”的情况。强台风“达维”对琼海造成了巨大的经济损失，对这一重大灾害的发生，在报道中突出了干部群众一心抗击风灾的情景，具体描述了党员干部不计个人安危、紧急抢救群众的动人事迹，展现了干部群众齐心协力、不畏艰难、重建家园的动人景象。

（十一）报道琼海喜迎海南建省办特区20周年暨琼海撤县设市15周年的盛况。组织编排了大批稿件，以消息、通信、图片、专栏、专页等各种形式精心报道，深受广大读者好评。

（十二）改革开放30周年的宣传报道。开辟专栏《改革开放30年》，刊登了《从“三转一响”到“三机一箱”》等文章，又在副刊开辟专栏《沧桑巨变——纪念改革开放30周年》，刊登社会各界来稿，反映改革开放的成就。

（十三）报道全市上下喜迎奥运圣火、奥运会盛事召开的情况。主要以大幅的精美图片展现出浓浓的喜庆色彩，配以各种体裁的文章，从不同角度描绘了全市人民迎接圣火的喜悦之情。

四、围绕人民群众关心的热点、焦点问题开展宣传。

（一）环境保护和保护耕地的宣传报道。除了在“世界环境日”和“全国土地日”开辟专版进行宣传报道外，还结合有关单位实际工作做好这方面的宣传报道工作。特别是万泉河两岸的环境保护和水土流失问题，给予更深度的报道，让广大读者了解万泉河保护的重要性和迫切性。

（二）精心组织好塑造“琼海精神”的讨论。1996年，在《琼海市报》上开展塑造“琼海精神”的讨论。通过文章讨论和征集“琼海精神口号”等形式，将文章观点和征集到的口号向市委汇报，最后把“团结奉献，拼搏争先”作为“琼海精神”确定下来。

（三）真实准确地报道了“5·26”潭门渔民被菲律宾海警枪杀事件。

（四）农村税费改革的宣传报道。农村税费改革是农民极其关注的热点问题，除了报道有关活动外，还从农村税费改革的意义和指导思想方面进行宣传报道，让农民朋友正确认识、理解和支持农村税费改革。

（五）整顿和规范市场经济秩序的宣传报道。整顿和规范市场经济秩序是经济转轨时期的一项重要任务和长期斗争。2002—2010年，琼海各有关部门继续深入开展各类专项斗争，如严厉打击制售假冒伪劣商品的违法犯罪行为、整顿旅游市场秩序等，《琼海通讯》（《琼海市报》）在舆论宣传方面给予了很大支持。

（六）乡镇行政区划调整的报道。为了进一步精简机构，方便行政管理，提高行政效率，减轻财政和人民负担，琼海按照《省人民政府关于调整琼海市乡镇行政区划的批复》文件精神，于2002年上半年对琼海乡镇行政区划进行调整。《琼海市报》及时准确地对这项工作进行了宣传报道。同时还全文刊发了市委书记在全市乡镇行政区划调整动员会上的讲话，让全市干部群众充分了解琼海进行乡镇行政区划调整的必然性和重大意义。

（七）防治非典型肺炎、禽流感和甲型H1N1流感的宣传报道。一是按照市委市政府的工作部署，结合各单位的实际工作，认真做好防治非典型肺炎等的宣传报道，做到及时将市委市政府防治非典型肺炎、禽流感和甲型H1N1流感的工作情况、动态传播给全体市民，形成全民行动，积极预防和控制非典型肺炎、禽流感和甲型H1N1流感，杜绝非典病例在琼海的出现。二是与市司法局、市卫生防疫站、市健康教育所等单位合作，分别介绍了非典型肺炎的临床表现、传播方式、预防、控制与治疗等知识。三是刊发了市委、市政府关于预防非典的倡议书以及相关工作的通知、通告等。号召、要求全体市民要严肃对待、全民行动，积极配合市委市政府及有关部门做好非典的防控工作。

（八）嘉积大桥重建工作的宣传报道。嘉积大桥重建工作，是关乎万泉河两岸人民群众生活交通的大事，便桥是他们在大桥重建期间的交通要道。《琼海市报》对旧桥被爆破、新桥建设进展情况、便桥被台风“利马奇”冲毁后群众出行不便、便桥重建、新嘉积大桥建成通车等进行了详细的报道。

（九）2007年高考，海南省文理科第一名双双花落琼海市嘉积中学，《琼海通讯》刊登了连载《状元姐妹花》，向读者详细介绍了两位2007年度海南高考第一名的成长历程。

（十）报道琼海踊跃向四川灾区、青海玉树灾区捐款捐物、支援灾区的实况。推出黑白版面的《琼海通讯》，并开辟专页专版，刊登全市上下踊跃捐款捐物、沉痛悼念遇难者，坚决支援灾区重建的文章、图片，表现出浓浓的同胞之情。

（十一）报道2010年抗洪救灾具体行动和先进事迹。2010年10月初，琼海发生60

年一遇的特大洪灾，琼海市新闻中心成立抗洪救灾前线报道组，深入到抢险救灾最前线，让读者在第一时间内了解灾情及市委、市政府的具体部署和行动。洪灾过后，开辟“抗灾重建 创先争优——2010年琼海市基层党组织和党员开展抗洪救灾创先争优活动纪实”专栏，介绍琼海灾后加紧重建家园、恢复生产和各项工作动态。

（十二）突出“再就业工程”的宣传报道。报道了市粮油总公司、朝阳乡供销社等单位创造条件解决下岗职工再就业的成绩和经验；报道五金厂下岗职工黄家兴、马振东，市食品厂下岗职工的再创业事迹。同时，在重要版面开辟评论专栏《热门话题》《记者观察》栏目，加大评论力度，围绕市委、市政府中心工作进行引导，针对不良倾向进行批评。

五、配合市有关部门开展有意义的宣传活动。

（一）配合市政法部门，抓好社会治安综合治理特别是严厉打击刑事犯罪活动的宣传报道。报道市政法机关及各乡镇“严打斗争”成果。

（二）配合团市委做好历届“十大杰出青年”评选活动的宣传报道。激励和引导全市广大青年朋友以先进为榜样。

（三）配合市科技局等部门做好科技“110”的宣传报道。让科技“110”服务到田头，深受广大农民朋友欢迎。

六、抓好公益广告的宣传作用。

围绕下岗再就业、助残扶贫、人事制度改革、土地资源保护、“绿色证书常识”、人大选举和村委会选举常识、抗洪赈灾等内容开展公益广告宣传，产生了很好的影响。

1998—2003年《琼海市报》新闻作品获奖情况表

表17-5-1

序号	姓名	作品名称	荣誉称号	获奖年度
1	作者梁其山，编辑王路生	《亡羊补牢未为晚，环境保护正其时》	第八届海南省好新闻三等奖	1998年
2	作者王朝勇，编辑周仕科	《真情圆了他的上学梦》	第八届海南省好新闻三等奖	1998年
3	作者曾繁亚、陈泽教，编辑王路生	《洪传民“技术入股”9个月纯收入6.9万元》	第九届海南省好新闻一等奖	1999年
4	作者梁其山，编辑王路生	《小城夜夜如歌》	第九届海南省好新闻三等奖	1999年
5	作者本报记者采访组，编辑王路生	《依法纳税天经地义，妨碍执法理所不容——“8·14”税检事件真相》	第九届海南省好新闻三等奖	1999年

续表 17-5-1

序号	姓名	作品名称	荣誉称号	获奖年度
6	作者黄康，编辑王路生	《废藤中捡起千万元》	第十届海南省好新闻二等奖	2000 年
7	作者王路生，编辑周仕科	《王裕文与新中国第一株胡椒》	第十届海南省好新闻二等奖	2000 年
8	作者王路生，编辑周仕科	《一个闺女五个“爹娘”》	第十届海南省好新闻三等奖	2000 年
9	作者梁其山，编辑周仕科	《椰子，不老的故事》	第十届海南省好新闻三等奖	2000 年
10	作者黄康、王镜，编辑梁其山	《拜年拜“财神”》	第十一届海南省好新闻二等奖	2001 年
11	作者梁其山，编辑周仕科	《“钱”江》	第十一届海南省好新闻二等奖	2001 年
12	作者梁其山，编辑王路生	《为了未来，善待生命》	第十一届海南省好新闻三等奖	2001 年
13	作者周祖君，编辑陈芳拉	《德国博士给温泉农民上大课》	第十一届海南省好新闻三等奖	2001 年
14	作者袁铭舒，编辑王路生	《龙江乳胶厂该不该继续生产？》	第十二届海南省好新闻三等奖	2002 年
15	作者袁铭舒、黄诚，编辑王路生	《全省第一个直选村“官”诞生记》	第十二届海南省好新闻三等奖	2002 年
16	作者梁其山，编辑周仕科	《儿子远方去打工》	第十二届海南省好新闻三等奖	2002 年
17	作者王路生，编辑周仕科	《椰子寨》	第十二届海南省好新闻三等奖	2002 年
18	作者卢业锋，编辑王路生、谢蔚	《村妇英语“考”书记》	第十三届海南省好新闻二等奖	2003 年
19	作者麦邦盈，编辑周仕科	《李香云》	第十三届海南省好新闻二等奖	2003 年
20	作者周祖君，编辑王路生	《苗寨来了联合国妇女儿童基金会官员》	第十三届海南省好新闻优秀奖	2003 年

说明：2004—2010 年，由于《琼海新闻》和《琼海通讯》为市委内部资料性出版物，未能参与海南省新闻学会举办的海南省好新闻奖评选活动

第六章　广播电视

第一节　机　构

1992年，琼海县有线电视站成立，建网传输有线电视。1995年1月，市广播电视局撤销，组建市文化体育局，市电视台和市广播电台为下属副科级事业单位。1998年7月，市电视台和市广播电台合并，成立琼海市广播电视局，同时挂市广播电台与市电视台牌子，局台合一，先是副科级事业单位，后为正科级事业单位。1998年，市电视台无线频道正式开播。2002年12月，市广播电视局撤销，行政职能划归市文化广电体育局，保留琼海市广播电视台列为下属正科级事业单位，在新闻舆论导向、工作方针、政策方向等方面接受市委宣传部的指导，广播电视行业管理由市文化广电体育局具体负责。2003年，有线电视划归海南广电有线网络有限公司。2004年8月，市文化广电体育局更名为市文化广电出版体育局，为市广播电视台主管部门。2007年年初，市广播电视台迁入位于琼海市嘉积镇豪华路的琼海市广播电视大楼办公。至2010年年底，琼海市广播电视台共有干部职工86人，其中事业编制人员58人，编外人员28人。在编人员中，财政预算管理全额拨款人员30人，经费自理人员28人。下设办公室、总编室、新闻中心、广播节目制作中心、技术播控中心、电视节目制作中心、广告部等7个下属部门，技术专业涵盖广播电视采、编、播、技术保障等多个领域。

第二节　台站建设

一、设施设备

2001年10月1日，动工兴建琼海市广播电视大楼及发射塔等项目工程。占地1公顷，其中广播电视大楼占地760平方米，高6层，总建筑面积近4300平方米，总投资600万元；广播电视发射钢塔占地400平方米，高118米，总投资260万元。广播电视大楼主要建有电视演播、录音、采访、节目制作、办公、会议等各功能区域。同时，琼海市台加大设备更新改造，先后购置了广播、电视发射机各2部、摄像机3部、非线性编辑机及数字编辑录放机各1套等一批设施设备，建设小型演播厅、虚拟演播室、广播录音室、广播播控室以及电视播控室等广播电视工作间。2006年年底，琼海市广播电视大楼及发射塔以及装修绿化等配套工程全部竣工。2007年年初，广电大楼搬迁和发射塔的投入使用，确保广播电视节目的正常生产、安全播出和顺利转播，有效巩固村村通成果。

2007年前，琼海市广播电视台有演播室高度不足3米，面积不足40平方米，空间狭小，编播设备陈旧，信号传输阻滞等，严重影响到电视节目的制作质量和水平。2007年，通过赊账和支付小额资金、分期付款等方式购置一台摇臂机、3部摄像机、4台非编设备和5台办公电脑，并筹措资金2.7万元建起发电机房。2008年，筹集资金1.5万元，购买光端机等设备，对机房前端进行全面的升级改造，使图像传送到客户端的效果明显提高。另外，还投入近10万元资金对演播室进行改造，购置字幕机、编辑机、录播机、麦克风、扣像等设备，市台采编播设备得到进一步升级。2009年5月，争取市政府和国家的广播电视设备专项款90多万元，添购5部摄像机、1个切换台及内通对讲通话系统、编辑机、电脑等一批专业设备，广播电视节目的制作、播出质量明显提高。

2010年年底，新建起150平方米的综合性演播室，满足多机位、多场景的专业需求。非编工作站将从4个增加到15个，增加录音、审片、化妆间、嘉宾休息室和档案、设备储放等多个功能性空间，购置一批品牌摄像机、编播器材以及专业配套系统等设施设备，解决系统兼容问题，满足演播室外景和室外大型节目的录制需要。完成采、编、播各个操作平台的改造，实现制作网和播出网两网互通，极大地提高节目采、编、播效率，基本实现广播电视数字化、网络化、现代化，开创琼海市广播电视台跨越发展的新局面。

二、村村通工程

1999年，利用国家下达海南省的农村中央电视节目无线覆盖专项资金，不断加大投入加快网站建设，更新相关设备，努力实现全市联网。2002年，为巩固和发展村村通成果，琼海市台采取微波传输和有线传输相结合的联网方式，将中央电视台第3、5、6、8套和琼海台等节目通过MMDS系统传输，实现与部分乡镇站微波联网，不但可以减轻乡镇收看加密节目的负担，也丰富了乡镇农村电视节目的内容，保证中央台、琼海台在农村的有效覆盖。2003—2005年，琼海市台继续扩大微波系统在农村农场的联网，加强对微波发射系统等设备的维护和更新，增加节目播出时间，有效扩大包括博鳌在内的广播电视节目的覆盖面，不断巩固和发展村村通广播电视成果。到2008年，全市已消除20户以上自然村广播电视“盲村”，率先在全省实现广播电视村村通的目标。至2010年年底，中央第一套节目广播电视和中央第七套电视综合人口覆盖率均已达到98%以上。

三、移动媒介

2008年，作为省内广电媒体中的四个试点单位之一，琼海市台跟国家广电总局合作的 CMMB 多媒体广播电视（手机移动电视）系统于同年 12 月 28 日顺利试播。该系统发射的 CMMB 多媒体广播电视信号可基本覆盖面嘉积城区，市民可通过手机电视收看中央电视台第一、第二、第三套和新闻频道节目等更多更丰富的电视节目，为丰富群众的文化生活提供便利。

第三节 栏目设置

一、电视栏目

1998 年，开办琼海电视频道，自办电视节目有《琼海新闻》《绿园》等。2008 年 7 月，市台电视频道开始使用由蓝、白、橙组成的“三色”新台标，并围绕新台标进行一系列节目包装，打造琼海广电新形象。2008 年，与北京光线传媒展开合作，引进 10 档日播节目，确保了琼海市广播电视台电视频道在 2009 年完成了全面改版。改版后，电视频道增加了“金曲时刻”“音乐风云榜”“娱乐现场”“影视风云榜”“今日娱乐网”“阅读越好看”“娱乐开讲”“我爱看电影”“最佳现场”“全能综艺班”等 10 个栏目。“多彩影院”也由原来的每周 5 期改为日播节目。

2008 年 1 月 29 日，市台第一个访谈类栏目“岁末年初话发展”第一期成功播出。该栏目通过邀请市委、市政府领导和各单位部门负责人与主持人进行对话访谈，内容涉及与老百姓关系密切的政治、经济、社会等各方面以及社会、生活等热点焦点话题，栏目播出后得到各级领导和广大市民的普遍关注和好评。

2008 年 10 月 18 日，正式开播一档集经济、信息、服务、娱乐为一体的综合类电视栏目——“溜溜都市”，它的开播为商家提供一个全新的商品信息发布平台，同时也为广大电视观众提供更多的生活娱乐信息，进一步丰富人民群众的精神文化生活。

2009 年 3 月，推出由市台和市公安局联合创办的电视“万泉河警视”栏目，以电视专题、案情写真、民警故事等多元化采写形式，及时传递警情要闻，情牵警民冷暖，心系百姓安危，为构建和谐平安琼海创建了全新的媒体平台。这是海南省县市公安系统第一个电视栏目，也是全省市县广电系统开办的第一个公安栏目。

2010 年 6 月，“健康快车”栏目开播，每期总时长为 10 分钟。以关注大众身心，倡导健康生活为主线，分为健康俱乐部和养生新概念两个板块，在科普健康资讯的基础上，融入真实、生动的病例，得到民众的广泛关注。

二、广播栏目

1991 年，琼海县广播电视台开办琼海新闻节目插播。2007 年前，琼海市广播电视台的《琼海新闻》节目是隔天播出，时长约 13 分钟，以时政新闻为主。2007 年 5 月，着手改版《琼海新闻》，改版后该栏目内容以时政新闻为主，社会新闻、民生新闻相结合，隔天播出改为每天播出，播出时长增加到 15 分钟，信息量更大，时效性更强；5 月 10 日，推出大型舆论监督广播直播节目“政风行风热线”，第一次以直播节目的形式面向广大听众，结束琼海人民广播电台没有直播节目的历史。栏目通过邀请全市各机关单位负责人做客节目直播间，向听众解读相关的政策和法律法规，解答听众的来电咨询，搭建起政府和百姓沟通的桥梁；5 月 17 日，市委、市政府在嘉积中学举行琼海艺术教育先进集体和个人表彰大会暨“情满万泉河”大型电视文艺晚会，琼海市台通过广播对这台晚会进行全程直播。这是琼海人民广播电台首次在户外进行的广播直播，让群众足不出户就可以在第一时间同步感受到晚会现场的浓烈气氛。同年，市台的广播节目设置有新闻、科教、文艺、服务、民生热线舆论监督等五大类，12 个栏目。其中，新闻类有“琼海新闻”“万泉河风采”；科教类有“科技之声”；文艺类有“每周一歌”“星空金曲”“听众点播”“相约好时光”“琼剧”“音乐天地”“艺海拾贝”；服务类有“七彩生活”；民生热线类有“政风行风热线”。2008 年 9 月 20 日，改版的广播节目开始试播。每日播音时长达 13 小时 40 分钟。新开辟并推出“时尚伊人”“经典音乐”“音乐节拍”“童心小屋”“综艺大观园”等新的自办栏目。此外，有机安排转播中央人民广播电台中国之声、音乐之声、海南广播电视总台新闻综合广播的新闻、音乐类节目。2010 年年初，着手对部分栏目播出时间和内容进行调整和编排。撤掉综艺欣赏类节目“相约好时光”；将本土节目“科技之声”由原来 15 分钟延长至 30 分钟；同年 3 月，推出全新文化类栏目“悠然时光”，栏目设置有“影视走廊”“读书时间”“城市漫游”“我们的故事”“好音乐”“周末大杂烩”“英语时间”等版块，内容包括介绍最新影视、旅游文学、音乐、情感等方面的资讯。节目播出后收到良好效果，将第二次播音结束时间延长至晚上 12：00；对电台呼号、频率、各个栏目的片花进行重新包装，使节目的整体更具特色，突出广播节目的时代感和可听性。

第四节　通联外宣

1992 年，琼海县台上报海南省台通联稿件 232 篇，上报海南日报 51 篇；1995 年，琼海市台报送海南省电视电台通联稿件 412 篇，被采用 312 篇，获全省广播通信报道二等奖；1997年，报送海南省电视电台通联稿件被采用189篇，获通信报道先进单位；1998年，报送中央电视台通联稿件被采用2篇，报送海南省电视台通联稿件被采用108篇，报送海南省电台通联稿件被采用218篇；1999年，报送中央电视台通联稿件被采用2篇，报送海南省电视台通联稿件被采用145篇，报送海南省电台通联稿件被采用246篇；2000年，报送海南省电视台通联稿件被采用153篇，报送海南省电台通联稿件被采用262篇，获全省通信报道二等奖；2001年，报送海南省电视台通联稿件被采用145篇，报送海南省电台通联稿件被采用280篇，获全省通联工作先进单位；2002年，报送海南省电视台通联稿件被采用160篇，报送海南省电台通联稿件被采用240篇；2003年，报送中央电视台通联稿件被采用2篇，报送海南省电视台通联稿件被采用138篇，报送海南省电台通联稿件被采用172篇；2004年，报送海南省电视台通联稿件被采用138篇，报送海南省电台通联稿件被采用173篇；2007年，报送海南省电视台通联稿件被采用138篇，报送海南省电台通联稿件被采用189篇，获全省广播通联工作二等奖；2008年，上送海南广播电视总台广播通联稿件430多件，被评为全省广播通联工作一等奖；上送海南省电视台通联稿件239件，获评年度电视通联工作先进集体；2009年，上送海南广播电视总台广播上稿量490篇，电视上稿量201篇，广播上稿量位列全省前茅。2010年，上送海南省广播电视总台广播上稿量310多篇，电视上稿量190多篇，为扩大琼海的知名度和影响力发挥媒体宣传作用。

第五节　安全播出

琼海市广播电视台担负着广播电视节目采编播及转播中央电视台第1、第7套节目、中央人民广播电台第1套节目及海南广播电视总台2套广播节目、1套电视节目的转播任务和CMMB移动多媒体手机电视的播出转播任务。为确保广播电视节目安全播出，市台坚持周检、月检、季检制度，每年对全台所有机器设备进行全面维护检测保养，经常组织人员进行安全播出操作演练，落实应急预案；完善各种规章制度和操作规程，确保每天广播电视节目的正常播出。与此同时，及时更新改造各种播出设施设备。采取措施加强网络的保护，保证网络传输安全。2010年，投入30多万新建了发电机房，配置一台100匹发电机组和一个60KUPS不间断电源，解决停电影响节目正常播出的重大问题，保证日常节目的正常播出和博鳌亚洲论坛、中共十六大、“两会”以及海南欢乐节、春节等重大活动、重要节目的安全播出任务。

第七章 档 案

第一节 馆室建设

1991年1月，琼海县档案局是属县委序列的正科级事业单位。1995年1月，改为市档案馆，为副科级事业单位。1996年12月，市档案馆被定为省一级综合档案馆。1998年3月，划归市政府序列，增挂市档案局牌子。2001年，市档案局以规范第二轮土地承包为突破口，在全市开展村级建档工作。全市204个村（居）委会率先在全省完成村级建档工作任务，建档率达100%。2002年6月，市档案局升格为正科级事业单位。2007年9月，市档案局被列为参照公务员法管理单位。

1991—2010年，先后对城建档案、社保档案、婚姻档案、农村土地确权档案、诚信贷款档案、林权档案、国土地籍档案、房产档案等进行归档整理，较好地让档案资源在为社会经济发展和人民群众服务中发挥了应有的作用。至2010年年末，全市有机关单位档案室102个，达省一级11个，省二级3个，省三级1个，建档率100%；村级建档率也保持100%。

第二节 档案保存

市档案馆根据档案馆库容情况和接收计划，分别于1996年、1998年、2002年和2005年接收撤销或合并的单位档案和各机关单位2001年前的档案共8296卷进馆。并先后征集红色娘子军档案、周士第将军档案、党和国家领导人视察琼海的档案、博鳌亚洲论坛年会档案、省级和国家级奖牌档案进馆。2007年，市档案馆将木质门窗全部更换成钢化防火防盗门、铝合金窗户，并安装防盗自动报警装置，与市“110”中心报警系统联网。同时，配备了12具灭火器，使每间档案库房都有2具灭火器，安装9部空调、6支温湿度计、1台抽湿机、1台真空档案杀虫机。馆藏档案采用省档案局提供的卷皮、卷盒装订，并存放于档案铁皮柜中。全市各单位档案室实现档案存放铁皮柜化。此外，市法院、市人力资源和社会保障局、市农林局、市国土环境资源局、市建设局、市就业局、市社会保险事业局、市房管局和嘉积镇人民政府综合档案室安装了自动报警系统，档案安全管理上升到新的档次。

2010 年，市档案馆有全宗 151 个，案卷 15922 卷，排架长度 318 米；以件为保管单位 48582 件，排架长度 50 米；光盘 26 张，照片档案 1946 张，底图 100 张，硬盘 15 张。馆藏资料 1 万余册，分为文件汇编、报刊、图书三大类。

第三节　档案馆藏

一、清代档案

清代档案有乾隆、嘉庆、咸丰、同治年间本地民间买卖田地、转承土地的契约档案。

二、民国档案

民国档案有国民党琼东县府和乐会县府、党部、三民主义青年团、法院、警察局、卫生院以及琼山、定安、钦县、连县、广州、合浦等地区的档案，反映了琼东县和乐会县政治、党团组织建设、军事、经济、财经、卫生、粮食、通信、审判、就业等情况。

三、革命历史档案

革命历史档案有 1942—1950 年中国共产党的一些重要指示和文献；1923—1949 年，杨善集、王文明、冯白驹的历史材料、中国工农红军第二独立师女子军特务连的诞生及其战斗历程的材料、乐会县委地下党组织各种情况登记材料；琼东县老根据地革命史略、琼崖革命起义简史等回忆录；海南解放接管工作的有关档案等。

四、中华人民共和国成立后档案

中华人民共和国成立后档案有琼海市（县）委、市（县）政府及其各部门、各单位的档案，记载着琼海党政建设、党和国家领导人到琼海视察、社会主义建设、各种资源调查、历史自然灾害等情况，特别是 1973 年大台风档案，真实记录了大台风之后，琼海人民在琼海县委、县政府的领导下，奋起救灾，重建家园的历史。

馆藏档案种类有文书档案、科技档案、专业档案、人物档案和荣誉档案等。文书档案是各机关单位在公务活动中形成的档案，是馆藏档案中最基本组成部分；科技档案是基本建设、生产技术和科学研究活动中形成的档案，但馆藏数量有限；专业档案是各机关单位进行某种专业业务工作中形成的档案，其数量仅次于文书档案，有博鳌亚洲论坛年会、人口普查、清房、地名、干部处分、干部党员落实政策；地形图、土地证存根、琼海籍国家级艺术家的艺术作品等档案；人物档案主要是死亡干部档案、压缩干部档案、周士第将军档案等；荣誉档案有琼海撤县设市以来各项工作获得国家、省部级先进荣誉的奖牌、奖品、奖状、证书等。

五、其他馆藏

文件汇编　文件汇编有《中共中央文件选集》《中国土地改革史料选编》《组织工作文件汇编》《广东革命历史文件汇集》等专题会议文件汇编、综合性文件汇编。

报刊　报刊有《海南日报》（1969—2010年）、《南方日报》（1972—1991年）、《人民日报》（1975—2004年）、《新华月报》（1964年、1965年、1966年、1972—1980年）等报纸、期刊。

图书　图书有《资本论》《马克思恩格斯选集》《列宁选集》《斯大林全集》《毛泽东选集》《琼海县革命烈士英名录》《琼海革命斗争史》《琼崖英烈传》《南粤英烈传》《琼海县组织史资料》《海南岛基本气候图表集》《台风年鉴》《钦定历代职官表》《汉语主题词表》《简明类语词典》《琼东县志》《乐会县志》《会同县志》《琼州府志》，还有名人著作、文学作品、工具书和族谱等。

第四节　档案利用

市档案局（馆）积极为社会服务，为民生服务，为行政事业单位服务。根据不同层次利用需求和利用特点，市档案局（馆）制定了向社会承诺的八条事项。从查阅时间、服务态度、利用形式等方面向社会郑重承诺，为查档者提供优质服务。对已开放的档案，市档案局（馆）进一步简化查阅手续，利用档案者只需凭个人的身份证就可查阅；对未开放的档案，是否提供档案查阅，由管理员按规章制度决定；管理员决定不了的，由分管的领导决定；分管领导决定不了的，再由市档案局（馆）领导集体当场决定。此外，市档案局（馆）已将馆藏案卷级目录11550条、文件级目录36万多条录入计算机管理，将馆藏的市委办、市政府办、市委组织部、市财政局、市编委办5个全宗单位1990—2008年的永久、长期（含30年）档案2233卷、34706件、197219页进行原文数字化。查阅档案时，采取计算机目录查阅和目录本查阅相结合的方式。

1991—2010年，市档案局（馆）共接待档案利用者2万余人次，提供档案资料近3万卷（件）。

第八章 党史研究

第一节 机 构

1990年11月，县委党史办公室改为县委党史研究室（简称县委党研室）。1992年11月撤县设市后更名为市委党史研究室（简称市委党研室）。1995年1月《琼海县志》出版后，撤销县地方志办公室（简称县志办），其人员分流，图书资料和档案资料分别移交市图书馆和市档案馆；同年机构改革中，市委党研室定为副科级事业单位，人员编制3人。1996年，市编制委员会决定成立琼海市纪念馆管理处，负责管理周士第将军纪念馆和琼海革命历史陈列馆，归口市委党研室管理。市政府决定将琼海市志编写、管理工作和原县志办所有职能移交市委党研室。同年，市委党研室被评为全国党史系统先进集体。1998年，市委党研室增挂市地方志办公室牌子，实行两个牌子，一套人马，人员编制5人。2001年，撤销市纪念馆管理处，其工作职责、人员编制和现有管理人员并入市博物馆。同年，市委党研室被评为全国党史工作先进单位。2002年6月，市委党研室（地方志办公室）升格为正科级事业单位。2006年，市委党研室被中央党史研究室和人事部评为全国党史系统先进集体。2007年9月，列入参照公务员法管理单位。2009年，市委党研室开始承担琼海市年鉴编纂出版工作。至2010年，机构职能不变。

第二节 史料征集

1990—2001年，着重开展民主革命时期党史资料征集工作，2002年后，开始把党史工作的重点从民主革命时期转移到社会主义时期。市委党研室集中人力，先后到有关省、市和兄弟市（县）党史部门、档案馆、图书馆以及知情健在的老领导、老同志家中，查阅、抄录、复印有关党史资料，征集文字和口述资料近306篇，约610万字，包括文献资料103（篇）件、回忆录和信件共74篇（件）、各种照片510张、书画5幅、题词3幅、一级勋章3枚等。其中，一是征集周士第将军纪念馆展品。党研室派员赴北京、上海、广州、肇庆、成都和周士第将军的家乡征集、翻拍他的照片和活动背景照片254张；从中央档案馆征集到毛泽东同志给周士第的书信手迹（复印件）5件，周恩来、刘少奇、朱德、任弼时、贺龙、徐向前等给周士第的书信、电文、文件批语等复印件30余件；周士第著述复印件70余件（包含手迹复印件10件）；周士第的公文包、印章、钢笔、代表证和周氏族谱等文物120件；周士第的一级八一勋章、一级独立自由勋章和一级解放勋章共3枚。二是征集琼海革命历史陈列馆展品。党研室通过在报刊发表征集广告、邮发征集函、召开征集工作会议、电话征集、上门征集、实地拍摄、文物复制等渠道，征集到展品1200多件，价值较高的原件和填补海南文物空白的珍品有300多件。其间，出版印发《琼海党史》刊物6期3100册，约20万字。

第三节　党史编研

1992年7月，琼海县委组织部、县委党研室和县档案局合作编纂的《广东省琼海县组织史资料》（1926.2—1988.4）由海南出版社出版，共45万字，获海南省党史科研优秀成果一等奖。1995—1996年，市委党研室指导周士第将军纪念馆和琼海革命历史陈列馆布展。1996—1997年，组织编写王文明、杨善集、林一人、陈永芹、王天骏等15位烈士的文学传记，入选《中华著名烈士》丛书。

1996—2000年，市委党研室编纂出版《纪念椰子寨战斗暨杨善集、陈永芹烈士牺牲70周年史料专辑》《琼海改革开放纪事（1978—1998）》（1998年12月出版）、《中共海南省琼海市（县）组织史资料续编（1988.4—1999.10）》（1999年11月出版）、《琼海烈士传》（2000年4月出版，收录44位琼海籍著名烈士传略）、《海南英烈谱·琼海卷》（2000年4月出版，收录琼海籍2697位烈士的简历）、《琼崖革命斗争人物·琼海卷》《琼海百年大事记》；指导建设红色娘子军纪念园，完成红色娘子军纪念园陈列馆的布展工作，该园被列为全国爱国主义教育基地。2002年9月，出版《红色娘子军史》，反映红色娘子军的光辉战斗历程。12月，出版画册《情暖万泉河》，记载1950年5月至2002年10月党和国家领导人视察琼海情况。2003年9月，编纂出版《1973年大台风亲历记》，反映琼海人民抗击7314号大台风历史，共11万字，收录40多篇亲历者的回忆录，并附专题史料《琼海人民抗击1973年大台风概述》。同年，完成红色娘子军纪念馆的布展设计和杨善集烈士纪念园画廊陈列。2004年11月，编纂出版《巍巍学府——嘉积中学民国时期校史资料研究》，收录嘉积中学档案资料25篇，校友回忆资料6篇，专题研究资料12篇，概述1篇，理清嘉积中学在民国时期的发展脉络。

2005年，市委党研室撰写论文《从抗击“7314号强台风”斗争中看到琼海基层党组织和共产党员的先锋队作用》获海南省党史系统一等奖，《大力宣传红色娘子军，充分发挥资政育人作用》获优秀奖。这两篇文章均入选《“以史鉴今，资政育人”论文集》一书。2006年7月，征编出版《中共琼海历史大事记（1950.5—2004.12）》，全书共20万字，是一部编年体的简明中共琼海社会主义时期史。2007年5月，创办《红色娘子军研究》丛刊并出版第一辑，共10万字，印刷1000册，发至全市副科级以上单位供“存史、资政、育人”和研究使用。2008年，编写“抗战时期琼海人口伤亡和财产损失”调查专题《互助乡“三·一”惨案》上报中共中央党史研究室；编写出版《琼海往事——党史地方志札记》，共24万字。

2010年10月，编辑出版《王文明传》；年底完成《中国共产党琼海历史》第一卷送审稿；同年，完成全市58处革命遗址的普查工作；基本完成琼海市抗日战争时期人口伤亡和财产损失课题调研工作。

第四节　党史宣传与利用

1991年，县委党研室配合上海电影制片厂拍摄专题片《寻找红色的根》。1995年，为市委编纂《琼海市文明市民读本》提供琼海党史重大事件和重要人物史料稿件。同年，为市委起草关于规范红色娘子军宣传文件。1996年，完成《海南新时期农村的变革》党史资料丛书和《海南改革潮》一书琼海部分的征集编纂工作。同年，市委决定编辑出版《爱我中华，爱我琼海》市情教育读本。市委党研室为读本撰写地方党史和英雄模范人物事迹专题。1997—1998年，为民政部主持编纂的《中华著名英烈》文学传记丛书编委会撰写琼海籍著名英烈文学传记9篇。1997年，与市电视台合作摄制电视文献纪录片《海南第一枪——椰子寨战斗》。该片以革命先辈的回忆为经，以革命遗址、文物、史料、照片为纬，再现椰子寨战斗风云。1998年，为解放战争时期老区村庄评划工作提供翔实资料，支持73个村庄评划为老区村庄。同年，对琼海市两所重点中等学校即嘉积中学和琼海师范学校校史进行征集研究，撰写20篇研讨文章在琼海市报发表。1999年，市委提出将琼海市建设成为岛东商都。市委党研室为此开展征集、研究和宣传嘉积历史活动，撰写8篇专题研究文章在市报发表。

2000年，为中央党史研究室和中央编译局编纂的《人民英雄大典》撰写7名琼海籍著名人民英雄传略。2001年，全力支持海南日报举行“红旗不倒——琼崖革命根据地寻访”活动，帮助该报完成5个琼海党史专版的采编工作。同年，与市电视台联合摄制电视专题片《冯增敏》（上、下集）。冯增敏是红色娘子军连长，是电影和芭蕾舞《红色娘子军》主角吴琼花的生活原型，电视专题片《冯增敏》通过再现其个人的红色传奇，从一个侧面反映了红色娘子军集体的波澜壮阔的历史。协助市委召开红色娘子军历史问题座谈会，起草座谈会纪要上报市委作为正式文件转发，公开展示红色娘子军的真实史料，制止了流言的扩散，维护了红色娘子军的光辉形象。开展博鳌、古乐会、万泉河历史掌故的征集和研究，撰写10多篇文章交媒体发表，为博鳌亚洲论坛提供史志资料服务。2003年，向海南日报提供大量关于琼海人民抗击7314号超强台风的史料，协助海南日报记者采写《7314——一场没有预兆的台风》，连续15天在该报连载，对琼海抗灾历史进行了全景式报道。2006—2007年，协助中央电视台拍摄党史专题片《娘子军传奇》《红色的故事》《祖国不会忘记》。

第九章　地方志编纂

第一节　志书编纂

《琼海县志》1988年成立机构开始编修，1995年10月由广东科技出版社出版，上限为清末民初、下限为1990年。1997年，获评海南省优秀志书三等奖。

2000年，为中国地方简志编辑委员会撰写《琼海市简志》文稿0.5万字。2004年，市地方志办公室组织人力着手征集1990—2010年的地方志史料100万字，照片80多张；开展3个地方志专题的编写工作，即《1990年以来琼海市机构沿革和领导人名录》《1990以来琼海市获国家和省表彰的项目单位和个人名录》《1990年以来琼海大事记》；配合省地方志办公室开展专题调研活动，征集和撰写邓小平视察琼海概况、琼海故县治所变迁情况、容琼县沿革情况、乐会县1957年区乡行政区域沿革情况等。2008年，审阅核定及指导编写《琼海市华侨志》《培兰村志》。2009年3月25日，召开全市史志工作会议，全面启动第二轮续志即《琼海市志（1991—2010年）》（简称《市志》）编修工作。2010年5月，举办修志人员培训班，全市各部门及各镇共有160多人参加培训。同年，制定《市志》编目大纲，为各有关单位进行资料收集提供依据和标准，为二轮修志工作的顺利进行打下基础。

第二节　年鉴编纂

一、《海南年鉴》琼海卷撰稿

2008年起，《海南年鉴》琼海卷的撰稿工作由市地方志办公室指定专人负责，每年向《海南年鉴》编辑部供稿介绍琼海市上一年度社会、经济、文化等方面的发展概况，同时撰写大事词条及大事记，并提供相关图片资料。

二、《琼海市年鉴》编纂

2009年，琼海市全面启动《琼海市年鉴》的编纂出版工作，3月25日，召开全市史志工作会议，邀请《海南年鉴》编辑部负责人作关于地方综合年鉴编纂工作的相关业务辅导。2010年4月，顺利完成《琼海市年鉴（2009）》的编纂出版工作并举行首发式。为琼海历史上第一部公开出版的年鉴。同年5月，市委办公室、市政府办公室印发《关于印发〈2011 年琼海市年鉴〉编纂方案的通知》，全市各单位、各部门按照工作职责范围组织撰稿。年鉴工作逐渐走上当年编纂次年出版的轨道。

三、其他地情书编纂

2000 年，协助市政协文史委员会征编《博鳌春秋》一书。2006 年，撰写《琼海地情要览》一文共 2 万字，得到省史志办的充分肯定，被作为范文向全省史志系统转发；完成《海南之最》一书琼海部分的资料增补工作，增补了 33 条资料；开展故县治专题研究，撰写了《唐宋旧治烟塘墟》《元代县治大迁徙》《明清和民国时期的会同故治——塔洋》《明清和民国时期的乐会故治——乐城》等 4 篇专题研究史料公开发表，明晰了县治迁徙的历史脉络；撰写的《杨善集和他的井堪村故居》《王文明和他的益良村故居》入选海南省政协开编的《名人故居》一书。

第十章　非物质文化　文物

第一节　非物质文化遗产

2005年，琼海市按照海南省部署开展非物质文化保护工作。2008年，全市范围内进行大规模非物质文化遗产普查，共取得文字资料15万字、照片640张、音像32个小时。出版非物质文化遗产集成本《琼海民间文化（民谣•故事卷）》（曾宪峰主编、王章灿责编）。2009年，在全省非物质文化遗产保护督察和普查验收工作中获得省优。截至2010年，全市共有39项市级非物质文化遗产名录，成功申报东坡笠、南海航道更路经（簿）、琼海渔民祭兄弟公出海仪式、椰胡制作技艺等4项为省级非物质文化遗产名录。其中，南海航道更路经（簿）入选国家级非物质文化遗产扩展项目名录推荐项目名单。

第二节　省级（及以上）非遗项目

一、东坡笠

入选2005年海南省第一批非物质文化遗产代表作保护名录。东坡笠传承近千年，由海南省万泉河畔的山坡笠演变而来，是海南民间最简便又最盛行的传统竹篾技品，不但能遮日挡雨、防风御寒，又能当枕头、盛水、盛东西，是本地笠文化演变的代表，也是宣传苏东坡文化、红色娘子军精神的载体。

二、南海航道更路经（簿）

入选2009年海南省第二批省级非物质文化遗产扩展项目名录，2010年入选国家第三批非物质文化遗产名录推荐项目名单（扩展项目）。是海南琼海渔民自古驾船往返于西沙、南沙、中沙群岛和东南亚各国，以及亚洲、非洲和欧洲等“海上丝绸之路”，口头传承下来的航行线路和航行经验，也是古老罗盘的正确使用、更路簿的熟悉且灵活运用、远洋航海经验的积累等东西的综合，对研究华侨史、外贸史、航海史、南海开发史具有珍贵的史料价值和意义。

三、琼海渔民祭兄弟公出海仪式

入选2009年海南省第三批省级非物质文化遗产名录。琼海渔民远航捕鱼启程之前，船主祭祀“兄弟公”的典礼活动便是祭兄弟公出海仪式，本地俗称“做福”。自明朝起，沿袭至今已有600多年的历史，体现了琼海独特的海洋文化形式和价值，是本地渔民崇拜和信仰的集中体现，对研究海南古代渔乡人的精神支柱等历史文化，有一定的参考作用。

四、椰胡制作技艺

入选2009年海南省第三批省级非物质文化遗产名录。琼海的椰胡从清代至今已有100多年的历史，海南方言叫“椰子壳年”，海南八音中重要乐器之一，最具海南特色的拉弦鸣乐器。主要为汉族人民群众所喜爱，其音色低沉、浑厚，由本地的椰子壳等材料制成，工序烦琐，共7个大部分30多道小工序，独特之处是可以靠接长乐器共鸣筒来调整音色，是一种极其宝贵的海南地方特色手工技艺。

第三节 文物工作

一、文物普查

琼海市第三次全国文物普查从2008年3月开始，经过动员、培训、实地调查等阶段工作，共普查全市12个乡镇203个村（居）委会4236个自然村和琼海市沿海海域，共登记普查文物点300处。

二、文物保护

1994年11月2日，海南省公布第一批省级文物保护单位，琼海市的聚奎塔、杨善集故居、王文明故居被列为第一批省级文物保护单位。

2002年6月，海南省博物馆对琼海市馆藏文物进行清库登记，盘点文物工作，逐个清点登记造册并上报省文物局和省博物馆备案，共清点登记造册文物437件。2003年6月，省文物局组织专家对琼海市文物逐件进行鉴定，经鉴定琼海市二级文物有6件，三级文物有110件。同年12月，琼海市获得国家文物局颁布的全国文物工作先进市称号。2004年7月27日，琼海市人民政府公布“琼海市第二批重点文物保护单位”，将蔡氏民居（蔡家宅）、都宪祖祠、龙湾港炮台遗址、红色娘子军成立大会场地旧址、会山镇黎伍侯王庙、乐会朝阳古墟旧址、万泉河“石虎”摩崖石刻、黄氏民居、资政大夫府第旧址、石角温泉、王氏民居、红色娘子军操练场旧址、溪仔古街旧址列为市第二批文物保护单位。2006年6月，琼海市蔡家宅被评为第六批全国重点文物保护单位。2008年4月，海南省博物馆从琼海市调走文物95件，其中馆藏文物48件，潭门镇西沙出水石雕47件。10月26日，琼海市政府公布“琼海市第三批重点文物保护单位”，将杨乃文墓、杨家冕墓、马国师陵园、王源宏墓列为市第三批文物保护单位。2009 年 5 月 8 日，海南省公布第二批省级文物保护单位，琼海市陈玄达先师塔墓、嘉积基督教堂、何家宅、卢家宅、燕岭坡“3・1”殉难民众公墓被列为第二批省级文物保护单位。5 月 14 日，琼海市政府颁布琼海市第四批重点文物保护单位名录，将程德汉烈士故居、汪洋古窑址列为市第四批文物保护单位。2009 年，市政府拨款保护维修的文物单位有会山镇的黎伍候王庙、长坡镇的节孝坊。2010 年，市政府拨款保护维修的文物单位有长坡镇的龙湾港炮台、大路镇的何仁德墓、阳江镇的琼崖高级列宁学校、修复阳江镇的中共琼崖特委第一次代表扩大会议旧址。

至 2010 年 12 月，琼海市政府共颁布 41 处重点文物保护单位，其中国家重点文物保护单位 1 处，海南省重点文物保护单位 8 处，琼海市重点文物保护单位 32 处。

2010 年琼海市重点文物保护单位名录表

表 17-10-1

序号	名称	地址位置	级别	年代	公布时间	公布批次	保护标志
1	蔡家宅	博鳌镇莫村留客村	国家级	民国	2006年6月	第六批	立碑
2	聚奎塔	塔洋镇西南方	省级	明代	1994年3月	第一批	立碑
3	杨善集故居	潭门镇北埇村	省级	清代	1994年3月	第一批	立碑
4	王文明故居	阳江镇益良村	省级	清代	1994年3月	第一批	立碑
5	陈玄达先师塔墓	长坡镇多异岭上	省级	清代	2009年5月	第二批	立碑
6	何家宅	博鳌镇北山奎岭村	省级	民国	2009年5月	第二批	立碑
7	卢家宅	博鳌镇莫村留客村	省级	民国	2009年5月	第二批	立碑
8	嘉积教堂	嘉积镇市医院内	省级	民国	2009年5月	第二批	立碑
9	燕岭坡抗日殉难民众公墓	中原镇燕岭坡上	省级	民国	2009年5月	第二批	立碑
10	杨善集、林一人烈士陵墓	嘉积镇富海街	市级	现代	1989年8月	第一批	立碑
11	杨善集纪念亭	嘉积镇富海街上	市级	现代	1989年8月	第一批	立碑
12	王文明纪念园	嘉积镇东风街上	市级	现代	1989年8月	第一批	立碑
13	红色娘子军雕像	嘉积镇人民街头	市级	现代	1989年8月	第一批	立碑
14	何仁德墓	大路镇礼合村	市级	宋代	1989年8月	第一批	立碑
15	“节孝”坊	长坡镇黄号书田村	市级	清代	1989年8月	第一批	立碑

续表 17-10-1

序号	名称	地址位置	级别	年代	公布时间	公布批次	保护标志
16	中共琼崖地委宝墩紧急会议旧址	阳江镇东兴村	市级	近代	1989 年 8 月	第一批	立碑
17	中共琼崖特委第一次代表扩大会议旧址	阳江镇江南白水桑村	市级	近代	1989 年 8 月	第一批	立碑
18	中共琼崖特委第二次代表大会旧址	阳江镇上	市级	近代	1989 年 8 月	第一批	立碑
19	中共琼崖特委第三次代表大会旧址	阳江镇江南高朗村	市级	近代	1989 年 8 月	第一批	立碑
20	中共琼崖特委机关驻地旧址	长坡镇大头坡村	市级	近代	1989 年 8 月	第一批	立碑
21	琼崖仲恺农工学校旧址	嘉积镇嘉积中学校园内	市级	近代	1989 年 8 月	第一批	立碑
22	“9.23”椰子寨战斗旧址	嘉积镇椰子寨墟上	市级	近代	1989 年 8 月	第一批	立碑
23	琼崖高级列宁学校旧址	阳江镇土地岭村	市级	近代	1989 年 8 月	第一批	立碑
24	都宪祖祠	长坡镇椰林官回村	市级	清代	2004 年 7 月	第二批	立碑
25	龙湾港炮台旧址	长坡镇青葛村	市级	清代	2004 年 7 月	第二批	立碑
26	红色娘子军成立大场旧址	阳江镇内园村	市级	近代	2004 年 7 月	第二批	立碑
27	黎伍侯王庙	会山镇黎伍村	市级	清代	2004 年 7 月	第二批	立碑
28	乐会朝阳古墟旧址	博鳌镇乐会村（岛）	市级	明代	2004 年 7 月	第二批	立碑
29	万泉河“石虎”摩崖	万泉镇西岸村	市级	明代	2004 年 7 月	第二批	立碑
30	黄氏民居	中原镇山仙村	市级	近代	2004 年 7 月	第二批	立碑
31	资政大夫府第	嘉积镇逢龙村	市级	清代	2004 年 7 月	第二批	立碑
32	石角温泉	嘉积镇官塘村	市级	清代	2004 年 7 月	第二批	立碑
33	红色娘子军操练场旧址	阳江镇红色村	市级	近代	2004 年 7 月	第二批	立碑
34	溪仔古道	嘉积镇溪仔街	市级	唐代	2004 年 7 月	第二批	立碑
35	王氏民居	嘉积镇温泉石角村	市级	近代	2004 年 7 月	第二批	立碑
36	杨乃文墓	博鳌镇西北古流坡	市级	元代	2008 年 10 月	第三批	立碑
37	杨家冕墓	博鳌镇培兰龙潭岭上	市级	清代	2008 年 10 月	第三批	立碑
38	马国师陵园	博鳌镇朝阳教场坡上	市级	明代	2008 年 10 月	第三批	立碑
39	王源宏墓	塔洋镇千秋斩马坡上	市级	元代	2008 年 10 月	第三批	立碑
40	程德汉烈士故居	嘉积镇官塘村	市级	清代	2009 年 5 月	第四批	立碑
41	汪洋窑址	潭门镇苏区汪洋村	市级	宋—清代	2009 年 5 月	第四批	未立碑

第十一章　体　育

第一节　机构设施

一、管理机构

1995年1月，琼海市体育运动委员会改称体育服务中心，为副科级事业单位。1998年7月，增挂体育运动委员会牌子。2009年4月，更名为市体育管理局，隶属市文化广电出版体育局管理，为副科级事业单位，人员工资由市财政全额划拨，并实行事业单位会计制度。人员编制11人，内设三个股室：办公室、群众体育股、竞赛训练股。至2010年年底，有在职干部8名，工勤人员2名。体育管理局占地10700平方米，建有一栋综合性大楼、1座体育馆、1个综合训练馆、1个标准游泳池、2个篮球训练场和1个乒乓球训练场。

二、体育设施

1995年，琼海市体育训练馆建成。2009年，琼海市青少年活动中心建成。2010年，琼海市新少年宫建成。同年，全市有水泥硬板灯光球场182个，其中乡镇府133个、机关34个、企业厂矿15个。全民健身运动设施共6500件。各中小学共有400米田径场12个；300—350米田径场15个；200—250米田径场83个；篮球场198个；排球场（含土场）188个；足球场94个；羽毛球场43个；塑胶田径场26个；游泳池4个；体操场137个。

第二节　群众体育

一、老年人体育

1991—2010年，琼海市（县）老年人体育活动主要由市（县）老年人体育工作委员会组织，每年“元宵”节举行中老年人健身游园活动；“五一”劳动节举行老年人门球比赛；“七一”党的生日举行老人门球、象棋、麻将、台球、乒乓球比赛；“8月8日”全民健身日举行太极拳剑、腰鼓、广场舞、门球活动；“重阳”节举行广场健身操、舞展示活动；组织队伍参加海南省第一届至第八届老年人体育运动会。至2010年，全市12个镇分别成立老体协，另有社区级老体协15个，覆盖率皆为100%。老体协会员人数6000人；

老人健身队伍 136 支，11000 人。

二、农民体育

1991—2010 年，琼海市（县）农民体育运动主要以开展排球赛和趣味运动会为主。至 2010 年，全市 12 个镇都成立农民协会，参加体育锻炼 220650 人，占 65%。成立基本健身队伍 380 支，共 2 万人。开展项目有：篮球、排球、拔河、健身操、太极拳（剑）、象棋、乒乓球、龙舟等。建有水泥硬板化灯光篮、排球二用球场 143 个，门球场 2 个。场地面积共 118000 平方米。

三、职工体育

1991—2010 年，琼海市（县）职工体育开展项目主要有篮球、排球、乒乓球、羽毛球、象棋、麻将、拔河、广播体操等。至 2010 年，全市职工参加体育活动人数共 20500 人，占比 83%。成立基本健身队伍 130 支，共 16500 人。建有水泥硬板化灯光球场 49 个，健身房 25 个，路径健身场地 10 个，乒乓球室 25 个，场地面积共 8 万平方米。

1991—2010 年琼海市（县）重大群众体育活动一览表

表 17-11-1

主办单位	活动内容
市委、市政府	庆祝“元宵”节游园文体活动
市妇联会	举行“三八”节体育运动会
市委、市政府	2008 年庆祝建省二十周年万人健身舞活动
市委、市政府	2008 年举行迎奥运万人健步跑活动
市总工会	举行“五一”节职工篮球、排球比赛
市共青团委	举行“六一”儿童、少年围棋、象棋比赛
市机关党委	举行“七一”干部职工篮球、羽毛球、乒乓球比赛
市双拥办	举行“八一”建军节男子篮球比赛
市体育局	举行“农民杯”男子九人排球赛
市委、市政府	举行“端午”节全省龙舟比赛，排球、拔河比赛
市文体局	举行“农民杯”“希望杯”足球比赛
市委、市政府	举行“8 月 8 日”全民健身日体育活动
市文体局	举办“海洋文化杯”乒乓球赛

续表 17-11-1

主办单位	活动内容
市文体局	举办“南海传统文化节”文体活动
市文体局	举办“南海网”中老年人广场健身操、舞比赛
市老干部局	举行“五一”节离退休干部职工门球、象棋、乒乓球、麻将、台球、拖拉机（扑克）比赛
市残联会	举行全市残疾人体育运动会
市棋类协会	举办琼海市第一、二、三届象棋大奖赛
市乒乓协会	举行全市每年两次乒乓球赛
市羽毛协会	举行全市每年两次羽毛球赛
市钓鱼协会	举行全市第一、二届海水、淡水钓鱼比赛
市农委办	举办全市农民排球赛
市各乡镇	举办“军坡”“三月三”节男子九人排球、女子拔河、象棋、乒乓球比赛
琼海市参加体育活动总人数 330960 人，占总人口数的 66.6%	

第三节　学校体育

一、综合学校体育

1991—2010 年，琼海市（县）学校日常教学开展的体育项目主要有篮球、足球、排球、田径、游泳、广播体操、羽毛球等。至 2010 年，全市中、小学校 137 所，总人数 67320 人，参加体育活动人数 67320 人，参加率 100%。场地基础设施有： 400 米田径场 12 个；300—350 米田径场 15 个；200—250 米田径场 83 个；篮球场 198 个；排球场（含土场）188 个；足球场 94 个；羽毛球场 43 个；塑胶田径场 26 个；游泳池 4 个；体育综合馆 2 个；体操场 137 个。

二、业余体校

琼海市体育人才培养主要由琼海市青少年业余体校负责，1966 年，琼海县青少年业余体校创建，为国家、省、各大专院校培养输送大量合格的专业人才，同时也为琼海的竞技体育水平的提高和群众体育运动的发展做出贡献。市（县）业余体校教练员每年都参加由海南省文化广电出版体育厅举办的全省教练员业务学习培训班。截至2010年，共有6位教练员参加中级教练员岗位学习培训班。

1991年，业余体校学员王丽芳由县业余体校输送海南省帆板队，1996年获得运动健将称号，在2001年全运会上为海南获得建省后的首枚金牌；1991年，学员韩冬梅在南京全国皮艇冠军赛上夺得女子1000米冠军和女子全能冠军，同年获得运动健将称号；学员莫泽海夺得亚运会帆板锦标赛银牌；学员黄丽珠在第十一届全运会上获得女子470级的帆船铜牌。业余体校女子篮球队曾获全省中学生篮球赛10连冠。2009年、2010年，琼海男女篮球队代表海南省参加全国中学生篮球赛，其中，女子篮球队参加2009年全国高中女子篮球赛，获得第九名和体育道德风尚奖；男子篮球队参加2010年全国中学生男子篮球锦标赛，获得乙组第三名。在游泳、田径、排球等项目琼海业余体校也培养出许多优秀的运动员。

第四节　竞技体育

1991—2010年，琼海市（县）篮球、排球和游泳等竞技体育发展水平在海南省处于前列。嘉积中学女子篮球队1991—2000年连续十年夺得海南省中学生篮球锦标赛女子冠军。琼海中学生沙滩排球队屡次参加全国中学生沙滩排球赛，2007年夺得第一名，2009年夺得第二名；琼海少儿游泳队每年参加全国少儿游泳锦标赛，成绩优异。

1996—2010年琼海市承办海南省各单项体育竞赛情况表

表17-11-2

年度	承办赛事
1996	海南省少年儿童游泳锦标赛
1997	海南省少年儿童游泳锦标赛
1998	海南省少年儿童游泳锦标赛
1999	海南冬季游泳锦标赛
2000	海南省少年 排球赛
	海南省第一届体育运动会篮球、足球比赛
2001	海南省田径锦标赛
	海南省少年儿童游泳锦标赛

续表 17-11-2

年度	承办赛事
2003	海南省少年篮球锦标赛
2004	海南省第二届体育运动会篮球比赛
2005	海南省少年篮球锦标赛
2006	海南省少年儿童游泳锦标赛
2007	海南省“群众体育杯”农民九人排球赛
	海南省四套班子领导干部篮球赛
2008	海南省第三届体育运动会篮球比赛
2009	海南省沙滩排球锦标赛
2010	海南省第五届残疾人体育运动会
	海南省篮球锦标赛
	海南省少年儿童游泳锦标赛
	海南省“力加杯”排球联赛琼海赛区比赛

1992—2010 年琼海市（县）承办全国各单项体育竞赛情况表

表 17-11-3

时 间	承办赛事
1992 年 11 月	全国首届民间武馆（校）武术大赛
2007 年 10 月	全国中学生沙滩排球锦标赛
2009 年 9 月	全国中学生沙滩排球锦标赛
2010 年 7 月	全国 CSBA 高中女子篮球锦标赛

1991—2010 年琼海市（县）运动员参加全国比赛成绩一览表（选年）

表 17-11-4

年度	姓名	性别	项目	成绩
1991	周宁	男	全国中学生田径赛	男子乙组 100 米、200 米两项第一名
	朱文平	男	全国中学生田径赛	男子乙组五项全能第一名
	陈丽婵	女	全国中学生田径赛	女子甲组 800 米第一名

续表 17–11–4

年度	姓名	性别	项目	成绩
1992	市业余体校	女	全国中学生篮球比赛	女子组第四名
1994	苏玉静	女	全国青年帆船锦标赛	女子 470 级冠军
	苏玉静	女	全国帆船锦标赛	女子 470 级第五名
1995	莫泽海	男	全国帆板赛	男子团体冠军
	王丽芳	女	全国帆板赛	女子全能第四名、女子团体第五名
	市业余体校	女	全国中学生女子篮球赛	中南区第五名
	王平	女	全国少年田径年龄赛	女子乙组全能第二名、100 米第三名
	李勇鸣	男	全国少年田径年龄赛	男子丙组全能第三名、200 米第二名
	王良富	男	全国少年田径年龄赛	男子丁组全能第三名、跳远第三名
1996	王丽芳	女	亚太地区“米斯特拉”帆板锦标赛	女子第二名
	莫泽海	男		男子第二名
	王丽芳	女	全国“中诚杯”帆板锦标赛	女子第二名
	莫泽海	男	全国青年帆船锦标赛	男子第五名
	戴光正	男	全国第三届农民象棋赛	男子第三名
	王良富	男	全国少年田径年龄赛	男子丙组全能第二名、200 米和 400 米第一名
	何智	男	全国少年田径年龄赛	男子丁组全能第一名、100 米第二名
	颜伟师 姚巧妹	男、女	全国少儿游泳分区赛（昆明赛区）	共获得三枚金牌、四枚银牌、五枚铜牌
	吴勇 符芳来	男、男		
	姚巧妹	女	第四届全国农民运动会游泳赛（上海赛）	获得一枚铜牌
1997	王定春	男	全国少年田径年龄赛	男子丁组全能第二名、200 米和 400 米第一名
	何智	男	全国少年田径年龄赛	男子丙组全能第二名
	王良富	男	全国少年田径年龄赛	男子乙组第二名、跳远第一名
	姚巧妹	女	全国少儿游泳分区赛（杭州赛区）	获得一枚铜牌
	佐运芳	女		获得一枚铜牌

续表 17-11-4

年度	姓名	性别	项目	成绩
1998	王定春	男	全国少年田径年龄赛	男子乙组全能第一名、200 米第一名、400 米第二名
	周发武	男		男子乙组全能第三名、100 米第三名
	何智	男		男子乙组全能第二名、跳远第三名
1999	陈启前	男	全国少儿游泳分区赛（铜陵赛区）	获得一枚铜牌
2001	何财先	男	全国少儿游泳分龄分区赛（昆明赛区）	获得一枚银牌、一枚铜牌
	何财先	男	全国少儿游泳锦标赛（四川绵阳）	获得两枚银牌
2002	何财先 符焕发	男	全国少儿游泳分区赛（昆明五华赛区）	共获得四枚金牌、三枚银牌
	何财先	男	全国少儿游泳锦标赛（甘肃兰州赛区）	获得两枚银牌、打破两项年龄组赛会纪录
2003	何财先	男	全国少儿游泳冠军赛（黄石赛区）	获得一枚银牌、两枚铜牌
	何财先	男	全国少儿游泳锦标赛（福建连城赛区）	获得两枚银牌
2004	何财先	男	全国少儿游泳冠军赛（昆明五华赛区）	获得三枚金牌、两枚银牌
	何财先	男	全国少儿游泳锦标赛（河北保定）	获得两枚金牌、一枚银牌、两枚铜牌
2005	陈龙赛	男	全国少儿游泳冠军赛（天津）	获得一枚银牌、一枚铜牌
	何财先	男	全国少儿游泳冠军赛（杭州）	获得两枚金牌、两枚铜牌
	李致伟	男		获得一枚金牌、一枚铜牌
	陈龙赛	男	全国少儿游泳锦标赛（北京）	获得一枚银牌、一枚铜牌
	何财先	男	全国少儿游泳锦标赛（黄石）	获得一枚金牌、一枚银牌、两枚铜牌
	李致伟	男		获得两枚银牌
2006	市业余体校	男	全国中学生优胜者杯排球赛	获得冠军
	何财先	男	全国少儿游泳冠军赛（福州赛区）	获得一枚金牌、一枚银牌、一枚铜牌
	李致伟	男		获得一枚铜牌
	陈龙赛	男	全国少儿游泳锦标赛（广西桂林赛区）	获得一枚银牌、一枚铜牌
	何昆蔚	男	全国少儿游泳冠军赛（咸阳赛区）	获得一枚金牌、一枚铜牌

续表 17-11-4

年度	姓名	性别	项目	成绩
2006	范史飞	男	全国少儿游泳锦标赛（海南琼中赛区）	获得三枚金牌、一枚银牌
	刘必高	男	全国少儿游泳锦标赛（海南琼中赛区）	获得两枚金牌
	何财先	男		获得一枚银牌、一枚铜牌
	陈龙赛	男		获得一枚银牌、一枚铜牌
2007	云天培 孔宪瑜	男	全国中学生沙滩排球锦标赛	获得第一名
	岑运财 谢于伟	男		获得第四名
	王甲武、李钊	男		获得第六名
	黄德武 颜业强	男		获得第八名
	李致伟	男	全国少儿游泳冠军赛（南宁赛区）	获得两枚银牌、一枚铜牌
	朱贤精	男	全国少儿游泳冠军赛（成都赛区）	一枚金牌、两枚银牌、两枚铜牌
	占达虎	男		一枚铜牌
	朱贤精	男	全国少儿游泳锦标赛（天津赛区）	一枚金牌、打破赛会最高纪录，三枚银牌、一枚铜牌
	占达虎	男		一枚金牌、一枚银牌、一枚铜牌
2008	朱贤精	男	“士宝”杯全国少儿游泳锦标赛（黄石赛区）	共获得一枚金牌、两枚银牌、三枚铜牌
	占达虎	男		
	周世龙	男		
2009	市业余体校	男	全国中学生沙滩排球锦标赛	获得第二名
	市业余体校	女	全国 CSBA 高中组女子篮球锦标赛	获得第九名
	朱贤精 占达虎	男	全国少儿游泳锦标赛（洛阳）	为海南队夺得 12 岁组团体第五名、两枚铜牌
2010	嘉积中学	男	全国中学生篮球锦标赛	男子乙组第三名
	嘉积中学	女	全国 CSBA 高中组女子篮球锦标赛	女子第十三名

1993—2010年琼海市运动员参加省级比赛成绩一览表（选年）

表 17-11-5

年度	项 目	成 绩
1993	海南省中学生排球赛（男子组）	第三名
1994	海南省中学生篮球赛（男子、女子组）	第一名
	海南省中学生排球赛（男子组）	第三名
1996	海南省中学生排球赛（男子组）	第三名
	海南省少年田径锦标赛	总分第七名
	海南省第三届中学生篮球赛（男子组）	第二名
	海南省第三届中学生篮球赛（女子组）	第一名
	海南省少儿游泳锦标赛（15—17岁组）	总分第一名
	海南省少儿游泳锦标赛（12岁组）	总分第一名
	海南省少儿游泳锦标赛（10岁组）	总分第一名
	海南省少儿游泳锦标赛（13—14岁组）	总分第二名
1997	海南省中学生排球赛（男子组）	第三名
	海南省第四届中学生足球赛	第三名
	海南省少年田径锦标赛	总分第六名
	海南省少年沙滩排球锦标赛	第三名
	海南省第四届中学生篮球赛（男、女组）	第一名
	海南省少儿游泳锦标赛（男子组）	第一名
	海南省少儿游泳锦标赛（女子组）	第二名
1998	海南省第五届中学生篮球赛（男、女组）	第一名
	海南省第五届中学生足球赛	第一名
	海南省少年田径锦标赛	总分第八名
	海南省少儿游泳锦标赛（男子组）	第二名
	海南省少儿游泳锦标赛（女子组）	第一名

续表 17-11-5

年度	项　目	成　绩
1999	海南省第六届中学生篮球赛（男、女组）	第一名
	海南省中学生排球赛（男子组）	第二名
	海南省第六届中学生足球赛	第三名
	海南省少年田径锦标赛	第七名
	海南省少年沙滩排球赛（女子组）	第一名
	海南省冬季游泳冠军赛（男、女组）	第二名
	海南省少儿游泳锦标赛（女子组）	第一名
	海南省少儿游泳锦标赛（男子组）	第二名
2000	海南省第七届中学生篮球赛（男、女组）	第一名
	海南省第七届中学生足球赛	第一名
	海南省少年沙滩排球锦标赛（女子组）	第二名
	海南省中学生排球赛（男子组）	第二名
	海南省少年田径锦标赛	总分第八名
	海南省第一届体育运动会	总分第五名
2001	海南省第八届中学生篮球赛（男子组）	第三名
	海南省第八届中学生足球赛	第三名
	海南省少儿沙滩排球锦标赛（女子组）	第二名
	海南省田径锦标赛	总分第六名
	海南省少儿游泳锦标赛（男子组）	第二名
	海南省少儿游泳锦标赛（女子组）	第一名
2002	海南省第九届中学生足球赛	第一名
	海南省少年沙滩排球锦标赛（女子组）	第二名
	海南省少年田径锦标赛	总分第三名
	海南省少儿游泳锦标赛	总分第二名

续表 17-11-5

年度	项 目	成 绩
2003	海南省少年篮球锦标赛（男子组）	第一名
	海南省少年篮球锦标赛（女子组）	第二名
	海南省第十届中学生篮球赛（女子组）	第二名
	海南省少年沙滩排球锦标赛（女子组）	第二名
	海南省少年田径锦标赛	总分第六名
	海南省少儿游泳锦标赛	总分第一名
2004	海南省第二届体育运动会	总分第三名、金牌第一名
	海南省中学生足球赛	第三名
2005	海南省少年篮球锦标赛（男子组）	第一名
	海南省少年篮球锦标赛（女子组）	第二名
	海南省第六届老年人体育运动会	总分第七名
	海南省第十二届中学生足球赛	第三名
	海南省少年田径锦标赛	第八名
	海南省沙滩排球锦标赛（男子甲组）	第二名
	海南省沙滩排球锦标赛（男子乙组）	第三名
	海南省少儿游泳锦标赛（男子组）	总分第二名
	海南省少儿游泳锦标赛（女子组）	总分第三名
2006	海南省少年篮球锦标赛（男、女组）	第二名
	海南省第十三届中学生篮球赛（男、女组）	第二名
	海南省沙滩排球锦标赛（男子甲组）	第一名
	海南省少儿游泳锦标赛（男子组）	总分第二名
	海南省少儿游泳锦标赛（女子组）	总分第一名
2007	海南省第十四届中学生篮球赛（男子组）	第一名
	海南省第十四届中学生篮球赛（女子组）	第二名
	海南省少年篮球锦标赛（男子组）	第一名
	海南省少年篮球锦标赛（女子组）	第二名
	海南省沙滩排球锦标赛（男子甲组）	第三名

续表 17-11-5

年度	项　目	成　绩
2007	海南省沙滩排球锦标赛（男子乙组）	第一名
	海南省第十四届中学生足球赛	第二名
	海南省少年田径锦标赛	总分第六名
	第四届残疾人体育运动会	团体总分第五名
	“农民杯”乒乓球大奖赛（男子）	团体第二名
	“群众体育杯”农民男子九人排球赛	第二名
	“四套班子”篮球赛	第三名
	海南省中学生排球赛	第三名
	海南省沙滩排球锦标赛	第三名
	海南省少儿游泳锦标赛（男子组）	总分第一名
	海南省少儿游泳锦标赛（女子组）	总分第二名
2008	海南省第三届体育运动会	总分第三名、金牌第三名
	海南省第七届老年人体育运动会	总分第四名
	海南省第十五届中学生足球赛	第二名
2009	海南省第十六届中学生篮球赛（男子组）	第二名
	海南省第十六届中学生篮球赛（女子组）	第一名
	海南省第十六届中学生足球赛	第二名
	海南省少年田径锦标赛	总分第六名
	海南省沙滩排球锦标赛	第二名
	海南省少儿游泳锦标赛（男子组）	总分第二名
	海南省少儿游泳锦标赛（女子组）	总分第一名
2010	海南省第十七届中学生篮球赛（男子组）	第一名
	海南省第十七届中学生篮球赛（女子组）	第一名
	海南省沙滩排球锦标赛（男子甲组）	第一名
	海南省少年田径锦标赛	总分第七名
	海南省少儿游泳锦标赛（男子组）	总分第二名
	海南省少儿游泳锦标赛（女子组）	总分第二名

第十八编　卫　生

1991—2010年，琼海市（县）卫生事业取得较大发展，公共卫生体系不断完善。多个医疗设施项目建设并投入使用，农民就医条件日趋改善，医疗卫生事业投入逐年提高，疾病预防控制和应急处置能力明显增强，急救体系建设不断完善。至2010年，琼海市有市直属医疗卫生单位5家，私营医院2家，国有农场医院5家；乡镇卫生院22家，村卫生室191个、社区卫生服务中心（站）7个；个体诊所43家、门诊部9家，医疗单位、厂矿、学校等办诊所6个；有卫生系统职工2443人，其中专业卫生技术人员2072人；新型农村合作医疗参合率99.7%；全面启动国家卫生城市创建活动。

第一章　医疗机构医疗队伍

第一节　机　构

一、管理机构

1991—2010年，琼海市（县）卫生局是主管琼海市（县）卫生工作的市（县）政府组成部门。1995年，市卫生局内设办公室、人事监察股、医政药政中医股、防疫保健股，行政编制13名。至2010年，市卫生局内设行政秘书组、人事组、医政中医组、疾病控制组、妇幼保健与农村卫生组，行政编制16名，设局长1名，副局长2名。

二、从业机构

1991—2010年，琼海市（县）公共卫生体系不断完善，多个医疗设施项目建设并投入使用。1991年，琼海县有县级医疗机构6个，床位347张；中心卫生院3个，床位80张；区（乡）镇卫生院16个，床位165张；其他卫生事业机构2个。1992年，琼海县有市（县）级医疗机构7个，床位398张；中心卫生院3个，床位80张；乡镇卫生院16个，床位165张；其他卫生机构2个；村设置医疗点189个，其中乡村医生和卫生员联合开办4个，个体开办185个。1995年，琼海市有市级医疗机构8个，床位783张；中心卫生院3个，床位90张；乡镇卫生院18个，床位175张；其他卫生机构25个，床位

8张。2000年，琼海市有市级医疗机构8个，床位648张；中心医院4个，床位100张；乡镇医院17个，床位201张；其他卫生机构9个，床位20张。2008年，全市各级卫生医疗机构共92个，床位共1002张。包括综合医院7个，中医院1个，专科医院1个，疾病预防控制中心1个，乡镇卫生院21个。2009年，市医院外科综合大楼项目建成使用，市中医院新院区建设项目前期工作顺利推进。同年，有卫生医疗机构102个，床位1108张；医院9个，其中综合医院7个，中医院1个，专科医院1个，疾病预防控制中心1个，乡镇卫生院21个。

2010年，为落实《海南省人民政府关于加快发展城市社区卫生服务的意见》，按照社区卫生机构设置规划，对嘉积镇卫生院增加设立琼海市嘉积镇城南社区卫生服务中心，把嘉积镇卫生院辖区内5个医疗站中的南门、北门医疗站转型为社区卫生服务站，引导居委会卫生室向城镇社区卫生服务站过渡，逐步完善琼海市标准化社区卫生服务建设。同时，鼓励各种医疗机构和社会力量创办社区卫生服务站，以满足城镇居民基本医疗和公共卫生的需要。至2010年，琼海市有市直属医疗卫生单位5家（市人民医院、中医院、疾病预防控制中心、妇幼保健院、皮肤性病防治所）；私营医院2家（健平医院、复康门诊部）；国有农场医院5家；乡镇卫生院22家（含彬村山华侨农场中心卫生院），其中中心卫生院4家；村卫生室191个、社区卫生服务中心（站）7个；个体诊所43家、门诊部9家，医疗单位、厂矿、学校等办诊所6个。卫生局挂靠单位4家（市卫生监督所、市新型农村合作医疗管理办公室、市爱国卫生委员会办公室、市红十字会）。

第二节　医疗队伍

1991年，琼海县有医疗卫生工作人员1815人，其中专业卫生技术人员1275人。1995年，琼海市有医务人员1892人，其中专业卫生技术人员1377人。2000年，有医务人员1721人，其中专业卫生技术人员1341人。2005年，有医务人员1763人，其中专业卫生技术人员1354人。2009年1月起，对各镇卫生院编制内公共卫生服务人员经费实行财政补助，标准由原来的50%提高到60%。2010年，采取“直通车”方式从国家重点医学院校招录优秀毕业生50名，公开招聘110名医学专业技术人才。同年，琼海市有卫生系统职工2443人，其中专业卫生技术人员2072人。

1991—2010年琼海市(县)各类医务人员统计表

表 18-1-1　　　　单位:人

年度	卫生技术人员						其他技术人员	管理人员	工勤技能人员
	执业(助理)医师	注册护士	药师(士)	技师(士)	检验师(士)	见习医师			
1991	527	453	185	54	56	—	312	73	155
1992	540	465	183	54	58	—	342	72	156
1993	514	538	194	38	57	—	147	114	179
1994	513	542	205	43	60	—	191	99	165
1995	581	511	185	32	68	—	245	94	176
1996	517	493	181	31	68	—	181	96	156
1997	542	550	184	55	72	—	162	98	141
1998	562	533	184	37	78	—	149	113	169
1999	594	538	133	31	79	—	108	99	154
2000	586	522	120	36	77	—	116	99	165
2001	572	530	162	32	69	—	125	98	170
2002	545	542	175	41	70	—	112	99	169
2003	536	569	158	53	62	—	135	105	172
2004	522	515	171	46	58	—	147	112	176
2005	587	490	169	37	71	—	142	110	157
2006	521	518	177	42	65	—	139	100	178
2007	587	580	104	104	84	39	8	118	207
2008	604	656	104	113	90	52	11	111	230
2009	755	843	111	110	90	61	14	122	240
2010	786	902	103	113	85	83	34	111	226

第三节 医院选介

一、琼海市人民医院

前身系美国基督教会创办的嘉积福音医院。2009 年 11 月，被海南省卫生厅批准加挂“海南省东部区域医疗中心”名称。医院位于嘉积镇富海路，占地面积 4.73 公顷，建筑面积 6.8 万平方米，业务用房面积 5.3 万平方米，有门诊楼、门诊综合楼、急救中心大楼、传染病楼、内科住院楼、外科住院楼、行政办公大楼等为主体的业务楼群，2009 年 8 月，总建筑面积 1.8 万平方米的外科综合大楼投入使用。医院编制床位 300 张，开放床位 300 张。至 2010 年，全院在职职工 765 人（在编职工 377 人，编外职工 388 人），其中高级职称 51 人，中级职称 138 人。

医院拥有 64 排 128 层螺旋 CT、超导型 1.5T 磁共振、NX/I 双螺旋 CT 机、730 豪华型四维彩超机、乳腺 X 线机、专家型心脏彩色多普勒诊断系统，直线数字化 X 光机、全自动生化分析仪、全进口全自动五分类血液分析仪、全自动微生物鉴定药敏系统、全自动血液培养系统、全自动特定蛋白分析仪、化学发光分析仪、肺功能检测系统、血液透析仪、电子胃肠镜、胶囊内镜、关节镜、经皮肾镜、腹腔镜等大中型现代化先进设备 200 余台件。

医院是第四军医大学西京医院的医疗帮扶医院，依托西京医院的技术帮扶，医疗水平得到很大提高。外科系统能开展各种腔镜手术（包括关节镜、经皮肾镜、腹腔镜、宫腔镜等）、经尿道前列腺增生切除术、经尿道膀胱肿瘤切除术、肺叶切除术、动脉导管未闭切断缝合术或结扎术、人工关节置换术、外伤性截瘫的脊柱侧前方减压术、骨盆骨折复位固定术、各种颅内血肿清除术、矢状窦或大脑镰旁脑膜瘤切除术、大面积烧伤整形术、宫颈癌根治术、白内障超声乳化联合人工晶体植入术等技术；内科系统能开展多脏器功能衰竭监护和抢救、有创血流动力学监测（Swan—Ganz）、血液净化治疗（连续性动静脉血液滤过、血液灌注）、肠外静脉营养治疗、支气管肺泡灌洗治疗、埋藏式永久起搏器安装等技术。

医院借鉴国内外现代医疗急救管理模式，对院前急救、院内急救、门急诊手术区、中心 ICU 实行一条龙的急救服务。急救中心下设博鳌、中原、大路、彬村山、石壁 5 个医疗急救站，缩短院前急救时间，打造琼海地域内 15 分钟医疗急救服务圈，为急、危、重患者开辟绿色生命通道。市医院急救中心有 121 名医务人员，10 辆救护车，医疗急救服务辐射海南省东部 5 个市、县近 200 万人口。

中心 ICU 是医院重点科室之一，ICU 开放床位 10 张，科室人才梯队合理。临床医务人员从事重症医学专业多年，具有丰富的临床经验。中心 ICU 配备有生命体征中央监测仪、呼吸机、微创有创血流监测仪等先进设备，为各种危重症患者的救治提供硬件保障。根据中华医学会 2006 年的 ICU 建设管理指南的分级标准，医院 ICU 已达 3 级，即最高级别标准。

二、琼海市中医院

前身为嘉积镇卫生院，后改制为“琼海县中医院”，1992 年随琼海撤县设市更名为“琼海市中医院”。是集医疗、急救、康复、保健、预防、教学、科研为一体的中医、中西医结合医院。医院位于嘉积镇东风路（老院区），占地面积 6200 平方米，业务用房面积 17960 平方米，开放床位 300 张。2010 年 6 月，开工建设新院区，规划建筑 29800 平方米（包括门诊楼、医技楼、住院楼），规划设置病床 300 张，位于嘉积镇跃华路。

至 2010 年，医院有职工 369 人，卫生技术人员 335 人，其中高级职称 23 人，中级职称 59 人，硕士研究生 12 人。

医院拥有螺旋 CT 机、B 超机、直接数字化 X 光机（DR）、500mA X 光机、体外震波碎石机、进口全自动生化分析仪、多功能呼吸机、血气分析仪、中央心电监护仪、电子胃镜、电子肠镜、中心供氧系统、信息管理系统等各种大、中型医疗设备设施。

科室设置齐全，住院部设有内科、中风科、外科、骨伤科、针灸康复科、胃病科、肛肠科、妇产科、儿科、急诊科 ICU 等临床科室。设有温馨豪华病房、双人高级病房、普通病房等，均配有中央供氧、独立卫生间、空调、电视、电话、24 小时热水等设施。手术麻醉科拥有 4 间层流净化手术间，可开展各类常规手术和一些复杂的、难度大的手术。

开展急性心肌梗塞静脉溶栓治疗、新生儿重症肺炎的救治、全胃切除空肠代胃术、门奇断流术、结肠直肠癌根治术、急性重症胰腺炎漂浮引流术、胆肠吻合术、经尿道前列腺汽化电切术、常见骨折及骨病的中西医治疗、股骨头置换术、妇科恶性肿瘤根治术、颅内血肿清除术、中风病人的中西医结合中风单元等，中风专科、骨伤专科为重点科室。

三、琼海市妇幼保健院

前身为妇幼保健所，1997 年撤所建院，1999 年通过“爱婴医院”评审，是一所集保健、医疗、教学于一体的以妇幼保健为中心，妇科、产科、儿科、新生儿科为重点的妇女儿童专科医院，是琼海市妇女儿童医疗保健业务指导和技术培训中心、市指定婚前医学检查单位、市医保定点单位。2010 年，医院位于人民路 90 号，建筑面积 3950 平方米，开设妇产科和内儿科，病床 36 张，全院职工 76 人，其中高中级职称 8 人，技术人员占全院职工 94.5%。有 B 超、GE 彩超、X 光机、血球自动分析计数仪、半自动生化分析仪、乳腺红外光诊断仪、儿童智力测试仪、微量元素测试仪，电子阴道镜，胎心监护仪、蓝光治疗等先进专科设备，开展具有特色的妇女儿童医疗保健项目，如儿童、孕妇营养指导、生殖健康保健和治疗，新式剖腹产，妇科各种腹式手术和阴式手术、术后镇痛、无痛分娩、无痛人流等。

第二章　医疗技术

第一节　中　医

1991—2010 年，琼海市（县）坚持中西医并重的卫生工作方针，贯彻落实国务院《关于扶持和促进中医药事业发展的若干意见》，抓好中医药事业的传承、创新和发展，加强中医临床学科和基础设施建设，加快中医药人才培养，中医药事业呈现出较好的发展态势。2002 年，琼海市获全国基层中医药工作先进单位。

一、加强中医药人才培养

自 2003 年起，琼海市中医技术人员进修学习已基本成为一种有计划、有目的、常态性的人才培养制度。市中医院常年派出各类技术人员到北京、上海、广州、湖南等全国各地大医院进修学习。2005 年起，市中医院人才引进工作由被动变为主动，以“直通车”的方式从广东、湖南中医药学院等多所名校引进中医类别医学硕士研究生，加快人才队伍建设。2007 年，重新实施中医“师带徒”学习模式，重视挖掘老中医学术思想经验的传承与创新。同年，卫生局委托市中医院主办中医人才培训班，为各乡镇及农场医院培养中医人才。

二、强化中医技能临床运用

2004 年年初，琼海市中医院成立中西医结合治疗不孕不育症科研协作组、治疗哮喘科研协作组、治疗肾病科研攻关小组。同年 3 月，组建中风专科（内二科）与骨伤科，扭转“院无专科，科无特色”的局面。2010 年，开展主题为“以病人为中心，充分发挥中医药特色为优势”的中医管理年活动，以创建“学习型”医院作为全年工作重点。市中医院各临床科室均制定本科独具特色的中医诊疗方法和技能操作方法，并将其融入诊疗规范之中，同时针对临床医学专业的医师进行集中培训和个别指导，让他们熟练掌握并运用到临床工作中。为强化中医技能和疗法的普遍应用，中医院每个科室还针对每个病种制定了 2—3 种中医特色措施及手段和治疗疾病的方法，如中药外敷和外贴、中药熏蒸、穴位封闭治疗、手法按摩等。对运用好的科室，医院给予一定的中医特色疗法科研经费，鼓励他们积极探索、创新，进一步提高和改善特色疗法和手段以及其疗效。

三、重视中医药文化建设

从院所建筑风格、内部装修、诊疗环境、形象识别等方面入手，突出中医文化元素。除市中医院之外，市人民医院也精心设计和营造传统风格中医诊疗区服务环境。

第二节 西 医

1991—2010年，琼海市（县）重点扶持琼海市人民医院加强西医临床学科和基础设施建设，推动西医医技发展。开展“质量与服务300分”“医疗质量万里行”等活动，实施各种单病种临床路径管理，促进医疗行为的标准化和规范化，降低医疗费用；加强临床用药管理和监控，较好的控制药品费用的不合理增长；落实“优质护理示范工程”活动，提高患者满意度；加强院内感染、传染病的防治等工作，保障医疗安全；加强“三基”（基本理论、基本知识、基本技能）、“三严”（严格要求、严谨态度、严肃作风）培训和急救技能培训，保障医疗质量。

2008年，琼海市人民医院与第四军医大学西京医院建立医疗帮扶关系，在西京医院等大医院的支持下，医院能开展心脏冠状动脉造影术、心脏冠状动脉及外周血管支架植入术、胃镜下胆管支架植入术（ERCP）等国内前沿的诊疗技术。2010年，医院成立了新生儿科、中西医结合科、神经内科、耳鼻喉—头颈外科四个临床科室，全院临床科室设置达24个，基本达到“三甲”医院学科设置要求。同年，医院肛肠、泌尿系结石、妇科肿瘤3个专科被海南省卫生厅批准为省医学重点扶持/特色专科。医院投入资金4227.5万元购置医疗设备50余项，其中64排128层螺旋CT、数字化平板血管造影系统（DSA）等高端医疗设备为新技术开展提供支撑。各科室开展新技术30多项，其中心脏冠状动脉及外周血管支架植入术、经内镜逆行胰胆管造影（ERCP）、神经外科显微手术等技术填补海南省东部区域技术空白。医院外科综合楼手术室启用，共有10间万级手术室和2间百级手术室，日可开展手术50台。完成外科综合楼的洁净手术室、医疗气体、太阳能热水、环境道路等配套工程和综合住院楼的整体改造，为患者营造更加舒适的医疗环境。

第三节 护 理

1991—2008年，琼海市（县）各医疗卫生机构先后建立个人、科室、医院三级质控网络，使医务人员在临床中严格执行基本规章制度和各项技术操作规程，严把科内医疗质量，护理质量，病历书写质量，各种检查质量等，加强基础质量、环节质量、终末质量检查监督力度。

2009年，市综合医院、基层卫生院围绕“合理用药、合理治疗”这一主题，加强医疗质量安全管理，开展以“医疗护理质量管理小组”为主体的服务模式，以内科为试点开展医疗护理小组，实现临床治疗护理活动由个人模式转变为“经小组讨论，由组长归纳总结，并组织实施”的集体模式，加快复合型人才的培养及成长，提高中西医结合诊治水平。对管理松散，分工不细致的科室，要求主任、护士长召开科室会，认真解决本科室的管理问题，不能解决的，向院领导反映，直到把问题解决为止。2010 年，通过完善各项规章制度，建立三级医疗护理质量管理网络，全面实施“CHA 患者安全目标”，加强医疗质量及医疗安全的管理，积极探索管理长效机制的建立。制定医疗质量管理计划，将计划逐项分评到各环节、各科室，认真贯彻落实，严格督导检查。加强医疗核心制度和“三基”学习培训，促使医务人员养成自觉执行规范的工作作风。以加强“合理用药，合理治疗”监管为重点，努力规范临床用药，降低药品使用比例，促进合理治疗。加强运行病历监控和重要时段、重点人群、重要部门的质量控制，有效减少医疗护理缺陷，保障医疗安全。

第三章　卫生防疫

第一节　机构

1991年，设立琼海县卫生防疫站，为副局级事业单位。1992年1月增挂县卫生监督所牌子，实行两个牌子一套人马。2003年9月，琼海市卫生防疫站、琼海市健康教育所和琼海市结核病防治所合并成立琼海市疾病预防控制中心，隶属琼海市卫生局，为副局级事业单位。2010年，中心内设办公室、计划免疫科、疾病预防控制信息室、流行与寄生虫病防治科、卫生监督科、职业安全卫生科、预防医学咨询服务部、检验科、健康教育科。有在岗职工65名，其中核定事业编制45名。

第二节　计划免疫

1991年，儿童“四苗”（卡介苗、百白破苗、糖丸苗、麻疹苗）接种率达到85%以上，全市保偿金60万元。2001年，“四苗”接种率达到95%以上。随后，乙肝疫苗、乙脑疫苗列入免疫规划范围，其接种率均达到95%以上。国家出台《疫苗流通和预防接种管理条例》后，2006年，经市政府批准，停止实施儿童计划免疫保偿制，并从2006年起在全市范围内按照省免疫规划要求对适龄儿童实施免费接种第一类疫苗，其费用由政府负担。2010年，“六苗”接种率达到95%以上。

第三节　传染病防治

20世纪90年代，琼海市（县）存在的传染病主要以疟疾、病毒性肝炎、痢疾为主。2000—2010年，主要以肺结核、手足口病、病毒性肝炎、梅毒为主，同时有新输入传染病甲型H1N1流感。1991年，全县传染病总发病率为96.67/10万人。1995年传染病总发病率为129.31/10万人。2001年传染病总发病率为185.42/10万人，2008年传染病报告1818例，总发病率为381.60/10万人。2009年传染病报告1380例，传染病的总发病率为278.27/10万人。2000—2010年，全市传染病总发病率趋上升之势，其原因一是随着传染病执法力度的加大，传染病漏报减少，报告的准确率、及时率提高，报告质量上升；二是国家法定传染病病种增加，一些传染病数量明显增加，例如手足口病；三是经济发展快速，人口流动频繁，人口数量增加（含流动人口），而且传染病的报告、统计和防控今按属地管理原则，原农垦系统人口也列入琼海市管理。

一、霍乱（甲类传染病）

霍乱疫情偶有出现，在20世纪90年代，曾出现几例。2005年，会山镇出现1例输入性病例，往后几年中未有霍乱疫情出现。1991—2010年，每年都将霍乱作为市（县）重点传染病进行管理，主要是做好疫情监测工作，加强外环境监测，重点对海水、海产品、河水、水产品进行检测霍乱弧菌，偶有发现，为非流行株。

二、疟疾（乙类传染病）

疟疾为常见传染病，历史上曾在琼海流行。进入20世纪90年代后，建立疟疾联防机制，全市共设有8个疟疾联防点，即会山、龙江、阳江、东平、东太、石壁、南俸、牛路岭，每年均组织疟区人员开展春、秋季抗疟运动，主要是开展药物喷洒、消灭传播媒介，对上山人员预防服药、发放蚊帐。其间，多次派员进行培训学习镜检技术，提高防治水平。2006年，全球基金疟疾项目在琼海启动，解决市疟疾防治经费长期不足的问题，全市进一步扩大疟疾防治工作，工作联防点扩大到17个单位，参加抗疟人数进一步增加，抗疟水平不断提升，发病人数明显下降。1991年全县发病159例，1995年发病96例，2005年发病69例，2008年发病27例，2009年发病7例，2010年没有病例。

三、脊髓灰质炎（小儿麻痹症，乙类传染病）

1986年开始实施儿童计划免疫工作，全市（县）适龄儿童糖丸服食率逐年提高，每年12月和次年1月对3岁以下儿童开展两轮的强化免疫活动，促使全市无小儿麻痹症出现，2000年实现了无脊灰目标。2000—2010年，继续加强糖丸的服食工作，服食率均达到99%以上，继续保持无脊灰状态。

四、肺结核（乙类传染病）

20世纪90年代，结核病由市结核病防治所专门管理。2003年，由市疾控中心管理。2009年，接诊可疑结核病人1516人，登记活动性肺结核病人303例，其中涂阳人数278人，涂阴病人25人，新涂阳完成率100%。对涂阳密切接触者人数筛查558人，完成率176%。全市非结防机构医疗机构共转诊疑似病人387例，到位178例，转诊到位率46%，追踪病人200例，追踪到位123例，追踪到位率62%，达到50%的目标要求。2010年，登记活动性肺结核病人为348例，其中涂阳病人292人，新涂阳病人完成率100%，对涂阳密切接触者人数筛查408例，完成全年指标的129%，全市非结防机构共转诊疑似病例

471 例，到位就诊 244 例，转诊到位率 51.8%，追踪病人 227 例，追踪到位 190 例。

五、狂犬病（乙类传染病）

20 世纪 90 年代，偶有狂犬病散发病例发生。1991 年 3 例，1995 年 1 例，1997 年 1 例。1998 年至 2007 年上半年，全市均无病例出现，2007 年下半年至 2008 年，全市狂犬病病例有明显上升的趋势，共发现 10 多例，死亡率 100%，主要原因是养犬数量增加，犬类中狂犬病毒的带毒率增加，造成发病明显增加，引起政府高度重视，组织加强犬类动物免疫，强调发放养犬证，并加强人员健康宣传教育和预防接种工作，疫情得到较好控制，2009 年狂犬病疫情明显下降，只有 3 例，2010 年有 4 例。

六、麻疹（乙类传染病）

历年有散发病例出现，1991 年 4 例，1995 年 23 例，2003 年 7 例，随着计划免疫工作的深入开展，麻疹疫苗的接种率逐年提高，到 2008 年，疫苗接种率达到 99.68%，儿童麻疹的发病也有所下降。2005 年，市中原地区部分学校出现局部暴发现象，麻疹病例 57 例，后经精心组织接种疫苗，疫情得到有效控制。2006 年，在海南省部分市县出现麻疹疫情，海南省政府启动重大突发公共卫生事件应急反应，琼海市加强组织预防接种，全市应种适龄儿童为 108867 人次，实际接种累计 107208 人次，接种率为 98.48%，其中常住儿童 104491 人，流动儿童 2717 人，同年没有出现疫情暴发，顺利通过海南省政府重大突发公共卫生事件应急评估组的评估。2008 年，疫苗接种率达 99.68%。至 2010 年，麻疹疫情几乎为零。

七、艾滋病（乙类传染病）

1993 年，发现首例艾滋病输入性病例，2000—2004 年，经监测偶有散发个案疫情出现。2009 年，全市登记在册的艾滋病病毒感染和艾滋病病人 11 例，市政府建立联防联控机制，全面加强美容美发行业及吸毒人员等重点高危人群的健康教育工作，在宾馆、旅店等公共场所发放安全套，对确诊病人实施“四免一关怀”政策［“四免”指农村居民和城镇未参加基本医疗保险等医疗保障制度的经济困难人员中的艾滋病病人，可到当地卫生部门指定的传染病医院或设有传染病区（科）的综合医院服用免费的抗病毒药物，接受抗病毒治疗；所有自愿接受艾滋病咨询和病毒检测的人员，都可在各级疾病预防控制中心和各级卫生行政部门指定的医疗等机构，得到免费咨询和艾滋病病毒抗体初筛检测；对已感染艾滋病病毒的孕妇，由当地承担艾滋病抗病毒治疗任务的医院提供健康咨询、产前指导和分娩服务，及时免费提供母婴阻断药物和婴儿检测试剂；地方各级人民政府要通过多种途径筹集经费，开展艾滋病遗孤的心理康复，为其提供免费义务教育。“一关怀”指国家对艾滋病病毒感染者和患者提供救治关怀，各级政府将经济困难的艾滋病患者及其家属，纳入政府补助范围，按有关社会救济政策的规定给予生活补助；扶助有生产能力的艾滋病病毒感染者和患者从事力所能及的生产活动，增加其收入]。

八、登革热（乙类传染病）

一直作为市重点传染病管理，主要加强监测，了解布雷图指数，发动群众搞好环境卫生，开展灭蚊，切断传播途径。1991—2010 年，全市（县）没有登革热病例出现。

九、手足口病（丙类传染病）

手足口病历年都有出现，但在 2008 年 5 月前都未纳入传染病进行管理。同年 5 月，手足口病在安徽等省市部分地区出现暴发，并有 EV71 病毒感染引起的死亡病例出现，被列入国家丙类法定传染病管理，此后手足口病的管理逐渐规范。2008 年，琼海市手足口病 340 例，在全市传染病发病中位居第二。2009 年，手足口病病例有所下降，2010 年，明显增多，共 3123 例，政府多次召开会议部署防控措施，包括加强宣传教育工作，将中小学生和幼儿列为重点防控对象，对学校实施晨检制度，加强对重症病例的治疗管理等。

十、其他传染病

其他传染病中风疹、乙肝、乙脑、百日咳、白喉、痢疾、破伤风等的发病率，与 20 世纪 90 年代初期比有明显下降。丝虫病在 1997 年经验收已确认消灭。

第四节　地方病防治

琼海市地方病防治主要是碘缺乏病防治工作。1995 年起，琼海市开始碘缺乏病防治工作。1995—2010 年，每年按东、西、南、北、中划分 5 个抽样片区随机抽取 5 个监测点，每个监测点抽取 1 所小学共 5 所小学，随机抽取 40 名 8—10 岁非寄宿学生（男女各半）共 200 名，进行甲状腺检查、尿碘、家中食用盐碘定量检测。同时在监测学校随机抽查五年级学生 20 名进行碘缺乏病知识调查问卷。各镇随机抽检 20 名孕妇共 100 名，一次随机尿样及家中食用盐进行定量检测并同时抽查 10 名进行碘缺乏病知识调查问卷。每年监测结果较好，学生甲状腺检查均为正常，盐样合格率为 92.3%—95.5%，碘盐食用率为 93%—97%；尿碘含量检测结果尿碘中位数为 171.4%—174.9 微克/升，符合国家标准。碘缺乏病知识调查问卷中，小学生的碘缺乏病知识调查问卷知晓率为 73.4%—76.6%，孕妇的碘缺乏病知识调查问卷知晓率为 68.72%—71.33%，碘缺乏病防治情况良好。

第五节　突发公共卫生事件应急处理

一、建立“非典”防控机制

2003年，非典型性肺炎疫情在国内出现后，琼海市成立突发公共卫生事件应急处理工作领导小组和应急办公室，设立流行病学调查组、消毒组、采样检测组、信息组、后勤保障组等专业队伍，完善各类应急预案，加强物资储备，提高应急处置能力。市卫生局先后组织6期培训班，同时组织有关医务人员进行应急演练，提高应急能力。各级各类医疗卫生单位做好物资储备工作。确定市人民医院“120”救护车10辆、中医院2辆、妇幼保健院2辆，22家基层卫生院9辆，为应急车救护车。按要求配备有担架、氧气筒、常用急救药品、器械等。

二、甲型H1N1流感防控

甲型H1N1流感是2009年国内新发现的传染病。琼海市政府下发防控预案，建立多部门参与的联防联控机制，采取各项防控措施控制疫情蔓延。在市疾控中心建设流感监测实验室，购置检测设备，开展流调、消毒、采样、送样、监测等工作。2009年9月起，琼海市疾控中心流感监测实验室承担琼海、定安、琼中、万宁、屯昌5个市县的甲型H1N1流感检测工作任务。同年10月下旬起，琼海市组织甲型H1N1流感疫苗接种工作，同年共完成4批次约3万多人次；琼海市流感实验室对以上5个市县送检标本检测733份，检出甲型H1N1流感90例。2009年，琼海市全年累计调查处理确诊甲型H1N1流感病例32例，对8171名密切接触者实施医学观察，先后派出19209人次对甲型H1N1流感进行应急处置，消毒面积达到22040平方米。2010年9月，琼海市出现首例疫情。同年，继续加大甲型H1N1流感的防控工作，接种甲型H1N1流感疫苗4万人次。

第四章 妇幼保健

第一节 机构

1991年，琼海县有县妇幼保健所一家，全县助产士共38人。1997年，琼海市妇幼保健所、市人民医院、市中医院均设有妇产科、儿科和相关的医技科室，产科病床共67张，儿科病床共50张，妇幼卫生工作人员共161人，其中市直医院妇产科医生65人，儿科医生44人。除会山乡外，20个乡镇卫生院配备1—2名兼职或专职妇幼保健人员，全市（县）乡村医生和卫生员316人，其中会接生的有28人，但基本不开展妇幼保健服务，村级妇幼保健员空缺，多数由乡级妇幼人员承担妇幼工作。同年，琼海市妇幼保健所撤所建院，并提升为副科级单位，全院工作人员26人，由原来的单纯开展妇幼保健转向逐步开展产儿科临床基本医疗服务，贯彻落实保健和临床相结合的妇幼方针。2004—2010年，市卫生局先后组织专家，对全市所有开展妇产科的医疗机构房屋、设备、人员准入和技术服务等方面进行严格考核，未达标的限期整改，否则取消其助产等母婴专项技术服务资格。至2010年，全市30家医疗机构（包括农场）达标20家，有助产技术的18家，合格的单位发放母婴专项技术执业许可证。

第二节 世行贷款卫生九项目妇幼子项目

1996年，琼海市卫生事业经费占国民生产总值的4.15%，其中妇幼卫生经费约为17万元，占卫生事业经费的0.11%。1998年调查显示：婴幼儿死亡率、5岁以下儿童死亡率，孕产妇死亡率均高于全国水平。全市24家医疗机构仅有市人民医院和华侨卫生院通过爱婴医院评审。在这样的情况下，正逢世行卫生九项目在海南省实施，在市政府的支持下，经多方努力，1999年，琼海市被正式批准为卫生九项目妇幼子项目市（县）。

1999—2008年，世行贷款卫生九项目实施。围绕改善基层妇幼卫生保健服务机构的基本建设和医疗装备，健全三级妇幼保健网络，培训专业人员，提供特困人群医疗救助，倡导服务对象主动参与和利用卫生服务，以达到降低项目地区的孕产妇死亡率、儿童死亡率、儿童营养不良患病率。项目总投资589.86万元，其中世行贷款373.5万元，国内配套资金216.36万元。投入91.1万元，用于市妇幼保健院和3所乡镇卫生院业务用房的新建和改造。各级医疗机构的基本医疗设备配给累计78个品种1440件，总金额达166万元。逐级培训和临床进修，累计有74位市级和乡级产儿科医师在省级或市级进修，短期培训市级师资57人次，乡级师资360人次。项目医疗救助使全市1036名贫困孕产妇和1418名贫困儿童就医费用得到直接减免，补偿费用为32.88万元。2007年数据显示：没有孕产妇死亡，婴幼儿死亡率、5岁以下儿童死亡率各项指标均低于全国水平，完成目标任务。2008年8月，通过世行项目专家评估。项目实施所取得的成效，充分说明项目合作对琼海市妇幼保健事业的促进作用，项目的管理模式成为此后琼海市妇幼保健工作的常规指导模式，获得琼海市2008年科技转化成果一等奖。

第三节　临床技术

2000年，成立全市高危孕产妇和儿童抢救小组，建立转诊系统的“绿色通道”，市妇幼保健院定期组织专家对孕产妇和儿童死亡病历进行评审、质控，对评审个案中突出的问题进行规范和整改，加强对防治产后出血、羊水栓塞、新生儿窒息复苏技术、合理使用催产素、识别难产、高危筛查管理及逐级转诊指征等进行培训，使孕产妇和儿童死亡率逐年下降。妇幼保健技术实行“保健和临床相结合”的方针，产儿科临床专家的介入，使保健技术更加实用化，市人民医院、中医院、妇幼保健院妇幼保健专科技术日趋成熟，剖宫产的术式从原来的纵式切口改良为损伤较小的横切口，妇科手术也从原来的以腹式为主改为阴式和腔镜微创手术。市妇幼保健院的儿童保健开展新生儿疾病筛查、听力筛查，新生儿游泳，婴儿抚触、爬行、听力测试，儿童行为、神经、心理、智力的保健测评、儿童微量元素检测等一系列系统特色保健服务；妇女保健医疗服务开展乳腺疾病筛查和治疗，无痛人流术，宫颈疾患普查，TCT癌前病变普查、电子阴道镜和LEEP刀环切术、经阴式系列手术，不孕不育专科，使妇女的生殖系统疾患得到及时的诊治。2008年，市妇幼保健院院开展新技术、新项目12项。2009年，业务年增长23%，门诊诊疗人次年增长30%；住院人数年增长11%；住院手术年增长15%。2009年，许少珍等4位医务人员开展的“经阴道子宫次全切除术治疗子宫肌瘤术”和“宫颈电环切术在宫颈病变诊治中的应用”分别取得市科技成果转化二等奖。

第四节 妇女保健

1991—2010年，妇女保健工作主要围绕妇女各期保健，重点实行孕产妇系统管理，提高围婚期、围生期保健质量，加强计划生育指导，开展常见妇女病及恶性肿瘤的普查、普治等方面开展工作。

一、围婚期保健

1991—2003年，琼海市（县）落实国家强制性婚前医学检查，对可能患有影响结婚和生育的疾病进行的医学检查，提出指导意见，提高出生人口素质。1997—2002年，琼海市婚检率达86%（国家要求80%）。2003年起，实行自愿非强制性婚检，婚前医学检查率低，2009年婚检率13.51%，随着海南省关于促进基本公共卫生服务逐步均等化实施，公共卫生服务全面铺开，2010年婚检率达到82.02%。

二、围生期保健

1991—2010年，琼海市（县）重视围生期保健工作，从妊娠前开始历经妊娠期、分娩期、产褥期、哺乳期、新生儿期，持续为孕产妇和胎婴儿提供高质量、全方位的健康保健措施，降低围生儿及孕产妇死亡率。1991—2010年，全市（县）每年产前健康管理率达到98%以上，早孕建册率达到50%以上，产后访视率达到60%；高危孕产妇管理率达到100%。

三、常见妇女病及恶性肿瘤普查普治

1991—2010年，琼海市（县）累计开展妇科病普查34580人，检出患者17900人，发病率52%。2010年，普查妇女干部职工1236人，查出疾病人数人673，患病率54%，其中妇科病960人，乳腺疾患290人。大部分病人都进行随访治疗，其中阴道镜检查680例、LEEP刀环切术40例、TCT检查498例，住院手术35例，发现宫颈癌前病变6例。

第五节 婴幼儿保健

儿童保健主要以7岁以下小儿为重点，根据其不同时期的生理特点，进行系统的保健管理，发现问题及时矫治，降低患病率和死亡率。1997年前，琼海市（县）儿童保健仅限于简单测量体重和身高，从1999年实施卫九项目，特别是2009年起实施国家基本公共卫生项目均等化后，由原先的有偿服务转至免费服务。除对儿童定期进行体格发育

监测外，有条件的（如市妇幼保健院）还要定期进行智能和心理测查，对营养不良儿童及时进行膳食营养分析，对筛查出的疾病和缺点的儿童及时治疗和转诊。此外，还为家长在家庭对儿童智能、行为提供咨询指导，让家长真正感受到儿童保健的价值所在，激发家长对儿童保健的参与意识。

1996—2010 年，共监测儿童 214510 人，对体重小于中位数—2 个标准差的 13657 名儿童，及时提供科学喂养指导。从 2007 年 9 月开展新生儿疾病筛查，并逐步在全市开展，至 2010 年已筛查婴儿 1558 人，对筛查出的指定疾病进行治疗指导和随访；市妇幼保健院开展新生儿听力筛查，院内出生婴儿筛查率达 88.8%。5 岁以下儿童死因，1999 年排序分别为新生儿窒息、早产、肺炎，2008 年排序为先天畸形、早产、先天性心脏病。2010 年，排序为先天性心脏病、新生儿窒息、先天畸形。2010 年，全市活产数为 6532 人，新生儿访视 3931 人，访视率 60.18%，健康管理率 90.05%；系统管理率 71.41%，儿童免费体检 10296 人，体弱儿筛查 389 人，体弱儿管理率 80%，其中 5 岁以下儿童中重度营养不良患病率 4.46%。

1991—2010 年琼海市（县）5 岁以下儿童死亡率、婴儿死亡率、儿童系统管理和孕产妇系统管理情况统计表

表 18-4-1

年度	5 岁以下儿童死亡率（‰）	婴儿死亡率（‰）	孕产妇死亡率 1/10 万	儿童系统管理率（%）	孕产妇系统管理率（%）
1991	—	—	—	—	—
1992	—	—	—	—	—
1993	—	—	—	—	—
1994	—	—	—	—	—
1995	24.23	20.53	36.98	—	66.97
1996	—	—	—	—	—
1997	25.08	20.39	70.32	—	—
1998	24.83	20.36	24.83	—	—
1999	28.37	24.39	74.66	—	58.24
2000	19.19	16.93	67.73	65.95	52.74

续表 18-4-1

年度	5岁以下儿童死亡率（‰）	婴儿死亡率（‰）	孕产妇死亡率 1/10 万	儿童系统管理率（%）	孕产妇系统管理率（%）
2001	21.31	19.18	47.35	69.71	54.84
2002	23.77	20.86	145.56	70.06	50.92
2003	22.77	19.65	23.97	70.17	57.05
2004	19.06	16.63	20.28	74.82	58
2005	17.71	16.13	52.59	71.17	54.56
2006	18.91	14.81	71.35	71.56	51.28
2007	14.80	12.01	0	71.75	52.09
2008	14.52	12.00	31.57	64.99	51.13
2009	13.71	11.45	32.25	61.22	50.10
2010	13.47	10.87	30.62	71.41	51.19

第五章 公共卫生

第一节 食品卫生与公共场所卫生

20世纪90年代初，食品卫生、公共场所卫生监督工作由市（县）卫生防疫站负责。1991年，全县从事食品生产、公共场所经营单位共1529间，核发卫生许可证1344间。从业人员体检2145人，发放健康证2025张，体检合格率为94%。开展卫生监督743户次，抽检餐具290份，合格率66.6%，抽检食品117份，合格率95.2%；监测客房5间，合格率80%。开展水质监测116份，合格率97%，对15家违法的经营单位进行罚款。此后，每年均组织开展卫生执法活动，监督覆盖率达到100%。1997年起，卫生监督和监测分离，市卫生局设卫生监督科，负责卫生监督和卫生许可证的发放，市卫生防疫站负责卫生监测和健康证的发放。卫生监测覆盖率逐年提高，达95%以上。发放健康证人数也逐年提高。2001年，博鳌亚洲论坛落户琼海后，每年均成立卫生防疫工作组，负责开展卫生监测和卫生防疫工作，按要求对接待酒店服务人员进行健康体检，加强客房、餐具、食品等的检测工作，完成卫生保障工作任务。2008年，对餐饮业餐具监测总份数为11435份，合格率71.5%；食品检测166份，合格率88.6%。对宾馆客房等公共用品监测1101份，合格率88.7%。水质检测252份，合格率85%。从业人员体检10533人，发放健康证10127张。2009年，餐具监测8890份，合格率为73.1%，监测客房公共用品2136份，合格率为93.2%，比1991年明显增加。同时开展农村饮水安全工程水质卫生监测和农村生活饮用水的监测工作，共检测水样138份，已经100%完成任务。2010年，发生食物中毒应急事件3起，派出人员15人次，现场采集样本13份。完成餐饮服务单位食品、餐具常规卫生监测工作，全年共监测餐具3215份，合格2647份，合格率为84.7%；共监测食品117份，合格108份，合格率为92.3%。协助海南省疾控中心完成年度食品中化学性污染物和有害因素常规检测采样工作，共采集样品85份。协助海南省疾控中心完成年度食源性致病菌监测采样工作，共采集样品115份。协助海南省食品药品监督管理局完成年度餐饮业食品安全委托监测采样工作，共采集样品40份。全年从业人员体检11263人次，合格11263人次，合格率为100%，共发放健康卡11263张。完成全年市辖区内的所有旅店业、文化娱乐场所、理发店、美容店和游泳场所等4类公共场所的卫生监测工作，共监测公共用品2078份，合格1876份，合格率为90.3%；仪器监测微小气候，共监测 581 项，合格 546 项，合格率为 94.0%；游泳池水监测 46 份，合格 26 份，合格率为 54.2%。完成全市四家供水单位的生活饮用水水质卫生监测，全年监测水源水 8 份，合格 7 份，合格率为 87.5%；出厂水 8 份，合格 8 份，合格率为 100%。末梢水 264 份，合格 241 份，合格率为 91.3%。二次供水 119 份，合格 87 份，合格率为 73.1%。完成琼海市环境综合整治定量考核饮用水源水质的监测工作，对市自来水公司取水点河段进行 12 次水源水采样，规定检测项目全部合格。完成农村饮水安全工程水水质和农村生活饮用水水质的卫生监测工作，全年共监测 2 次，分为丰水期和枯水期，全市农村饮水安全工程水质监测共有 39 个监测点，共监测水样 156 份，合格 95 份，合格率为 60.9%；农村生活饮用水水质监测工 12 个监测点,共监测水样 48 份,合格 25 份,合格率为 52.1%。协助海南省疾控中心完成年度万泉河水库水系危害因素与分布调查监测工作，共 3 个监测点，检测项目 18 项，共监测水样 6 份，合格水样 6 份，合格率为 100%。

第二节 学校卫生职业卫生

一、学校卫生

1991 年，由县卫生防疫站负责开展嘉积地区 8 所学校的学校卫生工作，主要为对学生进行体检。同年应体检学生 6960 人，实际体检 6581 人，参检率 94.6%，其余各镇中小学由各镇卫生院负责。2001 年，市卫生防疫站负责嘉积地区学校的体检人数达到 11110 人。2003—2010 年，学生体检工作完全由各镇教育部门承担，各学校校医室负责填报学生体检情况。嘉积地区中小学校的体检不再由市卫生防疫站负责，由嘉积镇各学校负责。

1991—2010 年，市（县）卫生局注重学校饮用水、食品安全和传染病防控工作，预防群体性食物中毒和传染病的发生。每年联合各职能部门开展生活饮用水、食品添加剂、食品安全卫生、传染病防控等各项专项监督检查。

二、劳动卫生

1991 年，琼海县有工厂 16 家，组织职工体检的只有 6 家，占 37.5%，接触职业危害因素的人数有 1788 人，体检只有 300 人，仅占 16.8%。体检发现职业病 7 人。此后逐渐开展职业危害因素的监测工作。1995 年，对市涤纶厂、皮革厂等几家工厂开展噪声、毒物的监测，共监测 95 个点，合格 33 个，合格率 35%。1997 年，开展粉尘作业监测 12 个，合格率 83.33%，物理因素作业监测 15 个，合格率 90%。全市组织职业健康体检 78 人，未发现职业禁忌证。2001 年和 2002 年，组织对琼海市一些家具厂、私人制鞋作坊、海南齿轮厂的400多名工人进行职业健康体检，之后没有再开展职业体检工作。2010年，由于一些工厂倒闭，劳动卫生工作未正常开展。

三、放射卫生

主要配合海南省疾控中心对医用X线装置进行监测。1991年监测9台，1997年监测16台，2006年监测21台，监测覆盖率均达到100%。并配合海南省疾控中心开展放射从业人员的体检工作，受检率为100%。2007—2010年，每年组织放射人员到省疾控中心体检，体检率均达到100%。2010年，协助海南省疾控中心完成年度的放射工作人员个人剂量监测工作，全年监测2次、100人次，发放放射个人剂量仪100个。

第三节　爱国卫生运动

一、机构

20世纪90年代中期，琼海市开始把开展爱国卫生运动的任务与措施纳入国民经济与社会发展规划。1995年，单列设置琼海市爱国卫生运动委员会办公室（以下简称市爱卫办），系财政预算管理全额拨款的副科级事业单位，核定事业编制3人，其中主任一名。市爱卫办是市政府负责全市爱国卫生工作组织协调、监督管理的行政办事部门，是市爱国卫生运动委员会的常设办事机构，挂靠市卫生局。至2010年，市爱卫办核定行政人员编制3名。

二、卫生创建

1995—2010年，市爱卫办组织开展卫生创建活动，不断向农村辐射，创建卫生镇、卫生村，做到城乡联动，整体发展。各镇分别成立镇爱卫办，具体抓好卫生镇和卫生村的创建工作。结合全市创建文明生态村的契机，把文明生态村建设的重要内容作为卫生村的标准，把创建卫生村工作与这项活动结合起来，积极加以推进，一批卫生村脱颖而出。至2010年，全市已有塔洋、长坡、龙江等6个镇获得“海南省卫生镇”称号，市委大院、人武部、市医院等60个单位获“海南省级卫生单位”称号，140多个自然村获“海南省卫生村”称号。

2010年，琼海市开展创建国家卫生城市活动，成立以市委副书记、市长为组长的创卫工作领导小组，制定创卫工作方案，3月30日，召开创卫动员大会进行部署；设立创卫办，成立检查督导组，加强对创卫工作的组织协调和监督指导，以强有力的组织领导体系保障创卫工作顺利实施。坚持“政府组织、地方负责，部门协调、群众动手，科学治理、社会监督”的爱国卫生工作方针，“条块结合，以块为主，属地管理”的创建工作原则，进一步优化城市环境，提升市民素质和城乡文明卫生水平。

三、科学除害

除“四害”一直是爱国卫生的重要工作，随着社会的进步，人们生活对环境中的鼠、蚊、蝇、蟑螂的影响更为敏感，防止其传播疾病的要求更高。1995—2010 年，针对“四害”的活动和繁殖规律，每年至少在春夏季及秋季开展两次除害活动，广泛动员群众，采取多种形式综合治理，把“四害”密度控制在不足为害的水平以下。1995 年，琼海市被评为海南省级灭鼠达标先进城区；2007 年，被省爱国卫生运动委员会评为“海南省灭鼠先进城区”。

病媒生物防制是创建国家卫生城市的重要内容，为配合卫生城市创建工作，2010 年 3 月，市爱卫办在城区各社区和各机关、企事业单位建立除“四害”联络员制度，形成较为完整的除害网络。每月组织嘉积镇各社区居委会除“四害”联络员对管辖区内集中实施病媒生物防制，对城区下水道口、垃圾池、垃圾筒进行药物投放，并要求辖区保洁员做到垃圾日产日清，有效降低蚊蝇蟑鼠的活动密度，为居民健康生活创造良好环境。

四、健康教育

1995 年，市爱卫会成立，制定健康教育计划，围绕初级卫生保健，结合农村改水、改厕等环境卫生建设和卫生防病，开展多种模式的农村健康教育试点。在城镇结合创建卫生城、卫生镇活动的开展，搞好城镇居民健康教育。同时，结合卫生防病，抓好非典、禽流感、肠道传染病等疾病防控健康教育。另外，结合每年的“世界禁烟日”开展禁烟宣传，创建无烟学校、无烟单位。

第四节　农村改水改厕

1995 年，市委、市政府把农村改水改厕工作纳入地方经济和社会发展规划。根据不同地区的经济条件、水源条件以及居住环境等具体情况，通过引用城镇及开发区自来水、建立农村水塔供水、建手压机井取水、改良或新挖农村大口井、保持饮水清洁等措施，加快农村改水进度。至 2005 年年底，全市 43 万人口中除万泉河沿岸少数群众直接饮用河水和会山镇少数民族地区部分村民直接饮用山泉水外，改水受益人口达到 98.5%。但是，一些地区的群众仅经过初级改水，饮用大口井水和浅层手压机井水，达不到卫生饮用水的标准。2005—2010 年，农村改水转向重点抓好改善农村饮水卫生条件，解决农村人口饮用安全卫生水。大力普及农村饮用自来水，直接引用市自来水公司供水，除嘉积城区外，市自来水公司向塔洋、博鳌、潭门等地供水。在经济发展较好、农民生活富裕的地区，推广以村为单位兴建自来水工程，全部供水到户。另外，积极推广使用超滤网改水，分别在嘉积镇棉寨村、红星水口二村等3个自然村和塔洋镇福寨村建起了超滤网无塔供水工程，效果良好。

市爱卫会在组织农民改厕时，积极研究和推广适合本地实际的“三格池式”“三联通沼气池式”等农村卫生厕所类型；同时，贯彻“自建公助，多方筹资”的方针，争取中央及海南省的支持，对改厕农户给予资金补助及水泥、蹲位、管材等材料补助，调动群众改厕积极性。至2010年，全市累计完成改厕62559户（包括三格式和沼气式），占全市家庭总户数83583户的75%。

第六章 医政管理

第一节 管理体制

1991年，随着《医疗机构管理条例》《中华人民共和国执业医师法》等卫生法规的诞生和卫生工作目标管理的实施，医政工作逐步走上法制化、规范化轨道。1994年9月，结合《医疗机构管理条例》，对全市所有医疗机构重新审核、注册，发放医疗机构执业许可证。2002年6月，市卫生局对全市所有医疗机构进行换发医疗机构执业许可证工作，同时划分界定为营利性和非营利性。界定营利性医疗机构69个（个体诊所、门诊部），非营利性医疗机构269个。其中，政府办非营利性医疗机构29个，其他非营利性医疗机构如厂矿、企事业单位医疗所及村卫生室等240个。2005年6月，市卫生局换发医疗机构执业许可证356个，其中营利性医疗机构77个，非营利性医疗机构279个。

随着市场经济的不断发展，医疗机构成分出现新的变化，社会民办医院、门诊部兴起。至2010年10月，全市共审批民办私营医院1家，即琼海健平医院；民办私营门诊部5家，即复康门诊部、富康医院门诊部、北门门诊部、协和门诊部、新海门诊部。

第二节 医院管理

1991—2010年，在全市（县）医疗卫生单位开展职业责任、职业道德、职业纪律、职业技能的“四职”教育，重点抓好纠正行业不正之风。各医疗卫生单位普遍实行明码标价，医疗收费项目公开，主要收费标准公开，接受病友监督。各医院成立医院质量控制办公室，强调医疗质量规范化要求；坚持走科技兴医、科技兴院之路；重视人才的培养，提高医务人员的整体素质。为完善乡镇急救服务网络，市（县）人民医院开通“120”急救电话。市（县）人民医院、市（县）中医院简化医疗流程，设立导诊台，由专人负责就诊咨询，指导有序就诊。市（县）直医疗卫生单位实行挂牌上岗，将本单位医务人员的照片、姓名、技术职称、学识水平、专业特长等公示于医院的醒目处，为病人选择医生提供方便。全市（县）推行“首诊负责制”，病人的一切疑问由首诊医生负责解释与联系，加强医务人员责任感。市（县）人民医院、市（县）中医院及保健院相继推行住院病人每日费用清单制，并推行药品集中招标采购，降低药品零售价，让利给病人。规范药品管理，严格执行抗生素三级管理，规范临床治疗路径。加大不合理用药及大处方的监控力度，规范临床用药，提高中医中药使用治疗率，促进合理治疗，降低医药费用。每张处方超过100元均由药械科对其进行合理用药评估初筛，对存在不合理用药嫌疑的处方有关人员提交医务办，定期组织药事委员会进行合理用药评估分析，对存在不合理用药的处方有关人员进行通报，并同绩效工资挂钩。每周一次组织“合理用药、合理治疗”为主题的业务查房，进行综合监管。健全质量专题会议制度，每月定期对医疗质量进行点评，提出整改措施，并将结果通报。对不合理用药和不合理治疗行为进行严肃处理，除按规定扣罚绩效工资外，并全院通报批评，甚至停岗学习。

2005年，市卫生局成立“医院管理年活动”领导小组，局长任组长，分管医政工作的副局长为副组长。下设办公室，负责医院管理年活动的督导、检查、评价的组织和情况综合、信息通报等工作。下发《医院管理评价指南（试行）》《医院管理年活动评价标准》。各医疗单位全面分析医院管理的现状，找准存在问题，进行重点整改。先后出台《医院质量管理与控制工作手册》《医院抗生素使用规范》《抗生素分级使用方案》《病历书写质量标准》《处方书写质量标准》，建立三级查房、疑难病例讨论、重大手术讨论、查对制度等医疗核心制度。抓好专业技术人员的培训、教育和考试考核，严格执行技术规范和标准，加强质量监管。打破干部职务终身制，推行中层干部竞争上岗，以及技术岗位竞争上岗制度，促进院内人才合理流动。开展整体护理、无假日服务、诚信服务、全程陪诊陪检服务、一站式服务、住院费用一日清单服务等一系列星级服务。成立咨询室，开设24小时咨询电话，将服务延伸到院前的日常保健、健康检查、就医咨询和院后的随防及康复指导。在此基础上，开展“民主评议医院”活动，加强医风医德管理。

2009年，市级3家医疗单位实行网上招标采购药品5462万元，占药品采购总额的95%，共为患者让利886.4万元。同年，卫生院由镇人民政府主管调整为市卫生局主管（包括全市所有卫生院人员、经费、业务等管理），镇人民政府协管。

2010年，总结医院管理年活动经验，开展“医疗质量万里行”活动。各级医疗机构开展“医疗安全百日行动”的整改、检查和总结工作。在全市范围内开展以“夯实基础护理，提高满意服务”为主题的“优质护理服务示范工程”，制定《琼海市2010年“优质护理服务示范工程”活动实施方案》，成立“琼海市创优质护理服务示范工程”领导小组。

第三节 医疗卫生执法

一、机构队伍

2007年，市卫生局党委成立行政执法领导小组，组长由局长担任，副组长由两名副局长担任，成员由各科负责人组成。市卫生局卫生监督科具体负责监督检查卫生行政执法单位的执法行为，对执法不公、不到位或违规的行为依法进行查处。同时，为加强行政执法工作，聘请1名专职法律顾问和2名人大代表、政协委员为特邀监督员，定期召开座谈会，广泛征求意见。建立完善《卫生行政执法公示制度》《卫生行政执法监督检查制度》《卫生行政执法培训制度》《卫生行政执法过错追究制度》《卫生行政执法责任考核制度》等，有效规范执法人员的执法行为，连续多年未发生违规违纪行为，树立卫生执法良好形象。推行政务公开和执法公示制，对执法人员实行责任追究制，进行《中华人民共和国食品卫生法》《中华人民共和国行政许可法》《公共场所卫生管理条例》《中华人民共和国职业病防治法》《中华人民共和国行政诉讼法》《中华人民共和国行政处罚法》《中华人民共和国赔偿法》等相关法律法规的培训，使其掌握法律知识，公正执法。

二、打击非法行医

1991—2006年，以打击无证行医、规范医疗机构执业行为和查处违规医疗广告为重点，开展各类整顿和规范医疗服务市场专项工作，医疗执业行为逐步规范。2007—2009年，开展全市医疗服务市场整治专项行动，共出动执法检查人员3364人次，出动监督车辆882辆次，检查各级各类医疗机构和涉医机构984家次，取缔无证行医215家，吊销医疗机构执业许可证2家，查处医疗机构聘用非卫生技术人员行医163户次，查处出租承包科室15家，责令医疗机构整改84家，实施处罚46起，罚款10余万元，没收违法所得20余万元。2010年，共出动监督执法人员425人次，车辆163车次，检查各级各类医疗机构和涉医机构588家次，下达整改意见书230份，查处非法行医的医疗机构28家。

三、餐饮服务单位管理

2001年，根据海南省卫生厅的工作要求，先后制定《琼海市（县）食物中毒工作预案》，修订完善《琼海市（县）食物中毒调查处理预案》，召开市区内餐饮单位、加工业单位、工地食堂法人或负责人会议，以会代培，宣传预防食物中毒相关知识。

2005年起，对全市餐饮服务单位、公共场所经营单位进行预防性监督检查和现场审查，并对餐饮业进行卫生许可审查量化评分，严格把好发证关。同年，全市共办理餐饮服务许可证385张，公共场所卫生许可证67张。开展专项检查两次，共计出动监督员287人次，出动车辆68辆次，行政处罚32家，罚款金额2.39万元。2006年度、2007年度、2008年度，全市共办理餐饮服务许可证分别为383张、386张、389张，公共场所卫生许可证分别为62张、65张、68张，每年开展专项检查两次，行政处罚分别为32家、20家、28家，罚款金额分别为1.2万元、1.6万元、1.56万元。2009—2010年度，全市共办理餐饮服务许可证分别为383张、386张，公共场所卫生许可证分别为63张、64张，每年开展专项检查两次，行政处罚分别为24家、26家。

四、打击非法鉴定胎儿性别

1991—2010年，加大宣传力度，重点宣传科学、文明、进步的婚育观念，宣传男女性别比例严重失调的社会危害性，做好综合治理出生人口性别比偏高问题的宣传教育工作。组织各医疗机构、妇产及妇幼保健的医务人员定期对相关法律法规进行学习，加强医德医风建设和医疗质量安全管理。认真落实各项奖扶政策，使实行计划生育的家庭，特别是纯女户家庭在政治上有地位、经济上有实惠、生活上有保障。联合市各职能部门定期组织开展联合执法，对各级各类医疗保健机构、计划生育技术服务机构、个体诊所、药品批发公司、零售药店开展专项检查，对地下“黑诊所”进行取缔。清理整顿现有超声仪器，严格市场准入，查处违法购置、使用B超的单位和个人。组织开展经常性的明察暗访“两非”行动（非医学需要的胎儿性别鉴定、非医学需要的人工终止妊娠）。依法对有关线索进行调查，严厉查处“两非”行为。每年开展打击“两非”联合执法6次，暗访活动25次，检查单位约80家，未发现各医疗保健机构非法鉴定胎儿性别和非法销售终止妊娠药品行为。

第四节　农村基本医疗建设

一、新型农村合作医疗

2003—2010年，琼海市把全面加快新型农村合作医疗（以下简称新农合）制度建设，作为又好又快发展农村卫生事业、保障农民健康的重点民生工程极力推进，基本上形成符合农村实际的合作医疗制度框架和运行机制，总体上运行平稳，参合农民的保障水平明显提高，农民健康意识得到增强。

2003年，为确保农民参合资金筹集到位，市政府结合实际，制订年度筹资方案，指导各镇开展农民参合金的收缴工作。各镇、各村委会强化工作责任制，利用多种宣传方式，把新的筹资标准和补偿政策向农民群众宣讲清楚，让群众真心拥护踊跃参合。在推进新农合制度建设过程中，加快市级医院技术业务的建设，加强乡镇卫生院建设和村卫生室建设。在改善乡镇卫生院医疗服务条件的同时，加强新农合定点医疗机构管理工作，与定点医疗机构签订医疗服务协议，建立定点医疗机构准入和退出制度。要求各定点医疗机构规范诊治，不得滥开药、滥用大型物理检查；不得随意放宽住院指征和标准；接诊时要验明参合患者身份，防止冒名顶替、弄虚作假等情况出现。

2004 年，按照《新型农村合作医疗基金财务制度》要求，在市财政局设立基金财政专户，在农业银行琼海支行开设基金支出专户，严格执行收支两条线、财政专户管理和集中支付制度。市新型农村合作医疗管理办公室根据《海南省新型农村合作医疗基金会计制度》的规定，制作基金收支报表，并以此作为依据建立基金运行监测预警机制，及时向海南省农村合作医疗协调小组办公室传递监测预警数据信息。审计部门定期对合作医疗基金进行审计，确保基金使用、规范、合理、安全，无挪用、挤占情况发生。2010 年 1 月，完成全部乡镇卫生院小医院信息系统安装调试工作，全面实现医疗机构收费项目规范化管理和医疗过程数据的实时上报，建立新农合信息管理平台，为新农合对医疗过程和医疗行为的管理提供支持。

2006 年 9 月 1 日起，实现新农合药品目录与城镇职工医保基本药品目录的并轨，药品目录由 300 多种增加到 1143 种。2007 年，将 24 种儿童专用药品纳入新农合药品目录，将新农合药品目录范围扩大到 1167 种。2010 年，增加国家基本药物目录 307 种。

2010 年，镇、市、省级定点医疗机构的补偿比例分别为 90%、60%、50%。新农合补偿封顶线为每人每年 5 万元。同年，全市应参加新农合人口 33.44 万人，实有参合人数 33.34 万人，参合率 99.7%。

2003—2010 年琼海市新型农村合作医疗收支情况一览表

表 18-6-1　　　　单位：元

年度	收支合计		
	基金收入	基金支出	基金结余
2003	1804038.10	17758.90	1786279.20
2004	5112067.46	2161563.19	2950504.27
2005	8910276.49	5096718.16	3813558.33
2006	11347680.27	8987080.95	2360599.32

续表 18-6-1

年度	收支合计		
	基金收入	基金支出	基金结余
2007	15389181.80	12386319.68	3002862.12
2008	31002435.89	23244650.31	7757785.58
2009	38792231.03	38643210.48	149020.55
2010	46773309.10	52408514.34	–5635205.24
合计	159131220.14	142945816.01	16185404.13

二、农村卫生院国债建设项目

2004 年，农村卫生服务体系建设项目国债资金安排 238 万元、海南省财政资金安排 7.5 万元，用于改善琼海市 14 家卫生院基础设施建设，建设规模 3887 平方米。2005 年，国债资金安排 125 万元、省财政资金安排 42 万元、自筹资金 47.92 万元用于改善全市 3 家卫生院基础设施建设，建设规模 2400 平方米。2006 年，国债资金安排 40 万元、市财政安排资金 2 万元、自筹资金 3.4 万元，用于建造阳江中心卫生院一层框架结构门诊综合楼，建设规模 430 平方米。2007 年，国债资金安排 40 万元、自筹资金 53 万元，用于新建嘉积卫生院三层框架结构门诊综合楼，建设规模 546 平方米。此外，省财政安排资金 160 万元、市财政安排资金 23 万元、自筹资金 2.1 万元，用于建造朝阳、上埇、博鳌、龙江、新市五家卫生院的门诊综合楼，建设规模 2099 平方米。2008 年，国债资金安排 65 万元，用于新建彬村山华侨农场中心卫生院一层框架结构门诊综合楼，建设规模 1032 平方米。市财政拨款 20 万元，用于建造博鳌卫生院门诊综合楼及配套设施，建设规模 1100 平方米。2009 年，李嘉诚基金会捐助海南农村卫生建设扶贫项目卫生院土建工程资金 140 万元，用于建造潭门、福田、万泉 3 家卫生院门诊综合楼，建设规模 979.5 平方米。

第十九编　风俗　民族　宗教

琼海市属汉族为主、散杂居少数民族地区，民俗与海南其他汉区市县无异。世居少数民族有苗族、黎族等。至2010年，全市共有9个少数民族，主要分布在会山镇、石壁镇以及海垦东太农场等，总人口18676人，占全市总人口的3.7%。全市有合法宗教活动场所12处，宗教教职人员20名，信徒4414名，占全市总人口的0.91%。

第一章　生活习俗

第一节　服　饰

一、衣式

1991—2010年，人们的服装大胜从前，可谓五花八门，五光十色。一年四季，各有服装。由于服装市场的蓬勃发展，有名牌专售店，也有各类服装店，服装琳琅满目，加上网购，人们的服装都极为时尚。童装款式多样，又十分新颖，也有面料、布料，做工精细的高档品。青年服装以运动装、牛仔裤为主。女式服装更是多姿多彩。夏有超短裙、超短裤、紧身裤，春夏秋冬都有各式连衣裙、套装、礼服，色彩鲜艳。老年妇女服装也很鲜艳，但更为端正。老年男士讲究端庄得体，多为夹克、衬衫。老年男子还多见风衣、中褛、长褛。执法部门和部分单位、公司、宾馆服务员有专门制服、统一着装。学生都穿校服。

二、帽式

20世纪80年代，农村中老年多戴草帽和竹笠。20世纪90年代后，仅有潭门渔民和农民戴竹笠，农民劳动时戴草帽或越南笠。城市青年很少戴帽子，如戴也多是太阳帽，女子戴各种防晒帽。由于驾驶摩托车、电动车的人较多，都戴有头盔。老年人冬天戴些防寒帽子，童帽则多式多样。

三、鞋式

1991—2010年，已没有人着木屐、草鞋、胶轮凉鞋。夏天，城乡居民多着皮凉鞋、拖鞋，也有人着皮鞋、运动鞋、布鞋。冬天，大多为皮鞋、运动鞋、布鞋。童鞋品种多样，女式有高跟鞋、短统鞋、中统鞋、高统鞋，短靴、中高筒靴等，讲求时髦。绝太多数家庭讲究外出着鞋和家庭着鞋分开和区别。

四、发式

1991—2010年，男式发型以平头，分头为主。女式发型众多，有烫发、染发、染色等，少女兴披肩长发或马尾辫，中老年妇女为烫短发，老年人多有白发染黑或染色。

五、装饰

1991—2010年，城乡居民青年男女兴戴戒指、手表、项链、手镯等。香木饰品和贝类工艺品渐有流行。正式场合女士渐有淡妆。

第二节 饮 食

1991—2010年，居民主食为大米，由于人口流动的增多，人们的交往不断扩大，面食品种增多，面食也极为普遍。早餐人们大多喜欢上酒楼、小食店吃早茶或炒粉、汤粉、点心。宵夜年轻人喜爱选择啤酒烧烤。婚嫁寿宴大多在宾馆酒楼开设宴席，乡村中也多见自摆酒席。

一、喝咖啡

琼海人喜好喝咖啡，多为南洋华侨带回的习惯。一般分为黑咖啡和咖啡奶两种，黑咖啡饮用时不加糖或仅加少许糖，入口微涩又回甘无穷；咖啡奶是咖啡中加牛奶或炼乳，香醇可口，有些人对所加炼乳的品牌还有要求。

二、吃“公道”

做“公道”是海南东部地区流传的一种生活习俗，类似“AA制”。源于过去生活困苦，除亲朋宴请或逢年过节外，琼海人很难有机会吃到荤菜。有时人们为了解馋，便邀几人凑钱买一只“三鸟”（鸡鸭鹅）来均分，鸡鸭鹅煮熟后，便按人数等额分配。为了分配得公平合理，于是请来一位公认的正直人主持公道，由他剁分。主持公道的就称为“公道头”，作为辛苦的酬劳，鸡头鸡肝归“公道头”，其余的肉则由“公道头”按人数平分剁块，分成一份一份的“公道”。配肉的米饭也是共同出钱或从自家拿来的米凑成一份煮成，捏成大小平均的饭团（琼海话称“稗贡”），不需要餐具，用手直接捧着吃。一份“公道”，配上一个饭团和特制的蘸料， 大家吃得不亦乐乎。改革开放后，人民生活水平日渐提高，食品已十分丰富，人们已不再为吃东西而发愁，但吃“公道”这种吃法程序却被当地人延续下来了，成为当地的食俗之一。

三、杂粮点心

琼海人喜好吃杂粮，也擅于制作各种杂粮点心。较为著名的有清补凉、脆皮高粱卷、鸡屎藤粑仔、芒果肠粉、薏粑、椰子粑、树叶粑等。其中，清补凉是海南最具特色的杂粮甜品，琼海的椰奶清补凉是其中较为著名的一派，将椰汁和椰肉混合榨成椰奶，再制成炒冰，加入新鲜椰肉、红豆、绿豆、红枣、花生、通心粉、薏米和芋头等制作而成。脆皮高粱卷是由高粱面饼卷上椰丝、花生、芝麻、冬瓜糖等内馅煎熟制成，与之类似的还有用玉米面、南瓜面等卷馅煎制的杂粮点心。鸡屎藤粑仔也是海南民间较为流行的点心，琼海的制作方式是将鸡矢藤叶的汁液与一定比例的米粉和木薯粉或淀粉混合揉制，再搓成指甲盖大小的粑仔，煮熟后加入姜糖水或椰奶食用。芒果肠粉是琼海杂粮甜品店的创新产品，是用鱼胶粉做成顺滑的肠粉皮，卷入鲜芒果块，淋上芒果酱而成。琼海杂粮甜品店每天日常销售的杂粮甜品就有数十种，花样时常翻新，不仅深受本地人欢迎，还声名远播，流传到省内其他市县，许多游客专门来到琼海品尝杂粮美食。

第三节　居　住

琼海市的街道构成、建筑物布局、单体体量、店铺功能、民居平面布局等，多体现南洋建筑风格特点。建筑选址体量、空间尺度、外墙色彩、装饰符号、山墙线屋脊线的饰物，以及天井、回廊（骑楼）、吹拔、露台等空间特征，形成南洋建筑独特风貌。

南洋风格店铺的特点是：老街的城市形态如大陆和东南沿海都市中的商业街一样，由一排排紧密连接、商住合一、界面连续的店铺组成。开向街道，沿街道走向而排列，街道又沿道溪（河）岸线而走向。为了防火，这些排屋各户之间设有封墙，每十户或十余户便有一个断裂口，宽度为 1—2 米，排屋之前街宽度约 10—12 米，后弄很窄，接近 2 米排屋的形体由于采用相同高度的地坪，相邻高度的腰线与檐口，故而外观比较统一。店铺层高一般为 2—3 层，个别为 4 层，底层较高，一般为 4 米左右，较高的约 5 米。功能布局为“前店后居”或“下店上居”，并备有相当面积的仓库。除自家居住外，还用于备用招待或出租给往来商客与打工仔的小房间。

琼海农村一般同一氏族聚居，或是几个姓氏先后迁居在一起，形成村落。民居大多数聚集在比较平坦、交通方便又有利于垦荒造田的地方，一般坐北朝南，也有坐西朝东的，由坡度走向而定。

琼海农村大、中型民居的平面布局形式有三种：横向多开间式，由三开间基本形式横向扩展而成，前后通风好，视线开敞；一四合院式，中间为庭院，四周由正屋、横屋、门楼、围墙等围合而成，封闭性强，自成家庭小天地，并可减少太阳辐射对室内温度的影响；多进院落式，由四合院沿中轴线向纵向发展组合而成，有利于形成穿堂风，降低气温。

正屋一般为三开间，中间为正厅，是家庭公共活动场所，后部上端常设有阁楼，俗称“公阁”供奉祖先牌位。如果是多进院落式的房子，则在后墙开门以便进出。正屋两侧的房间用作寝室，屋顶开有两个玻璃瓦透光，前后墙还开有小窗，以增加通风。子女多的人家，大多把两侧的房间隔成四间，以增加居住单位。有的人家还在这些房间上面架梁、搁木板，以安放一些杂物。大户人家有多间正屋和数个庭院，形成多进院落式的空间布局，利用屋子、廊道、庭院等进行组合，形成规整中富有变化的平面和空间。横屋一般较正屋要矮和小一些，一般用作住房、厨房、柴房、谷仓、杂物间等，有些人家也会把其中的一间当作客厅使用。横屋和正屋之间常留有廊道，俗称吊廊，没有廊道的称作合廊。横屋数量的多少由庭院面积的大小和多进院落的多少而定。大门一般少对正屋，而是开在横屋一侧，出门就是里巷。门上建有屋盖，一般称作门厅，有的设有阁楼，称为门楼，阁楼上可放杂物或纳凉。庭院是海南民居中不可或缺的一环，面积一般都不大，大多以青砖铺地，可用作晒场，喜庆活动一般在院中进行。大户人家的多进院落中，庭院又可分为前院、中院和后院，并有小型花池等美化居住环境。

琼海民居一般为砖木结构，典型民居的正屋厅堂两壁还嵌以木板，四周墙壁有的以火砖、土砖、石砖砌成，有的用碎石黏土夹压而成，以碎石黏土夹压而成的墙壁一般还会在上面压出砖纹。也有的正厅两侧用木板与寝室隔开。琼海人对建房木料的品质极为讲究，近年还重视选用进口的昆甸木或柚木。

城镇干部职工住集资房、经济适用房、企业低保群体可申请廉租房。从 2000 年起，掀起房地产开发热，嘉积、官塘、博鳌等地建起大量楼盘，居住小区，到处高楼林立，装修高档美观。

第二章 岁时习俗

第一节 传统节令习俗

一、春节

农历正月初一至初三为春节，俗称“做年”，是民间最隆重的传统节日，例假3天，后调休成为春节黄金周，假日共7天。从农历十二月二十三日起，农村称“备年”，祭灶公之后，打扫卫生清洁，把那些破旧家具用具农具收到村头烧掉，叫“送穷”。然后采办年货，即购买新农具家具用具，以及蔬菜鱼肉。北部的大路、泮水、新市、万泉、烟塘、塔洋等地制作年糕，嘉积、温泉、中原、上埇、博鳌、朝阳、福田、潭门等或年三十或正月十五日煎年糕，长坡一带则制作椰子糖、花生糖、爆米花糖。除夕杀鸡宰鸭，贴春联年画，供奉祖先吃团圆饭。初一凌晨，烧香点烛，燃放爆竹，供香茶果品或满桌斋菜，敬神祀祖。是日，穿戴一新，说吉利话，互相拜年；忌扫地、忌吵嘴、忌下田。初二始串门拜年。新婚女子，必携夫先回娘家拜年。福田一带，娘家及叔伯兄弟家家户户都设一桌酒菜，曰“新婚酒”招待女婿女儿。后才走亲访友，亲友来贺年，酒席相待，成为习例。初三早上，将初一存之米饭、鸡头、翅、脚等炒之，曰“炒赤口”；现多为宰鸡杀鸭，摆设酒菜，烧香点烛，供祖祀神。过了初三，算是过完年，上班族打工族纷纷返回单位。旧时“过年”因家境艰难，马虎了之。现春节期间，吃喝玩乐，热闹非常。不少地方还演出琼剧，举行球类比赛和慰问军烈属等。也有聚台打麻将、玩骨牌，娱乐娱乐。

二、元宵节

农历正月十五日，俗称“年仔”，次于春节。又称“灯节”，民间于此日有游灯习惯，尤以县南的蒙养、南正、乐城等村庄为盛。改革开放后，嘉积闹元宵传统复兴，城区游灯规模空前，满城花灯竞辉，观众云集，燃放烟花演琼剧演节目，嬉闹至午夜方散。2003年后，主要在几条街道上开展游园和表演活动，不再搞花车游灯。

三、二月二

农历二月初二日，为“土地公节”。农家用煮熟的母鸡供奉于土地庙前参拜，以祈土地神保佑人畜平安。善男信女为求“贵子”，前来许愿，不拘来年如何，都要还愿。也有请道士设道场为土地公祝寿者。此俗废弃已久。现重建土地公庙祀拜者日多。

四、军坡

海南汉族地区纪念冼太夫人的传统节日。此日，农村各地同时奉祀峒主神祇。其时间不一，农历二、三、四、五、六月皆有，日期由各地例成。1950年海南解放前，于军坡日抬神像游坡巡村，家家户户宰鸡杀鹅供奉，并备酒席，以酬亲戚朋友来访，名曰“吃军坡”。酒席丰盈，甚于春节，花费很大。1950年海南解放后，多数地区因势利导在“军坡日”组织集市，进行物资交流，迷信活动基本停止。20世纪80年代至2010年，“军坡”复兴，盛况空前。中原的十八坡军坡，汇集邻近市县群众，人山人海，热闹非凡。军坡节期间，大多请琼剧团演出。

五、三月三

农历三月初三日，为黎苗族同胞纪念祖先、追求爱情的传统节日。节前，他们做好糯米粽，酿造山兰酒，缝制新衣服，备好腊猪肉。节日当天，石壁、会山等地的黎、苗族同胞，家家户户制作五色饭，摆设酒肉，烧香参拜。入夜后，燃起篝火，男女老少团聚，击鼓起舞，尽情而乐，通宵达旦。未婚男女，借此谈情说爱，结为伴侣。现逢此节，当地乡镇政府有组织地引导开展各种文娱体育活动，并邀请县党政领导参加，节日显得热烈隆重。

六、清明节

此为扫墓祭祀的传统节日。旧时有彦：“有钱人过清明，无钱人过冬至。”四月八或冬至时，有早晚稻熟，新米上场，穷人才有钱米过节。多数地方是在节前3天，家家到亡亲坟前扫祭，用红漆填写碑文，清除墓地杂草树木，为坟添土加高，在坟顶放两块土为坟帽，铺上红纸（俗称离时钱），摆设供品，焚烧纸钱。节日当天，备酒菜佳肴奉祀祖先，以示追念。人民团体则组织学生到革命烈士坟茔献花圈，讲烈士生平事迹，进行革命传统教育。海外侨胞回乡寻根问祖者日众。

七、四月八

农历四月初八或十八、廿八日，塔洋、龙江、中原、长坡、潭门、大路、烟塘、石壁、文市等地部分群众，进行扫坟祀祖活动，其做法与清明节同。

八、端阳节（端午节）

五月初五，家家户户摆设酒席，祀祖奉神，诸多地区还制作糯米粽食用。大路、烟塘两地粽子最有名，包有腌制的五花肉、猪腿肉和咸蛋黄，十分芳香。有种不包馅的粽子叫“棋粽”，配白糖吃。还有用菜包成的叫“菜粽”。许多地方还从井里或河里提清水一桶，将槟榔花、海棠花、篓苞花、香茅等泡在水中，置庭院内，名曰“龙水”，为洗澡驱邪之用。万泉河边的群众，多携带小孩到河中洗澡，名曰“洗龙水”。沿河两岸还进行赛龙舟活动，龙船上备有银针、粽子。比赛开始，鸣锣击鼓，边呐喊，边投针和粽子，其意是将银针赶走“水鬼”，让屈原吃到粽子。1998 年起，万泉河龙舟赛扩大为一项全省性的活动，还增加了女子 400 米直道竞速项目。

九、七月半

农历七月十五日，为盂兰盆节，俗称“鬼节”。节前，俗定某天摆设酒菜奉祀祖先，其时间不一。初一日，各户皆用风柳叶及艾叶夹插于门口窗口“驱邪”，用鸡屎藤叶和糯米磨成粉，做“粿仔”吃。十五日，用刺棠叶或芭蕉叶按上大米粉或番薯粉做粿吃，吃时扒去树叶，称“剥鬼皮”。十五日晚上，城镇商户、居民皆备酒食，放在街头巷尾、庭前野外，香烛布插，满地通红，焚化纸钱，给孤魂野鬼施舍，以结鬼缘。放天灯（也称孔明灯），跨入七月，天灯不断，多在晚上竞放，天灯带上鞭炮和烟花，升空后爆响，七月十五日晚间尤甚。天灯有兄弟灯，七莲灯。现有人放数百张纸制成的巨型天灯。此俗由来已久，现仍袭用，但出于消防安全考虑，渐遭禁止。

十、中秋节

农历八月十五日，城乡人民向有吃中秋月饼之俗。1950 年海南解放前，富家商贾互馈月饼，备酒宴客，晚上摆设月饼、果品、香茶、香烛等贡品，祈拜“月娘”，合家赏月吃饼言欢。而贫者连买月饼也难，无贺中秋之举。故流行顺口溜：“八月十五中秋期，子欲吃饼父无钱，父边打子子边啼，父见子啼父也啼。”1950 年海南解放后，人们生活改善，每逢中秋佳节，家家户户大小团聚，吃饼赏月。亲朋间互送月饼，视为例礼。

十一、重阳节

农历九月初九日，举行登高活动。昔日为读书人、乡绅之事，与贫苦人家无缘。现登高活动渐见活跃，多为青年男女自动组织。是日，登上白石岭或多异岭，欣赏风光，围吃野餐，摄影留念，兴尽方归。

十二、禾仙节

农历四、九月（夏收与秋收前），早、晚稻将成熟时节，农家到田中挑选少量早熟稻收割回来，舂米做饭，盛若干碗置于米缸中，翌日取吃，称“祭禾仙”。俗言吃时要着衣服，不许光身，恐禾仙娘责怪，不给下造禾结谷子。

十三、十月节

农历十月初一至十五日，也称“丰收节”。家家户户宰鸡鸭，摆酒食，敬祖祭神，设宴待客。此俗多见于沿海一带农村。

十四、冬至

为农历十一月之节，节前 3 天内，扫祭祖茔，祭祖奉神，有如同清明节。

十五、除夕

农历十二月下旬起，准备购买年货，增添家具器皿，办置备类食物。到除夕前一、二天，家家户户忙于制作米粿、米糖方等。除夕日（一般是年三十，小月为廿九）打扫庭院，洗净家具器物，张贴春联，丰盈酒饭供奉祖先，然后阖家举宴，吃“团圆饭”，俗称“年夜饭”。上灯时分，全室通明，男女老幼皆着新装守岁，迎春接福，长者给幼辈“压岁钱”，表示又长了一岁。是夜，观看春节联欢节目，等待新岁到来。

第二节　礼仪习俗

一、婚嫁

（一）定亲

1950年海南解放前，实行封建婚姻制度，男婚女嫁全凭父母之命，媒妁之言。女孩数岁，便托媒说合，甚至指腹为婚。如双方父母同意，即将女方之生辰八字写成庚帖，交给男方“合八字”，俗称“出命”。经算命先生卜算，如命格相和，无相克之嫌，即选日备彩礼送至女家，亲事便定，称为“定命”或“送槟榔”。1950年海南解放后已废，皆为自由恋爱。

（二）讲亲

为准备迎亲前之礼仪。男家备糕饼或粿粽等礼物，托媒带到女家，要求其父母给予迎亲，女家如同意，男家即可择日完亲。若女家以女儿年小等词推辞，男家还须来年再行讲亲，直至女方父母同意为止。

（三）送日

即报知迎亲日期。女家父母同意之后，男家即请算命先生卜婚期，俗称“看日”。婚期吉日择定，男家请媒人将其日期和彩礼送至女家，称“送日子”。送彩礼，重在金钱。旧时送银元、国币，现送人民币。彩礼多寡，视男方家境而定，并征询女方意见，富者多送，贫者少送。亦有苛求者，男方须得托媒补送或婉言以和。此例沿袭至今，彩礼颇厚，一般需送人民币数千至数万元，亦有更甚者。

（四）迎亲

婚期既定，双方均须做些准备。1950年海南解放前，出嫁女子十天半月不干活，蹲在家里，同姐妹们一起忙做嫁衣裳。迎亲之日，男家备好花轿及鼓乐队到女家迎亲。有钱人家新郎，还租坐黑轿到女家，叫“出面”。而有些地方不分贫富，迎亲之日，新郎一定要坐黑轿前往迎接新娘。新娘穿男方租用的礼服，由伴娘扶送入轿，跟随到男家。花轿临门前，鼓乐爆竹齐鸣，新郎新娘参拜祖先，引进洞房。男女家富者，皆备筵席，宴亲朋，贫者聊备酒食，应付了事。晚间，新婚夫妇吃“和好饭”，亲友戏闹。翌日晨，新娘入厨房，灶内添柴，缸内加水，然后分大小行礼，拜长辈，认亲戚。第三日，新娘回娘家，于数日后，男家备薄礼到女家接回，至此，婚礼方算结束。1950 年海南解放后，废除封建婚姻制度，推行《中华人民共和国婚姻法》，男女双方自由恋爱结婚，成为社会新风，传统的婚姻礼仪也逐步有所简化和改革。20 世纪 90 年代，结婚趋向大操大办，出现轿车迎送，嫁妆高档，酒席十分讲究，甚至在酒楼设宴，每席动辄几百元、上千元。“人情封”也越来越大，一般亲朋几百几千不等，摆阔之风日盛，结婚费用扶摇直上，达一两万元以上。黎苗族同胞，婚嫁较为自由，成年男女，唱山歌互答，传情说爱，情意相投者即结为伴侣，行迎送礼仪，便女到男家。

二、生育

新婚妇临产前，娘家须送婴儿衣服、鞋、帽、尿布等物，并请接生婆到亲家看视女儿，叫作“催生”。婴儿出生后，娘家须送产后食物，如蛋、姜、酒等，谓之“看胎”。现生孩子，都到医院。产妇坐月子。不准出门，以防染病。至十二日，始给婴儿沐浴，并备简便饭菜酬谢邻亲及助产者，称为“十二日”。婴儿满月，拜祭祖先，赐其名字，庆祝一番。

男称“弄璋”、女称“弄瓦”。富有人家生男孩，大排酒席，宴请亲友。满周岁时，给婴儿做“对岁”，备酒食拜见祖先，娘家送“手工粿”（用米磨成粉，做成鸟、鱼等各种物状的东西），连同砚、笔、书、尺、算盘、剪刀等物，摆设于婴儿面前，让其捡拿，以卜其将来从何职业，俗称“拾岁”。

三、寿庆

成年男女平时只过生日，不做寿。有“男不做三十，女不做四十”之忌。50 岁始做寿，60 岁称大寿。72 岁、83 岁、94 岁则大贺特贺。旧时富有人家祝寿大摆排场，堂上张灯结彩，寿屏高挂，正中桌上摆上筹面、寿糕、燃大红烛。寿公寿婆端坐中堂，头戴红巾，腰系红帕，儿媳双双上前跪拜，继由女儿、女婿、侄、孙等拜贺，然后大摆酒席热闹一番。是日，亲友送礼物敬贺，岳父母寿庆，女婿之礼特厚。平常人家老者过生日，只剥“红蛋”，备便饭谢芳邻长者。此俗于 1950 年海南解放后废丢已久，现又复兴。

四、建房

建造房屋乃家庭之大事，向来慎重。建房前，要把全家人生辰请“看日”先生卜算，择定吉日良辰。建房时，升梁尤为人们所关注。在先升梁后立墙，也有先立墙后升梁者，做法不一，但无论何者，均须于升梁之前，用红纸写好梁斗（梁上贺联），贴在梁上，并用红布缝袋，装进钱、米，挂在梁中央，然后把梁置于宅基的前面，吉日良辰一到，立即升梁，鸣锣燃炮，齐声呐喊，并延请村中两位德高望重、父母双全、夫妻健在、子孙满堂者为贵人拜梁。有的于上梁时，还把糖仔、饼干等撒在宅基上，让孩子捡吃，以示吉利。梁升稳后，在屋内筑个临时灶，由一位亲戚挑酒米走在前面，屋主拿着火把跟在后面，接着全家大小鱼贯而入，称“入宅”。当天，设宴招待至亲。俗成已久，今尤胜之。

五、丧葬

1950 年海南解放前，城乡丧葬之习烦琐，礼仪不一。按一般习例，病者弥留之际，家人须日夜守护，对长辈更是如此，谓之“送终”。临终前，须为其剃头、洗浴、穿好衣服、鞋袜等，置中堂席地正寝。至殁，鞭炮三响，用钱纸遮脸，用被盖密，在死者足下置一香炉，点一油灯，叫“引路灯”。用棺木殓好死者置于中堂，死者家属在棺旁“守灵”，以尽孝道。贫者葬较快，富者葬较迟，有延至 7 天（一七）才出殡者，以土葬为主，火葬尚未为多数人所接受。出殡时，放鞭炮，抛纸钱，送上山头。有钱人家还请哀乐队演奏。每隔七日，举祭 1 次，称“做七”，共祭 7 次，49 天。男“三七”、女“五七”为大，有些家庭还请道士开道场以超度死者亡魂，称斋醮，俗叫“做佛”。为死者制作纸床、纸柜、纸箱及生前用具等，于佛事结束前烧给死者。旧时居葬期间不理发，不近房事，不外出会客，不参加娱乐，称为“守孝”。殁后 100 天祭，称“做百日”；殁后一年祭，称“做对年”；殁后两周年祭，称“做三年”。“做三年”之后，可修造死者坟墓，立碑记，以后每年清明节扫祭一次。苗族人死后，请“道公”做道场，历时两三天。将死者葬于祖山后，回来尽饮而散。1950 年海南解放后，提倡移风易俗，丧葬之风从简，干部中多以送花圈开追悼会对死者表示哀思。20 世纪 80 年代，设道场做佛事等迷信活动，逐渐复兴。

第三节　行业习俗

一、农作习俗

（一）教犁借耕

琼海市农民耕种主要靠牛力。牛犊养大，须驯教犁地，其方法是将牛套好犁轭，由幼辈于前面拉牛，长者扶犁跟后教练，直至教熟为止。驯教前，在牛栏中祀牛神，以祈其耕作技术熟练。现祀牛神之俗已废。旧时很多农民无牛耕田，得向亲戚朋友借用。送还牛主时，要做粿或用其他食物酬谢。现此俗已废。

（二）浸种插秧

播种前，用饭团、酒肉置于屋外祀秧婆，祈其保佑秧苗茁壮，驱除鼠虫之害。现已废。

二、种树习俗

农民种植椰子树，讲究时令、吉日，多选在初一或十五日，若少结果，也于此日绕树干刀砍一圈，俗言此法可使椰树枝叶繁茂，硕果累累。现仍沿袭。

三、饲养习俗

（一）耕牛选择

农民对耕牛的选择很严格，察其毛旋、口舌、头、脚、尾等部位有否生犯忌。有犯忌者，虽健壮、价廉也不买。

（二）猪苗选择

主要察其是否“破相”，如耳后有白毛者叫“插花”，尾卷者叫“卷圈”，还有缺趾等，均属“破相”，谓之饲养不利。现农家仍忌此俗。

（三）狗猫选择

认为狗胎产一崽者，其崽不祥，丢之不养；猫胎产一崽者，其崽吉利。故有“单猫守谷仓、单狗守葬庄”之谚。

四、匠作习俗

（一）从师学艺

旧时，凡拜师习阉割、打铁、木工、裁缝、理发等工艺，须行拜师礼，如设酒席敬师，立“关书”，定期限。期满征得师傅同意，方准自行谋生。现对徒弟终身依附之不合理规定已废，但拜师请酒送礼之风甚盛。

（二）烧窑俗例

砖瓦窑、石灰窑于起火收火之时，皆宰鸡杀鸭为供品，烧香礼拜灶神，祈求平安。现多数地方此俗尚有。

五、行船习俗

行船出海，要烧香燃宝，敬拜海神。琼海市渔民敬拜“108兄弟公”，开海时要举行祭拜仪式。在船上，忌一切不祥言语，如“沉”“吃水”“翻”等，现仍沿袭。在船上、水不能叫水，叫茶，如吃水说成吃茶，取水煮饭则说成取茶煮饭。

第四节　地方殊俗

一、博鳌乐城赛肥鸡

每逢元宵节，博鳌镇乐城岛人以家庭为单位，在规定的“游灯”路线上，将自家养的肥鸡杀好煮熟后进行艺术加工，摆出各种造型，摆在自家门口敬神迎神。并接受肥鸡评审小组的点评，看谁家的鸡养得大，养得肥，造型精美，赛哪家对神明最虔诚，祈求来年吉祥如意。据传，乐城赛肥鸡习俗最早由明代祭祀城隍爷的祭礼演变而来。在城隍庙的碑文上，记载了清乾隆四十七年，乐会知县以肥鸡求雨的情景。那年，乐会出现大旱灾难，知县姚秉哲率官员和乐城百姓在城隍庙求雨，天从人愿，一连降水四日，缓解了当地旱情。人们认为那次能灵验地求到雨是因为祭祀牲品中有大肥鸡，此后，乐城的百姓便在每年元宵节都杀大肥鸡供奉城隍爷，并在日后演变成乐城肥鸡敬神赛，比拼谁家供奉的鸡最肥硕。鸡与“吉”谐音，是为吉祥、勤劳的象征。赛肥鸡比的是哪家最会养鸡，哪家最为勤劳，成了乐城人闹元宵最具特色的文化活动。

二、禾仙节

博鳌地区每年水稻有早、晚两造，一般为农历四月和九月。进入九月后，农人便到田间挑选少许较早成熟的稻禾割回来，晒干舂成米，并掺进老米中煮饭。煮好后舀两碗饭上下对扣，揭去上面一只碗便成一碗“稗贡”。傍晚将“稗贡”置于米缸中，翌日早上取出来吃，称为“祭禾仙”。传说吃“祭禾仙”饭时，吃饭的人必须衣冠整齐，若是光膀则是对禾仙的不敬，禾仙将不再赏赐丰收年景。

三、交流集

“交流”指公历每月 1 日和 15 日在阳江镇墟进行的集市活动。源于二十世纪五六十年代供销部门举办的“物资交流会”。由于阳江镇四通八达，地处交通枢纽，每逢这两日，来自周边龙江、会山、东平、东太等镇（场）甚至定安、万宁、屯昌等市县的大小商贾和赶集人群便聚集在阳江镇墟开展往来。最盛时“交流”有三四万人参加，镇墟挤得水泄不通，热闹非凡。

第三章　民族与宗教

第一节　民族机构与分布

琼海市属汉族为主、散杂居少数民族地区，世居少数民族有苗族、黎族等。随着经济和科学社会事业的发展，改革开放的深入和扩大，各民族间的交往联系日益频繁。至2010年，全市共有9个少数民族，总人口18676人，占全市总人口的3.7%。其中苗族人口共有6683人，占全市少数民族总人口的35.7%，黎族586人，壮族1908人，回族38人，其他民族406人。这些少数民族人口中，苗族、黎族、壮族主要分布在会山镇、石壁镇和东太农场等。

第二节　民族工作

一、机构

1992年7月，成立琼海县民族事务委员会。1996年6月，设立琼海市民族宗教办公室。2000年3月，设立琼海市民族宗教事务局，为琼海市政府办公室的内设机构，2009年12月，更名为琼海市民族宗教事务委员会。

二、主要工作

民族工作机构自1992年成立至2010年间，积极争取中央少数民族发展资金，帮助少数民族地区群众打水井、改造民房危房以及建设道路。同时，按国家有关规定，为少数民族地区的民族考生以及符合条件报考国家公务员的人员办理相关的民族身份确认手续，确保少数民族群众依法享有国家规定的优惠政策。至2010年，全市7个民族村委会42个村民小组中，有32个村民小组建成硬板化道路和用上安全自来水。全市共有45名少数民族干部，在全市各级党代会、人代会中少数民族代表8人。

第三节　宗教管理

琼海市有佛教、天主教、基督教。有宗教团体两个：琼海市基督教“三自”爱国运动委员会，成立于1985年10月；琼海市基督教协会，成立于2004年。2010年，全市共有合法宗教活动场所12处，宗教教职人员20名，信徒4414名，占全市总人口的0.91%。

每年六月定为市宗教政策法规学习月，举办宗教教职人员培训班，加快爱国宗教人士培养的步伐，使党和政府可以信赖的爱国宗教人士队伍的年龄、文化、经文知识等结构得到不断完善；积极开展和谐寺观教堂创建活动，推动市宗教界加强教风建设，保持和谐寺观教堂创建活动的生机和活力，加强宗教活动场所的管理，引导宗教健康发展；做好宗教活动场所安全防范工作，组织对各个宗教场所进行消防、治安等方面的安全检查，确保信教群众和教会财产的安全。

第四节　主要宗教

一、佛教

博鳌镇存在很多佛教历史遗迹与观音传说。2002年年末，正式筹建以博鳌禅寺为主体的“博鳌东方文化苑”，博鳌禅寺为全市仅有的佛教寺庙。2005年3月25日，博鳌禅寺东方文化苑举行开园仪式，4月8日，禅寺僧团全部入寺。经国家宗教事务局批准，中国佛教协会常务副会长圣辉大和尚出任博鳌禅寺方丈。4月19日，开展正常的佛事活动。

二、天主教

20世纪30年代中期，天主教传入琼海，有教堂一座，位于琼海市长坡镇长山园村委会山锡村；2010年，共有信徒150人，全部为受洗礼信徒，其中男信徒55人，女信徒95人。

三、道教

琼海市道教文化主要流行于民间，是民间祭祀祖先、祭祀历史人物的信仰文化。全市共建有170多座庙宇，供奉各类“神”，大多以一些历史人物及事迹为传说，通过民间“祭祀”的方式举行活动。祭礼规仪严谨，结合民间传说，与传统节日习俗“军坡（公期）”相融合，在民间有较大影响力。有些“军坡（公期）”参与群众达万人以上。琼海市道教文化未形成宗教团体组织，没有统一的教经、教规、教义，没有宗教教职人员。民间活动为群众自发按照风俗习惯、特定节日举行。因此民宗部门未把民间道教文化活动纳入宗教活动管理。

四、基督教

1983年，基督教正式纳入政府统一管理，并开展宗教活动。2000年，修缮基督教嘉积教堂。2003年，嘉积教堂被列为“市级文物保护单位”，是琼海市重要的宗教活动场所，也是海南基督教的重要活动场所之一，每周有500—800人次在此聚会过礼拜。2010年，有依法登记的基督教活动场所10个，其中教堂3座，即嘉积教堂、彬村山华侨农场伯大尼教堂和上埇教堂，教点7个；教职人员17人，牧师3人，长老7人，传道人7人；共有信徒4125人。

第二十编　民政　人事　劳动保障

1991—2010年，琼海市（县）认真做好第一至第六届村（居）委会换届选举工作。老龄工作、婚姻登记、殡葬管理、收容救助等进一步规范。执行劳动部门介绍就业、资源组织起来就业和自谋职业就业的“三结合”就业方针，同时推进农村剩余劳动力转移就业。认真落实各项社会保障保险制度和优抚优待政策，并顺利开展扶贫工作。

第一章　民政事务

第一节　基层组织建设

一、村（居）委会建设

1991年，对7个乡镇1080个村委会组织进行整顿。1992年，对14个乡镇2523个村委会组织进行整顿。1995年，琼海完成撤销管理区改设村（居）委会工作，同时进行第一届村（居）委会选举，共有198个村（居）委会换届。1998年11月，完成第二届村（居）委会换届选举工作。全市共有203个村（居）委会完成换届选举工作，选举产生村（居）委会主任203人。

2001年下半年，完成市第三届村委会换届选举工作，被授予“海南省第三届村委会换届选举工作先进市”称号，长坡、中原、嘉积、上埇等4个乡镇被评为“海南省第三届村委会换届选举工作先进乡镇”。同年，在温泉镇温泉村委会开展村务公开试点工作。2002年，为方便管理，重新调整一些村民小组的属辖关系，5月21日，将中原镇联光村委会管辖的大埇上、大埇下、竹子林等3个村民小组划归中原镇大锡村委会管辖。在琼海市第三届村居委会换届选举及乡镇行政区域调整工作结束后，居民委员会更名为社区居民委员会。 2004年，完成市第四届村（居）委会换届选举工作，全市203个村（居）委会通过投票选举产生村主任203名、副主任287名、委员427名，其中连任754人，占村（居）委会成员的82%，新当选163人，占村（居）委会成员的18%，全市参加投票选民249065人，参选率达97.7%。2005年，在北山、福田村委会开展村务公开示范点工作，设立村务公开监督小组；4月，海南省村务公开工作现场会在琼海召开，市政府和博鳌镇政府分别在会上介绍经验。2007 年 10 月，完成市第五届村（居）委会换届选举工作，全市 203 个村（居）委会共选举产生村（居）委会主任 203 人。2008 年 9 月，组织召开纪念《中华人民共和国村委会组织法》颁布施行 10 周年座谈会。2009 年 4 月，海南省村务公开、民主管理“难点村”治理工作现场会在琼海召开，与会代表考察博鳌镇博鳌村委会、北山村委会村务公开示范点。

2010 年 9 月 5 日，完成市第六届村（居）委会换届选举工作，全市 12 个镇 204 个村（居）委会 2753 个村（居）民小组选举产生新一届村（居）民委员会成员 929 名，其中村（居）主任 204 名，副主任 314 名，委员 411 名，村（居）民小组长 2753 名。此次换届工作选取嘉积镇温泉村委会和美景社区居委会为试点村，省换届选举观摩现场会在嘉积镇温泉村委会召开。

二、社区建设

2001 年，在琼海市文坡居委会开展社区服务试点工作。2003 年，嘉积镇文坡、朝标、美景、登仙岭等被评为“海南省社区建设示范单位”。2005 年起，在全市范围内组织开展万家社区图书室援建和万家社区读书活动，共购置书柜 108 套、图书 2000 多册，赠予社区和村委会。2008 年，选定阳江镇上科村委会、龙江镇中洞村委会开展农村社区建设示范工作。2009 年，阳江镇上科村社区建设示范点工程建设竣工。

第二节　老龄工作

1991—2010 年，琼海市（县）委、市（县）政府每逢重阳节都组织慰问百岁老人、优抚对象、下岗职工和老党员，并组织联欢活动等。2001 年，投资 83 万元建成面积 1500 平方米的市级老年人活动中心。2004 年，全省老年体育科学研讨现场会议在琼海召开，市老年人体育协会（简称市老体协）、嘉积镇老年人体育协会在会上做经验介绍。同年 5 月，市委、市政府发出《关于认真做好老年人社会优待和服务工作的通知》，对老年优待职责和老年人应享受的优待做出明确规定。同年，给 28 名百岁老人颁发“健康长寿”荣誉证书，每月发给 60 元生活补贴费。至 2006 年，新建老年人活动室 15 间，面积约 1200 平方米，添置老年健身活动器材 450 件（个），嘉积城区有老年健身活动点 40 多个。同年，按照省政府规定，从 7 月起开始对百岁老人每人每月发放长寿保健补贴金 150 元。2007—2010 年间，琼海市共为 4 万多名 60 岁以上老年人办理优待证。2007 年 10 月，市老龄办、市老体协在市体育服务中心举行庆祝重阳节联欢晚会。2009 年 3 月，市老龄办、市老体协、市老干局、市体育服务中心联合举办“中华人民共和国成立六十周年琼海游”活动；市老龄办、市老体协于重阳节在市体育服务中心举行全市老年人运动会，共 12 支队伍近 250 人参加；国庆期间，举行联欢晚会。2010 年，对全市百岁老人情况进行全面核查，建立百岁老人档案，配合海南医学院对全市 66 名百岁老人进行体检，并全面建立高龄老年人资料信息库。至 2010 年，琼海市有百岁老人 66 人，90—99 岁老人 1318 人。同年，经市政府批准，琼海市百岁老人长寿补助金在省级人月补助 200 元的基础上，市财政再给予每人每月补助 300 元，即百岁老人每月可领取长寿补助金 500 元；从 7 月 1 日起，对全市 90 岁以上高龄老人给予长寿补助优待，90—99 岁高龄老人月补助 100 元。

第三节　婚姻登记

1991—2003 年，琼海市（县）婚姻登记由乡（镇）人民政府办理，市（县）民政局负责办理辖区城镇户口及涉外婚姻登记手续。2004 年 1 月起，全市婚姻登记统一到市民政局集中办理，同时不再受理涉外婚姻登记，实现由婚姻登记管理到婚姻登记服务的转变。同年，全市有 3011 例结婚登记，202 例离婚登记。2005 年，婚姻登记审批项目进入市行政服务中心，实行信息化管理。同年，全市有 2560 例结婚登记，303 例离婚登记。2007 年，整理建立婚姻档案 70 个。2008 年，全面建立婚姻档案。2010 年，婚姻登记信息上网公布，市民政局每月定期向市计生部门通报全市结（离）婚情况。同年全市有 5208 例结婚登记，425 例离婚登记。

第四节　民间组织管理

1991 年，琼海县民间组织登记工作由县民政部门负责。1996 年，琼海市民政局依法批准成立社团 5 个，进行年检合格社团 35 个。1998 年，国务院发布《社会团体登记条例》和《民办非企业单位登记管理暂行条例》。同年 11 月，开展民办非企业单位复查登记试点工作，1999 年 3 月底全面完成，全市核准登记民办非企业单位 19 个。2003 年 12 月，市民政局出台《关于做好民办非企业单位年度检查工作的若干规定》。截至 2010 年，全市共有社会团体 119 个，民办非企业单位 69 个。

2004 年，琼海市推荐长坡农民运销协会为先进典型，参加了在山东省青岛市举行的民间组织管理经验交流会。2005 年，长坡镇农民运输协会、市书法工作者协会、市工商个体协会、小明星幼儿园被评为“全省民间组织先进单位”。2007 年，长坡镇农民运销协会、市工商个体协会、市书法工作者协会、小明星幼儿园被授予“海南省先进民间组织”称号。2009 年，市民政局组织全市新社会组织开展学习实践活动，琼海市瓜菜专业技术协会、琼海市酒店协会、琼海市嘉积海桂学校、琼海市琼师幼儿园、琼海市潭门镇工业管理协会分别获得“全省社会组织先进单位”称号。2010 年，在全市社会组织中开展“创先争优”活动，涌现出一批制度健全、管理规范、遵纪守法、业绩突出的先进集体，琼海市瓜菜专业技术协会、潭门镇工业管理协会、琼海市酒店协会、琼海市嘉积海桂学校、琼海市琼师幼儿园等获得全省先进社会组织称号。

第五节　地名管理

1994 年，琼海市基本完成户口门牌调查任务。2002 年 5 月 20 日，中原镇大克村委会更名为中原镇大锡村委会；同年 7 月，市政府批复同意嘉积镇城南区 19 条街巷命名，分别为：人民路东一巷、东二巷，嘉潭路北一巷、北一路、北二路，豪华路南一巷、南二巷、南三巷、南四巷、南五巷，豪华路北一巷、北二巷、北三巷、北四巷、北五巷、北横一路、北横二路、北横三路、人民路西四巷等。2004 年，在嘉积镇银海路、金海路、善集路、东风路、富海路、爱华东路、爱海中路、人民路、豪华路、德海路、兴海（北、中、南）等 13 个路段设置路标。2005 年，市民政局撰写《琼海市街道门牌工作现状和对策》的调查报告。对琼海市 7 个 500 平方米以上无居民海岛进行命名，并协助市公安局、市旅游局做好万泉河旅游景点标牌的定点、安装工作；同年 9 月 6 日，万泉镇茶山村更名为名山村。2006 年，完成琼海市 12 个镇 203 个村（居）委会 2757 个村民小组 3200 个自然村的地名录编纂工作。2009 年，完成《海南岛周边部分岛屿图册》琼海市部分的编制工作。2008 年，琼海市设置灯箱式广告、街道标志 36 个，完成琼海地名数据库和公共服务工程建库的前期准备工作，建库设备全部到位。2009 年，完成嘉积城区 16 条主要街道的地名标志设置工作，设置街道标志 30 个，并协助省民政厅完成琼海周边 500 平方米以上无居民海岛地名命名工作，命名无居民海岛 1 个。2010 年，完成琼海市第二次地名普查的准备工作，制定地名普查工作实施方案及工作规程；完成了嘉积城区 18 条街道（巷）地名标志的设置及维修任务；完成琼海博鳌镇地名规划试点工作；完善市级地名数据库建设，积极开展地名信息化服务。

第六节 殡葬管理

1991年，琼海县与山东四海集团公司签订合作开发金鸡岭国际公墓合同，引进外来资金400万元。1992年4月，动工兴建总投资2000万元的龙归园国际公墓。1993年，龙归园公墓建成，每年协助处理无名尸体的安葬问题。2002年，积极宣传《琼海市殡葬管理暂行规定》，调处公墓与村民纠纷案件3起，会同工商部门对本市辖区内出售殡葬用品的业主进行登记。

2005年，市民政局建立每年度7—8月对全市经营性公墓实行年度检查制度。2006—2010年，认真做好国家和省殡葬管理法规的宣传，积极推进殡葬改革，倡导节俭、文明办丧事，依法管理殡葬事务，指导“海南国际龙归园”做好殡葬管理工作。

第七节 扶贫工作

一、扶贫机构

1989年7月，成立琼海县贫困地区经济开发办公室，1991年，与琼海市蚕桑生产办公室合并，实行一套人马两个牌子，定编12人。1992年，琼海撤县设市，更名为琼海市贫困地区经济开发办公室。1995年机构改革，更名为琼海市贫困地区经济开发服务中心，定编8人。2007年8月，更名为琼海市扶贫开发办公室。2008年，批准为参照公务员管理的副科级事业单位，定编5人。2009年4月，革命老区建设职能划转扶贫开发办公室。至2010年不变。

二、扶贫开发

1991—2000年，投入扶贫专项资金650万元，帮助贫困村庄完成打井325眼、建自来水塔8座，使贫困地区绝大部分村庄饮上清洁的井水或自来水。修路85千米，架电35.8千米，修水利设施35宗，村委会全部通车，村村户户通电，水利灌溉条件明显改善，文化教育和医疗保健设施也有较大改善。投入扶贫资金450万元，扶持贫困农户发展橡胶、槟榔、椰子、胡椒、养鸡、养鸭、养鹅、养鱼等种植养殖生产，会山乡种植橡胶达1866.67公顷、90万株；上埇乡林间养鸡专业户达450户、年出栏肉鸡达400万只；朝阳乡流水养鱼网箱达400只、年产鲜活鱼88万公斤；塔洋镇瓜菜种植面积达250公顷、年产瓜菜4500吨。贫困地区产业发展各有特色，初具规模，逐渐形成专业化、商品化、规模化。

2001—2010 年，扶贫、以工代赈、农综、水利、交通等各部门共投入资金 3582 万元，扶持贫困地区的基础设施建设，建设山塘水库加固工程 12 宗，渠道配套防渗工程 17 宗，修建抽水机站 12 座，改善和增加灌溉面积 2169.33 公顷。建自来水塔 23 座，打水井 220 口。修筑乡村公路 165 千米，架电 45 千米，村委会级全部通硬板化公路，用电难、饮水难问题得到基本解决，文化教育和医疗卫生事业全面发展，贫困地区的面貌发生根本变化。投入扶贫资金 350 万元，继续扶持贫困地区的橡胶、槟榔等基础产业发展，稳定贫困农户脱贫致富的基础。投入扶贫资金 200 万元，组织实用技术培训和新技术应用推广，提高贫困人口素质，使贫困农户真正掌握 1—2 门实用生产技术。注重培养农村技术骨干，使他们成为贫困农户脱贫致富的技术带头人，开办实用技术培训和技术骨干培训共计 215 期，22253 人次；贫困家庭劳动力技能培训和劳动力转移引导培训共计 18 期、1552 人次。

三、联手扶贫

1998 年 6 月，琼海市对五指山市畅好乡开展以“四帮”（帮思想、帮技术、帮门路、帮资金）为主要内容的联手扶贫工作。市政府先后选派 9 批 28 名思想品质好，工作经验丰富，能吃苦耐劳的干部到畅好乡，安排 370 万元资金用于联手扶贫。投入资金 28 万元，扶持发展生产，购买良种母羊 900 只，扶持 350 户农户发展养殖业；购买粉蕉苗 7 万株、购买槟榔苗 1 万株，扶持帮助 170 户农户发展种植业；兴办番石榴种植示范基地，多方面促进经济发展，增加农民收入。投资资金 86 万元，扶持基础设施建设，在什哈村委会 4 个村小组建蓄水池 2 个，安装自来水管 2430 米，解决 130 户、385 人的饮水难问题；修建什哈村小桥 1 座；修复畅好村水毁桥梁 1 座。投入资金 70 万元，扶持什哈村委会保农、太吴两村小组及保国村委会什冲村小组共 56 户进行茅房改造，修建钢筋混凝土平顶房，每户 60 平方米，两房一厅套间，通水、通电、舒适安全，生活条件明显改善。投入资金 60 万元，扶持文明生态村建设：帮助畅好、番贺、草办 3 个村委会建成文明生态村 3 个，兴建文化室 3 幢共 350 平方米，帮助畅好墟安装路灯 23 盏，改善环境。投入资金 67 万元，支持教育事业发展，帮助畅好小学修建教师宿舍楼 1 幢 420 平方米，修缮畅好中小学教学楼和草办小学教学楼共计 1650 平方米；市嘉积中学、实验小学、嘉积镇一小等向畅好中学、畅好小学及什哈小学先后捐赠校服 500 套、电脑 2 部、收录机 6 部、图书 2500 册、桌椅 80 套；嘉积中学和畅好中学开展手拉手活动，嘉积中学文艺队 2 次到畅好中学开展联欢，实验小学 3 次组织师生到畅好小学开展手拉手活动，相互交流；组织嘉积中学及市直小学有丰富教学经验的教师到畅好乡支教，先后有 15 人次参加。开展科技扶贫，组织 9 批次科技下乡下村，聘请市农业技术专家 27 人次赴畅好乡进行技术培训、技术指导及技术咨询，举办水稻、橡胶、石榴、槟榔、荔枝、龙眼、养羊等种植、养殖培训班15期，参加培训1750人次，赠送技术资料4850册。深入乡村开展培训，实地指导农户的生产，帮助解决技术难题，推广应用技术，提高种植和养殖业的生产技术水平。关心贫困农户的疾苦：市干部职工为联手扶贫的畅好乡群众先后捐赠衣物2.35万件，市政府还拨出专款5万元在春节期间慰问特困农户。投入资金54万元，为驻畅好乡的联手扶贫工作队员提供必要的交通条件及业务费用，为他们解决实际困难，完成联手扶贫工作任务。联手扶贫工作已见成效，畅好乡的经济和各项社会事业全面发展，人均生产性纯收入1998年不足千元，2010年达3250元。

四、扶贫成效

1990年年底，琼海县有贫困乡镇4个（塔洋镇、上埇乡、朝阳乡、会山乡），贫困村委会62个，贫困村民小组662个，贫困农户12108户，贫困人口58490人，占全县农业人口的19.5%，贫困乡镇农民人均纯收入275元。至2000年年底，绝大部分贫困人口已脱贫，部分已步入致富行列，4个贫困乡镇、62个贫困村委会农民人均纯收入超千元，全部摘掉贫困的帽子，顺利完成"八七"扶贫攻坚计划。2001—2010年，以稳定脱贫为重点，以提高贫困人口素质为核心，以真正改变贫困地区的落后面貌为目标，把扶贫开发同建设社会主义新农村结合，人口素质明显提高，建成文明生态村252个。

第八节　老区工作

1989年，琼海县老区办公室并入县民政局。1991—1994年，市（县）政府先后拨款325.9万元，帮助老区发展生产，兴办水电，修路架桥打井等。1993年，成立琼海市老区建设促进会（简称市老促会）。1994年，老区人均收入达1220元。2000年，全面开展"琼海老区行"活动。2001年，阳江镇革命传统教育基地建成革命烈士纪念碑、老干部活动中心。2002年，确定阳江镇上科村为老区建设示范点，长坡镇福头村、大路镇美容村为帮扶点。2003年9月，海南省老区建设示范点、帮扶点工作现场会在琼海召开。2004年，总计划资金213.2万元建设老区项目20个，选定阳江镇东兴村委会作为无塔供水试点，完成无塔供水项目8宗。同年，完成市老促会换届工作，成立市老促会第三届理事会工作机构。2005年，下拨老区建设专项资金50万元，支持新挖、加深水井243口，解决了2.4万人的饮水难问题；投资162万元实施无塔供水工程；投资56万元帮助嘉积、万泉建校建桥3宗。2006年3月，阳江镇边沟村被省评为老区建设示范先进村。同年，拨款

38 万元帮助解决“六难”（饮水难、行路难、用电难、住房难、看病难、上学难）问题 55 宗。建设老区项目 20 个，总资金 325 万元。同年，落实上级拨付革命老区转移专项支付资金 186.46 万元，用于解决老区“六难”问题 61 宗。2007 年，争取市财政拨付老区建设项目资金 81 万元，解决问题 26 宗。2008 年，总投资额 302 万元扶持全市老区敬老院、村委会办公室和道路等建设项目共 20 个。2009 年，海南省下达琼海市革命老区建设专项转移支付资金项目共 35 个，项目资金总计 397 万元。其中：老区乡村道路建设项目 20 个，项目资金 254 万元；小桥建设项目 9 个，项目资金 69 万元；灌溉设施建设项目 1 个，项目资金 7 万元；村级文化室建设项目 5 个，项目资金 57 万元；革命遗址修复项目 1 个，项目资金 10 万元。同年 1 月起，全市老区工作移交给市扶贫办管理。2010 年，老区建设项目共 28 个，项目资金 619 万元，修建村路解决行路难问题，扶持解决饮用水安全，解决居住安全问题。扶持文化设施建设项目 3 个，帮助 2 个村修建文化室 3 幢。革命遗址修复项目 1 个。阳江镇委、镇政府以红色娘子军诞生地为中心进行规划，带动周围 10 个老区村庄建设文明生态村。

第二章　社会救助

第一节　赈灾救济

一、市内灾害援助

1993年，琼海市遭遇旱灾，全市2477个村庄30.28万人受灾，共拨出救济款43万元，使灾民的生活得到保障。1995年，改革救灾救济工作管理模式，救灾救济资金实行“分级负担，分级管理”的模式，将救灾专项资金列入财政预算，每个乡镇负责2.5万元，乡镇一级投入52.5万元。

2004年夏季至2005年，琼海市遭遇干旱，全市农作物受灾面积达约26666.67公顷，经济损失8000多万元；发动捐款筹集抗旱救灾资金184.51万元，救助灾民46203人。2005年9月下旬，遭遇第18号强台风“达维”袭击，全市受灾人数达21万人，因灾死亡2人，受伤10人，房屋全倒、半倒685间，刮瓦7825间，全市直接经济损失达28亿元。灾后，琼海市政府举行赈灾义演晚会，社会各界踊跃捐款，赈灾捐助613万元，上级拨款93万元，救助灾民12486户44109人，恢复住房175间。

2010年10月，琼海市遭受特大洪涝灾害，全市受灾人口达59.18万人次，严重受浸村庄657个；农作物受灾18450公顷；居民住房倒塌784间，损坏3051间；各种设施和家庭财产遭受严重损失，全市直接经济损失18.53亿元。面对严重灾情，琼海市政府及时启动救灾应急预案，紧急转移安置受灾群众10.13万人次。为有效应对灾害，市民政局争取省、市拨款6773万元，及时下拨救灾资金4285.96万元，调拨救灾大米505吨、棉被20045张、棉衣11090件、帐篷300顶等，共计救助灾民17.47万人次，切实保障了困难灾民的基本生活。灾后，市民政局广泛发动社会各界向灾区捐赠款物，并做好接收管理工作，共计接收赈灾捐款1739.15万元、港币1211.4万元及物资一批，及时帮助了灾区人民渡过难关。

2000—2010年琼海市自然灾害救济款发放一览表

表20-2-1

年度	灾害救济款（万元）	救济人次	修复危房（间）
2000	180	44346	682

续表 20-2-1

年度	灾害救济款（万元）	救济人次	修复危房（间）
2001	70	8750	—
2002	326	34464	1371
2003	235	28297	473
2004	224	19348	368
2005	890.51	90312	293
2006	291	31200	323
2007	253	17680	462
2008	337.9	36700	647
2009	430	16300	682
2010	4285.96	174700	1173

说明：1.2005 年灾害救济款项包括赈灾捐款 613 万元。2.2007—2010 年修复危房数字统计包括同年特困户危房改造数量。3.1991—1999 年数据无档案记录

二、市外灾害援助

2008 年 5 月 12 日，四川汶川发生特大地震。琼海市委、市政府积极发动社会各界踊跃捐款，截至同年 6 月底，全市 523 个单位 95237 人次向灾区捐款 771.13 万元。2010 年，青海省玉树地区发生“4·14”地震，全市各界共向灾区捐款 118.68 万元。

三、灾害应急避难场所建设

2001 年，建成中原山仙村、九曲江沙美村、朝阳乐城村、泮水龙阁村 4 栋防洪楼。2002 年，在嘉积镇龙池村、桥头村和万泉镇丹村、文台村建造 4 栋防洪楼，面积 1300 平方米。2003 年，筹措资金 33 万元建设防洪楼 4 栋 1450 平方米。2004—2010 年，加强对全市防洪楼的维护和管理及其他防灾减灾基础设施建设，全面提升城乡综合减灾能力。

第二节　社会捐赠

1991 年，琼海县筹集社会各界捐助资金 45 万元。1994 年，全市 21 个乡镇和办事处成立慈善基金会，筹集基金 94.38 万元。1996 年起，在全市范围内开展以“扶贫济困送温暖”为主题的经常性捐助活动。2000 年前，经常性社会捐助工作由乡镇慈善基金会负

责，捐款存入慈善基金会。2000—2006年，共收到社会各界捐款793.20万元（含2005年“达维”台风救灾捐款613万元），衣被27302件，大米18.62万公斤，水泥200吨，烧火柴1.1万公斤，肉类220公斤，各类药品价值31.96万元。从2001年起，在市民政局设立经常性社会捐助接收工作站，乡镇设工作点，负责捐助款物的接收、管理和发放工作。2005年6月8日，琼海市慈善会成立，本着发扬人道主义精神，弘扬中华民族扶贫济困、助人为乐的传统美德，帮助社会上老、弱、病、残、孤、幼、贫等困难群体，开展安老、扶幼、助孤、帮贫、赈灾等多种形式的社会救助工作的宗旨，由琼海市热心慈善事业的社会各界人士自愿发起，2005年8月7日，经市社团登记管理机关核准注册登记，是具有法人资格的全市性社会团体组织。2006年，市慈善会发动社会各界及港澳同胞捐款177.9万元，支持校舍危房建设，资助308名贫困生和孤儿上学。2007年，引进中央电视台节目组和云南大益普洱茶叶有限公司捐赠15万元，用于慰问红色娘子军老战士。2010年，上报省道教协会慈善救助孤儿47名，每人每月救助260元，并推送8名孤儿到海南金盘中等职业技术学校就读，学费、住宿费、课本费全免，每人每年补助生活费1500元。至2010年，累计接收社会各界捐款260万元，各类衣物6.88万件，大米18.41万公斤，棉被1506件，各类物资折款73.2万元。

第三节　城乡居民最低生活保障

1998年7月14日，琼海市成立由人大办、政府办、人劳保障、财政、教育、统计、物价、总工会和民政等13个部门负责人组成的城乡居民最低生活保障工作领导小组。11月30日，市政府颁布《琼海市城镇居民最低生活保障实施办法》和《琼海市农村村民最低生活保障实施办法》，规定当年城镇居民最低生活保障标准人月均100元，农村村民最低生活保障标准人月均50元。规定最低生活保障由市民政局主管，市总工会和乡镇两条线具体操作和承担日常管理、服务工作。1999年3月19日，市政府召开三级动员大会，对开展城乡居民最低生活保障工作进行总动员和全面部署。1999年1月、7月，分别给城镇、农村对象发放了最低生活保障资金。2000年，将最低生活保障资金发放范围扩大到6个国有农场，并从同年7月起，给城镇低保对象全面提高标准30%，即城镇最低生活保障标准为每月130元。

2001年1月，正式给农场发放保障金，在全省率先实现农垦低保建制工作。2007年始，完善低保对象个人档案，低保工作全面实行信息化管理。同年分别在第三季度对城市低保对象每人每月增发物价补贴 15 元，农村增发 5 元，第四季度城市每人每月增发物价补贴 25 元，两次共发放城乡物价补贴 731850 元。2008 年，提高城乡最低生活保障标准，城市从每月 130 元提高到 170 元，农村从每月 60 元提高到 100 元，并两次增发物价补贴和一次性增发价格联动机制补贴，城市低保每人每月分别补贴 55 元和 50 元，农村低保每人每月分别补贴 25 元和 55 元。2009 年 7 月，提高全市城乡低保标准，城市由每月 170 元提高到 220 元，农村由每月 100 元提高到 150 元。

2010 年 7 月，提高城乡低保标准，城市从每月 220 元提高到 250 元，农村从每月 150 元提高到 180 元。

1998—2010 年琼海市城乡最低生活保障情况一览表

表 20-2-2

年度	农村低保标准（元/月）	城市低保标准（元/月）	全年发放资金（万元）
1998	50	100	—
1999	50	100	—
2000	50	130	—
2001	50	130	—
2002	50	130	132.87
2003	60	130	192.45
2004	60	130	240.00
2005	60	130	419.10
2006	60	130	428.60
2007	60	130	546.94
2008	100	170	1374.72
2009	150	220	1932.59
2010	180	250	2201.90

第四节　城乡医疗救助

2004 年，琼海市首次开展农村医疗救助试点工作。同年 6 月，市政府出台《琼海市农村医疗救助实施办法》，规定住院医疗药费起付线 300 元，年救助封顶线 2000 元。2005

年，确定琼海市为海南省城市医疗救助制度工作4个试点市县之一。同年12月19日，成立“琼海市城市医疗救助试点示范点工作协调小组”，协调小组办公室设在市民政局；12月31日，市政府出台《琼海市城市医疗救助暂行办法》，对琼海城市医疗救助对象、医疗机构、医疗形式、救助方式和救助标准做出具体规定，同时确定人年累计救助封顶线3000元的标准。2006年，全市核实农村医疗救助对象8806人，民政部门给参加合作医疗救助对象每人年补助10元。2007年，市民政局撰写《构建城乡医疗救助体系，切实帮助贫困群众解决就医难问题》经验材料在全省推广。2008年，改革医疗救助模式，对城乡特困户实施医前、医中、医后救助，全市城乡有困难群众12966人纳入医疗救助范围，补助参加新农合医疗缴费25.93万元（人均20元）。2009年，全市资助城乡困难群众参合、参保缴费17017人次，补助金额51.57万元，其中农村11643人，人年补助20元；城市5374人，人年补助60元。同年1月，提高农村医疗救助标准，农村医疗救助封顶线从2000元提高到3000元。2010年，医疗救助金委托银行实行社会化发放，城乡医疗救助标准封顶线从3000元提高到6000元。

2004—2010年琼海市城乡医疗救助情况一览表

表20-2-3

年度	农村医疗救助封顶线（元）	城市医疗救助封顶线（元）	年救助（人次）	年救助资金（万元）
2004	2000	—	36	2.02
2005	2000	3000	237	20.53
2006	2000	3000	116	12.93
2007	2000	3000	943	178.92
2008	2000	3000	992	161.90
2009	3000	3000	1180	234.12
2010	6000	6000	1512	363.61

第三章　社会福利

第一节　收养收容

1991—2010 年，琼海市共办理收养登记 106 例。2000—2003 年，全市共收容遣送盲流、乞丐、精神病人 1197 人次。2003 年 6 月，市政府撤销“市收容遣送站”，筹建“琼海市救助管理站”。2004 年，成立“琼海市流浪乞讨人员救助管理站”，编制 5 名，隶属市民政局，负责对城市生活无着的流浪、乞讨人员提供救助管理服务，建立起流浪人员救助管理制度。2004—2010 年，全市共救助流浪乞讨人员 1452 人次。2005 年，收养登记审批项目进入琼海市行政服务中心办理。2009 年，共办理收养登记 20 例。2010 年全国人口普查开始后，大量收到办理收养登记申请，共办理收养登记 50 例。

第二节　农村五保

1991—2010 年，琼海市（县）农村五保对象审定和供养工作由民政局负责。2000 年，全市共有供养人数 1038 人。2006 年，全市开展农村五保对象排查扩面工作，重新审定五保供养对象。2007 年 6 月，市政府制定出台《琼海市实施〈农村五保供养工作条例〉暂行办法》，对五保供养工作的各级责任、资金来源、评保程序、供养形式、供养标准、敬老院工作和服务管理等方面做出明确规定。经过几次标准调整，2010 年，全市集中五保供养标准为 250 元/月，分散五保供养标准为 230 元/月。

2003—2010 年琼海市农村五保供养情况一览表

表 20-3-1

年份	集中五保供养标准（元/月）	分散五保供养标准（元/月）	供养人数（人）	年发放资金（万元）
2003	100	50	—	—
2004	120	60	—	—
2005	130	60	1700	—
2006	—	—	1943	—
2007	130	110	3098	127.813

续表 20-3-1

年份	集中五保供养标准（元/月）	分散五保供养标准（元/月）	供养人数（人）	年发放资金（万元）
2008	150	130	2853	350.000
2009	180	160	2780	587.760
2010	250	230	2606	710.165

说明：2003 年前数据无档案记录

第三节 老年人福利

一、敬老院

1991 年，向群众集资 50 万元，兴建敬老院 7 间。至此，琼海县每个乡镇都有敬老院。2000 年，全面办理敬老院土地使用证，并筹集资金 26 万多元，维修泮水、嘉积、新市、长坡、大路敬老院。2001 年，两次拨出专款约 90 万元建设乡镇敬老院基本设施。2002 年，筹集资金 27.3 万元，改扩建上埇、泮水、朝阳、大路、石壁、塔洋、潭门、嘉积等敬老院，总建筑面积 640 平方米，修建围墙、挡土墙 300 平方米。2007 年 1 月，民政部开始启动“农村五保供养服务设施建设霞光计划”，集中解决各地农村五保供养设施滞后的问题。7 月，市政府制定出台《琼海市“霞光计划”实施方案》，筹集资金 165 万元，新建和维修会山、大路、龙江、塔洋镇敬老院房屋 2632 平方米，改造五保住房 86 间 1032 平方米。2008 年，筹资 185 万元，新建塔洋、潭门敬老院，建筑面积分别为 630 平方米和 580 平方米，各设置床位 50 个；制定嘉积、泮水、龙江、烟塘等 8 所敬老院改造建设方案。2010 年，博鳌、龙江敬老院建设工程基本完成，嘉积、万泉镇敬老院新建项目落实选址。

二、活动场所

1992 年，投资 8 万元，担保贷款 20 万元，将大路镇竹器厂改造成琼海县民政福利竹器厂，并在全县 21 个乡镇敬老院设分厂，让敬老院五保老人加工筐盖一年可收加工费 10 万元。同年，投资 300 万元兴建建筑面积 4000 平方米的民政福利院。1993 年，恒星公司出资 600 万元共同建设民政综合福利大厦，1994 年 7 月 7 日开业。2001 年，完成市级老年人活动中心建设，总投资 83 万元，面积 1500 平方米；完成长坡、塔洋镇社会福利中心建设，总投资 80 万元，面积 1300 平方米。2002 年 5 月 10 日，省民政厅在琼海石壁镇召开实施“星光计划”工作（全国社区老年福利服务星光计划）现场会。2003 年，完成嘉积城区善集园、文明园老年人活动文化广场，城区老年人活动中心，石壁、阳江、长坡、博鳌、塔洋等 11 个镇社会福利中心及潭门苏区、嘉积桥头、朝标社区老年人活动中心，长坡镇青葛、长山园村委会老年人文化服务站等项目建设。2004 年 8 月，市老年人活动中心被民政部评为“全国老年星光之家”。同年，完成中原镇社会福利中心的建设任务，占地面积 3500 平方米，建筑面积 1000 余平方米，设床位 50 张，是当时琼海镇级规模最大、功能完善、设备齐全的一所，总投资 80 万元。同时筹资 3 万元，支持嘉积文坡、朝标等 5 个单位建设社区老年人活动场所。2005 年，万泉镇新市社会福利中心完成建设并投入使用。2007 年，开展养老服务社会化示范活动，打造市光荣院、中原镇福利院两个示范点。2010 年，争取上级和市政府资金支持 558 万元，落实市社会福利中心和市儿童福利院选址及建设规划。

第四节　儿童福利

2004 年 5 月，民政部启动“残疾孤儿手术康复明天计划”（简称“明天计划”），用福利彩票募集的资金，为福利机构内具有手术适应证的残疾孤儿实施手术矫治和康复。2005—2007 年，琼海市完成“明天计划”手术 20 多例，并对患者跟踪服务，邀请市人民医院医生上门逐个复查，康复率达 97.2%。2006 年，完成“微笑列车”康复手术 6 例，完成任务的 200%。2008 年 4 月，民政部与李嘉诚基金会在全国范围内合作实施大型公益项目——“重生行动——全国贫困家庭唇腭裂儿童手术康复计划”，简称“重生行动”。先后两次选送 13 名唇腭裂儿童到广东汕头市进行康复手术治疗，施行手术 11 人。

2010 年，琼海市筹建市社会福利中心和市儿童福利院。出台《琼海市孤儿救助工作实施办法》，认真落实孤儿基本生活、医疗、住房等方面的福利政策，一类、二类孤儿人月生活保障标准分别达到 600 元和 300 元。

第五节　福利彩票

1991—2010 年，琼海市（县）社会福利彩票发行遵循“扶老、助残、救孤、济困”的宗旨，坚持福利彩票公益金的使用“来自社会，服务社会，取之于民，用之于民”，如为残疾人施行 3 项康复手术、兴建老年人福利设施和敬老院等。

1991 年，琼海县销售社会福利奖券 42 万张，积累社会福利资金 7.2 万元。2002 年上半年，琼海市采取即开型福利彩票，配以第二次开奖的形式销售，共筹集福利金和发行管理费 204.47 万元。2004 年，设立彩票销售点 40 个，全年共销售 123 期，总销售金额 450 万元，筹集公益金 38.25 万元。2007 年，发行“双色球”“3D”“七乐彩”3 种电脑彩票、试行“快 2”“中福在线”，全年共销售 447 万多元。2010 年，福利彩票销量再创历史新高，总销量达 760.36 万元。

第四章　社会优抚

第一节　拥军优属

1991—2010年，每年“八一”建军节前后，琼海市（县）委、市（县）政府都会开展慰问走访驻琼部队、老革命、复转退伤军人，举办大型军民联欢晚会、“双拥杯”男子篮球赛、国防知识竞赛、国防教育报告会等活动。市双拥办还组织人员到部队开展缝补、理发、邮寄包裹等服务。

1995年，全市农村80%的村民小组建立起“拥军优属服务小组”。同年，与部队共同创建海南省首家“周末文化学校”，还举办各类应用技能短训班和科普讲座，选派农技人员走进军营实地进行栽培和养殖等方面技术指导，为部队建设培养多方面人才。2004年，市委、市政府把双拥列为“一把手”工程。由市委书记任市双拥工作领导小组组长。2005—2010年，在全市范围内开展“援建军营图书室，共建学习型军营”活动，帮助部队基层单位建立和充实图书室15个，捐助图书5000册。2006年，为解决“住房难”问题，市民政局开展“爱心献功臣”活动，采取单位挂钩包户帮扶，为革命功臣住房困难户修建住房，并帮助安置随军家属13名。2008年，市民政局先后为驻琼海部队干部随军未就业家属发放生活补助约15万元。至2010年，与部队共创的“周末文化学校”共有500多人领取各类专业结业文凭，10名骨干被全国各类军事院校录取。

第二节　抚恤优待

一、定补抚恤

1991年，琼海县按照国家相关规定执行定补抚恤标准。1993年，提高480名“三属”（烈属、因公牺牲军人遗属、病故军人遗属）和160名在乡失散红军抚恤定补标准。2000—2010年，琼海市多次调整提高革命伤残人员（含革命伤残军人、伤残人民警察、国家机关伤残工作人员、伤残民兵民工）的伤残抚恤（保健）金、烈属（含因公牺牲军人家属、病故军人家属）的定期抚恤金和红军失散人员的生活标准。至2010年，市伤残人员伤残抚恤金标准在中央现行标准基础上每人每年再提高2400元，红色娘子军老战士提高到人月2000元。

2010年琼海市烈属、因公牺牲军人遗属、病故军人遗属定期抚恤金标准表

表 20-4-1　　单位：元/年

区域	烈属	因公牺牲军人遗属	病故军人遗属
城镇	10530	9620	9160
农村	7040	6810	6590

2010年琼海市在乡退伍红军老战士、在乡西路军红军老战士、红军失散人员生活补助标准表

表 20-4-2　　单位：元/年

在乡退伍红军老战士	在乡西路军红军老战士	红军失散人员
19890	19890	11000

2010年琼海市在乡复员军人定期生活补助标准表

表 20-4-3　　单位：元/年

抗战时期	解放战争时期	其他时期
7692	6600	6564

2010年琼海市残疾军人、伤残人民警察、伤残国家机关工作人员、伤残民兵民工残疾抚恤金标准表（中央）

表 20-4-4　　单位：元/年

残疾等级	残疾性质	抚恤金标准
一级	因战	28690
	因公	27780
	因病	26870
二级	因战	25960
	因公	24600
	因病	23680

续表 20-4-4

残疾等级	残疾性质	抚恤金标准
三级	因战	22770
	因公	21410
	因病	20040
四级	因战	18670
	因公	16850
	因病	15490
五级	因战	14580
	因公	12750
	因病	11840
六级	因战	11390
	因公	10780
	因病	9110
七级	因战	8660
	因公	7740
八级	因战	5470
	因公	5010
九级	因战	4550
	因公	3640
十级	因战	3190
	因公	2730

说明：从 2010 年 10 月 1 日起执行

二、优待

1991 年，琼海农村义务兵优待标准达每年 700 元，以后逐年提高。1996 年，农村、城镇义务兵优待标准分别提高到 500—1300 元。2002 年 4 月，市政府出台《琼海市义务兵家属优待实施细则》，规定义务兵在部队服役期间获得荣誉称号或立功者，一次性增发优待金。军以上单位授予荣誉称号或荣立一等功的，增发1000元；立二等功的，增发500元；立三等功的，增发200元；获优秀士兵称号的，增发100元。同年，市政府出台《琼海市建立优抚对象抚恤补助标准自然增长机制实施办法》，确保全市各类重点优抚对象生活水平随着经济社会发展不断提高。2003年，出台《琼海市优抚对象医疗保障实施办法》，并在全市开展对2002年度义务兵家属优待和抚恤事业费使用情况检查。2005年，完成革命伤残人员换证与伤残等级套改工作，落实优抚对象上学、军人接受革命传统教育免收门票等优待。2006年，组织开展纪念红军胜利70周年慰问活动，市委书记、市长带队慰问红色娘子军战士。2007年，做好军队参战退役人员调查登记工作，全市共认定参战人员330名，待定人员125名，认定对象按人每月100元标准发给补助金。2008年，义务兵家属优待金列入市财政预算解决。2009年10月，完善《琼海市优抚对象医疗保障实施办法》，规定优抚对象医疗补助的最高额度按每人每年累计，门诊医药费补助的最高额度为300元；住院医疗费累计补助的最高额度为3500元。优抚对象持优抚对象医疗优惠证到定点医疗机构诊病，享受一系列优惠，红色娘子军老战士医疗费实报实销。市财政还资助重点优抚对象参加农村合作医疗和城镇医疗保险。2010年，农村、城镇义务兵优待标准分别提高到600—2000元。

第三节　军人安置

1991—1998年，城镇退伍兵、转业志愿兵和农村女兵由市（县）政府统一分配工作，实行按系统分配任务包干安置办法，各接收单位必须妥善安排；农村退伍兵采取就地消化，推荐录用的做法。1998年起，开始采取发给城镇退伍士兵和转业士官一次性经济补助的安置做法，鼓励退役士兵自谋职业，走自我发展的道路，政府不再给予安排工作。各年度发放标准=上年度琼海社会平均工资×服役年限。在部队荣立三等功以上的士兵额外奖励2000元，其经费由地方财政全额拨款。同时，市民政局和人事劳动部门积极推荐城镇退伍兵和转业士官到非国有企业就业。2009年，开始为退役士兵办理军龄认定衔接养老保险工作。至2010年，琼海市军休所总建筑面积4560平方米，其中附属面积512平方米。有无军藉职工12人，在编工作人员7人，车辆1部。

第四节　烈士褒扬

1991—2010年，琼海市（县）兴建（改扩建）的烈士纪念建筑物有：王文明故居（1993年新建）、周士第将军纪念馆（1995年8月新建，2009年1月改扩建）、琼海革命历史陈列馆（1995年8月新建，2009年1月改扩建）。1995年，民政部颁布第二号令《革命烈士纪念建筑物管理保护办法》，使烈士纪念建筑物管理保护工作有章可循。2008年，民政部门邀请国土局人员对全市所有革命烈士纪念物进行土地界定，并办理土地使用证。此外，每年清明节还组织人员对3处省级烈士纪念性建筑物进行维护性修缮。至2010年，琼海市共有烈士纪念性建筑物12个，其中省级3个：杨善集烈士纪念园、王文明烈士纪念园、红色娘子军雕像；县级烈士纪念性建筑物9个：杨善集故居、王文明故居、琼东县革命烈士纪念塔、周士第将军纪念馆、琼海革命历史陈列馆、陈永芹故居、乐会县革命烈士纪念碑、阳江解放纪念碑、龙江解放纪念碑。

第五节　烈士纪念建筑物

一、杨善集烈士纪念亭

省级烈士文物保护单位，省级爱国主义教育基地。建于1958年4月，坐落在琼海市嘉积镇富海路。园区占地面积7113平方米，其中纪念亭建筑面积30平方米，呈轿式四角形，高5米，钢筋水泥结构，亭体上书“杨善集烈士纪念亭”8个大字。其陵墓占地50平方米，周围筑有水泥栏杆，墓前立石碑，刻着烈士生平事迹。园内绿化达40%，有假山、喷泉等设施，通水通电设施齐全，园内同时是琼海老年人活动中心，配有健身器材一批，门球场地一个，清晨来晨练者众多。

二、王文明烈士纪念亭

省级烈士文物保护单位，省级爱国主义教育基地，建于1985年4月，位于琼海市嘉积镇东风路东门，占地2073平方米，纪念亭呈六角形，高5米，顶缀琉璃瓦，六壁缀瓷砖，上方书有“王文明烈士纪念亭”的大字。亭的四周建有栏杆，园内绿树环抱。

三、红色娘子军雕像

省级烈士文物保护单位，省级爱国主义教育基地。1985年8月建成。位于嘉积镇东风路，占地400平方米。雕像由花岗岩石雕刻而成，坐北朝南，全高6.8米，分雕像、底座两部分，身围1.5米，底座高3.8米，座基平台高1米，座基石板铺设，四周呈六角形，围以石栏杆。雕像后面是园林花圃。红色娘子军雕像是琼海人民为纪念中国工农红军第二独立师女子军特务连战士而塑造的。雕像展现红色娘子军女战士威武高大的光辉形象：身着戎装，脚穿草鞋，肩背竹笠和步枪，风尘仆仆，眺望远方。

四、杨善集烈士故居

原为两座一厅两房并连成一整体的尖顶瓦房。1927年7月，被国民党反动军队纵火焚毁，1987年春，在原址按原貌进行修复。故居位于原福田镇井堪村，坐西向东，建筑面积约240，呈“同”字形结构。由门楼、厨房、卧室、书房和杨善集生平陈列室组成。门楼高约4米，聂荣臻元帅亲笔题写的“杨善集故居”门匾横悬在上方。卧室的正厅里，悬挂着杨善集及其夫人林一人的大幅画像。卧室的后边，是杨善集的生平事迹展览厅，展厅由“少年壮志，投身革命热潮”“为民奋斗，开创琼崖事业”“缅怀革命业绩，革命风范长存”等4个部分组成，共展出60多帧历史照片、资料和文物20多件。

五、王文明烈士故居

1993年，市委、市政府投入资金5万元，在烈士的家乡——阳江镇益良村按照原貌修复故居，占地200平方米，其中建筑面积160平方米。

六、琼东县革命烈士纪念塔

1953年7月修建，位于嘉积镇。占地50平方米，塔高10米，塔身呈五角形由大到小向上分5层，每层高2米，塔的四周筑有五角形的水泥栏杆。该纪念塔系琼东县（今琼海市）人民政府为纪念琼东县在革命战争年代牺牲的烈士。

七、周士第将军纪念馆

1995年8月1日建成，位于嘉积镇不偏岭，占地3.33万平方米，建筑面积650平方米，由雕像、展厅、纪念亭三部分组成。纪念馆前庭正中竖立着用花岗岩雕刻成的高3.2米的周士第将军的全身雕像；纪念馆下面镶嵌着江泽民总书记题写的“周士第将军纪念馆”8个金光闪闪的铜字。展厅按“学生时代、大革命时期、土地革命时期、抗日战争时期、解放战争时期、社会主义革命和建设时期”的时间顺序，反映周士第将军在各个时期的革命事迹和历史功绩。

八、琼海革命历史陈列馆

与周士第将军纪念馆并肩而立。1995年8月新建，位于琼海市嘉积镇不偏岭。陈列馆由“壮丽航程”“女杰雄风”“万泉河星群”三部分组成。“壮丽航程”为中共琼海地方史陈列，展现从1926年2月中共琼海地方组织成立至2008年琼海历史发展的概貌。“女中雄风”为红色娘子军历史陈列，翔实展现红色娘子军序列，再现娘子军的战斗历程。“万泉河星群”为琼海杰出人物事迹陈列，详细记载琼海籍中国共产党早期革命活动家杨善集、王文明，骁勇善战的中将卢胜、外交家何英、雕塑家卢鸿基、理论教育家杨甫等人的生平事迹。

九、陈永芹烈士故居

市级革命烈士纪念建筑物。1974 年新建，位于博鳌镇北山村。是一座一厅两房并连成一个整体的尖顶瓦房，建筑面积约 160 平方米。

十、乐会县革命烈士纪念碑

琼海市爱国主义教育基地。1958 年 2 月建成，位于中原镇十八坡。1958 年 2 月，乐会县人民政府为纪念在革命战争中英勇牺牲的烈士王文明等而勒此碑。纪念碑高 7 米，土砖水泥结构，碑的正面有朱德总司令的亲笔题词“革命烈士永垂不朽”。

十一、阳江解放纪念碑

琼海市爱国主义教育基地。1958 年在阳江镇东坡建造。纪念碑系乐会县（今琼海市）人民政府为纪念解放阳江地区英雄牺牲的烈士而建。纪念碑占地 50 平方米，建筑面积 20 平方米。碑高 5 米、宽 1.5 米，底座宽 3 米，为土砖水泥结构。碑身下面镌刻着“革命烈士永垂不朽”8 个大字。

十二、龙江解放纪念碑

琼海市爱国主义教育基地。1958 年在龙江镇建造，纪念碑系乐会县（今琼海市）人民政府为纪念解放龙江地区英勇牺牲的烈士而建。纪念碑占地 60 平方米，建筑面积 20 平方米。碑高 5 米、宽 1.5 米，底座宽 3 米，为土砖水泥结构。碑身下面镌刻着“革命烈士永垂不朽”8 个大字。

第五章　人事管理

第一节　机构机制

1991年，琼海县分别设有县人事局和县劳动局。1995年两局合并，成立琼海市人事劳动局。“机构编制委员会办公室”为副科级行政单位，挂靠市人事劳动局。社会保障局为副科级事业单位，归人事劳动局管理。1996年，积极推进公务员制度，经海南省人事劳动厅审批， 全市340名现职行政机关人员过渡为公务员。人才培训从转正定级培训发展为全方位规划培训，人才交流从信息提供向纵深拓展与人才市场接轨，各类人员按德、能、勤、绩量化定级考评、年度考核与选拔任用结合，专业技术人员的管理在完善考试考核和职务评聘中得到加强，建立符合机关事业单位各自特点的工资制度与增资机制。1998年，全市劳动制度改革随着计划经济向市场经济转轨而不断深化，市劳动管理部门由单纯的行政管理转变为管理服务型，7月，琼海市人事劳动局更名为琼海市人事劳动保障局，增加管理农村社会保险职能和外国专家管理职能，将安全生产管理职能和矿山安全监察职能划转工业管理部门，将职业卫生安全监察职能划转卫生管理部门，将特种设备（锅炉、压力容器、压力管道、起重设备）安全监察职能划转质量技术监督管理部门。2003年，设立琼海市劳动监察大队，属市人事劳动保障局内设机构。2004年，成立琼海市劳动保障监察大队，核定财政预算管理全额拨款事业编制5名，其中领导岗位1个，其他管理人员岗位4个。同年，市人事劳动保障局加挂市安全生产监督管理局的牌子。2009年，设置琼海市人力资源和社会保障局，同时挂琼海市安全生产监督管理局牌子，为主管全市人力资源、社会保障和安全生产监督管理工作的市政府工作部门。

2010年，市人力资源和社会保障局行政编制22名，其中局长1名，副局长3名；市安全生产监督管理局局长1名。内设7个职能机构：办公室、人事职称组、工资福利组、劳动技能组、就业促进组、社会保障组、档案管理组。

第二节　干部管理

1991年，全县人事工作坚持党管干部原则，实行分级管理，副科级以上领导干部的选拔任用由党委组织部门管理，机关事业单位工作人员从录用到退休的人事工作统归政府人事部门综合管理。1996 年前，单位选拔的股级干部由单位党组织任命。1991—1994 年，琼海市（县）干部的录用均是实行统招生分配。由市（县）人事部门统一安排大中专毕业生就业，并统一进行管理。1995 年，大中专毕业生逐年增多，就业形势日益严峻。为解决大中专毕业生就业问题，出台《关于一九九五年大、中专毕业生就业工作意见》，共安排 106 名大、中专毕业生就业，其中到公安基层派出所 26 名、乡镇 27 人、检察院 7 人，企事业单位 46 人。结合机构改革从严把好干部调配关，全年市内流动 53 人，其中干部 28 人，工人 25 人；市外调进市内企业 44 人，其中干部 6 人，工人 38 人；市外调进事业单位 8 人；调出市外 62 人，其中干部 15 人，工人 47 人。1996 年，严格把好调配关，促进干部、职工的合理流动。对行政机关的管理，实行编制严格控制，人员变动较少。同时，制定《事业单位人员流动的规定》，对事业单位人员调配的范围、条件、办理程序、审批权限、调配纪律作了明确的规定。全年市外调进行政机关 1 人，从市内行政机关调出市外 1 人；从市外调进事业单位 15 人，从市内事业单位调出市外 10 人；从市外调进市内企业的干部、职工 24 人，从市内企业调出市外的干部、职工 30 人；市内流动的干部 19 人，职工 16 人。推荐了 1996 届 148 名毕业生就业。1997 年，全年从市外调进行政机关的干部 2 人，调进企事业的干部 17 人，调出市外的干部 11 人，在市内流动的干部 16 人；从市外调进的职工 37 人，调出市外的职工 9 人，在市内流动的职工 34 人。推荐 94 名大中专毕业生就业，其中 1996 届大中专毕业生 32 名、1997 届大中专毕业生 62 名。1998 年，大中专毕业生就业不再实行国家统一分配，在做好 1998 年的大中专毕业生的推荐就业工作的同时，积极做好 1997 年回市报到的大中专毕业生的就业工作。1997 年大中专毕业生 226 人，仅就业 72 人，尚有 154 人未就业。按照市政府的要求，择优推荐 69 名非师范类毕业生到基层中小学任教，从最大限度上解决 1997 届毕业生的就业问题。同年，从市外调进干部 23 人，调进工人 16 人；调出市外干部 13 人，工人 12 人；市内流动干部 50 人，工人 23 人；办理干部辞职手续 4 人。开展机关事业单位自聘人员清理工作，全市共清退自聘人员 548 人，其中乡镇清退 65 人、机关清退 239 人、事业单位清退 244 人。

2000 年，将原来单一的委任制变更为多种形式的任用制。对一些专业性强的领导岗位进行公开选拔并实行试任制；对部分事业单位的领导岗位（如教育系统的各中学、教师进修学校的正、副校长职位）实行聘任制和任期制。2001—2004 年，推行公开选拔、竞争上岗、任前公示和一年试用制。2005 年，将民主推荐纳入干部选用的必经程序。2010 年，制定《琼海市深化干部人事制度改革试行“任期+竞岗”工作方案》和《琼海市党政领导干部“任期+竞岗”试行办法》等配套制度。同年，做好社保征管及地税农税体制调整改革（三项体制调整改革）人员划转安置工作，顺利将市农税局机关及社保费征稽局人员整体划转地税部门。

第三节 公务员管理

1996年，开始推行公务员制度，做好行政机关工作人员的过渡工作。按要求做好行政机关工作人员的培训、考试、考核等工作，此外，认真做好职位设置、职位说明书编写、非领导职务职数确定以及竞争任岗试点等工作，确保公务员管理过渡工作的顺利进行。经省人事劳动厅审批，340名行政机关工作人员过渡为公务员。1997年5月，举办5期乡镇现有工作人员向国家公务员过渡培训班，750人参加学习。在1996年过渡审批的基础上，补办政府机关32名现有工作人员向国家公务员过渡的报批手续。1998年，进一步做好市直机关和乡镇的过渡公务员相关工作，组织21个乡镇450人参加了过渡公务员考试，合格率达99%。在市委、市政府对机关单位的领导职务和非领导职务中的主任科员、副主任科员任职的基础上，按照有关规定和要求，抓紧落实市直机关国家公务员的任职定级工作。1999年，逐步完善公务员的各项制度，加强公务员的管理。市直行政机关和乡镇在职人员完成向国家公务员过渡后，严格把好公务员队伍的入口关，按规定吸收录用公务员21人，其中从公安院校吸收录用11人，考试录用到司法部门2人，从转业军官中安置录用7人。对公务员进行年度考核管理，对公务员年度工作做出客观实在的评价，全市行政机关51个单位、1296人参加了考核，占100%。全年共举办公务员培训班12期，782人参加培训，合格率97%。

2001年，市外调入公务员2人，市内调出8人。参加公务员培训人数29人，培训及格率100%。2005年，新录用公务员40人，市外调入4人，市内调出9人。参加公务员培训人数1311人，培训及格率100%。2008年，办理28名机关工作人员的调动手续，协助海南省人事劳动保障厅做好全市今年12个单位23名公务员招考工作。2009年，办理31名机关工作人员的调动手续，协助省人力资源和社会保障厅做好全市26个单位56名公务员和参照《中华人民共和国公务员法》管理事业单位工作人员招考工作。2010年，办理41名机关事业单位工作人员的调动手续，协助省人力资源和社会保障厅做好全市31个单位45名公务员和参照公务员法管理事业单位工作人员的招考工作。全年新录用公务员50人，参加公务员培训人数50人，培训及格率100%；对56个单位、1275人进行年度考核，参与率100%。

2000—2010 年琼海市公务员招录、流动及培训、考核情况表

表 20-5-1

年度	新录用（人）	市外调入（人）	市内调出（人）	市内流动（人）	参训人数（人）	培训及格率（%）	考核单位（个）	考核人数（人）	参与率（%）
2000	12	1	1	5	1162	99	51	1265	100.00
2001	0	2	8	30	29	100	—	1161	99.80
2002	—	—	—	—	—	—	—	—	—
2003	—	—	—	—	—	—	—	—	—
2004	33	6	3	8	1123	100	40	978	100.00
2005	40	4	9	2	1311	100	25	987	100.00
2006	10	2	17	26	—	—	55	1282	100.00
2007	16	—	—	—	991	100	56	1297	100.00
2008	23	—	—	—	—	—	56	1238	100.00
2009	56	—	—	31	1295	100	58	1266	100.00
2010	50	—	—	68	50	100	56	1275	100.00
合计	240	15	38	170	5961	—	397	10749	—

第四节　专业技术人员管理

1991 年，琼海县专业技术人员主要从事卫生、工程、农业、经济、会计、统计、教育、艺术领域工作。1995 年，组织经济专业技术人员考试考务工作和晋升高、中级专业技术职务外语考试考务工作及执业药师、建筑师、商务等专业的考试工作。对卫生系统上报的初级专业技术职务资格 84 人进行审核，批准 83 人初级专业职务资格。确认 35 名大、中专毕业生的专业技术职务资格。布置专业技术职务的评审工作，其中高级职务 24 个、中级职务 122 个。全年办理职称资格证书 675 本，其中高级 55 本、中级 220 本、初级 400 本，催促有关单位办理聘任证，建立专业技术人员档案，检查 80 个有关单位上报的 1994 年专业技术人员管理手册，较全面地了解各单位对专业技术人员的考核情况。

1996 年，专业技术职务评聘、管理工作有序开展。一是抓好专业技术人员 1995 年年度的考核，全市 135 个企事业单位 3780 名专业技术人员参加考核，占应考核人数的 95%。二是落实 366 人专业技术人员的职务评聘，其中高级 14 人、中级 87 人、初级 265 人，推荐 7 名省优专家人选。1997 年，组织外语考试 161 人，经济专业资格考试 100 人，审

计专业资格考试2人，执业药师考试2人。推荐评审晋升高级职称32人，中级职称194人，评聘初级职称556人，确认大中专毕业生专业技术任职资格174人。1998年，突出抓好专业技术资格考试工作，组织琼海、万宁、定安、琼中等4市县512人参加的会计专业资格（初级职称）考试考务工作。切实做好“专业技术人员”的年度考核工作，115个单位3394人参加考核，其中高级110人、中级924人、初级2360人。1999年，195个单位7186人参加年度考核，在职称评聘中，向省推荐评定高级任职资格36人，中级任职资格248人，组织评定初级任职资格246人，确认大中专生任职资格238人。

2000—2010年，全市企事业单位81257人次参加年度考核。2008年，组织评聘高中级职称260人，初级职称121人。2009年，受理全国经济师资格考试报名65人；组织评聘高级职称55人，中级职称170人，初级职称215人。2010年，受理全国经济师资格考试报名43人；推荐评审高级职称55人，中级职称113人，组织评审初级职称203人。

第五节　军转干部安置

按照政策规定，1991年12月31日前已达到法定退休年龄的企业军转干部，其基本养老金以档案中最后一次确定的工资标准为基本，按《国务院关于安置老弱病残干部的暂行办法》的规定计发。1992年1月1日以后才达到退休年龄的企业军转干部，按《海南省城镇从业人员基本养老保险条例》的规定补缴1992年1月1日以后转业到企业至达到法定退休年龄期间的养老保险费，其缴费基数按本人同期实际工资或档案工资确定。在困难国有企业工作，在法定退休年龄5年以内的军转干部，本人自愿，可申报提前退休，并按国家现行规定相应减发基本养老金。确保已参加养老保险的企业退休军转干部基本养老金的按时足额发放。2004年，顺利解决企业军转干部生活困难补助问题和社会保险问题。

第六节　工资福利

一、国家机关和事业单位工资

1991—1997年，琼海市（县）按照国家有关规定实行国家机关和事业单位人员工资标准。1998年2月，根据《海南省人事劳动厅、海南省财政税务厅关于1997年调整机关、事业单位工作人员工资标准等问题的通知》，从1997年10月1日起，调整机关、事业单位工作人员工资标准。机关行政人员职级工资制中的基础工资标准，从原每人每月155元提高到189元；事业单位工作人员工资相应做出调整。

1999年9月，根据《海南省人民政府办公厅转发省人事劳动保障厅省财政厅关于调整机关事业单位工作人员工资标准实施办法的通知》，从1999年7月1日起，机关实行职级工资制人员基础工资标准由原来的每人每月189元提高到308元；级别工资统一标准，由十五级至一级每人每月55—470元提高到85—720元。同时，适当调整机关工人的岗位工资和技术等级（职务）工资标准。事业单位工作人员工资也相应做出调整。

2001年5月，根据《海南省人民政府办公厅转发省人事劳动保障厅省财政厅关于调整机关事业单位工作人员工资和增加离退休人员离退休费实施办法的通知》，从2001年1月1日起，机关实行职级工资制人员基础工资标准由原来的每人每月308元提高到391元；级别工资统一标准，由十五级至三级每人每月85—585元提高到115—903元。同时，适当调整机关工人的岗位工资和技术等级（职务）工资标准。事业单位工作人员工资也相应做出调整。

同年12月，根据《海南省人民政府办公厅转发省人事劳动保障厅省财政厅关于从2001年10月1日起调整机关事业单位工作人员工资标准和增加离退休人员离退休费实施办法的通知》，从2001年10月1日起，公务员（含参照公务员制度管理的人员）各职务层次职务工资起点统一标准由最低50元至最高330元提高到100—560元。实行统一加浮动标准的，在统一标准的基础上相应增加浮动标准部分。同时，适当调整机关工人的岗位工资和技术等级（职务）工资标准，并在此基础上相应增加浮动标准部分。事业单位工作人员工资构成中固定部分的工资统一标准也做出相应调整。

2003年12月，根据《海南省人民政府办公厅转发省人事劳动保障厅省财政厅关于从2003年7月1日起调整机关事业单位工作人员工资标准和增加离退休人员离退休费实施办法的通知》，从2003年7月1日起，公务员（含参照公务员制度管理的人员）各职务层次职务工资起点统一标准由最低100元至最高850元提高到130—1150元。实行统一加浮动标准的，在统一标准的基础上相应增加浮动标准部分。同时，适当调整机关工人的岗位工资和技术等级（职务）工资标准，并在此基础上相应增加浮动标准部分。事业单位工作人员工资构成中固定部分的工资统一标准也做出相应调整。

2009年，实施高中学校（含公办幼儿园、中职学校和教研机构）教师绩效工资，使其达到当地义务教育绩效工资水平，增加投入1290万元。提高中小学教育阶段（含公办普通高中、中职学校和幼儿园）教师的平均工资，使其达到琼海市公务员的平均工资水平。在原来绩效工资年人均 17640 元标准的基础上年人均增加 3600 元，达到年人均 21240 元。

2010 年，市委、市政府印发《琼海市公共卫生与基层医疗卫生事业单位绩效工资实施方案》和《琼海市事业单位实施绩效工资改革方案》，公共卫生与基层医疗卫生事业单位和其他事业单位绩效工资按照义务教育学校绩效工资年人均标准 95%确定，全市公共卫生与基层医疗卫生事业单位和其他事业单位人均绩效工资标准为 20178 元。并按照规定标准，调整全市 11432 名机关事业单位工作人员及离退休人员特区津贴和特区生活补贴。

二、企业职工工资

1991—1994 年，根据国家有关规定，国有企业工资管理进一步放开，国有企业工资实行工资总额和经济效益挂钩。1993 年 9 月，在改进完善现有企业工资办法的基础上，规范挂钩机制，明确管理职责，充分发挥其在社会主义市场经济体制转换过程中作为确定和调控企业工资总量主要形式的作用。 1994 年 12 月，海南省人民政府发布《海南省企业最低工资规定》，琼海市企业最低工资适用二类标准 230 元（折算每小时工资标准 1.22 元）。

1998 年 7 月，根据《海南省人事劳动保障厅关于印发〈海南省 1998 年度企业工资增长指导线意见〉的通知》，对全省 1998 年度企业工资增长提出以下指导意见：工资增长的基准线为 10%；工资增长的上线为 13%，下线为 7%；各类型企业应根据工资指导线和国家有关劳动工资政策，遵循按劳分配和同工同酬原则，结合本企业经济效益、生产经营情况，通过与工会组织签订集体合同、与职工签订劳动合同的形式，合理确定本年度职工工资增长幅度，依法自主决定分配，进一步调动员工积极性，促进企业生产发展和经济效益的提高。1999—2000 年，琼海市企业最低工资为 300 元。2001—2003 年，调整至 350 元。2004—2005 年，调整至 400 元。2006 年，调整至 480 元。2007—2009 年，调整至 530 元。2010 年，琼海市企业最低工资为 730 元。

三、其他补贴

1994 年 12 月，遗属生活困难补助标准调至每人每月 70 元；从 2002 年 7 月 1 日起，调至每人每月 130 元；2005 年 5 月 11 日起，于 1949 年 10 月 1 日以后回国，在国家机关和企事业单位工作，并在海南省办理退休手续的归侨职工，其本人月退休费（养老金）低于当地从业人员上年度月社会平均工资的，定额发给生活补贴费，每人每月不超过 50 元；从 2008 年 11 月 1 日起，调至每人每月 200 元。2010 年 1 月 1 日起，调至每人每月生活补贴不超过 100 元。

1991—2010 年琼海市（县）企业最低工资一览表

表 20-5-2　　　　单位：元/月

年　度	1991	1992	1993	1994	1995	1996	1997	1998	1999	2000
企业最低工资	—	—	—	230	230	230	250	250	300	300
年　度	2001	2002	2003	2004	2005	2006	2007	2008	2009	2010
企业最低工资	350	350	350	400	400	480	530	530	530	730

1991—2010 年琼海市（县）在岗职工平均工资一览表

表 20-5-3　　　　单位：元/月

年　度	1991	1992	1993	1994	1995	1996	1997	1998	1999	2000
在岗职工平均工资	229	270	293	423	594	501	529	568	719	854
年　度	2001	2002	2003	2004	2005	2006	2007	2008	2009	2010
在岗职工平均工资	874	958	987	1034	1168	1251	1582	1783	2189	2843

1999—2010 年琼海市（县）企业货币工资增长情况表

表 20-5-4

年　度	1999	2000	2001	2002	2003	2004	2005	2006	2007	2008	2009	2010
企业货币平均工资增长的基准线	6%	7%	9%	8%	10%	11%	12%	13%	12%	14%	13%	13%
企业货币平均工资增长预警线	10%	10%	12%	11%	13%	13%	14%	15%	15%	16%	15%	15%

第七节　人才引进

进入 21 世纪后，琼海市每年都采取“走出去、引进来”的方式，组织人员到海南省外引进具有大学本科以上学历的教师、卫生医疗人员和农业专业人才。2007 年，市委、市政府印发《琼海市吸引高层次专业技术人员实施办法》，实施“‘两个 100’工程”，针对教育、医疗系统对高层次人才的需求，通过考核招聘的形式，从全国重点大学（国家“211”工程建设高校、“985”工程建设高校）直招考核聘用本科以上学历的优秀应届毕业生，充实教育和卫生系统的专业技术人员队伍。计划用5年时间引进教育、医疗人才各100名，为琼海经济社会持续快速发展提供人才保障。2008年，引进大学本科以上人才39人，其中硕士学历8人。组织公开考试、择优录用市人民医院、镇社会事务服务中心、教育系统等事业单位295名工作人员，其中医疗卫生人员44人、教师244人、其他事业单位工作人员7人。2009年，引进具有大学本科以上学历教师、卫生医疗人员46人，其中具有硕士学历的17人。组织公开考试、择优录用市中医院、教育系统等事业单位132名工作人员，其中医疗卫生人员39人、中小学教师71人，其他事业单位工作人员22人。引进具有大学本科以上学历教师、卫生医疗人员52人，其中具有硕士学历的14人；通过公开招聘考试择优录用事业单位工作人员123名，其中医疗卫生人员38人、中小学教师50人、其他事业单位工作人员35人；通过“硕师计划”引进人才6人。至2010年，琼海市通过直招考核共聘用教育、卫生专业技术人员199人，其中硕士以上学历57人。

第六章　劳动就业

第一节　管理机构

1978年7月，成立琼海县劳动管理服务站，1983年1月，更名为琼海县劳动服务公司。1991年，增设乡镇劳动服务站，1997年7月，将琼海市劳动服务公司和琼海市人才交流中心合并设立琼海市职业介绍服务中心，2006年12月，更名为琼海市就业局，为副科级事业单位，隶属琼海市人力资源和社会保障局。2008年，为参照公务员法管理事业单位。至2010年不变。

第二节　用工制度改革

1991年，琼海县执行“两公开，一监督”的招工制度，实行招工指标及条件公开，增加透明度并积极开展就业前培训和在职公认培训。1992年，建立依法用工的新秩序，规定属地单位凡录用社会劳动力者都要上报。同年，办理务工许可证1159人，对150个企事业单位进行用工年审。1993年7月，琼海市实施《海南省大中专毕业生分配管理制度改革方案》，逐步推行用人单位与毕业生之间的双向选择。8月，制定并发布《关于加强社会劳动力管理的通知》。1994年，琼海市人民政府发布《转发海南省人民政府批转关于企业实行全员劳动合同制的意见的通知》，推行企业实行全员劳动合同制，并逐步参加各项社会劳动保险。同年，对外省人员进琼求职、就业实行统一管理并发放外省人员进琼就业许可证。

1996年3月1日，建立用人单位劳动规章审查制度，对用人单位劳动规章合法性进行审查并给予相应的指导和咨询。1997年，对全市235个国有、集体、三资企业进行用工年审，敦促103家私营企业签订劳动合同。1998年，妥善解决国有企业下岗职工基本生活保障和再就业问题。

2001年，贯彻执行《关于加强职业资格证书管理有关问题的通知》，维护职业资格证书的严肃性和权威性。2008年起，贯彻实行《中华人民共和国就业促进法》。至2010年，把扩大就业放在经济社会发展的突出位置，实施积极的就业政策，坚持劳动者自主择业、市场调节就业、政府促进就业的方针，多渠道扩大就业。

第三节 就业管理

1991年3月11日，成立琼海县外事合作交流中心。同年，乡镇劳动服务站相继成立。通过执行“三结合”就业（劳动部门介绍就业、资源组织起来就业和自谋职业就业相结合）方针，广开就业门路，同年共安置1721人。1992年，继续深入贯彻“三结合”就业方针，全市城镇待业青年2200人，共安置就业1675人，待业率控制在3%以下。此外，外国人在华就业管理以及外国人就业证的发放，统一由省劳动就业管理局负责。1993年，积极鼓励和扶持办好乡镇企业，把就业安置工作分担到乡镇企业，同年共安置1303名城镇待业人员，占待业人数的56%，控制待业率在3%以下。1994年，对外省人员进琼求职、就业实行统一管理，并发放外省人员进琼就业许可证。同年，解决66届至70届大中专毕业生工龄计算的问题，消除大学生的后顾之忧。

1995年，积极推荐大中专毕业生的就业，同时也发动毕业生自荐自找就业单位，全年解决106名毕业生的就业问题。1996年，贯彻执行关于琼海企业和自收自支、定额补贴、差额补贴事业单位实行全员劳动合同制的意见，共有10414人签订劳动合同。同年，按照《关于招收（招聘）职工办理备案手续的通知》，规范用人单位招工。1997年，共推荐安排94名毕业生就业。1998年，抓好下岗职工基本生活保障和再就业工作的实施，全市建立86个再就业工作服务中心或类似机构，使1219名下岗职工，90%进入再就业服务中心，46%领到基本生活费。1999年，推荐53名毕业生就业。982名下岗职工进入再就业服务中心，领到基本生活费。

2000年，新增签订劳动合同员工3405人，安排推荐毕业生就业89人。上年期末结转下岗职工872人，全年新增下岗职工718人，通过多渠道分流安置和再就业的下岗职工820人。2001年，向用人单位推荐195人次，促成42名毕业生就业，确保了按时发放656名下岗职工基本生活费。2003年，上半年求职登记者276人，38人被录用。2004年，全年新增就业岗位1725个，下岗失业人员再就业700人，其中“4050”人员再就业160人。全年办理求职登记3637人，职业介绍3630次，实现就业913人。免费发放再就业优惠证293本，累计达1314本。农村富余劳动力转移就业2.1万人，推荐毕业生就业63名。

2005年，新增就业岗位达1780个，下岗失业人员再就业817人，其中“4050”人员再就业184人。全年办理求职登记7318人次，职业介绍5126人次，实现就业1039人次，推荐25名毕业生就业。截至同年，实现2.5万名农村富余劳动力的转移就业。2006年，新增就业岗位1841个，下岗失业人员再就业801人，其中“4050”人员再就业196人，推进农村富余劳动力转移就业新增4604人，其中省内3312人，省外1223人，境外69人。办理求职登记7962人次，职业介绍5860人次，实现就业1470人次。推荐45名毕业生就业。2007年，新增就业岗位2602个，办理求职登记8463人次，职业介绍7375人次，实现就业1891人次。积极推进农村劳动力转移就业，加强与外省联系，与东莞理文集团、合成玩具厂、深圳制衣厂等大型企业长期挂钩，积极向发达地区输送农村劳动力。全年农村劳动力有组织转移就业6645人，自发转移就业12296人。2008年，新增就业岗位2600个，共免费办理求职登记8135人次，免费职业介绍7180人次，实现就业2441人次。农村劳动力转移就业6275人，其中有组织转移就业963人，自发转移就业5312人。2009年，针对不同就业群体，组织开展再就业援助月、零就业家庭就业援助、春风行动等活动。全年免费为下岗失业人员办理求职登记3787人次，职业介绍8264人次，实现就业2809人，社会保险接续手续157人，新增就业岗位3055个，下岗失业人员再就业845人，其中就业困难对象再就业201人，组织推荐农村劳动力转移就业5137人。大中专毕业生1726人，已就业1253人。

2010年，新增就业人数4015人，免费办理求职登记11993人次，免费职业介绍9972人次，实现就业3690人次。全市农村劳动力转移就业10316人，其中省内转移就业7390人，省外转移就业2928人。大中专毕业生2296人，已就业1482人。

第四节　劳动力市场

1991—1997年，实行计划安置就业，由政府包分配，并未举办大型招聘活动。1998年，举办下岗职工再就业专场招聘会，300多名职工到场参加，75名当场被招聘录用。另外，推荐52名大中专毕业生就业。

2005年，组织开展以“稳定您的就业，我们共同努力”为主题的再就业援助月活动，积极为下岗失业人员提供送政策、送岗位、送技能、送服务活动。举办政策宣传咨询和招聘会活动，有6家用人单位提供近200个就业岗位，最终由90多名下岗失业人员与用人单位签订劳动合同或就业意向协议。2006年，组织举办一次大型的就业再就业现场招聘会，共有32家用人单位提供800多个岗位，2000多人参加招聘，有400多人与用人单位达成就业初步意向和协议。2007年，组织举办两场大型的就业再就业现场招聘会，共有77家用人单位提供2200多个岗位，4800多人参加招聘，现场录用304人，有469人与用人单位达成就业初步意向和协议。2008年5月26日，为做好民营企业招聘周活动，举办了一场大型现场招聘会，共有43家用人单位提供了1500多个岗位，有2800多名求职者参会应聘。发布招聘信息684次，进入劳务市场招聘的单位有327个，进场应聘者7530人。2009年3月16日，在市总工会广场举办"春风行动"暨就业再就业现场招聘会，共有62家用人单位提供了2100多个岗位，有2600多求职者参会应聘。

2010年2月26日，在市总工会广场举办"春风行动"暨就业再就业现场招聘会，共有59家用人单位提供了2200多个岗位，有4000多求职者参会应聘。发布招聘信息1392次，进入劳务市场招聘的单位有481个，进场应聘者1.3万多人。

1991—2010年琼海市（县）就业人员构成表

表20-6-1　　单位：人

年度	新增就业	城镇登记失业人员	下岗人员再就业	农村劳动力	大中专毕业生
1991	1721	—	—	—	—
1992	218	386	209	—	—
1993	43	—	—	—	—
1994	—	—	—	—	—
1995	—	—	—	—	—
1996	—	—	—	—	—
1997	—	—	—	—	—
1998	—	—	—	—	—
1999	—	—	—	—	—
2000	—	—	—	—	—
2001	—	—	—	—	—
2002	—	—	—	—	—
2003	76	487	165	—	132
2004	913	585	—	—	600
2005	1039	483	1016	21000	—
2006	1470	847	—	28000	500
2007	2622	1037	1202	18941	360

续表 20-6-1

年度	新增就业	城镇登记失业人员	下岗人员再就业	农村劳动力	大中专毕业生
2008	2932	464	915	7026	421
2009	3246	502	936	9755	1282
2010	4216	224	1338	12173	1482

第五节　职业培训

1991 年，积极开展就业前培训和在职工人培训，同年举办 18 期就业前培训班，3 期业务骨干培训，共培训 1240 人。积极扶持服装技工学校办学，共办培训班，8 期培训 186 人，推荐就业 129 人。1993 年，举办劳动政策学习班 18 期、培训 920 人；技术培训班 8 期、培训 424 人。就业前培训主要采取与社会力量联合培训，共举办 32 期，培训 1330 人。1997 年，举办电工培训班 3 期、共培训 305 人。并组织 265 名初、中级电工参加了等级确认考试。同年，成立电脑培训中心，108 人通过培训并取得结业证书。1998 年，建立失业下岗职工电脑培训室，举办 3 期培训班，共培训 23 名下岗职工。

1999—2003 年，下岗职工再就业培训班 19 期，共培训 842 人。2004 年，根据《琼海市 2004—2005 年再就业培训计划实施方案》，组织开展 5 个专业的再就业培训 630 人，其中技能培训 535 人，创业培训 95 人。

2005 年，组织培训下岗失业人员 730 名，其中技能培训 600 名，创业培训 130 名。2006 年，市职业中等专业学校挂牌成立"琼海市就业再就业培训中心"，整合利用现有职业教育优势资源。全年下岗失业人员就业培训 833 人，农村劳动力转移培训 3731 人。2007 年，为贯彻落实省政府《关于进一步加强就业再就业工作的意见》，进一步推进城乡劳动力转移就业，全年培训 3741 人，培训项目包括计算机操作应用、旅游酒店服务管理、家电维修、畜牧兽医、美容美发、烹饪、农业技术、建筑管理、摩托车维修、汽车维修、高尔夫球童等 11 个实用性专业。其中，共组织 641 名下岗失业人员参加转岗培训。2008 年，培训 4083 人，其中组织 1206 名下岗失业人员参加转岗和创业培训。2009 年，培训下岗失业人员 840 人，农村劳动力 2706 人。

2010 年，下岗失业人员和农村劳动力就业培训 3931 人次，其中，1—11 月共组织 1114 名下岗失业人员参加再就业和创业培训。

第六节　劳动争议仲裁

一、争议仲裁

1991—2010年，琼海市（县）在劳动争议仲裁工作中，不断完善各项内部工作制度，规范办案程序，统一告知用语，强化证据质证程序，严格依法办案。在仲裁活动中实行“阳光工程”，制作政务公开栏，将各项办案程序、收费标准、办案纪律、开庭时间、开庭场所、仲裁庭组成人员公开上墙。

1995年，市劳动管理部门由单纯的行政管理转变为服务型管理，市人事局和市劳动局进行合并，更名为“琼海市人事劳动保障局”。市人事劳动保障局承担着全市劳动争议仲裁案件的处理，办理各类劳动合同鉴证和信访接待处理工作，预防劳动争议发生。2008年，受理劳动争议仲裁案件86宗，依法按处理结案68宗。2009年，受理劳动争议仲裁案件118宗，依法按处理结案101宗。2010年，受理劳动争议仲裁案件87宗，涉及87人，涉及金额395万元。同年12月，为及时妥善处理劳动争议问题，维护社会稳定，经研究，对琼海市劳动争议仲裁委员会组成成员进行调整。

二、劳动监察

2003年，设立琼海市劳动监察大队，属琼海市人事劳动保障局内设机构。2004年，成立琼海市劳动保障监察大队，隶属琼海市人事劳动保障局，是受其委托负责劳动保障执法检查工作的股级事业单位，编制5名，其中单位领导岗位1个，其他管理人员岗位4个。2008年，组织开展劳动用工大检查，共检查用人单位1038家，涉及劳动者人数3.6万人，督促38家用人单位及时足额补缴社会保险费，督促268家用人单位与8238名职工签订劳动合同，促使琼海市劳动合同签订率达89%以上。同年共受理并立案查处劳动监察案件112宗，依法办结99宗，为868名劳动者尤其是农民工追回欠薪260多万元。严格执行建筑领域农民工工资支付保障金制度，并依法办理退保手续，有效地从制度上、源头上保证农民工工资的按时足额支付。2009年，共检查用人单位8家，涉及劳动者人数3.5万人，督促32家用人单位及时足额补缴社会保险费。督促242家用人单位与8103名职工签订劳动合同，促使劳动合同签订率达93%以上。同年，共受理并立案查处劳动监察案件126宗，依法办结126宗，为1325名劳动者尤其是农民工追回欠薪810多万元。将保障金制度实施范围扩大到交通、水利两个领域。2010年，共检查用人单位329家，涉及劳动者人数13500人，督促29家用人单位及时足额补缴社会保险费。督促156家用人单位与 2533 名职工签订劳动合同，劳动合同签订率达 93%以上。同年，共受理并立案查处劳动监察案件 185 宗，为 5810 名劳动者尤其是农民工追回欠薪 1100 多万元。

2005—2010 年琼海市劳动监察执法情况表

表 20-6-2

年度	检查用人单位（个）	涉及职工（人）	补办劳动合同（份）	督促用人单位办理用工备案（个）	劳动合同签订率（%）	查处劳动监察案件（宗）	办结案件（宗）	办结率（%）	追回欠薪（万元）
2005	386	15000	2600	250	75	92	90	97.83	350
2006	360	15650	19780	325	80	102	99	97.06	135
2007	321	22928	1549	101	86	87	84	96.55	197
2008	1038	36000	8238	268	89	112	99	88.39	260
2009	608	35000	8103	242	92	126	115	91.27	810
2010	308	12000	1130	137	93	160	141	88.13	990
合计	3021	136578	41400	1323	—	679	628	92.49	2742

第七章 社会保障

第一节 管理机构

1992年1月，成立琼海县社会保障局，取代琼海县社会劳动保险公司。1998年7月，与琼海市农村社会养老保险局合并，更名为琼海市社会保障服务中心。2001年6月，易名为 琼海市公费医疗委员会。2003年6月，更名为琼海市社会保险事业局。2008年9月，增设下属的琼海市城镇居民医疗保险办公室，为股级事业单位。

2010年，琼海市社会保险事业局内设办公室、财务股、养老股、公共业务信息股、医疗（工伤、生育）股、农保股、社会化管理服务站和城镇居民医疗保险办公室，核定人员编制26名。隶属琼海市人力资源和社会保障局，是受其委托依法管理全市职工养老、从业人员医疗、工伤、生育、城镇居民医疗、城乡居民社会养老保险等社会保险事务的副科级参照公务员管理事业单位。

第二节 社会保险

1992年6月，琼海县城镇从业人员基本养老保险开始施行。1996年6月，公务员开始参保缴费。2000年12月，公务员暂停缴费。2001年7月1日起，开始施行市直属机关单位人员基本医疗保险和市城镇居民医疗保险。2003年1月1日起，开始施行市直属机关单位人员生育保险。2004年，省属企业移交海南省社会保险事业局管理。2009年1月1日起，农垦系统离退休人员移交市县管理，离退休人员养老金由市县社保部门统一发放。

1992—2010年琼海市（县）职工基本养老保险情况表

表20-7-1

年度	退休人数（人）	参保职工（人）	缴费职工（人）	养老金支出（万元）
1992	3124	11892	11892	533
1993	3472	14083	14083	811
1994	3686	14774	14774	943

续表 20-7-1

年度	退休人数（人）	参保职工（人）	缴费职工（人）	养老金支出（万元）
1995	3910	15542	15542	1251
1996	6221	22041	22041	2334
1997	6476	22091	22091	3293
1998	6668	22381	22381	3626
1999	6997	18357	17857	4665
2000	6689	18601	18601	5129
2001	6786	17730	16298	4841
2002	7050	17798	16779	6417
2003	7282	18943	17846	6850
2004	6984	17132	16941	7285
2005	7383	19790	17804	7913
2006	7749	22412	19589	9090
2007	8170	23823	21050	11066
2008	8548	33268	25325	12497
2009	20536	46016	37689	25613
2010	21194	47179	37989	39326

2001—2010 年琼海市城镇从业人员基本医疗保险情况表

表 20-7-2

年度	参保职工（人）	参保退休人员（人）	统筹基金支出（万元）	个人账户支出（万元）
2001	4292	1491	25	53
2002	4194	1525	201	180
2003	10858	3633	234	203
2004	11050	4341	509	490
2005	12064	4828	754	576
2006	13931	5329	871	681
2007	15559	5966	1089	815

续表 20-7-2

年度	参保职工（人）	参保退休人员（人）	统筹基金支出（万元）	个人账户支出（万元）
2008	21204	8489	1454	1235
2009	35057	23759	2542	12035
2010	36813	24306	4187	2411

2008—2010 年琼海市城镇居民医疗保险情况表

表 20-7-3

年度	参保职工（人）	基金支出（万元）
2008	53594	94
2009	55145	384
2010	57814	672

1992—2010 年琼海市（县）城镇从业人员工伤保险情况表

表 20-7-4

年度	参保职工（人）	基金支出（万元）
1992	11788	1
1993	13489	1
1994	13886	6
1995	14640	11
1996	21411	10
1997	21421	21
1998	21711	13
1999	17017	10
2000	16853	13
2001	15853	10
2002	16687	28
2003	17536	288
2004	16579	75
2005	18042	73

续表 20-7-4

年度	参保职工（人）	基金支出（万元）
2006	18557	89
2007	21424	87
2008	25552	105
2009	38686	155
2010	39323	133

2003—2010 年琼海市城镇从业人员生育保险情况表

表 20-7-5

年度	参保职工（人）	基金支出（万元）
2003	2512	3
2004	11050	10
2005	12064	32
2006	13931	35
2007	15559	35
2008	21204	47
2009	35057	67
2010	35860	100

第二十一编 人 物

第一章 人物传

第一节 党政人物

罗志民（1914—1991）琼海市塔洋镇先亮村人。1929 年 8 月加入中国共产党。1937 年 8 月任中共琼东县振西区支部书记。1941 年，受中共琼东县委委派，潜入敌人内部当日伪保长，做地下情报工作。1942 年 1 月，内应琼崖抗日独立总队袭击琼东县城。后到抗日游击区工作。2 月，任加会镇抗日民主政府镇长。1945 年 11 月任福安乡（后改福乐乡）民主政府乡长。1947 年 2 月任琼东县第二区民主（人民）政府区长。1948 年任中共琼东县委常委。1949 年兼任琼东县委民运部长。1950 年 5 月任中共琼东县委常委兼政府二科科长。1953 年 12 月任中共琼东县委常委兼第二副县长。1954 年 10 月任中共琼东县委副书记兼县长。1955 年 11 月因病离职疗养。1962 年 7 月任政协琼海县委员会名誉主席。1978 年 6 月离休。

李学校（1900—1993）琼海市长坡镇青葛村人。幼年随父赴美，9 岁丧父，由伯父资助读书，成年后在美国油轮上工作，先后抵达 80 多个国家，熟悉中、英文，粗通意大利语、西班牙语和马来语。早期受革命思想影响，1928 年在油轮上参加海员赤色工会，1929 年在马来亚（今马来西亚，下同）参加共产党。1932 年响应赤色总工会号召，在上海参加罢工游行，被捕入狱。3 个月后被解送海口国民党监狱。1933 年 7 月获释后回长坡开咖啡馆，并以此为据点，秘密联系党组织，开展地下工作。历任党支部书记、东定县府医务所长、乐三区交通站主任。其间，曾修书联系海外的亲戚朋友，发动华侨积极捐款支持国内革命斗争，组织商船秘密从海外购运药品，解决当时国内武装斗争中药品不足之难。海南解放后，历任中国人民银行嘉积支行副行长、行长，中共琼东县委统战部部长。1955 年 11 月当选琼东县县长。1979 年，享受地专级（副厅级）待遇。离休后，利用早期在海外的社会关系发动华侨捐款办学兴教，为家乡的教育事业做出了贡献。

全会明（1937—1995）琼海市嘉积镇南中中爽村人。1960 年考上海关学校。毕业后被分配到海口海关工作。后被选送天津外语专科学校攻读英语 3 年，毕业后重返海口海关任职。在海口海关任职 35 年，被人们誉为“海关通”。曾任海口海关关长秘书，机密室负责人，行政副科长、科长，机关党委书记兼第一副关长（副厅级）。1984 年受命组建三亚海关并被任命兼任关长，被三亚市政府聘请为经济发展顾问。

程儒仕（1933—1995）琼海市龙江镇蒙养村人。早年就读于海口农校，1957 年毕业分配到乐会县热带作物科工作。乐会、琼东两县合并为琼海县后，历任公社党委书记、县热作局局长、农委副主任等职。1987 年起任琼海县副县长，撤县设市后任市委副书记、市人大常委会主任、《琼海县志》编纂委员会主任等职。

陈明深（1929—1996）琼海市龙江镇蒙养村人。1952 年参加土改工作。1953—1957 年任中共琼东三区副书记。1958—1959 年，任中共万泉人民公社书记。1959—1964 年，任中共石壁人民公社书记。1964 年任中共琼海县委副书记。1965—1966 年任澄迈县县长。1966—1968 年任中共屯昌县委书记。1972—1979 年任中共定安县委书记。1980—1988 年，先后任海南行政区二轻局局长、轻工业局局长。海南建省后，出任海南省一轻总公司总经理（副厅级）。发表论文 10 多篇。

王玉尧（1908—1997）琼海市中原镇人。早年就读于广东省第十三中学（今嘉积中学），并参与学生爱国运动。后在乐会二区、四区一带参加革命活动。1928 年赴南洋，后返回上海求学。大学毕业后，在上海、福建等地从事教育工作。1934 年在厦门因参加抗日救亡活动被捕入狱。出狱后，1935 年再次赴海外，在马来亚华人兴办的益华学校任校长。第二次世界大战结束后，移居印度尼西亚巨港，在华侨学校任校长，同时兼任巨港教育工会主席和华侨总会秘书，被推选为巨港琼州会馆主席。1953 年从印度尼西亚回到北京。随后被中央华侨事务委员会委派筹办广州归国华侨学生中等补习学校，并任副教导主任。1960 年，调到海南兴隆华侨农场筹办华侨中等农业技术学校，任校务委员会主任。1978 年调回琼海县，被推选为县侨联会副主席。时虽已年近七旬，仍投身侨务工作，修书动员海外乡贤支持家乡的教育事业和社会公益事业，筹集到 10 多万元用于琼海华侨中学的修建工程。为办好嘉积中学，奔走于广州、深圳一带，向港澳乡贤筹集到 25 万港元捐款和一批教学设备。为筹建琼海华侨图书馆，赴香港发动乡贤捐款，共筹集 80 多万元。为发展琼海县的文化事业，向海外乡贤共募集捐款 50 多万元。从 1983 年起，先后被选为广东省第六届人民代表大会代表、琼海县政协副主席、琼海县人大常务委员会委员、中国民主同盟琼海县主任委员。后为中国民主同盟中央联络委员会委员、民盟海南省委顾问、民盟海南省委联络委员会副主任、琼海市归国华侨联合会顾问、琼海市海外联谊会常务理事等。

卢胜（1911—1997）原名卢家扬，曾用名卢家养、李胜，琼海市博鳌镇培兰芳岭村人。出生于贫农家庭。幼年父母早逝，在本村私塾读了一年书，便辍学回家务农。1926

年夏，积极投身农民运动，发动农民参加农会。翌年春加入共青团。1927 年“四·二二”反革命事变后，在乐会一区组织农民参加武装斗争，攻打博鳌港的国民党守军。1928 年夏，国民党军队“围剿”并攻占琼崖苏区后，按照党组织决定，前往新加坡。在新加坡继续干革命，并在合星学校学习文化和革命理论，曾两次遭拘捕。1932 年秋被驱逐出境回国。同年 10 月，在厦门白区斗争中，为党做了许多工作，转为中共党员。12 月，被中共厦门中心市委调到靖和浦苏区，从此开始戎马生涯。在闽南红三团，进行艰苦卓绝的三年游击战争，先后任闽粤边红军支队长和独立营长、红三团副团长。抗战初期，任闽南红三团团长。红军北上抗日后，任新四军二支队四团团长。1938 年 7 月，出席新四军第一次党代会，被选为大会主席团成员和出席中共七大代表。同年 11 月，任苏皖支队政委。1944 年 5 月，调任第一师组织部长。1945 年，任苏四军分区司令、政委兼苏四区地委书记。在解放战争中，先后参加过苏中、鲁南、枣庄和淮海以及横渡长江、解放上海等战役，历任第四纵队副司令员、解放军第 23 军政委兼杭州市警备司令部政委、嘉兴市军管会主任。解放初期，历任中国人民志愿军第 23 军政委、福建省军区政委、福州军区副政委等职。先后出席第四、六届全国人民代表大会。被选为第五届全国政协常委。1988 年 8 月，被中央军委授予一级红星勋章。

张奋（1915—1998）原名张明发，又名张智民，笔名张执之、颂公，琼海市中原镇沙坡田龙村人。出生于贫寒之家。初小毕业后，到南洋谋生。在新加坡当过店员，排字、印字工人。同时上夜校学习，坚持发奋读书。1932 年参加马共青年团。中国抗日战争爆发后，在当地参加抗日救国会。1939 年 4 月，从新加坡回香港，参加越南回乡服务团，返回海南参加抗日救国。1940 年加入中国共产党。太平洋战争爆发后，任中共琼崖特委初级党校校长，中共乐万县委委员、宣传部长，后任琼崖东区地委秘书长、宣传部长和琼崖区党委宣传部干事、妇女学校校长。解放初期，任南方大学海南分校党委副书记、海南行政公署文教处秘书科科长。1952—1956 年任海南行政公署卫生处处长、区党委初级党校校长、海南医专校长。1956 年调任北京全国华侨事务委员会干部学校校长。1965 年调任中共兴隆华侨农场党委书记。1983 年离休，享受地专级待遇。1989 年，任琼海县侨联名誉主席。

林大川（1931—1999）字海思，琼海市中原镇星池村人。1950 年 12 月参加工作，1953 年加入中国共产党。1950 年至 1965 年 4 月，历任新兴乡委员、嘉积镇副镇长、县人民检察院副检察长、县粮食局局长，县委财贸部副部长、部长。1964—1965 年先后参加澄迈、万宁两县的“四清”运动。1965 年 4 月至 1982 年 4 月，历任万宁县委副书记、县长，县革委会副主任，县委副书记、书记，并兼任县人民武装部第一政委。1982 年 4 月至 1988

年 4 月，任海南行政区物价局局长、局党组书记。1988 年 5 月至 1994 年 1 月，任海南省经济监督厅副厅长、厅党委副书记，海南省物价局局长、局党委书记，并被聘担任省政协经济技术委员会委员。

陈求光（1915—2001）琼海市长坡镇良玖贺昌村人。1931 年 5 月加入中国共产党。历任中共琼东县委宣传部干事、振中区委书记、县委常委兼宣传部长等职。抗日战争和解放战争时期，历任琼崖抗日游击队独立总队、独立纵队，琼崖独立纵队、琼崖纵队中队长、大队长、副支队长、支队长、副总队长、总队长等职。1960 年转业，任第一机械工业部第五局副局长。1971 年任桂林电器科学研究所党委书记兼所长。1977 年 10 月离休，定居广州市，1980 年任广东省第四届政协委员。历经大小战斗 100 多次，曾 3 次负伤身中 5 弹，获中华人民共和国二级独立自由勋章和二级解放勋章。离休后享受副省级医疗待遇。

杨庆禧（1929—2001）琼海市龙江镇南面天鹅村人。1951 年参加工作。历任乡委员、乡长，土地改革工作队队员、组长、队长，法庭书记员，区文教委员、宣传委员、副区长、区长、县政府秘书、乡党委书记，公社党委副书记、书记，“四清”工作队队长、工作团团长，县革委会生产组副组长，县农办副主任、主任，县革命委员会副主任。1978—1989 年任琼海县委常委、副书记、县长、人大常委会主任等职，曾当选省人代会代表。

苏才禄（1918—2002）琼海市塔洋镇先亮后坡村人。1930 年加入儿童团和赤卫队，开始投身革命事业。1937 年 2 月加入中国共产党。1937—1938 年，参加琼崖特委训练班和琼崖军政学校学习。后历任村党支部书记、琼东县振西区委组织委员、二区委书记、笃礼乡长、加会镇长、中共琼东县委常委兼民运部长。解放后，历任中共琼东县委常委兼组织部长、土改工作团团长、中共乐会县委工业部长、乐会县县长、海南燃料公司经理、海南叉河水泥厂副厂长、海南黎族苗族自治州工业局局长，广东韶关地区工业局第一副局长、局长，琼海县人大常委会副主任等职。

梁国栋（1906—2003）又名梁启钦，琼海市中原镇书斋石头村人。早年参加革命。1927 年“四·一二”反革命政变后，潜往上海，任中共上海租界地下交通员。抗日战争时期，到延安摩托学校任汽车驾驶教练员。1939 年 2 月后当过毛泽东的汽车司机。解放战争时期，历任东北地区绥化县、庆安县公安局副局长、局长等职。解放后，历任广东省公安厅处长、民政厅处长、副厅长等职。

王昌保（1933—2004）琼海市中原镇迈汤村人。1951 年参加琼东、乐会两县土地改革，负责资料统计工作。土改结束后任乐会县第一区团委书记，1955 年起先后任龙江乡、溶沐乡党委书记。1958—1966 年历任温泉、东升、文市人民公社党委副书记、书记。1967 年后历任琼海县革委会政工组副组长、县委宣传办公室主任、宣传部部长、统战部部长等职。1983 年起任县人大常委会副主任、县政协主席，曾被选为广东省政协委员、海南省人大代表。

冯昌盈（1916—2006）琼海市博鳌镇仰大大坡村人。1937 年前侨居新加坡。抗日战争爆发后，1938 年在新加坡参加司机回国服务团，赴延安参加革命。1945 年北上，任郑家屯铁路局科长、齐齐哈尔市电业局局长。1949 年随军南下，任南昌市水电公司军事代表。广州解放后，任广州电业管理局军事代表、局长。海南解放后，任海口市电力管理局局长、海口市委工业部部长、海口市副市长、海南电业局局长。"文化大革命"期间，任海南工业战线革委会副主任、海南经济委员会副主任等职。1984 年离休，享受地专级待遇。

林民（1920—2007）琼海市嘉积镇官塘村人。1942 年 2 月参加革命，1945 年 1 月加入中国共产党。抗日战争时期和解放战争期间，担任战士、交通员、乡长等职。解放后，1950 年 12 月任乐会县第一区长、区委书记。1954 年任乐会县副县长，亲自指挥建设当时乐会县最大的南塘水库工程，于 1956 年竣工，受到海南区的表彰。1956 年调任广东省农业厅生产科科长。1962 年调任海南农垦局第二机械厂党委书记。1965 年 8 月至 1984 年在海南尖峰林场任党委纪委书记。1984 年离休。离休后，曾任嘉积赤坡东园居委会主任、东风老干部党支部书记，被聘任琼海市老人体育协会主席、市老干部协会副主席。

王祖武（1930—2008）琼海市龙江镇南正村人。中共党员。早期在嘉积东路中学读书。1950 年进入广州南方大学学习。1951 年被分配到海南区土地改革委员会当专职干部，先后参加琼山、文昌、陵水等县的土地改革，历任土改工作队统计员、组长和队长。从 1954 年起，先后任陵水县第二区副区长、区委副书记、县委合作部长兼隆广区委书记、农村部长、县委常委兼办公室主任、县委副书记、县长兼民兵师长，其间还曾任由崖县、陵水、保亭 3 个县合并的崖县委常委、办公室主任兼农村部长。从 1977 年 2 月起，历任海南黎族苗族自治州农林水办公室副主任兼农业局长、副州长兼农委主任、常务副州长和州政府党组副书记、第三届州委委员。1988 年起任海南省农业厅副厅长。1993 年 4 月被聘任为省政协民族宗教委员会副主任。

蔡会成（1921—2009）琼海市中原镇松株村人。先后在琼崖抗日公学、华南中级党校学习结业。1931 年参加劳动童子团。1933 年革命低潮时坚持为革命同志送粮送信。抗日战争爆发后，参加抗日救亡宣传队。1939 年任青年抗日救国会联村主任。1941 年加入中国共产党，任村支部书记，收集情报，完成袭击桥园敌据点任务。后转乐西区委搞民运，参加乐会县基干中队武装，当班长。与日本侵略军作战负伤后转留互助乡当助理员。解放战争时期，任乡长、乐会东区区委委员。解放初，任琼东县一区区委书记和琼东县总工会主席。1954—1958 年，任乐会县县长、中共乐会县委第一副书记等职。此后，屡受各种政治运动冲击，时间长达 21 年。1979 年彻底平反。1980 年至 1984 年 5 月任琼海县人大常委会主任。1984 年 5 月离休，享受地专级待遇。

朱修松（1932—2010）琼海市阳江镇凤栖岭村人。1956 年毕业于中共中央第六中级党校理论班，1986 年毕业于中共中央党校党建理论班，1990 年在中共中央党校地厅级进修班学习，获得毕业证书。1987 年被评为副教授。1951 年参加工作，历任县人民政府财粮科会计，土改工作队队员、组长、副队长，区文教助理、县委宣传部干事、公社党委副书记，中共海南行政区党校辅导员、教员、副科级教员、教研室副主任、校党委委员兼党史党建教研室主任（正处级），中共海南省委党校秘书长、机关党委书记、副校长。退休后被聘为海南省政协学习委员会副主任、省老年大学常务副校长、中国老年大学协会理事、中共海口市委党校客座副教授、省关心下一代工作委员会委员、琼台师范学校校外辅导员、省行风评议代表小组组长，被推选为海南省党建学会常务副会长、省朱熹研究会副会长、万泉河文化研究会会长。

第二节　其他人物

何万章（1915—1992）字何干，琼海市中原镇冠群村人。少年时往新加坡、泰国谋生。抗日战争爆发时，积极投身于抗日救亡宣传活动。抗日战争胜利后，从泰国移居香港，从事商务活动。初期经营餐厅，后转为经营国货、粮食、酒业等，业务不断发展。参加香港琼崖商会。1954 年 12 月被选为香港海南商会理事，1956 年被选为第二十届常务理事。从 20 世纪 50 年代起，任香港中华总商会会董。曾任海南省第一届政协常务委员。1979 年发动侨胞和港澳同胞捐资兴建乐群小学。出任香港同胞庆祝海南省成立筹委会主席，于 1988 年 5 月在香港主持举行大型庆祝建省活动，并邀请海南省代表团赴港参加活动。

王玄中（1933—1995）又名王业君，琼海市万泉镇沐皇大划村人。广州体校毕业。历任乐东黎族自治县黄流中学教师、校长，被评为特级教师、中学高级教师、国家级体育裁判员。

李秉义（1922—1997）原名李居政，笔名莽夫，琼海市嘉积镇下寨冬村人。早年就读于广东省第十三中学（今嘉积中学），读完初中一年级后辍学。1949 年前后，在九曲江一所小学当教员、校长。因对琼剧有浓厚兴趣，曾一手执教鞭、一手执笔改编现代琼剧《血的教训》《一江春水向东流》。1954 年，被海南文教处调到海口，任集新琼剧团秘书、编剧。剧团与其他剧团合并为广东琼剧院后，被安排在艺术研究室当专职编剧，享受高级知识分子待遇。自 1957 年起，先后执笔改编移植琼剧《刘介梅》并出版剧本，与王平合作执笔创作现代琼剧《红色娘子军》《刘秋菊》《岛上人家》及《二十三年间》（又名《红岛》），参与集体创作古装琼剧《海瑞回朝》等。因《海瑞回朝》一剧在“文化大革命”中受到不公正待遇，1970 年被下放到海口市糖奶厂当工人，1975 年被迫提前退休。1990 年平反后恢复干部待遇。

梁大鹏（1911—1997）琼海市中原镇书田村人，童年在家乡接受启蒙教育。先后毕业于广州岭南大学、上海复旦大学。1930 年，入美国密歇根大学攻读政治，1933 年获硕士学位。1935 年，入纽约大学继续攻读政治学，1937 年获博士学位。时逢“七·七”事变，返国参加抗战，历任军事委员会政治部设计委员、中国国民党中央海外部秘书等职。1947—1948 年任中山大学教授。后积极参与筹建海南大学，出任海南大学副校长。在校长颜任光未到校前任代理校长。1964 年秋定居美国，并在旧金山大学任教。译有《日本政府》（1931 年，上海民智书局）、《日本的发展》（1932 年，上海商务印书馆）等，另有英文著作多篇。

王光射（1936—1998）琼海市龙江镇滨滩村人。1960 年毕业于中山大学数学系。曾任嘉积中学教师，后历任琼海师范学校副校长、琼海市教师进修学校校长、琼海市中学数学教研会理事长、海南省师范系列青年教师调教评委、琼海市第八届人大代表、中共琼海市第六次代表大会代表。1987 年获高级讲师技术职称。1992 年被省人民政府授予特级教师称号。

陈华（1924—2000）原名陈经炽，琼海市塔洋镇裕山村人。琼剧表演艺术家，国家一级演员。中国戏剧家协会会员，海南琼剧院顾问。曾任广东琼剧院副院长、海口市人大常委会委员、广东省民主青年联合会委员、中国剧协第三届理事会理事、海南剧协副主席，政协广东省第四、五届委员。1944 年从艺随韩文华学习，有“小文华”之称。音域宽阔，运腔纯朴，高低自如，吐字清晰，以腔唱情，情景交融，自成一派，被观众誉为“陈华腔”。曾在《梁祝》《拾玉镯》《孔雀东南飞》《张文秀》《搜书院》《稽文龙》《红叶题诗》《王桐香告御状》《革命自有后来人》《石井村》《十五贯》《秦香莲》《牛郎织女》等100多个剧目中担任男主角。1957年赴京为毛泽东主席、刘少奇副主席、周恩来总理等中央首长演出。在戏曲影片《红叶题诗》中扮演男主角，并参加《梁祝》《秦香莲》《张文秀》《狗衔金钗》《卖胭脂》等10多个剧目的录音、灌片、录像。整理有琼剧传统剧《节德悲歌》，移植四川《白毛女》《新局长到来之前》《借亲配》等剧目，丰富了琼剧舞台。撰写《琼剧赴京演出追记》《我真正享受了天伦之乐》等文章在海外发表；撰写《谈谈我的学艺和读书》《我演梁山伯的回忆》等文章在《海南戏曲》杂志上发表。著有《我的舞台生涯》一书，于1993年由香港中华文化出版社出版发行。

欧英钦（1934—2000）琼海市中原镇礼沐村人。1953年参加工作，历任海南区党委办公室科员、副科长、科长，中共海南行政区委统战部副部长，海南省人大办公厅副主任、华侨外事工委副主任。爱好书法与写作，临摹古今书法家的精品，对毛笔和硬笔的楷、行、草、篆、隶、仿宋、新魏七体书艺有一定造诣。

钟厚昌（1935—2003）琼海市博鳌镇乐城人，中国戏剧家协会广东分会会员、琼海市政协委员，曾任琼海市琼剧团团长。1953年在乐会二区当文书，后调乐会县粮食局工作。后又调动到乐会县人和剧团（现琼海市琼剧团）。1962年到海南（道美）专业琼剧艺术研究班学习，结业演出因成绩突出获表演优秀奖，被誉为“琼剧文生之花”。20世纪50—80年代，领衔主演20多个剧目。1980年获海南区琼剧“百花奖”演员一等奖，1982年被广东省宣传部授予“琼剧明星”殊荣。其演唱的《穷人布施》《逼上梁山》唱段录音带畅销一时。

邱观荣（1929—2005）琼海市潭门镇金鸡村人。1949年参加革命，任琼东县人民政府警卫员。1956年任琼东县商业局工业品经理部营业员。后任琼海县百货公司批发部副主任等职。在当营业员期间，积极推销商品，经常利用休息和节假日时间组织货郎担下乡，方便农民，活跃农村市场，直接支援农业生产。1959年被广东省人民委员会授予省先进生产者称号。同年在全国“群英会”上被授予全国先进生产者称号。

王茀周（1929—2009）文昌市文城镇人。1950年在长白师范学院数学系修业之后，分配到琼海县温泉中学任教。1952年后，在嘉积中学任数学和化学教员。1960年进入华南师范学院数学系深造，于1963年毕业。历任嘉积中学数学教研组组长、工会主席、教导主任、副校长、校长、名誉校长。系广东省中学数学教研学会副理事长、海南区中学数学教研学会理事长、海南区数学学会副理事长。1957年被评为广东省先进教育工作者。

1960 年，被评为全国劳模，出席全国文教系统群英会。1980 年，被评为广东省首批中学特级教师，是琼海县的第一个特级教师。1982 年被评为广东省先进工作者，1983 年被评为广东省先进教育工作者，并当选为广东省第五次人民代表大会代表。

林诗泉（1933—2010）琼海市嘉积镇椰寨村人，主任医师。海南医专医疗专科毕业，曾任职于海南省人民医院。1994 年，被评为海南省有突出贡献的优秀专家。系中华医学会医史学会委员、海南省人民医院红十字会秘书长、中华预防医学会少数民族卫生事业管理委员会委员。曾出席全国中华医史学术会和岭南医学学术研讨会 10 次、国际医史学术会 2 次。被聘任为《海南省卫生志》主编、《海南省百科全书·卫生编》常务副主编。对钩虫病、蛔虫病、丝虫病防治有所研究，尤其对海南岛医学发展史有较深入的研究。先后发表医史论文 52 篇，其中《海南医学史略》获评中华首届优秀医史文献奖。撰有《海南医学史研究》专著一部。

第二章 人物表

一、1991—2010年琼海市（县）高级专业技术职称人员

1991—2010年琼海市（县）教育系统高级专业技术职称人员一览表

表21-2-1

系列	姓名	性别	工作单位	专业技术职称	评定时间
计算机	桂占吉	男	海南软件职业技术学院	正高	1999年9月
计算机	魏应彬	男	海南软件职业技术学院	正高	2002年12月
英语	尚志强	男	海南软件职业技术学院	正高	2005年1月
数学	王恩周	男	海南软件职业技术学院	正高	2006年11月

1991—2010年琼海市（县）卫生系统高级专业技术职称人员一览表

表21-2-2

系列	姓名	性别	工作单位	专业技术职称	评定时间
卫生技术	陈华飞	男	市医院	主任医师	2004年12月
卫生技术	钟连华	女	市医院	主任医师	2006年11月
卫生技术	王军	男	市医院	主任医师	2007年12月
卫生技术	张宏亮	男	市医院	主任医师	2008年12月
卫生技术	李晓峰	男	市医院	主任医师	2008年12月
卫生技术	李翠平	女	市医院	主任医师	2008年12月
卫生技术	宋德鸿	男	市医院	主任医师	2009年12月
卫生技术	王小雄	男	市医院	主任医师	2009年12月
卫生技术	周凡	男	市医院	主任医师	2010年5月
卫生技术	陈嘉琦	男	市医院	主任医师	2010年9月
卫生技术	何晓燕	女	市医院	主任医师	2010年12月
卫生技术	王李民	男	市医院	主任中医师	2010年12月
卫生技术	谢明焕	男	市医院	主任医师	1997年1月
卫生技术	谢丽君	女	市医院	主任医师	2003年7月
卫生技术	李道章	男	市医院	主任医师	2005年5月

续表 21-2-2

系列	姓名	性别	工作单位	专业技术职称	评定时间
卫生技术	陈达天	男	琼海市中医院	主任中医师	1995 年 5 月
卫生技术	陈治道	男	琼海市中医院	主任医师	1996 年 4 月
卫生技术	李成光	男	琼海市中医院	主任中医师	2000 年 12 月
卫生技术	林道强	男	琼海市中医院	主任医师	2009 年 12 月

1991—2010 年琼海市（县）农业系统高级专业技术职称人员一览表

表 21-2-3

系列	姓名	性别	工作单位	专业技术职称	评定时间
农业技术	区志广	男	琼海市农业技术推广服务中心	高级农艺师	1996 年 4 月
农业技术	李异雄	男	琼海市农业技术推广服务中心	高级农艺师	1996 年 12 月
农业技术	孙杰芳	男	琼海市农业技术推广服务中心	高级农艺师	1997 年 3 月
农业技术	麦兴春	男	琼海市农业技术推广服务中心	高级农艺师	1997 年 9 月
农业技术	伍尚经	男	琼海市农业技术推广服务中心	高级农艺师	2003 年 1 月
农业技术	甘燕琴	女	琼海市农业技术推广服务中心	高级农艺师	2004 年 2 月
农业技术	周王鼎	男	琼海市农业技术推广服务中心	高级农艺师	2008 年 12 月
农业技术	王兴朝	男	琼海市热带作物服务中心	高级农艺师	1999 年 10 月
农业技术	陈德政	男	琼海市热带作物服务中心	高级农艺师	2004 年 12 月
农业技术	陈德政	男	琼海市热带作物服务中心	农业技术推广研究员	2008 年 12 月
农业技术	王燕	男	塔洋镇农业服务中心	高级农艺师	2007 年 12 月
农业推广	许志坚	男	海南省水产研究所	研究员（国务院特殊津贴专家）	1996 年 12 月
农业推广	冯永勤	男	海南省水产研究所	研究员（国务院特殊津贴专家）	2001 年 12 月
农业推广	李向民	男	海南省水产研究所	研究员（国务院特殊津贴专家）	2002 年 12 月

1991—2010 年琼海市（县）工程系统高级专业技术职称人员一览表

表 21-2-4

系列	姓名	性别	工作单位	专业技术职称	评定时间
工程技术	莫壮民	男	琼海市建筑设计院	建筑工程高级工程师	1994 年 12 月
工程技术	史业夫	男	琼海市规划建设局	建筑工程高级工程师	2005 年 12 月

续表 21-2-4

系列	姓名	性别	工作单位	专业技术职称	评定时间
工程技术	陈武	男	琼海市国土环境资源局	建筑工程高级工程师	2006年12月
工程技术	符天祥	男	琼海市建筑工程公司	建筑工程高级工程师	2007年4月
工程技术	袁杰	男	琼海市人民政府投资项目管理中心	建筑工程高级工程师	2007年12月
工程技术	罗莉	女	琼海市建设工程质量安全监督站	工程管理—监督高级工程师	2009年12月
工程技术	陈海良	男	琼海市安全生产监督管理局	工程管理—监督高级工程师	2009年12月
工程技术	符泽雄	男	市海洋与渔业局	高级工程师	1996年4月
工程技术	伍尚煌	男	市海洋与渔业局	高级工程师	1996年7月
工程技术	李文池	男	市海洋与渔业局	高级工程师	1999年1月
工程技术	蒙上位	男	琼海市水利水电局	高级工程师	1988年12月
工程技术	朱德良	男	琼海市水利水电局	高级工程师	1988年12月
工程技术	王振钧	男	琼海市水利水电局	高级工程师	1988年12月
工程技术	马业权	男	琼海市水利水电局	高级工程师	1989年12月
工程技术	吴均鑫	男	琼海市农电公司	高级工程师	1989年12月
工程技术	黎锦清	男	琼海市水利水电局	高级工程师	1999年11月
工程技术	李文池	男	琼海市海洋与渔业局	高级工程师	2001年3月
工程技术	麦瑞礼	男	海南汽车试验站	高级工程师	1995年12月
工程技术	林东平	男	海南汽车试验站	高级工程师	1997年10月
工程技术	蒙小雄	男	海南汽车试验站	高级工程师	1997年10月
工程技术	黎国仲	男	海南汽车试验站	高级工程师	1999年6月
工程技术	王家文	男	海南汽车试验站	高级工程师	1999年6月
工程技术	蔡衡	男	海南汽车试验站	高级工程师	2004年8月
工程技术	周继军	男	海南汽车试验站	高级工程师	2005年8月
工程技术	陈迅晓	男	海南汽车试验站	高级工程师	2006年8月
工程技术	李彤	男	海南汽车试验站	高级工程师	2006年8月
工程技术	陈海燕	女	海南汽车试验站	高级工程师	2007年8月
工程技术	符小锋	男	海南汽车试验站	高级工程师	2008年8月
工程技术	陈振日	男	海南汽车试验站	高级工程师	2008.08

1991—2010年琼海市（县）其他系统高级专业技术职称人员一览表

表 21-2-5

系列	姓名	性别	工作单位	专业技术职称	评定时间
企业思想政治工作	黄诚	男	彬村山华侨农场	高级政工师	1994年5月
企业思想政治工作	廖岳波	男	彬村山华侨农场	高级政工师	1997年5月
艺术	曾宪峰	男	琼海市文化馆	二级作曲	2002年12月

二、离休干部

1991—2010年琼海市（县）离休干部一览表

表 21-2-6

姓名	性别	籍贯	出生年月	原工作单位及职务	批准离休时间	备注
林尤藩	男	海南万宁	1901年2月	琼海县供销社副食厂厂长	1978年6月	已故
陈菊	女	海南万宁	1912年10月	吊罗山林业局监委副书记（异地安置琼海管理）	1978年6月	已故
王君汇	男	海南琼海	1903年2月	琼海县人大常委会副主任	1984年9月	已故
何光国	男	海南海口	1910年3月	琼海县龙江粮所副主任	1982年4月	已故
苏才禄	男	海南琼海	1918年4月	琼海县人大常委会副主任	1985年3月	已故
林廷江	男	海南文昌	1910年5月	琼海县海水养殖场场长	1978年6月	已故
李学校	男	海南琼海	1900年12月	琼海县委统战部部长	1978年6月	已故
张元栋	男	海南琼海	1920年	琼海县政府副县长	1985年8月	已故
蔡会成	男	海南琼海	1922年4月	琼海县人大常委会主任	1985年3月	已故
冯开珠	男	江苏省	1922年	琼海县政协副主席	1985年3月	已故
张启顺	男	辽宁里县	1925年5月	琼海县委副书记	1984年1月	已故
罗志民	男	海南琼海	1914年5月	琼海县政协名誉主席	1978年6月	已故
符气新	男	海南文昌	1929年2月	琼海县政协主席	1989年11月	—
谢明益	男	海南万宁	1913年	乐会县法院院长	1980年10月	已故
张景山	男	山东省	1917年8月	琼海县计委副主任	1983年4月	已故

续表 21-2-6

姓名	性别	籍贯	出生年月	原工作单位及职务	批准离休时间	备注
董传灼	男	海南琼海	1914 年 9 月	海南中旅社保管员（异地安置琼海管理）	1982 年 4 月	—
覃国香	女	海南琼海	1920 年 6 月	乐会县区委副书记	1982 年 4 月	已故
符仁清	男	海南琼海	1922 年 7 月	琼海县林业局局长	1986 年 12 月	已故
符若梅	女	海南文昌	1925 年 7 月	琼海县嘉积电影院经理	1986 年 9 月	—
许世荣	男	海南琼海	1921 年 2 月	琼海县九曲江水利河套管理处副主任	1986 年 3 月	已故
卢业光	男	海南琼海	1917 年 2 月	海南行政区统战部科长（异地安置琼海管理）	1980 年 10 月	已故
何君瑚	男	海南琼海	1927 年 6 月	琼海县二轻局副局长	1983 年 12 月	已故
王宏华	男	海南琼海	1924 年 9 月	儋县那大劳改场场长（异地安置琼海管理）	1983 年 10 月	已故
柯敬民	男	海南琼海	1924年10月	琼海县检察院股长	1985.年 4 月	已故
陈汉诚	男	海南琼海	1923 年 4 月	琼海县人大常委会副主任	1985 年 11 月	已故
许仁锐	男	海南琼海	1927 年 1 月	琼海县阳江供销社副主任	1985 年 8 月	已故
韩溱元	男	海南文昌	1925 年 5 月	琼海县计生委主任	1985 年 6 月	已故
林明光	男	海南琼海	1923 年 7 月	琼海县长坡供销社主任	1983 年 8 月	已故
林诗美	女	海南琼海	1921 年 8 月	琼海县长坡供销社干部	1982 年 4 月	已故
陈进富	男	海南万宁	1925 年 8 月	琼海县经委副科长	1983 年 5 月	已故
羊寒儿	男	海南儋州	1930 年 6 月	琼海县粮食局副局长	1990 年 8 月	已故
符芝兰	女	海南文昌	1923年12月	琼海县卫生局局长	1981 年 5 月	已故
李临琼	男	海南琼海	1923年12月	琼海县供销社副主任	1989 年 11 月	已故
麦振义	男	海南儋州	1929年11月	琼海县经委副主任	1984 年 11 月	—
雷大琼	男	海南琼海	1922年10月	广西钟山百货公司仓库主任（异地安置琼海管理）	1984 年 4 月	已故
黄亚俊	男	海南陵水	1927年09月	琼海县农机局副局长	1985 年 4 月	—
黄兴隆	男	海南琼海	1929 年 3 月	琼海县民政局科员	1985 年 4 月	已故
何子观	男	海南万宁	1923 年 3 月	琼海县人大常委副主任	1985 年 3 月	已故
文光	男	海南万宁	1927 年 2 月	琼海县卫生局副局长	1985 年 4 月	已故

续表 21-2-6

姓名	性别	籍贯	出生年月	原工作单位及职务	批准离休时间	备注
卢宏生	男	海南琼海	1924 年 4 月	琼海县粮食局嘉积粮油加工厂副厂长	1985 年 1 月	已故
王明	男	海南文昌	1929 年 9 月	琼海县文市供销社主任	1990 年 4 月	—
严政	男	广东电白	1926 年 6 月	琼海县科委副主任	1986 年 10 月	已故
刘忠友	男	黑龙江省	1927 年 5 月	琼海县房管所副所长	1985 年 4 月	—
黄暴雨	男	海南琼海	1924 年 12 月	琼海县经委副主任	1984 年 11 月	已故
符世庄	男	海南琼海	1924 年 6 月	琼海县粮食局副局长	1986 年 10 月	已故
覃国煌	男	海南琼海	1925 年 8 月	琼海县商业局副局长	1983 年 5 月	已故
王绍典	男	海南琼海	1929 年 6 月	琼海县公安局政委	1990 年 10 月	已故
关成永	男	海南琼海	1924 年 11 月	琼海县民政局副局长	1984 年 11 月	已故
杨继合	男	辽宁省	1927 年 7 月	琼海县卫生局副局长	1986 年 10 月	—
谭玉林	男	黑龙江省	1923 年 5 月	琼海县嘉积糖厂副书记	1984 年 11 月	—
李振明	男	云南省	1921 年 1 月	琼海县基建局副局长	1983 年 5 月	已故
黄守珍	男	海南琼海	1929 年 4 月	琼海县外经委副主任	1989 年 9 月	已故
崔家英	男	海南琼海	1929 年 2 月	琼海县总工会生产部部长	1985 年 6 月	已故
蔡会新	男	海南琼海	1930 年 11 月	琼海县人大常委会副主任	1991 年 2 月	—
王玉尧	男	海南琼海	1908 年 11 月	琼海县政协副主席	1989 年 12 月	已故
刘志忠	男	黑龙江省	1923 年 2 月	琼海县法院副院长	1983 年 6 月	已故
吕少玲	女	海南文昌	1930 年 6 月	琼海县政协副主席	1985 年 3 月	—
冯怀保	男	海南屯昌	1932 年 5 月	琼海县医药总公司经理	1985 年 7 月	已故
蒋启德	男	海南琼海	1930 年 1 月	琼海县委统战部副部长	1987 年 11 月	已故
吴泽兰	男	海南文昌	1921 年 2 月	琼海县交通局副局长	1985 年 6 月	已故
王诗汉	男	海南琼海	1930 年 2 月	琼海县嘉积水电管理处干部	1988 年 4 月	已故
鄂义福	男	吉林省	1929 年 3 月	琼海县政协副主席	1987 年 10 月	已故
王春茂	男	海南琼海	1927 年 9 月	琼海县财办副主任	1986 年 10 月	已故
王永清	男	海南琼海	1928 年 10 月	琼海县委统战部副部长	1986 年 10 月	已故
曹显明	男	海南文昌	1927 年 12 月	琼海县长坡中学校长	1987 年 10 月	已故

续表 21-2-6

姓名	性别	籍贯	出生年月	原工作单位及职务	批准离休时间	备注
谭家煌	男	海南文昌	1930 年 1 月	琼海县民政局副局长	1985 年 4 月	—
周廷兰	女	海南琼海	1930 年 10 月	琼海县妇联会主任	1985 年 4 月	已故
陈成和	男	海南文昌	1930 年 12 月	琼海县水电局副局长	1986 年 12 月	已故
蔡笃斌	男	海南琼海	1929 年	琼海县人大常委会副主任	1987 年 12 月	已故
蔡建平	男	海南琼海	1929 年 12 月	琼海县计委副主任	1991 年 4 月	—
陈达炎	男	海南琼海	1930 年 10 月	琼海县商业局副局长	1989 年 5 月	已故
黄云峰	男	海南万宁	1930 年 10 月	琼海县经委保卫组长（副局）	1988 年 6 月	已故
陈光发	男	海南琼海	1928 年	琼海县物资局经理	1985 年 1 月	已故
林觉东	男	海南琼海	1927 年 10 月	琼海县阳江粮所加工厂厂长	1982 年 4 月	已故
王辉炎	男	海南琼海	1930 年 12 月	琼海县潭门供销社副主任	1988 年 12 月	已故
朱昌忠	男	海南琼海	1932 年 10 月	琼海市人大常委会副主任	1993 年 5 月	已故
陈开桂	男	海南琼海	1932 年 7 月	琼海县经委主任	1992 年 9 月	—
李章	男	海南琼海	1925 年 4 月	琼海县卫生局副局长	1984 年 11 月	已故
王先球	男	海南琼海	1914 年 8 月	琼海师范学校干部	1986.年 6 月	已故
史立浩	男	海南琼海	1918 年 8 月	琼海县长坡粮所干事	1982 年 4 月	已故
邢英花	女	海南文昌	1919 年 6 月	琼海县百货公司副经理	1989 年 1 月	已故
吴清深	男	海南琼海	1924 年 3 月	琼海县财政局干部	1988 年 12 月	已故
谢雄	男	海南万宁	1915 年 10 月	琼海县嘉积电影院副经理	1985 年 9 月	已故
李多淑	男	海南琼海	1922 年 10 月	琼海县饮服公司经理	1982 年 4 月	已故
符玉梅	女	海南琼海	1923 年 10 月	琼海县泮水乡府委员	1984 年 11 月	已故
陈学端	女	海南琼海	1922 年 10 月	琼海县万泉镇府干部	1984 年 11 月	已故
陈丽霞	女	海南琼海	1927 年 10 月	琼海县饮服公司副经理	1987 年 10 月	—
陈若琴	女	海南琼海	1920 年 5 月	琼海县烟塘镇府妇女委员	1984 年 11 月	—
莫一萍	男	海南琼海	1921 年 5 月	琼海县阳江供销社干部	1986 年 3 月	已故
肖白禹	男	海南万宁	1913 年 10 月	琼海县烟塘粮所主任	1982 年 4 月	已故
丁梅兰	女	海南海口	1924 年 3 月	琼海县塔洋镇府干部	1986 年 8 月	已故

续表 21-2-6

姓名	性别	籍贯	出生年月	原工作单位及职务	批准离休时间	备注
李明甫	男	海南琼海	1921 年 1 月	琼海县粮食局副局长	1982 年 6 月	已故
占渫梓	女	海南文昌	1922 年 4 月	琼海县海水养殖场管区主任	1982 年 4 月	已故
林道祥	男	海南琼海	1920 年 10 月	琼海县水产公司门市部主任	1982 年 4 月	已故
陈梅英	女	海南海口	1925 年 10 月	琼海县万泉卫生院助产士	1982 年 4 月	已故
杨传德	男	海南琼海	1924 年	琼海县财政局办事员	1987 年 12 月	已故
符国精	男	海南琼海	1921 年 7 月	琼海县合水管理处副主任	1983 年 8 月	已故
翁育坤	男	海南万宁	1917 年 5 月	琼海县阳江粮所主任	1982 年 4 月	已故
何其双	男	海南琼海	1914 年	琼海县五金公司保管员	1982 年 4 月	已故
黄菊花	女	海南万宁	1923 年 2 月	琼海县烟塘粮所保管员	1984 年 4 月	已故
黎辉鑫	男	海南琼海	1930 年 1 月	琼海县中原供销社业务员	1982 年 4 月	已故
蔡明波	男	海南琼海	1923 年 12 月	琼海县经委科员	1982 年 4 月	已故
卢宏珍	男	海南琼海	1917 年 12 月	琼海县塔洋卫生院院长	1984 年 1 月	已故
陈贻维	男	海南琼海	1910 年 10 月	琼海县塔洋卫生院院长	1984 年 4 月	已故
卢淑容	女	海南万宁	1925 年	琼海县五金交电公司办事员	1982 年 4 月	—
王织云	女	海南琼海	1918 年 3 月	海南农科所管理员（异地安置琼海管理）	1982 年 4 月	已故
韩善	男	海南万宁	1916 年 2 月	琼海县博鳌学区教师	1986 年 3 月	已故
林道美	男	海南琼海	1927 年 9 月	琼海县长坡供销社主任	1986 年 5 月	已故
黄群	女	海南琼海	1923 年 7 月	琼海县总工会副主席	1982 年 4 月	已故
凌秀雄	男	海南琼海	1918 年	琼海会山税务所副所长	1983 年 8 月	已故
卢修容	女	海南琼海	1924 年 9 月	琼海县总工会干事	1987 年 2 月	已故
邢益秀	男	海南琼海	1918 年 8 月	琼海县新市卫生院院长	1984 年 5 月	已故
吴清熙	男	海南琼海	1921 年	琼海县土产公司办事员	1982 年 4 月	已故
蔡家花	女	海南琼海	1921 年 11 月	琼海县九曲乡妇女主任	1984 年 8 月	已故
林克藻	男	海南琼海	1918 年 12 月	琼海县药材公司副主任	1987 年 10 月	已故
王爱娥	女	海南琼中	1928 年 3 月	琼海县供销工贸公司干部	1984 年 2 月	已故
王彩娟	女	海南儋州	1929 年 10 月	琼海县人民医院护士	1982 年 4 月	已故

续表 21–2–6

姓名	性别	籍贯	出生年月	原工作单位及职务	批准离休时间	备注
邓赞成	男	海南定安	1926 年 9 月	琼海县新市粮所干部	1989 年 7 月	已故
符文明	男	海南琼海	1924 年 6 月	琼海县土产公司副经理	1985 年 7 月	已故
谢式锦	男	海南琼海	1928 年 1 月	琼海县法院经济庭庭长	1985 年 11 月	已故
孙文京	男	海南琼海	1920 年	琼海县教育局教师	1984 年 12 月	已故
雷大存	男	海南琼海	1924 年 5 月	琼海县中旅社副经理	1984 年 10 月	已故
雷祝宛	男	海南琼海	1919 年 3 月	琼海县商业总公司经理	1984 年 4 月	已故
邢雪颜	女	海南文昌	1919 年 1 月	琼海县大路供销社办事员	1982 年 4 月	已故
陈永昌	男	海南三亚	1917 年 3 月	琼海县食品公司办事员	1982 年 4 月	已故
吴东海	男	海南万宁	1914 年 9 月	琼海县外贸局副局长	1986 年 12 月	已故
杨庆南	男	海南琼海	1920 年 6 月	琼海县农业局干部	1984 年 11 月	已故
李根耀	男	海南琼海	1919 年	琼海县热作局科员	1987 年 12 月	已故
梁文泰	男	海南琼海	1923 年 9 月	琼海县中原供销社干部	1986 年 7 月	已故
符盛桂	男	海南琼海	1917 年 8 月	琼海县五金交电公司出纳员	1986 年 12 月	已故
陈桂花	女	海南琼海	1929 年 6 月	琼海县人民医院办事员	1986 年 7 月	已故
曾祥蛟	男	海南澄迈	1927 年 5 月	琼海县博鳌供销社副主任	1983 年 9 月	已故
符振贵	男	海南琼海	1926 年 8 月	琼海县财政局副股长	1982 年 4 月	已故
黄守英	男	海南琼海	1926 年 3 月	琼海县长坡镇府干部	1986 年 12 月	已故
王儒若	女	海南琼海	1929 年 5 月	琼海县长坡供销社办事员	1985 年 7 月	已故
符萍	女	海南琼海	1929 年 1 月	昌江县人民医院护士（异地安置琼海管理）	1982 年 4 月	—
王妚二	女	海南儋州	1932 年 3 月	琼海县粮油贸易公司办事员	1982 年 11 月	已故
王贻花	女	海南万宁	1925 年 5 月	琼海县档案局干事	1982 年 4 月	已故
符气和	男	海南琼海	1915 年 5 月	琼海县饮服公司经理	1982 年 4 月	已故
周世钰	男	海南琼海	1921 年 10 月	琼海县新市供销社主任	1984 年 4 月	已故
卢宏球	男	海南琼海	1920 年 3 月	琼海县供销储运公司车队队长	1982 年 4 月	已故
陈保民	男	海南琼海	1914 年 5 月	琼海博鳌学区校长	1987 年 12 月	已故
何文孔	男	海南万宁	1926 年 3 月	琼海县团委干部	1985 年 5 月	已故

续表 21-2-6

姓名	性别	籍贯	出生年月	原工作单位及职务	批准离休时间	备注
孙业成	男	海南琼海	1922 年 9 月	琼海县长坡粮所保管员	1984 年 2 月	已故
杨庆友	男	海南琼海	1928 年 11 月	琼海县宣传部办事员	1986 年 11 月	—
王汉华	男	海南琼海	1925 年 5 月	琼海县供销社主任	1984 年 11 月	已故
陈月	女	海南琼海	1923 年 4 月	琼海县粮食公司办事员	1982 年 4 月	已故
符明宏	男	海南琼海	1920 年 5 月	琼海县大路供销社办事员	1982 年 4 月	已故
文生业	男	海南琼海	1920 年	琼海县人民医院办事员	1982 年 4 月	已故
卓桂弟	女	海南万宁	1921 年 3 月	琼海县百货公司门市部主任	1988 年 10 月	已故
王千义	男	海南琼海	1928 年 9 月	琼海县新市粮所保管员	1984 年 2 月	已故
张明恩	男	辽宁盖县	1917 年 3 月	琼海县百货公司股长	1985 年 7 月	已故
王善政	男	河北巴县	1917 年 8 月	琼海县医药公司副主任	1982 年 4 月	已故
符文守	男	海南琼海	1925 年 3 月	琼海县水轮泵站站长	1983 年 8 月	已故
杨维明	男	海南琼海	1917 年 2 月	琼海县副食公司业务员	1982 年 4 月	已故
吴淑福	男	海南琼海	1930 年 6 月	琼海县博鳌供销社办事员	1982 年 4 月	已故
于文斌	男	山东牟平	1914 年 10 月	琼海县乐会粮食加工厂厂长	1982 年 4 月	已故
钟秀文	男	北京市	1919 年 8 月	琼海县海水养殖场副场长	1982 年 4 月	已故
李文儒	男	海南琼海	1927 年 10 月	琼海县长坡派出所指导员	1990 年 10 月	—
林尤丰	男	海南琼海	1930 年 10 月	琼海市委办公室科员	1994 年 10 月	—
严承案	男	海南琼海	1920 年 11 月	琼海县长坡供销社干部	1989 年 5 月	已故
黄生田	男	海南琼海	1927 年 6 月	琼海市玻璃厂副厂长	1994 年 4 月	已故
周开富	男	海南琼海	1923 年 12 月	琼海县琼海长坡中学校长	1983 年 8 月	已故
王玉花	女	海南琼海	1923 年 10 月	琼海县塔洋供销社营业员	1988 年 9 月	已故
李亚新	男	福建省	1930 年 9 月	琼海市交通修理厂会计	1994 年 3 月	已故
王子能	男	海南琼海	1924 年 8 月	琼海县民政局办事员	1988 年 9 月	已故
黄菊	女	海南万宁	1929 年 12 月	琼海县房管所保管员	1982 年 4 月	已故
黄魁海	男	海南琼海	1926 年 2 月	琼海县东升商店业务员	1983 年 3 月	已故
王业章	男	海南琼海	1920 年 9 月	琼海县泮水乡府干部	1984 年 11 月	已故
杨乙娟	女	海南琼海	1928 年 1 月	琼海县妇联会委员	1982 年 4 月	已故

续表 21-2-6

姓名	性别	籍贯	出生年月	原工作单位及职务	批准离休时间	备注
吴多儒	男	海南琼海	1925年2月	琼海县万泉供销社主任	1987年7月	—
黄世柏	男	海南琼海	1929年10月	琼海县青葛派出所所长	1983年6月	已故
黎才英	男	海南琼海	1926年3月	琼海县土产公司会计	1985年4月	—
黄儒海	男	海南琼海	1917年8月	琼海县福田镇府干部	1985年5月	已故
甘传堂	男	海南琼海	1923年2月	琼海县万泉供销社办事员	1986年6月	已故
赵立文	男	吉林长春	1928年3月	琼海县土产公司副经理	1985年6月	—
周会南	男	海南琼海	1927年12月	琼海县塔洋粮所管理员	1982年4月	已故
黄本国	男	海南琼海	1923年	琼海县热作局科员	1987年12月	已故
吴泽甫	男	海南琼海	1929年6月	琼海县阳江粮所干部	1986年5月	已故
王永光	男	海南琼海	1927年8月	琼海县塔洋供销社副主任	1985年6月	—
符昌富	男	海南琼海	1919年2月	琼海县大路粮所保管员	1984年4月	已故
林明秀	男	海南琼海	1920年	琼海县公安局干部	1984年11月	已故
宋明辉	男	海南琼海	1928年9月	琼海县林业局副局长	1989年7月	已故
肖东民	男	海南琼海	1925年10月	琼海县东进农场副场长	1985年11月	—
林月东	男	海南琼海	1932年11月	琼海县东红商店业务员	1985年6月	已故
董业蕃	男	海南琼海	1923年9月	琼海县东升商店采购员	1986年7月	已故
陈天桂	男	海南琼海	1921年11月	琼海县热作局科员	1987年12月	已故
林克洲	男	海南文昌	1924年3月	琼海县商业总公司股长	1985年7月	—
韦裕光	男	海南琼海	1917年12月	琼海县泮水供销社干部	1984年1月	已故
何观潮	男	海南琼海	1916年4月	琼海县潭门学区侨中教师	1985年11月	已故
吴多文	男	海南琼海	1928年	琼海县机械厂干部	1984年7月	已故
王德芳	男	海南琼海	1920年3月	琼海县大路镇府干部	1984年11月	已故
杨善钰	男	海南琼海	1929年10月	琼海县潭门镇府秘书	1983年12月	已故
黄文权	男	海南琼海	1923年12月	琼海县物资局总务长	1983年6月	已故
刘昌统	男	海南琼海	1925年8月	琼海县供销社股长	1983年3月	已故
王先淦	男	海南琼海	1923年5月	琼海县塔洋镇府干部	1988年12月	已故
黄世霖	男	海南澄迈	1928年9月	琼海县纺织厂办事员	1983年3月	已故

续表 21-2-6

姓名	性别	籍贯	出生年月	原工作单位及职务	批准离休时间	备注
李龙居	男	海南琼海	1910 年 7 月	琼海县大路镇府干部	1984 年 11 月	已故
卓秀梅	女	海南万宁	1926 年 8 月	琼海县保健院院长	1987 年 10 月	—
李朝栋	男	海南琼海	1925 年 4 月	琼海县副食公司采购员	1985 年 4 月	已故
王若云	男	海南琼海	1921 年 1 月	琼海县木材公司副经理	1982 年 4 月	已故
李定清	男	海南琼海	1928 年 12 月	琼海县会山乡副书记	1987 年 11 月	—
甘传良	男	海南琼海	1911 年 12 月	琼海县供销联社办事员	1983 年 12 月	已故
王会强	男	海南琼海	1923 年 7 月	琼海县九曲供销社副科长	1982 年 4 月	已故
李月英	女	海南万宁	1929 年 1 月	琼海县人民医院护士	1991 年 4 月	已故
占道新	男	海南琼海	1917 年 7 月	琼海县烟塘镇府干部	1986 年 8 月	已故
邢陆孝	男	海南琼海	1929 年 5 月	琼海县土产公司经理	1985 年 7 月	—
王振德	男	海南琼海	1914 年 4 月	琼海县万泉镇府干部	1985 年 5 月	已故
黄守东	男	海南琼海	1926 年 8 月	琼海县长坡供销社主任	1983 年 12 月	已故
林翠玉	女	海南海口	1930 年 6 月	琼海县供销社出纳员	1982 年 4 月	已故
王秋	女	海南琼海	1926 年 8 月	琼海县百货公司营业员	1983 年 12 月	已故
吴乾蕃	男	海南琼海	1932 年 2 月	琼海县文市派出所所长	1992 年 3 月	—
周金英	女	海南琼海	1931 年 10 月	琼海县供销副食品公司干部	1986 年 10 月	已故
戴秀文	女	海南琼海	1930 年月	琼海县东平商店干部	1985 年 7 月	已故
王开照	男	海南海口	1921 年 3 月	琼海县外贸总公司副股长	1984 年 1 月	已故
邓大桂	男	海南琼海	1912 年 4 月	琼海县会山乡府干部	1984 年 11 月	已故
许道德	男	海南琼海	1932 年 2 月	琼海县档案馆馆员	1992 年 4 月	已故
梁安尧	男	海南琼海	1921 年 4 月	琼海市合水水利管理处干部	1993 年 7 月	已故
曾昌德	男	海南琼海	1929 年 5 月	琼海县龙江粮所主任	1982 年 4 月	已故
陈善琼	男	海南琼海	1925 年 8 月	琼海县外贸总公司副经理	1985 年 4 月	已故
杜治国	男	辽宁省	1927 年 6 月	琼海县水产公司书记	1986 年 12 月	已故
符邦和	男	海南琼海	1926 年 11 月	琼海县大路镇府民政助理	1982 年 12 月	已故
何应宽	男	黑龙江省	1922 年 7 月	琼海县海水养殖场主任	1985 年 1 月	已故
马振容	女	海南琼海	1929 年 5 月	琼海县热作局干部	1985 年 5 月	已故

续表 21-2-6

姓名	性别	籍贯	出生年月	原工作单位及职务	批准离休时间	备注
冯增南	男	海南琼海	1920年12月	琼海县阳江镇府文书	1984年10月	—
韦炳勋	男	海南琼海	1926年10月	琼海县嘉积粮所干部	1988年3月	已故
何为民	男	海南琼海	1926年7月	琼海县龙江供销社营业员	1986年7月	已故
文庆和	男	海南万宁	1926年5月	琼海县水产公司副经理	1986年12月	—
王维柳	男	海南琼海	1918年8月	琼海县财政局专管员	1983年12月	已故
吴琼辉	男	海南琼海	1924年6月	琼海县人民医院总务	1983年12月	已故
甘梅香	女	海南琼海	1924年5月	琼海县大路镇府干部	1984年11月	已故
周朝锦	男	海南琼海	1921年3月	琼海县福田粮食加工厂厂长	1982年4月	已故
郑兰光	男	海南琼海	1925年1月	琼海县长坡镇府干事	1981年11月	已故
冯爱民	男	海南琼海	1922年2月	琼海县大路粮所副厂长	1983年8月	—
冯辉成	男	海南琼海	1910年6月	琼海县印刷厂厂长、党支部书记	1983年6月	已故
周玉美	女	海南琼海	1931年7月	琼海县供销工贸公司干部	1983年5月	已故
黄若萍	女	海南琼海	1928年5月	琼海县供销工贸公司干部	1984年2月	已故
郑廷奉	男	海南琼海	1916年	琼海县烟塘镇府干部	1984年12月	已故
王道洲	男	海南琼海	1920年4月	琼海县文化馆馆员	1982年4月	已故
陈昌育	男	海南琼海	1927年1月	琼海县水产公司业务员	1982年4月	已故
张秀銮	女	海南琼海	1929年10月	琼海县土产公司干部	1985年4月	—
王爱浓	男	海南琼海	1927年12月	琼海县药材公司干部	1990年11月	已故
柯家芪	男	海南琼海	1924年6月	琼海县大路镇府干部	1987年5月	已故
张延喜	男	海南琼海	1926年2月	琼海县大路镇府干部	1987年5月	已故
卢宗权	男	海南琼海	1920年月	琼海县热作局科员	1987年12月	已故
黄成椿	男	海南琼海	1927年11月	琼海县上埇供销社主任	1982年4月	已故
陈豪强	男	海南琼海	1926年10月	琼海县朝阳粮所干事	1982年4月	已故
宋振克	男	河北东鹿	1917年7月	琼海县长坡粮食加工厂厂长	1982年4月	已故
罗炳礼	男	四川省	1923年7月	琼海县粮油贸易公司副经理	1985年9月	已故
曾庆琳	男	海南琼海	1932年7月	琼海县生产资料公司物价员	1982年4月	已故
吴家柏	男	海南定安	1923年4月	琼海县烟塘食品站出纳员	1983年12月	已故

续表 21-2-6

姓名	性别	籍贯	出生年月	原工作单位及职务	批准离休时间	备注
郑标	男	海南琼海	1933年12月	琼海市长坡供销社干部	1995年7月	已故
莫泽芳	男	海南琼海	1922年9月	琼海县新市乡府干部	1984年11月	已故
王光琳	男	海南琼海	1923年7月	琼海县龙江镇府干部	1987年5月	已故
林明文	男	海南琼海	1923年3月	琼海县大路镇府干部	1988年10月	已故
杨大钊	男	海南琼海	1926年1月	琼海县博鳌食品站副站长	1983年12月	已故
李圣海	男	海南琼海	1924年5月	琼海县塔洋镇府干部	1987年5月	已故
杨文荣	男	海南琼海	1924年10月	琼海县工交医疗所所长	1982年10月	已故
陈广成	男	海南琼海	1923年1月	琼海县玻璃厂干部	1986年3月	—
王昭洪	男	海南琼海	1928年5月	琼海县外贸总公司干部	1990年10月	已故
蒋启南	男	海南琼海	1932年11月	琼海县会山乡生产助理	1988年8月	已故
张明安	男	海南琼海	1929年5月	琼海县九曲供销社办事员	1982年10月	已故
孙秀玉	女	海南琼海	1929年1月	琼海县长坡粮所营业员	1988年7月	已故
姚发明	男	海南琼海	1925年9月	琼海县公安局干部	1987年5月	—
郑廷深	男	海南琼海	1930年10月	琼海县人大办公室干部	1992年3月	已故
邢贻兴	男	海南琼海	1923年9月	琼海县塔洋镇府干部	1987年5月	已故
苏文贵	男	海南海口	1935年6月	琼海县嘉积糖厂保卫员	1991年8月	已故
卢家美	女	海南琼海	1929年4月	琼海县药材公司批发部副主任	1986年5月	—
刘传烈	男	海南琼海	1917年9月	琼海县百货公司副经理	1984年11月	已故
王及深	男	海南琼海	1931年	琼海市九曲江河套管理处办事员	1995年4月	—
陈文芳	男	海南琼海	1930年5月	琼海市供销储运公司办事员	1997年6月	已故
吴乾泽	男	海南琼海	1927年6月	琼海县烟塘镇府乡长	1984年11月	已故
韩成光	男	海南琼海	1929年3月	琼海县水电局副局长	1990年12月	已故
梁其浩	男	海南琼海	1935年8月	琼海市泮水供销社统计员	1995.年12月	已故
冯万熙	男	海南定安	1906年6月	琼海县石壁粮所保管员	1984年4月	已故
陈斌	男	海南琼海	1920年12月	琼海县老干部办公室出纳	1982年4月	已故
伍书田	男	海南琼海	1926年7月	琼海县长坡供销社副主任	1984年8月	—
黄循林	男	海南琼海	1922年4月	琼海县水产公司经理	1983年6月	—

续表 21-2-6

姓名	性别	籍贯	出生年月	原工作单位及职务	批准离休时间	备注
谢圣章	男	海南琼海	1926年10月	琼海市土产公司干部	1992年11月	—
王秀英	女	海南琼海	1928年5月	琼海县泮水食品站出纳员	1984年4月	—
符宏江	男	海南琼海	1932年6月	琼海县东升商店物价员	1986年4月	已故
林干民	男	海南琼海	1922年6月	琼海县大路镇府干部	1984年11月	—
庞世标	男	海南琼海	1928年10月	琼海县阳江公社党委委员	1982年4月	已故
王逢炳	男	海南琼海	1929年10月	琼海县商业局科员	1990年10月	已故
凌秀美	女	海南琼海	1930年9月	琼海县龙江卫生院副院长	1982年4月	已故
朱美芹	女	海南琼海	1927年9月	琼海县华侨医院护士	1985年6月	已故
潘登	男	四川省	1921年5月	琼海县嘉积供销社主任	1987年1月	已故
邢福俊	男	海南琼海	1921年12月	琼海县烟塘供销社副主任	1982年4月	已故
王平南	男	海南琼海	1925年11月	琼海县二轻局副股长	1986年10月	已故
王录炎	男	海南琼海	1933年12月	琼海市经贸办组长	1994年1月	—
黄敦南	男	海南琼海	1931年1月	琼海县财政局办事员	1986年8月	—
庞学明	男	海南琼海	1922年7月	琼海县龙江镇府助理员	1982年4月	已故
王祚成	男	海南琼海	1924年10月	琼海县大路镇府副主任	1982年4月	已故
王朝旭	男	海南琼海	1925年	琼海县电影公司办事员	1989年7月	已故
许丁和	男	海南琼海	1933年1月	琼海市九曲江河套管理处干事	1993年9月	—
符德	男	海南琼海	1925年1月	琼海县二轻局统计员	1987年5月	—
蔡笃秀	男	海南琼海	1935年11月	琼海市阳江供销社主任	1995年11月	已故
莫来光	男	海南定安	1929年2月	琼海县东红商店副主任	1985年7月	已故
卢鸿开	男	海南琼海	1931年6月	琼海县商业局副局长	1991年7月	已故
覃国灿	男	海南琼海	1934年2月	琼海市乡镇企业局干部	1993年6月	—
陈美蓉	女	海南海口	1931年2月	琼海县华侨公司干部	1986年11月	—
王少华	男	海南琼海	1923年11月	琼海县烟酒公司干部	1986年10月	—
周焕经	男	海南琼海	1914年11月	琼海县烟塘镇府干部	1984年11月	已故
阮文书	男	海南琼海	1929年12月	琼海县财政局办事员	1982年4月	已故
苏英志	男	海南琼海	1926年7月	琼海县财政局办事员	1982年4月	已故

续表 21-2-6

姓名	性别	籍贯	出生年月	原工作单位及职务	批准离休时间	备注
黄宜金	男	海南琼海	1925年10月	琼海县朝阳供销社出纳员	1982年4月	已故
王正民	男	海南琼海	1928年9月	琼海县大路供销社办事员	1987年11月	已故
孙仁贵	男	海南琼海	1926年12月	琼海县大路粮食加工厂厂长	1984年9月	已故
赖克平	男	海南万宁	1923年12月	琼海县海水养殖场干部	1984年8月	已故
林道江	男	海南琼海	1929年2月	琼海县水电局副主任	1990年11月	—
梁世忠	男	海南海口	1924年2月	琼海县农业局技术员	1986年9月	—
李敬蓉	女	海南琼海	1932年5月	琼海县粮食局出纳员	1983年8月	—
王会廉	男	海南琼海	1927年5月	琼海市木材公司经理	1996年11月	已故
庞承武	男	海南琼海	1928年2月	琼海县上埇乡粮财助理	1983年12月	已故
谭基绪	男	海南琼海	1919年4月	琼海县委统战部干事	1982年10月	已故
何达仕	男	海南琼海	1922年3月	琼海县财政局办事员	1982年4月	已故
王祚祥	男	海南琼海	1926年11月	琼海县烟塘税务所所长	1983年8月	已故
陈进丁	男	海南琼海	1926年1月	琼海县新市供销社业务员	1983年3月	已故
刘树法	男	河北盐山	1923年4月	琼海县东红商店干部	1983年6月	已故
李成文	男	海南琼海	1933年1月	琼海市文市派出所副所长	1994年8月	—
邓茂轩	男	海南琼海	1926年1月	琼海县福田镇府干部	1987年5月	已故
何无功	男	海南琼海	1926年10月	琼海县阳江镇府干部	1987年5月	—
陈达良	男	海南琼海	1923年5月	琼海县大路粮所干部	1984年8月	已故
吴树清	男	海南琼海	1926年11月	琼海县大路供销社副主任	1983年9月	—
罗会拔	男	海南琼海	1927年12月	琼海县药材公司副经理	1989年11月	—
周和德	男	海南琼海	1924年9月	琼海县东太商店干部	1984年1月	已故
李连生	男	海南琼海	1926年5月	琼海县福田镇府干部	1987年5月	已故
陈召蓉	女	海南琼海	1918年4月	琼海县幼儿园园长	1982年4月	已故
黄循贵	男	海南琼海	1930年3月	琼海县长坡粮所干事	1983年4月	已故
蔡文忠	男	海南定安	1928年7月	琼海县林业局调研员	1989年7月	已故
潘熙照	男	海南琼海	1931年3月	琼海县会山卫生院院长	1986年12月	—
王侦永	男	海南琼海	1928年9月	琼海县农业局会计员	1982年4月	—

续表 21-2-6

姓名	性别	籍贯	出生年月	原工作单位及职务	批准离休时间	备注
植德英	男	海南琼海	1919 年 2 月	琼海县长坡政府科员	1984 年 11 月	—
王锡饮	男	海南琼海	1930 年 7 月	琼海县万泉镇财贸副主任	1982 年 4 月	—
梁维新	男	海南琼海	1933 年 10 月	琼海县房管所干部	1993 年 11 月	—
蔡笃炎	男	海南琼海	1926 年 5 月	琼海县石壁镇副主任	1982 年 4 月	已故
何子洪	男	海南琼海	1921 年 10 月	琼海县工商联秘书	1982 年 4 月	已故
王录芳	男	海南琼海	1924 年 7 月	琼海县税务局干部	1987 年 5 月	已故
陈元鹏	男	海南琼海	1913 年	琼海县税务局干部	1983 年 12 月	已故
王日浩	男	海南琼海	1931 年 10 月	琼海县水产公司干部	1986 年 6 月	已故
王大辉	男	海南琼海	1923 年 5 月	琼海县矿产公司副站长	1982 年 4 月	已故
陈善	男	海南琼海	1932 年 5 月	琼海县科委副主任	1992 年 8 月	已故
邓德三	男	海南琼海	1924 年	琼海县热作局科员	1987 年 12 月	已故
周乃登	男	海南定安	1931 年 12 月	琼海县供销联社副股长	1985 年 7 月	已故
符贤德	男	海南琼海	1918 年 5 月	琼海县石壁镇府干部	1983 年 12 月	已故
张昌钦	男	海南琼海	1936 年 5 月	琼海县石壁镇府副镇长	1996 年 9 月	—
黎才英	女	海南琼海	1930 年 5 月	琼海县温泉镇府主任	1985 年 4 月	—
李书辉	男	海南文昌	1928 年 3 月	琼海县嘉积学区一小教师	1984 年 1 月	—
王运荣	男	海南琼海	1933 年 3 月	琼海县粮食工业总公司党支部书记	1986 年 9 月	—
吴福琼	男	海南琼海	1934 年 8 月	琼海县粮油贸易公司副经理	1986 年 9 月	已故
陈家浩	男	海南琼海	1930 年 1 月	琼海县万泉粮所主任	1982 年 4 月	—
符致义	男	海南琼海	1927 年 2 月	琼海县嘉积供销社干部	1988 年 11 月	已故
王祚光	男	海南琼海	1928 年 1 月	琼海县农机局股长	1989 年 4 月	已故
覃学灿	男	海南琼海	1930 年 9 月	琼海县阳江镇委副书记	1983 年 5 月	已故
曹圣泽	男	海南琼海	1921 年 4 月	琼海县中原供销社主任	1982 年 4 月	已故
王德芳	男	海南琼海	1926 年 2 月	琼海县副食公司业务员	1982 年 4 月	已故
王必均	男	海南琼海	1928 年 7 月	琼海县水产公司业务员	1991 年 4	已故
吴英文	男	海南琼海	1923 年 7 月	琼海县粮所干部	1984 年 4	已故
吴仕东	男	海南琼海	1923 年 10 月	琼海县乐会粮所干部	1987 年 5	已故

续表 21-2-6

姓名	性别	籍贯	出生年月	原工作单位及职务	批准离休时间	备注
谢汉宛	男	海南琼海	1931年12月	琼海县粮食局局长	1991年12	—
王太雄	男	海南琼海	1926年6月	琼海县商业局副局长	1982年4	已故
黄英琳	男	海南琼海	1921年1月	琼海县民政局科员	1986年12	已故
陈盛英	男	海南海口	1928年6月	琼海县嘉积镇府民政助理	1986年11	—
陈俊国	男	海南琼海	1924年	琼海县阳江镇府干部	1987年5	已故
陈玉梅	女	海南琼海	1927年12月	琼海县嘉积粮所加工厂副主任	1982年4	—
陈桂生	男	海南琼海	1927年11月	琼海县水产公司副经理	1987年2	—
郑国深	男	广东省	1926年6月	琼海县泮水食品站站长	1985年3	已故
洪煌民	男	海南琼海	1925年2月	琼海县嘉积粮所干部	1984年7	—
何居学	男	海南琼海	1929年8月	琼海县嘉积粮所加工厂厂长	1982年4	—
陈豪学	男	海南琼海	1930年4月	琼海县塔洋粮所主任	1986年5	已故
卢宏友	男	海南琼海	1928年3月	琼海县泮水供销社办事员	1982年4	已故
陈兴民	男	海南琼海	1935年11月	琼海市中原供销社工会主席	1996年5	—
何应川	男	海南琼海	1927年6月	琼海县东升商店干部	1986年9	已故
符平东	男	海南万宁	1932年8月	琼海县商业车队队长	1987年12	—
王斌	男	海南琼海	1927年5月	琼海县塔洋食品站业务员	1985年7	已故
王敏	女	海南文昌	1931年7月	琼海县供销联社股长	1985年9	—
黎光炳	男	海南琼海	1928年9月	琼海县粮油贸易公司股长	1986年9	—
符大汉	男	海南琼海	1936年4月	琼海县烟塘粮所副主任	1986年9	—
欧义宛	男	海南琼海	1927年5月	琼海县龙江粮所干事	1982年4	已故
邱观荣	男	海南琼海	1929年5月	琼海县百货公司批发部副主任	1992年5	已故
吴志民	男	海南琼海	1919年5月	琼海县百货公司干部	1986年7	已故
黄兴汉	男	海南琼海	1925年7月	琼海县食品公司储运员	1982年4	已故
李启丰	男	海南琼海	1914年7月	琼海县会山乡府乡长	1984年11	已故
黎基聪	男	海南琼海	1913年3月	琼海县百货公司干部	1986年3	已故
饶丰	女	广东惠阳	1931年12月	琼海县塔洋学区教师	1988年8	—
莫美容	女	海南琼海	1930年4月	琼海县水产公司干部	1983年8月	—

续表 21-2-6

姓名	性别	籍贯	出生年月	原工作单位及职务	批准离休时间	备注
王秀英	女	海南琼海	1935 年 7 月	琼海县财贸发展公司经理	1991 年 5 月	—
许时坤	男	海南琼海	1926 年 11 月	琼海县医药公司业务员	1982 年 4 月	已故
谢兴民	男	海南琼海	1928 年	琼海县阳江食品站站长	1984 年 2 月	已故
庄就能	男	广东省	1928 年 8 月	琼海县会山食品站站长	1983 年 12 月	已故
文光铣	男	海南琼海	1923 年	琼海县嘉积水电工程管理处干部	1983 年 6 月	—
李业炳	男	海南琼海	1909 年 1 月	琼海县工商联干部	1987 年 5 月	已故
周廷荣	男	海南琼海	1928 年 11 月	琼海县商业局局长	1988 年 9 月	已故
吴景传	男	海南琼海	1932 年 5 月	琼海市石壁供销社采购员	1993 年 10 月	已故
王绍禹	男	海南琼海	1909 年 10 月	琼海县药材公司医生	1986 年 12 月	已故
马振新	男	海南琼海	1934 年	琼海市嘉积糖厂办事员	1995 年 11 月	已故
张传儒	男	海南琼海	1933 年 9 月	琼海县华侨企业集团副经理	1989 年 7 月	已故
陈桂林	男	海南琼海	1924 年	琼海县武装部助理员	1986 年 4 月	已故
欧继学	男	海南琼海	1929 年 8 月	琼海县彬村山华侨农场采购员	1985 年 11 月	已故
梁振忠	男	海南海口	1929 年 8 月	琼海县彬村山华侨农场大队队长	1989 年 11 月	已故
郭德任	男	海南琼海	1927 年 4 月	琼海县石壁税务所专管员	1983 年 3 月	—
曾传志	男	海南文昌	1932 年 10 月	琼海市东红农场中学教师	1992 年 11 月	—

附　录

一、红军女子军特务连（红色娘子军）专记

红军第二独立师女子军特务连，1931 年 5 月 1 日创建于乐四区革命根据地。在中共琼崖特委领导下，出色完成配合红军主力部队作战、保卫领导机关和宣传发动群众等项任务，为琼崖革命立下不朽功勋，奏响中国革命和妇女解放运动中最为光彩的乐章。

1930 年 8 月，中国工农红军第二独立师成立。同年冬，独立师派遣以王天骏为团长的红三团到乐会县活动，恢复乐四区革命根据地。随着土地革命的深入，乐会县妇女的革命积极性空前高涨。在扩大红军时，女青年强烈要求参加红军。为此，中共琼崖特委批准在乐会县创建“乐会县赤色女子军连”为试点。1931 年 3 月 26 日，在全琼第三次工农兵代表大会上，乐会县赤色女子军连成立。是由中共乐会县委直接领导的地方武装。该连成立后，配合红三团打了几场胜仗，军威大振，要求参加赤色女子军连的女青年越来越多。为了进一步发挥妇女在革命斗争中的积极作用，中共琼崖特委决定成立女子军特务连，划归红军第二独立师第三团建制。

乐会县苏维埃政府设立女子军征召办公室，由县苏政府主席符良清负责征召工作。参加女子军的条件是：15—25 岁，身体健康，贫农中农成分，本人自愿，家庭同意，有革命的思想觉悟，在斗争中有好的表现。党和苏维埃政府的召唤，得到妇女们的热烈响应。乐会县有 700 多名女青年报名参加红军。经乐会县苏维埃政府和红三团批准，100 多名女青年参加红军，成为女子军特务连战士。

5 月 1 日，红三团和乐会县苏维埃政府在乐四区赤赤乡内园村练操场召开大会，庆祝红军第二独立师第三团女子军特务连成立。红军第二独立师师长王文宇、政委郑大礼，红三团团长王天骏、政委何君焕及红三团全体指战员出席大会。中共乐会县委书记莫炳南、县苏政府主席符良清以及乐会县各群众团体一万多人参加大会。上午 9 时，莫炳南宣布女子军特务连成立大会开始，郑大礼宣读红军第二独立师关于成立红三团女子军特务连的命令，符良清宣布参加女子军特务连人员名单，王天骏宣布任命庞琼花为女子军特务连连长、王时香为女子军特务连指导员的红三团党委命令。庞琼花登上司令台，接过王文宇代表师部授予的连旗。王时香代表全连官兵在大会上讲话，表示永远跟着共产党闹革命的决心。全连指战员在连旗前庄严宣誓：“坚决服从命令，遵守纪律，为党的事

业奋斗到底!”从此，女子军特务连的战旗，高高地飘扬在中国工农红军的行列中。

1932年春，红军独立师师部抽调女子军特务连第一排、第三排到琼东县第四区益平乡琼崖党政军领导机关驻地执勤，同时调整建制，以此为基础组建“红军第二独立师第一团女子军特务连第一连”，由冯增敏任连长，王时香任指导员。同年夏，留驻乐四区原女子军特务连第二排扩编为“红军第二独立师第三团女子军特务连第二连”，由黄墩英任连长，庞学莲任指导员。两个连的女子军指战员编制140人。

女子军作为红军的组成部分，其主要职能是打仗。她们不辱使命，在一年多的时间中，同红军第二独立师主力部队一团、三团一道，转战乐会、琼东、万宁、定安、文昌5县，鏖战50多场。在战斗中，她们冒着枪林弹雨，前仆后继，不怕牺牲，英勇杀敌，打出了军威，成为一支英勇的红军战斗队。在1931年6月27日的沙帽岭伏击战中，女子军配合红三团主力诱敌深入，一举击毙国民党军20多人，俘敌70多人，缴获长短枪140多支，活捉国民党乐会县剿共总指挥陈贵苑。同年秋，女子军又用挖地道的办法火烧国民党民团盘踞的文市炮楼，活捉民团中队长冯朝天。

在琼崖第二次土地革命高潮期间，女子军配合红军主力先后拔除乐会、琼东、万宁、定安、文昌5个县20多座国民党军的炮楼，取得了一个又一个辉煌胜利。女子军的英名威震琼岛。

1932年8月，国民党陈汉光警卫旅到琼崖“围剿”苏区。1日，该旅采取突然袭击，包围了中共琼崖特委、琼崖苏维埃政府和红军独立师师部驻地——东四区益平乡平坦村。女子军积极配合红一团主力掩护琼崖党政军领导机关突围向母瑞山转移。5日，红军一营和女子军一连在马鞍岭阻击国民党军，阻击战打了3天3夜，子弹打完了，战士们就用石头、木棍当武器和国民党军拼，直到第四天接到中共琼崖特委的命令才向母瑞山转移。女子军一排二班为了掩护红军一营和全连撤退，全班10位战士在弹药断绝的情况下，同国民党军展开了激烈肉搏战，全部壮烈牺牲。

1933年春，琼崖苏区反“围剿”斗争失败，中共琼崖特委决定红军第二独立师所属各团化整为零，疏散到各地转入秘密活动。女子军特务连有17位女战士在战斗中倒在国民党军的枪口下，包括连长、指导员在内的7名女子军指战员被捕入狱，在监牢里受尽严刑拷打、威逼利诱，没有一人变节。抗日战争爆发后，她们因国共第二次合作获释，出狱后仍然以各种方式进行革命斗争。

1957年，海南军区政治部宣传干部刘文韶将红军女子军特务连的事迹写成报告文学《红色娘子军》，发表在同年8月号的《解放军文艺》杂志上，最先把女子军特务连称为红色娘子军。根据这篇报告文学题材创作的电影故事片和芭蕾舞剧都以《红色娘子军》

为名。此后，红色娘子军的称号广泛流传开来。毛泽东主席、周恩来总理热情赞扬红色娘子军，誉之为“革命典范”。

二、红色娘子军民兵连专记

1968 年 8 月，阳江公社红色大队红色娘子军民兵连正式成立。琼海县革命委员会热情支持，给予授旗授枪。娘子军民兵连是县武装部独立连，设 3 个排，共 100 多人。

在建设时期，娘子军民兵连不断展现着新的风采。她们把继承和发扬娘子军精神的旗帜扛了起来，经常开展拉练演习，每天背着枪和背包来回奔走 50 多千米，晚上也在赶路。当年红色娘子军作战过的地方，如沙帽岭、母瑞山、马鞍岭、大庵山、平坦等 3 个县的许多地方都留下她们的足迹。训练间歇，女民兵在椰林间烧水做饭。在战备紧张时站岗、放哨、巡逻，管理治安。

民兵连是生产斗争的突击队。每遇台风等自然灾害，每逢修水利，她们总是抢险打头阵，争着干重活。在烟园水利工地上，担负最危险、最艰苦的“爆破”任务，自己打炮眼，自己装炸药，自己点炮，共打炮眼 5000 多个。烟园水利的通天渡槽高 42 米、长 150 米，是琼海县最高、跨度最大的渡槽。她们不畏艰险，在 42 米的高空上作业，架设渡槽支架。阳江公社修水利渡槽时，民兵连主动要求攻坚。她们吃在工地，睡在工地，日夜施工。15 米高、50 米长的渡槽，在没有机械施工的情况下，用一年多时间建好。

民兵连是毛泽东思想宣传队，能文能武。民兵连的文章《必须紧握枪杆子》在《解放军报》民兵专刊发表，连长云大兰的文章《枪杆子里面出政权》在省、区报刊上发表。她们常常半夜还在宣传毛泽东的最新指示，组织群众学语录。她们自编自演的节目常常搬上舞台，唱歌、跳舞、演样板戏和琼剧。1972 年，中国京剧团《红色娘子军》剧组到红色大队演出，她们负责接待。进村要经过一条 30 米宽的红色河，河上没有桥。她们便找来几只小船，联在一起，铺上木板，让剧组的同志和十多车道具顺利通过。为了把船撑稳，她们轮班在水中泡了 18 个小时。她们的艰苦付出，使剧组的“回娘家”演出获得圆满成功。

红色娘子军民兵连的模范事迹，受到县委和县革命委员会的多次表彰。1968 年，民兵连连长云大兰被广州军区专程接到广州观看芭蕾舞《红色娘子军》。1969 年，民兵连代连长陈英莲被邀请到北京出席国庆 20 周年观礼。1970 年，民兵连被评为琼海县学习毛泽东思想先进集体。

三、前志人物补遗

陈玉侯（1889—1932）原名陈振茂，又名陈豫侯，号春光，琼海市万泉镇光耀村人。革命烈士。1916 年，考入琼崖中学。1919 年秋毕业，被聘任为琼东加文小学校长。1921 年冬，他在光耀村边开了一个小杂货店作为传播革命思想的场所。1924 年春，被嘉积农工职业学校聘任为教员。同年冬，奔赴大革命的中心广州，系统地学习了革命理论，1926 年加入中国共产党。1927 年，蒋介石发动反革命政变之后，受中共广东区委派遣回到琼崖组织武装斗争，他以光耀村为联络点，发展革命队伍，收集枪支弹药，扩大武装力量，打击琼东、定安等地的反动民团。1928 年 3 月 20 日，国民党军兵分三路"围剿"光耀村，领导红军部队与敌人战斗了一整天，在敌众我寡、武器装备敌优我劣的情况下，率部队转移到三十六洞山区休整。1928 年 8 月 12 日，出席琼崖第一届工农兵代表大会，琼崖苏维埃政府成立，他被选为委员，具体负责财政工作。他亲自起草的《临时土地法令》和《工商税收条例》颁布施行后，得到人民群众的热烈拥护。1928 年底，和王文明、梁秉枢等率领琼崖苏维埃政府机关和红军余部，进入定安县的母瑞山，开辟新的革命根据地。母瑞山粮食缺乏，他发动干部、战士采野菜、野果充饥。由于环境恶劣，伤病员多，生活十分困难，他潜回家出售自家水田 0.2 公顷和橡胶、槟榔各 100 株，共得 600 光洋，带上母瑞山作为办小兵工厂、医院和解决生活临时困难的费用，还将大儿子陈少坚带上母瑞山参加革命。琼崖苏维埃政府在母瑞山北侧的边城召开紧急会议，会上他提出 3 点建议:扩大革命根据地，争取群众的支持；自己动手，垦荒生产自救；建立后方医院。王文明等采纳了他的建议，办起 3 个农场。他亲自率领队伍在母瑞山北、西侧扩建了文南、大山、邦浩、群山、浮南洋、南勉山等 6 个乡苏维埃政府。在他的指导下，浮南洋成了母瑞山的"后方粮仓"。1932 年 8 月，国民党军队陈汉光旅进犯琼崖，"围剿"母瑞山革命根据地。9 月 13 日，他的儿子、儿童团团长陈少坚在掩护群众转移时中弹牺牲。同一天，他在南勉山坡尾村抗击敌人的战斗中，因子弹打光与敌进行肉搏时倒在血泊中，他的头颅被敌人割去领赏，时年 43 岁。

龚选登（1899—1939）字阳甫。国民党少将、革命烈士。琼海市博鳌镇沙美村人。1916 年考入乐会县高等小学。仅读两年因家境困难而辍学，后受聘为村学教员、校长。1928 年 4 月考入黄埔军校第六期步兵科，翌年 5 月毕业，奉派在南京国民政府参谋部供职。后调国防军，历任排、连、营、团长和师参谋长等职。"七七"事变后，任第七十军七十六师参谋长，奉命率部与日军浴血苦战。1939年3月，日军调集10多万兵力，凭借空军优势，分路围攻南昌。七十六师奉命驻守于修水河南岸阻敌进犯。龚选登始终坚守阵地指挥作战，后在与日军激战中不幸中弹阵亡，时年仅40岁。葬于江西省修水县境内阵地。国民政府曾追赠为陆军少将并抚恤其眷属。1987年10月15日，上海市人民政府批准其为革命烈士，并经民政部审核发给革命烈士证明书，其家属享受革命烈士家属待遇。1988年清明节，琼海县人民政府在烈士故乡举行"龚选登烈士纪念碑"竖碑仪式。

何汉民（1908—1969）琼海市阳江镇益良村人。全国先进工作者。1927年参加革命，任乐会县苏维埃政府委员兼印刷局主任。解放后，任乐会县沐塘乡苗族初级小学教师、校长等职。为了党的教育事业，不顾年老体弱，只身来到偏远的苗族聚居地，克服语言和生活习惯的困难，因陋就简，创办起乐会县第一所苗族初级小学，并使学校发展壮大。1959年期末考试，学生成绩及格率达90%。1960年，在全国文教群英会上被授予全国先进工作者称号。

梁文墀（1911—1980）琼海市中原镇人。1925—1927年在乐会中学读书时，参加青年团。在"四·一二"反革命政变后，跟堂叔到新加坡谋生，后参加马来亚共产党。1939年2月，日本军队侵占琼崖，新加坡的琼籍华侨成立星洲琼侨回乡服务团，任副团长，携带华侨捐献的药品、物资和款项回琼。曾任琼崖抗日总队军医处长。抗战胜利后，1947年7月至1949年3月担任乐会县委书记兼县长。国民党乐会县当局为了迫降，逮捕其母严刑拷打。但其立场更加坚定，斗争更加坚决。解放后，历任海南军政委员会民政局卫生科科长、海南行政区卫生处副处长兼海南医学专科学校校长等职。

卢鸿钦（1922—1985）琼海市博鳌镇北山村人。地专级。"七七"事变时参加革命，历任交通员、乡青抗会会长、乡武工队队长、区委委员、乡长、区委书记、县团委书记、海南行政区团委组织部部长、海南区党委监委副主任、乐会县委副书记。1958年因反"地方主义"受牵连，被撤去县委副书记职务，下放到龙江乡任党委副书记。后任阳江公社、潭门公社党委副书记、书记，海南松涛水库建设琼海民工团政委、琼海县"五七"干校副校长、中国人民银行琼海支行行长和琼海县政协副主席等职。1985年8月离休后享受地专级待遇。

王河清（1901—1987）琼海市万泉镇沐皇村人。主治医师。青年时代开始行医。解放前后在嘉积镇德安堂等药材铺当坐堂医生。1953年，卫生部授予中医师职称。1958年起，历任嘉积镇卫生院中医师、主治中医师。一生倾注于内科妇科和糖尿病等疾病的研究和治疗，积累有丰富的临床经验。曾在《新中医》《海南日报》等报刊和有关中医工作会议上，发表医疗验方和经验介绍的文章多篇。获“广东省名老中医”“健康老人”等称号。系广东省自然科学学会会员，先后当选琼海县人大代表、县政协常委。

张缘栋（1920—1987）琼海市长坡镇福头村人。副地专级。1944 年 11 月任中共琼东三区琼中党总书记。1946 年 6 月任琼东县修智乡民主（人民）政府乡长。1950 年 5 月任青年团琼东县委负责人。8 月任共青团琼东县委书记。1954 年 7 月至 1958 年任琼东县副县长。1963 年 9 月任琼海县副县长。1970 年 11 月任琼海县革命委员会生产组副组长。1973 年 6 月任琼海县计划委员会主任。1978 年 7 月任中共琼海县委常委兼县革命委员会副主任。1980 年 7 月至 1984 年 4 月任琼海县副县长。1985 年 8 月离休，享受副地专级待遇。

黎博文（1898—1989）原名黎会锦，琼海市万泉镇西岸村人。侨领。青年时代先后就读于琼山府城华美中学、上海大厦大学和上海文化学院。20 世纪 20 年代在广东省立第十三中学（今嘉积中学）当教员。大革命时期担任过中共定安县委首任书记。抗日战争时期，在上海中共地下党主办的《东亚日报》任编辑，该报后被国民党政府查封，被捕入狱数年。出狱后逃亡海外，在马来亚历任槟城中华中学校长、马来亚华侨教师工会主席、新加坡马来亚琼州会馆联合会秘书等职。在马来亚槟城琼州会馆积极参与创设奖学金、贷学金等公益事业。1945 年日本投降后，在槟城中华中学开设师资班，培养大批师资人才，载誉马华侨界。

陈国清（1929—1990）琼海市中原镇沙坡双榜村人。早年在乡村私塾接受启蒙教育，后毕业于乐会简易师范学校。1952 年赴港谋生。1957 年独自创立香港海南咖啡公司，经营咖啡粉生意。后又创立香港永昌贸易公司，自任董事长兼总经理。1983 年同海南区侨务办和中国旅行社海南分社合资开办海南第一家琼港合资的“宝岛餐厅”。关心家乡的文化教育事业，除了向嘉积中学、琼海华侨中学、九曲江中学、九曲江育英小学捐款办学外，还于 1987 年参与倡议，创办海南第一所私立学校——海南丘海外语学校，为家乡培养英语、日语人才。为改善海南大学的办学条件，投资海南大学农学院创建实验农场，并捐赠部分利润作为海南大学奖学基金。是捐助兴建琼海华侨图书馆的发起人之一。对海南侨联大厦、琼海华侨医院、海口市和九曲江敬老院等也捐款赞助。是海南省第一届政协委员。

陈选杰（1933—1990）琼海市嘉积镇人。中学特级教师。1959 年毕业于中山大学历史系，被分配到琼海师范学校任教，后调到嘉积中学任教。1989 年获中学历史高级教师技术职称。1990 年被海南省人民政府授予特级教师称号。曾当选琼海县第八届人大常委会副主任。

四、乐会会同两县历代进士举人名表

乐会县进士名表

表 1

朝代	姓名	籍贯（今名）	帝王年号	公元	科别	榜别	名次	官职
宋	王志高	—	宣和六年	1124 年	甲辰科	沈晦榜	—	—
	陈仲良	嘉积镇龙池村	绍兴三年	1133 年	癸丑科	—	—	江西龙泉巡检，浙江宁波观察使
	欧景新	中原镇长仙村	淳熙二年	1175 年	乙未科	詹骙榜	—	—
	邓梦荐	—	淳祐十年	1250 年	庚戌科	方逢辰榜	—	—
明	王麟（武进士）	—	—	—	—	—	—	—

会同县进士名表

表 2

朝代	姓名	籍贯（今名）	帝王年号	公元	科别	榜别	名次	官职
清	陈振桂	—	雍正八年	1730 年	庚戌科	周澍榜	三甲 138 名	—
	符汉理	塔洋镇千秋文里村	乾隆二十二年	1757 年	丁丑科	蔡以台榜	三甲 89 名	—
	杨廷冕（又名家冕）	潭门镇白银树村	道光十六年	1836 年	丙申科	林鸿年榜	三甲 51 名	大庚县知县，惠州府教授

乐会县举人名表

表 3

朝代	姓名	籍贯（今名）	帝王年号	公元	科别	名次	官职	备注
明	冯贤	博鳌镇	永乐三年	1405 年	乙酉科	—	北流知县	—
	朱俊	—	永乐三年	1405 年	乙酉科	—	面阳知县	—
	王敬	—	永乐六年	1408 年	戊子科	—	典史	—
	周洁	博鳌镇	永乐六年	1048 年	戊子科	—	德庆知县	—
	肖进安	—	永乐六年	1408 年	戊子科	—	—	—
	冯真	—	永乐六年	1408 年	戊子科	—	都督府经历	—
	林宏	—	永乐九年	1411 年	辛卯科	—	—	—
	林钦一	—	永乐九年	1411 年	辛卯科	—	—	—

续表 3

朝代	姓名	籍贯（今名）	帝王年号	公元	科别	名次	官职	备注
明	王赐	—	永乐十二年	1414 年	甲午科	—	—	—
	周润	—	永乐十二年	1414 年	甲午科	—	象州训导	—
	梁万全	—	永乐十八年	1420 年	庚子科	—	任职黄州府	—
	梁贤	—	永乐廿一年	1423 年	癸卯科	—	象州训导	—
	陈纪	—	正统九年	1444 年	甲子科	—	—	—
	周升	—	正统九年	1444 年	甲子科	—	信宜知县	—
	周尚文	—	景泰七年	1456 年	丙子科	—	平乐知县	—
	何钟	—	弘治五年	1492 年	壬子科	—	—	—
	周俊	—	正德八年	1513 年	癸酉科	—	—	—
	王廷翰	中原镇迈汤村	嘉靖七年	1528 年	戊子科	第 5 名	—	—
	欧天叙	中原镇	嘉靖廿二年	1543 年	癸卯科	—	—	—
	何日丁	嘉积镇不偏村	隆庆元年	1567 年	丁卯科	—	—	—
	欧兆元	中原镇	万历四十年	1612 年	壬子科	—	户部郎中	—
	冯应龙	中原镇	万历四十三年	1615 年	乙卯科	—	楚雄推官	—
	王启祚	中原镇仙寨村	崇祯九年	1636 年	丙子科	第 15 名	—	—
	韦章玉	中原镇岭山村	崇祯九年	1636 年	丙子科	第 36 名	—	—
清	王宗佑	嘉积镇石塘村	康熙廿三年	1684 年	甲子科	—	四川温州知县	—
	王时炯	中原镇仙寨村	康熙廿九年	1690 年	庚午科	第 2 名	山西定襄知县	—
	李瑞辉	—	康熙三十二年	1693 年	癸酉科	—	曲江教谕	—
	陈文挺	—	雍正四年	1726 年	丙午科	—	—	武举人
	陈登瀛	—	雍正十三年	1735 年	乙卯科	—	—	—
	韦之瑗	中原镇岭山村	乾隆九年	1744 年	甲子科	—	宁州知县	—
	王会锟	中原镇仙寨村	乾隆三十六年	1771 年	辛卯科	—	保县知县	—
	王鸿运	中原镇仙寨村	乾隆四十四年	1779 年	己亥科	第 66 名	崇安知县	—
	王椿年	中原镇仙寨村	乾隆四十八年	1783 年	癸卯科	第 49 名	余杭知县	—
	黄龙瑞	—	乾隆六十年	1795 年	乙卯科	—	韶州府教授	—
	韦家统	中原镇岭山村	道光二十三年	1843 年	癸卯科	—	—	—
	王家瑑	—	同治十二年	1873 年	癸酉科	—	长乐训导	—
	林大华	博鳌镇乐城村	光绪元年	1875 年	乙亥科	—	—	—

会同县举人名表

表4

朝代	姓名	籍贯（今名）	帝王年号	公元	科别	名次	官职	备注
明	李恂广	嘉积镇	永乐九年	1411 年	辛卯科	—	—	—
	王继昌	长坡镇伍园村	成化二十二年	1486 年	丙午科	—	嘉兴府通判	—
	黄表	长坡镇何鲁村	嘉靖四年	1525 年	乙酉科	—	—	—
	王显先	塔洋镇水头村	嘉靖二十年	1541 年	辛酉科	第 11 名	户部主事	—
	王启先	—	嘉靖四十三年	1564 年	甲子科	—	—	—
	黄可久	长坡镇何鲁村	隆庆四年	1570 年	庚午科	—	黔阳知县	—
	杨莳	潭门镇	万历十三年	1585 年	乙酉科	—	—	—
	黄烈	长坡镇何鲁村	万历十六年	1588 年	戊子科	—	—	—
	王世亨	塔洋镇	万历二十八年	1600 年	庚子科	—	—	—
	杨应凤	潭门镇	万历三十一年	1603 年	癸卯科	—	—	—
	施善教	塔洋镇里文村	万历三十七年	1609 年	己酉科	—	余杭知事	—
	黎梦贞	嘉积镇大礼村	万历四十年	1612 年	壬子科	第 14 名	四川江津知县	—
	黎嗣盘	嘉积镇大璞村	万历四十三年	1651 年	乙卯科	—	—	—
	黎梦斗	嘉积镇大礼村	天启四年	1624 年	甲子科	第 12 名	袁州府同知	兄弟同科
	黎梦棋	嘉积镇大礼村	天启四年	1624 年	甲子科	第 13 名	—	兄弟同科
	黎梦陛	嘉积镇大礼村	天启七年	1627 年	丁卯科	—	—	—
	李开东	—	崇祯三年	1630 年	庚午科	—	—	—
清	吴一峰	—	康熙十一年	1672 年	壬子科	—	—	武举人
	彭有道	—	康熙十四年	1675 年	乙卯科	—	—	—
	黎邦达	嘉积镇大礼村	康熙四十七年	1708 年	戊子科	—	—	—
	陈应元	—	康熙五十年	1711 年	辛卯科	—	—	—
	符汉理	塔洋镇千秋村	乾隆十九年	1754 年	甲戌科	—	—	—
	许浩	—	乾隆二十五年	1760 年	庚辰科	—	鹤山教谕	—
	王楷	—	乾隆三十六年	1771 年	辛卯科	—	—	武举人

续表 4

朝代	姓名	籍贯（今名）	帝王年号	公元	科别	名次	官职	备注
清	王渊文	—	乾隆四十四年	1779 年	己亥科	—	—	—
	许侯章	—	乾隆四十四年	1779 年	已亥科	—	—	—
	杨秀春	潭门镇	嘉庆十五年	1810 年	庚午科	—	骑尉总司	武举人
	杨家时	潭门镇白银树村	嘉庆十八年	1813 年	癸酉科	—	—	家冕长兄
	杨永士	潭门镇	嘉庆十八年	1813 年	癸酉科	—	—	—
	杨家冕	潭门镇白银树村	道光十三年	1833 年	癸己科	第 14 名	—	又名廷冕
	杨祚熙	潭门镇白银树村	同治元年	1862 年	壬戌科	—	—	家冕次子

五、重要文件目录

1.关于大力发展种甘蔗桑业的若干规定

2.关于印发《琼海县农村“三位一体”规范化管理规定》的通知

3.关于建立党风和廉政建设责任制的决定

4.关于干部建私房的土地使用问题的处理规定

5.关于党群机关股级以下干部政纪处分审批权限的规定

6.关于引进工业企业人才的若干暂行规定

7.关于在社会治安综合治理工作中层层落实“谁主管、谁负责”责任制的决定

8.关于琼海县干部调配工作的若干规定

9.批转县委组织部《关于开展选拔管理拔尖人才工作的意见》的通知

10.县委、县政府关于国家干部职工拖欠银行贷款、公款和承包款的处理决定

11.关于给拔尖人才发放特殊津贴的通知

12.中共琼海县委批转县委组织部《关于开展选拔管理拔尖人才工作的意见》的通知

13.中共琼海市委关于在全市农村实行管区干部报酬同实现农民奔小康目标挂钩的通知

14.关于印发《中共海南省委常委会议议事规则》的通知

15.中共琼海市委、琼海市人民政府关于我市企事业单位建设项目奠基剪彩活动的若干规定

16.中共琼海市委关于乡镇党委贯彻执行民主集中制的若干规定

17.中共琼海市委、琼海市人民政府关于转换企业经营机，深化国有工业企业改革的若干规定

18.关于批转实施《琼海市城镇职工集资建房的暂行办法》《集资开发建设职工住宅小区实施细则》的通知

19.关于严禁党和国家机关工作人员参与可能对公正执行公务有影响的宴请和用公款支付营业性场所娱乐活动的规定

20.关于琼海市国有企业经理（厂长）聘任的规定

21.关于琼海市国有企业转换经营机制建立现代企业制度问题的若干规定

22.关于批转市依法治市领导小组办公室《琼海市依法治村实施方案》及其实施办法的通知

23.关于印发《关于领导干部在工程建设中廉洁自律的规定》的通知
24.关于加强对乡镇领导干部管理的意见
25.关于向满四十年党龄的农村党员颁发荣誉证和纪念章的决定
26.关于实施科教兴市战略的决定
27.关于进一步发展壮大村级集体经济的意见
28.关于兑现追捕批捕在逃犯奖罚的决定
29.关于印发《关于贯彻执行党内监督五项制度的实施意见》的通知
30.关于进一步加强禁毒工作的决定
31.关于减轻国有企业负担专项治理工作的实施意见
32.关于加强领导班子和领导干部监督管理工作的意见
33.中共琼海市委工作的六项制度
34.关于加强乡村镇党委整顿和建设工作的实施意见
35.关于进一步做好双拥工作的意见
36.关于进一步深入开展争创“全国体育先进县市”活动的决定
37.关于进一步加强农业和农村工作的意见
38.关于进一步加快发展海洋渔业的意见
39.关于选拔和调整琼海市拔尖人才管理对象的通知
40.关于加强领导干部监督管理的实施意见
41.关于修改《关于实行村委会干部个人养老保险制度的意见》的通知
42.关于国有企业改革和国家有资产管理工作的意见
43.关于实行厂（企）务公开制度加强企业民主管理的意见
44.关于 1999 年扶贫工作意见
45.关于加强招商引资工作的若干意见
46.关于建立预防职务犯罪领导机制的决定
47.关于加快小城镇建设的意见
48.关于乡镇党政机构改革的意见
49.关于加强推进我市信息化建设的意见
50.关于进一步加快发展海洋渔业的意见
51.关于进一步加强政法干部队伍建设的实施意见
52.关于切实转变作风，营造一流发展软环境。创造琼海效益，铸造琼海风貌的意见

53.关于加强人民法院建设的实施意见

54.关于印发《市委、市政府工作若干规则》的通知

55.关于进一步促进城镇发展加快迈向中等城市的若干规定

56.关于加强人民防空工作的决定

57.关于加快发展商贸业的若干工作意见

58.关于加强财源建设的意见

59.关于在机关、团体、学校、企事业单位中实行社会治安综合治理一票否决权制的规定

60.关于机构编制管理的规定

61.关于兴起学习贯彻“三个代表”重要思想新高潮的实施意见

62.关于进一步加强政协工作的意见

63.关于创建基础教育强市的决定

64.关于开展创建“平安琼海”活动的决定

65.关于加强科技创新工作的意见

66.关于创建“禁毒优秀市”的工作意见

67.关于进一步加强人大工作的决定

68.关于进一步落实党风廉政建设责任制的意见

69.关于切实加强党的执政能力建设的意见

70.关于对领导干部违反“四大纪律八项要求”的处理意见

71.中共琼海市委关于做好扩大和发挥社区党组织管理功能切实加强停并转企业党员和其他流动党员教育管理工作的意见

72.关于进一步改善非公经济发展环境的意见

73.关于进一步加强农业产业化工作的意见

74.关于推进科技创新的实施意见

75.关于做好国有企业离休干部管理服务工作的意见

76.关于救助贫困大、中学生的决定

77.关于持续推进党的先进性建设的实施意见

78.关于开展社会主义荣辱观学习宣传教育的意见

79.关于表彰琼海市教育工作先进集体和授予颜业岸同志“琼海市教育工作特别突出贡献奖”的决定

80.关于印发《琼海市党政领导干部问责暂行规定》的通知

81.关于深入开展平安琼海创建活动的意见

82.关于学习贯彻党的十七大精神的意见

83.关于印发《中共琼海市委常委会进一步完善工作机制的实施意见》通知

84.关于印发《中共琼海市委员会常务委员会任用干部投票表决办法（试行）》的通知

85.关于印发《中共琼海市委员会全体会议任用重要干部投票表决办法（试行）》的通知

86.关于进一步加强新时期工会共青团妇联工作的意见

87.关于切实加强农村基层党组织建设的意见

88.关于加强经济责任审计工作的意见

六、琼海市文化馆藏陈泽明捐赠本《更路簿》

四江门驶回老粗用乾巽相对兼辰戌三脚

银岛仔午庚

南风自银岛白土驶出门用辰戌

南风自银岛放去干豆用壬丙三更半

东北风自干豆石塘用巳亥兼乾巽人三更半

南风自干豆放上七连用辰戌四更

东风自把岛放下干豆辰戌添四线乙辛四更

东风自七连回室用巳亥十五更

南风自七连回室用乾巽十五更

北风自四江门上二圈用乙辛卯酉一更

北风自四江门去大圈过首用乾巽巳亥

东风自大圈北边门出用子午三脚用癸丁二更

北风自二圈上三圈用辰戌二更半

南自二圈上三圈用乾巽二更半

南风自二圈上猫兴用寅申四更

南风自二圈上猫注用坤未二更半

南风自白峙仔上三圈用卯酉三更收

南风自四江门上猫兴用甲更兼卯酉六更

南风自干豆上七连用辰戌四更

南风自猫兴下双帆用甲更放下石塘六更

南风自大圈首用子午放下白峙仔一更半

南风自白峙仔回大圈南边门用壬丙更

南风自大圈上七连用丑未兼艮坤四更半

北风自七连下大圈用艮坤四更半

南风自屐郎门出船用辰戌兼乾巽收七连十五更

大洲去干豆相对用壬丙巳亥平九更

自三十仔开船用巳亥十二更到下峙赤岭肚

南风开船用乾巽十五更收七连
自干豆上猫注南风用乾巽辰戌四更
自猫兴放去下猫注用乙辛卯酉二更
自三圈放回猫注用子午四更
北风二圈南边放下峙用乾巽一更
自二圈北边驶下用卯酉二更去下峙
自二圈放上三圈用辰戌兼乾巽二更半

自二圈放去大圈用寅申一更半
自二圈放去白峙仔用丑未一更半
自二圈放去干豆用巳亥驶得二更换回乾巽四更半
自猫兴放回宅驶乾巽兼二线巳亥过七连约中换回
乾巽兼二线辰戌十六更
南风自三脚放去尾峙过圈仔首用艮坤寅申二更
自大圈南边门放去半路峙用艮坤三更半
北风自白峙仔放去半路用甲庚平寅申三更半
三脚放去老粗门与圈峙用乙辛

由东海去北海更路
由半路峙去北海用向巽辰三十二更收奈罗角
由白峙仔去北海用向巽巳三十更收奈罗贡士线
由二圈去奈罗用向巽亥三十一更收
由三圈去北海用向巳亥二十八更收奈罗角驶对
卯酉收贡士线
由奈罗下峙往铁峙用向午丁二更收或往线
排向巳过首二更

由铁峙去第三峙用向壬丙巳亥二更收回向子午
由第三峙去黄山马峙用向午更半收
由黄山马峙去南秘峙用向丙一更收

由南秘峙去秤钩峙用向午丙二更收

由秤钩峙去秤钩线用向午丁一更收

由铁峙去丑未线用向坤二更半收

由铁线去丑未线用向未一更收

由丑未线去双玨线仔用向乙辰二更收回向乾

由丑线去黄山马峙用向乾巽三更收回向亥壬

由双玨去黄山马峙用向丙二更收黄山马用向巳

由铁峙去双玨线仔用向丙二更半收

由南秘去汝清石峙仔用向巽辰二更收回壬亥

由黄山马去午厄线用向巽二更收

由黄山马去劳无劳线用向寅申三更收是东西南北生角

自五厄去目镜线兼四线壬丙兼六线巳亥九更半收

自汝清石峙仔去否乜线用向壬丙更半收

自否乜线去目镜用向辰戌兼二线乾巽四更收回用乾巽巳亥

向目镜去深圈用向甲更寅申二更收

自否乜线去深圈用向壬丙巳亥西更收回线排首线角

驶下更西方

自深圈去簸箕线用向甲庚寅申三更收

自簸箕去铜钟用向寅申更半收

自铜钟去光星仔用向壬丙二更收或有去大光星用子午

自大光星去石公里用向巳亥二更或回光星用向子午

自光星仔去石公里用向午丙二更收

自石公里去五百二线用向子午癸丁二更收

自五百二线去钉积线用丁未三更半收

自钉积线去墨爪线用向丑未六更收

自大光星去海口线用向壬丙四更收

自秤钩线去六门线用向子午五更收

自秤钩线去荷落门用向午丙五更半收
自六门去簸箕用向巳亥四更半收回用向子午
自荷落门去簸箕用向壬丙四更收回用向癸丁
自六门去铜钟用向午丙四更收
自六门石盘用向乾巽辰戌二更收回用乙辛
自荷落门去六门用向乾巽辰戌一更收
自荷落门去铜钟用向癸丁四更收

自铜钟去海口线用向辰戌兼三线乾巽过首三更收
自海口线去锅盖峙用向寅申四更收
自海口线去铜铳仔用向巳亥四更收或去大铜铳用乾巽
自石盘铜铳仔用向甲更无兼二线卯酉四更收
自铜铳仔去大铜铳用向甲更卯酉一更收
自大铜铳去弄鼻仔用向乙辛辰戌一更半收
自弄鼻仔去大弄鼻用向卯酉半更相见
自大弄鼻去鸟子峙用向寅申二更收

自鸟子峙去乙辛线用向乙辛兼二线卯酉二更收
自石盘去上步用向乾巽巳亥四更收回向辰戌
自上步去铜铳仔用向子午壬丙四更收或去大铜铳午丁
自劳牛劳去秤钩线用向乙辛辰戌三更收
自南秘线仔往劳牛劳用向甲更二更收
自荷落门去深圈用向乾巽辰戌三更收回壬丙巳亥
自第三峙去银并用向乾巽辰戌二更收

自银锅去秤钩线用向辰戌一更收上用乙辛卯酉
自劳牛劳去六门用向丙六更半收回用癸丁
或去石盘午丁荷落门巳亥
自铁峙线排去裤归线仔用向辰戌兼一线乾巽二更半收
自铁峙线排去第三峙用向子午壬丙二更收用癸丁

自奈罗角去红草峙用向乾巽辰戌三更收回用壬丙巳亥

自贡士线去红草线排用向乙辛辰戌三更收回用乾癸巳亥

自铁峙去裤归线仔用向乙辛辰戌二更半收

自裤归去三角线用向乙辛辰戌五更收

自红草线排去火哀用向乾巽二更收

自火哀去三角用向乾巽四更收回用壬丙

自三角去鸡门用向乾巽二更收

自鸡门去断节用向乙辛卯酉我收回用辰戌

自断节去牛车英用向乙辛卯酉二更收

自牛车英去脚拔用向乾巽三更收回用壬丙

自红草峙去五风用向乙辛辰戌五更收

自红草峙去罗孔用向乙辛卯酉五更收

自五风去鱼鳞用向辰戌兼二线乾巽五更收回用壬丙巳亥

自罗孔去五风用向壬丙更半收回用癸丁

自红草峙去火哀用向午丁一更收

自断节去鸡担用向壬丙巳亥二更收

自鸡担去鸟串用向乙辛卯酉二更收

自鸡门去鸟串用向子午二更收

自三角去断节用向乙辛三更收

自鸡门去银锅用向辰戌三更半收

自断节去鸟串用向艮坤兼二线丑未二更半收

自罗孔去鱼鳞用向乾巽兼二线巳亥五更收

自罗孔去欧藤用向乙辛卯酉二更收

自欧藤去鱼鳞用向壬丙巳亥四更收回午丁

自鱼鳞去东首乙辛用向乙辛三更收回用乾巽巳亥

自鱼鳞去断节用向卯酉四更收

自五风尾去断节用向壬丙四更收回癸丁

自铁峙去铜金用向乾巽二更收
自铜金去银锅用向乾巽二更收
自银锅去黄山马用向卯酉二更收
自银锅去牛厄用向子午三更收
自黄山马去银锅用向卯酉二更收用乙辛
自银锅去鸟串用向乾巽辰戌六更收
自红草线排去银锅用向未三更收

自红草线排去铁峙向卯酉二更收
自否乜线去荷落门用向甲庚二更收
自东首乙辛去石盘用向未三更收
自石音尤去海公用向未三更收
自六门去海口线用向艮坤二更收
自火哀第三用向卯酉二更收
自奈罗线仔去铁峙线排用向巳更半收
自奈罗线峙回东海用向壬丙三十更白峙仔

自西首乙辛回东海用向癸丁四十二更收回圈或收白峙仔
自西首乙辛落洋用向艮坤六十五更到地盘东竹
马外打水三十四托内打水二十三四托到马东
竹西竹大门过用向癸丁六更收回白鹤燈用庚西三更收

正月流水

初一卯时流东未时退初二三卯时尾流东，申时退
初四辰时流东，辛时退，初五辰时流东，酉时退
初六巳时流东，酉时尾退，初七八俱伏流
初九戌时流东通门寅退，初十亥时流东卯时退
十一二亥时流东辰时退，十三子时退
流东辰时尾退，十四五子时尾退流东巳时退
十六时丑时流东，巳时退，十七八丑时退尾流东午时退

十九廿寅时流东未时退廿一俱优流

廿二三酉时流东通门丑时退

廿四酉时尾流东寅时退，廿五六戌时退流东卯时退

廿七八亥时退流东辰时退

廿九卅子时流东巳时退

二月流水

初一子时艮尾流东巳时尾退，初二三丑时流午时退

初四寅时流东午时尾退

初五六俱伏流，初七酉时流通过门丑时退

初八九酉时尾流东寅时退，初十戌时流东

卯时退十三亥时流东辰时退，十四子时子流东巳时退

十五六丑时流东午时退

十七八丑时尾流东，午时尾退，十九廿俱伏流

廿一申时流东通过子时退，廿二三辛时尾流东丑时退

廿四五酉时流东寅时退，廿六七戌时流东卯时退

廿八九亥时流东辰时退，卅子时流东巳时退

三月流水

初一丑时流东午时退，初二三俱伏流

初四五申时流东通门子时退，初六七申时尾流东

丑时退初八九酉时流东寅时退，初十戌时流东寅时退

十一戌时尾流东卯时退，十二三亥时流东辰时退

十四子时流东巳时退，十五六俱伏流

十七八未时流东通门亥时退，十九廿未时尾流东

子时退廿一二申时流东丑时退，廿三四酉时流东寅时退

廿五六戌时流东卯时退，廿七八亥时流东辰时退

廿九卅俱伏流

四月流水

初一未时流东通门亥时退，初三四未时尾流东子时退

初五六申时流东丑时退，初七八酉时流东寅时退

初九十戌时流东卯时退，十一二亥时流东辰时退

十三四俱伏流，十五六午时流东通门亥时退

十七八未时流东子时退，十九廿申时流东丑时退

廿一二酉时流东寅时退，廿三四戌时流东卯时退

廿五六亥时流东辰时退，廿七八俱伏流

廿九午时流东通门戌时退，三十午时尾流东亥时退

五月流水

初一二未时流东子时退，初三四申时流东丑时退

初五六酉时流东寅时退，初七八戌时流东卯时退

初九十亥时流东辰时退，十一二俱伏流

十三四巳时流东通门酉时退

十三四巳时流东戌时退，十五六午时流东亥时退

十七八未时流东子时退，十九廿申时流东丑时退

廿一二酉时流东寅时退，廿三四俱伏流

廿五六辰时流东申时退，廿七八巳时流东戌时退

廿九午时流东亥时退，三十未时流东子时退

七月流水

初一二申时流东丑时退，初三四酉时流东寅时退

初五六戌时流东卯时退，初七八俱伏流

初九十卯时流东通门未时退，十一二辰时流东申时退

十三四巳时流东酉时退，十五六午时流东戌时退

十七八未时流东亥时退，十九廿申时流东子时退

廿一二俱伏流，廿三四卯时通门未时退

廿五六辰时流车申时退，廿七八巳时流东酉时退

廿九午时流东戌时退，三十未时流东亥时退

八月流水

初一二未时流东子时退，初三四申时流东丑时退

初五六酉时流东寅时退，初七八寅时流东午时退

初九十卯时流东申时退，十一二辰时流东酉时退

十三四巳时流东戌时退，十五六午时流东亥时退

十七八未时流东子时退，十九俱伏流

二十廿一寅时流东通门午时退，廿二三寅时尾流东午时退

廿四五卯时流东申时退，廿六七辰时流东酉时退

廿八九巳时流东戌时退，三十午时流东亥时退

九月流水

初一二俱伏流，初三四丑时流东通门巳时退

初五六寅时流东午时退，初七八卯时流东未时退

初九十辰时流东酉时退，十一二巳时流东戌时退

十三四午时流东亥时退，十五六俱伏流

十七八丑时流东巳时退，十九廿寅时流东午时退

廿一二卯时流东未时退，廿三四辰时流东酉时退

廿五六巳时流东戌时退，廿七八午时流东亥时退

廿九三十俱伏流

十月流水

初一二丑时流东巳时退，初三四寅时流东未时退

初五六卯时流申时退，初七八辰时流东未时退

初九十巳时流东戌时退，十一二午时流东亥时退

十三四俱伏流，十五六子时流东辰时退

十七丑时流东巳时退，十八九寅时流东未时退

二十廿一卯时流东申时退，廿二三辰时流东酉时退

廿四五巳时流东戌时退，廿六午时流东亥时退

廿七日俱伏流，廿八九子时流东通门辰时退

三十丑时流东巳时退

十一月流水

初一二寅时流东未时退，初三四卯时流东申时退
初五六辰时流东酉时退，初七八巳时流东戌时退
初九十午时流东亥时退，十一二俱伏流，
十三四子时流东通门辰时退，十五六流东午时退
十七八寅时流东未时退，十九二十卯时流东申时退
廿一二辰时流东酉时退，廿三四巳时流东戌时退
廿五六俱伏流，廿七八亥时流东通门卯时退
廿九子时流东辰时退，三十丑流东卯时退

十二月流水

初一二寅时流东未时退，初三四卯时流东申时退
初五六辰时流东酉时退，初七八巳时流东戌时退
初九十俱伏流，十一二亥时流东通门卯时退
十三子时流东巳时退，十四五丑时流东午时退
十六七寅时流东未时退，十八九卯时流东申时退
二十廿一辰时流东酉时退，廿二巳时流东戌时退
廿三俱伏流，廿四戌时流东通门寅时退
廿五六亥时流东卯时退，廿七八子时流东辰时退
廿八日丑时流东巳时退，廿九寅时流东午时退
三十卯时流东未时退

乙亥岁正月抄

银峙门相对士豆丙壬三更半
六圈南边门去白峙仔巳亥一更
八事　郎去大郎用甲庚半庚
干豆去二圈 巳亥
乾巽 平相对四更半
丑未郎尾去二圈 卯酉
乙辛 平更半

丑未郎尾去大圈卯酉甲庚平三更

丑未郎尾去白峙仔寅申三更半

大郎尾去二圈卯酉乙辛平更半

三圈去干豆乾巽相对七更半

干豆去半路癸丁相对七更半

四江门去半路未坤平相对五更

白峙仔去半路寅申甲庚平相对三更半

猫兴下江草乾巽相对二更

双航去八辛掉郎士丙更半

双航去二圈寅申甲庚平三更半

三圈去大圈乙辛相对三更半

猫兴去八辛郎相对丁午平二更半

猫注下去寅申郎半更

三峙去猫注丑未郎相对一更

猫注去二匡丑未对三更

猫注去四江门寅申相对四更

猫兴去四江门甲庚卯酉六更

大郎去下峙乙辛相对四更

半郎大郎去猫注壬午平三更半

大郎尾去猫注子午相对三更半

猫峙去港用乾巽辰戌十五更朝巳亥

猫以去寅申艮坤郎一更船岩尾清阑门相对巳亥十六更

猫峙寅申郎去大圈未坤平三更，干豆相对壬丙十四更

猫峙寅申郎去大郎己亥相对三更半

又北边郎子去大郎寅申相对半更

八辛棹郎去大郎庚酉甲卯相对半更

八辛棹郎去三闳且未相对更半

自三闳去大闳用乙辛三更半

大圈尾去白峙仔用辰戌一更半

大圈头对白峙仔尾癸丁丁对一更

白峙头对大圈头丙午平相对一更

自白峙仔尾上去二圈尾用坤平二更

自大郎尾去猫奥用艮坤三更

猫鱼去二圈寅申甲庚平四更半

大圈六去半路用寅申艮坤平四更

船岩尾相对大洲乾巽十四更

船岩尾对大潭乾巽巳亥平十五更

大圈对大洲壬丙相对十六更

半路大洲相对丙午平十六更

半路相对干豆癸丁七更

半路相对儒林巳亥十八更

大闳门上二圈卯酉乙辛理大圈用艮坤上二圈一更

七、前志辑误

表 5

类型	页码	章节	原文（节录）	纠误
记述错误	1935 年 乐会县政区图		1.图中有乐会县第六区 2.蒙美、加略等地在乐会县境内	1.乐会县时无六区 2.1950 年 7 月，蒙美等地才从定安县划归乐会县 3.1959 年 11 月，加略等地才从琼中县划归乐会县
记述错误	3	第 1 行	王文明、杨善集	王文明
记述错误	3	第 3 至 第 5 行	关于椰子寨战斗的表述	改为乐会、万宁、定安、琼山四个县的讨逆革命年
记述错误	3	第 8 行	1931 年 3 月 16 日	1931 年 3 月 26 日
记述错误	10	第 9 行	关于两县界限的表述	分为东西两段。西段从嘉积至文曲，以万泉河为界，东段以嘉积至排港纬线上的路、溪、埇为界，北为琼东，南为乐会
记述错误	10	第 14 行	关于乐会县第一个县的表述	治黎黑村（属泗村都，今长坡镇烟塘墟）
记述错误	213		红旗水坝	红英水坝
记述错误	411 412	倒 4 行 9 行、19 行	冯遴瑞 同上	冯连瑞 同上
记述错误	429		关于社会主义教育运动的表述	从 1964 年 1 月至 5 月，琼海县开展第一批社教的表述无记载
记述不详	429	倒 2 行	成立“抓革命，促生产”办公室	成立县军事管制委员会，下设“抓革命，促生产”办公室
记述不详	429	倒 1 行	“红联总”	“红旗联总”
记述错误	443	23 行	1936 年，省立十三中学建立童子军司令部	1936 年，广东省立琼崖中学建立童子军司令部
记述错误	456	19 行 20 行 21 行 21 行	琼东县公署将…… 改为“琼崖东路中学” 与琼崖最高学府“省立第六师范学校” 是琼岛唯一的省立中学	琼崖道尹梁过批准将…… 在校址上创办 与琼崖最高学府省立琼崖中学 删去
记述错误	467	7 行	长安镇大弄沟	嘉会镇大弄沟
记述错误	469	2 行	1956 年更名为县人民委员会	1955 年 11 月更名为县人民委员会
记述不详	470	10 行		1980 年 7 月，撤销革委会，成立县人民政府

续表 5

类型	页码	章节	原文（节录）	纠误
记述错误	472	7 行	冯遴瑞	冯连瑞
记述错误	477	倒 6 行	本县政协机构	琼东县政协机构
记述错误	477	倒 5 行	县政协取代各县人民代表会议职能	应删去
错别字	487	22 行	李信勇	李善永
记述不详	565	9 行	解放队	解放队、猛勇队
记述错误	569	10 行	琼东县国民党便衣队长李瑞卿	国民党琼东县地方武装大队长李瑞卿
错别字	572	26 行	郭村战斗	官村战斗
记述错误	573	3—4 行	作出撤退决定……来不及撤退	应删去
错别字	573	5 行、6 行	王天俊	王天骏
错别字	574	倒 4 行	庞琼华	庞琼花
记述错误	575	6 行	全班 8 名战士	全班 10 名战士
记述错误	53	13 行	白鹤腾空，佛子露顶	应删去
记述错误	589	倒 4 行	23 年改为县立觉民中心小学	应删去。觉民小学是 1925 年成立的教会学校，不是县立学校
记述错误	589	倒 2 行至 590 页	关于觉民小学、琼师附小的表述	1952 年 10 月，嘉积觉民小学改为琼师附属小学
记述错误	590	13 行	改建崇实高中为琼崖东路中学	在崇实高小校址创办琼崖东路中学
记述错误	590	15 行	学制“三・三制”	应删去
记述错误	595	17 行	34 年复名省立琼崖中学	31 年复名省立琼崖中学
记述错误	595	19 行	1950 年 3 月，易名为广东省立嘉积中学	1950 年 1 月，易名海南特区区立嘉积中学
记述错误	596	15 行	38 年……易名为琼东师范学校	民国 38 年（1949 年 9 月 30 日止），学校升格，改招高小毕业生的简易师范为招初中毕业生的琼东师范学校
记述错误	636	8 行	在“摄影”中关于蔡笃育的表述	应删去
记述错误	649	11 行	乐会县首次建治于……	乐会县首次建治于泗村都（今长坡镇烟塘墟）
记述错误	650	13 行	1968 年，为当地群众拆除	1966 年，为当地群众拆除
记述错误	653	10 行	琼崖特委第一次代表大会	琼崖特委第一次扩大会议
记述错误	653	13 行、16 行	1930 年 6 月	1930 年 8 月
记述错误	762	倒 7 行	琼崖早期革命活动家之一	中国共产党早期革命活动家
记述错误	765	12 行	中原镇排塘村人	嘉积镇南堀村委会排塘村人

续表 5

类型	页码	章节	原文（节录）	纠误
记述错误	765	倒 1 行	琼崖苏维埃政府常务委员	删去
记述错误	766	倒 5 行	长坡镇文坎村人	长坡镇文坎市村人
记述不详	767		严凤仪词条	增加“任红十一军参谋长”
记述错误	771	3 行	马鞍岭阻击战	删去
记述不详	771	12 行		加上：1930 年，任琼崖苏维埃政府主席，接任王文明
记述错误	775	2 行	于 1977 年病逝	于 1971 年 11 月病逝
记述不详	775			布鲁应写上平反的内容（《琼海人物录、独特英雄》—贾延岩著）
记述错误	782	倒 6 行	当选琼东县人民政府副县长	当选琼东县人民委员会副县长
记述错误	769	3 行	任中共琼崖特委委员	任中共琼崖特委常委
记述错误	948	8 行	时为海南唯一的省立中学	删去
记述错误	949	倒 9 行	白水磉村林氏祠堂	白水磉村冯氏祠堂
记述错误	950	倒 3 行	佳寮村	大佳寮村
记述错误	952	17 行	长安镇（今长坡镇）	嘉会镇（今烟塘镇）
记述错误	952	倒 11 行	8 月 24 日	12 月的一天
记述错误	953	倒 8 行	1945 年 12 年	1946 年 12 月
记述错误	957	1 行	《琼东农民报》《乐会农民报》	《琼东报》《乐会报》
记述错误	958	16 行	中央人民政府主席刘少奇	中共中央副主席、国家主席刘少奇
记述不详	958	20 行	国务院总理周恩来	中共中央副主席、国务院总理周恩来
记述错误	959	12 行	（1963 年）6 月……翌年 8 月（琼海大事记 P67 页，月、是月段）	应增加：1964 年 1 月……5 月结束
记述错误	959	倒 2 行	6 月，各中小学纷纷成立“红卫兵”……呼喊“打倒旧县委”口号	八九月间，各中小学纷纷成立红卫兵，1967 年 1 月……，呼喊“打倒旧县委”口号
记述错误	960	2 行	1966 年 7 月，嘉积中学“六一一”和“红旗”战斗队 7 月底，批判资产阶级反动路线	“六一一”和嘉中红旗于 1967 年 6 月 8 日成立 批判资产阶级路线从 10 月才开始
记述错误	960	7 行	1966 年 11 月，全县刮起“罢官风”，……机构全部瘫痪	1967 年 1 月……
记述错误	960	15 行	3 月……琼海出现两大派组织	7 月下旬至 8 月琼海出现两大派组织
记述错误	960	16 行	11 月 25 日	11 月 29 日
记述错误	960	倒 6 行	8 月，拔除战斗据点	删去

续上表

类型	页码	章节	原文（节录）	纠误
记述错误	961	6行	1969年3月……“两退一插”试点	1970年4月……“两退一插”试点
记述错误	961	15行	1970年3月县革委会提出“整大的，干大的”	此口号是广东省委在1974年提出的
记述错误	962	2行	1972年1月，开始实行知青上山下乡	1968年12月，开始实行知识青年上山下乡
记述错误	962	倒10行	1974年5月，全县开展“批林批孔”	1974年2月，全县开展所谓“批林批孔”运动

后　记

根据国务院颁布的《地方志工作条例》规定和海南省委、省政府关于贯彻落实《海南省2016—2020年史志工作规划》要求，琼海市于2007年8月组织启动二轮志书编纂工作。经过2年的准备工作，2009年3月，召开全市二轮续志工作动员会，市志征稿工作正式启动。2011年，市委办、市政府办印发《关于进一步做好〈琼海市志〉续修工作的意见》《关于做好〈琼海市志（1991—2010）〉核实补充工作的通知》和《督办通知》等，进一步推进市志编修工作。同年，市志办在全市范围举办5期市志撰稿培训班，帮助撰稿人解决撰稿过程中的疑惑和困难。市志办全体人员经过多次进行自审、互审和修改，市志送审初稿于2015年9月完成，并召开初稿评审会。评审会后，市志办根据收集的修改意见，结合琼海市实际，对市志进一步修改完善。2017年，邀请地方志专家对修改的初稿再次进行全面审核。经过重新修改整合，形成复审稿。2018年，根据省史志办《关于印发〈海南省市县（区）志终审验收工作方案〉的通知》要求，8月14日，市地方志编纂委员会主任符平主持召开市志编纂委员会（扩大）会议，推动志书编修进程，并提出了具体明确的要求。会后，成立市志专家评审小组，对市志复审稿进行评议把关。专家评审小组成员由海南地方志专家库人员和熟悉琼海市市情、具有修志经验的专家组成。同时，也将复审稿上报省史志办市县志指导处以及发放给编纂委会成员单位进行审读评议。根据各位专家所提出的具体意见，尤其针对市志中存在的缺项、漏项情况，市志办联合市委督查室向相关的51家撰稿单位发出《督办通知》。通知发出后，得到各单位的高度重视、积极配合，及时按要求补充相关内容，但也有部分单位因档案缺失或机构改制等原因无法补齐的资料，并提供了详细的书面说明，市志编辑人员将收集到的反馈情况进行整理，进一步充实和调整了复审稿的内容。

2019年1月，召开《琼海市志（1991—2010）》复审稿专家评议会。省史志办市县志指导处领导、相关专家学者、有关单位负责人约40人参加评议会。会上，大家一致肯定了《琼海市志（1991—2010）》复审稿的编纂质量，认为该志稿内容翔实，编排得当，能够较好地彰显琼海地方特色。也针对志稿章节编排、行文规范、图片选录等方面提出了具体的意见和建议。会后，市史志中心立即收集和认真整理，逐条消化吸纳各方的意见和建议。共整合专家评议意见116条，经结合相关单位反馈资料和实际情况，采纳修改87条，对合理建议基本做到零遗漏。市史志中心对复审稿开展第十二稿的编辑，并重新调整和补充图片资料。

2019 年 5 月 17 日，《琼海市志（1991—2010）》编纂委员会复审会在琼海召开。海南省史志办副主任秦武军、市县志指导处副处长符思权、市政府副市长汲广林、特邀专家代表邢维雄、甘先琼、陈锦爱、琼海市地方志编纂委员会成员单位负责人等参加会议。复审会上，省史志办领导和编纂委员会成员单位及特邀专家代表分别对市志复审稿发表了意见。大家对《琼海市志（1991—2010）》的修编工作给予了肯定，认为该复审稿较之前版本有了很大提高，并从章节编排和图片选录等方面提出了具体的修改意见。会后，市史志中心整理归纳出修改意见及部分随文改动。2019 年 7 月，进行各撰稿单位送审稿涉密审核工作，共发出送审稿涉密审核资料和审核表 93 份（因机构改革，部分撰稿单位职能变动，由主管部门进行统筹审核）并全部回收修改完毕，形成送审稿并于 8 月提请省史志办终审。8—9 月，省史志办市县志指导处对市志终审稿进行了仔细修改，书面提出修改意见和建议，10 月，市史志中心加班加点进行终审后修改，针对存在问题和不足再次组织相关人员整编、整章、整节仔细修改和补充。2019 年 11 月 27 日经海南省地方志办公室终审，同意交付出版社出版发行。

回顾十年漫长的修志过程，主要有三点感受。

一是市委、市政府领导的重视，是修志工作顺利进行的必要前提。2009 年，修志工作动员会上，市委、市政府领导强调修志工作的重要意义，要求各级党政领导把修志工作作为全市两个文明建设的大事来抓，并解决了修志工作中的许多实际问题；不少承修单位和部门都由党政主要负责人担任修志工作领导小组组长，亲自召开修志工作会议进行动员部署，亲自选调修志人员。由于各级领导思想重视，措施得力,修志人员热情高涨，在全市形成了编修社会主义新方志的浓厚氛围。《琼海市志（1991—2010）》编纂历经三届党委和政府，市地方志编纂委员会组成人员虽几经变更，但始终由市长担任编委会主任，始终由市委常委分管市地方志工作。

二是建立一支骨干稳定 、敬业精神强的修志队伍,是完成修志工作的重要基础。搜集资料阶段,是修志人员最为辛苦的阶段。大家兢兢业业、埋头苦干、默默奉献。不少年逾花甲的退休老同志，不怕劳苦，跑档案馆、图书馆,精神感人至深。在撰写志稿阶段，市志办的主编、副主编、编辑深入实际，加强工作指导。分工协作，一个单位一个单位、一个程序一个程序地进行具体指导，促使各承修单位按质按时完成志稿的撰写。在总纂阶段，为了能够在规定的时间里完成编纂任务，编辑人员超负荷工作,不计报酬，没有怨言，表现了修志人的高风亮节和对工作高度负责的精神。

三是省、市地方志编纂委员会的审查把关，是保证志书质量的必要条件。在修志过程中，从规划纲要的制定、志书编目的设计、修志队伍的培训，到志书初稿、送审稿、终审稿的形成，都得到省、市地方志编纂委员会的严格把关。特别值得提出的是,省史志办秦武军、陈家传、符思权、覃偲等领导给予了具体的指导和帮助。一些修志的老领导、老专家，如邢维雄、王海云、甘先琼、陈锦爱、谢才雄等，在琼海市志稿的三次评议过程中，提出了许多建设性的意见和建议。他们兢兢业业的工作作风和严谨认真的工作态度,让我们感动，使我们获益。

在修志过程中,我们得到了全市方方面面的热情支持和帮助。《琼海市志（1991—2010）》凝集了各界人士的心血、是集体智慧的结晶。在此，谨向全市参与修志工作的单位、部门和有关人员表示衷心的感谢；向对修志工作给予指导和关注、几次参加修志工作座谈会的领导、退休老同志、老专家表示深深的谢意。

（《琼海市志 1991—2010》）的出版，工作周期长、涉及范围广、资料查找困难等客观因素，书中难免会存在这样那样的问题和不足，恳请大家谅解并提出批评、意见。

琼海市地方志编纂委员会

2019 年 11 月